张国安 著

终结『疑古』 上

人民出版社

中　编

下　编

探幽索隐　解荒化诞

综　论

导

论

千古变局碰撞中的中西学术

> 我们不得不力求对我们最为敬慕的那些理论采取一种高度批判的态度。
>
> ——卡尔·波普尔

引子："走出疑古时代"为什么走不出去

稍具中国现代、当代学术常识的学者咋一看到拙作题目，很多人一定会先被"骇得舌挢而不能下"（顾颉刚先生《自序》中语）。这样的感觉当然极有道理，反传统的怒涛拍击过清末民国社会各阶层的灵魂，"疑古思潮"的狂飙也席卷了整个古典学界。1949年后，"疑古思潮"改头换面，变成了薄古厚今，影响更加强大，其登峰造极就在"文化大革命"期间，参与者扩大到广大普通民众，其形式由思想"层累"出行动，竟致对各民族物质文化遗产"大开杀戒"，造成了空前绝后的文化浩劫。现在，无论是谁，对物质"疑古"的危害都会有充分的认识，也必定坚决反对。针对思想、学术上的"疑古"，李学勤先生在1992年提出"走出疑古时代"，学术界对此反响强烈，赞成者评价很高，如晁福林先生认为李先生"适时地提出'走出疑古时代'的问题"，"这对于研究中国学术史、总结本世纪中国学术的发展都是重大贡献。"[1] 但反对的声浪

---

[1] 《论前疑古时代——五四新文化运动与学术方法的变革》，《北京师范大学学报》（社会科学版）1999 年第 2 期。

更大，此说不断被批判与围剿。[1] 以李先生身份之尊和影响之大提出"走出疑古"尚且如此，则笔者区区，居然狂言"终结疑古"，岂非梦呓之语？

　　笔者可以直截了当地回答，绝非如此！近代"疑古思潮"在学术上赖以支撑的理论核心是顾颉刚先生创立的"层累地造成的中国古史说"（以下简称"层累说"），它本来是在 1923 年 5 月 6 日《读书杂志》第 9 期发表的《与钱玄同先生论古史书》这封信（或曰半封）中提出的，结果迅速产生了巨大的学术影响和深远的社会效应，当时的学者何思敬说："颉刚先生在我们中国学术界确是一个霹雳，这想是大家都感觉到的。"[2] 它成为中国现代学术史上一个极为著名的、具有世界性影响的一个系统性假说。在那个反传统特别激进的狂飙年代，它很快受到学术界相当多"新派"学者的赞誉，胡适褒之为"史学革命"，傅斯年给顾颉刚写信说："史学的中央题目，就是你这'层累地造成的中国古史说'"，赞誉顾先生在中国古史学的地位"恰如牛顿之在力学，达尔文之在生物学"，"是在史学上称王了"。[3] 蔡元培说："'层累地造成的中国古史说'是最颠扑不破的方法。"[4] 郭沫若说："顾颉刚的'层累地造成的古史说'，的确是个卓识。……到现在新的史料尚未充足之前，他的论辩自然并未能成为定论，不过在旧史料中凡作伪之点大体是被他道破了。"[5] 学者们进而还会想起那七卷本的"皇皇巨著"《古史辨》，世界学术界对它的交口称赞似乎更凸显出"疑古

1　祝晓风《一桩聚讼八十余年的学术公案再起波澜》（《中华读书报》2006 年 8 月 30 日第 3 版）文有综述。

2　《读妙峰山进香专号》，《民俗》1928 年第 4 期。

3　顾颉刚编著：《古史辨》第二册，海南出版社 2005 年版，第 216 页。顾先生对海外的影响详见刘起釪所著《顾颉刚先生学述》（中华书局 1986 年版）。

4　蔡元培：《致顾先生函》，高平叔编：《蔡元培史学论集》，湖南教育出版社 1987 年版，第 223 页。

5　郭沫若：《中国古代社会研究》，河北教育出版社 2000 年版，第 361—363 页。

思潮"的"伟大"与"进步"，等等。日本近现代两大古史学派的巨擘——东京大学白鸟库吉氏和京都大学内藤湖南氏稍早提出的尧舜禹抹杀论和加上理论也都是类似的阐述，这似乎更为"层累说"增添了学术上的砝码。但从严格的学术标准来看，"层累说"的论证实际上是不完整、不严谨的，不乏随意性。应该注意的是，它从一发表就受到阻击，质疑、反对的声浪更是连绵不绝，学衡、国粹和马列等派史学家对其进行了虽不系统但却相当全面（包括研究方法、论证逻辑到材料运用等各方面）、持续有力且颇有足以否定其假说的批驳。反对的学者或视之为破坏传统文化的罪魁祸首（如章太炎、柳诒征），或视之为违反人类社会发展规律的谬说（如梁园东、李季），谨慎的大多数学者则持陈寅恪先生所说上古之事证是不易、证伪亦难的态度而不公开表态。让人始料未及的是，这个终顾先生一生也没有完成论证的、学术界评价两极的假说[1]竟很快成为一个定论长期笼罩着中国早期历史的研究领域，构成学术史上"意见""思想"长期压倒学术的一大奇观。绝大多数学者想当然地认为"盘古开天、三皇五帝"的传统古史体系轰然坍塌，此后很长时期，大多数学者认为中国信史是从殷墟的商代中期开始的。与此同时，史学界亟亟于重建古史体系，但迄今也没有让人看到什么明显进展。必须指出的是，真理并不以信仰者的多少为依归，逻辑学家 Richard Whately 正确地指出："应该记住这一点，一个很长的讨论是谬误的最有效的面纱。当诡辩以浓缩的形式呈现于我们面前时，像毒药一样，它立刻会被防备

1　钱穆先生形象而准确地评价："《古史辨》不胫走天下，疑禹为虫，信与不信，交相传述，三君者（指胡、钱、顾），或仰之如日星之悬中天，或畏之如洪水猛兽之泛滥纵横于四野，要之凡识字之人几于无不知三君名。"（《崔东壁遗书·序》，顾颉刚编：《崔东壁遗书》，上海亚东图书馆1936年版，第2页）这与顾先生的亲身感受是一样的："奖誉我的人称我'烛照千载之前，发前人之所未发'；反对我的人便骂我'想入非非，任情臆造'；对我怀疑的人也就笑我抨击古人只不过为的趋时成名。"（《古史辨自序》）

和厌恶。一个谬误若用几句话赤裸裸地加以陈述时,它不会欺骗一个小孩;如果以四开本的书卷'稀释'时,则可能会蒙骗半个世界。"[1]

对"层累说"这个明显属于"白马非马"式的诡辩——不合常识的假说及由此绵延至今的低水平的学术论战,在迄今所有对 20 世纪中国历史学的总结中始终没有得到准确的定位,而其中一个引人注目的现象是顾先生的亲密师友——极端赞成派胡适、傅斯年先生的悄然倒戈,前后变化虽受到一定关注,但其中真正的内涵——知其不然而不知其何以不然的学术意义并未得到足够的重视与合理阐释。如果对一个纯学术的问题尚且如此,那么要想对"疑古"狂飙所涉及的文化背景、社会心态等深层次的本质内涵会有全面而准确的认识则更属奢望。

当李先生提出"走出疑古时代"之后,许多学者又置顾先生的说法于不顾,鲜少解释与论证而径从五帝乃至三皇开讲中国历史,此态且有愈演愈烈之势,这似乎也不是学者应有的严谨态度,更无法说服尚在"疑古"的学者。直至今天,拥护的一派仍视之为现代史学革命的开端(如余英时先生),更多的学者虽已不再相信,也明明知其不然,但依然不得不受其所谓论证范式的约束,张京华先生称之为"顾颉刚难题"[2],李锐先生既猛烈抨击又略加回护。[3]这说明整个学术界对其致误之因不甚了了。

1　Elements of Logic, vol. 3, section 5, Longmans, 1948. 转引自武宏志、马永侠:《谬误研究》,陕西人民出版社 1996 年版,第 197 页。

2　顾颉刚难题意指不能以一部分之真证全部皆真(张京华:《古史辨派与中国现代学术走向》,厦门大学出版社 2009 年版,第 133 页)。这是一个伪命题,就史书而言,又岂能以一两例乃至一小部分之假推证一书全部皆假。正像胡适主张的那样:拿证据来。证据走到哪儿,结论下到哪儿。这是抓住一点不及其余式的武断的思维方式,十分有害。

3　《经史之学还是西来之学——"层累说"的来源及存在的问题》:"从史学史的角度来讲,对于'层累说',我们当然应当怀有崇敬之情;但在从认识中国上古史的角度来看,现在的中国古史研究者对于'层累说'应该具有

　　很明显的是，李先生二十多年正确的"走出疑古"之路并不顺畅，可谓趑趄蹀躞、步履蹒跚，原因何在？

　　一、学术上，"走出疑古时代"的理论没有建立，缺乏充分、系统的论述和有力的学理支撑。张京华先生指出："需要留意的是，学者每将'走出疑古时代'视为一个口号或者号召，原因之一是迄今为止李学勤本人对此的阐述并不系统、充分。"[1] 杨春梅先生认为："李学勤先生的'走出疑古'，一言以蔽之，就是借考古材料和新出简帛替古人鸣冤，为古书翻案，进而重新确立古书及所载古史的可靠性权威。但李先生一不愿过分立异，二因为事务繁忙，无暇系统论述，所发表的文字，或为即兴演讲，或为精短'小文'，或为序为跋借题发挥，意蕴往往无限而又难免语焉不详，对古书古史是否整体可靠的问题始终言辞委婉，意向含蓄。读者往往得其一而不知其二，见其表而不识其里，各自就其所见而表示支持或反对，对他'走出疑古'后的真正意向，反而容易忽略。这对'走出疑古'的发展显然不利。"[2]

　　二、怀疑李先生的动机不单纯，是出于非学术性目的，有的着眼于其疏离历史科学追求真理、复原历史真相的原则，有的认为他只是怀着朴素的民族情感而使然，更有人认为这是政治上的投机取巧。如林沄先生指出："李先生出于爱我中华和维护统一的情结今天要翻这个案，首先要给《帝系姓》《五帝德》这样的古书恢复名誉。其主要方法，就是宣称应该对古书进行'第二次反思'。""中国古典学的信古时代，其实还没有完全结束，还有余波微澜。……提'走出疑古时代'是

　　和当年的顾先生一样的怀疑精神。"（《学术月刊》2009 年第 8 期）

1　《古史辨派与中国现代学术走向》，厦门大学出版社 2009 年版，第 26 页。
2　《去向堪忧的中国古典学——"走出疑古时代"述评》，《文史哲》2006 年第 2 期。

完全没有必要的,甚至可以说是一种信古回潮的错误导向。"[1]
吴锐先生认为:"1989 年春夏之交的政治风波之后,流行'保
守主义',……'走出疑古'乃是在历史学领域呼应保守主义
的标志性口号。"[2]域外专家多视之为民族主义思潮,谷中信一
先生说:"'走出疑古时代'正演变为国家的口号。"[3]鲁惟一、
夏含夷先生认为:"最近有一个新的学说以为中国传统文化基
本上可信。特别是在中国大陆,这种史观相当流行。持此种
态度的学者因而被称为'信古派'。……信古派的信仰在某些
方面无疑是过分的,它的爱国动机比学术依据还要强烈。……
其中最重要的莫过于中国学者要弘扬中国文化的伟大性和独
特性的愿望。"[4]

笔者认为,祝晓风以《"走出疑古时代"遭遇大规模学术质
疑——李学勤不做正面回应》[5]为题也点出了走不出去的一部分
重要原因。"不做正面回应",在旁观者和相信"疑古"的学者
看来,有的可以理解为底气不足、缺乏信心;有的可以认为这正
好坐实了他向统治者"献媚"的窘境,因为他本来就讲不出道
理来。毛泽东讲:错误的东西,你不打,它就不倒,就像地上的
灰尘,扫帚不到,灰尘不会自己跑掉。

"走出疑古"之路之所以走不出去,就在于对"层累说"等
谬误缺少针对性地剖析和批判,没有从学理上进行充分论述,
只是沦为一个口号。因此,不对"疑古"的雾霾进行正面攻坚、

---

1 《真该走出疑古时代吗》,《史学集刊》2007 年第 3 期。
2 《从夏商周断代工程的失败检验"走出疑古"》,《湖南科技学院学报》2005
    年第 1 期。
3 张青松译:《新出土资料的发现与疑古主义的走向》,《中国历史博物馆馆刊》
    2001 年第 1 期。
4 《西方汉学的古史研究——〈剑桥中国古代史〉序言》,《中华文史论丛》
    总第 86 期。
5 《中华读书报》2006 年 8 月 30 日。

全面清理，是走不出康庄大道、迎不来艳阳高照的。

对于"层累"等说本身，如本着客观求实的态度、公正严谨的学术规范，则稽诸典籍而核之理论、付诸理智而验以学术，当时就该能得出科学的结论——它只是一个有待进一步论证的假说。不幸的是，在现代史学及其学界的发展中，三擘成为偶像般的人物，三说因之成为比定论更高等的学科预设，这导致学界中人不太可能去质疑这些既需综合的通览博识又需精深的细密分析才能打破的假设，中日学界甚至对"层累说"与"抹杀论""加上原则"的发明权迭有争夺。学术界之所以如此关注华夏古史体系这个问题，是在于它的重要性，正如傅斯年先生所说，它是"史学的中央题目"，"这一个题目，乃是一切经传子家的总锁钥，一部中国古代方术思想史的真线索，一个周汉思想的摄镜。"[1] 它之所以难以解决，是因为研究人类早期历史需要的多种多样的科学知识却通常在一般学者的知识储备之外，但这个问题不解决，那关乎"疑古"的更大命题简直就无从谈起。因为它涉及范围更广，角度更多，是一系列极其复杂而不易理清的团团乱麻，而处理这一题目不仅需要多学科的知识，还须具备将其有机整合在一起的能力，并需要在具备贯通东西方历史和史学理论的素养的同时还能进行逻辑上的有效沟通，而现代学术越来越细、愈走愈深的专科化发展却与这种要求背道而驰。但这并非三说得以屹立至今的充分理由，因为摧毁几座外观巍峨的纸糊楼台并非一定要用足够当量的炸药把它们整体销毁，只要推翻它们的主要支撑点同样可以达到使三说退回到"假说"的目的。纵览百多年学术论战史，虽然反对者的论述并不完满，但三擘之说的学术支点却都曾被不同领域的

1　王汎森等主编：《傅斯年遗札》（第一卷），社会科学文献出版社 2014 年版，第 44—46 页。

学者一个个推倒。让人惋惜的是，挑战者总是成为形单影只的孤独者，被晾在角落。笔者细究"层累"等说后发现，它是以天大漏洞，甚至不能成立的逻辑为论证理路，以简单粗暴、打碎一切的方法破坏了传统的古史体系，它在所谓进化论的指导下排列出一个退化的古史体系，该说从方法、逻辑到史观、材料运用等各方面都存在严重问题。这三种说法都是在未摆脱传统经学思维的情况下，用西方近代科学史学（实证史学）的史料观处理中国传世文献结构出现的共同问题，都落入了自己设定的史料陷阱。实际上，近百年各学科方法的不断发展，曾不断为我们解决这些问题带来大好契机。遗憾的是，由于我们以往在一些基本概念和基本方法的认识上陷入了误区，以致契机一来，旋被放过，这方面的研究至今仍没有突破性的进展。而这些内容，既关乎常识，复涉及史实，更牵连方法，如不辨清，我们的认识将永远滞后，在未来可能出现的新事实面前仍会逡巡不前。因此之故，笔者决计略费笔墨，不惮琐细，核史实而正讹误，从廓清三擘的研究方法入手，进而对相关问题作出试探性的全面梳理，尤其对本著中编论述的传统思维存在着的诸多盲点加以深入探讨，因为它们一旦被点破，则三说就立刻失去学术上的根基，只能被置诸学术博物馆中陈列。自然，囿于学识，限于资料，迫于时间，拙于思辨，这些都注定不过是聊抒一得之见，错误和疏漏在所难免。但如能引起有识之士的关注，进而将问题推向深入讨论，则本文纵成众矢之的，亦在所不计。

一、中西学术的简略对比

问题纠结不清的症结在哪里呢？就"层累说"而言，实际上只是一个纯粹的学术问题，研究者只要抛弃了偶像崇拜情结，按照学术的标准来评判其命题、审查其证据、检讨其推理并权衡其论证，它的是非对错是很容易检验并作出正确评判的。但对关乎"疑古"的问题就不那么简单了，它牵扯范围极其广泛，可谓千头万绪，不仅涉及思维方式、文化传统、社会心态、学术传统等方面的背景，而且关乎学术研究中各层次的问题，从最基本的概念到高层次的论证都要进行通盘审视。要彻底解决这个大问题，就不能仅仅在史学范围内讨论，而必须将其置于人类知识发展的大致进程以及学术研究的整体发展过程中，并在中西学术比较的情景中，才能相对清晰地阐述"疑古"及其思潮的不妥乃至谬妄之处。

长期以来，对中西文化所做的各种比较所在皆有，论著不计其数，著名者如梁漱溟、冯友兰、张君劢、马一浮、张岱年、唐君毅、李约瑟等先生，人们对中学与西学的区别提出过多种多样的看法，如中学重人生，西学重自然；中学重道德，西学重知识；中学重直觉，西学重逻辑；中学重内心，西学重外物；等等。但也有个别学者如方朝晖先生认为它们是不可比的，"西方人文社会科学正因为是以'求知'为内在理路，所以才会形成哲学、伦理学、政治学、经济学、社会学、法学、史学……一整套学科划分体系；中国古代儒家学术正因为以'做'为内在理路，所以自然会形成以'六艺'为核心且按经、史、子、集分部的学术分类体系。内在理路的不同，决定了中学和西学在分类上必然彼此分别，并且从其自身角度看均是合理的；无论以西学的分类方法衡量、肢解中学，还是以中学的分类体系去衡量、统摄西学（如马一浮）均是错误的。"将它们比较"是对中国古代学术思想精神实质和内在理路的无知。这种无知导致的严重后果就是：要么盲目抬高中学，要么盲目抬举西学，于是不仅所谓的中西结合、中西文化比较一无所成，而且完全忽视了中国文化生命和精神的内在合理性和完整性，将之任意切割、肢解得不成样子，导致了中国文化精神的丧失和文化命脉的人为中断，其给中国文化带来的损失不是未来的几代中国人所能轻而易举地挽回的”[1]。

他们的观点成立与否及其优略，笔者暂不置评。但不同文化体系之间既存在可比的部分（可共量）又存在不可比的部分（不可共量）是毋庸置疑的，而无论如何，中西知识与学术在宏观上总是可以进行比较的。只是因为比较研究中涉及的环节多，而了解的第一步——翻译的质量尤为关键，因为时空错置带来的理解困难与译文常常存在的词不达意、过度推断乃至扭曲都会产生重要的影响，再加上现代语文形成过程中存在着强烈的日本因素所受到的限制，而早期透过日本了解欧洲又无可避免地要承受日本学者所可能犯下的错误所带来的困扰，这些都会影响到比较的研究质量。

什么是知识？大致来说，知识是从人类活动中所获取的真理、原则、思想和资讯，是人类理解与学习的结果，是经验累积的纪录、事实组织的系统化。它具备三个特征：被证实的、真实的和被相信的。知识的成果不受时空的影响，可以积累和进化，它具有一致性，公允性，要经过学术的论证或实验的证明，判断知识的真伪要以科学验证以及缜密的逻辑做判断，而非立场。而一般所谓的学术，英文即 Academia，大多指进行高等教育和研究的科学与文化群体，这一义旨对应于中文的学术界或高等学府。这个词源自古代雅典地区的地名（Akademeia），因柏拉图学院而闻名。学术是指对方法的学习，可理解为从累代所积之知识、经验中求出通向未来的途径。它是指有系统、较专门的学问，是对存在物及其规律的学科化，是知识的系统化

1　方朝晖：《“中学”与“西学”：重新解读现代中国学术史》，河北大学出版社 2002 年版，第 9、190 页。

与逻辑化，具有学术体系的逻辑自洽性与演绎普适性，它通常被尊称为"科学"；学术也泛指近代以来的学科专业以及大学教育和研究体制，它们是近现代学术再生产的机制。学术常以学科和领域划分，学术有其特殊的内在逻辑和内在理路，研究的视界、观点、证据以及方法都必须经得起严格的拷问，学术的论著是以命题为基本单位，它的直接目的是对所主张的命题的真确或错误以及赖以判断的根据给出有板有眼、有理有据地充分论证，必须有严谨缜密的论证过程，建构起其合理的逻辑框架、调试其理论理路、斟酌权衡其表述方式，一切都必须符合学术的精神和遵守学术规范，从而给人们提供或推荐具有坚实理性基础的知识和信念。根据《韦伯斯特第三版国际大辞典》的定义，学术不仅指专科的知识，也指学者的品质与特性，被用来指"真诚追求真理所包含的一切活动和态度"。同样，"学者"也不仅指各种专门家．也指那些"不拘在哪一学术领域内部力求成为有独创性的思想家的人"。这些得到世界学术界普遍认可的共识主要是从西方文明发展而来的。

西方文明之所以能从各种文明中脱颖而出，开拓人类社会前进之路，其远源得力于古希腊人综合了西亚北非各古文明的优点，并结合自身特点创造出一个十分独特的文明，他们以海上贸易与精耕农业的生活方式为主，它孕育出自由、平等的价值观以及个人主义的倾向，政治上形成了权力分享、轮流共治的形态，而其知识体系与学术之功尤为不可磨灭。古希腊人对知识的传统观点从两个方面进行了明确的区分：一是"科学"、"知识"、"确定"与"哲学"，一是"意见"、"可能"、"外观"及"修辞"。See Shapiro (1983), p. 3. The next few paragraphs are based larggely on Dr Shapiro's work. 这种区分又以下述的信念为基础：科学属于天国的范围，属于存在（Being）的领域，而人事则为世俗的或月下的（sublunary or under the moon）范围，属于生成（Becoming）

的领域。[1] 希腊哲人们在知识上关注的对象主要是自然的宇宙，思索"世界是如何构成的"，深信追求真理是求知的目标，目的在掌握经验事物的规律，从而征服世界。虽然要达成目标并不容易，但经由不断的追问、钻研与省思，通过"逻辑"与"思辨"的反复论争，依然可以追寻到比较可靠的知识或建立起"比较接近真理"的系统，所累积而成的"知识"，都是有关我们所生存的世界的解释，由此形成了一个重智求知的传统，并成为此后西方主流的思维方式。即使道德政治思想，也是建立在学术之上，典型的如苏格拉底的名言"美德即知识"。

爱因斯坦指出："西方科学的发展是以两个伟大的成就为基础，那就是：希腊哲学家发明形式逻辑体系（在欧几里德几何学中），以及（在文艺复兴时期）发现通过系统的实验可能找出因果关系"[2]。后者的方式极大地推动了自然科学知识的发展，这与本文关涉较少，而形式逻辑则关系甚巨。此处以哲学为例说明，希腊从苏格拉底开始就坚持清晰的定义和分类，从亚里士多德创立逻辑学、建立起颇具雏形的"概念→判断→推理→论证→思维基本规律"的"大逻辑"框架，逻辑 Logic 属於自然，也同时存在於人类心智，希腊字源 Logos，意思是法则，自然的法则、序列、律法，诉诸逻辑（理性）秩序，讲求定义和本质等等；思辨的希腊字源"dialektike"，它是指一种论述或交谈的艺术，持不同意见的各方在反复论辩的过程中，要进行没有逻辑缺陷的论证，运用演绎或逻辑否证的方法来揭露不同论点的矛盾之处、破解对方的说法，论点、证据以及推理方式三者缺一不可，这种透过思辨方法进行论证的传统由此形成。这种运用可靠的逻辑发现与思辨论争的方法以及辩证法研究，成为世界逻辑学占

1　迈克尔·斯坦福：《历史研究导论》，刘世安译，世界图书出版公司 2012 年版，第 122 页。
2　《爱因斯坦文集》第一卷，许良英等编译，商务印书馆 1994 年版，第 574 页。

统治地位的体系，它为科学发展提供了重要基础，进而发展演化成现代逻辑。西方对形式逻辑的尊重实际上含有对"神圣逻各斯"即普遍理性的信仰的成分。逻辑学是理性精神的体现和运用，并且是西方文化的精髓。[1] 逻辑长期被学术界主流视为先验知识的一种，它被定义为无须借助经验就可获得的知识。逻辑搞不清楚，就会大大限制我们对世界的研究，要寻找人间百态、自然万物的相互联系，除少数直观、明显的，绝大多数复杂的关系若不借助于帮助人类思维的工具——逻辑，那是很难搞清楚其中的关系的。人类知识的 90% 以上都是基于逻辑产生的知识，而逻辑对于学术的重要意义无论怎么强调都不过分。而逻辑学是研究推理和论证的，专门研究其前提和结论之间的形式结构关系，从已知到可知的过程，叫推理。推理有演绎和归纳两种基本方法。它追求思维的确定性、一致性、明确性和论证性，使得我们由真前提只能得到真结论。"希腊哲学为日后西方学术和学科奠定了三个最基本的'科学性'标准：一是求'是'，与求'应（该）'相对。求'是'代表事实判断，求'应（该）'代表价值判断，二是在现实的需要之外，还有独立于一切现实需要而存在的自在的学术逻辑，三是在实用的关怀之外，还有超出于实用关怀而存在的超然的兴趣和价值。"[2] 尔后，希腊文明又与希伯来文明相融汇，形成为基督教神学体系，一个普世性、超越性的上帝概念出现了，这些对西方学术及西方历史都产生了重要影响。

近代意义的学术源自西方中世纪欧洲的第一所大学所定下来的三学四科。从文艺复兴时期开始，科学研究不仅承袭了古希腊经由思辨以探索永恒的客观真理的传统，并且完善了使研究者摆脱主观限制的方式、程序与步骤，也汇集了更多文明

---

[1]　陈波：《逻辑学十五讲》，北京大学出版社 2016 年版。
[2]　方朝晖：《"中学"与"西学"：重新解读现代中国学术史》，河北大学出版社 2002 年版，第 10 页。

的成就，发展了通过实验寻找因果关系的方法，知识论不仅催生了方法论，同时隐含了研究者作为"观察者"的角度，这些都奠定了科学飞跃的基础。随着社会发展，人类不断修订及开创专门的学科和领域，学术的内容更加细化，研究的对象也越来越有针对性，科目渐渐增加，发展成为现代意义的学术，对"学"（基础理论研究）与"术"（应用研究）也给予了清晰的区分。到了17世纪，上述对比完全由一种实际的知识谱系所取代，其范畴从"虚构"、"意见"一端，经"可能"与"高度可能"，延展至"确定"一端，并在可以确定与纯属意见的鸿沟间，发展出包罗万象的知识——法律的、历史的、宗教的、科学的，"高度可能"到"确定"一般来说都能成为知识，也可能随着时代的发展和人们认识的进步，旧有的"知识"退回到"可能"、"意见"乃至"虚构"，而"虚构"、"意见"、"可能"也可能随着论证的完善、认识的进步变成"高度可能"甚至"确定"并成为知识。启蒙时代之后，学术领域变得越来越专门，研究的范围被划分得越来越细致，彼此之间近乎绝缘，学术界因此被称为"象牙塔"。学术之义追求的是求真、求是（真确性），研究贵在求真、求新、求深，而求新是基本目标，学术的精神寻求的是真理和真相，评价的标准有是否合乎真理，是否具有创新（原创、独创还是兼而有之）、顶尖以及论证是否严密等，有个或许会让许多人扫兴但又不得不说的事实，"在学术领域，真理掌握在少数人手中几乎是普遍情形。或者谓学术论著有上中下三等境遇，上等为少数行家读懂"，中等的乏人问津，"下等为多数人读懂。此言逆耳，却说明学术为小众之事，其水准与受众的多寡不成正比，或成反比，普遍公认在学术的价值水准判断上决不成其为标准。"[1] 上述发展正是脍炙人口的"现代科学崛兴"中的一部

1　桑兵：《中国近现代史的贯通与滞碍》，《近代史研究》2010年第2期，第39页。

分。See, for example, Butterfield (1957b).[1] 进入 19 世纪后，"支配19 和 20 世纪的是进步和科学的范式，学术领域存在着这样的信念，即大多数学科突变进入'现代性'或'真正科学'的阶段，然后是稳步积累的学术进步。从那以后，学者们倾向于相信他们的工作在质量上比以前任何时候都要好。这一时期，自然科学触手可及的成功确认了科学领域中这一信念的真实性。"[2] 这也是近代中国推崇的分科治学。而自然科学的迅猛发展也带动了人文科学与社会科学的快速进步，人文与社会科学的有些学科就完全是在自然科学的基础上从中分离出来并形成和发展的，像人类学、社会学、心理学等就与生物学等自然科学有十分密切的关系。西方的人文与社会科学也因此比较注重科学性，善于归纳、总结具有规律性的模式或理论，某些理论也有助于人们分析、理解事物以更好地解决问题和预测未来。

西方存在纯学术、纯学者的世界，古希腊哲人赫拉克利特说："我宁肯找到一个因果性解释，也不愿获得一个波斯王位"。这生动体现出他们超凡脱俗、追求真理的超然态度。李伯重先生指出："在欧洲的传统中，学术是由受过专业训练的人在具备专业条件的环境中进行非实用性的探索。""在西方对学术一词的理解中，很重要的一点是其纯学理性。"[3] 通俗说就是"为知识而知识"、"为学术而学术"，具有天下公器的属性（即普适性）。[4]

1　迈克尔·斯坦福：《历史研究导论》，刘世安译，世界图书出版公司 2012 年版，第 122 页。

2　马丁·贝尔纳：《黑色雅典娜：古典文明的亚非之根（第一卷：构造古希腊1785—1985）》，郝田虎等译，吉林出版集团有限责任公司 2011 年版，第 6—7 页。

3　李伯重：《论学术与学术标准》，《史潮与学风》，中国人民大学出版社 2014 年版。

4　参见张岂之：《中国近代史学学术史·序》，中国社会科学出版社 1996 年版；葛兆光：《思想史与学术史》，《学人》第一辑，江苏文艺出版社 1991 年版，第 27—28 页。

西方这种独立精神，自由思想值得高度肯定。而近代化实际上意味着社会角色的专业化，专业学者的目标是精深、独创，他们遵循近代学术所要求的价值中立，所得结论相对客观；他们一般主观上不会受政治或社会的影响而改变学术观点，也不追求曲解学术去获取额外的社会利益和影响。

由古希腊人所孕育、经近代欧洲人所完善的这种思维与论证的线性思考方式，它由命题出发，经由学者检视、反思、挑战、修订先行者的预设、论证与观点或理论，从而否定或肯定先前的预设、论点以发展新观点、新理论的进步过程，所导向的是具有缜密的逻辑结构的论述体系。西方的这种传承方式清楚的体现了对学者应具有思辨与批判能力的要求，这种思辨思考模式的影响事实上一直持续到现在。它的优势在于建构概念或理论作为分析工具，擅长摆脱表面现象的迷惑而透过现象看本质，透过表层发现内在的观念、结构、规则和深层意义等，利于"求知"与"求法则"，帮助学者发前人所未发，见前人所未见。这一方面推动了科学进步，同时也驱动了社会的发展，常常以这种方式说服他人、弭平歧见，也以它来形成政治决策和法律裁决，形成了现代性中的重逻辑与理智，突出工具理性，关注于目的、功利和合理主义，人自身反倒常常成为手段。

我们接下来对比东方。知识这个词在现当代的中国语境中是完全等同于"学问"一词的，这是否准确，笔者不拟讨论，在此只针对古代进行比较，从词源学上看，学问一词，语出《易·乾》："君子学以聚之，问以辩之。"学习和论辩问询，学习意味着模仿，模仿传统上被视为获取知识的初级阶段，是独立创作的前置作业，模仿事实上未必阻碍创新与独特风格的发展，而"模仿"在西方有着明显的负面意义；问辩则是高级阶段，是创新的重要条件，它在春秋战国和秦汉以后的实质意义有相当程度的不同。即使我们认为"学问"就是"知识"，似乎也只是大致相当，因为它们在内涵的形成与论证方式上有着明显的不同。韦伯指出，亚洲人将"知识"或"文献知识"视为通向现世或来世最高福祉的唯一道路，但是具备"那种'知识'并不意味着懂得现世的种种事物，自然、社会生活或支配自然与人的法则。"[1]

周人吸取殷人崇拜神权而败亡的历史教训，大兴"制礼作乐"，将重心放在人间秩序的建立与维护上。从孔子开始的诸子百家对经世治国各有主张，兴起所谓百家争鸣，但都不离"人间关怀"的基调，大抵都着眼于文化传统与历史过程立说，是研探社会道德、政治秩序而主要成为规范行为的伦理学，并不是发挥思辨的认识论，其中儒家格外看重人伦与道德秩序的重建，探求为人处世的道理，士人应该"格物致知、正心诚意、修身齐家、治国天下平"，目的在"化成世界"。李泽厚指出：中国人十分关注现实的社会生活、人生问题，强调"实用""实际""实行"，主张"以理节情"的行为模式，容易满足，并满足在人世生活之中。人间秩序又套叠在宇宙秩序中，成为十分复杂的系统。人与自然的关系服从于人的关系，人对自然的研究，从属于对人的服务，没有独立的地位。中国知识人有着自己的理性，一切知识研究都有现实目的，是将一切兴趣落实到现实层面、不离日用伦常之道的实用理性，与古希腊人穷究自然秩序的科学理性迥异。主流的思想主张"敬鬼神而远之"，建立了常识思维，中国文化及思想中缺乏对上帝及恶的"畏"从而缺乏谦卑地去无限追求超越的心理，伏尔泰之大力赞美中国思想，恐怕就与中国所形成的常识思维有关。

我们不能忽视春秋战国时诸子百家知识人的思考方式创造

---

[1] 中村元：《东方民族的思维方法》，林太、马小鹤译，台北淑馨出版社1998年版，第15页。

了世界思想史上光辉的一页，它与汉以后近乎停滞的两千年有明显的不同，而将春秋战国与古希腊相比较，可以观察到一些相近之处，都是在既有体制崩坏后，社会上出现了一批在学养上有条件，也有资格且有需要以教学维生或发表言论的人，在思想上都有自由发挥的空间，都有思想诠释、创新的自由度。不同派别的挑战、质疑与论辩都占据了十分重要的地位。再有就是，研究者的主体性都相当明确，这一点也是春秋战国时与秦汉以后思想史上一个很大的不同。而中西的不同在于，西方主要研究自然；东方注重借鉴古史，虽然各家各派对历史的认识（或曰因革损益）多有不同，甚至差异很大，但籍由古史而发展出新论述的方式却基本相同。

中国传统的思维方式偏重直觉、顿悟、个体经验和实证，不太注重形而上的抽象思维和缜密的逻辑推理。传统中虽有大量讲求循名责实的事例，如孔子曾主张："名不正则言不顺，言不顺则事不成，事不成则礼乐不兴，礼乐不兴则刑罚不中，刑罚不中则民无所措手足。"[1]这道出了严格区分名实关系的重要性，但只是着眼于道德与政治秩序的"实践旨趣"，与纯思辨的形上学"真理"、逻辑和普遍性的规律都无关。而传统的功利主义与现实主义的倾向更使得形上学与逻辑学的研究无从发展，抽象思维也因此很难得心应手，影响所及，中国人在发现和奠定客观法则上鲜有建树，对普遍性也缺乏兴趣[2]，思维术语往往含糊笼统，对概念的内涵外延、名实关系等不注重严格区分，讨论中即使使用同样的词汇，也经常不是指同样的意义，而是各说各话，无法在共同的基点上有效推进，导致非科学的推理比

---

1 《论语》。孔子在政治上的所谓正名当然是迂腐的，笔者这里只是借助他的话说明要对概念进行明晰和准确分析的必要性。
2 朱云汉、王绍光、赵全胜等编：《华人社会政治学本土化研究的理论与实践》，台北桂冠出版社 2002 年版，第 91 页。

较流行,这必然导致推理效用降低乃至无效。各家谈论的"道""闻道"、"天道""人道"等,而内涵各有不同,"天道"实际上只是"人道"的延伸或体现,余英时说:"中国古代知识分子所恃的'道'是人间的性格,他们所面临的问题是政治社会秩序的重建。这就使得他们既有别于以色列先知的直接诉诸普遍性、超越性的上帝,也不同于希腊哲人对自然秩序的探索。"[1]中国传统逻辑的思维模式缺乏内生的概念思维创造性,类似于"混合物",很难形成新概念,譬如盐和水发生物理反应生成盐水,它既是盐也是水,并未形成一种新的物质(即概念)。这样就容易陷入循环论证,这对于学术的发展明显不利。学界通常较推崇战国的名学,认为这标志中国传统逻辑学的形成,王国维却说:"夫战国议论之盛……惠施、公孙龙等所谓名家者流,徒骋诡辩耳,其于辩论思想之法则,固彼等之所不论,而亦其所不欲论者也。故我中国有辩论而无名学。"[2]劳思光先生认为,墨辩理论"与同时之西方思想水准比较,亦不落后。"而名家在逻辑与纯思辨方面的成就,同样值得重视,但"就名家已有之理论观之,其思想成熟程度实在早期形上学之阶段,故多用诡辩。""此亦可见中国后世思辨之不发达,乃由人为之决定,非关民族之才能也。"[3]实际上,影响更大的是,据李泽厚先生的总结是:"'五行'作为天人交感的反馈系统,正是巫术活动中普遍遵行的相似律动抽象化的理性产物。《周易》所谓'同声相应,同气相求',它逐渐构成了'同类相召'的五行图式的思维方式,它是不同于逻辑思维的类比联想的体系化。类比联想模糊而准确,感性、多元而具创造性。它熔直观、想象、理解于一炉,非概念或逻辑思维所能穷尽……它并不是客观的逻辑推理,而正是实用理性

---

1 《士与中国文化》,上海人民出版社 1987 年版,第 119 页。

2 《论新学语之输入》,《教育世界》第 4 期,1905 年 2 月。

3 《新编中国哲学史》第一卷,广西师范大学出版社 2005 年版,第 248、290 页。

的思维方式。""由于自然与人事不分,强调'天人合一',这便极大地阻碍了独立的自然律(Law of nature)观念的产生,极大地阻碍了自然科学和逻辑思考的独立发展。类比联想的思维习惯有助于发明创造,但毕竟不是逻辑,它不是演绎也不是归纳,更不是实验。"[1]

"中国人到汉代便把'天人''古今',各种自然、社会、物质、精神现象统统构建、组合到一个系统里。这个系统已不同于孔孟时代是从氏族血缘出发,而是从一个统一的大帝国出发,其目的是为了稳固、保持这个巨大的社会机体的动态平衡,以达到长治久安……汉代不仅在物质文明上奠定了基础,而且在文化心理结构上也奠定了基础。""在这个结构中的各个部分相互联系渗透,又有相生相克的反馈作用,这个结构有一套循环的模式,整个自然,整个社会,上自皇帝,下至百姓,包括时间、空间、人体、社会制度、伦常秩序统统都被安置在这个模式中。这有科学的成分,因为它把一些自然规律也放在系统内,也有大量的牵强附会,是属于当时政治需要的东西……这个系统本身大于一切,高于一切。天、地、人都在这个系统中,彼此牵制着……这便是一个循环的系统模式。""这个系统为了维持自己的生存稳定,对外部特别注意和要求能适应环境,它具有一种同化力,所以中国人喜欢讲求同存异。对待外来的东西,首先注意与自己的相同之处,模糊那些与自己不同的东西,从而进一步吸收、消化它,使之与自己相协同……正是这个稳固的系统为适应生存对付异己所采取的动态(不是僵硬的)平衡的结果。这个系统当然有很大的缺点。它对内部要求秩序性、封闭性,使每个人的行动作为和思想观念都在系统中被规定好了位置……不能越出特定的规矩和范围。现在我们常说照顾大局,

---

1 《由巫到礼释礼归仁》,三联书店 2014 年版,第 36—37、78 页。

实际上就是照顾系统的稳定性。"[1]

汉武帝独尊儒术后，确立了经学的地位，此后影响最大的就是经学不同派别的思想，虽有汉学、理学、心学等，绝大多数都可归结于维护社会、政治秩序的伦理道德价值，从而使经学具有信仰的意义。影响所及，"圣贤之学"逐渐成为知识人"学问"的中心，加上与所谓学而优则仕原则的结合，由此形成了"学政一体、通经致用（经世致用、学以致用等）"的深厚传统。中国历史上虽然从未出现过类似西方那种神权宰制思想的暗黑现象，但时而出现的却是政治严重影响思想与教育的情况。梁启超在《论中国学术思想变迁之大势》"儒学统一时代"的开篇表达得最为明确：泰西之政治，常随学术思想为转移，中国之学术思想，常随政治为转移，此不可谓非学界之一缺点也。而千余年来科举对于中国学术思想的影响是不能忽视的，五经四书始终是科考的范围，它制约了思想、教育与治学的方向。费正清认为：科考试题测验考生的知识、道德、政策的判断力，并非空洞无物，也未必导致思想的僵化。唐宋时科举的主项要求考生以诗、赋或文就特定的题目加以发挥，用来考察考生在不同领域与主题上的体会、实践古训的心得以及运用大原则的水平。

秦汉以降，读书人对经学的接受几乎是百分百的，"天不生仲尼，万古如长夜"就是这种态度的写照，士人从认字到治学，无论各级官学还是私塾家学几乎都是从背诵开始，重点大致不脱试经、书义与习字，都强调背诵经典、通晓大义、广泛阅读与勤练文笔及书法的基本功夫；学者治学必须预设儒家经典所记述的内容是真理，治学绝少跳出"圣贤之学"的框架，质疑、挑战、验证、修订或推翻经典理论上既没有必要，事实上也不太可能；即使出现一些疑问与论争，主要也都围绕在典籍的真伪、

1　李泽厚：《中国思想史杂谈》，《复旦学报》1985 年第 5 期。

重点与诠释的差异上；最重要的的方法大概就是章句训诂考据，皮锡瑞标示唐宋义疏之学的准则是"注不驳经，疏不驳注，不取异义，专宗一家"[1]，这一所谓代圣贤立言的学术理路用现代学术术语叫诠释学（阐释学），代表的是典籍的考据、证伪与训诂工作，需要掌握小学（文字学）、音韵学等多种工具才能做到理想中的旁征博引。从治学角度看，春秋战国时辩论的风气在秦汉以后几近绝迹，而诠释、创新的自由度也大为降低。在西方，诠释学与训诂考据在缘起、目的和作法上有类似之处，但它不过是众多方法中的一种。而中国读书人追求的最高境界是书不但要读得广博，而且要读得通透，并能将典籍中的道德充分内化、身体力行地加以运用，成为主客体的浑然一体，甚至可以说是将主体消融于客体之中，这就是"通经致用"，它靠的是知识人的体会、顿悟、修为与见识，修行者在学习与实践的过程中能否开悟十分关键，体悟与创新是相互促进的，缺乏主体性，人自然无法挑战、质疑，也同样无从体悟、转化。知识人得以服人的是渊博的学与养，也就是《中庸》所揭示的博学、审问、慎思、明辨与笃行的过程，在养成过程中主体浸润于客体之中，将研究的内容充分内化，从而造就令人折服的修养，而外显的则是个人的言行、操守与文采。在传统中国，知识人受到较高赞誉的是"道德""文章"，道德尚在学问之前，也就是做人的成功与否比学问更重要，最高评价是达到内圣外王的理想。而作为负评的叫书呆子，就是形容能知不能行的，一般指只读书而不会用书上的知识变通的人。需要注意的是，中国人讲"实践"与它在西方的意涵存有微妙但重要的差异。欧洲传统追求的是形而上学的"真理"与普遍性的规律。在传统中国，独立创新的精神可以说一直存在于不受政治力影响的艺术和文化等领域，

---

1 《经学历史》第 7 章，中华书局 1959 年版。

如文人雅士创作的诗词、绘画、书法。

中西大碰撞之前，在中国传统学术体系中，以经学最要，史学次之，而后其它如道佛之学、术数历算之学等。经史之学因包含了圣人之道，是用于维护人间秩序的形而上者，故处于学术体系乃至整个知识系统之最高、最主要地位，而术数历算等为艺事之学，是求道的手段，是形而下者，谓之器，故艺学处于次要的从属地位，清高者会视为奇技淫巧。中国学问的特点是注重会通，不重分类，尤其不主张将学术分而治之，虽然时有主张分治者，但并未得到普遍认可；形上形下兼通者会被高度称赞，只通形下者会被目为玩物丧志。就形上的部分而言，学者们并不善于理论建构与历史分析，在学术上好义理之辩，缺少公认的学术评判标准，一不留神就从白马非马落到指鹿为马。清代汉学宋学的范式之争，影响迄今，清郑献甫画鬼画人之喻引人深思，他说：宋人式的"语录，如画鬼也，无论是否，皆可以欺人"。清人式的"考据，如画人也，小有参差，即不敢示人"。文人的"词章，如画意也，无论工拙，皆自谓过人而已矣"[1]。这一比喻使人感受到如何判断学问的真伪缺乏严格公认的标准。这与西方历来把道德政治思想建立在学术之上不同，中国的乡愿式传统只有在预先设定道德政治立场之后才谈得上学问（"天德良知"），社会心理构成上的差序格局（费孝通语）更是给喜道德判断提供了丰富的土壤，而中国传统道德又是立足于情感（或"情理"）之上、以"诚""信"为本的，更是不容学理和逻辑有自由施展的余地。因此，一方面，传统学术历来只是道德（及道德情感）的附庸，而由于道德的政治化，也不能不是政治的附庸；另一方面，也正由于这一点，这种学术哪怕表面上"独立"

---

1 《补学轩文集》卷一《著书说》，沈云龙编：《近代中国史料丛刊续编》第22辑，台湾文海出版社1975年版，第672页。

了，实质上也只不过是对其依附对象的暂时的悬置，而不可能
有自己真正的安身立命的根基。[1]

中国学术重在"求用"与"求事实"，伦理和审美占重要地
位，轻理性，人本身即目的，东方社会实际上缺少纯学术的传
统、纯学者的世界，为学术而学术的精神自然不可能成长（仅
乾嘉考据学存在一些为学术而学术的倾向），纯学术的行为像"坚
白之辩"之类为知识而求知识的兴趣则多半会因没有实际用途
而被视为"苛察缴绕，使人不得反其意……失人情"（借用司马
谈论名家语），轻蔑者甚至会视之为"怪癖自弃"的"书呆子"。
徐复观云："中国文化精神的指向，主要是成就道德而不在成就
知识。因此，中国知识分子的成就，也是在行为而不在知识。
换言之，中国人读书，不是为了知识；知识也不是衡量中国知
识分子的尺度，这在两千年的历史中是表现得很明白的。所以，
中国知识分子，缺乏'为知识而知识'的传统，也缺乏对客观
知识负责的习性。西方人为求得知识，要从具体的事物上求出
抽象的概念。概念不能代表具体事物之全体，但能抽出具体事
物之各部分作成一种确切不移的定义。中国人则是就具体事物
之本身来看事物，缺乏概念性的思维习性。"[2]

中国知识人是在儒家经典成为大一统帝国的经学尤其当它
们成为科考的必备内容才能晋身统治阶层之后，思想才受到了
强烈制约而失去了活力的，这个传统所塑造的是一种残缺、被
阉割的思考方式，由体悟而创新的部分在弹性与创新度上也被
压抑。中国思想虽然不是死水一潭，但从整体的演变看，与欧
洲思想的变化、冲撞、转折相比较，也只能算是"茶壶里的风暴"。
思想领域唯一能够和春秋战国时代相提并论的辉煌内容，只有

1　邓晓芒：《思想中的学术与学术性的思想》，《学术月刊》2001年第10期。
2　徐复观：《中国知识分子的历史性格及其历史的命运》，李维武编：《徐复观
　　文集》，湖北人民出版社2002年版，第130页。

印度佛学传入中原后与中国传统碰撞、融汇的中国佛学的相关内容是这种体悟、转化、创新范式的成功例子。清末国力衰微，对于传统思维方式的批判十分猛烈，有了中西比较视野的罗家伦说："中国的学术和社会……两千年来，一脉相传，一点变更没有，一点进步没有。"没有"批判精神"，中国人在儒家"思想专制"的毒害下，失去了理性怀疑、理性批判与沟通的能力，"只会争吵和口角"。[1]

西方学者习惯透过质疑、思辨、论争以"破旧立新"，开创新命题，发展新理论；中国学者则籍由阐释经典、借鉴历史、实践与体悟，重直觉、顿悟和个体经验，从而转化、创新，其中体悟、转化尤为关键。中西学界同样可以发展新的论述，至少可以说是殊途同归的。

中西学术传统差异[2]

	中国	西方
历史背景	大陆、农业立国	海洋、贸易立国
世界观	阴阳二元	实质一元论
关怀主旨	建立秩序	了解世界
目标	化成世界	征服世界
范畴观	连续范畴，历史理性为主导	离散范畴，逻辑理性为主导
文献性质	圣贤之学（儒家）	理论知识
方法取径	治学：学习、体悟	求知、思辨
着重焦点	秦汉以后 What：两千年同一套经典，有如百公尺赛跑	How：不断推衍的论述过程，有如越野接力赛
为学态度	籍题发挥（春秋战国）/ 遵从权威（汉以降）	遵从学术规范
评价标准	学养文采	一家之言
主体性	主客体明确区分（春秋战国）/ 主客体合一（汉以降）	主客明确区分

1　《批评的研究》，《新潮》2 卷 3 号，1920 年 4 月，第 601—603 页。

2　汪琪：《本土研究的危机与生机》，华东师范大学出版社 2016 年版，第 115 页。刘家和：《论历史理性在古代中国的发生》，《史学理论研究》2003 年第 2 期。这部分的写作，笔者从汪著获益良多，有的地方甚至可以说就是改写，特此说明并加致谢。

二、中西碰撞中形成的中国新学术
——兼析学术、思想与思潮之别

（一）千古变局中畸变的社会心理

近代以来，东方社会遭遇了数千年未有之变局，从 19 世纪下半叶开始，西方强权世界挟着政治、军事巨大的硬实力迅速慑服了东方。与此同时，西方凭借着文化、思想、学术等坚实的软实力逐渐建立起在东方的霸权，称雄至今。随之走入了"西方与东方""传统与现代"等相互碰撞、对峙、交流、融合的过程，这些都深刻影响了东方社会各方面的发展。日本社会充斥着脱亚入欧的氛围，成功完成了转型，中国也被拖入这空前未有的剧变中，中华民族受到了一次又一次挫折、屈辱、摧残和凌辱，西方的坚船利炮打得中国士大夫的脑子一阵阵发懵，头晕目眩……耿云志先生认为：身处其间的国人难免困惑，而超越此种尴尬情景的路径是"确立健全的文化心态"[1]，不健全与笔者所用畸变异词而实同。俗语常道：三十年河东三十年河西。华夏独步世界民族之林可谓已然"数百年"，突现"三十年"困境，面对困难重重的局面，理当卧薪尝胆、缺钙补钙，而当时的实际情况却是渐渐走向了一个极端，中西新旧成为困扰中国社会的重要问题，"从 19 世纪后期开始，新旧之争成为近代中国一个持续的现象，但新与旧的区分标准以及不同时期的新旧社会分野却随时而变。"[2]聪明人纷纷翛然，他们不知道庞大的中国社会要完成转型，必然是一个极为复杂、艰巨和长期的过程，而庞大帝国陈腐的政治传统、老旧的社会组织及其观念都不适合

---

[1] 耿云志：《近代中国文化转型研究导论》，四川人民出版社 2008 年版，"前言"第 2—3 页。

[2] 罗志田：《权势转移：近代中国的思想、社会与学术》，湖北人民出版社 1999 年版，第 156 页。

近代专业化、注重效率的要求，军事的无能，不注重效率，骑兵司令丁汝昌去当对军事技术与战术要求很高的海军指挥官就是非常典型的例子，由相当程度的偶然因素导致的甲午惨败引发了整个社会的心理焦虑；而与列强屡战屡败的 60 年之际竟与"万国"宣战，更是将中国社会推入了万丈深渊。深度反思的结果兴起了全面反传统的声浪，达尔文的进化论风靡一时。余英时说："自康有为的《大同书》以来，各种过激思想一直在不断地掩协中国的知识界，这最足说明中国近代思想的贫困。"[1]至今被人盛赞的"疑古思潮"就是如此。中国思想界自清末以来一直处在一种不健康的急迫心理的压力之下，缓慢的失望、悲观，深深地自我怀疑，视野和胸襟都不够开阔，急躁和不耐是当时普遍的感觉，错觉和幻想阻碍了人们的正确视线，夹杂着一种强烈的怨恨之情，导致了一种极大的愤怒情绪（鲁迅曾一度绝望），"气氛"僵硬得使他们呼吸都困难了，产生了一股发自内心深处的仇恨心态。罗志田先生粗略描绘了这种心路历程："空洞无把柄的心理状态既是体用皆空的重要原因，更造成思想上的激进。……中国士人思想的激进化尚隐伏着更深层次的心态紧张。……心态的紧张常常容易引起焦虑，因焦虑复产生一种激进的情绪。……进一步促成了近代中国思想的激进化。此时从西方输入的使命感更加强了中国士人因多层次心态紧张而产生的激进情绪。……近现代中国士人的一个共同心结即大家为了中国好，却偏偏提倡西洋化；为了爱国救国，偏要激烈破坏中国传统。结果出现破坏即救国，爱之愈深，而破之愈烈，不大破则不能大立的诡论性现象。……爱国主义与反传统在这里奇特地结合在一起。……中国思想界本已趋激进，以梁（启超）

---

1 《论中国文化的重建》，王跃、高力克编：《五四：文化的阐释与评价——西方学者论五四》，山西人民出版社 1989 年版，第 207 页。

在世纪之交的影响，更有意识地操此术以‘过两级’的方式昌言破坏，干柴遇上烈火，‘破坏’遂成彼时思想言说中的口头禅。……（从梁启超到抗战末期的闻一多）代代均以破坏自居，而代代均觉破坏得还不够，近代中国的激进化，也就如洪水泛滥，一波盖过一波，而不知所止。……既然人的上升性社会变动也惟新是尚，‘新’的至高无上地位已从精神到物质，稳稳地扎根在中国社会了。……而进化论本身恰具有强烈的厚今薄古和尊新斥旧的倾向。……辛亥革命本身也体现出新旧势力竞争的逆转，新旧之间的攻守之势因此而大变。……对于许多趋新者来说，由于未来必然是或至少可能是美好的，本民族固有之文化是否保存已不那么重要，从传统中寻找不足（而不是光荣）以摈除或改进这样一种‘反求诸己’的取向不但不那么可怕，而且简直成为走向美好未来的必由之路。……中国读书人无论少长，其趋新已达世界少有的程度，而且那时一些中国人崇新确已超过外国人。……实际上，民初中国社会的趋新与激进曾大大超出新文化人的预想。……崇新的一个直接后果就是不断地追求进一步的新，一般追随者固然要不断追求更新的偶像，就是已成偶像者，也要不断地破旧，以证明及维持其新，否则就会落伍。……但新总是相对于旧的，一旦旧被破除，新也就不成其为新。这样，既存的偶像转眼已旧，不得不让位于更新者。”[1] “思想一方面，近代以来确是以不断激进化为主流；社会一方面，也曾形成‘新的崇拜’，社会变动的上升几乎到了惟新是尚的地步。”[2] 无论如何，现实的需要才是导致心理渴望的基本要素。但

1 罗志田：《新的崇拜：西潮冲击下近代中国思想权势的转移》，《权势转移：近代中国的思想、社会与学术》，湖北人民出版社 1999 年版，第 56—57、59、61—62、64—66、78 页。
2 罗志田：《权势转移：近代中国的思想、社会与学术》，湖北人民出版社 1999 年版，第 288 页。

无论是新还是西，也不意味着不要秩序，完全抛弃自己的文化传统的社会心理是一种伟大文明遭受了百般凌辱之后的一种极端反应，看看今天的伊斯兰原教旨主义就可知道该种心态反应的另一种极端变态的程度。而从社会史的观点看近百年来的中国史是一连串的社会解体过程，"中华民族花果之飘零"（唐君毅语）之大悲剧出现，伴随而来的是社会重建运动。这是一大可浩叹之事。

神经元研究的最新发展告诉我们，人们对事物的判断和反应，不仅依凭理性，同时也诉诸情绪。情绪是指神经元的自动反应，而它又可经过长期演进而形成心理定式、思维定式。而按照心理学的"认知和谐"理论，一个人接收到的观念跟他一样时会觉得很舒服，更容易接受。这也就意味着人们通常认为天经地义、无可置疑的真理真相很可能只是一些社会思潮的心理积淀，它们往往经不起理性光辉的照耀。而心理状态是一个民族历史的血肉，心理动能的蓄积是社会剧变的动力，它强烈影响着历史形成的面貌，社会心理是指在一段特定的时期内弥漫在社会及其群体中的整个社会心理状态，是整个社会的情绪基调、共识和价值取向的总和。社会心理也是含有主观的、潜移默化的演进形成的一种思维定式，甚至带有偏见和偏激的成分。中国社会的演变与中西碰撞、激荡所形成的偏激的社会心理高度相关，顾先生1917年写下的"亡国有利有理论"就是这样一个陷入偏执的说法：

与介泉论近状如此不如亡国犹能公道。盖今日之上等社会，结党营私，野心嫉性，日急一日，以阴谋图发展，以势力事要挟。亡国以后，此等人无所得政柄，则亦息影消声，安于闾阎矣。今日之下等社会，商工停滞，职业不发达，国内屡有战争，不为兵则为流氓，否则求食綦难，几待坐毙。亡国以后，必能于实业多事安插，不至流离失所，铤而走险矣。至中流社会所为之事，则国之存亡，无有关系，即使外人入主，必仍当有此等职业也。且或亡国之后，各类机关，反形联络活动，社会能见开拓。……今人之以亡国为大讳者，基于虚荣心，而惑于政客利国福民假公济私之言论也。实则愚耳。……量其轻重，做亡国之奴隶，胜于做自治国之公民多矣，何必戴虚名而拥久祸乎。呜呼，国政不纲，民有偕亡之叹。予辈尚受接触不深，而感想已如此，此时国势，亦可知矣。[1]

中国社会终于在惶惶不可终日的处境中突然发生了"五四"，新知识群体——学生们就带动了一次"爆破"，"五四"只是标志着新文化尤其是其"全盘性"的否定传统的阵势在扩大过程中的一个总爆发。[2]杜威 1921 年在《亚洲》杂志指出："这场运动，在我看来，感情的成分多于思想的成分，其中还伴随着夸张和混乱，未能消化掉的智慧与荒谬的杂合，等等。一切都告诉我们，这场运动的开始阶段是太急功近利了。"顾颉刚先生的观察与杜威颇多雷同（正文有述）。五四运动具有最基本的双重精神：反对中国传统文化与接受西方近代文化。两千年文化传统的因袭，到了"五四"，终于被这一批年轻人的冲动轰破了，带着情绪化的爱国主义，每一个人似乎都要熔成、燃烧成一团火，烧遍身心，拼命地写、拼命地吃喝、拼命地狂呼，要把传统焚为灰烬，然后凤凰涅槃，使新中华重生。五四思潮使大部分年轻人一股脑儿倾向西方，要从西方文化中找出一个"乌托邦"移植到中国来。"五四"以后，发生了相当惊人的文化失调，继之

1 《顾颉刚读书笔记》卷十五，中华书局 2011 年版，第 298—299 页。
2 本杰明·史华慈：《论五四及其以后新一代知识分子的崛起》，《剑桥中国史》第十二卷第八章（节译），王跃、高力克编：《五四：文化的阐释与评价——西方学者论五四》，山西人民出版社 1989 年版，第 113 页。

则是社会的解组。"这是一种可悲的现象。所有知识界的人士都有着历史的责任，因他们并没有对文化之调适工作做过认真的努力！最可憾者是五四新文化运动中有一撮激烈的人士，他们只看到中国文化之黑暗面，把精力悉数用到破坏文化传统上去。他们反对社会既存的结构与价值，带着一种狂热的性格，寻求新事物，如中疯狂走，结果中国文化传统的价值体系都被一一肢解，而他们所展开的'批判运动'，便变成了'否定运动'或'打倒运动'。他们原初所表现的'理性主义'竟一转而为'虚无主义'。……跟着五四口号走的少年，则表现了一种宗教的狂热。他们的宗教是……'新'与'洋'，于是'旧'与'中'的都在打倒之列。……这不是'理'，而是'势'，势盖过理。……民族之自满自大固然是一种病态，但民族自卑自贱则尤不健康。"[1] "就思想而言，五四实在是一个矛盾的时代：表面上它是一个强调科学、推崇理性的时代，而实际上它却是推崇情感、轻视理性，成为一个热血沸腾、情绪激荡的时代；表面上五四是以西方启蒙运动重知主义为楷模，而骨子里它却带着强烈的浪漫主义色彩。一方面五四知识分子诅咒宗教，反对偶像；另一方面，他们却极需偶像和信念来满足他们内心的饥渴。"[2] 他们在心理上渴求简易解决之道。而顾先生的《自序》中就有不少这样的话语："现在，理性不受宗教的约束，批评之风大盛，昔时信守的藩篱都很不费力地撤除了，许多学问思想上的偶像都不攻而自倒了。"张灏精辟地分析了时代独特的心理背景，"五四是民族情绪高涨的时代，救亡图存是每一个知识分子的关怀。因此，在心理上他们非常希望发现一套思想武器，使中国能够很快变得国富兵强，好像一个生了重病的人渴望发现一种仙丹灵药来挽救他垂

1　金耀基：《从"五四批判"到"批判五四"》，萧延中、朱艺编：《启蒙的价值与局限——台港学者论五四》，山西人民出版社 1989 年版，第 33—44 页。

2　张灏：《五四运动的批判与肯定》，同上书，第 54 页。

死的生命；科学就是他们心目中的仙丹灵药。……近代中国一连串的战争和动乱，给中国人生命带来许多动荡、不安和焦虑，使他们更渴望有一套整体的世界观，借以在动荡不安中能够维持心理的稳定，在困乏焦虑中觉得生命有所支持。这种种个人以及群体的心理需要，使他们对科学很容易产生幻想，幻想科学不单是救国的仙丹灵药，而且也是个人生命所赖以指示迷津，维持重心的世界观。……使人很容易在情绪上对未来寄以殷切的希望，幻想着未来有一个理想的社会出现。不但现在的重重困难可以消解，而且人类种种的问题也都告解决，人间变成一片乐土。"[1]五四运动是一个早熟的文化运动，不但先天不足，而且后天失调。五四之前，对"中学为体西学为用"的偏执，导源于过度的自大；五四之后，对"全盘西化"的极端，导源于过度的自卑。这都是幼稚的错误。"五四知识分子认为要重建中国文化，不但需要热烈地接受西方现代文明，而且需要彻底否定中国传统文化。……西方近代文明代表进步，中国传统代表落后；西方近代文明代表光明，中国传统代表黑暗；西方近代文明代表开明的理性，中国传统代表非理性的情绪、冲动和偏执。按照这种简单二分法的逻辑，如果中国要进步、要理性、要前途光明，只有接受西方近代文明；要接受西方近代文明，则必须毫无保留地扬弃传统文化。"[2]余英时就指出："可惜的是，'全盘西化'也并不比'国粹主义'好出多少，甚至可以说是更差。"一个人丧失了独立的人格自然会东倒西歪，不能自主，一个国家丧失了国格同样也不会例外。他们自我蔑视，带有简单、粗暴的倾向、相当胆怯的勇气，潜滋暗长的文化失调造成道德价值日趋混乱，社会风气日趋败坏。

---

1 张灏：《五四运动的批判与肯定》，萧延中、朱艺编：《启蒙的价值与局限——台港学者论五四》，山西人民出版社 1989 年版，第 52—53 页。

2 张灏：《五四运动的批判与肯定》，同上书，第 54—55 页。

最重要的是它并非中国文化自身发展的迫切需要，而是对西方近代文化冲击的强烈回应。一方面，彻底铲除了中国的旧传统，又给予了人们无限的西方文化的新希望；另一方面它在真正新社会、新文化的建立上竟一无所有。他们认为西方因科学发达而强大、富强，"科学"的喊声遂响彻云霄，并取得了至高无上的地位，成为一种崇拜的对象，把"科学"当成像金庸武侠小说中各路豪杰追求的"神功"一般，而"欲练神功，必先自宫"，必欲先把不利于科学发展的中国传统文化阉割掉而后快，他们误以为科学可以解决一切问题，但实际的后果则是，当科学的怀疑由态度转为方法时，所谓科学就成了另一种独断。[1] 知识界尊西尚新的风尚使人误以为中国社会这也不灵、那也不行，"今日中国学术之枯槁"成为知识界的一个共识，甚至产生了亡国灭种的阴霾，其中固然不乏真知灼见，但要说中国历史也不行的话，恐怕外国人也不会相信。在今天心平气和的心态下，我们显而易见会认同这样的论述："吾国文化延续数千年，其中'必有可发扬光大、久远而不可磨灭者在'。"[2]

（二）全盘西式的新学术

两大知识传统、学术系统也发生了不可避免的碰撞、对话、交流、嫁接、融汇等，"古今""中西"成为东方学术界无可回避的重要课题，先由比附格义式"西学中源"的观念交流，而后成为"中学为体，西学为用"的知识框架，再到"西学为体，中学为用"的融混阶段。"当中国士人对西学的态度进而从承认转为倾慕时，他们对科学的认知也相应转变了。同时，也许因

1　有关"五四"前后，反传统思潮的兴起，具体参见林毓生：《五四式反传统思想与中国意识的危机》，《思想与人物》，台北联经出版公司 1983 年版；王汎森：《从传统到反传统——两个思想脉络的分析》，《中国近代思想与学术的系谱》，河北教育出版社 2001 年版。

2　梅光迪：《评提倡新文化者》，《学衡》第 1 期，1922 年 1 月。

为科学确实比其他部分的西学更加具有普世性，科学很快就成为西学中最受中国士人欢迎的一部分……西学本身也跨越中西认同的紧张，获得了一个更具普世性的名称——新学。一旦不存在认同问题，西学在中国的传播便如翻江倒海，形成一股巨澜。……'新学'在中国成为显学，士人竞相趋从。"[1]20 世纪初，国粹学派的邓实说当时知识界的风气是"尊西人若帝天，视西籍若神圣"就是极为贴切的摹绘。而余英时先生判定"西方理论代表普遍真理的观念"在 1905—1911 年间已"深深地植根于中国知识分子的心中"了。[2]王汎森先生说："这一百多年来，我们对知识的了解、定义、诠释、范围，大多是跟着新式教科书走的，就像突然一阵风吹来，人们的思维世界悄悄转换成教科书或其他新书中的新定义、新概念，此后大家相沿而不自知，几乎不再意识到其中有一个很复杂的历史过程。"[3]左玉河先生认为整个转型期的特点是，"从中国传统的文史哲不分的'通人之学'向西方近代'专门之学'转变，从'四部之学'（经史子集）向'七科之学'（文理法商医农工）转变，是中国传统学术向现代学术形态转变的重要标志。""伴随着西方学术分科观念、分科原则及学科体系的引入，中国传统知识系统必然逐步解体，被消融在近代西方知识系统之中……中国学术从'圣学'变为中学、旧学、国学之演变过程，与西方近代学术从夷学提升为西学、新学之过程是同步的。中、西学名称上之变化，鲜明地体现着两者地位之消长。"[4]而后就是现代学术范式的迅速建立，

1　罗志田：《新的崇拜：西潮冲击下近代中国思想权势的转移》，《权势转移：近代中国的思想、社会与学术》，湖北人民出版社 1999 年版，第 44—45 页。

2　余英时：《中国知识分子的边缘化》，《二十一世纪》（香港）第 6 期（1991年 8 月）。以笔者对胡适、顾颉刚两先生的观察看，这一时间恐应在稍后几年。

3　《执拗的低音：一些历史思考方式的反思》，三联书店 2014 年版，"序言"第 7 页。

4　左玉河：《从四部之学到七科之学——学术分科与近代中国知识系统之创

胡适先生的爆得大名是一个标志性的事例。对此，绝大多数学者基本上持有绝对肯定的态度，胡适也成为学术界主流的代言人。其中不乏甚嚣尘上的"全盘西化"声浪，中国人由凡事都是中国的好和古已有之，走向了凡是中国的都不好的另一个极端，这成为当时人的主要反应以及现在学界主流的看法。这个过程一般被视为传统学术向近现代学术的过渡，最终建立起生搬硬套的、拿来主义的、基本上算是全盘西式的中国现代学术体制，这与传统学术的低落并沦落于边缘适成对照。"一九四九年后一切情势皆大变。中国旧文化、旧传统、旧学术，已扫地而尽。治学则务为专家，惟求西化。中国古书，仅以新式眼光偶作参考翻阅之用，再不求融通体会，亦无再批评之必要。则民初以来之新文化运动，亦可谓已告一段落。"[1]

1949 年后，这个体制及其成就长期受到政治上的批判，视之为西方殖民主义的产物。20 世纪 80 年代后，学术界对民国学术体制的评价愈益走高，近年来，桑兵、罗志田、左玉河[2]、顾明栋[3] 等先生对其进行了相关探讨，检讨得失，开始正视中国传统学术的优点，而方朝晖认为："20 世纪中国学术在西学冲击下的回应方式，迄今为止还很少有人对之做过真正清醒、严肃的反思。"而且找出"一个更加可怕的现实，即一个多世纪以来，由于中国人在不自觉地用他们自身那个'如何使中国现代化'的世俗理想来曲解西方学术的同时，还同时自觉地进行着另一个

建》，上海书店出版社 2004 年版，《导论》第 2、282—283 页。

1　钱穆：《序》，《现代中国学术论衡》，生活·读书·新知三联书店 2005 年版，第 6 页。

2　左玉河：《从四部之学到七科之学——学术分科与近代中国知识系统之创建》，上海书店出版社 2004 年版；《中国近代学术体制之创建》，四川人民出版社 2008 年版。

3　参见《汉学主义——东方主义与后期殖民主义的替代理论》，张强等译，商务印书馆 2015 年版。

巨大工程，即自觉地引进西方现代学术范畴来解构中国古代学术，并与此同时人为地摧毁了中国古代学术的伟大传统，这是导致他们今天找不到精神家园的另一重要原因。为什么这样说呢？因为两千多年来以儒家学说为主导的中国古代学术，也是一个有着独立的内在逻辑和崇高的精神价值传统的学术，20世纪中国学者正是在引进西学的过程中摧毁了这一伟大传统的。"[1]

无论怎样，20世纪的中国学术都是一个既定而又不可逆复将长期主导中国学术的事实，西学吞噬中学是产生了伟大的进步还是导致了灾难性的后果更是一个需要长期研究的重大课题。但看中国从佛教输入到理学的确立，吸收、消化、融汇的过程达千年之久，而近代全面引进西方的学术范式与体制却只用了短短几十年，一个伟大文明的学术传统泯然化于无形，这个事实本身就很让人惊诧。

研究这个融汇的过程，现有两种模式：刺激—反应与内在理路。左玉河先生认为，"用西方近代学科分类体系来'肢解'和重新整理中国固有学术，是清末民初中国学者之历史使命。"[2]钱穆先生认为这是个弊端："专家学者，率置其专学以外于不论，否则必加轻鄙，惟重己学有如此。于是文学、史学、哲学，及考古发掘龟甲文等各项专门之学，一时风起云涌，实可谓皆自新文化运动启之。"[3]方朝晖先生也大不以为然，"需要提醒大家注意的一个重要事实是：一百多年来，中国学者正是由于在对几千年西方学术传统尚无深刻了解的前提下，出于种种功利需要而'囫囵吞枣般地'引进了几乎所有的西方现代学科范畴，才导致

1　方朝晖：《"中学"与"西学"：重新解读现代中国学术史》，河北大学出版社2002年版，第9、15页。
2　左玉河：《中国旧学纳入近代新知识体系之尝试》，郑大华等编：《思想家与近代中国思想》，社会科学文献出版社2005年版，第224页。
3　钱穆：《序》，《现代中国学术论衡》，生活·读书·新知三联书店2005年版，第5页。

了国人对于西方学术的本质长期停留在'只见树木、不见森林'的状态。""20 世纪中国学术史的一个重要特征就是，把本来不属于'认知'范畴的学术强行纳入'认知性'的学术传统之中，从而导致几千年绵延不绝的中国古代学术传统的人为中断。这种情况的发生，完全是由于到今天为止几代人都在用西方'认知'的逻辑来阅读、理解和接受中国古代学术的产物，这场对中国传统学术思想的普遍误读无疑同时也构成了我们民族学术史、思想史及文化史上一场空前绝后的灾难。""需要指出，以西方现代学术分类体系来分割和重新整理国学，其历史后果是极其严重的。在这方面，一个极为显著的现象就是，在努力地用西方人的眼光去理解中国人原有思想的过程中，将中国人传统思想的精神实质丢之殆尽，导致了中国文化传统的人为中断和几代人文化精神的沦丧。"[1]

笔者认为，与佛教输入中国时的"吸收外来，不忘本根"的情况相比，近代则是另外一种情况，中国现代学术体制虽然是东西学术融汇后的产物，但它的主干却是西方的，它的建立是被视为整个社会转型中的一个环节，其过程也并非平等对话、交流的结果，因此，看待近现代学术范式及其体制势必不能仅仅就学术论学术，它还牵涉到社会、政治、文化、思想、宗教等方面的关系及其之间的复杂互动，支撑原有系统运转、变化的各种因素又与外来的各种因素相互交织，而转型期的中国社会极为动荡，20 世纪急风暴雨般的风云变幻，又使得这段学术史受到各种因素的干扰。这是人类历史上一段独一无二的历史，现有的模式似乎难以全面反映历史的真实情况。研究学术也必须和各式各样的因素联系起来，社会心理尤为不能忽视，强大

1　方朝晖：《"中学"与"西学"：重新解读现代中国学术史》，河北大学出版社 2002 年版，第 2、8、189 页。

的外力刺激、压迫着东方做出改变、适应，中华民族丧失了文化自信，外力之大使中国许多人迷失了自我，造成心理严重失衡，甚至变态。"强势刺激容易产生文化颠簸症，于学术的发展也会伴生不利的影响。""晚清之思想界的变革，实带有急促、慌乱、因应失据、饥不择食的特点。"[1]在这种情况下做出的选择就未必是合乎学术的内在理路的，加上涉及的范围之广、程度之深、改变之巨，都是前所未有的。如何看待其得失，恐怕是一个值得长久研究的课题。顾先生在读大学时就有过相当有价值的思考（见上编）。就学术本身而言，一方面是本土学术失去独立地位，另一方面则是失去了学术深度的各种外来思想游荡于中国社会使之浮躁化。既有古今的级差，又有东西的族别。"今"与"西"代表"现代性"，社会弥漫着尊新尚西的思潮，在尚未来得及对中国历史整体进行宏观的全面总结、局部实施微观的精到分析的情况下，在对传统学术的优缺点尚感茫然之时，看到了外部——现代西方学术的巨大优点，产生了全面学习的内在动力，产生了以西方为准绳裁量中国事务的倾向，其结果是"今"压倒了"古"，"西"压倒了"中"，西学各科如洪水般漫灌中华学界，一时无从消化，只能囫囵吞枣般地接受。钱穆先生从社会心理进行了概述，说："盖自道咸以来，内忧外患，纷起迭乘，国人思变心切，旧学日遭怀疑，群盼西化，能资拯救。"从学者心理着眼并以顾先生为例阐述，"旧学宏博，既需会通，又求切合时宜，其事不易。寻瑕索疵，漫肆批评，则不难。适之又提倡新文学白话文，可以脱离旧学大传统，不经勤学，即成专家。谁不愿踊跃以赴，其门弟子顾颉刚，承康氏托古改制义，唱为疑古，著《古史辨》一书，尤不胫而走，驰誉海内外。"[2]

1　刘梦溪：《中国现代学术经典·总序》，河北教育出版社 1996 年版，第 32—33 页。
2　钱穆：《序》，《现代中国学术论衡》，生活·读书·新知三联书店 2005 年版，第 3 页。

笔者认为，应该先把事实搞清楚，然后才可进行评价，本书上编就是澄清与《古史辨》相关的事实。对中西学术融汇评价的关键问题在于，以"西学"吞噬"中学"的方式真的是天经地义吗？众所周知，研究不可预有立场，尤其不可有成见，而以西学部勒、驾驭中学，首先就违背了这一点。至于方先生将中国文化传统的人为中断、人文精神的沦丧和文化灾难等归之于西学恐怕失之简单，看看日本就可以清楚知道这一点。针对一些东方本来没有而纯粹从西方移植过来的学科，它们有效快速地填补了东方知识系统的不足，其功劳可谓莫大焉。但针对反映民族特性、文明多样性的人文学科，从中国传统学术中固有的学术门类中转化、重整的学科，对于西化的结果就应该进行认真审视和长考。它们虽开启了无数"治学"窍门，但实际就是著名华裔史学家唐德刚所称的西方教科书般的水平，今日看来，不免有隔靴搔痒之感。在两大学术系统碰撞时学者们并不太关注东方本身的特点，尤其在汉语中文的特点、历史特性未明的情况下，将经学进行文史哲的分家更是草率，近现代学术最大的失误就在于对传统经学的偏见，经学渐渐式微，共和制建立后，经学更是被视为"僵尸"（周予同语），民国分科治学后的不少学术成果被经学式的固化，甚至到了偏执于吹捧的地步，东方学术界对传说时代的认识基本还停留在传统经史之学的水平，而它们与西方科学史学阴错阳差的结合又导致对中国文化及其起源的误读。

因此，回顾历史就很重要，单就中西学术而论，首先需要了解各自的特点，王国维对中西文化、学术的比较非常敏锐，他提出了不少精到的见解，如：

抑我国人之特质，实际的也，通俗的也；西洋人之特质，思辨的也，科学的也，长于抽象而精于分类，对世界一切有形无形之事物，无往而不用综括（Generalization）及分析（Specification）之二法，故言语之多，自然之理也。吾国人之所长，宁在于实践之方面，而于理论之方面，则以具体的知识为满足，至分类之事，则除迫于实际之需要外，殆不欲穷究之也。……故我中国有辩论而无名学，有文学而无文法，足以见抽象与分类二者，皆我国人之所不长，而我国学术尚未达自觉（Selfconsciousness）之地位也。……夫抽象之过，往往泥于名而远于实，此欧洲中世学术之一大弊，而今世之学者犹或不免焉。乏抽象之力者，则用其实而不知其名，其实亦遂漠然无所依，而不能为吾人研究之对象。何则？在自然之世界中，名生于实，而在吾人概念之世界中，实反依名而存故也。事物之无名者，实不便于吾人之思索，故我国学术而欲进步乎，则虽在闭关独立之时代犹不得不造新名，况西洋之学术骎骎而入中国，则言语之不足用，固自然之势也。[1]

中西学术之别鲜明地体现在逻辑特点之不同。中国现代学术一开始，如严复、傅斯年等人就从比较的角度敏锐地感受到中西学术在逻辑上的差异以及传统学术存在的弊端，严复认真做过中西学术传统的比较，认为逻辑学是"一切法之法，一切学之学；为体之尊，为用之广"[2]。崔清田先生对严复在这方面的研究作过很好的归纳：（1）变"惟圣""惟古"为创新自得；（2）变臆断为实证；（3）变整体认识为分析思考；（4）变模糊为清晰；（5）变零散之说为系统之说。[3]胡适的博士论文就以"先秦名学史"为题，顾先生对此也不陌生，他在早期的读

1　《论新学语之输入》，《教育世界》第 4 期，1905 年 2 月。

2　王拭主编：《严复集》第 4 册，中华书局 1986 年版，第 1028 页。

3　崔清田：《墨家逻辑与亚里士多德逻辑比较研究》，人民出版社 2004 年版，第 287—293 页。

书笔记中写道："黄远生谓国民富于混笼性，最为下劣（见丙辰
一号《东方杂志》《国人之公毒》一篇）。""中国学术之笼统玄秘，
既如黄远庸《国人之公毒篇》所述，刻读吴瘜盦《顾曲麈谈·原
曲章》，亦有同此叹者……"结论说："坤按国人富于继承心，而
缺乏研究心。"[1] 陆志韦 1937 年在清华做《中国人类比的思想方法
及其对科学之阻碍作用》的演讲，指出中国人喜欢平行推理，"它
既非演绎的亦非归纳的，而是类比的。"这是理解诗歌之最好方
法，但对科学则大为不利。"为了取得科学精神，中国人必须摆
脱这种思想方法。"[2] 张申府曾说："思想方法的讲究更是必要的，
必须改革的，过去中国思想上的模糊、笼统、凌乱、飘空，便
大部分是思想方法问题。"[3] 但实践上并不理想，以"哲学"这个
词来说，傅斯年先生就不认为中国有哲学，后来也得到胡适先
生的认可，但"哲学"这个词却流行至今。直到今天，即使在
学术界，思维混乱仍时时可见，如说中文、写汉语，等等。

古人有言："橘生淮南则为枳"，这当然不是一个科学事实，
但其中强调环境影响的哲理却是值得深思的。西方近代学术固
然是人类历史上值得高度肯定的文明成就，但它们却是在对东
亚学术与历史肤浅了解的基础上得出的，因此，对西方学术系
统得出的结论是否适合东亚就不能不存一个问号。这是因为各
文化区或各民族原有其种族、政治、经济、军事、文化、宗教
等因素，它们的相互作用是历史形成的，将现有的结论套用到
其他对象就必然存在是否适用的问题，因为每个历史单元成长
的过程不同，这些因素发展的形态、特点及所占比重必然不同，

---

1 章太炎亦谓中国学说，病在汗漫。《顾颉刚读书笔记》卷十五，中华书局
2011 年版，第 101、338—339 页。
2 朱乔森编：《朱自清全集·日记编》第 9 卷，江苏教育出版社 1997 年版，
第 456—457 页。
3 张申府：《国民精神总动员的逻辑解析发凡》，《什么是新启蒙运动》，三联
书店 2014 年版，第 181 页。

仅以历史及其学科来说，中西差异之大就是一个非常典型的课题，历史与史学在中西社会中起源、地位的不同决定了它的作用的不同，西方在19世纪前属于文学分支，人最终是上天堂还是下地狱要接受上帝的审判；在东方，它们的地位则属于圣域，社会精英最终要依据其德行给予谥号，这可谓之历史的审判，青史留名是高等价值。笔者的思考请见下文。

胡适以西学为坐标，用中学去比附西学的治学方法、解释体系，强调的是科学方法，这成为学界主流。但陈寅恪先生说："以外国的社会科学理论解释中国的材料"，"其所以成立的原因，是由研究西洋历史、政治、社会的材料，归纳而得的结论。结论如果正确，对于我们的材料，也有适用之处。"但"他们此种理论，不过是假设的理论"，"也有时不适用，因中国的材料有时在其范围之外"，甚至也可能存在弊端，"新派留学生，新派书有解释，看上去似很有条理，然甚危险。……所以讲大概似乎对，讲到精细处则不够准确，而讲历史重在准确，功夫所至，不嫌琐细。"[1] 也就是说，"现代"并不意味着必定是"科学"与"定论"。章太炎加入新文化运动的论争时，提出新的方法论并不能有效地代替对古代经典的牢固掌握。

当西方的学术社会向东方移植的过程中，存在非常复杂的问题。其中一个就是有着所谓明道修德的读书人、士大夫的分化、转化与重塑问题，他们在原来社会里讲求的是立德、立功和立言三不朽，转化为职业知识人，对这个社会阶层的整体认知历经变化，在此无法详述，左玉河先生认为："近代知识人不可避免地带有这样的特性：实用、功利、浮躁、浅薄。"[2] "学术研究成为一种以知识生产为谋生手段（方式）之职业，'为稻粱谋'、'为

1　参见卞僧慧：《陈寅恪先生年谱长编》，中华书局2010年版。
2　左玉河：《从传道之师到大学教员：现代学术研究职业化趋向》，《安徽史学》2007年第1期。

学问而学问'成为知识人之双重特性。这些职业化的学者，被纳入近代学术分科化、专门化之学术体制中。"[1]但方朝晖先生的观察却比较悲观："我们非常不幸地发现，20世纪以来，中国的知识分子们一方面获得了知识分子这个非常西方化的职业的角色特征，但是另一方面他们却完全不能进入知识分子这个职业角色所应有的心态。来自传统的'士大大心态'，来自现实的'治国平天下'理想，使他们虽然获得了知识分子之名，做的也是与西方知识分子类似的'科学'研究工作，但是在精神价值世界上却与后者有天壤之别。即他们把西方学术原有的'文化理想'转化为'国家理想'来理解和接受，他们心中失去了对西方文化理念中所包含的永恒价值的体验，只有国家利益、世俗功利或实用需要。"[2]笔者认为，千古变局中的历史格外复杂，不仅要看他们的职业，也要考察与之相关的方方面面，本书重点探讨的胡适、顾颉刚两先生，其职业是学者，但在社会中还扮演着启蒙者、思想者等角色，其主要目的在于改良社会，这沿袭了传统士大夫的角色和功能，用传统术语则称之为经世，他们的各种角色、社会功能是有冲突的。他们主张新建的学术世界实际上也附庸于社会、政治的需要而处在边缘化的地位，李泽厚先生有所谓救亡压倒启蒙说，实际上是先有启蒙压倒学术。

（三）浅析思潮、思想与学术

20世纪的中国学术在很大程度上是西学冲击—反应的产物，其冲击影响之大、程度之深远远超过佛教之于中国，使我们今天已经完全习惯于用西方近现代学术的标准和范畴来衡量一切学术，但在这种表象之下，我们仍然能够找到一些本土的

1　左玉河：《从读书人到知识人：近代学术研究职业化趋向》，郑大华编：《传统思想的近代转换》，社会科学文献出版社2007年版，第417页。
2　方朝晖：《"中学"与"西学"：重新解读现代中国学术史》，河北大学出版社2002年版，第15页。

传统以及中西结合产物的潜流。前文所述从"虚构"到"确定"
的五个实质的梯次在中国学界被人笼统地用学术或思想来表述。
罗志田先生指出,20 世纪初年的中国"新史学"中有一个倾向,
即将学术与思想合而并论。[1] 更直接者就混用学术思想,这个问
题似乎并不存在于西方学界,因为"思想"这个汉字语汇并没
有对应的英文词汇,它似是中国学界的特有问题。两个词是在
近现代学术转型时慢慢形成的新语汇,既有外来之义,亦含传
统之理。学术界鲜少意识到要对学术与思想的同和异及其联系
进行清楚而认真的区分,这是一个值得深入探究的重要的现象,
思想与学术的范畴既存在着相当程度的差异,也有着颇为紧密
的联系,虽有交集,但绝对不宜混为一谈。到 20 世纪最后 10
年间,思想史与学术史的关系逐渐成为热点,葛兆光先生、李
泽厚先生着重其区别,李发表《思想家淡出,学术家凸显》后,
王元化先生立刻公开表示异议,明确倡导"有学术的思想"与"有
思想的学术",强调其联系,这个热点问题引发讨论,[2] 迄今尚未
完全厘清。笔者融而汇之,并尝试简述己见。

　　思、潮、想字,从语义上看:"思"者,是上下构成的会意字,
上"田"下"心",上田即"囟",是脑门的象形,与下心合起来,
思会意即"心之田",实谓心脑之运作、思考。"潮"者,形声。

1　《探索学术与思想之间的历史》,《四川大学学报》(哲学社会科学版) 2002
　　年第 3 期。
2　葛兆光:《学术史与思想史》,陈平原等主编《学人》第一辑,江苏文艺出
　　版社 1991 年版。李泽厚文见香港《二十一世纪》1994 年第 6 期。王元化:《〈学
　　术集林〉卷一编后记》,见《王元化集》卷十,湖北教育出版社 2007 年版,
　　第 382 页。《学术月刊》2001 年第 10 期"学术笔谈"以"思想的原创性与
　　学术的规范性"发表倪梁康、吴炫、邓晓芒、邵建诸先生的文章讨论,罗志田、
　　尤西林、肖川、费美林等先生也分别发表文章加以探讨,《中国社会科学报》
　　2014-12-10"学海观潮"专栏《以时代精神引领学术与思想良性互动——
　　如何看待"学术与思想之争"》为题邀请谢文郁、欧阳康、张志强、钱捷、
　　聂敏里五位学者讨论。

从水，从朝，朝亦声。"朝"指"早上"。"水"与"朝"联合起来表示"早上的涌水"。本义谓早上的河海涌水。《说文》：潮，水朝宗于海。王充《论衡》："水者，地之血脉，随气进退而为潮。"《初学记》卷六《水》："水朝夕而至曰潮"，另有湿义。"想"者，上"相"下"心"，即"心之相"。造字之异显示重心不同。

學、術二字，《说文》："學，篆文斆省"，从臼从爻从冖从子，以臼、爻、冖、子结构，由上中下三部分构成，上为双手持"爻"状，中间的冖指家，下面的子指孩子，古文字或从臼持爻以教膝下之子或从子学爻于大人膝前，寓意上面对变化的磋磨，孩子在下面稳定的建筑物里得到学习与成长。学，《说文》谓与教通，"教，上所施，下所效也。"《广雅·释诂》直解说："学，效也。"效即是仿效，也即传承；也可训为觉、悟等，"觉悟也。从教。"古教、学原为一字，后分化为二。"術"，《说文》："術，邑中道也。"可训为通、道等，引申之，则门径、方法等义皆在焉。古义也指技艺、办法、策略、方法。在西方，"学"与"术"是不同的层次，它们分工明确，而且结合紧密，一种新理论一旦提出，或者被实务人员采纳、运用，或者被作为分析工具剖析某种具体现象使人们更清楚、更透彻地理解。中国则不同，"学"与"术"没有明确的分工或干脆就是有"术"无"学"，古代虽有辉煌的技术发明、实践经验，但大多不是在科学原理和学术理论的基础上推导出来的。实际上，没有基础理论的指导与提高，应用研究的水平也不可能提高。因此，正确处理"学"与"术"的关系十分重要，既不能混二者为一体，也不能完全将二者割裂开，只有将它们有机结合起来，使之形成良性的互动，才能相得益彰共同提升。

何谓思潮：义项之一指在某一时期反映一定数量人的愿望、倾向且得到流行的思想潮流，如社会思潮、政治思潮、史学思潮、当代思潮等；另一义指思想、情绪像潮水那样汹涌之起伏波动。

　　何谓思想：两字都从"心"，古人说"心之官则思"，所谓"境由心造，相由心生"。思想这个词在中文里是一个语义复杂的语汇，微观从一个人的想法、念头、考虑，中观可称一个学派的观念体系，宏观到国家的意识形态，都可用这个词，可分别对应英文的 Idea, Consident, Thought, Ideologicat 等，它是人们对自然、社会在经过大脑的逻辑思维后产生的种种判断，是个人、派系、阶级等信仰、见解、观点及价值感与感性（感情）的表述，作为一种能力而言，思想是指逻辑思考的能力，具有私的属性，而就其形式言，思想应表现为有组织的观点或原则，应该也可以自由表达，所谓"仁者见仁，智者见智"，但更多的使用语境是针对中观或宏观的。

　　思潮本来不是学术界关注的重点问题，之所以费力讨论是因为史学界有一个重要的"疑古思潮"。从严格的语义讲，虚构、意见大概相当于思潮，意见、可能大概相当于思想，高度可能和确定就相当于学术，这些序列的区分与联系对于笔者的讨论是非常重要的。但在现实中，意见、可能与高度可能并不是能够轻易区分的，或许是学术与思想交集的部分。思想与学术大致相同的地方在于它们都是一些命题、都经过论证，等等，都讲求理性、逻辑性和系统性，只是严谨缜密的程度不同，通常来讲，学术活动与人类思想的关注点总是互为条件，相辅相成，以至于后人写史，无法为之清晰地两分。思想的原创性更多，而学术的规范性、逻辑性更强。思潮、思想更倾向于表述感性（感情）、信仰与价值等等，但在一定时期，情绪化的思潮常常社会成为寻找替罪羊的宣泄管道。而学术更讲求方法与证据，寻求的是真理和真相。公平地说，激情的思潮、原创性的思想与学术的严谨、规范并不必然对立，思想如果不能被学术化，则较易成为闪烁而逝的彗星，学术如果没有原创性的思想，就只能是一堆缺乏激情的知识积木。关键问题要在两者之间找到一个最佳的结合部和平衡点。

　　最能直观证明这种区别的明显例证就是将王国维与胡适相比，如王元化先生认为"读胡适书觉过时，读王国维书却不觉过时"，原因在于，"胡吸取西学新义未融入中国文化中，王不仅能融入，且又自生新义"。[1] 王可称为学术家，胡可称为思想家。从逻辑学即可看出端倪，胡推崇归纳法，但王却是演绎、归纳并重。王国维 1901 年东渡日本后开始研究和讲授英国逻辑学家耶芳斯的逻辑著作。1908 年，他任京师图书馆编译和名词馆协修，翻译出版耶芳斯的《逻辑基础教程》，取名《辨学》，由文化书社出版。该书分名辞、命题、推理、谬误论等部分，演绎和归纳并重，知识较全面系统，译名简练精当，译文简洁明快，影响颇大。王国维还受西方哲学家影响，逻辑思维严密，体现出现代学术的精髓，梁启超誉之曰"此公治学方法，极新极密"。因此，引进实验主义之类的思想，远不如先把形式逻辑这种学术基础搞清楚、弄扎实。补缀一笔，中国人最早注意和提到兰克史学研究并见诸文字的也是王国维[2]。

（四）新旧中西之学与新人旧人

　　最后不得不谈论一下中国近现代学术中中西新旧之学与新人旧人的关系问题，这些术语无论在当时还是此后的研究史中都是涉及现代学术与思想发展的十分重要的问题。何为中何为西大概不用解释，再来看何为新何为旧，新旧是一对普通人也很熟悉的词汇，但在近现代学术研究中并非一个容易说清楚的问题，而是一个相当具有挑战性的问题。对此，民国时期不少人都发表过意见，如管豹指出，"新旧"之分有时间意义和空间意义两方面，前者以"现在"为基准，"过去"为旧而"未来"为新；后者则以本地前所未有之外来者为新。"前者系连续的进行，旧者方逝而

1　王元化：《清园夜读（增订本）》，中国社会科学出版社 1997 年版，第 236 页。
2　王国维：《东洋史要序》，谢维扬、房鑫亮主编：《王国维全集》（第 14 册），浙江教育出版社 2009 年版，第 2 页。

新者已至；既不能留滞于一时，亦不能并存于一处，故鲜冲突的机会。后者为延扩的移动，新旧二者往往同现于一时一地；其接触既骤，故其冲突亦烈。"[1]罗志田先生撰写过多篇力作[2]，得出了许多精彩的结论，现将与本文相关者综而汇之，间述己见。

西学与新学 当科学成为西学中最受中国士人欢迎的一部分之时，"西学本身也跨越中西认同的紧张，获得了一个更具普世性的名称——新学。"而"由于西方文化优越观在中国士人心目中已经确立，'新'也成为西方式现代化的代名词。英文的modernism，今日是译作'现代主义'（或近代主义）的，在那时却译为'从新主义'，极具象征意义"。"与此同时，新与西方和旧与中国的认同也越来越明显。""趋新大势与尊西倾向的结合是非常明显的。"[3]换言之，新学与西学是当时人的同义词或近义词。"建立现代分科学术之后，中国学术全面摧毁古典文明体系，而成为'世界学术'的一个部分，成为世界学术的'地域性知识'。"[4]这实际上是西方"冲击—反应"模式的产物。

中学与旧学 旧学与中学的联结是不言自明的。传统中国学术经主史次，在西学的持续刺激下，"近代中国不论思想或社会，都呈现一种正统衰落、边缘上升的大趋势。"诸子学、佛学等边缘兴起，冲击了经学的独尊地位，纯粹的传统格局已不复

1　管豹：《新旧之冲突与调和》，《东方杂志》第 17 卷第 1 号，1920 年 1 月 10 日，第 89—90 页。

2　与本书相关的有《新的崇拜：西潮冲击下近代中国思想权势的转移》《林纾的认同危机与民初的新旧之争》《近代湖南区域文化与戊戌新旧之争》《思想观念与社会角色的错位：戊戌前后湖南新旧之争再思——侧重王先谦与叶德辉》《新旧之间：近代中国的多个世界及"失语"群体》等文，均已收入《权势转移：近代中国的思想、社会与学术》（湖北人民出版社 1999 年版）一书，引文页码即出该书。

3　罗志田：《新的崇拜：西潮冲击下近代中国思想权势的转移》，《权势转移：近代中国的思想、社会与学术》，湖北人民出版社 1999 年版，第 44、63、66、67 页。

4　陈璧生：《经学的瓦解》，华东师范大学出版社 2014 年版，第 168 页。

存在，稍有成绩的学者都或多或少受西学的影响，而治诸子学的，多兼治西学，"清季稍有成就的学者，已无所谓正统与异端，大致都不离'治一切诸学'的取径。"[1]并以西方新知、新理、新法整理中国传统旧籍，发明中国旧学之新义，中西结合成为趋势。而帝制崩溃，共和肇建，经学科取消，经学随之瓦解，中国学术卷入了一场深层次的"革命"之中。"这场革命，核心内容就是经学的瓦解。""中国学术研究的主流，整体性从章太炎的'以史为本'转向胡适之的'以史料为本'，新文化运动、整理国故、古史辨相继兴起，全面移植西方学术分科，从而实现中国学术的现代转型。"奠定了所谓"中国现代学术"的基本格局。[2]但中国学术之与西方学术是"螟蛉有子，蜾蠃负之"以至于"邯郸学步、反失其故"？还是"周虽旧邦，其命维新"？抑或"新知未浚，旧学先亡"[3]？这是一个极其重大的问题。

新学者与旧（传统）学者　依中研院院士王汎森先生的概括，"新派大多指北方的整理国故运动"，他们认为"学习西方人的方法和眼光来研究和评估中国的历史文化是应该的"[4]。罗志田先生总结说：新派人"对'新'的崇拜既因传统的崩散而起，又同时助长了为重建新中国、新文化而破坏自己固有文化的主张"。"五四人的激烈反传统，至少部分是有意以西方为本位的结果而不全是传统压迫的结果。"[5]新文化人以超乎寻常的自我批

1　罗志田：《权势转移：近代中国的思想、社会与学术》，湖北人民出版社1999年版，第302、319页。

2　陈壁生：《经学的瓦解》，华东师范大学出版社2014年版，第2—3页。

3　邹代钧致张百熙书，引自钱基博：《近百年湖南学风》，岳麓书店1985年版，第70页。

4　王汎森：《民国的新史学及其批评者》，罗志田主编：《20世纪的中国：学术与社会·史学卷》，山东人民出版社2001年版，第33、46页。

5　罗志田：《权势转移：近代中国的思想、社会与学术》，湖北人民出版社1999年版，第63、60页。

判能力,"可以激烈反传统且公然认同于西方而没有多少内心不安,因为他们正在为中国再造文明,面向的是一个光明的未来。"[1] 章太炎指"新学之徒,以一切旧籍为不足观也。"[2] 看来,将"现代圣人"的朋友圈及其"门徒"视为"新"应无问题。

在王先生的归纳中,传统派大抵指"以南京中央大学诸教授办《学衡》《史学杂志》《史学年报》等与之作正面的抗衡"的保守派学者、耆学宿儒,而"以'传统派'来概括新派的批评者,只是为了讨论上的方便,事实上我个人一时也找不出一个合适的名词来称呼他们"。"许多一直被认为旧的人,其实具有不少新的观点。"[3] 王先生不以称旧为然,也似不以称其传统为十分稳妥,而从其上下文推断,大概柳诒徵、缪凤林、熊十力、王国维、钱穆、汤锡予、陈寅恪、孟心史、张荫麟、张孟劬、马一浮、钱子泉、张君劢诸人都会被归入此类。罗志田先生也指出:"在时人和后来研究者的认知中无疑属于'旧派'的《国故》派,以及梁漱溟、熊十力这样很多人眼中的'保守主义者',其观念中实蕴涵了不少'新'的因素,所以有时表现得比一些'新派'还更激进。"[4]

罗王先生的研究为我们提供了扎实的结论和丰富的启示,二人都指出旧人有新观点是饶有趣味的,这似乎是没有把社会角色与学者角色认真区分所致,作为学者的研究,提出新观点是天经地义的,不是新的观点又何须发布。罗先生还指出"新

1　罗志田:《走向国学与史学的"赛先生"——五四前后中国人心目中的"科学"一例》,《近代史研究》2000年第3期。
2　章太炎:《制言半月刊》第1期(1935)《发刊宣言》第1页。
3　王汎森:《民国的新史学及其批评者》,罗志田主编:《20世纪的中国:学术与社会·史学卷》,山东人民出版社2001年版,第32页。
4　《古今与中外的时空互动:新文化运动时期关于整理国故的思想论争》,《近代史研究》2000年第6期。

旧之争的存在也的确是时人的共同认知"[1]，而当时，有影响的学者中纯粹的旧派是没有的，一般人的印象可能是旧派学者西学大概不会很好且反对西学，西学水平肯定赶不上新派学者，但罗先生的研究表明这种影响是不正确的。"戊戌前后湖南新旧人物的社会分野与其思想观念并不完全成比例；社会分类上的旧派中人有颇具新意识者，而新派中人也有不少旧观念；两派以及各派之中不同人物的思想、心态与社会行为均可见明显的相互参伍及错位。且这一现象的纵横范围尚不仅限于戊戌时期的湖南，大致为此后中国一个相当普遍的共相。"而"所谓旧派（王先谦与叶德辉）实不反对真西学，也不反对引进西学。观旧派主将王、叶二人的书札文章，可知他们的西学知识尚称丰富（就当时水准言），且远超过许多趋新人物（比如皮锡瑞）。这进而提示出西学知识的多寡与趋新和守旧的态度之间也没有成比例的逻辑关系"[2]。"民国初年新旧杂陈，本是新中有旧，旧中有新。""民初新旧的'性质'，确有相差甚远的一面，但也有相差不远的一面。在意识的层面，新旧的确对立；在无意识的层面，新旧间毋宁说共同处尚多。""民初的新旧之分，恐怕更多是在态度上而不是观念上。""民国初年的'新'，虽然用了相当数量的西方招牌，也有不少西方内容。但第一，其西方招牌并不完全等同于那招牌在西方的原本意思；第二，其西方招牌之下也包括了不少中国传统的'旧'内容。也就是说，'新'并未割断其与'旧'的多层次联系。""但社会上到底是新旧杂陈，比较能得意者大多一

1　罗志田：《权势转移：近代中国的思想、社会与学术》，湖北人民出版社1999年版，第82页。这出自《近代湖南区域文化与戊戌新旧之争》一文，虽然该研究是针对戊戌时的湖南新旧两党的人员分野所得出的结论，但笔者认为这一结论对二三十年代的学术界同样适用。

2　《思想观念与社会角色的错位：戊戌前后湖南新旧之争再思——侧重王先谦与叶德辉》，同上书，第131、156页。

身而兼新旧两面。"[1]因此，当时人用的所谓新旧这样的词汇，不意味着新旧人物在思想及行为上就截然对立。政治与文化态度的极旧与学术极新的王国维与政治与文化态度极新和学术相对守旧的胡适的对比都向社会印象的新旧观念提出了挑战。

由此看来，以新西中旧划分学术派系就成为问题，以通常被视为旧派或传统派的王国维、陈寅恪等先生为例，他们的西学水平之高是毋庸置疑的，足见新与西、旧与中并不能等同。有中西学问甚至有大学问与思想的保守或进步（或倾向）并不存在正相关的关系，可见以人物（偶像）的新旧判断学术人物或结论的价值高低是相当不可取的行为，现在要用合适的语词来定义这些学者并不容易。民国学人管豹指出："吾国今日新旧之争，实犹是欧化派与国粹派之争。"[2]这个观察是有启发意义的，国粹派之名当然不适用于上列的一批"传统派"学人。笔者认为，当时人的中西新旧学之分，无论方法与手段为何，他们研究的内容都是聚集在中国的历史与文化，其终极目的都聚焦于民族文化的未来与命运，新旧问题多半是一个社会心理的观感问题，归根结底是指基于政治、社会、思想分野产生的不同的文化群体的身份认同，当以提倡西化欧化主导中国学术研究者为新派，"新"指思想、文化的态度尊西、趋新、激进；而强调本土文化精神、本土学术为主导并结合西方学术优点来研究的为旧派，"旧"，准确地说是指思想、文化的态度保守，不够趋新，不激进。即使以当时的标准，新旧也并非截然两分，存在一个序列，这种区分依然是基于中国传统在预先设定道德政治立场之后才谈学问的恶习，也即新文化人士所批判的"家派传统"，由此在学术界形成了贴标签的传统。傅斯年先生说："中国学术，以学为

1　罗志田：《权势转移：近代中国的思想、社会与学术》，第281、287—289页。
2　管豹：《新旧之冲突与调和》，《东方杂志》第17卷第1号，1920年1月10日，第89—90页。

单位者至少，以人为单位者转多，前者谓之科学，后者谓之家学。家学者，所以学人，非所以学学也。历来号称学派者，无虑数百，其名其实，皆以人为基本，绝少以学科之别而分宗派者。纵有以学科不同而立宗派，犹是以人为本，以学隶之，未尝以学为本，以人隶之。"[1]左玉河先生指出："以'人'为本位，以'人'为分类标准，是中国传统学术之重要特征。"[2]中国学术分科最突出之现象，"主要是以研究主体（人）和地域为标准，而不是以研究客体（对象）为主要标准。"[3]这实际上涉及中西古今学术的差异，其实质是学术有无独立性的问题，旧中的传统对于古代学派的划分虽不精准但问题尚少，而在近代学术如此多元的情况下，这种简单以政治、文化、思想的倾向而不以学术、学理区分派系，仍然是旧的传统，衍生的问题很多。笔者对顾先生的研究表明这种区分极为失败。

联系笔者上述的描绘，再结合对学术与思想的区分以及其他相关部分的结论，当时的新旧隐隐然包含着一些前提以及价值判断，其情景就像北大哲学门教授陈百年在1923年所说的："今日的思想以为'凡是新的就是好的'。"杜威于1920年年底指出中国学生倾向于"欢迎任何只要是新的或与既存意识不同的观念"[4]。这里的新就指向了奇或怪，东南大学经济学教授萧纯锦说当时的言论"愈激烈愈足以耸观听，而愈不近人情，则愈见其为独到者"[5]。陈还指出："现在的人以为外国来的都是新的，所

1　傅斯年:《傅斯年全集》(第4册),台北联经出版事业公司1980年版,第167页。

2　左玉河:《中国旧学纳入近代新知识体系之尝试》,郑大华等编:《思想家与近代中国思想》,社会科学文献出版社2005年版,第224页。

3　左玉河著:《从四部之学到七科之学——学术分科与近代中国知识系统之创建》,上海书店出版社2004年版,"导论"第4页。

4　转引自罗志田:《权势转移:近代中国的思想、社会与学术》,第67页。

5　萧纯锦:《中国提倡社会主义之商榷》,《学衡》第1卷第1期(1922年1月),第62页。

以'新的就是好的'的思想，一变就成了'凡是外国的都是好的'。"[1] 罗先生指出："思想界和整个社会逐渐形成一股尊西崇新的大潮，沿此趋势发展，新旧和进步与保守渐成价值判断的依据，新即是善，旧即是恶；甚至达到了'新的崇拜'的地步。"[2] 而这是学术（科学）研究还是价值判断？这些当然不是正常、理性的学术标准，但恰恰是它们构成为现当代许多学者立论的前提，笔者可以斩钉截铁地说这是错误的。惟新就好、凡西即是是一种畸变过激心态下产生的价值，况且新与西并不等同，在西方，英国对传统的尊重并不妨碍国富民强、学术繁荣，德国对旧的价值也是高度尊重，例如，德国的"浪漫主义，那是对 18 世纪的理性主义和系统思想的反作用，特别是对启蒙运动时期神化理性、功利主义偏见（这种偏见拒不接受传统和规定的主张要求而赞成效率和实际作用）以及乐观的进步信仰的反作用。面对困顿不堪的社会现状，浪漫主义者们认为肇始于法国的启蒙运动及其所宣扬的理性主义是这些灾难的根源。另一方面，早期浪漫主义者……主张公平地看待过去的时代以及各个民族国家，提倡尊重各个民族的传统与文化。在他们看来，每个时代都具有各自的价值与意义，每个民族也都是具有各自的独特精神与价值的。……浪漫主义者对过往的时代极为重视，他们喜好追溯事物的起源，主要是在民族、历史和神话记载中寻求事物的根源。这种对过往近乎迷恋的态度，是探索历史秘密的钥匙。由此，大多数晚期浪漫主义者从文学转向了历史，浪漫主义史学流派逐渐成型，这在客观上也是有助于历史学进一步发展的。……历史主义的思想是浪漫主义史学所提出的，历史主义的思想是浪漫主义史学的最主要成果之一。浪漫主义史学所

1　陈百年：《新旧与中西》，《北京大学日刊》1923 年 4 月 14 日。
2　罗志田：《权势转移：近代中国的思想、社会与学术》，湖北人民出版社 1999 年版，第 63 页。

倡导的那种历史主义的思想，表示着一种历史研究的态度，承认在具体时空条件下的个别性。……为史学家清扫理性主义史学对中世纪的某些偏见，甚至为重创阴魂不散的西欧中心论奠定了基础"[1]。这些情况，但凡游历欧洲涉猎人文科学者又岂能不知，旧的价值何可一笔抹杀。

以新旧中西做是非好坏的价值判断，对于芸芸众生的匹夫匹妇自然无法苛求，但对于学术研究的顶尖级学者则是大大不可之事。世界学术界应该是一个有理走遍天下的界域，也即梁任公所谓"夫学术者，天下之公器也"。王国维在1914年就指出：

> 学之义不明于天下久矣。今之言学者，有新旧之争，有中西之争，有有用之学与无用之学之争。余正告天下曰：学无新旧也，无中西也，无有用无用也。凡立此名者，均不学之徒。即学焉，而未尝知学者也。[2]

这实在道出了中西新旧古今学术之精义，然而这并没有成为学界主流之意见，钱穆在1983年又指出："惟分新旧，惟分中西，惟中为旧，惟西为新，惟破旧趋新之当务，则窃恐其言有不如是之易者"，现代学术应当"比较异同，乃可批评得失"[3]。迄至今日，学界主流动辄仍以中西新旧分析近现代学术，且侃侃乎倡言建世界一流学术，此则何异于与虎谋皮？焉可得也。由于在中西融汇如火如荼的上世纪一二十年代，学术上一些重大而基本的问题没有从根本上解决，以致蹉跎百年后仍然需要回到这

1　易兰：《西方史学通史》第5卷，复旦大学出版社2011年版，第21—22页。

2　《国学丛刊序》，胡逢祥主编：《王国维全集》第14卷，浙江教育出版社2009年版，第129页。

3　钱穆：《序》，《现代中国学术论衡》，生活·读书·新知三联书店2005年版，第6页。

种历史的原点。我们要学会分析学人，将学术行为、思想行为、
文化价值及政治态度进行区分，将纯粹的学者与启蒙者、社会
活动家等角色区分，而评判他们的论著、观点应当先以形式逻
辑为先，而后衡之以其他的学术标准。所谓的旧派大都只是纯
学者，而新派学人大都复杂。对所谓新派的学术，常常着重于
他们的一些新式宣言的篇章进行研究，独少见探讨旧的经典对
这些"新人"之影响，说明缺乏细致的全面考察。对于其学术
的实质探讨并不深入，熊十力批评说："新人皆年少，于外学又
不必深研，而勇于破坏，轻于宣唱，浮气乘之，浮名中之。""昔
托郑许，今更托西洋，而汉学之帜，则且托科学方法以益固。"[1]"托
西洋""托科学"之责相当触目，对于他们引进的西学，应审视
它在西学中的背景、地位以及主张者的实际水平，在中国流行
又是何以适合了中国的学术心理，有意思的是，一向被视为旧
派学者的王先谦在 1898 年说："新学兴，又斥西而守中，以西学
尤繁重也。"[2]二人指出许多谈"新学"者的学者"于外学又不必
深研"、因西学繁重而回守中学更是一针见血，西学较之中学的
确是更为博大庞杂，要想精深把握绝非易事，而若西学入之不
深甚或只得皮毛，又以此水平来指导中学，就很可能意味着他
们的名词新而"学不新"，这会导致趋新反入旧的现象，而整理
国故的风行与考据的"科学化"有直接的关系，获得新汉学之
称实为实至名归。

　　总体而言，中西融汇使近现代学术取得了巨大而不容抹杀
的成绩，涌现出一批星光璀璨的大师，但我们不应该把他们的
成绩经学化，把大师偶像化，时时秉持现代学术"独立之精神，
自由之思想"之精义，继续吸收东西方各种研究观念、手段以

1　《读经示要》卷一，上海书店出版社 2009 年版，第 8、10 页。
2　王先谦：《复毕永年》，《葵园四种》，岳麓书社 1986 年版，第 862 页。

推进中国学术研究的进步，才能向世界之巅攀登。

三、世界史学史中的怀疑主义史学之比较

至此，或许有人会问，既然你想当然地认为顾先生的"层累说"存在明显的问题，那怎么解释、评价与其大致相同或近似的日本两大学派巨擘的"抹杀论"和"加上原则"呢？难道三位大师都错了吗？难道日中盛行的、"进步"的"疑古思潮"的学术根基就如此不堪一击吗？……如此等等，这些巨大的挑战自然会让习惯传统思维的学者止步不前。这些说法难道会成为史学上的斯芬克斯之谜吗？答案实际上很简单：不是！它只是一个三人市虎式的臆谈，在学术上并不成立。当我们对一种伟大、独特的文明（文化传统）进行研究时，实际上存在着三种不同的研究视角即他者、我者和中立的比较者，三者各有优劣，他者的优势或许旁观者清，劣势则可能是雾里看花；我者的优势或许在自知者明，而其劣势则可能是"不识庐山真面目，只缘身在此山中"；而比较者则能"兼听则明"、优劣互补；前二者往往陷入"偏听则暗"。费耶拉本德说："分析不能发现偏见，对比才能"。[1] 因此，笔者忍不住想将顾先生的"疑古"史学置于世界史学史中进行考察，而后再将其和其他国家的类似流派及其所在的社会背景之中进行比较。

为此目的，笔者翻阅了所有可见到的中文的外国史学史及史学理论书籍，并精读了若干本，我们在人类史学史寻找的结果，发现西方也有怀疑主义的潜流，但只有法国和中国在启蒙运动时才产生过类似的怀疑主义史学流派。

西方怀疑主义的鼻祖是希腊古典时期的哲学家皮浪，埃奈

1　Paul Feyerabend, Against Method, London NLB, 1975, 31.

西德穆的怀疑论学派——皮浪主义，受此启发并因此得名。中世纪时，有"阿格里帕著有《关于艺术和科学的自负和不可靠性》，批评历史学是伪经验主义的，历史写作是缺乏诚信的，历史学家是说谎家，成为 16 世纪反历史学的代表"。"极端怀疑主义者阿格里帕斥责了所有领域的知识探索，特别是这位德国学者认为原则上史学家都不可能知道真实的情况。……只是证明了许多史学家可能是道地的撒谎者。"[1]16 世纪法国哲学家蒙田复活了这一极端怀疑主义。一代伟人笛卡尔提出了普遍怀疑的主张，同时也对历史学进行了思考，他发现不同民族对待风俗的态度不同，由此产生高度怀疑，提出"凡是我没有明确地认识到的东西，我决不把他当成真的接受"，甚至主张，"任何一种看法，只要我能够想象到有一点可疑之处，就应该把它当成绝对虚假的抛掉。"[2]"此种（好疑）思想，首以极广泛之形式见于奎姆塔（Quimqer）之哈登（Johannes Harduin）氏，其 1690 年以后所发表之著作，盖多为此项怀疑之见，而其思想，则得之铸币之研究，缘氏为极有学养之深究铸币者也。按其见解，则以为修昔的底斯、李维、忒伦斯、奥维得等之著作，中世及古代之许多著述，与夫法兰西之全部史迹，均为十三四世纪时人之赝造，其目的在推翻基督教，代以宿命之信仰。故氏尝将其所搜集之铸币，出示其所知己者，并以之为根据，自作历史。当此之时，尚有梅比荣（Mabilon）及本笃派教团之反对者，亦曾声明墨罗温朝之文件，为出于伪造。此类之怀疑，其例不胜枚举。"[3]法国怀疑主义史学的代表之一是耶稣会人阿杜因（1646—1729），他"对历史文献的真实性持极端怀疑态度"，"他坚持说整个古代作品"，除了极少数以外，"全都是 1350—1480 年间意大利一伙无

1　李勇：《西方史学通史》第 4 卷，复旦大学出版社 2011 年版，第 126、137 页。
2　笛卡尔：《谈谈方法》，王太庆译，商务印书馆 2000 年版，第 16、26 页。
3　伯伦汉：《史学方法论》，陈韬译，台湾商务印书馆 1975 年版，第 144 页。

聊学者伪造的，而且所有自称为较早时期写的手稿也都是伪造的。……尽管阿杜因显然是个精神病患者，但他却是一位最足智多谋的辩论家，他那异乎寻常的文章读来最为脍炙人口。……奇怪的是，阿杜因竟然建立起一个极端怀疑论者学派，他们迄今仍在从事这种离奇古怪的研究。"[1] "1704 年，另一个耶稣会士热尔芒对以公文证书为基础的所有传统重新做了评论。他宣称，一切手稿的传统可能是真实的，但由于抄写人歪曲了学者一切手稿的本意而使之被败坏，于是就不能去利用他。无疑，热尔芒的批评使之过分夸大，使读者看不到历史真相。"[2] 而影响最大的人物则是贝尔（培尔），他"从法国皇家图书馆获得有关宋儒理学思想的文本和《中庸》法译本，阅读了关于中国礼仪之争的著作和文章，受到很大启发"[3]。"运用笛卡尔学说诸原则于历史课题的第一位作家是佩尔·培尔。……于 1697 年以五大卷对开本出版的《历史与批判词典》是当时法国最风行的书。在许多私人藏书里，他这部书比任何其他著作都常见……他在几乎翻遍了全部有文字记载的情况之后，得到的结果却是毁灭性的。他是怀疑主义的化身。"[4] "贝尔的特点是十分博学多识……知道很多史料，通晓有关的每个历史事件、每个历史活动家的大量知识，但他通常认为，为了能根据这些知识得出最终的结论，这些知识又过于矛盾，彼此联系太少。……只能得出一个结论，即几乎关于一个人、一件事情都不能说出任何可靠的东西。……特别显著地暴露了作者没能力把对待历史的批判的科学态度同掌握大量的实际材料统一起来，……这就导致出现了一种完全

1　汤普森:《历史著作史》，谢德风译，商务印书馆 1996 年版，第 45 页。
2　科斯敏斯基:《中世纪史学史》，郭守田等译，商务印书馆 2011 年版，第 160 页。
3　李勇:《西方史学通史》第四卷，复旦大学出版社 2011 年版，第 165 页。
4　《历史著作史》，第 82 页。

怀疑的态度,它妨碍显示历史的一般含义。贝尔的批判是肤浅的,这个批判只归结为指出无数矛盾。"[1] 尽管他"不是严格意义上的史学家,然而贝尔对于像伏尔泰、休谟和吉本这样的作者有着显著影响……对整个18世纪有着直接持续的影响"。《历史与批判词典》"几乎成为狄德罗等人所著《百科全书》的原型"[2]。

阿杜因、贝尔等怀疑主义史学家的特点博学多识,思想敏锐,对历史文献的真实性持极端怀疑态度,善于发现问题,但批判却是肤浅的,只指出了诸多矛盾。他们是足智多谋的辩论家,写的文章脍炙人口,《历史与批判词典》更是当时法国最风行的书。

科学史学经典《史学方法论》的作者伯伦汉曾归纳说:"至18世纪之初,方法学上之基本问题,始渐为一般人所涉及,其中一部分则带有怀疑之倾向,对于史料之全部,深致怀疑,于古罗马史尤甚。……法兰西此种倾向特别明显,当十七世纪之末,哈登之见解提出后,法国之学者一时多风起云从附会之致疑于全部历史之可靠性。贝莱(Pierre Bayle)之 Dictionnaire historique(1696年以后)内,含有极多之怀疑条项,其影响所及,颇能引起关于方法学上根本问题之争论,一时法国思想界为之风靡,尤以新创立之王家学会为其中心,其议论多可见于其所刊行之 Memoires 中。""法兰西方面之怀疑的争辩,亦波及德国,惟较和缓,且其倾向亦较为保守的,故其结果则引起种种方法上之讨论。""此种现象,至十九世纪而推至于极,当1814年时,杜塞尔多夫之审判长缪勒氏发表一书,名为《予之历史观》,其中受费希特思想之影响,将原始条顿民族发挥尽致,以为伊古之时,世上仅有一原始民族,亦仅有一种原始语言,在世袭皇

1 科斯敏斯基:《中世纪史学史》,商务印书馆1996年版,第211页。
2 李勇:《西方史学通史》第四卷,复旦大学出版社2011年版,第165页。

帝之下，团结一致，是即为德意志民族。其后内部发生破裂，乃有分离出此而自成为民族者，殆至 Welfen 党及 Ghibellinen 时代即告衰落，而有自由与平等之呼声。分离者曾一时占据世袭皇帝之所在地罗马，其后复将一切文件之真迹消灭，并设计湮没原始民族及原始皇室之遗迹，使人不复再能忆念及此。为此之故，曾特任极多之伪造者，使其各就一定之范围及时代，造作伊古以来之历史事迹务使人以为德意志原始民族自始即分为极多之种族，皇帝非为世袭，且受制于教皇者，一切罗马及希腊之古典，抑或先或后改易其年月，故中世纪之一切遗物，不问其来源如何，均系出于系统的造伪。""然其影响所及，亦至为大，直至十九世纪之三十年代，佼佼之史家如豪塞尔者，尚致为格里夫氏所误，将中世时代之若干著作家，不加考据，率然视为无有其人，而以为后人所假托者。"[1] 以至于法国有史学工作者竟怀疑拿破仑其人之存在。

顾先生博学多识、持极端怀疑态度、建立学派，《古史辨》成为中国很流行的书等已属众所周知的常识，毋庸再论。但顾先生好辩并善于诡辩这一特点在此先初步阐述，善于诡辩的特质，顾先生本人也十分认可，在大学时代，自称"吾日日言老学，而志气激扬，辩言迭作"[2]。并对辩论术写下心得，"凡与人辩，必不可使彼方面得以我之原辞相诘难，否则气虽足，理必欠矣。如孟轲、韩愈，辙以气凌人，而己之罅缺，时时见之，观者可以彼之法还治彼身矣。"[3] 他的亲密同学"君武谓予性，言诡而辩，予然之"[4]。大学毕业后同样如此，下文所引周予同的话："许多人

<hr />

1　伯伦汉：《史学方法论》，陈韬译，台湾商务印书馆 1975 年版，第 144、165、170 页。
2　《顾颉刚读书笔记》卷十五，中华书局 2011 年版，第 74 页。
3　同上书，第 80 页。
4　同上书，第 280 页。

甚至于他的很熟稔的朋友每以为他在强辩。”对于在所主持的杂志上发表劣质作品提出不同意见的谭其骧先生，顾先生辩称：“我们的不成熟的作品，并不是我们自己的罪过，乃是受了时势的压迫，不得不然。只要我们不存心欺世，发现了自己的错误就肯更正，那就对得起这时代。”[1]正如著名的怀疑论者休谟主张“一位历史学家首要的品质是公正”，而顾先生同样如此，而英国著名史学家麦考莱评价休谟说：“休谟是一个有才能的辩护士，他的积极论述并未超出过他能证明的东西，他把支持他的论点的一些情况进行突出记述；轻轻溜过不利于自己论点的东西；赞扬并称颂自己的证据；驳斥似乎可使之成问题的语句；把使自己论点陷入的矛盾的东西都解释掉了；提供关于自己论点的证据的明白而有系统的摘要。对方所提供的一切均加以极严批判；一切可疑的情况，均作为辩护和诽谤的基础；凡不能否认的东西均加以缩小，或轻轻一带而过；有时甚至也做些让步；但这种阴险的公正只是加强了大量诡辩的效果。”[2]了解顾先生自称公正而实际善于诡辩这一矛盾点十分重要，善于诡辩才可能在短期中赢得相当多的追随者，若适逢风云际会也可能迎合爆起的社会思潮而成为彗星般的人物。笔者并不因此全盘否定顾先生及其“古史辨派”，他的贡献是提出不少问题，指出诸多矛盾，遗憾的是他的多半结论并不可靠，这一点并不难为有识者所了解。

怀疑主义史学得以产生的最大的社会背景是启蒙运动，中外史学家已对法国的启蒙运动作了深入研究，认为它包含着对一切传统的敌意，其中重要的有理性（推理）至上的原则、历史怀疑的态度和历史进步的观念，他们对想象出来的法则盲目依恋，却忽视、否认或蔑视事实。理性主义诉诸理智，反对传

1　《顾颉刚书信集》卷二，中华书局 2011 年版，1935 年 3 月 18 日“致谭其骧”，第 554 页。

2　李勇：《西方史学通史》第四卷，复旦大学出版社 2011 年版，第 265 页。

统、权威教条和信仰，严密性和可证实性是其最高原则，其先知是法国哲学家笛卡尔。笛卡尔轻视历史，但崇拜其哲学和方法的人却想方设法将其理论运用于历史、政治和社会制度以及经济学等方面。总之，他们为一场伟大的变革开辟了道路。"启蒙时代的乐观主义是建立在人有能力驾驭社会政治环境的信仰上。……启蒙时代观念的主流，似乎是在社会政治秩序中，寻找人类困难和罪恶的根源。而它的乐观主义基于这样的假设：即一个理性与自然相协调的新社会政治制度能够建立起来。"[1] "理性主义史学家一般不能用历史的眼光观察、分析历史。他们总用一种固定的现代标准评价历史现象，不懂得今天的某些不合理的东西在历史上曾有其存在的理由。他们所理解的历史进步只是现在对过去的简单否定，而忽视了历史的连续性和继承性，这种非历史的思想方法影响了理性主义史学对历史的正确认识。"[2] "只是从卢梭所生活的时代开始，人们才开始喜欢对以前时代的道德作一个概括性的臆测。……这些人（在法国大革命时期）自以为有权对整个过去提起诉讼，甚至古代也未能幸免于难。"[3] 克罗齐指出：启蒙运动时代的"史学从事当时最为迫切的工作，它被它所正在揭露的周围的真理的光辉所围绕，它并没有看到那些限制和自己的欠缺，或者说，它很少看到它们，很难看到它们"。"这一时期而非文艺复兴时期等特别获得了'反历史'的诨名（即'反历史的十八世纪'）。"[4] "一句话，整个过去丧失了

1　本杰明·史华慈：《论五四前后的文化保守主义》，载王跃、高力克编《五四：文化的阐释与评价——西方学者论五四》，山西人民出版社 1989 年版，第151 页。

2　李勇：《西方史学通史》第四卷，复旦大学出版社 2011 年版，第 334 页。

3　布克哈特：《世界历史沉思录》，北京大学出版社 2007 年版，第 60 页。

4　克罗齐：《历史学的理论和实际》，傅任敢译，商务印书馆 1986 年版，第207 页。

价值,或者说,只保留了恶的消极价值。"[1] "伏尔泰给历史书写带来常识、理性和一种广阔的世界主义,也带来与吉本旗鼓相当的才智……但他还带来一种特别的——尽管是故意的——幼稚以及对早期时代的同情的缺乏。……尽管他反对'偏见',伏尔泰却因为他常常是幼稚的怀疑主义而对修士和学院派人士的学识怀有偏见;尽管他批判无知、愚蠢和邪恶,他在他的历史方法上却是离奇地非批判的。欧尼斯特·勒南……写道:'伏尔泰给历史研究造成的危害比一次蛮族入侵还要多。'"[2] 伯伦汉总结极端怀疑者的学理说:"自史学进步以来,经深入研究后,知古代所遗下之铸币、文件、年志等,每有一部分为后人所赝造,乃至全出于赝造者。既发现此种状况,于是好疑者流,乃不复从事于真伪之辨别,亦不再求其所以赝造之故,即从而夸大其词,作大胆之怀疑,以为历史上之某时代,竟全出于有系统的赝造,实不必有其事者。""而考其来源,则实出于一种幻想的启牖,欲推翻向日之历史,自创一新者。""缪勒之此种思想,固觉可怪,然考其来源,则其出发点实有足多者,而在彼时代中,亦可谓其在方法上殊有见地者也。缪勒之作此见解,其论证约有三:其一为史料中赝造物之发现,其二为史料中之互相矛盾处,其三则为史料中之内在的非或然处。由此种种,乃有矫枉过正之见,以至于发生不合方法之结论。"[3] 我们还可以找到另一个比较对象,紧接法国启蒙运动登上历史舞台的德国的史学家认识到了启蒙运动的不足,兴起了浪漫主义和历史主义思潮,浪漫主义史学关注和强调地方色彩,强调精神性、情感性、内在性、神秘性、意志性、个体性、连续性和整体性的原则,他们利用传统文化的资源(史学的、民间的……),把一个分散、割据的

1　克罗齐:《历史学的理论和实际》,傅任敢译,商务印书馆 1986 年版,第 206 页。
2　唐纳德·凯利:《多面的历史》,陈恒等译,三联书店 2003 年版,第 451 页。
3　伯伦汉:《史学方法论》,陈韬译,台湾商务印书馆 1975 年版,第 144 页。

日耳曼诸邦塑造出一个现代德意志民族的历史形态，其功厥伟。中国现代的史学家与之相比不知会有何感想。

"五四运动"时期，中国的"新知识分子几乎像笛卡尔一样怀疑一切，像伏尔泰一样蔑视偶像。他们提倡思想要明晰，评估事物要用功利主义的标准。他们的精神是一种批判和毁灭的精神。他们诉诸理性而非习惯，……怀疑就他们而言未经证实的一切。他们的历史使命就是破除旧习俗的束缚，改变人的思想感情，开放思想以利变革。……后来有些人把'五四运动'看作是'中国的法国启蒙运动'。"[1] 而中国现代学术史某种程度上可说是一部中西文化交流史，某种程度上也可说是一部辛酸史，中国人引进西方的东西常常是在西方已经过时的东西，即使最先进的东西被少数中国人掌握并引进，其人、其说的影响也是无法和那些舆论达人相提并论，这在史学界就非常典型，学贯中西、卓异超凡的王国维、陈寅恪只是以大专家聊备一格。史学上的二把刀胡适来自于美国新史学发源地的哥伦比亚大学，在对新史学一无所知的情况下却因文学革命和哲学史爆得大名，成为学术界的领导者，甚至成为科学的代言人，北大哲学门出身的顾先生"层累地造成的中国古史说"用貌似科学的论证思路，提出一套中国的历史都是假的、编造的说法，它的反历史之性质，30年代就有人激烈地指出："顾君不明白古代社会生活及意识形态之表征，不知道以古人之时代论古人。""战国诸子何以都是那么的想。最惊奇的是他们所想象的何至竟与中国以外之世界史底一般进程相契合？""顾君以今人之社会意识测度古人，这种态度是根本反历史的。"[2] 但这种卓见并未引起学界注意。顾先生的假说本来只相当于一个起诉书，不过是想给大家提供

1　周策纵：《五四运动史》，岳麓书社 1999 年版，第 480 页。

2　马乘风：《中国经济史》，商务印书馆 1935 年版，第 505—506、519 页。

一个历史角度的"证明",但它正好满足了当时灾难深重的、正处于全面反传统的中国社会和丧失文化自信的许多知识分子在焦虑状态下的心理期待,大家不管反对方的质疑多么有力,都视如未见,因为顾先生说这用的是胡适博士从美国带回来的科学方法(见《自序》),他是胡适老师的"铁杆门徒",学术界多数人也不深思就都盲目信从,像接到"上帝"的终极判决书一样。徐旭生指出:"从前批评的意识的不够和欧西学术输入的影响,就发生了一切怀疑的反动,那也是学术进步时候必有的现象。但是因为他们的一切抹杀,使我国古史失去了重要的一段,便引起了知识界不小的恐慌。……因为对方的科学大旗太鲜明了,发生恐慌的人因此就失去了同他们正面斗争的勇气,乃想用科学以外的方法去弥补!"[1] 综合来看,"启蒙与学术从一开始就显得剑拔弩张,扞格不入。""'新青年'们以彻底与传统决裂、输入欧化为建设新文化的不二法门。此种偏激之举被《学衡》诸公看作鲁莽灭裂之法,或被看作方向错误的'内铄迁革',是一种改革而不得其道的文化番达主义(Vandalism),足以破灭固有文化而又不利于创新。""《学衡》诸公是反对'急于用世'的功利主义的,也不相信'人事之学'会像物质科学一样'循直线以进'。""重估传统文化所得出的结论是:吾国文化延续数千年,其中'必有可发扬光大、久远而不可磨灭者在'。"新青年派"'以仇恨死人为讲道之因'(汤用彤语)的整理国故法自然免不了随意武断,'擅下断案,立臆说'(张荫麟语)"。[2] 而实际上,20 世纪现代史学的发展证明真正的所谓科学史学只是 19 世纪史学界

1　徐旭生:《中国古史的传说时代》,中国文化服务社 1943 年版,《叙言》,第21 页。

2　孙尚扬:《在启蒙与学术之间:重估〈学衡〉(代序)》,载孙尚扬等编:《国故新知论——学衡派文化论著辑要》,中国广播电视出版社 1995 年版,"序"第 1、11—12、14 页。

的幻想，美国历史学家麦克尼尔称所谓的科学方法是"浅薄天真的"，即使如此，胡适却连本科学史学的入门读物也没有读好，还赞扬顾先生拿把大斧子砍去了华夏文化之根。而笔者之所以一再引用《史学原论》这本西方最经典的入门书，就是想说明他们在中国古史体系问题上与真正科学史学的方法和精神是严重背离的。让人匪夷所思的是，古史辨派竟从此开启了纵横"天下"的局面，从此致力于重建上古史体系，其影响、规范至今仍很强大，其理论注入相关领域成为不证自明的学科预设，这严重滞碍着上古史研究的发展。

怀疑主义（"疑古"）史学及其流派是启蒙背景下的理性主义史学的一种变态，它并非史学发展的必经阶段，而且，它们的性格、特征也是相似的。而难说巧合的是，中法都具有中央集权的、绝对君主专制的制度背景。再以中西"疑古思潮"产生的结果对比，通晓西方历史的学者会发现西方的造伪现象要比中国历史严重得多，即使如此，据西方史学家研究，他们文献记录中的可靠事实仍然高达百分之七十五以上。[1]而且，其中主要涉及的是法律文书等与实际利益相关的内容。实际上，西方对造伪机制早有精辟的研究成果，《史学原论》就写道："有些事实是很难被作伪或搞错的。……所述事实是十分明显地为公众熟知，……并且波及一个广泛的领域或漫长的时代，他们是很容易就被核实的；如果公众对核实特别有兴趣，那就更是难以作伪了。……构成这套架构的事实，在文献作者的时代，是每个人都知道的，所以文献作者对曲解它们毫无兴趣。……所述事实是不可能搞错的。犯错的可能性有许多，但这些事实始终是'大的'，因而很难被搞错。……这类大的且普遍的事实，构

1　转引自马克·布洛赫《历史学家的技艺》，上海社会科学院出版社1992年版，第98页。

成了历史知识的大部。"[1]中国现当代学者对"疑古"史学的危害一直缺少深度的理论思考,以至于"走出疑古时代"之路越趄蹀躞、步履蹒跚,只是依赖考古提供的资料促使学者们反思、研究,而"疑古思潮"下的许多定论正在被质疑、修改乃至推翻。

　　说顾先生是史学家,那是降低了他的历史地位。"西方宗教以天堂地狱之说,使人类保持文明,中国则代以历史的褒贬,其大有贡献于人类,是没有二致的。"[2]顾先生在以崇尚历史为核心的华夏文化中、以"学术"方式"论证出"中国的古史体系是"层累"(造伪)而出的,犹如尼采在以崇尚上帝为核心的基督教文化的西方宣布上帝死了之后造成的震动一样,它在思想史上的巨大意义形同宣告"中国的历史死了"一样。有学者感到奇怪的是,梁启超、胡适、钱穆等诸多大学者在局部问题上的怀疑不少都超过了顾先生,而一谈"疑古",为何首先要讲顾先生。那就是因为顾先生动摇乃至颠覆了中国文化的基石——历史,比胡适宣布"重估一切价值"时对社会价值的冲击、伤害还要大。顾先生为代表的中国"疑古思潮"所带来的危害或者更甚于伏尔泰对西方历史的危害。

　　不比不知道,一比吓一跳,华夏竟然成为唯一长期流行怀疑主义史学思潮的民族,它实质上是理性主义表象之下的非历史主义思潮,也并非史学发展的必经阶段,只是社会畸形心理的一种变态产物,"五四这种极端的反传统思想不但在中国是史无前例;就是从世界文明史的眼光看来,也是一个很特殊的现象。"[3]本节引用法国怀疑主义史学的材料虽是转手的,但从中外怀疑主义史学比较的视角看,它们对于说明"疑古"史学的面

1　朗格诺互、瑟诺博司:《史学原论》,大象出版社 2010 年版,第 107—108 页。
2　伯伦汉:《史学方法论》,台湾商务印书馆 1975 年版,第 275 页。
3　张灏:《五四运动的批判与肯定》,载萧延中、朱艺编:《启蒙的价值与局限——台港学者论五四》,山西人民出版社 1989 年版,第 55 页。

貌及危害已经有了充分的警示作用，对于揭示史学发展的潮流、趋势与指向有着无比的重要性。因为当西方各种主义、流派像潮水般多次涌入中国，鱼龙混杂、泥沙俱下，但让人奇怪的是，唯独西方对怀疑主义史学的批判至今没有引起什么有力度的重视。法国怀疑主义史学的历史命运，"18 世纪理性主义历史学派的错误非常之多而且非常之大，结果在这个世纪尚未结束时法国大革命的浓烟烈火就给这个学派掘好坟墓。"[1] 对比之下，中国"疑古"史学的历史命运也就不言而喻了。

　　笔者并非以新建之学说作事后之讨伐，也并非以后见之明批先见之失，而是立足于所研究对象所处时代已有之学理，频繁引用民国极为流行的、张荫麟批顾曾引用的西方科学史学的经典《史学原论》即因此之故，例如，该书指出："在批判问题上，极端的怀疑几乎和极端的轻信一样都是有害的。……就为了这类批判所带来的纯粹享受而随意地使用这类批判方法，那也是一种滥用。现在仍有人在这么干，许多愚笨之士使用这类批判给完全真实的文献打上赝品的火印，或者仅靠某些表面迹象就敢在某些年代纪之间建立起想象中的源流；从前倘若这样做还情有可原，今天这样做可就是在败坏批判的名誉了。"[2]"只要怀疑主义存在，它往往是和轻信一样地毫无批判。"[3] 如果认真吸取西方对怀疑主义史学批判经验的话，这种学术上的弯路本来是完全可以避免的。

1　《历史著作史》，第 81 页。
2　朗格诺瓦、瑟诺博司：《史学原论》，大象出版社 2010 年版，第 54 页。
3　古奇：《19 世纪历史学与历史学家》，商务印书馆 1989 年版，第 88 页。

上编

顾颉刚和胡适从论战失败到
"史学革命"的真实心路

> 我崇尚一切德高望重的名人，但从不拜倒在他们脚下，我
> 渴望用科学来否定他们的某些谬误。

——爱默生

顾颉刚先生提出"层累地造成的中国古史"说后，立刻引发了激烈论战，这成为一次关乎中国现代人文社会科学学术走向的重大事件。后来涉及这一论战的论著，绝大多数学者都想当然地认为顾先生取得了胜利或赢得了胜势，余英时先生甚至认为："层累说""之所以能在中国史学界发生革命性的震荡，主要就是因为它第一次系统地体现了现代史学的观念。所以此说一出，无论当时史观如何不同的人都无法不承认它在史学上所占据的位置……在'史料学'或'历史文献学'的范围之内，顾先生的'层累构成说'的确建立了孔恩（Thomas S. Kuhn）所谓的新'典范'，也开启了无数'解决难题'的新法门，因此才引发了一场影响深远的史学革命。"[1]只有极少数知"层累说"之不然而又不知其何以不然的学者在涉及论战时，仅仅把双方的观点罗列出来而未加置评。

1　余英时:《顾颉刚、洪业与中国现代史学》，顾潮编:《顾颉刚学记》，生活·读书·新知三联书店 2002 年版，第 38 页。

引子——顾先生曾想自杀 胡先生极度烦闷

照顾先生的"层累说",西周时有大禹,先是神王后变人王,在春秋时造出尧舜,战国依次造出黄帝、神农、伏羲等,秦统一后造出三皇,东汉行将灭亡时从苗族那里引进了开天辟地的盘古。我们将其说法总结并照此逻辑深化一下,可得出中国的古史体系竟是在进入成熟的历史阶段后,不断制造神灵层累叠加上去的,禹在西周中叶或东周初,春秋末造出传说时期的尧舜神灵,到理性大启的战国时,先造出更古的黄帝、神农等神灵,后造出更为原始的始祖神伏羲,在华夏族发展成一个大帝国时又造出三皇概念,最后到汉帝国灭亡时才从其治下或治外的浅化民族那里吸收、形成了开天辟地的创世神概念——盘古。顾先生当然知道神话时期在历史之前,但神话时期应该产生的神灵概念偏偏要到历史时期才产生,这种不可克服的内在悖论顾先生却并未意识到。中国的成长,打一个比喻,是先成人→再幼年→再儿童→再孕育……中国历史果真是如此畸形、变态地发展吗? 顾先生真的赢得论战了吗?

笔者注意到:顾先生在论战之后心态极其糟糕,甚至多次提及自杀,出现了精神崩溃的征兆,1924 年 6 月在写给好友俞平伯的信中引用王国维的话说:"自杀非出世,乃生活要求到最高度的表现",并说"我所受的痛苦必胜于人,自杀是很近情的。但我即使自杀,亦是完成我的生活要求,心中亦可得非常安慰[1]"。7 月 26 日自述:"我苦极了。我恨起来,恨不得立刻死了。我此刻死,心里非常安慰。"[2] 8 月 1 日自述:"今日到午门,满心的不高兴。心也宕了,脚也软了……过御河,只觉水绿得可爱,

---

1 顾颉刚:《顾颉刚书信集》第二卷,中华书局 2011 年版,第 82 页。
2 顾颉刚:《顾颉刚书信集》第四卷,中华书局 2011 年版,第 463 页。

想跳下。"[1]2 日在给妻子的信中写道："我一短气只是想死。假使没有你和几个好朋友,我的想死绝不是一句空话。昨天从午门出来,看御河中种着菱芡、荷花,觉得跳身入内是很适意的死法。"而顾先生自杀的想法非止一次,而是不少次,接述称:"有时坐在人力车中,前面一辆汽车冲过来,我想,若把我冲死了,倒也是一种猝不及防的死法。听见雷响,想道,今天会把我震死吗?实在是做人做得怕极了。"[2] 这种现象在心理学上被称为重度抑郁或重度抑郁障碍[3],以致产生了绝望的情绪。而且,本就不佳的身体状态往往同时陷入生理的失调。而养病一年之久的胡适重返北京正欲大展身手之时,却在顾先生写不出辩驳文章后遽尔将自己极为钟爱的《读书杂志》停刊,乐观主义的胡适陷入了他成人之后首度的精神萎靡状态,仅在 1924 年 1 月日记中就多次表达烦闷情绪:3 日,"烦闷得很,什么事也不能做";15 日,"这十五日来,烦闷之至,什么事也不能做。前几日曾戏写一诗……《烦闷》",专门表达百无聊赖的心情,说"从来不曾这样懒过,也从来不曾这样没兴致";20 日,"懒病又似回来了,终日没有做事。"24 日,"烦闷之至。"[4] 已经康复的身体重又出现了生理上

1　顾颉刚:《顾颉刚日记》第一卷,1924 年 8 月 1 日条,台北台湾联经出版公司 2007 年版,第 514 页。以下简称《顾记》,此卷凡 1926 年年底之前有准确日期的日记引文,均随文标注页码,不另外出注,以省篇幅。

2　顾颉刚:《顾颉刚书信集》第四卷,中华书局 2011 年版,第 470 页。

3　库恩等著:《心理学导论:思想与行为的认识之路》(第 13 版),郑钢等译,中国轻工业出版社 2014 年,第 542 页:"重度抑郁是很严重的问题,会导致自杀或情绪功能的严重受损。"第 604 页:"在个别情况下,判断自杀的可能性的最佳依据是:想要逃避的渴望、难以承受的心理痛苦以及受挫的心理需求。企图自杀的人缩小了自己的选择范围,似乎除了死别无选择。"格里格等著:《心理学与生活》(第 16 版),王垒等译,人民邮电出版社 2003 年版,第 431 页:重度抑郁障碍的特征之一是"自杀——反复想到死,有自杀的观念或举动。"第 438 页:"抑郁的个体常常会想要自杀。"

4　曹伯言整理:《胡适日记全编》第 4 册,安徽教育出版社 2001 年版,第152、162、164、167 页。下文简称《胡记》。

的病象。

暴得大名的两位师徒竟然同时陷入了情绪的低谷，生理的失调，是偶然的巧合还是都陷入了声名顿毁的恐惧？由此触目惊心的事实，大家自然会想到：这与此前的"层累说"论战有什么联系吗？世界上真有这样的论战胜利者吗？

从史学专业看，"层累说"这一命题是当时学术界不太可能得出正确答案的难题，因为论辩双方和以裁判自居的胡适都不具备解决这一问题的研究方法和知识储备。处于社会转型期的双方焦虑于中国遭遇到五千年未有之变局的现实，反思着古今中西，古史的领域成为学术界的一个焦点。这首先就容易产生时代错置的失误，**"挂念着现实去研究历史，是历史学中所有错误和谬论的起源所在，首先就会产生时代错误。"**[1] 而"误置时代正是历史科学中最不可饶恕的错误。"[2] 历史学的定义虽然多种多样，法国著名史学家古朗治和贝尔认为史学"在所有科学中难度最大"，最能体现它的学科特征[3]，而传说时代的研究又是这最难中的最难，在历史学中是一个极为特殊的领域。18世纪初以来，西方历史哲学对人类历史的发展渐渐有些科学的认识。维科（1668—1744）首次提出神、英雄、人三个时代的说法，杜尔阁（1727—1781）提出神学、形而上学、科学三个时代，孔多塞（1743—1794）提出自人类起源到语言发明、文字发明、历史完全成熟三大时代并细分为十个时期，赫尔德（1744—1803）提出诗（童年）、散文（青壮年）、哲学（成熟）三个时代，孔德提出神学、形而上学、实证三个时代。不同的

1　巴特菲尔德：《辉格党的历史解释》，转引自约翰·托什：《史学导论》，北京大学出版社 2007 年版，第 161 页。

2　马克·布洛赫：《历史学家的技艺》，上海社会科学院出版社 1992 年版，第124 页。

3　马克·布洛赫：《历史学家的技艺》，第 14 页。

时代有着不同的思维方式，民国最流行、最经典的科学史学入门书《史学原论》说："我们可不要把针对开化民族研究而拟定的问题表应用于某个蒙昧社会。"[1] 而"历史学家首要的责任就是要评估过去与现在的不同；从相反的角度看，**历史学家最不可饶恕的罪过就是将时代错置**——缺乏思考地假设过去的人像现在的人一样行为和思考"。[2] "历史学家的推理是通过与现在进行类比来进行的，他是把在大家日常社会经验中得到验证的解释模式转用于过去。"[3] 而恰恰这一解释模式并不适用于传说时代的历史性研究，尤其不能求之于人类理性大起之后的常识和"直觉"。目前，对人类早期历史已经有了不少宝贵的理论，如布留尔关于原始思维、前逻辑的论述，施特劳斯关于神话理性的研究，都强调传说时代与成文史以后的研究在方法和要求上有本质的不同……换言之，传说时代的研究所应具有的正确方法是在这些现代学者的学术领域和视野之外的。而且，乍用西方科学史观处理中国的文献结构会出大问题的，这里面存在一个史料陷阱，不仅顾先生深陷其中不能自拔，就是日本两大史学派别的创始人白鸟库吉的"尧舜禹抹杀论"和内藤湖南的"加上说"也均未能幸免。

那么，对此现状，我们应该如何重新评判？如果仅就学术论学术，往往不易求得简明、直观的答案，所以笔者决定另辟蹊径，将论辩双方论战前后的心态及行为变化勾勒出来以判断胜负，因为胜者喜悦、败者懊丧是人类心理的常态，这应该不失为一个得出正解的、饶有趣味的有效途径。而学者论辩，名誉攸关，参与者如人饮水冷暖自知，显然最有发言权；又好比擂台比武，双方命悬一线，胜败得失，拳手内心

1　朗格诺瓦、瑟博诺司：《史学原论》，大象出版社 2010 年版，第 135 页。
2　约翰·托什：《史学导论》，北京大学出版社 2007 年版，第 8 页。
3　安托万·普罗斯特：《历史学十二讲》，北京大学出版社 2012 年版，第 141 页。

自如明镜。常言道:"会看的看门道,不会看的看热闹",如果连热闹也不会看,那可真是无可救药了。遗憾的是,以笔者多年的浅薄涉猎,并没有见到一篇真正从此着手的论著。但入手之后,发现兹事体大,难以用时下编辑们所喜欢的简明式论述来完成,因为事涉顾、胡两先生既有的高大上道德的学术形象,若没有足够篇幅充分地罗列事实,较易陷入"贞者见贞,淫者见淫"的两极纷争。陈寅恪先生论著大量引用史料的写法一向为学界所诟病,但其结论的光辉并不因此稍减。因此之故,本文将尽量详实地引用两先生的日记和书信等史料加以编排,尽可能让事实自己说话。

通过梳理顾颉刚、胡适师徒这三年的心路历程,结合考察其他相关因素,我们可以得出一个与现今人们印象截然不同的答案,无论是在辩论场内还是在场外,立论一方实际上都处于下风。在场内,刘掞藜一直奉陪,而顾先生却主动休战,顾胡师徒通过辩论,清醒地意识到己方命题的巨大漏洞及存在的巨大风险,后来也实际放弃了论战;在场外,两人情绪都在论战尾声开始长期陷入低谷,顾先生的精神状态甚至走向崩溃,悄然编纂中的《古史辨》因其心理畸变而中辍;与此同时,学者印象中如火如荼进行的"古史辨"运动实际上也奄奄一息。当顾先生迫于人情压力被迫重编《古史辨》时,素来认为水乳交融的"疑古三杰"之间的关系却显得颇为微妙,"疑古"运动的指导者胡适对于急先锋顾先生编纂的《古史辨》避之唯恐不及,顾先生求胡适、钱玄同一序而竟皆不可得,之后,围绕该书就产生了一系列学术上属于种种非常规乃至不道德的现象。这一切到底是为什么?顾先生不通人间世故、痴迷学术的形象因《自序》的流行而被误认,但顾先生的心态、性格远比人们想象的更为复杂,从开始欢迎论战到后来拒绝论战的态度也是历来被忽视的一个重要现象，素来被认为亲密无间的一对师徒在气质、性格及学术理路等方面显示出诸多差异，顾先生高调地吹捧胡适实质上只是为了"绑架"他、利用他，"层累说"真正的现代史学元素竟然来自梁启超的《中国历史研究法》，顾先生在这里明修胡适之的栈道，暗渡梁任公的陈仓……历史发展最让人错愕的是，本来完全是一次商业的策划竟然演变为一场轰轰烈烈、影响深远的"史学革命"。

一、从论辩角度看　立论方完败

事情的起因不乏偶然性，胡适南下养病时，他创办的私人性质的《读书杂志》缺乏稿件，让顾先生写稿填充版面，顾先生赶稿不及，就以此前信手写给钱玄同的长信代替，该信并非严格意义上的学术文章，形式不过是个札记，带有较强的随意性，只是阐述了"层累说"的想法。由此引发论战，过程持续近一年，一直到刘掞藜发表《儒家所言尧舜禹事伪邪？真邪？》和柳诒徵总结论战的《论以〈说文〉证史必先知〈说文〉之谊例》一文截止，而并非人们通常印象中胡适所写的《古史讨论的读后感》一文。

（一）顾先生的心态：从得意、兴奋到郁闷、沮丧

1923 年 4 月 28 日，顾先生在上海"将《与玄同先生信》……寄出"。5 月 1 日，"归家之后，觉得生活十分安定，环境亦很美丽。**闻中静话［恬］，微风吹庭前小草，都含词意。**"而"**此境本寻常，向来不觉其美**，惟自上海归来，则不由得不觉其美耳"（354 页）。愉快、得意的心情跃然纸上，从此开始到停战之前，顾先生的日记里对于论战充满了欢快的情绪，其他方面也多读

书之乐和交友之快的记载[1]，顾先生在 5 月 28 日给胡适的信中说："刘君一文，展读数过，觉其证据甚薄弱，不难催陷。"[2]30 日，"一点醒后，思量身世，遂不能眠。五点起床，写经农先生信"，表辞职返京意。（363 页）6 月 13 日，"今日读书(《诗经》和《汉书·郊祀志》)，又有'到自己的园地'之乐了。予怎能长如此？"（368 页）18 日，"适之先生转寄其族叔胡堇人先生驳予古史说一份，**甚快**。"（369 页）20 日，又给胡适写信说："**我最欢喜有人驳我，因为驳了我才可逼得我一层层的剥进，有更坚强的理由可得。**"[3]6 月 23 日，"在沪半年，不曾记得半册笔记，今日一天而记约半册，**可见在家读书的幸福**。"（371 页）28 日，"抄录《讨论古史书》。予作文如此不能自休，使予不能早结束。盖予性喜分析，一个大题目分成了许多小题目，一个小题目更分成了许多更小的题目，所以致此。"29 日，"抄录《讨论古史书》约七千字，细读一遍，一期的全功告成。即到护龙街寄去。**文稿寄出之后，肩负暂时一轻。休息半天，甚有乐趣。**"该日条下"十二年十一月廿七"追记："此七日中所作一万三千字，实为后来二万四千余字张本。可见只要有工夫做，不怕做不成也。"（372 页）7 月 3 日，"**夜中以《努力》寄来，看之神旺，又致失眠。**"（374 页）9 日，"**数日中身体酸痛甚，几不可耐。予一病即思及死，但一想到死反而心定，觉得赍志而没故是不幸，但这不是我的责任；**

1　6 月 12 日，"读钱玄同答书"（367 页）。18 日，"适之先生来函，谓《读书杂志》难出两张，惟有于第二周再出一张。此与予甚便，可休息一二日矣。"（369 页）20 日，"作《答刘胡两先生书》约二千字。"21 日，"作《答刘胡二先生书》毕，即发出。"11 月 17 日，"夜中改做'封建与部落国家'一则，费时甚久。"19 日，"予同谓吴人重文采，谓我的做学问甚似皖派，又谓我的立身行事不像苏州人。"（419 页）22 日，"细看刘揆藜文。记笔记数条。"（420 页）

2　《顾颉刚书信集》第一卷，中华书局 2011 年版，第 392 页。

3　《顾颉刚书信集》第一卷，第 399—400 页。

至于我生三十年，**俯仰无愧怍，死实不足惧。因此，身子愈苦，心地愈光明，觉得反而有乐趣。**因知古来仁人志士所以视死如归，即是为了这个乐趣，这个境界已经为我窥见了。至于忏悔之事，乃是不敢负责的人所做，甚可鄙薄。而宗教之成立即基于此，则宗教为下流之归可知矣。大家心地果真磊落光明，宗教将不禁而自止。"（375页）22日，"《越缦日记》看了三天，……**此等看书之乐，三年来所未有，不意乃在病后得之。**"（379页）25日，"绍虞来，同至介泉处，稍谈即至拙政园，在最高的亭上茗谈进面，至四时许始出。**诚是快意之事。**"（380页）8月3日，"玉诺谓我文音调甚好，谓我《梦中》一诗充满诗意。"（383页）12日："绍虞谓我的文字无论如何长，看得人总不费力气。忆平伯曾谓我文爽利，圣陶曾谓我文似适之先生，此均我文之舆论也。"（385页）20日，出差到北京，"**重履旧居，悲欢交集。**"（388页）回想起北大的学术生活。31日，"杨守敬《历代舆地图》、罗振玉《殷虚书契考释》，蓄意购之数年，今日大胆买之。**快甚。**然经济方面亦太可怜矣！"（391页）9月2日，"从前郊游，所起之念纯为欣赏自然之美，今日乃觉不然。正欲发欣赏之念时，**人生悲苦之念即杂然并作，**乃觉郊游亦无甚乐趣。呜呼！孰使余失其职业之乐？孰使余所度生活乃如此不安？继之以往，尚能有恢复前此兴会之一日乎？"4日，得到北大国学门老上司沈兼士夸奖，"予深知自己不能干，又深感人情隔膜，以为真诚无感人之理。今师友乃如此云，要亦有感人于不自觉者耶？"（392页）6日，"看刘掞藜君驳予《论古史书》。"《读书杂志》第十五期：等我现在手头的东西登载完，"我的职业已经变换了，或者可以多得一些空间，在明年一年之中把《禹贡》、《尧典》、'古史系统'三题详细辩论一番……我所回复的旧职业已是有寒暑假的了，总可以说便利一点。"11月1日，"**夜梦游鬼国，在极萧森的境界中坦然而过。觉来因念为人不做亏心事，洵是人间至乐。**宗教之力，于我无所施其伎。所谓'福德不离'，即此已是。若必以富贵神仙为福，此则妄庸人耳。"（412 页）11 月 17 日，"自思我的才干和学问百不如人（身体更不如人），但我自己觉得比人可贵处，乃是我有志而人无志（有志的人真是少极），我过的生活是有意义的生活。既有意义，则我便可将我所有的才干和学问全力应用而不致空弃，所以成绩反而比别人好了。"尤其 18 日表达的更为明显："复看我在本年所发表之辨古史文字……我自己觉得我的文章实在清楚，说理亦圆满。又觉得我存在内心的意境反而没有如此清楚，见解亦没有如此敏锐。这可见努力的有用处。我倘使不努力，我真是一个庸人。"（418 页）24 日，"今日未做甚事，亦无一人来，完全休息，是我生活中甚少有的一天。"26 日，"在爱文义路道中得一联曰：'自喜心无愧，惟悲生有涯'，拟书为楹联。"（421 页）29 日，"明年预计：2 月作《尧典》著作时代考。五月六月作《禹贡》著作时代考。作《群书疑辨》序。7 月作古史系统论。11 月作答刘君再质书论古史。"（423 页）12 月 15 日，"夜归，见三院门口有花生米摊，触动旧境，买廿文……且走且嚼，宛然学生时代情状。心中甚喜。"17 日，"与介泉到适之先生处，谈一小时……在会中办事三日，劳苦极矣。夜中翻看书籍，竟至疲惫之不起，至十二点许始勉强就眠。"（430 页）22 日，"几月来精神甚健，惜生活不安定，不能做些著实的事。"（432 页）

如此轰动的论战为何停止？顾先生主动宣告——休战。顾颉刚 1923 年 12 月 20 日给胡适写信问："刘掞藜文能向印刷处取回给我一看否？"附寄了要求休战的启事[1]，此后，顾先生欢快的

---

1 顾颉刚：1923 年 12 月 20 日 "致胡适"，《顾颉刚书信集》第一卷，中华书局 2011 年版，第 408 页。启事标注日期 2 日误，当改为 20 日。因开头明确说"初到北京"，考顾先生行程，2 日还在上海，《顾记》也无写信记载，8 日由苏州给胡适写信，13 日才抵达北京。

情绪就有所改变。1924 年 1 月 6 日出版的《读书杂志》第十七期登载“启事”，其中说“在两个月内无暇讨论古史。等《努力》月刊出版后，我当继续讨论。无论如何，此文必在明年一年内做完。现在只得暂以‘文王是纣臣吗？’作一个小结束。”胡适后来追加出一个理由：“刘先生也没有续稿寄来。”[1]

顾先生主动休战是真的忙还是托辞以遁呢？我们来考察一下他的详细日程：1923 年 12 月 8 日顾先生给胡适写信：“一月号《读书杂志》请由先生担任文字，我实在没有闲暇了，二月号的，我当独立担任。”[2]这期间忙于从上海到北京的搬家，到京后随即外出考察文物和长途旅行，1924 年 1 月 2 日，**“车中看风景，甚快意。”**（440 页）6 日，在给妻子的信中说：“《努力》月刊下月即要付印了，我的辩论古史的文字怕不能做出。”[3]9 日，由河北往山西途中，**“一路风景极好”**。（442 页）这段时间忙并无疑义，心情差可。值得注意的是，顾先生从宣布休战起，从读书情况看，除应付文债，一开始就显然没有准备继续辩论。[4]15 日，顾先生

1　《读书杂志》十八期《古史讨论的读后感》。
2　《顾颉刚书信集》第一卷，中华书局 2011 年版，第 407 页。
3　《顾颉刚书信集》第四卷，中华书局 2011 年版，第 382 页。
4　12 月 24 日，翻《一统志》。1924 年 1 月 6 日，翻看《清代野史大观》。8 日，看地图及《一统志》。20 日，抄郑樵《石鼓音存》。28 日，看《西域考古图录》、《天龙山石窟》《武梁石刻》《东京帝国大学考古图录》五册。29 日，作《答李石岑书》。30 日，看吴稚晖《新信仰》一文。31 日，写《左传事纬》及《春秋大事表》书端书根。2 月 6 日，写丁在君先生信。2 月 12 日，得丁在君先生来信，论禹无治水事，极感。2 月 13 日，辑选《东壁集》。2 月 19 日，终日整理《易卦图说》。2 月 26 日，看《观堂集林》。3 月 1 日，抄《观堂集林》论商史语入笔记，月二千言。3 日，称“近日为学正想把范围缩小”。4 日，读英文。7 日，看所买《古文范》。9 日，从本日起读英文历史（见正文），直到 13 日，皆有读英文历史记录。16 日，看《也是集》及《欲海迷航》二书。3 月 17 日，看《百一庐金石丛书》。19 日，一个月内应做九项事的第六项“作为学计划”。21 日，温习前两星期英文历史，“校王静安先生近著五篇”，自己要做事：读外国文、研究古史、小运动、小休息。22 日，校罗振玉文三篇。23 日，读历史，看《东斋论剧记》。4 月 11 日，校《金碑考》。

在山西太原询问胡适:"下期《读书杂志》稿子已有了吗?先生能做,固然是好,否则即请写一信至大石作。我稍后当即做。"考虑续写文章,但同时也写出来这样的话:"《努力》上辩论之……古史问题如能即由先生批评一下,那是最好的结束了。"[1] 这已经表达出希望胡适收拾残局的意愿,显示出退缩之意。

　　从顾先生 1 月 18 日回到北京至 3 月底是确认顾先生对论辩真实态度的关键时间段,26 日写给妻子的信中说:"生在这个学殖荒落的时代,要欺世盗名真容易。我虽并不要欺世,而社会上非逼我欺骗他们不可,岂不可叹!现在我决计回绝。"[2] 28 日,"归京两星期,生活不能上轨道,意境颇萧索。因为事务丛集,反而怕办事了。愈积愈多,作何了局?思之趣味尽矣。"(449 页)29 日,"作《答李石岑书》,详述自己的学问生活,约三千余字……前数日以事务太琐屑,不能为自己做事,颇觉抑郁。今日作此书,胸中一畅,仿佛把久年的痞块呕出了一般。虽是肩背上的重量依然如故,但究竟松爽得多了。"31 日,"夜中读书真开心,惜予不得长有此乐耳。"(450 页)2 月 6 日,"自山西归来,至今倦怠,未知何故。有病欤?心野欤?天气坏欤?生活未上轨道欤?"(453 页)15 日,顾先生给胡适写信:"本期《读书杂志》已否出版,甚念。"[3] 表达关心。让人深感意外的是,五天以后,顾先生就对自己学问的信心产生了动摇,"今日起,署笔记曰《泣吁循轨室笔记》,若此一年中我的生活能循轨道,那末我尚有生人之趣;否则我真是活怕了。"(457 页)顾先生此前"读书笔记"的名称皆以地名或与经历相关联如寄居、奉养之类的为之,今以"泣吁循轨"这类表达刻骨铭心的强烈感情之词为名还是第一次,而在这约定即将开战的时间,不能不让人对顾先生关

1　《顾颉刚书信集》第一卷,第 410 页。
2　《顾颉刚书信集》第四卷,第 381 页。
3　《顾颉刚书信集》第一卷,第 411 页。

于论战的态度产生困惑。2月22日，胡适在《读书杂志》第18期这一终刊号上发表了《古史讨论的读后感》，除了为顾先生辩解之外，还透露这样的重要信息："**北京很有几位老先生深怪顾先生'忍心害理'，所以我不能不替他申辩几句。这回的论争是一个真伪问题，去伪存真，决不会有害于人心**"云云。这实际是给处于颓势的顾先生一个喘息之机和体面的台阶。从顾先生角度看，初出茅庐即遇此重挫，心理的压力当然不言而喻。不料，就在次日，顾先生竟动了学习英文的念头[1]，到3月9日还订出了计划："从本日起，读雷诺夫英文历史，每日读二三节。约八个月可读完，总算对于世界史有一点常识了。"（463页）这是让人意外的，这期间，刘掞藜发表了《儒家所言尧舜禹事伪邪？真邪？》一文，该文颇有风度地没有提到和顾先生的论战，但二者间的关系却彰然可见。对于迫在眉睫的论辩来说，英文历史里并不可能有什么灵丹妙药，学英文更是缓不济急的事，而且计划了八个月时间。估计是看到刘、胡的驳文中屡屡引述外国历史之理给了顾先生刺激所致。13日，"近日予回寓专读英文报及英文史，到校专做国故研究，倒很上轨道。但可惜体力不好耳。"（464页）17日，在北京北郊游玩，"有二鹤，依依随人，甚可爱。"18日，"**归后极倦，无心做事。**"19日，在写给冯友兰的信中说："现在弟愈弄愈胆小，不论大学，即中小学的课也是不敢担任。这绝不是谦虚，实在学问的难处已深入我的心坎了。**我想，从明年起，只当自己是不识一字的人，从头做起。如此，庶不为以前的胡乱智识所牵缠。**"[2]同日，"写适之、玄同……先生信"，"**游**

1　《顾颉刚日记》1924年2月23日条："自今日起，每天请介泉选《东方时报》新闻一则给我读之。想一年后必可看西文报了。看了西文报，自便于看西文书。"

2　《顾颉刚书信集》第二卷，中华书局2011年版，第225页，1924年3月19日"致冯友兰"。

了四日，至今尤倦"，"一个月内应做事"有"作为学计划"。（466页）3 月 22 日，写适之先生信，抱怨说："在研究所中，**零碎事务太多，甚以为苦**"，而且说："**下半年须将辩论古史之文作完，亦无时间可得，且我现在完全注目在古史上，此事必须有十年的功夫方可得一段落，亦不愿为他种事情隔断。**"[1]23 日星期天，本来是个休息的日子，没想到"**适之先生来**"，而胡大人亲登顾门在两人三十多年的交往中是极为罕见的，这显得颇不寻常，所为何事？两人到底谈了什么已无从考证，但通观前后，只能是与论战相关，顾先生"**未出门，亦未做甚事。加以精神倦怠，颇不乐。**"（468 页）给妻子写信说："我为研究学问的志愿所逼迫，读外国文的热度高极了。倘使这次再读不成，我自己不当自己是一个人了。"[2]据载，1921 年 5 月 13 日，吴虞"访胡适之，谈极久"，胡适强调："**向不回看朋友，特对予申明。**"[3]这说明胡适自定有不回访平辈友人之制，现在自破藩篱，竟趋访"门人"顾颉刚，其中所涉事端必不单纯，顾胡两先生日记皆未记录所为何事，惜此迷影重重，难以深究。但可以肯定的是，若无隐秘之事相谈，恐怕鬼都不信。

24 日，"作《我的研究古史的计划》三千言。大风扬尘，天为之黄。介泉来，同至适之先生处，遇玄同先生。"（468 页）；3 月 25 日，"读历史半日，**未做一他事，甚快**。做了一天的事，**到夜饭后实在疲倦了，不但不能写字，并看书亦有些勉强。**"26 日，"改作《研究古史计划》毕，即誊正，计三千余言，睡已十二点矣，**竟不易入眠**"，并且"今日八点许到校，时间甚早，满意可做些自己事情"，杂事相扰，"心中一恨，脑子马上胀了，

1　《顾颉刚书信集》第一卷，中华书局 2011 年版，第 414 页。

2　《顾颉刚书信集》第四卷，中华书局 2011 年版，第 395 页。

3　中国革命博物馆整理：《吴虞日记》，四川人民出版社 1984 年版，第 598—589 页。

手也颤了。我想，照这样下去，生活终不能上轨道。拟在后门内外寺院中租一僻静之屋，早点后即去。读书与作文间天为之。无论如何做得少，总算半天是我自己的了。这个地方守秘密，使得无一点外事撄心。下午到研究所，就是不做自己事情也可无怨了。回寓则专意休息。"（469页）27日"校昨改作文，送适之先生处，作书附去。"信中说："昨为《努力月刊》作一短文，今钞出奉上。我做这篇文字的缘故，实在想借以拒绝一切外务。我在社会上已经十分的退缩，而他人不谅，时与拉拢。……此文如承发表，要拒绝人家的时候较为容易了。"[1]29日，又"改作《计划书》中论神话一段，写适之先生信送去"。（470页）

《我的研究古史的计划》写了什么内容呢？

"我在《读书杂志》第十七期上，曾经声明在这两个月内无暇作文，待《努力》月刊出版时当继续讨论。但现在这个约言竟不能如期实践了，其故，因上海亚东图书馆要我标点《东壁遗书》，旧籍的标点很不容易。……我现在立定计划：本年八月以前尽力用在《东壁遗书》上，九月到年底尽力将去年辩论古史的未完之稿作完。"

这说明顾先生此时虽未将辩论彻底放弃，但已使出**拖延之术、缓兵之计**，而且标点《东壁遗书》并不是新出现的事情，因为在1923年5月28日时它就已经标点完了，"理《东壁遗书》，补抄数页，全部第一次整理完成。**近日天气阴雨，以致精神不好。虽仍做事，实出勉强。**"（363页）6月1日，顾先生决定辞职回北大，商务印书馆未允，14日决定："十月至十二月去敷衍三个月，为校印《东壁遗书》也。"（368页）16日"预计：七月至八

1 《顾颉刚书信集》第一卷，第416页，1924年3月27日"致胡适"。

月，审核《东壁遗书》标点。……十月至十一月校印《东壁遗书》。"（369 页）看来，顾先生在 1923 年 6 月中旬已决定将标点完成校对，《东壁遗书》在 11 月左右付印，而其收入对于生活窘迫的顾先生本非小数字，这点读《顾颉刚日记》很容易知道，记录欠账是早年《顾记》的主要事项。1923 年 9 月 1 日，"傍晚五时，访颉刚，借《东壁遗书》下半部给他，他已将此书标点，拟明年由亚东出版。"[1] 只是随论战的进行计划发生了改变，在 11 月 29 日，预计"四月审定《东壁遗书》标点。为商馆标点《东壁集选》。校订《郑樵》。"（423 页）1924 年 2 月 14 日"标《东壁壁书》。……予重标此书，每天只能四十余页耳。此未免费工夫太大，别人必不肯如此。但予若不如此，心中就要觉着没趣，故宁可在百忙中费去大部分的时间了。"（455 页）7 月 31 日，"予标点时，总好做笔记。明知费时甚多，工作必少，然不为此更将不欢。人生适性耳，惟有不顾工作，任性所至矣。"标点本已完成，原拟 1923 年底出版，随论战进行，又决定重新标点，其故何在？回思论战打响之前本拟以《论语》为题即可知道[2]，重新标点并不仅仅是为整理的精益求精，而是有从中汲取养分、榨干崔述，存在着应付论战的现实考虑。"尽力"为自己再次爽约预留地步。值得注意的是下面这段话：

> 从明年起，更把古史彻底研究一番。彻底的研究当然不是容易的事，预算须经廿余年工夫。这是我一生惟一的事业，也是惟一的愿望。……读常识书一项，种数甚多，如（1）世界史，（2）中国史及各种书籍，（3）各种专史，（4）数学，（5）天文学，

1　杨天石主编：《钱玄同日记（整理本）》，北京大学出版社 2014 年版，第 549 页。
2　4 月 27 日"看《论语余说》，将崔述考为可疑与可信各条录入《论语》眉端。草《〈论语〉中的古史》，未毕。"而后，"作《与玄同先生论古书》序，并抄原书二页。"（352 页）

（6）年代学，（7）地理学，（8）地质学，（9）生物学，（10）人类学，（11）言语学，（12）宗教学，（13）社会学，（14）政治学，（15）法律学，（16）经济学，（17）统计学……都是。……我今年三十一岁，若绝不停滞，准期完功，已须五十二岁；若以研究的困难，人事的牵制，稍一停留，六十岁是很容易到的。像我这般不结实的身体，即使善为保养尚不知能到六十岁否。

　　这是论战文章或答辩书吗？当然不是。从整个过程看，和人交兵、辩论时，突然声称自己有事忙，请择日再战，而经过三个月的休整，已经超过约定时间，对手的战鼓已然敲响，弓矢也已射出，自己未能重整旗鼓、起兵再战，连说还忙着，而写出的竟是一个"须经廿余年工夫"的《计划》，要三十年后再来，而且还说自己身体不好，不一定能活到那一天。这只是为自己的拖延行为做一个体面的解释，因而，它完全是一个投降书。《计划》的完成及其预期的公布，实质上是依技巧性的手段，继续以哀兵之姿拖延。《计划》表示要好好学习，倒是很能反映出顾先生此时自感学养不足的衰颓心态，同时体现出卧薪尝胆、十年雪耻的雄心。顾先生的落寞、郁闷和沮丧可想而知。顾先生从此开始发愤、广泛阅读，并且认真执行了。[1] 3月30日，"理书、物，两间通联，**一爽快**。" 3月31日，顾先生**郁闷之际梦见了王国维**（意义、解释见下文）。这实际上意味着顾先生明确承认辩论彻底失败。

　　心理学认为，"一些人具有疾病易感人格，从而长期处于抑郁、焦虑和敌意状态，他们会经常生病。……抑郁的人吃不好、睡不好、很少锻炼。"[2] 顾先生就是这种情况，下文有专门讨论。顾先生的论

1　《顾记》1924年3月25日"读历史半日。校《中西交通录》目"。从29日开始，"读《埃及史》毕，心中甚快。"广泛阅读各国历史（470页）。

2　库恩等著：《心理学导论：思想与行为的认识之路》（第13版），郑钢等译，中国轻工业出版社2014年版，第519页。

战明显受到挫折，而他的反应也符合心理学的结论，"当人们遇到挫折后，第一反应通常是坚持行为……两个特点，一是顽强努力，二是多种反应。坚持行为往往可以帮助人们越过障碍，取得成功。然而，如果失败，常常会通过攻击行为来出一口气。""面对挫折的另一种典型反应是逃避或退缩。逃避的方式有两种：一是离开挫折源，还有一种方式是心理逃避，常见的做法包括使自己变得情感淡漠（装作漠不关心）。"[1]"应激是一种反应模式，当刺激事件打破了有机体的平衡和负荷能力，或者超过了个体的能力所及，就会体现为压力。这些刺激事件包括各种各样来自外界或内部的情形，统称为刺激源。每个应激源都是一个刺激事件，要求有机体做出适应性的反应。个体为了应付这些改变而做出的反应包括许多方面，是许多反应形式的综合体，包括生理上的、行为上的、情绪上的和认知上的。一些反应是适应性的，另一些则是非适应性甚至是致命的。"[2]"心理神经免疫学的研究表明，压力会通过影响人体免疫系统的功能来降低人体对疾病的抵抗力。在应激情景中，如果人不能预测应激源的变化，对压力缺乏控制力并且持续不断地受到强烈情绪刺激的影响，那么压力就更具有破坏力。当个体认为自己受到威胁并感到无力应对时，压力感即会加剧。"[3]顾先生的一些病症就多了，具体论证见下文。这使顾先生进入了心理学上的抑郁状态，怎么认识抑郁？"当下面五种情况出现时，就可能是出现了抑郁情绪。1. 持续的忧伤、焦虑或"空虚感"。2. 自责，感到自己无价值，或者感到无助。3. 难以集中注意力、记住事物的细节并且难以做出决定。4. 感到绝望或者悲

1　库恩等著：《心理学导论：思想与行为的认识之路》（第 13 版），郑钢等译，中国轻工业出版社 2014 年版，第 531—532 页。
2　格里格等著：《心理学与生活》（第 16 版），王垒等译，人民邮电出版社 2003 年版，第 362 页。
3　库恩等著：《心理学导论：思想与行为的认识之路》（第 13 版），郑钢等译，中国轻工业出版社 2014 年版，第 558 页。

观。5. 对过去喜欢的事情或爱好都没了兴趣,包括性活动。"[1] 顾先生的心理表现似乎已经算是心境障碍,它"主要包括心境或情绪方面的障碍,使人处于躁狂或者抑郁的状态。……心境恶劣障碍时,抑郁为中度,但持续时间长。环性心境障碍时,患者表现出中度但持续时间很长的情绪波动,时而抑郁,时而兴奋。"[2]

（二）"层累说"的死穴

从辩论的角度看,顾先生说:"中国的古史全是一篇糊涂账。两千年来随口编造,其中不知有多少罅漏,可以看得出它是假造的"（十四期）,用的是全称判断。那么,当辩论的对方指出中国历史并不全是糊涂账,并且举出某些信而有征的例子时,辩论另一方就必须接受或否定,否则就是失败。争论的实质是传统文献记载的内容是否具有客观性以及具有多大程度的问题,天文学与《尧典》是否具有客观性的内容是一个绕不开的核心问题。

刘、胡两文最可贵之处在于都指出了有天文学证明的事情就可信的学理,刘说:"《尚书·尧典》所记'仲春日中星昴,仲夏日中星火'等,据日本天文学者所研究,西纪前二千四百年时确是如此。**因此可证《尧典》最少应有一部分为尧舜时代之真书。**"[3]天文学证实《尧典》起码有部分真实内容是最值得重视的。胡的第三点也说:"天文学家岁差之说创始唐一行,其理论则萌芽于晋虞喜,三国以前并没有一人知道。若依顾先生所说《尧典》是春秋以后造出的伪作,那么,何以《尧典》的天象和春秋时代不同而又暗合岁差的公例呢? 世间哪里有这般凑巧的事。我想那假冒的人,在岁差原理未发明时,绝不敢把天象说作两歧,致惹反响。今《尧典》却老实说出,可见牠

1　库恩等著:《心理学导论:思想与行为的认识之路》(第13版),郑钢等译,中国轻工业出版社2014年版,第541页。

2　同上书,第603页。

3　顾颉刚:《古史辨》第一册,上海古籍出版社1981年版,第89页。

是有根据并非伪造了。"[1]

　　胡适早就指出：天文学的事例是"科学史上的铁证"。[2] 历史学者一般都认为："**凡是有客观的证据……可资佐证者，则这一类的记载，确实可信。**"[3] 这是顾先生师徒提倡以科学整理国故所无法否认的道理，而《尧典》的可信与否及有多大的可信程度是"层累说"是否成立的前提。顾先生大学时对逻辑学着力较深，购置了不少书籍[4]，在 1916 年还钻研过严复《名学浅说》《天演论》，1917 年上过章士钊的逻辑课，并亲撰《逻辑三宗论》（见《顾颉刚读书笔记》卷十五）的专业论文。要说顾先生意识不到自己的不利处境，那是令人难以置信的。就顾先生而言，如果有针对性地辩论，应该从这个角度论证反方天文学认识的错误，必须论证这些事实并不成立，如果承认《尧典》有部分可靠，那全系编造的立论就无法成立。[5] 换言之，只要《尧典》里的天文学事实成立，该篇就仍有相当的可靠性，"层累说"也将随之崩塌。可天文学超出了顾先生的知识领域，自然无力还击，而否定不了那些天文学事实，又要坚持自己的立论，窘境之下，只能是采取回避的态度，

1　顾颉刚：《古史辨》第一册，上海古籍出版社 1981 年版，第 95—96 页。傅斯年在 1926 年 8 月致胡适的信中谈到《春秋》也阐发了同样的学理，足见这一角度值得重视。

2　胡适：《中国哲学史大纲》（上），商务印书馆 1919 年版。

3　杜维运：《史学方法论》，北京大学出版社 2006 年版。

4　《顾颉刚全集·顾颉刚文库古籍书目》卷二 908 页"京舍书目·教科（玄学）"：理学钩玄三卷……乙卯购。《师范讲义辨学讲义五编》……庚戌购笔极陋劣。《名学浅说》一册英国耶方斯著，侯官严复译 商务发行……乙卯购凡分二十七章，一百九十八节，末附温习设问二百余题。江苏高等学校辨学讲义二册乙卯仲川赠与师范讲义全同。《论理学剖解图说》一册……乙卯（1915）购殊不明晰。

5　这一点，如果参照此前日本白鸟库吉尧舜禹抹杀论引发的学术界在中国古天文学长达二十多年的论战就非常清楚，见李庆著《日本汉学史》第一部（上海外语教育出版社 2002 年版）第三编第十章第二节"尧舜抹杀论"，第二部（2004 年）第四编第九章第三节"天文学和中国古代文献典籍的论争"。

把话题引向别处，"顾左右而言他"，不断扩大战火，以给自己留下思考时间。

事实上，顾先生在 1923 年 5 月 22 日看到刘掞藜的驳文之后[1]，就意识到了自己的要害包括知识结构的缺陷。他在 6 月 1 日给胡适的信中就说："'日中星鸟'，'日永星火'，话说得太简单，不能确断为纪元前二千四百年时确是如此。这须请问天文学家。"[2]20 日给胡适的信中再次提道："古史有关天文处，我无力解答；我只能提出解决的预望，请求天文学者解答。我的姨丈王硕甫（名应伟，在观象台）先生是很用功天文学的人，我到京后当常去请求他。"[3]顾先生当年八月中旬至九月初曾到北京出差，并见过其姨夫三次[4]，知识欲极强的顾先生必然就此加以请教，因为回来之后的 9 月 10 日，立刻"与履安（顾先生妻子）看《普通天文学》"（395 页），顾先生显然没有得到自己满意的答案。10 月 2 日，写硕辅姨丈信。这应当是有什么疑问加以请教（401 页）。论战正在进行，既不能接受别人的观点，也不好意思否定自己的错误，只得自己下面悄悄学习天文学。而后多年的《日记》里不断有学习、关注天文学的记录[5]，这说明顾先生对于科学治史还具备足够的学术敏感和素养，而不是像说过"四十以上的人都该枪毙"的钱玄同那样，连天文学这样的科学知识都敢否认。[6]1925 年 12 月 20 日，写《观象台信》（689 页）。

1　《顾记》："接适之先生快信，转来刘掞藜与我辩论古史文一篇，因草答辩意见，入读书片。至半而止。"（361 页）

2　《顾颉刚书信集》第一卷，中华书局 2011 年版，第 397 页。

3　《顾颉刚书信集》第一卷，中华书局 2011 年版，第 400 页。

4　8 月 21 日，到王姨丈处（388 页）。8 月 30 日，到硕辅姨丈处，饭。9 月 2 日，硕辅姨丈来（391 页）。

5　在论战中的 11 月 8 日《顾颉刚日记》"录纬平先生论历法语"。1925 年 1 月 30 日，抄《六经天文编》。1925 年 2 月 6 日"抄'黄帝纪元的来历'的材料"（587 页）。7 月 13 日，点《古史甄微》中之年历考异一章。

6　《读书杂志》第十二期。

值得提起读者关注的是：顾先生在 1926 年 10 月 29 日、30 日（811 页）、11 月 1 日（812 页）3 日，"抄完《东洋天文学史》，校对一遍"（813 页）。抄录稀见古书之外的、由现代人著述的整部书籍在顾先生的人生经历中并不多见，该书恰恰是主张《尧典》所载天象可靠的日本天文学家新城新藏的著作。稍后，顾先生结识了天文学史研究者刘朝阳，在广州与其过从甚密（《顾颉刚日记》记载甚多），应当不乏切磋，而 1930 年 3 月 13 日，顾先生"看（刘）朝阳新寄到之《从天文历法上推测尧典之编成年代》一文，毕"。[1] 该文综述了各派观点，系统而有说服力的，都证明该篇不晚于殷商，并不支持"东周以上无史论"。足见顾先生本人自始至终都完全明白天文学知识的重要性、必要性和严重性，而稍后完成于 8 月 10 的《古史辨》第二册《自序》就宣布不再与人论辩（见下文），顾先生对于"层累说"到这个时间点应该算是放弃了。1931 年 1 月 5 日"将新城新藏《二十八宿起原说》点毕"。

　　而后来以裁判面目出现的胡适对于天文学的知识竟然比顾先生涉猎更早、更丰富，他在 1919 年《中国哲学史大纲》上卷的最初版就用先秦天文学之例证史，并提到南朝梁、隋唐、元、清的天文学家。而同年下半年的《中国哲学史大纲》中卷（北大铅印讲义）专门用"迷信与科学"一章讲述中古天文，成为近代中国人讲述古代天文学的开辟之作。这都显示出胡适有着全面的天文学史知识，而胡适又与胡堇人的关系极为亲密，到底谁是胡文的真正作者让人不无天大的疑窦（见下）。1925 年 2 月 26 日，胡适也有给陈垣讨论历法的去信。[2]

　　可以说，当时的天文学知识毫不支持"层累说"的这个死穴，

1　《顾记》第二卷，台湾联经出版公司 2007 年版，第 384 页。
2　陈智超编：《陈垣来往书信集》，上海古籍出版社 1993 年版，第 175—176 页。

对于胡适师徒这样哲学出身的人来讲，对此是一清二楚的。[1]

从史学专业看，通观论战过程，顾先生的文章都是匆忙赶出来的急就章，虽然旁征博引，文笔流畅，但发表观点相对随意，虽堪称"才气横溢，一身是胆"[2]，而在枝节上却是失误频频，并不单是随即收回的"大禹是条虫"那个著名假设。

从辩论的角度看，立论方完败。从史学专业看，顾先生第一回合实处下风，即使谓之失败也不过分，至多也是像自称偏袒顾先生的胡适说的那样，"这一次古史的讨论里最侥幸的是双方的旗鼓相当，阵势都很严整，所以讨论最有精彩"。但后来介绍这场争论的论著不少，对于论辩双方的得失却疏于裁断。大多数人抛开顾先生论战中的逻辑问题及诸多细节失误乃至谬误来肯定"层累说"，尤其是众所周知的那七条，而忽略了顾先生的这些想法其实是在学术上未经严密论证的直觉陈述，忽略了"一屋不扫，则何以扫天下"的道理！没有缜密的系统论证，结论又怎能让人信服。将思想与学术完全混同，思想尽可不受任何束缚地自由表达，但学术却不能不受一定的规范和制约。

（三）适之、玄同先生的难言之隐

1. 始战终怯的钱玄同　先看钱玄同，他在论战一开始就表明了自己鲜明的支持态度，随后写了《研究国学应该首先知道的事》一文登在第 12 期，继续表明坚决支持顾先生的态度，此文是当天看了顾、刘、胡三文之后一气呵成的快手之作，但钱先生却声明："他们辩驳的问题，我暂时不加入讨论；因为我对于这些问题还未曾仔细研究。"期间，顾钱之间联系不断，但到了 10 月 24 日，当顾先生"写玄同先生信。……我实在无闲暇了，

1　竺可桢 1927 年在《科学》第 11 卷第 12 期发表《论以岁差定尚书尧典四仲中星之年代》一文得出两组数据，一组不晚于殷末周初，一组在公元前 2700 年。此文当时知者甚多，顾胡师徒不容不知，但未见其涉猎的记载。
2　《顾记》第五卷，台湾联经出版公司 2007 年版，第 340 页，1944 年 9 月 22 日。

不得已函请玄同先生作文。未知能允我否?"(409页)11月12日,"看玄同先生答我书,甚仔细。"(416页)钱先生在论战的节骨眼上也显然没有答应加入论战,其原因实可玩味,联系后来钱先生迟迟不愿给《古史辨》写序,真相值得方家深入探讨。胡先生则是另一种心态,海内外关于胡适的研究论著,谓之汗牛充栋一点都不过分,但并非做到了题无剩义的地步。此处先就论战过程中涉及的学术问题做初步研究,后文再就尚未引起人们足够重视的胡适身上具有的多重身份及其角色冲突问题作深入探考。我们首先要探究一下胡堇人这个十分有趣的角色。

2. 神秘的胡堇人　胡堇人(1886—1935),又名近仁,其背景却鲜少被关注,他在《胡适书信集》《胡适日记》中多处出现,是胡适同村的族叔,他们的关系极为密切,其亲密程度远超普通的同族关系,谓之至亲亦无不可。[1]胡适留美期间,家书多由堇人代读代写。胡适自称:"我比他小五岁,我们小时最相得,他有天才,不幸为境遇陷死,在小草窝里出头,矮人国里称王,遂无所成就,可惜可惜!"[2]胡适幼年学习历史时,胡堇人曾让他看《御览通鉴纲目》,可见胡堇人是一个传统知识结构的人,但也关注过甲骨文的研究。[3]

而《读顾颉刚先生论古史书以后》一文除峋嵝碑举例之误外,其他论述则颇有条理,除细节上反驳外,还提出三条有力

1　胡适1914年夏称近仁"老叔为桑梓文人魁杰"(《胡适书信集》上册,北京大学出版社1996年版,第51页)。《胡记》第3册第6页,1919年称为"灶松叔",第387页1921年7月20日"今日近仁叔来谈"。第397页,近仁在座。400页,近仁来谈甚久。427页,近仁来谈。443页,下午,"近仁……来谈。"《胡记》第5册,第664页,1930.2.7"老友近仁叔有病,今日访问"。

2　《胡记》第5册,第11页,1928.3.26"近仁来谈。八年不见。"

3　1920年11月6日胡适在写给胡堇人的信中说:"龟甲文字的研究,要算罗振玉先生为第一,故为把他的一本《殷商贞(占)卜文字考》另挂号寄给你。"(耿云志、欧阳哲生编:《胡适书信集》上册,第249页)国安按:已显落后,此时王国维已成第一。

理由：一、"古史官是世传的……容易把史料保存。……况列国有史官……决不能各国同时间对于某时代造出一色的假货。……《史记》他所叙商朝事实，和新近出土的龟甲文大致差不多相同。商代如此，夏代便也可知。"二、流传有款识的铜器还多，可以考古。三、天文学的角度（见前）。[1] 胡文提出史官制角度是眼光敏锐、极有见识的，这是中国文化传统的一个明显的特有产物；所说甲骨与文献互证商王世系可靠并推及夏代之说竟与后来王国维《古史新证》中的提法相同，而从天文学证实《尧典》可靠的角度则与刘文不约而同。

综合而论，该文见识决不在王国维之下，甚至说超前于王国维也不能算过分。那这里就产生该文作者到底是谁的问题？如果作者真是胡堇人的话，他也真有如此高深、全面的见识，也已表示还有东西要写，但后来却没有继续参战岂不是一件十分奇怪的事情？

胡堇人的驳文是由胡适本人寄给顾先生的，其中是否掺杂了胡适的意见？值得深思。胡文末尾说："'有《尧典》作在《论语》之后，后稷有无是人不可知'种种议论，我都不敢盲从。只因为篇幅的关系，俟后有机会再谈吧。"其中"篇幅的关系"一语让人生疑，如果是胡堇人自发而写，我手写我心，尽情写就是，何须考虑篇幅？再加上他和胡适的特殊关系，更是不大可能主动考虑这个问题。论战过程中，胡适在杭州、上海，顾先生在苏州、上海，钱玄同和编辑部在北京，对于字数频频联系。[2] 所

1　顾颉刚：《古史辨》第一册，上海古籍出版社 1981 年版，第 95—96 页。

2　1923 年 6 月 15 日"致钱玄同"：《读书杂志》如出两张，共二万六千字，刘君一书七千字，先生再答我书有多少字？我想如有五千字，则共有一万二千字，我应做一万四千字。时间已促，不及往返商酌，请先生即作五千字，我即作一万四千字罢。"（《顾颉刚书信集》第一卷，第 549 页）6月 20 日"致胡适"："接得十六日来信，快读一过。令叔堇人先生一文甚好，拟与刘君一文并登入《读书杂志》。……这一期《读书杂志》，刘文六千字，胡文二千字，我作一跋语三千字，可以齐备。下期我作答文一万字，但答

以，这应该是胡适事先交代胡堇人写多少字以填充版面。如果说字数有胡适的意见，那么正文掺杂胡适的意见就不会让人意外。胡适在 1918 年 5 月 2 日给胡堇人的信中就许其若到京，"可助适著书"[1]，可见其作文能力应该不错，而胡堇人在报纸杂志上发表的文章又仅此一篇，足见胡堇人并不热衷或见识有限。胡适的《读书杂志》和《努力》周刊此时出现稿荒，胡适想起胡堇人是自然而然的事情。若胡堇人见识差，此文当是胡适授以大意，由胡堇人执笔完成。若极而言之，说驳文就是胡适本人所写而借用他人之名也并非不可能，他在《新青年》和《努力》等刊物上用笔名的情况不少，退而言之，该文主要表达胡适意见的可能性就更大了，因胡文中岁差的系统知识恐非胡堇人所易知，而胡适对此却并不陌生，驳文的文风也近于白话。而胡文提到的史官制更是点出了中国文化和历史的一大特征，梁启超当时新出的《中国历史研究法》提到过史官，而此书胡适看过，著名的中日文学名著翻译大家、英国人韦利（Arthur Waley）在《北京导报》1927 年 10 月 18 日的文章中赞许胡适"是当今世界上最聪明的六个人之一"。这难免让人推测是胡适为扩大论战影响而自设一个擂台中"魔鬼的辩护士"。[2] 可以说，该文始终笼罩在

文非二万字不尽。只能登一小半也。"（《顾颉刚书信集》第一卷，第 399—400 页）1923 年 9 月 27 日"致钱玄同"："本期《读书杂志》稿已于昨日寄与江裕如（？）先生。但只七千八百字，尚缺二千余字。先生如能补足此数，最好，否则只有将刘君文续排下去矣。……《读书杂志》十一期，如先生无文，请嘱蒋先生将刘君再质一文续登。十二月份，有我的后稷和文王二章可登。这两章前两月已经作就，现在只需抄录一过好了，所以本年还来得及。"（《顾颉刚书信集》第一卷，第 549—550 页）

1 耿云志、欧阳哲生编：《胡适书信集》上册，北京大学出版社 1996 年版，第 156 页。

2 《新青年》时就有这样的事例，在第 4 卷第 6 日刊发"关于旧剧改良的通信"，张厚载与钱玄同辩论旧戏曲，张厚载持反对意见，其后胡适也一再约请其为旧剧辩护，就是怕钱玄同们的批判演变成独角戏。这是胡适在西方的经验。

胡适先生那庞大的身影下。即使胡文完全是胡堇人的意见，则其观点对胡适不能不有所触动——乃至相当的影响是可以断言的。考虑到胡适与胡堇人是一种招之即来、挥之可去的特殊关系，而此战涉及新文化运动派与学衡派的对立关系，胡堇人不再参与论战即在情理之中。

可以说，胡堇人以及胡文始终笼罩着胡适先生那庞大的身影。这样一来，胡适对"层累说"的初衷就大可玩味，更大的可能是，胡适从一开始就不相信顾先生的"层累说"。

3. 胡适的危机处理——立刻关停《读书杂志》 "层累说"论战的意外爆发，胡适当然高兴，它既可壮大自己领导的新文化运动的声势、继续扩大影响，又符合"《努力》的同人……新的方向便是思想的革新"，论战开始不久，顾先生曾乐观地估计："有古史的问题讨论，以后《读书杂志》的稿子不会少，只会多了。"[1] 不料，论战实际上演变为顾先生与刘掞藜的独角戏。10月15日，胡适写下《一年半的回顾》，称"《努力》里最有价值的文章"的两个系列其一就是"《读书杂志》里讨论古史的文章"。[2]

论战进行得如火如荼之时，顾先生突然抽身而去，钱先生又拒不参战，胡适的尴尬可想而知。胡适喜欢演讲、辩论，他对各方议题、论点的把握超出一般人，才能卓异，早就获得中外认可，例如，1913年就当了美国大学社团组织的"世界学生会会长"，一年期满，又被举为"国际政治学会"首任会长，等等。[3] 他对于此次论战双方的优劣自然不难把握，尤其是对顾先生的软肋应该是清清楚楚，因为事涉复杂的专业，一般人却难以把握，只要论战轰轰烈烈地在进行，社会影响巨大，胡适的目的也就达到了。胡适对顾先生休战的态度未见直接史料，但让人惊讶

1　1923年6月20日"致胡适"，《顾颉刚书信集》第一卷，第400页。
2　欧阳哲生编：《胡适文集》第三册，北京大学出版社1998年版，第397页。
3　曹伯言、季维龙编著：《胡适年谱》，安徽教育出版社1986年版，第53页。

的是，胡适立刻就把论战的阵地《读书杂志》停掉。

现在，最大的蹊跷在于《读书杂志》为什么突然停刊？什么时候决定的？先看何时，休战和停刊在时间上无疑是紧密相连的。《顾记》载：12 月 17 日面见胡适，"谈一小时"（430 页）。21 日，胡适就收到顾先生的信和启事，22 日，"整理《读书杂志》（17）稿子付印"。[1] 同期宣告将在十八期后停刊，理由是马上要办《努力》月刊，并预告月刊将在 5 月出版。

十八期发表胡适的《古史讨论的读后感》一文后正式关门。老实说，《读书杂志》的停办十分突兀。因为以胡适、丁文江等为核心的秘密团体"努力社"在 1923 年 10 月 7 日刚刚讨论通过《努力》停刊而《读书杂志》不停的决定，同日，顾先生看望胡适，竟"长谈五小时……适之先生回京后拟不就北大原职，独力办《读书杂志》，并大规模地整理国故。我觉得我不就研究所事亦好，因编纂书籍究竟比办事于己有益也。但到京之后恐不胜其逼迫耳"（403 页）。这则材料显然表明，胡适劝顾先生一起办《读书杂志》，而 9 月底已决定年底回北大国学研究所复职的顾先生明显倾向或已答应了胡适。这两人如能一块办《读书杂志》，本来是双剑合璧的大好事。胡适一直想办两种杂志，一种是政论，一种是整理国故的，科学整理国故是胡适的理想，后一种，顾先生作为执行人显然比他们期盼中将要主持《努力》月刊的张奚若（亦农）更合适。1923 年 10 月 19 日，胡适与丁文江讨论自己回京后的事业时依然倾向于办《读书杂志》。[2]

《读书杂志》遽然停办既然不大容易解释，而追索其何以

---

1 《胡记》第 4 册，第 138—139 页。
2 《胡记》第 4 册："在君来，谈《努力》及大学事，他为我画三策：移家南方，专事著作，为上策；北回后，住西山，专事著书，为中策；北回后回北大，加入旋涡，为下策。我想，上策势有所不能，而下策心有所不欲，大概中策能实行已算很侥幸的了。"

停刊，也未发现这方面的史料，但显然没有经过"努力社"的组织讨论。丁文江写于1924年1月4日的信还说因办《努力》月刊，"《读书杂志》似乎应该停版"，而这时候稿件全都已经下了印刷厂。说明胡适的停办显然没有与任何人商量，而是独自决定的。正常的衔接应该是接着办，等月刊出版时再停办，因为当时既不存在政治压力，而以胡适的情况以及在国内呼风唤雨的能力，他办的周刊销量最高时达8000多份，也不赔钱，又得到国内最大出版社商务印书馆的大力支持，那么经济的压力也不存在。

与此同时，就出现了篇首极为引人关注的胡适的生理和心理问题。胡适的病本来就不严重，1923年3月12日给大洋彼岸的红颜知己韦莲司写道：**"这个病是一种神经的紧张，但我知道并不严重。唯一的不方便是在连续坐着工作二、三小时以后所引起的背痛。"** [1] 从顾先生的日记中也可以侧面印证这一点，4月26日"饭毕，到适之先生处谈话，十二点归。……**适之先生精神极好，与我们谈话三小时不倦，而我则眼睛已涩极而流泪矣。"**（352页）同年6月20日，顾先生听说**"先生身体近已渐愈，甚慰"**，"请勿即努力做事"。[2] 即使真的病了，也已养病多时，内部人都知道已基本康复[3]，胡适的日记该年12月15日前缺，1924年的《日记》也只记了1月份的。1924年1月，胡适再致韦莲司写道，"我在南方待了七个月：有一个月是在病床上，一个月在杭州，四个月在离杭州西湖不远的烟霞洞中，还有一个月在上海。这段长时期的休息对我非常好，**我回到北京的时候，我的健康是这两**

1　胡适："致韦莲司"，转引自周质平《胡适与韦莲司》，北京大学出版社1998年版，第75页。

2　《顾颉刚书信集》第一卷，第401页"致胡适"。

3　《胡记》第4册，1923年10月7日，决议停办《努力》时，"以我病体未痊为言，不关政事。"

年来最佳的。"[1] 排除了生理之后，那就是心理问题，胡适本人给丁文江、任鸿隽等好友的解释是女、侄生病及亡故的原因，但这一原因此时并不明显。[2]

问题在于，两个暴得大名的"师徒"同时出现极大的心理问题难道是巧合吗？胡适致韦莲司讲述了他如何看待自己在中国社会中的地位和其他人的真实想法："生活和工作在一个没有高手也没有对手的社会里——**一个全是侏儒的社会**——是如何的危险！每一个人，包括你的敌人，都盲目地崇拜你。既没有人指导你，也没有人启发你。胜败必须一人承担。"[3] 而这时影响胡适精神状态的大事只能是中断的论战，这就不能不让人推测《读书杂志》的停办与顾先生在辩论中的预势直接相关。胡适对于顾先生的说法，定然不会全盘接受。前此，胡适连自己恩重如山的母亲生病时都怀疑，还特地从北京写信到安徽向胡董人打探，并嘱咐看信后要烧掉。[4] 胡适小心维护自己的形象于此可见一斑。

上文已述，胡适师徒早就发现己方此一说法的死穴，胡适作为一个"文化宗师"，名满天下，如果失败，是会大跌颜面的，产生声名顿毁的恐惧是自然而然的。或者有人觉得顾先生的预势怎么会导致胡适这么强烈的反应，是不是神经过敏、小题大做？

胡先生的脾气很好，在做人上也很成功，但度量却未如常人想象得那么大，例如，名满天下且高一辈的梁启超到北大去批评他的书，他私下还都不满意，"哲学社请梁任公讲演，题为《评胡适的〈哲学史大纲〉》，借第三院大礼堂为会场。这是他不通人

1　胡适："致韦莲司"，转引自周质平《胡适与韦莲司》，北京大学出版社 1998
　　年版，第 64 页。
2　《胡记》第 4 册，女儿病重记在 1 月 23 日（166 页）。胡适的身体状况是后
　　来出现的问题，以致暑假后告假养病。
3　胡适："致韦莲司"，1927 年 4 月 10 日，转引自周质平《胡适与韦莲司》，第 55 页。
4　耿云志、欧阳哲生编：《胡适书信集》上册，北京大学出版社 1996 年版，
　　第 155—156 页。

情世故的表示。"[1] 在学术上门户之见甚深，甚至认为自己的学生都好，别人的都差，"车上读新出的国语文法书三种。凡是我的学生编的，都还有比较可取之处；余如许地山的书，竟是错误连篇。"[2]

这次反方的首席论辩手刘掞藜[3] 恰恰是与胡适领导的、激进的、新文化运动派有直接抵触、温和的、学衡派的大本营南高（东南大学）的学生，1923 年 6 月 15 日，顾先生向钱玄同写信时好像还不是十分清楚刘掞藜的身份，"此君似系南高学生"，有一似字，认为"所持意见只是'信经'二字可包，甚容易驳"[4]，但随论战进行应很快确定。

胡适对学衡派基本上采取了一棍子打死的憎恶态度，这持续了一生。这恐怕是赞扬胡适容忍与自由精神的人不太容易想象的。胡适的厌恶是可以理解的，在中国现代史上，争夺各种领导权、话语权最激烈的斗争往往并非发生在先进与保守落后的派系之间，而是在先进的派系之间，他们在大目标上并无不同，只是在手段上、轻重缓急问题判断上的差异，学衡派与新文化

1　《胡适日记全编》第 3 册，第 570 页，22 年 3 月 5 日。胡适后来在中央研究院第一届院士提名中未列冯友兰也是如此心态。

2　《胡适日记全编》第 3 册，第 743 页，1922 年 7 月 30 日。

3　《禹贡半月刊》第四卷第十一期《晋惠帝时代汉族之大流徙》，所附弟子陶元珍附言：刘掞藜，1900 年生，小顾先生七岁，民国十年入国立南京高等师范（东南大学），肄业后，民国十三年至二十一年历任河南中州大学、武昌中山大学、四川成都大学、武昌武汉大学史学教授。二十四年夏，卒于里。先生著述甚富，教游十年中，积讲稿达百万言，专题论述多散见《史地学报》等杂志。顾颉刚《前言》："这样一个在贫穷中奋斗，在疾病中支撑的有志之士，哪知只活得三十六岁。……我知道他曾在一次战乱之中归家，在旅店里买不到饭吃，绝食了几天，回京后生了一次大病。又知道他身体太坏了，几乎半身不遂，但功课还是担任，讲义依然编写。"据《史地学报》封皮，刘时任东南大学史地研究会总务部和研究部的副主任。刘文的可贵之处在于指出顾先生论证逻辑存在不少自相矛盾之处。刘当时应是在校学生，此次论战一举成名，可惜的是英年早逝，学界迄今鲜少关注，但他对于学问的态度与顾先生一样，值得后学敬仰。

4　《顾颉刚书信集》第一卷，第 549 页，"致钱玄同"。

运动派就是如此，两派更因整理国故的治学领域重叠存在直接的竞争关系，从而也加剧了二者之间的斗争，这就是心理学上所谓近亲相憎的现象。胡适等傲视国人的是西学，学衡派的人更是深通西学，大都是纯粹的学者，大多对胡适知根知底，往往可以戳到胡适的痛处，对其推崇的功利主义也不以为然。梅光迪与胡适的不少通信可以说明问题。[1] 胡适收到梅光迪寄赠的《学衡》杂志创刊号，其回应是"东南大学梅迪生等出的《学衡》，几乎专是攻击我的。……老胡没有看到什么《学衡》，只看到一本《学骂》"！[2] 就在论战期间的 1923 年 12 月 1 日，学衡派成员，也是胡适族侄的胡梦华结婚，梅光迪、柳诒徵和胡适均到场，在此喜庆场合发生交锋，胡适单枪匹马陷入重围。[3] 十几年后，胡适对以学衡派人员主持的《大公报·文学副刊》依然十分不满，"《学衡》一班人的余孽，其实不成个东西。"[4] 其憎恶延续到晚年，称《学衡》"是一个反对我的刊物"。[5] 这还不光是胡适个人的态度，而是整个新文化运动派系的，例如，任鸿隽于 1924 年 2 月 20 日从南京给胡适写信说可以担任《努力》的编辑，但担心，"南京是《学衡》的出产地，我们若把《努力》拿到此地来编辑，似乎有点故意同他们对垒的意思，如此反而把《努力》看小了。"[6]

胡适不可能不对论战文章的优劣进行比较，胡、顾两人书信、日记表明联系频密[7]，不会不知道刘先生有学衡派的背景，这是否

1　《梅光迪文存》，华中师范大学出版社 2011 年版。

2　《胡记》第 3 册，第 546、549 页。

3　胡梦华《表现的鉴赏·重印前言》，1984 年台湾版。

4　《胡记》第 6 册，1932 年 12 月 30 日。

5　胡颂平编：《胡适之先生晚年谈话录》，中国友谊出版公司 1993 年版，第 113 页。

6　《胡适书信集》上册，第 239 页。

7　例如《顾记》：1923 年 10 月 24 日，"《努力》下星期即停而《读书杂志》不停，颇使我责任加重。"（409 页）11 月 17 日"终日抄改《文王是纣臣吗？》一章"，"适之先生来馆谈。"19 日，"作高一涵函，同寄京。"（418 页）22 日，路遇胡适。细看刘文，记笔记。23 日，给胡适写信（420 页）……

会使胡适产生学衡派遣小徒上门骂人、踏户踢营之念，未见史料，不便妄言。但顾先生不仅处于下风，并在细节上屡见挫折，辩得越深入，顾先生漏洞就越大，而又不能及时写出后续辩论文章，胡适十月份《一年半》文还夸赞论战，此时当然不能自己打自己嘴巴，而对方的态度明显是不想善罢甘休的，刘掞藜《讨论古史再质顾先生》文："我原来的意思，本想等待先生的文章全篇登完后才作一整篇的文字和先生商量，但是一读了佳作以后，于心所不安之处辄欲一吐为快，故随手写出，就商于先生。……陆续登载的答书，若有不得不与先生讨论之点，仍当逐期奉商。""因为这种翻案的议论，这种怀疑的精神，很有影响于我国的人心和史界，心有所欲言，不敢不告也"，基于社会责任感，这场争论不能结束，最后一文末尾明确写着"未完"两字，表示要奉陪到底。虽说顾先生已经发表休战《启事》。但对方正在积极写文章，他写出后寄过来，你杂志发不发？考虑到这关系到自己领导的新文化运动声势，胡适又岂能容忍学衡派一个无名小卒来此踢营、搅局，为了中止论战，让杂志停刊来回避学衡派的有力挑战就是一个合理的、很好的选择。停刊则意味正式通知对方不要再写了，写了也不会再给你刊发。

　　顾先生近乎求饶的《计划》虽阴差阳错未能面世，刘先生自然无缘见到。而正在撰写文章的刘掞藜确实很快完成了论战的后续文章《儒家所言尧舜禹事伪邪？真邪？》一文 [1]，该文颇有风度地没有提到和顾先生的论战，但和论战的关系彰然可见。

1　此文末尾署"十一年十一月"，"十一年"当为"十二年"，应系手误或排版错误。此文的标题针对性非常明显，如果放在十一年就既缺乏针对的目标，也缺乏相应的知识背景。考刘掞藜质疑的第一篇写于"五月十三日"，后来连载于《读书杂志》的是第二文，首发于九月二日，完成年于十一月也是个相当合理的时间，是否给《读书杂志》寄过，无考，与《读书杂志》停刊相关联，1924 年初登载在自己一方的杂志就自然而然了。退一步讲，即使是日期不误，但此时发表出来也是针对顾先生来的。

论战阵地既然关停，那么发表在自己一派——学衡派大本营东南大学的杂志上就顺理成章，1924 年 2 月的《史地学报》第 2 卷第 8 期上正式发表此文，而这是被所有归纳论战的论著所忽略的一篇。

4. 曲为辩解　单单把刊物停了还不行，以胡适的地位又岂能示人以弱，还得强打精神、费尽心思把论战说成我方占了优势，写出《古史讨论的读后感》[1]一文，进行总结。虽然胡适的历史学素养并不适合对这场争论做判断，因为这超出了他的专业领域。但胡适在日记中体现的对历史的真正认识却基本正确，就在"疑古三杰"紧张进行辨伪研究的 1921 年，胡适还认为孔子最富于"历史的观念"，儒家是"历史的学派"（见下文）。而所谓胡董人及胡文的存在使人怀疑、玩味，胡适到底对"层累说"的初衷是什么，胡适不仅知道该说有死穴，而且它与其一贯的历史观点不相符，更大的可能是胡适从一开始就不相信顾先生的"层累说"。鉴于论战的背景，胡适自然不会解释"一个历史学派"的文献所记载的内容为什么不具有客观性！他本人当然清楚，说一个"历史的学派"的文献所记载的内容不具有客观性，无论是在逻辑上还是在事实上都是讲不通的。但此文总体仍具学者风度，也坦率承认"内中颇有偏袒顾先生的嫌疑，我也不用讳饰"，也小心翼翼维持着和顾先生的距离，指出："顾先生的'层累地造成

---

[1] 该文另有隐情，顾先生 1924 年 2 月 25 日"致胡适"说"本期《读书杂志》所登先生之文，因篇幅关系，所去甚多，甚是可惜。先生原稿如尚存着，可否见示？"（《顾颉刚书信集》第一卷，第 413 页）考今本《古史辨》和《胡适文存》所收皆是登载在《读书杂志》上的内容。胡适确实秘不示人，竟没有让顾先生看，看来胡适确实费尽心思，顾虑重重。这也为二人真实的师徒关系提供了一个研究的切入点。吴怀琪《近代新文化和顾颉刚先生的史学思想》（《史学史研究》1993 年第 2 期）敏锐指出顾胡存在不同，认为胡适使用了"障眼法"。张京华《古史辨派与中国现代学术走向》（厦门大学出版社 2009 年版，第 422 页）认为胡适有纠正古史辨派偏失的用意。

的古史'的见解真是今日史学界的一大贡献，我们应该虚心地仔细研究他，虚心地试验他，不应该叫我们的成见阻碍这个观念的承受。"这并不是胡适赞成"层累说"的表示，其中的"我们"实际是让别人去研究、试验，因为结果是未知的，试图让人忘掉顾先生的颓势，而走到他自己批评别人搞"这种无从证实，又无从否证的考据"，而"此种工作，既不能得训练，又不能做学问，毫无益处。"[1] 胡适还引用顾先生也赞成的崔述的"孔子序《书》，断自唐虞；而司马迁作《史记》乃始于黄帝"。这段话，崔述、顾先生和胡先生在理解上都有明显的偏差。[2] 胡适总结顾先生的方法叫做"剥皮主义"，归纳出"是用历史演进的见解来观察历史上的传说"，而后轻描淡写地为顾先生的失误辩护说："他初次应用这方法，在百忙中批评古史的全部，也许不免有些微细的错误。但他这个根本观念是颠扑不破的，他这个根本方法是愈用愈见功效的。"末了，好名的胡适还不忘举井田之例表扬一下自己，说几年前自己就用这个方法了。胡适最后说：

　　"我们对于'证据'的态度是：一切史料都是证据。但史家要问:(1)这种证据是在什么地方寻出的？(2)什么时候寻出的？什么人寻出的？地方和时候上看起来，这个人有做证人的资格吗？(5)这个人虽有证人资格,而他说这句话时有作伪(无心的,或有意的)可能吗？"

　　这就触及问题核心，胡适提出这么多好问题，但他和顾先

1　《胡适日记全编》第 6 册，第 131 页，1931 年 7 月 22 日。
2　正确的通达之义应该是:孔子创立儒家学派，有自己的主观目的，编次《尚书》时，截断历史，从崇尚唐虞开始。而司马迁是历史学家，要叙述通史，所以从起源开始叙述。因为非常崇尚孔子的司马迁选择的是孔子叙述通史的古文《五帝德》。明明是自己理解历史有误，偏偏说历史本身不对。

生做了吗？没有！论战双方都清楚：《论语》中孔子提到尧舜，孔子有做证人的资格，但恰恰谁也没有追问"孔子是造谣的人吗？"孔子"有作伪（无心的，或有意的）可能吗"？历史是公众常识，随意编造历史系统必然是敢撒弥天大谎的人，是绝大的骗子。难道孔子是大骗子，而且还是批发商，一次就造两个？即使如此，史家要问：有证据吗？谁都知道，孔子是"述而不作，信而好古"。

　　胡适办《努力》月刊，从史料看，最早说一月，然后改二月，继而又三月、五月，顾先生的《我的古史研究计划》在 3 月写出，就是为月刊而作。胡适此时对顾先生关于论战的真实想法恐怕是将信将疑，等看了 3 月 22 日和 27 日的顾信，精于辩论技巧的胡适当然清楚这一《计划》的实际意义，显然并不满意。不知是巧合还是真有内在关联，顾先生说论战尽力在九月到年底开战，胡适还真就推到了九月，直到 1924 年年底 1925 年年初还在做这种努力。让人意外的是，论战和月刊最终都没有出笼。胡适决定不再办《努力》之后 [1]，他并没有帮着顾先生处理这一稿件，既未将其转交给他具有巨大影响力的《现代评论》发表，也没有在《太平洋》上处理。因为这是一个灭自己威风，长他人志气的投降书。这体现了胡先生对这次论战的真实态度并不像一般人公认的那么赞许。我们可以设想，如果顾先生拿出的是一个铿锵有力的答辩书，痛击对方弱点，以胡先生的能量，又怎么可能不帮忙发表出来呢？看来，顾、胡二先生的关系在学者的印象中十分亲密，但实际上其亲密度并不如后人想象得那么高。

（四）反方的总结与庆贺

　　历史的吊诡在于，顾胡师徒通过辩论，清醒地意识到己方

---

[1] 《胡记》第四册，第 202 页：1925 年 1 月 17 日："与通伯同步行回到我家中，谈甚久。他说，他们盼望我们不办《努力》周报，而把《太平洋》归我来办。前者我本已与一涵说过，后者我也赞成。"

命题的巨大漏洞及存在的巨大风险，顾先生主动休战，反方并未意识到天文学角度的重要性，也缺少"宜将剩勇追穷寇"的作风，反方如果从这一问题追打正方，只要顾先生师徒承认《尧典》有可靠内容，或者承认暂时只能展缓判断，得不出全部造伪的结论，那么这场论战当时就结束了。两派的特点：顾颉刚胡适师徒多智而狡黠，柳诒徵刘掞藜师徒仍然是传统士大夫的君子之风。

从反方看，他们确实认为是取得了胜利。1924 年 4 月 1 日在《史地学报》第三卷第一、二合期上，将刘掞藜的《读顾颉刚君与钱玄同先生论古史书的疑问》一文重新刊发，并附录顾先生《与钱玄同先生论古史书》、钱玄同《答顾颉刚先生书》和顾先生《答刘胡二先生书》，柳诒徵则以评论人的身份——实际是以"学术警察"自居，发表《论以〈说文〉证史必先知〈说文〉之谊例》一文对论战进行反方的总结。

为何称柳诒徵为"学术警察"呢？柳诒徵当年 46 岁，而陈垣才 45，北大国学门主任沈兼士年仅 38（《顾记》560 页）。柳诒徵 1903 年即出版近代中国人编写最早、最为完善的通史教科书《历代史略》，历任多所大学教授，是史学界资深人物，学衡派宗旨是"以中正之眼光，行批判之职事。无偏无党，不激不随"，他以前对于梁启超和胡适的种种论述和失误也是不放过纠劾的，胡适本人对柳诒徵也是非常敬重的。[1] 而任何一个共同体的维系都需要成员的自律和某种权威对纪律的维护，学术共同体当然也不例外。当中国现代史学建立和发展时，历史学家本来完全可以采取预防措施以有力限制历史编纂中产生曲解的数量，其中自我意识和同行评估是最重要的，要求也是

1　《胡记》第 3 册，1922 年 7 月 8 日 721 页"会见东南教员柳贻〔诒〕徵"；4 册第 33 页称其为东南大学的健将。

非常明确的。"第一，历史学家应该详细审查自身的假设和价值观，以考察他们是如何与所进行的研究相关联。第二，人为地使研究成果适应原来预期的做法要禁止，如果研究方向是以一种明显的假设形式提出的，那么就必须根据证据——特别应表现出对反面证据与正面证据同样的尊重来予以接受、拒斥或修正——因为同行通常会先在其解释中寻找漏洞。第三，也是最重要的，历史学家必须将他们的研究置于历史背景考察之下。"[1]《学衡》诸公……不仅批评上述一切非学术的手段和方法，更严肃、虔诚地确立学术规范。"[2] 当"大禹是条虫"这种石破天惊的奇思妙想突现学林时，依当时人的正常思维习惯看，无疑会极为吃惊的。"学术警察"也不得不花一点时间来研究这种新型"案例"，当他的研究报告出台时，制造这种想法的人已然放弃了这个说法。此时柳诒徵表面针对顾先生已经放弃了的说法大开教训，实际目标则是剑指胡适。因为胡适小学功夫之浅是学界高层公认的，[3] 胡适后来对论战的沉默及关停杂志，良有以也。柳此阵势实在是"杀鸡儆猴"，这自然也会使胡适倍感难受、颜面无光。否则，柳诒徵以辈际之差、地缘之隔，如此大阵仗指责一个初入学术界的晚辈是有欠风度的。但文末"今之学者欲从文字研究古史，盍先读熟许书，潜心于清儒著述，然后再议疑古乎？"这等于是教训顾先生师徒要先学会认字，打好基础，先要继承前人的成果，要有学术规范，然后再谈学术、再谈"疑古"。学术讨论而外，虽不无盛气凌人之势。但该文才是论战的终结。

1　约翰·托什：《史学导论》，北京大学出版社 2007 年版，第 174—175 页。
2　孙尚扬：《在启蒙与学术之间：重估〈学衡〉（代序）》，《国故新知论：学衡派文化论著辑要》，中国广播电视出版社 1995 年版。
3　如章太炎认为陈独秀尚有根底，而胡适无根；杨树达《积微翁回忆录》（北京大学出版社 2007 年版）1934 年 10 月 24 日 62 页 "文学革命时，陈胡并称，然陈之小学知识在胡适等人之上也"。

　　值得注意的是，柳诒徵所在的《史地学报》又接连在第三期、第四期上将《读书杂志》刊发过的文章依然不加评论地继续刊发[1]，作为一个学术杂志，如此系统刊发其他刊物已经发表过的文章颇不寻常，这可以强烈证明顾先生在论战中是失败者，《读书杂志》停刊与顾先生的颓势直接相关。这个连续举动是一种学术上的"陈尸""暴尸"方式，实际是请大家再次细看，我们的学生刘掞藜把胡适的高足顾颉刚打败了，明显是持续"羞辱"新文化运动派，而胡适师徒和深通小学的钱玄同均沉默以待，实际上就是默认了失败。

（五）顾先生心理遭受重创　产生畸变

　　顾先生郁闷沮丧时又雪上加霜，遭到了柳诒徵的训斥，这无疑给了自尊心极强又极爱面子[2]的顾先生兜头一盆冷水。顾先生的心态受到重挫，柳文 4 月 1 日刊发，顾先生是什么时候见到的呢？顾先生《日记》当时并未记载，这并不能说明顾先生没有见到。因为早期论战中，对"层累说"最具杀伤力的文章，是 1925 年 4 月发表在《学衡》第四十期由张荫麟撰写的《评近

1　第三期将刘掞藜《与顾颉刚讨论古史第二书》、顾颉刚《讨论古史答刘胡二先生书》、钱玄同《研究国学应该首先知道的事》三文，第四期将刘掞藜《与顾颉刚先生书》、顾颉刚《答刘胡二先生（续）》二文重发。

2　顾先生在写给妻子的信中说："我的人太高傲，看得中的人没有几个，但因为生计之故，不得不与看不中的人周旋。"（《顾颉刚书信集》第四卷 470 页 1924 年 8 月 2 日"致殷履安"）"老实说，我看得起的人甚少，实不愿使一般愚人、庸人之口传我的名字，我真不愿有名，但为生计打算又不能坚决地拒绝了。"（《顾颉刚书信集》第四卷 390 页 1924 年 3 月 9 日"致殷履安"）这是最真实的内心表白。顾先生的高傲是有充分理由的，他不仅像大家知道的那样帮胡适查过资料，而且还帮过钱玄同、马玉藻、沈兼士、陶孟和等学界大牌教授（见《顾颉刚书信集》相关信件）683 页 11 月 22 日"翻《汇刻书目》为陶孟和询事也"，是北京学术界公认的下一代的翘楚。但是极爱面子，例如正欠债时的顾先生转书店，书商说有他所要的书，"即拿与我看，索价八十元。我因买不起，回他五十元，以为不会成矣，孰知他竟卖与我。弄得我一个月不天亮了！"（《顾记》321 页）此事另见《顾颉刚书信集》第四卷 356 页 1923 年 2 月 9 日"致殷履安"。

人对于中国古史之讨论》一文，而顾先生当时日记对此同样未见记录。直到决定反击之时，"柳翼谋文""张荫麟文"的字样才开始出现在《顾记》里。这说明顾先生是因为心理上创伤之重，故避之唯恐不速，不愿形诸文字。心理学上的心理防御机制对此有一个恰如其分的解释，当一个人被羞辱或感到屈辱时，会不自觉地被迫调整以减轻内心的焦虑和痛苦，"自我防御机制是自我在寻求表现的本我冲动与否定它们的超我要求之间的日常冲突中用来保护自身的心理策略。……通过使用自我防御机制，个体可以保持满意的自我意象和受欢迎的社会形象。"这种心理现象是因压抑出现了焦虑，为克服焦虑出现了分离，"压抑是一种自我保护的心理过程，以免因不被接受的和／或可能引起危险的冲动、愿望或记忆而体验到极度焦虑或罪恶感。"[1]"弗洛伊德的精神分析理论强调人格中无意识驱力和心理冲突的作用。人格中的冲突可能导致神经性焦虑和道德性焦虑，而自我防御机制可以应对这些焦虑。"[2]分离是"将情感与伤害性的环境分开，或把相互矛盾的态度分离为有逻辑关系的不同成分（同时持有相互冲突的态度，但它们从未被同时想起，或从未认为它们之间有什么关系），也称为分隔"[3]。

　　4月2日、5日，"读《巴比伦史》。"6日，"**今夜偶尔高兴，抄写节目六纸，遂致失眠**……**因思家中可不蓄笔砚**，更将书房撤去，书籍全数搬入校中，**庶可无此恐怖**。"（473 页）8 日，"读《巴比伦史》毕，**一快**。甚想找一佛寺作秘密的读书地方，乃遍寻不得。……读书之难如此。"10 日，"今午，将房内桌上杂物移去，

1　格里格等著：《心理学与生活》（第 16 版），王垒等译，人民邮电出版社 2003 年版，第 396 页。

2　库恩等著：《心理学导论：思想与行为的认识之路》（第 13 版），郑钢等译，中国轻工业出版社 2014 年版，第 513 页。

3　格里格等著：《心理学与生活》（第 16 版），王垒等译，人民邮电出版社 2003 年版，第 396 页。

始觉此室一清，否则真豕笠矣。维钧以腿疾乞假，《歌谣》又要我编。本来事忙，如何再加此事！"11 日，"写适之先生、玄同先生"等信，"计十七通，一年积逋，至是清矣，一快。"（474 页）顾先生在 4 月 11 日制定的一个规划中，有每星期二到星期五夜里看《说文》的日程。12 日，即"写适之先生……信"。考虑南京北京两大学术重镇间交通便捷，当时学术杂志又极少，此等引人瞩目的文章自会立即引发同人注意，顾先生见到柳文应当不晚于这一时间。

屋漏偏逢连阴雨。13 日，影响顾先生一生的另一件大事也发生了，他与北京大学女学生谭慕愚同游颐和园，"**甚畅**。颐和园最佳处为谐趣园……**竹影泉声，清人心骨。……今日与女子同游，颇感乐趣**。"（475 页）[1] 向来行为循规蹈矩、家庭观念极重、对其他女子不感兴趣的顾先生竟立刻产生了单相思，从此堕入情网，难以自拔，虽有贤妻相伴，而情思之灵却已另属，开始了长达二十年灵与肉的分离之旅，这成为顾先生一生心态的一个重大转折。顾先生这种心理现象叫置换，即"将敌意等强烈的情感从最初唤起情绪的目标转移到较少危险的另一目标"。[2] 性唤起起到了心灵的安慰剂作用，它能够减少疼痛、焦虑、抑郁、紧张等。

15 日读《犹太史》，4 月 17 日，"写适之玄同两先生信。写启明先生信。抄出昨所作文，改名《整理国史非空言所能为》，即付抄。有二千余字矣。……写适之先生信。"18 日，"读《犹太腓尼基史》毕。写高鲁"等十五通信，为了安静读书，防止打扰，

---

1 五十四年后，顾先生在这一天的日记中补写道："无端相遇碧湖湄，柳拂长廊疑梦迷。五十年来千斛泪，可怜隔巷即天涯。1978 年 9 月 26 日，偶展此册，不觉悲怀之突发也，因题诗于上，以志一生之痛。"

2 格里格等著：《心理学与生活》（第 16 版），王垒等译，人民邮电出版社 2003 年版，第 396 页。

还"与韩馨同到火神庙看屋,即定下。……**心中快甚。**"(477页)其中"写高鲁"信是非常值得重视的,高鲁是中央观象台台长,民国天文学界第一人,在江晓原等写的现代天文学史民国段给予"高鲁纪"的地位,足见该人之权威。顾先生此处明显是就古史讨论中的天文学问题求教,在前述的努力之后再向最权威的学者做次尖端冲刺,虽然《日记》没有交代结果。可以参考的例子是,徐旭生也曾就同样的问题问过高鲁,高只是把宿度等开给徐,让徐自己算。[1]顾先生显然没有得到自己意中的答案。19日,"写适之先生"、履安信。"写履安信一小时许,约二千言。我的手真不慢。书中详述近日生活乐事。"20日,"偕介泉、缉熙到火神庙看所租屋。偕缉熙到颐和园……**甚畅**。"21日,"写适之先生信。"(478页)

4月22日"温读《历史》序论、埃及、巴比伦史,看《希腊神话》",已经暴得大名的顾先生**考虑改换门庭、另拜名师**,在写给王国维的信中称"拟俟生活稍循秩序,得为一业之专攻,从此追随杖履,为始终受学之一人,未识先生许之否也?"本为北大胡适"弟子",此时却考虑另拜以学术专精著称的王静安为师,则柳文对其刺激之深,不言而喻。23日,"在北池子见一家门联云'**作事既知其所以,此心自觉无恶而**'。觉得这话即**是我的心地。**"(479页)23、24日、25日,均有"看龟甲文字"语,25"温读《犹太腓尼基史》。"27日、28日,与谭慕愚等游八达岭。29日,得知谭生病,"予于同游诸人中,**最敬爱谭女士,以其落落寡合,矫矫不群,有如幽壑绝涧中一树寒梅,使人眼目清爽。今又重以怜悯,加以悲悔,眼泪几夺眶而出。**予近年来一意奋斗,感情生活不亲久矣。乍逢此境,真不知何所措置耳。"(481页)在接下来的5月,3日,"介泉告我,他把谭女士疾问

1　参见《中国古史的传说时代》(增订本),文物出版社1985年版,第2页。

她同学，她同学说：'她那儿有病呢！'可见病已早瘥了。闻之，**此心一慰，一块石头落了地了**。"5 日，"**今夜无端失眠，甚不可解**。"顾先生有失眠症，自己每每可找到或洗澡、或读书、写字等理由，而这次是同院居住的密友帮他找到了理由，"**介泉、辑熙（按：一块居住的老乡、校友）均谓我精神上受裁刺太深，所以如此**。"（483 页）6 日，给俞平伯写信："**我对于女子向来不感什么趣味，但这次竟给我看到一个非常合意的女子**。她性情极冷、极傲、极勇、极用功，极富于情感。……**我一见了她，就起了很强的爱敬之心，不觉精神恍惚了**。这很奇怪，我并不想和她成姻眷，我也不愿和她发生较深的关系，只是觉得她可爱，只是觉得我爱她的情是无法处置。我也不希望她知道我爱她，更不愿意得到她的爱。我曾同介泉、辑熙夫妇讨论这事，他们都说我的性情像她。但单是性情相近当不致如此颠倒，**我也深信一定夹了性的色彩在内**。……我七八年来，所过的境地越是困苦艰难，我的意志磨炼得越强，而感情就隐匿得越深。现在**生活刚有上轨道的希望，而感情又纵了出来。我对于自己真是没有办法**。"[1]7 日，"近日心境甚觉凄丽，思看文艺品，但无此福分耳。适平伯寄《西还》一册来，稍一翻读。"9 日，"到火神庙，将波斯史读毕。"（484 页）"今日为第一天到火神庙读书，甚可纪念。**心中悲喜，竟不能形容。喜的是我竟有此福分，悲的是将来不知如何，不知能永有此境界否**。"（485 页）11 日，出游，"浑河两岸气象雄壮，甚可爱。"5 月 13 日"读印度史。接平伯信，**又引起惆怅……下半日竟不能做事。勉强做了一点，心神不属，自视有如机械。苦矣！**"15 日，"写平伯书，详述我的爱美不求对方明了之故。虽胸膈一畅，但愈凄丽了。**我苦情多，奈何奈何？**"（486 页）5 月 15 日又有信涉及（详见《顾颉刚书信集》）。

1　《顾颉刚书信集》第二卷、第 78 页，1924 年 5 月 6 日"致俞平伯"。

16 日,"夜中月色极佳,不忍早眠,灭烛观之。犹以为未足,席地观之。**以此欣愉,又致失眠。**"(487 页)

上文提到,顾先生在辩论中意识到知识储备的不足,开始了广泛阅读,试图寻机突起,拔剑再战,但实际情况则是研究中心发生了转移,发表的文章转向民俗学[1],历史方面的文章仅是给孔德中学的通俗讲演稿。偶尔出现与古史研究相关的记录都不是为应付论战。[2]1924 年 5 月 17 日,顾先生在给妻子的信中明确表示:"**承询我古史继续辨否……我老实告诉你,因为我的生活上了轨道,竟不能作了。**"[3]18 日,到西山游,遇谭慕愚。"到秘魔崖适之师母处,**快甚。**"19 日,"今日倦极了……竟立不起来。……**我的倦,实在不仅是体力的倦,而精神的倦亦占其大半。我的人真不能受刺戟,奈何!**"(488 页)顾先生受到外界的剧烈刺激在朋友圈是广为人知的,长期心神不宁。5 月 20 日"读支那史",写胡先生信,"昨夜得眠甚佳,今日至七点半才醒,数月来所未有也。日记、账目一不上,就觉生活脱出。**此心无奈,如何?**"21 日,"夜中又不能眠(想以到维钧处谈话,多喝雨泉茶之故),适大雨,坐沙发上听了,灯光微明,闪电照壁,心思澄澈,颇饶风趣。"26 日,写适之先生信。"晚霞灯火,愈增幽丽。这时候觉得我们都是小孩子,**生活于美的世界中,洵是人间至乐。**"27 日,"读日本史,毕。读希腊史,未毕。"(490

---

1 顾潮编著:《顾颉刚年谱》,中国社会科学院出版社 1993 年版,第 94 页:"四月,以常惠病,代其编辑《歌谣》(周刊),并成为主要撰稿人。"这可能恰好也是一个偶然因素。

2 《顾记》1924 年 7 月 25 日:"读《尧典》、《皋陶谟》及《论语》前十篇,记其相同处入笔记。"26 日,读《论语》,记与《尧典》《皋陶谟》比较表毕(511 页)。9 月 5 日,"终日读《禹贡》,立《读禹贡杂记》一册。"11 月 3 日,"抄《诗经世本古义》及《禹贡锥指》中论金属之文字,预备作五金行用次第考。"

3 《顾颉刚书信集》第四卷,第 430 页。

页）28 日，"读希腊史。"31 日，"**与伯祥书云，近日囊愈窘而精神愈乐，工作毕后与介泉散步，自谓极人生乐事。**"（492 页）6 月 3 日、6 日，均有"到火神庙，读希腊史"。6 月 5 日，再次给俞平伯写信，"**我的冲动虽平，美的印象却已刻骨铭心。我每想到这一个境界，即得到无穷的安慰。……我真快乐，回想前二年在苏州、上海过的生活竟不是人的生活了。**"[1]9 日，"**看静安先生《红楼梦评论》。《静安文集》一册，久欲得之，希白为购一册，快甚。连日睡眠不佳，只睡四五小时。今夜始得一酣睡。**"10 日，"读希腊史毕。……现在对于泛览已没有兴致。"（495 页）16 日，"**以天气凉，颇惫，坐介泉处立不起，因看《红楼梦》。欲极力振作而不可得。**"17 日，"**读波斯之战。写适之先生信。**"到此日顾先生的心理渐趋平复，《日记》出现了罕见的欢快，"**建功来，合读《禹贡》，甚快。予到校有建功，归家有介泉，何其多福乎！予有生以来，从未有如今年之多快感者，实在前几年太苦了。以此知长在顺境中，亦复非福。**"（498 页）6 月 20 日，给俞平伯写信："**我的精神竟镇日浸没在盲目的悲哀中，沉得深极了，拔不起来了。我事情这般忙，但终不以忙故而失却闲愁。时时觉得人生的本质是悲哀的，快乐是一时的幻象。我固然一刻没有弃掉我的职务，但我的职务已完全成了机械性了。……说也可笑，我以前三十年竟不曾懂得什么叫做闲愁，而不期这人生的秘密竟于今年闯进去了。这真使我手足无措，不知怎么才好。……大约从前人说的'肠断'，即是感情的爆裂。如果我终不免到此境界的，那末，我还是死心塌地的'安排肠断'罢。**"[2]同日给叶圣陶的信是这样说的："**自从闯进了这个人生的秘密之门，真要把我的心振荡得碎了。……我的生活固然没有一**

1　《顾颉刚书信集》第二卷，第 82 页，1924 年 6 月 5 日 "致俞平伯"。

2　《顾颉刚书信集》第二卷，第 82 页，1924 年 6 月 20 日 "致俞平伯"。

天脱出轨道，一天到晚依然不停地忙，**但我的立足的基础似乎已经摇动了，使我感到人生的本质是悲凉的，快乐不过一时的幻象**。……这半年中，无意地受了女性的陶冶，只觉得感情的可贵，理智和意志终脱不了矫揉造作，于是我的感情又纵了出来了。我的感情实在比我的理智强，一放了出来，便几乎不可收拾。**圣陶，你知道我心中的苦痛吗？**"[1]21 日，"予与介泉言，如予者无资格入情场，而此心终不能自已，缠绵悱恻，殆不可堪。思之良愧！**自游颐和园至今日，才六十九日耳，乃觉有半年之久，时间之主观如此**。"（499 页）26 日，"**今天下午倦极矣，欲作字而手指不相应，疑中暑**，六点即归。……**暴热之难受如此**。"（501 页）6 月 28 日，给妻子写信说："我上半天做的是古史的研究，下半天做的是普通史的领会。"[2]7 月 9 日，"**雨声淅沥，引起闲愁。勉强读书，有如芒刺**。以十分毅力，仅得温旧书十页，读新书四页，一天遂尽矣。似乎如此境界，在从前不曾经过。"10 日，"近日不知何故，午饭后辄作小盹。睡眠之乐，数年中几乎不解；今倚了沙发朦胧著，觉得甚是有味。**总之，我今年的生活是大大地改变了**。"（506 页）12 日，"一旬来多雨，浓阴薄寒之中，使人倦于做事而多情怀。向时只需读书便不感岑寂者，今不能矣。使予不为金钱所迫，便当归去，对履安一吐别情。昨星期五，履安竟无书来，更增不欢。"（507 页）7 月 15 日，"今日整整做了一天工，**学问之乐渐多，情怀之悲微减**。予在事势上亦只能如此，还是如此做下去罢！"（508 页）7 月 19 日，给叶圣陶写信："本来我死心塌地地弄学问，在学问上，我的理智与感情相应，只有高兴，没有伤感。现在无端闯进了闲愁（指相思事），使我的生活不能用自力镇持，大是苦事。要我回复'古

1　《顾颉刚书信集》第一卷，第 81 页，1924 年 6 月 20 日 "致叶圣陶"。

2　《顾颉刚书信集》第四卷，第 452 页，1924 年 6 月 28 日 "致殷履安"。

井不波'的旧境界，在事实上未始不可能，但又非心之所愿了。圣陶，圣陶，奈何，奈何？"[1]30 日，"今日看完试卷后，与遏先先生谈了数句话。我和他的品格是很不相同的，所以又弄得头痛起来。我在性情上、在身体上、在志愿上，是一致的不能入社会的。昨日忽有所感，今晨在床思之，泪簌簌下，枕间袂上都湿矣。"（514 页）31 日，"这三星期来，工作太剧烈，而人事又多，掣肘不得如愿。心中又急又恨，遂发旧疾。"（515 页）到了 8 月，出现文首所说的多次自杀之念。2 日，"今日一天未做甚事，无聊甚矣。""我这几天胸中郁勃之气很丰富。要想哭，又恐给人听见。要寻一空旷处哭去，北京城里没有这种僻静地方，城外又没有兴致去。"[2]4 日，"三星期不读英文，今日一读，颇觉生疏。这暑假中是不容读书了，秋后当每天读才好。"（516 页）6 日，"倦甚，天又热，无心做事，看《红楼梦》。"8 日，"近日杂务多，应酬忙，精神松散，体力劳倦，竟不能读书矣，悲甚。"9 日，"天热甚，不能做他事，写履安信五千言。……将数月来对于谭女士爱好之情尽量写出。予自问此心甚坦白，且亦无所谓得失，履安为我最亲之人，不应不直言，故索性畅快一吐，使胸中一爽。如履安览信后不感痛苦，则更大慰矣。"（518 页）11 日，"予自知尚是会享乐、肯知足的人，而立志过高，恒生悲愤，上天之念竟不能舍，奈何？"13 日，"与介泉言，我今年大大改变：在学问上，由博返约，杂书不观；在生活上，感到学问以外尚有别的该做的事情。介泉云，这两种趋势都是极好的。予又觉得生活上大可使我知足，而学问上则太不能使我知足。学问的环境，何时可打出乎？"（519 页）19 日，"天雨，人倦，八点才起，十点才做事，尚且是勉强的，我真不像人了！"23 日，

1 《顾颉刚书信集》第一卷，第 83 页，1924 年 7 月 19 日"致叶圣陶"。
2 《顾颉刚书信集》第四卷，第 470 页，1924 年 8 月 2 日"致殷履安"。

"予累年迁徙，物件四散，不能安心工作，痛苦甚矣。今幸统一，深祝自此以后不再分散。**回思往事，时复泫然。**"（521 页）9 月 5 日，"今日总算读了一天的书，心中十分畅快。**夜中温书，待人尽眠而后为之，防传出之后，反为笑柄也。**"（528 页）9 月 19 日，"康媛在家既无事做，又招人厌，非送至聋哑学校不可。而聋哑学校价昂甚，势无所出。房金之期又迫，不得已，娶履安金镯到前门金店兑去。……予生平未尝卖物，又未尝入质肆，初次为之，心殊窘也。"20 日，"歌谣会开会，决定以予所集《吴歌》为专集第一种，予又多一忙事矣。"（534 页）9 月 29 日，"**久未病，今日小病，履安做伴，精神上甚得安慰。如此患病，实是享受生活中的乐趣。**"30 日，"予在床读《庄子》甚乐，介泉、履安迫予起身。予本想再赖一天学，如此竟不成了。一笑。予无论处何境地，皆能安心，实以有书之故。"（537 页）10 月 10 日，"今日国庆，予苦无暇，不能与履安、二女出游。夜中为社事独至缉熙处，月色极佳，循北海夹道行，迷离踟蹰，如在梦中，心境极为甜蜜。惜予不能诗画，无从写出耳。"（540 页）11 日，"**今夜忽失眠，**是为此次到京后之第一回。起卧沙发中，至上午两时始得眠。推其原由有三。夜中洗浴，一也。迟眠（就眠时已十一点半），二也。**感物怀人，沁悲入骨，**三也。此后洗浴，当在日中行之。"28 日，"**夜眠至早四五点必醒。不知何故。意者其太忙耶？**"（546 页）30 日，"为了一篇历史讲稿，又费了七个半天多。准此而论，一个月须为孔德费去一星期。今日下午极倦，倘以霜降节令耶？"（547 页）11 月 4 日，"自上月廿四号起，**予每早四五点时必醒，甚至三时许亦醒。长夜漫漫，颇感痛苦。**"（549 页）10 日，"到清宫两天，心也散漫了，到研究所写字，再也聚不起心思来。以此知办事与为学实不能兼也。"（551 页）19 日，"今日下雪，未到校。**得终日作文，甚以为乐。**"（553 页）29 日，"早梦中，见一个人写一信来。云，'顾先生为娼妓，一点一刻没有空，都是为别人。这是我梦魂中的牢骚！"
（555页）12月3日，"数旬来太忙了，**夜中心宕，即眠。而反**
复不能成睡。幸有履安相伴，否则又终夜不眠矣。食量近日亦
减。"4日，"写适之先生信，荐静安先生入清华。介泉云，在趣
味上，希望我过上半年的生活。在事业上，希望我过今日的生活。
但我自问心情实未变，只因我与介泉下半年都忙，无暇从谈话
中抒心情耳。"（557页）由上述冗长的引文可以窥见此次论战对
顾先生心理的创痛之深长期难以平复。

可以说，"层累说"论战的失败，使顾先生的心理受到重
挫，而柳诒徵文章的刺激，更使顾先生心理产生畸变，而且在
柳诒徵文章正式发布两周年后的1926年4月2日，顾先生
还自称"二年以来，可已而不已之悲伤常侵袭于心，生死之情
了无怖畏矣。"（732页）可见柳文对顾先生打击之大、刺激之深，
堪称刻骨铭心。论战失败连带使整个新文化运动派系受到挫折，
胡适不再参与"疑古"辨伪，顾先生学术转向，偶念多辍（见
下文）[1]，钱玄同虽与顾先生讨论过《春秋》和《庄子》，但这一
运动却整体陷入奄奄一息的状态，《古史辨》收录"疑古三杰"
第一阶段辨伪信件的时间截止到1923年6月就说明了这一点，
它并非现今学者印象中的高歌猛进。到了1924年12月9日夜，
北大国学门的沈兼士、胡适、顾颉刚等人在北京与柳诒徵同桌
吃饭，顾先生次日整天伴柳翼谋等参观国学研究所，暗骂柳"多
闻而狡狯"，但与另外两人相比也算表示出了敬意："柳可与把
臂。"（559页）双方一笑泯恩仇，《史地学报》之后就中止了重
发旧文。两大派系在史学界的正面对垒，事实上以新文化运动

1　另如《顾记》1924年10月12日，"抄《尧典》。今日星期，竟不能停止工作矣。
　　事务压迫过重，甚觉痛苦。"（541页）11月7日，"《淮南子·氾论训》中
　　得'禹劳天下而死为社'句，大快！我去年的推测竟不错。"（550页）16日，
　　"点《史通·疑古篇》。"（553页）7月25日，"辑《崔东壁年谱》。"（645页）

派的惨败告一段落。**这一段时间里，顾先生学术上的快乐主要是在民俗学领域**，如 1925 年 2 月 27 日："维钧转来刘半农先生书，从巴黎国家图书馆抄得唐末宋初之孟姜女小曲，是我搜集孟姜女故事中最重要的材料，极快。"（593 页）7 月 16 日，"得程郁庭先生书，谓《琱玉集》中有孟姜女故事，检《古逸丛书》一览，乃是唐中叶写本，谓孟姜女名仲姿，其事与今日唱本无殊，此大发现也。与本月一号之发现，同为极快意事。研究学问之乐如此。"（642 页）**其次则是在整理崔述著作时**，1925 年 2 月 22 日，"一册《丰镐考信别录》，一百零六页耳，而整理之功，竟费四日有半（首尾六天）。是知一日至多标点二十五页，约七千五百字。两星期来，以足疾得专意崔氏书，极快。"（592 页）3 月 22 日，"竟日工作，甚快。《左传》，极粗略地看一遍，竟亦费了三天功夫。"（601 页）这是心理防御机制的升华，即"通过对社会有益的行为来摆脱无法实现的本能愿望或危险冲动"[1] 起到了建设作用。而顾先生就其柏拉图式的爱情曾密集地向密友俞平伯、叶圣陶通信倾诉，其言辞之动人，感情之真挚，情绪之波澜，都大出人们想象。但这次和解并未使顾先生的心态恢复到往日的平衡，12 月 14 日"今日甚想做事，而气力终不属，亦无奈何也。"（561 页）而情思依然绵绵悠长，25 日，"**梦中见一人，昏夜中可近而卒不近**，予谓之曰，'我没有法子和你好，你也不值得和我好，我们还是永远留着这一点怅惘之情罢。'**醒来思之，不觉泪下。时天未晓也。**"（564 页）1925 年 2 月 11 日，"**拂晓得一梦，与去年十二月廿五日所感略同。履安（顾妻）外出，其人适来，遂与共候门**。迄深夜履安不至，**二人相对，极温存，又极无奈。**她道，'你感到兴味吗？'答

---

1 库恩等著：《心理学导论：思想与行为的认识之路》（第 13 版），郑钢等译，中国轻工业出版社 2014 年版，第 537 页。

之曰，'妹，我不敢以自己的快乐而把你牺牲了。'觉后思之，**情意无尽。不期卧病之中，乃有如许闲情。**"（589 页）4 月 10 日，"**今日稍闲，便觉悲惋之情郁塞于中。愁果因闲而至乎？履安谓余痴，余诚痴矣。**彦长谓余北方化。"（607 页）18 日，"**下午风大，灰尘飞扬，加以炎热，殊无心做事。情既倦怠，悲怀遂来，思念往迹，凄怆欲哭。**嗟乎，人单知有形之悲，而不知无形之悲为尤可悲也。'多情自古空余恨'，有生之日亦拼以抱恨终矣！"（609 页）5 月 2 日，"**自三家店至香山，途路甚遥，车中无事，又起愁怀，心酸下泪。**"（613 页）顾先生自称"**予之生活，非忙则悲，曾无平静恬息之时。**"（614 页）1925 年 5 月 7 日，顾先生自称"**所以能如此勉力，则全由于睡眠之充足与大便的顺利。身体如此，不可不喜也。**大约十年以来的春天，没有像今年那样好的。"（615 页）5 月 13 日，"履安为予数白发，得二十余茎。近日又有一牙摇动欲落。老景何如是其遽也？惟精神甚好，只此可以自慰。"（617 页）5 月 17 日，"**近来夜中极易倦，到十点即沉沉欲睡。体之健耶？抑衰耶？抑日间过忙所致耶？**"19 日，"予每天睡七小时即足，一天到晚工作不要休息。"（619 页）5 月 20 日，"研究所常以小事开会，使我不耐。案头有写柳耆卿晓风残月一词者，读之低迴不止，不复闻开会之作何谓矣。予每事学问，即厌苦杂务，而每动闲愁，即学问亦不觉可恋。信乎感情之伟大也。"5 月 23 日，"介泉谓利关最易打破，名关已难，色关更无法。此语予甚表同情。"（620 页）5 月 29 日，"读《疑雨集》，最不能忘者二句：'韩凭死遂相思愿，羞学偷生说断肠。'"（622 页）5 月 31 日，"**今日倦甚，骨骼既痛，心也宕，想以日来太劳，天又多雨潮湿，遂发春病欤？到外散步，精神较爽。**"（623 页）笔者之所以不惮繁复予以征引，实在于要说明顾先生此段时间心理波动的剧烈。从 1924 年到 1926 年，是两人直接来往最密切的时间，顾先生魂牵梦萦，发乎情止于礼，心态严重失衡，这在《顾记》中多有记述，余英时对此已有研究，这段奇特的情缘成为持续了长达半个多世纪"缠绵悱恻的爱情"。[1] 到了 1925 年 7 月 6 日，顾先生将读书笔记名称由《泣吁循轨室笔记》改为《蕲闲室杂记》，显示心情稍微好些。（638页）7 月 22 日，"夜中独在书室中听雨，不忍即眠。雨声既繁，显得一室中诸般物件的亲密。迥异晴天之觉室中闷窄也。"（644页）7 月 26 日，"今日在酒家避雨，短篱之外，时见支伞扶篱行者，大通桥下，出水如瀑布，柳荫游船，寂无人影，真是一幅林泉雨景图也。"（645 页）8 月 3 日，"恕人谓我所作《伤心歌》，儿童唱者极多，可喜也。" 4 日，"**今日身子甚不舒服，倦怠不堪，泄泻两次**。岂以天气骤寒受凉欤？夜饭后出外多走路，似精神较爽。"（650 页）8 月 9 日，"**予不耐闲，一闲必愁**。故工作之忙可谓予之幸事。但因有学问工作之故，使我不能一意发展我之情愫，亦其不幸也。**予终畏首畏尾而老乎？抑半途而为烈烈轰轰之死乎？**"（652 页）至此，顾先生除了在柏拉图式的爱情旅程上尚摇摆不定，其心理已渐趋平复，完全埋入了一个正常学者平静而稳定的生活历程。

从心理学看顾先生这一年多，明显出现了心身疾病，它是指"由心理因素引起的机体损伤或身体功能损伤。""事实证明，长期不断地处于应激状态会损害人的身体健康，同时也会影响人的情绪健康。许多心身疾病都与长期的压力有密切关系。"可能属于**重度抑郁障碍**，它"**表现为极度的悲伤和沮丧，但没有躁狂的表现。造成重度心境障碍的原因还包括一些重要的心理因素，如失落、愤怒、习得性无助、应激和自我挫败的思维模式**"。也可能进入了焦虑状态，焦虑是指"由于不明确的威胁而

1　余英时:《未尽的才情——从〈日记〉看顾颉刚的内心世界》,《顾颉刚日记》,台湾联经出版公司 2007 年版。

产生担忧、惧怕等不舒适感。""焦虑是人在威胁性情景中产生的一种不愉快情绪。焦虑使人感到紧张、不自在、忧虑、担心和脆弱。"为了控制焦虑，人需要花费大量的精力来维持一个虚假的自我形象。[1]**"创伤后应激障碍是一种焦虑障碍，其特征是通过痛苦的回忆、梦境、幻觉，或闪回持续地重新体验到创伤事件。"**"对于一些人来说，焦虑成了一个问题，干扰了他们有效地处理日常生活的能力或使他们失去了享受生活的乐趣。"焦虑障碍的类型大概属于广泛性焦虑症，**"当一个人在至少6个月以上的日子里感到焦虑或担心，但却不是由于受到特定的危险所威胁，临床专家们就将其诊断为广泛性焦虑症。……焦虑的表达途径——特定的症状——因人而异，但是为了做出广泛性焦虑症的诊断，病人还应当表现出至少三项其他的症状，例如肌肉紧张，容易疲倦，**坐立不安**，思想难以集中，易激惹或睡眠障碍。"**[2]他的经历说明了当压力、情感、个人习惯与健康相冲突的时候会发生什么，这是多么糟糕的啊！这些日子，可谓祸不单行。学问的不停奋斗，心理的波涛汹涌，整日抱怨连连，身体、心态的疲惫，疾病也在压力期之后不期而至，头痛、心脏病、消化不良、便秘、腹泻、神经衰弱、失眠、性功能障碍等，病了，康复。……一切令他焦头烂额。在经历了长时间的压力与挫折后，终于能到终点线了吗？

二、《古史辨》编纂的诸多隐情

事情本应到此为止，不料却出现了意外，正所谓屋漏偏逢

1　库恩等著:《心理学导论:思想与行为的认识之路》(第13版)，郑钢等译，中国轻工业出版社2014年版，第536—537、546—547、603页。

2　格里格等著:《心理学与生活》(第16版)，王垒等译，人民邮电出版社2003年版，第426、428页。

连夜雨。1925 年 6 月，曹聚仁将顾、刘等先生的论战文章编成《古史讨论集》在上海出版。这成为顾先生生命史上的一个转折点，也触发了《古史辨》历史的一段隐情，因而，笔者必须略费笔墨加以考察。一般认为，《古史辨》出版之晚是由于顾先生太忙而编纂"慢"了。但实际上不是慢，而是有着如上文所考证论战失败那样的心态所致，另外的原因则是：顾先生中途放弃了编纂。

（一）编纂启动极早

《自序》开头说："两年前，我在《努力周报》附刊的《读书杂志》里发表辩论古史的文字时，朴社同人就嘱我编辑成书，由社中出版。我当时答应了，但老没有动手。"

事实果真如此吗？我们来看《顾记》中是怎么写的：1923 年 6 月 30 日，"剪报，粘贴上《古史辨》。"（373 页）这是《古史辨》一名在日记的首次出现，这意味着顾先生在论战还没有在杂志上公开打响就已经在下面悄悄着手编纂了，因为 7 月 1 日的《读书杂志》第 11 期才刊登三人辩论文章。这是一个明显具有商业利益的事情，顾先生等人早在 1923 年 1 月 6 日就已经创办了他们自己的出版社——朴社，当时约定"五个月内预备出版品"。可以说，新生的婴儿即将呱呱落地。

之后，7 月 4 日、11 月 11 日、12 月 27 日均有"粘贴《读书杂志》入《古史辨》"。8 月 7 日有"《努力》寄来，并将上文剪下，粘贴册上"（378 页 7 月 21 日，设想到福建后，开"古史辨二小时"的课）。9 月 22 日，"粘贴刘掞藜文"。10 月 11 日，"粘贴《论古史书》"。1924 年 2 月 25 日，"我颇想俟此问题讨论得一段落后，自己编成一册。"[1] 到了 3 月 9 日，顾先生在朴社出版计划中还有"明年上半年，可将《古史辨》付印"之事。3 月 18 日，有"粘

---

[1]《顾颉刚书信集》第一卷，第 413 页：1924 年 2 月 25 日"致胡适"。

贴胡先生文入《古史辨》"的记录，20日"整理《古史辨》"[1]，其初步计划，似仅为顾先生等人在《读书杂志》刊发的论战文章，与曹聚仁后来编纂出版的《古史讨论集》相同。

细察日程，在1923年年底和次年2月底有一个长达60天的空窗期，联系上文所述，说明顾先生在迟疑、犹豫、观察，而3月的三次记录说明，可能感觉到反方并未注意到此中的巨大漏洞，仍抱有侥幸心理，此时顾先生对论战的态度尚不算完全负面。但此后，顾先生基本上中止了《古史辨》的编纂。

《自序》又解释说："所以然之故，只因里面有一篇主要的辩论文字没有做完，不能得到一个结束；我总想把它做完了才付印。可是我的生活实在太忙了，要想定心研究几个较大的题目，做成一篇篇幅较长的文字，绝不易找到时间，这是使我永远怅恨着的。"

哪一篇辩论文字呢？《自序》："因为在家养病，所以容我徐徐草答。可惜文字未完，四个月的生计负担已压迫我回复馆职了，一篇答复的长文只作成了一半。"其中所言当指答复刘文。顾先生休战时说等两个月，到撰《计划》时就推迟、乃至放弃了和刘掞藜的辩论，草拟《计划》与中止《古史辨》编纂的时间也吻合。只是在1925年2月9日有"看刘掞藜文，预备答复"一见，10日"看《竹柏山房丛书》。"（588页）3月14日"写苗族传来的古史"。（598页）让人感到顾先生偶尔还是能想到要履行诺言。《自序》诚实地说："前年养病时遗下的半篇文债至今还没有动手清偿。"到《古史辨》第一册出版时书后附的第二册"拟目"预告上仍编有顾颉刚《论禹的天神性答刘掞藜先生》，但这篇文章最终也没有写出来。所以，这是一个显然不能成立的理由。那么，顾先生迟迟其笔是为了准备答复柳诒徵的那一篇吗？

---

1 《顾记》第一卷，见374、384、398、404、416、434、463、466页。

柳文发表于 1924 年 4 月，而日记中首次出现柳文是在 1925 年 9 月，这时《古史辨》已经重启十几天了，自然也不是这种可能性，所以，这一理由实际上也不存在。

顾先生忙！但这看来并不能成其为真正的理由，作为上次论战的余波，1924 年 12 月 27 日，李玄伯发表《古史问题的唯一解决方法》之后，顾先生就迅速做出回应，1925 年 1 月 23 日，"抄《现代评论》中李玄伯评古史一文。" 28 日，"作《答李玄伯论古史书》初稿毕。" 2 月 3 日定稿，名为《答李玄伯先生》，比李文长两倍多，2 月 14 日就发表在《现代评论》一卷十期，此次的被动应付，说明顾先生仍然十分关心论战，且有时间写论战文章。而顾先生的很多文章、文债都是别人一逼就写出来的。1921 年 8 月 21 日 "《文渊阁数目》抄好已半年，久未校清，今日乃以行期已迫，一日赶完。信乎事之不能不逼。"（152 页）1926 年 3 月 13 日，"前日接汪孟邹来书，谓《东壁遗书》急需排完，嘱赶将附录各件寄去。因于今日动手。此种材料久已备齐，只因无人逼迫，遂至一再迟延。"（726 页）16 日，"写适之先生、汪孟邹信。寄《东壁遗书》。……尽四日之力，将《东壁遗书》附录理毕。此后尚欠它一序，又须编勘误表及细目。大约尚有半个月功夫也。附录六种，共八万余言。"（727 页）顾先生自称"予所作文皆是逼出来的，无一篇为自然写成的，此亦一痛苦事也。"[1]1925 年 3 月 10 日，自称"予至多每天作二千言（平均数），至少一千言"（597 页）。多的时候，如 1925 年 5 月 7 日，"近日予每天必写七八千字（如作文，则三千稿，一千改，三四千誊）。"（615 页）据《顾记》1924 年年末统计，年内各种文字（主要是学术性的）写了约 9 万字，在这期间写了几

---

[1] 《顾颉刚日记》第二卷，台湾联经出版公司 2007 年版，第 389 页，1930 年 4 月 2 日。

十万字。一封家信，几千字是正常的，长的竟过万字。[1]（566—567 页）据 1925 年年末统计，年内各种文字写了约 21 万多字，未标字数的文章当在 3 万字以上，编辑的书还有《崔述》（未完）、《吴歌甲集》、《东壁遗书》（未完）、《孟姜女专号》……（692—695 页）。

古史论战使顾先生暴得大名，其重要性无与伦比，如果说有时间写那么多别的东西而没有时间写最重要的东西，论情论理，难以自圆。不仅如此，顾先生还主动引事上身，1924 年 9 月 24 日，上海朴社同人以战乱解散，顾先生"去信不承认。写信后颇气，胸中闷甚"。痛骂"上海一班人之无出息如此，办事之荒谬如此！"25 日，顾先生写给四位朴社北京同人信，谓"朴社本部当移至北京，由我经理。"10 月 3 日"作朴社紧急通告毕，凡五千言"。10 月 18 日"致陈乃乾"："朴社，沪上同人议决解散，事太荒唐。此社非弟所立，而弟既经加入，便不能听其无疾而终。此后当由弟勉力担任下去，兄可以尽力处，务请见助。"[2]

所以，顾先生提出的理由并不令外人信服。让人意外的是顾先生《日记》中开始频繁出现《古史杂论》的字眼。

（二）《古史辨》变成《古史杂论》

1924 年 11 月 2 日《语丝》筹备成立时，周作人、顾先生等七人开会，决定办《语丝》周刊。11 月 6 日，顾先生写道："整理笔记中可为《语丝》周刊作《古史杂论》之题目，得百余。两年中不忧无稿矣。集纣恶材料。作《古史杂论·小叙》。"（550 页）7 日，"作《纣恶七十事的发生次第》五千余言"（550 页）（《杂论》之一），15 日，"改古史论"（552 页）。16 日，"修改《古史杂论》"（553

1　《顾记》第一卷，第 482 页：1924 年 5 月 3 日"将与履安（顾妻名）信写毕，共计三十三页，一万余言。"

2　《顾颉刚书信集》第二卷，第 245 页"致陈乃乾"。

页）。12 月 7 日"剪贴《古史杂论》"。（558 页）请注意,《古史辨》
变成了《古史杂论》。12 月 12 日"作《宋王偃的绍述先德》毕,
约二千余言。"（560 页）（《杂论》之二）1925 年 1 月 16 日"作《盘
庚中篇的今译》毕,凡五千余言。"（581 页）（《杂论》之三）奇
怪的是 1925 年 1 月 23 日《日记》有"作《古史辨》序一千五百言。"
（583 页）笔者认为这是顾先生笔误,因为上一次出现"古史辨"
三个字是在 1924 年 3 月 20 日,此后到 1925 年 8 月 22 日才重
又出现[1],这一时期顾先生的日记里已经不见了《古史辨》,而频
繁出现的却是《古史杂论》,1 月 24 日还有"粘贴《古史杂论》。
作自序六百言。……集自序材料"（583 页）。所以,这个《古史
辨》序应该是《古史杂论》的序,退一步讲,即使真是《古史辨》
三字,也说明是时断时续,并未认真对待。1925 年 2 月 18 日,"粘
古史论文"（591 页）。1925 年 3 月 18 日,顾先生写给王伯祥的
信中还说:"俟孟姜女研究完毕后,当继续研究'八仙'及'社'。"
（599 页）直到 1925 年 6 月 19 日仍然是"粘贴《虞初回目》一
文入《古史杂论》册"（630 页,古史杂论之四）。可以说,这时
的顾先生事实上已经放弃了《古史辨》的编纂,这是毫无疑义的。
《杂论》仅是自己的研究心得,不具公开论辩性质。

　　上文述及,忙对于顾先生本来不是理由,出现如此之变是
因为柳诒徵的教训搞得顾先生灰头土脸,郁郁不乐,这才是《古
史辨》中止的真实原因。11 月 3 日的《顾记》写道:"我心中有
无数的古史论题,拟于《语丝》周刊中逐期提出,**使胸中积闷**
一吐。"（549 页）顾先生心中的苦闷由此昭然若揭,看来"积闷"
才是主要原因,而且是由"郁闷"到"积闷"。

1　《顾颉刚书信集》第四卷 476 页:当 1924 年 8 月初陈源约稿时,顾先生想
　过:"我的读书笔记甚多,若略略连贯,便可成为短文。我辩论古史的东西,
　甚可借此编成初稿。如此,一方面既可拿钱,另一方面又可俟将来改定后
　自己出版。"但并未付诸行动。

（三）出现意外　被迫重编

《古史讨论集》的出版抢占了本应是《古史辨》的巨大市场，这涉及顾先生这个小圈子一帮穷兄弟、穷书生脱贫的梦想，立时使顾先生处在一个尴尬的位置。《自序》说得非常委婉："社中同人都来埋怨我，说：'为什么你要一再迁延，以致给别人家抢了去。'"顾先生当然不能、也不会告诉他们说"我在论战中处于下风"或者说"我战败了"之类的话，更不可能说"我心理备受打击、正在积闷中"。因为顾先生在学术圈里是颇有地位的，"圣陶谓我为朋友中的中心人物。介泉谓我朋友中的大阿哥，可以号召。"（392 页 1923 年 9 月 4 日）顾先生引别人的评价而自评，可见他对自己能够成为"中心人物"也是颇为自负的，又岂能不加维护？尤其是在原来上海朴社同人将该社解散而遭到顾先生否决并坚持重组，又在北京由顾先生主持的情况下，故重编《古史辨》是弦上之箭，不得不发，"我对于这事，当然对社中抱歉，并且看上海印本错字很多，印刷很粗劣，也不爽快，就答应道：'我立刻编印就是了！'"所以，顾先生是被迫重新编纂《古史辨》的。这一点，顾先生在 1925 年 9 月 9 日给胡适的私信中就坦诚地说："曹聚仁君将颉刚古史文字出版后，朴社同人大哗，因他们嘱我编辑《古史辨》付印，我已于二年前答应他们。"[1] 顾信主要提到人情和挣版税，就顾先生个人而言，非要自己出版，在商业利益上是有明显损失的，"经农先生告我，如《古史辨》在商务书馆出，至少销五万部。我想，此话如真的，则我在这一本书上便可得五千余元。"[2] 顺带说一句，顾先生从未考虑过以《古史讨论集》为书名，因为这个太平淡，不具文气。

顾先生并非一个纯粹的书房学者，他因家庭关系复杂，尤

1　耿云志编：《胡适遗稿及秘藏书信》第 42 册，黄山书社 1994 年版，第 304 页。
2　《顾颉刚书信集》第一卷，第 446 页，1927 年 7 月 30 日"致胡适"。

其厌恶其继母和叔父，经常有依靠版税过上独立自主生活的愿望，想通过参与出版、染指商业达到，这是其长期的强烈愿望和实际工作，他是朴社中最积极参与活动的人，读《顾记》会发现记载极多，无烦赘述。他参与国学门的多种编辑工作，也与此有关，其便利之处是可以在学界结交朋友、联络感情、增进友谊。[1]

编纂《古史辨》的同时，顾先生参与朴社等的商业活动陡增。[2] 本文之所以详列其经过，在于说明《古史辨》的重新编纂，

---

[1] 1924 年 2 月 21 日，给胡适的信中说："前次兼士先生见语，要我加入《国学季刊》编辑委员会。此事我亦甚愿，因有此名义，易向人拉稿，其他接洽亦较为便利也。如先生以为可行，请由委员会中与我一信。"3 月 22 日，又给胡适写信："我总想在这几年中，多出几种书，如版税上可以勉强维持生计，我决计脱离北京大学，觅一静僻的地方住着，专做自己的事情。"（《顾颉刚书信集》第一卷，第 414 页）1925 年 10 月 18 日，"予近来愈弄愈不喜为人做事……做事则便致怨艾。所以迟迟未绝者，以在出版方面略有兴趣耳。"（673 页）

[2] 此处仅列 1925 年下半年顾先生参与朴社的记录，以见其商业活动之频繁：6 月 28 日，朴社选举票今日揭晓，予得一百权，平伯得二十三权，予当选为总干事。事务更忙矣！8 月 21 日：朴社开会，讨论进行事宜。8 月 22 日：辑熙来谈，为朴社事。写伯祥、乃乾、绍虞等信。同日，重启《古史辨》的编纂。27 日，给朴社社友叶圣陶、王伯祥、郑振铎写信。28 日，辑熙、平伯、佩弦、万里来，商朴社事。书记傅玉符君今日开始办事。8 月 30 日，草朴社文件二。31 日，平伯、佩弦、辑熙来。9 月 4 日，与辑熙到志成书局，商量印件，又到市场为朴社买物。8 日，写朴社两年来经理部账，毕。又算会计部帐，未毕。辑熙来，留饭。写伯祥信。写雁冰信。为朴社作立案呈文。10 日，辑熙来商朴社社务。11 日，办朴社文书事务。12 日，辑熙来，共办社务。13 日，朴社开谈话会，到者平伯、佩弦、万里、辑熙、介泉及予六人。谈至六点许散。16 日，辑熙来，同至中国大学等六处接洽代售事。到小市买椅子，到京华算印价，到电话局询问。归后，与辑熙看涨。18 日，与辑熙到兼士先生处，为代售清宫出版品。9 月 20 日，理朴社事，写乃乾信。理社中文件。21 日，写佩弦、平伯、万里、绍虞信。与介泉算账。写乃乾信。24 日，写绍虞、伯祥、雁冰信。25 日，辑熙来谈社务，留饭。27 日，作《朴社书目》第一号。10 月 5 日，算朴社账目。7 日，与辑熙、平伯到二院对门看新屋，到北池子瑞增源付定洋。10 月 8 日，仲川来谈社务。辑熙、介泉、万里来谈开店事。北大二院对门有一新市房，拟由朴社租下开设书店。马神庙一带尚无书肆，开此一家必可获利也。9 日，与辑熙、介泉、

从一开始就完全是个商业活动，与"史学革命"毫不相干。

"大哗"的具体日期应该是在八月下旬，8 月 21 日，"朴社开会，讨论进行事宜。"而 22 日，"缉熙来谈，为朴社事。健卿、缉熙来谈。"（655 页）应该就是《日记》里再次出现《古史辨》字样的这两天，是最终决定重启的日子。如何编纂《古史辨》以与《古史讨论集》抢占市场自然成为重编一个必须考虑的现实问题。"现在只得赶速编集，并赶做些文字加入。"[1] 8 月 22日，"看前数年通信，备入《古史辨》。"（656 页）这是要告诉学术界"古史辨伪"的来龙去脉。26 日，给钱玄同写信："前数年所抄辨伪文字，兹检出二十九册奉上。所集半未校勘，又未编排，实在是很乱的一堆材料。如需出版，大约须费两个月功夫也。"[2]

万里到瑞增源订房屋（朴社在景山东街 17 日（马神庙）租房备开门市部，名景山书社）。10 日，为朴社在马神庙开店事开会，到十一点始散。13 日，仲川来。15 日，到马神庙，看书店房屋。17 日，与辑熙谈。18 日，辑熙、万里、仲川、崇年来，商社事。21 日，万里来，辑熙来。25 日，辑熙、仲川、万里、梁先生来，谈社事。11 月 1 日，到景山书社，预备诸事，并开会讨论。佩弦、仲川、万里、辑熙、介泉同会。景山书社考学徒。襄助一切。3 日，写伯祥信，述社事。沪友来信十余通矣，此总答之。近日心宕胸闷愈甚，自明日起决计变换工作。好在景山书社正在开张，需人做事也。4 日，途中发朴社广告。5 日，到景山书社办事。与履安及介泉夫妇到景山书社办事。6 日，到景山书社办事。7 日，到景山书社，理朴社存书。8 日，到景山书社，筹备一切。9 日，景山书社招考伙友，到场照料。又到书社办理杂物。10 日，到景山书社。11 日，到书社。12 日，到书社。14 日，到景山书社，与介泉同归。与履安到景山书社，写黑牌。11 月 15 日，到景山书社，襄助开幕诸事。今日书社开幕，予从事照料，见人颇觉不好意思。想不到我也会做商业的。16 日，到书社。17 日到景山书社办公。18 日，到书社。19 日，到书社。20 日，到景山书社，理中国书店书。22 日，到景山书社办公一天。24 日，到书社。26 日，到景山书社。27 日，到景山书社。29 日，到景山书社，为社事开会。30 日，到景山书社。12 月 2 日，到书社。4 日，万里来谈。6 日，到景山书社，抄写账目竟日。12 月 13 日，到景山书社，晤希白（容庚）。20 日，到景山书社。22 日，仲川来，同至景山书社。25 日，到书社。26 日，到景山书社。27 日，崇年介泉来谈。

1　耿云志:《胡适遗稿及秘藏书信》第 42 册，黄山书社 1994 年版，第 304 页。
2　《顾颉刚书信集》第一卷，中华书局 2011 年版，第 556 页。

但五六天之后，编纂速度却骤然加快，9月1日、2日、3日"编录《古史辨》"，"上编略毕"。4日"编《古史辨》第一册上编目录，即誊清。"5日"覆看《古史辨》第一册中编，断句，略毕。"8日，"校《古史辨》。"9日，写信给胡适征文，"现已集得上编（读书杂志以前的文字）三万字，中编（读书杂志）九万字，下编（杂志以后）四万字。先生给我的书札，我已抄出了。先生处如有其他可用材料，请检出见交。此书俟印出清样后，当即呈览。"[1]12日，"写适之先生信"，"编《古史辨》第一册下编目录。"而且计划在"九月中付印"（《自序》）。

9月13日，顾先生写信给胡适说："《古史辨》目录及样张，嘱介泉呈览，请审正。此系第一册，大约到明年年底，集合《古史杂论》等篇便可出第二册。"从此可以看出，《古史辨》第一册已经编讫，目录和样张已经完成，很快可以出版[2]，连第二册的规划都已明晰。顾先生解释说，"只为临时增加了些篇幅，延至本年二月中方将本文印完"（《自序》）。这个理由太过牵强，从实际出版的情况与编纂重启时的计划比较看，增加的重要内容是王国维《古史新证》的第一、二章，而王国维的讲义直到深秋才出来，顾先生此时还不知道，《顾记》12月22日才为其作"跋语"。再就是年底新组的一批"大批判"文章（分析见下）和钱玄同的一篇（写于9月22日，先登载于《国学门周刊》，而后被收入《古史辨》，它并非专为顾先生所作），现有而增加的是次年"一月二十七号，抄《庄子》论文（毕业试卷）入《古史辨》"，也属于无关紧要的旧文，顾先生28日"作《庄子》论文跋尾，入《古史辨》"，另外就是附录的广告。除"大批判"的文章，其他篇章都是可有可无的，并不构成延期的理由。

1　耿云志：《胡适遗稿及秘藏书信》第42册，黄山书社1994年版，第304页。
2　耿云志：《胡适遗稿及秘藏书信》第42册，黄山书社1994年版，第305页。

9 月 13 日，给钱玄同写信："先生的信和我的信，都请即日交下，因《古史辨》已付印了。前日又检出一信，今奉览。……先生对于古史如尚有意见，请详详细细写给我一封信，以便编入《古史辨》第一册之下编。"[1] 面对可能出现的坏局面，征文胡适、钱玄同助阵壮大声势，以便编入，是可以理解的；13 日，"点刘掞藜质疑一文。" 14 日，"点刘掞藜质疑一文毕。" 9 月 15 日，"校《古史辨》。" 9 月 16 日，"校《古史辨》稿。" 9 月 18 日，给钱玄同写信："信札收到，已付印书处排印。以下数信，务请从速写下，因他们排得很快，迟恐他们责备。论《春秋》与《庄子》二信不妨稍迟，因下编不即发稿也。……先生谓《古史辨》之名不适用，但我所以不换去者亦有故。因为我所作的各种文字，凡收入此编者，其目光皆在于古史。……每信之首的题目，已由我拟了写上。"[2]

（四）书中玄机

编纂计划的重大改变，是将顾先生与钱玄同、胡适之间关于"疑古"辨伪的通信加入，这一举措并不寻常，时人对顾氏《古史辨》发表信札的形式也不无非议，顾氏在第三册《自序》中回忆说："数年前，曾有人笑说《古史辨》杂集个人信札发表，其性质等于《昭代名人尺牍》。"笔者印象中，大规模出版在世人之间的信札应属首创，经询问左玉河、李少兵等现代史专家，他们证实了这个判断。文成之后，得读冯佳一文，他称赞"顾氏如是之编纂形式本身或即是一种创新"。[3] 近年，有学者指出，顾先生"《古史辨》序及诸文，反证他自始便非但好名，兼会掠美，极力淡化胡适通过研究课题引导他由考证而疑古"。这

1　《顾颉刚书信集》第一卷，第 557 页。
2　《顾颉刚书信集》第一卷，第 558 页：1925 年 9 月 18 日"致钱玄同"。
3　《中国农业大学学报》（社会科学版）第 24 卷，2007 年第 4 期《"层累地造成的中国古史"及其修辞》。

种态度一反"真空"中研究学术史的陋习,值得继续发扬。但《古史辨》第一册内容及前后历程却并不支持掠美的判断,其中的信札尤其如此,最值得考量的就是发"疑古"之端的《古今伪书考》。

顾先生 1920 年 11 月 24 日说:"'伪书'的名目,是觉得不能赅括一切,所以我今年上半年拟的书目表称做'**伪书疑书目**',因为有**许多书只是存疑,并非作伪**。我在民国三年的春天,借抄了一本伪书考,抄完了做了一篇跋。今抄录奉上。"[1] 而在 1914 年 3 月 1 日的跋语中说:"《古今伪书考》一卷。宣统己酉岁,始见于孙伯南先生架上。去年在京中刻意求之不能得,遂借自孙先生手录焉。"当时的认识是:"是书一卷,颇类随手札记,非有意著述之林,故文笔疏散。其论辩多采前人成说……并多撷取……或微折中,不尽证实,弗能谓博议无遗也。其缺而未举者……并可补论,勿求备于此书已。若其编次,余窃有议,……此皆分类舛驳之可议者也。若其论辩……此皆论辩舛驳之可议者也。盖尝论之,其病有二,一以文辞之工拙定真伪,……一则以后世著述之成法囊括古籍……姚君抑亦未深思乎?昔人笔记,谓君抨击《孝经》,殆过激。予谓此考最精之言莫《孝经》条若,他条皆依附人说,发明者鲜矣。"与此同时,还介绍了其他的意见:"论伪书者予最服膺实斋,窃取其言,分为七类,非可以伪书包也:一曰师说……口耳之学不能无差,则著于竹帛以授之之其人,所以求传习之广焉。……此正古人言公之旨,不必以诚伪规度者也。如《素问》《本草》《山海经》……虽有伪附,又不能定其著书之人,然终不当与虚造者等视。……良由此等学说不凭书籍以传耳。二曰后记……盖古人书无私箸,大出后学缀辑,虽有不伦,无乖传信。故《管子》《晏子》,不可谓之伪

---

1 《古史辨》第一卷,海南出版社 2005 年版,第 7 页。

书。……论其体例，与上类颇同；惟上在记学，学则虽远无弗赅，纵法言多疏，师承非可悉求，亦以意连贯为之；此在记事，事则年代不能遥，言行不能虚构：所以异也。……七曰误会，本非伪书，后人迷不能辨，遂沿传为伪作。……予又谓《孝经》本伪书，使入之《礼记》，明标秦汉儒者所作，则不可谓伪。……姚君所列，亦为不伦。"[1]

顾先生真实的意思是在告诉学术界：我原有的辨伪认识是怎样的，后来阶段的认识"得力"于胡适之、钱玄同们的引导，是在胡适"宁可疑而过，不可信而过""宁疑古而失之，不可信古而失之"的指导下才产生的。言外之意在于，如果我错了，也是他们的错误引导所致，他们也要承担责任。而如果顾先生有掠美之心，是断断乎不会把这些贬低该书的内容编入《古史辨》的，而在其第一册发行之前，"层累说"既无美可言，也无可掠之处[2]，恐怕用"借光"形容更为合适。

读者至此是否会产生凿之太深、令人可怕的感觉？甚望通读之后再下判断。中国现代学术在向西方学习时，专科化过度

1　《古史辨》第一卷，第7—9页。

2　而写于 1930 年的《〈古今伪书考〉序》则不同，顾先生称："由孙宗弼处借得姚际恒《古今伪书考》，读后受极大震动，读了之后，忽然我的头脑里起了一次大革命。这因我的枕中鸿宝《汉魏丛书》所收的书，向来看为战国秦汉人所作的，被他一阵地打，十之七八都打到伪书堆里去了。我向来知道的古人著作毫不发生问题的，到这时都引起问题来了。我在二十岁以前，所受的学术上的洪大的震荡只有两次。第一次是读了一部监本《书经》，又读了一篇《先正事略》中的《阎若璩传》，第二次就是这一回，翻看了一部《汉魏丛书》，又读了一本《古今伪书考》。我深信这两次给予我的刺激注定了我毕生治学的命运，我再也逃不出他们的范围了！"令人感到惋惜的是，顾先生于 1914 年表述的这些认识中不乏闪光之点，有的竟与二十年后的余嘉锡（请参看《古书通例》）和近百年后的李学勤、李零等先生表述的观点相同或相近。纵览现当代学术史，"疑古"和"古史辨"的研究貌似轰轰烈烈，而无论赞成还是反对的学者都对顾先生这些早期认识及其重大变化鲜少关注，说明其研究仍然浮在表面，仍有不少待发之覆。

发展，同时丢掉了东方学术注重会通和知人论世的优良传统，
这都使学者的视野越来越窄，历来涉及"层累说"论战的论著
绝大多数都忽略了顾先生编纂《古史辨》时的心路历程，若详
加考察并联系顾先生的性格（下文有论），顾先生在学术上存在
心计完全是顺理成章，远非孤例。上文曾言，刘掞藜最后写有
《儒家所言尧舜禹事伪邪？真邪？》文也没有被收入《古史辨》
中，而首次论战的终结篇是柳诒徵的文章，顾先生没有编在中
篇结尾，而是夹杂在下篇之中，编在自己勤勉问学的计划书之后、
一组反击文章之前，以最大限度挽回颜面并减低该文的杀伤力。
在《古史辨》第一册出版之前，反驳"层累说"最有力的文章
是张荫麟的《评近人对于中国古史之讨论》，该文 1925 年 4 月
刊发于《学衡》第四十期，《古史辨》第一册收文截止到 1926
年 1 月，张文完全有时间收在第一册。而《顾记》1925 年 11 月
13 日确有"点张荫麟文"，也确曾考虑将其放入第一册，后来未
放入，既可能与顾先生考虑找时间写批驳文章有关，也可能与
避免在同一本书中对"层累说"杀伤力的文章太多有关。廖名
春批评顾先生在抄录"钱玄同致胡适论崔述书"时只摘录了一
小部分，怀疑其中别有隐情，这是很有道理的。李锐也尖锐地
指出：顾先生在编《古史辨》第一册收录王国维《古史新证》时
有意回避其以甲骨证商史的杰出成果，因为这些扎实考证不利
于顾先生把信史从东周讲起。[1] 顾先生在 1923 年 6 月 1 日曾写给
胡适一封信，在公开发表此信（《古史辨》题以《论今文尚书著
作时代书》）时，将不利于自己的部分删了。据与原件对比，其
中删掉的内容有"甲骨文字，我只向予同借了一本《殷墟书契
考释》。帝乙已在上面寻到，帝甲也有。"[2]

1　李锐：《经史之学还是西来之学"层累说"的来源及其问题》，《学术研究》
　2009 年第 8 期。
2　《胡记》第 4 册，第 27 页，1923 年 6 月 2 日。

（五）胡适、钱玄同都不给《古史辨》写序

从上文可知，《古史辨》本来计划9月之中出版，9月24日，顾先生"校《古史辨》"。27日，"校改《古史辨》。"看来，万事俱备，只欠东风了。何以迟迟未出？

"《古史辨》目录一册，览后乞仍交介泉带还。……此事实由先生引起，现在我的胸中的问题多极了，只觉得写不尽。如事务稍闲，每月准可做上数万字。但现在苦无此福分耳。**先生如有兴为《古史辨》做一小序，尤感。**此书由朴社出版。朴社勉力积聚了三年，……我们开销既少，故版税可以分得多一点。以前我只是不敢出书，现在为要挣得版税，颇愿在数年中多出些书。如版税竟有可以维持生计的一天，决计把所有事物一切罢去。先生如有新著，可试交朴社出版，看我们的推销的力量能做到怎样地步。"[1]

9月18日，顾先生致钱玄同信中说："**《古史辨》第一册，……先生高兴作一序吗？"**[2]

顾先生对于《古史辨》的出版寄望之殷，那么求序之切就是极其自然的，我们看到，对胡适甚至还使出了以利诱之的手段。当初以为，《古史辨》"本来在一二个月内可以出版"（《自序》），可能认为胡、钱之序一求即得。顾先生求胡、钱之序，在今天的学人看来应该是不成问题的，因为他们之间有着那么深厚的"师生"情、"革命"谊。

众所周知，胡适非常喜欢给人作序，且笔快如飞，按照常理，胡适没有任何理由不给这位后来众所周知的"胡门大弟子"写序，

<hr/>

1　耿云志：《胡适遗稿及秘藏书信》第42册，黄山书社1994年版，第306—307页。
2　《顾颉刚书信集》第一卷，中华书局2011年版，第558页。

《胡适日记全编》此段空缺。而顾先生与钱玄同私交更笃，钱玄同已于1925年3月11日发表《予亦名"疑古"》，废钱姓改姓疑古，钱玄同笔头也甚快，主编《新青年》等杂志常常写出快信发表意见，对于好朋友常常拔刀相助，1918年1月10日给胡适《尝试集》作序，1920年又为胡适推崇的新式标点的《儒林外史》作序。两位对顾的求序实际如何呢？顾先生是望穿秋水，胡、疑古两先生竟置若罔闻。

从上列《古史辨》编纂详细日程看，9月27日到10月17日出现了一个长达二十天的空白期，顾先生主要从事了朴社业务、筹备景山书社及"五卅运动"的《救国特刊》。实际上，顾先生这期间应该是在等待胡、钱之序。胡、钱之序迟迟未来，看来才是《古史辨》迟迟发行的原因。不得已之下，顾先生重新从事了与《古史辨》的相关工作，主要是精校。[1]

有人可能觉得这只是偶然情况，顾先生如亟亟求序，完全可以像之前的《吴歌甲集》、之后的《东壁遗书》那样不断催促。[2]

---

[1] 《顾颉刚日记》1925年10月17日"编校《古史辨》"。10月20日至23日，26日至31日，11月4、6、11、14、16、17、18、20、23、26、27、29、30日均有"校《古史辨》"的记录。11月13日，"点张荫麟文"。11月15日，"整理《古史辨》下册，未毕。"12月2日，"校《古史辨》，编《古史辨》下编。"12月10、14、18、22日，均有"校《古史辨》"语。22日，"作《古史新证》跋语。"1926年1月12、23日"校《古史辨》"。27日，"抄《庄子》论文（毕业试卷）入《古史辨》。"28日，"校《古史辨》；作《庄子》论文跋尾，入《古史辨》"，29、30日，"编《古史辨》附录广告"，30日下午，"讫。到志成印书馆送稿，校《古史辨》稿"。31日，"校《古史辨》稿二校卅余页。"2月4日，"校《古史辨》稿廿余页。"5日，"看志成送来纸版。"18日，"校《古史辨》。"21日，编次《古史辨》第二册稿。3月2日，"看《古史辨》清样。"3日，"编《古史辨》目录。"13日，"编《校勘记》毕。"15日，"编'序目讫，编'附录'未完'。"16日，"编'附录'讫。"5月31日，"校《古史辨》中卷误字。"

[2] 《顾颉刚书信集》第一卷有顾先生三处给胡适的信催序，第425页：1925年7月9日，"《吴歌》稿已发完，如有暇，请将序文早日作就交下。"9月9日，"《吴歌甲集序》未知已作就否？现在他稿已齐，亟待发稿也。"13日，

问题在于,胡适于9月20日肯为顾先生并不太重要的《吴歌甲集》作序,而后即于9月下旬出京,到南方各地从事讲演、治病等活动,在10月,顾先生把胡适给他写的《吴歌甲集序》登出以向胡适示好,胡适仍然无动于衷。1926年3月16日,顾先生和人在外地的胡适通信,说:"《古史辨》至今尚未出版,实因我做的序文太长了(约有六万字),一时尚未能誊清之故。自明日起即续做此工作,想一月中可以出版。"[1]细揣此文,胡适似估计书已出版则无须写序,故而提到该书,顾先生回文则旁敲侧击表达希望胡适写一短序,可以尽快了结出版工作,仍有写序时间,胡适如何应对未见资料。胡适至1926年5月13日回到北京,顾先生与潘家洵当天即登府拜访。胡适许以留学之事,令顾先生狂喜。5月15日,偕潘介泉等再次拜访,略谈。5月16日,"写适之先生信,详述生计状况。拟将《东壁遗书》版权授予亚东,函询适之先生(予负债几及两千元,此为六年中服务社会之结果!)"(747页)。试图打动胡老师的恻隐之心,信中再次提到他本人"作《古史辨》的序",告知"《古史辨》既将出版",提醒胡适的意味十分浓厚,胡适仍然置之不理。5月19日,在宴

《吴歌甲集》稿件已齐,先生一序能早日交下否?"428页:9月21日,"上午接来书,并《吴歌序》,极感。此文拟在《国学周刊》内先发表,未知可否?"也有五致钱玄同的信催序,565页:1932年2月13日,先谈《东壁遗书》前后经过,接着问:"先生现在忙否?能写一篇序文否?此书之发愿重印,实由于民国十年初之我们三人,今当完工,自应写些意见以作纪念,至肯勿却。适之先生处,亦已去函询之。"567页:1932年5月3日,"两位先生的序文,今虽不作,务请放在心上,然在暑假中草就就好。"570页:1933年2月5日,"《东壁遗书》序,乞在此数月中写成一篇,使此书在半年内可出版,结束我们十年的心愿。"571页:1934年1月31日,"上月亚东图书馆派人来催《东壁遗书》序,我答应他年假必作,故现已动手。先生能作否?如实无时间,请告我一声,好使他们终止其盼望。"572页:1934年4月25日,"《东壁遗书》书,不敢相催"云云。足见,如没有特殊的心理障碍,以疑古三杰的关系,不断催促是没有问题的。

1 《顾颉刚书信集》第一卷,第428—429页。

会上相遇，深度谈话。5月20日，再写胡适信。21日，又与胡适在宴会上相遇。6月2日，又到胡府，未遇。3日，又登府，得见。6日，途遇胡适，借钱后痛哭。8日，"改《古史辨》样本误字毕，写适之先生信，送去。11日，宴遇。直到最后阶段，胡适都有机会为《古史辨》作序。

　　胡适的吴歌之序显然是敷衍，这自然使顾先生感到碰了个软钉子。合理的解释只能是，胡先生对该书的出版相当冷漠。其中的含义是清楚的，他对于顾先生这一套东西是有保留的。联系到《读书杂志》的神秘停刊，不能不使人对二人当时的真实关系产生疑问，胡适大概不愿意把自己的声誉毁在说不清、道不明的"层累说"上，既不愿意给《古史辨》写序，也不赐文助阵。而《吴歌甲集》的序，顾先生因胡适已经答应，所以可以催得理直气壮。《古史辨》则因"层累说"给胡适添了大麻烦，造成胡适的狼狈不堪，顾先生又太好面子，无法直接开口。

　　和胡适态度相同的是，钱玄同也非常愿意给《吴歌甲集》写序，而且非常之快[1]，《顾记》1925年8月24日有寄钱玄同信的记录，25日顾先生就接到了同意写序的回信。9月2日，疑古先生就为此书写好了序。而对于《古史辨》，直到第二年6月书出来，钱玄同对于写序之请也未回应。我们可以联系之前，顾颉刚1922年2月19日给钱玄同《论〈诗经〉歌词转变书》谈到研究中的《诗辨妄》，"如肯做一篇序，那是最好；否则亦不敢强求。"钱玄同22日就回信说"《诗辨妄》的目录甚好，我很愿意给它作序。"而之后的1926年2月24日，"知半农新购一书，名《何典》。……半农正标点付印，我想作一序。"[2]由此看出，钱

1　《顾颉刚书信集》第一卷，第556页：1925年8月26日，"昨接来书，欣悉肯替《吴歌甲集》作序，那是再好没有的了。此书尚未排完，在一、二周内作就，尽可印入。"

2　《钱玄同日记》，北京大学出版社2014年版，第673页。

玄同对于感兴趣的书籍、给友人写序的欲望是比较强烈的。再比照钱玄同对待第二册的态度，1930 年 8 月 6 日，顾先生给钱玄同写信："《古史辨》第二册将印毕，能为我写一封面否？字之大小照第一册封面。"[1] 很快就写了。钱玄同不愿意给他亲身参与的"史学革命"的成果——后来被誉为世界史学名著的《古史辨》写序的意图不就昭然若揭了吗？

　　两位先生为什么对顾先生这样忠心的学生、这样重要的"疑古"著作《古史辨》的求序而都吝于一挥大笔呢？综上所述，顾先生请胡适、钱玄同作序之所以久而未得，本来的目的在于把《古史辨》和胡适、钱玄同强烈地链接起来，借二人的社会及学术声望以压制学术界可能的质疑。一直等不来胡、钱之序，大概才是顾先生《古史辨》迟迟未能尽快出版的真正要因。直到最后，胡适、钱玄同也没有为《古史辨》作序。那么胡适和钱玄同对待《古史辨》第一册真实而冷淡的态度不就大白于天下了吗？所以，顾先生"层累说"的首度论战是一场完败应该毋庸置疑。因为如果仅仅是校对的话，本无必要由顾先生本人反复校勘，而且竟持续到次年 2 月，退一步讲，即使顾先生忙，这活完全可由众多伙伴代劳。所以，真实的原因只能从主事者——顾先生复杂的心理动机去探求。这似乎也可以对顾先生后来之所以亲自动笔、花那么长时间、写那样的另类长序做一个合情合理的反衬。

（六）心态由平和再到愤懑

　　考察顾先生重编《古史辨》这一段心态，编书的进展如上所述十分顺利，除忙于读书写作、筹办朴社事务和日常应酬外，还参与了五卅救国团的活动，整体上心态平和，精神上也不乏乐趣。1925 年 8 月 31 日"北大自端节后尚未发过一文政费，孔

1　《顾颉刚书信集》第一卷，第 565 页。

德学校本月犹未发薪,至今日囊中干竭矣。**履安复作尽面孔对我,使人不欢。贫者士之常,何不能安贫如是**"(658页)!9月2日,"维钧来,送孔德薪。"(659页)没有影响心情。9月5日,"**点柳翼谋文**",同时,生理和心理有异常反应,"**午后下雨骤凉,身子甚觉困倦。寒燠不时,真是酿病天气也**"(660页)9月11日,"伏园来云,邵飘萍以救国团攻击苏俄,不允将《特刊》继续出版。说话之难如此。因嘱其转达,《特刊》准出至十六期为止。因予实在无功夫,而救国团势已瓦解也。本次十三期,尚有三期,**当将胸中蓄积一吐**。"(662页)9月19日,"介泉又谓予能用人。介泉夫人云,'我不解顾先生之精神何以这般好,如此早起迟眠,终日不息,竟不困倦。"(664页)9月23日,"**予不能应酬,夜宴必致失眠**。使予静处修业,终日工作而不倦,似体力无更强于我者。而一经入世,既触处多迕,体力复不济如此,又似无有更弱于我者。才性与体力相应,固然活动的范围太小,而在事业上亦是一乐也。"(665页)**顾先生13日向胡适、18日向钱玄同求序,24日《古史辨》即将完工时二人都未回复,而25日,性格纤细、敏感的顾先生就写下:"今夕又不易入眠,倘以夜中在介泉处饮茶过多耶?"**(666页)27日,校《古史辨》。从原定进程看,该书是日应当完工。29日,"子震(按:刚回国的老乡)谓我近来较前肥胖,精神亦好,迥异出国前在上海见面时的样子。"(667页)在局外人看来,顾先生的身体和精神这时都相当不错。

胡钱之序杳无音讯时这段时间,10月3日,"近日来事务过忙,作文又多,以致**食量减少,后脑涔涔作痛**。俟《救国特刊》停止后,决当多多游息。"(668页)10月7日,"自六月十一日以赶作文致头痛,自是**屡发**,今日又作,只得不多作文矣。**此一新病,如不赶速杜绝,将来受患无穷矣。留心!**"(669页)10月17日,出现了一件高兴事,"《孟姜女歌曲甲集》出版,此为予个人编辑之书之第一册出版者"。同日，又开始了"编校《古史辨》"（672页）。18日，"写兼士先生信，辞职。"顾先生解释原因说："**予近来愈弄愈不喜为人做事……做事则便致怨艾。** 所以迟迟未绝者，以在出版方面略有兴趣耳。今日沈先生在恳亲会中对于我所编之《周刊》有不满意之言，因此决心辞职，庶可专心为学。"（673页）愤懑之情溢于言表。20日，"兼士先生来，挽留。维钧、建功、伏园来，挽留。校《古史辨》。"（673页）26日，仍"校《古史辨》。……**终日头痛，想以过劳脑筋故**"（675页）。28日，"今日上午作文时，**胸前闷胀特甚，几于不能透气，知是心脏病作矣。** 予如此忙法，如何得了！"29日，"**近日便秘失眠诸疾又作，** 一夜平均只睡六小时。昨夜九点半就寝，今早三点许即醒，耿耿到晓。因拟休息一天。"（676页）10月31日，"半年不理书矣，堆叠之乱可知。今日因病，勉抽两小时为之。眼前始一清。**慕遇谓《国史讲话》编的甚有趣味，读之不忍释手。闻此言极慰。**"11月1日，"写慕遇信，述治史志愿。"3日，"近日心宕胸闷愈甚，自明日起决计变换工作。好在景山书社正在开张，需人做事也。今夜大风，寒甚。吴山立君告我，谓吴稚晖先生说，近为国学者惟胡适之、顾颉刚，其次则梁任公。若章太炎则甚不行者。"（677页）借他人之口以自慰。6日，"写谭女士信。"7日，"谭女士来，与履安及予游北海，参观松坡图书馆，出至什刹海，游后海及积水潭。夜归，留饭，谈至十点三刻而别（678页）。**今日与慕遇同游，心境得一展开。** 积水潭四五年未到，今日于**暮色仓黄时重游，荻花萧瑟，微凉侵人，颇有悲意。**"（679页）9日，"今日招考黟友，到者有三四十人。薪俸只十元左右，刚够吃饭，而来人之多已如此，社会之不安宁可见。我等有此境遇，虽在欠薪局面之中，亦当自满矣。"11日，"今日重雾蔽空，独至阐福寺香林之后，**看枯叶一片一片地落下，枝间雾凝成滴，坠地声甚疏而寒。** 在破屋複院之中徘徊凝伫，不觉逾时。无人继至，尤畅所怀。予不能文，**胸中每有悲意，苦于不能写出。今日得此境，若写予心之悲者。每一回忆，固一绝妙之抒情文字也。"14 日，"谭女士来"，与妻女游鼓楼（680 页）。"本日原约慕遇同游清宫，乃早间见报，以时局关系暂行停止参观。事之不巧有如是者。心中颇怅怅也。"16 日，"谭女士赠菊花三盆、文竹两盆、画片架四个，甚惭无以为报。她手头亦不宽裕，受之甚为不安。"（681 页）

　　这一段时间，顾先生于 10 月 6 日停止了救国团的工作，除本职、筹建朴社的必办工作外，其他仍然参与了不少可有可无、并不急迫的事务，而**最应迅速处理的《古史辨》却总在并非必要的反复校对中盘桓，时停时进，其踯躅缓慢的进度与 9 月高歌猛进的步伐适成鲜明对比，生理上屡屡失调，心理上又显失衡**，一向谦逊的顾先生竟因恩师沈兼士的一次批评而失态，与此同时，不断约女友出游以调适心情而仍然难以舒缓至平常状态，悲意、怅怅，在情乎？在人（胡、钱）乎？在书乎？这恰恰说明，顾先生是处在到底怎么办的艰难抉择中。从心理学上看，前述顾先生的身心状态并未有什么改变。

三、疑烽烟再起　回以组合拳

　　当顾先生正处在将《古史辨》何时出版的焦虑时，1925 年接近年底之际，《史地学报》第三卷第 6 期突兀地重新刊发刘掞藜《与顾颉刚先生书》、顾颉刚《答刘胡二先生书》和胡适《古史讨论的读后感》三文，这就将《读书杂志》上古史论战的旧文完整地重发。这也破坏了 1924 年年底两大派系把酒言欢后的和谐。查"大成老旧刊全文数据库"未见该期出版月日，而该期"史地界消息"转载《大晚报》11 月 10 日"北冰洋探险队之出发"一文，那么重新刊发的日期必在此日之后，而此年底该刊又出版了第七、八期，故该期实际出版当在 11 月中旬或下旬。此事的背景尚不清楚，但与柳诒徵毫不相干则十分清楚，因为他已在 1925 年的三月辞去东南大学教职，六月即赴东北大学任教。曹聚仁编的书 6 月出版，当时市场上不难见到。作为杂志，并无必要重发这些文章。即使刊发，也是无声庆祝，并不违反学术道德。但性格纤细（张京华语）、心态复杂的顾先生却不是这么想的，而与此同时，顾先生的生理再次出现令人不安的状况。11 月 24 日，**"昨夜半夜中，右臂疼痛而醒。终夜不宁**。想以做字太多，今'发劳伤'耳。"25 日，"写适之先生信。……**夜间肛门奇痒且痛，恐将成痔矣，奈何！"**（683 页）而 26 日，顾先生在停顿两天后，再校《古史辨》，重新"标点柳翼谋一文。翻看《说文》，毕"（684 页）。这说明彷徨不定的顾先生终于下了决心。而这一段顾先生的心情和身体也委实不佳，如 1925 年 12 月 12 日，"抄写《诗经》论文四千言，未毕。为了这篇论文，**心脏病又发作了，颇不宁定**。此文做完后当休息数天。"（687 页）17 日，"一月来予已生瘃，自穿厚棉鞋，烘脚炉后已大瘳，今日观之，脱皮长新肉矣。"18 日，"予近日时觉愤懑之情湧溢，不**能自持。每一得闲，潸然欲涕**。嗟乎，将以如此生活而终我生乎？校中纪念大会，至夜十一点止，予两日皆傍晚即归，以众人所乐实不见乐也。予性之不能群，于此可见。"19 日，"**近日天气甚燥，又引起牙痛，食物甚不便**。"（689 页）生活的困顿、身体的不适等原因导致崇尚修德的顾先生之心态也陷入久久不能平静，29 日，"写慕遇信，约游清宫。"（691—692 页）31 日，"写慕遇信。"（692 页）以情调适。接下来怎么办？

（一）**"围殴"学术警察**

前文已述，顾先生的"层累说"遭到学术界的强烈阻击，即使有不承认立论方完败的人，但谓之毁多誉少却是不能不承认的，顾先生本人晚年写《我是怎样编写古史辨的？》还清楚地记得：骂我的人多。这时先生的心理亦受重挫，搞得心态十分压抑。重编《古史辨》，顾先生本来就应该也已经考虑应付柳文，此文学林皆知，不收显然示人以弱，1925 年 9 月 5 日"点柳翼谋文"，《日记》初次出现柳文，之后两个多月未见其他记录。看来，这时的顾先生并没有打算进攻柳诒徵先生。而求胡、钱之序，本想利用一下他们巨大的社会影响，结果迟迟等不来。不料，这个意外打破了学界死一般的沉寂，顾先生这时见到反方阵地重又刊发这些旧文，必然触动到顾先生那敏感的神经，如不严肃对待，则《古史辨》甫一出版，势必烽烟再起，而自己又无力招架，屈辱再临、声名折损是顾先生无论如何不愿承受的。顾先生 1925 年 5 月 23 日自述表达出对人生的认识："**予常觉男女之情最真、最伟大；名便杂糅些做作；至利则蠢人所求耳**。予在此欠薪局面中，屡受家人交谪，然绝不动心。至于毁誉，故不能改变我的宗旨，而终不能无介介矣。若情怀之冲动，乃觉蹈汤火而弥甘也。为学之乐固极清醇，但究不免杂些名心。我尚如此，他人可知矣。"（621 页）出版《古史辨》对顾先生个人而言，直接的心理动机并非为了给自己求利，其中也不涉及情爱，那就只能从"名"这个角度着眼。如何避免在给朋友牟利的同时而又不影响到自己得之不易的学术声誉必然成为考虑的首要问题，结合先生《日记》、从生存智慧方面探索，可为人们展示一个极具个性的复合型大人物如何重新开始，谋险中求胜、败而复振的策略。利用自己的地位和条件避免此一局面发生就在情理之中。

　　顾先生如何克服前此产生的心理障碍呢？顾先生一面进行商业布局，一面自然要考虑如何应付已知的"学术警察"和论战对手。顾先生无奈之下才打出了组《说文》专号这一记重拳予以回应。1925 年 11 月 26 日，"标点柳翼谋一文。翻看《说文》，毕。"11 月 27 日下午，"作《答柳翼谋》初稿二千余言"，晚上

"改作《答柳书》二千字"。28 日,"作《答柳翼谋书》四千余言,即抄清。"该文篇首就说:柳文"是为我而作的,所以现在编集《古史辨》时应当作一个回答"。顾先生崇尚修德,要把自己学术上失败了的事情辩解得看似有理,需要克服的心理障碍还真大,而一旦决定,具体花费的时间却并不多,只有 3 天。

可能觉得单单自己分量不够,这就又拉上了他"最启服的师"之一的钱玄同助阵,《日记》中这一阶段两人联系繁多,见面谈事之频密更是极为罕见,而通常情况下,即使同在北京、同一机构的人之间,也有不少是以通信方式联系的:12 月 2 日,"玄同先生来谈";4 日,"到校,编《周刊》。修改《答柳翼谋书》。玄同先生来谈";7 日,"到所,与玄同先生谈话……昨夜以饮咖啡致失眠,二点即醒,至六点许始略朦胧,今日精神甚不爽";11日,"玄同先生来谈";16 日,"玄同先生来";21 日,"写玄同先生信";26 日,"点读玄同先生论《说文》书"。1926 年 1 月 8 日,"玄同先生来谈。"为壮大声势,又请了擅长文字学的魏建功(同事、江苏小同乡)和容庚(同事、密友)助阵,12 月 13 日,"到景山书社,唔希白(容庚)";1 月 18 日,"希白、元胎(容肇祖字)来谈。"结果,钱玄同撰写《论〈说文〉及壁中古文经书》一文,阐述他在论战开始时《答顾颉刚先生书》文的老调,表达《说文》是集伪古字、伪古义、伪古说、伪古礼、伪古制之大成之意。魏建功《新史料与旧心理》一文将柳文观点扣上"因袭"和"谬妄"两个"大帽子",认为柳诒徵表现出来的是"愚古"、"泥古"和"奴古"等弊病。容庚《论〈说文〉谊例代顾颉刚先生答柳翼谋先生》一文就所谓谊例问题,对柳文进行了挖苦和讽刺式的批驳,近乎戏谑的文首由头编得实在不可信[1]。这四篇文章构成了《国学门周

---

[1] 昨夜往候顾颉刚先生,顾先生适不在,见案头有柳翼谋先生《论以说文证史必先知说文之谊例》(《史地学报》第三卷第一、二合期)及顾颉刚先生答柳翼谋先生、钱玄同先生《与顾颉刚先生论说文书》,取归读之,疑柳

刊》的第十五、十六合期，随后被收入行将出版的《古史辨》中。
1926 年 2 月 22 日，顾先生"校《国学周刊》'《说文》证史专号'"（721
页）。从顾先生的反应看，可以印证立论方是失败者，因为若认
为己方获胜，别人这样就相当于给自己做免费广告，高兴、感谢
还来不及呢，又岂会有"气急败坏"的反应。其他三人同仇敌忾、
跃马参战或与此有关。

《国学周刊》是北大国学门的机关刊物，顾先生是专职编
辑，负实际责任，且是专号的责任编辑，助阵的钱、魏、容诸
先生均为顾先生亲密的师友。主任沈兼士虽是个甩手掌柜，但
对这个专号不容不知，之所以默许，一是平素就对顾先生颇有
疑忌畏惮之心，二则恐怕也对东南大学主动找事不满，沈是近
现代著名的文字训诂专家，深通《说文》，其观点与专号所载差
异较大。而在 10 月底，沈兼士对顾先生发表胡适的文章表示不
满，顾先生立刻辞职以对，害得大家都劝顾先生收回成命，故
此情势之下，他当然不便阻拦，而《说文证史专号》的抛出又
与《古史辨》的重编、出版有着不容否认的直接因果关系。因
为柳文刊登于 1924 年 4 月，而专号面世已到 1926 年 2 月底或 3
月初，其稿件均写于 1925 年年底和 1926 年年初，从学术上追
找这期专号问世的原因，无论如何是说不过去的。这些人为了
事主都已放弃的"大禹是条虫"的谬说百般辩解。从学术角度看，
实无必要。而阅读、分析四篇文章，其布局颇具"匠心"，顾先
生本人出面辩解自然是必要的，但引王敬轩言则体现出不道德
的阴谋色彩，钱玄同的影响若隐若现。[1] 顾、钱之观点或曲为辩

先生所举颇有违失。时适病头痛，以手按头，取《说文》翻阅一过，而后
知柳先生"第就单文只谊，矜为创获"，证之他文而未必合也。顾先生答
书"只是要借此说明我们如何对付古书的一个态度"，故于《说文》谊例
未有论辩，故就所知为顾先生代答可乎？末属"一五，一，三"，一天写出来，
也是够神速的。

1 《新青年》初期，非常寂寞，无人理睬，便自导自演"王敬轩（钱玄同化名）

解或偏颇过激，而行文语气尚不失学者风范，魏容之文则从观点到行文都让人难以恭维，过往的"评论"、研究，不知是在谱写"英雄颂"呢还是在研究"学术史"？另据顾先生回忆，"我的朋友们帮我答复的就不免以盛气来回报，孙伏园在副刊上写文章斥之为'柳逆翼谋'，这种狭隘的心胸则刚好和我处在两极端。"[1]"柳逆翼谋"之辱骂不知刊于何时？度之情理,亦当约略同时。无论怎样，作为局中人的顾先生能是毫无干系的吗？而这种"无所不用其极"的方式是真正的学者无法、也难以应对的，以柳诒徵的地位和身份大概是不便与这三个晚辈纠缠的。而王国维对此专号的态度引人深思，他没有公开表明态度，却在给容庚的私人信件中表达了反对的声音，说："正误与真伪，自系两事。如二十四史，其抵牾误谬，何处无之；然除《史记》一部分外，虽钱君（指钱玄同）与兄，绝不谓二十四史某某所伪作也。因许书古文之误谬，或与殷周古文不合，而谓为伪字，与因二十四史之误谬抵牾，或与近世之碑志不合，而谓之伪史何异？今人勇于疑古，与昔人之勇于信古，其不合论理正复相同，此弟所不敢赞同者也。"[2]时为清华大学教授的陆懋德在《评顾颉刚〈古史辨〉》文中对此专号的文章做了相对公允、但言辞甚为委婉的学术性评价："有一二篇文字，颇杂以闹意气之词句，似稍失学者之态度，深为可惜也。盖因柳翼谋君作《以说文证史必先知之谊例》，此文"盖讥顾君徒知以说文证史而未知其谊例也。由是又引出顾君及其友人数万言之讨论。然其言多就文字立论，似与古史无甚关系。"专号问世之后、《古史辨》出版

VS 刘半农"的双簧，声称有王敬轩来信，自己攻击自己，然后回骂，引发巨大影响。这是一场假借莫须有的人而自编自导自演的、不道德的苦肉计。

1　高增德、丁东编:《世纪学人自述》第一卷，《顾颉刚自述》（写于 1950 年 6 月），北京十月文艺出版社 2000 年版，第 58 页。

2　《王国维全集·书信》"王静安致容庚书"，浙江教育出版社 2009 年版，第 437 页。

之前的 5 月 19 日，顾先生亲自向柳诒徵写信解释（748 页），果不其然，1926 年 5 月 20 日，柳诒徵来信说，"尊论仅属假设之词，且以《说文》为副料，则许书义例自无讨论之必要。"[1] 既然是假设，也就罢了。其苦心运作之功力由此可见一斑。

　　顾先生所组"说文证史专号"，有着极为明显的警告之意，表明我们是一帮人，谁和我们过不去，我们就要和他战斗。如此大动干戈，就是要达到"杀鸡儆猴"以儆效尤之目的。即使这不是顾先生道德心理表层所认可的初衷，但其本人的心理底层也不认可，这可由《日记》所记有关《周刊》的详尽事宜来加以说明[2]，从创刊到第二十期，顾先生对经手《周刊》每期的编校基本都有记录，其中虽未出现"第十一期"之名，查该期刊登顾先生《论〈诗经〉全为乐歌》文，第 10 期和 12 期间，尚

1　《顾颉刚年谱》，第 124 页。疑此中日期当有一误，当时交通不应如此之速，姑置之以待后证。

2　1925 年 9 月 3 日，"到校，编《周刊》第一期稿。"9 月 28 日，"谈《周刊》发刊事务。"10 月 1 日，"到校，与伏园同编《国学周刊》第一期稿。"10 月 14 日，到所，发《周刊》第二期稿。16 日，到所，校《周刊》第二期稿。21 日，到所，发《周刊》第三期稿。24 日，到所，校第三期稿。28 日，到校，发《周刊》第四期稿。31 日，校《周刊》第四期稿。11 月 4 日，到研究所，发《周刊》稿。7 日，到研究所，看《周刊》第五期初校稿。11 日，到研究所，发《周刊》第六期稿。13 日，校六期初样。18 日，发《周刊》第七期稿。20 日，到校，校《周刊》稿。23 日，到校，编《周刊》第八期稿。30 日，编第九期《周刊》。12 月 4 日，到校，编《周刊》。14 日，到校，发第十期《周刊》稿。15 日，修改《诗经》论文第三部分毕。16 日，修改《诗经》论文毕。到校，写《周刊》广告多纸。17 日，到研究所，布置《周刊》发卖事。19 日，校《诗经》论文中篇。21 日，到校，发第十二期《周刊》稿。24 日到 30 日，做《一九二六年国学周刊始刊词》。30 日，到所，发十三期稿。1926 年 1 月 6 日，编第十四期《周刊》，即发稿。8 日，《周刊》因校中无钱买纸，排好校好而不能付印，怅甚。13 日，为《周刊》拟募捐启及章程。25 日，《周刊》十二期至今日始出。愆期三星期矣。2 月 1 日，到校，校《一九二六年始刊词》。3 日，《周刊》十七。8 日，到校，理《周刊》。10 日，《周刊》十八期。校《周刊》十四期稿。17 日，《国学门周刊》十九期。22 日，《日记》，校《国学周刊》"《说文》证史专号"。24 日，《国学门周刊》二十期。

有两次与《周刊》相关事，表明实际上并未漏列；唯独空缺了对于顾先生个人而言最为重要的第十五、十六合期。此时，《周刊》因无钱以致已付排的也都不能印出，甚至使出募捐运营之策，心理自愧使得顾先生潜意识不愿将不道德的事付诸文字，先生之自责由此可窥一斑。专号问世不久，顾先生对魏建功的"拔刀相助"十分感念，对旋即生病的魏多次探望，并很快为其做媒以兹奖励[1]，从笔者通读多遍《顾颉刚日记》所见，这种情况并不多见。

这次对学术警察的"围殴"，对中国现代学术健康、有序的发展是一次极为不幸的事件，从心理学上讲，这不属于冲动性攻击而是属于工具性攻击，"工具性攻击是有目标指导（攻击是作为达到目标的工具）和认识基础的攻击：人们做出攻击行为，是为了有预谋地达到特定的目标。"挫折——攻击假设指出，"挫折在人们获取目标受到妨碍的情境下出现，而挫折增加之后人们比平时更可能表现出攻击行为。挫折和攻击行为之间的这种关联已经获得了较多的实验支持。"[2]"受挫折与攻击密切相关，但挫折不是唯一能唤起个体攻击行为的厌恶刺激。攻击线索易引发攻击行为。"[3]"说文证史专号"开了现代学术有组织地大批判之先河，它名为讨论，实为有组织地动用机关刊物来维护个人的声誉，并借此谋取商业私利，并使对立从社会意义上的新文化运动派与学衡派转化成北京大学与东南大学的对立，它使学术

1　《顾记》1926 年 3 月 8 日："闻伏园言，建功前数日病流行性感冒，近日转为肺炎，热度高至四十一度，住北京疗养院中。甚可忧虑。"10 日，"到北京疗养院视建功病，略瘥。"15 日，又"到瑞祥公寓询建功病，知已大瘥"。1926 年 4 月 24 日，"欲为建功与邓女士撮合，故今日约其同观照相，未知如愿否？"

2　理查德·格里格等：《心理学与生活》（第 19 版），王垒等译，人民邮电出版社 2016 年版，第 575 页。

3　库恩等著：《心理学导论：思想与行为的认识之路》（第 13 版），郑钢等译，中国轻工业出版社 2014 年版，第 718 页。

对立派系化、组织化。以北大在国内高校中的地位，一般人谁还敢再去辩论！学术上，顾先生失败了，但在思想上，却成为胜利者。

走笔至此，补缀一段后话，1928年2月7日《国立中山大学语言历史学研究所周刊》第2集第15期《学术通讯》发表1926年5月20日柳诒徵致顾颉刚信："荷手驳，并说文证史专号，至感。仙语无足齿数，乃辱诸公详加详究，为幸无似，日前两唔容君，都未论及，似从适之先生所得一册，始悉两年前之旧案，公等犹垂意及之，商量加邃，获益孔多。尊论仅属假设之词，且以说文为副料，则许书义例，自无讨论之必要。容君笺料违失，转从许书补充鄙说，读之使人心开。……容君精于古籀，当审其说也。勿复，不尽。俟暇，诣教，且以得读东壁书序为快。"同期同栏目登载1926年5月27日"容庚致柳诒徵信"："倾由颉刚兄出示大札，谬蒙齿及。今之后生喜谤先辈，庚尝力以为戒，故拙著金文编中未敢公诋前人。初读大作，意不之善，而颉刚玄同诸作并未讨论说文谊例，为之代答，辞气鄙倍，正东坡所谓'虽知难每以为戒，而临事不能以自回，亦悔之矣。'后在援庵先生许，得瞻风采，恂恂儒者，尤深愧恶，故于席上亲致歉忱。意者庚期期艾艾，未能自达，而先生不知其事，故未留意及此乎？……要之，《说文》集文字之大成，吾人研究古代文字，不能不藉是以为阶梯；然其疏失固自不可掩也。移居仓促，不尽欲言，惟长者察焉。"

现代新闻传播业发表书信并不罕见，主动写给编辑部的作者常冀发表以表明一些观点，编辑部选择发表一些信函是灵活表达立场的一种体裁，《新青年》《国学季刊》《周刊》皆有其例，而编辑人员利用职务之便自造信函表达观点也非仅见，如钱玄同编造王敬轩来函就是一个恶例。然而顾先生发表傅斯年、柳诒徵等人信函却皆非此种情况，这些是纯私人性质的。其中虽有论学内容，但写信人最初未曾作公开之念，一个人公私领域的分别与转换。私信中的观点值得与公开所表示的观点相比较。两者常有出入，其出入往往饶有趣味。二先生信札的主旨岂关学术？柳信只是个礼貌性地客套回复，容庚信札只是自感惭愧而寻求长辈谅解，与学术相关处当为："《说文》集文字之大成，吾人研究古代文字，不能不藉是以为阶梯；然其疏失固自不可掩也。"但这岂不是给了钱玄同先生"一记响亮的耳光"，如果是纯学术讨论的话，容庚首要应该批评钱玄同，如若不然，也当主批钱玄同、次及柳诒徵。容之愧疚在说明这不是一次纯学术讨论。顾先生发表信札时在广州而容庚在北京，此信为何顾先生手中有？推测是容庚寄前曾给顾先生看过，而顾先生依其习惯留有底稿。[1] 查《顾颉刚书信集》第二卷"致容庚"部分，1928 年 2 月 26 日有"《周刊》……已嘱职员照寄"；而同年 5 月 25 日有"学术通讯，自当遵照来书，慎重登载"。这应当是容庚对顾先生擅自决定的不满。我们可以再联系顾先生后来所说："柳翼谋先生他驳斥我的古史说，不免盛气凌人，我答复他的时候还是很有礼貌的，这并不是我要假作谦虚，只因学问之事本不是一时可以决定是非，我从这一点想，他从那一点想，参加讨论的既多，才可以慢慢地寻出一个结论来。他肯和我讨论，原是应当欢迎的。"[2] 顾先生当时的密友孙伏园在报纸上"柳逆"、自己组"说文证史专号"对柳诒徵进行批判，与此同时又亲自写信给柳本人解释，此时也是在未征询柳意见的情况下发表了柳诒徵给自己的信和容庚给柳诒徵的信。这些都能从学术角度解释吗？笔者认为**最重要的目的在于舒缓心理的巨大压力紧张**，打出的却是为了学术这样冠冕堂皇的旗号，下文另有分析。

1　《顾颉刚书信集·前言》第 1 页：一部分书信是顾"出于搜集资料的习性，将有价值者当时即录副保存"。

2　《世纪学人自述》，北京十月文艺出版社 2000 年版，第 58 页。

（二）笼络论战对手刘掞藜

让人感到意外的则是，约定随时奉陪的刘掞藜不仅没有再辩论，而且在 1925 年下半年或 1926 年年初还加入了以顾先生私人圈子为主的朴社。朴社成立于 1923 年 1 月 6 日，"（郑）振铎发起自己出书，不受商务（指所在出版社）牵扯，约集（王）伯祥、（叶）圣陶、（谢）六逸、（周）予同、（沈）雁冰、（胡）愈之、（陈）达夫、（常）燕生及我十人，每月公积十元。"（311 页）据《顾颉刚年谱》记载，顾颉刚任会计。同年，俞平伯、吴维清、潘家洵、郭绍虞、耿济之、吴颂皋、陈万里、朱自清、陈乃乾入社。该《谱》108 页在 1925 四月底说"是年，任朴社事务。年内有蒋仲川、蒋崇年、刘掞藜入社。四月，朴社第二次社约议毕，印出。"此处系时可能舛误，"是年"二字一般出现在年初或年末，此处的"是年"或就社约处而写，并非三人准确的入社时间。因为检索 1925 年的《顾记》，作为顾先生的老乡、中学和大学校友的蒋仲川、蒋崇年首次明确参与社务都是在十月，"八号，仲川来谈社务"，"十八号，辑熙、万里、仲川、崇年来，商社事。"

刘掞藜的入社是很不寻常的，因为加入朴社是需要内部社员介绍的，例如，顾先生想让容庚入社就是如此[1]，而刘先生作为顾先生众所周知的论战对手，除顾先生外，其他人不大可能介绍他入社。据《禹贡》11 期顾先生所言，二人从未见过面，在 1930 年左右通过几次信。刘掞藜准确的入社时间目前还不清楚，但极可能是在顾先生紧锣密鼓编纂《古史辨》的下半年甚至 1926 年年初而非《顾谱》所系的 1925 年 4 月，因为《顾记》中往外发信的记录一般比较详尽，在 1925 年年底之前顾先生没

---

[1] 《顾颉刚书信集》第二卷，第 175 页：1927 年 12 月 25 日"致容庚""弟拟介绍兄入朴社，特请芝生兄趋前面商，如荷允可，无任感幸"。

有给刘发信的记录,而在1926年1月6日则有给揆黎发信的记录。这一时间点颇不寻常,正与批判柳诒徵的专号同步进行。可能并非偶然的是,在1925年年底,顾先生详尽的通讯录的中后部出现了"湖南安化蓝田柳家湾双庆泰号转 刘楚贤",后部出现"镇江杨家门麒麟巷 柳翼谋先生"字样,而检索1924年年底之前的通讯录则没有此二人。其动机大概是想拉拢刘揆黎,否则,以刘揆黎之贫寒交迫,哪来闲钱入股,又何曾会没有缘由突然加入论战对手的朴社。紧接着发信记录的是"编第十四期《周刊》,即发稿"(707页)。当时批判柳诒徵专号的稿子已经组好,接着第十五、十六合期就刊发了。

顾先生居然能把信从北京寄到相隔数千里外的湘西,而此信又需再转到刘揆黎所在的大学,旅程数千里。则顾先生殚精思虑之密,经营功夫之深,不能不让人惊叹不已。

(三)特异《自序》索隐

《古史辨》第一册《自序》应该是史学史上最为著名的"自序"了,它的著名是因其问世标志着中国现代学术的一个重要流派——古史辨派的诞生,并在社会、文化、思想界掀起了"疑古思潮"的狂飙,同时,他也深深地影响了中国现代学术的走向,由于被视为思想进步、政治正确而受到超乎其学术水准的高度肯定,实际上,他在学术上并没有什么高深的建树,其学术贡献至今仍被远远夸大,学理的严重缺陷仍待剖析,本书后面有详尽的分析;笔者此处重点分析其他方面,此序不是一般的序,是一个长达6万多字(实则原来写有十万字,后独立出三万多字)、历史上从未有过的长序。任何一本含有将自叙、自传之类列入史料的史料学著作都会介绍其局限性,即它是不完全可靠的,在使用时要进行审慎考察,而东西方的史学家唯独对这个史学界内部的自叙缺少应有的审视。到现在,仍然是顾先生这么说、那么说……那该怎么做?实际上,材料无须外求,把顾先生多次自传性质的叙述比较就可知道，失实最多的就是后来被奉为“疑古圣经”的《古史辨自序》，其主要动机值得深入考究。目下，就笔者所见都是着眼于其涉及学术阐述的部分即《自序》中的解释：“我的意思，原要借这篇序文说明我的研究古史的方法和我所以有这种主张的原因，一件事实是不会孤立的，要明了各方面的关系不得不牵涉到无数事实上去”，尚未见到将其置于相关的背景中——尤其结合顾先生个人心态角度进行的考索。

笔者将其置于胡适、钱玄同对顾先生的写序请求未以回应的背景中，尚不清楚是两位先生的冷淡激起了顾先生偏犟的脾气还是顾先生的深谋远虑觉察到必须有此一序，但应该说，另类长序必当有另类用意、特殊动机则是毫无疑义的。学术上的分析仍然不乏展开的空间，但在本篇中笔者只在心路历程这一题目下试窥其中蕴含的玄机。

1.《自序》为何写成“自传”？ 我们来看《古史辨》的后半程。《自序》始见于《日记》是在 1926 年 1 月 12 日，“草《古史辨》序四千言。”此后的 14、15、16、18、19、20 日均有写自序的记录，到 5 月才最终完成。《自序》中声称：“又因等待这篇序文，再延了两个月。”但实际上，是四个多月。如上所述，《古史辨》重编及出版完全是一个商业行为，而且在 1925 年 9 月时还计划尽速出版，本想求一胡、钱之序以壮声威，结果竟迟迟而不可得，蹉跎延误至 1926 年年初，还要冒着贻误商机的危险，花费四五个月做一个前无古人的“自序”，于情于理，这样做都是不正常的。

况且，顾先生自己知道，“我的学问还没有成熟，就贸然来做这种自传性的序文，实在免不了狂妄之罪。”《自序》还解释：“社会上已经等不到我的学问的成熟而逼迫我发表学术上的主张了，已经等不到我的主张讨论出结果来而逼迫我出书了，我为求得读者对于我的出版物的了解，还顾忌什么呢。”“我的意思，原要借了这篇序文说明我的研究古史的方法和我所以有这种主张的原因，一件事实是不会孤立的，要明了各方面的关系不得不牵涉到无数事实上去。"6月22日，与伯祥书曰："这篇《自序》，想是你们都想不到的。我之所以要这样做，一来固是要使人知道这一个主张的根源。"（760页）如果这样，仅仅谈谈学术脉络及与学术相关的内容即可，又何必把自己的身世、遭遇等许许多多牵扯进来？《自序》：

"这种（旧式教育）的威吓和追击之下，常使我战栗恐怖，结果竟把我逼成了口吃，害得我的一生永不能在言语中自由发表思想。""我自民国六年先妻得疾，中经先妻的丧，自身的续娶，祖母的病，祖母的疫，自身的职业的变更，居住地的迁移，到十三年接眷到京，这七年中的生活完全脱离了轨道：精神的安定既不可求，影响到身体上就起了种种病症。他种病症虽痛苦，尚是一时的，只有失眠症无法治愈，深夜的煎熬竟成了家常便饭！因此面目尪瘵，二十余岁时，见者即疑为四十岁人。我一意的奋斗，一意的忍耐，到这时刚才勉强回复到轨道上。""自己有书万册，以前分散在京、苏两处；后来到了上海，又分做三处。无论住什么地方，为了一个问题要去参考时，往往是觅一个空。自己有书而不能用，这是何等的烦闷！加以数年中每上行程，书籍总占了行李的大部分，不知道整理了多少次，费去了多少精神，花去了多少运费。这把我折磨得苦极了！自从十二年冬间到京，下了决心，一起搬走。又以寓舍未定，迁移了几回；每搬动一回便作上十数天的整理，弄得口苦舌干，筋骨疼痛。我真劳倦了，急要得到一个安身立命的境界，从事于按日程功的专门的工作。……在现在这般的民穷兵乱的国家之中，许多有希望的人都逼向浅薄浮嚣中讨生活，研究学问的事又如何提倡得起来。我虽在这困苦的境界中竭尽挣扎之力，也不过发出数声孤寂的呻吟，留几滴眼泪在昏黄大漠中而已！……至于在生活上，我所受的痛苦也特多，约略可作下列的叙述。……我的第二种痛苦是常识的不充足和方法的不熟练。……可爱的书而不能买时，害苦了我的心。有许多地方，在研究上是应该去的，但也没有旅行的能力。不必说辽远的长安、敦煌、于阗诸处，就是我研究孟姜女的故事，山海关和徐水县两处都是近畿的这件故事的中心，并且是京奉、京汉两线经过的，大约有四五十元也尽够作调查费了，可怜想了一年半，还只是一个空想！……为了生计的不安定，要什么没有什么，一方面又受家人的谴责，逼得极好学的我也不能安心治学。有时到了十分困苦之境，不免想了作了文稿出卖，因为我年来得了些虚名，稿子确也卖得出去，在这一方面未尝不可救一点急。但一动笔时，又使我懊丧了：我觉得学问原是我的嗜好，我应当尊重它，不该把它压做了我的生计的奴仆，以至有不忠实的倾向而生内疚。……我虽困穷到了极端，卖稿的事情却始终没有做过几回。卖稿且如此，要我去讲敷衍应酬，钻营职务，当然益发没有这种的兴会了。来日大难，或者要'索我于枯鱼之肆'吧？……我的第四件痛苦是生活的枯燥。我在社会里面，自己知道是一个很枯燥的人，既不能和人敷衍，也不能和人争斗。又感到人事的复杂，自己知识的渺小，觉得对于任何事件都不配作批评，因此我处处不敢发表自己的主张。……我自己知道，我的处世的才能是愈弄愈薄弱了。这种在旧教育之下和长日的书房生活之中压迫而成的习惯，恐怕已是改不掉的；并且这种习惯和我的学问事业不生关系，也没有立志痛改的必要。我所悲感的，是我的内心生活也渐渐地有干涸的倾向了。……许多人看了我的外表，以为我是一个没有嗜欲的人，每每戏以'道学家'相呼。但我自己认识自己，我是一个多欲的人，而且是一个敢于纵欲的人。我对于自然之美和人为之美没有一种不爱好，我的工作跟着我的兴味走，我的兴味又跟着我所受的美感走。我所以特别爱好学问，只因学问中有真实的美感，可以生出我的丰富的兴味之故。反过来说，我的不信任教师和古代的偶像，也就因为他们的本身不能给我以美感，从真理的爱好上不觉地激发了我的攻击的勇气。……但是我很可怜，从前的嗜欲现在一件一件地衰落了。去年一年中，我没有到过一个新地方；音乐场和戏园子总共不过去了四五次，又是受着友人的邀约的。家里挂的书画，以前一星期总要换一次，现在挂了两年还没有更动，成了照例文章，把欣赏美术的意味完全失去了。……我现在忙得真苦！我也知道，我的事务的种类并不比别人多，只是做成一件事情要求恒心的不容易。别人半天可以做完的事情，我往往迁延到五六天。要草写一篇文字，总得做多少日子的酝酿。朋友们探望的不答，来信的不复，以至过了一年半载而作复，成了很平常的事。我的大女儿住在校里，屡屡写信归来，说：'请爹爹给我一封信罢！'我虽是心中很不忍。但到底没有依她的请求。二女儿写好一张字帖，要我加上几圈，我连忙摇手道：'送给你的母亲去罢！'我的忙甚至使我对于子女的疼爱之心也丢了，这真太可怜了！……以上几种痛苦，时时侵袭我的心，掣住我的肘，我真是十分的怨望。我要忠实于自己的生命，则为社会所不容；若要改作委蛇的生存，又为内心所不许：这真是无可奈何的了！……我的作文本来就有'下笔不能自休'的毛病，近数年尤甚。我读别人做的文字虽也觉得含蓄的有味，但自己作文总须说尽了才痛快。这篇序文的起草，适在北方军事紧张之际，北京长日处于恐怖的空气之中：上午看飞机投弹，晚上则饱听炮声。我的寓所在北海与景山之间，高耸的峰和塔平时颇喜其风景的秀美，到这时竟成了飞机投弹的目标。当弹丸落到北海的时候，池中碧水激涌得像白塔一般的高，我家的窗根也像地震一般的振动了。每天飞机来到时，大家只觉得死神在自己的头上盘旋不去。家人惊恐之余，连水缸盖和门户的开阖的声浪也变成了弹声炮声的幻觉。等到炮声停止之后，市上更加寂静了，普通铺户都是'清理账目'，饭店酒馆又是'修理炉灶'，阔气一点的铺子则是'铁门有电'，比了阴历元旦的歇业还要整齐。北京大学的薪金，这两个多月之中只领到一个月的一成五厘，而且不知道再领几成时要在哪一月了。友朋相见，大家只有皱眉嗟叹，或者竟要泪随声下。在这又危险又困穷的境界里，和我有关系的活动一时都停止了；就是印刷所中，也因交通阻绝，纸张缺乏，不来向我催稿子。我乐得其所，终日埋头在书房里，一天一天地从容不迫地做下去，心中想到什么就写什么，实足写了两个月，成了这篇长文，——我有生以来的最长最畅的文。"

名为"自序"，实成"自传"，《自序》被人们看作是他的自传，那时丁文江曾对他说：'外国学者写自传，都是到了老年才动笔的；你现在才三十出头就写自传，未免动手太早了！'他听后心想：'我那篇文章固然像自传，但绝不是自传；我要写的自传，是要把社会和家庭的黑暗面和盘托出，像巴金的《家》一样。'"[1]从上述冗长的引文看，许多内容完全超出了学术的范围，人们也看不出它们与《古史辨》之间有何学术上的关联。这一点，就连顾先生那伟大的妻子也看出来了，"妻在旁边笑道：'你这篇文字不成为序文了！一篇《古史辨》的序，如何海阔天空，说得这样的远？'"而《自序》也说："至于体裁上像不像序，这是不成问题的，因为我原不想做文学的文章。"它固然不是纯文学的文章，但他所有的文字都经过反复推敲，而且他的文笔在从事历史研究的学者中是超一流的，其文风有一种独特的力量，傅斯年谓之有独特的感染力[2]，戴季陶甚至有"此人笔力可以开风

1 　顾潮：《历劫终教志不灰——我的父亲顾颉刚》，华东师范大学出版社 1997年版，《前言》。

2 　1935 年 7 月 29 日 "孟真谓予：'《东方杂志》所登《明代文字狱》一文必

气！"之誉[1]，他自身评价也很高，作文一直讲求文气，有"气势极畅"的文章时，就会在《日记》中自我夸耀，如"予说话如此短弱薄劣，而作文乃波诵澜翻如此。"（510页）"天下哪有容易事。别人每谓予作文流利，有力量，其实只是一点一滴修改之功，每一个字都顿一顿重量，写出后又看几遍，读几遍耳。"[2]先生本人对此也很自负，这种自负己所欲言而不言，却常借他人之口而言之，"予所作文，常有人说'是我们要说而说不出的'。予文有此力量，殊自憙也。"[3]郭绍虞、俞平伯、叶圣陶、杨振声、沈士远等人对他的文风评价也都相当高[4]，孙福熙给他来信，称赞说："文中许多话都是自以为长久浸染在世界学术界中的老留学生们所说不出的。"[5]

所以，这些非学术的内容要达到什么目的也是不能忽视的。笔者认为，不避繁冗引用部分的主要动机是为了博取同情，瓦解潜在对手的攻击情绪，逻辑学上叫诉诸怜悯的谬误。

2.《自序》多有不实之处，《自序》与日记、书信及读书笔记的对比！

《自序》给人的感觉顾先生是世代书香、个人天资卓越、勤奋刻苦、博学多才……深受章太炎、康有为等时代巨人的影响，

非子作。'予问何故，彼言'子所作无论文言白话皆紧张，而兹作不然，所以知之。'孟真目力之锐自是可佩。"

1　《顾记》第二卷、第169页：1928年5月31日条下顾先生1973年7月追记傅斯年转告戴季陶亲诉之语。

2　《顾记》第四卷、第732页，1942年9月3日。

3　《顾记》第一卷、第623页，1925年5月31日。

4　1923年8月12日："绍虞谓我的文字无论如何长，看得人总不费力气。忆平伯曾谓我文爽利，圣陶曾谓我文似适之先生，此均我文之舆论也。"（385页）1925年12月19日"恕人评我文字，谓依然是老文章格调，气势很盛。此语甚中我心"（689页）。

5　孙福熙：《〈古史辨〉第一册》，《古史辨》第二册，上海古籍出版社1980年版，第345页。

师友环境极好，突遇胡适之点化，然而身体不幸、社会掣肘……
历来的研究一般都以这些作为出发点展开论证。而中华书局版
《顾颉刚全集》的出版为我们研究顾先生提供了新而可靠的第一
手资料，尤其是补入顾先生在北大毕业前的《顾颉刚读书笔记》
和《顾颉刚书信集》中与密友叶圣陶、王伯祥和妻子殷履安等
人通信的史料价值极为珍贵[1]，这些"笔记"（今编为卷十五）虽
未发表，也以"记录见闻为多"，但正如他本人在 1916 年 4 月的《餘
师录·弁言》中所说："予……刻志励学……肆意神游，弥以诙诡。
夫子有言：'思而不学则殆。'若予者其殆乎。其中所说，多有矛
盾自陷，浅深弗盖。然要为自得，无窃人牙慧唾余，则可信也。"
眉批说："或者抄录，亦必有契于予心。"正是感澈心灵、深受影
响之证。[2] 它们不仅给我们梳理、理解顾先生早期真实的、基本
完整的学术理路与思想脉络提供了难得的第一手史料，而且可
以破解顾先生在《自序》中给自己精心编织的成长史（"古史辨"
前史），并对加深理解新文化运动的发展变化有着重要的意义，
其中顾先生之兼容并包更在蔡元培于北大所倡之先。

　　顾先生在《自序》中是这样叙述受章太炎、康有为的影响的：

　　　　中学堂……翻读（《国粹学报》）之下，颇惊骇刘申叔、章太
炎诸先生的博洽……民国二年的冬天……听了太炎先生的演讲，
觉得他的话既是渊博，又有系统，又有宗旨和批评，我从来没有
碰见过这样的教师，我佩服极了。……我……以为古文家是合理
的，今文家则全是些妄人。但我改不掉的博览的习性总想寻找今
文家的著述，看它如何坏法。果然，《新学伪经考》买到了。翻

1　《顾颉刚读书笔记》台湾联经版说明称"由于前六年的笔记以记录见闻为多，
　　所以先生生前自定读书笔记的整理范围，始于 1919 年的《寄居录》"。故
　　而该版未收这几年的读书笔记。
2　《顾颉刚读书笔记》第十五卷，中华书局 2011 年版，第 79 页。

览一过，知道它的论辩的基础完全建立于历史的证据上，要是古文的来历确有可疑之点，那么，康长素先生把这些疑点列举出来也是应有之事。因此，**使我对于今文家平心了不少**。后来又从《不忍杂志》上读到《孔子改制考》，第一篇**论上古事茫昧无稽**，说孔子时夏、殷的文献已苦于不足，何况三皇五帝的史事，**此说即极惬心餍理**。下面汇集诸子托古改制的事实，很清楚地把战国时的学风叙述出来，更是一部绝好的学术史。虽则他所说的孔子作《六经》的话我永不能信服，但《六经》中掺杂了许多儒家的托古改制的思想是不容否认的。**我对于长素先生这般的锐敏的观察力，不禁表示十分的敬意**。我始知道古文家的话毁今文家大都不过为了党见，这种事情原是经师做的而不是学者做的。我觉得在我没有能力去判断他们的是非之前，最好对于任何一方面也不要帮助。于是我把今古文的问题暂时搁起了。又过了数年，我对于太炎先生的爱敬之心更低落了……他只是一个从经师改装的学者。……长素先生受了西洋历史学家考定的上古史的影响，知道中国古史的不可信，就揭出了战国诸子和新代经师的作伪的原因，使人读了不但不信任古史，而且要看出伪史的背景，就从伪史上去研究，实在比以前的辨伪者深进了一层。

据中华书局版《顾颉刚读书笔记》卷十五：记于甲寅（1914）冬试时的《寒假读书记》称："章太炎如学管宁，岂不足自安。而必欲拟韩非，亦令人叹息者矣。康有为犹托今文，梁启超并康之弗及。……妄人称章太炎为痴子，称梁启超为大家。"（6页，本节正文页码均为此卷书标注，不另出注）"贾谊、晁错与商鞅、李斯无异，不当因不成其志而姑恕之。王荆公、康有为亦是此等人，吾不解彼辈何以如此起劲。……彼辈志量较小，然其迂拘事理贻害学术，其害为甚。"（9页）康有为所著书列下（谅未尽，待考续）：列有《新学伪经考》《孔子改制考》《大同书》《不忍杂志》

等 13 种。（11 页）开始即以号称章太炎而以名称呼康梁，尊重、惋惜太炎而轻薄康梁之意跃然纸上。记于乙卯（1915）三月的《乙舍读书记》称："往读太炎先生《论式篇》。"（32 页）始称章太炎为先生，从此摘抄写录章太炎之语甚多，赞扬景仰有加，虽时表异议，然间出己见，并有模仿之作[1]，"吾今有妄言在，他日造诣，

---

[1] "有若干字在古昔为通称，而在今日为专名者，太炎先生所说有经传儒道等字。"（34 页）"国故雕残，欲振起而董理之，当……如实斋有《文史通义》，太炎有《国故论衡》（36 页）太炎先生驳章实斋处，无一事足令人心折者。予意先生平议之学，源出实斋，而不欲攀附，务求相胜，所以言多而弗掩其迹，亦足为盛德累矣。"（40 页）太炎先生曰（41 页）。"读《国故论衡》，于《文学论略》则嫌其浅，于《原名》《明见》则嫌其深。果解《原名》《明见》如《文学论略》者，吾学进矣。"（42 页）"近来为老学者甚多。……太炎先生有《诸子学略说》及《国故论衡》《原道》三篇。"（70 页）"为文学，须如……章太炎先生，才不病。"（72 页）记于 1916 年的《餘师录》（二）：《国学总略》当分上中下三略。上略依类立论（拟之太炎先生书，此如《原道》《原名》诸篇）。中略依时立论（如清学篇）。下略依盛衰立论（如学隐篇）如此则统系明矣。"（109 页）同年的《餘师录》（三）："太炎先生说《老子》，谓有极放任处，亦有极专制处。放任盖'无为而民自化'，专制盖'非以明民将以愚之'。此则专就文字上剖别，非真解也。"（145 页）《餘师录》（四）："太炎先生诋严又陵译《社会通诠》曰"云云（174 页）。"太炎先生之学，好《荀子》《韩非》，去道家远甚。《老子》本无专制语，而太炎先生谓其颇有专制处者，乃由韩非之说以观之也。太炎先生之所非，若昭明太子、章实斋、龚定庵等，实其用力最深者。而非之之词，却其影响。"（179 页）《餘师录》（五）太炎先生云云（184 页），章先生云云（185 页），"太炎先生著有《续旧文格论》，未刊入丛书。"（188 页）"读章先生《菿汉微言》。"（192 页）"《国会议员公推章太炎先生长国史馆书》［眉批：后先生与人书曰，京师大奸握权不去，非可居者。且与其为官史，曷如为野史。"］（206 页）《餘师录》（六）"报载太炎先生居恒以第一流政治家自命，闻人以学问文章相誉，即怫然不顾……予前叩子水：'先生以何者为最长。'子水曰：'其政学欤。'"（211 页）"蔡子民先生谓孔子开中国好为仕宦之风，而太炎先生谓其平卿士阶级有功。"（218 页）"近来整理国学者甚多。太炎先生有《国故论衡》。"（223 页）记于丁巳（1917）的《敝帚集》（一）："叶奂彬言曰：'章太炎从乾嘉学入而滞于是，若予则又能从乾嘉之学出也。'"（235 页）《敝帚集》（二）："太炎先生暨刘申叔皆主八卦与五行殊流。"（245 页）《敝帚集》（三）："太炎先生曰（262 页），眉批：此语抄太炎先生《学隐篇》语。"（266 页）太炎先生《与人论国粹学书》曰："友人某教于杭州，以博观浏览导人，其徒有高第者，类能杂引短书，而侗

至少须有章太炎先生之今日。"（35页）"入京以后，幸得闻章先生之绪论，以立其基。得马先生（裕藻）之课业，以坚其志。自问自心，必不苟安流俗如昔日。若能有成，皆二先生之所赐矣。"（39页）"报载辜汤生在文学会发言，诟外国政俗，并痛骂严复康梁之徒……创孔教未尝不可愚民。然是有为之愚民，反以滋紊乱。"（41页）记于同年五月的《乙舍读书续记》称："康有为辈亦良苦矣。以经学言，则受通人之驳诘。以新学言，则受俗儒之怨讟。观《翼教丛编》所载，大都不出此两派人。驳其经学者，如叶焕彬等，我甚敬之。则以凭藉之者深，而康为浅者。……其服膺康者，亦两种人。一今文学家，如皮锡瑞辈。一喜新学之人，如谭复生、梁启超。在二派之外另有一种，曰盲从。此辈非有绳准，亦无利用之心，滔滔者天下皆是矣。"（55页）"惟最恨两种人：一种附会。以谶纬说经，以西学说子，视孔子为万能，托人说以申己说是也。此种人以今文学之末流为多。"（59页）"中国今日一切新党新说，皆可谓始于康有为。虽革命，亦是。犹孔子之后衍为百家矣。"（60页）"清代人多不乐仕进，极研学问以遂其情，故文艺大兴……大义通论，固在烦琐得来。而康梁辈讥之以为学殖衰落者，惟见

然无所归宿。"正甫以友人某谓即陈介石，然则"其徒有高第者"即马彝初先生无疑矣。予泛览旁搜，费时过多，而基本之学，为之愈少，深虑蹈实斋之横通，太炎先生所鄙之无归。记之于此，以自警醒（267页）。太炎先生曰（275页）。"太炎先生在上海发起之亚洲古学会，已成立，日本人颇多。……坤按联络亚洲各国，太炎先生久有是志。"（278—279页）太炎先生与人书曰（287页），《敝帚集》（四）："近人每言老子主放任，即太炎先生所谓老子有极放任处，亦有极专制处。坤按老子言平和，未尝言专制、放任也。"（294页）太炎先生《齐物论释序》曰（316页）。《敝帚集》（五）："太炎先生谓孔子畜徒即政党，予谓不仅此也，试观孔子欲王鲁，孟子欲王齐，乃如今日之欲奉封疆大官为总统，而自为总理耳。其家派流别，即政党揭橥之主义也。"（322页）《西斋读书记》（一）民国六年（1917）"孟真曰：'今世学风，趋于周秦诸子，然真有诸子之风者，太炎先生一人而已。王湘绮虽著录数子，然其人其文，均以魏晋人为模范。'"[眉批：孟真后又曰："太炎先生亦有魏晋之风，与王君殆同。"]（358页）

其廓然之形耳。"（62页）"盖观物之变，洞察上下，非以哲学为根底不可。起观中国，谁则任之（第一流有太炎先生，第二流有严复、康有为、梁启超等）。"（71页）记于1915年的《餘师录》（一）"孔子在汉世，谶纬蜂起。受黄老之波动，凡为人类所崇拜者，几无一非神仙。使非后来禁绝谶纬，则孔子亦三清教主之流耳。汉代最荒学术，无推理之思想，故今文家之邪说，与方士合为一也。今人欲创孔教，愚意在汉创之则可，今则人事大明，妖怪之说绝不能复容。乃欲于已明之后，复反于茫昧，向之所无，一旦而骤有之，其扞格不入，意知甚矣。"（94页）记于1916年的《餘师录》（二）说："予为《清代著述考》……民国之人之成学于清者，皆列焉。故太炎先生以及又陵、申叔、长素、任公诸彦，皆列清代。"（112页）称康有为字始此，称梁启超号始此。"太炎先生之学，盖笼有顾亭林、戴东原、章实斋、龚定庵四家。"（119页）同年的《餘师录》（三）："予昔从章先生受学，嫉康梁如寇仇。背师三年，此情顿衰，是亦证类化之强也。"（138页）章先生曰："要将细针密缕装在神经病里。"细针密缕者，学之勤也；神经病者，思之果也（138页）。《餘师录》（四）："太炎先生演说，谓大凡非常可怪的议论，不是神经病人，断不能想。就能想，也不敢说。说了以后，遇着艰难困苦的时候，不是神经病人，断不能百折不回，孤行己意。所以古来有大学问成大事业的，必得有神经病才能做到。"（171页）《餘师录》（六）：康氏欲自为教主，不惜谬妄其辞。其争丁祭须复跪拜曰："今既无臣子跪拜之礼，乃又不拜孔子，留此膝何为。"段总理复之曰："惟其心思之诚敬，不惟其肢体之屈曲。"（222页）此时当已至1916年年底或1917年年初。记于丁巳（1917）的《敝帚集》（一）："今康长素为之（指虎丘元《华严经》）鬻书募建石塔藏护。"（235页）约两年对康有为的学问未曾提及，足见顾先生心中实无其人亦无其学。而提到章太炎的却仍然是连篇累牍，由此可见两人在顾先生心中的地位及二人影响大小。《敝帚集》（三）丁巳（1917）三月：太炎先生曰（262页），陈伯弢先生曰："章太炎弟子，能知其师说非是者，独一黄季刚。黄君尝曰，太炎先生出书太早，故未能纯也。"（263页）太炎先生弟子，掌教学校者甚众，即以本校论，有黄季刚、朱遏先（希祖）、康心孚（宝忠）、陈伯年、钱中季（夏）、许季绂及已故之胡仰鲁（以鲁）诸先生矣。预科教员，如马幼渔（裕藻）、沈兼士及诵坤所未受业之沈尹默、林攻瀆（损），皆衍太炎先生之学派者也。教师既如此，学生凡略习文哲诸科者，无不备章先生文集，洵其盛也。闻日本人慕先生学者甚多，大学中至立章太炎哲学之目，以供钻研。**美充于内，神发乎外，无位而为学主，天下归之，自孔子以来，未有若此者也**。（263页）《西斋读书记》（一）民国六年（1917）十月始："孟真曰：'太炎先生之佛学，盖受自廖季平。当先生系沪上西狱，廖君屡往存问，因劝潜心学佛。故先生与廖君虽说经家派不同，不深致诟病。'"坤按（1917年10月后）**国中为学主者，近世为康长素与太炎先生，风从最众，建设最著**。康君之学受之廖氏，屡闻称说。今太炎先生又受其学，则廖君洵开创时世者已（358页）。

　　从上可知，直到顾先生大学毕业接触钱玄同之前，他对章太炎态度更为尊重，甚至对章太炎高足黄侃之语亦迭有记录，足见顾先生对章太炎学问的重视。而就对康有为及其今文经学派的态度而言，《自序》的叙述很有问题，顾先生虽然去找过《新学伪经考》《孔子改制考》《不忍杂志》等书看，但何时找到，尚有疑问[1]，在大学期间读过（《新书伪经考》），应无问题[2]。至于《孔

---

[1] 《顾颉刚全集·顾颉刚文库古籍书目》卷二"论学"条："乙卯（1915）夏日得平江苏氏《翼教丛编》，……为之狂喜。秋九月自玄妙观归记。"（790页）"增广翼教丛编"条："民国四年五月四号颉刚购于东安市场……予以无意得此，翻阅二日，尚不能穷尽其趣。久求《伪经考》不可得，览此亦稍喻其旨，中心为之大慰，所谓炳烛在此而进贤在彼也。五月五号，颉刚识于译学馆。"（791页）

[2] 《顾颉刚全集·顾颉刚文库古籍书目》卷二"新学伪经考"条："予年

子改制考》，因无其他可用材料[1]，姑以顾先生所述为准，关键在有多大影响？从顾先生大学时期的原始史料《顾颉刚读书笔记》卷十五判断，顾先生对康的评价始终不高，值得注意的是，与连篇累牍抄录、评议章太炎相比，顾先生从未抄录、摘引过康有为的观点，找书看只是顾先生好异猎奇的习惯所使然，即使看过应该也未留下深刻印象，更未遑产生多大影响。因此，《自序》所述与历史的真相存在相当程度的距离是可以断言的。

我们细读《自序》，顾先生说在学术上曾经仰慕章太炎、佩服康有为，罗振玉、王国维也有缺点，但最佩服胡适，好学深思的人会发现里面少了一个值得关注的大人物——梁启超。《自序》里只说："梁任公先生的言论披靡了一世。我受了这个潮流的涌荡，也使自己感到救国的责任，常常慷慨激昂地议论时事。《中国魂》中的《呵旁观者文》和《中国之武士道》的长序一类文字是我的最爱好的读物……在这种热情的包裹之中，只觉得杀身救人是志士的唯一的目的，为政济世是学者的唯一的责任。"提到他的言论而未提学问，梁启超对顾先生的学术没有影响吗？一读顾先生早期的读书笔记，就会立刻发现关于梁启超的记录相当多，[2] 从开

二十三，始得此本于苏州，喜其条析明备，可以识西汉学术之系统。及二十五，受业于崔觯甫先生，入其室，见其有平点之本，喜其标记窾要，借归过录一通。一九五四年八月，颉刚记于东四头条中国科学院。"（762 页）这是事后回忆。

1 《顾颉刚全集·顾颉刚文库古籍书目》卷二“孔子改制考”条："此书为丁在君先生借去，供作任公先生年谱之用，及在君先生没，此书不知流落何所，寝忘之矣。"（822 页）未言何时买何时读。

2 《寒假读书记》："康有为犹托今文，梁启超并康之弗及。彼果研经，则其哓哓更不知如何，徒能裨贩东籍，已若学术上大有研究。其文辞虚憍已甚，往往一言可尽者，在彼必连章累句。似此著作，与买菜何异焉。近世矇瞍，多相趋和。余虽至死亦不佩服。"［眉批：今则异矣。］（6 页）"不知谭嗣同之聪明，胡溷迹其间。"（7 页）"妄人称章太炎为痴子，称梁启超为大家。吾观劳乃宣、刘廷琛、宋育仁等虽悖闇，较之时髦学人，尚为可意多多。"（7 页）"梁启超自号饮冰。……又号沧江。……其热衷之情如此。"（7 页）

始不认可他的学问到认为第一流学者有章太炎，将梁启超与严复、康有为等人列为第二流，而对梁启超的私德不乏严厉的批评乃至抨击，同时表明《自序》所述受梁启超言论的影响是真实的，但学术上的影响也的确存在。那么现在的问题是，顾先生在《自序》

《乙舍读书续记》称"谭复生、梁启超……为言新学之最好者。"（55 页）"梁启超颇有思想，此所以独优矣。近时月刊杂志何止百种，在政事上有《大中华杂志》（梁启超主撰）、《甲寅杂志》（章士钊主撰）二种，在学问上绝无。"（69 页）"近来为老学者甚多。梁启超《中国学术思想变迁之大势》一篇，虽非专论《老子》，而开学承家之统系，胪列甚明，可谓有本之论。"（70 页）《餘师录》（二）：梁著《饮冰室自由书》"精神教育者自由教育也"一节，甚有精论。录如下云云（114 页）。《餘师录》（六）："圣陶曰：'梁任公精神甚强，在沪上青年会演说，时方隆冬，任公手舞足蹈，汗涔涔下，惟其音苦不清。'"（248 页）[眉批：此篇（蔡子民《教育新意见》）与《敝帚集》五梁任公卖缺助党费可对照看。]（259 页）《敝帚集》（三）：梁启超曰（274 页）；283 页此处有引文，与正文大同小异。《敝帚集》（四）：六月八日《公言报》称阴谋派，"名流，指梁启超、汤化龙、熊希龄等。"（308 页）《敝帚集》（五）："梁启超之窃总长主宣战，以社会有掘金弄权阴谋据国之心习也。[眉批：梁段以主战得英法贿若千万。]……假使梁启超不经戊戌政变以成其名，不遇段祺瑞以张其势，或冥心苦诣，成为学者，未可知也。"（328 页）"知今日之为是，而知昔日之为非，以改旧德，无使滋蔓，可也……梁启超不惜以今日之我与昨日之我宣战，为世僇笑……此梁启超之所以为策士为阴谋家欤（又为诡辩家）。"（348—349 页）"《饮冰室自由书》有和事人以《新民丛报》主义相诘责，曰：得读大作，知从美洲归来，宗旨顿改，标明保王，力辟革命，且声言当与异己者宣战。吾知足下素来强辩，未易与言，云云。答曰：见理不定，屡变屡迁，此吾生之所最短也。……此性质实为吾生进德修业之魔障，吾之所以不能抗希古人，弊皆坐是。此决不敢自讳，且日思自克，而竟无一进者，生平遗憾，莫此为甚，云云。此篇自道心质，至为确切，他日有人作梁氏传文者，必须载入。"（349 页）"坤按梁启超卖官营党如此，不知其平日所谓学问何在。……今观其遍布私人，厚植党势，是彼或真有造成强固之政党，以为将来选举总统地之野心也。然骄盈持满，绘臂夺食，已召北洋系、交通系之嫉妒。将来不克令终……未可知也。"（349—350 页）《顾颉刚全集·顾颉刚文库古籍书目》卷二"京舍书目·目录平议"条有"西学书目表四卷 梁启超著……渠又有西书提要，应觅。读西学书法一卷 同上 别择之义。"（893 页）"京舍书目·新学"条有《学源初编》一册……乙卯购……新派生物学（即天演学）家小史……天演学初祖达尔文之学说及其略传……皆新民丛报论文……泰西学术思想变迁之大势（未完）……皆新民丛报论文。"（896—898 页）

里对受梁启超的学术影响部分却闭口不谈，只字未提，原因何在。
孤证不立结论，再读顾先生 1950 年 6 月撰写的、向来被忽略的《颉
刚自传》在学术上的总结，这次较上次《自序》不同，更真实、
更客观，发现耐人寻味之处，他首提梁启超的同时，即称现在看
他保守，"我的出生正在大变动的初期，十岁左右刚懂得看书时
就和梁任公的文字相接触。梁氏……在当时则是建立一个从来未
有的批判态度，他要把一切的政治和文化重新估定价值，实是启
蒙时代的一位开路先锋。""我进了中学之后，喜看《国粹学报》，
从而认识了章太炎的学问，他的范围比梁氏缩小得多，只是把古
今的学术思想另行估定价值。……我懂得了他的方法，也想把古
代东西彻底整理。……梁与章给我以批评的精神。"[1] 顾先生在《自
序》中不提梁启超的学术是无意疏略还是刻意忽视，是另有深意
还是讳莫如深？这种讳言有何隐情呢？下文另有考究。而郑振铎
在《梁任公先生》一文中高度评价其在政治与学术上的巨大影响，
他说："许多学者，其影响都是很短促的，廖平过去了，康有为过
去了，章太炎过去了，然而梁任公先生的影响，我们则相信尚未
至十分的过去——虽然已经绵延了三十余年。许多学者、文艺家，
其影响与势力往往是狭窄的，限于一部分的人、一方面的社会，
或某一个地方的，然而梁任公先生的影响与势力，却是普遍的，
无远弗届的，无地不深入的，无人不受到的——虽然未免有人要
讳言之。"笔者并非认为郑氏剑指顾氏，而是指郑氏看到了一种
现象。

　　如果我们稍微再扩大一点点范围就会发现，《自序》之于
严复，只字未提，是否未受什么影响呢？在《读书笔记》里则
大大不然，严复为顾先生长期关注，只是时赞时否。[2] 严复主

1　高增德、丁东编：《世纪学人自述》第一卷，《顾颉刚自述》，北京十月文艺
　　出版社 2000 年版，第 67—68 页。
2　《乙舍读书记》："报载辜汤生在文学会发言，诟外国政俗……谓自严复译《天

译外国人思想，今将《读书笔记》所涉外国人的史料附此处。[1]

演论》，畅传物竞天择优胜劣败之旨，启人弱肉强食之心。"（40页）《乙舍读书续记》："笙亚曰：严又陵译书，实较原文为好。"（68页）《馀师录》："严又陵译甄克思《社会通诠》云云。"（97页）《馀师录》（二）：圣陶又云："《群学肄言》一书，析理精微。知人观世，颇有所资。予反复诵览，已二三遍，自谓于群理颇有所悟。度事论势，执见渐少，然联想力微，难猛晋也。"（113页）《馀师录》（二）："予数年来腐心于今日之学校，已于《丧文论》及《东斋十日记》中粗发其凡。今读严译卫西琴《教育议》……甚有精论。录如下"云云（114页）《馀师录》（三）："严又陵常谓……予谓不然。"（138页）《老子》云云，严又陵评之曰云云（145页）。《馀师录》（四）：严又陵曰云云（161页）。《馀师录》（四）：[眉批：严复曰云云。]（151页）《天演论》之言云云（151页）。严又陵曰（161页）。太炎先生诋严又陵译《社会通诠》云云（174页）。严又陵云云（175页）。《天演论》云云（176页）。以天演之义论《周易》云云（177页）。《敝帚集》（五）："子水曰：'严又陵最善模仿，虽聪明绝特，盖无自立之能，终其身在模仿中。'"（194页）严又陵《政治讲义》云云（203页）。"严又陵与杨度发起等发起筹安会，世多疑其为袁氏赂用，予独非之。观其所著《政治讲义》及诸译书按语，皆谓变法不可轻遽，痛恨新异之说。癸丑岁，民气方嚣，又为《民约平议》以诋卢梭。盖严氏自有本群学以观国之处，或不专为功狗也。"（207页）《敝帚集》（六）："严又陵以学为即物穷理，术为设事知方。"（222页）《敝帚集》（一）："严又陵近为《公言报》编辑，署名地雷。"（239页）《敝帚集》（三）：严又陵《西学门径说》（267页）。《敝帚集》（五）：严又陵曰（325页）。[眉批：近代廉耻道丧，学行相离，视为故常。且学博适以济奸人之用，严复、刘师培是也。]（337页）《顾颉刚全集·顾颉刚文库古籍书目》卷二"京舍书目·教科（玄学）"：《名学浅说》一册，英国耶方斯著，侯官严复译，商务发行……乙卯购　凡分二十七章，一百九十八节，末附温习发问二百余题。（908页）

[1]　《馀师录》："予今年二月始读《天演论》，期于默诵，则更进一篇。至记此册毕，才读四篇耳。而旨意多同，每自讶也。"（80页）[眉批：斯宾塞曰]（90页）。赫胥黎云云（105页）。《馀师录》（二）："《天演论》严译题目，为吴挚甫所定，见凡例。"（112页）严译《天演论·广义篇》云云（113页）。斯宾塞云云，眉批不少（129—130页）。《馀师录》（四）：《天演论》之言云云（151页）。"穆勒斥演绎，谓其绝新知，善夫。"（173页）《天演论》云云（176页）。以天演之义论《周易》云云（177页）。与《周易》异者有《老子》，与赫胥黎异者有斯宾塞。[眉批：《易》近于赫胥黎，《老》近于斯宾塞。]斯宾塞云云（177页）。《馀师录》（五）：按穆勒氏云云（见《天演论》九《真幻篇》）（185页）。斯宾塞《群学肄言》云云（200页）。《敝帚集》（三）：陈伯年先生曰[眉批：此节多录陈伯年先生《西洋哲学讲义》。]（261—262页）《顾颉刚全集·顾颉刚文库古籍书目·前言》："文库中还存有清末

从冗长引文可知，严复阐发的学理及严译诸书对顾先生不可能没有相当程度的影响，顾先生曾视严复为章太炎一人之下的第二流学人，他写《自序》时是忘了呢还是刻意不提？以进化论而言，顾先生历年精研并背诵过严译《天演论》，还藏有原文版，其水平之高竟达到能讨论诸种版本的程度，并不寻常；况且当时潮流激荡，梁启超言论的影响无远弗届，非要说顾先生在1917年24周岁以后才受胡适的影响是否太过牵强？这是个天大的问题，我们暂且搁下。

　　我们还可从顾先生对一个相对次要的人物——章士钊的长期关注且有好感（以字及先生称呼）上体察到《自序》的叙述同样大有让人质疑之处[1]，直到1919年1月13日《顾记》还写道“晨间偶翻纪念册，见章行严先生在二十周年纪念会演说词，说调和之理，若在吾心中发出，甚诧，不知吾无形中受其教育欤？抑吾心自得此理欤？摘其要语于此：‘时代相续，每一新时代起，

民初翻译、介绍西学的书籍……《穆勒名学》《群己权界论》《天演论》《原富》以及介绍西方科学技术的《西学书目表》《西学书录》《西学辑存》《西学大成》《西学启蒙》等。”（34页）该书目卷二“天演论”条讨论其版本（822页）。“辨学讲义五编”条：“此本译笔拙陋已极，缮写又多误字，乃厚颜为师范校教员。”（823页）卷二“京舍书目·新学”：“原文天演论一册　壬子（1912）购……《天演论》一册　父书。《宇宙进化论》一册……甲寅购。”（896—898页）

1　《餘师录》（二）：“前岁《民立报》章行严主笔政，时论译名。”（120页）《餘师录》（三）“章行严《国家与我》云云，……此论透极。”（141页）《餘师录》（四）：“今日在中国提倡学术，虽曰甚难，然尚非穷途绝望。观严译诸书及章行严《甲寅杂志》等销路甚广，可以证也。”（175页）《敝帚集》（三）：“章行严在北京财政方面人士所设立之学术研究会，演说经济学之总原则……”（277页）《西斋读书记》（一）：“十月中，章行严先生接任图书主任后，即下通告。”（362页）章士钊上课，听者甚众，以致教室水泄不通。“主任一职，今以章先生事冗，易李大钊（守常），未知其谋猷较章先生何如也。”（363页）“行严先生任逻辑教授，谓教授与学生每月宜各撰文一篇，用相观感。十一月末出题为逻辑三宗论。予成文交去，乃一月来既未将原作批改，先生又无自作发诵，岂亦因政事烦扰不暇为耶。”（366页）

断非起于孤持,与前时代绝不相谋(果尔,则人智有限,其所成就,必与太古原人相去不远)。……吾人生于今日社会,亦求所以适应乎今日之情状而已矣。本体只一,新云旧云,皆是执着之名言。姑顺俗言之,旧者将谢而未谢,新者方来而未来,其中不得不有共同之一域,相与融化,以为除旧开新之地;此共同之域,即世俗所谓调和。不有此共同之域,世界绝无由运行,人类绝无有进化。达尔文倡进化论,以竞争为原则……愚意不如以调和论言进化,既能写社会之实象,而与诸家之说亦无乖忤。盖竞争之结果,必归调和,互助亦调和之运用,创造不以调和为基,亦未必能行,精神生活尤为折中诸派之结论。……调和者,进化自然之境也。所有意见,只需当时思想之所及,均能充其逻辑上之能力,使之尽力发展。"(第61—62页)在《自序》中同样并未提及,是刻意忽略还是偶尔疏失?饶有意味的是,此时的章士钊已经声名狼藉。

从上述冗长的引文我们可以知道顾先生对于衮衮诸公的真实态度以及《自序》中叙述的不实,赞章太炎,贬康有为,对梁启超的摇摆态度,再从顾先生对他们名、字、号的使用方面我们也可以体察出这种微妙的情感。

整理国故的呼声倡始于太炎先生,而上轨道的进行则发轫于适之先生的具体的计划。我生当其顷,亲炙他们的言论,又从学校的科学教育中略略认识科学的面目,又因性喜博览而对于古今学术有些知晓,所以能够自觉地承受。……(有受康有为方法影响语,见前。)适之先生带了西洋的史学方法回来,把传说中的古代制度和小说中的故事举了几个演变的例子,使人读了不但要去辨伪,要去研究伪史的背景,而且要去寻出它的渐渐演变的线索,就从演变的线索上去研究,这比了长素先生的方法又深进了一层了。……我生当其顷,历历受到这三层教训，加上无意中得到的故事的暗示，……终至放大了胆子而叫喊出来，成就了两年前的古史讨论。这个讨论何尝是我的力量呢，原是在现在的时势中所应有的产物！

《顾颉刚日记》1919 年 1 月 11 日，在国故派中，"有章炳麟、刘师培、叶瀚、胡适、谢无量、张采田一辈人"（58 页），这里没了康有为，而胡适只是一堆人中的一个，而非章太炎之后的集大成者。至于叶瀚、谢无量、张采田诸人，若非专门研究现代学术史的学者恐怕对这些名字都很生疏。顾先生之与章太炎，上文颇多引证，对刘师培而言，顾先生虽然对其人品评价较低，但对其学术评价仍然相当高，学术上受其影响则不容讳言[1]，以谢无量而言，《读书笔记》也屡屡提及、抄录[2]，对胡适，下文另有深入剖析。我们再来看其他人：

　　蔡孑民先生任了北京大学校长，努力破除学校中的陈腐

1 《顾颉刚读书笔记》卷十五：15 到 17 页列有刘师培《经学教科书》相关目录。《乙舍读书续记》："《时报》电报载，刘师培曲学阿世，久为清议不容。……其详事亦无见，不知刘氏何故招人忌也。居官京中而言不阿世，固难能矣，……且刘氏尚能曲学，而其他阿世者，即曲亦不会，……刘品行本不好，然以为大学教员，岂不胜陈衍百倍。[眉批：至今为新朝佐命，其言验矣。愧吾当时不能审也。]"（59 页）"余观刘光汉之学，亦只以记诵掇拾见长，沟通大义，匪所责矣。"（71 页）《馀师录》（二）："李元度《论语说》，谓孔子杜绝百家。刘师培《国学发微》，谓孔子兼开百家（刘师培《孔学真论》、张孟劬《史微·宾孔篇》、孙德谦《诸子要略》某篇，均主下说）。"（117 页）太炎先生暨刘申叔皆主八卦与五行殊流（245 页）。《敝帚集》（五）：[眉批：近代廉耻道丧，学行相离，视为故常。且学博适以济奸人之用，严复、刘师培是也。]（337 页）

2 《乙舍读书续记》："近来为老学者甚多。……谢无量有《老子哲学》（登《大中华杂志》），均本之西洋哲学以阐其言。"（70 页）《馀师录》（六）：谢无量为《佛学大纲》，有曰（208 页）谢无量《中国哲学史》云云（223 页），谢无量曰（226 页），谢无量曰（227 页）。《西斋读书记》（一）："中国哲学史课，本延谢无量，嗣谢不果来，胡先生即改墨子课为中国哲学史。"（361 页）

空气。陈独秀先生办的《新青年》杂志以思想革命为主旨，也渐渐地得到国民的注意。……到这时，大家提倡思想革新，我始有打破旧思想的明了的意识，……于是我更敢作大胆的批评了。……要是不遇见孟真和适之先生，不逢到《新青年》的思想革命的鼓吹，我的胸中积着的许多打破传统学说的见解也不敢大胆宣布。

　　顾先生对蔡元培是始终肯定的[1]，在 1917 年的《敝帚集》（五）一处"眉批"称："近代廉耻道丧，学行相离，视为故常。……欲求声望满天下，而行无几微之累，虽欲毁之而末有者，先生一人而已。"（337 页）1919 年 9 月 16 日，"现在国民的中心人物，……除了蔡先生，再想不出第二个人。"[2] 即使如此，顾先生对蔡元培的具体做法仍有不假辞色的批评（见下）。

　　对陈独秀，始于《餘师录》（六）："陈独秀于《新青年》杂志，反对康有为甚力。"（221 页）《西斋读书记》（一）以较大篇幅记录与陈相关之事，且指责陈独秀不识人且学术水平不佳。[3] 此后，

1　《敝帚集》（二）："为璋录示蔡子民先生民国元年所作《教育新意见》一篇，原作登《教育杂志》，兹重抄。"（249 页）"先生是篇，与民国立国大计，关系至深，故尽篇抄载之耳。"（254 页）《敝帚集》："蔡子民先生于《中国伦理学史》论杨朱即为庄周，本无其人，因音致讹，似为佳证。"（285—286 页）《敝帚集》（五）："上海惜阴公会出版之《社会杂志》第七期，有'知耻'所作蔡子民先生传略一篇（民国元年四月）。"（337 页）

2　《顾颉刚书信集》第四卷，第 81 页，"致殷履安"。

3　《西斋读书记》（一）："马彝初先生本不知学，及见陈独秀学长"云云，顾先生"独上呈文，请变更中国哲学教授方法，由学之根本立说，盖明知以学为教，则马固不能为也。呈为请变更中国哲学教授方法事（民国六年十月二十三日）"（360 页）。"陈学长批云：'学术只有派别之分，无国界之分。课程中中国哲学名词，已拟作废，易以各家各派哲学名称，似较合于理论也。'……予此呈用名甚谨，必具科学条贯，始谓之学，学史上之家派，则称为一家之言，不谓之学。而陈学长不能知之，乃曰废中国哲学之名，而易以各家各派哲学之名，此犹废五谷之名，而易以稻粱菽麦黍也。……陈学长不能知也，乃云似较合于理论，夫孰贵此朝三暮四之理论乎。然已不

顾先生针对陈独秀提倡的文学革命等进行了颇有价值的针对性批评:《敝帚集》(二)载:"陈独秀倡文学革命论,排斥贵族文学、古典文学、山林文学,崇尚国民文学、写实文学、社会文学,此固甚是。而于文以载道一言,谓之谬见,以为文学本非为载道而设,则自缪实甚。按文积于字,谓文学本非载道,将谓文字本非达意乎?……前陈氏谓文学不必言之有物,为胡适所呵[1917年初],既已知返而亦善之矣。乃今又曰文非载道,……可谓知二五而不知一十者矣。[眉批:文以载道与言之有物,即是一语,亦即修辞立其诚。]……谓文学非为载道而设,则大谬也。……今缘韩曾之非,遂谓载道之谬,以谚语言之,是为因噎废食;以名理论之,是为虚造前提。彼学究以为《水浒传》《红楼梦》非道(247页),明其心志之隘也。不意反抗学究倡文学革命之陈独秀,亦以为《水浒传》《红楼梦》非道,其心思之狭窄同,其判理之庸劣加等矣。原陈氏之观道,以为非肤浅空泛之门面语,即极恍惚杳冥之神道说,而不知道固在民生日用之间也。[眉批:学究之观道,以为道在圣人。]已矣陈君,今之老宿,每曰新学后生以奇觚掩其不学,陈君其慎无撄之哉。"(248页)《敝帚集》(三)丁巳三月称:"中国成文之法,须自悟,不可言说。……言革新文字者,盖有二派:一派者,谓当改由俗语以便实用,彭清鹏等主之;一派者,谓当改用俗语以新文学,胡适陈独秀等主之。[眉批:彭君主国民学校以国语为教科,其他仍是;胡君主一切根本改变,由此以造科学文学,此亦二家不同处。]弗悟中国俗语,依方土为殊,苟共守其一,犹文字也。苟各循其常,则离析分崩,无以为国,况方言之不齐无纪,无以

当承认改变课程为应有之事。"(361页)请子俊在陈学长处(362页)。《敝帚集》(四):"近日胡彬夏为《妇女杂志》,陈独秀为《青年杂志》,依据欧洲文法,必语辞已备,始谓之句,其所句读,更严于前矣。予暇当考虑,与之为徒。"(314页)

愈于文字者乎。"讲述欧洲国家的情况，继而指出："中国两皆无之，而欲希纵乎此，无以便科学，而符号益乱离，则自伐之道也。至于用俗语而但期于文学，此则闾巷谣歌，固已尽之，虽不倡之，亦有为者。独其不用古典，言之有物，乃甚可取也。予谓今日而欲革新中国之文字，首当谨慎用名，以逻辑为规矩，弗淫弗巧，期于喻实而止。则学之兴有时，而用之功待矣。"（261—262 页）《敝帚集》（五）："言革新文学者，今日当按拍为歌，不当为诗词。诗歌本旨，原为入乐，不以入乐而模仿古体，纵文字之文俗已改，而格律之古型犹存，可谓舍神取貌，无以异乎作古文者矣。胡适之倡通俗文学，其语甚是。乃作白话绝诗白话词等，登之《青年杂志》，平仄长短，一如昔典，将以是为青年楷模乎。假使韩文公不作散行文，而惟因循骈俪，徒以插入通俗常言为革新文学，将谓之何哉。"（348 页）"《新青年杂志》主更新文学，谓中国诗篇，率散章零构，不若西洋之诗，以一诗专咏一事，积帙甚巨，气力雄厚也。坤按此语甚非。吾国之弹词，如《安邦定国志》等，皆以韵文记述一事，至数十册，其中头绪繁多，构局亦难，想想西洋长诗，或无此气力雄厚耳。而中国此等书，徒以供妇女览之，宣巷里讴鼓女歌之，为上流人所不屑览。胡陈诸君极意革新文学，乃亦未之能知，反不若《金瓶梅》《红楼梦》犹见援引，信乎习之弊也。予惜观赵佩云《雪梅吊孝》，因求得《三元记》元本，……皆七言鼓词，无一白话，与西洋长诗相似。其剧亦无一白话，与西洋歌剧相似。予循读一过，颇兴感怆，有足令下泪者。可见此实绝好之通俗文学，惜胡陈诸君之不知证也。"（350 页）《敝帚集（五）》："胡陈诸君，信为一时卓荦之士，惟过崇欧风，尊之于九天之上，相形之间，其反对于中国旧俗，自必抑之于九渊重泉。不知事有不可以是非善恶论者，其在习俗，华之于欧，各适其适，可也。有可以是非善恶论者，其在情志，欧是华非，抑华以从欧，可也。弗审斯辨，以为欧莫非，华莫是，凡华欧异尚，均应用欧而变华，则其不可信。刘君半侬著论，推重欧洲歌剧，而恶吾国之唱戏，此其爱憎，直无可推索，括之一言，洋迷而已。欲论戏剧善恶，论其实质，如昆曲过文，不能适用于通俗教育，以及淫剧有不堪入目者，武戏有杂乱无次者，均当改造之类；不当论其形式，[眉批：不论形式，即不当因他人之形式，而论我之形式。]……实质者，世之所同之理，形式者，一国之所独之迹也。世之所同之理，则有善恶是非可较定；一国之所独之迹，则无善恶是非可言。以所以具有此现状者，即为此一国人心理所构成，别无善恶因缘。[眉批：犹之文字，为一国所独有之形式，胡陈虽极意欲革新文学，然不能废国文。以北人之性故食麦，以南人之性故食稻，必谓稻善而麦恶，强北人以食稻，有是理乎？]……比欲齐其不齐，较若画一，倘所谓下士之封执者乎？"（351 页）《敝帚集（五）》："论戏剧既不宜注意形式，论文辞亦然。胡陈诸君之革新文学，吾取其主写实主义，斥古典主义，存诚屏伪，实质之宜也。至因提倡通俗言语，乃极意赞叹《金瓶梅》，而深恶痛绝《十三经》，此则拘滞形式，肤廓之甚。《盘庚》《大诰》，亦当时俗话，陈君何不取之乎。"（351—352 页）《敝帚集（五）》："陈独秀连在杂志中提倡废礼，彼之所谓礼，特跪拜揖让，《仪礼》昏丧诸篇所记耳。礼事屡革，古礼早已不存，何必于此发愤。若礼意则万古不泯，陈独秀何尝有一句话搔着痒处。……只要心知礼意，礼事自可依时势变更而无窒碍。……若不知礼意，便要将礼事划绝，于昔有社会党，于今有陈独秀。彼若能脱离社会，实无礼为拘束，我尚何言。……人终身与社会相接触，故终身为礼所支配，欲废礼，不如直言解散社会之为愈也。"（352 页）《顾颉刚书信集》第一卷 1917 年 11 月 26 日"致叶圣陶"："半阕一韵，仿诗转韵例，亦我之新文学也。"（28 页）

顾颉刚傅斯年本为大学同舍挚友，前期关系极为密切，从

《顾颉刚读书笔记》卷十五我们可知，当时傅斯年稍胜于顾颉刚，从所录内容看，都是具体的学术内容，与所谓打破传统见解的大胆态度并无关系 [1]，反而倒是曾经有过顾先生撰写的《丧文论》因大胆、激烈，被傅先生主持的学生刊物编辑部反复讨论最终退稿。顾先生具有好异的特点（见下文），大胆超乎傅先生。……对胡适的态度见下文。

　　顾先生本人由于性格的原因并未参与其时正在进行着的新文化运动，但是为史学界重新思考、理解这一思潮的发展轨迹提供了一个博学、冷静、旁观着的年轻学者的独具一格的新视角。对相关观点的评点，其学术的敏感，就绝对时间而言均领先于学衡派的思考，他对汉语的特性及国家特点的注重不仅已着陈寅恪先生之先鞭，而且内容更为宽泛，学术价值更高。正好是苏州人的顾先生注意到了弹词的美，而三十五年后陈寅恪才写出《论再生缘》，这昭示着在这一历史转折时期，存在着发展的各种可能性，顾先生在大学毕业之前是为己之学，其后则为为人之学……胡适实际上是毁了一个天才的学者。

1　《餘师录》1916 年所写内容，[眉批：孟真所语较此通达。见逻辑笔记。]（90页）《敝帚集》（四）[眉批：以下数节，六年秋间一夕孟真读之击节，后为《中国学术思想之谬误》一篇，与此当有关系。坤记。九、九、卅。]（311 页）。《西斋读书记》（一）《弁言》："孟真闻见广博，每论一事，必探其源，……课罢饭后，辄纵论世事学问，历久不倦，获益殊多。予每欲记之，不得暇闲；且精微之处，亦不敢下笔，恐非信意也。"（第 355 页）孟真云云，又云，又曰（356 页）[眉批："胡先生取《淮南》说，孟真谓胡先生过信今文。"]（357 页）"与孟真语，孟真谓为学尚在途径中。予谓"云云。[眉批：惟其如此，故学无止境。惟最有学者，愈知学之不足。学愈勤而断愈懦矣。]孟真云云（357 页），孟真云云，孟真云云，孟真云云（358 页）。孟真述季刚先生语曰，孟真又述季刚先生语曰，孟真又述其（指黄侃）语云云。《西斋读书记》（二上）："孟真谓一人只当为一家之言，若史书则应集众人为之，不为一人之责。予谓非也。……众人为之，意见分歧，不能一贯，牵于庸妄，不能如志者，所在多有。一人为之，则可独立经营，以一志布构，使其心能虚，语能慎，则成功之美，反越众人之作而上之，可预必也。"（372 页）

再看他对李大钊，《西斋读书记》（一）"（图书）主任一职，今以章先生事冗，易李大钊（守常），未知其谋猷较章先生何如也。"（363 页）五年之后，顾先生这么评价李大钊："我是在北大图书馆服务的，图书主任是李大钊先生，他是主张布尔希维克主义的人，是外边大家知道的。在我们想，他即是主张劳农，必定是一个痛恨'不劳而食'的人，一定是一个不肯'敷衍职务，攫夺薪金'的人。因为他既然主张这一种主义，自然他的性格是应当合于这一种主义的。但一看他的行事，真使人悲观到极步。图书馆的事情，他什么都不做。逢到有人说图书馆里那件事不好，他便招了几个事务员吩咐道：'外边怎样说我们，我们还是改一下罢！'等到外边不说了，这件事就无形消灭了。"[1]鄙视之情，跃然于纸上。

对周作人，称其"不肯管事也就罢了，何必说出这般好听的话！……周先生呢，他是一个鼓吹文学的人。他对于文学确有心得，不是随便剽窃的，这是我们可以相信。我所不满意于他的，就是做事太不负责任。原来有学问的人不必会做事，会做事的也不必有学问，我们原不当对于周先生苛求。但不会做事尽可不担任事务，别人请你担任事务，只要自己审察力量不及，或者性情不近，也可以辞谢。不辞谢而竞担任，就应当好好去做，便是不会做也得勉强着。周先生最坏的脾气，就是职衔尽管担任，事务尽管不做。……他懒得管事，欢喜发空闲的议论，这是他的天性，我们原无所容其褒贬。只是他的'居其名而不做'，与'不肯做而不辞'，我们却不能相想，因为这是公同的事情，不能为了他一人，而使一个机关停止进行。我极想将周先生请走，另外推举一个人出来管理会务，使得可以着手进行。……世界

---

1 《顾颉刚书信集》第二卷，第113—114 页：1922 年 6 月 19 日致"刘经庵"。

的外表上虽是有光有爱,内幕里除了名利以外还有什么!"[1]《顾记》1926 年 1 月 17 日,"《语丝》近来文甚少,屡邀予作,未之应。昨来函,谓将以无文停刊,想不忍见其夭折。因以旧日笔记一则抄与之。予近日对于鲁迅、启明二人甚生恶感,以其对人之挑剔诟谇,不啻村妇之骂也。今夜《语丝》宴会,予亦不去。"(710 页)1926 年 3 月 14 日,"昨语丝社宴会,予仍未去。此后永不去矣。鲁迅等在报上作村妇之骂,小峰又以《言行录》事屡怂恿鲁仲华来找麻烦,均可厌。"(726 页)

　　顾先生对新文化运动的持平态度,对各人(从章太炎康有为到李大钊周作人)的态度,例如对陈独秀,除因他"五四"坐牢时称其先生外,其他时间则以名、学长乃至辈称之,显示出重视而不亲近的态度,对他后来敬仰有加的适之先生,赞其鼓吹而不称许其学术,对其过激之处并不赞成。即使对运动的核心主张"使用白话文"并不热络,只是在叶圣陶的催促下才开始,"胡适之先生有诗曰'他愿不自由,便是自由了。'……白话作书,坤极赞同,所以仍习旧式者,以病体怕动心思,文言写出,反形便利,亦可少写字也。"到 1918 年 10—11 月的写信才用了白话。[2]直到 1922 年 6 月 19 日,顾先生还说:"我唯一的悲观,就是这辈所谓新文化运动大家的不可靠。我是在北大多年了,北大是号称新文化的出发点的,里面负大名的人着实不少,但真实做事情的,有那几位? 除了蔡孑民、胡适之两先生以外,再有别的人吗? 大家看了虚名的可以招致外边的信仰,大家努力造名望:自己职务上的事情不做,专做文章去发表。所以北大在名望上很高,而里边的事务就腐败极了。"[3]

　　综上所述,顾先生在北大就学时的读书笔记中所列受影响

1　《顾颉刚书信集》第二卷,第 114—115、117 页;1922 年 6 月 19 日"致刘经庵"。
2　《顾颉刚书信集》第一卷, 第 35—37 页;1918 年 9 月 13 日 "致叶圣陶"。
3　《顾颉刚书信集》第二卷, 第 113 页;"致刘经庵"。

人物之繁多、复杂远远超过一般人想象，而顾先生对章太炎的推崇始终高于康有为，其他如严复、刘师培、陈伯弢、马幼渔、谢无量、章士钊……甚至傅斯年，独独不甚重要的就是胡适之，……对马幼渔的分析见下文。而这些真实的情况都与顾先生参考《读书笔记》撰写的《自序》所描述的轨迹存在相当大的差异，而其他失实的部分，上文已论及这方面之事，马乘风《顾颉刚古史辨批判》对顾先生在《自序》中一些自己表扬自己的事已有揭示。[1] 其他还有一些，略考如下：

> 至于成名之心，我固然不能说没有，但总可以说是很淡薄的，我也决不愿无故凌辱古圣先贤来造成自己的名誉。……对我怀疑的人也就笑我抨击古人只不过为的趋时成名。

> 出名心（即求进步）确实是顾先生的一个特点。而且《自序》的重要目的就是为了名：“**近来有的地方，固然是要造成自己的名誉（例如《古史辨》的自序），但所以要造成名誉是有学术上的目的的，并不是普通之所谓‘名利’。……这种方法，我觉得是有效的**。”[2]

> 我的大女儿住在校里，屡屡写信归米，说：“请爹爹给我一封信罢！”我虽是心中很不忍。但到底没有依她的请求。二女儿写好一张字帖，要我加上几圈，我连忙摇手道：“送给你的母亲去罢！”我的忙甚至使我对于子女的疼爱之心也丢了，这真太可怜了！

1　马乘风：《中国经济史》，商务印书馆 1935 年第一版，第 485—540 页。
2　《顾颉刚书信集》第一卷，第 88 页：1927 年 7 月 4 日“致王伯祥叶圣陶”。

　　对顾先生与二女儿的叙述暂无可考，但与大女儿的则明显失实，仅就 1924 年 9 月下旬顾先生的大女儿到京上学之后到年底这段时间，顾先生就于 9 月 26 日，"与康媛信，嘱其当心冷热。"（535 页），10 月 5 日，"到康媛校中，与杜师母略谈。"（539 页）另在 10 月 8 日（540 页），17 日（542 页），24 日（545 页），11 月 2 日（548 页），15 日（552 页），12 月 13 日（560 页），19 日（562 页）有七次写信的记录，还在 12 月 20 日，"写希白信，托刻自明图章。"（563 页）这明明就是一个伟大的慈父，哪里有一丝冷漠或无情的痕迹？

　　"十年春间，校中设立研究所国学门，幼渔、兼士二先生招我兼任助教；秋间又兼任大学预科国文讲师。在学问兴趣极浓厚的时候，我怎能再为他人分去时间？勉强上了几堂，改了几本卷子，头便像刀劈一样的痛。我耐不住了，只得辞职。"

　　顾先生作为学者，改卷子不应该有剧烈的生理反应，况且讲课是有额外收入的，这对改善顾先生的生计应有较大帮助。与事实有出入的地方，一是上了两个班的课，改了五六十本卷子；二是顾先生因有结巴而产生了讲课恐惧症，在给妻子的信中，顾先生有坦诚地自述：

　　"适之先生对我说：'你不要怕羞，你只管大胆去试。你尽不肯教书，自然是不会教书了。'……徐旭生、江绍原、李宗侗诸先生，他们说：'你的话，我们北方人都听得懂，你不要怕说。'旭生先生又说：'冯芝生（冯友兰，有口吃）在中州大学中是一个出风头的教授，我看你的说话比他还强一点呢。'"[1]

1　《顾颉刚书信集》第四卷，第 451 页；1924 年 6 月 28 日"致殷履安"。

　　"可恨现在的时势只许人发议论而不许人读书，所谓读书也只是浮光掠影地翻览，像我幼年的行径一般，我怀了正式读书的愿望久久无法使它实现。……很可悲的，荏苒两载，《左传》还没有好好地点读过一页，虽则为了作文的参考每星期总要翻上几回。这种不切实的读书，我一想着便心痛！我很知道，以前开首发表主张的时候尽不妨大刀阔斧，作粗疏的裁断；但一层一层地迈进去时，便不得不作细针密缕的工作，写一个字也应该想几遍了。为我自己的学问计，为对于学问界作真实的贡献计，最好暂时只读书，不作文；等到将来读出了结果之后，再'水到渠成'般写出来。但这个境界哪里许我踏到呢？社会上正要把我使用得筋疲力尽咧！……我生平最可悲的事情是时间的浪费和社会上对于我的不了解的责望。……我感到生命的迫促，人智的短浅，自己在学问上已竭力节缩欲望，更何能为他人夺去时间，所以要极力摆脱这种旋涡，开会常不到，会费常不缴，祈求别人的见舍。可是时代的袭击到底避免不尽，我的肩膀上永远担负着许多不情愿的工作。"这与 1926 年 6 月 8 日顾先生"致胡适"的信中所述略同："这篇自序，是费了两个多月的工夫做的。我本来不愿求人知，但数年来竭力要打出一个治学的境遇，终于打不出来，不得不尽量把自己说一下，希望人家知道之后肯帮助我一点。"[1]6 月 22 日：与伯祥书曰："这篇自序，想是你们都想不到的。我之所以要这样做，……二来也是要使人知道我的为人除了研究历史之外竟一无所长，从此不要随便来拉拢我，使得我可以用毕生的精力走在一条道上。我要打出一个学问的环境，用尽数年之力竟未成功；但是我不怕，我深信终可用我的意志创造出一个环境来。艰苦的境遇正是磨炼我的意志的工具呢。"（760 页）7 月 2 日，给丁文江的信中也有此意："希望大家

---

1 《顾颉刚书信集》第一卷，第 432 页。

看了这篇序,不致再逼我做许多无聊的事情。"[1]这个目的显然存在,但这并非写此特异《自序》的主要目的。

顾先生的时间完全是操之在己的事情,而且他不想办的事情是很能推卸的,《日记》所载甚多,12月2日,"今日孙祖基君来,为第二师范贾丰臻、朱香晚两先生要我去讲演古史。我一来不会演说,二来实在没有功夫,辞绝了。要移社会观听是如此容易的。前年在《晨报》上发表歌谣,而北高师附属中学即要我去演说,亦即此理。"(424页)12月4日,"上海大学湖波社方山来,欲予往演讲,辞之。"(425页)2月28日,"圣陶来信云······'请你作一篇序,言太史公之史学上的价值,顺及文学上之价值。为才力着想,为名气着想,此序都要你做才行。你虽忙,因为这是社里事业的第一炮,务望抽闲努力一作。'上海友人之责望我如此。他说'名气',可见名之累人。"(460页)如1924年3月3日记有拒绝其好友叶圣陶、王伯祥让其写序的要求。"昨得圣陶、伯祥来信,要我为他们标点的戴东原《孟子字义疏证》等三种作序。我近日为学正想把范围缩小,而他们责望我放大,这是不能徇人的,因作函辞之。"(461页)4月16日"启明先生来信,嘱到燕京大学讲演古史,谓是燕大文学会中托其转邀。拟即辞之。"(476页)次日,写启明先生信。"振铎屡嘱我作文,答之曰,现在把办事时间与休息时间划开之后,颇不容易,因办事时间无暇作,而休息时间又不肯作也。"(477页)1924年5月10日给妻子的信中说:对梁启超署名的约稿信,答以明后年有空可做,实为拒绝;"《太平洋》的编辑陈通伯先生(前北大英文系主任)要我作文,我也答以后年。江绍原先生(北大宗教学教授)对介泉说要来看我,不知为了

何事。如要我作文，当然给以一例的回答。"[1] 可到了 8 月 9 日，"前旬陈通伯先生来谈，他说：'《现代评论》定于十月中出版。届时请你做文章，稿费约可每千字三元。'……每月拿出一千元。……如经费固定，稿费是靠得住的。我想，我的读书笔记甚多，若略略连贯，便可成为短文。……每月写一万字不为多，收入三十元就可供给自己用途了。"[2] 没钱的拒绝，有钱的答应，这怎么能怪别人。5 月 28 日，"圣陶嘱予为其所标点之《王文成公集》作序，辞之。此等事出诸圣陶之口，使我惆怅。"（491 页）3 月 18 日，按"予近来越觉得自己学问根底打得不足，如能打好，不知于研究上便利多少。乃社会上急功过甚，不能再让我打根底矣。思之恨之"（599 页）。1924 年 9 月 22 日，"希白前有书来，谓不应为标点之事以趋时"，可能觉得这事对于专家是浪费时间，顾先生自述"我为此事，决不与自己愿做之学问分驰，无论如何为人，总有一半为己。在生计未独立时，这一点牺牲是免不了的。因以此意答之"（535 页）。[3] 3 月 27 日，"国文系教授会来函，邀加入读书会，予近来事忙如此，哪还分得出功夫。即作函辞之。闻援庵先生言，袁守和来是为发起图书馆协会，予幸未见耳。猛进社寄周报来，亦邀入社，未答。予极不好事，而社会牵扯已如此，可怕。"（602 页）4 月 28 日，"（林）玉堂来信，嘱我发起专谈学术之月刊，告以事忙，却之。"（612 页）8 月 4 日："'事必躬亲，纤细必理'，此余之所以忙。"（776 页）

当然，也有一些事情是顾先生无法拒绝的。9 月 23 日，"尹

---

1 《顾颉刚书信集》第四卷，第 426 页。
2 《顾颉刚书信集》第四卷，第 476 页。
3 《顾颉刚书信集》第二卷，第 166 页："你说我投时好，我的工作确有投时好的嫌疑，但不如此如何可以过日子？我因为自己愿意做的学问是史学，愿意研究的一部分是古史，所以无论投时好也罢，不投时好也罢，都向着这两方面走……万一我将来生计方面宽裕，可以不必操心，我自然专心努力向学问做去。"

默先生嘱太玄先生送孔德国文来作注，说不出拒绝，只得把时间为生计而牺牲了。"上文已述，沈氏兄弟为顾先生在孔德中学谋得 50 元干薪的事，总不能拿钱不办事（535 页）。《自序》：

> 在北京大学的同学中，毛子水先生（准）是我最敬爱的。他是一个严正的学者，处处依了秩序而读书；又服膺太炎先生的学说，受了他的指导而读书。我每次到他斋舍里去，他的书桌上总只放着一种书，这一种书或是《毛诗》和《仪礼》的注疏，或是数学和物理的课本。我是向来只知道翻书的，桌子上什么书都乱放。**"汗漫掇拾，茫无所归"**，这八个字是我的最确当的**评语**。那时看见了这种严正的态度，心中不住地说着惭愧。我很想学他；适在读《庄子》，就用红圈的戳子打着断句。想勉力把这部书圈完。可是我再不能按着篇次读下，高兴圈哪一篇或哪一页时便圈到哪篇哪页。经过了多少天的努力，总算把《庄子》的白文圈完了。这是我做有始有终的工作的第一次，实在是子水在无形中给我的恩惠。

1920 年 11 月 21 日"顾颉刚致殷履安"的信中说：毛子水"可算得是用功的，可算得有学问的，然而我看他们竟说不到看书二字。他们奔来奔去的上课已算忙了，又加之以应酬交际，又加之以生活上的逼迫，一天能够坐在书桌前的时候，实是很少。"（309 页）1921 年 1 月 3 日，"子水性情太散淡，不能正经办事；托他管账，一定弄糟。"

我的第三件痛苦是生计的艰窘。我没有金钱的癖好，薪金的数目本来不放在我的心上。我到北京来任事，也明知在欠薪局面之下，生计是不安的；只为要满足我的学问的嗜好，所以宁可投入淡泊的生活。但近年来，中央政府的财政已陷绝境，政费屡屡数月不发，就是发出也是'一成二、二成三'这般敷衍，连淡泊的生活也维持不下了。

　　关于民国年间知识分子的收入与生活状况已有不少学者加以研究，都与顾先生在《自序》描述的不太相同。而读顾先生的日记，他对于账目之事清理的都相当清楚，记载账目的事连绵不绝，大学时就任寓所经理[1]，在北京两三家合居时主理管账，在合建的出版社长期任会计（后任总经理）。顾先生多次在通信中说北大只有拖欠、没有短少，晚年回忆说："这（国学门）是一个比较有钱的机关，可以解决我的经济问题。"[2] 实际上，顾先生的问题主要是他自己造成的，"我的家不是一个天伦美满之家，……家用担负亦重"[3]，他既不能量入为出，又极不愿意从他父亲那里拿钱，但又极为喜欢买书，大家知道，民国年间的书都很贵，而顾先生只要是感兴趣的，不管自己是否有用，全都买，"我自己又喜买书，又喜享乐（布置屋子，游览山水）。"[4] 还喜欢享受、奢侈，2月1日，"予此次来京，极意要省俭，使可对我父我母我叔争一口气。但现在又觉得省俭不来了，因为房屋不能布置得清楚，我即不能安心做事。不能安心做事，不独不能有何进步，即求钱亦不容易。因此，我又想用了，又要像前三年布置内院办法做起来了。这样一来，非又花二百元不可。只要花了二百元，我的生活可上轨道，亦是值得。"（450页）"我的好奢侈的性，不知如何养成，或许是先天的罢。"[5] 日记记姑

1　《餘师录》（五）"数月以来，任寓屋经理（1916），甚受挪揄。〔今年家中为我算命。卜者曰：'须犯口舌。'神哉。〕"（184页）
2　顾颉刚：《我是怎样编古史辨的》，《古史辨》第一册《卷头语》，上海古籍出版社1980年版，第14页。
3　《顾颉刚书信集》第二卷，第166页：1924年9月22日"致容庚"。
4　《顾颉刚书信集》第二卷，第166页：1924年9月22日"致容庚"。
5　《顾颉刚书信集》第四卷，第436页：1924年5月30—31日"致殷履安"。

母所述其幼年事，"吃饭必用象牙筷，无象牙筷则不吃。"[1]这样就造成经常性的入不敷出，欠债运营，甚至债台高筑。关于欠薪，除了最后阶段，并不像顾先生说的那样可怕，另外，顾先生兼职的著名中学"孔德的薪水是不欠的，研究所仅欠一月（与教员不同），所以我的校薪几于不欠。"[2]"孔德学校要我编历史讲演稿，一星期一篇，五十元做四篇，原不能算少，但我从此以后更忙了。"[3]可"我已拿了三个月薪水，但没有替他们写一个字。这不是我不负责任，只因孔德方面也没有具体办法使我如何做"。[4]1924年10月17日，"孔德送干薪半年，受之有愧。自本星期起，每隔两星期即作讲演稿一篇。"（542页）1924年8月3日,本年有希望之收入……（4）卖文一百元。（515页）《自序》：

　　在研究所中，虽是还不能让我称心适意地把所有的时间给我自己支配，但比较了他种职务，我可以自己支配的时间实在是多一点了。……他们（社会）只有勒逼我出货，并不希望我进货。更质直地说，他们并不是有爱于我，乃是有利于我。他们觉得我到了大学毕业，已经教养得很足够了，可以供他们驱使了。一头骡子，到它长成的时候，就可由蓄养它的主人把它驾到大车上，拖煤、拖米、拖砖石，不管有多少重量，只是死命地堆积上去。堆积得太多到拖不动了，也唯有尽力鞭扑；至于它的毛尽见皮，皮开见血，这是使用它的人瞧不见的。直到用尽了它的气力而倒毙时，才算完了它的任务。啊！现在的我真成了一头拖大车的骡子了吗？

1　《顾颉刚日记》第三卷，1936年7月31日条，第511页。
2　《顾颉刚书信集》第四卷，第384页：1924年2月18日"致殷履安"。
3　《顾颉刚书信集》第四卷，第390页：1924年3月9日"致殷履安"。
4　《顾颉刚书信集》第四卷，第404页：1924年4月26日"致殷履安"。

这些如果要用 1949 年后的词汇表达的话，那就是对"旧社会"的"血泪控诉"。看在他的顶头上司沈兼士眼中必然极不舒服，心中难免有"好心被当成驴肝肺"之想。1924 年 3 月 7 日，"纪念册事本我所不愿作，徒以兼士先生所嘱，而研究所中实无甚事，不得不应。"（462 页）3 月 23 日顾先生说："现在在研究所，有许多不愿意做的事也只得做，实在无聊。"[1]7 月 19 日却说："研究所一览——这书在二三月前，兼士先生即嘱我编，但至今没有编。研究所事务实不忙，这一点事绝不能不担任。所以也须在假中弄出。"[2]（462 页）3 月 7 日，"予之不能勉强徇人，不但在心情上如此，而身体上亦复如此。故我若要身体好，非经济独立不可。"

既然这些并非实情，这么多与事实不符的地方，顾先生难道不怕穿帮？他对不同的人有不同的解释，对了解内情的人顾先生是这样说的，7 月 2 日给丁文江的信中说："这一点牢骚实在关不住了，就借了《自序》写出。"两年后，顾先生在给师友的信中就说："我以前在北大研究所时，书是不教的，事是不办的，所以在两年之内我的成绩便很多。……我在北大研究所时，许多人为我抱不平，说我地位太低，薪金太薄。但我自己毫无不得志之感，因为我的生活基础并不建筑于地位及薪金上。到现在，别人的气是平了而我自己反不平了。……到现在想着北京的生活，真如在天上了。……以前写《古史辨》自序时，对于北京的生活大发牢骚（生计不安只占一小部分）。"[3]此语当是真实情况

---

1 《顾颉刚书信集》第四卷，第 395 页："致殷履安"。

2 《顾颉刚书信集》第四卷，第 460 页：1924 年"致殷履安"。

3 《顾颉刚书信集》第二卷，第 180—181 页：1928 年 3 月 26 日"致容庚"。1928 年 8 月 20 日顾先生"致胡适"说："在北大研究所服务的时候，人家多为我抱不平，说我薪水薄，地位低，我倒不觉得什么。又有人说兼士先生不信任我，我也不觉得什么……我在北大研究所时，兼士先生固不信任我，但他并不支配我的工作，又肯给我以研究孟姜女、妙峰山的便利，我终当感激。"（《顾颉刚书信集》第一卷，第 454、459 页）

的写照。

　　笔者并不想掘发隐私，而是探究顾先生出于什么目的写这些学术外的不实之词。《自序》无疑比顾先生自诩的那篇文章更加"波涌澜翻"，单为发牢骚——甚至用抱怨形容也不过分[1]——就写这么一个史无前例的序？读《自序》牵扯进来的许多东西无外乎要向读者表明，我的人格伟大、高尚，我痴迷学问，很博学，很优秀，但我的遭遇竟如此坎坷，如此可怜，社会对我却并不公平，其真实目的当然是要感动人，是要用文字的感染力来弥补学术论述的不足[2]，让读者在感情的波涛汹涌中忘掉其学术上的欠缺，其感人的力量起到了煽情的作用也是毋庸讳言的，而且它的文字也确实达到了这样的效果，感动了全国上下、东西两洋的无数学人。顾先生8月到上海，"（胡）愈之谓看我自序，甚受感动。此语在北京已屡闻之，今愈之复作此语，可见人有同情。"（779页）史学家洪业的感受也是如此，说："民国十六年我才细读《古史辨》自序。当时心中的感想是：我如能得此人为友，一方面尽力帮他做所要做的事，一方面从他学他好学精神，当是一生中一幸事。"[3]但一部学术著作的"自序"仅仅为了感人并不妥帖，其心理的主要动机是要博取同情，是向那些可能找麻烦的人——无论是台面上的还是潜在的学术警察或辩论对手的诉求，请你们好好寻思寻思，千万别找我麻烦，以阻止他们可能出现的干预，避免给自己的商业活动带来阻碍。赘引与北大及其名人的关系，似有意说明，我是北大的，你们要小心啊。笔者近读一本讨论北大的书，用《权力源自地位：

1　顾先生本人1953年1月形容是"在焦躁、彷徨、纷乱、困苦中度过"（《顾记》，第256页，1922年7月31日条）。

2　《顾记》第五卷，1943年9月10日自称"予最能搜集材料，而不能组织材料"（153页）。1926年9月3日，"余作文有一坏癖气，好将材料尽数排入，虽因此不致挂漏，然亦终以此不能有剪裁矣。"（788页）

3　《顾颉刚书信集》第二卷，第449—450页：1931年"洪业致顾颉刚"。

北京大学、知识分子与中国政治文化，1898～1929》做书名，比较中肯地说明了北大的性质，因为北大是由太学转化的，起码在 1927 年前确实有其特殊地位；而《说文证史专号》的几近同步展开也说明：一旦真有类似情况出现，自己也有实力予以回应，无论是谁找我麻烦，我有一帮兄弟，绝不会善罢甘休，从而确保自己的学术声誉不受影响。这是逻辑学上所谓诉诸后果的谬误。

3. 高调捧胡为哪般？

（1）顾先生师长辈分析　到此，就应该对顾先生关系较多的老师们做一分析，顾先生对于自己的教师们的态度是与众不同的，《自序》："性适自修，年十二三时，……业师屡更，往往数十日无师，而此时学业之进为最速。予之喜自购书读，读之辄了解，皆此时植其基也。……我从蒙学到大学，一向是把教师瞧不上眼的，所以上了一二百个教师的课，总没有一个能够完全摄住我的心神。"这个叙述与《读书笔记》的记录是一致的，"我从蒙学到大学，一向是把教师瞧不上眼的。"[1]"所藉于教员者，只当在启蒙一步，以外便应自修。"[2]"予于学校所课，虽良师不愿听，良书不愿习。性即桀骜，犹胜于专持教科者也。"[3]"自计读书廿年，受业之师，将以百数，究其实有裨益者，惟章、马两先生耳。余则因循随逐，知其为师而已，不知其何以师也。"[4]在《读书笔记》中，顾先生推崇的教师有章太炎、马玉藻、陈伯弢，持肯定态度的还有章士钊，毕业后在北京，"其时往来较密之教授为钱玄同、胡适、马玉藻、陈垣、沈兼士等。"[5]顾先生在《笔记》

1　《顾颉刚读书笔记》第十五卷，《餘师录·弁言》，第 79 页。
2　《顾颉刚读书笔记》第十五卷，《寒假读书记》，第 21 页。
3　《顾颉刚读书笔记》第十五卷，《乙舍读书记》，第 38 页。
4　《顾颉刚读书笔记》第十五卷，《餘师录·弁言》，第 79 页。
5　《顾颉刚读书笔记》第二卷，台湾联经出版事业公司 1990 年版，第 407 页；《景西杂记》（六）1922 年 2 月 4 日条，1961 年 7 月追记。

《日记》里对上述各位皆称之为先生，敬重有加，对马彝初有褒有贬。在《自序》中则因着具体对象的不同而做出的表述不一样。陈垣与顾先生之间主要是学术上的来往，不涉及人事关系，可置不论。而陈钱胡马沈五人与顾先生的关系都十分密切，也关乎顾先生的人事环境、出处，值得深入考察。

《自序》之与陈伯弢是这样说的：

> 哲学系中讲《中国哲学史》一课的，第一年是陈伯弢先生（汉章）。他是一个极博洽的学者，供给我们无数材料，使得我们的眼光日益开拓，知道研究一种学问应该参考的书是多至不可计的。他从伏羲讲起；讲了一年，只到得商朝的"洪范"。我虽是早受了《孔子改制考》的暗示，知道这些材料大都是靠不住的，但到底爱敬他的渊博，不忍有所非议。

此中关于陈伯弢一事，与顾先生在大学时所留存的《顾颉刚读书笔记》卷十五中的诸多原始资料截然不同，陈不仅是顾先生父亲短暂北大经历时的同学，而且顾先生受其影响很大，引录其观点的条数是相当多的，而且顾先生后来讲述春秋学在唐宋时变化的观点就直接来自于陈伯弢，如"予初诵实斋《通义》，即奋力求目录书，得其一勺，以为知味。自受业于伯弢先生，颇愿为根本之学，以执简御繁，不因陋就简。[眉批：必有繁，乃可简。徒有简，乃为陋。]乃校课逼迫，不得专事，所可致力，仍继前轨。每思两先生之言，辄汗颜不止。私计毕业以后，当刻意为之"。[1]而且，"今年蔡孑民先生来掌吾校，……于

1　见《敝帚集》（三）（287页），其他材料众多，《餘师录》（五）：陈伯弢先生谓其合于古之盖天（188页）。《敝帚集》（一）："陈伯弢先生曰：'人皆谓宋儒始变汉学，然《春秋》之说在唐已变，故昌黎赠卢仝诗曰：春秋三传束高阁，独报遗经究终始。汉以来未有舍三传而谈《春秋》者也。卢氏

哲学门尤为注重，此可喜之事也。文科学长自夏仲彝去，改聘
《新青年》杂志主任陈独秀君。闻学长本定胡适，以陈君暂代之
耳。**陈君既至，不满意于经学教授陈伯弢先生**，会学生亦有私
评，乃与校长誉伯弢先生益力，以为考据经生，非可语于哲学，
将所授中国哲学史一课截止，另延马彝初先生主之。"[1]在陈独秀、
蔡元培欲让陈伯弢**停课**之际，**最有胆量的不是别人而是顾先生，
亲自写了"上蔡元培书"**，请校长收回成命，"予非有偏袒，但
以为学主旨，首重归纳，平素主张，以教员所以资学生者，在
于博采旁搜，以观抉择，非仅讲肄科条，如习律令，而始为善也。
马先生信为通达之才，而旷观暇睇，视陈先生微矣。因主挽留
续讲，作呈校长文一件。自谓弥切事理，而同学稳重者多，虑
有伤感之嫌，遂置不发。然而文固可存也，录之于此"[2]但此信中
所述内容却值得关注。顾先生在"上蔡元培书"中说："**中国哲
学史一课，向由陈伯弢先生主教，惬心餍理，不赞一辞**。今闻
钧意令陈先生截止上课，不胜惶惊。陈先生学贯六经，其所编

著《春秋摘微》不传，弗审其宗旨如何。啖助始有成书可言，虽阴本《公》
《谷》，实与卢全同事，其弟子赵匡、陆淳述之。宋代如孙复《春秋尊王发微》、
苏轼《春秋集解》，并循其说。故江藩曰：'宋儒说《春秋》，皆啖、赵子孙也。'"
（235 页）陈伯弢先生又曰："为汉学者，当以《汉学商兑》与《汉学师承记》
合观。得其攻击，乃可知其实在。"陈伯弢先生曰"唐人义疏，以《礼记》
为最善。"（235 页）"陈先生《中国哲学史》从伏羲始。马先生《中国哲学史》
从盘古始。予谓作史者应从《易传》之语，断自伏羲，伏羲以前，无可徵信，
当置弗论（《史记》从黄帝始，则例更谨严）。"（235 页）《敝帚集》（二）："陈
伯弢先生曰：'石庄学《易》，不独宋儒理障，在所必祛，即汉儒象数之学，
亦不牵涉。《绎志》一书，在《日知录》之上。"（245 页）《敝帚集》（三）：
"又陈伯弢先生谓祝融即沮诵，亦以音纽相同之故，未得其证，正甫谓未
能遽信。"（286 页）陈伯弢先生曰："日者马彝初初来……因敦规之曰：'子
徒以笼统教中国哲学（马先生自认），则《汉书艺文志》、高似孙《子略》《四
库全书提要》三数书已足完其大端，无须他求矣。然而知然而不知所以然。
[眉批：知其如此，不知其何以如此]。'"坤按陈先生此语甚是（287 页）。

1　《顾颉刚读书笔记》第十五卷，《敝帚集》（一），第 233 页。
2　《顾颉刚书信集》第一卷，第 141 页。

讲义，融汇经典，条理秩然。……沈酲经学，周知古代之典章制度而得其会通。故所授中国哲学史，虽历数政治，并皆详备，探经籍之秘奥，握制作之大原。凡皇王所以传后，诸子所以承先，莫不于是乎在。生等愚昧，不胜鼓舞，窃以为自周而上之哲学史，惟陈先生为能得其文质递变之道。……**今才至**《洪范》，便尔辍讲，使周代之学，最繁重于六经者，**既得良师，而其绪忽断，此生等所引为神痛级惜者也**。为此，恳请校长收回成命，所有中国哲学史一课，准由陈先生继续讲授，迫切陈情，伏祈矜纳。"[1]顾先生在大学时对陈老师虽未达崇拜之地步，但十分敬重是极为明显的，还是"护陈"的"急先锋"，这与顾先生《自序》"不忍有所非议"大相径庭。

马玉藻、沈兼士是顾先生在北大预科时 1914—1915 学年的老师，"这一年的国文教师是马幼渔先生（裕藻），文字学教师是沈兼士先生，他们都是太炎先生的弟子，使我在听了太炎先生的演讲之后更得到一向切实的指导。"从《顾颉刚读书笔记》卷十五这些早期真实的记录看，马玉藻对顾先生影响最大，而沈兼士当时既不熟识，关系也相当浅。"入京以后，幸得闻章先生之绪论，以立其基。得马先生（裕藻）之课业，以坚其志。自问自心，必不苟安流俗如昔日。若能有成，皆二先生之所赐矣。"（39 页）《乙舍读书记》：马先生云云，《荀子·正名》云云，"指好古之士"云云，"然吾校马先生、沈先生（兼士）皆讥之。"（42 页）[2]至于沈兼士，《餘师录》（六）记："沈先生掔亦太炎先生

1　《顾颉刚书信集》第一卷，140—141 页。
2　其他记录有：《乙舍读书续记》："马先生曰：'明代人好事功，故学问荒塞。使顾亭林不际国变，则决不开吴派之门矣。清代人多不乐仕进，极研学问以遂其情，故文艺大兴。方其为经学之时，其心固在经学焉尔。及其研之也精，风动也众，则古代学术制度辨析无遗蕴。是知大义通论，固在烦琐得来。而康梁辈讥之以为学殖衰落者，惟见其廓然之形耳。'"（62 页）马先生又曰。"马先生又曰：'论中国文化最胜者，莫如周，所谓复古者，当

弟子,……前主大学预科文字学课,闻其咯血病甚,近未知如何。"
(211 页)而顾先生在给沈兼士的私信说:"我在那时,最得实益
的课只有二种,一是先生的文字学,一是马幼渔先生的国文。
因此,对于两位先生不能忘记。"[1] 顾先生是有家学渊源的人,"父
亲的教我《古文翼》,打好我作文的基础。祖父的教我经书,打
好我国故学的基础"(438 页),则沈对顾先生在学问上难说有多
大影响。双方来往密切是在顾先生留校之后,沈兼士、马玉藻
不仅对顾先生非常器重、私交之外,尚有公谊,是直接的上级
下属,主办国学门时极其信赖、倚重顾先生[2],顾先生晚年回忆说:

昌大其国性。国性所系,在政俗学术,其完备既莫周,则不必高求之三
代以上。……吾国国性既足独立,则不当亦步亦趋随人。'……马先生又曰:
'外国以个人为本位,中国以家族为本位,行之数千年而不变,其利胜于弊
可知。今一旦而反之,利弊则亦反。谓家族制度无弊固不可,知其弊而去
其过者,斯亦恰矣。'[眉批:屈宜若曰,善治国家者,不变其故,不易其
常。]"马先生又曰:'中国向来政权虽操于外族之手,而其家族之团结力极
强,则足令外族同化于我,而我不同化于外族。……今创说曰,中国人只
知有家,不知有国,遂欲使家族涣散者,是则国性沦丧,终同化于外族矣。
云爱国而不思所以爱国者,是削足适履,履则可履,足亦可足乎。'"(63 页)

1 《顾颉刚书信集》第一卷,第 501 页:1920 年 12 月 12 日"致沈兼士"。
2 1921 年 3 月 7 日,"沈兼士先生来看我,到及我要归家,他觉得可惜,说
现在学校里要发议论的人多,要办事的人便少,要负责任办事的人更少。
研究所将来交何人继下,大是困难。"(103—104 页)24 日,"到研究所,
兼士先生及介石兄来商研究所事,劝我弗归。"(108 页)28 日,"沈(兼士)
述马先生意,欲我打消此意,加我薪水,使雇佣人服侍,此甚可感,但家
中情形不能何!"(109 页)4 月 13 日,"昨幼渔先生来,不知何事。今日往,
乃闻吾将归,特为挽留,谓开课有望,无论如何等至暑假。予无之如何,
只能把此心迹收起。今日大风落沙,如入黄泉。归家洗面,面水为黑。'长
夜漫漫何时旦',颇有此景象。"(114 页)10 月 5 日,"兼士先生到研究所,
谓拟任我为研究所秘书,可以管理全部事务。又言朱遏先向来憨头憨脑,
我们若把文哲与史学分开如何。此事我不赞成,以如此则研究所各自为
政,无益也。"(168 页)10 月 13 日,"守常先生告我,今日见蔡校长,
我薪即加。又谓将以我为研究所助教,兼任图书馆事务。""兼士先生竭
力邀我回京,为梦麟先生亦甚盼我回来。月薪可至一百五十元。予因提
出三条件:(1)每日办半天公,(2)用一书记伴予,指定办事范围。席间,
兼士先生谓我为台柱子"(171 页),11 月 8 日,"今日《日刊》登蔡校长请

"1921 年 1 月，北大开办研究所，共分四门，国学门是其一，当时沈兼士是这一门的主任，他和马玉藻先生一起邀我入所任助教，并兼任《国学季刊》的编辑。"[1] 顾先生最后以祖母之病南归侍养。

沈兼士在顾先生到上海商务印书馆就职后，很多次劝顾先生返京，考虑相当周密，如 12 月 14 日，"兼士先生告余，明年携眷来时，校中可改为编辑，庶不致受助教百二十元之限制。又谓薪可按月支取，不受欠薪影响。"（430 页）[2] "我自知校中已极优待我，我说不出要求加薪。但事势如此，若收入不加，即无法安居北京。所以我想请先生为我留意，如能在别处机关设法弄一兼差（不烦劳的），月薪约五十元，即可胆大出门。此函请与兼士先生一阅，事忙，恕我不另函了。"[3] 二人果然为顾先生谋得孔德中学的兼职，月薪正好 50 元，沈兼士、马玉藻对促成顾先生重返北大国学门可谓起了决定性作用，沈氏三兄弟对顾先生的生活困难也格外帮忙、照顾。[4] 而双方关系十分亲密，10

兼士先生为国学门研究所主任函，研究所事始定。兼士先生谓：'你如要回去，我做此亦无味。'要我明年暑假归，我未决。这'真教我难以调停'了！"（181 页）1922 年 1 月 24 日，"以两夜未得安眠，精神极倦。……至兼士先生处请假，承得允。兼士先生述蔡校长言，嘱予勿即辞职，并谓校中实无办事人。予只得应至暑假。"（204 页）

1 顾颉刚：《我是怎样编古史辨的》，《古史辨》第一册《卷头语》，上海古籍出版社 1980 年版，第 14 页。

2 8 月 5 日，"晨接伯祥信，转到缉熙信，谓兼士先生重托他，一定要教我回校复职。因函告父亲，说明如到北京，当与妻女同出之故。兼士先生恐直接教我去要决裂，所以托缉熙转托伯祥面劝。"（261 页）8 月 29 日，"兼士先生来快信，仍邀我去，并托我挽留伯祥、圣陶到京。"（267 页）11 月 27 日，"兼士先生来信又要我到京，真难处置！"（298 页）

3 《顾颉刚书信集》第二卷，第 12 页：1923 年 4 月 29 日"致马玉藻"。

4 《顾颉刚书信集》第四卷，第 383 页：1924 年 1 月 6 日"致殷履安""我近日已无钱，已请兼士先生为我一个月薪水过年，不知能办否？"第 409 页：1924 年 5 月 1—3 日"致殷履安"："兼士先生对我说，下半年可加薪。此话如确，或者不欠亦可勉强挨过。"而 1925 年 12 月 7 日，"近以贫甚，欲月29日,写沈士远先生信,唁其祖母之丧(411页)。2月18日,"兼士先生劝我不要做别的事,专为研究所做事。我何尝不愿如此,但自己如何做得动主!"(457页)3月2日,"到沈士远先生处。在沈宅听客人谈话。尹默先生欲我为孔德学校编历史讲演稿。"(461页)当然,沈兼士如此器重顾先生是要用他,不仅学术上,其他各种事物都愿意交给负责任的顾先生去办,以至于顾先生感到苦不堪言,1925年1月30日,"予只喜做自己学问上的事,奈何!"(585页)1924年12月30日,"兼士先生述玄同先生语,谓'你用颉刚不可这样用',盛意甚可感。"(565页)以至于顾先生有了愧疚,"研究所中,无论如何,沈先生容忍我,总不能不做些事。"[1]

但胡适钱玄同则不同,而顾先生在《自序》中说:"适之、玄同两先生固是我最企服的师","我非常地感谢适之、玄同两先生,他们给我各方面的启发和鼓励,使我敢于把违背旧说的种种意见发表出来,引起许多同志的讨论。"这给人的印象是胡、钱对顾先生影响巨大。

胡适可以算得上是顾先生北京大学的本师,一般人的印象中,顾先生从胡适刚到北大讲哲学史自周宣王时代开始就受到震撼,受了极大的影响,迅即成为追随者,关系也始终密切,但实际上绝非如此,下文还要详考。而钱玄同则是顾先生留校后才认识的,钱玄同,浙籍,出生苏州,留日出身,又曾是章太炎弟子,属浙派边缘人物;交往并非素厚,在听说之初,对钱玄同还有鄙薄相轻之意,《顾颉刚读书笔记》卷十五:"高等师范教员钱先生(夏)闻通英文,亦著之讲义以为讹谬,倘所谓未

将《历代诗余》出售,得款购冬衣。知孔德正在购书,因送去。今日尹默先生见招,将书退还,假以百元。可感也。"(686页)1926年1月6日,"兼士先生为向校中借得八十八元,可还许多小债。"(707页)

[1] 《顾记》第一卷,第673页;1925年10月18日。

达一间者欤。"（42 页）《顾记》1919 年 1 月 12 日，"钱玄同一辈人，只要新，便是好；若事物可以无因而至者，故凡新皆可取也。谬甚。"（60 页）8 月 14—15 日，"我对于钱玄同辈的有新无旧一派有极好的譬喻：他们仿佛以为人类是可以由上帝劈空造出来的，不必由微小的生机而虫而鱼而禽而兽的进化来的。劈空造出来果然是很新鲜，不带着一些旧的色彩，没奈何只是一个弹指楼台的幻境罢了。"（109 页）顾先生对钱真实的评价是："表面上虽突梯滑稽，内心是真肯读书的人，异乎一般好出风头的。"[1]桑兵先生也认为顾对钱"亦无好感"。[2]留校之后，二人关系丕变，但属私交范畴，思想异常相契，鲁迅说钱玄同"好空谈而不做实事，是一个极能取巧的人，他的詈骂也是空谈，恐怕他自己也不相信他自己的话，世间竟有倾耳而听者，因其是昏虫之故也。至于鼻公，乃是必然的事，他不在厦门兴风，便在北平作浪，天生一副小娘脾气，磨了粉也不会改的。疑古亦此类，所以较可以情投意合"。[3]

实际上，当时知识界的主流就是反传统，所以顾先生在《自序》极力倡言与胡、钱的关联似颇牵强。但是，"层累说"的仓促出笼，把顾先生置于一个十分尴尬的位置上，《古史辨》的被迫重启，正是心灵备受煎熬，面对自己声名上的窘境和迫在眉睫的出版，胡适竟然没有施以援手的意愿，内心大概相当不爽，因为这是在给你胡适帮忙时发生的，而这一下子就掉进阴沟里难以自拔，1926 年 6 月 6 日，顾颉刚向胡适借钱后痛哭是一种倍感屈辱的情绪。[4]顾先生在《自序》中却如此高调推崇二人，

<hr>

1　《顾记》第一卷，第 324 页；1923 年 2 月 13 日。

2　桑兵：《厦门大学国学院风波》，《近代史研究》2000 年第 5 期。

3　《鲁迅全集》卷 12，人民文学出版社 2005 年版，第 222 页，鲁迅致章廷谦 1930 年 2 月 22 日。

4　《顾记》第一卷，第 755—756 页："近日手头干涸已极，后日须付房金。没有法子，只得向适之先生开口借钱，承借六十元。予感极。自想予家非无

原因何在？仍有待发之覆。

（2）外势与实地 北京大学自蔡元培实行教授治校后，内部很快形成了明显的英美派和法日德派，斗争激烈[1]，而沈兼士及其兄沈尹默、弟沈士远是北大历史上的著名三沈，根基深厚，所在的浙派长期把持北大实权，用围棋界的术语可谓占有实地，而胡适以新文化运动起家，后来成为英美派的领袖，陈源等所在的英美派有社会舆论阵地，用围棋界的术语可谓外势雄厚。北大校内派系之争，顾先生在本科期间就已经深切地感受到了。1919 年 6 月 17 日致叶圣陶书："北京大学，人家怎样的赞他，说他怎样的爱国，怎样的热心，怎样的有团结力，哪里知道里边党派分歧，私仇固结，排抵强烈至于如此，冤诬有志之士，自杀文化发展力又至于如此。"1919 年 7 月 25—26 日致殷履安说："现在事业最发达的，就是党派最得势的。其实发达的，只是党派，何尝是事业，党派一天天地发达，事业便一天天地堕落。照中国现在的情形看来，真正要说'中国不亡，是无天理'了。我既经有这样的觉悟，以后寻起事来，若说迁就党派，以分'一杯羹'，自问良心何在？"留校之后，更是体会有加，采取了中立立场，"校中党派意见太深，在极小的地方倾轧得无微不至，和旧家庭的妯娌姑媳一般，消耗精神于无用之地，至可悲观。和前数年之北大有革新气象大不同了，我虽不加入旋涡，

钱，父大人亦非不肯寄钱，但我竟以种种牵阻，终不能向家中取钱，反有赖于师友之济助，思之悲愤。回家后哭了一场。"从心理分析讲，顾先生向胡适借钱并非仅此一次，而是很多次，只在此种背景下、只有此次后痛哭，才得此一结论。

1　参看《胡记》第 4 册第 202 页记载的一例：1925 年 1 月 17 日："通伯又谈北大所谓'法国文化派'（也即顾先生日记中的日法德或浙派）结党把持，倾轧梦麟的情形，闻之一叹。梦麟方倚此辈为心腹朋友呢！我虽早窥破此辈的趋势，但我终不料他们会阴险下流到这步田地！此辈者，李石曾、顾孟余、沈尹默一班人也。"《顾记》中有时用皖派称呼英美派，似不稳妥。

但看着终觉头痛。将来有机会，颇想舍之他去。"[1]2月1日，"到幼渔先生处谈话。又到适之先生处谈话。"（446页）在英美派《现代评论》成立的约稿宴会上，顾先生和潘家洵是仅有没有留洋经历的人；而《语丝》周刊成立宴会上，顾先生又是发起的七人之一。顾先生游走学术界的本领由此可见一斑。以顾先生的小环境而论，北大文史圈是以章太炎弟子为主，顶头上司沈兼士是主任，胡适插不上手，前此，沈兼士就对顾先生在《国学周刊》发表胡适文章表示不满[2]，实际上，这是沈兼士对体认的嫡系疏离自己而亲近外人的不满。

（3）《自序》、陈源与胡适态度的巨变　分析至此，我们暂且搁下对《自序》内容的分析，先看看顾先生《自序》完成后的一个异常迹象，顾先生未与胡适联系，这就与一般人对胡顾关系始终极为密切的印象大相径庭。当然熟知胡适的人可能说，胡适于1925年9月下旬离京，直至1926年5月中旬才回北京，不便联系。这种说法看似有理，但实际情况恐非如此。1926年3月16日，顾先生还和人在上海的胡先生通信，而胡适周游各地，报纸皆有报道，顾先生如果想联系就肯定没问题，而关键在于顾与胡的微妙关系（前文已有分析，其他见下文）。撰写过程中，顾先生请他的"红颜知己"看过，写完之后既没有给同在北京的"疑古人杰"钱玄同过目，也没有请朴社内部密友叶圣陶、俞平伯等文学名家榷商，

1　《顾颉刚书信集》第一卷，第428—429页：1926年3月16日"致胡适"。

2　《顾记》第一卷，1925年10月18日，"今日，沈先生在恳亲会中对于我所编之《周刊》有不满意之言，因此决心辞职，庶可专心为学。"（673页）20日，"兼士先生来，挽留。维钧、建功、伏园来，挽留。"此处顾先生1973年补记原因说："沈兼士先生之所以不满我编辑《周刊》，为我登载胡适《吴歌甲集序》耳。胡任研究所委员，而谓不能登其文，理由何在。总之，在北大中，浙派与皖派处处闹对立，而我在夹缝中度生活，所谓两姑之间难为妇者，生涯亦可怜矣。"（673页）

而是请了北大英文系教授陈源（通伯）审阅，4月28日，"到通伯处，送《自序》稿。"这不得不让人追问一下，顾先生动机何在？其目的显然不在修改文字。产生的结果，29日，"通伯来谈，评骘《古史辨》序。《古史辨》序中孟姜女故事的一部分，通伯谓离之两美，合之两伤，因拟独立。"（740～1页）《自序》自注也提到：对于孟姜女的部分，"陈通伯先生看了，力劝我删去，我听了他的劝告，便把这一部分独立为一文。"这就给人一种不太自然的感觉！顾先生对于吃文学饭人的态度一向是有保留的，"日来觉得凡是文学家都是最不负责任而最喜出主张的人，非我所能友"。[1] 仅仅是调整结构吗？所以我们就必须考察其中的原因何在！

陈源是无锡人，小顾先生三岁。陈源先后在英国爱丁堡大学、伦敦大学攻读政治经济学，1922年获博士学位回国，即任北京大学外文系教授，1924年在胡适的支持下，与徐志摩、王世杰等共创《现代评论》杂志，这时主管《闲话专栏》，偶写杂文。二人结缘之初，"予与彼向不相识，徒以予之期刊上发表文字多，为所注目，又以予为近同乡，乃常至予家谈话，遂为稔友"[2]，属于铁杆好友。1925年，陈源与鲁迅因北京女师大风波结怨，相互笔战。在陈源与鲁迅的骂战中，顾先生刚刚为陈源提供了鲁迅《中国小说史略》"抄袭"日本学者盐谷温的《支那文学概论讲话》的材料，搞得鲁迅狼狈不堪，令陈源大占上风。[3] 投之以桃，则报之以李，而陈源"对待朋

---

[1] 《顾记》第一卷，第383页，1923年8月6日。

[2] 《顾记》第一卷，第446页，1924年1月21日后1973年7月补记。此似为晚年回忆之误。《顾记》第一卷1923年12月25日："与介泉访陈通伯，未遇。"当是顾先生主动结识陈的，次年1月21日陈源回访。

[3] 学界对到底谁是幕后黑手迭有争议，实际上无须争执，顾先生本人承认"黑材料"就是他提供的。《顾颉刚书信集》第二卷，第172页：1927年3月19日"致容庚"信中说："鲁迅……因我指出《中国小说史略》的蓝本，

友是不负责则已,既负责则负责到底,任何艰难在所不顾"[1]。《古史辨》第一册 1926 年 6 月 11 日出版,就在八天后的 19 日,顾先生"闻通伯言,(胡适)先生将为一书评,登《现代评论》"。以顾、胡之关系,此重要消息顾先生不得自胡先生而竟然得自于陈源,而胡适从不肯为顾先生写序到书评里吹得天花乱坠,这表明陈源是沟通顾、胡关系的关键,陈源对胡适态度的巨大转变所起的关键作用灼然可见,让人大感意外!不仅如此,陈源在次年的《现代评论》上大力表彰《古史辨》,将其列入"新文学运动以来的十部著作"(实列 11 部)中,而且是学术方面的唯一著作,就连胡适对其只取《胡适文存》而不列《中国哲学史大纲》感到不满。难道《观堂集林》不比《古史辨》更有学术价值吗?由此可见,二人关系之瓷实非同一般。这其中有什么隐情吗?

(4)扶得东倒又西歪 如上所述,顾先生编纂《古史辨》的初始动机既然仅仅是商业目的,又明明知道北大和他自己所在单位的人事关系极度复杂,顾胡二人的关系基本上属于私交范畴,下文有详细论述。而《自序》却表明自己受胡适影响最大,这就等于是公开站队,主动打破了自己的中立立场,顾先生为什么要打破这个平衡?这就与顾先生寻常看不见偶尔露峥嵘的性格有关。

《自序》之与胡适,备至推崇,明显太过。就以进化论而言,当时潮流激荡,梁启超的言论影响无远弗届,顾先生 1916 年也读过严复的《天演论》,非要说顾先生在 1917 年 24 周岁以后才受胡适的影响是否太过牵强。而《自序》却突然高调推崇胡与钱,这自然令人吃惊,甚至令人错愕,顾先生固然

恨我刺骨,时时欲中伤我也。"
1 苏雪林:《陈源教授轶事》,《苏雪林自选集》,江苏文艺出版社 1996 年版,第 35 页。

也强调了不服从偶像，但《自序》里确确实实地把胡先生当作偶像推许了，其他再多的平衡话语也是软弱无力的。那么他在《自序》中为何偏偏要如此高调吹捧胡适——不同寻常的颂扬，甚至表述出中国的学术研究到了胡适达于极致的意味呢？这既涉及胡适当时在中国社会与学术界的地位，也涉及两位先生间真正的师徒关系，又牵涉到北大内部派系。《自序》如此高调吹捧胡适，实际上是一种非常巧妙的表达方式，既是给胡适的投名状，就如顾先生在解放之初应红色史学家赵纪彬的邀请而写长篇自述一样，使用者皆当谨慎。[1]在学术界高层的暗战中，顾先生的《自序》是输诚于英美派的表示。如果顾先生真像他自己说的对胡适那种情感，解放之初那么快就批判胡适也就不是太容易理解的了。另外一层实质就是要"绑架"胡适，"摆出一副要死大家一起死"的架势，因为胡适是极为有用之人，是唯一可以帮他们摆脱困境的人，顾先生之所以殷切期待胡序、强调和胡适的师徒关系也就不难理解了。《自序》是昭告天下，我得了一代宗师的点拨而成金，

---

[1]　高增德、丁东编《世纪学人自述》第一卷，《顾颉刚自述》："进了大学，上了胡适之先生半年哲学史课，觉他条理清楚，裁断有致，不肯贸然信从古人，已很佩服他；在杂剧里，在小说里，种种的不同，好像没法理清的一堆乱丝，现在经他的手法，不但理得秩序不紊，而且把各个的时代背景都指出来了，这是中国学者的文章里从来没有的，是梁、章二家所写不出的。……直到我看了一些辩证法的书才知道，他原来用的是辩证法里的联系的观点和变化的观点，不把一件东西看做孤立的和固定的。……我自己曾因看戏而将戏剧里的故事和小说及正史比较过，错乱极了，我想了几年想不出整理的方法，自从看了胡先生这篇文章，恍然大悟，触类旁通。我又想起古代史里神话传说极多，神话传说同戏剧小说里的故事一样，是不是可以拿研究故事的方法来研究古史呢？一想到这里我就豁然贯通了，于是有《古史辨》的出版。所以，我的研究古史的方法，直接得之于胡先生而间接得之于辩证法。……自在北大毕业，我才认识钱玄同先生。他为了家庭关系，生活不安，不能著作，除了教音韵学之外，一肚子的学问不能为人家所知道。"（北京十月文艺出版社2000年版，第67—68页）

我的方法来自于胡适，我与胡先生同体连枝、水乳交融，我要有什么错误，胡先生也要承担责任，即使你不再表态，但我顾先生的声誉即胡先生的，链接胡适的动机是"拉大旗做虎皮，包着自己吓唬别人"从而达到遮阴避雨之目的，这是逻辑学上所谓诉诸权威的谬误，从这个角度看就自然而然。

苦于无法公开抱怨，使得倔犟执拗的顾先生退无可退，利用胡适好名的人性弱点[1]，"胡适好人吹捧，以是误入歧途。"[2] 写出了《自序》。顾先生的真实意图果然被胡适看出来了，胡适当然无奈，因为那么多信件俱在，毋庸否认，也没有理由阻止发表，在真正见识了顾先生后，胡适对顾先生的性格有了新认识，1926年5月19日，"适之先生谓予貌若平和而内甚激烈"（748页）。而这就正好回答了前文笔者提出的问题，在胡、顾和陈这个三角关系中，陈源是居间的关键所在，陈、胡系北大的平辈教授，是北大英美派的两个中坚人物，于公于私都是非常亲密的关系，于私可以无话不谈，于公则是同一派系，存在着共同的利益；顾、胡则属于师生关系，一直存在着距离，有的话只能点到为止；而顾、陈则是亲密的私人朋友关系，可以无话不谈。1926年6月19日，"适之先生在北大学术研究会演说，谓《古史辨》出版为彼有生以来未有之快乐。"（758页）相对于顾先生的上述朋友，一向理智的胡适却表现得令人慨叹，是被感动得一塌糊涂，抑或是被绑架后的无奈？只有他自己心里清楚。

当然，介入派系之争肯定不是顾先生的本意，这从其同时公开颂扬钱玄同可以知晓，值得注意的是，钱玄同的性格是随

---

1 《顾颉刚书信集》第四卷，1920年11月8日"致殷履安""我之与他，肯用功，过分勉力，是一样的；但他比较我，更多一桩好名心。……他的‘名心’，却是随时随地地发展，要让人家晓得的越多越好；所以勉力起来，更不得了。"

2 《顾颉刚日记》第十一卷，第515页。

时可以帮他打抱不平、袒护他的，论战中就是这样，《说文证史专号》也是如此。台湾杜正胜先生以黑社会打手和发号施令的老大来比喻顾先生和钱玄同的关系并非没有道理。[1] 胡适是具有巨大社会影响力的学术界领袖，有极大的利用价值。《自序》的表述是在追求一个平衡，既要寻求胡适、钱玄同的关爱，又不能剑指学衡派、刺激论战对手，表达自己的可怜境遇只能泛泛归诸为社会和单位，这应该是顾先生反复思考、权衡之后，在两害相权取其轻之下的无奈之举，属于百密一疏。但这意味着顾先生公开站了队，使顾先生与胡适产生出一损俱损、一荣俱荣的关系，同时自然贬低了另外的派系及教授。而顾先生是学界下一代中公认的翘楚，《自序》必然牵动着派系间声势的消长。这也就可以合理解释胡适对顾先生态度的转变以及鲁迅等人对顾先生的深恶痛绝。

但《自序》却意外搅得一池春水泛起了涟漪，其问题在于扶的东倒又西歪："也有爱我的前辈肫挚地劝告道：'你是一个很谨厚的人，何苦跟随了胡适之、钱玄同们，做这种不值得做的事情！'我……禁不住在腹中暗好笑。"这个前辈应该就是顾先生的顶头上司沈兼士，书中虽然并未点名，但北大圈子内的人应该不难猜出，沈兼士等人并不保守，学问是近代式的，但基本上近于纯学者，其修养更近于传统士大夫，绝无可能去为顾先生违心之辩。即使内心不满，仍带着在北京生计无着、负债累累的顾先生赴厦门。从字面看，对于沈兼士的描述并无什么欠妥之处，沈氏兄弟待顾先生不可谓不厚，而《古史辨》第一册书名题字又是请的沈氏三兄弟的老大沈尹默，书内竟如此嘲讽老二沈兼士的好意，这不免令人齿冷。在沈兼士等一派人来

1　杜正胜：《从疑古到重建——傅斯年的史学革命及其与胡适、顾颉刚的关系》，《中国文化》第十二期，第 230 页。

看，顾先生不仅"身在曹营心在汉"，而且昭示天下，当然是"玩弄师长的忘恩负义的小人"，难免产生养虎遗患之感。当许多人的同情都加诸顾先生之身后，那么憎恶的一面必出，社会又是泛泛的，具体的就集聚到北大国学门了。[1]《自序》的问世，才真正使顾先生成为天下皆知的"胡适门徒"。这点从稍后 1927 年 4 月 28 日顾先生给胡适的信中可以得到印证，顾先生力劝胡先生不要再热衷于政治，而是要在学界驰骋，"先生在学问上的，我认为方兴未艾，可以开辟的新天地不知有怎样大，此中乐事正无穷尽。在这一方面，我们故常为先生鼓吹，使先生的力量日益扩大，就是反对先生的人，他们也不敢说什么话，即是说来也是极浅薄的，比之蜉蝣撼大树而已。所以我希望先生不要辜负了自己的才性和所处的时势，努力向这方面做去，成就新史学的功绩。先生在这方面的领袖地位，是没有人抢夺得了的。"[2]这样两人就可以拉帮结派。《自序》确实成为现代新闻出版传播史一次极为成功的自我营销。

　　这说明，平时不撒谎的人偶有不实之词更能骗人，顾先生的《古史辨》自序就是如此！此后，顾先生对北大尤其是其人事避之唯恐不及就是《自序》产生的副作用，而且成为顾先生一生的心中之痛、难言之隐。1931 年 3 月 11 日，因胡适、傅斯年多次以当时专任教授的最高荣誉礼聘顾先生回北大，顾先生写道："我进北大，介泉、绍原、缉斋均在，对我继续攻击自在意中，终以不去为宜。"顾先生未记攻击内容，此三人均是顾先生的北大同学。据《顾颉刚日记》解释潘介泉是嫉妒顾先生学

1　鲁迅因为在厦门和顾先生发生矛盾，1927 年 5 月 11 日在武汉《中央日报》刊发信件，将沈顾二人的矛盾公之于众，指责顾先生"使兼士愤愤"，而此刊物的编辑也是顾先生的同学、密友孙伏园，其直接的导火线应该就是《自序》。

2　《顾颉刚书信集》第一卷，第 443 页"致胡适"。

术地位的骤然提升，但江绍原、汪缉斋等人攻击顾先生就不大好理解了，江是安徽人，汪是山东人，都是留美出身。而他们三人显然不会公然攻击顾先生的学术内容，因为他们并不懂历史专业，要攻击也是在顾先生做人的方面，尤其是顾与谭的交往等个人私德。3月13日，北大校长梦麟出面，"邀予必去"，"北大实是是非之场，能不去时总不想去。"[1]顾先生本人竟然无法将真实原因告诉他最亲密的胡师傅友，以至于傅斯年当面对他表示"颇不快"（509页，1931年3月21日条），傅斯年后写信斥责顾先生，说："燕京（大学）有何可恋，岂先为亡国之预备乎？"（536页，1931年6月12日条）。不论如何，事实是以当时的社会心态，顾先生的做法并不合乎社会的正常伦理。因为你否认社会心态普遍认可的事实行为，只能让人更觉得世故乃至奸诈。

（四）绵密的宣传攻势

《古史辨》第一册出版之后，顾先生的亲密师友及商业伙伴发动了绵密的宣传"轰炸"。作为亲密朋友兼商业伙伴的周予同写书评《顾著〈古史辨〉的读后感》[2]声援顾先生：

> 以前不说，我一年来所阅读的书籍，自第一个字看到末字的，可以说绝对没有；但颉刚这部书居然成了例外。……原书态度之诚恳与勇敢，及方法之新颖与缜密，给我们以一种诱惑

1　《顾记》第二卷，第506页。

2　《文学周报》第233期，民国十五年七月十一日。周予同在《读后感》里悄悄地埋了一个伏笔，不仅指出方法有问题，也不支持顾先生的结论，赞成的只是顾先生做学问的态度。而在二十年后竟公然斥之为"邪说"。《顾记》第六卷，1947年1月11日："丕绳告我，黄永年告彼，近日周予同在复旦讲堂上大骂我，谓我'邪说横行'！此真怪事，我有何邪说耶？……惟念当《古史辨》初出，予同亦颇捧场，何前恭而后倨耶？"周先生秉着学术良心，实事求是地评价了《古史辨》，值得赞扬。但一块赚钱时出来捧场；没有共同利益时，又贬斥之为"邪说"。

的魔力。……这部书所给予学术界的影响，与其说在辩驳的结论，不如说在他治学的态度与方法，更其是在态度方面，能引起人们热切的同情与兴奋。……他的态度与方法，那我们只有赞叹。……颉刚在我们友朋中，是低着头努力的人。他不说空话，不喊口号……是有计划的，勇敢的，就心之所安，性之所近，力之所至，以从事学问和著述。……颉刚才真真是沉醉于学术的人。……这本书本来是一本比较专门的沉闷点的书，但我读了之后，不觉引起很深切的愤慨和同情。

孙福熙《〈古史辨〉第一册》文首发于 1926 年 8 月 21 日的《北新周刊》第一期，曾任北大图书馆管理员，后留法。其兄孙伏园是顾先生的北大同学、同事，常求顾先生写稿。该文对于顾先生的治学态度高度、全面、充分加以肯定，并称许顾先生方法的科学，并向各界推荐，"《古史辨》是专门的书，但研究无论什么学科的人都可采取他的方法应用到自己所研究的范围中，所以不是古史的人也应该一读的。"

王伯祥《读〈经今古文学〉和〈古史辨〉》文首发于 1926 年 9 月 5 日《一般》诞生号，王先生是顾先生中小学同学，朴社的商业伙伴。他的介绍基本上是客观的，推荐《自序》：

直把顾先生出生以来到最近的历史很详尽地告诉给大家。……这样的长序，实是"古未有之"的创格。……我们在这《古史辨》中要求知道的条件，不在若干讨论辨诘的结果，而在了解他那不自足的精神。……他那种渴求学问的气概和锲而不舍的精神，直令人佩服到了十二分。……我读《古史辨》的要求，只想认识了顾先生的精神。

密集的宣传当然会在商业上起到良好的效果，但其评价基本上还是客观的，而且主要是强调顾先生做学问的态度，而不是学术的结论[1]，这一点和不少学者私下的评论是一致的，1926年8月2日，"莘田谓予治学精神不可及，态度甚好。此言仲沄亦言之，一山亦言之"。在这一点上，顾先生"以为知言。较之言予学问好者迥不侔矣。"（181页）是有自知之明的，"我听了他们的赞扬的话，心中自然喜乐，但一想起'名不副实'，又觉得惭愧了。"[2]"弟自分数年之中，得名太骤，实不副名。因此，凡有称誉我者，反躬自省，惟有踧踖。"[3]

四、"史学革命"的真相

（一）"史学革命"的诞生

《古史辨》第一册出版不到两个月的7月31日，"《古史辨》社中仅存四百余册矣（原印两千册），大约三四个月内须再版。"（773页）"销路好极了，一年里竟重印了二十版。这样，朴社（也即景山书社）的经济基础就打好了。"[4]不仅商业运作大获成功，顾先生也赢得了较好的社会声望，到厦门后被直接聘为教授。

而胡适先生坐在穿越俄国的火车上写出《介绍几部新出的史学书》的书评，刊载于1926年9月4日《现代评论》第四卷第九十一期。他气吞山河似的宣告：

> 无论是谁，都不可不读顾先生的《自序》。这篇六万多字的《自

---

1 《顾颉刚书信集》第二卷，第181页：1928年3月26日"致容庚"："旧朋友来信说，'我们所以佩服《古史辨》，只为它态度的猛进，可是它只有开头，并无结果。现在若不继续努力，真教我们失望了。'"

2 《顾颉刚书信集》第四卷，第427页：1924年5月10日"致殷履安"。

3 《顾颉刚书信集》第二卷，第229页：1927年2月20日"致冯友兰"。

4 《我是怎样编写〈古史辨〉的？》，但据胡厚宣说，此一回忆有误。见《顾颉刚年谱》，中国社会科学出版社1993年版，第127页。

序》,是作者的自传,是中国文学史上从来不曾有过的自传。……这是中国史学界的一部革命的书,又是一部讨论史学方法的书。此书可以解放人的思想,可以指示做学问的途径,可以提倡那"深澈猛烈的真实"精神。(顾先生的)这些结论,在我们看来,都是可以成立的。但几千年传统的思想的权威却使一班保守的学者出来反对。南京出来一位刘掞藜先生;连我的家乡,万山之中的乡村,也出来一位胡堇人先生。……可以说,颉刚的"层累地造出的中国古史"一个中心学说已替中国史学界开了一个新纪元了。中国的古史是逐渐地、层累地堆砌起来的——"譬如积薪,后来居上",——这是绝无可讳的事实。……在中国古史学上,崔述是第一次革命,顾颉刚是第二次革命,这是不须辩护的事实。……他的结论也许不能完全没有错误;他举的例也许有错的。……但他的基本方法是不能推翻的,他的做学问的基本精神是永远不能埋没的。

　　古史体系的成立与否是一个学术问题,也即胡先生在《读后感》文所说的真伪问题。前此,"层累说"还是一个"应该虚心地仔细研究"、"虚心地试验"的"一大贡献",此时却给同样的人包括他那关系极为亲密的族叔(甚至有可能指他本人)、同样的文章扣上"保守的"大帽子,胡适此时"大有炸平庐山之势",铁嘴钢牙般咬定"层累说"是一次革命,并且宣布它是历史学的一个新纪元。这已经不是学者讨论学术的态度了,这期间,顾先生并没有增加新的学术论证,除了那篇令人潸然泪下的"文学性"自传,如果没有学术之外因素影响的话,适之先生思想的突然转变就不可思议了。难道他忘了《读书杂志》的停刊?忘了《史地学报》的"暴尸"?竟会认为原来我在大时代里的位置如此重要,竟然达到了中国学术研究的顶峰,竟有点石成金之妙手……笔者推想原因可能是,出身于徽商地界的胡适本就深谙推销术，加上深谙现代传播效果的胡适发现，两年多来反方并未注意到正方的漏洞，在这时只有喊得声音越大，才越能吓住对方，才能制造出影响并取得最为理想的效果。胡适的政治尝试、政治革命没有成功，却斜刺旁出来一个"史学革命"。什么叫革命？哪里有革命？"层累说"在学术上的失误请参看中篇的研究。在胡适那些年写出的各种评价中，这个是里程碑，那个是新纪元，表面热热闹闹，实则空洞无物，文化的发展与建设是一个需要透过很长时间才能判断出真实意义的课题。但它硬是使中国学术摆脱、冲破了既有学术规范的束缚，像脱缰了的野马失序狂奔。启蒙战胜了学术。这是一场伟大的史学革命还是一出义和团式的拳乱？这是一个非常值得深入研究的课题！

即使胡适那么高调颂扬，但在民国的社会和体制下，毕竟无法一手遮天，仍然有纯学者对"层累说"进行纯学术的评价，清华大学教授陆懋德《评顾颉刚〈古史辨〉》一文开宗明义说："此书实为近年吾国史学界极有关系之著作；因其影响于青年心理者甚大，且足以使吾国史学发生革命之举动也。……其书富于怀疑的精神，大抵谓古史多不可信，并言尧舜禹并无其人。……顾君愿为'科学的史学者'，余惜其书中亦有未能尽合科学之理而易滋青年后学之惑者，故余略为评语数则于后，以比于商榷之义焉。……崔氏书出版百余年，在社会上无甚势力，顾君书出版未数月，而学界即感其影响，此则时代之关系使然也。……（将尧舜禹有无推给考古学）余读顾君之书既竟，甚服其用心之专，立志之勇，而预料其所用之治史方法是在吾国史学界内发生极大变化，故余承认其书为近年吾国史学界最有关系之著作。……余甚愿顾君能用其方法以治周以后之史事，则其廓清之功有益于学者者必大于此矣。顾君之书虽未求得结论，而三千年以前之尧舜禹者，其存在已受其影响，而其地位已感其动摇，则此书势力之大亦可惊矣。"[1]而后又张荫麟、梁园东等持续不断地批判……但理智的声音竟微弱到产生不了多大的影响，吴宓为何炳棣讲述中国近世历史政治的大体见解，其一是每期、每事，右（改革或维新 Reformation）派败而左（Revolution 革命）派胜，然右派之学识较深宏而主张较准确。[2]实际上，这种倾向从一十年代的"国故论争"就是如此，除了张煊和薛某，没有人去公开论战。而传统士大夫的态度是君子不党、不争、不得罪人，公开反对的声浪即告消歇，私下的议论却频频不断。[3]

（二）"史学革命"的心路之旅

按照时间顺序，本节应当置于前面相关讨论《自序》之处，考虑那边结构本就失当，而由上述的分析可以得知，顾先生有一些并非正常学者的行为，在此处回头深入考察其所谓革命的"心路之旅"时，就相对容易解释顾先生心态的隐秘之处。身体状态与心态也有着密切的关联，顾先生在北大期间读过不少心理学书籍，他早就认识到："照心理学上讲，一个人当用心注意时，及感情激荡时，身体上就起了变态。想来我的变态起的大了，所以就妨碍于身体的安康了。"[4]因此，本节一并考察。

1　1926 年 12 月首发于《清华学报》第三卷，第二期。

2　吴学昭编：《吴宓日记》(1936～1938)，三联书店，第 33 页，1936 年 8 月 8 日。

3　就《顾记》所见有：第一卷，1926 年 7 月 30 日，"风举先生见告，谓日人某君持我之《古史辨》往质于诸耆宿，皆谓看不得，惟王静安先生谓其中固有过分处，亦有中肯处。"（773 页）1931 年 2 月 27 日，"谭其骧君告我，张孟劬先生在讲堂上说：'现在的人读得两句书，就要疑古，真是不得了。古代的事没有假的。'盖指予也。赵肖甫君告我，他以《古史辨》与夏震武先生看，夏先生说：'想不到世界上竟有如此妄人！'"（《顾记》第二卷，第 500 页）1931 年 3 月 2 日，"思和见告，谓张孟劬先生在讲堂上说：'现在的人用了神经病的眼光研究上古史，说尧舜没有，正如说张采田没有一样可笑。'"（《顾记》第二卷，第 502 页）1931 年 10 月 1 日，"其骧告我，邓文如先生评我：'人甚诚恳，亦甚用功。惟疑古入了迷，成为成见，往往无中生有，为可惜耳。'"（《顾记》第二卷，第 568 页）

4　《顾颉刚书信集》第四卷，1920 年 3 月 30—31 "致殷履安"，第 174 页。

在求胡、钱之序将满三个月而竟不可得的情况下，1926 年
1 月 12 日，顾先生启动了一个史无前例的《自序》工程。我们
来看详细过程。《自序》始见于《日记》，"草《古史辨》序四千言。"13
日，感慨社会状态差，"盐务署过阳历年时只余五元，北大只二
角七分五，政府之穷可想。……商人之艰亦可见。"此后的 14 日、
15 日、16 日、18 日、19 日、20 日均有写《自序》的记录。14
日"续作《古史辨》自序六千言。"15 日、16 日，"翻看前数年
笔记"（709 页）18 日"作《古史辨》序三千言。希白、元胎
来谈。"19 日，"作《古史辨》序二千言。"（710 页）20 日，"作
《古史辨》序二千言。看笔记，集序文材料。"21 日，"以**昨夜失
眠**，迟起。日来作文较多，又失眠矣。上午三点醒，**至七点许
始得朦胧，长夜转侧，殊以为苦。**"22 日，"翻笔记集《古史辨》
序材料。"23 日，"翻笔记集材料"。（711 页）24 日，"**近日依然
心宕，夜中必醒，一醒必二三小时不寐。大便又秘，苦极。**"25
日、27 日、28 日均有"翻笔记，寻序文材料"的记录。26 日为
"看笔记，寻序文材料。**慕遇来书，示近作《黑夜里的小沙砾》
一文，愤悱惨恻，如见其人。**她将来的境遇，以现在的情形推勘，
为恐怖黑暗压迫以死，自甚近情。但**如此奋发凌厉之人，若终
受制于环境，坐令抑郁至于绝望，人生真太残酷矣。**"（712 页）
1 月 29 日，寻序文材料。30 日，"席间闻咋夜国家主义团体在
二院宴会厅开会，讨论反对俄人出兵北满事，共产党混入捣乱，
挺击国家主义中坚人物，**致谭女士受伤。闻之骇绝。**谭女士《黑
夜里的小沙砾》一文竟应验矣。"31 日，"看笔记"（714 页）。2
月 2 日，"以**昨夜失眠，不敢多做事。**……咋夜宴后饮雨泉茶过
多，又致失眠，二点许即醒，直至六点始得小眠。以后夜中当
禁饮浓茶及咖啡。**予之不自由至此。**"4 日，"抄录笔记。"（715 页）
5 日，"抄笔记。"（716 页）8 日，"**看《花阵绮言》二册。**"9 日，"看
《花阵绮言》毕。"（717 页）14 日，"天明，游览一周，即回。……

归后,**倦甚,伏案小眠**。算朴社账,发报告,夜饭后早眠。"(718页)
15日,"以前夕未眠,今日**早起不能张目,眼酸流泪。小眠片时,
渐瘉。午后已如常,犹稍昏眊耳。**"(719页)17日,"去冬未下雪,
今日晓起,乃见雪积半寸许。步行街衢,颇饶美感。拜年至可厌,
然有许多地方不能不去,又有他人既来不能不答。看一年只有
一回面上,且牺牲数天罢。"19日,"《周刊》所载《一九二六年
始刊词》,称道之人极多,皆以为惬心餍理,金甫谓甚有西洋人
之精神。士远先生谓读此正在热病中,不觉精神顿爽。"(720页)
21日,"**连日游览应酬,身体既倦,精神亦散,要做事颇勉强矣。**
因知生活不定,必难从事学问。近年国内学殖荒落,学者个人
无志之罪小,社会不安宁之责大也。今日风狂甚。"22日,"作
《古史辨》自序三千余言(第二次稿)。"23日,"作自序七千余言。
**拂晓得一梦,梦中作诗。……所谓'误我'者何事?如在情爱
方面,我甚愿其误,且二十年后亦不冀其醒也。**如在学问方面,
则无所谓误,且安有二十年之期耶?记此,待……验之。"(721
页)24日、25日、26日,都有"作自序三千余言。"26日,且
有"翻看旧笔记"(722页)。3月1日,"作自序三千言。"2日,
"作自序四千言。"3日,"翻旧笔记。"(723页)4日,"作自序
三千余言";5日,"作自序四千余言";6日,"作自序二千余言。
修改自序,《古史辨》自序,一月中起初稿,并集材料,约费一
星期。近两星期中作二稿,每星期可得五日,上星期作二万字,
本星期作一万字。此为予生平第一长文。"(724页)8日,"作自
序三千言。"(725页)17日,"**慕遇见赠影片一架,手摄于陶然
亭者。云宁树暗,甚有悲意。**"(727页)18日,"作自序三千余
言。……慕愚女士来,将所草自序看完。订自序,并翻改。"19日,
"作自序三千余言。改自序。"20日,"作自序三千余言。改自序。"
(728页)22日,"作自序二千余言。"23日,"作自序三千余言。
到北海看黄昏。"24日,"作自序三千余言。改自序。近日京中

洋价涨……油盐店中无存盐，米价亦日涨，小民之苦可见。"25日，"修改自序廿余页。"（729页）"父大人来书，嘱俟时局平定后即另谋生计。像我这样的脾气，如何可以另谋生计！"26日，"修改自序二十页。……近日北京空气陡然紧张，夜中路无行人。绍裘等已在东交民巷赁屋避难。府卫队和国民军有冲突之说。"27日，"修改自序二十余页。"28日，"修改自序十页。"29日，"修改自序三十一页。"（730页）30日，"修改自序二十六页。"31日，"作自序十一页。作《古史辨》自序：阴历年前七天，阴历本年廿七天。"4月1日，"修改自序廿五页。近日人心甚恐慌，以畏三军抢劫也。外国医院教堂，迁往者极多。"（731页）2日，"修改自序三十页。"住处"大可为飞机标的。以他人处此，恐当迁移。惟予贫困至此，何来此搬家闲费，亦只有听之而已。且二**年以来，可已而不已之悲伤常侵袭于心，生死之情了无怖畏矣。履安近日以贫故，不怿之色，莘面益背，使我不欢。**"3日，"修改自序，草孟姜女故事演变表。……今日投下炸弹甚多，……最近者距予寓不一百步。窗棂振动，如地震。"4日，"避炸弹。"5日，"修改自序。作孟姜女故事地域图。"（732页）"见警备司令部载奉军侦探到天桥枪毙。**人命倏忽，思之叹息。**"6日、7日，"草自序三千言。"8日，"草自序三千余言。"（733页）9日，"草自序二千言。"10日，"草自序三千余言（初稿毕）。今日鹿钟麟驱逐段祺瑞，迎吴佩孚入京。一年半间事，变换至此。**慕愚来，允不改系，甚慰。**"11日，"**昨夜炮声不绝，予以酣眠未闻。**"（734页）对于经常失眠的人来说，倒很罕见，自序稿完成了，心里踏实。12日，"改自序十一页。晨报馆派取稿费通知单来，以需用甚急，由履安往领。……酬至八元，出于望外。"13日，"修改自序约二十页。曹锟向国务院索总统印，可笑。"14日，"修改自序十余页。"（735页）"写慕遇信。……夜八时许，炮声又作，视前益密，彻夜未停。**今日天气晴和，春暖困人，颇有风怀，**

夜遂得梦。"15 日，"修改自序二十页。……奉军突破防线……城中大恐慌。与介泉出观，……街市惨淡，若大乱之将至。"16日，"修改增作自序三千余言，写小词二首。**微风入户，细雨盈庭，悲意袭人，此心欲碎。自念年岁渐长，而性的烦闷转逾往日，甚所不解。天气寒燠不时，身体颇不舒服。饭量较减。**"17日，"修改自序。闻奉军入城，又于夜间闻炮声，……履安颇惊惶。**夜中予即合眼，她至二点许始成眠。**"（736 页）18 日，"略改自序。改作自序两页。……奉军有不入城之说，人心颇定。"19日，"修改增作自序廿余页。竟日大风，天色发黄。"20 日，"修改增作自序十余页，毕。标点自序二十页。到建功处，谈半小时。"21 日，"标点自序五十一页。《子恺漫画》寄来……诗趣非常丰富。"22 日，"标点自序四十九页。……近日城中驻军有八种之多，臂章复杂难认。回想炮声殷殷时，犹觉那时恐怖气象甚轻淡也。……履安甚怕，怼愿我无钱不能搬家。"23 日，"标点自序二十页。"（738 页）24 日，"标点自序十六页。建功来。标点自序十四页。"25 日，"标点自序三十八页，毕。自序断句六十页。燕生嘱到燕京演讲。此在以前惟有爽快辞去，近以希望脱离北大，乃不得迟疑矣。京城中到今日连油盐店也关门了。履安颇恐慌，又思归去。"26 日，"《自序》断句毕。失眠。"（739页）被通缉的人中，"北大有一百六十人。仲川嘱予暂避。但予所发表文字未尝及政治，想不致牵入耳。"不兑现的奉票发出甚多，"可怕！《京报》社长邵飘萍于前晨被捕，今晨枪毙。伏园已于前日南旋矣。"27 日，与同学"同在北海中摇船……校《孟姜故事》文（入《现代评论》）。晨间跳水夫来……谓昨夜北大大烧……乃到校看了一转，无甚异样。想烧去者乃与党务有关之文件耳。"（740 页）30 日，"修改自序十八页，即发印。送自序稿。今日天气甚热，下午极倦，几不自禁其临睡矣。"5 月 1 日，"接读皮氏《经学史讲义》毕。看《地老天荒录》。"（741 页）2 日，又与同学"共游北海。**翻看一年来日记，为之怅然。**……游北海，荡舟两小时许，论理应多乐趣。但不招自来之悲感中于**我心，顿觉良辰美景皆为惨雾所笼罩。此无他，闲故耳。余之方寸真不能闲，偶离学海，即陨愁渊，奈何奈何！"3日，"看凌叔华女士《说有这么一回事》。捡卿来，邀游中山公园……夜十时始归。**有愿（想做学问）未酬，心中颇不快。**公园牡丹虽好，终觉非真乐。"（742页）5日，"自校中归，至沙滩，有一骑自行车之女子常在予车之前，至大石作口始分道。她穿白纱衬，青纱坎肩，御车姿势之好，真所谓翩若惊鸿，宛若游龙。**如此美感，如何不使人生恋，**惟有暗暗为其祝福耳。**人生到此，学问尚为土苴，更何况朝市魑魅鬼之所为哉！**"（743页）6日，"**看《学衡》《华国》。夜失眠。**"《学衡》是与胡适对立派系的刊物，《华国》是章太炎主办提倡中国传统文化的刊物。7日，"校《古史辨》自序前十三页初校。以昨夜失眠，故今日游览竟日。"8日，"修改《古史辨》自序二十页。……语堂先生以北京站不住，将往就厦门大学文科学长，邀我同去办研究所。我在北京穷困如此，实亦不能不去。惟此间基础刚布置好，捨去殊恋恋耳。彦长……说话甚勇，要推翻中国圣贤文化之跟株，惜不多写出也。"（744页）10日，"修改自序三十页。校自序前十页再校。"11日，"校自序再校。修改自序二十页。"12日，"**修改自序二十页。**"13日，"修改自序三十余页，**改毕。看《性史》。**校《古史辨》序排稿。适之先生于今日下午三时归京，已出京七八月矣。本年七月中，即须到英国开会。他说将来可在退还赔款内弄一笔留学费，**我们可一同留学，这使我狂喜。**我在国内牵扯太多，简直无法进修。诚能出外数年，专事扩张见闻与吸收知识，当可把我的学问基础打好。"14日，"校《古史辨》序。"（746页）17日，"校《古史辨》自序。午间，慕遇送游艺会券……不能即去。待事毕往，……观众已在散出矣。**怅然，绕墙一周而归，途中思之，不觉失笑。**"18

日，"校《古史辨》自序。看《情书一束》。"（747 页）"慕遇来书，过于敷衍，使我不快。案头文竹，渐渐枯矣，交游之缘其将尽耶？三月十八日相对默坐两小时许，其最后之温存耶？思之怅然。"19 日，"校《古史辨》序，至十二点眠。"20 日，"与芝生到华语学校，……与恒慕义、博晨光谈话。抄集《东壁遗书》序材料。……华语学校中，以《古史讨论集》作历史课本。……彦长评我之话，谓学者态度之人，只能得女子之尊敬而不能得女子之爱。女子所爱者为各方面平均发展之人，如适之先生。"（748 页）22 日，"校《古史辨》序。……昨夜席间所见日本艺伎，其中有一人，予颇念之。因想我爱好女子，自有一种格局，大抵须英挺而沉郁者。"23 日，"校《古史辨》序。"（749 页）24 日，"散步北海桥上，在昏黄中看绿树碧波，颇有悲凉之意。予谓悲凉觉得可怕，又觉得可爱。假使没有悲凉之感，这世界便何等乏味。假使世界只有悲凉，人生也太可怜了。"25 日，"写伏园信。校《古史辨》。"26 日、27 日、28 日，又"校《古史辨》序"。27 日，另有"腾改《秦汉的统一的由来和战国人对于世界的想象》毕。凡五千言。为了这一文，费了四天功夫。这篇文字做得很高兴。"（750 页）29 日，"到清华礼堂看戏。十点许眠，失眠。"（751 页）30 日，"校《古史辨》序。晚饭后倦甚，即眠。"31 日，"校《古史辨》序。校《古史辨》中卷误字。"（752 页）6 月 1 日，"校《古史辨》自序。定《古史辨》价。（朱自清）谓……拟聘予为清华大学国文教授，月薪二百元。清华中空气甚旧，取其用度较省，可以积钱还债，拟允之。"2 日，"校《古史辨》自序。"3 日，"校《古史辨》自序毕。校《古史辨》清样，中篇毕，下篇未毕。"（753 页）4 日，"校《古史辨》下篇清样毕，作勘误表。"5 日，"校《古史辨》自序清样毕，作勘误表。"6 日，"校《古史辨》勘误表。……归后，倦甚，休息，九点即眠。"向胡适借钱后，痛哭了一场（754 页）。7 日，"校《古史辨》勘误表。翻看《古史辨》。"8 日，"改

《古史辨》样本误字毕，写适之先生信，送去。校《古史辨》校勘记。"10日，"拟《古史辨》广告。"（755页）11日，"写赠书签条。《古史辨》第一册于此日出版。"12日、13日，均有"写赠书签条。"14日，"包扎赠送外埠之《古史辨》。"（756页）

当顾先生绞尽脑汁、历尽艰辛，经过最大限度的运筹帷幄，终于把《古史辨》推向社会后，他在忐忑不安中迎接那不可预知的结果，这时心理的疲惫也达到了极点，6月21日，"**今夕之游，微风明月，歌声轻婉，本可甚乐**，唯一念学校濒危，秋间不知能否再相聚，此游或竟为我等最后之一幕。又念旧日游侣已不能复合，人生聚散如此无常，**终不免悒悒耳**。"6月26日："**予近日颇懒，不愿做事。两星期来，几于未工作。悲哀之网，婴于吾身，奈何！**"（761页）7月7日，"头痛，看《自序》自遣。看予同所著《经今古文学》，讫。写适之先生、通伯……慕愚信。"（765页）7月9日，"归，看《自序》。"7月10日，今晨小雨，午间到公园，阒其无人，独步到坛后林中，倚阑看荷叶上圆珠，经风摆落，细雨洒叶面，声细而清。伫立半小时许，悲意横集，不自禁涕泪之下也（766页）。7月14日，"看予同所作《古史辨》批评（此文刊于11日）。"（768页）**此时，生理机制在经过长期高负荷运转之后也出现问题**，7月15日，"**予近日夜饭后即疲倦欲眠，几于不能读书作字。比了前数年之不知倦者迥不相同了。**"（768页）**大病一场**，7月22日，"**今日下午即不舒服，胸闷欲呕，夜饭后即眠，发烧。久未病矣，今日乃一泄，亦算是还北京之债也。**"（770页）23日，"寒热进一度，卧床未起。……兼士先生来。"24日，"今日寒热退而腰痛欲折，仍未能起，在床校《诸子辨》。"25日，"今日腰痛渐痊而泄泻忽作，一日八九次，**身体软甚，仍未能起**。看《孔子改制考》。看《清代学术概论》。"（771页）直到7月27日，"今日泄两次，差愈矣。"（772页）8月16日，"**此一个月中，没有休息过多少时候，真是倦极了。上午看碑帖，**

不自禁其睡去。"（781 页）到了厦门大学后，9 月 8 日，"怀念北京，但北京人事太多，不能使人安心读书，则亦甚可畏也。"（790 页）9 月 21 日，"余屡欲作慕愚书，而辄心乱不成。文字工具至劣，岂足以壮予之情乎！数年来渴望之读书境界，于今获得，宜如何欣慰，乃目属于书而心神不在，百不安谧，意者予终不能有一适当之读书境界耶？"（795 页）9 月 25 日，"**三载以来，从未如近数日之悲愁者。到此后我确得到一个读书境界，但感情已不容我读书矣，它只要我死。**"（796 页）10 月 5 日，"十天前拟的电报，到今天打去了，**或者在这个电报上要使'天下从此多事'，破坏了我的事业，但我的感情的奔放，哪里是理智遮拦得住呢。**"8 日，"**晓梦与慕愚同坐听课，婉娈之情，非可言愉。课毕，彼以'四子汤'送饮，四子者，果子也，只记其中之一为松子。芬芳香烈，存于口齿间，瞿然而醒。**"（804 页）

通过对顾先生这一关键时期的心态考察，我们通过其心理活动可以略窥其心态，主题是写《自序》，交织着情的愉悦与失落、性的烦闷、心理的悲凉痛楚以及身体的失调等。而心态研究向为史学中最难，一些阴暗的动机往往羞于启齿，且不足与外人道者，甚至妻子朋友，自然多半不会形诸文字，非经长期考察而不敢擅下结论。所谓的史学革命之旅，其中异常诡谲的就是《自序》的撰写，其中深意则是我们必须加以审慎研究的，只有这样，我们才可以最大限度地逼近历史的真相。

（三）奇特"师生"路——胡适、顾颉刚早期交往考

一般学者的印象是胡适、顾颉刚两先生从胡适进入北大时就成为亲密无间、鱼水之欢的师徒，顾先生得了胡先生真传的衣钵，这当然来自于那"经典名著"《古史辨·自序》。事实是否如此呢？《自序》所述多有不实之处，上文已经略有小考，胡顾关系不仅牵涉到二人的私交，也关乎现代学术发展的走向以及对"史学革命"等重大命题的认识。所以，我们只能不惜笔墨，从头考来。

初识寻踪　我们先来分析与胡适的关系，《自序》称：

第二年，改请胡适之先生来教。"他是一个美国新回来的留学生，如何能到北京大学里来讲中国的东西？"许多同学都这样怀疑，我也未能免俗。他来了，他不管以前的课业，重编讲义，劈头一章是"中国哲学结胎的时代"，用《诗经》作时代的说明，丢开唐、虞、夏、商，径从周宣王以后讲起。这一改把我们一班人充满着三皇五帝的脑筋骤然作一个重大的打击，骇得一堂中舌挢而不能下。许多同学都不以为然；只因班中没有激烈分子，还没有闹风潮。我听了几堂，听出一个道理来了，对同学说："他虽没有伯弢先生读书多，但在裁断上是足以自立的。"那时傅孟真先生（斯年）正和我同住在一间屋内，他是最敢放言高论的，从他的言论中常常增加我批评的勇气，我对他说："胡先生讲得的确不差，他有眼光，有胆量，有断制，确是一个有能力的历史学家。他的议论处处合于我的理性，都是我想说而不知道怎样说才好的。你虽不是哲学系，何妨去听一听呢？"他去旁听了，也是满意。从此以后，我们对于适之先生非常信服。

学者引用这段文字极为广泛，但都忽略了它是没有任何佐证的"孤证"，有的只是顾先生的"心理活动"。对这件事，窥诸事理，也颇多窒碍难通之处。首先，据时人冯友兰讲，中国哲学史是两年的必修课程，就同一个"中国哲学史"课程来讲，这应该算是自然衔接，并无特异之处。其次，三皇五帝有无哲学（或原始宗教）是一层，三皇五帝中能与其联系的有几个又是另外的问题，而这与三皇五帝的有无更是有着绝大性质差异的另外一层问题。顾先生的思维真是独特，跳跃性过强。第三，就哲学史而言，当时以邃古为中国哲学发端并不符合世界学术界的潮流，当时普遍认为希腊哲学始于苏格拉底等三杰，胡适包括后来的冯友兰均是如此看法，而前面的内容实际上属于原始宗教的范畴，而胡适"结胎"一语只是表明婴儿已经成形即将出世之意，并无否定前面播种、孕育等阶段的意思，就胡适的哲学定义来看，中国哲学起于老子是正常的。第四，所谓风潮，似为无根之谈，这时的风气与五四之后完全不同，主因当时尚无这个习惯。[1]在陈独秀、蔡元培欲让陈伯弢停课之际，最有胆量的不是别人而是顾先生，亲自写了"上蔡元培书"。另如下文所说，学生中不乏善解人意之辈，胡适出现窘境时，哲学班的班长赵健还能前去解围。[2]学校里也没有紧张的氛围，而依冯友兰班级驱赶水货教师的过程看，是先向文科学长反映，学长确认后微讽该师辞职，在其不肯辞职后，学监才示意学生可以同其辩论迫其走人。[3]综上所述，该证词的效力是大有疑问的。

而且，在顾先生到校之前，初到北大的胡适先已举办过讲座，并未如顾先生所说的那样一炮打响，时人毛以亨回忆说：

胡先生在北大，于初到后数日，即于某晚在大礼堂讲墨学，到者百余人，反映不甚良好。我与傅斯年曾去听讲，回来觉得

---

[1] 这次莫须有的风潮后来经胡适1952年在追思傅斯年的会上又将傅演绎成主角。《顾颉刚年谱》，中国社会科学院出版社1993年版，第41页："于是就有学生欲起风潮赶走他，还举出他在《新青年》上发表的'两只黄蝴蝶，双双飞上天'的新诗来嘲笑。"

[2] 《初到北大的胡适》，原载香港《自由报》1962年5月24日、28日。胡先生后来在北大研究所，与马叙伦同任中国哲学讲师。马氏担任老庄，而胡氏则指导墨学。马氏首言，欲讲名法不可不先讲老庄，口若悬河，滔滔不绝。而当时之胡先生，口才亦不甚好，遂使研究员十六人中，十五人皆随马氏研老庄。当时哲学系班长为赵健，觉得不好意思，乃声称愿随胡先生研墨经，借以解围。

[3] 《三松堂自序》，《三松堂全集》第1卷，河南人民出版社2001年版，第269页。

类于外国汉学家之讲中国学问。曾有许多观点,为我们所未想到,但究未见其大,且未合中国人之人生日用标准。[1]

这次讲演估计应在9月10日前举行,这时顾先生尚未到京。[2]二者回忆都涉及傅斯年,而傅先生最初并未产生佩服的感觉,顾先生听时间稍长而佩服胡适是自然的,但也仅此而已。上文已述《自序》因特殊背景不乏失实之处,学者已有指出顾胡早期交往似不热络。[3]顾先生到底受了胡适什么影响是需要研究的一个问题,所以须详尽考察顾胡之间的交往情况。

顾先生1916年24岁时由北大预科考入本校中国哲学门,第一年听了陈汉章中国哲学史、崔适春秋公羊学、陈大齐西洋哲学史、马叙伦中国哲学等课。第二年上的课有章士钊的逻辑学、康宝忠的伦理学、李石曾的生物学,听胡适的课是先听的中国哲学,是讲授墨子的讲座。当时,顾先生认为讲课最好的是章士钊和李石曾。[4]而中国哲学史则是后改的。10月23日,"马彝初先生本不知学,……可知马之为人矣。同学既无可商,因独上呈文,请变更中国哲学教授方法,由学之根本立说,盖明

1 《初到北大的胡适》,原载香港《自由报》1962年5月24日、28日。
2 《顾颉刚书信集》第一卷,第22页:1917年10月21日"致叶圣陶":"十五日到京……校中十六日始行开课。"
3 王汎森《傅斯年对胡适文史观点的影响》,罗志田《再造文明之梦——胡适传》等。
4 《顾颉刚书信集》第一卷,1917年10月21日"致叶圣陶":"校中今日之状况,深足令人鼓舞,先将文科本科所研教员书左:逻辑(兼图书馆主任)章行严 中国哲学、修辞学 胡适之 中国哲学史 谢无量(未来)……生物学 李石曾……学术史 叶浩吾……是可谓极一时之盛者矣。是中尤以章行严先生最为惬心餍望,非震其名也。闻上课而外尚有特别研究,以其对于逻辑上之意见撰为论文发布之,而以微引原文附缀,……坤论理学课本已习过,今复报名入一年级旁听,而课室太小,听课者太多,至数人合坐一椅,尚不能容,有在窗外旁听者,以是将易巨室讲授。章先生教授重理论不重形式,加以现在新聘皆不编讲义,尤得随情发挥。李石曾先生生物学亦甚善。"(第22—23页)

知以学为教，则吾固不能为也。呈为请变更中国哲学教授方法事……胡适之先生教科本善，此呈因从根本上立论，故不得不连带及之，志实不在此也。"（360 页）"中国哲学史课，本延谢无量，嗣谢不果来，胡先生即改墨子课为中国哲学史，事在呈上后三日，未审此呈与有力否。"（361 页）

值得注意的是，胡适的中哲史是学年课，也是必修课，而顾先生却说："进了大学，上了胡适之先生半年哲学史课。"[1] 如果《自序》中顾先生说的是真实情况的话，他的"震惊"及由此而来对胡适的态度就不仅仅是佩服，而应该是崇拜了，但事实却比较蹊跷，顾先生竟然跷了课[2]，岂不让人大感意外！态度上顶多只能说是佩服，这在 10 月 21 日"致叶圣陶"的信中体现得非常清楚："胡适之先生中国哲学今授墨子，甚能发挥大义，……坤意中国哲学当为有统系的研究，如墨子、庄子各为一科，因人立论，枝枝节节地讲去，虽讲百年，亦未能尽，此特哲学之材料耳，此特哲学之历史耳，不可谓哲学也。意欲上呈校长，请胡先生以西洋哲学之律令，为中国哲学施条贯。……**胡先生人甚聪颖，又肯用功**，闻年方二十七岁，其名位不必论，其奋勉则至可也，**将来造就，未可限量。今担任教科甚多，又自研学，其精力可佩。**"顾先生对当时的胡适只是赞其年轻、聪明、用功，连崇敬都达不到，更未遑崇拜的地步，期许胡先生的是将来。他向傅斯年推荐了胡适，自己却落跑了。而这也与此后两年顾先生对待胡先生的态度一致。1918 年 2 月上旬回家过春节，见妻子吴徵兰患重病，为之悲苦。月底返校后，患上了严

1　高增德、丁东编：《世纪学人自述》第一卷，《顾颉刚自述》（写于 1950 年 6 月），北京十月文艺出版社 2000 年版，第 68 页。

2　《顾颉刚书信集》第一卷，1917 年 11 月 26 日"致叶圣陶"："校中学课闻从下星期起废止请假，每一学课愿听则听之，不愿听即可不听，惟必须考试耳。如此日间有暇，足资自学，不至坐至子夜，有碍卫生矣。"（27 页）

重的失眠症,尽力游玩消遣(45页)。4月,妻子病重,顾先生"屡有殉情之思",嗜学如命的顾先生觉得"为学已非我之责任"[1],敷衍课程至六月上旬,休学而归,等以后补考。虽有此等心酸之事,但顾先生此学期没有上胡先生的课则无疑议。

而胡适这两年在北大开的课,《北京大学文科一览》(民国七年度):现能查到五四前后(民国七、八年间),胡适之北大担任的课程,1917年9月—1918年7月有"中国哲学史大纲"(哲学门第一学年必修课,周三时)、"论理学"(哲学门第一学年必修课,周二时)、"西洋哲学史大纲"(哲学门第二学年必修课,周三时)、"中国哲学(四)"(哲学门第三学年必修课,周三时)、"英文学、戏曲(三)"(英文学门第三年必修课);另担任研究科目"墨子公孙龙子考订学"和"近世小说"。[2]第二学期又加开西洋哲学史等课程[3],即使顾先生一年级听过陈大齐的同名课不愿浪费时间,但胡先生开的其他课,顾先生也都没有选。如果他真的那么崇敬胡先生的话,又怎么会不接着上甚或加选?这时开课情况比较混乱,有给本科生开的必修课,有研究所开的研究课,冯友兰就上了胡适的"欧美最近哲学之趋势"和"中国名学钩沉"课。胡适曾想开"中国历史研究法",也上了北大课程表,未见实施[4],估计是无人选课[5],也足见当时的顾先生并不崇拜胡先生的学问,赞许的是其负责任的态度和"鼓吹"(宣传)能力。顾先

1　《顾颉刚书信集》第一卷,第32页:1918年5月17日"致叶圣陶"。

2　据耿云志编:《胡适评传》,上海古籍出版社1999年版,第219页;耿云志:《胡适年谱》,四川人民出版社1989年版,第61页。1917年12月,北大成立哲学研究所,胡适被任命为主任。

3　《北京大学日刊》1918年1月5日《文本科第二学期课程表》。

4　江勇振:《舍我其谁:胡适》第二部《日当正中(1917—1927)》,浙江人民出版社2013年版,第53—57页。

5　《顾颉刚书信集》第一卷,1917年10月21日"致叶圣陶":叙研究科、旁听生,"坤如能洒脱一身不为资格计者,便当从一二明晰高尚之师游,其他枯坐无谓之课一点不上。"(24页),后并未上胡适此课。

生1918年7月至1919年9月休学在家养病,而胡适时已名满天下。

关键在顾先生对胡适的真实态度到底是什么?我们先从诸子是否出于王官这个话题谈起,顾先生在《古史辨》第四册《序》中回忆,是年冬读了胡适发表在《太平洋杂志》上的《诸子不出于王官论》大受启发,"从此我不信有九流,更不信九流之出于王官,而承认诸子的兴起各有其背景,其立说在各求其所需要"。而《敝帚集》(三)丁巳(1917)三月:"觉园云:'九流之学,蹈虚立说,未必出于王官。[眉批:此开适之先生之先。十四年一月刚记]谓出于王官者,汉人之附会疑似也。《庄》《荀》皆称百家,未尝谓九流。《艺文志》列九流者,举百家之著者,而并合其差似者也。'"(285页)而《西斋读书记》(一)民国六年(1917)大概十一月时顾先生说:"论诸子所从出者有三说:《庄子》说出于古之道术,《淮南》说出于当时际会,《艺文志》说出于周之王官。胡适之先生谓九流不出于王官,有驳议一篇,登《太平洋杂志》七号"(第357页)。小泉又一《日本教育史》"其绪论一篇,足备学史立志定体之参考,抄出之……"[眉批:此可与胡适之先生《中国哲学史·绪论》参观。胡先生是篇当亦录《读书记》中。](372页)两者相比较,差别不小。"十二月七日,胡适之先生以英语演说《新大同主义》。翌日,……转录之如下"云云(359页)。1919年1月14日,胡适有"一件不可及的地方,只是头脑清楚。我看一件事物,不是再四推索,总是模糊的多;他只要一看,就能立刻抓出纲领,刊去枝叶,极糊涂的地方,就变成极明白。这不由得人不倾心拜倒,说是及不来的。"(65页)顾先生在前期对于胡适的情感恐怕是佩服中带有自炫,如1919年1月14日写道:"**胡先生的学问,我勤勉些追上去,也是赶得到的。**"(65页)《顾记》1919年1月17日,"下午读胡适之先生之《周秦诸子进化论》,是佩服极了。"(73页)而此时他还曾给傅斯年写过一信,对陈独秀、胡适和《新青年》

都有批评之意。《日记》中还记有非议胡适对其母亲的态度的话。
1919 年 12 月 4 日“致殷履安”：“今借得胡适之先生所做的传（广
西女学生李超），寄给你看。……同学逼着我做她的挽联。我便
用《新青年》上的典故做成。”[1] 而胡适的《中国哲学史大纲》（上）
的前身——上课的讲义，顾先生最初应当是看过的，而胡适后
来将此印书出版后，一时洛阳纸贵，风靡天下，喜欢买书的顾
先生并没有重购，第二次看已是三十年以后的 1947 年 10 月 6
日，且是读第三任妻子所买的书。[2] 相较之下，顾先生在“层累
说”论战后看康有为两考的次数倒是颇为不少。1919 年 1 月 5 日，
“今晨在床上自思，去年一年，直可名之曰我之堕落之年。体力
既惫疲几危，学问又绝无进益。向日一年中必可得札记六七册，
杂记十余册，去年仅抄得《不眠集》一册。”（44 页）

　　但这时顾先生思想的主调仍是主张新旧调和，其出身、行
事皆旧传统多、新思想少，身上传统的色彩更加浓厚。早期《顾
颉刚日记》现存颇有残缺，1919 年有些资料可说明问题，1 月
12 日的日记中记载了读过胡适的一篇评论文章后的感受：“下午
读《新青年》朱有昀通信论注音字母及世界语二篇。注音字母
有钱玄同答语，未能定其是非。论世界语一篇，胡先生评他根
本论点，只是一个历史进化观念；并谓语言文字的问题，是不
能脱离历史进化的观念可以讨论的。此意非常佩服。吾意无论
何学何事，要去论他，总在一个历史进化观念，以事物不能离
因果也。”（60 页）顾颉刚并加按语说：“此篇演说深契于心。我
以为欲救中国华而不实的毛病，只有杜威一派学说是对病药。”[3]
但次日也有“抄录章士钊二十周年纪念会演说词”（61、62 页，
1919 年 1 月 13 日），前引 13 日章士钊文，顾先生同样大加赞

1　《顾颉刚书信集》第四卷，中华书局 2011 年版，第 149 页。
2　《顾记》第六卷，台湾联经出版公司 2007 年版，第 138 页。
3　转引自刘起釪：《顾颉刚先生学述》，中华书局 1986 年版，第 71 页。

赏。17 日，读了胡适发表在 1917 年《科学》杂志上的《周秦诸
子进化论》，"我佩服极了。我方知我年来研究儒先言命的东西，
就是中国的进化学说。……胡先生说孔子好古的一段，与前天
所记章行严先生说调和义相发明。抄下：孔子虽不主张复古，却
极'好古'。他的好古主义，全从他的进化论生出来，他把历史
当作一条由简而繁不断地进行；所以非懂得古事，不能真懂今世
的事。……他说温故而知新可以为师矣。温故之所以知新，并
非教人复古也，非教人食古不化也。《易经》又说彰往而察来，
也是这个道理。今人说的'历史的方法'，其所根据，全在于此。
孔子因为知道温故可以知新，彰往可以察来，所以他注意中国
史学。修《诗》《书》，订《礼》《乐》，作《春秋》，遂替中国开
历史一门学问，又替中国创造文学。这种事业，全从他的进化
论生出来。"同日发表感想："按《易》学实是求因之学。看见一
凶事，就考察他凶的来源；以后碰得这个来源时，就想法子去避
了他……看见一吉事，也去考察他的来源；以后碰见这来源时，
就想法子去迎了他……卦爻之辞，并非法律，乃是由许多事物
用内籀归纳出来的原因。现在所以不能忘古，只缘现在的事情，
受制于古代的原因的缘故。"（73 页）20 日，"接伯祥来书：末一
节与上记章、胡二先生言历史进化相印合。抄录如下：……思近
代学术之盛，亦未始非集往古之大成。……近人每谓创新非尽
灭往古不可，至云往史旧籍具当摧烧者。吾谓不然。夫人生观
念随时地而不同。改进之机，全在不足现境，希望幸福。故对
于现境而加以批评，固吾人当具之同情。然所谓改进，必就现
境出发，绝非摆脱现境，另求一界，以再谋良善也。然则以前
种种，必有足供改进之参考之助力者在。若一切吐弃，然后创
新，是犹返玉辂于椎轮，然后谋车；毁宫室以安穴居，然后求大
建筑也。焉所得哉。"顾先生批之曰："现在'所谓新旧'盲动冲
突，故吾辈易有调和之觉悟。所望以后能将社会学历史学究心

深密，得有完善之体系耳。"（78 页）1919 年 1 月 21 日 "致王伯祥"："大概我们处于这盲新盲旧的冲突期内，容易感悟到调和的境界。……前天看见章行严先生在大学纪念会的演说词（说调和）；又看见胡适之先生《先秦诸子进化论》（说孔子的历史哲学），佩服到极点。"（106 页）1919 年 1 月下旬，作《中国近来学术思想的变迁观》（为《新潮》"思想问题专号"而作，未刊），文中反对盲动的新，指出 "新近因孔教的反动，有几个人拿今世的人生观去判定孔子的本身也该打倒，我想这也不必。古人的价值是因古代的时势而有的……如今回溯从前这价值，自然依旧存在，原是推不倒的。"罗志田已有研究。

直到 1919 年 9 月 6 日返京复学北大，上了梁漱溟的印度哲学、蒋梦麟的教育学等课，《国立北京大学学科课程一览》（民国九年至十年度）：1919 年 9 月—1920 年 7 月胡适在哲学系开有 "中国哲学史大纲"（周二时）和 "近年思潮"（与陶孟和等人合开，周二时）。据江勇振的考证是 "中国哲学史" "西洋哲学史" "论理学" 等。这显然不合顾先生的程度和兴趣，没有选课亦属正常，12 月 14 日，离京南下。1920 年 2 月 25 日返京，20 年春，听胡适讲演 "研究社会问题的方法"。但关键的问题在于，胡适是顾先生参加的新潮社的指导、顾问，而顾先生是该社积极成员，没有证据表明胡顾二人有私人的来往，关系之陌生可见一斑。他把对胡适的尊敬态度介绍给傅斯年后，自己却撤退了。

顾先生 1920 年 4 月 3 日在评价一次美术展览参加的人时，说："可惜这许多人，都是艺术上的人才，不是鼓吹上的人才；出不出 '新文学' 里的胡适之一般人物，所以进步还慢。"[1]1920 年 4 月 17 日，顾先生再次谈论："梁任公、蒋百里等几个伟人。

---

1 《顾颉刚书信集》第四卷，中华书局 2011 年版，第 182 页。

出不出一个美术界的中心人物——像文艺界的胡适之，教育界的蔡孑民。"[1]1920 年 4 月 5 日的信中涉及胡适："我教你钞的……杜威《中国人心理之变化》。……《集录胡适之先生论无文字符号之害》（文学革新论）。我更想到我八岁时作的史，……不能不自惊吾作史的天才。……吾作史的冲动，随在可见。……文科一年级时，曾经勉力作过一番，……要为中国作一部学术史。……集录胡先生的文，很有用处。……我想考过后，作一篇《新文化运动总记》。"[2]1920 年 5 月 16 日："联想到胡适之先生译美国沙拉的一首诗。"（243 页）"昨天晚上，我同绍虞到青年会听胡适之先生讲《研究社会问题的方法》。……他讲得很清楚，很能教人了解。"（245 页）从这里可以看出，顾先生最欣赏胡适的地方是其宣传上的长才而非学问。据学者研究，此后的顾先生对胡先生的学问鲜少如《自序》一般公开称颂。

　　但顾先生在《自序》中把胡适那几篇著名文章都和自己的方法联系起来，表明自己方法上受胡适影响最大，"那数年中，适之先生发表的论文很多，在这些论文中他时常给我以研究历史的方法，我都能深挚地了解而承受；并使我发生一种自觉心，知道最合我的性情的学问乃是史学。"读亚东图书馆所出新式标点本《水浒》中胡适序，深受启发。同时想起本年春间胡适发表的辩论井田之文，方法正和《水浒》的考证一样。因《顾记》1919 年下半年至 1920 年底这一残缺，我们不清楚顾先生当时是否读过，即使读过是否有"甚快"之类的评价，无法确认。我们可以参考现在可以看到的同时期《顾颉刚读书笔记》，基本上看不出顾先生受这几篇文章的影响，只是到了后来才有，《淞上读书记》（一）"大家族之起源"抄王伯祥日记一则，有"他（指

1　《顾颉刚书信集》第四卷，第 209—210 页。

2　《顾颉刚书信集》第四卷，第 191—192、194 页。

顾颉刚）的此论由于适之先生的辟井田。适之先生说中国古来的‘井田说’是学者的理想制度，事实上在大家族制度之下是绝不会够分派的。颉刚更申其说，谓中国古代不但没有井田制度，而且大家族制度也是后起的，在古代没有组织完备的大家族。”[1] 1921 年 8 月 6 日，“看《水浒》灑不脱手，竟看到十一点。”（148 页）8—11 日，“看《水浒》”，“觉其前半部太精细，后半部太杂凑。”（149 页）1925 年 2 月 23 日，“看《水浒传考证》。”（592 页）

综上所述，就现有资料而言，《顾记》、《书信》比《自序》更真实、详尽，史料价值也更高，顾对胡的态度，我们不能以大名之后声势熏天时的胡适来看待。除了那《自序》中叙述的可疑之处外，顾先生在《自序》中关于胡先生上课之初的叙述应该是“文学”笔法，而细考胡、顾二人关系，两人同处北京的时间并不长，双方来往也相当少，顾除上过胡的一学期课之外，还听过一次讲座，双方的实质关系如果用形同陌路形容稍显过分，但肯定与密切二字无缘，说并无深交并不能算是言过其实，而由下面的事例说二人关系生疏恐怕是恰如其分的，并且对陈、胡的态度并不如后来那么恭敬，也就是说，开始时，顾先生并没有太把胡适当棵葱，这时，顾先生的思想状态是调和（上文有述），对完全新派的胡适恐怕是敬而远之的。故而在 1920 年顾先生接受胡资助的前三年，他与胡适的关系实属极为普通的师生关系。那么《自序》里说：“我的上古史靠不住的观念在读了《改制考》之后又经过这样的一温。但如何可以推翻靠不住的上古史，这个问题在当时绝没有想到。”“可见研究古史也尽可以应用研究故事的方法。”为什么非要把一门求真的学问和允许创造发明的小说混淆甚或等同起来？这只有置于将“层累说”的方法和胡适联系起来的背景中才可以得到合情合理的解释，

---

1 《顾颉刚读书笔记》（二），台湾联经出版公司 1990 年版，第 571 页。

都是为了强调自己和胡适的学术关联，至于这种关联的真实程度，实在是一个需要深究的问题。相较之下，顾颉刚 1922 年春在编书前到上海拜访王国维欲拜为师，归后致王国维论《顾命》信中表示"先生所著书，以新法驳古学，凡所论断，系为创获"。"惟以拙于言辞不能自达其爱慕之情，私衷拳拳，欲有所问业，如蒙不弃，许附于弟子之列，刚之幸也。"[1] 而后来顾先生在辩论失败时，马上梦见王国维并再提拜师之事。则顾先生对胡适老师的真实态度也就可想而知了。

转折（另类门人）　1920 年春，罗家伦赴美前，欲将《新潮》托付，顾先生正处择业考虑，自认最适宜的事情是图书馆，便把以前想编的书列，请他想办法。罗氏允代为在北大校中谋事，并于 1920 年 5 月 31 日给胡适写信相托，说："颉刚的旧学根底，和他的忍耐心与人格，都是孟真和我平素极佩服的。所以使他有个做书的机会，其结果绝不止完成他个人求学的志愿，而且可以为中国的旧学找出一部分条理来。"而从罗家伦详尽的介绍看，强调的是顾先生的旧学和人品，说明胡适对顾先生确实生疏，胡适做到了，图书馆馆员的月薪是 50 元，6 月，被学校聘为助教，职事为图书馆编目员。而顾先生则需 80 元方能维持基本开销，胡适也愿意每月补贴顾先生 30 元，同时请其帮助编书。鲁迅后来谓顾先生是胡适门人，意即有私属性，缘即在此。顾先生回道"承先生安排，使我求学与奉职，融合为一，感不可言。薪水一事……更是感激。但这 30 元，借是必要的，送是必不要的。"[2] 顾先生在给妻子的信中说："我没有他 30 元一月的津贴，我便不能在京立脚，我的学问、我的希望都消散了。我为将来的生活计，

1　《历劫终教志不灰——我的父亲顾颉刚》，华东师范大学出版社 1997 年版，第 90 页。
2　《顾颉刚书信集》第二卷，中华书局 2011 年版，第 278 页：1920 年 8 月 11 日"致胡适"。

将来的学问计,竟非在北京不可。我所以敢'力反众议'的缘故,便是有胡先生肯给我钱,有一个依傍之故。若是这个依傍失掉了,我便不能不在家里俯首听命了。"[1] 顾先生出于自尊心坚持改赠为借,何时还呢? 在一个不确定年月的将来。尽管如此,顾先生仍对胡适充满了感激之情。二人来往较密切就是从顾先生此年留校之后,开始了两人的实质来往,并一步步进入深交阶段。胡适给钱给的大度,顾颉刚拿钱的身形优雅,二人虽属君子之交。但由于存在这种金钱关系,二人的关系事实上存在着不小的落差,而学界和社会如鲁迅视其为旧传统中的门生就不是无的放矢了。胡适给钱给的大度,顾颉刚拿钱的身形优雅,二人虽属君子之交。但由于存在这种金钱关系,二人的关系事实上存在着不小的落差,而学界和社会如鲁迅视其为旧传统中的门生就不是无的放矢了。这就与《自序》所说差距极大。

与此同时的 8 月,胡适与蒋梦麟、陶孟和、李大钊等北大教授一起联名发表《争自由的宣言》,胡适恰好开始涉入政治。秋天时节,顾先生将自己的《清代著述考》稿本送给胡适看,胡适很欣赏,认为顾先生抓住了这三百年学术研究的中心思想,并有向顾先生询问姚际恒书的事情,年底与顾先生开启"疑古"辨伪。胡的指导是培植势力,顾的追随是感恩图报。

胡适既无时间也无能力就设帐收徒,现学现卖,他的为师态度:实验主义,尊西尚新。换言之,就是摸着石头过河,"胡老师"完全是在"胡导"。而这时胡适的指导只强调怀疑,不强调求证,"戳死猫上树教学法"。种存疑主义的瓜,得抹杀(否定)主义的豆! 胡适 1920 年 11 月批注说:"我主张,宁可疑而过,不可信而过。实斋'言公'之说虽有一部分真理,然不可全信。"1920 年 12 月,顾先生"欲将《四部正讹》《古今伪书

---

1 《顾颉刚书信集》第四卷,第 306 页:1920 年 11 月 8 日"致殷履安"。

考》《诸子辨》编为《辨伪三种》。又拟作《伪书考》跋文,内分五个表,分别为:伪书所托的时代,造伪书的时代、宣扬伪书者,辨伪书者、根据伪书而造成的历史事实。胡适嘱在该点上下功夫:'第五项尤其重要','此一项当占全跋之大半'。"[1]"这一篇如能做得好,便是在中国史上起一个大革命——拿五千年的史,跌到二千年的史;自周以前,都拿他的根据揭破了,都不是'信史'"[2]。1921 年 1 月,"点《四部正讹》《古今伪书考》毕,并抄录《诸子辨》。发起编辑《辨伪丛刊》,将此三种作为《丛刊》第一集。一月底,始立《伪史源》《伪史对鞫》《伪史例》三册笔记簿,总题为《伪史考》,着手集材。"胡适 1921 年 1 月 28日《自述古史观书》:"宁疑古而失之,不可信古而失之。"这是一种启蒙者的态度,而不是学者治学的方法。是年,顾先生作《伪书疑书目》及《中国目录书目》,集得许多材料。此时,两先生的辨伪,胡适虽是触发者,但顾先生才是其中最重要的人,里面缺乏西学背景。

顾先生对胡适的学问无疑是钦佩的,这从《顾记》中可以得到证实。1921 年 1 月 3 日"致殷履安""我看着适之先生,对他真羡慕,对我真惭愧!他思想既清楚,又很深锐;虽是出洋学生,而对于中国学问,比老师宿儒还有把握;很杂乱的一堆材料,却能给他找出纲领来;他又胆大,敢作敢为。我只羡慕他这些,不羡慕他的有名。想想他只大得我三岁,为什么我不能及他?不觉得自己一阵阵伤感。"(66 页)1921 年 1 月 4 日,"适之先生来谈四小时,使我愧甚。"10 日,"我的勤劳可以比得上胡先生,而我的聪明实在比不上胡先生。书此志愧!"(87 页)1921 年 3月 27 日:到适之先生处谈话,令我时时惭愧。是为什么不能像

1　胡适:《告拟作〈伪书考〉长序书》,《古史辨》第一册,海南出版社 2005 年版,第 58 页。

2　《顾颉刚书信集》第四卷,第 59 页:12 月 24 日"致殷履安"。

他的聪明。(107 页)4 月 2 日:胡先生送《红楼梦考证》来,看一过,把从前附会之说一扫而清,拨云雾而见青天,可喜。(110 页)适之先生书来,告在津馆看《楝亭全集》所得,比我所得有条理,使我惭愧之至。(121 页)10 月 21 日:"适之先生所作《章实斋年谱》已完工,读之敬佩。先生说《大学月刊》取消后,他要主持编辑杂志,不是学校出报,便是他自己出读书杂志。"(174 页)11 月 2 日:看《实斋年谱》。11 月 3 日,看《实斋年谱》毕。(178 页)1922 年 198 页 1 月 4 日,"适之先生来谈四小时,使我愧甚。适之先生拟办周报曰《努力》,已请立案。嘱我撰文。"6 日,"写适之先生信,论唐宋以来娼妓文学在国语文学上之力量。"1 月 13 日,"到所,看胡先生《文存》,写复信。"1 月 14 日,"看适之先生《西游记》序及《文存》。"(201 页)1 月 17 日"在园中略看胡先生《文存》。看《国语文学小史》。"(202 页)1 月 25 日,车上看陈奂《毛诗疏》……《东西文化及其哲学》。(204 页)3 月 18 日,"看《五十年来之中国文学》。"(218 页)"以胡、钱两先生的大胆,我亦追随其间,恐怕中国伪史的命运,就要寿终在这几年了。数千年欺人的尘雾,廓清有日,不禁大快!"[1] 对于胡适,顾先生开始的时候也是这些众多追随者中的一位,顺竿子就爬了上去。

恰恰在顾先生大力帮助胡适考证《红楼梦》的时间段,《顾记》中出现过一次"胡适"的称呼[2],有了并肩的感觉。1922 年 4 月 3 日写信名单有"胡适之"三字,未带先生(222 页),1927 年 8 月 22 日,一堆吃饭日名单中写有"适之"二字。《顾记》第二卷第 78 页。1937 年 3 月 18 日,今晚同席"孟真、适之"等。(620

---

1 《伪史例》第一册《序》,转引自《顾颉刚年谱》,中国社会科学出版社 1993 年版,第 61 页。
2 《顾记》第一卷,1921 年首:4 月 2 日,读胡适《红楼梦考证》稿,即为之到京师图书馆、国子监等处,搜集补充材料(85 页)。

页）4 月 13 日，同席人有"胡适之"（630 页）其他才真正出现余英时所说顾先生的"《日记》中凡提及胡适也一律称'适之先生'"的情况。[1] 至共产党组织批胡就再未出现过这种情况。

胡适偏重于哲学史和文学史，而顾先生的兴趣主要在史学，其旧学功底、知识博杂应在胡适之上，胡适其他重要的文章顾先生大概都看过，但它们到底对顾先生的史学产生了什么样、多大程度的影响让人颇为生疑。如胡适 1922 年 9 月发表于《读书杂志》的《读〈楚辞〉》文曾喧嚣一时，《顾记》中却无载。[2] 顾先生是明显知道此文的。层累说论战前的《顾记》中只有 1921 年 8 月 13 日"胡先生谈史学"（149 页）这么一次。胡适除了《井田制》那篇文章算是历史学范畴内，可以和层累说连接起来，而其中处理文献的方法和崔述本有相通之处，顾先生完全可以得之于崔述，就像"层累说"得之于《东壁遗书》一样，只不过将其发展得更精彩，其他的真是需要认真研究的问题。

二人交往，对顾先生而言，影响最大的就是一些重要行为的改变，直到 1920 年 4 月 1 日，顾先生自述："我自己晓得我的性情很孤僻，太没有交际的本能，太没有出风头的心思。"[3] 此后开始懂得现代传播媒介的重要性，上文所述成立私人出版社就具有重要的指标意义，而后不断试图掌控杂志等传媒去影响舆论就极说明问题。前述顾先生不经胡适之钱玄同同意出版来

---

1 见《未尽的才情——从〈日记〉看顾颉刚的内心世界》，《顾颉刚日记》第一卷，台湾联经出版公司 2007 年版，第 22 页。此处补缀一语，《古史辨》出版后，二人学术观点时有不同，如果不是精研学术者是体察不出来的。顾先生对胡适始终敬重有加、愈于常人，其中的感激之情当超于师生之谊，直到解放之初顾先生被迫批胡，将感情的因素驱除后，顾先生才将二人学术上的差异公之于众，这些不同是客观存在的，并非违心之言。但由于《自序》给人的印象太过深刻，以至于顾先生说了实话以后，至今很少有人相信。

2 三十年后批胡适时，称不接受此文观点。

3 《顾颉刚书信集》第四卷，中华书局 2011 年版，第 175 页。

往书信就是顾先生创造性地灵活利用这一平台以营造坐收渔人之利的例子。后来，顾先生对其极亲密的挚友倾诉心声："我在北大中肯编《歌谣周刊》及《国学门周刊》，到了厦大肯编《季刊》和《周刊》，实在要攫得言论机关来造新空气。假使我如此做只为自己的地位和名望，那也是可鄙的。但我的创造的冲动不知何故竟这样的浓烈，心中的问题也不知何自来，竟这样的繁多，非取得一个言论机关竟无法满足我的发展。……要买到我这颗心，便是让我自己可以支配自己的生活，不受人家的牵制。我自问决不贪钱，也决不贪名位，若能够容我发展自己，我决不稀罕别处的高位厚禄。若不容我发展自己，虽是广州中大给我高位厚禄，也留不牢我。我自己也不懂，四五年来，发展自己的心为什么会得这样的迫切？因为这种心思一天比一天迫切，所以我不得不有各方面的设备。介泉常说我，'这几年比以前大不同了，以前不喜交际，现在大喜交际了。'我对于这句话的事实并不否认，但他只看见我的外表而不看见我的内心，总不免皮相之谈。我何尝欢喜交际，我的怕应酬同以前一样。不过以前发展自己的欲望，我可以和别人不发生关系。现在为要造就一个发展自己的境地，不能不藉别人的帮助，我如何可以不交际。"[1]这种行为直到共产党建国使其丧失影响传媒的机缘才不再为之。

除大家熟知的《自序》所谈之外，我们还应该注意这样一个事实，就现有的《顾记》而言，顾先生在梦境中从未见过胡适，余英时说："顾先生是一位至情至性的人，情感到了最浓烈的时候，往往梦见其人，无论是爱是憎，无不如此。我们读他的《日记》，必不可放过他的梦。"1923年3月6日条，"梦王静安先生与我相好甚，携手而行。……我如何自致力于学问，使王静安

---

1 《顾颉刚书信集》第一卷，1927年7月4日"致王伯祥叶圣陶"。

先生果能与我携手耶！"，1924 年 3 月 31 日《日记》"予近年之梦，以祖母死及与静安先生游为最多。……**静安先生则为我学问上最佩服之人也，今夜又梦与静安先生同座吃饭。**"顾先生放弃论战之际多次梦见王国维，说明其心理深处一是对自己的学问信心降低了，二是对于王的敬重是超过胡适的，下文将谈到梦见过梁启超，而且居然还梦见过傅斯年，"我得了一个梦……觉得同孟真在书铺里看书，孟真指着一书，说道，'这是我十四五岁就明白的。'我说，'是呀！现在已是大了十多岁了，为什么进步这样迟呢！'因此想了年岁的长，进步的迟，便放声大哭起来。哭得真苦；竟至哭醒。"[1]顾先生在大学期间最佩服的就是傅斯年，这在顾氏北大期间的读书笔记中反映明显，傅氏 1919 年出国时，顾氏颇感自卑，而这时傅出国将一年，自然认为傅更可能突飞猛进。这从侧面表明其内心对于胡适的态度并不像《自序》中说的那么敬重。顾先生终生心仪王国维超过胡适是没有疑问的，王国维的学问是中外学术界一致推许的，北京学术界正流传一句话："言国学者靡不曰王静安，几如言汉学者之尊郑康成，言宋学者之称朱子。"[2]胡适则不然，反对者众多。余先生忽略了这一点，顾先生内心最佩服的人与外在最推崇的人并不一定重合。"看此段文字，知我那时引为学术上之导师的，是王国维不是胡适，而数十年来，人多诋我为'胡适门徒'，则以《胡适文存》销行之广，决非《观堂集林》可比也。胡适利用我能为彼搜集资料，以此捧我，又给我以生活费，使我甘心为他使用，与朱家骅之百般接近我，以金钱为饵，同为政治手段。此种手段，只能买我一时，决不能买我永久。至于我之心仪王国维，则是我一生的不变看法。我之成绩不及彼，则是时代动荡所构成，

1　《顾颉刚书信集》第四卷，第 161 页：1920 年 3 月 1 日"致殷履安"。

2　伦明著，杨晓点校：《辛亥以来藏书纪事诗》，北京燕山出版社 1999 年版，第 80 页。

非（下缺）"（471 页）此段为 70 年代所写。

胡适对顾先生的帮助恐怕主要在经济上，这是一个重要方面，1923 年 7 月 16 日"接汪孟邹先生信，谓适之先生以我疾病，嘱汇二百元。适之先生固一般好意，但我受之无名，决不能用。当存在我处，代买书籍。"（377 页）7 月 24 日"得适之先生信，谓亚东所寄二百元，系预支《崔东壁遗书》版税。"（380 页）9 月 27 日"亚东寄预支版税二百元来，使我心一定。本年年内不愁过不去矣。"（537 页）"与适之先生相商，即日编《崔述》一书，俾为卒岁之资。先生许我开价五百元。果尔，年底不愁过不去矣。"（564 页）1926 年 7 月 10 日：适之先生见借二百元，秋衣有著矣。先生待我如此挚厚，将何以为报耶？（766 页）一个随时可以借款的"银行"，顾先生感激的应该也在于此。

"层累说"论战前的顾胡之间恐怕只能说是相对亲密的师生关系，顾先生还不能算"胡适门徒"。论战顾及声誉，顾先生多次恳切求助于胡适，1923 年 6 月 20 日给胡适写信说："我对于先生有一要求，凡我的文字发表后，先生看了，都给我一个批评：那处必对，那处应商榷，那处必不对，继续进行的方法应当怎样，都于批评内说着，使得我不至于走错了路。我对于古史的怀疑，实承先生的启发，得了先生的批评，使我更可以气壮也。"[1] 上文已述胡适关于历史的认识和对论战的总结，胡适作为论战的当事者，就一个学者来讲，明明知道自己一方是失败的还强加狡辩，虽于人性上不难理解，其学术道德不敢令人恭维则至为明显的，充当裁判自然是在"胡裁"。但他也确实敏锐感觉到了顾先生问题所在，当"层累说"论战受到重挫偃旗息鼓后，1924 年 2 月 25 日，"先生嘱我读社会学、人类学书……请先生将此类书中最

1 《顾颉刚书信集》第一卷，中华书局 2011 年版，第 400 页："致胡适"。

清楚、最紧要的,开一书单与我,以便订购。"[1]1924 年 3 月 22 日,"请先生为我开一西文书单,择最要最浅显的,各科都开一、二种,以便购读。"[2]繁忙的胡适显然既没有时间也没有科学的办法给顾先生以切实指导。在顾先生欲出《古史辨》讨序之时,两人可谓"各怀鬼胎"。而这时,顾先生自然会认识到胡适在学问方面的真实面目,1926 年 5 月 16 日,顾先生给胡适写信口气就变了:"我现在每作研究,总是感到常识的不充足,如能得到三四年工夫扩张闻见,重将中学至大学之课业温理一过,将来再作研究时就有了切实的根底了。"[3]到《自序》刊布后,又被封为"史学革命"后,顾先生就成为天下皆知、"实至名归"的胡门弟子,1930 年 10 月 13 日顾颉刚致中山大学文史两系同学信"我在学问上除了适之先生给我以方法外,再没别的教师指导我的。我永远冥行盲索,但到今日,居然寻得一条路了,寻得一块可耕的园地了。我不但[不]以无师为恨,且以无师自喜,我的笔记曾有一题作'余师录',取孟子说的'归而求之,有余师'之意。我没有崇拜偶像的心理,一切人的说话均决之于自己的理智,所以我可拆穿许多神秘,数千年来费了大力而造成者不难一脚踢翻。"这对著名"师徒"留给学界的印象再也难以摆脱。如果没有重编《古史辨》及《自序》的刊布,依顾先生的性格和处世风格,应该完全是另外的人生旅程。

（四）明修胡适之的栈道　暗渡梁任公之陈仓——"层累说"直接来源考

　　顾先生在特殊心态之下撰述的《自序》既然有诸多不实之词,那么本文就不得不针对其学术上最知名的"层累说"重新加以全面梳理。该说与崔述的关联,学者熟知,无待赘述,一

1　《顾颉刚书信集》第一卷，中华书局 2011 年版，第 413 页："致胡适"。

2　《顾颉刚书信集》第一卷，中华书局 2011 年版，第 414 页："致胡适"。

3　《顾颉刚书信集》第一卷，中华书局 2011 年版，第 430 页。

般也都认为它还与"疑古三杰"的辨伪运动有着密切的学术关联，这当然源自于《古史辨》第一册的流行。但细究之下，这种认识不过是皮相之见。此前，"三杰"的辨伪并没有触及到通史，直到顾先生发布"层累说"时，"三杰"之间也不涉及完整的古史体系，这一点即使在《古史辨》第一册中也是清楚的，1921年1月28日，《自述古史观书》述胡适送《考信录》事并谈辨伪原则，涉及先缩短后拉长。（29页）29日，顾颉刚《论辨伪工作书》中说："我的性情还是近于史学。因为想做史学，所以极要搜集史料，审定史料。为搜集史料，所以要做'目录学'；为审定史料，所以要'辨伪'。"（35页）6月9日，顾颉刚《自述整理中国历史意见书》，主要着眼点在"辨伪丛刊"上，列为伪史源、伪史例和伪史对鞫三种，"我对于整理中国历史的见解：括以一言，则审定旧史书（辨伪）与记录新史料。"（45页）所以，胡适、钱玄同对"层累说"谈不上什么具体的学术影响。

历史的真相到底如何，我们仍须考而后信。说起"层累说"，便不能不溯及它的最直接触缘是顾先生编纂本国中等历史教科书这件事，若无此事，顾先生也就没有系统研究整个古史体系的机缘。

顾先生1921年暑假回苏州侍奉祖母时遇到了编书事，《顾记》7月概述为"李石岑邀任商务中学教科书编辑，后胡适亦来邀。"（86页）此事详情略有曲折，《顾记》记录了整个过程，7月3日"绍虞向李石岑说编中学教科。"（137页）6日，"圣陶谓李石岑欲来看我，商编辑中学教科事（商务馆所托）"，顾先生的感觉是"**此颇难。**"（138页）7日"今日与石岑唔，中学教科书看来必要我编了。我只担任本国史地教科参考书。石岑许以……二年事历史。"8日，"写与石岑信，论编辑教科书事。"（139页）13日，不料，"李石岑有信来，述商务留难情形。我固料其如此，拟即辞去矣。"（140页）19日，在北京的密友"介泉打电话来，劝我到沪商编教科，以胡先生亦以我编中等历史为然也。"（142 页）24 日，祖母"要我在苏，因此于前日回绝商务事……颇致消让。履安亦然。予无奈，只得到沪一行，拟数日内去。当写信问圣陶、石岑等对我意如何。"试图挽回。26 日"接适之先生信，嘱我允任商务编书事，因即作覆，请其筹划数事。"（144 页）8 月 12 日，"到商馆晤石岑、雁冰。"8 月 13 日，"至胡先生处，坐马车同至商务馆。在商务馆与高梦旦、庄百俞等谈。"（149 页）9 月 6 日，"适之先生转到商务馆函，编历史月支五十元，每千字四元。此数虽不大，但我亦不欲计较钱财，故不请加。"（157 页）胡适在这件事中的作用是参与、鼓励、帮助顾先生，是在出版社与作者间的穿针引线，并在不利局面下，利用自己在商务的巨大影响力，挽回败局，玉成此事。而在确定为商务编纂历史教科书的前后到 1922 年 3 月中旬顾先生以祖母生病为名请假回家集中精力安心编书期间，顾先生仍然忙于辨伪和研究所事务，并未对如何编纂进行深入钻研。

　　我们来考察整个过程，1921 年 8 月 13 日，"胡先生谈史学。"（149 页）而同日的《胡记》里，胡适兴冲冲写下了一大段话："我又与颉刚略谈编《中国历史》的事。做历史有两方面，一方面是科学——严格的评判史料，——一方面是艺术——大胆的想象力。史料总不会齐全的……那没有史料的一段空缺，就不得不靠史家的想象力来填补了。有时史料虽可靠，而史料所含的意义往往不显露，这时候也须靠史家的想象力来解释。整理史料固重要，解释史料也极为重要。中国止有史料……而无有历史，正因为史家欠缺解释的能力。"[1]27 日，"适之先生来，讲些国故上的话。"（154 页）胡适对顾先生这两次谈话是否产生了重要的学术指导作用呢？细观《顾记》，顾先生只是平实地记叙，并没

---

1 《胡适日记全编》第 3 册，第 431 页。

有"大快"、"甚快"之类表达印象深刻的言辞，难说会产生什么重要影响。30 日，"看商务《本国史教科》略完。"（155 页，赵玉森著，着重叙述中国文化史。）11 月 5 日，钱玄同给顾颉刚的《论孔子删述六经说及战国著作伪书书》。（《古史辨》55 页）8 日，顾颉刚给钱玄同的《论尧舜伯夷书》中提到舜事变化，说："我很想把古史分析开来，每一事列一表，每表分若干格，格上纪事，以著书之时代为次，看他如何渐渐的转变，如何渐渐的放大，或如何一不留心便忘记了，使得作伪之迹无可遁形。这也是一件很有趣的事情。"（《古史辨》57 页）1922 年 2 月 19 日，"适之先生劝［当为谓］我鲁莽灭裂的编书，谓［当为劝］等材料齐备之后再动手编辑，实无此事。"（211 页）这只是胡适担心顾先生不上心编纂而给他本人带来不好的影响，特意提醒顾先生要好好干。3 有下旬，顾先生正式启动了编纂教科书，24 日，顾先生"作《对于中国历史教材的商榷》（案：全称为《中学校本国史教科书编纂法的商榷》)，约六千字。"(220 页)3 月 30 日"将《历史教科》一文抄完，连前共计万一千五百字。"221 页 3 月 31 日"此文连作连抄，共计七天半。可算得很努力了。"（221 页）4 月 4 日，"上星期一文，得洋卅五元（每千字三元)，此为予第一次在作文上得到酬金。(223 页)胡适后来对顾先生该文由衷地赞赏。[1]

让我们来审视整个编纂过程，完美主义的顾先生在编纂这部通史的过程中，试图吸取各家精华，例如让潘家洵帮其搜罗外国史参考，甚至向时在万里之外的傅斯年求取意见。

1921 年 10 月 16 日："在车上看任公讲义。……归家将任公讲义看完，记目录书目。……**任公《中国史学研究法讲义》**，读

---

[1] 《胡适日记全编》1922 年 4 月 6 日 "读颉刚做的《中学历史编纂法的商榷》一文，此文甚好，中多创建。"

之如我心中说出，盖即我要说之话，要本这意见预备编书的。**快极，拟摘要抄录。**"（172 页）1922 年 3 月 4 日，"至第三院听梁任公讲演，以人挤而出。"（215 页）3 月 20 日：**在车看梁任公《中国历史研究法》及适之先生《五十年来的中国文学》。**（219 页）4 月 18 日，到静安先生处。罗振玉书上海买不到，可叹！王静安极朴诚，蔼然可亲。其寓所甚不考究。（227 页）1922 年 4 月20 日"战国以下伪《尚书》"："战国上半期有一批伪书，如《尧典》。战国下半期又有一批伪书，如《万章》篇所引。汉代又有一批伪书，如《泰誓》《百两》。东晋又有一批伪书，如《伪古文尚书》。试看窜乱如此，别经自决不能说没有窜乱。"[1]1922 年 5 月 12 日：将《井田辨》分抄入《儒家理想的政治》、《殷周的大概》及《经书的真相》中。（233 页）5 月 19 日，**得闲看《五千年史势鸟瞰》（梁启超文）**。5 月 20 日，**看《中国史纲》。**（235 页）是李泰棻的书。5 月 26 日：**抄《中国历史研究法》入史料。**27 日：**节录《中国历史研究法》……节录《历史研究法》。**28 日：**节录《中史研法》……节录《中国历史研法》。**29 日：**节录《中史研法》入史料。**（237 页）6 月 1 日：**抄《中国历史研究法》入史料。**2 日：**抄《中国历史研究法》中论义和团一篇入史料。**（238 页）1922年 6 月 9 日，看柳翼谋《文化史讲义》。（240 页）10 日：看柳翼谋《文化史讲义》。（241 页）6 月 20 日"点读《中国历代政权中心之研究》"。（243 页）6 月 30 日"看刘师培伦理教科书"。（246 页）7 月 1 日"校《中国社会之特质》"。（247 页）7 月 14 日，"将柳氏《文化史》三编分钉入各册，并立小题目，凡十册。"7 月 15 日"草《义和团盘踞中的天津》一课。草《宇宙的进化论与社会的进化论小史》一课。"（250 页）31 日：略校《文化史》。

1　《顾颉刚读书笔记》（一），台湾联经出版公司 1990 年版，第 483 页，《纂史随笔》（一）。

（255 页）8 月 1 日：略校《文化史》。今日下午,颇想多校一点《文化史》。（260 页）9 月 22 日"草《历史的需要》的附文。草《想像的古史》的附文。"23 日,"摘《战国学者》课数条。做《战国养士》课。"（275 页）26 日"做《想像的古史》一课正文"。9 月 30 日"看《史地学报》论近人言诸子学者之失。"（277 页）是柳诒徵之文。《纂史随笔》（三）十一年七月卅日,后附十七年寓广州东山笔记九页。551 页有"九州说对古史的影响",552页有"帝为天号",553 页有"禹与后稷之关系"："禹与后稷之关系那时已解释好了"。

顾先生虽然尽了最大的努力,但却没有实现理想而身体也出现了问题,7 月 31 日,"在这一年半里,我的境遇真是不顺得很了,我的心境真是不定的极了。我向着希望,一步一步地走去,但处处有不期而来的挫折,使我不耐做秩序的生活。倘使我一生的境遇终究是这般,我真是没有希望的了。思此,怅甚！""外来的挫折或者以后可以少些,单是身体的不好总不是长久之计：我现在离了履安,还是极容易失眠,一个人总觉得疲倦,吃了,耳中屡屡耳鸣,眼睛中常有红丝,鼻管总不很通,想想实在的可怕！我的将来到底如何,真是一个问题。"（255 页）10 月 14 日,"在车看《侯宝三旅行记》。……看伯祥借来之《东壁遗书》。"（283页）同日"致王伯祥"信中说"我意,只要比赵玉森君的好一点,就过意的去了。"[1]10 月 18 日,"昨经农先生来信,允我不编,由伯祥接编,钱不必退,盛意可感。"此后,顾先生接着做了教科书的一些辅助性收尾工作。10 月 23 日,"标点《考信录》序传,抄脱页四张,钉《崔述年谱》。"开始整理崔述《考信录》的工作。（286 页）到 11 月 18 日,"标点《丰镐考信录》第八卷毕。"（295 页）。到商务印书馆工作后,写了关于《诗经》和郑樵的文字。2 月 13 日,

---

1 《顾颉刚书信集》第一卷,第 122 页。

"得钱玄同先生来信，论辨伪及京校状况。"（324 页）2 月 25 日，
"写寄玄同先生书，论《诗经》论文及疑古各意见，共五千余言"，
"把零碎意见穿了一穿，亦一成绩。"26 日、27 日抄完，寄出。（328
页）"层累说"就此诞生。

　　编纂教科书涉及的这些学者当然不是都对"层累说"有具
体的贡献，但由此看出，影响顾先生的学术来源是多元的，后来
的论战对手柳诒徵以及反对派章太炎甚至都不下于胡适。而在这
时，对柳诒徵著作的重视也远超胡适。对刘师培的著作也没有忽
视。那么，没有受过现代史学训练的顾先生都受谁的影响以及谁
的影响最大呢？其结果既在意料之外也在情理之中，那竟然是梁
启超，相较之下，胡、钱二先生的影响则只是皮毛。不仅如此，
就是胡适和顾先生"疑古"辨伪的缘由也直接来自于梁启超《清
代学术概论》的刺激，它 1920 年 10 月作，18 日梁启超就有"与
适之老兄书"谈及此书。胡适 11 月上旬即向顾颉刚询问姚际恒
的书。梁书 11 月 15 日起连载于《改造》月刊第 3 卷第 3、4、5
号，题为《前清一代思想界之蜕变》。《清代学术概论》说："有
姚际恒者，其怀疑精神极炽烈，疑《古文尚书》，疑《周礼》，疑
《诗序》，乃至疑《孝经》，疑《易传》十翼。其所著《诸经通论》
未之见，但其《古今伪书考》，列举经史子部疑伪之书共数十种，
中固多精凿之论也。"《胡记》1921 年 5 月 2 日，有"此书的原稿，
我先见过，当时曾把我的意见写给任公，后来任公略有所补正"，
姚际恒的加入，"是我的意见"。当时，胡适有与梁启超争衡之意。

　　由上可知，顾先生受梁启超影响较之胡适既深且巨的一些
情况，现在我们只得顺此思路追索下去，把顾先生《中学校本
国史教科书编纂法的商榷》[1]一文和梁启超《中国历史研究法》一

1　原载《教育杂志》第十四卷第十四号，1922 年 4 月 20 日，引文出自《顾
　　颉刚全集》《宝树园文存》卷三（中华书局 2010 年版）。

书中形似或神似之处加以比较。顾文是编纂中学历史的纲领性意见，而《中国历史研究法》用梁启超本人的话说："所述，极为简单，不过说明一部通史应如何作法而已。"（《中国历史研究法补编·绪论》）

顾："我们何以有历史的需要"，"我们的一身……只是全社会连续体中的一片。……历史就是这个连续体的全部的记载。他和我们息息相关。……我们所以应当有历史的知识，就是要知道，我们在过去未来的全人类中所占的位置如何；现在的社会状态是如何推嬗变迁来的。……这就是历史的功用，历史和我们的密切关系是如此。"（18页）

梁的《自序》：以史为人类活态之再现，为全社会之业影而非一人一家之谱录。如此，然后历史与吾侪生活相密接，读之能亲切有味；如此，然后能使读者领会团体生活之意义，以助成其为一国民为一世界人之资格也。《第一章》史也者，人类全体或其大多数之共业所构成，故其性质非单独的，而社会的也。复次，言活动而必申之以"赓续"者：个人之生命极短，人类社会之生命极长。……史也者，则所以叙累代人相续作业之情状者也。……然成绩云者，……实乃簿录全社会之作业而计其总和。质言之，即算总账也。是故成绩有彰显而易见者。……亦有微细而难见者，……吾所谓总成绩者，即指此两类之总和也。……史家目的，在使国民察知现代之生活与过去、未来之生活息息相关，而因以增加生活之兴味。

顾："但是要得到这个功用，不是能靠在冥思玄想上面的，必定要对于过去的事实有深切的明瞭，对于构成事实的原因，和事实遗下的影响，有深切的瞭解。这不得不责望到历史书上了。所以历史书的好坏，就以说明事实明瞭与否，说明事实的因果确切与否为断；不在于卷帙的丰富，和章节的整齐。"（19页）

梁：史者何？记述人类社会赓续活动之体相，校其总成绩，求得其因果关系,以为现代一般人活动之资鉴者也。……史也者,综合彼参与活动之种种体与其活动所表现之种种相,而成一有结构的叙述者也。……活动之总成绩及其因果关系……夫成绩者,今所现之果也,然必有昔之成绩以为之因;而今之成绩又自为因,以孕产将来之果;因果相续,如环无端。必寻出其因果关系,然后活动之继续性,可得而悬解也。然因果关系,至复赜而难理;一果或出数因,一因或产数果;或潜伏而易代乃显,或反动而别证始明;故史家以为难焉。……凡属史的范围之事实,必其于横的方面,最少亦与他事实有若干之连带关系;于纵的方面,最少亦为前事实一部分之果或为后事实一部分之因。是故善治史者,不徒致力于各个之事实,而最要着眼于事实与事实之间。此则论次之功也。……史之为态,若激水然,一波才动万波随。……史迹复杂,苟不将其眉目理清,则叙述愈详博,而使读者愈不得要领。此当视作者头脑明晰之程度何如与其文章技术之运用何如也。……说明事实之原因结果,为史家诸种职责中之最重要者。近世治斯学之人,多能言之。

顾:"二十四史"、"九通"的"材料只向政治社会中搜去,对于政治以外的社会极端忽略,所以记载亦自偏枯。普通的历史是记载全人类的活动的,应当各方面都要顾到,不能给任何阶级专利。所以,我们希望的新史,是普遍的而又精密的……所以我们虽是做的中国史,也必使他在世界史中得到相当的关系和位置;虽是做的民国史,也必使他和前史生了关系,显出他们承前启后的径路。教科书的篇幅不多,而读的人最多,所以我们更应当郑重,更应当扼要,更应当叙述的有精彩。"(19页)"从前的历史教科书……实在只可说为完全的政治史。……现在要改去这个弊病,应当不注重于政治上的严格统系。……而在他方面则努力搜辑出材料来,务使全社会的活动状况大略可以表现。……我们总要拣择与人生有密切关系的事实去记载,总

要拣择'及人甚广'的事实去记载。"（20）

梁：现代一般人活动之资鉴：凡作一书，必先问吾书将以供何等人之读，然后其书乃如隰之有畔，不致泛滥失归，且能针对读者以发生相当之效果。……史之目的，乃为社会一般人而作，非为某权力阶级或某智识阶级而作，昭昭然也。……史之范围，广漠无垠。……旧史因专供特殊阶级诵读故，目的偏重政治，而政治又偏重中枢，遂致吾侪所认为极重要之史迹，有时反阙不载。

顾："我们总要弄清楚每一个时代的大势，对于求知各时代的'社会心理'，应该看得比记忆各时代的'故事'重要得多。所以我们应当看谚语比圣贤的经训要紧，看歌谣比名家的诗词要紧；看野史笔记比正史官书要紧。为什么？因为谣谚野史等出于民众，他们肯说出民众社会的实话，不比正史、官书、贤人、君子的话主于敷衍门面。……我们与其详载国家组织，不如详载家庭组织，因为国家组织及于人民的力量，不如家庭组织的深而且广。"（21）"旧编历史教科还有一层大缺点。他们看时势所由成，是由几个有名人物打出来的；看几个有名人物的产生，是天纵的，或者完全出于他个人的意志的。……实在历史学家的任务，看出背景比做名家的传重要得多。……才气个性的发展，固然是名人表现到历史上的大原因；但能够使他们发展才气个性到历史上，更是各时代时势的因缘。时势鼓荡的力量，出于全社会中的大多数人，而出名的则只一两人。我们只能说这一两人的能力，比大多数人中的任何一两人大；不能只看见了表面上的一两人，就把他们背后簇拥着大多数人忘了。我们总先得把大多数人的意志说明，把时势的由来看定，然后名人的事实始有一个着落，名人方始真可以做时势的代表。这虽是极浅的见解，不幸旧式史上连着这种观念也很缺乏，弄得我们只能见到个别的名人，而不能见到会通的时势。"（22～23）

梁：善为史者之驭事实也：横的方面最注意于其背景与其交

光，然后甲事实与乙事实之关系明，而整个的不至变为碎件；纵的方面最注意于其来因与其去果，然后前事实与后事实之关系明，而成套的不至变为断幅。是故不能仅以叙述毕乃事，必也有说明焉，有推论焉。……孟子尝标举"知人论世"之义，论世者何？以今语释之，则观察时代之背景是已。人类于横的方面为社会的生活，于纵的方面为时代的生活。苟离却社会与时代，而凭空以观某一个人或某一群人之思想动作，则必多不可了解者。未了解而轻下批评，未有不错误也。故作史如作画，必先设搆背景，读史如读画，最要注察背景。……史界因果之劈头一大问题，则英雄造时势耶？时势造英雄耶？换言之，则所谓"历史为少数伟大人物之产儿"、"英雄传即历史"者，……有两义当注意焉：其一，所谓"首出的人格者"，表面上虽若一切史迹纯为彼一人或数人活动之结果，然不能谓无多数人的意识在其背后。实则此一人或数人之个性，渐次浸入或镕入于全社会而易其形与质。社会多数人或为积极的同感，或为消极的盲从，而个人之特性，寖假遂变为当时此地之民众特性，一一亦得名之曰集团性或时代性。非有集团性或时代性之根底而能表现出一史迹，未之前闻。……其二，所谓"群众的人格者"，论理上固为群众中各分子各自个性发展之结果，固宜各自以平等的方式表显其个性。然实际上其所表显者，已为另一之集团性或时代性，而与各自之个性非同物，且尤必有所谓"领袖"者以指导其趋向，执行其意思？然后此群众人格乃得实现。……吾曷为向研究历史之人哓哓陈此义耶？吾以为历史之一大秘密，乃在一个人之个性，何以能扩充为一时代一集团之共性，与夫一时代一集团之共性，何以能寄现于一个人之个性。申言之，则有所谓民族心理或社会心理者，其物实为个人心理之扩大化合品，而复借个人之行动以为之表现；史家最要之职务，在觑出此社会心理之实体，观其若何而蕴积，若何而发动，若何而变化，而更精察夫个人心理之所以作成之表出之者，其道何由。能致力于此，则史的因果之秘密藏，其可以略睹矣。……中国过去之史，无论政治界思想界，……治史者常以少数大人物为全史骨干。……而所谓大人物之言动，必与此社会心理发生因果关系者，始能成为史迹。

顾："旧观念所以有上述的误会，一半是由于不去寻求史料，一半是由于不去审定史料。……不去审定史料，则有得辄信，不但记的失真，并且混乱了进化的阶段。"（23）

梁：近今史学之进步有两特征。其一，为客观的资料之整理。……史学立于'真'的基础之上。……在此残缺范围内，当竭吾力所能逮以求备求确，斯今日史学之出发点也。……今之史家，贵能善因其成而运独到之史识以批判之耳。中国则未曾经过此阶级，尚无正当充实之资料，何所凭借以行批判？漫然批判，恐开口便错矣。……史料以求真为尚。……学以求真而已，大固当真，小亦当真。……质言之，则无论何项史料，皆须打几分折头。吾侪宜刻刻用怀疑精神唤起注意，而努力以施忠实之研究，则真相庶可次第呈露也。……吾以为有一最要之观念为吾侪所一刻不可忘者，则吾前文所屡说之"求真"两字——即前清乾嘉诸老所提倡之"实事求是"主义是也。……思想批评必须建立于事实的基础之上；而非然者，其思想将为枉用，其批评将为虚发。须知近百年来欧美史学之进步，则彼辈能用科学的方法以审查史料，实其发轫也。……我国治史者，惟未尝以科学方法驭史料，故不知而作非愚则诬之弊，往往而有。吾侪今日宜筚路蓝缕以辟此涂，务求得正确之史料以作自己思想批评之基础，且为后人作计，使踵吾业者从此得节啬其精力于考证方面，而专用其精力于思想批评方面，斯则吾侪今日对于斯学之一大责任也。

顾："中国人何以有'好古而薄今'的信心，因为他们的历史观念承认唐虞三代为黄金时代，中国的最古时候就是最好时候……把可以征信的材料细细的一看，可怜三代时候的痛苦，比现在正要利害（唐虞的事是无从考了）！"（23）"若果有如此的事实，则进化论真是无稽之谈。"（25）"历史教科书上的主要事项，就是把进化的迹象指示出来。"（26）"在剪裁上，我们的宗旨，总是：宁可使历史系统不完备，却不可使择取的材料不真确、不扼要。"（29）

梁：假使此诸书而悉真者，则吾国历史便成一怪物，盖社会进化说全不适用，而原因结果之理法亦将破坏也。……各时代之思想，其进化阶段，自有一定。

顾："《尚书·甘誓》以前的文体比《盘庚》以后平易得多，可见《今文尚书》也未必完全无伪。（24）《尚书》上的《尧典》《皋陶谟》，明明白白是后人理想中的揖让政治。文体亦太平常了，在'殷《盘》、周《诰》，佶屈聱牙'之前，决不会早有和后世文体类似的篇章。夏代在《今文尚书》上，只有《禹贡》及《甘誓》二篇。《甘誓》的文体正和《尧典》相同，很像春秋战国间人所作；……《禹贡》一篇，规模太广了。……则其为战国时人所作愈无可疑了。"（30）

梁：大抵战国秦汉之交有一大批伪书出现，……新莽时复有一大批出现，如《周礼》及其他古文经皆是。晋时复有一大批出现，如晚出《古文尚书》《孔子家语》《孔丛子》等。各时代之文体，盖有天然界画，多读书者自能知之。故后人伪作之书，有不必从字句求枝叶之反证，但一望文体即能断其伪者。

顾：现在满目灿然的所谓西周制度，究其实在，只是战国秦汉间的儒家想象中的建设罢了。……原来战国的学问家以及游说之士，都欢喜引用故事以证成他们的说话，而那时故书甚少，又不容易看见，得不到什么证据，所以只得杜造故典，以为迁就之计，于是古代的事实就跟了说话人的意想而变迁了。""信古而变为迷古。（25）……现在我们知道了这一层的弊害了，应当在历史教科书里，把这观念改变过来，所有'依托的学说'，'理想的制度'，'淆乱的事实……都应当彻底澄清一下，使大家弄清楚每一个时代和每一个社会的真实情形，建立成功一个新观念。我们应当使学生知道黄金时代不在过去而在未来，只要我们努力一点，就得在进化的径路上多进一步，使他们不会生起倒行逆施的复古观念，也不会有醉生梦死的混饭主义。"（26）

梁："著书者无论若何纯洁，终不免有主观的感情夹杂其间。……史文什九皆经后代编史者之润色，故往往多事后增饰之语。……有本意并不在述史，不过借古人以寄其理想，故书中所记，乃著者理想中人物之言论行事，并非历史上人物之言论行事。此种手段，先秦诸子多用之，一时成为风气。……先秦诸子，盖最喜以今人而为古人之言者也。……愈推重其人，则愈举己所怀抱之理想以推奉之，而其人之真面目乃愈淆乱。……吾侪对于此类史料，最宜谨严鉴别，始不至以理想混事实也。……有纯属文学的著述，其所述史迹，纯为寓言；彼固未尝自谓所说者为真事迹也，而愚者刻舟求剑，乃无端惹起史迹之纠纷。"

顾："所谓进化的迹象，在大题目上，固是：民族是如何发展的；文化是如何迁流的；各时代中，政治和家庭的组织是如何的，经济力的分配是如何的，道德观念的方式是如何的；文明的主要器械是何时制作的。但在零碎的事物上，只要他有切身的关系，我们也应当注意。如房屋的结构，食品的采取，桌椅，碗盏，服装的起源和变迁……都应该去说。因为这些都是在日用之间，一举目就看见的，或者容易接触的，和我们的生活太密切了，若能在这些上面寻根究底，引起学生对于四周事物历史研究，自然可以兴起他们要求进步的感情了。"（26）

梁启超在《中国史绪论》里再三强调"历史就是记载进化

的痕迹。"在新史学里程碑文献的《新史学·史学之界说》中也说"历史者，叙述进化之现象也"，"历史者，叙述人类进化之现象也"，"历史者，叙述人类进化之现象而求得其公理、公例者也。"当然，我们不能确定顾先生是否读过这两文，但梁的《研究法》却有如下：今欲成一适合于现代中国人所需要之中国史，其重要项目，例如：……中华民族由几许民族混合而成？其混合醇化之迹何如？中华民族最初之活动，以中国何部分之地为本据？何时代发展至某部分，何时代又发展至某部分？最近是否仍进行发展，抑已停顿？……中华民族之政治组织——分治合治交叠推移之迹何如？……国内各种团体——例如家族团体、地方团体、宗教团体、职业团体等，其盛衰兴废何如？影响于政治者何如？……经济基件——衣食住等之状况，自初民时代以迄今日，其进化之大势何如？农工商业更迭代嬗以占经济之主位，其推移之迹何如？经济制度……其变迁何如？其影响于经济状况者何如？……民族之根本思想何在？其各时代思潮蜕变之迹何如？宗教信仰之情状及其变迁何如？文化之继承及传播，其所用教育方式何如？其变迁及得失何如？哲学、文学、美术、音乐、工艺、科学等，各时代进展之迹何如？其价值何如？……要之现代之史，必注目于此等事项，校其总成绩以求其因果，然后史之为物，乃与吾侪之生活不生距离，而读史者乃能亲切而有味。举要言之，则中国史之主的如下：第一，说明中国民族成立发展之迹，……第三，说明中国民族所产文化以何为基本，其与世界他部分文化相互之影响何如？……遵斯轨也，庶可语于史矣。

顾："伏羲、神农、黄帝，虽称说较盘古稍前，但也出于战国时人的杜造。"（30）

梁：旧史言伏羲、女娲皆人首蛇身，神农牛首人身，……但以情理度之，断言世界决无此类生物而已。……吾侪可以立一假说，谓伏羲、神农等皆神话的人物，非历史的人物。

梁启超的"幻觉"与顾先生的"想象"："有明明非史实而举世误认为史实者：……然而流俗每易致误者，此实根于心理上一种幻觉，……此非史料之误，乃吾侪自身之误，而以所误诬史料耳。吾侪若思养成鉴别能力，必须将此种心理结习，痛加涤除，然后能向常人不怀疑之点能试怀疑，能对于素来不成问题之事项而引起问题。……顷所举例，吾命之曰局部的幻觉。此外尤有一般的幻觉焉：——凡史迹之传于今者，大率皆经过若干年若干人之口碑或笔述而识其概者也。各时代人心理不同，观察点亦随之而异，各种史迹，每一度从某新时代之人之脑中滤过，则不知不觉间辄微变其质。如一长河之水，自发源以至入海，中间所经之地所受之水，含有种种杂异之矿质，则河水色味，随之而变，故**心理上的史迹，脱化原始史迹而丧失其本形者往往而有**。……**动辄以今律古，而不知所拟者全非其伦也**。夫在货币交易或信用交易时代而语实物交易时代之史迹，在土地私有时代而语土地公有时代之史迹，在郡县官治或都市自治时代而语封建时代或部落时代之史迹，在平民自由时代而语贵族时代或教权时代之史迹，皆最容易起此类幻觉。**幻觉一起，则真相可以全蔽。此治学者所最宜戒惧也**。……古人为幻觉所蔽而已。"**《顾记》1922 年 9 月 22 日，"草《想像的古史》的附文"。（275 页）26 日，"做《想像的古史》一课正文"。（276 页）**[1]在《自序》中说："在这戏迷的生活活中二年有余，我个人的荒唐和学校课业的成绩的恶劣自不消说；万想不到我竟会在这荒唐的生活中得到一注学问上的收获（这注收获直到了近数年方因

<hr />

[1]　《顾颉刚读书笔记》（一），台湾联经出版公司 1990 年版，第 497 页：顾先生始于民国十一年六月三日，七月廿九日记毕的《纂史随笔》（二）"殷周秦汉间事可作科目"条有"孟子游说"、战国时的学风、王道的提倡、儒家与法家的关系。〔眉批：加一"古史的想像"。〕

辩论古史而明白承受）。……这种事情，简单说来，只是'乱'和'妄'。……推原编戏的人所以要把古人的事实迁就于他们的想象的缘故，只因作者要求情感上的满足，使得这件故事可以和自己的情感所预期的步骤和结果相符合。……我看了两年多的戏，惟一的成绩便是认识了这些故事的性质和格局，知道虽是无稽之谈，原也有它的无稽的法则。……自从有了这个（指胡适《水浒传考证》）暗示，……这些故事的转变，都有它的层次，绝不是一朝一夕之故。……可见研究古史也尽可以应用研究故事的方法。"顾先生在这里完全混淆了文学的想象与历史的想象的本质差异（学术上的批评将在中篇展开）。

史料的鉴定：同一史迹，而史料矛盾，当何所适从耶？论原则，自当以最先最近者为最可信。先者以时代言，谓距史迹发生时愈近者，其所制成传留之史料愈可信也。近者以地方言，亦以人的关系言，谓距史迹发生地愈近且其记述之人与本史迹关系愈深者，则其所言愈可信也。……是故凡当时当地当局之人所留下之史料，吾侪应认为第一等史料。……吾又以为善治学者，不应以问题之大小而起差别观。问题有大小，研究一问题之精神无大小。……所用研究法，纯为前清乾嘉诸老之严格的考证法，亦即近代科学家所应用之归纳研究法也。读者举一反三，则任研究若何大问题，其精神皆若是而已。……史料可分为直接的史料与间接的史料。直接的史料者，其史料当该史迹发生时或其稍后时，即已成立。……此类史料，难得而可贵，吾既言之矣。然欲其多数永存，在势实有所不能。……在史学界占最要之位置者，实为间接的史料。……鉴别间接史料，其第一步自当仍以年代为标准。年代愈早者，则其可信据之程度愈强。何则？彼所见之直接史料多，而后人所见者少也。

不仅如此，顾先生其说中最为人訾议的默证的使用也是来自于梁著，梁启超说："尤有一种消极性质的史料，亦甚为重要。

某时代有某种现象，谓之积极的史料；某时代无某种现象，谓之消极的史料。……财货之字，皆从贝不从金，可见古代交易媒介物，乃用贝而非用金。……略可推定西周以前未尝以金属为币。……或竟可以大胆下一断案曰：'春秋以前未有金属货币。'若稍加审慎，最少亦可以下一假说曰：'春秋以前金属货币未通用。'……消极的史料…重要之程度，殊不让积极史料。……其间往往含有历史上极重大之意义，倘忽而不省，则史之真态未可云备也。此等史料，正以无史迹为史迹，恰如度曲者于无声处寄音节，如作书画者于不著笔墨处传神。但以其须向无处求之，故能注意者鲜矣。"顾先生有"《尧典》破绽"条："梁任公云：《尧典》帝曰'皋陶，蛮夷猾夏'，此语盖甚可诧。夏为大禹有天下之号，因禹威德之盛，而中国民族始得诸夏之名，帝舜时安从有此语！又云：《尧典》有'金作赎刑'一语，吾侪以为三代以前未有金属货币，此语恐出春秋以后人手笔。(《研究法》页一五五)［眉批：《吕刑》罚锾如何？］此二语均可证明《今文尚书》到战国时才辑集。吾想：《易》《诗》《书》《春秋》，都是战国上半期结集的，到战国后半期孟子一辈人时，就确认作孔子手笔了。"十一年四月廿日"《左传》成于战国"条：梁任公云："《左传》庄二十二年记陈敬仲卜辞，所谓'有妫之后，将育于姜；五世其昌，并于正卿；八世之后，莫之与京'等语，苟非田氏篡齐后所记，天下恐无此确中之预言。襄二十九年，记吴季札适晋，说赵文子、韩宣子、魏献子，曰：'晋国其萃于三族乎！'苟非三家分晋后所记，恐也无此确中之预言也。(《研究志（按：当为法）》)"此可见左氏确为六国时人。[1]

当然，顾先生其中也有一些精彩过人处为梁书所无，如：

---

1 《顾颉刚读书笔记》(一)，台湾联经出版公司 1990 年版，第 482—484 页，《纂史随笔》(一)。

"从前教科书上的文字太呆板了。……我们编起教科书来，应当拣历史上最精彩的故事提出来，出力的描写。就是抽象的史料，也必得有生动的叙述。总使学生读了，……对于各时代的特殊色彩有真确的瞭解。"（29）"在极经济的教科书上，我们既不能重形式，更不能妄信传说，所以在剪裁上尤应严厉。……人名和零散事实，总要删减得越少越好。传闻中，几乎全没有信史的资格，我们更不能有丝毫的滥取。（29）自盘古以至周公、孔子，都应该大删特删。"（30）"自商代以后，始有可以徵信的史料了。商代的史料，在《尚书》里有《商书》，在《诗经》里有《商颂》，现在又有龟甲兽骨的刻文出土。""至于自太古以至夏代的传说，亦可择录在'附文'中间，使学生知道相传的史书，曾经有过如此这般的记载。"（31 页）

"层累说"源自于顾先生编纂《本国中学历史教科书》一事，在编这本历史书时，从史的范围和编纂等各方面都明显有梁书的影响。我们还需提到的是，正如前文所述，他是伴着梁著成长起来的，虽然在大学时对梁启超时褒时贬，但对梁退出政坛之后的著作始终重视，顾先生不仅在编纂教科书的过程中频繁阅读梁的相关著作，之前就密集读过一批梁启超的学术著作，《日记》中所记的次数就不少，1921 年 1 月 22 日：看梁任公《哲学史》。24 日：看梁氏孔子哲学完（93 页）。1 月 27 日"看《哲学史》"（94 页）。1921 年 5 月 11 日：看梁任公《清学概论》（122 页）。顾先生 1922 年 10 月 18 日停止编教材后到 1923 年 3 月这段的《读书笔记》恰恰未存，无法从中考证这一过程的详细情况。但从这封完整的信中可以发现，梁启超的直接影响仍然清晰可见，写于 1923 年 2 月 25 日的《论〈诗经〉经历及老子与道家书》实际上与《与钱玄同先生论古史书》是一封信，"《老子》决当如梁任公先生说，是战国末年的书。于梁举的证据外，我又得两个证据。……我做这一篇，要证明的，是老子非孔子之师，道家非战国所立（《老子》也决不在《庄子》之前）。"[1]这一命题深刻、长期地影响着顾先生。[2]4月27日，"作《与玄同先生论古书》序，并抄原书二页。"（352页）这就是公开发表的《与钱玄同先生论古史书》，其中编史过程中所受梁启超的影响就被直接用在这封信中，如《纂史随笔》（一）十一年四月廿日所记录的"战国以下伪《尚书》"条[3]，"《尧典》的靠不住，如梁任公先生所举的'蛮夷猾夏'，'金作赎刑'都是。"（78页）之后也同样如此，例如对梁的《古书真伪及其年代》等主要史学著作都读过，8月23日"抄梁任公评论崔东壁语二条。"（656页）

　　本文之所以对顾文与梁书详加比较，没有指责顾先生抄袭之意，而且两人文风差异较大，考虑顾先生的阅读习惯，从头读到尾的书极少，不敢说所有举例事项都板上钉钉地影响了顾先生，由上述提到其对梁启超的学习、模仿，有不少真可谓亦步亦趋，用白话文表述可说是比葫芦画瓢……顾先生"疑古"的精神也与梁著《中国历史研究法》所说的相似："夫学问之道，必有怀疑然后有新问题发生，有新问题发生然后有研究，有研究然后有新发明。……吾侪生当今日，有种种'离经叛道'之社会进化说以变易吾脑识，吾于是乃敢于怀疑，乃敢于立假说。假说既立，经几番归纳的研究之后，而假说竟变为定案，亦意中事耳。……告读者以治学当如何大无畏，虽以数十种书万口同声所持之说，苟不惬于吾心，不妨持异同，但能得有完证，则绝无凭借之新说，固自可以成立也。"本节只是想强调梁启超

―――――――――

1　《古史辨》第1册，海南出版社2005年版，第73页。

2　《古史辨四序》"民国十一年的春天，梁任公先生发表其《老子》书作于战国之末的意见，始把我的头脑又洗了一下。凡古人所喷着的厚雾，所建着的障壁，得此两回提示，觉得渐有肃清的可能了。这真是学术史上应当纪念的大事！"（《中国现代学术经典·顾颉刚卷》，河北教育出版社1996年版，第544页）

3　《顾颉刚读书笔记》（一），台湾联经出版公司1990年版，第482—483页。

对顾先生的影响既直接又密切，在史学上梁启超对顾先生的影响较之胡先生更大，其实质影响不可以以道里计，当无疑问。这并不令人意外，因为梁启超的史学成就较大，顾先生本人的兴趣也主要在史学方面。顾先生虽早梁启超几年做出《清代著述考》，但读过梁半个月做出的《清代学术概论》，很快就出现高不可攀的梦境，1921 年 6 月 8 日，"夜梦与梁启超讲话，谈及我之学问，我不禁大哭，以为有志而莫由达也。"（129 页）由此可见，顾先生的心灵深处，对梁启超的敬仰尚超过胡适。

　　"层累说"与梁启超的关系从未见人道及，笔者的研究表明，该说与梁启超的《中国历史研究法》有着更为实质的内在关联，梁启超的影响可谓深入肌理，因此，梁启超的史学应算是顾先生"层累说"的一个毋庸置疑而且十分重要的直接来源，也是众多现代史家难以勘破"层累说"荒诞的玄机所在。而"古史辨"在学术上的成功实际上来自于对梁启超《中国历史研究法》的误读，它实质标志着梁启超登高首倡新史学的大战"告捷"，给旧史学以毁灭性的打击。所谓螟蛉有子，蜾蠃负之。"层累说"之所以历 90 年而不倒，就在于顾先生对史料的处理采用了和科学史学相似的原则以及批判的精神，这些与"疑古三杰"此前单纯从传统资源中吸取养分的辨伪是有本质差异的，他们从传统中得到的更多的是具体的实例，缺少理论的指导，而顾先生直接来自于梁启超的《中国历史研究法》鉴定史料这部分，这是梁启超对顾先生最重要的影响，但并未达到梁启超的水平，应该避免的失误并未避免，也是中外史家迄今参不破"层累说"的玄机所在。而据杜维运研究，梁书颇受朗哥诺瓦、瑟博诺司《史学原论》影响，胡适《中国哲学史大纲》虽然将其列为参考书，但该书显然没有直接影响顾先生的痕迹，更没有达到足以称之为史学革命的地步。重视史料的批判体现了现代史学的观念、精神，彭明辉就将所谓古史辨的史学革命称之为史料学的革命，

"最重要的关键在于以平等的眼光看待儒学经典与民间戏曲，造成现代中国史学的史料观念革命。""事实上，古史辨运动仅仅止于是史料学的革命，而不能视为史学革命，因为正是这一运动，重建了史料学的新观念，将古史研究自经学的附庸独立出来，使中国史学能够迈开脚步，扩展史学和史料学的视野，开拓出现代中国史学的新局面。"[1]王汎森先生研究论证了古史辨与康有为历史观的密切关联。

梁启超的影响从观念、方法、运用到操作既深且密，一以贯之，那么现在的问题是，顾先生在《自序》中对任公史学给自己带来的影响闭口不谈，这是无意疏略还是刻意忽视，是另有深意还是讳莫如深？孤证不立结论，我们再来看其他例子：

夏曾佑1903年的《最新中学中国历史教科书》中说："由开辟至周初，为传疑之期。思此期之事，并无信史，均从群经与诸子中见之，往往寓言、实事，两不可分，读者各信其所习惯而已，故谓之传疑期。"夏曾佑所用的传疑时代与胡适的东周以上无史论（张京华对胡适的缩短与拉长已有考释）是一个意思。而顾先生1914年认真读的八种书中"有夏穗卿先生（曾佑）的《中国历史教科书》"，称"他很有眼光，定夏以前为'传疑时代'……这些话是以前的人都不敢说，他说出来真是出人意料，入人意中。……有《新旧约圣经》是看了夏先生的书所激动的，因为他讲中国古代史时常常用旧约作比较"。[2]到第二年，才读康有为的两考。而顾先生1958年为程憬遗著《中国古代神话研究》写序说："从现在看来固然很平常，但在当时的思想界上则无异

1　彭明辉：《五四史学的方法与方法论意识》，《台湾史学的中国纠结》，麦田出版社2002年版，第44、47页。
2　《我在北大》，顾潮编著：《顾颉刚年谱》，中国社会科学出版社1993年版，第36页。

于霹雳一声的革命爆发，使人们陡然认识了我国的古代史是具有宗教性的，其中有不少神话的成分。"[1]高度评价了夏曾佑作为第一个从古史中探寻神话的先驱作用。但顾先生在《自序》中对于夏曾佑却是这样记述的：

> 夏穗卿先在《中国历史教科书》的正文中说："孔子母徵在，游于大泽之陂，梦黑帝使请己，己往，梦交，语曰'汝乳必于空桑之中'；觉则若感，生丘于空桑之中，故曰玄圣"，注中说明道："案此文，学者毋以为怪，因古人谓受天命之神圣人必为上帝之所生，孔子虽不有天下，然实受天命，比于文王，故亦以王者之瑞归之；虽其事之信否不烦言而喻，然古义实如此，改之则《六经》之说不可通矣；凡解经者必兼纬，非纬则无以明经，此汉学所以胜于宋学也。"他明知道"其事之信否不烦言而喻"，但为要顺从汉人之说解释《六经》，便不得不依了纬书中的怪诞之说，这真是自欺欺人了！这班自欺欺人的人，说来也可怜。

顾先生对夏的批评堪称严厉，对于其正面影响却丝毫也没有提及。但当红尘滚过铅华洗尽之后，先生晚年历数自己"疑古"来源时不止一次提到过夏曾佑，《顾记》1961年12月24日思考学术历程自认"少年时代读夏曾佑书"，"自念予之疑古思想，首先植根于姚际恒、康有为、夏曾佑之书；其后又受崔述、崔适、朱熹、阎若璩诸人之启发。"[2]这说明影响确实不小，也与学术史对夏的意义评价相近，刘锡城说夏曾佑"说那些古史传说都是

1　顾颉刚写于1958年5月1日，载《博览群书》1993年第11期；又见程憬：《中国古代神话研究》，北京大学出版社2011年版。

2　《顾颉刚读书笔记》（七），台湾联经出版公司1990年版，第5507页。

秦汉间人根据自己的信仰编造出来的。就其古史观而言，夏曾佑无疑是 20 世纪初的‘疑古’论的先驱者。”[1] 但顾先生在《自序》中对夏只有批评而未提产生的思想震荡，而且他认为：“至胡适，仅进化论之一点皮毛耳。”笔者认为，就是这块皮毛恐怕也不无疑问，从严复《天演论》问世，经梁启超等大力鼓吹，早已举国信奉，奉若神明，而生于 1893 年的顾颉刚必待 24 岁后乃由 1917 年才回国的胡适去影响岂非咄咄怪事？

　　笔者认为，回忆或许有不准确的地方，但大地方不应有多次出入，况且顾先生在写《自序》时时时翻阅其《笔记》和《日记》做参考，这就使得即使有失误也不至于太离谱，如果有，当然应该是特殊原因所致。推原其故，这都是刻意要为胡适对其产生的“震荡”腾出位置，因为如果已经产生过震荡，第二次再震荡“源头”的胡适就不会显现的“伟大”了。如果《自序》里提到夏曾佑的正面影响，那就失去了把“层累说”和胡适连接起来的机缘，自然也就无法彰显胡适的伟大与英明了。顾先生的史学受任公的影响既深广又直接却闭口不谈，讳莫如深，一则梁的声望趋旧且已被视为落伍者，而胡则正如日中天；二则顾与梁素无瓜葛，即便如实陈述，虽则在学术上可以增饰添辉，但却不可能使梁在眼下的危机中帮助自己，对自己毫无用处；任公晚年脱离了污浊的中国政治之后，潜心学术，史学贡献尤为卓然，是时的胡适却与时政牵扯不断，且学术重心也非史学，胡适毕生不以史学家自居，只称有历史癖；如果提到任公，学术上固然存在加分效果，但也可能让人看破其中的玄机所在。而顾与胡却算有师生之谊，属于一个人事圈子（网络），且知道胡适好名特甚，连接上之后，不管胡适的反应如何，都可以利用

1　刘锡城：《顾颉刚与古史辨神话学：纪念〈古史辨〉出版 80 周年》，《长江大学学报》（社会科学版）2006 年第 4 期。

其声望吓唬可能的潜在对手。即使出现问题，那也说明胡适有指导不力之嫌。故而顾先生在《自序》中就拼命将自己的一切尽量与胡适联系起来，费尽心思抬高、烘托胡适的地位，目的不外是要借用其解危救难，既是投名状，也是哀的美敦书，连胡适都惊诧于自己的"伟大"，振奋于自己竟然还有如此"点金妙手"，胡适在 1926 年 8 月 24 日致傅斯年信中说："颉刚在他的《古史辨》自序里说他从我的《水浒传考证》里得着他的治史学方法。这是我生平最高兴的一件事。"[1] 顾先生这诸多心计，用兵法术语可谓：明修胡适之的栈道而暗渡梁任公之陈仓，也成功地使胡适站出来，使其成为"救命稻草"，帮自己渡过了一个巨大的危机，实现了由"层累说"论战失败到《古史辨》的成功大逆转，而胡适以其社会及舆论领袖、"学界宗师"的地位，他振臂一呼的作用是决定性的。

古语常言说非常之人乃为非常之事，由上述研究可知，顾先生就是这种非常之人。那么，我们自然会追寻下去，要重估他的成长以及转变的关键环节。

（五）顾先生学术思想的转变

顾先生在大学预科时就有学术上的雄心壮志（野心、事业心），1915 年 3 月，他写道："吾今有妄言在，他日造诣，至少须有章太炎先生之今日。"[2] 5 月，他又写道："吾今有戏言在，他年必为学术上之华盛顿，决不为学术上之拿破仑。""近日不知如何，雄心勃勃，不可按止。"（64 页）"天乎佑吾，即以佑人。中途而死，是天欲绝人类于学问也。""余无志求名，有心治学。苟家有良田百顷，足以绝赡养之忧，岂不能萧然物外，神与天

1　转引自王汎森：《傅斯年对胡适文史观点的影响》，《中国近代思想与学术的系谱》，河北教育出版社 2001 年版，第 288 页。
2　《顾颉刚读书笔记》第十五卷，中华书局 2011 年版，第 35 页。

游，穷览典籍，为古今学人一魁杰哉。"[1]具体领域就在他有家学渊源的国学上，"中国学问尽多精妙之处未曾研究出来。以视外国之学孳孳矻矻惟恐不尽者，大异。此责在吾辈，然风雨鸡鸣，谁则同声相应耶。"[2]发现"近来观各种新出国学书，总觉扞格不入，非我之深，是彼之浅。呜呼，天下可与言真学问者，有几人耶"。[3]"夷言庞杂，国故雕残，欲振起而董理之，当分数事。一立论。如实斋有《文史通义》，太炎有《国故论衡》……一编书……一刻书……"[4]后来的顾先生则是要开创学派，"人是有政治欲的，当然想做领袖，研究学问的人如果没有做领袖的野心，那个人是没出息的，他决不会有独特的成绩。"[5]

阅读上述几句话，或许会有人觉得顾先生怎么如此狂妄，实际情况不是这样，顾先生确实有着高度的学术敏感，且治学勤勉并善于思考，他在大学期间的《读书笔记》就充分地体现了这一点，这些虽然只是片羽只金，不是严谨的学术论文，但足可宝贵。《寒假读书记》："余曰：'清代思想之术太不发达，子学大兴，此其时矣。'子水曰：'前是学而不思，以后只恐思而不学。'""张之洞《书目答问》，可称古来书目之最佳者，惟子部尚有凌乱。然《四库》聚千百人乃不能胜，张君洵足雄矣。[眉批：张君有别裁之义，且列书不多，故易见好。]"[6]他批评"严又陵辈动以中国文字不合外国论理，用相訾诟。是不责闭门造车者，而责天下之轨辙也，呜呼可。"[7]"近来最流行之法学派，只知有外

1 《顾颉刚读书笔记》第十五卷，中华书局 2011 年版，第 62、65、69 页。
2 《顾颉刚读书笔记》第十五卷，中华书局 2011 年版，第 64 页。
3 《顾颉刚读书笔记》第十五卷，中华书局 2011 年版，第 75 页。
4 《顾颉刚读书笔记》第十五卷，中华书局 2011 年版，第 36 页。
5 《顾颉刚书信集》第三卷，1934 年 12 月 23 日"致杨效曾"，中华书局 2011 年版，第 22 页。
6 《顾颉刚读书笔记》第十五卷，中华书局 2011 年版，第 23、25 页。
7 《顾颉刚读书笔记》第十五卷，中华书局 2011 年版，第 34 页。

国，不知有中国古代，是但有横不知纵也。求之于横遂废其纵，一言及中国古制即曰，此蛮野不足道。执学理以嚇人，几何不受其欺哉。"[1]就他日后赖以扬名立万的辨伪而言，他当时思考的价值甚高："周秦书部伪书类，实不能存立。若《逸周书》《山海经》等，似伪书，又似非伪书。[眉批：辑书亦不能成立。杂辑如《意林》、《周人经说》等，则可独立。]《素问》《灵枢》等书，依实斋说，则是后人本其师说，又不可谓之伪书。故只好心知其意，不能判别若黑白也。""周秦书分类，淫思久矣。今大略就绪，录出如下。《书古文》，诚知其伪。然搜辑补苴，必有不伪者，过而存之。……《公羊传》虽汉代笔录，然墨守口说，度与高恓无殊，从《左》、《谷》之类。《大小戴记》虽明知汉人所作，而《艺文志注》云：'七十子后学所记。'……是则《戴记》二书，孰为周作孰为汉作，固难辨矣。……按纬书，谓孔子作，固可哂；谓汉人造，亦未尽然。宜从《戴记》疑书之旨。……以上五类（经上、经下、传记、纬上、纬下）均直接与孔子删述书相依，大分不异孔子之旨。"[2]而这些说法与余嘉锡、陈寅恪以及现在学界多数人的看法相近。再以"古文尚书"而言，与后来陈寅恪与李零先生的判断相当一致且更言简意赅，"现在，讲《古文尚书》是伪书的人都承认，它的出现至少也在魏晋南北朝，而且认为，它是根据很多早期整合而成，有点像是辑本。对《尚书》的辨伪，我觉得陈寅恪先生的态度比较可取。他认为，《古文尚书》'绝非一人可杜撰，大致是根据秦火之后，所传零星断简的典籍，采取有关《尚书》部分所编纂而成，所以我们要探索伪书的来源，研究其所用资料的可靠性，方能慎下结论；不可武断地说，它是全部杜撰的。'（俞大维：《怀念陈寅恪先生》，中研院

---

1 《顾颉刚读书笔记》第十五卷，中华书局 2011 年版，第 62 页。
2 《顾颉刚读书笔记》第十五卷，中华书局 2011 年版，第 43、44、45 页。

历史语言研究所编:《陈寅恪先生论集》，商务印书馆 1971 年版，第 3—8 页。）"[1] "太史公于《老子列传》中间，忽插入'或曰老莱子亦楚人也著书十五篇言道家之用与孔子同时云'二十五字，意者史公固疑老莱子即老子欤"。[2] 这与 90 年后的李零依据出土文献所做的思考如出一辙，李零说:"司马迁讲老子，是三老子，一个是老聃即李耳，一个是老莱子，一个是周太史儋。前两个老子，他们的共同点是，都以'老'称，都是楚人，都是道家，都是孔子请教的对象。这两个老子的共同点是，他们都是周史（前者是周收藏史，后者是周太史），而且名字的读音也比较接近。这里，值得注意的是，前两个'老子'，他们的'老'都不是姓氏，而是表示年龄很大，说明此人是以老寿而称。古书说孔子曾向前两个老子请教。事情怎么这么凑巧，他们不但时代相近，同样是楚人，同样是道家，而且对话也时有混淆。学者怀疑，他们也许是同一个人。这种可能性很大，我个人是倾向这一看法的。因为老聃是以李为氏，他被称为'老子'，其实是'老李子'，现在我们知道，楚国的李氏，它的'李'字和秦文字不同，不是从木从子，而是从来从子，来、李古音相同，都是来母之部字。老莱子可能就是老来子，即老李子。它们很可能是楚秦两地的不同写法。（《老李子和老莱子》，《郭店楚简校读记》，195—202 页。按:《老莱子》有辑本，参看《古佚书辑本目录》211 页）"[3] "此（《易》）实中国哲学一大关键，不可以以前识而轻视也。"[4]

　　顾先生在《自序》中说，1915 年时由于辨不清章太炎与康有为孰是孰非，"于是我把今古文的问题暂时搁起了"，但他在 1917 年三月写道:"以今文说说孔子，以古文说说六经，洵其当矣。

1　李零:《简帛古书与学术源流》，三联书店 2004 年版，第 236 页。

2　《顾颉刚读书笔记》第十五卷，中华书局 2011 年版，第 282 页。

3　李零:《简帛古书与学术源流》，三联书店 2003 年版，第 303 页。

4　《顾颉刚读书笔记》第十五卷，中华书局 2011 年版，第 57 页。

以古文说说孔子，则孔子过平常。以今文说说六经，则六经过荒谬矣。（六经中有当以今文说者，如《春秋》，然此系孔子之《春秋》，非春秋之《春秋》。其以今文说《春秋》，犹以今文说孔子也。孔子非即六经，六经非即孔子，分而言之，乃两不相伤。）［眉批：皆不得包举，故不必争其述作。］"[1]说法成立与否另当别论，但这个思考就极有价值。

再如，顾先生对清学的思考，"清代经学极盛，良以小学造绝诣，则故训无不解。言其经学，自足名家，不必假助汉人，依傍门户，乃为好古求是之学也。徒以是古非今之见，横梗心胸，遂不问汉儒之是非当否，皆采辑而珍宝之，名经学曰汉学，而不知清代之经学，早已度越汉人之经学矣。既已胜之，而又低首下心以听其命，此丈夫不为也。""予为《清代著述考》，以人为主，不以书之部类为主，便于识别师承渊源。凡明人之没于清者，民国之人之成学于清者，皆列焉。故太炎先生以及又陵、申叔、长素、任公诸彦，皆列清代。"[2]"近为《清人诸表》。知清初与中叶有甚异处。清初学术只有两道：一理学，一文辞。其陶镕而出之人物，亦因之有二：一儒臣，二才子。［眉批：理学图功，文辞图名。］（清初沿明习于此可见）乾嘉以后，此风顿衰。位致通显，与声名自熹者皆日少。而清学之为清学，乃有统系而足独立。……道咸以降，又与乾嘉异。光宣以降，又与咸同异。略当更论之，知学问之道之益进也。"[3]这些思考与王国维先生等人的论断可称相映生辉。

对于学术史及学术的思考也颇有价值，"秦以上与秦以下之学术，今更觉其大异。盖秦以上观察于事实上，宗旨在道家。秦以下观察于经籍上，专意在儒家。……要以孔子为其枢

1 《顾颉刚读书笔记》第十五卷，中华书局 2011 年版，第 282 页。

2 《顾颉刚读书笔记》第十五卷，中华书局 2011 年版，第 107、112 页。

3 《顾颉刚读书笔记》第十五卷，中华书局 2011 年版，第 141 页。

纽，故孔子诚学术史上最紧要之人也。""今日在中国提倡学术，虽曰甚难，然尚非穷途绝望。观严译诸书及章行严《甲寅杂志》等销路甚广，可以证也。""清代大官，多能延进士流，提倡学术……四方之士，遂以成一代学风。虽曰情钟势耀，然大官既为读书人，自能好学推贤。学者虽穷居，犹得给其饘粥，享其名誉，安心为学，馨一科之所有。今则政以贿成，官用市侩之道。以学为迂，以学者为不足厝意，学者无存身之处矣。其存身者，为官府秘书、报馆主笔，书局翻译，法庭律师，铁道工程师，学校教师而已。……一国无专事学问之学者，此大足虑也。[眉批：匪无学心，乃无其境。]"[1]"中国名无确义，故为学大难。若工艺然，无有凭藉之利器也。陈氏《北溪字义》，能以宋儒说义，著于用名。东原《孟子字义疏证》，能以宋儒常用之名，究其原本之义，皆有取焉。予意当更明定周代用名，而又条缀历代异说于次，以见其本，并观其变。"[2]"儒生观中国故书，若有与科学之言合者，即曰，欧洲所谓算学、重学、化学者，胥已包括于中国故书矣。外国今日始知，而吾圣哲则前古已见及之，岂不足以傲欤。不知科学之事，本无间于国界，而科学之所以为科学，则全在思想有律令，事物有条贯，不可影响模糊，若即若离，不别白而漫混同也。宇宙间事何一不在科学范围，虽鸟鸣犬吠，必使科学上之言与之合契。……盖科学之事，当使为之者知其事据其理而为之，不在观于不知其事不据其理之冥合玄契。冥合玄契，虽甚美不得谓之科学。"[3]对于科学的认识与傅斯年先生留学归国之后的思考有相似之处。对于事物与社会背景的因果关系的分析也有独到之处："一时一事之现象，自必适宜于一时一事之地位。……凡一学说之起，虽粗陋可鄙，自与其自然界人事界相

1　《顾颉刚读书笔记》第十五卷，中华书局 2011 年版，第 175、215、218 页。

2　《顾颉刚读书笔记》第十五卷，中华书局 2011 年版，第 267 页。

3　《顾颉刚读书笔记》第十五卷，中华书局 2011 年版，第 374—375 页。

应和，在今为可鄙，在彼时固充分之信言也。［眉批：观于因果者，客观也。观于是非者，主观也。科学之事，在客观不在主观，在因果不在是非。……］今日以忠君为愚昧不知民权，当时固非忠君不足以治国平天下，列为人伦之首，宜也。今日以历代史书为家谱不记民事，而在当时则可记载而为史者固已尽于此也。当时社会无心，以朝廷为心，社会无事，以君臣之事为事。但记朝廷君臣，社会之本亦得矣。"[1]

上文曾言顾先生对新文化运动的观察与思考颇多可取之处，有不少是后来陈寅恪先生及今天学者才能达到的地步和程度，足见顾先生具备极为突出的学术才能，称之为学术奇才也不为过。这与东西交汇大时代的背景有关，因此，顾先生比较突出的一点还有常常进行中西比较。上文已述顾先生对严复的批评，1915年5月："近来最流行之法学派，只知有外国，不知有中国古代，是但有横不知纵也。求之于横遂废其纵，一言及中国古制即曰，此蛮野不足道。执学理以嚇人，几何不受其欺哉。"[2] "中国哲学在天（君父与天等）。西洋哲学在人。印度哲学在心。"[3] "中国哲学、印度哲学、欧洲哲学，纵横无贯通之人。今当沉思玄览，使宇宙间之哲学，汇通一气，成《天人论》。"[4] "欧洲学术史，以十八、九世纪为极重。故中国人之为国学，当尤注意于清学。以其为今日学术思想之所秉承也。"[5] "中国之学，本于《易》《老》。欧洲之学，本于名数。"[6] "外国之哲学，或本于宗教，或本于象数；而中国之哲学，则本于政制。外国之哲学，或创于教父，或创于学

1 《顾颉刚读书笔记》第十五卷，中华书局2011年版，第371页。
2 《顾颉刚读书笔记》第十五卷，中华书局2011年版，第62页。
3 《顾颉刚读书笔记》第十五卷，中华书局2011年版，第102页。
4 《顾颉刚读书笔记》第十五卷，中华书局2011年版，第64页。
5 《顾颉刚读书笔记》第十五卷，中华书局2011年版，第141页。
6 《顾颉刚读书笔记》第十五卷，中华书局2011年版，第189页。

者；而中国之哲学，则创于圣帝明王。此皆本于人心世风而不可强合者也。"[1]"坤按此其说允矣，自索氏（指苏格拉底）以伦理代格致，而宗教有所藉助，其势昌盛，故人事论时期之后，宗教论亦随之起矣。"[2]"以天演之义论《周易》云云。与《周易》异者有《老子》，与赫胥黎异者有斯宾塞。[眉批：《易》近于赫胥黎，《老》近于斯宾塞。]"[3]张之洞云云，顾先生眉批："此说近于法人孔德之说。"[4]"苏格拉底及康德皆主福德不离之说，予谓不然。"[5]

顾先生发现以日本学术为路径的西方学术的缺点，"东瀛学术，形式上似处处有统系，而实际则不离浮光掠影，不足贵也。"[6]这暗合了今天学术界如桑兵、罗志田等先生的反思。

1. 独立思考，兼收并蓄　大学期间，顾先生明显体现出独立思考、兼收并蓄的学者精神，并不因人废言，《寒假读书记》说："吾观劳乃宣、刘廷琛、宋育仁等虽悖闇，较之时髦学人，尚为可意多多。""夏曾佑之《中学历史教科》，编的真好。处处以科学眼光观察，发明精义不少，殊令人读而忘倦……当时作书犹多忌讳，故每有新意，仅得微言，不能大阐厥旨，惜也。"[7]《乙舍读书记》说："去冬至姻娅家见劳玉初正续《共和正解》，实为劂心恓理之作。其持理甚长，非浮躁跳踉者所能思及。徒以不合时宜（此时宜从俗说）得谤遍天下。不禁叹世人浅蔽者多也。宋芸子、辜鸿铭讵非如此。"[8]"严又陵辈动以中国文字不合外国论理，用相訾诟。是不责闭门造车者，而责天下之轨辙也，呜呼可。"[9]乙卯四月，

1　《顾颉刚读书笔记》第十五卷，中华书局 2011 年版，第 239 页。

2　《顾颉刚读书笔记》第十五卷，中华书局 2011 年版，第 256 页。

3　《顾颉刚读书笔记》第十五卷，中华书局 2011 年版，第 177 页。

4　《顾颉刚读书笔记》第十五卷，中华书局 2011 年版，第 205 页。

5　《顾颉刚读书笔记》第十五卷，中华书局 2011 年版，第 344 页。

6　《顾颉刚读书笔记》第十五卷，中华书局 2011 年版，第 7 页。

7　《顾颉刚读书笔记》第十五卷，中华书局 2011 年版，第 7、9 页。

8　《顾颉刚读书笔记》第十五卷，中华书局 2011 年版，第 45 页。

9　《顾颉刚读书笔记》第十五卷，中华书局 2011 年版，第 34 页。

"坤按学必自立者，诚之谓也。不能自立，依附功令，畏首畏尾，百喙雷同者，伪之谓也……呜呼，求学者于学校，犹求美色于倡寮也。倡寮以女子为业，以媚游客……今世学校，如北京大学，纯粹装饰品也；中华大学、中国公学，纯为党会利用，庶几愚民之具耳。"[1] "惟最恨两种人：一种附会。以谶纬说经，以西学说子，视孔子为万能，托人说以申己说是也。此种人以今文学之末流为多。"[2] "予为学甚浅，惟自信有得力处，则肯通观达识，不以前后之是非，定一时代之功罪。如是，平白冤情，不知凡几矣。亦尝攻击评论，然志在规范，非作史之意也。眉批：裁断是非，必定于一。定于一，则专制起矣。听任因果，各复其命，复命则容公矣。"[3]

即使对他最尊敬的蔡元培先生也不无批评，并能深入剖析因果缘由。"近来蔡孑民、梁任公等演说，每云，学问与生计，本为两个问题，学生须专求学问，不可以利禄为主要观念。以吾国现在学生之通病，大率皆在学某种学科，即欲于某科中升官发财耳。〔眉批：当云，现在要紧事，在研究本学科中，何以正当升官发财之理。〕予亲为学生，深知学生心理。知蔡、梁诸公之言，乃是离情求智之谈，可有理论而已。夫学生有升官发财之思想，虽云本身劣陋，然自由社会家庭种种接触所构成也。……能在学校肄业者，大都中人之家。而中人之家，必待职业所入，始足以养父母而畜妻子。……诸公以专求学问训，等于一齐人教之，而父母亲戚友朋之以毕业生计相聒，等于众楚人咻咻，欲其不为躄舌得乎。且回顾己身，至切至深者，莫如生计，而学问次之。欲其专求学问而不及生计得乎。升官发财者，生计之异名而有功也。学某种学科而即于某科中升官发财，此真至当于今日时势，而行之无愧者也。〔眉批：所怕其学

---

1 《顾颉刚读书笔记》第十五卷，中华书局 2011 年版，第 117 页。
2 《顾颉刚读书笔记》第十五卷，中华书局 2011 年版，第 59 页。
3 《顾颉刚读书笔记》第十五卷，中华书局 2011 年版，第 372 页。

甲科而投机乙科，欲于其中升官发财。遂鲁莽灭裂，贻误大事耳。］即如予，自问甚甘淡泊，颇好学问，恨不能终其身于研究学术之中，不愿以生计牵系，负此时与此心也。然而家无恒产，待俸而食；父力渐衰，必以我继，能绝不念家庭之情而安然为学乎。［眉批：**予谓不独政教须分离，政学亦须分离。学人定有长俸，其独居研究，俸给与在官任事同。盖既不负求钱之责，始能专心学问。**］……盖急功近利之性，实亦时势成之，小器大器，非所辨也。……国中百业不兴，官人不以学历，非得奥援，不能任事。（208—209 页）……学生既多中人之家，自不能系有大力者汲引之毕业后之生计，既不可恃，于是而希冀侥幸之心生……夤缘交结之事兴，而狭邪赌博，无不兴矣。既无恒产，复无定业，而欲其有真固之心，希人尽为陶彭泽、孙泰山，其可得耶？［眉批：记前《甲寅杂志》曰：'民国以前，尚可为乡愿。至于民国，乃使乡愿无立足地，不为小人不可。'吁，可悲也。］科举停矣，毕业无足荣矣。社会不以恭敬待学生，学生遂自暴弃而行不义矣……蔡先生曰：'师生不可有机械心，同学不可有利用心。'美则美矣，无如学生之恶恶而不能去，善善而不能行也。当诏诸生曰：'时势如斯，人本难为离群绝众之行。但自寻生计，当无愧此心。度德量力，社会恶业可革者则革之。［眉批：对社会须和而不同。］尤不可更造恶因，使流风愈下。所谓不求有功但求无过。有力则以积极改良社会，无力则以消极改良社会。使将来之世风，潜移默化而至于善。此正诸君之责，不可一日忘者也。'如是，或能以真诚相感。若徒以客气之谈，难几之事，强而行之，即使果从，乃遏以灰勇者之心，长惰者之气。较其顺逆，为何如耶。"蔡氏"同学不可有利用心"一节，"谓遇同学为富家子，或亲族有势力者，即不惜降心接纳。"[1]

---

1 《顾颉刚读书笔记》第十五卷，中华书局 2011 年版，第 208、210—211 页。

　　直到 1918 年 12 月 19 日他还给叶圣陶写信说："我前天写一封信给傅孟真,说《新潮》杂志的编辑,第一要随时随处有个豫程,不要碰了刺戟才去说话。第二要正大光明的做去,不要用手段,如文过、挑战、说谎等。……处处用《新青年》作反证。吾的意思,恐怕他们模仿《新青年》,竟做了个附属《新青年》的报,以至循人忘己,没有自己独立的心思,为陈独秀辈利用,所以痛下针砭,不晓得有效与否?……我就做一篇《新与旧》。因为现在说革新与守旧的,太不循思想的规律,简直但是口头称说,不用思想,所以想去揭穿他。"[1]

　　这一切在在说明顾先生本来是个好的读书种子,而且治学尤其就治史的态度而言,顾先生本来的认识堪称平恕、通达。他在 1914 年 3 月 1 日《古今伪书考》写跋:"是书一卷,颇类随手札记,非有意著述之林,故文笔疏散。其论辩多采前人成说……或微折中,不尽证实,弗能谓博议无遗也。……盖尝论之,其病有二,一以文辞之工拙定真伪,……一则以后世著述之成法劘括古籍……姚君抑亦未深思乎?……发明者鲜矣。……一曰师说……口耳之学不能无差,则著于竹帛以授之其人,所以求传习之广焉。……此正古人言公之旨,不必以诚伪规度者也。如《素问》、《本草》、《山海经》……虽有伪附,又不能定其著书之人,然终不当与虚造者等视。……良由此等学说不凭书籍以传耳。"这种说法之正确,可置诸《观堂集林》而无愧。顾先生在乙卯四月抄录了"(民)前八年《东方杂志》蛤笑《史学刍论》曰:'居今日而言史学,昔人所记,皆成已陈之刍狗,而不必复措意焉。所最急者,在以新学之眼光,观察以往之事实耳。天下学问之途,皆始以怀疑,而继以徵实。惟能怀疑者,故能独开异境,而不为前人成说之所牢笼。惟能徵实也,故能

────────────

1　《顾颉刚书信集》第一卷,中华书局 2011 年版,第 46 页。

独探真诠，而不为世俗浮说之所蒙蔽。因怀疑而徵实，因徵实而又怀疑，愈转愈深，引人入胜，新理之所以日出不穷也。吾国之谈史学者有两蔽焉。一则不知进化之例而以为古胜于今也，……一则不知宗教学术之别，而以中古以来之儒术横加皇古也。'……'大名崔东壁先生，嘉道以来怀疑学派之巨子也。当宋学方昌之日，独悟其论古之失真。所著《考信录》，自上古以迄战国，记事纂言，祛非存是。其大旨所存，谓不当持后世之情状，以例古人。斯真唐宋至今所不敢发之议论矣。所未至者，则以上所言两蔽之未除，故有见之已到而不敢尽言者。筚路蓝缕之初，未有不如是也。'"[1]这是顾先生最早接触崔东壁的记录。直到1920年11月24日刚开始"疑古"辨伪时，顾先生的认识是这样的："'伪书'的名目，是觉得不能赅括一切，所以我今年上半年拟的书目表称做'伪书疑书目'，因为有许多书只是存疑，并非作伪。"顾先生所列有伪、有疑的看法在其个人学术思想史上是非常值得重视的一个时期。这和历史学问题的情况是一致的，有的可以得出肯定性的结论，有的可以得出明确的否定，但大部分问题是在二者之间的，就像顾先生所列的，真书不用说了，有伪书的，也有疑书的。等到受了"宁可疑而过，不可信而过""宁疑古而失之，不可信古而失之"的"胡导"（下文有述）之后，顾先生的态度立即大变，"以胡、钱两先生的大胆，我亦追随其间，恐怕中国伪史的命运，就要寿终在这几年了。"[2]就将疑伪混淆起来，胡适的指导让顾先生变成了不能肯定为真的就都是假的。这在哲学上的逻辑推导可以如此，但这并不适合历史学问题的实际情况。1922年4月20日写"战国以下伪《尚书》"条时："所谓伪，决不至于完全想象，

1　《顾颉刚读书笔记》第十五卷，中华书局2011年版，第111—112页。

2　顾颉刚：《伪史例》第一册《序》，顾潮编：《顾颉刚年谱》，中国社会科学出版社1993年版，第61页。

如东晋《伪古文尚书》亦甚有依据。《尧典》言天文即合,无妨其为伪。"[1]对史事真伪的认识及其与古书真伪的关系陷入混乱。之后不久,"从伪书引渡到伪史,原很顺利。有很多伪史是用伪书作基础的⋯⋯想到这里,不由得激起了我的推翻伪史的壮志。起先仅想推翻伪书中的伪史,到这时连真书中的伪史也要推翻了。"(《自序》)大胆怀疑竟然直接等同于伪了,变成了不能肯定为真的就都是伪的。疑还是伪,不是拿证据说话,而是由胆量、想象力决定,这与"人有多大胆,地有多高产"实为异曲同工。就像鲁迅描述的中国人的想象力,看见一女的露了胳膊,就由表及里、由浅入深地想入非非,结果,这女的很快就被视为荡妇。

《西斋读书记》:孟真又述其(指黄侃)语曰:"经学分家派,本不为善,然苟为其学,即不得不藉家派以为其假定,而后一切义类有所附;得其义,乃舍其家,则知所择矣。""坤按假定一言,是极,此即为科学方法也。"(358页)实即治哲学之法,而以此治史学则不妥。1919年1月4日:"予自询学行,在二十二岁前,全无自觉心,但好文辞,不审取舍,极无足观。自后由文辞而学问,由学问而道德。虽不胜鄙陋,顾具体而微,亦未敢多让。且途径甚明,由此而进,可计待也。⋯⋯予于文辞,但求达意。"[2]

顾先生在大学毕业前主张中西新旧调和殆无疑义,在今古文之间,顾先生明显是倾向于古文经学派的,再加上北大时驳杂的现代教育及梁启超等的新知之路。

比较言之,古文经学派从识字开始,言必有据,非有多年功力不能办,这恰恰不是顾先生的优势,直到1920年12月12日,顾先生还自称"《说文》更没有把握:虽然得了些零碎的智识,

---

1 《顾颉刚读书笔记》第一卷,台湾联经出版公司1990年版,第482—483页,《纂史随笔》(一)。

2 《顾颉刚日记》第一卷,台湾联经出版公司2007年版,第42页。

连统翻一过也未曾。"[1] 顾先生 1962 年总结自己治学特点时说:"由目录而入史学,所有裨于史者,聚各种资料而比较之耳;至于声音、文字之微,则未曾入门。"[2]

顾先生追随胡适钱玄同之后,由于成名及开创学派之心等原因,明显染上了今文学的色彩,某种程度上可谓已转入今文学之路,这从顾先生对今文学的始终冷淡而到接触钱玄同后开始热衷于今文经学的前后变化即可得知,"至卅余,常与钱玄同先生接席谈经学,有屡及此书,予谓当标点印行。玄同先生云,余有两本(指《新学伪经考》),当以所点一本付君资参考。会日军军阀启衅,京津时有被夺之虞,生活不安,竟未践约。而玄同先生一本及予旧藏之一本同于太平洋事变后为寇掠取,滋可慨已。"[3] 因此,他在《自序》中就不能不改变对康有为的态度,咬死康有为的假定作为立论的前提,他治学的偶像也不能不变,对《新学伪经考》和《孔子改制考》的态度也不能不变,详尽的论述将在《中编》讨论"经学史学关系的盲点"中展开。

2. "自立门户,创立学派"之努力 《古史辨》第一册出版意外地大获成功,是顾先生生命史上一个关键的转折,顾先生"闲中自读,予之性质可析为三事:好学、爱才、急功"。[4] 三者实际上可归之为一件事——创派。顾先生 1928 年 4 月 12 日在给钱玄同的信中说:"我在此(广州中山大学)讲上古史及《尚书》,大张今文之帜,将来造就了一班学生,不难振起一变相的今文学派也。"[5] 这道出了他内心的真实动机。再联系本书其他地方所述顾先生的雄心,以及不计成本地投入甚至赔钱,热衷于

---

1 《顾颉刚书信集》第四卷,中华书局 2011 年版,第 320—321 页。

2 《顾颉刚读书笔记》第八卷,台湾联经出版公司 1990 年版,第 6103 页。

3 《顾颉刚全集·顾颉刚文库古籍书目》卷二,中华书局 2011 年版,第 762 页"新学伪经考"条。

4 《顾记》第二卷,1927 年 12 月 31 日,台湾联经出版公司 2007 年版,第 117 页。

5 《顾颉刚书信集》第一卷,中华书局 2011 年版,第 563 页。

编辑及出版各种杂志，爱才也是创派的一个表现，都是开创学派的巨大努力，在中山大学不考虑出版成本出价值不高的多种民俗学小册子就是这种心态支配下的产物，这点从本书所引《顾颉刚书信集》第二卷 1929 年 4 月 28 日和 5 月 24 日他给商承祚的两封信就可以看出。何定生所编《关于胡适之与顾颉刚》一书，学者不乏讨论，普遍认为是何擅自作为，与顾先生无干。考整个事件始末，以情理忖度过于诡异。笔者认为，它在学术上应该相当程度反映顾先生本人的真实意思，大概他们私下有所研议，而不明人际之道的小何求功心切，率而为之。从顾先生仍然勉强发行看，他一定认为该书在学术上是相当有价值的。否则，仅就成本而言，不过不到一百元钱，这对于不在乎金钱的顾先生而言并非很大的数字，如果顾先生真的珍视二人"师徒"关系的话，应该断然彻底销毁，而不是改名继续发行。再从顾先生对于何定生的处理来看，依然拖泥带水。只有将其置于顾先生创派的心路历程才可求得最为合乎情理的解释。

（六）略谈胡适与顾颉刚在"疑古"上的同与异

人们通常认为，1929 年之前的顾颉刚与胡适在学术上是一体的，这是由《古史辨·自序》得来的印象，但实际上则不然。他们二人始终存在相当大的差异。

胡适先生的学术以中西兼通闻名，一般认为，他的西学好于中学，在未回国时大概对今文经学有所涉猎[1]，从回国后刚到北京就职不久就赶紧补课看，他对当时国内流行的今文经学是陌生的，在 1918 年 1 月 28 的《日记》中写道："读康有为《新学

1　据顾颉刚《西斋读书记》（一）载："胡适之先生谓九流不出于王官，有驳议一篇，登《太平洋杂志》七号。又谓《七略》所以谓出于王官者，或刘歆假造《周官》，而以之助成其说耳。"顾先生的眉批说："胡先生取《淮南》说，孟真谓胡先生过信今文。"顾、傅两先生的认识可做佐证（《顾颉刚读书笔记》第十五卷，中华书局 2011 年版，第 357 页）。

伪经考》十四卷：吾求此书甚久，徧向琉璃厂，乃不可得。今始于崔觯甫先生处借得读之。此书出版于光绪辛卯年，较吾年大数月耳。此书辩证刘歆造伪经一案甚辩。其书之旨，在于尊孔。而不知孔教之势力全赖此诸经。今去此诸经而独尊一极似'断烂朝报'之《春秋》，则孔教亦随之而更衰矣。康氏尚有……诸书，今皆不易得见矣。""读大学教员崔觯甫（适）之《史记探源》八卷，甚喜之。此君因读《新学伪经考》而有所触，故著此书，以考证《史记》今本之非太史公原稿，谓其中通篇皆伪者凡二十有九。……其为后人（如刘歆等）所增窜者，盖几于全书皆是。此书与《新学伪经考》皆西人所谓'高等的校勘'之书也。清代的考据家大概多偏于'书本的校勘'，其能当'高等的校勘'之称者，惟阎百诗、惠定宇之于梅氏古文尚书耳。（袁枚亦尝议三礼。）书本的校勘到俞樾、孙诒让可算到了极点。到了这时代，自然会生出些'高等的校勘'来。有前者而后人可不读误书，有后者而后人可不读伪书。伪书之害更胜于误书。高等的校勘所以更不可少。方东澍《汉学商兑》三卷，此书甚少可取之处。然其所拾汉学家攻击宋儒之语甚多，颇足供史料。""有姚际恒（新安人）之《古今伪书考》，偶一翻阅，未能细读。此亦高等的校勘也。""吾欲分'汉学'为三门：一、校勘学……；二、训诂学……；考据学……"[1] 可以看出，他同时进行着中西比较、贯通的尝试。一般认为，胡适提倡的"疑古"虽有今文经学的色彩，但更多的却是西方的存疑主义，他在1922年9月5日的《演化论与存疑主义》文写道：

存疑主义这个名词，是赫胥黎造出来的，直译为"不知主义"。孔丘说："知之为知之，不知为不知，是知也。"这话确是"存疑

1　胡适：《北京杂记》，《胡适留学日记》（手稿本），上海人民出版社2015年版。

主义"的一个好解说。……赫胥黎说,只有那证据充分的知识,方才可以信仰,凡没有充分证据的,只可存疑,不当信仰。这是存疑主义的主脑。……灵魂不朽之说,我并不否认,也不承认。我拿不出什么理由来信仰他,但是我也没有法子可以否认他。……这种科学的精神,——严格的不信任一切没有充分证据的东西——就是赫胥黎叫做"存疑主义"的。[1]

这段话表述得很清楚,没有证据的,应当存而不论,不应当轻易否认,也就是在证据不够时,展缓判断,如胡适在老子问题上的一贯主张那样。能肯定的要有充足的证据,要否定的也要有充足的证据。这与孔子的"阙疑"有相近之处。而顾先生则是变而过激,走入否定一途,也即不可信的就要否定,就是造伪。这二者之间有着本质的绝大不同。"疑古三杰"在关于辨伪讨论信件频繁往还时,胡适日记就写了儒家是一个历史的学派。他在《周易》问题上的态度也是一贯的。周策纵写于飞机旅途中的文章感觉胡适"只是教人不可'轻信'"[2]实在是一语破的。

但周予同认为:"依个人的私见,胡氏与其说用西洋的思想来整理'国学'——其实只是广义的史学,不如说集合融会中国旧有的各派学术思想的优点,而以西洋某一种的治学的方法来布勒它,来涂饰它。……但很显然的,胡氏及其同派者都继承了宋学的怀疑的精神,采用了汉学古文派的考证的方法。我们只能说前修未备,后学加密,却不能说他们和宋学派及汉学

---

1 《胡适文集》第10册,北京大学出版社1998年版,第350、351、352页,收入1930年亚东图书馆《胡适文选》。1922年10月8日《努力周报》第23期《存疑主义》文,为《五十年来之世界哲学》中的一节。
2 周策纵:《胡适对中国文化的批判与贡献》,欧阳哲生选编:《解析胡适》,社会科学文献出版社2000年版,第136页。

的古文学派毫无学术上的关系。……胡氏及其同派者，除承受宋学的精神与汉学古文派的方法以外，对于清末高度发展的汉学今文派的思想体系，实也有一脉相承之概。"将《中国哲学史大纲》与康有为《孔子改制考》等相比，列举其联系、影响的事例，"这些理论，或是袭用今文学的见解，或是由今文学的见解而加以扩大、加以转变。关于胡氏这一派和今文学的关系，钱玄同有更忠实的叙述。……总之，胡氏及其同派者的学术思想继承着今文学的思想体系而加以扩大，加以转变，是无可讳言的。"[1] 1921 年 5 月 13 日，访胡适之，谈极久。"适之……推崔东壁为中国第一大胆人，其不以朱逖先信仰古文家为然。谓今文家已推倒之古文家，而逖先犹信之，如何要得。……拟刻《辨伪丛书》。其思想活泼，殆少甚匹。"[2] "整个的来说，胡适之对西洋文明的吸收和对自己的文化传统的继承，只可说是三七开。他自己的思想言行，立身处世，和他底胡开文老店在进出口交易上所贩卖的货色，也大致是三分洋货，七分传统！"[3] 这两个人的看法值得注意。

而且，"疑古"对于胡适只是手段，随时可弃，胡适 1921年 1 月 28 日《自述古史观书》："《考信录》甚多使人失望处，你看了便知。"胡适在这场过程中的观点值得玩味。胡适从"层累说"论战到结束"疑古"，恰恰是其深度介入当时政治——也是胡适"多病"的时间段，胡适的小病都成为中国的大新闻，其多重身份、角色的冲突在此时体现得格外明显，其高度介入政治时期与明显违反学术道德的重合期是耐人寻味的。是思想？

1　周子同:《五十年来中国之新史学》，见朱维铮编:《周予同经学史论著选集》（增订版），上海人民出版社 1994 年第 2 版，第 544—547 页。
2　中国革命博物馆整理:《吴虞日记》，四川人民出版社 1984 年版，第 598—599 页。
3　唐德刚:《胡适杂忆》，华文出版社 1990 年版，第 88 页。

学术？还是对权力的渴望？到中国政局稳定后，胡适在将近一年环球之旅的返程中，吹着太平洋的拂煦微风，读了瑞典汉学家高本汉《论〈左传〉之可信及其性质》后，胡适的脑子终于找到了可信的理论，1927 年 4 月 17 日，急迫地从太平洋上给顾先生来信，专门告知高书摘要："请你看了，寄与玄同先生看看。""你们看了此文，作何感想？如有地方可以发表，我想大可以发表出来，供大家讨论。"[1] 开始明确告别"疑古"——胡适这样做意味深长，他出国时振臂一呼，话说得太满，《自序》的感动此时早已过去，清醒过来，但这时也不便自打嘴巴收回，他的角色和地位已经使得他无法公开否定"疑古"。另外，否定若由自己发动，对另两位伤害太大。这应该是胡适对于"疑古"已经彻底否定的开端，否则他不会让顾先生阅后立刻转给"疑古三杰"最后一杰的钱玄同。不料，阴差阳错有回应。所以1929 年胡适当面告诉顾先生，他不疑古了，要信古。

　　对于顾先生则不然。胡适开始时对顾颉刚的指导是培养启蒙斗士而非学者，在受了"胡导"之后，顾颉刚一路杀了出去，"大禹是条虫"的笑谈成为顾先生终身挥之不去的梦魇。在得不到胡适有效的"科学方法"指导后，顾先生的方法又回到今文经学以及康有为（实质上）的一路。对于胡适的试图纠偏，哲学出身、唯理主义影响深重、性格太过倔犟执拗的顾先生已经无法回头，他治学的特点是容易发现问题，看出史料中的矛盾

1　《古史辨》第五册。高本汉此书对中国古书辨别真伪的论证十分精到，重挫了疑古派的声势（李孝迁《域外汉学与中国现代史学》有"高本汉与《左传真伪考》一节，上海古籍出版社 2014 年版），1929 年，高本汉又撰《中国古书的真伪》，否定了"疑古三杰"不少的辨伪原则（陈力《二十世纪古籍辨伪学之检讨》一文有专门研究），可惜没有引起中国学界的足够重视。张京华指出："值得注意的是，胡适从疑古到信古变化的时限是 1928 年，南京政府已经成立，捣乱会当转为承担，反题会当转为正题。"（《顾颉刚：岂一个"才情"了得》，《中华读书报》2010 年 5 月 12 日）

所在，优点是分析流畅、犀利，但忽略了历史的传承性、复杂性。与此同时，二人学术的差异凸显。而在 1930 年 7 月 3 日"致胡适"信："承嘱勿过怀疑，自当书之座右。惟这一方面，总希望让我痛快地干一下，然后让人出来调和，或由自己改正。总之，我是绝不敢护短的。"（137 页）[1]这封信应该是胡适有过再次提醒顾先生的举动，而为顾先生明确拒绝，性格温和的胡适只能由他而去。"疑古"对于顾先生不单单是做学问的问题，已经变成了坚定的信仰，可谓成见横亘于心，连胡适都对顾先生"成见"牢不可破深表诧异，胡适在与钱穆的信中谈到钱与顾先生关于五德终始的讨论，"其实这全是成见作怪。……此等论断，全凭主观，毫无学者治学方法，不知颉刚何以会上他的大当。"[2]而实际上很简单，这进入了信仰层面，胡适对信仰、宗教不甚了解，信仰者、宗教徒只要认为是那样就行了，不需要逻辑自洽。

童书业将"古史辨"起自康有为，顾先生在《当代中国史学》中对康有为的超乎异常的颂扬……所以，如果要画中国二十世纪的学术谱系的话，顾先生恐怕应该归入康有为的序列。这都显现出历史极端且惊人的复杂性。顾先生多次自我总结，显现出对自己一生学术评价的摇摆，1953 年 1 月，顾先生在上海对自己进入学术界的三十年进行了总结："越三十年，翻览此册，觉得三十年中只有刚到燕京大学时稍有安定生活，余均在焦躁、彷徨、纷乱、困苦中度过"。"卅年前之祈求，迄今还是一个可望而不可即的神山，然而年则已老矣。生于此世，只不死已是厚幸，敢望成学乎！后之人视

1 顾潮:《历劫终教志不灰——我的父亲顾颉刚》，华东师范大学出版社 1997 年版，第 137 页，引 1930 年 7 月 3 日"致胡适"信。

2 耿云志等编:《胡适书信集》上，北京大学出版社 1996 年版，1931 年 4 月 21 日"致钱穆"。

此，当自喜其境遇之厚也。"[1]1973 年 6 月 30 日 80 岁写道："此册为我三十岁日记，在我夫妇的多病的身体条件下，在我家庭矛盾的高度发展下，在社会各界的多方拉拢下，在迁家运书的不安定生活下，我的考辨古史的体系竟得在这时建立起来，为我一生学术工作打好基础，真是千难万难的事，览此骇痛。此值得保存的一册，后人幸勿轻弃，是所望也。"此页夹一 1910 年的算命文书，1976 年 6 月 6 日记："当时吾父览之耳喜……予亦为之自壮。然至今日，事以定矣，其成就者又安在哉？此不过几句好听之话耳。抑时代之动荡过甚，区区个人之成败唯有随大流而入海耶（259 页）！"

最后，笔者略谈一下胡顾二人的实质关系，他们虽然一度关系密切、融洽，但学术上的差异远远大于相同之处，顾先生在《自序》中构拟的师徒关系和学问路径与历史真相相去甚远，但人际关系仍很融洽，二人之隔膜始于二十年代末胡适倒向傅斯年之时，这并不为常人所知，因二人社会地位势差较大，虽然表面上仍很热络，但胡适对于顾先生在内心中已渐渐不满，恐怕主要是在认为顾先生不尊重证据，不顾自相矛盾，也就是说胡先生对于顾先生的学术素养的信心渐渐消失，已经不再看重这种"师徒"关系，以至于 1948 年在推选中央研究院第一届院士名单中竟然未将他这位名满天下的"爱徒""史学革命"的缔造者列入，说明并非偶然之举。因为对于一个学者来说，院士是至高无上的荣誉，透过现象看本质，胡适的这个行为恐怕才是其内心对顾先生的真实看法，才是对他们真实学术关系的最本质的证明。顾先生在 1949 年时感到胡适之冷遇时而怀疑傅斯年从中作梗实为皮相之见。

总体来看，胡对顾在学术上基本上谈不上有什么深刻的影响，从学术实质而言，也确实如此。当红尘滚过铅华洗尽，

---

1 《顾颉刚日记》第一卷，1922 年 7 月 31 日条后，第 256 页。

在 20 世纪 50 年代面对批判之时，顾颉刚曾有一语："《古史辨》……其成也不是我的功，其败也不是我的罪。"1951 年12 月 2 日，上海大公报馆举行"胡适思想批判座谈会"，顾先生介绍了 20 年来两人的一些分歧，自我检讨说：受了胡适"提倡实验主义，主张一点一滴地改造"的影响，自己"也成了改良主义者"，"没有革命的意识"。两人友谊渐渐地枯萎的情形原是"为小资产阶级的温情主义所限，不肯对人说"，"现在觉悟到应该严格分清敌我"，因而公之于众，"胡适是政治上的敌人，也是思想上的敌人。"河北师范学院王树民 1954年 5 月来信，顾颉刚批语说"一人之思想固可变，但不能变得太快，亦不能变成极端之不同，否则便是作伪矣。"[1]二十世纪的诡异在于，顾先生在政治的压力下努力撇清与胡适的学术缘承，恢复了历史的本相，说出了实话，但今天的研究者却多以新中国成立后顾先生受种种压力所说的违心之言，反而死活不信。

（七）顾先生的处世风格与性格的再认识（知人论世）

可能有人会觉得笔者亵渎了顾先生，顾先生不可能有这许多心计。这与《古史辨·自序》的流行有密切关系。若仅观读《自序》，一个耿介清操的书生形象楞楞可见，顾先生在文中把自己描述为赤子童心，声称自己不党，只读书搞学问，是个不通人情世故、不食人间烟火的圣洁高雅的书呆子……这符合传统士大夫的标准，而声言始终不图利，总是抱怨生活困难，又引起了广泛的同情。而大多数人也只是读了此文，只听了顾先生公开的自身叙述，就为顾先生这个"新偶像"表示出的高尚人格所折服，就对顾先生的形象做了定格。余英时说"在我们

1　顾潮：《历劫终教志不灰——我的父亲顾颉刚》，华东师范大学出版社 1997年版，第 246、248 页。

的一般印象中，他是一位典型'象牙塔'中学者，毕生与古籍为伍。"而数十年来的史学工作者由于各种原因，对于以学者为研究对象的个人性格每不措意，多就其学术及思想研究，忽略了有血有肉的人的复杂性，但要做到知人论世，对于性格鲜明的学者，却是非做不可的，否则就是隔靴搔痒。这不是发人隐私，而是不在心理层面深入，便不能把一个真实的、活生生的人物展现出来。王汎森先生曾作《思想史与生活史有交集吗？——读傅斯年档案》一文，对于傅斯年的学术、思想的分析更加透彻。幸而顾先生也给我们留下了详尽的日记和大量的信札以及读书笔记，这就提供了充分有利的条件，也取得了一些成绩，最贴切的可能是王汎森所说的"一堆矛盾"，余英时先生读了顾先生全部日记之后，印象大变，写出了《未尽的才情》一文，分有五个小节，意外地发现顾先生的"'事业心'竟在'求知欲'之上，而且从 1930 年代开始，他的生命形态也愈来愈接近一位事业取向的社会活动家，流转于学政商三界"。这是很好的开路工作，与此同时，对顾先生的评价也更走入了争议一途，朱维铮先生说：50 年代，就"知此公并非所谓纯学者，而是总在政学商三界活动的人物。……日记中时时抱怨从政妨碍治学，是否真话？至少在京沪两地熟悉其人的学者中间，很少有人相信他的表态出自肺腑"。[1]"近若干年，胡适的旧作、书信、日记、年谱及传记大量出版，证明胡适在五四前后，是疑古的中坚。将其与晚出的《顾颉刚日记》对照，可知顾氏走向考订古书乃至疑古，均受胡适的引导。但顾氏的《古史辨》序及诸文，反证他自始便非但好名，兼会掠美，极力淡化胡适通过研究课题引导他由考证而疑古，又拉住钱玄同作支柱。……使顾氏暴得大名，其后自炫更无顾忌。我在台版《顾颉刚日记》刊行后，作文批

---

[1]　朱维铮：《顾颉刚改日记》，《东方早报》2009 年 2 月 1 日之《上海书评》。

评顾氏为向上爬而不择手段。当时章培恒先生表示支持，说再要作文揭露顾氏古史辨乃剽窃日本学者，惜他因病重未果。"[1]张京华先生也有精到的概述："顾颉刚先生一生，率真与糊涂并生，做事与坏事共存，才学与寡识适成反比。由其一己之生活与际遇，当可概见逐时顺俗之可畏，及近百年学人途径抉择之可忧。"[2]张京华还指出："可以说，顾颉刚从来没有完成对古代史籍的'最严格审查'，而古史不可信的观念却早已家喻户晓了。最严格地审查古人，最自由地对待自己，是五四激进学人的共相。""余序不仅援引了西方观念，而且对疑古派的认识也多出于疑古派的'自说自话'。'审查史料''旨在普及''事业心'均为顾颉刚的自我评价、自编爆料。"[3]

二十世纪急速的风云变幻，导致一个人的立场、情感可能在十几年甚至几年内产生巨大变化，其回忆往往不甚可靠，当然，也可能是很不可靠，因此，必须尽量寻求原始材料去下结论。鉴于顾先生对中国现代学术的巨大影响，所以我们有必要对其成长、性格等私人情况做深入探究，为避免争论，笔者将主要以顾先生《日记》和《书信集》中的密友通信与《自序》进行对比来说明，用顾先生自己的话、亲身经历来说明真实情况，而这些生活史、心态史材料对于理解顾先生的学术和思想发展至关重要，再将其置于东西碰撞会通、新旧交织、旧新转型的大的时空、社会背景中，探讨个人的性格、心态对其学术产生的影响。

我们可以用先生自己的话来说明真实的顾先生，在给妻子

1　蒋维崧《这也许是朱维铮先生最后的学术文字了》引用朱维铮审稿信，2012 年 7 月 1 日《上海书评》。
2　张京华：《顾颉刚：岂一个"才情"了得》，《中华读书报》2010 年 5 月 12 日。
3　《未尽的古史辨：读余英时先生〈未尽的才情——从日记看顾颉刚的内心世界〉》，《中国图书评论》2011 年第 1 期。

的信中说："实在我的面孔是太忠厚了！我自知我的世故，我的城府，我的猜疑，比普通人一概深。不过我没有才干，不能把这些性情应用出来。"[1] 在给好友俞平伯的信中说："我自己知道，我的世故比一概人都深，但我既无才干运用我的世故，我的感情又厌恶世故，不愿以之处世。"[2] 笔者从顾先生上大学时开始考察，发现他运用"世故"的例子并不少见。

　　他的密友"陈翼龙投身其中（反政府活动）。六月先生南归前，陈将一篮一年间他人来信交先生保存，并嘱为其作传留念。七月下旬陈被捕，旋被枪杀。……九月上旬，政府及学校多加盘查，严禁学生与乱党往来，不得已，将陈翼龙一篮信烧掉"。[3] 在由预科升入本科时，依北大规定，顾先生是不能考的，但先生随机应变，钻规则空子，以同等学力升入。1919 年 1 月 22 日："孟真函中，劝其现在处人篱下，应有顾忌；俟此后本社脱离学校独立时，始可畅快地说去。《易》曰：尺蠖之屈，以求申也。盖为其诋马叙伦、蒋维乔等。予视马、蒋等已成绝物。则吾辈则日有进境，绝不与彼辈立在平等地位。我辈只须将正理去发挥，自然日出而熻火息矣。即使不息，视已息者何异。"[4] 1920 年毕业季，大学挚友傅斯年、罗家伦等新潮社骨干计划出国，放心不下声名鹊起的新潮社及其杂志，二人将其托付给顾先生，"志希到我寓里来，说他要出洋了，社事要我主持；允许代我在京中谋事，问我要多少薪水才够用。我因为苏州无事可做，不得不'伸一个后脚'，就答应他主持社务。拿北京的用途算一算，食宿杂费，及买书、游观、应酬等项，至少三十元；寄你用，及奉祖母，为

1　《顾颉刚书信集》第四卷，中华书局 2011 年版，第 457 页：1924 年 7 月 5 日"致殷履安"。
2　《顾颉刚书信集》第二卷，中华书局 2011 年版，第 84 页：1924 年 7 月 2 日。
3　顾潮：《顾颉刚年谱》，中国社会科学出版社 1993 年版，第 31 页。
4　《顾颉刚书信集》第一卷，中华书局 2011 年版，第 79 页。

康、艮教育费，做衣服等，约每月二十元；"这些还算合理的开销，但让人傻眼的竟然有"**储金十元（这是我的根本要件。因为一月倘使准能存十元，十年利上盘利，便可到二千元；可以做我们成家立业的基本金）**"；还有"来往盘费，及医药等临时费，平均每月须二十元：以上共计八十元。所以**我告志希，我每月要八十元的薪金，才能在京做事**"。而狄君武四十元就够了。稍早时，毛泽东的月薪是八元。"我正运动介泉同来北京：因为他可以教我英文，于我很有利益；可以同做新潮社事务，于社中很有利益；他现在济南……实在太忙，没自己读书余暇了，能到京中就事，必可稍闲，能自己进修学问。……我想我们理想的家庭，总要院宇洁净，花木葱茏，陈设精雅，而且常有音乐的声音；可以安慰我们的精神，调节我们的劳逸。"[1]后来却以各种理由如工作忙身体不好等理由不再管新潮社的事。

如 1921 年 11 月 12 日，顾先生以祖母病为名请假南归两个礼拜，极为器重他的顶头上司"兼士先生来信，谓研究所当创办时，极要我速去主持一切"。回信让寄薪水，假满仍迁延不归，又给兼职部门的上司李大钊写信，催令寄薪。而薪水之事在两位上司权责范围之外且难以办到的，确认无望后，"因写兼士先生信，告以此来，不但要筹路费，并请还家用，筹寓用，动一动就须百元的担当。只得续假。"12 月 4 日，"接兼士先生信，谓勉强弄到三十元，汇来，嘱即去。"这令顾先生进退两难，但仍无返京安排，16 日，"接士远先生信，汇来四十九元三角七分，北京去得成了。"在又拖延八天共超假五个礼拜的 24 日，顾先生竟然是"用免票上了头等车"。[2]另如 1923 年 12 月 26 日，"晚

<hr>

1 《顾颉刚书信集》第四卷，1920 年 5 月 30 日"致殷履安"，中华书局 2011 年版，第 253 页。
2 《顾颉刚日记》第一卷，台湾联经出版公司 2007 年版，第 182、188、191、194 页。

饭后到外舅处取免票……外舅向谢蓉初先生处借得京汉免票一纸，省十元。"次日，到仲川处，取半价票（434 页）。顾先生真是有办法的人，这得让顾先生在全世界患近视眼的信徒们的眼镜全都跌碎了。同学和老师是中国社会十分重视的社会关系，顾先生皆玩于股掌，堪称"寻常看不见，偶尔露峥嵘"。

顾先生从 1927 年 5 月到 9 月在上海、杭州为中山大学买书，发生了财务问题，这只见于《顾记》第二卷，1927 年 11 月 25日"终日理账目，大略毕。写会计部信。账至今日结清：收大洋五万五千元，毫洋六百元。付大洋五万六千八百七十九元六角零一厘，毫洋七百廿二元。亏大洋一千八百七十九元六角零一厘，毫洋百廿二元。"（106 页）买书过程中，他托付给了自己的朋友陈乃乾，12 月 6 日，"乃乾为中大买书，久无消息，而中大屡催报账，此人恐不可信，后当甚之。"（110 页）12 月 29 日，"一月来寄快信五六通与乃乾，乃彼迄不复。设使予有怨家在校，将无诬予吞没款项耶？此人之不可恃如此，后必不信之矣。"（117 页）1928 年 1 月 18 日，写陈乃乾信。（125 页）2 月 8 日，"孟真离沪前，乃乾谓账已寄出。然孟真到此三日矣，账犹不至，何其诳言之多也。"（132 页）2 月 10 日，"乃乾账至今日始寄来，颇有不尽不实之处。"次日，"理乃乾寄来账。"（133 页）3 月 1日，"终日理购书账目，至夜清迄。到校……会计部交账。""到校，交账与校长。……写校长信。"（142 页）7 日，"写骝先（校长）信。"（143 页）13 日，"到会计部算账。"4 月 12 日，"算书账。……学校中昨日汇杭千元，故作此分配。"（153 页）26 日，"乃乾来信。予于人之有才者常想用之，非欲利用之以增高吾之地位，乃欲使之自己发展其创造才能也。乃乾为人，予岂不知之，总想以诚相感，使之在学术界中得一地位耳。"（158 页）5 月 10日，"到会计部。"11 日，写多封信，"昨日会计部已将书款全数寄杭，故今日作诸函为结束。"（163 页）26 日，"到会计部。"（167

页）单从《顾记》第二卷看，好像完全是陈乃乾的问题，是否存在作为朴社同人的二者合谋？从顾先生涉及其他同样的事情看，并非没有这种可能，但要想砸实并不容易，恐怕会成为历史的悬案。而顾先生存在经济问题的风声甚至都流播到太平洋的东岸，"煨莲去年曾告我，他在美国时，听人说顾颉刚为中山大学购书，价钱极贵，办公费开了一万元，而无报销，这真是梦也没有做到的。"[1] 但其内中详情到底怎样尚有待进一步的材料才能说明，但不可否认的是，**顾先生离开中大之时，确实存在严重的财务问题**，1929 年 4 月 28 日"致商承祚"："去年账目，置魏应麒君处，请一检览。截至**弟离粤时，亏欠三千余元。此项责任应归弟负**。"让人意外的是，顾先生想出的解决方法竟然是"**故自三月份起请假，在假期内之薪捐于研究所。弟薪四百元，如得请假八个月，则全数了结矣**"。[2]

事情还不止于此，顾颉刚离粤时，请商承祚代理研究所主任，"当时锡永坚不肯应，曾云'汝以我为替死鬼乎？'"[3] 顾先生在外地时，还写信给商先生嘱以后事，详尽无遗，"本所名誉甚好，向往者甚多，在国内学术界中已有地位，此则皆发刊两《周刊》之功也。故此事千万不可听信人言，将其停止。……弟意此后应多印些考古学书，藉增声价。"对于人事部分，分析交代的格外生色，"刘朝阳兄专力研究天文学史，足为本所生色。渠不善办事，幸勿以事务责之。林树槐兄办事井井有条，终日无休息，出版方面完全可以信托。蒋径三兄虽在图书馆方面，然研究所中事务渠极熟悉，兼以人事干练，凡举大事，可以委之。

---

1 《顾颉刚书信集》第四卷，中华书局 2011 年版，第 579 页：1932 年 3 月 24—25 日"致殷履安"。

2 《顾颉刚书信集》第二卷，中华书局 2011 年版，第 357 页。

3 《顾颉刚书信集》第二卷，中华书局 2011 年版，第 382 页：1930 年 8 月 2 日"致朱家骅"。

小事则吴北明、夏廷域、魏应麒诸兄具可托（叔儻对于研究所，本为有力之破坏者。后彼以骢先生祖弟，故与弟相接近。弟所以请其为研究所委员，欲使之从此不破坏耳。兄可与联络。莘田为人，十分阴险，膺中则为其死党，丁山、层冰为其利用，须防之）。"[1]而中大的内斗升级之后，顾先生又遥控指导商先生，"此不知又是何人破坏……吾辈在此环境中，日须预备关门计划。弟意研究所可给他们打倒，但我们这个团体不可散。在研究所未关门时，吾们固然积极地干；一旦研究所关门，我们即发起一个历史民俗学会自己来干。这一方面，**望兄等时时准备，印刷品可携出者请多量的携出，各种古物应照相者即照相，送报簿、订报簿均须抄一份放在外边**。我们同人自己要认几个题目勉力做下去，只要自己能勉力，别人总不能把我们打倒也。"[2]这些都颇有诸葛亮《出师表》之遗风，谁又能说顾先生不通人情世故呢？

顾先生的财务问题还有一个让人忍俊不禁——造假账的事例可供参考。此事源于顾先生在燕京大学时从哈佛燕京学社的基金会申请的一个《尚书》的研究项目，顾先生拿钱之后并未用心，牵连八年多未有结果，基金会欲讨回赞助。顾先生情急之下，使出一计。这点我们从下述相关人的三封信中可一览无遗。

顾先生在 1941 年 1 月 9 日"致爱立才夫"的信中写道："研究《尚书》，第一步是搜集材料，编制工具书，和为学校编一份讲义。洪教授就替我请求了美金二千元做此事，该款于一九三二年收到。……编辑《尚书文字集》，……这书迟至一九三六年始编好。中日战争起来了，……这部书就没有刻完。现在这部书的稿子还存在北平文楷斋印刷所里。……编辑《尚

1　《顾颉刚书信集》第二卷，中华书局 2011 年版，1929 年 4 月 28 日"致商承祚"，第 358 页。

2　《顾颉刚书信集》第二卷，中华书局 2011 年版，1929 年 5 月 24 日"致商承祚"，第 360—361 页。

书学论文集》,这书自一九三二年至三七年中就各家文集中抄出约一千篇,尚未编成。稿子至今还寄存在燕大校长住宅。……编辑《尚书研究讲义》,这书自一九三二至三五年间,出过五册。尚有已印出而未装订的,也寄存在燕大校长住宅。……关于这项抄写和印刷的账目单据,因我仓促只身逃出,未经携带。……兹就记忆所及,具告如下:收入部分,美金两千元;依一九三二年之价格,约合中国法币八千五百元正。支出部分,可分七项:(a)书记二人,……每人每年薪金三百六十元,各计三年,先后五年半,合付二千元左右。(b)搜集《尚书》古本的撮片和照片,约费六百元正。(c)顾廷龙君影写整理费五百元整。(d)卡片、稿纸、笔墨等文具费约四百余元。(e)《尚书通检》印费,约计一千元正。(f)讲义共印七册,平均每册二百五十元正,合计约一千七百五十元正。(g)《尚书文字集》刻工已付二千余元,尚须续付刻工及印工二千元左右,合计四千余元。以上七项共计中币一万零数百元,已超过预付数额二千元左右。至《尚书论文集》之出版费则尚不在内。我不日即当函告各印刷所及经手办事人,嘱其补开发票,俟取齐后即当寄上作正式的报销也。"[1]

而顾先生对这起事件并未内疚,总结自己的问题,矛头直指主持燕大史学系及哈佛学社事务的洪业,顾在次日给他的族叔"致顾廷龙"信中是这样写的:"美方来书云,《责善》不成研究,可见**洪某破坏之烈**。但姪打定主意,决不被胁离蓉。……洪某到美,**挑拨董事会与姪寻衅,声言欲索还《尚书学》一款,以八年来尚无报告也。为此请吾叔即办数事:其一请催文楷斋速刻速印,能在半年内出版最好。其二请嘱文楷斋算账,以前共收若干,以后再要若干,印刷不必多,只要百部即可。姪凭记忆函告美方,谓搜集古写本之撮片及照片约费五百元,文字**

---

1 《顾颉刚书信集》第三卷,第 150—152 页。

编刻工已付二千余元，以后刻印工尚须二千元左右，此数对否？请斟酌情形嘱其开条，以前所付之数总须与姪开列者不相上下方好，如有不合，移入以后该付之数可也。至汉魏唐石经、唐日本卷子之撮片影片之购置、抄写诸费，敬烦吾叔嘱书肆（如中国书店等）开下，并写明因六年前单据由姪遗失，特为补开。《唐石经》系姪自己书，但也可算钱，不必白赠他物称是。《相台五经》《书古文训》亦请开入。能分几家书店开（北平方面易设法否）最好（影写费乞叔自开，记得曾送吾叔数百元，此款亦写五百元何如？可不列材料费五百元内）。加上英法敦煌卷子一百数十元（此款已由姪函容媛女士，嘱其查账见告，叔处不必开入），共为五百元即足以报账矣。洪某何苦做小人到底，殊不可解。大概彼虑齐鲁异军突起，则燕京必相形见绌耳。彼既如此挑剔，吾辈只得谨慎从事为是。"顾廷龙的答书说："公为《尚书学》编纂迟延，受人指摘，此实龙一人之咎。……三年来播迁一再，不能专心致之，实有不得已之苦衷在也。兹决定从速结束，不计工拙，适届阴历新年休沐一周，并拟告假一周，当可整理就绪。零缣断片偶有遗漏，不及检入，亦只听之。半年内或可出版。文楷斋已函嘱其将详账开下，印刷纸费亦嘱估计，函到计在阴历新年，回复必须稍迟。搜集古写本拓片照片拟报五百，除容女士处经手所付英法敦煌卷子一百数十元外，龙处须开三百余元；但就龙大约估计，似不到此数，因有许多材料各处借来者（至公所收《尚书》著述则甚多，然无法开列矣），且所收得之照片等将来尽有为彼索去之可能（故非为此而备者不能开），容龙仔细查后，俟文楷之覆一并奉告。至龙所受影写之费，似为五百左右，记不清楚，兹开具收条一纸奉鉴。哈佛报销有无期限？燕京对于刻《尚书》一事不赞成者何止洪某一人，因吾稍迟，竟为口舌，将来出版如无特长，讥议尚多，惟尽吾

心而已矣。**洪某对《责善》真能责善，诤友不易得也。**"[1]顾廷龙
显然不认同顾先生因《责善》杂志以及对洪业而起的怀疑，笔
者怀疑是因为顾先生参与了将其商务印书馆的同人、朴社老友
郑振铎先生从燕京大学轰走而来的私怨，而郑是洪的福建老乡，
究竟如何，盼有心人细加探究。

　　而且就《顾记》所见，顾先生坐火车免票、半票颇为不少，
甚或也有逃票被罚的事例，如果不把顾先生当成偶像崇拜，而
是看做一个有血有肉的凡人来研究的话，会发现其人形象，大
打折扣，顾先生绝非像《自序》塑造的那样是一个只求读书、
不通人情世故、处理人际关系一无是处的书呆子，否则怎么可
能在朋友圈成为"中心人物""大阿哥"，他怎么会成为一个雄
踞学术界、并勾连政商两界的多栖人物？这是耐人寻味的。这
说明，对怀疑者应该有怀疑精神，有一半就可以看出不少问题。

　　顾先生为人处世固然谈不上左右逢源、游刃有余，也不能
称之为十分练达，但总归算有一套独到的、"大智若愚"的方式
应付社会，大学时代他就总结如何处世，"目的者正也，手段者
权也。枉尺直寻，即是手段。"[2]"予自信于诚爱二者，颇成心习，
故有时极肯负责任。然畏葸退缩，不敢作为处亦不少，故有时
亦甚畏负责任。"[3]常常自我反省，"在床上思吾处事所以狐疑不
断之故，为对事求十分满足，对人求四面无伤。其实世界上事，
岂有十分满足者。办一件事，总要关涉几方面。此几方面，或
然或否；或不然不否；或先然后否；而做事只向一方面做去，岂
能四面无伤。欲求四面无伤而迟迟不断，反将尽违其意，而皆
以违忤。恒视专己独断之流美于筹虑审慎之辈；以有权能专为

1　《顾颉刚书信集》第二卷，中华书局 2011 年版，第 497—498 页。
2　《顾颉刚读书笔记》第十五卷，中华书局 2011 年版，第 222 页。
3　《顾颉刚读书笔记》第十五卷，中华书局 2011 年版，第 297—298 页。

威,以重理广询为弱,不问是非也。"[1]"介泉谓予性于大事能圆融,
而小事颇固执。此语实深知予者。盖予每拘泥形式,动致愤激,
若大事则摄于威,或碍于情,辄迁就焉。此系吃亏处。大事关系大,
利害趋舍,不可无明确之目的,与一贯目的之意志,今无勇以
副之,则反有趋害舍利之惧矣。至小事本无甚关系,一言不合,
何必睚眦报仇而后快,此而生气,固不值得。且处世在智不在
气,气虽真情,然当气令智昏时,其于情之真际,固亦悖谬矣。"[2]
他的知己蒋仲川说:"颉刚虽是好人,但有魄力。此评甚合我心。
我的为人,有时极弱,有时极刚。"[3]一块住了十年的老乡、大学
同学,潘介泉"谓我有时极寡断,有时极刚愎。"[4]1934 年 4 月 26 日:
"噫! 看我太浅者谓我是书呆,看我过深者谓我是政客。某盖处
于材与不材之间,似是而非也。"[5]而顾先生平常与关键时刻不一

---

1 《顾记》第一卷,1919 年 1 月 10 日,台湾联经出版公司 2007 年版,第 51 页。
2 《顾颉刚读书笔记》第十五卷,中华书局 2011 年版, 第 297 页。
3 《顾记》第一卷,1925 年 3 月 12 日,台湾联经出版公司 2007 年版,第 597 页。
4 《顾记》第一卷,1925 年 5 月 8 日,台湾联经出版公司 2007 年版,第 616 页。
5 《顾记》第三卷, 台湾联经出版公司 2007 年版, 第 182 页。另外见诸《顾
　记》和《书信集》的有, 顾先生亡妻后再娶时, 1919 年 1 月 4 日"予既志
　在殷氏,复出号于袁氏者,在事实上实有不得已处。盖殷宅……或竟不成。
　届时而无后备,则勉强烦琐,犹之昔也。惟在良心上有甚苦处。成于此则
　诳彼,成于彼则诳此。……而事不两成,必虚其一。能无愧乎? "1919 年
　1 月 5 日"既与他人相接,便不得不用世故,用手段。虽目的未错,与人
　无伤,事实上复弥缝无痕;而在信果之间,总有余愧。此在一家骨肉之间,
　尚且迫而有此;况他日出应社会,关系万端,情伪万状,其能不随俗披靡
　乎。故观于今日之堕落,不胜将来益陷下之惧也"。1922 年 3 月 9 日:席间,
　兼士先生谓"此次归去,怕出自你夫人的意见,祖母之病不如是其甚罢。"
　夜饭中,仲川又谓"颉刚此次归去,面子上说老太太,骨子里为的是少奶
　奶。"可见我的归去颇惹人疑,其实冤了(218 页)! 7 月 20 日,"此次归
　来后,虽说侍养,实在为了编书,服侍的事已很欠缺。向来屡为祖母敲腿
　敲背,此次归后大约不过一二回。这实是追想追悔之事。"(252 页)1922
　年 3 月 21 日:"此次带行李十件,重量当在五百斤左右。苟一过磅,当出
　运费三四十元。予请托私运,实是犯罪。"《顾颉刚书信集》第二卷:1923
　年 2 月 23 日"致俞平伯""如成绩好,则朴社于最近期间可出以下各书……

样，在关键时刻是充满"智慧"的，当顾先生在生活、学术上遇到困厄时，这种"世故智慧"也不乏"应用"的例子，可谓具有随世游移，顺随时变，善于处世的行事风格。白话文书信是应叶圣陶所邀，而非直接受自胡适。1918 年 10—11 月"致叶圣陶"信开始用白话。[1] 即使 49 年后面对共产党的高压，也不完全屈服。1952 年 10 月 7 日，"诸公见爱至于如此，……**刚意有三种办法，此三种办法可称为上中下三策。**"附书后跋曰："**此函发出，以其恐取中下二策，使我生活更不安，故翌日即到复旦，与陈校长等言上策之利，承其同意矣。**"[2] 晚年总结，仍自认绝大部分时间，"我实是一个谨小慎微之人"。[3]〔在学问方面，一方面赤子童心，

这些书可以许多人做，但将来出名须由你和绍虞、佩弦等。一则避商馆对于我们的责难，二则你们都做国文教员，可以说在某校是试验过的。朴社书目兄未开来。便中请将自己愿著各书及社中应出各书开一名单寄下。"（77 页）《顾颉刚书信集》第四卷，1923 年 4 月 2 日"致殷履安""有一事请你照办。请你逢人就告诉他们，说我连日不舒服，由医生诊断，犯了肺病。因为没有钱，所以不能离开职业。但上海是极不适宜于肺病的人，因为煤灰多，人烟稠密。这种话传出之后，看父亲的态度怎样！别人的态度怎样！如他们都若无其事，则恩义已绝，我和你可以丢开他们到北京去。"（367 页）《顾记》第一卷，1925 年 10 月 6 日："救国团中傅启学、梁渡、李凤举、钟书衡四人来信，责我在《救国特刊》中登谭女士《呐喊后的悲哀》，以为我放马后炮，破坏团长名誉。此事久已料到，故此文置在末期也。"这是顾先生为了他的梦中情人、红颜知己出气。《顾颉刚书信集》第四卷，1927 年 7 月 4 日"致叶圣陶""即如此次厦大风潮，以刘楚青之利害而主张留我，其实我哪能做刘氏的一党，不过因为北大去的人，别的不理他而我肯给他一点面子，他上我的当而已。又如林文庆，他提倡孔教而我反对孔教，但他犹信我，也不过因为我没有指名骂他，见面时佯为恭敬而已。我们固不当和旧势力妥协，但要打倒旧势力是要自己站稳脚步之后方可做得，绝非鲁莽灭裂如林玉堂者所可做，也绝不是借了风潮来成名如鲁迅者所能做。"（89 页）

1 《顾颉刚书信集》第一卷，中华书局 2011 年版。
2 《顾颉刚书信集》第二卷，1952 年 9 月 26 日与谭季龙书，中华书局 2011 年版，第 564—566 页。
3 《顾记》第十卷，台湾联经出版公司 2007 年版，1967 年 2 月 6 日，第 615 页。

想脱离世俗安心学问；另一方面也存在学随世转的问题。]

　　发生上文所述种种现象是合乎顾先生性格的。北大就学时性格最终形成，双重人格（外表谦和、示人柔弱而内在敏感气质、倔犟执拗刚强），桀骜不驯的倔犟性格。“适之先生评予，谓予性欲（疑为个性）强，脾气不好，此他人所未知者也。又谓予的性格是向内发展的，彼与孟真是向外发展的。”[1] “介泉说：‘你是理智与感情均发达的人，因为这两种东西走的路不是一样的，所以你的为人随时露出矛盾的现象。’他说看人看了许多，从无像我这样复杂的，矛盾时真矛盾得苦。”[2] 情感每每超过理智。这在《自序》中也多有陈述。而冷静客观的王国维很早时在夸奖顾先生能力的同时说其“豫有成见”[3]，惋惜的像邓之诚说顾先生“疑古入了迷，成为成见，往往无中生有”，严厉批评的像张采田说顾先生“用神经病的眼光研究上古史”。[4] 自己的朋友圈中也同样有不少人是这样看待顾先生的，1926 年 10 月 14 日“介泉（按：顾先生的小老乡、北大校友、同住多年）评我……短处为……成见”。周予同也称顾先生有“成见”，足见顾先生此一特点备受关注。

　　强大的进化论世风及新思潮当然对顾先生产生了较强烈的影响，同时因为《自序》的流行，似乎受有“科学代言人”胡适先生的认证，印象当中也自然将其与“科学”密切相连。人们因此往往忽略顾先生身上更深层的中国传统。王汎森所说近代人物常常一堆矛盾，顾先生成长在一个复杂的传统的大家庭中，家庭的影响相当巨大，他既依恋家庭如祖母、妻女，又极

1　《顾记》第二卷，台湾联经出版公司 2007 年版，第 79 页，1927 年 8 月 25 日。

2　《顾颉刚书信集》第一卷，1924 年 7 月 19 日“致叶圣陶”，中华书局 2011 年版，第 82 页。

3　“然其态度则有不能尽赞同者，……研究不可豫有成见。”《王国维未刊稿》，北京图书馆藏。

4　《顾记》第二卷，台湾联经出版公司 2007 年版，邓语见 1931 年 10 月 1 日条（第 568 页），张语见 1931 年 3 月 2 日条（第 502 页）。

其厌恶家庭如他的后母、叔父，对父亲则是既感恩又畏惧，既想摆脱束缚却又挣脱不了，十分无奈。他在《新潮》批判家庭的罪恶，却用化名，地位在优越的独子与受人歧视的孽子之间，公子哥少爷脾气，反抗家庭仍不得不屈服于家庭。顾先生传统士大夫之风仍很浓厚，大学就学时收藏并研读以及持久关注更多的是《易》和《老》《庄》1913 年首次从头到尾读完的书——《庄子》)。但这种思想本质上还不是一种"学术思想"，仍然只是传统型的道德思想或政治思想。直到 1919 年年初，顾先生还是用《易》来解释事物的变化……记录占卜，这个习惯持续了很长时间，抗战结束后，顾先生亡妻灵柩迟迟不归时，他甚至采用扶乩。身体结巴但能写文章。大学时，"吾日日言老学，而志气激扬，辩言迭作，与孔子何似焉，与老子何远焉。为求澄清心思而读老，而读老之后，心思愈以杂乱，岂我之终不及于圣乎。于是知平易之学，莫过孔矣。"[1]

具有儒家自省的传统，自我能反省，但基本不改，1924 年1 月 26 日："生在这个学殖荒落的时代，要欺世盗名真容易。我虽并不要欺世，而社会上非逼我欺骗他们不可，岂不可叹！现在我决计回绝；……我觉得社会上的优礼实在不易受。我处处感到'个人之能力有限，社会之责望无穷'的痛苦。"常常是反省别人、反省社会。前引顾先生指责周作人不管新潮社事务文，这时他忘记了罗家伦是将新潮社托付给了自己的。"我在忙时，每日恨道，'我本是一个可以有为的人，现在给社会毁坏了。与其终日为人劳碌，倒不如死了干净！'我对于这种生活真是厌倦！"[2]长于责人短于律己，傅斯年办事不行，"现在中央研究院的历史语言研究所固然又有钱又有人，但中央的经费实不及

1 《顾颉刚读书笔记》第十五卷，中华书局 2011 年版，第 74 页。
2 《顾颉刚书信集》第四卷，中华书局 2011 年版，第 381—382 页。

广东的可靠,孟真又非办事之人,一二年后能否存在,实不可知。我们只要把稳了做下去,不急进以招忌,不缓进以腐化,忍以十年,必有绝大成就,远过于中央研究院者。"[1] 容庚办事不行。"希白真不能办事,他写来的信老是和我寻相骂。这种态度我是向来不受的,只因知道他胸怀坦白而简单,不似孟真般的猜忌,所以我原谅他,不和他答骂。"[2]

　　顾先生人格特质相当重要的是内心比较自恋,自我中心的倾向相当强,似乎存在着心理学上人格障碍的可能性,"人格障碍是一种持久的(慢性的)、不可变的、不适应的感知、思维或行为模式。这些模式可以严重损害一个人在社交或职业场合的功能,造成显著的痛苦。""自恋型人格障碍的人有一种夸大的自我重要感,被成功或权力的想象所占据,需要持续的赞美。这些人通常有人际关系方面的问题,他们觉得有特权不需要履行彼此的义务,为了自己的利益剥削其他人,很难认识和体验他人的感受。"[3] 前述他的大志就是这种反应,"兄(指俞平伯)疑我在名场中求生活,实非知我之言。**从我的眼光看出来,满地都是行尸走肉,我实不愿替这辈行尸走肉出力,更不屑在这辈行尸走肉中挣名。**"[4] 而顾先生的血又是热的,早年对无政府主义的热衷,可谓社会主义的一个先驱,顾先生心理中一个特别的地方在于他的激进心理,可作为五四时期的一个典型案例,足以丰富王元化先生这方面的思索。[5] 他后来虽然并不从事组织上

1　《顾颉刚书信集》第二卷,中华书局2011年版,1929年5月22日"致商承祚",第360页。

2　《顾颉刚书信集》第四卷,中华书局2011年版,1932年5月19日"致殷履安",第626页。

3　格里格等著:《心理学与生活》(第16版),王垒等译,人民邮电出版社2003年版,第436页。

4　《顾颉刚书信集》第二卷,中华书局2011年版,1924年5月15日"致俞平伯",第80页。

5　夏中义《王元化学案中的"学术与思想"——回应樊克政先生》2015年第

的运动，但却贯穿在他的生活之中。

在顾先生的一生中，他卷入了相当多的人事冲突，在厦门大学与鲁迅，在中山大学与傅斯年，等等。学界以往评价时常常着重在道德、思想以及个人之间的性格等因素，令人有隔靴搔痒之感。甚少将其放入习俗、秩序之中考察。顾先生结巴导致口才不佳，折冲樽俎的能力不强，但他是强烈追求历史地位的人，有着在学术界建功立业之心，想当官却缺乏机缘，"我对于做事上的概念，以为不能无权。……我们若能握到了权柄，一步一步地走去，虽不必十分美满，也一定可以得到成绩。"[1] "闲中自读，予之性质可析为三事：好学、爱才、急功。予之不能任事，即以予太急切，在予眼中，他人总不能十分努力也。"[2] 鲁迅对他的判断是准确的，"此公急于成名，又急于得势，所以往往难免于'道大莫能容'。"[3] 以往的研究忽略了他作为无政府主义和老庄学说的信奉者的背景，1921 年 1 月 13 日《顾记》："我的性情，欢喜自己节制，不欢喜受人家的节制；所以我自己志愿办事，颇能终始不懈；若是有人在背后督率着、鞭策着，那两位和尚虽是能去扛水，但我一人宁可不吃水了。这是我的怪脾气！"（336 页）他对于秩序之观念，想管事，并不看重自己在各机关中的官职名分，不思不在其位不谋其政，急功近利、勇于任事，只强调自己的道德感（目的），不管正常机关所应有的运作规范，往往

---

3 期（第 30 卷）《清华大学学报》（哲学社会科学版）：为何海内外学界要推崇元化为感动 1990 年代以来中国的思想史人物？ 就是因为他在 1992—1993 年间，先后提出了两个令百年国史沥血歌哭、却又不得不屏息凝眸的重大命题：一是追问深刻浸润百年曲折的激进主义思潮在世界思想史上的源头究竟何在？ 二是解剖百年激进思潮所内化的政治伦理人格的内涵构成究竟何谓。

1 《顾颉刚书信集》第一卷，中华书局 2011 年版，1921 年 12 月 12 日"致王伯祥"，第 121 页。

2 《顾记》第二卷，台湾联经出版公司 2007 年版，第 117 页，1927 年 12 月 31 日。

3 《鲁迅全集》第 11 卷，人民文学出版社 1981 年版，第 655 页。

与顶头上司发生矛盾。

在厦门大学国学院风波的研究中，人们常常引用《顾记》1973 年 7 月 11 日的回忆：鲁迅一派攻击林与顾，"为全校及厦门人士所周知，我与林遂均成反革命分子矣。是时林欲拉拢予合作，抵抗风潮，一日宴全校教员，予既至，便邀入一小室谈话，予与彼本无共同语言，渠乃拉杂说琐细事以拖延时间，约一刻钟乃开门同出，使其他座客疑为会谈机密，而鲁派之攻击予乃益甚，谓是勾结校长以排摈鲁迅。"（833 页）无辜之感跃然于纸上。但他在 1927 年 7 月 4 日"致王伯祥叶圣陶"的信中是这样说的："此次厦大风潮，以刘楚青之利害而主张留我，其实我哪能做刘氏的一党，不过因为北大去的人，别的不理他而我肯给他一点面子，他上我的当而已。又如林文庆，他提倡孔教而我反对孔教，但他犹信我，也不过因为我没有指名骂他，见面时佯为恭敬而已。我们固不当和旧势力妥协，但要打倒旧势力是要自己站稳脚步之后方可做得，绝非鲁莽灭裂如林玉堂者所可做，也绝不是借了风潮来成名如鲁迅者所能做。所以若能照了我的办法，我们在厦大中一定可以开出一个新风气。当羽翼未成之际，既不为林、刘所忌，到羽翼已成之后，他们便奈何我们不得了。……只惜这个机会被林玉堂、鲁迅们打破了！我说起这一段事，不由得不使我自负。"[1]看完这段话，顾先生本人在此中的角色、目的不就清清楚楚了吗？关于这次斗争，桑兵先生有精到的研究[2]，笔者斟酌损益，补充看法如下：北大去厦之人，都是直接或间接通过林语堂所邀约，当林与刘树杞发生争斗时，照当时社会常情，都应当维护林且同进退，或起码持中立立场，而顾先生却与掌权派林文庆等暧暧昧昧、眉来眼去，

1　《顾颉刚书信集》第一卷，中华书局 2011 年版，第 88—89 页。
2　桑兵：《厦门大学国学院风波》，《近代史研究》2000 年第 5 期。

有违常理，林之女太乙所撰《林语堂传》显然代表了林的看法，虽未提及顾先生之名，但隐约将矛头指向顾先生；鲁、顾之争并非什么"现代评论"派与"语丝"派之斗，因顾先生本就是"语丝"派核心，其中关键是顾先生因《古史辨》之爆红，地位急速跃升，鲁迅心理失衡所致，顾先生与挚友潘家洵、孙伏园等在此时关系都破裂即因此之故（这一点是为人忽略的）；随着鲁迅离开厦门，而后国学院停办，校方只愿留任顾先生个人，顾先生接掌的愿望破灭，林语堂赴武汉，顾先生也才不得不辞职他就。鲁迅之深恨顾先生，与其违反社会常规有关，当时社会舆论大致是这样的观点。但顾先生留下诸多看似合理的解释又影响了研究者。顾先生与傅斯年相处也存在同样的问题，均为顾的个性与行事风格所使然。

在《燕京大学学报》不按规定发放稿费，顾先生在1934年10月7日"致容庚"说："兄每谓弟为'好人'，不知天下事未有不爱士而能成功的，必须待人推心置腹，然后始可得人真实的报答。弟所作所为，以兄绳之，固然可议之处太多，但兄须知道，一班撰稿者对于《燕京学报》的归心，即是燕京大学地位崇高的表现，吃亏是看得见的，而效果是收不尽的。兄行有常规，亦是一个做法，弟不敢菲薄。弟之舒卷随心，因机应变，兄亦不必过于斥责也。至于以好心待人而得恶报，于事固未尝不有，但决不当因噎废食耳。弟之办事态度，始终如此，无论怎样受挫折，也改不了，亦不愿改，望兄谅之。"[1]

顾先生对于异见的包容让人敬仰，最鲜明的例子就是赏识、提携钱穆一事，余英时称赞"顾的性情之厚和识量之弘"（37）。通常而言这是对的，具体还应细分，对不同的人态度不同，傲上而不忍欺下，对压制自己的人是一种，反权威，各单位主管

---

[1] 《顾颉刚书信集》第二卷，中华书局2011年版，第219页。

犹如后母、叔父的角色，但保留最高权威如父亲、祖母；对青年人奖掖后进、极力提携；对平辈人和不相干的人以礼相待，刻意经营学界关系，在英美派《现代评论》成立的约稿宴会上，顾先生和潘家洵是仅有没有留洋经历的人；而《语丝》周刊成立宴会上，顾先生是发起的七人之一。顾先生游走学术界的本领由此可见一斑。《古史辨》出版后，顾先生给钱玄同写信，"今续送上《古史辨》八册，请收。如黎邵西、杨遇夫、赵元任诸先生，我都不熟，请由先生处送去。"[1] 而黎与赵治学领域均在语言学，与古史无干，顾先生也欲建立联系，苦心可见一斑。学术界对顾胡年岁相差之小而顾对胡执礼甚恭迄有称赞，相较而言，顾与诸师关系的演变，如沈兼士、陈垣等先生的关系均非如此。顾胡关系存在势差，表面密切而实质大异，一方面是顾先生性格使然，另一方面恐怕还有上文所考的隐情，似有不得不然之原因（苦衷）在吧。但是也有例外，那就是一旦危及、压制到顾先生的声誉或生存时，顾先生也并非像我们想象的那样宽容，他也像我辈凡夫俗子一样"世故"，对傅斯年的态度就是如此，新中国成立后，与尹达的相处也是如此，因话题稍远，文繁不赘。

好辩且善辩是顾先生一个突出的特点，大学时，钻研过辩论术，颇有心得，"凡与人辩，必不可使彼方面得以我之原辞相诘难，否则气虽足，理必欠矣。如孟轲、韩愈，辙以气凌人，而己之罅缺，时时见之，观者可以彼之法还治彼身矣。"[2] "君武谓予性，言诡而辩，予然之。"[3] 在研究顾先生就不能不考虑他的这一特点，上文已述，顾先生也世故，追求名，"近来有的地

1 《顾颉刚书信集》第一卷，中华书局 2011 年版，第 559 页，1926 年 6 月 15 日。
2 《顾颉刚读书笔记》第十五卷，中华书局 2011 年版，《餘师录》眉批："民国四年记"，第 80 页。
3 《顾颉刚读书笔记》第十五卷，中华书局 2011 年版，第 280 页。

方，固然是要造成自己的名誉（例如《古史辨》的自序），但所以要造成名誉是有学术上的目的的，并不是普通之所谓'名利'。……这种方法，我觉得是有效果的。"[1] 与别人不同的是，他往往找各种机会诉说自己如何清高，在《自序》中就强调自己不好名，如何不食人间烟火，还在日记中加以叙说，他的日记虽然不像胡适日记那样基本属于公开的，但视日记为生命，影响后世的意图明显是存在的。再将各种回忆对看，今文经学就是例子，周予同说："许多人甚至于他的很熟稔的朋友每以为他在强辩"。[2] "我们的不成熟的作品，并不是我们自己的罪过，乃是受了时势的压迫，不得不然。只要我们不存心欺世，发现了自己的错误就肯更正，那就对得起这时代。"[3] 总是寻找各种机会把自己的行为道德化。

笔者对于顾先生的人品与学者风采钦佩之至，无丝毫不敬。而是持了解之同情以发惶心曲，恢复历史的真相，在几十年山崩海啸、风雨变换的大时代，"只不死已是厚幸"（顾先生语），个人之世故、手段之微瑕，又何足病哉！顾先生对于学问的态度是令人极为赞佩和景仰的，先生自己对此也很自豪。[4] 但我们评判学术研究成果，尤其是关乎现代学术走向的这么一个大问题，感情终于不应该取代理性。

---

1 《顾颉刚书信集》第一卷，1927 年 7 月 4 日 "致王伯祥叶圣陶"，中华书局 2011 年版，第 87 页。

2 周予同：《汤铸篇序》，《郑振铎全集》第三卷，花山文艺出版社 1998 年版，第 574 页。

3 《顾颉刚书信集》第二卷，1935 年 3 月 18 日 "致谭其骧"，中华书局 2011 年版，第 554 页。

4 《顾记》第二卷，台湾联经出版公司 2007 年版，第 117 页：1927 年 12 月 31 日 "闲中自度，予之性质可析为三事：好学、爱才、急功"。第 660 页：1932 年 7 月 10 日 "煨莲述张文理、江启泰诸君读我所作文字，均甚感动，谓态度肫挚，言无不尽。叔信云：'见顾先生，不必听其说话，只需看他面孔，已使人不忍不做研究工作。'予竟能如此感动青年。"

（八）从欢迎论战到拒绝应战

一直以来，顾先生的学问虽不断受到质疑，但他对论战的态度与对异见的包容却获得举世称赞，有口皆碑，最鲜明的例子就是赏识、提携与其持有不同学术观点的钱穆之事，余英时先生概括为性情之厚和识量之弘，这当然属世所罕见，让人敬仰。但由上文所考我们得知，其中不乏隐情，笔者此处所论并非挑战这一共识，而是紧扣"层累说"的相关问题，探讨顾先生本人在"层累说"的认识上存在一个让人惊讶的转变。

从论辩的角度看，顾先生在论战中表示出的宽容、风度和用语历来备受称赞，这也是很多学者想当然地认为顾先生得势或得胜的一个重要原因，评价者过于浓厚的感情色彩给顾先生打出了超高的感情分。但他们全都忽略了顾先生在论辩态度上存在一个大逆转。开始时的态度：《读书杂志》第十四期"读刘掞藜先生《再质》一文，使我非常欣喜。我久要寻觅这样的一个伴侣而不可得，现在竟得到了。……在我这文陆续发表的时候，仍希望刘先生陆续辩驳，愈驳得猛厉我愈感谢。我更希望再有许多人加入我们的讨论，因为这个问题的解决不仅是我们几个人的责任。加入的人多了，我们可以分工……我们努力！"《读书杂志》第十五期："我很快乐地在此预祝我明年辩论古史的顺遂如愿！"1923年12月27日，顾先生给胡适写信："刘君驳文，前得高一涵先生来书，谓全文均交与印刷局，未知先生所说的无余稿，是否连印刷局所存而言？……若他的文字果真完了，再不续寄来，真使我扫兴。我之所以高兴作文，完全由于他的驳诘；若他的驳诘中断，我固是仍要续作。但绝不会像以前的高兴了。"[1]但到了《自序》里：

1　《顾颉刚书信集》第一卷，中华书局2011年版，第409页。

　　"我又非常地感谢刘楚贤（掞藜）、胡堇人、柳翼谋（诒征）诸先生，他们肯尽情地驳诘问我，逼得我愈进愈深，不停歇于浮浅的想象之下就算是满足了。我永远要求得到的幸运，就是常有人出来把我痛驳，使得我无论哪个小地方都会亲自走到，使得我常感到自己的学力不足而勉力寻求智识。……自从《读书杂志》上发表了我和玄同先生两篇文字之后，刘楚贤、胡堇人二先生就来书痛驳。我很高兴地收受；我觉得这是给予我修正自己思想和增进自己学问的一个好机会，只当作好意的商榷而不当以盛气相胜的。"

　　尤其是在《自序》的末尾，基本上已经是在委婉表示不再论战的意愿：

　　末了，我再向读者诸君唠叨几句话。第一，这书的性质是讨论的而不是论定的，里面很多错误的议论……希望出版之后，大家切切实实地给予批判，不要轻易见信。第二，古史的研究现在刚开头，要得到一个总结论不知在何年。我个人的工作，不过在辨证伪古史方面有些主张，并不是把古史作全盘的整理，更不是已把古史讨论出结果来。希望大家对于我，能够知道我的学问的实际，不要作过度的责望。第三，我这本书和这篇序文中提出了多少待解决的问题。像我这般事忙学浅的人，不知道什么时候才可把这些问题得到一个约略的解决，说不定到我的生命终止时还有许多现在提出的问题不曾着手。读者诸君中如有和我表同情，感到这些问题确有研究的价值，请便自己动手做去。

　　值得注意的是，在第一册末尾所附广告预告了《古史辨》第二册拟目（待印）的上编，仍有顾先生明文宣示要写"论禹的天神性答刘掞藜先生""评近人对于中国古史之讨论（张荫麟）——答张荫麟先生"，说明倔犟的顾先生这时并未完全放弃论战。而荏苒四载之后，顾先生预告的反驳文章不仅没有做出来。而且，顾先生对于论战的态度竟然也彻底变了。顾先生在第二册《自序》里表示：

> "本册下编，全是别人对于我的批评……许多指正我的地方，我铭感地领受。其有不能同意而不按篇答复者，一因没有时间，二因有许多已不成问题了，三因我现在的生活较为安定，如果能让我在这种生活中过上几年，我必可有进一步的事实作为解释，正不必在这没有成绩的现在作断断之辨（我现在自信已捉得了伪古史的中心，只要有时间给我作研究，我的身体又支持得下，将来发表的论文多着呢）。"

从纯学术的意义看，"层累说"的缺陷是所有人包括顾先生本人和他最亲密的师友都承认的，张荫麟的文章是当时公认的驳顾最力之作，此后，"层累说"实际上已经没有再讨论的必要，最起码应该做出重大修改，根本方法不能成立还谈什么学术意义！在第二册中，绍来《整理古史应注意之条件——质顾颉刚的〈古史辨〉》文主要从逻辑角度论证《古史辨》的漏洞，"假如古史是供一些好奇的材料，仿佛小说传奇之类去欣赏，那倒也罢了，但是论者又带上史学家的幌子，详徵博引，而读者又因奇就奇，以学者相许。于是古史愈弄愈离奇，——顾颉刚先生的《古史辨》，正是这时代之下时髦的产物。……怀疑是求知应有的精神；牵强附会，主观糅合史事，却是治史者之大忌。"绍来指出逻辑的巨大漏洞也是很有分量的。试想，一篇学术论文的逻辑不成立还能谈什么学术意义！对于这篇文章，哲学训练出身的顾先生更是应该回应的。顾先生不仅不予回应，就连先前预告回复到此时也同样拒绝回复，虽然表面示人以不屑"作断断之辩"的假象，但实际上是又一次挂起了免战牌，与此前对付刘掞藜的手法如出一辙，并且是从此不再辩！这样的做法，岂不发人深省？顾先生还说：

> "我现在诚挚地自白：我不是一个历史的全能者，因为我管不了这许多历史上的问题；我也不是一个上古史专家，因为真实的上古史自有别人担任。……你们不要对于这个未成功者做成功的称誉，替他欺世盗名，害得他实受欺世盗名的罪戾；你们也不要对于这个未成功者作成功的攻击，把全国家之力所不能成事者而责备于他一人之身。"

这就意味着顾先生事实上放弃了"层累说"。把顾先生养大的祖母说顾先生"动辄与人立异"（52 页 1919 年 1 月 10 日），但这次却立得太异，以致成为顾先生一生挥之不去的梦魇。我们不能苛责顾先生这种态度的转变，因为他写不出既能让他本人满意又能让对方心服的文章，人总不能一直生活在苦闷之中，所以，他只能从论战中摆脱出来。从《日记》看，1924 年、1925 年他长期阅读英文历史和房龙《人类的故事》，试图寻找合适理论来说明中国历史，结果并不如意。到了 1930 年，"我的理想中的成就，只是做成一个战国秦汉史专家。"[1] 顾先生本人已经意识到上古史的极度复杂。余英时以"未尽的才情"来总结顾先生的一生（尤其是 49 年以后）并不妥当，实际上顾先生是选错治学领域了，尤其是以上古史为其职守更是如此，笔者词汇贫乏，在中文中未想到合适的比喻，只得打一个未必恰当的西谚来说明道理，那就是"蛮牛闯进了瓷器店"，顾先生并不具

---

1 《古史辨》第二册《自序》，海南出版社 2005 年版，第 3—4 页。

备人类学、原始宗教学、神话学等"金刚钻",而拿着一把"大斧子"闯入"瓷器店"徘徊不止,不仅耽误了自己,也搞得"瓷器店"无法正常运营。蔡尚思在《中国历史新研究法》论及史学才学识德四长关系时阐述应将史识列于首位,"无识而有德,其德终多是伪德(即以'非德''不德'为德);无识而有学,其学多是俗学;无识而有才,其才多是祸才。才学德一切,多根本于识。"可称之为顾颉刚悲剧。

　　而当学贯中西的徐旭生精研数年,写出了《中国古史的传说时代》一书否定了"层累说"时,顾先生的态度却并非像学界赞许的那般高尚。细读几十年《顾记》可以发现,顾先生从1929年开始,对大部分批评、驳斥乃至谩骂顾先生学说的文章、著作或人物每有极其简单的记录,除了对《中国经济史》《学术世界》略加评骘[1],唯有徐旭生这部著作真正触动了顾先生的心灵,而且是在很近的两天里连看:1944年9月6日,"看徐旭生《中国古史之传说时代》……旭生作《中国古史之传说时代》,主要点是攻击我,但承受予说处亦甚多,没有我的启发,他怎会写

1　1929年5月20日"何之在广州《民国日报》上作《顾颉刚先生之怀疑精神》一文,大骂我。陈槃又作文驳之"。1930年11月9日"点郭沫若评论《古史辨》之文。"1930年12月8日,"校点赵曾俦评《古史辨》一文。1931年3月8日"看梁园东评《古史辨》一文。"1935年5月18日,"看马乘风所著《中国经济史》中骂我的部分。"1936年6月17日"点读《大美晚报》之'顾颉刚批判号'。"1937年11月28日,"《学术世界》系前年出版之月刊,陈柱等编辑,今日之世界书局见之,购数册归。繙之,其中载陈柱、张尔田、叶长青等骂我的话不少,然皆空谈,无损于我也。"1942年3月15日,"看徐旭生'论信古'一文。"1946年7月7日,"看《东南日报·文史周刊》",因该期发表刘平《古史辨的解毒剂的解毒剂》反驳5月《求真杂志》第1卷创刊号李季发表《古史辨的解毒剂》;7月27日,"看《求真杂志》"李季原文。9月11日,"看《求真杂志》第五期。"因李季于《求真杂志》第1卷5期(9月)再发《为古史辨的解毒剂的解毒剂进一解》。据《顾颉刚日记》1952年7月17日,"李季与刘平(杨宽)吴流(童书业)一九四六年在《求真杂志》及《东南日报·文史周刊》为《古史辨》派之方法问题所打的笔墨官司。"

出这本书来。"8日,"看《中国古史之传说时代》"。因为只有这本书才对"层累说"产生真正的颠覆性作用。徐旭生比顾颉刚更为资深,二人交往颇多,《日记》在1923年8月26日中首次出现"旭生先生",其后"旭生先生"的名字频繁出现在《日记》中,顾、徐同是三十年代北京史学界的头面人物,顾颉刚著《禹贡学会募集基金启》还说:"研究古文籍中之地名及民族演进史者有傅斯年、徐炳昶(徐旭生字)、钱穆"等六人。抗战前又一起鼓动民众,战中一起避难至西南,都是史学界的高层人物。正常而言,断无忽略之理。但让人遗憾的是,顾先生在两年后出版的、总结一百年史学全貌的《中国当代史学》中,对徐旭生《中国古史的传说时代》一书竟然只字未提,即使以初稿是杨宽、方诗铭等所做也不能成为顾先生注意不到的理由。任何人都很难为其辩护,说顾先生不知道这本书,也很难认为这是无意疏漏,因为直到1949年12月6日《日记》还写着"看徐旭生《中国古史的传说时代》"。对比而言,却给了阐发杨宽古史传说的蒋大沂的《与杨宽正书》予以浓墨重彩地介绍。杨树达1951年5月4日写道:"阅徐炳昶《中国古史的传说时代》。针砭疑古及滥用音韵通假,皆有见。以夔为蛩,王静安贤者,且不免,惜静安不阅此说也。"[1]事实证明,顾先生在学术上也是真真的护短,并没有达到有些人推崇的至高境界。

(九)傅斯年称赞顾先生"史学称王"之前后变化

大家熟知的是,傅斯年因为"层累说"大赞"颉刚是在史学上称王了……你们无论再弄到什么宝贝,然而以他所据的地位在中央的缘故,终不能不臣于他。"这段话来自一封私信,而顾傅两先生在20年代末关系"恶化",其中还牵涉到与胡适的

---

1 《积微翁回忆录》,北京大学出版社2007年版,第242页。

三角关系,其缘由向来是学界一大公案。[1]傅斯年霸气、权力之争、学术发展方向人才培养之争等说法,分别从不同面相揭示了真相的一部分,而将追究该信的发表时机、动因与二人关系"恶化"联系起来,似仍找到一些待发之覆。

　　上文已经就顾先生等发表胡、钱等人之信做过探讨。此处仍需继续就发表信件之类事深加剖析。这牵涉到历史研究最难的部分——追究人的动机。顾先生在 1927 年 1 月 7 日"致傅斯年"的信中写道:"恕我作一请求,我希望你许我在报纸上发表你的信。我所发表的文字,都是没有论定的,有许多自己承认是臆想(《自序》称为"臆测")。但为什么敢发表呢? 因为我们都没有空闲的时间作专精的研究,而社会上正是日逼出货,所以不妨利用这出货的要求来帮助我们做研究。一方面,我们常有文字发表,自然常有人来讨论,也可把自己的意见一次一次的修改,使得它渐进于事实。再有一个很好的影响,就是使得读者看我们把自己的意见一次一次的地改,材料一次一次地加多,激起他们的求知识的欲望,能够用正当的方法去寻求知识。现在颟顸的空气浓厚极了,若不是我们做些榜样给他们看看,使得他们知道研究学问是不容易的,说一句话不是可以随便的,当可使得他们得到些益处。所以弟发表文字,不怕它浅或误,只是怕它狭隘,不能容受人家的批评。兄给我的信,虽不自满(以弟看来,里面很有许多极精当的议论),但至少可以引起多少问

1　顾潮:《顾颉刚与傅斯年在青壮年时代的交往》,《文史哲》1993 年第 2 期。王汎森:《中国近代思想与学术谱系》,河北教育出版社 2001 年版。杜正胜:《从疑古到重建——傅斯年的史学革命及其与胡适、顾颉刚的关系》,《中国文化》第十二期。马亮宽:《傅斯年教育思想研究》,辽宁教育出版社 1997 年版。李扬眉:《胡适、顾颉刚、傅斯年之关系管窥》,山东大学 2002 年硕士学位论文。刘召兴:《傅斯年、顾颉刚中山大学语史所时期矛盾考论》,《云梦学刊》2006 年第 6 期。张京华:《疑古、考古与中国现代学术走向——以傅斯年对古史辨派态度的转变为中心》,《传统文化与现代化》2007 年第 1 期。

题，引起多少人来商量或攻击，这便是一件好事情。何况登在报上，可以使得弟不能不作答，比了现在搁起来总是好得多呢？"顾先生这时请求傅斯年答允发表此信，结果显然是否定的。近一年后，顾先生更是不顾傅斯年明确反对的情况下，乘傅先生到外地时，径自发表了傅斯年给顾颉刚的私信[1]，顾先生提出的"崇高动机"和理由是利于学术发展，这得到了顾先生支持者的认可，"父亲发表文字的宗旨就是想造成一个学术讨论的风气，造成学者们容受商榷批评的度量，以利于人们的求真。"[2]也瞒过了不明真相的学者。但发表信札之时，顾先生岂有史学称王之感乎？

　　杜正胜先生对傅信的来龙去脉、真实意图及其思想变化颇有让人赞佩的缜密考订，"傅斯年自十三年（1924）起与顾颉刚书信论学，但信皆未发。……及傅在巴黎与胡适畅谈后，一时兴起，重新抄录，并且有所修订，船到香港，共抄了四十纸，才寄给在厦门大学执教的顾颉刚。但原信稿还剩十多张未抄，准备到上海付邮，却一直未寄出，原稿亦不知下落。……从眉批也可以推定一些观点形成的时间。然而傅斯年归国经年，未完信稿虽经顾屡催而始终没有再整理。……信起写于1924年正月二月间（据傅眉批），先评丁文，第二部分与顾论古史已在一年之后，但都在1926年九月才抄成正本。与顾相关部分，原稿与抄本相隔虽然不到两年，傅斯年的想法却发生极大的变化。……不过就傅来说，既已写过，也公开谈过的想法便让它存在，现在虽然意见不同，系于旧友之情，仍然把旧信寄出……不过傅请顾'认此断红上相思之字，幸勿举此遐想以告人'（傅

1　据《顾记》，傅斯年1927年12月19日离粤北上，傅信之发表在1928年1月3日（与丁文江部分）、23日、31日，傅于次年2月6日回穗。

2　顾潮：《历劫终教志不灰：我的父亲顾颉刚》，华东师范大学出版社1997年版，第121页。

档Ⅴ：115页1）。该信尾写有：'钞的既潦草，且我以多年不读中国书后，所发议论必不妥者多，妥者少。希望不必太以善意相看。'[1] 这些话是1926年重抄时写的序言，……两三年前在顾颉刚'史学上称王'的气氛笼罩下的傅斯年，要向北大旧友显示他的不才的傅斯年就此告别了。最关键的是，傅斯年不论在自己心中，而且在客观形势上，已完全超越'顾氏王国'，另有自己的天地了。"傅斯年的许多话"显然有言外之意，文章未写，因此免得现在（1926年8月）自觉羞愧"。正如杜正胜先生判断的那样，傅斯年这时已经知道"层累说"之不然，笔者判断一直存在着不知其何以不然的情况。而对该说的态度，也由绝对支持转为实际反对，张京华等先生对此也有揭示。而傅斯年大声称赞顾先生的那段话，据傅本人原稿自注是"一九二四末至一九二五初所写"[2]，而"在1925年和1926年间，傅斯年的学术研究逐渐转向东方学和历史语言学的取向。"傅斯年观点转变的时间应该就在这个时候，此时精读了伯伦汉《史学方法论》[3]，该书有批判怀疑主义史学的一些篇幅，傅先生是否从中得到启发不得而知，傅在柏林与陈寅恪先生讨论过"层累说"，不知其中是否夹杂有陈的意见，从陈后来的态度看似乎是不太支持该说的。傅到"回国前夕，见到顾编的《古史辨》第一册，'匆匆一翻，没有细看下去，觉得他不应该就此辩下去，应该一条一条把他辨出来的问题料理去。'"[4] 从傅先生的角度看，因顾先生数

1　《傅斯年遗札》第一卷，社会科学文献出版社2015年版，第69页。

2　《傅斯年遗札》第一卷，社会科学文献出版社2015年版，第44页。

3　王汎森：《傅斯年：中国近代历史与政治中的个体生命》，三联书店2012年版，第70—71页。

4　《与顾颉刚先生论古史书》（傅斯年档案Ⅴ：115），转引自杜正胜：《无中生有的志业——傅斯年与史语所的创立》，杜正胜、王汎森编：《新学术之路：中央研究院历史语言研究所七十周年纪念文集》，中央研究院历史语言研究所1998年版，第7页。

度来信、赠书而均未回应，内心不无愧疚，弥补之情在所难免，在自己观点已变的前提下仍然这样写，可能与傅斯年此时想借重顾先生之力赴厦门大学求职有关；且誉顾之猛原属私友情谊之内，与学术关联可谓在若有若无之间，若诉诸公开的报刊涉及层面、角度更多，当然极力反对。

　　傅论丁文江是纯学术的，并无异常，但傅与顾信的部分并不尽然，其中深意耐人寻味，杜正胜对顾先生的意思已有局部的揭示考证，虽则并不完全相信顾先生，但基本上还是因循顾先生所说，"中山大学语言历史研究所成立后，顾颉刚受傅斯年之命，编辑《语言历史研究所周刊》，未经傅的同意，把这封长信分作两个题目分期发表，……顾颉刚接到信，置序言于不顾，也不论如何理解，秉持'该把自己想到的意思随时发表'的原则，便在《语言历史研究所周刊》发表。"（《古今论衡》）但并未将其置于顾先生前后的心态中，仍有置喙余地。顾先生 1 月 23 日、31 日发表傅信私人部分后，2 月 6 日傅斯年回到广州，顾傅两先生此后多次见面，直到 4 月 29 日二人大吵一架，中间并无两人之间情绪的材料，但傅先生内心不满是可以想见的，顾先生也应该可以感受得到。此架颇伤感情，旁观者杨振声、容肇祖劝阻，其情状已难详考。傅斯年本人对此如何表述未见直接史料，但据两人的共同朋友辛树织回忆，顾先生曾对辛说："我不能受气。故傅斯年欲压迫我，我即离中央研究院而至燕大"。辛树织说："当我在德留学时，与傅常见面，彼极口称道你。……其后你和孟真闹翻，我常劝孟真……他回答我的是'颉刚使我太下不去。'"[1] 傅斯年说"颉刚使我太下不去"是可见的仅有旁证，后来多次公开表达过当时坚决反对的态度，顾颉刚 1930 年 4 月也

1　《顾颉刚日记》第九卷，1962 年 4 月 9 日，台湾联经出版公司 2007 年版，第 439 页。从上下文看，第 438—439 页所载该日内容被编在 3 月 31 日条下，当误，应移往 4 月 9 日条中。

说"傅先生见之，终不以为可"（古史辨第二册下编，编按语），而在编纂《古史辨》第二册时仍然坚持登载傅斯年过誉顾先生的部分，只是略去了傅斯年论古史之纯学术一部分，这似仍非傅先生本意，傅斯年在意的恐怕仍是非学术的那部分，再加上二人地位已成同一学术单位之上下级。直到1930年12月，傅先生还说："记得民国十三年间，我正在柏林住着，见到顾颉刚先生在《努力》上的疑夏禹诸文，发生许多胡思乱想。曾和陈寅恪先生每一礼拜谈论几回，后来也曾略写下些来，回国途中只抄了一半给颉刚。经过两年，颉刚不得我同意，把他在《国立中山大学语言历史学研究所周刊》第二集第十四期印出。"[1] 足见傅先生之念念不忘，耿耿于怀。这些证据至少表明傅先生对顾先生的强烈不满，顾先生擅自发表信件是一个主要原因，它不仅借傅先生的学术地位和社会声望进一步抬高了顾先生的"学术地位"，也进一步加强了"层累说"的合理性，并将傅先生在学术界置于一种尴尬的地位。虽然现有的证据还不能切实地证明，但这个结论恐怕是很难推翻的。

杜先生称："可惜顾颉刚没有更上一层楼，看样子也不知该怎样更上一层楼。"实际上，顾先生本人这时很明白，上去已是不可能的了，下去也无台阶，只是悬在半空中受罪。但这里牵涉到一个私信的属性和个人私德的问题，而此事关涉顾先生个人的道德形象，笔者一时颇难措辞。仅以此八年前位置恰好相反的两个人之间而又是同样的事情，请读者自己评判，1919年1月6日，"接到君武、子俊两信：子俊信说吾写给孟真的信，要登入第二期通信栏里；惟过于诘难《新青年》之处，须与陈、胡看过再登，临时或须少有变更。这大非无意：吾的信扫写给孟

1　《〈新获卜辞写本后记〉跋》，《傅斯年全集》（三），湖南教育出版社2003年版，第113页。

真看的,因为他是个《新潮》杂志的主任,吾写了些杂志进行的意见,原是私人的函件,不能公布的。"(《顾记》44 页)7 日,"上午写与孟真书:责其以我通信请陈、胡鉴定是非。大意谓己欲反对人,自当本其良心上之觉悟而发表之;岂有经反对方面审查核定之理。君主一杂志,而求上司作总裁,虽欲不谓之奴性,不可得也。吾此书系写与编辑主任,并不欲公布使人皆见之。吾之责《新青年》,乃欲《新潮》杂志之不犯此等弊病,非与《新青年》争口实也。经此公布以后,观者将误会为我驳诘《新青年》,或挑动《新青年》使之与我辩论,则大非吾心矣。语颇质直……措辞颇激。"(45 页)顾先生指责傅斯年欲发表其私人信件,言之谆谆,理直气壮;而主客易位之后,却对貌貌之语,置若罔闻。两相比较,抑昨是而今非?或昨非而今是?而在顾先生重启《古史辨》编纂要发表胡适、钱玄同的信件时,似乎并没有先征询两人的意见。另外还有一些,如 1918 年 11 月 25 日"致王伯祥":"这一封信请勿公布,恐怕这话流传出来,家中的人要目我'汉奸'。"(102 页)1926 年 11 月 9 日"致叶圣陶"述完自己的志向后,信尾即交代,"这段话请你不必发表。"[1]

综上所述,顾先生发表傅先生私信的动机已经基本清楚了,实则因大禹是条虫成为学林笑谈,心理上留下巨大阴影,虽然公开宣告放弃,但内心时时冒出要为之再辩护一下的念头。而紧接傅信,又发了柳、容之信(见上文),这都是同一种手法,是要从不同人物、不同侧面来迂回证明"层累说"的正确。逾越私德而发表数封私人间信件,目的都是为了给自己辩护、找面子,最重要的目的在于舒缓心理的巨大压力紧张,打出的却是为了学术这样冠冕堂皇的旗号。这个阴影可说成为顾先生长期的梦魇,他 1952 年所写《叔向名禹》札记引孙诒让《古籀余

---

1 《顾颉刚书信集》第一卷,中华书局 2011 年版,第 86 页。

论》的论证，说"禹之为虫，又得一证。"[1]1954 年所写《高山族之蛇图腾》札记称"禹为动物固无疑"。[2]王学典先生指出："顾颉刚对'禹'的怀疑至死也没有放弃。"[3]上述推论如果大体不误的话，那这种内心的隐秘自然难以见诸文字，更无从向外人述说。但这有助于探讨二人关系"恶化"的问题。从史料来看，大都是顾先生单方面的说辞，鲜见傅先生的说辞，我们知道，三人在学术界影响举足轻重，三角关系，胡傅之间无相关资料，只得梳理他这段时间给胡适的信审视端倪。他在 1928 年 2 月 27 日"致胡适"的信中说："来此半年，不曾写得一文，奈何奈何！去年来后，孟真要我担任三种功课——上古史、《尚书》、书目指南——又要我任史学系主任，骝先生又要我任图书馆中文部主任。……又有实无名地兼了研究所主任。我的整段的工作是编讲义、上课、理书；零碎的工作是编刊物、开会、接洽事务。我自知并无多方面的才具，不过在自己主管的范围内肯负责任。但即此负……（缺一页）了。"[4]这中间所缺，甚是微妙。1928 年 3 月 22 日顾另有一函给胡适，主谈回北京事及谈与胡适在北京办研究院语史所、留傅斯年在广州设分所的构想以及谈论傅斯年的脾气秉性。这时，顾先生欲应燕京大学聘担任教职，为傅先生反对而辞。顾先生离开广州回京的想法是正常的，但向胡适谈论傅先生的脾气却有些异常，这是不是打预防针？顾先生一再向胡适述说与傅斯年的冲突，心态如何？原因何在？

6 月 15 日有"致胡适"函，说："孟真日内或须到沪宁一行，他晤先生时，请勿把我对于他不满的话告他，因为他的脾气太

1　《顾颉刚读书笔记》第四卷，台湾联经出版公司 1990 年版，第 540—541 页，《虬江市隐杂记》（四）。

2　《顾颉刚读书笔记》第六卷，台湾联经出版公司 1990 年版，第 316 页，《法华读书记》（二一）。

3　王学典：《顾颉刚和他的弟子们》，山东画报出版社 2000 年版，第 6 页。

4　《顾颉刚书信集》第一卷，中华书局 2011 年版，第 449 页。

坏，我怕和他开衅也。"[1]顾先生这封信一再叮嘱胡适不要和傅斯年谈自己对傅的不满。7 月 15 日有一函，托孟真带书、还钱等事。1928 年 8 月 4 日"致胡适"，"（上缺一页半）我真想走，但走不了。"[2]详查耿云志主编《胡适遗稿及秘藏书信》（黄山书社），顾先生 49 年前致胡适的书信基本完整，短缺情况极少，这两处缺少恐非偶然，所缺内容当是顾先生就与傅斯年的冲突做出自己的解释。顾先生晚年日记中解释二人之隙在普及与提高的治所方针之争，而当时中国学术界照胡适的说法也就是那么几个人，所谓"三五个人，七八条枪"，恐怕尚未存在这个问题。当系傅斯年到胡适处，谈及自己与顾先生的矛盾，或因两人所述出入过大，以致素来处事圆融的胡适颇感困惑，为判断二人冲突的事实而拿了顾先生的信给傅先生看，而后未及时归位以致散佚。然后就是 8 月 20 日的那封著名的长信，同日《顾记》："写适之先生信，约五千字，直陈两年中痛苦。……适之先生前日有信来，疑我因骄傲致树敌，故作书报之。耿耿此心，每不为师友所解，强予办事，失其故我，奈何！"（196 页）顾先生在 1928 年 11 月 13 日写道，"盖我致适之先生信，为孟真所见，久不慊于我，今乃一发也。"（222 页）胡适后来批评顾先生骄傲，则天平就已倾斜，对顾先生的作为显然不满，似有感同身受之憾。傅斯年在学术观点上的转变恐怕也影响了胡适先生的态度，胡适私下很明确告诉顾先生他改为"信古"。再从事后结果往前推，胡适批评顾先生骄傲不仅在与顾先生的私信中，而且在北京学术圈不少人都知道，如和赵肖甫说。[3]二人最初交恶之主因就是顾颉

---

1 《顾颉刚书信集》第一卷，中华书局 2011 年版，第 450—451 页。

2 《顾颉刚书信集》第一卷，中华书局 2011 年版，第 452 页。

3 《顾颉刚书信集》第五卷，1948 年 9 月 24 日"致张静秋"："接井成泉信，告我赵肖甫在北平，逢人就诋我，其中有一段，说胡适之先生批评我为人太傲。"（第 269 页）胡适在 1928 年信中曾对顾先生给以批评这件事，顾先生是不大会对人讲的。而赵只是顾先生在禹贡学会的亲信，是学术界的

刚不顾傅斯年的一再反对，发表了傅斯年的信函，胡适因之批评顾颉刚骄傲。

顾先生迟迟不离开广州赴北京中研院史语所也是顾傅交恶的一个原因，开始答应进入中研院史语所，1928 年 6 月 15 日有"致胡适"函，说："今春燕京约我，我本想去，因怕伤孟真感情而辞去。好在我只想得一研究的环境，如中央研究院可办好，则与去燕京无殊，故下半年决在中央研究院矣。如研究院也同北大一样欠薪，则明年再到燕大。下学年决回北京，但不进北大，为的是怕拉拢与攻击。"[1]1928 年 8 月 4 日"致胡适"，"现在讲定再留半年。到年底我必走了。一来我的京寓和朴社没办法，二来我在此地被同事嫉妒甚深（凡不在民俗学会的文科同事都讨厌我……），若不知难而退，厦门的风味又要来了。我对于办事虽有勇气，但无兴趣。三则我想研究的问题积了四五年，再也忍不住了，既在中央研究院有专门研究的机会，落得理我旧业。"[2]11 月 13 日，自认私交断绝之后，大概就决定不去中研院了。1929 年 1 月 31 日："写孟真信，……请在中央研究院方面改特约。并谓到平后一意卖文编书，以稿费版税度日，试行一年。如可敷衍，则此后不再入何种机关服务，否则或入燕京大学。"（247 页）这些都是顾先生单方面所说的字面意思，联系上文，应该注意他长期的心态。

傅斯年狡兔三窟之讽似不无所指，但傅先生还是没有真正认识顾先生的内心所想。顾先生是要开宗立派的，他这是想安

一般人物，曾续胡适写《崔述的年谱》，时在 1931 年。抗战之后，胡适出任北大校长，顾先生驻足沪、苏，而胡赵二人关系并不密切，不详胡适何时对赵所言，但足见胡适对顾先生这一看法历久未变。

1　《顾颉刚书信集》第一卷，中华书局 2011 年版，第 450—451 页。
2　《顾颉刚书信集》第一卷，中华书局 2011 年版，第 452 页。《顾记》第二卷，台湾联经出版公司 2007 年版，1928 年 8 月 4 日：写慕遇（红颜知己）信，写适之先生信，失眠（第 192 页）。

排好后事以使其成为自己的地盘,《顾记》1928 年 6 月 18 日:骝先、泽宣两先生劝予留粤,把他们的话归纳起来,(1)国内各大学以中山为最稳固,(2)中央研究院经费拿一月算一月,(3)北大依然浙江派得意。(174 页)中研院长蔡元培与蒋介石关系紧张,经费确实不稳定,中央研究院能否存在也是未定之天。实际上,傅斯年与朱家骅相同留德的关系较之朱顾更为亲密,对顾先生的考虑不难察知。[1] 顾先生本人的意图是这样的:"现在中央研究院的历史语言研究所固然又有钱又有人,但中央的经费实不及广东的可靠,孟真又非办事之人,一二年后能否存在,实不可知。我们只要把稳了做下去,不急进以招忌,不缓进以腐化,忍以十年,必有绝大成就,远过于中央研究院者。"[2]

学术界所谓二人关系恶化,都是从顾先生单方面看的,顾先生自认交恶后,处处防范傅先生,1928 年 11 月 12 日:"孟真察之为明,务欲胜人,器局太小,终不能成大事。"次日,顾先生写道:"予与孟真私交已可断绝矣。"(222 页)而《日记》多处以"曹大丞相(曹操)"称呼傅斯年。[3] 但历史的吊诡在于,傅先生并不这样

---

[1] 《顾颉刚日记》第二卷,台湾联经出版公司 2007 年版,1929 年 1 月 26 日:孟真谓余不但欢喜做事,并且能干。岂能干即是罪状耶! 彼又谓余不肯向中大表示决绝是狡兔三窟。孟真必欲我完全脱离中大,不管研究所主任找得到否,出以决绝之手段。天下若能以勉强成事,则事真易半矣(第 245 页)。1 月 31 日:写孟真信,具到不能与中大断绝关系之苦衷(第 247 页)。

[2] 《顾颉刚书信集》第二卷,中华书局 2011 年版,1929 年 5 月 22 日"致商承祚",第 360 页。

[3] 傅斯年"确是要征服他(顾颉刚)以为己用,却未曾想到严重地损伤了老朋友的尊严,不但不肯就范,而且激起了独树一帜的雄心",事与愿违后,使顾先生"一直耿耿于怀,以致到老不忘。1973 年的两篇跋文竟至一再引'战犯'、'逃台湾而死',大有快意恩仇的滋味,这不能不使人深感'怨毒之于人甚矣哉'"!《顾颉刚日记》1951 年元旦:"闻傅孟真于半月前在台湾逝世。此人一代枭雄,极能纵横驰骤,竟未能有所成就,可惜也。孟真久病血压高,到美国疗之,稍瘥。然医言不能过十年,安知竟不及五年乎! 寿五十有五。"余英时认为"其词虽若有憾焉,但'可惜也'三个字毕竟流露出老同学、老朋友的真实情感。"胡适认为"颉刚也定有纪念他的文字",

认为，从傅先生一方看，并未觉得二人私交已绝，时时想将顾请回北大以壮母校声威，抗战胜利后也有同样的举动。李扬眉有官方、民间之分。并在大局上还是维护顾先生，1936 年 12 月 31 日"今夜孟真来告我，谓彼到平一星期，听见说我坏话的人至少三十人，北大与清华各占其半，大家除谈西安事变外，第二就讲到我，大致谓思想"左倾"及为共产党包围等。微孟真之直爽，我哪里知道有这种空气！险哉人情，他们恨不得把我吃下去了。"1937 年1 月 13 日，"孟真告我，有人在教育部控告予与冯芝生思想"左倾"，欲扣留在南京。"[1] 二人行为适成对比。顾先生坚决不回北大与回避傅先生均出自他个人的心理原因。

对这个与人们通常印象截然相反，甚或可说是令人瞠目结舌的结果，历史学的专家们或许会大摇其头，脑海中可能会立刻放射出一连串的质疑问难：这种研究靠谱吗？怎么会这样呢？这些外在因素真的能决定论战的胜负吗？从历史专业角度不一定吧？如果真是这样的话，当时那许多大师可能沉默吗？如何得以瞒天过海？……等等。对此种种大哉问，笔者先简略回应，下文另有分析。

顾胡两先生虽然英伟高杰、领袖群伦，但他们毕竟也是肉胎凡身，岂能外乎于人类的普遍人性？而所谓研究历史，实际上就是研究人性，西方史学从卢梭、康德就开始注重这一基本命题，直到柯林武德还有历史学是关于人性的科学的阐述。休谟说："人类在一切时间和地方都是十分相仿的，所以在历史这个特殊的方面并不能告诉我们新奇的事情。历史的主要功用只在于给我们发现人性中恒常的普遍的原则来，它指示出人类在

余先生引《日记》认为胡对顾的"认识毕竟还是相当真切的"。但实际上只是惋惜人未尽其才之意，并无胡适先生期待的哀痛之情，实则不仅没有，反而有点幸灾乐祸，同时也略带英雄相惜之意。

1　《顾颉刚日记》第三卷，第 577—578、585 页。

各种环境和情节下是什么样的，并且供给我们材料，使我们从事观察，并且使我们熟悉人类动作和行为的有规则的动机。”[1] 历史上许许多多的人与事限于材料的关系，能触及心理深层的不多，同时这种探寻的难度也高。而现在，在事关中国现代学术走向的这次重大论争中的两个关键人物的材料如此之多，终于让我们可以深入研究对象的心理层面，探究其动机及其情绪变化的过程，可谓追寻到了历史的终极真相。“动机是用来描述支配行为的过程的动态概念。驱力理论认为动机的作用是消除紧张。人们还被与生理需要无关的动机和外部刺激所激励。心理动力学观点把行为看作是由本能力量、内在冲突以及意识和无意识的动机驱使的。情绪是生理唤醒、认知评价和行为及表达反应带来改变的复杂模式。情绪履行动机、社会和认知的功能。评价影响情绪。”[2] 而“一个普遍的结论是，全世界的人们，不管文化差异、种族、性别或教育，都会以相同的方式表达基本情绪。……请注意，这种普遍性的主张是针对七种基本情绪的（恐惧、厌恶、高兴、惊奇、轻蔑、生气和悲伤）。……全世界的人们对于特定范围内的情绪表达方式分享着相同的基因遗传机制。尽管如此，不同的文化对于情绪的掌控仍存在不同的标准。”弗洛伊德理论的基本概念包括：心理能量驱动和指导行为，无意识过程具有强大动力。人格结构由本我、超我、自我组成，其中自我对本我和超我起协调作用。无法满足的冲动被压抑，通过自我防御机制来减轻焦虑和保持自尊。自我概念是一种动力心理结构，来驱动、解释、组织、协调和控制个人和人际的行为和过程。变态是由一个人的行为接近一系列的指征，包括痛苦、不适应、非理性、不可预测、非惯常性、观察者不适感，以及

1　休谟：《人类理解研究》，商务印书馆 1957 年版，第 76 页。
2　格里格等著：《心理学与生活》（第 16 版），王垒等译，人民邮电出版社2003 年版，第 395 页。

违反标准或社会常规的程度来判断的。焦虑障碍的主要类型有广泛性焦虑、心境障碍涉及情绪的困扰。重度抑郁症是最常见的情感障碍，自杀最常发生于患有抑郁的病人中。尽管有一些限制攻击的规范，但情境常常促使人们采取攻击行为。[1]

正如新派学者所主张的那样，历史研究是要抛却个人感情的客观的研究，如果我们不把两先生当成不会犯错的完美之人，也承认他们在心理上有幽暗的一面，那么从上述烦琐的考证看整个事情，真相就很清楚，顾胡两先生是"层累说"论战的失败者，这是基于基本的人性所得出的结论。休谟以为根据类比进行推断的结果是："我们是把我们在过去的例子中所有的经验转移到那些与我们所经验的对象类似并不相同的对象上面。……习惯虽然是我们一切判断的基础，可是有时候它却对想象起一种违反判断的作用。"[2] 如果因为胡顾两先生提倡怀疑古人、打倒偶像就盲目相信他们，那就缺乏了基本的现代治学精神，这与盲目信古何异？这也只是普通人的人性弱点"轻信"罢了，休谟指出："人性中没有任何弱点比我们通常所谓的轻信（即对别人的证据过分轻易地信任）更为普遍、更为显著的了。"[3] 他们不公开认错并不是问题，并非不道德，一般知识人好面子，胡适尤以爱惜羽毛著名，而他们失败后的沉默及其他表现是人类社会趋利避害的正常本性，有问题的是他们再次的爆冲。

现当代人文学术过度专业化的发展忽略了千姿百态的现实世界本来是一个整体，其中并不存在现成的各种专业，它们是研究者为了研究的方便和需要才把它们提炼、分析、概括出来的，况且，学科边界不等于科学研究的边界，极其复杂多变的人性

1　格里格等著：《心理学与生活》（第16版），王垒等译，人民邮电出版社2003年版，第353—354页。

2　休谟：《人性论》，关文运译，商务印书馆1980年版，第170页。

3　休谟：《人性论》，商务印书馆1980年版，第132—133页。

将它们勾连在一起。明白了这一点，也就打开了现代史学之门。

综上所述，"层累说"的发布，本是天才的"灵光一闪"，学术界的迎头痛击致使《古史辨》几近胎死腹中。从心理学上可谓之创伤性应激事件，它是指"能够引起心理损害或严重情感痛苦的极端事件。"从身后看，可以称之为一个灾难，而"灾难、抑郁和悲伤常常是疾病的前奏，压力事件会减弱对疾病的自然抵抗力。还有一个更令人吃惊的发现：凡生活中出现了大的变化，不论好与坏，都会增加生病或遭遇意外事故的可能性。……积极生活事件可能会和灾难性事件一样会给人造成压力。"[1]"灾难性和创伤性事件：一个事件如果不仅是消极的，还无法控制、无法预测或暧昧不清，它就特别具有压力。这些情况在灾难性事件中尤为突出。创伤后应激障碍是一种应激反应，个体不断地以某种形式重复体验到伤性事件……最后，这些反应带来的情绪上的伤痛将导致各种症状的出现，比如睡眠问题，对于幸存的内疚感，注意力集中困难，以及极端的惊恐反应。"这引起了对顾先生身心的剧烈变化，"创伤后应激的情绪反应可以在灾难后立即发作，在数月后平息。这些反应也可能会一直持续，变成了慢性综合征，称为残余应激模式。"[2]顾先生前文有诸多典型的长期应激反应症状如梦呓、梦交、噩梦。"情绪信号——焦虑、淡漠、易怒、精神疲惫。行为信号——回避责任、回避与人交往，出现极端行为或自我伤害行为，忽视自己，判断力差。生理信号：对疾病过度担心、经常生病、疲惫、过量用药、病痛及抱怨。"心理学上的"无助感是在我们认为不可控制的情境中经常出现的一种心理

---

1 库恩等著：《心理学导论：思想与行为的认识之路》（第13版），郑钢等译，中国轻工业出版社2014年版，第531、543页。
2 格里格等著：《心理学与生活》（第16版），王垒等译，人民邮电出版社2003年版，第367—368页。

状态。当人们面对反复的失败和遇到不可预测或无法躲避的惩罚时，也会产生同样的反应。当一个人把自己的失败归因于某种一般的、持续不变的因素时，就容易产生无助感，并且很容易在其他场合因为这种习得性无助而产生绝望的情绪。"[1]顾先生陷入了长期的煎熬之中，产生了无助感和绝望情绪，意外的出现，导致顾先生迫于人情的压力才被迫奋起一搏，面对着身败名裂的恐惧，不在沉默中爆发，就在沉默中死亡。为了确保第一册出版和发行的成功，顾先生施展浑身解数，发起了一系列攻击等行动，心理学的研究表明，人类之所以有攻击行为的倾向，是因为这种行为使人们能够保护自己。当人们在追求目标时遭到挫折，他们更可能出现攻击行为。人们会对那些直接的、蓄意的挑衅表现出攻击性，而且当不够激烈的攻击性反应没有效果时，他们的攻击行为会扩大化。挫折可以导致攻击，持续的激怒可以导致更高水平的攻击。[2]整个过程之跌宕起伏、一波三折、玄妙精彩，犹如一部悬疑小说，让人感慨，让人唏嘘。而这种行为被学术界"美化"为学术讨论。王汎森先生说："深入一点追究，我们甚至还可以说，如果没有顾颉刚这种'打破沙锅问到底'的人进行冲天一击，古史辨运动是否可能爆发也在未定之天。今古文之争、清末民初的环境、顾颉刚个人的因素三者正好同时说明了长程、中程、短程因素的重要性。"[3]王先生说："这场史学革命固然帮助后来的史家冲破过去无数的迷雾，可是，在倒洗澡盆时也把婴儿倒掉了。"[4]《古

1　库恩等著：《心理学导论：思想与行为的认识之路》（13 版），郑钢等译，中国轻工业出版社 2014 年版，第 524、539—540 页。

2　格里格等著：《心理学与生活》（第 16 版），王垒等译，人民邮电出版社 2003 年版。

3　《古史辨运动的兴起：一个思想史的分析》，允晨文化实业股份有限公司 1987 年版，《序》第 9 页。

4　王汎森：《古史辨运动的兴起——一个思想史的分析》，台北允晨文化实业股份有限公司 1987 年版，第 296—297 页。

史辨》第一册的成功标志着"疑古派"的正式建立,"疑古思潮"的狂飙以黄河决堤之势弥漫于学术界。它不仅迅速奠定了顾先生学界巨人的地位,厦门大学主动"改为'研究教授'"。"予骇问其故,则谓自《古史辨》出版后,学术地位突高,故称谓亦须改变。然自此以后,北大同学侧目而视,称我为'天才',为'超人',而鲁迅以本身位望之高,不屑与予平起平坐,风波自兹而兴矣。"[1] 也使辩论失败的"层累说"败而复振。《古史辨》本来至多只是像法国大革命中对古代提起的诉讼,但中国学术界以及社会相当部分成员竟像接到了判决书,之后,"层累说"虽然仍受到学者们不断从论证方法、论证逻辑到材料运用等各方面虽不系统但却持续有力并且都足以否定其假说的批驳,让人始料未及的是,这个终顾先生一生也没有完成论证的假说竟很快演变成为一个学科预设(定论)长期笼罩在中国上古史的研究领域,成为中国上古历史研究领域一个难以撼动的信条,从宗教学的意义上讲,称之为"疑古教"[2] 也并非不可。对"层累说"在学术上的错误,将接续探讨。

1　《顾颉刚日记》1926 年 8 月 25 日;1975 年 3 月记。第 784 页。
2　《顾颉刚书信集》第四卷、中华书局 2011 年版,第 471 页,1924 年 8 月 2日"致殷履安":"我的性情之热,大家都说绝无仅有;介泉说我生在古代,可以做教主。"

中编

"层累地造成的中国古史说"指谬

——兼驳白鸟库吉"抹杀论"和内藤湖南"加上原则"

> "追求科学，需要特殊的勇气，思考是人类最大的快乐。"
>
> ——伽利略

顾颉刚先生的"层累地造成的中国古史说"[1]本来是在 1923 年发表的《与钱玄同先生论古史书》这封信(或曰半封)中提出的，它迅速产生了巨大的学术影响和深远的社会效应，并成为中国现代学术史上一个极为著名的系统性假说。日本现代两大古史学派的巨擘——东京帝大白鸟库吉的"尧舜禹抹杀论"和京都大学内藤湖南的"中国古史加上原则"也都是类似的阐述[2]，它们

---

1 "层累说"最早发表在《与钱玄同先生论古史书》，迅速产生了极其巨大的社会和学术影响。顾先生随后在辩论中(见《古史辨》第一册及其《自序》)对该说又进行了深化，这很快为顾先生赢得了世界性的学术声誉。顾先生本人后来主要在第二册所收文章、《古史辨·第四册自序》中、先生的学术助手童书业先生在 1941 年《古史辨》第七册《童序》里都对该说进行了重要的补充。先生晚年在《祝融族诸国的兴亡——周公东征史事考证四之六》(《燕京学报》新 8 期)，《鸟夷族的图腾崇拜及其氏族集团的兴亡——周公东征史事考证四之七》(《史前研究》2000 年辑)又对"层累说"进行了深化(两文皆收入《古史考——帝系的偶像》，海南出版社 2003 年版)。顾颉刚晚年在撰写《我是怎样编写〈古史辨〉的？》一文时，在古史传说问题上大体还是坚持原来的观点。其中影响最大的是《与钱玄同先生论古史书》与《古史辨》第一册自序，最后两文因发表过晚且杂志难以见到，影响甚小。该说终顾先生一生也没有完成对"层累说"的学术论证，主要观点终先生一生并未改变则是可以肯定的，构成学术史上思想压倒学术一大奇观。

2 抹杀论亦作抹煞论，又称非实在人物论，见 1909 年《支那古传说的研究》，1911 年 12 月，白鸟库吉又发表《关于支那革命的史的说明》和《〈尚书〉的高等批判》进行补充，均载《白鸟库吉全集》第八卷(岩波书店 1970 年版)，尝著《东洋史概说》一书，以三皇为三才思想之反映，五帝系阴阳五行家

"相映生辉",成为中国古史传说时代的学科预设,是阻碍着这一领域研究进步的绊脚石。本章将从学术的各方面剖析其不当乃至谬误。所谓谬误,是在逻辑学意义上使用的,并不代表笔者不尊重三位大师。

一、由粉本、古画之喻看研究历史的方法

如果先从历史学学理展开全面论证,势必牵扯许多基本问题,诸如科学性与艺术性的关系、什么是复原历史的有效手段与方法等等,这必将导致本文枝蔓、冗长,也必使缺乏耐心的学者如坠五里雾中而失去兴趣。因而,这部分将稍后处理。此处先以顾先生《自序》所谈粉本名画的比喻来分析,而后再以陈寅恪先生有残破古画如何复原来进行对比,主要目的在于衬托顾先生的方法不具备历史发生的可能性。这是借用中国传统思维方式中的类比逻辑(联想),它虽然是一种不甚严密的论证方式,但却有着独特的优点,李泽厚先生说:"类比联想模糊而准确,感性、多元而具创造性。它熔直观、想象、理解于一炉,非概念或逻辑思维所能穷尽。"[1]所以,它是一种简明且易说理的有效方式。顾先生在《自序》中说:

学说思想之反映,三皇五帝皆为架空理想的人物,不必实有其人,无非假托古帝王为教祖,以夸耀其学说所自出。当时支持白鸟库吉说法的有后藤朝太郎写出《论尧舜禹的抹杀》文、桥本增吉在 1912 年至 1914 年连续发表的《书经的研究》、津田左右吉的《太一说》等文。内藤湖南的"加上原则"在 1921 年、1922 年和 1923 年分别发表于《〈尚书〉稽疑》《尔雅的新研究》,对《〈禹贡〉的制作时代》和《易疑》等文加以阐释,见《内藤湖南全集》第七卷(筑摩书房,1970 年),1925 年,又作了题为《大阪的町人学者富永仲基》的演讲,首次将他的理论称为"加上原则",见第九卷。

1　李泽厚:《由巫到礼释礼归仁》,三联书店 2014 年版,第 36—37 页。

现在这一点已发表的东西，本来不算什么。画家作画，自有见不得人的"粉本"。"良工不示人以朴"，也是一句可以玩味的古语。我现在在学力未充足时发表这种新创的主张，有许多错误浅薄的地方乃是当然的，只要读者用了粉本的眼光看而不用名画的眼光看，用了朴的眼光看而不用精品的眼光看，就可以见出这本书的实际。至于将来能否使它成为名画或精品，这是全赖于我自己的努力和社会上给予我的帮助，现在是不能预断的。

而陈寅恪先生也有类似的比喻：

正像一幅已残破的古画，必须知道这幅画的大概轮廓，才能将其一山一树置于适当地位，以复旧观。[1]

顾先生所说的粉本主要指那些已经发表的作品，也包含了《古史辨》第一册即将出版的其他部分，承认其中存在许多不足，自认是绘画的初级作品粉本底稿，期待将来成为名画。这是完全以艺术创作来比喻的。而顾先生对科学史学的认识是："进了大学，读名学教科书，知道惟有归纳的方法可以增进新知；又知道科学的基础完全建设于假设上，只要从假设去寻求证据，更从证据去修改假设，日益演进，自可日益近真。后来听了适之先生的课，知道研究历史的方法在于寻求一件事情的前后左右的关系，不把它看作突然出现的。老实说，我的脑筋中印象最深的科学方法不过如此而已。"至于这种做法是否能复原历史的本来面目，顾先生没有提到，而是表示："但是我常常自己疑惑：科学方法是这般简单的吗？只消有几个零碎的印象就不妨到处

---

1 蒋天枢：《陈寅恪先生编年事辑》（增订本），上海古籍出版社1997年版，第96—97页。

应用的吗？在这种种疑问之下，我总没有作肯定的回答的自信力。"至于艺术与既含有科学性也带有艺术性的科学史学之间有何差异和相似之处，顾先生似乎并没有深刻的认识。

历史科学的定义多种多样，历史指过去并无异议，但关于科学如何定义则异说纷呈，科学在 20 世纪成为一种崇拜的对象，这个词变成了类似于古代的乾坤袋一样，什么内容都可以装进去，如毛泽东将其和政治通用[1]，顾先生因几次算命准确后把算卦称之为民间科学[2]。当时的学术界主流则将其与自然科学紧密相连，将二者等同是一种普遍的倾向，蔡元培就将历史学和生物学并列。这来自于西方，"我们的前辈，如十九世纪最后十年的人，甚至包括二十世纪初的那一代人，似乎已完全沉溺于孔德的自然科学概念。这在当时几乎是毫无异议的看法。"[3]但这是有问题的，历史学实则是关于人的科学，对人性的领悟与把握也是极其重要的，"历史学家不仅必须掌握文献和其他证据，还必须从具体上洞察个人，从总体上洞察人性。"[4]英国著名历史哲学家柯林武德就有历史学是人性科学的命题。[5]"自有史时代以来，

1　范文澜在延安版《中国通史简编》书前的《研究中国历史的钥匙》《论正统》两文中阐述的主旨，大致以传统士大夫统治为乱，以农民起义为治或治的原因，又以中国历史上的所有王朝，尤其以近代以来的北洋及国民政府为伪，以农民起义，尤其以新政府为正统。该书是在毛泽东和中共中央的直接指示下由范文澜主持编写的。1943 年印行时，毛泽东高度评价说：我们党在延安又做了一件大事。我们共产党人对于自己国家几千年的历史有了发言权，也拿出科学的著作了。转引自陈其泰《范文澜学术思想评传》，北京图书馆出版社 2000 年版，第 91 页。

2　见顾颉刚先生四十年代在重庆时的《顾颉刚日记》第五卷，台湾联经出版公司 2007 年版，第 639 页："中国有不少科学知识埋葬在民间，若此骨相学与若干灵验之单方及针灸皆是也。"

3　马克·布洛赫：《历史学家的技艺》，上海社会科学出版社 1992 年版，第 14 页。

4　迈克尔·斯坦福：《历史研究导论》，刘世安译，世界图书出版公司 2012 年版，第 7 页。

5　参见刘志刚：《作为人性科学的历史学——评柯林伍德〈历史的观念〉中历史哲学思想》，黑龙江大学 2009 年硕士学位论文。

人的变化，极为有限，人性的共同性，大致为中外学者所承认。史学家能够隐约窥见历史真理,这是最重要的关键。古今的相通，系于此若断若续的一线。……历史上的社会，比历史人物的变化大，史学家以自己所处的社会，印证历史上的社会，较易曲解与附会。但是社会上所发生的实践，古今是有其绝相类似之处的。"[1] 而脱离人性的、刻板的"专业"历史学总归会让懂行的人产生隔靴搔痒之感。当时的学术界包括三譬对于现代历史学的特性和人性的复杂性注意的不够细致，没有注意到其中存在的矛盾。历史学的本质在于对历史的复原，无论什么样的理论、方法都应该是为这一目的服务的。陈先生强调的是对古画的复原，注意到了它与历史研究根本目的和方法上的相似，这就既兼顾了它的艺术性，同时也强调了它的科学性。问题讨论的实质是二者的方法到底是历史发现还是发明创造。

　　古史体系就好比是一幅已经失传的上古名画（艺术图像），其脍炙人口的主题、素材也成为其他许多作品的创作元素。东周时有人临摹了一幅[2]，西汉司马迁再次临摹（《史记·五帝本纪》），这些都可类比为高仿品，其画面细部虽已模糊、斑驳，但结构尚清晰可见，历代仍不断有失真度更高的仿作（如《世经》、《帝王世纪》、《路史》、《纲鉴易知录》等），到了近代，人们不满足于高仿、低仿品，想见识其本来面目，那么我们应该如何复原。

　　复原古画与研究历史复原真相十分相似，一般来说，复原的人应该对绘画的原理、常识、风格、技法、手段等各相关方面及其演变有充分的了解，应当先把存世最早的版本吃透，对这幅画的各种版本及其演变、是工笔还是写意的性质、结构布

1　杜维运:《史学方法论》，北京大学出版社 2006 年版，第 146 页。
2　见《大戴礼记》之《五帝德》(据说是高手孔子)和《帝系》两篇，年代有争议，下文有详细论证。

局及留白等都应该有充分认识，对各时期与之相关的主题、素材也应该有基本的了解，认真分析其方方面面的优缺点，以同期其他作品的相关事项和后期版本中的可取之处做参考，辅之以自己的艺术心得，对哪些材料可做依据、哪些东西可备参考也应当有理有据，在进行长期、反复的刻苦努力后才可能最大限度逼近本来面目。不管原画是写意的还是工笔的，复原的人必然受限于其对象而不能由着自己的意愿随意创作则是可以肯定的。而对于画家来说，以工笔画日常习见之物如犬马最难，而画鬼魅最易，因为它只能是写意的。《淮南子》卷十三《泛论训》："今夫图工好画鬼魅，而憎图狗马者，何也？鬼魅不世出，而狗马可日见也。"这也意味着复原古画的难度实际上超过了画家自己创作作品，如果以复原之名而行创作之实，就可能成为陈寅恪先生所说的那样："譬诸图画鬼物，苟形态略具，则能事已毕。其真状之果肖似与否，画者与观者，两皆不知也。"[1] 设若如此，必将导致一个失败的结局。

从复原的角度讲，材料是否足以支撑完整复原也是至关重要的。对待一堆古画碎片，如何让材料开口说话，这就需要在既有的、供参考作品的整体结构中确定其位置、功能，才能正确阐释其内容，挖掘其价值。如果条件不够就只能暂时搁置，盲目蛮干则可能差之毫厘、失之千里。这与盲人摸象的情况有相似之处，《大般涅槃经》卷32："有王告一大臣：'汝牵一象以示盲者。'……众盲各以手触。……大王即唤众盲，各各问言：'汝见象耶？'众盲各言：'我已得见。'王言：'象为何类？'其触牙者即言象形如芦菔根，其触耳者言象如箕，其触头者言象如石，其触鼻者言象如杵，其触脚者言象如木臼，其触脊者言象如床，

---

1 陈寅恪：《重刻〈元西域人华化考〉序》，《金明馆丛稿二编》，上海古籍出版社 1980 年版，第 238 页。

其触腹者言象如瓮，其触尾者言象如绳。……若是众相悉非象者，离是之外更无别象。"当八个盲人摸象分别得出八种说法，要画一个完整的象，必须有一个整体轮廓参考，合起来才是全貌，这些盲人分别画是画不出象的。再如小儿拼图，一个由1千块积木拼出的完整图形，如果只给小孩几十块积木让他拼成原图，小孩肯定知道不可能拼出完整的图形，他必须有所参考才可大体拼出一个轮廓，并尽可能做到近似或相似。史学问题能否解决同样决定于材料，而先秦史料经酷烈秦火后，这种不足更是严重，傅斯年形象地说："古史者，劫灰之残余也。"实际上，历史学家对上古史的研究，就是依据劫灰之余进行的，傅先生说："就此残余，若干轮廓可推而知之，其不可知者盖亦多矣。"[1]陈寅恪说："吾人今日可依据之材料，仅为当时所遗存最小之一部，欲借此残余断片，以窥测其全部结构，必须备艺术家欣赏古代绘画雕刻之眼光及精神，然后古人立说之用意与对象，始可以真了解。"[2]两先生的意见非常值得关注。

顾先生的做法并不是这样的寻常之举，他置最早的临摹于不顾，没有参考，认为那些仿品出现的时间全都晚，是赝品，就在自己挑选、圈定的一些作品中，简单将一些主题、元素等（重要人物或神灵）重新按出现时间的先后排列出来，认为这就是古代所谓名作的形成（作伪）过程，也即把陈先生所说的一山一树仅按历时性的原则而不顾及结构、功能等考量加以重新排列，这无异于把高仿之作撕成碎片重新拼合。这种方法是复原还是创作？不得不让人心生疑惑。顾先生说自己只是依据搜集到的材料进行分析研究，此理看似无误，但就历史学而言却是

1　傅斯年：《性命古训辨证》，《傅斯年全集》第二卷，湖南教育出版社2003年版，第594页。

2　陈寅恪：《冯友兰中国哲学史上册审查报告》，《金明馆丛稿二编》，上海古籍出版社1980年版，第247页。

不够的，因为史学家的证据本来就是永远残缺不全的，就像盲人摸象的故事，设使五种说法佚失，只剩三种，还能拼凑出完整的象吗？科学、常识、经验都告诉我们极难做到，在这种情况下，必须具备通识、大局观等，要拼成一个象，就不能不有所参考，才可能尽量复原，尚非要执着地按照自己定的一个原则拼，仅仅依据自己看到、找到的材料去复原，其不误盖也难矣，那拼出的会是什么呢？是象的可能将会很小。日军在宣布投降至盟军接收之前，大肆焚烧各种文件，今天的日本右翼就是以没有材料的逻辑否认其侵略历史，我们如果仅仅以现存材料来研究，就很可能会得出与事实相反的结论，能认为日本人是二战受害者吗？顾先生在一个崇尚新材料的时代风气中，没有找到新材料，使用的是经过挑选的旧材料，这存在什么危险呢？陈先生指出"旧材料而予以新解释，很危险。如作史论的专门翻案，往往牵强附会，要戒慎。"[1] 让人意外的是劫灰之余的材料也还没有用完，多出来的帝颛顼、帝喾，顾先生很长时间没有解释，这肯定不能证明"层累说"成立。笔者忽然忆及少年时突然心血来潮，将家中钟表大卸八块，重新组装后，发现多出来几个零件，钟表自然无法转动，不仅挨了家父一巴掌，还害得窘迫之家又将其送到修表铺花了几块钱才得恢复正常。顾先生在运用史料方面忽略它常有记载特异事物的特点，即越是常识越不记录，也没有意识到自己已进入了一个危险的境地。那么，他的论证的有效性自然要打上一个大问号。

材料不足，那么复原是不是有什么敏锐的观察力、审慎的判断力、深刻的洞察力，庖丁解牛式的真功夫即超高的技艺来弥补这一巨大缺陷呢？东方学术界在由传统向现代转型的过程

1　蒋天枢：《陈寅恪先生编年事辑》（增订本），上海古籍出版社 1997 年版，第 96 页。

中，看到了西方学术的巨大优点，产生了全面学习的内在动能，提倡学科平等，他方异域传来了令人兴奋的科学史学，由文献考据转向多学科综合研究。（《支那古代史批判》）三擘之说产生了，它在史学上获得好评是由于学术界认为他们的结论是以东西合璧的实证史学套路从史料中考出来的，这可能也是三说屡遭批驳而至今仍屹立不倒的一个关键因素。但若深入探究，实际并非如此。三擘的方法是否符合西方当时盛行的科学史学的方法呢？

19世纪初西方出现的史学运动，德国大史学家尼布尔与兰克是代表人物，他们开创了一种语言文字的批评方法，从追寻史料形成的来源、批评史料可信的程度方面着手，成为极富科学精神的史学方法，使西方史学从此解脱神学的羁绊而进入到科学领域，开启了黄金时代。但尼布尔和兰克的影响领域却大为不同。后来，法国的孔德开启了实证主义，并深刻影响了史学的面貌。"十九世纪最后十年的人，甚至包括二十世纪初的那一代人，似乎已完全沉溺于孔德的自然科学概念。这种迷人的先验图式侵袭了思想的每一个领域，人们似乎以为，如果最后不能通过直接的、雄辩的证明，达到以至高而普遍的规律为形式的十分确切的公式，就算不上真正的学科。这在当时几乎是毫无异议的看法，而当这种观念应用于历史研究时"，大部分学者"认为将实证主义套于历史学是切实可行的，他们力图建立一门与泛科学的理想相吻合的有关人类进化的学科。他们打算把许多明显的人类现实活动排斥在真正的人类科学之外，因为，这类活动在他们看来难以接受理性的解释。"而这个主流观点的缺陷对于历史研究来说是极其明显的，不久，"我们感到，没有必要再把从自然科学那里引进的一成不变的思维模式强加给每一门知识。因为即使在自然科学界，这种模式也不再通行无阻了。……我们确知，为了生存，……它（历史学）没必要舍弃自身的特色。""应当注意，不要在自然科学和人的科学之间标上任何虚假的几何平等线。"[1]

三擘是在对西式学术缺乏全面了解的情况下，受当时影响巨大的自然科学式的科学主义思潮感染，既忽略了历史科学中所存在的艺术一面（兰克讲科学与艺术的关系，伯伦汉、朗哥鲁瓦也都讲），也忽略了研究对象的特殊性并不适合兰克式的所谓科学史学方法。实际上，研究传说时代更适合的是尼布尔的方法，他"所选择的课题是罗马最初几个世纪的历史，其首要、也是极为困难的任务就是如何清晰辨识出罗马民族的起源问题"，曾说"这些深刻影响人民想象力的传说之所以能形成，那必定是因为其最深处有某些真实的东西。"[2]尼布尔也不排斥传说的研究带有很大的真理性，他"用了科学批判的方法。其内涵：关键在于搜集所有有关一个民族历史的证据，然后把这些证据置于最精确的批判考察之下，进而只保留那些具有严格可信度的证据。"[3]"虽然尼布尔很富想象力，但他也是位严格意义的科学主义史学家。他的《罗马史》开创了现代史学方法，这一方法已经完全演变成历史科学。所以，尼布尔有当代历史学家的两个特征：讲究研究方法和科学的历史观念。他的研究方式是严格的科学的方式：它的第一步是确定史实的真伪，然后把它们集中到一起，接着总结出只有从才能严格推演出的结论。尼布尔说：'我解剖词句，就像解剖学家解剖尸体一样'；'我努力剔除过于草率地搜集来的化石骨骸上的附加物。'通过对方言和神话、法律和宗教的比较，他在历史学中引入了演化理论，在整个19世

1　马克·布洛赫：《历史学家的技艺》，上海社会科学出版社 1992 年版，第15、17、109 页。

2　安托万·基扬：《近代德国及其历史学家》，北京大学出版社 2010 年版，第30 页。

3　安托万·基扬：《近代德国及其历史学家》，北京大学出版社 2010 年版，第29 页。

纪的德国，这个理论将发展成历史科学，并由此产生了其他学科：语言学、语音学、美学、民俗学、比较神话学、宗教史等。"[1]

我们回头来看三擘，白鸟氏的"抹杀论"对于尧舜禹的考证不是就古籍谈古籍，除文字学上的考证外，他还采用了社会学的方法，结合天文、地理等相关学科的研究成果，辅以对中国传统文化心理的考量，人为地把尧舜禹的事迹分为天人地，最终得出尧舜禹并非是历史上真实存在的人王，而是儒家学者根据传统"三才"思想杜撰出来的人物的结论。[2] 内藤在《禹贡制作的年代》文中以传说时代没有文字来否认后时文献记载的客观性，实际上就完全否认了研究传说时代的可能性，也同时实质否认了口述史学存在的必要性。他虽然参照富永仲基研究佛教史"加上原则"的成果，并赞它是"非常伟大的学说"，是"一种从思想的积累上来思考问题、根据思想的发展来发现历史的前后的方法，这种方法对于研究没有历史记录的时代的历史，是再好不过的方法。"但这只是给他的研究增添了理论色彩，至于是否适应于中国的传说时代则鲜少有人追究，实际上，这种结合无助于史实的确定。

顾先生自称是科学史学旗手胡适的高足，这似乎给人增添了信心。而实际上，胡适对科学史学的认识也是一知半解、略知皮毛的，唐德刚先生直称胡适实际上是"七分传统，三分洋货"，顾先生虽然也被个别学者称为"中国的尼布尔"，但实际上并没有从胡先生那里学到什么东西，更谈不上熏染过科学史学的方法，他的方法主要还是用传统训诂之类手段，陈其泰先生名之为新考证学派，但乾嘉考据学提倡实事求是，反对凿空和株守，

1　安托万·基扬：《近代德国及其历史学家》，北京大学出版社 2010 年版，第31 页。

2　倪平英：《相似外表下的不同内核：白鸟库吉与顾颉刚就"尧舜禹"问题研究比较》，华东师范大学 2006 年硕士学位论文。

论学立说讲求有本之学，注重证佐，无征不信。[1]梁启超归纳了十项，与本文相关的有："正统派之学风，其特色可指者略如下：一、凡立一义，必凭证据；无证据而以臆度者，在所必摈。二、选择证据，以古为尚。三、孤证不为定说；其无反证者姑存之，得有续证则渐信之，遇有力之反证则弃之。四、隐匿证据或曲解证据，皆认为不德。"[2]顾先生以《说文》解释大禹为虫。白鸟氏从古籍找佐证说明尧舜禹三帝名字只是一种寄托理想的好字眼。尧，《说文》《风俗通》均为高远、高明之意。舜，《风俗通》释为"准，循也"，与"顺"同音，含有孝顺之意。禹，《说文》虽释为"虫"，但不可取，其与"宇"同音，"四垂为宇"，含有拥有天下之意。这种主张太偏重于字源的考证，面对如此遥远的传说时代，它们的证据力自然是极其有限的。况且以文字学字义来释名而否定人存在的逻辑是不恰当的，字书所释是造字的本义，而人的命名则是另外之事，如孔子生子，正好有人送鱼，就命子名曰鲤，字伯鱼，再假设邻子名狗，岂能谓之非人？这两个考证实属凿空。再如，乾嘉考据讲究孤证不可得结论，西方的科学史学同样如此，顾先生、内藤氏将孤证相列，而众皆不疑，岂赖"科学"之风"负负得正"者乎？三嬖又未能广泛搜集史料，这种行为就属有意无意忽视反证，像清末今文学派一样，把反证当伪证是新意迭出的法宝。所以，三嬖的做法既非乾嘉考据，亦非西方科学考证（内证外证，只从事外证而忽略更高级的内证），大体上可谓既忽略了传统学术的优点，又放大了其缺点，而丢掉传统学术方法的优点和基本规范，就使考据方法失去灵魂，主要还是内部的因素导致重新兴起的今文经学的"奇诡悠谬"之风带动的思想解放，进而产生的摆脱经学

1　漆永祥：《乾嘉考据学研究》，中国社会科学出版社 1998 年版，第 99 页。
2　梁启超：《中国历史研究法》（外二种），河北教育出版社 2000 年版，第 414 页。

束缚的要求，杜正胜先生谓顾先生超出乾嘉的只是"果于疑古，勇于自信"。考据方法与资料极度残缺之间存在一个难以调和的矛盾，悲哀在于三氅忽略了先秦史材料匮乏之状无法建立起支撑其史学理想的研究成果。

实际上，三氅对其研究方法的局限性并不知情，对西式方法又因为初学乍练，在未能掌握其精髓时，就把不同学科搅缠在一起，结果成了"大杂烩"，而这并不必然构成科学的方法，实际上是误用了"平等的眼光"，以至于横而不通。他们并没有掌握应有的跨学科方法论（不是指不同学科材料的随意搭配，而是指相关学科间在理论逻辑上的有效沟通和有机配合）。三说只是在以一种狭隘的视野和方式看待历史内容和原始资料，其做法是在无视历史文化传统、社会心理的结构与功能的基础上，纯粹以盲人摸象、少儿拼图的方式来对待古史体系，或者说只依据911的废墟材料试图完整重建世贸双塔，它假定了一种难以令人信服的偶然性，乍看好像符合史学研究的套路，实则并不具有可行性，虽然有史无定法之说，但从他们研究的过程看，在方法论上极不周延乃至不成立，造成极度扭曲的结果并不让人意外。

细究"层累说"的论证过程和结论，看似精深博洽，实际上问题多多，甚至可以说有着极大的漏洞，在研究方法和基本字义的理解上也出现了严重问题，变成凿之愈深而去历史真相愈远的事实。顾先生有缺点——乃至巨大的缺陷，这是几乎所有人包括先生本人及信徒在内都承认的。会看的看门道，不会看的看热闹，由于学界对顾先生及其学术的评价受《自序》影响极大，且存在偶像化的倾向，甚至把一些否定的也认作支持的，顾先生的亲密好友、商业伙伴周予同先生在《古史辨》出版写书评时说：

结论之能否成立，……我们故都在怀疑，在踟蹰。……在《努力杂志》所发表的诸文，在许多人或者震于颉刚的博洽而加以非常的赞誉；不过我的私意，觉得他在这方面所用的方法并不见得十分的成功。但是这不能疵议颉刚的。……颉刚解释……"禹敷下土方"的敷字为铺放，……"维禹甸之"的甸字为陈列，……"维禹之绩"的绩字为迹，……主张禹含有神性而非人王。……（书中这种）解释字义的方法……我敢不客气的说，实在没有什么了不得的价值，并且有点危险。……中国的文字，引申，假借，转变实在太复杂，如果我们先有了成见然后去解释字义，每每可以用什么对转旁转的方法，得到一个与原意相反的字。……颉刚上文所训释的几个字，刘掞藜先生就提出抗议，以为应该训敷为治、训甸为治、训绩为功，禹实毫无天神的嫌疑，而斥他为"穿凿附会、迁就己意"。我对于颉刚和刘先生的博学，都致相当的敬意；但我总觉得这样的咬文嚼字，都不见得干脆有力！本书中编，颉刚似乎太喜欢用这种方法，所以许多人甚至于他的很熟稔的朋友每以为他在强辩。……对于解释字义的方法加以限制地采用。

在一篇极力称赞并努力向社会推销《古史辨》的书评中这样写，实际上就是周先生秉持着学术良心否认了顾先生的解释。顾先生有——乃至巨大的缺陷，这是几乎所有人包括先生本人及信徒在内都承认的。在"层累说"孕育的阶段，顾先生、郑振铎、王伯祥、叶圣陶、周予同等住在一起，他的这些朋友并不赞成"层累说"，经常争论，"时常可以搞得面红耳赤"，[1]"许多人甚至于他的很熟稔的朋友每以为他在强辩"。周予同、王伯祥后来写的书评（见《古史辨》第二册）都是肯定顾先生的治

1　周予同:《汤铸篇序》,《郑振铎全集》第三卷, 花山文艺出版社 1998 年版, 第 574 页。

学态度而不是结论。这个事实是向来为研究者所忽视的。其他也有不少明显的问题，此处略举数例说明，如基本人性的理解："若照后来人说禹是桀的祖先，如何商国对于禹既感他敷土的恩德，对于禹的子孙就会翻脸杀伐呢？"胡董人回答"这种意见好像每一朝开始的君主有些恩德于人，他的子孙就无论如何暴虐，天下人均应永远绝对服从了。这般拘执的论调我实不愿更辨。"再如："楚国的若敖蚡冒还是西周末东迁初的人，楚国地方还在今河南湖北，但他们竟是'筚路蓝缕以启山林'。郑国是西周末年封的，地在今河南新郑，但竟是'艾杀此地，斩之蓬蒿藜藋而共处之'。那时的土地荒芜如此，那里是一统时的样子。"[1]顾先生的理解显然严重失误，几十年考古学发现确凿证明那里的文化很早就十分发达，刘掞藜文正确表述为，那"不过是楚郑后人表白他们祖先勤劳的意思"。在枝节上，顾先生穿凿附会之处颇为不少，[2]女娲在《天问》里就有，时代相当早，如何进

---

[1]　顾颉刚：《答刘胡两先生书》，《读书杂志》第十一期，另见《古史辨》第一册中编。

[2]　陆懋德《评顾颉刚〈古史辨〉》评骘曰："谓后人之所知者决不能多于前人之所知，则不合于科学真理，而且有悖于治古史之科学方法矣。……（针对胡适缩短拉长）考古学之研究愈深，地下之发掘愈多，则文化之上溯亦愈远，故治古史只有延长之势，并无缩短之理。……顾君既信《书经·盘庚篇》为真矣，余考《盘庚篇》凡数千言，其居有城邑，其事有法度，其物有货宝贝玉，其官有邦伯师长，而谓石器时代晚期之人民能如是乎？……顾君虽不信《尧典》《禹贡》，而未常不信《吕刑》为真西周作品。《吕刑篇》中国已明言'禹平水土，主名山川'。……此在论理学上，似未免有自相矛盾之点。顾君读书心细，其或又有他说欤？……原书中似有好奇立异之病。……顾君书中亦似有望文生义之病。"顾先生后来的文章也存在不少类似的问题，如《古史辨》第二册、《秦汉统一的由来和战国人对于世界的想象》谓《商颂》里说'邦畿千里，肇域彼四海'，看四海仅仅千里，那时天下是这样的小。"张荫麟纠正说："顾君于《商颂·玄鸟》中如此浅白之句竟未能通其义，真足使人骇讶"，指出其不仅断章取义，且"畿乃国境之一部分而非其全部也。……若以邦畿与四海为一，则不独文字上无此诂，且原文竟不可通矣"（《评顾颉刚〈秦汉统一的由来和战国人对于世界的想象〉》）。

入层累序列，顾先生并未涉及，但顾先生对《楚辞》极为熟悉，例如《顾记》1923 年 5 月 24 日（361 页）、8 月 14 日（386 页）、8 月 19 日（387 页）均有相关记录。1928 年 7 月 22 日"点《天问》篇，粗毕，作《天问》案语，约千言。"次日，"作《天问》案语毕。"（188 页）顾先生对于《天问》的成熟认识是:《天问》"是古代仅有的一篇史诗。……颇有《诗经》以后,《论语》以前之风。……我疑心这篇文字是作于战国之初的。"[1]顾先生的这个"战国之初"不详确指，早于秦灵公（前 424—414）时是有可能的，但与其相当应该没有问题，极而言之，就是晚也不能晚过几十年，也就是说，顾先生认为在秦灵公立時祭祀黄帝之前、同时或稍晚，华夏女始祖神女娲即已出现，顾先生本人的论述体系就出现了无法调和的漏洞，那么，还有谁认为"层累说"依然成立呢？更不用说顾先生当时对于帝喾、颛顼如何层累并未涉及。反对的人说顾先生"想入非非，任情臆造"并非无的之矢。

　　乐观主义的顾先生自认掌握了科学方法，在排除许多"劫灰"之后，仍然能够建立起古史体系的造伪结论。而悲观主义的、深通科学史学真谛的陈先生认为"上古去今太远，无文字记载，有之亦仅三言两语，语焉不详，无从印证。加之地下考古发掘不多，遽难据以定案。"可能成为"画人画鬼，见仁见智，曰朱曰墨，言人人殊，证据不足，孰能定之"[2]的情况。

二、三说指谬

　　至此，笔者不得不面对这样一个问题：如果三说的失误真像你坚称的那样简单和明显，为什么能在学术界产生那么大影

1　顾颉刚:《中国上古史研究讲义》，中华书局 1988 年版，第 25 页。

2　王钟翰:《陈寅恪先生杂忆》，纪念陈寅恪教授国际学术讨论会秘书组编:《纪念陈寅恪教授国际学术讨论会文集》，中山大学出版社 1989 年版，第 52 页。

响、得到如此广泛支持？笔者认为形成这种局面的原因是复杂的，三说实际上从未受到过严格而认真的学术解剖，笔者之所以敢用谬字指称学界敬仰的三擘的名说，实是在于他们的论证中存在着一些不合史学研究的基本错误。鉴于三擘的主要观点已为学者熟知，本文不再一一罗列，只在随文涉及处加以分析。此节主要考察他们在史料搜集、研究预设、论证逻辑和治学方法等方面的严重缺陷，其他方面在下节处理。

（一）史料搜集存在严重问题

首先要说，三擘在研究的出发点上就搞错了，全都忽略了广泛搜集史料的重要性。实证史学讲究充分占有史料，证据越多，结论越扎实，这是一个没有疑义的原则，陈垣先生用"竭泽而渔"来表述其重要性是一个极致而形象的归纳，民国年间的翻译多谓之为穷究法。西方科学史学的经典入门书《史学原论》开篇就说：

> 历史学家靠文献来进行研究。……没有文献就没有历史。……文献的检索和搜集是历史学家技艺的一部分，在逻辑上是第一步且是最重要的部分。有必要证明穷究法的头等重要性么？毫无疑问，不用。显然，如果它被忽略了，如果研究者在其开始研究某点历史之前他自己没有获得全部可得到的资料，那么他要冒着在资料不足基础上进行研究的风险。即使诸事齐备，那也并非是小的风险。一旦人们冒险行事，这些不充分的资料基本上肯定不会再有所增加，那么根据最准确的方法原则建构起来的学术工作或历史研究，就会因那种偶然情况而被损害，甚或是变得毫无价值。[1]

---

[1]　朗格诺瓦、瑟诺博司：《史学原论》，大象出版社 2010 年版，第 3 页。

　　首先强调了穷究法（全面搜集史料）的头等重要性，而忽略了它就会导致"并非是小的风险"，即使"根据最准确的方法原则建构起来的"结论，也会因那种偶然情况而被损害，"甚或是变得毫无价值。"

　　穷究法之必要，一个重要原因还涉及同源史料与异源史料的问题，不同来源的史料而内容相涉，其间的异同常常极富启发性，而史实的真相往往从其异同中暴露出来，忽视这一点就意味着可能忽略了许多反证，而一条反证往往就足以使研究者的整个结论发生动摇。

　　我们先来看三擘依据的史料，白鸟主要是《尚书》，另有《说文》、《风俗通》等，后来扩大到《易经》。内藤开始主要是《尚书》，后来则扩大到《禹贡》《尔雅》《易经》等。顾先生主要是《诗经》《论语》《尚书》的一部分，论证的后段牵涉到《说文》，《史记》《孟子》《春秋命历序》等。值得关注的是，三擘实际搜集、使用史料的范围主要来之于儒家的十三经，而这些经书只是先秦诸子一派的典籍，顾先生言："儒家者，九流之一家也。"（《自序》）儒家保存的先秦文献、古代传统虽较他派为多，但毕竟不是完整系统的史著体系。"证据的保存和佚失以及能否到手取决于一定的历史条件"，"文献的流传与现实生活中文化主流的盛衰沉浮息息相关。"而"文献的取舍存佚往往是随意的，它们从来不按理智的需求组成其题材。"[1] 这些作为现代史学常识是不需要过多强调的。而经书是儒家内部的教材，它的结构犹如中学课本，而经书以现代分类衡量是不严谨的，金毓黻曾就章学诚六经皆史说作了准确分析，认为其中的《尚书》和《春秋》具有史的性质，其他皆可谓史料，"谓《尚书》、《春秋》为

史，可也；谓《易》《诗》《礼》《乐》为史，不可也。谓《易》、
《诗》、《礼》、《乐》为史料，可也；径谓为史著，不可也。"[1]《春秋》
是第一部有组织的史书，顶多算个断代史，《尚书》是上古文献
选编，《易》是卜筮书，《诗》的文学属性较强，《礼》乃古代礼
制书，《乐》是音乐，都可谓史料，均非史书更未遑通史，不载
这个不载那个都很正常。经书后来成为历代统治阶级治国指导
经典汇集，犹如我们今天视马列主义毛泽东思想邓小平理论文
献的汇集一样。假设图书馆被烧后，一人在剩下残旧的书籍里，
排除晚印的历史书，依据政治、地理、经济、语文等科书籍所
载进行历史体系研究，可以这样吗？再比如，一人要搞现代中
国史研究，写一部中国现代史体系，只从《马恩选集》《列宁选集》
《毛泽东选集》及《邓小平文选》之类的书中选择史料，仅仅把
这些书籍出现的历史人物重新排列其先后顺序，若真的排出来，
其顺序能与历史相同吗？

　　先秦史料本就不多，可搜集的史料要做到竭泽而渔并不困
难，但三擘并没有这样做，为何都排除了经部《大戴礼记》的
《五帝德》、《帝系》，集部《楚辞·天问》及史部著作《逸周书》、
古本《竹书纪年》、《国语》等？从现代史料学的观点看，这是
让人意外的。三擘研究对象既然是整个传说时代，我们且置秦
汉魏晋南北朝可以参考的材料不说，为何连先秦大部分传世文
献中相关的内容竟也未纳入搜集的范围呢？内藤氏和顾先生都
精通目录学，要说不了解先秦传世文献的情况无论如何是说不
过去的，我们当然不排除三擘认为这些是伪书或成书晚的可能，
像儒经《尚书》的《甫刑》篇，后来顾和内藤注意到但认为成书晚，
如果这样，应该有所交代。顾先生后来对《五帝德》进行了系
统分析，晚年更是对《帝系》的形成进行了深入研究。而顾和

1　金毓黻：《中国史学史》，商务印书馆 1999 年版，第 233 页。

内藤对于章学诚"盈天地间，凡涉著作之林，皆是史学"的观点是既推崇又熟悉的。从资料分析来看，史学研究一般主要依靠史书，先秦史书存留虽少，但三擘没用，相信凡著述之林皆为史学却排除了史部书做史料。在一个资料残缺过甚的研究题目上，即使真正做到竭泽而渔也还可能因新出土文献而出现问题，更不用说仅以所选择的局部材料去论证，那如何可以复原出历史的本来面目？三擘今于一家之中亦只取局部材料而欲得整体历史系统之结论，可乎？不可乎？信乎？不信乎？

三擘搜集史料的范围既然如此狭窄，那么其结论的可靠性就不得不大打折扣。例如，顾先生认为女娲在《天问》里就有，时代相当早，如何进入层累序列，顾先生并未涉及，但顾先生对《楚辞》极为熟悉。《顾记》1923 年 5 月 24 日"读《楚辞》，将关系古史各条记入读书片。"（361 页）8 月 14 日又有辑录《楚辞》与古史相关的记载（386 页），8 月 19 日，读《楚辞》。（387 页）1928 年 7 月 22 日"点《天问》篇，粗毕，作《天问》案语，约千言。"次日，"作《天问》案语毕。"（188 页）顾先生对于《天问》的成熟认识是：《天问》"是古代仅有的一篇史诗。……颇有《诗经》以后，《论语》以前之风。……我疑心这篇文字是作于战国之初的。"[1] 顾先生的这个"战国之初"不详确指，早于秦灵公（前 424—414）时是有可能的，但与其相当应该没有问题，极而言之，就是晚也不能晚过几十年，也就是说，顾先生认为在秦灵公立時祭祀黄帝之前、同时或稍晚，华夏族的女始祖神女娲就已经出现了，顾先生本人的论述体系就出现了无法调和的漏洞，那么，还有谁认为"层累说"依然成立呢？更不用说顾先生当时对于帝喾、颛顼如何层累并未涉及。所以，三说无论在外表上多么巍峨、壮观，只能算是海滩边平地建起的大楼，经不起真正的

---

[1] 《中国上古史研究讲义》，中华书局 1988 年版，第 25 页。

狂风巨浪。我们接下来要问的是，三擘学识渊博，何至于犯如此低级的错误？这种学术失误的原因何在？一是三擘身上存在着浓厚的经学思维（下文有论），再就是他们的治学路径及其特点来自于崔述的巨大影响。

（二）剥皮主义与史料陷阱

顾先生受崔述的影响，学界共知，此处以两人评论为例说明。清华大学上古史教授陆懋德评论顾说："余观顾君治古史方法，实为剥皮的方法；此即前人司马迁作《史记五帝本纪》之方法，亦即前人崔述作《上古考信录》之方法。不过司马氏之剥皮，仅剥去诸子百家而止于六经、《国语》、《家语》；崔氏之剥皮，又剥去《国语》、《家语》而止于六经。顾君之剥皮，是于剥至经书之后又剥进一层，以求见经书上记载之故事如何演进而出，此为就前人之方法而加进层次者也。由是观之，崔氏之思想实受司马氏之影响而成，而顾君之思想又实受崔氏之影响而成，显然可见也。"[1] 深知顾先生的胡适之评论说："顾先生的这个见解，我想叫他做'剥皮主义'。譬如剥笋，剥进去方才有笋可吃。这个见解起于崔述……崔述剥古史的皮，仅剥到'经'为止，还不算彻底。顾先生还要进一步，不但剥的更深，并且还研究那一层一层的皮是怎样堆砌起来的。"[2]

内藤氏至晚在 1900 年、1901 年间，就已藏有《崔东壁遗书》，且极为熟悉崔述的学说，包括他的《上古考信录》，受其影响较大，他讲述"中国史学史"时，对崔述的优劣得失也能做出中肯评判，如：《考信录提要》二卷，上卷即释例，其中主要记述了研究法的原则。这实在是显示了此人的头脑敏锐，最值得参

1　陆懋德：《评顾颉刚古史辨》，顾颉刚编著：《古史辨》第二册，上海古籍出版社 1982 年版，第 369 页。

2　胡适：《古史讨论的读后感》，顾颉刚编著：《古史辨》第二册，上海古籍出版社 1982 年版，第 336 页。

考。……崔述的研究法,由于是以现在的常识去推考古代的神话,故判断时有失当之处。"[1] 钱婉约先生认为,1921 年时在《尚书稽疑》中揭示的中国上古史的造伪体系,毋宁说是以崔述《考信录》的学术思想为直接背景而受到启发的。崔述"无疑是内藤湖南中国史辨伪思想与顾颉刚'层累地造成说'的共同源头"。[2]

　　白鸟氏受崔述影响的证据虽不直接,但可能颇大。1902 年,"东洋史学"的最初提倡者之一、在史学界颇有影响并引领日本"疑古思潮"的那珂通世介绍了崔东壁学术,1903 年刊行《东壁遗书》,一时影响较大,而此人是白鸟中学时代的老师、校长,盛邦和就认为白鸟的"疑古"思想应当受那珂氏的影响。当时的著名史学家,白鸟氏在东京大学时曾主持教席的老师辈内藤耻叟(正直,又号碧海)也深受崔述影响。石田干之助认为白鸟与崔述辨伪存在渊源关系。[3] 白鸟氏 1909 年发布"抹杀论"之前,对崔述的成果不容不知,但崔述对白鸟氏的具体影响究竟有多大、多深尚需进一步的直接史料来证明。

　　张京华先生认为:白鸟库吉的"尧舜禹抹杀论"、内藤湖南"加上原则"与顾颉刚"层累地造成说"三者,从阐发"历史发生的顺序与传说产生的顺序正好相反"的规律来说,是基本一致的。甚至崔述"世益远其所闻宜略而反益详"之说,三者也是基本一致的。[4] 换言之,三擘在古史体系这一题目上的学术路径可谓起自崔述,搜集史料的特点是在崔述"刊落百家"的基础上,入手的首先是儒家经书,从中选择少量,试图从"劫灰之余"

1　内藤湖南:《中国史学史》,马彪译,上海古籍出版社 2008 年版,第 304—309 页。

2　钱婉约:《"层累地造成说"与"加上原则"——中日近代史学上之古史辨伪理论》,《人文论丛》,武汉大学出版社 1999 年版。

3　《白鸟库吉全集》第十卷所附氏著《白鸟库吉先生小传》,岩波书店 1971 年版。

4　张京华:《古史辨派与中国现代学术走向》,厦门大学出版社 2009 年版,第 170 页。

之余的史料重建古史体系，实则是在未摆脱传统经学思维的情况下，用西方近代科学史学（实证史学）的史料观处理中国传世文献结构出现的共同问题，全都落入了自己设定的史料陷阱，直接就将许多有用的资料在未经批判的前提下排除在外。

此处补缀一点后话，白鸟氏和顾先生存在刻意忽视不利于自己证据的问题，白鸟氏"对于殷墟甲骨文的无视，其实是由于其背后隐藏着中国文化是劣等文化的意识。"[1]赵薇发现：就"抹杀论"争论而言，白鸟氏忽视"甲骨"显然包含了主观故意的成分，这对于白鸟氏的中国古代史研究而言是一个巨大缺憾，他后期关于中国古代史再无言论于此亦有较大关联；需要说明的是，始终无视"甲骨"的白鸟氏并不忽视考古，在对"尧舜禹三王在历史上是否存在"提出质疑的同年，他在中国发现的金代碑石就引起史学界的很大关注。白鸟氏 1922 年从欧洲回途中专门到达埃及考察古迹，对古文字的解读兴趣深厚；这些都说明白鸟氏对考古学的发现、调查及其证据有着足够地认知。[2]而顾先生对"层累说"，上文揭示他在天文学等方面的表现就是例证。张京华先生还指出，顾先生早期善用甲骨为自己辩白，但"顾颉刚在他有机会接触考古学最新进展的条件下，往往表现出不应该有的冷漠态度。"[3]这是因为，考古材料的确定时间会使他们在传世文献成书年代上的诡辩苍白无力，甚至杀死其结论，由此产生了心理上的抵触。换言之，他们声称追求客观的态度与实际研究的行为是背离的。

（三）从逻辑的角度审视"层累说"

如何中肯地评估学术观点及其论证，英国逻辑学家苏珊·哈

1　五井直弘:《近代日本と东洋史学》，青木书店 1976 年版，第 79 页。
2　《"尧舜禹抹杀论"与白鸟库吉的日本东洋史学》，《北方论丛》2013 年第 1 期。
3　张京华:《古史辨派与中国现代学术走向》，厦门大学出版社 2009 年版，第 373 页。

克认为应该从三个角度进行:"(1)逻辑的角度,即论证的前提
和结论之间是否存在适当的联系;(2)实质的角度,即前提和结
论是否都真;(3)修辞的角度,即论证能否说服和吸引观众。"[1]
逻辑的角度极其重要是学术最起码的基础常识,它实际上指的
是形式逻辑。它长期被学术界主流视为先验知识的一种,被定
义为无需借助经验就可获得的知识,对于学术的重要意义无论
怎么强调都不过分,被列在第一位并非偶然。一篇学术研究而
不是思想叙述的文章,如果被判定存在逻辑问题,一般要做重
大修改;如被判定逻辑不成立,那也就失去了学术价值。一个命
题要想成立并期待他人接受,要摆事实、讲道理,都是为了论
证我们所下的判断。而我们所下的判断能否成立,取决于一些
前提条件。它的论证、推理过程必须是有效和普适的,首先不
应违反一般的形式逻辑规则,如矛盾律、排中律、同一律以及
充足理由律等,同时也要遵守肯定前件或否定后件的演绎规则
等等,这些体现了逻辑学的基本价值追求:在遇到一个复杂和困
难的问题时,逻辑学要求我们从清楚、明确的概念出发,精确
地确定问题之所在;可把该问题分解为多个相对简单的问题;逐
个找出这些简单问题的可以操作的模式、程序、方法和准则;给
出这些问题的解决方法;检验它们的真假对错。第二,推理演绎
过程不发生已被反复论证和既成共识判定为错误的典型的非形
式逻辑谬误。在已经形成的学术传统中,学界对于常见的推理
谬误达成了基本共识,一类完全是形式逻辑上的错误,另一类
则是非形式逻辑上的谬误,前者较易发现、纠正,后者则是发
现难,纠正更难。

由逻辑开始讨论,一定有相当多的学者不以为然,甚至
会有人觉得这是在侮辱大师,但一门学科或一种理论如果在

---

1 《逻辑哲学》,罗毅译,商务印书馆 2003 年版,第 21 页。

逻辑上都存在问题，它就是再发达，也只能是经验型的，离真正的科学就相去甚远。即使普通人争论时，当甲指责乙不合逻辑时，乙如果无法回应就会觉得理亏，旁人（丙丁等）也会以此评判争论的胜负。难道对现当代高端人物聚集的学术界，我们的要求竟然会更低吗？而不可否认的是，逻辑是长期被史学界轻忽的方面，所以我们必须直面真实存在的问题，而且它也是最容易说清楚的。对于学术史上重大的争议问题，诉诸逻辑是一个极佳的途径。而由"虚构""意见""可能""高度可能"到"确定"的知识谱系，它们实际上就是苏珊·哈克评估学术观点中的第二个角度——实质的角度，即前提（或预设）和结论是否都真。

错误的研究预设　我们必须了解的是，任何学术研究都不可能完全没有预设，或者说是在论证中隐含、利用了一些前提或假设，并且也常常相应地隐含、使用了一些推理形式，而没有清晰地把它们表述出来，它们具有以下特点：（1）它们是隐藏着的，没有被明确表述出来；（2）它们被论证者视作天经地义或理所当然的；（3）被语焉不详地暗自预设却常常是得出结论的"最不成问题"的必要条件；（4）最重要的是，它本身可能是不成立的，是假的。而成为预设的命运极易在实际的学术实践活动中被无意或有意地忘却或弃置，从而使人们在一开始就偏离正轨。如果不注意这些东西，我们在阅读、评估其他学者尤其是前辈先贤的学术成果时就很容易顺随其思路而盲目接受。当我们要对一个论证的可靠性做出评估时，就需要把它们考虑进来，我们要避免的是作为偏见的预设。因为真实前提是得出真实结论的必要条件，但这一条件却不总是那么容易保证的。所以，这些暗中使用预设、前提或假设，其可靠性更要受到质疑，很多东西可以并且应该受到批判性思维的检验。凯利指出："历史研究，其实就像人的境况对绘画的影响，无法完全使自身脱离非理性和潜意识（Kelley［1991］, p.3.）。"[1]而三擘在沿用崔述路径搜集材料时就没有注意到其预设存在致命的缺陷，以至于误入歧途而不自知。

在以往的研究中，似乎只有倪平英注意到白鸟氏和顾先生有预设，认为他们的立场是有差别的：白鸟氏的着眼点在于儒家文化对中国文化的影响，落实到尧舜禹问题上，就是三王存在的文化意义，即"三才思想造就三王形象"的理念。从这个角度来说，白鸟库吉用的是兰克学派的内证方法，从推测著史者的动机出发来推论史料的真实性及其价值。其论述以批判三王事迹的合"真实性"为主要手段，突出"三王"史料存在的"文化价值"，从而提出"三王"存在的虚拟性，强调儒家思想对中国文化的深远影响。顾先生则着眼于中国古籍多伪书的理念，落实到尧舜禹问题上则是记述他们事迹的史料内容互有矛盾、冲突的现象，由此对这些史料的真实性做出否定性判断。尧舜禹问题并不是两人论点的核心，而只是两者用来印证自身预设立场的材料。[2]但这只是两擘诸多预设的一个，而且不是最关键的预设。

顾先生在《与钱玄同先生论古史书》开篇说："我以为自西周以至春秋初年，那时人对于古代原没有悠久的推测。"在《战国秦汉间人的造伪与辨伪》开篇一节就是"古人缺乏历史观念"，第二节是好造伪。这两个大前提都有极为明显的致命错误，要想其成立，实际上是基于这样的重要预设，即所有人的头脑都像婴儿似的，是一张白纸，没有知识、没有记忆，可以由人任意涂抹，换言之，远古历史是可以由人随意编造的，是由谎言

1　迈克尔·斯坦福：《历史研究导论》，刘世安译，世界图书出版公司2012年版，第245页。

2　倪平英：《相似外表下的不同内核——白鸟库吉与顾颉刚就尧舜禹问题研究比较》，华东师范大学2006年硕士学位论文，第32页。

构成的。但这样的预设显然是不成立的，"米森提出，在考古学资料和比较灵长类动物生态学基础之上，人类掌握技术，分析生物和物理现象的能力在控制社会关系的能力发展之后很久才出现的（Byrne and Whiten 1988）。将这些特定的思维形式联系在一起的认知可能出现于前10万到前4万年之间，可能使人的理解能力更抽象、更灵活。语言的发展，至少某些侧面具有复杂的遗传基础，极大地提升了人类通过口耳传递知识的能力。这种学习形式远比通过证实或者试误有效得多。语言的发展不仅加速了文化变迁，也极大地改变和扩展了人类的意识和自我意识，强化了人类的分析能力。这使人们可以更快地适应各种生态环境，最终主宰地球上的生态系统（Deacon 1997; Mellars and Gibson 1996; Noble and Davidson 1996）。"[1]宗教学新的研究表明，人类的宗教观念产生于旧石器时代，"似乎可以这样说，旧石器时代的人们对于一些神话相当熟悉，尤其是宇宙起源神话和万物起源神话（人的起源、动物的起源、死亡的起源等等）。……旧石器时代的宗教遗产已向我们展示了一个复杂的构造。"[2]也就是说，起码可以上溯至1万年以前；民俗学一派理论认为民俗是古老旧习惯的残留物，[3]还要考虑它与口述史学的实践与理论，现

1　崔格尔：《理解早期文明：比较研究》，徐坚译，北京大学出版社2014年版，第482页。

2　伊利亚德：《宗教思想史》，晏可佳等译，上海社会科学院出版社2004年版，第26、28页。

3　钟敬文主编《民俗学概论》（上海文艺出版社1998年版）第477页"泰勒以文化进化史观为理论基础，创造了'文化遗留'研究法。所谓'文化遗留'，指的是一系列的原始文化、仪式、习俗、信仰观念等等。"张紫晨主编：《中外民俗学词典》，浙江人民出版社1991年版，第628页："从民俗现象最初被概念化时起，民俗这个概念就显得是一种隐藏的、被遗忘的和落后的文化的基本构成。可以从两个方面看这种民间文化是怎样隐藏着的：第一，它深藏在遥远的过去，有些在史前时期，那时，原始人以万物有灵观看世界，其他则在公元前，那时，还没有基督教可信的人正潜心于蛮族礼仪；第二，它隐匿于农村和山乡，远离繁华的文明中心。在乡下人中，陈旧的

代史学界关于记忆的最新成果等多种理论相抵牾。"假设我们根本没有记忆，对往昔毫无察觉，那么我们就像尼采笔下的牛群。事件之历史将继续运转，唯有对它有所认识，始有历史可言。所幸我们不像［牛群］，不仅能回忆事件，有时还能加以记录。并且，我们在采取行动时，对往昔的记忆和观念还会加以利用，我们将对未来的希望与计划寄足于其上。"[1] 而如果大家不认可这个预设，认为很多人肯定有文化、有知识，那这个说法赖以成立的前提就是，当时社会处在极度的非正常状态，出来一个骗子胡说，整个华夏世界就像服了一回摇头丸的，贴然信服；又出来一个骗子，整个华夏世界就又像服了一回摇头丸，如此才能加上或层累；但这样的前提显然又是荒谬的。所以，只以现存材料来推断古人的思维是空白或变态的前提或预设都是不能成立的。下文要分析古史体系的知识性质是常识，而常识具有难以大众信仰的神圣性，难以编造。而华夏历史观念之发达实居世界各民族之首，华夏最晚在西周时就设立了史官，史官及时记载天下事，岂能事事造伪？对于往昔岂能没有记忆？其文化和族群的发展从此一脉相承，迄今未曾中断，这一点是三謦所忽略的。如果要让这两个大前提成立，不知要写多少个博士论文和博士后出站报告也不一定能完成论证，因为这牵涉到大量的比较研究。

三謦还有一个预设，就是早期的典籍必然记录早期历史的内容，如果不是全部，也应该是大部；中期的典籍必然记录中期的历史，晚期的典籍记录近期的历史。换言之，记录古代神灵或人物的典籍的成书时间就是他们产生的时间。他们对《尚书》

方式、习俗和信仰这样一些在自己流行的时代曾是中心和关键的东西现在则成了徘徊着的过时的遗留物——这就是规律。"

[1] 迈克尔·斯坦福：《历史研究导论》，刘世安译，世界图书出版公司 2012 年版，第 42 页。

的使用逻辑就是如此，白鸟氏提出"尧舜禹抹杀论"，后撰《〈尚书〉的高等批評》；内藤氏发表《尚书稽疑》文，对其成书、流传与传说时代的关系等展开论证，进而提出"加上原则"。两说的学术出发点都是以《尚书》研究为入口而后展开论证的。而"层累说"的出发点则是在对《尚书》前三篇否定的基础上，主要通过《诗经》《论语》展开的，《尚书》是一重要的辅助品。所以，要对三说评骘褒贬，自然需从《尚书》入手。白鸟氏说："首先载录尧舜禹事迹者，当为号称中国最古史之《书经》。除此三人外，其他传说之古人尚有天皇氏、地皇氏、人皇氏、有巢氏、燧人氏、伏羲氏、神农氏等，但均不见此书。事实上，三代之先只有唐虞。"[1]"《尚书》在尧之前就再没有记载什么了，《易经》在尧之前加上了伏羲、神农、黄帝，这是《易》成书于《尚书》之后的明证。"[2]《尚书》是最早的史书，它就应当记录最早的史事，既然没有记载早于尧舜禹之前的史事，那么那些内容就是之前不存在的，就是用的这种预设。内藤氏虽没有明述，但实际上也存在这个预设。何谓《尚书》？尚，经学家大都视之为上的通假，怎样解释上字则众说纷纭，合理的解释有二，一是上古，二是君上。而前说在学界更占优势。《尚书》本身按典、谟、训、诰等分类，记事也好记言也罢，该书的性质，依顾先生的传人、古史辨派第二代掌门刘起釪先生的晚年定论，认为是历史文选课本，尚书"是夏商周史事的第一手文献资料……不过被孔子汇编作为儒家两部重要课本之一的历史课本，教授门徒。"[3]以现代史学观点看，不过是史料选编，揆之于今，更准确地说，它相当于中国历史文选课的教材，是为了在传授知识的同时阐发

1　白鸟库吉：《中国古传说之研究》，刘俊文主编：《日本学者研究中国史论著选译》第 1 卷《通论》，中华书局 1992 年版，第 2 页。

2　白鸟库吉：《尚书的高等批判》，《白鸟库吉全集》第八卷，岩波书店 1970 年版。

3　顾颉刚、刘起釪：《尚书校释译论》，中华书局 2005 年版，《序言》第 1 页。

自己学派的思想与大义，也就是刘家和先生所说："说'书传自孔氏'，我以为那未必是孔子为《尚书》写了传，而是对《尚书》作了讲述。这种讲述包含两重意思：一是知识方面的解释，包括文字训诂、名物考证之类；二是意义方面的解释，包括是非、善恶的价值判断之类。而这两种解释之间自然是有着密切关系的，前者的确定往往会限定后者的取向，后者的需求又往往会影响前者的选定。"可见编纂者选择篇目的主观性相当强，而所选文章中提到什么或不提到什么则受制于原文，记载这个不载那个都很正常。《尚书》既非现代意义的史书，也不具备完整的通史性质，那么它的选择就与古史体系不存在必然的联系，自然没有必要从历史开端讲起。这个道理是显而易见的。再加上本文它处所述相关理由，《尚书》自然不能作为研究古史体系的入口。三擘的预设显然没有注意到对《尚书》的文献性质给予正确的评估。

三说隐含的这些预设或前提既如上述难以成立，那么笔者该如何审慎评估那些结论呢？

（四）发生的历史？逻辑的可能性？还是想当然？

史学界通常在进行学术评估时，逻辑是长期被轻忽的方面，对于"层累说"却并非如此，它存在着不少的逻辑错误，张荫麟、绍来等[1]很多人都已经指出，就连顾先生最亲密的师友胡适、傅斯年两先生也发现了他这方面的问题，傅先生私下撰写"戏论"调侃"疑古"逻辑是"作法自毙"[2]，公开阐发史学的逻辑时说："古史者，劫灰中之烬余也。据此烬余，若干轮廓有时可以推知，然其不可知者亦多矣。以不知为不有，以或然为必然，既违逻辑之戒律，又蔽事实之概观，诚不可以为术也。今日固当据可知者尽力推至

---

1 《古史辨》（二），海南出版社 2005 年版。
2 王汎森：《傅斯年对胡适文史观点的影响·附录》，《中国近代思想与学术的系谱》，河北教育出版社 2001 年版，第 310 页。

逻辑所容许之极度，然若以或然为必然则自陷矣。"[1] 甚至说出重话："以不知为不有，是谈史学者的极大罪恶。"[2] 所论既尖锐又深刻。杜正胜《〈戏论〉解题》称赞 "傅斯年（的《戏论》）可谓以子之矛攻子之盾，批评疑古派'以不知为不有'的危险性。他们不是'疑古'其实是'诬信'"[3]。包括后来不疑古的胡适也指出了顾先生的问题，"读钱穆先生的《刘向歆父子年谱》及顾颉刚的《五德终始说下的政治和历史》。钱《谱》为一大著作，见解与体例都好。……顾说一部分作于曾见钱《谱》之后，而墨守康有为、崔适之说，殊不可晓。"[4] 这与他们起初的表态迥异。这意味着 "层累说" 实际上已经失去学术基础。让人意外的是学术界并不重视，依然趋之若鹜，奉三说为经典，这与当时的社会心态直接相关（下文有论）。而为指三说之谬，逻辑学的细致分析势在必行。从逻辑学的角度看，推理形式必须具备保真性（也称有效性），保真性对于正确推理是最起码的要求，它是指一个正确的推理必须确保从真前提只会得到真结论。"一个推理或论证要得出真实的结论，必须满足两个条件：一是前提真实；二是推理过程合乎逻辑，或者说推理形式是有效的才能保真。惟有满足这两个条件的推理或论证才是'可靠的'或'健全的'，或者说，它们具有可靠性或健全性。"[5] 我们来看三擘的说法：

　　白鸟氏说："就吾人所见，尧舜禹乃儒教传说，三皇五帝乃

1　傅斯年：《性命古训辨证》，《傅斯年全集》（二），湖南教育出版社 2003 年版，第 594 页。

2　傅斯年：《战国子家叙论》，《民族与古代中国史》，河北教育出版社 2002 年版，第 199 页。

3　《傅斯年全集》（三），湖南教育出版社 2003 年版，第 162 页。

4　曹伯言整理：《胡适日记全编》第 5 册，安徽教育出版社 2001 年版，第 834 页，"1930 年 10 月 28 日" 条。

5　陈波：《逻辑学十五讲》，北京大学出版社 2008 年版，第 48 页。

易及老庄学派之传说，而后者以阴阳五行之说为其根据。故尧舜禹乃表现统领中国上层社会思想之儒教思想，三皇五帝则主要表现民间思想之道教崇拜。据史，三皇五帝早于尧舜禹，然传说成立之顺序决非如是，道教在反对儒教后始整备其形态，表现道教派理想之传说发生于儒教之后，当不言自明。如是，儒教与道教虽为中国哲学思想之两大对立潮流……前者主要控制中国上层社会思想，后者主要支配民间思想。"内藤氏在《尚书稽疑》中说："最初，孔子及其门下以周的全盛为理想，由此产生以继承周统的鲁为王的思想；其次，因为尊孔子为圣王，而产生尊殷的思想。但是另一方面，墨家为与之争胜，尽管其学派起于殷的末孙宋国，但他们推崇禹为理想人物，而像尧舜的传说虽不是在孔子之前毫无存在，但后起的儒家又为争胜，有祖述尧舜的思想，应该是为了与墨家竞争而产生的。这样，历史上本来没有的人物就被创造了出来。其后，六国时更有祖述黄帝、神农的学派产生，这在《甫刑》中已值得怀疑，还包含了更可疑的尧舜之前的颛顼、黄帝等。"《六艺》中比较晚起的《易》之《系辞传》，甚至上溯到伏羲。由此看来，《尚书》中的周书以前关于殷的诸篇离孔子及其门下的时代已甚远，而关于尧舜禹的记载不得不认为更是其后附加上去的。后来在《大阪的町人学者富永仲基》中说："孔子生时，正值春秋五霸鼎盛时期，齐桓晋文为当时最强大的霸者。在此霸者极盛之时，孔子鉴于当时人人尊霸的现象，便在此上'加上'，倡言文武，于是周文王、周武王之说出。孔子之后，墨家兴起，墨家在文武之上更说尧舜，此后又有杨朱在此之上又说黄帝，再后《孟子》书中的许行又在此之上说神农。这就是支那史上的加上说。也即加上理论。"

顾先生《自序》说："那时我排列过几个表。一个是依了从前人的方法编排史目，看书上说的什么时代就放在什么时代，例如置《三五历年记》《春秋命历序》于太古，置《尧典》《舜典》、《皋陶谟》于唐、虞，置《逸周书》、《穆天子传》于西周。一个是依了我们现在的眼光编排史目，看它们在什么时代起来的就放在什么时代，例如置《虞夏书》于东周，置《易传》、《竹书纪年》、《胠箧》篇于战国秦汉间，置《命历序》、《五帝德》于汉，置《帝王世纪》、《伪古文尚书》于晋，置《路史》《三坟》于南宋。这两个表实在是平平奇，但比较看时，便立刻显出冲突的剧烈和渐次增高的可惊了。这使我明白，以前人看古史是平面的。无论在哪个时候发生的故事，他们总一例地看待，所以会得愈积愈多；现在我们看古史是垂线的，起初两条线，后来分成几条，更后又分成若干条，高低错落。累累如贯珠垂旒，只要细心看去就分得出清楚的层次。因为我见到了这一层，所以我对于古史的来源有了较清楚的认识。……我便把这三部书（《诗》、《书》和《论语》）中的古史观念比较看着，忽然发现了一个大疑窦——尧舜禹的地位问题！《尧典》和《皋陶谟》我是向来不信的，但我总以为是春秋时的东西；哪知和《论语》中的古史观念一比较之下，竟觉得还在《论语》之后。……因为得到了这一个指示，所以在我的意想中觉得禹是周时就有的，尧、舜是到春秋的末年才起来的。越是起得后的，越是排在前面。等到有了伏羲、神农之后，尧舜又成了晚辈，更不必说禹了。我就建立了一个假设：古史是层累地造成的，发生的次序和排列的系统恰是一个反背。"

　　白鸟氏主张儒教、道教的先后兴起与传说人物的前后关系构成一个反序；内藤氏则是径直叙述学派的先后与传说人物的反序关系；顾先生谦虚地把自己的结论称之为假设，认为典籍的成书年代与传说人物过程反序。他们的共同逻辑就是具有上文所说但并不成立的预设。学术界把它们当成预设后，一般也都是径直视作是实际发生的。历史果真如此吗？

众所周知，学术的结论要以周密与细致的思考为前提，并进行有效的、真确的论证，学者只有真正做到这一点才能够使自己的思想走向深刻、全面和正确。现在让我们看三擘的观点，他们所列的古代符号与古书记录的时代实际上是先后关系，但这种先后关系是否就是因果关系？"一般来说，原因总是在先，结果总是在后。但是，也要注意'在此之后'并非就是'因此之故'，也就是说先后关系不等于因果关系。"[1]因果关系的特点虽然具有先后性，但要将其判断为因果关系，还需要有充足的理由，而"充足理由律的具体要求是：（1）对所要讨论的观点必须给出理由；（2）给出的理由必须真实；（3）从给出的理由必须能够推出所要论证的论点。否则，就会犯'没有理由'、'理由虚假'和'推不出来'的错误。充足理由律的作用在于确保思维的论证性。"如果仅仅把先后关系当做因果关系，也没有满足充足理由律，推理或论证的可靠性自然难以保证，"就犯了'以先后为因果'的错误，这是许多迷信、错误信念的根源。"[2]上节已论它们的预设或前提是不正确的，那么结论如何呢？考虑存在过由假前提也能推出真结论的事例，我们需进行审慎评估，之后就会发现其中仍有不少明显的矛盾，如内藤氏认为孔子已称道尧舜（见《论语》），后起的墨家攻击儒家"法周"而己派崇尚大禹，自谓"法夏"。这是墨子昏悖，还是孔子无知，等等。自相矛盾所在皆是。

而三擘所犯的逻辑错误还不止于此。通常来讲，历史学家往往没有注意到演绎推理和归纳推理的差别，"演绎推理通常被说成是从一般到个别的推理，……归纳推理通常被说成是从个别到一般的推理。……但更精确的说法是：演绎推理是必然性推

1　陈波：《逻辑学十五讲》，北京大学出版社 2008 年版，第 196 页。

2　陈波：《逻辑学十五讲》，北京大学出版社 2008 年版，第 61 页。

理，即前提真能够确保结论真；归纳推理是或然性推理，前提只对结论提供一定的支持关系，前提真结论不一定真。没有逻辑的必然性。"[1]"演绎论证是依据有效的推理形式，从已经接受为真的命题（作为前提）出发，得出某个或某些新的真命题（作为结论）的过程或形式。归纳论证就是使用非必然推理的形式，沿引一些事实性例证，去证明某个一般性命题的真，或推出某个另外的个别性命题的真，前提的真不能保证结论的真，没有逻辑的必然性。"[2]"论证中所使用的推理形式必须是演绎有效的，或者是归纳强的。""所谓归纳强的 有许多推理或论证尽管不满足保真性，即前提的真不能确保结论的真，但前提却对结论提供了小于 100% 但大于 50% 的证据支持度，这样的推理或论证仍然是合理的，并且被广泛而经常地使用着。这样的推理或论证可以称之为'归纳强的'。"即使如此，还可能存在黑天鹅现象，更不用说"如果一个推理和论证，其证据支持度小于 50%，则可以称它是'归纳弱的。归纳弱的推理仍有一定的合理性和说服力，但其说服力是十分有限的。一般所说的简单枚举法、类比法等，当作为论证方法时，从逻辑上看都是归纳弱的。"[3]"层累说"的论证是用所谓归纳和枚举，以此标准衡量的话，三擘的论证都是归纳弱的论证，"其说服力是十分有限的"，加上前提也不正确，论据的真实性更是缺乏基本保证，张荫麟指出顾说存在滥用默证的缺陷是致命的。实际上，白鸟和内藤两说同样存在这一问题。如何合理使用默证是关乎史学家技艺水平的一个重要标尺，滥用默证往往与不能准确评估、分析文献的性质有关，就好比有人到清真市场去买猪肉一般的不合时宜。托波尔斯基说："从原始资料的沉默中进行推理。……缺乏材料的推

1　陈波：《逻辑学十五讲》，北京大学出版社 2008 年版，第 36 页。

2　陈波：《逻辑学十五讲》，北京大学出版社 2008 年版，第 47 页。

3　陈波：《逻辑学十五讲》，北京大学出版社 2008 年版，第 330、335 页。

理是间接确定事实方法的变形，在由于缺乏资料源材料而对某一没有为原始资料所印证的事实作出表述的时候使用它。……必须了解该事实是否属于通常被记载的史料范畴，而且还须了解它是否被记载。……实例中，关键在于根据原始资料的沉默来说明某些事实没有发生。缺乏材料的推理也用于说明某些事实确实发生过。通常说，缺乏任何记载证明那种事实的发生实属寻常。这种推理形式的不可靠性甚至大于根据原始资料中材料的缺乏推断某些事实没有发生。……这揭示了根据原始资料中材料的缺乏所作推断的非常不可靠性，因为根据某一事实没有被记载的情况，我们可以推断它发生，也可以推断它没有发生。"[1] 至关重要的是，滥用默证导致推理的有效性毫无保证。论证当然也就很不可靠，自然而然就会犯'推不出来'或'不据前提的推理'的逻辑错误。

问题空间由初始状态、目标状态以及让问题解决者从初始状态向目标状态前进的一套操作所构成。……演绎推理产生正确的结论。研究表明，人们的演绎推理并不总是精确的。例如，在进行推理时，人们屈从于偏见效应。然而，当人们就包含允许的情形进行推理时，演绎推理可以得到改善。归纳推理要求从过去的经验中进行概括。在类推的问题解决中，归纳有重要的应用价值：人们通过对他们知道解决方法的先前问题的类推来解决当前的问题。[2]

我们再从实质的角度即历史的内容评估，何谓立史，乃复原历史之本来面目者也，此亦系研究历史的本质所在。陈寅恪先生认为："研上古史，证据少，只要能猜出可能，实甚容易。

---

1 耶日·托波尔斯基:《历史学方法论》，华夏出版社 1990 年版，第 459 页。
2 格里格等著:《心理学与生活》(第 16 版)，王垒等译，人民邮电出版社 2003 年版，第 251 页。

因正面证据少,反证亦少。"[1]李学勤先生也曾有先秦史研究的是可能性之说。所以,当纯粹的文献研究结果产生以后,研究者不妨静心沉思一下,再深入一步追寻,如果是必然发生的,那就是公则、通例之类,属于必然性;如果是会偶然发生的,那就具有历史的可能性;如果所得结论完全不具备历史的可能性,那就是逻辑的可能性或想象的可能性,也就丧失了历史复原的意义。当三擘只看到自己排列的顺序,就好比《吕氏春秋·先识览》中的寓言一样,"殊不见人(此处喻为历史背景、文化传统),徒见金耳(喻指三擘视自己的观点为学术贡献)。"[2]这自然不足为训。学术界以往对古典文献记载间的差异和矛盾到底是技术性的、认识性的还是道德性的(造伪)成因常常不加认真地区分与研究,笼统视之为造伪,忽略了"光做到辨伪还不够,必须由此深入下去,进而揭示作伪的动机。只要资料有作伪的可能,作伪的后面必有难言之隐值得进一步分析,可见,证明了它是伪造的,任务才完成了一半。"即使认可他们这一半的工作,那离一个严肃的学术结论也还相去甚远,况且这一半是否完成仍然有待商榷,也忽略了"质疑作为一种认识的工具,应该能在每个特定的事例中比较精确地衡量出或然性的程度。……估计一个事件的或然性,也就是揣摩它可能发生的机会。"[3]就连后来实际反对"疑古派"的傅斯年先生认为东周时人们将万神堂改造成历史体系,旗帜鲜明反对"疑古派"的徐旭生先生也认为综合性的材料不可靠,其编定在东周。而看他们结论和资料间

1　杨莲陞:《陈寅恪先生隋唐史第一讲笔记》,《陈寅恪传记资料》(2),台北天一出版社 1981 年版,第 8 页。

2　原文:"齐人有欲得金者,清旦,被衣冠,往鬻金者之所,见人操金,攫而夺之。吏搏而束缚之,问曰:'人皆在焉,子攫人之金,何故?'对吏曰:'殊不见人,徒见金耳。'"

3　马克·布洛赫:《历史学家的技艺》,上海社会科学院出版社 1992 年版,第 70—71、92 页。

的关系是不是能得出这样的结论：材料中有造伪的人和事例吗？没有！有造伪的痕迹吗？没有！连蛛丝马迹都没有，连一个论证过程都没有，因而，也都只是一种想象的或逻辑上的可能性。

我们暂且抛却两先生局限性选择史料的问题不谈，即使二擘排列的顺序成立，我们也必须考虑它是资料排列的偶然顺序（逻辑的），还是实际发生的历史（必然的造伪运动）。如果仅仅是偶然的排列顺序，那"层累说"、"加上论"等就失去了历史学上的价值。如果还具备逻辑的可能性而又不能确定实际历史发生与否，则其说法仍可存疑待考，备而不论。如果确定是不可能实际发生的历史，那就只好把它们送进历史学博物馆里供人凭吊、启人反思。实际情况却是，三擘全都忽略了只有加以论证之后才能予以确认，就径直以古史体系是伪造的——实际发生的历史看待。那么，这就意味着存在一个从西周中期到东汉末年共计一千好几百年一再发生的造史过程，那么是诸多个人分别造伪构成的巧合还是有组织造伪抑或是民族传统？而反对派和沉默的大多数学者竟也没有思考这样的问题。但我们对于三擘这种影响巨大的说法不能等闲视之，无论赞成还是反对都必须对其展开审慎、周密地分析。

古史体系是一种神圣的大众常识，具有难以造伪的特性，对于其变化，我们当然要注意谁在说，他的身份是什么？他的动机、目的是什么？他有编造的可能吗？研究者的证据是什么？从目前的情况看，没有发现任何伪造历史体系的证据和证人。我们姑且承认存在实际发生的可能性，但因为它不是单次的事件，而被认为是一再发生的，这就必然涉及一个假造谱系的操作主体和知识的传播途径与过程，此外，也应考察是否存在着这样的历史机缘。

西谚有句话："魔鬼存在于细节里！"实际上，阅读或相信"层累说"或"加上论"的学者只要再深入追问一下，"古人"制造"层累"或"加上"的动机、目的何在？如何层累，何以加上？怎样实现？也即现代史学提倡的回到历史现场，难道"假造""层累"或"加上"的人到世界各地周游，发现别的民族都有始祖神而华夏没有，人有我无，岂能如此？就借用了浅化民族苗蛮的神灵？过了几百年，又发现别的民族都有创世神而汉族竟然没有，就又加了一个盘古上去？抛却这诸般无法实现的细节不说，人为捏造作为文化传统的常识是一个既无利可图又无名誉可言的天大丑事，难道仅仅为了达到干了坏事而又神不知鬼不觉的快感？真的存在着那么一批既不图名也不图利——毫不利己、专门造谣的人吗？再衡之于人类学、文化学等理论体系，何以"假造"的东西与人类文化通则那样一致呢？

先说操作主体，白鸟氏认为是儒家和道家，内藤氏归之于儒墨道农等学派，顾先生眼中存在几个聪明人。三擘列举的这些学派和人物，儒墨虽然在当时是显学，也受到当时统治阶级的礼遇和尊重，但在社会生活中的实际影响却不可高估，可以肯定，他们当时具有的社会影响都不大，像许行、方士或其他"聪明人"等对于当时社会的影响更是无足轻重。顾先生等人未曾考虑古史体系、帝系的知识性质和文化传统等方面，将帝系和政治大势联系，而今见的帝系是以黄帝为中心的，而把《帝系》的内容和战国的政治军事大势进行对比，竟然找不到吻合之处，详细论证见下文。而"游士干求王侯，下者只图禄位，上者还想施展其抱负。但王侯都很忙，……迫使他们不仅要知识广博（天文地理、治国用兵，无所不晓），而且还得练就一套揣摸、归纳和辩难的本领。"[1]在神谱或帝谱此类涉及整个文化传统、民族心理结构上造谣，对于当时社会无足轻重的许行、方士或其他"聪明人"有这样的胆量吗？他们是造谣的人吗？把王侯当傻子，

---

[1]　李零:《李零自选集》，广西师范大学出版社 1998 年版，第 42 页。

他们有这样的胆量吗？没有证据可得出是或否的具体结论，但可以肯定的是，以情理来看，可能很小，因为他们当时具有的社会影响都很小，即使许行真的造得出来，如此荒诞离谱的言论谁能相信？我们也很难想象许行这样的人在偏僻滕国的"旷野"里一"呼"，当时的文明社会、国际世界中——战国时十几个国家就全都帖然信服，立刻在自己的古史体系中加上自我否定而轻信于别人的符号。

即使你改了，我们也必须考察传播途径，这些可以随意改变的"常识"在古代如何可能广泛地传播。"错误的因素几乎是与生俱有的，而且只有迎合公众的偏见，错误的说法才得以传播，才具有生命力，因此，它也就成了一面反映集体意识的镜子。"[1] 从传播学角度看，这也是不可能的，想一想这种东西在古代如何传播？通过学派传衍吗？这种颠鸾倒凤、违反常识、丧失人类理智的事，对自己的学生能传授吗？学生会不会认为自己的老师是个大骗巨傻而一哄而散，弃之而去？即使他的学生接受了，出门好意思对人传播吗？所以学派传播这条途径是行不通的。而由政治势力强的国家派人通知各国，我把大家的祖宗都改了，谁不服我就派兵揍他！这条途径也同样不具备发生的可能性。人类学资料表明，原始人对不合常识的事也有起码的判断，对胡乱吹牛的人都是排斥和嘲讽的，而华夏文明已很发达的战国，大批有理智的人就都像服了摇头丸似的听凭摆布？难道像武侠书中那样，派人去偷改别人的武功秘籍以使其后练者走火入魔？如此追究下去就会发现，三擘的理解是狭隘的，它们在实践上完全缺乏可操作性，并不具有实际发生的历史可能性！

1　马克·布洛赫:《历史学家的技艺》，上海社会科学出版社1992年版，第79—80页。

通观西周早中期到五胡乱华时的华夏历史，十分清楚，大部分地区的文明结构没有中断地被延续下来，并不存在被其他民族征服的历史事实，这也意味着不存在乱改古史体系的历史机缘，因而，此种原因产生变化的可能性也可以完全排除。

（五）题目的特性与通识的重要性

既然三说存在上述诸多严重问题，那么再追究其他方面就应该不会被视为严苛或故意找茬了。为了将三擘论点存在的严重问题分析透彻，本文不可避免地涉及一些历史学的基础知识和方法。通常来讲，当一个历史学家从过去选择一段进行研究时，他已经了解并掌握了某种关于历史进程的、特定的一般知识，以及他所研究的那个时代和地区的较为详细的知识（资料的全面情况和研究现状等）和其他相关的一些知识。而研究传说时代是历史学这门最难科学中的最难领域，因而历史学家还必须另外了解、掌握更全面的一般知识（历史的非资料源知识[1]）以及大量超历史的多学科知识。而三擘研究华夏传说时代时面临的情况却是，西方学术界了解此段的情况基本上是通过传教士介绍的资料进行的，谈不上有什么精湛的研究成果，而东方学术界适逢东西交汇的千古变局之时，既没有现成成熟的西方学术成果可供借鉴，也无暇、无缘掌握研究传说时代所需的多种治学方法，全靠自己有限的人类社会知识、再结合华夏文献进行摸索，可谓筚路蓝缕以启山林，其艰难可想而知。三擘只是认识到传统说法的一些缺陷，对这一题目的特性并无深

1　波兰著名史学家托波尔斯基语。非资料源材料的概念，指历史学家从他的非资料源知识总体中萃取出来的所有材料。区分为一般（潜在和有效）意义上的和相对（潜在和有效）意义上的。非资料源知识的来源可以归纳为：（1）历史学家的亲身观察（他的一般经验）；（2）由其他历史学家以及他本人所进行的历史悠久的成果；（3）其他学科领域中所获得的成果（后二者可称之为科学来源，前一可称之为现时来源）。《历史学方法论》（华夏出版社 1990 年版，第 403 页）。

刻认识，依然按照一般性题目进行处理。从三擘所拟的题目看，白鸟的题目《中国古传说之研究》属于大题小做，只研究了其中的一小部分，并不完全切题，有名不副实之嫌，他自己也很清醒地认识到这一点，"古代中国传说之研究，自不以此为尽。若上溯批评三皇五帝之传说，再下降评骘夏后氏以下之诸说，互为发明，始能完成。"白鸟此后并未接续完成其整个传说时代的研究，一则恐与陷入长期的论战，无暇投入新的研究有关，另外的原因则可能是，论战使其认识到传说时代的复杂性以及自身知识储备的不足，由此导致学术转向。而内藤以《尚书稽疑》为名则是小题大做，从《尚书》入手研究。顾先生是属于大题大做。

对于古史体系这个题目来说，它不是一个单纯史料考证的问题，更重要的是如何理解、分析碰到的各种知识性质的问题，实际探讨的是中国文化的起源与发展及其结构形成的问题，涉及一个极其漫长的时段和众多复杂的学科，处理它需要极其广博的知识面，以及要在人类复杂的知识体系中分析各种知识的性质、把握它们之间的关系并将上述方面融合在一起的能力，处理这个题目必须具备通识能力的重要性是不言而喻的，何谓通识？通指通达通透、贯通融合的意识，而不是似是而非的横通，识是指学者的观点、见识、器识，非通无以览奥隅，无识不足烛幽微。通识指在此基础上整合出的敏于探索、善于批判、勇于创新、全面系统的见解。"陈寅恪有一个通贯的看法……史家要具备'通识'，这是他的著作中一再出现的观念。……通识就是通达的见识，不为小方小块所拘束。……在大多数情况下，'通识'的意思都相当抽象，指学者应不为成见所拘，以灵活的思想、多面的知识，设法如实理解史事。这也是'通识'的核心意指。……'通识'观念要求学者敞开心灵，不受成见拘束，尽量吸取文化资源。"[1] 何谓史学通识？ 研究者不仅要能正确理解史料本身的意义，还要能看到历史背景（言外之意），有把史料缺乏的部分重建起来的能力，并具有相当全面的认识和找出历史表象背后的联系的通达见识，即具有完整复原真相的见识和能力，并将其准确表述出来。

对于一个族群、一种文化来讲，古史体系的知识性质是什么？ 它属于信仰层面，是核心价值，是一种最基本而又神圣的大众常识，它是区别于我者与他者的根本所在。当一个民族的文化定型时，她关于历史起源的叙述也基本上定型。张广智先生谈论史学的一本书用了"文化中的文化"作副标题就是一个很精炼的概括。

什么是常识，基本解释就是普通的、一般的、众所周知的知识，它是我们全部智力活动的一般基础，是一种特殊的意识形态体系，其形成原理或许还不十分明晰，但却通过无意识反应的中介而十分有效地发挥着作用。当然，也可以将其称为大众世界观，它包括在给定环境中被认为不证自明和不可避免的一切东西。这种情状同世界其他文明对比一下就会非常清楚，毋庸详论。如果把基于人类日常经验的历史研究基础的常识更严格定义的话，我们也可以具体的把特指民族和文化的某些常识称之为预设，而每一个族群、每一种文化和社会集团都有其不言而喻的预设，波普尔曾将知识分为常识、经验性知识、神话故事和传说、科学知识、哲学、艺术知识和宗教七大类，将神话故事和传说与常识、科学知识等并列为大类，而且认为必须承认古希腊神话两千年来始终是欧美人的心灵装饰之一，其独到的眼光突显神话传说的重要性。即使采用这种最严格的定

1　陈弱水：《中国现代史学史上的陈寅恪：历史解释及相关问题》，《中国文化》第十九、二十合期。

义，那也意味熟知这种知识的人极其众多。我们会很自然地发现，作为常识或体系（或结构）预设的神灵，其知识性质并非具体的事件、人物等细节而是族群（或地域）信仰的偶像，它的一个重要特点是大众信仰的神圣性，因而具有超稳定性，也是极难出错的，名字无从臆造，排序不会搞错，所谓耳接口授，代代相传，它因此具有难以造伪的特性。只要明白了这一点，就会知道极少会有人在这个问题造谣的。如果认为有人可随意造出神灵（历史巨人），那是荒诞无稽的。

　　针对古史体系这题目，要寻求近现代史学中的直接证据乃至最客观的所谓目击证据显然是不可能的，也是不必要的。科学史学常提到一组人一个接一个传话容易传错的实验，可这个实验忽略了常识的传承并非这样一对一的突发场合，而是在一种文化背景下进行的传统的传承，如果传错了，当事人会受到极其严厉的惩罚。实验也同时忽略了记忆的准确性，"原著民往往有着不俗的机械记忆力，这一点已经为世界各地的民族志所证实，尤其是有语言无文字的社会。纳人能记忆自身以上十代祖先，花腰傣雅媄能记住长达三天的念诵，上百万个音节的内容，即为明证。"[1]口述史追溯族源达数十世或上百代亦非罕见，具体如《西南彝志·谱牒志》里一般都清晰叙述了十几个祖先世代，再辅以"五十代""七十代"乃至"三百六十代"之类的概述。民族志调查亦表明彝族高级毕摩可以清晰背诵的祖先世系多达七十余代，而彝族归魂歌《指路经》各篇亦常包括了归魂路径各段前后相连的数百个地名，这都表明口述史在某种场合和问题上的记录能力和水平往往远远超过现代人的预料。"许多没有文字的部落，却有自身的记忆，长久而翔实，不过仅限于重大事件。对我们来说，这种口述史似乎不够真实（许多事件

1　吴乔：《宇宙观与生活世界》，中国社会科学出版社2011年版，第288页。

相当不可能发生），同时也可能缺乏编年时序。即使如此，只要它们让人们相信往昔异于今朝（或者它们能在未来鼓舞人们做出更多的大事，这些大事将以同样的方式被记录下来），则这类人既有历史（因为他们自觉生活在历史之中），也有历史感。因此，历史感实将历史的两种意义联系在一起，既代表记载之历史，亦代表事件之历史。"[1]对照之下，华夏先民又岂能连几个帝的顺序都记不住！

即使在一个充满谎言的社会中，具有起码理智而要想造谣并取信于人的人，他也不能没有一定真实的事实为依据，政客也好，学阀也罢，在古史体系这种事情上造谣是毫无意义的，也是极其困难的，犹如指鹿为马这种千古一遇的丑闻，但凡有常识的人就不难识破，是非常小概率的事件。而历史的大结构是最具客观性的一个部分，政治因素对于古史体系的影响是有限的，例如在《开国大典》那幅名画中，我们看到的是阳光明媚，但实际上是个阴雨连绵的日子，人们通常以为是上午9时，而实际上却是下午三点，而在不同版本中，高岗、刘少奇等人因政治原因相继消失，其他人因之相应移位。我们不能因着发现了《开国大典》不同版本之间存在诸多局部、细节不准确和他画的人物有差异，就下结论说不存在大典这一事实，因为它的大结构从无变化。难道大家对毛泽东不满意了，几个人一商量，就说"新中国"不是老毛建立的而是"皮烧西"建立的？因此，就一个成熟而稳定的文明社会而言，它的大结构是不变的，可以说不存在更改既有历史体系的可能性。如真有这种常识变动的话，那一定是石破天惊的大事，如果频繁发生的话，华夏社会的诚信体系必将荡然无存，重回动物世界。而先秦存在的两种不同的三皇五帝说其实源自于

---

1 迈克尔·斯坦福：《历史研究导论》，刘世安译，世界图书出版公司2012年版，第42页。

其性质（宇宙观和历史性）的不同。

　　常识在具有超稳定性的同时在不同时代也可能具有一定的可变性部分，具体而微的内容可能会也必然会发生这样或那样的改变，但变化的尺度是有限的，用旧瓶装新酒的方式才是正道。它即使有不正确、有变动、甚至谬误，也太半会留下痕迹，其所以致此更可能是认识产生的问题，也是学术发展的结果，而不太可能是造伪造成的——更不可能连续造伪。当然，常识在原生文明与次生文明之间也有不同[1]，次生文明的类似常识是可以变化的，有时还较大，但往往是对原生文明的体系加以嫁接和改造，一旦体系形成，也会传之久远。华夏文明是一种本土的原生文明在今天的世界学术界是有着高度共识的，有所变化的外因可以排除。而在强势族群、文化与弱势族群、文化之间常常伴随着民族间的征服，结果往往是弱势文化整体接受了强势文化的体系。而强势文化即使被野蛮的弱势文化所征服，她也不太可能接受弱势文化的体系，“当历史悠久的文明被理念显著不同于自身的社会所兼并时，即使不能有效适应的价值观也能延续很长时间。”[2]中国历史的事实就一再证明了这一点。

　　通观三说的整个研究过程，表面上言之成理、持之有故，其论证看似符合乾嘉考证与科学史学从史料中考得结论的路数，这也正成为史学界迄今难以参透其中荒谬之处的关键所在。但

1　这一点为白鸟氏忽略。但继起的津田左右吉对日本早期历史的研究却不存在这个问题，他发现《古事记》与《日本书纪》反映的日本古代以应神天皇划界，前后大异其趣。之前说的是国家大事，其后说的则多是游猎、恋爱以及皇族争斗的个人故事。这成为引发津田怀疑日本古史的一个契机。津田认为：《古事记》《日本书纪》所记录的日本神代史与上古史都是6世纪至7世纪时大和朝廷生硬“加上去”的，是出于政治目的的编造，所记皆非史实。此外，他还将古代日本与中国、朝鲜文献对比以寻找其中漏洞，更增加了文章的说服力与可信性。

2　崔格尔：《理解早期文明：比较研究》，徐坚译，北京大学出版社2014年版，第466页。

实则在史料和结论之间欠缺的环节颇为不少，三擘由于实际缺少在处理中国古史体系这一特定题目上的通识，也都忽略了古史体系这种知识作为常识其难造伪的特性，没有注意到书本文字之外的内容——最低限度的道德制约，依了常识去判断历史而又严重违反常识变化的限度，大都用抓住一点不及其余的、武断的思维方式，以局部的不可靠、不可信之处进而否定整个传说时代的合理性，实可谓破经有余而立史不足。

三擘没有看到华夏古史体系的文化内核，没有看到了解掌握这种知识的大量人群，而"历史学家面临的最大挑战，可能就是文化背景。由信仰、态度、价值等组成的文化，大部分时间存在于意识水平之下。人们视为理所当然。……然而，这些文献很少清晰地记述信念、道德及社会规范，而这些却是整个社会共享之物。这些东西唯有被讨论时才会提到，因而就不是（或不再是）无可置疑的假设。"我们当然不必过于苛责先贤，因为，"即使在今天，我们同样不会也不能明示心中所有的假设。……同时，还有一个事实使上述问题更加复杂，即历史学家往往不曾觉察自身的假设与预想，以至于无意之中将之加诸研究对象之上。"[1] 但是在历史研究已经进入 21 世纪的今天，我们必须对此问题加以严肃、审慎地对待。

前提（预设）不成立，论证不合理，证据有问题，推理无效，那么其结论自然就是"皮之不存，毛将焉附"。

三、三说虽谬何以至今仍屹立不倒？

痛定思痛，我们必须思考、探论为何漏洞频出的三擘之说

1　迈克尔·斯坦福：《历史研究导论》，刘世安译，世界图书出版公司 2012 年版，第 24 页。

屡遭驳难而仍盛行不衰且得屹立至今？一个重要的原因是反对方分析、批驳的不透彻。我们知道，历史学家应该以历史思维研究相应时期的历史，对于绝大多数历史学家都无法解释的现象，我们当然应该关注一下史家思维，他们是怎么想的、逻辑是什么。反方驳而不倒、备遭冷遇的关键原因在于整个学术界的研究视域存在着大量的思维盲点没有被揭开、点破。所谓盲点，就是正反双方都想不到的地方，或反方想到了、批驳了，但说的不透彻，没达到让人欣然接受的地步；思维盲点指既显而易见而又为大家忽略了的知识角落，本来没有什么理论难度，但大家已经习焉不察甚或习非成是。笔者认为三擘之说乃至学术界存在着思维方式、知识性质、研究方法、文献分析、经史关系、史料批判、古文优于今文、通史优于文选等诸多领域的思维盲点。这并非是说完全没人指出过，而是可能有人提到过，但并没有引起关注，尤其指那些对 20 世纪的学术总结没有被提到的部分。国人长期自豪的是华夏乃唯一数千年文明连绵不绝的民族，当三擘之说的这些思维盲点被说破之后，其说将再无容身之地，恐怕将如大梦醒来一样，恍然大悟，之后，国人又要对民族历史的另一个唯一——长期盛行"疑古思潮"、全面否定本民族文化传统且一直得不到及时有效清理的状况而痛心疾首、太息久矣者哉。

（一）思维方式的盲点

"过去事物只是部分地类似于现今事物，正是那些差异之处使得历史令人感兴趣。"[1] "人们已经领悟到，先前时代人们的心智与我们的心智之间有极大的鸿沟。"[2] 每一个时代都有自己时代的特点，晚清民国的学界对此已经有了充分认识，梁启超们"以

1　朗格诺瓦、瑟诺博司：《史学原论》，大象出版社 2010 年版，第 133 页。
2　迈克尔·斯坦福：《历史研究导论》，刘世安译，世界图书出版公司 2012 年版，第 70 页。

唐还唐，以汉还汉"的主张就是这样，而研究历史最主要的目的是为了复原历史的本来面目，"历史学家的推理是通过与现在进行类比来进行的，他是把在大家日常社会经验中得到验证的解释模式转用于过去。"[1] 而恰恰这一解释模式并不适用于传说时代的历史性研究，其差异之大常为一般人所忽略，布洛赫说："每个时代都有其特殊性，有些思想意识在当时是很普遍的，在今天看来却感到很特殊，这是因为我们已不再有类似的思想。"[2] 对历史主义研究方法而言，创新之处是他们认识到，如果要使有关事件的记录具有意义的话，过去时代的氛围和心态也必须加以重构。历史学家的主要任务变成发现人们为什么这样做的原因，即他们接替历史当事人的位置、用其视点来观察那个世界，并尽可能用当事人的标准来对它做出判断。[3] 而最重要的差别是原始思维与轴心时代以后是两个阶段，二者在思维方式上存在诸多本质的不同。西方知识界在法国启蒙运动时经历过这种思维方式的重要变革，中国知识界则至晚是在东周也经历过类似的变革。

18世纪初以来，西方历史哲学对人类历史的整体发展渐渐产生了一些科学的认识，明确提出不同的时代有着不同的思维方式，大体上都将其划分为三个阶段。维科（1668—1744）首次提出神、英雄、人三个时代的说法，杜尔阁（1727—1781）提出神学、形而上学、科学三个时代的说法，孔多塞（1743—1794）提出自人类起源到语言发明、文字发明、历史完全成熟三大时代并细分为十个时期，赫尔德（1744—1803）提出诗（童年）、散文（青壮年）、哲学（成熟）三个时代的说法，孔德提出神学、形而上学、实证三个时代的说法。

1　安托万·普罗斯特：《历史学十二讲》，北京大学出版社2012年版，第141页。
2　马克·布洛赫：《历史学家的技艺》，上海社会科学出版社1992年版，第62页。
3　《史学导论》，北京大学出版社2007年版，第7页。

　　当远古作为一段起源意义上的普通历史时，当然要面对那些无法穷究、难以说清、极难辨识客观与真伪的现象与问题，但我们可以确认的是变之前的人类普遍意识中，自然世界、人类社会根本没有分开，并且还有超自然的问题混淆其中，也就是说，在当时的认识中，神人尚未分离，又哪里谈得上对立，原生的各文明都是如此，这其中涉及文明多样性和文化统一性的问题。众所周知，苏美尔君王的形象都相伴着动物，如史诗《恩美卡与阿拉塔之王》是这样描述恩美卡的："吾主生来就为王者身，乌鲁克之王，生活在苏美尔的巨龙，能把大山变齑粉。他是山中羊，头上长巨角。是野牛，是小牛，用爪刨圣草。山良牛生于山间，乌图之子恩美卡。"[1] 史诗《吉尔伽美什》称："自从吉尔伽美什被创造出来（？），大力神 [塑成了] 他的形态，天神舍马什授予他 [俊美的面庞]，阿达德赐给他堂堂风采，诸大神使吉尔伽美什姿容 [秀逸]，他有九 [指尺] 的宽胸，十一步尺的 [身材]！他三分之二是神，[三分之一是人]……这头强悍的野牛，不正是 [阿鲁鲁] 创造的？"这些记载因为是出土材料，其可靠性获得了学界的公认，恩美卡虽然在史诗中被描述为巨龙、头上长巨角的山中羊、小野牛的王神，吉尔伽美什也不是正常的人类形体、三分之二是神三分之一是人，但都被视为历史人物。埃及法老同样是神人合一，也伴有动物之类的形象，并没有学者否定他们的真实性。作为西方文明的源头之一，古希腊神话对后世产生了重大影响，西方学界对其神话与历史的关系的认识，从谢尔曼对所谓特洛伊的考古开始，找到了越来越多的对应。那么，古希腊人是否相信他们的神话？神话究竟是对历史实相的变形，还是彻头彻尾的撒谎？如何从传说中抽取出真实的内核？法国当代最出色的希

---

[1] 拱玉书：《升起来吧，像太阳一样：解析苏美尔史诗〈恩美卡与阿拉塔之王〉》，昆仑出版社 2006 年版，第 334—335 页。

腊—罗马史研究专家之一、保罗·韦纳通过研读古典作家和近现代学者，包括从亚里士多德、波桑尼阿斯到西塞罗、尤西比乌斯再到尼采和福柯的各种文本，对这些问题进行了深入的阐释和分析，写出《希腊人相信他们的神话吗：论构建的想象》（华东师范大学出版社，2014 年）一书，指出希腊人当然相信他们的神话，揭示出创作神话其实是对真理的追寻这一要义。崔格尔在比较了世界 7 大原生文明后指出："早期文明的宗教基于超自然力量驱动（或本身就是）自然世界的信仰；因此，它们不能区分出自然和超自然。超自然力量与人类获取的思维、愿望和感觉类似。这些能力使人和自然或超自然领域得以沟通。人类相信自身由超自然力量赋予，超自然力量进而削弱了社会和自然或超自然之间的区分。由于人类依赖自然环境，他们试图通过与控制自然的超自然存在维持良好的关系而确保自身的福祉。这些关系构成了早期文明宗教的焦点。道德主要是社会而不是宗教的关注点。在比较民族志资料的基础之上，我们发现，不区分自然、超自然和社会领域是历史形成的。"早期文明"他们的宗教信仰和小规模社会的一样，并不区分自然、超自然和社会。早期文明共同创造了宇宙运作和人类与超自然关系的单一模式，……并将超自然力量视为赋予自然界生命的动力。""但是，超自然力量原本被当成与人类拥有亲属关系的动物灵魂或者是需要供奉但能庇佑的祖先，这种观念逐步被超自然力量是庇护全体人类的自然或者宇宙力量的主要神祇的观念所替代。不断增加的对社会传承及福祉的政治性表达和控制的重要性的认可激发了对超自然的更宽泛的观念（Swanson 1960:191–193）。作为自然力量，神祇也有生死，相互竞争，显示出善恶两面。他们的法力并不等同，弱小的神也得以各种方式臣服于强大的神。因此，在早期文明发展之前，广为流布的信仰已经在更复杂和等级化社会结构中发生显著转型。""宗教信仰（459页）的跨文化统一性表明，它们是与某些自我利益的普遍形式相关的理性实践的产物。具有讽刺意味的是，学者们似乎对真正独特的知识形式，比如古典玛雅的时间观，却兴趣寥然，远不及对相似主题的多样性表达。……在早期文明中，宗教不仅仅是象征性生产的核心，也是政治事务上的关键对话和论争的主要媒介。"[1]崔格尔这本名著中明显的缺陷是对中国起源这部分没有进行适当的研究。

实际上，远古时期的中国同样如此，如华夏人神合一，帝犹如埃及法老，既是人也是神，本来不可分（家为巫史），也从未分离，更不对立；如《史记·封禅书》说："黄帝时万诸侯，而神灵之封居七千。"《国语·鲁语卜》说：客执骨而问曰："敢问骨何为大？"仲尼曰："丘闻之：昔禹致群神于会稽之山，防风氏后至，禹杀而戮之，其骨节专车。此为大矣。"客曰："敢问谁守为神？"仲尼曰："山川之灵，足以纪纲天下者，其守为神；社稷之守者，为公侯。皆属于王者。"而《韩非子·饰邪》说："禹朝诸侯之君会稽之上，防风之君后至，而禹斩之。"比较之后，即不难看出传说时代的"群神"、"神灵之封"就是"诸侯之君"，他们是二而一体的，这些"神"都是有特定职守、特定身份的上古之"人"，并非现代意义上通常理解的"神"，他们是神还是人，远古人并不区分，根本谈不上对立。更大规模政治共同体的建立、成长，与古人常说的绝地天通、神道设教密切相关，在中国历史中，教始终是从属于政，西方式的神人并立、政教对立在中国并不存在。

传说时代之不可靠的重要理由是五帝一系、三代同源是完全不可能的，所以不可靠。本书其他地方论证了"产"或"生"字可当"养育"讲，与民族学研究结果"父亲"这个词最初"是

---

1 崔格尔：《理解早期文明：比较研究》，徐坚译，北京大学出版社 2014 年版，第 460、468、474 页。

作为孩子抚养者的概念产生的"相通，其次，我们应该注意的是不能将帝系中的政治、祭祀关系都理解为生物性的血缘关系，不能将周人的世系观及"神不歆非类，民不祀非族"等宗法观念套用到传说时代等。

思维方式转变的第一、二个阶段间相当关键，"公元前第一个千年纪中期，大多数欧亚文明出现去神圣化特征之前，所有社会都以不能明确区分自然、超自然和社会领域为常态。"而从"公元前第一个千年纪开始，希腊人、希伯来人、波斯的琐罗亚斯德信徒、印度和中国的哲学家才能将自然世界、社会世界和超自然世界区分开来。自然世界由仅有有限意识或者毫无意识的植物、动物和无生命的物质构成；社会世界中的人类的行为受到目标、理性和道德考量的引导；超自然世界中的神祇第一次被视为独立存在于自然和社会领域之外。超自然力量拥有智力和情绪，但是物质世界对它们的约束没有施加在人类身上那么强烈，物质世界是超自然力量的创造。……欧亚大陆前工业时代晚期社会最伟大且最恒久的发现是，自然世界中观察到的行为在本质上与在社会领域发生的行为不同，因此，与植物、动物和无生命物质的关系和与人类的关系截然不同。哲学家卡尔·雅思贝斯认为，这个重要转型标志着现代社会的开端——轴心时代。"[1] 这一转折的重要性获得了学术界的高度共识。中国在这次思维方式关键转变中的特点是世俗性超越而非宗教性超越，产生的是老孔之类"神圣的俗人"（芬格莱特语）而非弥赛亚、琐罗亚斯德和释迦牟尼之类的宗教先知。[2] 春秋战国去神圣化[3]、去

1　《理解早期文明》，第 294—295、454 页。

2　《孔子：即凡而圣》，程国翔、张华译，江苏人民出版社 2002 年版。

3　高本汉《古代中国的传说和信仰》提出：中国古代神话传说中主要人物的故事是具有神圣意义的，其重要情节决不能够轻易改动。……自战国末期以后，随着国家的统一和豪族的兴起，旧的宗族势力受到了沉重的打击逐渐趋于没落，中国社会经历了重大的变化，新的文化系统孕育滋长，原来

神秘化，诸子亦然，古人的术语谓之雅驯，以常识常情判断，也就是世俗化。现代研究传说时代的学者将这些称之为神话历史化，伦理化等等，不一而足。"众所周知，早在先秦时中国人已具有以常识和人之常情来推理的思维方法。……儒学重视日常人伦和以中庸为智慧，对鬼神敬而远之，等等，都表现了中国人视常识和人之常情为天然合理。……把'本来如此'作为合理性终极来源。""在中国思想史上，常识理性的形成是一件惊天动地的大事。直到今天，常识理性仍然是支配我们中国人的思维方式。……又称为'常识合理精神'，它是指中国文化以常识和人之常情作为合理性的最终根据。……常识合理塑造了中国文化的理性结构，它构成中西思维方式的重大差别。迄今为止，中国人对这种思维模式习以为常，很难从中跳出来。"[1]中国曾被不少学者称为早熟的文明，形成了思维方式的独特传统，大传统是儒家即"子不语怪力、乱神"的世俗主义，按照西方术语就是拒斥了一个彼岸世界，到汉代终于以儒家经学的方式定型了。经学的影响下文还要细论。而对西方学术界有利的是，之前的原始文本还在，所以利于现代学者展开研究，而远古中国的原典除《大荒经》和《山海经》外全都荡然无存，但这两书却并不足以构建传说时代的清晰轮廓，一直被学者的传统思维视为荒诞无稽，实在令人扼腕叹息。关于传统逻辑之弊端请参导论部分。

就传说时代而言，孔子们认为流传下来的神话传说不合日

的神话传说就失去了神圣的意义。汉代历史学家在系统地整理改写古代神话的过程中，随意调动和打乱原来的内容，甚至凭想象增删、夸大和发挥，个别神话传说中本来相互矛盾的地方也被改削使之一致（《瑞典远东博物馆馆刊》1946 年第 18 期）。

1　金观涛、刘青峰：《中国思想史十讲》（上卷），法律出版社 2015 年版，第137—139 页。

常的经验法则，不合常情常理，予以雅驯化[1]，这就相当于经历了一次西方启蒙运动式的思维变革，只不过方式、程度有所差异，二者实际上异曲同工。当现代的研究者按照西方的模式套用到中国历史的研究中，非要把他们截然分开，就抹杀了中国历史的特点，其结果必然是凿混沌而死矣。追本溯源，就在于对上古中国"神"的认识与理解产生了扭曲，更甚者则目为荒诞无稽、胡乱编造，相关的古帝圣王因此就失去了历史的身份。这既与民族性有关，也与时代性相连，还涉及语言学、文字学，它们都与东亚大陆的多元性由于记录载体的单一性（汉字）而被遮蔽有关。例如，《大荒经》具有明显的东夷属性，荒的范畴大于神，神、帝、尸、鸟等等。即使仍用周代更为通用的神字，帝实际上也在神的范畴之内。中国现代学术体制形成过程中，分科治学被视为理所当然，神话学基本脱离了历史学的范畴，大都成为文学意义上的研究，忽视了"神话"的本质实质上也是"人话"，近些年情况似乎已有所改变，但并未产生应有的影响。

　　西方思维方式改变的完成是在法国的启蒙时代。而西方思维方式的再次转折就到了法国的启蒙运动，就传说时代而言，伏尔泰等人都抛弃了那些在他们看来违背常理的传说，尤其博福尔所说"历史中只有十分可能的东西才有可能是真实的"解释成为该倾向的著名代表。这只是一种启蒙时代式的思维标准，而"误置时代正是历史科学中最不可饶恕的错误"，[2]它所产生的巨大弊端很快就被德意志学者的历史主义理论所纠正。

　　传说时代是一个特殊的史学领域，西方学术界对人类早期历史有着不少宝贵的探索，都强调传说时代与成文历史后的研

1　又称"雅言"化，中国现代研究者多称之为历史化，一说起于西周初，一说起于孔子，也有称理性化、伦理化（应是本身自带的）和哲学化等术语的。
2　马克·布洛赫：《历史学家的技艺》，上海社会科学院出版社1992年版，第126页。

究在方法上有本质的不同，不能用文明时代的思维去对待，尤其不能求之于人类理性大起之后的"常识"和"直觉"，"不能过分依赖以常识为标准的考证方法，这种方法是人们长期应用的唯一方法，至今对某些人仍颇有吸引力。实质上，所谓的常识往往不过是一些荒唐的假设和仓促归纳出的经验之混合物。在处理人类事务方面，常识最糟糕的地方就是把一时的观察所得拔高为永恒的真理。""这也是伏尔泰批判方法的主要缺陷，虽然它在其他方面颇具洞察力。"[1] 黑格尔说，所谓常识往往不过是时代的偏见。要超越这个时代的偏见，唯一的办法，就是阅读，阅读人类历史上最伟大的经典著作。没读过几百本经典，不足以谈独立思考。而三礨正是简单以现在的思维方式以及现在的所谓常识、常理去判断中国的传说时代，所映衬的对象是西方古代（人类历史通则），发现中国传世文献尤其是儒家经书所记载的"事实"不合乎传说时代所应有的行为、思维方式等，过于世俗化，如三礨考证以舜孝、禹治水等皆不合常情就是如此，他们缺少或没有从中提取事实素地的方法、工具和手段，恰恰以人文主义时期的常识和经验去衡诸神本时期，适逢"疑古"的今文经学大盛，对造成这种情况的原因未能细究，所以就以简单的怀疑直趋轻率地否定，粗暴地统统以造伪看待，知识上的原因即在于此。这就实质上否定、抛弃了华夏的传说时代，王汎森先生形象地比喻说他们在洗澡后连脏水带孩子和脸盆一块倒掉了。实际上，研究者应该具有深厚的人类学和神话学等学科的知识。民国最流行、最经典的科学史学入门书《史学原论》就指出："我们可不要把针对开化民族研究而拟定的问题表应用于某个蒙昧社会。"[2] 只有具有从人类起源开始往下走到文明社会

1　马克·布洛赫:《历史学家的技艺》，上海社会科学院出版社 1992 年版，第62页。

2　朗格诺瓦、瑟博诺司:《史学原论》，大象出版社 2010 年版，第 135 页。

的完整过程的知识，才不易在处理古史体系时犯错误，而三擘却是从当代往上走的。换言之，研究传说时代应具有的正确方法是在这些东方近现代学者视野之外的，这也正是三擘和其他赞成"层累说"的人思维盲点。虽然所有学者都承认传说时代的内容与历史时期差异绝大，但他们没有意识到自身的研究思维、逻辑和方法与文明之前的人类有着绝大的差异。而反对的一方对这种思维方式的变革同样懵懂无知，这成为现当代学者中普遍存在的最大的思维盲点，也是学术界至今无法参破其谬的根本关键。这种非历史主义的错误必须加以纠正。

（二）知识性质的盲点

与思维方式相关的就是知识论和认识论上的盲点。古人对于人类、宇宙万物的认识有一个漫长的过程，对于人类时间的认识构成为古史体系，对于自然、空间的认识构成为宇宙体系。不同知识系统的性质不同（历史性的或宇宙性的）。在这个混沌的知识萌芽期，知识的发展又对后来各种学科的分类、分层及其如何联系产生了深刻影响。近代以来，知识的蓬勃发展使得学科专业化越来越细，但其总体仍构成一个既有类别之分，又有层级差异而又相互联系的谱系树。就类别而言，有约定俗成的随意分类法，先分出一些大类，其下再分小类；有哲学分类法；等等。关于常识的部分，前文已有涉猎，此处不再重复。就层级而言，每个学科都可细分为多个层次。"历史研究的对象是人类社会在空间和时间上的发展。"这是比利时历史学家亨利·皮朗（1862—1935）的描述。历史并不总是形成和消逝，而是具有划时代意义的断裂之后的结果。它有着自己的历史特质，形成了一定的精神生活、物质生活和制度的传统。这又涉及能否恰如其分地处理历史学中的"传统""延续性／变迁""理解""分期""历史的解释""时期／时代"等重要主题。而古史体系涉及学科、分层之多远非一般题目所能及，如何把这些学科联系起来、有机地进行层次分析更是一个巨大的挑战。它是一个涉及从人类起源到早期文明形成的漫长时段的宏大题目，大体又可分出原始文化的起源与发展、历史世界（或叫历史系统、历史单元）的形成与演进和古代文明社会的构建三个阶段，在各自阶段之下又有一些小时代的起始、分期和终结问题；历史世界有时又可分出小（子）系统。现代学者研究古史体系不仅涉及对现代整体知识谱系的了解与认识、对它们之间关系的理解、分析与综合，而且涉及如何勘破古今、贯通中西，所需付出的努力格外庞杂、繁复，这些都是普通专科研究者所要面对的重大难题，其中必然具有不少的思维盲点。怎样把它们重新整合？这自然需要不同学科的眼光和方法，研究者仅仅掌握历史学、文献学知识还远远不够，解决这许多难题的关键一环实际上需要尽可能掌握多学科的知识，其中尤为必要的是须明瞭神话学、人类学、原始宗教学等科，而这些却是一般历史学者鲜少接触更未遑掌握的，具体探讨将在下一节展开。

东西方大交流后，东方社会也弥漫着科学崇拜的气氛，三擘均受此熏染，由西方影响取得了明显的进步，明白要区分神话、传说与信史。白鸟氏说："在西欧近代学风风靡于东亚之前，所谓古传说者，并不置于正确史实范围之外，两者一概混同，对前者之态度，一如后者，无分彼此。……欧美文物频频输入，诸般学术面目一新，史学研究方法亦渐变革，以正确史实为研究之唯一基础"，东方学术界"虽承认传说之存在，但以其伪谬过多，故多弃之于史学范围之外，史家费心考察者绝无仅有。"但"传说仍有其属于历史之一面。不论传说如何荒唐无稽、难以置信，亦无非该国历史之产物，一国传说若离开其历史，即不能存立。……传说乃事实与虚构结合而成，其形成之经过，却依然传出事实真相。"[1]内藤氏说:"崔述的研究法,由于是以现在的常识去推考古代的神话,故判断时有失当之处。"[2]顾先生对信史、真史的追求,为推翻古代不可信的历史,试图从杂乱的古史中区分信史、非信史(或伪史)。三擘之中,白鸟表达的概念最清晰、最准确。伴随这些进步的同时,三擘也带来了巨大的失误,他们没有意识到用历史理论去分析、寻找中国传统文献记载的古史体系的合理性,忽略了"这些有关人类早期的记忆,犹如幼童观察事物时那么凌乱,然而,这种为进行分析所作的不懈的努力,已渐渐导致了分类。……任何关于现象在时间上变化的学问都可名为历史"[3]。而是以先验的常识、粗疏的方法、后世的逻辑、简单的论证,轻率地得出结论。这固然是由于三擘自身缺少上述必要的知识储备,所掌握的学术工具并不能满足其研究该段历史的实际需要,文献学历史学知识即使掌握的多,也难免没有一些认识误区和盲点,更重要的是他们没有以人类历史通则衡量去取,而是简单以西方历史的尺度衡量、裁断东方。这就实质抛弃了华夏早期历史特有的合理内核——三皇五帝时代。本文只就三擘涉及的主要误区讨论。

　　比如,先秦存在两种五帝说,而历史的真相只能有一种,顾先生得出两种都是假的、都是瞎编的结论。这种论证乍一看确实简单、有力、可信,但静心细想,逻辑上仍然存在一假一真的可能性需要解释、论证。一看到不同说法就简单判为都是编造或必有一假的,因有多种不同说法而宣布其事实不存在的,是思维简单、知识贫乏的表现,它们的面貌差异、原因何在正

1　白鸟库吉:《中国古传说之研究》,刘俊文主编:《日本学者研究中国史论著选译》第1册,中华书局1993年版,第1—2页。

2　《中国史学史》,上海古籍出版社2008年版,第306页。

3　马克·布洛赫:《历史学家的技艺》,上海社会科学院出版社1992年版,第21页。

是历史学家所需努力之所在，要分析它们的知识性质如何，不同的三皇五帝说就是如此。三五之数，是华夏古人对神秘、美好事物的一种习惯、简洁的表达方式，就比如人选名字，美好的多有同名。节首已述人类对自身的经历构成了历史认识，对空间和自然的认识构成了宇宙论，多种重名大体上可分历史性的和神学宇宙观的，不同的说法都可以从这两个角度对待，相同性质的还要看它是族群或地区的。古史体系以三皇五帝来命名是一个问题，但古人并不因此否认历史的多元性、复杂性。而宇宙论的系统又分两种：一种是天皇、地皇、人皇，另一种是五方。白鸟氏、顾先生体认到历史的多元性、复杂性，清醒地认识到中国早期历史不可能如此规整，却又因材料的多元性、复杂性归纳不入那个为了便于理解的机械模式，进而否定整个系统的合理性，走入了一个极端的简单化误区。古人（也包括不少现代人）喜欢把一些复杂的事物予以简单化、形象化表达。西方多是神圣几何；东方多是神圣数字，当然也有几何形九服五服的圈。这是原始思维的一个特征，一方面是简单化，另一方面也便于普通人的理解。就人与几何形的关系来说，贡布里希说："一般来说，人类为自己创造的世界是一个由简单几何形状构成的世界。""几何成分在自然界中是很少见的，确实少得几乎没有机会在人类的脑子中留下其印象。……正因为几何形状在自然界中是很少见的，所以人类的脑子就选择了那些有规律性的表现形式。"[1] 对于抽象的事物如天皇、地皇，用图像本不易于表达，但华夏人习惯以人格化的形式表现神灵，后人即误以为也是人；到了现代仍然如此，如陈独秀三五不时用德先生赛先生表示民主科学，胡适就指出这种方式容易神化。如果对比中希早

1　贡布里希：《秩序感：装饰艺术的心理学研究》，范景中等译，湖南科学技术出版社 2005 年版，第 6、8 页。

期社会的话，就会知道顾先生的很多问题本来就不是问题。至于后来纬书中甚至更晚时期的多种说法，也都能归结到此，试想一下，在一个相当于欧洲面积的中国，产生多种说法不是很正常吗？至于白鸟氏胡乱联系："三王传说中渗入了天地人三才之思想。……三才思想由来甚远，《舜典》中有三礼：祀天神、享人鬼、祭地祇；《甘誓》中有三正，于三才之月以建正。《易经》中有三才之道，《系辞下》云：'有天道焉，有人道焉，有地道焉。兼三材而两之……三材之道也。'"为何排成天人地而不编成天地人以自露破绽？"此种三才思想，不仅见于中国之古籍，亦为北方诸民族间传播之共有思想。蒙古、东北、突厥诸族莫不有此思想，所谓萨满教拜天之根本思想，即此三才思想。故中国此种思想，其来甚久，尧舜禹之传说为其反映，决非偶然。"[1]如照这种逻辑，必为传播关系，北方诸族来自华夏乎？

而五帝之说虽然纷扰，就性质而言可概括为两种[2]：共时性（横）的五帝说，是为神帝神格，最早可溯自卜辞中五方帝，其

1　白鸟库吉：《中国古传说之研究》，刘俊文主编：《日本学者研究中国史论著选译》第 1 册，中华书局 1993 年版，第 7—8 页。

2　内腾湖南氏做时间和空间的两种划分（《中国史通论：内藤湖南博士中国史学著作选译》，社会科学文献出版社 2004 年版）。缪凤林、徐旭生分为神帝和人帝（《中国通史纲要》，钟山书局 1932 年版；《中国古史的传说时代》（增订本）之"五帝起源说"节，文物出版社 1985 年版）。定稿之际，得读李零先生文章，他接受徐旭生先生的东、西两种五帝说法，并进一步提出："两种五帝说都属于大地域的族群整合。"（李零：《我们的中国·茫茫禹迹——中国的两次大一统》"两种五帝说"节，三联书店 2016 年版，第 50—51 页）"'五帝并祭'是一种变少数为多数、小国为大国的发明。周人，本来僻处雍州，也是个少数民族。武王克商是小邦周克大邑商，一姓何以服天下，只有一个办法，就是把大家的祖宗都请出来，共享太平。"（同上书，第 52 页）2016 年 12 月 9 日，李零先生在北京大学人文社会科学研究院主办的"北大文研论坛"第 12 期做了主题为"帝系、族姓的历史还原——读徐旭生《中国古史的传说时代》"的演讲，进一步申论了他对帝系的主张，把先秦帝系分为两种五帝说，一种属周帝系，一种属秦帝系，指出前者是西周大一统的总结，后者是秦代大一统的预告。

详虽不得而知，要以空间分布为是，传世文献像《孙子》中黄帝胜四帝、《吕氏春秋·十二纪》及《礼记·月令》等中的五方帝说，均与原始宇宙观相关，后来受五行说影响，即如淳称"五行相次转用事，随方面为服"义，本文暂不置论。另为历时性（竖）的五帝说，取时间顺序义，与历史发展有关，是为人帝、史格，最早见于古文《五帝德》和《帝系》（司马迁称《帝系姓》）两篇（今见于《大戴礼记》）所载黄帝、颛顼、帝喾、帝挚、尧、舜、禹为代表的说法，为司马迁《史记·五帝本纪》所采纳，它是史格中最早、也是最可信的五帝说，有着广泛的文献印证，并曾得到最广泛的认同，竖的其他说法均由此衍生而来。两说性质不同，先秦典籍本甚清晰，西汉末期刘歆的《世经》混而合之使其复杂化，在黄帝颛顼之间插入少昊，后人的误解即由此而来。而近代一些学者在发现后说的一些罅漏后，又将这些性质不同的说法进一步混淆缠搅，彻底否定了古文五帝说的历史真实性，使学界普遍认为华夏的古史体系是伪造的假史。这虽引起广泛的共鸣与震荡，但只是治丝益棼，无助于真相的厘清，这种观点迄今仍占有相当的势力。今天的古史研究者大多采信古文五帝说的主干（即忽略帝挚乃至帝喾），大都鲜少解释与论证而径从五帝开讲华夏历史。这似乎也不是学者应有的严谨态度，更无法说服尚在"疑古"的学者。

不仅如此，对于资料的排列顺序也要格外注意它的历史本质，例如，问一问是具有共时性还是历时性，甚或杂乱无章的。例如，人们常引《庄子·胠箧》的这段话："昔者容成氏、大庭氏、伯皇氏、中央氏、栗陆氏、骊畜氏、轩辕氏、赫胥氏、尊卢氏、祝融氏、伏羲氏、神农氏"，说明伏羲神农之前有许多部落等，却忽略了后面紧跟着"当是时也，民结绳而用之，甘其食，美其服，乐其俗，安其居，邻国相望，鸡狗之音相闻，民至老死而不相往来。若此之时，则至治已。"蒙文通先生就正确地指出："既曰'邻国相望',则十二氏若并世诸侯然,不必悉先后相承,而似为部落之峙立也。""上古部落而治之时,各长其长,各民其民",可惜的是接着还说"乌有所谓三皇、九皇、盘古之说哉!"[1]三皇、九皇可能是后代对荒古的不同组合,并不能断然否定。因为文字材料的叙述必然有一个先后,但并不必然是时间的先后,需要具体分析,如《左传》所列黄帝、炎帝、太昊、少昊和共工这个极为著名的说法,五者实际上是平行的关系,而后才开始有一统政治体的传承,如图

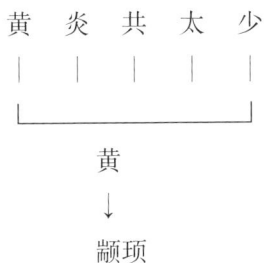

```
黄  炎  共  太  少
|   |   |   |   |
|_____|
        |
        黄
        ↓
       颛顼
```

缪凤林就指出:"郯子论官,黄帝颛顼之间尝举炎帝、共工太皞、少皞,此但历叙古者纪官之不同,非即古帝之次序;汉师不悟,或以太皞炎黄少皞颛顼为五帝(王符王肃说),而人神不分;或加少昊于'五帝'(郑玄说),而'五帝'有六人;伪孔安国皇甫谧进少昊而退黄帝……而'五帝'失其始终焉。"笔者认为缪先生的理解是正确的。[2]

在这个进程中,还有一种不同的描述,《逸周书·尝麦篇》:"昔天之初,□作二后,乃设建典命。"经过炎黄、少昊、蚩尤

---

1 《中国现代学术经典·廖平蒙文通卷》:河北教育出版社1996年版,第355—356页。
2 缪凤林:《三皇五帝说探源》,《古史辨》(七),海南出版社2005年版,第439页。

等族的乱战，形成了一个有序的世界，"天用大成，至于今不乱。"
这两种说法，人物、进程不同，意味着突出的重点不一样，实
际是记述主体的认识所致，都是描述华夏世界由最初的多元到
一元的过程，它们之间是互补的关系，使这一过程更加丰满。"疑
古思维"则不然，两种叙述不一样，竟然可能得出都是编造的
认识。

而历时性的五帝排列顺序是

黄帝→颛顼→帝喾→帝挚→尧→舜→禹

搞清了诸帝、各部落真实的这种排列关系的实质可以避免
许多无谓的争论。关于《庄子》等书所载容成氏等诸多部落的
资料也是如此，要搞清排列的性质才好做进一步的分析判断。

就历史性的三皇五帝说而言，其中的结构和顺序在先秦史
料是一致的，不存在倒置（层累或加上）的问题，正如有前辈
指出的那样，伏羲、神农是各家中都有的，其他则或女娲、或
燧人或祝融，历代注家及现代研究者都忽略了《风俗通》所说"俗
以女娲"，"俗"即表明该说是得到认可最多的，是最通行的说法。

五帝说虽然纷扰，但古史学家大多采信大戴两篇为代表的
古文经说，它曾得到最广泛的认同，是最早也是最可信的五帝说，
有广泛的文献印证。今日的历史学家也基本如此，日人泷川资
言曾言五帝各说"皆不如太史公之说为可征耳。"[1]近年李学勤先
生主编的《中国古代文明和国家形成研究》及谢维扬先生的《中
国早期国家》也分别都采用了这一说法。

就中国的古史体系而言，如何分析华夏古人对远古历史阶
段的认识相当重要，学术界对进入文字记录（即文明形成）之

---

[1] 《史记会注考证·五帝本纪》，上海古籍出版社1986年版。

后异议不大，关键在对之前的认识。既如上述，三礐自然也缺乏历史世界形成的概念，它是指众多的原始部落、氏族[1]通过竞争，或被迫或自愿，形成了一个相对稳定的、具有一定传承规则的权力系统（酋邦），[2]其他配套工作也同步展开，如将这个系统神圣化的各种努力，将之前以氏族或部落为单位进行活动的都编织着在一起，以使其同质化，可能把早的拉晚，把晚的提早，并非有意撒谎，构成为一个历史世界（或称为历史单元），这开启了文明的步伐。"所谓历史单元乃指它本身内部包含一系列可以清晰说明的事件。"[3]是否形成系统可通过功能和结构分析进行，"结构主义者的宗旨是发现人类社会中的普遍元素"，"功能主义者的'注意力'朝向'一特定社会中……社会机构的真实运作'。"[4]也可参照人类学、神话系统的角度。历史世界的首要问题是起点问题，其次则是分期问题，连带的是与其相关的系统（子）及其分期，重要的转折点与一些重大事件密不可分。

在东亚大陆，华夏一系在黄帝时通过征服、兼并、联盟等手段成为核心，脱颖而出，平定炎帝、太昊、少昊和共工诸部，形成一个原生文明的历史世界。这就进入了古史体系的第二个阶段。黄帝作为华夏历史世界的起点，在先秦秦汉文献里具有高度共识，《竹书纪年》即起自黄帝，传统（古语）常说"孔子序《书》，断自唐虞"，班固解释为："自古书契之作而有史官，

1　古人称之为某某氏，例如仓颉、共工，他们可以持续很长时间，而今人常常误其为个人，以至于顾先生发出他们到底是什么时候的人的疑问。

2　关于这一历史进程，克劳斯·米勒《第五个维度——原始文化中的社会性时空及对历史的理解》（陶卓译，山东大学出版社 2009 年版，第 173—262页）有精彩的描述，敬请参看。

3　迈克尔·斯坦福：《历史研究导论》，刘世安译，世界图书出版公司 2012 年版，第 44 页。

4　迈克尔·斯坦福：《历史研究导论》，刘世安译，世界图书出版公司 2012 年版，第 91 页。

其载籍博矣。至孔氏纂之，上（继）〔断〕唐尧，下讫秦缪。"司马迁说"《书》缺有间"，所以要从黄帝开始。如果思维敏锐而又清晰的话，就应该知道这明明是说唐尧虞舜是儒家经典崇尚的产物，那并不构成华夏历史世界的起点。犹如强调"改革开放"并不意味中华人民共和国这个"历史世界"的建立一样，就像我们今天大都从改革开放开讲共产党的辉煌伟大而不从毛泽东建国开始，这与前面其他系统的缔造者如孙中山、努尔哈赤、朱元璋并不构成排斥关系。我们在天安门上挂毛泽东画像，目之为中华人民共和国的缔造者，而在大的纪念日，也把孙中山画像抬出来到广场放一放，这是不是层累？这表示共产党领导的新民主主义世界是由孙中山的旧民主主义脱胎出来，那是一个"民主主义历史世界"的起点。过了若干千年之后，后人研究中华人民共和国史，如果有谁仅仅拿了几本选择性的书籍，依恃残缺不全之史料，根据印刷时间的先后就很可能得出国史始于邓小平 1978 年的改革开放，所谓毛泽东建国、孙中山革命是层累加上的。那任谁都知道是大错特错的。

华夏历史世界又存在分期和子系统的问题，帝喾是一个节点，这一点有可能是西周时构拟的，儒家细化为尧舜禹。大禹是华夏历史世界上升为文明社会的关键点，三代对他的一致推崇并非偶然，乃因他是所在历史系统的创建者。顾先生所提"打破民族出于一元的观念"并不妥当，黄帝、帝喾枝蔓众多当然不是一个生物基础的结果，而是由古代社会、宗法制度等深刻的背景所致，上层必然归于一系而其溯源或有不同，秦系、楚系、越系各为华夏历史世界的分支，其下层残存原始态，并非随着春秋战国的攻伐而带来的必然结果。对文献中记载的各种系统（如周系的《五帝德》、楚系的《天问》），各种认识是历史性的还是学派性的，史书是资料性的还是历史性的，是通史抑或断代等都要进行审慎的知识性质地分析。

　　三擘的论证逻辑忽略了古代学术学派、历史、政治之间的正确关系，它们的知识性质迥然有别。从古代学术发展看，一个学派深深植根于他所在的文化传统，也能深刻影响它的发展，不同学派有不同的主张，除创派祖师、一代宗师的言论外，他们因其阐发的思想内容会从历史中选取推崇有利于自己的历史人物的行为、主张的部分来立论、鼓吹、传授，对于崇尚的古史及其人物只能选择而不能创造（或称瞎编、造伪），选谁不选谁那是有讲究的，犹如不同行业有不同的行业神一样！因为当时在社会上最有力量的毕竟还是各国统治集团和宗教界。要说孱弱的农派学者的势力能在历史体系上"层累"或"加上"，实在是滑天下之大稽！学派经书中谈论的古史与史书中的古史系统并不总是一致，例如孔子"祖述尧舜，宪章文武"，即表明知识性质不同。三擘忽略了历史的起点与学派的崇尚并非重合、一致的关系，学派鲜少进行完整的历史叙述，更不必要从历史起点开讲。上述道理既明，就会发现三擘将古史体系的"编织"归之于学派是很难成立的，这是由于不清楚历史的性质与学派主张的观点之间的正确关系所使然。

　　帝系中的帝喾、颛顼何以层累？顾先生在"层累说"论文中并未提及，后在《战国秦汉间人的造伪与辨伪》中有所解释，将五帝世系的形成与大一统帝国的形成联系起来，归因于政治形势的关系，认为颛顼、帝喾成了种族的偶像。问题在于他们有何功德？或提了什么？而在当时学派的系统中，颛顼、帝喾都无人推崇，儒墨显学更是如此，百家言黄帝，此二公何以成了偶像？政治利用学术、历史必有起码的合理尺度，捕风捉影已属骇人听闻，更未遑胡编乱造历史，顾先生后来说："我认为古史的传说固然大半由于时代的发展而产生的自然的演变，但却着实有许多是出于后人政治上的需要而有意伪造的。"顾先生晚年定论由全部造伪改成大半是"自然的演变"，由层累造伪变为一次形成，显见对其谬误已有相当的认识。但遗憾的是并没有找到史料做结论的支撑。它并非像顾氏分析法惯用的单线思维。

三擘指出的问题实际上是汉代及以后的历史认识。在汉代大一统帝国时，士大夫在构筑一个恢宏的宇宙时，学者如刘歆在整合古代资料时没有——也不可能有现代人类学知识，而又囿于某些限制，对于两种传承有序的说法都认为是真的，就把其糅合为一个体系（《世经》），虽于古史资料取舍时不免有所失误，但在大的时代则基本无误。传承下来就成为以后《纲鉴易知录》《绎史》之类的体系。三擘同样没有人类学的知识储备，也不太懂原始宗教和神话学，就把不同性质的三皇五帝说不分宇宙论、历史观混在一起研究，却又走向了刘歆的另一个极端——两者都是假的。实际上，顾先生他们指出的矛盾是《世经》《纲鉴易知录》《绎史》之类中古史体系的矛盾，并非最早的古史体系中的矛盾！！！三擘的历史贡献就在于此。他们击破的是一种通俗的大众历史观，而非严肃的、先秦的古史体系。

三擘用所掌握的肤浅的科学方法去解决他们自身缺乏知识储备的历史问题，其基本逻辑就是凡达不到科学程度的"确定"的就是"虚构"，试图使其达到知识的"确定"一端。实际上，三擘的观点属于"意见"的层面是可以肯定的，至多具备微小的逻辑"可能"，也就是陈寅恪先生慨叹的"图画鬼物，肖似与否，画者观者，两皆不知"的地步，离"高度可能"乃至"确定"的知识仍然相去甚远，但由于它们符合大众的知识水平和日常思维，时代也就赋予了它们以知识的顶端——"确定"的崇高地位。

（三）研究方法的盲点

在史学上，人们常常将他们的方法与科学史学以及乾嘉考据联系起来，真正的科学史学并非如此，它有一整套系统的观念和方法。从本书中一再引用的《史学原论》中就可以知道，伯伦汉也认为，历史学家在对历史进行综观时，应注意将历史问题放到它产生的时间和环境中去考察，不能用今天的价值观念去评价，要摒除个人、党派的偏见。胡适在《中国哲学史大纲》中虽以《史学原论》为参考书，可以说没有读好，掌握并不娴熟。顾先生等人所用的并非西方传来的科学史学，上文已论顾先生是误读了梁启超的《中国历史研究法》。徐旭生先生《中国古史的传说时代》一书的研究倒是体现了科学史学的不少原则和方法，但可惜的是仍受"疑古思潮"的影响，未能达到应有的高度。何以当时盛行的科学史学也无法处理这一课题呢？这种方法本就有极大的局限性，而当时中国学者所理解、使用的所谓科学方法，我们暂以王汎森先生总结的新派学者治史路径的内容来看，当时对科学的崇拜"也影响到历史研究工作。此后人们总是选择那些不涉及心性、不涉及形上，或是不涉及神秘的、不涉及带有人类学意味的问题，即使在从事解释时，也对于涉及形上、心性、神秘、人类学的地方，或者视而不见，或者以批斥的态度对待，或者自然而然地朝向理性、科学的，去形上、去神秘的方面解释。同时在论证时，也倾向于只相信有'证据'可证实的，而不将'想象'放在很正面的地位；那些从事他们常用的一些语言反映这个趋势。新派学者常说他们想提高国人'可依赖的'、'靠得住'的知识，或是客观的、科学的知识，或是想节制国人含糊笼统随意比附的思维习惯，或是想医治国人愚昧的毛病。"[1] 这都与传说时代所应研究的内容实南辕北辙，欲求其真，不也缘木求鱼，岂可得乎？

有些学者指出，胡适傅斯年等新派学者从国外吸收的方法

1　王汎森：《民国的新史学及其批评者》，罗志田主编：《20 世纪的中国：学术与社会·史学卷》，山东人民出版社 2001 年版，第 39 页。

并非当时西方学界的主流,出现了王学典先生所说"趋新反入旧"的现象[1],这个旧主要指的是西方之旧。实际上,周予同先生很早就注意到他们更多的是出自本土的学术资源。对此,顾先生本人也不讳言,说钱玄同常常教导他"该用古文家的话来批评今文家,又该用今文家的话来批评古文家,把他们的假面目一齐撕破,方好显露出他们的真相。"[2]"'疑古派'在中国史学史上自有其不可抹杀的业绩,他们继承今文学的思想体系,采用古文学的治学方法,接受宋学的怀疑精神,而使中国的史学完全脱离经学而独立,这在中国学术演进史上是不能不予以特书的。至于他们的史料限于记载的书本,他们的研究方法仍不免带有主观的成见,他们的研究范围仅及于秦、汉以前的古史以及若干部文学著作,因之,他们的成绩不免消极的破坏多于积极的建设。"[3]

　　坦白说,"层累说"等涉及的西学水平实际上是有限的,周先生对"疑古派"的学术来源及其缺点的批评是准确的,但"使中国的史学完全脱离经学而独立"的功绩之类就与笔者所见大不相同,就传说时代的研究而言,近现代的研究只是名义上叫史学,但经学在实质上的比重不但未减反而增加,经学思维这部分将在下文讨论,此处还是应该从时人经学范畴中的朴学方法(汉学、乾嘉考据学)进行更多的检讨。

　　李零先生说:"清代考据学在方法上比前人更为精密,……主要……包括文字、音韵、训诂。这三方面,它在训诂学上的

1　如陈峰《趋新反入旧:傅斯年、史语所与西方史学潮流》(《文史哲》,2008年第3期,第24—42页),郑华俊《趋新和守旧之间南高学术——以史家郑鹤声为例》(山东大学2012年硕士学位论文)有论述。

2　《秦汉的方士与儒生·序》,上海古籍出版社2005年版,第4页。

3　周子同:《五十年来中国之新史学》,见朱维铮编《周予同经学史论著选集》(增订版),上海人民出版社1994年第2版,第547页。原载1941年《学林》第4期。

成绩最突出……但是我们应当指出，清代考据学当中的文字学和音韵学，却不能同近代以来的研究相比。……与今天的古文字学研究有云泥霄壤之别。在音韵学的研究上，它也无法与现代语音学和比较语言学引入后的研究相比。另外，清人偏重字面解读而忽视义理和大体，也妨碍了宏观的综合研究。"[1]而现代语言学关于远古语言的研究确实已经取得了长足的进步，不仅提出了很好的问题，而且解释也相对完满，例如李葆嘉先生的研究就是如此，"从汉语为立足点，除了与南方汉语相连的苗瑶侗台语、越南语是孤立语，周围广大区域的语言几乎都是黏着类型。北方的阿尔泰语是黏着语；南方的南岛—南亚话是黏着语；东方所谓语系不明的朝鲜语和日本语也是黏着语。……为什么在这些黏着语包围圈内的汉语却是孤立型？这是多种语言在中原反复交汇、层累性混合的结果，原始华夏语应为黏着类型。……根据东亚—南洋诸语言的现状及历史语言学的研究成果可以推断，存在于公元前5000年到公元前3000年左右的三大原始语区，其语言类型都是原始黏着型。"[2]"原始华夏语通行于黄河中游河洛地区，这一区域，北与阿尔泰胡狄，西与藏缅氐羌，东南与南岛夷越毗邻。华夏语与这些周边语言存在着千丝万缕的联系。换而言之，河洛地区成了阿尔泰、藏缅、南岛三种文化与语言的交汇之处。历史语言学家可以从不同角度分别探讨华夏语与这三种毗邻语言中的任何一种，在发生学上的同源或接触中的渗透关系。""部落战争促成了华夏族的形成。……黄帝的胜利奠定了华夏族的基础，因此被后世奉为'人文之初'。……经颛顼、帝喾、尧、舜、禹的统治，华夏族在中原地区逐步形成，

1　《中国史学现状的反省》，《李零自选集》，广西师范大学出版社1998年版，第21页。

2　李葆嘉：《汉语起源与演化模式研究》，黑龙江教育出版社2002年版，第137—138页。

同时原始夷越语、氐羌语和胡狄语也逐步混合而成原始华夏语。而没有卷进融合漩涡的周边初民,或留居旧土,或四处迁徙。""在氐族或民族融合中用以融形成并发展的华夏语,不可能是纯粹的而不是混成的,只是古代华夏语言的异质性与聚合性被传至后世的表意文字掩盖了。不管是汉—藏同源说、汉—南同源说,还是汉—阿同源说,都是从不同角度,依据各自选择的语料、人种学与文化史方面的证据,分别论证了汉语与其他语言的同源关系。原始华夏民族的形成是史前民族或种族融合的结果,与之同步发展的华夏语不可能不具有与其被收融合语的对应之处。与其说汉语仅仅与某一语言有同源发生关系,不如说在发展的长河中,后来被称为'华夏汉语'的这种语言与毗邻三大语言的祖语都先后出现过渗透、换用与混成关系。换而言之,原始华夏语就是一种多元性的层叠性混合语。混合语既是语言混合的结果,又是文化融合的现象。""在华夏语的混成发生过程中,语言的渗透、换用、融合相当错综复杂,引起了音节结构的变化以至语言类型的转变。现存中国最古文献多为周秦时代所撰,因为周人是氐羌与胡狄混血,所以周代文献《尚书》《诗经》中的语言既与藏语有同源之处,双音节词中又具有与阿尔泰语元音和谐相似的特征。因为周人因袭了夷越系的殷商文化,而夷越南蛮又未能一下子同化,所以在古代汉语中仍然可以发现大量的与南岛语对应的词项。"[1]可惜的是,史学界大部分人并没有注意到这些成就,更未遑将其纳入自己的研究视野中。

综上所述,乾嘉考据对于远古音韵等方面的研究仅仅是假说,不要说现在已经有过时之嫌,即使它大体上成立,在用东周时的音韵去阐释传说时代的事例,其适用性是极成问题的,

---

[1] 李葆嘉:《理论语言学:人文与科学的双重精神》第五章"汉语史理论模式与东亚南洋语言文化圈",江苏古籍出版社 2001 年版,第 176—178 页。

最大的失误在于滥用音韵、形近、字讹来通假、音转等不成熟的方法，民国学者很多的主张太偏重于这种考证，而忽视了此种方法针对如此遥远的历史问题其产生的论证力是极其有限的，尤其将古帝侯王之名通来假去又转走更是让人无语，个别"疑古派"学者同韵转，音近也转，我们不用当代史学产生的记忆理论[1]去反驳他们，即使从最低学术的要求去评判，他们的基本逻辑也是出格的，有着相同或相近的事迹也可转甚至等同，如尧是帝，颛顼也是帝，即可得尧即颛顼，搞得此等于彼，彼通于此，形同变戏法。这都导致学界内各说各话，没有交集，致使新说频见而不见学术之进展。如果说，民国学人犯这种失误尚有情可原，那么今天再用这种方法那就太不应该了，因为现代分科治学后产生的很多成果已经超越了清代学术的最高水平，古史材料本来就少，涉及年代又长，可以想见人物之众多、复杂，如此整来合去，看似解决问题，实则没有助益。研究方法也未见大的进展。

王国维说："研究中国古史为最纠纷之问题。上古之事，传说与史实混而不分；史实之中固不免有所缘饰，与传说无异，而传说之中亦往往有史实为之素地，二者不易区别。此世界各国之所同也。"[2]"不易区别"不是不能区别，学术对于不同时代的研究有不同的方法和标准，那我们应该而且也可以寻找到解释的工具，好比我们欣赏美女，一两米内看得真切，是美女；若看两三百米外的美女，只是朦朦胧胧的，那么我们要评价，或者听信别人的意见，或者存疑，或者购置望远镜等现代工具，哪能

1　如韦尔策编:《社会记忆:历史、回忆、传承 》,季斌等译,北京大学出版社 2007 年版。阿莱达·阿斯曼:《回忆空间:文化记忆的形式和变迁》,潘璐译,北京大学出版社 2016 年版。扬·阿斯曼:《文化记忆:早期高级文化中的文字、回忆和政治身份》,北京大学出版社 2015 年版。

2　《古史新证》第 1 章,清华大学出版社 1994 年版。

因自己看不真切就下结论说那里是美女，可能会得出一个连女人都不是、那是个妖怪的结论。和氏璧的故事就是最好例子。

传统文献考据和所谓的科学史学方法显然不足以完成这个任务，研究者在了解思维方式产生剧变的前提下，还必须采取跨学科方法论，它与分析复杂的知识性质相对应的多学科方法相关，并寻找各学科之间可能的联系的科学一体化，但不是指不同学科和材料的随意搭配，而是指相关学科间在理论、逻辑上的有效沟通，并将其有机整合在一起。实际上更需要的、能证明上古史的有效学科则是原始宗教学、人类学、神话学和社会学等科，从中寻找历史的结构并分析其功能而并非仅仅追寻缥缈的史影。三擘的盲点就是不能有效协调历史学和人类学、神话学、宗教学以及民俗学的视野和方法。

学者必须对神话及神话学的发展历程有正确而清醒的认识才能谈论这个题目。这就需要精深的神话学知识，不懂神话学的话，就难以透彻了解先民的思维，更未遑能寻找乃至发现隐含于其中的历史的素地（史影）。所以，懂神话学是解读神话时期历史的先决条件。这里牵涉到何谓神话？顾先生说："现在导一条淮河，尚且费了许多时间无数工力还没有弄好，何况举全国的山川统干一下，而谓在几年之间可以成功，这不是梦话吗！"[1] 不是梦话，是神话，而且是早期神话的语言。顾先生的理解是完全错误的，神话只这样讲，并不需要与实际比是否办得到。顾先生认为神话乃小说荒诞不经之言（《自序》）。这个定义，恐怕没有一个严肃的神话学家会赞成。但顾先生对于神话传说的观点在那个时代并不能算太错，柏拉图时代的哲学家就将神话视为"真实的谎言"，是虚构的、非理性的代名词。"神话首先讲述的是世界的创

---

[1] 《讨论古史答刘胡两先生》（十二，八，五—十二，十二，二，《读书杂志》十二期—十六期）。

造。"[1]《世界古代神话》英文版《序言》作者指出："古老神话大多涉及宇宙的形成和演化，涉及人的由来以及文明的创始。""有些人把神话视为平淡乏味、纯属信仰范畴的故事……产生于无所约束的虚构以及诡谲的幻想之作。而学者们的观点则截然不同，他们认为：古代人神话是人类精神最深刻的成就之一，是天才的创作智慧所产生的充满灵感之作。"马丁·德里归纳说："神话"是人类象征化地诠释自身、共同体与世界上的历史事件的描述。……神话曾经被理解为一种前历史的古代叙事、上帝的历史、一种文化在前理性阶段的表达形式——这种表达形式已经在启蒙时代和后神话时代丧失了影响力。自 18 世纪以来，"神话"引发了越来越多的兴趣。这首先表现在启蒙运动中对于"神话"的批判。然后，从 19 世纪起，"神话"越来越成为一种历史比较式"神话"研究的对象。"神话"也曾被理解为人类理解世界的基本模式。[2]"19世纪的理论倾向于认为神话的主题是物质世界，而神话的功能则或是对这一物质世界的字面解释，或是对它的象征描述。神话往往被看作是科学的'原始'对应物，而科学则被认为是完全现代的。科学不仅令神话成为累赘之物，而且与其绝对不能相容，因此，被定义为具有科学属性的现代人就不得不摒弃神话。相反，20 世纪的理论则倾向于认为，不论就其主题还是功能而言，神话绝不是科学的过时对应物。因此，现代人无须为科学而丢弃神话。"[3]马丁·德里说：精神分析……首先认识到"神话"中存在着精神模式，由此在无意识中持续决定着人类的行为，……"神话"也被理解为直觉性的认识形式……或对世界史进行一种历史科学的解释。……在历史科学性的解释核心中，新老"神话"的历史影响

1　西格尔：《神话理论》，外语教学与研究出版社 2008 年版，第 169 页。
2　《历史科学基本概念辞典》，北京大学出版社 2012 年版，"神话"条。
3　西格尔：《神话理论》，外语教学与研究出版社 2008 年版，第 167 页。

比其内容更为重要。[1] "或许可以这样定义，神话就是大众现在仍在利用的关于往昔的记载。"现代神话学理论认为：不仅古代有神话，现代、当代都有，我们想想朝鲜的某人手枪打落飞机就可以知道，我们的当代不也充满着神话吗？而且古代神话绝非凭空编造，而是有着深厚的历史根基，隐藏在神话背后的是历史的真实内核，在阐释传说时代的过程中，神话成为一种不可或缺的依据，它是指引人们走出历史迷宫的钥匙。历史学的研究长期有溯源癖，"从史学思想的发展来看，起源崇拜有过备受青睐的时候。"[2] "起源崇拜，或是更加思辨意味的术语'历史发生学'。……历史学家总是像史诗诗人一样，对起源问题颇感兴趣，对始因颇感兴趣，它们通常意味着特别的民族传统的建立。在犹太——基督教传统内，叙述通常不是从建城开始，而是从地球的奠基者开始——即不是从王朝的开端，而是从宇宙的创立开始，实际上这代表着一种民族传统的开始。"[3] 这也是发生学的必然。神话学界有神话历史学派和历史神话学派，如何寻找真实的史实素地是需要研究的，"神话和历史的一个不同之处是神话充满意义，但很少包含甚至不包含（历史）事实，而被认为是事实的历史，对我们而言可能毫无意义。""作为神话的历史，富于意义却弱于事实（但是绝少虚假），对历史学家来说是不幸的。""作为神话的历史 它的重要性就在于它会为我们的现世提供一个和往昔（不像原始民族的'梦幻时代'或'创世时代'）的链接。就原始民族而言，神话代表一种永恒的生活模式，对我们而言，往昔则是生活的早期阶段。"[4]

---

1 《历史科学基本概念辞典》，北京大学出版社 2012 年版，"神话"条。

2 马克·布洛赫：《历史学家的技艺》，上海社会科学院出版社 1992 年版，第 25 页。

3 凯利：《多面的历史：从希罗多德到赫尔德的历史探询》，陈恒、宋立宏译，三联书店 2003 年版，第 11 页。

4 迈克尔·斯坦福：《历史研究导论》，刘世安译，世界图书出版公司 2012 年版，第 245—246、249 页。

他们都注意到其中变的部分，无论主张神话历史化还是历史神话化的学者都忽略了最重要的一点：无论其情节、细节叙事如何大变乃至面目全非，但其中的专有名词——无论是神名（人名）还是其主要结构是不变的，其蕴含的内在伦理是共通的。顾先生本人也承认《封神演义》中之纣王、文王武王、姜子牙等十九皆真，虽然以文学作品举例讨论历史有失当之嫌，但这也切切证明了历史（也包括传说时期）中这些巨大人物的不可编造性。而且其结构也是不变的。从语言学上有基本词汇不变论，上述神灵（或称之为人物）之名是当时社会中的基本词汇，具有相当程度的稳定性，神话学资料——知识的考古也能体现出时间性，如新神、老神。希腊宙斯表面上的放荡风流是了解神话的人都知道的，大体近于希腊神话的本来面貌。比我们今天见到的中国远古的文字记载荒唐的不止十倍。但实际上祂是连接希腊世界的一个纽带。希腊世界很多地区的连接是通过宙斯生殖器上的乱伦进行的。而华夏在血缘上主要是通过黄帝、地缘上通过大禹治水来链接，它只是表明祂们是这个历史世界的文化与心理的纽带。

　　从人类学、神话学的角度看，人类知识的第一个命题就是世界的形成和人来自哪里，民族学、人类学资料也表明，原始人群并非吃饱了没事干的生物人群，而是经常思考大问题。美国人类学家保尔·拉定一本书就起名为《作为哲学家的原始人》[1]，它典型地反映了原始人群的重要的思维特质。"我是谁？我的归属何在？我所属的那个整体又是什么？""我所在的世界是怎么形成的？"这也就是人类及其起源的问题，它在初民社会就已经开始思维。克里斯蒂安说："任何人类社会都会以某种形式提出这些问题。……答案又常常体现为创世神话的故事。通过讲述令人难忘而权威的关于万事万物——从人类社会，到动物、

1　初版于 1927 年，1957 年出版增订版。

植物以及我们周围的环境，再到地球、月球、天空甚至整个宇宙——如何起源，创世神话提供了一个普遍坐标，通过这个坐标，人们就能够在一个更大的框架里想象自身的存在，并且扮演自己的角色。"[1]尽管他们的答案与自然史和人类史的事实进程大相径庭，但即使它们是荒谬和幼稚的，每个原始人群都必然会思考这些问题，而且他们分别产生了自己的答案，赵翼的诗句"到处有开辟"就是一个精彩的表述。著名神话学家、原中国神话学会主席袁珂先生说："一切还得从盘古叙起，不管此说的出现或先或后。"[2]这一时期学术界往往把它称为神话时期。

关于人类学角度的运用，刘师培、章太炎等人已经开始了这项工作。郭沫若的《中国古代社会研究》就是一个成功的典范，张荫麟就恰如其分地评判了其优劣得失，"郭沫若先生的《中国古代社会研究》……的贡献不仅在若干重要的发现和有力量的假说……尤在它例示研究古史的一条大道。那就是拿人类学上的结论做工具去爬梳古史的材料，替这些几轮找寻中国记录上的佐证，同时也就建设中国古代社会演化的历程。……这条研究古史的路径有好几种优点：第一，生产事业的情形和社会的组织，无疑是历史中主要的部分之一，较之同时某特个的人物或事件之虚实，其意义自然重大得多。第二，在古代记录中，因为直接的独立的见证之缺乏，大多数特殊人物和故事的可靠性简直无从考定，唯传说中这些人物和故事的社会背景不能凭空捏造，至少当可以映出传说产生时的社会情形。我们若从古代记录中考察史象之静的方面，其所得结论往往较为可靠。第三，社会制度的变迁多少有点'理性'或'历史的逻辑'，例如铜器之先于铁器、农奴制之先于私人资本发达、神治思想之先于人治思想，其盖然行绝比

---

1 《时间地图——大历史导论》，上海社会科学院出版社2007年版，第2页。
2 马卉欣编著：《盘古之神》，上海文艺出版社1993年版，第4页。

反面为大。许多时代成问题的古史料，我们可据其中所表现的制度而排列其产生的次序。……因为这些缘故，郭先生所例示的路径是值得后来史家的遵循的，但可惜郭先生研究的指针，乃是五十多年前摩尔根的《古代社会》（Lewis H.Morgan: Ancient Society 1877），那已经成了人类学史上的古董，其中的结论多半已被近今人类学者所摈弃（看 R. H. Lowie: Primitive Society，P. V. 1925，New Youk）。即使如此，我并不是说摩尔根的书绝对不能为研究中国古史的帮助。摩尔根和他同时许多人类学先驱者的根本错误，在以为社会的演化有一定之程序与方式，为各个社会所必经。他所建造的社会演化历程固不能适合于一切社会，但倘若郭先生预存戒心，不把它看作放四海而皆准的道理，而只用作一种初步的假说（Preliminary Hypothesis），拿中国古史去勘核它，而不拿它去附会中国古史，则结果或者对于摩尔根的学说添一些反证或疑问，亦未可知。可惜郭先生不出此，竟无条件的承受了那久成陈迹的、十九世纪末年的'一条鞭式'（Unilinear）社会进化论，并担任用中国史来证明它，结果弄出许多牵强穿凿的地方。"[1] 郑振铎《汤铸》也精彩地展示了这种路径的独特魅力。人类学意义上的"宗教"范畴：首先，宗教是信仰（文化事实）和行为实践（社会事实）的结合体。第一个问题就是"世界是什么"，宇宙的时间（往过去和未来无限延伸）与空间（往三个维度无限延伸）相对于有限的人类经验来说，几乎是不可界定的，简单有效的方法是通过设立人格化神祇为时间和空间设立原点。绝大多数民族神话都有对"创世 / 创生"的解释。宗教的创生不仅包括世界的初始，也包括社会初始。有了人格化神设立的标准，一切规范和现象才变得可以把握，有了"合法性"。第二个问题是死亡。宗教的下一个标准就是人格化神祇（或曰精神实体），虽然不一定具备人的形象

1　张荫麟:《素痴集》，百花文艺出版社 2005 年版，第 215—216 页。

（事实上它们常常被信徒想象为具有人的形象），但它必须具有可类比于人的行为方式和可预知性，人们在它们身上投注了人类情感。人通过祈祷、诵经，中介人等手段与神沟通。神要关心人类社会，并试图对人施加影响。宗教诉求的是人格化的神。宗教信仰是宗教实践的出发点，作为逻辑源头的宗教信仰并不必须逻辑自洽，更不需要实证论证，可以不深究就相信它、依赖它。事实上，宗教信仰大概是信仰体系中最不讲究逻辑自洽性的部分。[1]

伊利亚德说"神圣首先就是真实，一个人的宗教性越强，就越真实，就越能摆脱无意义变化的非真实性。"[2]古人质朴信神，也就是说他们道德性的撒谎少，认识性的错误多。原始宗教学的研究表明，古人思维还处在幼稚阶段，普遍是以人格化的神灵形式来反映，宇宙形成的谓之创世神，族群起源的谓之始祖神，袇们在一个原始人群产生我者与他者区分之时即极其原始的早期就会产生，各个原始族群无不如此。以华夏族群而言，他的创世神和始祖神必然早就产生了，不可能晚到文字产生以后。况且，不同学科对于史料记录年代的要求并不一样，原始知识的考古可以通过与其他民族和人类学的比较来进行。如果按三襞那种手段和逻辑来衡诸华夏，那她就真成了一个不可理解的怪物，将是人类的一个毫无理由的例外。[3]其他神灵先不谈，今以盘古为例说明，出现在史料中的时间是东汉末期，那盘古

1　据吴乔《宇宙观与生活世界：花腰傣的亲属制度、信仰体系和口头传承》（中国社会科学出版社2011年版）第318—322页归纳。

2　伊利亚德：《神圣的存在：比较宗教的范型》，广西师范大学出版社2009年版，第430页。

3　疑古学派的后起者杨宽先生发展出了神话分化说，这种由一分化与顾先生打破一元的基本点冲突，可谓由《老子》道生一，一生二，生万物演化而来。当时公认多元即多个种族集团演化，原来都有自己的各种神灵，基本上都有太阳神、月亮神、始祖神……当多集团合并为一之时，就像两三个部门合成一个时，大家抢位子还来不及，又如何分化？

是什么神格？创世神，其他民族的创世神什么时候产生的？极早极早。再看伏羲和女娲，是华夏男女始祖神，始祖神什么时候产生的？极早极早。因而，这些概念产生于极早期是自然而然顺理成章的，见诸载籍之晚实在是另有原因。盘古创造了人类活动的地理空间，伏羲女娲的结合构成了华夏的起源，伏羲代表着渔猎采集时代，神农代表经历的农业时代，具有卜筮性质的《易·系辞》就先叙伏羲，次叙神农。从民俗学的立场看，许多内容可从生民之初传至今天。这符合人类早期历史的认识通则。由此可见，旧说的合理性并未得到充分的重视和深入的挖掘。

当这三种学科打通后，对于很早的时候被儒家给雅驯化（今人或用历史化、理性化、哲学化、伦理化等术语）的中国神话资料，合乎实际的做法就是通过人类学、神话学中所反映的历史通则、规律来逆向复原，从结构和功能的角度论证才是现实可取的途径，抽象的神灵也用人格化的表现形式，像创世神、始祖神、太阳神、月亮神……这些都是历史的一种真实存在，决非荒诞无稽，其中关于时间性质的研究结论表明也是有序的。到了轴心时代，理性大启的人不再相信神创说才有自然生成说的提出。很难设想会出现一个人胆大到造一个谁也不知道的大人物、大神灵放置到自己信奉的巨人神灵头上去，而其他精英阶层、社会大众竟会痴呆呆、默默地全盘接受。而且，否定这些概念产生之早也违反三擘所信奉的进化论。所以，我们决不能通过现代理性找出其漏洞、矛盾，并将之弃置，不应将神话与历史对立起来，不应用文明社会的思维和标准来对待神治时期。

需用神话学知识，顾先生也是意识到了的，天国、神国本是人间社会扭曲的缩影，三擘都没有对这些神灵（或历史巨人）进行定性分析，忽略了他们是一种文化背景中的产物，而只是把他们当成一些符号或可任意拼接的拼图材料。实际上，这个顺序构成文化传统，以其代替其所在的时代。当然，这本来也是上古的表达习惯。邵东方指出："胡适顾颉刚认为，历史是神话传说的对立物，从而产生轻易抛弃所有神话传说的倾向。他们对神话传说的轻弃态度，绝不能以其史料价值不足证来解释，而是与他们由粗糙的实证主义所产生的疑古心态不无关系。"[1]邵先生只是指出了其中的一部分原因，真正的原因在于他们不懂神话学、人类学和原始宗教所致。天国、神国本是人间社会扭曲的缩影，历史时期神权政治的架构与后来文明大启之后不同；不懂神话学和宗教学的内藤氏、顾先生和胡先生把神人关系对立起来。冯友兰有孙中山人神相通说，私下里对顾说多不以为然。我们接下来谈谈顾先生那些众所周知的说法：

顾先生"层累说"的第一条，可以说明"时代愈后，传说的古史期愈长"的观点是站不住脚的，所罗列的"如：周代人心目中最古的人是禹，到孔子时有尧、舜，到战国时有黄帝、神农，到秦有三皇，到汉以后有盘古等"诸多神灵只是出现在今天可以见到的典籍的时间而并非实际发生的时间（下文有详尽论证）。因而，顾先生这一说法是不成立的。

顾先生提出要"打破古史人化的观念"，认为："商族认禹为下凡的天神，周族认禹为最古的人王，可见他们对于禹的观念，正与现在人对于盘古的观念一样。""把他看做一个开天辟地的神"。内藤也是如此认为的。再如《自序》：我就把这三部书中说到禹的语句抄录出来，寻绎古代对于禹的观念，知道可以分作四层：最早的是《商颂·长发》的"禹敷下土方……帝立子生商"，把他看做一个开天辟地的神；其次是《鲁颂·閟宫》的"后稷……奄有下土，缵禹之绪"，把他看做一个最早的人王；其次是《论语》上的"禹稷躬稼"和"禹……尽力乎沟洫"，把他看

1　邵东方:《崔述学术考论》，广西师范大学出版社 2009 年版，第 182 页。

作一个耕稼的人王；最后乃为《尧典》的"禹拜稽首，让于稷契"，把后生的人和缵绪的人都改成了他的同寅。尧、舜的事迹也是照了这个次序：《诗经》和《尚书》（除首数篇）中全没有说到尧、舜，似乎不曾知道有他们似的；《论语》中有他们了，但还没有清楚的事实；到《尧典》中，他们的德行政事才灿然大备了。

　　大禹从来不具始祖神的职能，也从来没有创世神这种神职，开天辟地纯属二擘的误解。如照二擘所说那样则何来先有的"帝"令其敷土？人们又何以会让凡人去做神的主子？大禹既非始祖神，则其前必有创世神或别的神灵，神灵与人并不矛盾，将其对立起来就是罔顾历史，割裂复杂人物所致。他们包括现在学术界的大多数人都缺少宇宙重整的概念，大禹是神话学中宇宙毁灭后重整世界的缔造者，这才是所谓大禹敷土的真正含义。周人自称夏后，属夏的分支，绪是指有血缘关系的，溯源而已；秦楚就"宅禹迹"而不称是其绪。《尚书》有尧舜，为何排斥？而《论语》的性质是记录孔子言行的，不可能详细说尧舜的。禹迹是先民眼中以文明世界自诩的我者区别于他者（野蛮世界）的用语。这就是商周之于大禹的情状。

　　顾先生层累说的第二条，"时代愈后，传说中的中心人物愈放愈大"。如：舜在孔子时只是一个"无为而治"的圣君，到《尧典》就成了一个"家齐而后国治"的圣人，到孟子时就成了一个孝子的模范。在古人的观念中，是圣人大还是孝子大？是凡人大还是神灵大？

　　顾先生提出必须打破一些传统的观念，如"打破古代为黄金世界的观念"，其实古代很快乐的观念为春秋以前的人所没有（第一册，p.99-101），"除了备经磨难的犹太民族，其他所有民族的黄金世界都在古代，[1]希腊之情况（黄金、白银、青铜、黑铁、

1　犹太学者阿巴·埃班指出："在所有古老的民族中，只有犹太民族把它的'黄

英雄）就是如此。如果是让现世的人不要相信古代美好，则成立；如果是说春秋人不相信古代美好，就是非历史的，而且在孔子的思想中，并非越古越好，"祖述尧舜，宪章文武"，"周监于二代，郁郁乎文哉，吾从周。"此也即胡适说中国存在进化论的理由。现实总是不完美的，有时甚至充满了苦难，到了文明发达乃及世界宗教时期，宗教家们设计出天国来麻醉人，而中国先民则代之以崇古（过去），马克思设计出未来。只有邪教才把现世作为至美至善的理想世界。

中国现代古典学之路一开始就走偏了，在顾先生所谓推翻中国的古史体系之后，当时学术界大多数学者的自然反应是把"重建"的希望放到考古学上面，寄予考古学挖出新的文献来解决问题，清华大学上古史教授陆懋德就说"考古学上之问题，当与禹之有无同一解决，是当有待于地下发掘而后能断定者也。"[1] 傅斯年、顾颉刚当时就明白挖不出什么证明早期中国的文献资料，顾先生对考古学的功用有很清醒的认识，"有许多古史是考古学上无法证明的，例如三皇五帝，我敢预言到将来考古学十分发达的时候也寻不出这种人的痕迹来。"张忠培先生也指出过："考古学只能研究历史的一个侧面。"[2] 而且，史前考古发现本身不能直接成为历史事实，依然需要人来为之解释。而发掘工作和对发掘所获的解释，也会因发掘者对文献的态度而有所不同。从方法论上说，考古学本身有着相当大的局限性，因为，历史上有的东西会留下痕迹，可以待考古学的发现，而很多历史是不可能留下物质遗存的，难道这些历史就都不存在吗？如

金时代'安排在未来，而不是过去。"（阿巴·埃班：《犹太史》，阎瑞松译，中国社会科学院出版社 1987 年版，第 231 页）

1　陆懋德：《评顾颉刚〈古史辨〉》，《古史辨》第二册，海南出版社 2005 年版，第 381 页。

2　张忠培：《关于中国考古学的过去、现在与未来的思考》，见《中国考古学——走近历史真实之道》，科学出版社 2004 年版，第 114 页。

照这种逻辑，当代史的很多部分也就无法研究了，很多的民事刑事案件也都无法裁决了，三五肖小无法之徒就可以为非作歹，只要你没有当场的人证物证；一个大人物指挥干过一件大坏事，中间环节找不到材料，就可以永远不受追查……难道就可以永远逍遥法外吗？所以，历史学家不必期待考古学印证文字记载的历史，因为出土的材料往往反映的是经济与物质生活，而古代史家倾向于记录政治和意识形态。近百年来的考古成就虽然很大，但是先贤期望的决定性成果至今没有找到，也没有让人看到明显的希望，并且希望是越来越小。中国文化的特征恐怕将像西方学者企图通过发现物质性的东西来证明《圣经》的可靠性一样渺茫，已经不太可能像希腊考古那样发现出大量物质性的证明。西方也同样有批评考古至上的声音，"20世纪的史前史研究着魔于这一寻找证据的特殊形式，我称之为'考古实证主义'。这就是处理'物品'使人'客观'的谬论，也是对考古学证据的阐释和考古学发现本身一样坚实可靠的观念。这一信念将考古学假设提升到'科学的'地位，而将其他来源的关于过去的信息降级——传说、地名、宗教崇拜、语言以及口头方言和书面方言的分布。在本人的研究中，我坚持对所有来源都必须十分谨慎地对待，但他们提供的证据绝对和考古学证据一样有效。"[1]至于顾先生认为"大家既无法在考古学上得到承认的根据，也无法在考古学上得到否认的根据，那么，希望在考古学上证明古史的人将怎么办呢？难道可以永远'存而不论'吗？但是在书本上，我们若加意一考，则其来踪去迹甚为明白，固不烦考古学的反证而已足推翻了。"[2]这肯定也不是解决之道，文献考据如果行的话，清代的硕学鸿儒也就解决了，理性的光辉

1　《黑色雅典娜》，吉林出版集团有限责任公司2011年版，第7页。
2　顾颉刚：《古史辨》第2册《自序》，第5页。

指向多学科整合。

（四）文献分析的盲点

前文已述，三擘未能广泛搜集资料是一个致命伤，之所以造成这样的情况，在于三擘虽然不再视经学为当代社会的指导思想，但在未顾及对这些文献的性质进行现代分析的情况下，就顺势把经书作为最可靠的史料。而"确定一种特定的文本所属的话语体系以及它与其他相关话语体系的关系，是一项超出传统理解的资料考证程序的工作。"[1]也就是说，他们缺少了一个极其重要的环节，既没有用现代史料学的观点对整个先秦遗存史料的过程做一个客观分析，也没有对传世文献的现状及其性质做一个重新梳理与评估，更没有将有用的资料置于相关时期更广泛的知识背景下进行考察、分析，这也是一个很大的盲点。

《史记·六国年表》说："秦既得意，烧天下诗书，诸侯史记尤甚"，暴秦焚书，史书和诸子之书是重点。诸子百家因有徒众熏习，民间或有传人，汉兴后或凭记忆大体复原，伏生背诵记录《尚书》而成今文 29 篇就是很好的例子；或复本，司马迁谓"诗书所以复见者，多藏人家"，做到部分乃至大部复原，因而传下来的尚属不少。而先秦史书虽多，命运却迥异，成书后，原本只在各国政府存留，且往往秘不示人，更未遑广泛传播，一旦被毁往往很难挽回，国灭之后乃集于胜国之廷，最终汇于秦廷，"而史记独藏周室，以故灭。惜哉，惜哉！"秦火一烧，致使百国春秋所剩无几，史书实际损失最为惨重。先秦史书的存留主要出于偶然因素，它们即使渡过秦厄，也并不必然能完整传世，孔子所传《春秋》在独尊儒术成为国家经典后，其损失也达到惊人的程度，司马迁见到时文字尚有"数万"之多，可传至今天却只有 18000 多字。先秦最重要的史书《竹书纪年》西晋时

1　约翰·托什：《史学导论》，北京大学出版社 2007 年版，第 170 页。

侥幸重见人间，却于两宋时散佚；皇甫谧的《帝王世纪》同样散佚。"就往事与往事的记录之际来看，以往曾经发生的事件，其中绝大部分，如云烟一般的消散了，不留任何痕迹。留存下来的，是绝小部分，……事实在量的方面，与实际发生的往事，不成比例，以'渺沧海之一粟'来比喻，没有丝毫渲染。"[1]先秦史料留存匮乏的情况，这个问题自汉代就存在，史家睁眼所得或可与瞎子摸象相近，故北宋司马光在撰述通史时不得不起自战国。有清一代，博学鸿儒辈出，经学成就斐然，但先秦史的成绩却无足称道，实非偶然。我们利用现存史书时当然要充分考虑到这种特点。

研究历史主要依据各种文献资料，如何分析它们的性质是学者最起码的功夫。而任何一部典籍所记载、反映的都只能是历史一部分特定的内容，具有一定的特性与范围，文本来源时代的文体、思维习惯也很重要。中国传统文献结构的分类体系是后来形成的经史子集，这一分类与现代史料学所具有的内在价值并不吻合，如何分析这些特性各异的、不系统的资料，对于研究者的能力、素质、细心程度要求极高。清人郑献甫曾说："经正而纯，史实而杂，子奇而觕，集华而因。"马融说"经史非史官不敢作，非史官而作亦僭也。"[2]郑氏所言虽不尽符合实情，但他注意到传统四部书籍的性质的特点是可贵的，尤其是对史书的实即可靠性的关注别具只眼。今日可见到的先秦文献，它们的特性主要是"礼崩乐坏"后春秋战国理性大开时代兴起的社会精英、私学流派对当时急剧变动的社会的反思，即诸子百家阐述其学派思想的一家之言（或可谓之语录，传灯录），胡适、冯友兰称之为子学时代，顾先生早在1915年就说："中国哲学，

1　杜维运：《史学方法论》，北京大学出版社2006年版。
2　《补学轩文集》卷一《著书说》，沈云龙主编：《近代中国史料丛刊续编》第22辑，文海出版社1975年版，第669页。

专在政治上着想者。"[1] 侯外庐评析诸子说:"其所论究的问题,大部分重视道德论、政治论与人生论;其所研究的对象也大多是以人事为范围。"[2] 学派对于历史人物只能注入价值,也可以捕风捉影编织事件,而不是能相反地凭空捏造凭空编造出一个历史巨人,百家中最具历史性的是儒家,保留了最多的历史资料。传世文献中基本看不到反映传说时代整体面貌的书籍,涉及稍多的有《山海经》(《山海经》之名首见《史记》),《易》谈到伏羲神农黄帝、《天问》谈到女娲,最具系统性的可说是被收于经部的《大戴礼记》两篇及集部的、带有史诗性质的重要篇章《楚辞·天问》,后来发现的《竹书纪年》虽具系统性但也在流传中散佚。其中没有完整系统的历史撰著,少数的几部史书《国语》《春秋》《左传》和《战国策》等还是断代或国别史,它们对于传说时代的人物(神灵)、事件,绝大多数记录的都不系统,多是在讲古史时偶尔的引证、举例,由于它们是被偶然提到的,并不反映传说时代的系统性、全面性。劫灰之余的史料,竭泽而渔尚嫌不足,在科学地批判之后,拼合、连缀尚嫌材料不敷用,而三擘却又将大部分排除在外。不仅如此,史学家在使用这些史学资料(著作)时,在分析它们是出于何种目的所写,其叙述是有意强调的主题(必须记录的)还是无心捎带的话题(偶然提到的)时,还常常忽略史学上的一个常识——常事不书[3](记录)的惯例,即史学资料常有记载特异事物的特点(记异性特征),这关乎默证使用的合法性。"有时最具启示性的方法在于,历史学家体会资料的言外之意以探析隐含的假设和信念,而这些往往是资料作者在无意识中透露的。"[4] 例如,"费弗尔倡议的'集体

---

1 《顾颉刚读书笔记》卷十五,中华书局 2011 年版,第 85 页。

2 《中国思想通史》第一卷,人民出版社 1957 年版,第 131 页。

3 《春秋公羊传·桓公四年》。另《史通·书志》曰:"古之国史,闻异则书。"

4 《史学导论:现代历史学的目标、方法和新方向》,北京大学出版社 2007 年版,第 76 页。

心态史'指属于社会整体或大部分人共有的心态。正因人人皆有，通常反而不被人们觉察。"[1]分析对话时，要注意双方或多方对尽人皆知的事实常有省略。理性的士人阶层很少谈论早期人格化的神灵如盘古等以及当时的民风民俗，这是可以理解的，当时士人的大多数已不再相信宇宙的神创说，而是主张宇宙的自然生成观，儒家虽不否认神灵，但是不愿谈论。这并不意味它们就不曾存在过。比如盘古，因为祂对于华夏来说是众所周知的，文献中出现的少并不意味没有，近年中原腹地河南济源发现盘古庙，桐柏发现盘古山且每年三月三有庙会，华县发现盘古城就是民俗学的例证。而不同文化不同族群的交界地，华夏边民要突出自身属性所以就较易强调，今人在文献中的边地见了就误以为是受异民族影响，实际上这种神灵往往是一个种群的属性标志，极难改变。这表示以往以其东汉末见诸文献的年代为其产生年代的认识是偏颇乃至错误的。这也与上文所述思维方式之变有关。

此处以分析《尚书》《诗经》为例，略谈不能将其作为研究古史体系入口的理由：

白鸟氏提出"尧舜禹抹杀论"，后撰《〈尚书〉的高等批评》；内藤氏发表《尚书稽疑》文，对其成书、流传与传说时代的关系等展开论证，进而提出"加上原则"。两说的学术出发点都是以《尚书》研究为入口而后展开论证的。而"层累说"的出发点则是在对《尚书》前三篇否定的基础上，主要通过《诗经》《论语》展开的，《尚书》是一个重要的辅助品。所以，学者要对三擘之说评骘褒贬，自然需先从《尚书》入手。

何谓《尚书》？尚，经学家大都视之为上的通假，怎样解

1　迈克尔·斯坦福：《历史研究导论》，刘世安译，世界图书出版公司2012年版，第25页。

释上字则众说纷纭，合理的解释有二，一是上古，二是君上，前说在学界更占优势。此书性质，以现代史学观点看，不过是史料选编，其本身按典、谟、训、诰等分类，记事也好记言也罢，该书的性质，依顾先生的传人、古史辨派第二代掌门刘起釪的晚年定论，认为是历史文选课本，"是夏商周史事的第一手文献资料……不过被孔子汇编作为儒家两部重要课本之一的历史课本，教授门徒。"[1] 揆之于今，更准确地说它相当于中国历史文选课教材，是为了在传授知识的同时阐发自己学派的思想与大义，也就是刘家和先生所说："说'书传自孔氏'，我以为那未必是孔子为《尚书》写了传，而是对《尚书》作了讲述。这种讲述包含两重意思：一是知识方面的解释，包括文字训诂、名物考证之类；二是意义方面的解释，包括是非、善恶的价值判断之类。而这两种解释之间自然是有着密切关系的，前者的确定往往会限定后者的取向，后者的需求又往往会影响前者的选定。"足见编纂者选择篇目的主观性相当强，而所选文章中提到什么或不提到什么则受制于原文，记载这个不载那个都很正常。它既非历史书，也不具备完整的通史性质，那么其选择就与古史体系不存在必然联系，自然也不必从历史开端讲起。这个道理是显而易见的。再加上本文它处所述相关理由，《尚书》自然不能作为研究古史体系的入口。但入口非难寻觅，就是那一向为人忽视的《五帝德》和《帝系》两篇（下文有论）。

　　《诗经》的性质，乃是周王室及重要属国祭祀典礼所用的诗及从各地搜集的一些民歌，今人多以文学看待，而文学中记载的历史并不全面，自然不能作为古史体系的入口和主要的依据。其中，像顾先生分析的《商颂》《周颂》，其性质犹如帝王世谱（家谱），它们只述及和自身历史相关的内容，依周道原则，所谓民不祀非

1　《尚书校释译论·序言》，中华书局 2005 年版。

族，神不歆非类。周人歌颂自己的祖先，宋人歌颂自己祖先，岂能因家谱只叙述自家而竟谓别家都不存在？《诗经》无"夏颂"、"虞颂"，自然没有其族歌颂祖先的记录，如果有的话，一定会出现黄帝颛顼和尧舜。顾先生本人也清醒地认识到这一点，在评论《诗经原始》时说："此书固较一般《诗》注为好，但总嫌其牵于史事，以致拖泥带水，缠扰不清。将来说《诗》，必将史事一起推翻（至少在《国风》中须完全排去），然后可见《诗》义真相。"[1]在《自序》注文中说："《诗经》中有古史材料，《诗经》的考定即可辅助古史的考定。"但也说："战国时诗失其乐，大家没有历史的知识，而强要把诗经乱讲到历史上去，使得诗经的外部蒙着一部不自然的历史。"接着分析周代人的用诗说："当时的用诗有四种：一是典礼，二是讽谏，三是赋诗，四是言语。典礼与讽谏是他本身固有的应用，赋诗与言语是引申出来的应用。凡是引申出来的应用，只要达出用诗的人的意思，并不希望印合于作诗的人的意思，所以可以随便乱用。他们虽是乱用，却不预备在诗上推考古人的历史，又不希望推作诗的人的事实，所以不会损伤诗经的真相（这一义至关重要。从前说诗的人把用诗的人的意思就算做作诗的人的意思，所以引起了无数纠纷。他们全不理会断章取义，以为古人既这么用就不会错）。"[2]顾先生既注意到《诗经》中只是"有古史材料"，它的史料价值"即可辅助古史的考定"，武断地认定"大家没有历史的知识"，周人用诗时"强要把诗经乱讲到历史上去"，"不预备在诗上推考古人的历史"，且批评古人"断章取义"，但在"层累说"中，顾先生却遗憾的把这些抛诸脑后，不仅以之做研究古史体系的入口，而且把它作为主要的证据来源，勿乃自相矛盾乎？

1　《顾颉刚全集·顾颉刚文库古籍书目》卷二，中华书局 2011 年版，第 754 页。顾颉刚称此书得于民国十三年一月，写题记的时间待考。

2　《论〈诗经〉经历及〈老子〉与道家书》，《古史辨》第 1 册，第 71 页。

（五）经学史学关系的盲点

由《尚书》、《诗经》的分析以及三擘沿袭崔述剥皮主义路径的事实，可以看出他们身上仍然有着浓厚的经学思维，承接的主要是经学遗产，而反对者及旁观者对此也浑然不觉，同样不能清晰地区分经学与史学。之所以如此，乃因汉字文化圈中的学者受儒家经典影响太深，浸染于其文化的血脉与传承中。就学术本身而言，儒家文化体系中独特的亦经亦史、经史不分的关系，既是特有的文化现象，又与经学史学间复杂而密切的关系及其演变有关，这是世界学术界迄今没有参透三擘谬说的关键所在，也构成了一个大的思维盲点。

1. 经与史　经本来指的是先秦诸子学派内部指认的权威书籍，儒家是这些私学派别中历史性最强的，其六经主要由搜集、选择的一些历史资料构成。史本来是周王室和诸侯各国官方设立、记录君主言行和重大事件的官职，其含义渐渐衍生出史书、史事等，史（史的文本）的权威性本来高于、重于诸子百家包括儒墨显学的典籍，但史也具有另一种含义——历史意识，即起源、发展的轨迹。儒经与史在时段、内容上多有交叉，儒经在承载华夏文化传统的同时，也注入了自身一定的价值、道德和理想观念，所谓祖述尧舜、宪章文武。刘家和先生认为“儒家经典不仅是单本的古代文献，而且是有其思想系统的文献体系。”“在儒家经典逐步确定的过程中，解经之‘传’也同步地逐渐出现。……包含两重意思：一是知识方面的解释，包括文字训诂、名物考证之类；二是意义方面的解释，包括是非、善恶的价值判断之类。……孔子作为儒家学派的创始人，他对古代文献之‘述’当然要包含这样两个方面。……大概自孔子以下，儒家的‘传’就一直继续下来了。”[1]汉武帝独尊儒术之后，一般

1　刘家和：《史学经学与思想》，北京师范大学出版社 2005 年版，第 251—252 页。

意义的经特指儒家经典，成为治国的指导思想，经开始重于史。史的撰著从此受到儒家思想的深刻影响，深治史者鲜少有不通经的。经史在内容上是不可分割的，二者既有很大程度的交叉，但又不能和二为一，经则与上古史约略相当，建构上古史的主要材料本就来自"六经"，但意蕴稍窄，避谈神秘主义事物；史的概念、内容则更加广泛，时段也更长，经史没有明确的边界；从王阳明"五经亦史"到章学诚"六经皆史"，都点出了经和史的密切关系[1]，六经皆史，后面还接有"本先王之政典"，可以说六经皆史，但不能说史都是经。钱穆先生所谓"儒家亦古学一大宗，《六经》亦古籍一大类，儒家之与《六经》，其自身即为古史一大部"是正确的认识，"谓必舍此二者而后可以求古史之真相，我未见其有当也。"[2]

经史关系的纠结不清一直是近现代学术的一个重要现象。东方学术主要的独特性在于她的经史同源的关系，延续至今，轴心时代孔子们在史的文本中注入了价值而成为经，经来源于史而其地位高于史，经被视为圣王先贤治国之道的记录，史的范围更为宽泛，经主史次，谈经则五经四书，论史是三皇五帝三代秦汉而下，二者虽有联系却没有混淆不分。孔子论经是"祖述尧舜，宪章文武"，谈史则是黄帝颛顼帝喾等。

2. 经学与史学　"所谓经学，简言之，即传授与研究儒家经典之学。"[3]"所谓经学……简单地说，研究记在四书五经里的圣贤之道的就是经学。……乃是在宗教、哲学、政治学、道德学的基础上加以文学的、艺术的要素，以规定天下国家或者个人的理想或目的的广义的人生教育学。……经学实是中国的最大权威者，从其内容来说，它是中国哲学、宗教或政治、文学的

1　关于"六经皆史"的起源与发展过程，请参考钱锺书《谈艺录》。
2　《崔东壁遗书序》，上海亚东图书馆 1936 年版。
3　马宗霍、马巨：《经学通论》，中华书局 2011 年版。

基础。"[1] "夫经学者，史与子合流之学问，固非史学，亦非子学，而与子史皆有密切之关系，盖起于晚周而成于汉代。……吾谓经学非史学，非子学，而为子史合流之学问，为一特殊之学问，自具独立之精神，而非史与子所能包含。"[2] 经学提供了维护东方社会秩序、政治秩序、文化秩序的一套指导纲领和思想体系，实质上是价值体系，相当于人的大脑的指挥中枢。王汎森先生说："经学所蕴涵的价值体系会隐然支配学术工作，深刻地影响选题、诠释、价值判断，或想在研究中寻求经学式的恒常道理。"但我们又不能泛泛谈论经学，而是要把今文经和古文经与史学的关系分开来论，才能切中要害。

西汉时，今文经学派和古文经学派相继兴起，对当时的政治、社会和学术产生了巨大而深远的影响，刘师培说："大抵西汉之时，经学有今文古文之分，今文多属齐学，古文多属鲁学。今文家言多以经术饰吏治，又详于礼治，喜言灾异五行；古文家言详于训诂，穷声音文字之原。各有偏长，不可诬也。"[3] 周予同等先生对二者之间的异同进行了比较[4]：

今文学：尊奉孔子；尊孔子是受命的素王；认孔子是哲学家、政治家、教育家；以孔子为托古改制；以六经为孔子所作；以六经内容浅深程度排列，顺序为《诗》《书》《礼》《乐》《易》《春秋》；以《春秋公羊传》为主；为经学派；经的传授多可靠；西汉都立于学官；盛行于西汉；斥古文经传是刘歆伪造之作；今存《仪礼》、《公羊》、《谷梁》、《大小戴记》和《韩诗外传》；信纬书。

1　本田成之：《中国经学史》（孙俍工译，漓江出版社 2013 年版），《绪言》第 1 页，正文第 2 页。

2　李源澄：《经学通论》，华东师范大学出版社 2010 年版，第 3 页。

3　刘师培：《经学教科书·序》，上海古籍出版社 2006 年版。

4　《经今古文学》，《周予同经学史论著选集》（增订本），上海人民出版社 1994 年版，另参见范寿康《中国哲学史通论》，三联书店 1983 年版，第 139—140 页。

古文学：尊奉周公；尊孔子为先师；认孔子是史学家；认孔子"信而好古，述而不作"；以六经为古代史料；以六经产生年代先后排列，顺序为《易》、《书》、《诗》、《礼》、《乐》、《春秋》；以《周礼》为主；为史学派；经的传授不大可考；西汉多行于民间；盛行于东汉；斥今文经传是秦火之余；今存《毛诗》、《周礼》、《左传》；斥纬书为诬妄。

香港学术思想史专家邝士元先生对两派也进行了详尽的比较，其论后出转精语多精辟，他说：今文家重微言大义，比较重夸张，喜言天人之理，信奉董氏主张的阴阳五行学说；不重《说文》，所作经说，不斤斤计较经典文字的解释，而重经典中所要讲或讲得不明白的意思，大胆地将它引申、说明、发挥，似略有主观的色彩，颇失牵强附会；大抵上承诸子遗绪，主学以致用，用世之意为多；多具通经致用的观念（例如以《洪范》察变，以《禹贡》治水，以《诗》三百作谏书，以《春秋》决狱等，以今日视之，皆为迂怪之论），说经者九成是以汉政制为对象。他脱胎于战国至汉初的经学上的齐学。哀平之际始盛行的纬书，今文家以为是孔子的微言大义，间有存者，故亦有可取。治学的态度和方法大都是推理的，疑古的，亦是博古的。而古文家重视文字学，用其作工具以探寻经文真相，笃信《尔雅》、《说文》，特重训诂名物，只是简单地解释文字中特别的今古意义或深的字义，古文家求是之心切，他们的考证，完全是实事求是，完全没有主观的意见，至于经典内容，则由学者细心体会，对于纬书，则斥为诬妄，全不可信；有为经学而治经学的意思，玩物丧志。古文家渊源于战国至汉初的鲁学，比较谨守典章之遗，是原始、质朴而扎实的学派。治学的态度和方法是归纳的、信古的，亦是隆古的，下开朴学先河。[1] 东汉之后，今古文合流，直到晚清。

1　邝士元：《中国学术思想史》，上海三联书店 2014 年版，第 80—86 页。

　　综上所述，今文经实际上主要是一种统治者的政治哲学，今文家身上，政客的意味浓，学者的色彩淡薄，复原上古历史的真相并不是其直接的追求目的。而古文经则主要以学术为主，古文家身上，学者的色彩浓厚，追求历史的复原，在这一点上，与历史学的目的相近。"古文家最大的功绩，是把经学从今文家的荒诞迷信带到考据训诂之途。"[1]

　　史学一词，一般认为始自十六国后赵初年，它在实际使用中含义相当宽泛，举凡与历史相关的认识、叙述、编纂和史书考订等等，都在其范畴之内，简言之，是一门记述历史、复原真相的学问。

　　在东方的学术体系中，经学与史学关系极其密切，清代朴学大盛，经学独大，巍巍大国，其次则为史学。但经学史学关系的复杂演变到底如何，却乏人梳理。清学正统派的学术路径由小学入经学，（经学实），由经学入史学，（史学真），扩展到子书，最后遍及先秦文献（诸子学冲击了经学的独尊）。经学与传统史学在功能上均主张经世致用，王汎森先生认为："经学意识与史学意识始终是清学中的两脉，或者应该说是一体的两面，但无论如何，经学毕竟是主、史学是从，经学是优先的、史学是从属的"，陈寅恪先生虽然在经学史学上没有专著，但他在两篇序中阐发的系统观点却很精彩，颇中肯綮，他说："清代之经学与史学俱为考据之学，故治其学者亦并号为朴学之徒"[2]，学问上共有的是考据之法，尽量寻求更早的史料是其共同点，二者"所差异者，史学之材料大都完整而较备具，其解释亦有所限制，非可人执一说，无从判决其当否也；经学则不然，其材料往往残

<hr />

1　邝士元：《中国学术思想史》，上海三联书店 2014 年版，第 89 页。
2　陈寅恪：《重刻〈元西域人华化考〉序》，《金明馆丛稿二编》，上海古籍出版社 1980 年版，第 238 页。

阙而又寡少,其解释尤不确定。"[1] 似有将经史变成前后相续之意。

　　清末,东方学术在全面融入西方的大洪流中,兴起了尊西尚新的风尚,所谓西学,即欧美学术及其文化,新则为新奇特异之学。今文经学在此大背景下重新复兴,它是一种由社会心理与现实社会 (中与外、传统与现代) 激荡而来的政治思想运动,它是从传统中吸取资源以达到现实关怀的产物即经世之学,它是一种政治哲学,在学科属性上,它的政治、思想的意义大于学术的,在这一点上,康有为是明显的代表。"如果没有康有为的托古改制,经今古文学之争是否会上升为全局性问题,大可疑问。"[2] 同时的古文经派,也吸收西方视野以治经史之学,其学术色彩浓厚。陈寅恪先生今古文评骘两种学风说:"以谨愿之人而治经学,则但能依据文句,各别解释,而不能综合贯通,成一有系统之论述;以夸诞之人而治经学,则不甘以片段之论述为满足,因其材料残阙寡少及解释无定之故,转可利用一二细微疑似之单证,以附会其广泛难征之结论,其论既出之后,固不能犁然有当于人心,而人亦不易标举反证,以相诘难。……往昔经学盛时,为其学者……其谨愿者既止于解释文句,而不能讨论问题;其夸诞者又流于奇诡悠谬,而不可究洁。"[3] 谨愿之人似指古文学派,夸诞之人似指康有为、廖平等人。东方史学界在近代转型过程中,本来有着极为有利的条件,就上古史来说,它可以充分利用前人经史之学的材料和成就,同时参照、借鉴人类学、神话学、宗教学的视角以及人类社会通则和社会科学的方法,祛除经学中对古代社会的误读和儒家的理想成分,正

1　陈寅恪:《重刻〈元西域人华化考〉序》,《金明馆丛稿二编》,上海古籍出版社 1980 年版,第 238 页。

2　桑兵:《近代学术的清学纠结》,《中山大学学报》(社会科学版) 2010 年第 6 期,第 73 页。

3　陈寅恪:《重刻〈元西域人华化考〉序》,《金明馆丛稿二编》,上海古籍出版社 1980 年版,第 239 页。

确认识华夏历史的真相。《当代中国史学》指出："民国以来，西洋的治学方法和新史观不断的输入，更予人们莫大的启示。……颉刚等身逢其会，便开始提出古史上诸问题加以讨论，'古史辨'便在这种情态之下出现了。"[1]但不幸的是，对近代史学产生更大影响的却是今文经学派，"光绪京朝……学术风气，治经颇尚公羊春秋，……后来今文公羊之学，递演为改制疑古，流风所披，与近四十年间变幻之政治，浪漫之文学，殊有联系。"[2]余英时罗志田先生对陈先生的文字表达进行过深入研究，认为他用词准确、谨慎而又意蕴丰富，观笔者所引词汇，独不肯将其与史学和学者所应有的标准相许，则陈先生对其在史学上的意义评价极低也就在不言之中了。

　　在梳理学术史后，会发现最值得注意的就是晚清流行的今文经学，学术界对它在日本发生的影响似乎没有给以应有的关注，而明治早期最响亮的口号"尊王攘夷"就出自公羊学，此后，中日学界存在着相当程度的互动是可以肯定的，今文经学方面如何互动及其与史学在学术上的关联尚需深入研究。日本社会及文化当时虽处在转型期但儒学传统仍然深厚，经学内部存在着疑古的潜流（如朱子提倡怀疑）也同样不能忽视，白鸟氏即出自被称"东儒"的东大岛田重礼门下，王泛森先生指出："白鸟氏的论点与康有为及崔适倒是非常相像。"[3]李孝迁先生也说："白鸟继承了老师（指里斯）的学风，并受到了近代今文经学家的托古改制说及西洋史学方法的影响。"[4]而内藤氏"参考和深入

1　顾颉刚：《当代中国史学》，上海古籍出版社 2002 年版，第 123 页。

2　陈寅恪：《朱延丰〈突厥通考〉序》，《寒柳堂集》，上海古籍出版社 1980 年版，第 144 页。

3　《古史辨运动的兴起》，允晨文化实业股份有限公司 1987 年版，第 53 页。

4　《域外汉学与古史辨运动——兼与陈学然先生商榷》，《中华文史论丛》2013 年第 3 期。

研究了深奥的西洋圣经高等评论方法"[1]，更重要的是，他汉学
素养深厚[2]，他对今古文评价的文字虽然比较持平，但他在华夏古
史体系这个问题上所受的影响似以今文学为大，他在 1917 年 2
月发表的《关于中国古典学研究法》中指出：清人不怀疑经书这
一规矩，对古代史研究来说，特别是一种障碍。即从历史研究
法来看，不管怎样，都有不得不怀疑的时候。"至近代以来，公
羊学盛行，其结果就成了根基于历来的许郑之学，对经书的解释，
打破了不怀疑其说的传统，而此前直到公羊学流行的西汉之后，
对之深信不疑，这是中国古典学的进步。"[3]而在《周礼》和《左
传》上，内藤氏似同样偏于今文学派观点。[4]而加上理论主要观
点产生的契机就"是由公羊学派人物促使的"[5]。在《中国史学史》
一书中，内藤氏表明是依据今文学派刘逢禄、宋翔凤、魏源等
人的成果，间以己意，"进而再结合其他经书的形成进行推测。"[6]

1　神田喜一郎：《敦煌学五十年》，高野雪等译，北京大学出版社 2004 年版，
　　第 57 页。

2　内藤之父、祖均为儒者，"湖南自幼从父学汉文、汉诗，汉学可谓内藤家
　　的家学。……湖南的汉学功底从少年时代起就已经出类拔萃。"（《内藤湖
　　南的世界》，三秦出版社 2005 年版，第 31—32 页）

3　《内藤湖南全集》第七卷，筑摩书房 1970 年版。原载《东方时论》第二卷
　　第二号。

4　"公羊学者何休称其（周礼）为'六国阴谋之书'（《周礼正义序》）。此书
　　的编辑问世无疑是在《仪礼》之后。《礼记》中《王制篇》大体上与《周礼》
　　结构相似，《周礼》是对《王制篇》所作进一步的铺张。"但内藤氏也认为，"即
　　便《周礼》中多有《礼记·王制》所没有的内容，也不能一盖认为都是《周礼》
　　作者所伪造的……可以这样认为：在这期间发现了各种以前的笔记，于是
　　就将这些笔记加以汇总，在这些材料不能顺畅衔接的情况下，编辑者即进
　　行了补缀。"（《中国史学史》，第 45—46 页）"本来《左传》是为了便于阅
　　读《春秋》本文作为参考而汇集的史料集……也是附之以'义'所作的《传》，
　　这被认为是刘歆的工作。他当时掌握了《公羊》《谷梁》中所没有的古经书，
　　以此为基础附加《左氏传》的内容成为一书。"（第 50 页）

5　《尚书稽疑》，《内藤湖南全集》七卷，筑摩书房 1970 年版，第 14 页。

6　内藤湖南：《中国史学史》，上海古籍出版社 2008 年版，第 35—38 页。

他与深受康有为影响的夏曾佑有长期学术交往，对其著作多有褒奖，多次向学生推荐夏的《中国历史教科书》。[1]日本二擘的观点与今文经学的关联十分值得关注。

疑古的古字，其内涵既指经，同时也包括远古史，这是汉字的多义性所使然。因此，"疑古"这命题既是一个经学问题，同时也是史学问题。经史之学的纠结与差异将在结论部分详述，此处略述其演变的脉络。它萌芽于先秦，真正意义上的疑古主要肇始于唐，兴起于宋，此后时断时续，影响或隐或彰。到了清代，《尚书古文疏证》和《左氏春秋考证》在相对严格的考证的基础上，从简单的怀疑进入实质的证伪。而姚际恒的《古今伪书考》和崔述（号东壁）的《考信录》等著述则上升到了认识和方法的角度，姚考证先秦两汉文献哪些书是伪书，崔在"疑古"（主要源自宋学）上非常大胆，但他们在当时的学术界属于非主流，影响较小。直到清末今文经学复兴，尤其廖平的《今古学考》、康有为的两考才使近代的"疑古"成为一个重要的学术命题而显赫于世。康学的特点是"借经术以文饰其政论"，它为戊戌前后知识人的政治、社会与文化提供了思想的资源与行动的动能，体现了"学政一体、经世致用"的传统；但在学术上却是非常主观、武断和附会的，他在经学上主要利用了"微言大义"的公羊学，他甚至批评崔述保守[2]，并提出中国历史上孔子、刘歆为了变法改制而分别有造经、造史的运动以树立权威的"非常异义可怪之论"。这实际上是康有为为推动变法维新、树立自己的权威而制造的舆论，以掩饰自己的造经造史。[3]对于这一进

1　钱婉约：《从汉学到中国学》，中华书局 2007 年版，第 46 页。

2　康有为说："夏殷无征，周籍已去，共和以前不可年识，秦汉以后乃得详记。……崔东壁乃为《考信录》以传信之，岂不谬哉？""太古之事已灭，若存若亡，若觉若梦，可为三古茫昧之据。而崔东壁尚欲为《考信录》以实之，不亦谬乎！"（《孔子改制考》，中国人民大学出版社 2010 年版，第 4—5 页）

3　杨向奎《大一统与儒家思想》第十节"历史的回顾"，北京出版社 2011 年版。

程，钱玄同表述得非常清楚："我以为推倒汉人迂谬不通的经说，是宋儒；推倒秦、汉以来传记中靠不住的事实，是崔述；推倒刘歆以来伪造的古文经，是康有为。"[1]继之而起并产生重要影响的是日本的史学二擘与中国的"疑古三杰"。

上文已述，顾先生的"疑古"思想很大程度就来自今文学派尤其是康有为，在很长时间中在不少地方都谈到十分欣赏康有为《孔子改制考》的"论上古事茫昧无稽"，他坚持认为《左传》、《周礼》是刘歆伪造的，正如张京华指出的那样"《日记》所记推崇康有为之处也比王国维多得多。"[2]顾先生"疑古"的直接渊源应该是来自于康有为而非胡适，明显转入并承袭今文学之路径，最终成为一个表面上推崇科学史学而暗地里是一个浓厚的今文经派的"经师"（傅斯年先生40年代私下语[3]）。而30年代与顾先生合写《三皇考》文的亲密学生杨向奎先生在49年后的数十年中坚持指顾先生为今文学经师是意味深长的。对此，从30年代的钱穆、40、50年代的杨向奎到今天的王泛森、张京华诸多先生都有觉察和揭示。顾先生本人对此当然极力否认，因为在那时经学意味着落后，而他高举的是科学的大旗，但他在与亲密的挚友良师钱玄同的私人通信中却多次强调对今文经

---

1 钱玄同：《玄同先生与适之先生书》，《古史辨》第1册，第37页。

2 《未尽的古史辨：读余英时先生〈未尽的才情——从日记看顾颉刚的内心世界〉》，《中国图书评论》2011年第1期。

3 《顾颉刚书信集》卷三，中华书局2011年版，1945年10月25日"致杨向奎"："傅先生谓我为经师而非史家，此语吾未会闻。其所谓'颉刚自己偏不肯承认'者，彼想当然之词耳。在未讨论古史问题前，我从未想到以后是一史家，我只想继承三百年来之清学而整理古文籍。""我治经学之目的乃在化经学为史料学，并不以哲学眼光治经典，而将一己之理想套在孔子头上，故称我为经学研究者则可，称我为经师则犹未洽也。傅先生对我固有认识，然彼之忮刻实深，数年在渝，屡间接听得其破坏之言，只需我做一点事便加我一点攻击，故其所为与罗常培等曾无差异，我何必向之觅饭碗乎！"（第112页）杨向奎是顾、傅两先生的学生，所述当为可信。

学的关注，屡屡鼓吹，甚至在 1928 年 4 月 12 日的信中说："康有为的传文，不知有否？如先生见之，请钞寄我。先生对于他的学问如有批评，或对于《伪经》、《改制》两考有提要及批评，亦请寄我。我在此（广州中山大学）讲上古史及《尚书》，大张今文之帜，将来造就了一班学生，不难振起一变相的今文学派也。"[1]"大张今文之帜"道出了他内心的真实动机,目的是培养一个"变相的今文学派"，类似的书信仅就可见的就持续四年多的长时间。1930 年 7 月 31 日 "致钱玄同""钱穆先生之《刘向歆父子年谱》，正是激动我们重提今古文问题的好资料，我想搜集材料，驳他一下，先生能助我否？"1930 年 8 月 6 日"致钱玄同""我想把王静安先生《古史新证》也放入《辨伪丛刊》，好否？此外崔先生的《刘歆颠倒五经调理》，名目甚有刺戟性，拟亦付刊。""在《燕京学报》上，我很想重激起古今文问题的战争。因为一种学问，必须有两派人各执己见，长期的斗争下去，方可有进步。每念六七年前古史之争，辄怀刘掞藜君不置。"1932 年 9 月 12 日 "致钱玄同""《古史辨》第五册目拟出，乞酌夺。今古文问题，我们必须掀起一波澜，应对一班顽夫有所针砭。我很希望这一个问题能在我们手中结束。觯甫先生传，能于此半年中作成否？廖氏之学，最好亦作一评，长短可勿计，或即与我一信讨论之，如何？"[2]三十年代他面对钱穆先生规劝没有必要陷入今文经之路时，他矢口否认，他却屡屡鼓吹之，"康氏《新学伪经考》，粗枝大叶，罅漏正多，受人不满故意中事。但其在学术史上之地位，则不能埋没。盖清代学术之精细，正以宋学之鲁莽为之先驱。……康氏书大体虽鲁莽，必有一部分为不鲁莽者；可驳者虽至多，而必有一部分为不能驳者。衮甫先生以清人之学绳之，

---

1 《顾颉刚书信集》第一卷，中华书局 2011 年版，第 563 页。
2 《顾颉刚书信集》第一卷，第 563—564、568 页。

当然有许多不合。……今古文问题诚为中国学术史上最大问题，此问题如不弄明白，则古史古礼古书一切弄不明白。"[1] 顾先生还在很长时间、不少地方都以十分欣赏的口吻谈论康有为的"两考"，此类记载不少，[2] 尤其在反映其内心真实想法的日记中更是倡言无忌，如顾先生在 1937 年 11 月 30 日写道："康有为欲将《左传》改编为《国语》原本，其事未就。自今夜起，予试为之……可以完成刘、康、崔诸先生之心愿。"[3] 在 1949 年 1 月 5 日写道："现在研究经学人士寥寥可数……予苟不为，则康崔之绪即断，故此后研究工作，必倾向经学。"[4] 到这时竟还要承"康崔之绪"，绪意指血脉传承。这也直接关乎古史辨派真实的思想与学术渊源，顾先生最亲密的学术助手童书业在《古史辨》第七册《自序二》开篇就对"古史辨派"的来源做了明示，他直截了当毫无拖泥带水之处地说："从康有为发表《新学伪经考》和《孔子改制考》到这第七册《古史辨》的结集"。遗憾的是，在这样极为风行的书中如此公开的宣示竟然鲜少引起研究者的注意。而顾先生从 30 年代起就与康有为之女康同璧开始来往，到 1956 年 10 月 12 日还代康同璧作"康有为先生诞生百年纪念启事"，足见交情匪浅，这也从一侧面证明顾先生与康有为的密切关系。而顾先生本人甚至在 1958 年 3 月出席"康有为诞生百年纪念会"的公开场合宣称："我编着的《古史辨》，追原动机，就是南海先生这一（指学术）思想的发展。""我是他的私淑弟子（指学术上）"，受康有为很大影响的崔适、钱玄同"共同教育了我，所以我一直以

1　《顾颉刚书信集》第二卷，1932 年 5 月 6 日"致顾廷龙"，第 492 页。

2　如《顾颉刚全集·顾颉刚文库古籍书目》卷二，第 762 页，"新学伪经考"条："至卅余，常与钱玄同先生接席谈经学，有屡及此书，予谓当标点印行。玄同先生云，余有两本，当以所点一本付君资参考。会日军军阀启衅，京津时有被夺之虞，生活不安，竟未践约。"

3　《顾颉刚日记》第三卷，台湾联经出版公司 2007 年版，第 733 页。

4　同上书Ⅵ，第 401 页。

继承南海先生的学术为自己的不可动摇的意志⋯⋯我十分希望，在我的余年里好好地工作，发展南海先生在学术上正确的部分而改正他的疏略的一面”，“以期无负薪传。⋯⋯南海先生⋯⋯振臂一呼，万山皆应。我就是最受影响的一个人。”[1] 这表明顾先生是一个表面上推崇科学史学而实质上是受今文经派浓厚而强烈影响的学者，这个结果可谓让人相当意外。在 1961 年 12 月 24 日写道：“予询丕绳：‘我所受之影响孰为最？郑樵、朱熹、阎若璩、姚际恒、崔述、康有为、胡适？’丕绳答曰：‘康有为。’予亦首肯，盖少年时代读夏曾佑书，青年时代上崔适课，壮年时代交钱玄同，三人皆宣传康学者也。至胡适，仅进化论之一点皮毛耳。”[2] 师徒私人对话，直抒胸臆，颇有共识，当时也绝无外在压力，足见实情确实如此，这也说明他与今文学派的关系要比与崔述的关系密切的多。而如上文分析，只此皮毛也来自于严复和梁启超。所以，“疑古”对于顾先生来说，事实上已经变成了信仰。

这些书信和日记属于第一手的原始资料，其可靠性、可信性远远大于他在公开场合的宣示和辩解，是其内心思想和历史实际的真实写照，由顾先生在“康有为百年诞辰纪念讲稿”这种材料证明前辈和时贤的观察是颇有道理的。梳理学术史后，自会觉得实在情理之中。

在此补充阐释顾先生为何从始信章太炎古文经派转向康有为今文经派的问题，由顾先生在北大时期的读书笔记可知（上篇有详尽研究），他在接触钱玄同之前对今文学始终冷淡，对康有为评价也不高，而之后开始热衷于今文经学，前后变化的重要原因可从学术上比较，古文经学派从识字开始，强调言必有

1　顾颉刚：“康有为百年诞辰纪念讲稿”，《宝树园文存》卷二，中华书局 2010 年版，第 423、425—426 页。

2　《顾颉刚日记》第九卷，台湾联经出版公司 2007 年版，第 372 页。

据，非积多年功力不能办，这恰恰不是顾先生的优势，顾先生
直到 1920 年 12 月 12 日还自称"《说文》更没有把握：虽然得了
些零碎的智识，连统翻一过也未曾。"[1] 到 1962 年他总结自己治学
特点说："由目录而入史学……至于声音、文字之微，则未曾入
门。"[2] 正如陈寅恪先生所说今文经派的治学特点可以使之速出成
果，因此，他治学的偶像就不能不变，在《自序》中就改变了
对康有为以及《新学伪经考》和《孔子改制考》的态度，咬死
康有为的假定作为立论的前提。今古文的区别，从顾先生 1917
年年底转引黄侃的话说："经学分家派，本不为善，然苟为其学，
即不得不藉家派以为其假定，而后一切义类有所附；得其义，乃
舍其家，则知所择矣。"顾先生极为欣赏，"按假定一言，是极，
此即为科学方法也。"[3] 实即治哲学之法，今文经学之变每在假定
之后演绎，廖平著名的"六变"就很好的证明了这一点，但以
此治史学则十分不妥，科学史学本应由史料价值出发去论证、
评判今古文经书以及所有先秦材料的史料价值，由此展开中国
近代史学的新阶段，不料却停滞在今古文的假定上打转、争斗，
这在在说明顾先生对科学史学的理解是相当肤浅的。

　　在这个关键的转型期，尤其牵涉到经学与史学的关系及其
各自地位的演变，通常的看法是，用周予同的话说："史由附于
经，而次于经，而等于经，以至现在的经附于史"[4]，王泛森先生
说："晚清到民初，正是经学与史学互为消长的时代"，"依我的
观察，清代经学研究的成绩，有不少被民国时代的古史家所继承，
而由经学到史学的转变，大多与五个环节有关：第一是分别经是

1　《顾颉刚书信集》第四卷，中华书局 2011 年，第 320—321 页。

2　《顾颉刚读书笔记》第八卷，台湾联经出版公司 1990 年版，第 6103 页。

3　《顾颉刚读书笔记》卷十五，中华书局 2011 年版，第 358 页。

4　朱维铮编：《周予同经学史论著选集（增订版）》，上海人民出版社 1996 年版，
　　第 695 页。

经，史是史；第二是丢掉今、古文之争的老问题，代以古代史的问题；第三是分出时间的层次，汉是汉，先秦是先秦，而且各个层次的意义是一样的，不因时代先后而有别；第四，要用历史研究的方法区分出古代文献内容中'理想'与'事实'的区别；第五，接受19世纪西方史学的影响，尤其是种族、地理两种因素。……由经学过渡到史学的另一环节是斩断纲宗，丢掉经学所蕴含的正统观念。"[1] 民国以来，经学入门书的写法往往以刘师培《经学教科书》为模板，渐渐形成"价值隐匿""知识凸显"的学术理路。但实际上，这是由于对经学的认识不清所致，他们对经学的理解多取狭义，而广义的经学是内含了自然秩序、政治秩序、社会秩序、文化秩序等一整套价值系统，经学因为与政治秩序的关联比较直接、密切，所以当帝制崩溃共和制建立后，人们误以为整个旧的经学都过时了，有学者形象称之为顿时坠地。民国时期，经史关系得到高度关注，一般人的印象似乎是经学遭遇了灭顶之灾，也有化经入史说，周予同以僵尸表述，其他人或用蜕变、式微、瓦解、解体等。可以绝对肯定的是，经学由传统学术的核心被降至现代学术体制的边缘，甚至还曾被完全取消。但实际的情况却并非如此，经学对中国社会之影响既深且巨，狭义的经学犹如冰山一角，当人们视线所见之角融化于大洋之中时，切不可忘记巨大的冰山（广义的经学）仍然存在。

　　经学史学并不相同，不仅题目不同，而且性质和重要性的差异也很大。在这个经学与史学纠结不清、混沌不明的过程中，章学诚六经皆史说产生了巨大影响，普通人都理解为经就是史，经史的差异被泯灭，经学就等于史学，将二者混同起来是不少人的认识误区。不幸的是，顾先生就是其中之一，《自序》："经

1　王汎森：《从经学向史学的过渡——廖平与蒙文通的例子》，《历史研究》2005年第2期。

者，古史耳"，"后来才知道我所爱好的经学也即是史学"。关乎本书最重要的一点是，历史及史学是要探讨起源的，从史学思想的发展来看，起源崇拜有过备受青睐的时候。勒南："在所有的人类事务中，起源比其他任何东西更值得研究。"评注家对探隐索微、追根溯源尤其着迷。[1] 但经与经学则并不需要。必须强调的是，经史之别在华夏历史的起点上体现的尤其明显，她的起点并不是一个经学问题，经书的本义也不叙述华夏历史世界的形成，更不必追寻它的起点。但对于史学尤其是通史而言却是一个无法回避的重要问题，因为那是一个历史世界形成的标志，它必然起始于带有神话色彩的时期（前史或创世），虽然它通常不在狭义史学的范畴而多属于神话学、民俗学，但就一种文化体系、一个族群实体来说它却是必有之义，仍然属于其广义史学的范畴，因为"我是谁，来自哪里，我所在的世界是怎样形成的"是一切人类社会最初的话题之一，它是人类解释体系的起点，它绝不因记载的晚就出现的晚。经学和史学在此问题上差别之大是显而易见的。崔述、三礬等许多学者对此都缺少清醒的认识。真正的史学家叙述华夏历史只能从黄帝始，其后在黄帝之上的增加是依据神话学和民俗学材料而为之的，是源于完满解释宇宙的需要（或可称之为人类天生就有的溯源癖）；经学家虽不乏谈论黄帝、伏羲的，但那是源于经史的纠结而并非经学本身的内在要求，今古文家有崇尚尧舜还是文武周公之争，经学负有体察先王及孔孟之道而指导现实社会运行的责任，而这与近代社会的要求是背离的，经学在式微中，由追求恒常的最高真理的学问顺着传统思维变成了东方近代史学的入口，深刻地影响了东方史学在近代的正常发展。不幸的是，由经入

---

[1]　马克·布洛赫：《历史学家的技艺》，上海社会科学出版社 1992 年版，第 25—26 页。

史的思维惯性反而使其陷入了迷茫的误区。

经学史学的纠葛在学术界对影响传统史学面貌的两个巨人孔子和司马迁所述相关内容的态度上也可得到一个鲜明的验证。

3. 吊诡的认知——以孔子和司马迁为例　前文谈到通史，人们自然会问，那个年代能有通史性质的东西吗？让人感到错愕的是他不仅有这样的篇章，而且恰恰还出自新文化运动猛烈批判的孔家店的创办人——孔子。

孔子作为创宗立派的一代大师，"不语怪力、乱神"，对带神秘性质的黄帝、颛顼是不愿多谈，开创了儒家理性主义精神（不同学者所用名词不同，文烦不赘），儒家学派的基本精神大都如此。与此同时，他也是一位重要的史学家（如章太炎等人看法），一般认为，孔子与断代史《春秋》和文献资料《尚书》密切相关，笔者觉得更重要的是他为我们提供了《五帝德》这篇具有传说时代通史性质的文献，它是先秦存留至今仅有的，这在司马迁《五帝本纪》说得很明白（下有详论）。而通史的性质优于其他传世文献这一点是常常被忽略的。

从《五帝德》本文看："宰我问于孔子曰：'昔者予闻诸荣伊，言黄帝三百年。请问黄帝者人邪？亦非人邪？何以至于三百年乎？'孔子曰：'予！禹、汤、文、武、成王、周公，可胜观也！夫黄帝尚矣，女何以为？先生难言之'。"在这里，很明显，孔子心目中的要事是培植学派势力，而非培养历史学家，然而，不是好学生的宰与，却对整个华夏传说时代的历史大势感兴趣，从开端问起，使不愿意道"怪力、乱神"的孔子不耐烦，不愿意讲，这并不意味孔子不知道，"宰我曰：'上世之传，隐微之说，卒业之辨，闇昏忽之，意非君子之道也，则予之问也固矣。'"于是，孔子被徒弟逼得不得不讲解黄帝之事，而后，"宰我请问帝颛顼。孔子曰：'五帝用记，三王用度，女欲一日辨闻古昔之说，躁哉予也。'宰我曰：'昔者予也闻诸夫子：小子无有宿问。'"请注意，依然是不愿说而非不知。这与儒家的基本精神符合，徒弟接二连三的追问，孔子被逼的一一讲解，遂为我们留下了这篇带有历史大势、相当于通史性质的重要文献。但受经学思维严重束缚的人对此重要典籍竟视若无睹。同一个孔子，他们信经学中的孔子而不信史学上的孔子，或许是因它经汉人之手被编入《大戴礼记》所致。

史学家的司马迁与儒家信徒的司马迁：司马迁以史学家的角度讲述通史，开谈一个历史世界，当然不能不从黄帝开始，我们可再细读《史记·五帝本纪》及相关篇章：

"太史公曰：学者多称五帝，尚矣。"《索隐》解释"尚，上也，言久远也。"说明五帝之说早于《尚书》成书。《三代世表·序》说："五帝三代之记，尚矣。……余读谍记，黄帝以来皆有年数。稽其历谱谍终始五德之传，古文咸不同，乖异。……于是以《五帝系谍》、《尚书》集世纪黄帝以来讫共和为《世表》。"早期文献都有，只是具体内容有所不同，《五帝本纪》接着说："然《尚书》独载尧以来；而百家言黄帝，其文不雅驯，荐绅先生难言之。……《书》缺有间矣，其轶乃时时见于他说。非好学深思，心知其意，固难为浅见寡闻道也。余并论次，择其言尤雅者，故著为本纪书首。"[1] 班固"赞曰：唐虞以前虽有遗文，其语不经，故言黄帝、颛顼之事未可明也"[2]。

1　此处文字释读并无困难，《正义》：谓百家之言皆非典雅之训。内藤湖南解释雅驯说："就是正确而且有教益的意思，即在逻辑上是合理的。这在当时虽然可能是一种进步的认识，但是因此也产生了将古来怪诞传予以合理解释的倾向。"（《中国史学史》，上海古籍出版社 2008 年版，第 84 页）《正义》"言《尚书》缺失其间多矣，而无说黄帝之语。"《索隐》言"古典残缺有年载，故曰'有间'。然皇帝遗事散轶，乃时时旁见于他记说，即《帝德》《帝系》等说也。故己今采案而备论黄帝已来事耳"《正义》"太史公据古文并诸子百家论次，择其言语典雅者，故著为《五帝本纪》，在《史记》百三十篇书之首。"足见只是心态的问题。

2　《汉书》卷六十二《司马迁传第三十二》。

　　有学者认为这表明司马迁本来不信,"故疑则传疑,盖其慎也。"不过传闻有就写了下来。但细读文章,我们很难相信如此解释,司马迁认为五帝之说很早就有,而且诸子百家都谈论,虽然有些事情不合常识常情,但是有广泛证据,各地民俗也都在说,并且合于更早文献的记录,结论是非好学深思、心灵感触到的人,不足与言,很难给浅见寡闻的人讲述。这理应是司马迁坚信有五帝的证据,只是由于缺乏人类学知识,无法从雅驯的角度解释。

　　对同一个孔子讲述的传说时代通史你不看、不信,却偏偏要从那类似历史文选课本如《尚书》中没说的找这个没有、那个不在;对同一个司马迁讲说的通史你不信,却偏偏要从通史中截取符合儒家经典的那部分来谈,可见经史关系始终没有理顺,足见时代的吊诡与荒谬、理智的迷茫与无奈。而司马迁以一个史学家的良知记录历史,作为一个儒家信徒不采信六艺而谈论黄帝、颛顼,不从盘古三皇、伏羲(如《易》就有)开始已属慎之又慎,是让人敬佩的职业态度,而黄帝并不构成华夏族、人类宇宙的起源,《五帝纪》本身就已涉及神农。而后人谈论这两个问题时,仍然要依据大众常识来谈,何遑造伪? 一是经重于史的历史惯性,二是解读的人陷入了"疑古"迷思,对这样没有任何困惑的文字也不加采信。它典型反映了经重于史和近代亦经亦史、经史不分的混乱思维。在传说时代中,舜的世系是五帝系谱中疑问最大的,从欧阳修开始,经崔述、顾先生,直到今天依然如此,其疑问的要害实际上在于它不合华夏根深蒂固的宗法观念,而学者们恰恰忽略了传说时代宗法制还没有产生,所以,我们就不能将其置于宗法制的背景中去解读。如果五帝世系是春秋战国人编造的话,而那时的每个知识人都深谙宗法,如果编造又岂能造出如此之大的破绽。既有如此大的漏洞,则恰恰说明它不是春秋战国时形成的。再如,郭沫若称呼斯大林为父亲，又说毛泽东是他的亲爷爷，如照宗法观念来论，那毛泽东岂不成了斯大林的爸爸？可毛泽东又称呼斯大林为父亲。所以，我们只看文字的字面意思而不深究其时代的制度和文化背景。顾先生工作重心的实质和造成的结果都是在破经，而非立史。即使到了今天，很多历史学者甚至大学者的脑子里，这种经史不分的混乱思维依然根深蒂固，所以，不可单独苛责近百年前的三擘。

三擘先后提出的基本相同的说法，它们的产生有着复杂的社会与学术背景，它们的缺陷是由共同的时代、文化与学术背景所决定的。三擘的命题（选题）虽然是现代史学式的，但思维方式、论证方法、史料选择范围等习惯却首先是经学式的，仍未摆脱经学的束缚。这倒不是说他们信经不信史，而是无意间沿袭了经重于史的历史惯性，未能有效区分经学与史学，在传统经史之学向现代史学的转型中未能很好担负起领导责任，在丢掉经学指导思想时，同时也将儒经之中蕴含的、历史研究中至关重要的历史背景、文化传统抛诸脑后，将历史研究变成了少儿拼图式的游戏，学界普遍产生了"一种自发的冲动，会诱导我们从孤立事实中——甚至是最微不足道的那种——得出结论（更确切地说，关于任何一件事实的观念，通过联想都会在我们心中唤起关于其他事实的观念）"[1]，陈寅恪先生甚至发出图画鬼物之叹，以至于史学界"崇影"重重，至今难以摆脱。经学史学的纠葛在学术界对影响传统史学面貌的两个巨人孔子和司马迁所述相关内容的态度上也可得到一个鲜明的验证，它典型反映了经重于史和亦经亦史、经史不分的混乱思维。

（六）史学逻辑的盲点

研究历史的人都知道历史和历史学中最核心的要素是时间，

---

[1]　朗哥鲁瓦:《史学原论》，大象出版社 2010 年版，第 156 页。

但历史到底指什么? 对此,无数个史学家下过很多定义,马克·布洛赫所说"历史是人在时间中的科学"[1]无疑是没有争议的,历史学中的历史一词是怎样使用的?《大英百科全书》说:"历史一词在使用中有两种完全不同的含义:第一,指构成人类往事的事件和行动;第二,指对此种往事的记述及其研究模式。前者是实际发生的事情,后者是对发生的事件进行的研究和描述。"[2]《苏联百科全书》说:"历史包含的双重含义构成了它的两个层次:历史Ⅰ和历史Ⅱ。两种历史:实际历史和史著载籍及其解释。"也有人称之为客体的历史,记录的历史,等等。传统史学对此二者并未加以清晰地区分,但因为相信典籍记录的传统结构、顺序是可信的,所以一直沿袭传统说法。事实上,这种区分对于古史体系这个题目是极其必要的。

西学东渐以来,中日史家都注意到时间在历史和史学上的重要性,但忽略了它只是一个重要因素而并非唯一的决定性因素,并且把两种历史混淆起来,产生了过分注重典籍成书(或出现)年代的强烈倾向,并且常常将一种事实发生的时间与文献中第一次清楚记载该事实的时间相混淆。如果完全采用这种观点的话,我们必然会将日耳曼民间传说产生的时间定在格林兄弟出版其童话的1812—1822年。这明显是一种容易带来混乱的史料观,但是这种混淆并不具有必然性,民国学人杨鸿烈指出宇宙间凡能考察出"时间性"的事物或现象都是史料,这才是通达的史料观。[3]实际发生历史的时间与载入史著的时间是否同步?对每一个古史课题来说,都是一个需要注意的问题,这就是问题的关键所在。从学术的观点看,历史文献时代的先后并不是决定史料可靠性的唯一因素,史书的年代与古史体系的

1 马克·布洛赫:《历史学家的技艺》,上海社会科学院出版社1992年版。
2 《大英百科全书》第8卷,1980年版,第961页。
3 杨鸿烈:《历史研究法》,商务印书馆1939年版。

经历并不必然一致，二十四史的成书年代就与这些王朝的存在年代不一致。因而，是"人"而不是"书"在时间中的科学，古史体系是古人（或神灵）而非古书的顺序。传统辨伪喜以文辞的确定年代来等同于史实的年代，这个逻辑是有问题的。如果这种逻辑成立的话，那未来人类如果发生灾难，《尚书》只剩下顾先生白话今译的版本，那"后古史辨派"就可能把顾先生的白话今译视为二十世纪的杜撰。对于史学家来讲，有同时代的原始资料当然是最理想的，但中国史料的特点却并不尽然，随着时代的推演，史家或其他人用当时的语言习惯来重述历史、抄写文本，或通俗化，或雅驯化。我们面对现存最早的史料时，就不能不退而求其次，在尽量科学分析以后使用。历史研究的关键在于看它所重述的史实有没有改变，是否夹杂了时代以及个人的理解（也可能是误解乃至曲解），在论战中天文学与《尧典》是否具有客观性的内容就是一个典型的例子，刘揆藜、胡堇仁都以天文学证明《尧典》有可靠的内容，而顾先生在 1923 年 5 月 22 日看到刘揆藜的驳文之后，[1] 也意识到只要《尧典》里的天文学事实成立，该篇就仍有相当的可靠性，"层累说"也将随之崩塌，但这正是自己知识结构的缺陷所在。他在 6 月 1 日给胡适的信中就说"'日中星鸟'，'日永星火'，话说得太简单，不能确断为纪元前二千四百年时确是如此。这须请问天文学家。"[2] 论战正在进行，既不能接受别人的观点，也不好意思否定自己的错误，只得自己下面悄悄学习天文学。20 日给胡适的信中再次提到："古史有关天文处，我无力解答；我只能提出解决的预望，请求天文学者解答。我的姨丈王硕甫（名应伟，在中央观象台）先生是很用功天文学的人，我到京后当常去请求他。"[3] 顾先生当

---

1 《顾颉刚日记》第一卷，台湾联经出版公司 2007 年版，第 361 页。
2 《顾颉刚书信集》第一卷，中华书局 2011 年版，第 397 页。
3 《顾颉刚书信集》第一卷，中华书局 2011 年版，第 400 页。

年八月中旬至九月初曾到北京出差，并见过其姨夫三次[1]，知识欲极强的顾先生必然就此加以请教，因为回来之后的9月10日，立刻"与履安（顾先生妻子）看《普通天文学》"（395页），顾先生显然没得到自己满意的答案。10月2日，写硕辅姨丈信。这应当是有疑问而加以请教。（401页）而后多年的《日记》里不断有学习、关注天文学的记录[2]，这说明顾先生对于科学治史还具备足够的学术敏感和素养，而不是像说过"四十以上的人都该枪毙"的钱玄同那样，连天文学这样的科学知识都敢否认。[3]1925年12月20日，写"观象台信"。（689页）值得提起读者关注的是：顾先生在1926年10月29日、30日（811页），11月1日（812页）、3日，"抄完《东洋天文学史》，校对一过"（813页）。抄录稀见古书之外的、由现代人著述的整部书籍在顾先生的人生经历中并不多见，该书恰恰是主张《尧典》所载天象可靠的日本天文学家新城新藏的著作。1930年3月13日，"看（刘）朝阳新寄到之《从天文历法上推测尧典之编成年代》一文，毕。"[4]该文综述了各派观点，系统而有说服力的都证明不晚于殷商，并不支持"东周以上无史论"。足见顾先生本人自始至终都完全明白天文学知识的重要性、必要性和严重性，而稍后完成于8月10的《古史辨》第二册《自序》就宣布不再与人论辩，顾先生对于"层累说"到这个时间点应该算是放弃了。

　　三擘的论证实际上都是把中国传说时代中的人物（或神灵）

1　388页8月21日，到王姨丈处。391页8月30日，到硕辅姨丈处，饭。9月2日，硕辅姨丈来。

2　在论战中的11月8日《顾颉刚日记》"录纬平先生论历法语"。1925年1月30日，抄《六经天文编》。1925年2月6日"抄'黄帝纪元的来历'的材料。"（587页）7月13日，点《古史甄微》中之年历考异一章。

3　钱玄同：《研究国学应该首先知道的事》，《读书杂志》第十二期，另见《古史辨》第一册。

4　《顾颉刚日记》第二卷，台湾联经出版公司2007年版，第384页。

当成重要符号，在忽视其顺序、结构和功能的前提下，以其出现在所选典籍的最早时间为该符号产生的历史时间为基本逻辑而进行重新排列的。这意味着上述所说的两种历史是必然同步的，但实际上，这一逻辑是不成立的。学术感极其敏锐的顾先生注意到了时间因素的重要性，其思路大概是要从现存最早的资料（也即最可靠的史料）入手来重建古史系统，着重考证资料的作者与写成时代（成书年代），这来自于对梁启超《中国历史研究法》的误读。梁启超说："同一史迹，而史料矛盾，当何所适从耶？论原则，自当以最先最近者为最可信。……鉴别间接史料，其第一步自当仍以年代为标准。年代愈早者，则其可信据之程度愈强。"而忽略了梁启超另外的一段话："最先最近之史料则最可信，此固原则也。然若过信此原则，有时亦可以陷于大误。"[1]

认为中国古史的传说时代不可靠的理由之一是，文字记录的时代晚，而所发生的事件却很早，甚至是没有文字之前的万年、几十万年。东周或《史记》等汉代典籍离传说时代两千多年或更长。即使这种认识成立，也不是其记载不成立的理由。既然处在东西交汇的大时代，我们可以将其纳入比较的视野中，看看针对同样的事情在西方学界是怎么研究的。"鉴于年代学研究资料来源与古代近东的差异，西方古典学者在古籍整理与校勘过程中，对晚期文献中一些早期年代的记载始终面临着'信古'与'疑古'之争。这种学术分歧在特洛伊战争的确定及定年上表现得尤为突出。……18世纪以来，为数不少的学者对罗马早期历史传统也持怀疑态度，但是，考古研究成果如今已基本证明了罗马早期历史传统真实性。古代传统并非空穴来风，无所

---

[1]　梁启超：《中国历史研究法》（外二种），河北教育出版社2000年版，第95、98、103页。

依据，无论在古代近东史还是在西方古典历史的研究过程中均证实了这一点。"[1] "纵观古代近东与西方古典年代学研究的历史，历代年代学学者均是采用的从资料相对丰富的晚期向文明初始的早期逐渐推进的研究方法；就文明发生的时间上看，则是从罗马希腊上溯至埃及至两河流域。"年代学如此，其他方面同样如此。笔者在导论中谈到，质疑而未经过论证就不可以否定，从西方的经验看，他们并不因传说时代不合今人的常识就整体否定它们的历史性，而是有效利用各种资料一步一步地推进其研究。反观中国，学术界主流受"疑古派"的影响，因局部的不合今人的常情常理就整体否定记录传说时代的资料，使这一领域的研究陷入停滞。

这些与西方对近东诸文明的记录相比，基本同时甚至更早，偶尔有人怀疑，大家也都基本上相信。我们可以比较一下埃及和苏美尔。古埃及教士埃利奥波利斯人曼涅托编写了一整套埃及编年史（按：又名《埃及史》），前边列有记载神祇和英雄的表，另记载三十个朝代的国王姓名、即位年代以及重大事件。托勒密王朝图书管理员又编写了《古埃及编年史》，记载了从诸神统治开始的三十个朝代，合 130 代，计 36525 年。[2] "埃及年代学意义上的'王朝'是由公元前 3 世纪的埃及僧侣曼涅托在其《埃及史》一书中划分界定的。后人在其 30 王朝的基础上又加上了一个王朝，凡 31 个王朝。"[3] "苏美尔王表则可追溯到公元前三千年代末期，揭示了传说中的历史，这种传说可以一直回溯到 25

---

1 东北师范大学世界古典文明史研究所：《世界诸古代文明年代学研究的历史与现状》，世界图书出版社公司 1999 年版，第 6 页。

2 艾萨克·科里：《古代腓尼基、迦勒底、埃及、提尔、迦太基、印度、波斯和其他各国作家著作的片段》第二版，伦敦，1832 年，第 89—93、173—181 页，保存在攸西庇阿斯的编年史中。转引自汤普森：《历史著作史》上卷，谢德风译，商务印书馆 1988 年版，第 2 页。

3 《世界诸古代文明年代学研究的历史与现状》，第 2 页。

万年前时的'王从苍天而降'."[1] "西方古典年代学研究发端较早，第一部系统的年代学研究著作是公元前 3 世纪末埃拉托斯持奈斯所著的《编年史》。他利用当时在亚历山大里亚图书馆的工作之便广泛涉猎前人著述，在综合希腊各邦不同编年体的基础上。建立起一种统一的纪年体系。埃拉托斯特奈斯的后继者们不仅接受了其著作中有关希腊早期的历史年代，而且还有所创新。公元前 1 世纪，卡斯托尔的年代学研究延伸到两河流域和埃及，并把这些古老王国的历史同希腊罗马传统联系起来。这种纪年方式在公元 4 世纪尤塞比乌斯的著作中表现得更加完善。"[2] 后来发现了帕勒摩石碑，它是迄今所知最古老的王表. 刻于第五王朝（约公元前 2400 年），大部分现已遗失。出土资料只是更加印证了传世文献的可靠。

　　三擘都忽略了对于传说时代的历史来讲，整个春秋战国及嬴秦汉初的史料在大时代上是基本一致的，其可靠与可信与否都需要在整个结构中进行评估。因为在先秦的传世文献中，除了简略的《五帝德》和《帝系》之外，我们基本看不到反映传说时代整体面貌的书籍（后来发现的《竹书纪年》虽具系统性但也在流传中散佚），也没有完整系统的历史撰著，少数的几部史书《国语》《春秋》《左传》和《战国策》等还是断代或国别史，它们对于传说时代的人物（神灵）、事件，绝大多数记录的都不系统，多是在讲古史时偶尔的引证、举例，由于它们是被偶然提到的，并不具有反映传说时代的全面性、结构性。顾先生就在这样一个错误的理解中，按成书时间排列所载内容的顺序，谓之演变，却忽略分析其内容是否相互排斥，若不排斥的话，则可能各属于历史拼图的一部分，此载一部分，彼载一部分，

1　唐纳德·凯利:《多面的历史：从希罗多德到赫尔德的历史探询》，三联书店 2009 年版，第 21 页。

2　《世界诸古代文明年代学研究的历史与现状》，第 4—5 页。

合起来即为相对完整的历史真相。顾先生陷入了过于追求因果的解释的偏途，忽略历史的文化背景、内在理路和演变。即使真的像顾先生所说那样的先后，也不意味有着必然的因果关系，甲在乙之后发生并不意味乙是甲的原因，逻辑学家称之为以先后为因果的谬误，它常常是许多迷信和错误观念的根源。完全以时间因素判断史料先后及是否可靠的逻辑是有问题的。极而言之，假设以后出有"后古史辨派"研究此古史辨派，结论将是其时间太晚，完全是编造的，是因为当时北洋政府腐败无能、人民痛苦，顾先生为搞乱人心颠覆其统治迎接新中国而造出来的。三擘混淆了外考证、内考证的地位和差别，世界著名史学家托波尔斯基指出外考证是低级考证，内考证是高级考证。[1] 将成书年代这种局部的、简单的、低级的外部考证视为最重要的因素，在内证方面的工作并不充分，轻视乃至忽视高级的、内部考证。像戴震那样问时间相距久远何以知之的逻辑，对于史学家来说是需要审慎对待的，因为史学家在研究问题时，已经离得更远了，如果仅仅以此来否定的话，会陷入自相矛盾。白鸟氏和顾先生对成书于东汉的《说文》倒是比较相信，没有因为它成书晚而轻忽，没有考虑字义是否变化，有什么引申义……仍然加以引用，而顾先生在受到批评之后，为了自辩，态度就有很大改变，"《说文》本作在思想昏乱的时代，那时人的思辨力非常薄弱，这部书的信实的价值原是很低微的"，对钱玄同批驳柳诒徵所持"《说文》是一部集伪古字，伪古义，伪古礼，伪古制和伪古说之大成的书"的说法赞赏有加。

历史两种用法的区分对于 21 世纪的历史学研究者应该是——但大部分人并不注意的一个基本常识，明白了这一点，我们就知道三擘论证的史学逻辑有着非常大的漏洞，甚至于不

1　托波尔斯基:《历史学方法论》，张家哲等译，华夏出版社 1990 年版。

成立。退一步讲，即使按照三䢀的这种逻辑，也因其选择材料的局限性而忽略诸多反证，必然使其结论的可信性大打折扣。我们当然不应该苛求三䢀，但后来的评判者、研究者却不应当忽略这种混淆。如"传说的历史发展的顺序与传说成立的先后顺序正好相反，即传说所反映的历史时代越早则正好说明产生这一传说的时代越晚"这项观点，隐含了近代古史辨伪理论的基本要素。"如果把'加上原则'与顾颉刚所解释的'层累地造成说'的三层含义相对比，可以看出，它的内容只是与顾氏的第一层含义相等同，即从传说与伪上古史的关系上揭示了中国上古史造伪的规则与原因，虽然表述的角度略有不同，日本侧重于学派继起的线索，中国侧重于传说产生的先后。"[1] 这就是没有考虑到三䢀的论证逻辑是否成立所致。

实际上，从神话传说中一样可以考证出它所体现的时间性，在绝大部分神话序列中，人们都不太可能把时间顺序搞错，因为神灵也有新神与老神之分。这也是顾先生在《自序》中所说的，荒诞也有荒诞的法则和格局，怎么可能随意改来变去？当然，随着时代演进、文化发展、民族认同等，神灵之间也可能附加另外的因素，比如宗法制中增加出血缘的因素。

就史学逻辑而言，三䢀还存在一个重要问题，他们受时代影响对历史与科学的关系认识有误（前文已有阐述），把信史的概念绝对化，把含有虚假成分较多的远古历史排除在历史之外，而若真正按照这个标准，也就实际取消了历史。依谭佳先生的论述是建立了一个"神话—古史"的话语系统。[2] 王国维在 1911年表述了一种说法："今之君子，非一切蔑古即一切尚古，蔑古

1　钱婉约:《"层累地造成说"与"加上原则"——中日近代史学之古史辨伪理论》,《人文论丛》,武汉大学出版社 1999 年版。
2　谭佳:《神话与古史——中国现代学术的建构与认同》,社会科学文献出版社 2016 年版。

者出于科学上之见地而不知有史学，尚古者出于史学上之见地而不知有科学。极为调停之说者，亦未能知取舍之所以然。"[1] 实际上，历史学具有不确定的特质，史家对于所认识、研究的历史受各种因素制约，难免带有主观色彩，因而历史才需要不断重写，有了新认识到一定时期就重写。笔者并非苛责先贤，这里对此问题也无法展开讨论，只是想说，研究中国古史也应该注意史学理论的进展，马克·布洛赫在 20 世纪 40 年代就说："科学的概念发生深刻的变化……爱因斯坦等人的理论并没有淡化这些概念，而仅仅使之更富有弹性。他们常以无限的或然性取代确定性，以永恒的相对可探测性概念取代绝对的可测性……因此，我们似乎更有理由认为，即使一门学问不具备欧几里德式的论证或亘古不易的定律，仍无损于其科学的尊严。我们发现，还是将确定性和普遍性视为'度'的问题更为妥当……史学的不确定性正是史学存在的理由，它使我们的研究不断更新……只要不懈地努力实现自身价值，史学的不完善性与完美无瑕的成功，同样是富有魅力的。"[2]

论证还产生一个悖论：既认为华夏非一元的而又忽略了多个族群神灵并存的可能性，非要把所有的神灵往一元的链条上编织，发现矛盾或归拢不进去就视之为都是编造的。

（七）史料批判的盲点

三擘最大的共同点就是都注意到了批判史料，试图用可靠的史料进行研究，但让人感到惋惜的是，他们对资料特性既缺乏大时代的分析也缺乏内容演变的批判，在并未掌握西方史料批判精髓的情况下，又沿袭了当时今文经学派"疑古思潮"学

---

[1] 《国学丛刊序》，《王国维全集》（14），浙江教育出版社 2010 年版，第 131 页。另见《观堂集林》卷四。

[2] 马克·布洛赫：《历史学家的技艺》，上海社会科学院出版社 1992 年版，第 17—18 页。

术风尚的影响，动辄谓人造伪，《吕氏春秋·有始览》记载的一则寓言有助于我们理解这种心态："人有亡铁者，意其邻之子，视其行步窃铁也，颜色窃铁也，言语窃铁也，动作态度无为而不窃铁也。相其谷而得其铁，他日复见其邻之子，动作态度无似窃铁者。其邻之子非变也，己则变矣。变也者无他，有所尤也。"两股史料批判之风合流，因着时代的关系迅速走入了一个轻疑、否定的极端，并形成了畸形的学术心态和思维定势，直至今日犹难清除。

　　笔者在此不得不简略回顾两者的基本脉络，并简析它们在东方合流的影响。西方博学时代的考证，指高度重视文字资料的解释、注疏以揭示历史真实的传统史学，是通过文字阐释文献资料或对史料进行批判考证以对往昔进行科学解释的一种系统方法。19世纪的兰克学派虽然忽视理论概括，但却十分重视文献资料，他们吸收了以往博学派的语义学、古文书学等方面的释义、诠注技巧，用以进行史料的批判考证，讲求、重视大量运用档案材料，反对主观，古郎治指出："某些研究者首先形成一种观点……然后他们才开始去阅读文本。他们冒着根本不理解这些文本或者会错误理解这些文本的巨大危险。所发生的情况是：在文本与读者的先入之见之间进行着一场无言的论战；读者内心拒绝领会与其观点相反的东西；而且，论辩的结果一般来说不是读者内心向文本证据投降，而是文本屈从、服从并令其自身顺从读者的先入之见……把个人观点带入到文本研究中，这是一种主观的方法。一个人认为他自己正在沉思某个对象，但他正在沉思是他自己的观念。他认为他正在观察某个事实，而这个事实却同时呈现出他内心希望该事实所具有的那种外貌和意义。他认为他正在读一份文本，但却从这份文本的语词中提取了一种合乎某种现成观点的特殊意思。这种主观的方法。"[1]他们的态度更客观，引发重视直接史料，区分直接史料与间接史料，一手与二手，刻意（有意）证据与非刻意（无意）证据，更严格的则寻求目击证据（修昔底德——兰克的传统）。"历史研究教科书通常把原始资料的外部考证与内部考证作出区分。前者往往称作博学考证或低级考证；后者则称作高级考证，称作训诂。把外部考证看作原始资料可信性研究，把内部考证看作信息可靠性研究。"[2]"初步的研究工作涉及书体、语言、形态、来源，这构成了专门的外证领域，或者说批判之学。内证旨在尽力重现文献作者所经历的精神状态……若要知道文献作者说了些什么，我们要问（1）他意指为何？（2）他相信他所说的吗？（3）他这种相信是合理的吗？这最后一步使得文献类似于客观科学的资料。"[3]外部考证是为内部考证作铺路工作的，或称外部考证为低一级的考证，内部考证为高一级的考证。考证原则，尤其是外部考证原则的掌握运用，在很长一段时期内是历史学家方法论训练的主要组成部分。这种情况一直持续到现在。西方的历史学来自于故事、传说，是文学的一个分支，所以当兰克提出"如是所述"就引发了一场史学革命。但批判的结果却往往为东方史学界所忽视，实际上，人们如果通晓西方历史的话，会发现那里的造伪现象要比中国历史严重得多。即便如此，据西方史学家研究，他们文献记录中的可靠事实仍然高达百分之七十五以上。[4]而且，其中主要涉及的是特许状法律文书等与实际利益相关的内容。前文已述，传说时代的史料没有直接史料，这套方法对于传说时代并不适用，适用的是尼布尔的方法。西

1　朗格诺瓦、瑟诺博司：《史学原论》大象出版社 2010 年版，第 89 页。
2　托波尔斯基：《历史学方法论》，张家哲等译，华夏出版社 1990 年版，第 425 页。
3　《史学原论》，大象出版社 2010 年版，第 32—33 页。
4　转引自马克·布洛赫：《历史学家的技艺》，上海社会科学院出版社 1992 年版，第 98 页。

方当代学者对科学史学在传说领域也有可喜的反思与批判，"这一类考虑引入了实证主义的问题及其对'证据'的要求。……在学术论争和刑法之间建立类比是误导人的。在刑法中，因为将无辜的人定罪比宣告有罪的人无罪要坏得多，所以法庭在定罪之前，正确地要求有'超出合理怀疑的'证据。但是，流行的看法和学术界现状都没有被控告的人的道德权利。所以这些领域的论争不应该以证据为基础进行评判，而应该仅仅以有竞争力的可靠性为基础。"[1]

　　东方辨伪的区分则不那么清晰、明确，正如东方的思维特征一般，经验性质十分浓厚，在实践中，内外证常常搅和在一起，李零先生说："中国传统的辨伪学，从方法讲，主要是根据一种简单的推理：即古书的题名作者应与古书的内容相符；而古书的内容既然是出自同一个题名作者，则它的各组成部分也应具有同时性。符合这一点的叫'真'，不符合这一点的叫'伪'。这种推理在逻辑上似乎很严密，但他根据的却是汉魏以后的著作体例，放之先秦，则大谬不然。""顾先生集中了古人的各种疑点，……因师心自用，造成许多流弊。……已形成古史研究的心理定势。"[2]辨伪家们喜欢以文词的年代论定成书年代，并以之为历史事实的产生年代，忽略了整理史料的人与史学家经常用当代的语言改写；喜欢使用音韵通假等手段疏通难解之处。"在辨伪方法的研究上，《古文尚书》的辨伪最有代表性。第一是说，它著录太晚；第二是说，它是用古书的引文拼凑，……凡见古书引用，都是抄袭；不见，都是伪造。这里，前提本身就有问题。……很多伪书都是屈打成招；很多重要史料，大家都不敢利用，辨伪

1　《黑色雅典娜》，吉林出版集团有限责任公司 2011 年版，第 7 页。

2　《古书发现与古书年代的再认识》，《李零自选集》，广西师范大学出版社 1998 年版，第 23—25 页。

也就失去了原来的意义。"[1]"古书（这里指先秦古书和秦汉古书）年代的研究……涉及古书的复杂成因，包含了许多阐释学的奥秘。"[2]"在古书年代学的研究上，经古文派和今文派的争论……本是源于文本的不同……由于文本不同，才进而演化出训说乃至思想上的分歧。经今文派提倡辨伪，怀疑面虽然很宽，但打击古文经本始终是重点。过去，受今文派影响，人们总是对古文经本'后出'疑神疑鬼，以为这些经本或者子虚乌有，或者出于伪作。"[3]"是真是假，第一要问尺度，第二要问证据。尺度可讨论，主要是证据。平心而论，大家举的证据，有些比较过硬，有些不太过硬。比如，我们都知道，它最初的出发点是辞气，这就不太过硬。……还有著录，也很重要，……因为古书年代可概括古书真伪，但古书真伪却不能概括古书年代，很多年代问题都不一定能以真伪论之。"[4]"我认为，要讲伪书，首先要确定尺度。如果我们说，凡改编改写就是伪书，书的内容晚于'作者'就是伪书，时代有早有晚就是伪书，那就几乎没有真古书。……如果说，只有古书引文是真，或古书引了才是真，没引就是假，那么任何一部古书都无法承受这样的标准。这在方法论上肯定有问题。"[5]"所以，现在关键还是基础材料的查证，因为作伪不可能凭空捏造，总得有点依据。我觉得，查证比结论更重要，还原比剔除更重要。因为，只有把事实的真相查清，你才能判断它的虚实早晚，看看有什么东西还可以利用，主要线索还是引文。引文当然很重要。但怎样理解这些引文，还有不少问题值得讨

---

1 李零：《简帛古书与学术源流》，三联书店 2004 年版，第 235 页。
2 《古书发现与古书年代的再认识》，《李零自选集》，广西师范大学出版社 1998 年版，第 22 页。
3 《李零自选集》，广西师范大学出版社 1998 年版，第 32 页。
4 李零：《简帛古书与学术源流》，三联书店 2004 年版，第 236 页。
5 李零：《简帛古书与学术源流》，三联书店 2004 年版，第 236 页。

论。"[1]如果一定要讲"真伪"，就要把作伪动机、作伪环境、作伪手段这些都考虑进去，有"案情调查"，有"罪行认定"，拿出真凭实据。过去讲"真伪"，对象是传世古书，古书历久失真，大家信不过是可以理解的。[2]"现在，讲《古文尚书》是伪书的人都承认，它的出现至少也在魏晋南北朝，而且认为，它是根据很多早期整合而成，有点像是辑本。……大家说伪《古文尚书》'铁案如山'，但很多本子，怎么出现，怎么消亡，却一直都不清楚，大家就连作伪者都落实不了。"[3]"对《尚书》的辨伪，我觉得陈寅恪先生的态度比较可取。他认为，《古文尚书》'绝非一人可杜撰，大致是根据秦火之后，所传零星断简的典籍，采取有关《尚书》部分所编纂而成，所以我们要探索伪书的来源，研究其所用资料的可靠性，方能慎下结论；不可武断地说，它是全部杜撰的。'（俞大维《怀念陈寅恪先生》，中研院历史语言研究所编《陈寅恪先生论集》，商务印书馆1971年版，第3—8页。）"[4]陈寅恪针对古书的真伪及其材料应用方面总结说："以中国今日之考据学，已足辨别古书之真伪。然真伪者，不过相对问题，而最要在能审定伪材料之时代及作者，而利用之。盖伪材料亦有时与真材料同一可贵。如某种伪材料，若迳认为其所依托之时代及作者之真产物，固不可也。但能考出其作伪时代及作者，即据以说明此时代及作者之思想，则变为一真材料矣。中国古代史之材料，如儒家及诸子等经典，皆非一时代一作者之产物。昔人笼统认为一人一时之作，其误固不俟论。今人能知其非一人一时之所作，而不知以纵贯之眼光，视为一种学术之丛书，或一宗传灯之语录，

1　李零：《简帛古书与学术源流》，三联书店2004年版，第236页。
2　李零：《简帛古书与学术源流》，三联书店2004年版，第198页。
3　李零：《简帛古书与学术源流》，三联书店2004年版，第236页。
4　李零：《简帛古书与学术源流》，三联书店2004年版，第236页。

而断断致辩于其横切方面。此亦缺乏史学之通识所致。”[1]

西方学者追寻造伪、考辨史料真伪，有一套严密的方法，强调找到造伪者及其动机云云；而中国传统的辨伪则泛泛讨论与其认为的情理不合的迹象，而后就轻易地找到造伪者——好事者，这种方法并不严密，民国迄今流行的是梁启超《古书真伪及其年代》一书。就对中文文献的辨伪而言，瑞典学者高本汉《左传真伪考及其他》一书中结合中西讨论的史料考辨理论颇有理据，胡适看后相当重视，它较梁说更为缜密，但却未能引起中国学界的足够重视，看重的倒是他的具体考辨《左传》真伪的结论，陈力《二十世纪古籍辨伪学之检讨》（《文献》2004 年第3 期）有精当的剖析。

顾先生的亲密好友、商业伙伴周予同直到《古史辨》出版写书评时还说：“（书中这种）解释字义的方法……我敢不客气地说，实在没有什么了不得的价值，并且有点危险。……中国的文字，引申，假借，转变实在太复杂，如果我们先有了成见然后去解释字义，每每可以用什么对转旁转的方法，得到一个与原意相反的字。”周先生明指顾先生的方法有“危险”，暗批其释字“先有了成见”，得到“与愿意相反”的结果，这是值得高度关注的。杨树达 1951 年 5 月 4 日写道：“阅徐炳昶《中国古史的传说时代》。针砭疑古及滥用音韵通假，皆有见。以夒为嚳，王静安贤者，且不免，惜静安不阅此说也。”[2] 而“批判不能证明任何事实：它只是得出各种可能性。”[3] 最关键的问题在于如何确定历史事实。不能采取六经注我的态度。一般人误以为的矛盾，实际上，没有解释不了的矛盾。

---

1 陈寅恪：《冯友兰中国哲学史上册审查报告》，陈美延编：《陈寅恪集·金明馆丛稿二编》，三联书店 2001 年版，第 280 页。
2 《积微翁回忆录》，北京大学出版社 2007 年版，第 242 页。
3 朗格诺瓦、瑟诺博司：《史学原论》，大象出版社 2010 年版，第 115 页。

众所周知，史学家必须将其置于历史的背景之中去解读。三擘明知其针对的对象主要是中国上古的传说时代，在借鉴西方研究方法时却忽略了兰克史学对传说时代鲜少涉及。他们可以参考的是西方关于《圣经》和希腊神话的相关研究，更应该承接的是尼布尔的遗产——关于罗马早期历史的成果。中国神权政治时期的内容（远古神话）经过西周或孔子的雅驯化，其初始文本已然面目全非。那么我们对于如此遥远的时代、尤其是被暴秦摧残过甚的史料遗存，对于任何学者来说，要想从歧异、丛脞、矛盾的神话传说材料中求得真实的历史素地本身的难度就是一个巨大的挑战。而用兰克史学的史料标准去对待中国的传说时代，忽略了没有文字的传说时代是永远没有第一手直接资料的，它的史料都是间接性质的，而且战国秦汉之后的常识和经验并不适用于传说时代，通俗的话说是不能用要求成年人的标准要求幼童尤其是胎儿。顾先生释读的问题：过于求准而实陷于穿凿，或凿之太深，或失之疏略，如引《诗经》称周人认为最早的人是后稷，商人认为最早的人是契，认为二者之外还有一个禹，这不自相矛盾吗？这是庖丁解牛还是盲人摸象？忽略了它的性质是家谱性质的，当有学者对古史辨派予以批评时，外国学者往往会发出"你们中国学者还要不要批判文献这样的责难"，李零先生用了形象的"倒退"和"胡来"二词极为传神。我们当然要，问题在于怎么批。批判性思维是英文 Critical Thinking 的直译，意指那种基于严格推断、善于质疑辨析、富于机智灵气、清晰敏捷、能抓住要领的日常思维。合理的怀疑固然是获取新知的必由之路，但过分多疑也未必能导致积极的后果，要避免朗哥鲁瓦所批判的"吹毛求疵"的心态，"过分批判就和最拙劣的无知一样，都会导致错误。吹毛求疵主要是批判原则被应用在了超出其权限范围外的各种情况中。有些人在任何地方都能觉察出谜团，即使是在那些毫无困惑的地方。这些人挑取出那些完全清楚明白的文本，然后以除去想象中的文本讹误为借口，细究那些文本，最终他们把那些文本搞得疑窦丛生。他们在真实的文献中发现了伪造的痕迹。一种奇怪的心态！通过坚持不懈地提防着轻信的本能，他们逐渐怀疑起每样东西。"[1]

三擘都忽略了中国注重历史的文化和制度传统。中国最晚在西周时期就形成了完备的史官制度，中国古代史官之良史晋董狐、齐太史等追求实录的实例堪称惊天地泣鬼神，是任何国家的史学家和从业人员所无法比拟的，设使兰克处其位也不可能如此，所以，他们对于大事记载的可靠性应该是值得信赖的。中国文明对历史的重视超乎任何民族，"西方宗教以天堂地狱之说，使人类保持文明，中国则代以历史的褒贬，其大有贡献于人类，是没有二致的。"[2]顾先生治史的精神不要说和董狐、太史相比，就是相对于孔子的信信疑疑态度也是不可以道里计的，是个自以为掌握科学方法就能解决一切历史问题的人，实际上却是进了一小步，倒退了百大步。

"考证越深入细节，或然性就越显得模糊不清"，实际上，"整体比部分更有确定性"。[3]针对资料极度残缺的这种现状，科学史学并非没有办法，只不过它没有被东方史学界注意到：需要的是互相的确认以及比较人类社会的通则。《史学原论》有"研究事实的融贯"一个专节，它说：

　　若有好几件这样的事实，每一件都是未被完全证明的，但他们彼此间是融贯的，则这种融贯也可得出某种确定性；严格地说，各种事实并非被证明了，而是它们彼此确认了。……这些

1　朗格诺瓦、瑟诺博司：《史学原论》，大象出版社 2010 年版，第 74 页。
2　杜维运：《史学方法论》，北京大学出版社 2006 年版，第 275 页。
3　马克·布洛赫：《历史学家的技艺》，上海社会科学院出版社 1992 年版，第 97 页。

确定性是通过事实间的相互关系得出的……得到了一种道义上确凿无疑的整体结论。[1]

历史性的五帝说就应该如此，它在先秦史资料中的顺序是完全一致的。"如果历史学家不能得出事实，那么他要做的就是陈述可能性，以及使他倾向于肯定或否定偏好的原因。"[2]布歇·勒克莱尔在一篇引人注目的论"塞琉古二世的统治与历史批判"的论文中，作为对尼布尔和德洛伊森的反应，他似乎倾向于某种类似的理论："历史批判，如果它没有堕落入不可知论——认为不可知，这会是自取灭亡——或者个人的胡思乱想，那么只要它没有被其他具有同等价值的证词断然地驳倒，它就必须对它无法核实的证词给予一定的信任。布歇·勒克莱尔先生是对的。"[3]王国维指出："虽谬悠缘饰之书如《山海经》《楚辞》《天问》，成于后世之书如《晏子春秋》《墨子》《吕氏春秋》，晚出之书如《竹书纪年》，其所言古事亦有一部分之确定性，然则经典所记上古之事，今日虽有未得二重证明者，固未可以完全抹杀也。"[4]表达了相近的史学意涵。

研究传说时代，材料的处理至为复杂，而研究者实际使用的情况更是纷繁多样，有的极为随意，这是该领域纷纭无定的重要原因。因此上，寻找一个有大体共识的、符合现代学术标准就是应有之举，但实践上却相当少见，民国迄今的中国学者更多的是受传统辨伪方法的很大影响，忽视了这种方法对记录传说时代的资料基本上是不适用的，可以说各人怎么高兴怎么做。纵览学术史，美国学者拉铁摩尔在20世纪30年代撰著的

1　朗格诺瓦、瑟诺博司：《史学原论》，大象出版社2010年版，第120页。
2　《史学原论》，大象出版社2010年版，鲍威尔"致读者"第7页。
3　《史学原论》，大象出版社2010年版，第111页。
4　《古史新证》，清华大学出版社1994年版，第3页。

《中国的亚洲内陆边疆》中对如何使用研究中国传说时代的材料
做了极为精彩的分析，不要说至今没有超越，而且是仍然没有
达到相同程度的卓识。如果以此进行研究的话，其研究面貌将
整个改观。但由于他的论述主题是边疆问题，只是在其中的一
小部分《传说时代与早期历史时代》尤其是第十章《农业的进
化与游牧业的反复》对传说时代进行回顾所做出的，所以很少
受到专业研究人员的关注。今不避繁冗，赘引其精彩之处如下：
"过去对文献的批评，其正确性并没有人怀疑，但文献研究仍可
以用新方法进行。这种方法的原则是：某一文献虽然不是那个
时代的作品，但仍包含有价值的参考资料。这主要是分析和比
较方法的问题。民间故事的价值被特别重视。因为不是正式记
载，民间故事虽然不能用来证实历史事件，但它可以有表现那
时社会的观念，甚至是那些已无法复原其政治事件的社会的观
念。""在'原史'的商朝与'史前'的夏朝之间，有一个重大
的分别。周朝的著作中记载了商以前的朝代，而在商朝的文字
（指甲骨文）中却没有任何关于夏的记载。但是这并不意味着要
把夏从历史中拿走。……各种传说的本身包含两类证据：地理
的及社会的。可谨慎利用。""这些传说中的若干地理材料，若
依据中国文化及历史起源于黄河中游附近地区的假定，是很有
成立的理由的。其他材料也很有趣味，因为它们提到了长江与
黄河中游以西的黄土地区之间、长江与黄河以东的大平原之间
的自然障碍和通道。这些地方在早期中国核心向外发展的历史
过程中的重要性，应当和在后期历史中的重要性一样。……我
们不能因为一些不可用的材料而完全否定那些具有合理性的材
料。""大体说来，社会和文化的材料，比不甚可靠的地理叙述
要重要得多。……可以证明，上古的中国传说，虽然其字句很晚，
而且内容与古代原形有相当大的差别，却仍然保留着一些确实

存在过的原始时代模糊而真实的史迹。"[1]其他学者也提出了一些有学术意义的观点，如高本汉坚信汉代史籍如《史记》中所记述的古代神话传说已经不是本来面目，其可信程度远远不如先秦文献，[2]徐旭生的部分主张与高本汉相同。美国加利福尼亚大学艾伯汉发表论文提出异议："如果同一项神话传说现存有先秦和汉代（或者以后）两个不同记录，也不应该一口咬定前者更能够保存神话的本来面貌而后者就比较地不可靠，因为晚出的史籍可能参考和使用了远古流传下来的口碑资料或者现已亡佚的文献"，所以，应该通过具体的分析和比较才能鉴别以至确定每一种史料的价值和可信程度。[3]

（八）古文优于今文的盲点

在传统经史之学向现代史学的演进中，很多学者有意无意间仍沿袭着经学思维，鲜有从现代史料学角度入手探究、考校西汉时期记录先秦史实的古文与今文在史料学上的价值的，笔者不揣浅陋，试为比较，结论是古文优于今文，这又是一个很大的盲点。

古文一词，传世文献最早见诸《史记》。何谓古文，学界公认王国维的研究具有决定性意义，称"太史公所谓古文，皆先秦写本旧书。"[4]"六艺之书……皆以东方文字书之……六国文字即古文也。"[5]汉初，大多数人就已不认识六国这种字体，所以称之为古文。"疑古派"第二代掌门刘起釪定义稍宽，谓"指秦统

1　拉铁摩尔：《中国的亚洲内陆边疆》第十章"农业的进化与游牧业的反复"，江苏人民出版社 2010 年版，第 193、197—198、201 页。

2　高本汉：《古代中国的传说和信仰》，《瑞典远东博物馆馆刊》1946 年第 18 期。

3　"Artibus Asiae" 1946 年第九卷，转引自《国外中国古代史的研究述评》，内蒙古人民出版社 1994 年版，第 33—34 页。

4　王国维：《史记所谓古文说》，《王国维全集》第 8 卷，浙江教育出版社 2009 年版，第 199 页。

5　《战国时期秦用籀文六国用古文说》，同上书，第 197 页。

一为小篆以前的大篆籀文和六国使用的文字。"[1] 实际上，古文的命名及其用法并不准确，[2] 故今天的研究者改称为战国（六国）文字。所谓今文，一般认为就是指当时通用的隶书，这没有异议，有的还将秦统一前后和汉初的小篆包含在内。多数学者认为今、古文所书写典籍的最初区别是两种不同字体之分，"流传到汉朝的先秦古书主要有两种情况：一种是用当时人还能认识的字体书写的，一种是用当时多数人已经不认识的字体书写的。当时称前者为今文，后者为古文。前者即今文经，后者即古文经。"[3] 一般认为，秦汉之际文字上存在一个断裂，秦朝经过极其严厉的"书同文"政策和酷烈的秦火，加之"官狱职务繁，初有隶书，以趋约易，而古文由此绝矣。"（许慎语）秦文字的统一实际上可以说是秦隶书的统一。

王国维："自秦灭六国，以至楚汉之际，十余年间，六国文字遂遏而不行。"[4] 从史料中看，这确实符合当时的实际，而上古的文化传统及知识不得不依赖一部部古文书籍的再发现，依赖于当时屈指可数，尚懂古文的文字学专家或残留世家的解读。西汉孔壁藏书是一次规模比较大的古文再发现，它们大概是战国"齐鲁间书"[5]，孔安国对其进行了整理。[6] 以往学者往往关注经

1　刘起釪：《尚书学史》，中华书局 1989 年版，第 105 页。

2　王国维《战国时秦用籀文六国用古文说》：汉人以六艺之书皆用此种文字，又其文字为当日所已废，故谓之古文。此语承用既久，遂若六国之古文即殷周古文，而籀篆皆在其后，如许叔重《说文叙》所云者，盖循名而失其实矣。

3　冯胜君：《二十世纪古文献新证研究》，齐鲁书社 2006 年版，第 9 页。

4　《战国时秦用籀文六国用古文说》，《王国维全集》第 8 卷，浙江教育出版社 2009 年版，第 198 页。

5　王国维：《桐乡徐氏印谱序》，《观堂集林》第一册，中华书局 1959 年版，第 299 页。

6　冯胜君《二十世纪古文献新证研究》（齐鲁书社 2006 年版）第 9 页：学术界对《说文》古文的研究表明，其字体与战国齐鲁文字最为相似，而该书古文的主要来源就是孔壁藏书。另请参看冯胜君著《论郭店简〈唐虞之道〉、〈忠信之道〉、〈语丛〉——三以及上博简〈缁衣〉为具有齐系文字特点的抄本》，北京大学博士后工作报告，2004 年。

学上的问题,并将经学思维带入史学。司马迁"年十岁则诵古文",并曾向孔安国学习古文,父子相继,"为太史令,绌史记石室金匮之书。……周道废,秦拨去古文,焚灭《诗》《书》,故明堂石室金匮玉版图籍散乱。"说明秦廷仍然遗留有不少古文,只是散乱,为汉廷接收,古文《山海经》的重新现世也是显证,刘歆做了整理。汉兴"百年之间,天下遗文古事靡不毕集太史公。太史公仍父子相续纂其职。……司马氏世主天官。至于余……罔罗天下放失旧闻。"[1]成为整理古文的佼佼者,对于古史体系最突出的贡献是发现,司马迁《五帝本纪》称:

> 孔子所传宰予问《五帝德》及《帝系姓》,儒者或不传。余尝西至空桐,北过涿鹿,东渐于海,南浮江淮矣,至长老皆各往往称黄帝、尧、舜之处,风教固殊焉,总之不离古文者近是。予观《春秋》《国语》,其发明《五帝德》《帝系姓》章矣,顾弟弗深考,其所表见皆不虚。

　　学人对"儒者或不传"与"发明"的理解每每与原意有出入,而这关涉重大,笔者详细的论证见后文,此处考订"不离古文"的重要意义,这两篇,司马迁明言属于古文,《索隐》也认为"古文即《帝德》《帝系》二书也。"《索隐》谓"太史公言己以《春秋》《国语》古书博加考验,益以发明《五帝德》等说甚章著也。"《正义》谓"太史公言博考古文,择其言表见之不虚,甚章著矣,思念亦且不须更深考论。"《索隐》"言《帝德》《帝系》所有表见者皆不为虚妄也"。此段文字不存在理解障碍,并且又经过民俗学田野调查的佐证,史料价值更是毋庸置疑。
　　司马迁注意到古文的史料学价值更高,这不就是清人以古

---

1 《史记·太史公自序》。

为尚的先声吗？这不正好暗合科学史学重视更早来源、重视直接史料的史料观吗？而怀疑其可靠性的理由无外乎《大戴礼记》成书颇晚——西汉后期戴德方始编成，忽略了先有《五帝德》和《帝系》而后才被戴德收入汇编古代文献的书，它并非戴德撰著写的书，而两千年后的科学史家竟然也忽略此一角度，更忽略了它的史料价值，令人感慨。文成之后，读李零评骘，他说："过去研究儒家，有个很大的误解，就是以为《礼》大、小戴记既然以戴德、戴胜称，当然是汉代的作品。各种思想史讲儒家，都是把这些书放进汉代的部分去讲。……大小戴虽为汉人，但他们传的《记》，除个别添盐加醋，很多都是来源于孔壁古文《记》，原来并不叫《礼记》，称为《礼记》是因为礼家传授它。这些用古文写成的《记》，应当是战国古书。它们中的很多篇，其实和《论语》一样，也是孔门师弟间的谈话记录。如果我们承认《论语》是出于孔门的再传弟子，年代最早也就是成书于战国早期，而古文《记》，现在从郭店楚简和上博楚简看，也是战国中期就已存在，他们之间的关系就非常近，不但有可能前后相继，甚至就连共时的可能也不是没有，恐怕还是放在《论语》的同时或《论语》、《孟子》之间更合适。"李先生断言，大小戴记"和《论语》有同样的价值，甚至是更高的价值。"[1]

　　我们由以上讨论可知，就最初的今古文来说，西汉前段的古文有着更早的来源，是六国乃至更早的正式文献。而它们都存在一个由古文转写成今文字体的过程，今文在此隶定的进程中，另有由口耳相传的传播到写出书面文字的一部分，适逢秦汉之际天崩地坼的历史巨变，从事这一工作的人良莠不齐，受时代思潮的影响，陆续夹杂时人的阐释甚或曲解也在所难免，儒学的今文经即是如此，今文经实际上是一种政治哲学。而古

---

[1]　李零：《简帛古书与学术源流》，三联书店 2004 年版，第 205—206、299 页。

文则不同，是文字学专家们严格按照字形等学术标准写定的，[1]这意味着古文较之今文有着更高的学术价值、史料价值，后世《竹书纪年》的发现与整理也是很好的佐证。今古文经问题十分复杂，学术界对两者间的区别众说纷纭，主流是按字体区分，但实际上还存有读法之别，内容之差。纯以成为学问的时间先后判定优劣是在缺乏现代史料学眼光的基础上做出的，如吕思勉先生强调治古史"以今文为主"，认为古文之学后起，不如今文学更有来头。而学术界至今轻视古文的倾向，其缘由之一恐怕仍然是传统的经学思维在作怪。而这种认识上的偏差、误解成为今文经学派和现代史学界一些人将其视为造伪的证据，阎若璩将"古文尚书"判为"伪书"似是一个关键，它连带殃及了学术界对真古文的信心。王国维在1916年一口气写过九篇文章讲"古文"，并作《史籀篇疏证》，除提出著名的"战国时秦用籀文，六国用古文"说，还历考汉代古文经本的流传，不仅对后来战国文字的研究产生重大影响，而且对化解今古文经之争也是切中要害。[2]钱穆后撰《两汉经学今古文平议》，则对造伪说给以进一步打击。

　　在理清了今古文经学的史料价值后，自然就会得出真古文经的史料价值高于今文经，这应该成为一个定论。以往的学者

1　刘师培说：当时"在野巨儒多明古学"。"古文家言详于训诂，穷声音文字之原。"（《经学教科书·序》）吴雁南主编《清代经学史通论》（云南大学出版社2001年版）第5页：古文经学派的特点是：通训诂，按字义讲解经文，阐释简明，保持朴质的传统，不凭空臆说、任意引申。邝士元《中国学术思想史》（上海三联书店2014年版）第80页：古文家"似乎有为经学而治经学的意思"，第85页："古文家渊源于战国至汉初的鲁学，比较谨守典章之遗，是原始、质朴而扎实的学派。……古文求是之心切，他们名物训诂的考证，完全是实事求是，完全没有主观的意见，所以，治学的态度和方法是归纳的、信古的。"

2　见《王国维遗书》，上海古籍书店1983年第一册；《观堂集林》卷五和卷七及第六册。

也有不少人局部认识到这一点，如杨树达说："余前屡言古文经胜今文经，今又得一证矣。"[1] 这一点，就是"疑古"成癖的顾先生也认识到了，他虽然先验地认定刘歆作伪，但还是承认：古文经书"实较今文为胜。如《左传》实胜《公羊》，《毛诗》实胜三家，而《尔雅》更为有系统之文字学书，前所未有，《周官》则规模阔大，非有大魄力不办。今文家中无大思想家，故其成就琐屑豆订。惟其古文家胜于今文家，乃能移转风气，使学术界变其目光与方法，而取得领袖群伦之资格。……故东汉以下，今文日衰，古文日盛，实循此优胜劣败之公例也。我辈今日，平亭两家，则真伪是一事，好坏是另一事，尽可有真而坏、伪而好者，我辈只是披露其真相而已，不必有出主入奴之见也。此一态度，为康、崔诸氏所不能有"[2]。本文的结论再强调一下，古文的学术性、历史性更强。今文经的时代性、思想性更强。这从科学史学史料观的角度应该说是没有疑义的。因此，针对历史性的五帝说而言，伪古文尚书被证伪后，就应该回归《五帝德》《帝系》两篇和司马迁真正的古文五帝说，但实际却并非如此，而是一并打烂，重新构造。

　　想通了这一思维盲点，就可以知道，《五帝德》、《帝系》两篇的史料价值对于传说时代来讲，高于所有今文经学的经典，它也是更直接的史料，而今文经则是转手的间接史料，对科学史学如果能有一个清醒认识的话，本来不难得出这样的结论，本不待考古材料证明而后可。此文写完，颇读出土文献，思考今日战国简帛文书与古文的价值，读及如裘锡圭先生所论《子羔》

1　《积微翁回忆录》，北京大学出版社 2007 年版，第 242 页，"1952 年 1 月 1 日"条。
2　顾颉刚：《纯熙堂笔记》（1946.6—1947.10），《顾颉刚读书笔记》（四），台湾联经出版公司 1990 年版，第 2334 页。周明之著《胡适与中国现代知识分子的选择》（雷颐译，四川人民出版社 1991 年版）《中译本自序》第 4 页："我们中国的史学界……无时不把我们想当然的道德观，强加之于古人，定他们的功罪。"

篇足可证明《帝系》的晚成一说,思之再三,以为欠妥:首先,《子羔》篇并非谈论历史之作,而是谈论儒家称颂的禅让题材,当时流传的多种——即使是矛盾的说法不应该归结成历史的真实与否,总要把所有记载硬性归结到一条非真即假的逻辑链条上,是一种有害的思维方式;其次,老师对不同兴趣、资质的学生因材施教,其本身就可能是矛盾的,就像我们今天的老师一样会教出观点各异的学生,老师传授的不太可能强求一律。

据上所论,三擘各说都是在各自选定资料范围内的偶然排列,即使如此,它也是在存有致命缺陷的研究过程中得出的,白鸟氏和顾先生还存在刻意忽视不利证据的问题。至今很少有人意识到,三擘之说不仅与人类学、文化学、宗教学等多种重要的学术理论相背离,若追究细节,还会发现它们在实践上完全缺乏操作性,只具有微小的逻辑可能性而不具有实际发生的历史可能性!实际成为学术史上三人市虎式的典型案例,他们依据进化论以及科学史学指导"考证"出的"造伪"成果实际却是一个退化的序列,被"推翻"的古史体系恰恰符合人类早期历史的通则,仅就被认为最晚产生的盘古、伏羲实际上却应是最早产生的。

整个古史体系的顺序和结构何以如此的内在原因,只应从古代中国的历史演变及周代奉行的制度、宗教、思想等领域中探查而不是盲目从战国秦汉的政治局势、学派竞争中找寻。传世文献有什么没有什么与记述书籍的性质、体裁题材、祭祀与否等复杂性有关,能否正确处理实证与默证的关系是对一个史学家技艺、水平的挑战。顾先生以来的大师们在判断古史体系时大都忽略了西周这个极为关键的、华夏一统的文化定型期,商周统治方式的巨大差异导致一个绝不相同的结果:王国维说"中国政治与文化之变革,莫剧于商周之际",杨向奎先生谓"宗周是夷夏合流,此后华夏民族形成"[1];许倬云先生谓"华夏国家"
在西周时代形成,中国人从此不再是若干文化体系竞争的场
合。[2]西方也曾存在过这种历史的机缘,亚历山大大帝以征服者
大规模与被征服者通婚,惜年不永,未竟其事。周道的原则是
"神不歆非类,民不祀非族"(《左传·僖十年》),"鬼神非其族
類,不歆其祀"(《僖三十一年》)成为社会的公认法则,"传称
'非我族类,其心必异',则类、族一也,皆谓非其子孙,妄祀
他人父祖,则鬼神不歆享之耳。"(《正义》)这成为社会的公认
法则,准此,认为战国时代,无论是统治者自身、还是学派人
物抑或聪明人,可以乱认祖宗、胡乱编排,纯属无稽之谈。如
果乱改祖宗,是否能得到内外认可也大是问题。所以,即便是
有所改动的帝谱也应在西周而不应更晚。华夏从西周开始,社
会兴起并弥漫着浓厚的历史意识,当时人建言立说大多将基础
建立在历史事实上,以历史作鉴戒,同时以历史作证据,而东
周百家,竞言古人古事。古者,较早之往事,即史也。庄子主
要以寓言说事竟成为例外。以至于"殷鉴不远在夏后之世"成
为口头禅。古帝圣王的历史故事虽然在典籍上的细节记载颇有
出入,但尊先王也好,法后王也罢,其被用做鉴戒则是一致的。
制度上史官必须直书,历史必须实录,蔚为时代观念,中国史
学乃臻于极高的境界。顾先生虽巨眼如灼,颇有见地地指出帝
系中如帝喾四子顺序存在问题,这令人赞佩,但契、稷的元子
地位及其改变实应在西周初年,《尚书·召诰》称"皇天上帝,
改厥元子,兹大国殷之命。惟王受命"就可证明,因为生物性
的长、次子顺序是不可能变动的,而社会性的则可以。至于二
者与尧、挚何以排在一起尚待探讨。二者与尧、挚排在一起则

1　杨向奎:《中庸与我国传统道德哲学》,《中国哲学史》1996 年第 4 期。
2　许倬云:《西周史》(增补本),三联书店 2001 年版,第 322 页。

意味着一个小历史系统的构拟，但必有相当的史实素地加以缘饰。这时形成了一个统一的文化体系，古史体系应该就已形成，《周礼》有"三皇五帝"之说即为其反映，如果不相信这个记载，须论证其不可靠，而现有的材料既不足以证伪，承认是真的也会有很多人表示强烈地怀疑，那合乎情理的做法应当存疑搁置以待后证。

笔者对三擘之说的批评，很可能被许多人视为狂妄甚至愚昧，本人对此表示理解。三擘都是博学多才、令人敬仰的杰出大学者，但他们毕竟不是完满的学术超人，也受着时代的知识限制。作为学者，当然都有提出自己观点的权力，三擘的探索对于打破僵化的传统思维有积极的启发意义和活跃学术气氛的作用，这些意见应该受到仔细研究和礼貌对待。问题在于，三擘之说从来都只是没有完成论证的假设，只构成相互映衬的"意见"，至多是具有"可能性"，根本就达不到"高度可能"，更未遑成为"确定"的结论。"层累说"的发布更是天才的灵光一闪，郑振铎认为该说是"直觉的理智"[1]，顾氏《自序》自认："想象与假设的构造是一点一滴地积起来的"，只是"敢于用直觉作判断而不受传统学说的命令"，"我的心目中没有一个偶像，由得我用了活泼的理性作公平的裁断"。但这是缺乏科学基础的，《史学原论》就指出："在历史中，直觉的方法是一种非理性的方法，这一点我们反复说道。"[2] 对这些离奇的错误如何给以史学史的定位，这不禁让笔者想起记录西方文明源头及西方史学史上长期存在着的希罗多德到底是历史之父还是谎言大师、荷马是否真有其人等问题，论争的答案对于今天的史学家已毋庸论证。而当历史进入20世纪，三擘之说实际上提出了同一性质的问题——

1　郑振铎:《郑振铎全集》第三卷《汤铸篇》，花山文艺出版社1998年版，第577页。
2　朗格诺瓦、瑟诺博司:《史学原论》，大象出版社2010年版，"前言"第4页。

东方的早期记录是历史还是谎言，尧舜禹等是否实有其人，西方史学的经验与教训本来可以给东方史学提供足够的借鉴，但遗憾的是鲜少有人注意这个角度。

探幽索隐 解荒化诞

——古史传说时代合理内核的两个重要论例

中国学问尽多精妙之处未曾研究出来。此责在吾辈，然风雨鸡鸣，谁则同声相应耶？

——顾颉刚

引 论

笔者在上中编从各种角度检讨了三擘之说的论证，并对他们进行了严厉的批评，指出他们的诸多不当，结论认为三说只是个人表达的一种意见，至多是一种逻辑的可能性，作为学术结论是不成立的，是学术习作而非"圣经"。但这并不意味传统的古史体系就可以自然而然、没有问题的重新确立，我们仍需进行学理上的充分论证。

史学上的传说时代是什么？传说时代、古史及神话之区分，以前颇不乏人，如顾先生、徐旭生、杜正胜等[1]以神话与古史对立之说影响较大。我们可以再了解一些西方史学的进展，以利开阔视野。"困难产生于什么是'历史'这一问题。一个极端是刻板的学者甚至把希罗多德的'探询'排除在历史之外，理由是它们不符合史学方法的现代规则；另一个极端则是一些人把整个前希罗多德时代和希腊以外的作品都扩展到历史这一名目下。""根据熟悉且古老的说法，历史起源于神话并逐渐摆

---

[1] 参见杜正胜编《中国上古史论文选集》（台湾华世出版社 1979 年版）一书相关内容。

期竟然没有东西是可以理解的,便称之为黑暗时代。"[1] 文艺复兴时代以来,存在着很多种神话理论,但就像马丁·尼尔森所评论的,"没有什么文献能像关于神话的众多文献那样如此快地过时。"这通常是怀疑主义的理论基础。现代历史学家面临的一个问题是如何把神话恢复到历史条件之下——如何从"遥远过去"的传说背后找回真实。而真正的历史研究"是一个解读、解密和解释的问题。"[2] "历史研究总是在进行自我更新,然而它仍然不可避免地而且适当地受过去的制约。……历史总是存在于观念王国之中,摇摆于真实和假象、确定和可能之间。"[3] 而研究主体也存在批评家与怀疑论者的区分,柯林伍德说:"批评家不是怀疑论者;因为一个批评家是一个能够而且乐意为自己接受别人思想的人,为的是要看看别人究竟做得是不是好;而一个怀疑论者却是一个不愿意做这种事的人;因为你不可能使一个人思想,像是你可以让一匹马饮水那样,所以也就没有什么办法可以向一个怀疑论者来证明某一项思维是健全的,也没理由要为他的否认而耿耿于怀。"[4]

上述西方大史家的精彩研究以及评论,对我们理解、研究中国古史的传说时代不乏启示,观照华夏的传说时代。

1. 为何无人勘破中国古史的传说时代? 砍去中华文化之源头、否定早期中国历史的"疑古"问题之所以产生,一方面是中国本身特有的经史之学及其密切关系的学术背景所使然,时断时续的"疑古"潜流在东西交汇的大背景下与诸多因素混浑,因缘际会激发出了滔天巨浪。另一方面也是更重要的方面则是中西历史对比的背景所使然,这一方面李孝迁先生的《域外汉

---

1 《历史的观念》(增补版),何兆武等译,北京大学出版社2010年版,第216页。
2 《多面的历史:从希罗多德到赫尔德的历史探询》,第29、493页。
3 《多面的历史:从希罗多德到赫尔德的历史探询》,第3页。
4 《历史的观念》(增补版),何兆武等译,北京大学出版社2010年版,第249页。

张国安 著

终结『疑古』 下

人民出版社

下编

期竟然没有东西是可以理解的,便称之为黑暗时代。"[1] 文艺复兴时代以来,存在着很多种神话理论,但就像马丁·尼尔森所评论的,"没有什么文献能像关于神话的众多文献那样如此快地过时。"这通常是怀疑主义的理论基础。现代历史学家面临的一个问题是如何把神话恢复到历史条件之下——如何从"遥远过去"的传说背后找回真实。而真正的历史研究"是一个解读、解密和解释的问题。"[2] "历史研究总是在进行自我更新,然而它仍然不可避免地而且适当地受过去的制约。……历史总是存在于观念王国之中,摇摆于真实和假象、确定和可能之间。"[3] 而研究主体也存在批评家与怀疑论者的区分,柯林伍德说:"批评家不是怀疑论者;因为一个批评家是一个能够而且乐意为自己接受别人思想的人,为的是要看看别人究竟做得是不是好;而一个怀疑论者却是一个不愿意做这种事的人;因为你不可能使一个人思想,像是你可以让一匹马饮水那样,所以也就没有什么办法可以向一个怀疑论者来证明某一项思维是健全的,也没理由要为他的否认而耿耿于怀。"[4]

上述西方大史家的精彩研究以及评论,对我们理解、研究中国古史的传说时代不乏启示,观照华夏的传说时代。

1. 为何无人勘破中国古史的传说时代? 砍去中华文化之源头、否定早期中国历史的"疑古"问题之所以产生,一方面是中国本身特有的经史之学及其密切关系的学术背景所使然,时断时续的"疑古"潜流在东西交汇的大背景下与诸多因素混浑,因缘际会激发出了滔天巨浪。另一方面也是更重要的方面则是中西历史对比的背景所使然,这一方面李孝迁先生的《域外汉

---

1 《历史的观念》(增补版),何兆武等译,北京大学出版社 2010 年版,第 216 页。
2 《多面的历史:从希罗多德到赫尔德的历史探询》,第 29、493 页。
3 《多面的历史:从希罗多德到赫尔德的历史探询》,第 3 页。
4 《历史的观念》(增补版),何兆武等译,北京大学出版社 2010 年版,第 249 页。

或神性的各种因素之间的关系。因此神话本身总是带有神谱的特性。""准历史学的这两种形式，即神权历史学和神话，统治了整个近东，直至希腊兴起为止。"[1]

"公元前 5 世纪的历史学家希罗多德和修昔底德的著作，就把我们带到了一个新的世界。希腊人非常清楚地并有意识地不仅认为历史学是（或者可能是）一门科学，而且认为它必须研究人类的活动。希腊的历史学不是传说，而是研究；它在试图对人们认识到自己所不知道的那些问题做出明确的答案。它不是神权主义的，而是人文主义的；所探究的问题并不是神事，而是人事。而且它也不是神话式的。所探究的事件不是万物之初、时间无考的过去的事件；它们是若干年之前、时间上可确定的过去的事件。"[2]叙事前辈之前肯定存在着历史学家，毫无疑问只是缺乏史料批判的眼光和手段。"尼布尔渴望揭开诗歌笼罩于历史真实的'多彩面纱'，但一代以后的人就变得对这种高贵的梦想表示怀疑。"[3]蒙森的罗马早期史探索接续了这种努力。

即使到了"当今，一些学者一直在努力重新联合这些争论的兄弟，断言神话有其历史面目，而历史并不完全像它经常所宣称的那样是真理的推动者。就像神话曾被当作历史一样，现在的历史是'我们自己的神话'。和历史一样，神话可以被理解为一种记忆形式，或者一种纪念形式，用来认识过去或体现过去——或者可以被理解为是对已逝者的敬意。"[4]

而"某些历史学家，有时候是整代的历史学家，发现某些时

1　柯林武德：《历史的观念》（增补版），何兆武等译，北京大学出版社 2010 年版，第 15、17 页。

2　《历史的观念》（增补版），何兆武等译，北京大学出版社 2010 年版，第 19 页。

3　凯利：《多面的历史：从希罗多德到赫尔德的历史探询》，第 26 页。

4　《多面的历史：从希罗多德到赫尔德的历史探询》，第 25 页。

脱了这种神话特性","历史和神话","从某种角度来看,这种
传说(指双胞胎的故事)可以被看作神话和历史之间的纠缠不
清互相交织的象征。"[1]而近东文明之初的"神权历史学和神话"
可以称之为准历史学,"这种文献所表达的思想虽有似于我们
所称为是陈述过去的那种历史学但又与它不同:第一,这些陈
述并不是对问题的答案,不是研究的成果,而仅仅是述说作者
已经知道的东西;第二,所记录的事迹不是人类的活动,而是
神明的活动。"尽管神权历史学根本不是有关人类活动的历史
学,然而就故事中神明人物是人类社会的超人统治者这个意义
来说,它仍然与人类活动有关;因此他们的活动就部分地是向
人类所做出的、而部分地则是通过人类而做出的活动。在神权
历史学中,人类并不是所记载的活动的行动者,却部分地是一
种工具,部分地又是一个被动者。而且,这些活动被想象为在
时间序列上占有确定的位置,发生在过去的某些日期里;反之,
神话则与人类的活动完全无关。人的因素完全被摈除了,故事
中的人物仅仅是神。而且所记载的神明活动并不是有日期可稽
的过去事件;它们被想象为在过去发生过,不过确实是在遥远
得不可考的过去,以至于没有人知道究竟是在什么时候。它是
在我们的一切时间记录之外的,叫做'万物之始'。因此,当
神话被安放在一种看上去似乎是时间的外壳之中的时候,(因
为它叙述的事件是按照一定的秩序一个随着一个相继出现的),
这个外壳严格地说来并不是时间上的,它是半时间性的:叙述
者是在使用时间上相续的语言作为一种隐喻,用以表达叙述者
并不想象为是真正时间上的各种关系。因此以时间上相续的语
言在神话上所表现的这种题材,就神话本身而言,便是各种神

---

1 凯利:《多面的历史:从希罗多德到赫尔德的历史探询》,陈恒等译,三联
 书店 2003 年版,第 1、4、24 页。

探幽索隐　解荒化诞

——古史传说时代合理内核的两个重要论例

中国学问尽多精妙之处未曾研究出来。此责在吾辈，然风雨鸡鸣，谁则同声相应耶？

——顾颉刚

引　论

笔者在上中编从各种角度检讨了三擘之说的论证，并对他们进行了严厉的批评，指出他们的诸多不当，结论认为三说只是个人表达的一种意见，至多是一种逻辑的可能性，作为学术结论是不成立的，是学术习作而非“圣经”。但这并不意味传统的古史体系就可以自然而然、没有问题的重新确立，我们仍需进行学理上的充分论证。

史学上的传说时代是什么？传说时代、古史及神话之区分，以前颇不乏人，如顾先生、徐旭生、杜正胜等[1]以神话与古史对立之说影响较大。我们可以再了解一些西方史学的进展，以利开阔视野。“困难产生于什么是‘历史’这一问题。一个极端是刻板的学者甚至把希罗多德的‘探询’排除在历史之外，理由是它们不符合史学方法的现代规则；另一个极端则是一些人把整个前希罗多德时代和希腊以外的作品都扩展到历史这一名目下。”“根据熟悉且古老的说法，历史起源于神话并逐渐摆

1　参见杜正胜编《中国上古史论文选集》（台湾华世出版社 1979 年版）一书相关内容。

学与古史辨运动》文有深入的研究。[1]因为中国传世文献描述的古史传说时代与其他民族的描述（神话或史诗之类）有着相当的不同，她明显缺少一个神话的时代，这是中西学术界都很明显感受得到的，也是在学理上、宏观上否定中国早期历史真实性的一个核心问题。如果不能全面摧毁"疑古思潮"的这些"学术"基础，不在学理上将这些问题阐释清楚，自然就无法祛"疑古"者之疑，"走出疑古"就只能是口号。而要想说清楚讲明白，就不得不全面的重估以往研究的一切方面。

太史公承接《帝系》等文献系统记录了华夏古史的传说时代，但他以经学的雅驯标准排斥了三皇，这实际上已经算是经史混一。衡诸人类同时代的成果，这可谓杰出的成就、理性的光辉，但这也埋下了近代混乱思维之远因。而刘歆继之以综合、缘饰，伪古文增之以少昊，更是将历史加以相当程度的扭曲……章学诚六经皆史说实启泯灭经史差别的旅程。从近代世界史学史的开端到如今，世界学术界竟然没有一位学者对中国古史的传说时代进行过合理而完满的解释。如果说外国学者因为语文隔阂而未能如愿，那中国学者在东西学术交汇之后何以同样没有做到呢？从康有为、顾颉刚及胡适等掀起的"疑古思潮"倒是给出了一个解释——这些都是编造的谎言，而从王国维、陈寅恪到当今的李学勤诸多先生对此"疑古"及其思潮并不赞成，但只是知其不然而不知其何以不然，具体的回应更是乏力。近些年来，中国古代文明起源的研究虽取得了长足进步，但传说时代历史的研究现状仍是步履蹒跚、趑趄而进。这在在说明若没有对"疑古"及其"思潮"的学理进行摧毁和根除，对中国古史的传说时代的整体理解就不可能完满地确立，笔者在中编

---

[1] 《域外汉学与古史辨运动——兼与陈学然先生商榷》，《中华文史论丛》2013年第3期。笔者深为其搜罗之广、用功之勤所叹服。但李文以此助推三说自然可靠的言外之意却是笔者期期不以为然的。

从各方面谈论的诸多盲点已经相当程度地进行了解释，相信已提出了不少较有价值的问题，并得出了初步的解释。为进一步推进传说时代的研究，在此重新强调一下重点。

中国古史的传说时代之所以得不到合理的解释，中国学者研究传说时代之所以难以有效推进，是因为近现代学者混淆了经史性质，泯灭了经史之别。清末民国大盛的今文经学，一言以蔽之，是主观之学。民国肇建，学术界普遍认为旧的经学式微乃至衰亡了。但实际上只是研究经书的人寡少了，大家忽略了经学思维未尝须臾离开各阶层的人们，经学的常识思维已经融化于民族的血脉之中，经学虽然不再指导治国了，但却由于经史混一窜入史学领域而成为指导思想，史学中又混入了西方传来的现代常识，现代"疑古派"所谓科学方法和态度与西方的科学史学实际上并没有太多关联，他们是以经学思维腰斩了历史意识，指出一些记载的传说事例不合儒家经义，顾颉刚、丁山两先生的话就非常典型。对于不合常识常情的事例，在中国学界被研究传说时代的学者一笔抹杀，大家没有觉得有什么异常之处，而不知道这些常识并非传说时代的常识。这也是王国维、陈寅恪、李学勤先生们知"疑古"之不然而不知其所以不然之要害所在，华夏历史遂遭受空前未有之浩劫。经是一套价值系统，史是记录人类活动轨迹的，而且"历史像诗歌和哲学一样，从一开始就显示出对起源问题的好奇心，这一起源问题允诺从几个首要原则开始理解——不同的是历史包含人的因素，它把起因和结果相联系，基础和祖先相联系"。[1] 经的形成与商周巨变有关，小邦周一举灭掉大邑商后兴起了历史的反思，到春秋战国最终形成了世俗化的常识思维，经学反映了这种思维方式的变化，

---

[1]　《多面的历史：从希罗多德到赫尔德的历史探询》，第 376 页。

即"子不语怪力乱神"，对彼岸持一种存疑主义的立场。经学实际上与华夏自身的人类学内容相抵触，从古代到如今的学者普遍缺乏人类学的视野即由此而来，中国学界长期视《山海经》为荒诞不经就是很好的例证，传说时代的研究要想取得长足进展就必须摆脱经学思维（常识思维）。

经学与史学的范畴演变，顾先生的方法仍是经学之法，其态度不仅没有进步，反而倒退。以往在研究传说时代时，过分重视传世文献与出土文献相印证的二重证据法，它虽然止住了"疑古思潮"狂飙的进一步泛滥成灾，却把进步的希望让渡给考古学，而考古学又长期无法提供新的可供研究的充足出土文献，以致研究停滞。因此，二重证据法并非有效推进中国古史的传说时代的途径，也没有找到治理传说时代的合适方法与恰如其分批评史料的适当手段。

对于近现代的任何历史研究者来说，保持客观、不存先入之见的态度和适当的研究角度是非常重要的。首先强调这种态度之重要，是因为一旦没有它，就很容易扭曲历史，我们应该知道，历史上的事情并不是都能搞清楚、弄明白的，在条件（材料、方法等）不具备时，与其强作解人，不如慎言阙如，否则，即便凿空混沌也不能算科学研究，治历史需如孔子的"多闻阙疑，慎言其余"（《论语·为政》）以及司马迁、褚先生"信则传信，疑则传疑"的学术精神，"科学主义"作为信仰对于历史研究是有害的。例如，美国学者倪德卫对《竹书纪年》的研究就值得注意，他不存先入之见，对许多中国学者弃若敝屣的远古年代的记录进行了认真的探讨，不管我们如何看待他的具体结论，这种客观的态度令人欣赏。顾立雅也认为"'夏朝的纪年、帝王以及史事，虽然都是传说'，这个朝代'一定是存在的'。"[1] 强调

1　顾立雅：《中国早期文化研究》，1937 年，第 131 页。

研究的角度之重要，是因为研究传说时代存在一些必备的多学科知识，起码必须具有人类学的视野，研究传说时代较有成绩的，中国学术界熟知的学者徐旭生先生是留法的，而在大西北多年的考察就使他具有这一视野。而外国涉猎中国古史的传说时代的学者也多以与"疑古"合辙的居多，这主要是常识思维在作怪，而拉铁摩尔之所以能对这一时代做出精彩的分析[1]，得出了一些合乎中国历史实际的推论，与他个人有着丰富的人类学阅历和一定的唯物史观素养密切相关。中国的马克思主义史学家如郭沫若、吕振羽、翦伯赞、范文澜等大都用中国传说时代的材料说明远古历史的社会发展，之所以较"层累说"更为合理，就是因为这种理论具备了人类学的视野。但因为缺少史料的考辨，因此才被童书业等人讥讽为公式主义。这其中有人既信奉马克思主义又推崇"层累说"，这是不应该的，逻辑清晰的史学家应该清醒地意识到，"层累说"和马克思主义理论是不相容的。

研究历史最重要的基础工作是从审查资料（鉴别真伪、辨明虚实）到确定历史事实，这个步骤用中国传统的术语叫辨伪。

古人有以辨伪卫道、寓经世于辨伪的传统，"权威最高的是经，其次是正史。至于在先秦及两汉诸子书中所保存的古史资料，那是以经和正史为标准定去取的：合于它们的为真，不合于它们的为伪。"[2] 乾嘉朴学提出以古为尚的史料原则，在辨伪上取得了相当大的成就，但就其理论建构与方法的严密程度来讲，并不完善，直到今天，依然如此。而衡之以西方史学的发展阶段，它大概相当于西方近代前期的博学时代。中西碰撞导致的巨大变迁对中国学术的发展产生了深刻的影响，"自西洋文明输入吾

1　参见《中国的亚洲内陆边疆》第二部分《传说时代与早期历史时代》，尤其是第十章《农业的进化与游牧业的反复》值得参考。

2　徐旭生：《中国古史的传说时代》，文物出版社 1985 年版，第 21 页。

国，最初促吾人之觉悟者为学术，相形见拙，举国所知矣。"[1] 西方为我们提供了新理论、新视角、新思路，在史学的鉴别真伪考辨史料方面，西方强调原始资料尤其是目击证据最为可靠的观念强烈影响了中国学人，但由于使用者对这整套方法理解的不深以及缺乏对全局的把握，没有处理好有无原始资料及其与其他各类材料的价值间的关系，以致运用失当，"确解"诚然不少，"误解"尤其繁多，把成书年代（或写定年代）当成历史事实的发生年代就是其中一个严重误区，如"适之论古书于唐、虞、文王、太公，皆以为无其人。谓中国书可信，当以《诗经》所有证之。大约自周宣王起为历史之可信者。《诗经》中称文王及姜源（当为嫄）之类，皆可分作神话一派云。"[2] 而"层累说"论战"这场辩论最重要的贡献是引起大家对于审查史料工作的重视，即是顾先生所谓的'辨伪的工作'。在未用一件史料之先，我们应当先考察这史料的真伪；第二，即是真的史料，我们要问作者的时代或用意。"[3] 由之而起的"古史辨"运动和所谓的史学革命却造成了传说时代研究的随心所欲之乱象，尤其是"极端疑古派""看见了不合他们意见的论证，并不能常常地审慎处理，有不少次悍然决然宣布反对论证的伪造，可是他们的理由是脆弱的，不能成立的。……他们处理史料这样的不审慎，手里又拿着古人好造谣的法宝，所以所至皆破，无坚不摧！可是，破了和摧了以后，他们自己的说法是否能够建立，那却太成问题了。"每每"称与我意相合者为真实，斥与己意不合者为作伪"，结果造成"治古史的人一谈到传说的资料，总是左支右绌，不敢放手去工作，就是有些位大胆使用这些资料，却也难得史学界的同意。不同

1　陈独秀：《吾人最后之觉悟》，1916 年 2 月 15 日《青年杂志》1 卷 6 号。
2　中国革命博物馆整理：《吴虞日记》，四川人民出版社 1984 年版，第 599 页。
3　齐思和：《近百年来中国史学的发展》，王学典陈峰编：《二十世纪中国史学史论》，北京大学出版社 2010 年版，第 28 页。

意的原因，大多数并不是想纠谬补缺，使资料的处理更为合理，却是从根本上疑惑这些资料的可用与否。"[1]当时不少学者虽有些颇具价值的思考，本书有相对详尽之研究的不再赘述，他如钱穆于 30 年代中后期在《国史大纲》中提出了古史层累遗失说，认为"散见各书之零文短语，则多系往古传说，非出后世一人或一派伪造（以其流传普遍，如舜与禹其人等）"，等等。但这些并未改变混沌的局面。

这说明传统辨伪法既不足用，加上错误的经史混一之大趋势，又未能理解西学中抽象层次更高的概念、理论、典范与历史思维，更是用以今律古、以己度人地非历史主义的方式，以致形成了各说各话的局面。东西学术混杂的实况是思维混乱的结果，复又成为更加混乱的根源。而要想从根本上改变这种乱象，就必须对事关中国传说时代的史料给予正确的认识，并在具体的考辨方法上加以深入探讨，徐旭生先生对此做了最为可贵的努力。

徐先生认为："对于传说故事，不能不信，也不能全信，要在研究中鉴别真实的历史成份，由可靠的线索中理解史事的真相。"并总结出一套考辨史料的方法，最大的贡献在于以科学史学原始资料的原则结合中国传说时代的资料特点，提出传世文献材料的"本质与来源分为两类：一、'原生的'，包括一切见于早期记载的传闻异说。二、'再生的'，包括一切见于后期记载之假的、伪托的、孳生的传说故事。这种传说大部发生在东汉以后。其中却非全无'原生的'传说。归结一点，就是注重史料的原始性、等次性"[2]，后来加以深化，"现在所保存的关于此时代的文献方面的史料，大致可分为两类：一为专篇的，成系统

1　徐旭生：《中国古史的传说时代》，文物出版社 1985 年版，第 23、27 页。
2　徐旭生、苏秉琦：《试论传说材料的整理与传说时代的研究》，《史学集刊》第 5 期，1947 年 12 月。

的，大家看过可以得着一个综括印象的；二为零星散见的，不成系统，有时候不靠前项资料就很难知道把它向哪里安插。""后一项零金碎玉，为当日贤士大夫随便的称引，本无容心，就有失真，也很寡少。后一项还没有综合，还没有系统化的史料极可宝贵的点正在此处……把后一项零星散漫的史料小心地搜集和整理起来，洗刷掉它那神话的外壳，找出来可信的历史核心。""需要注意此期史料的原始性的等次性。从来治历史的人都很注意於史料来源的原始性。如果能得到原始史料，那就比较容易地判断一切，要比逐渐失真，第二手或第三手的材料价值高得多，这也是很明白的道理。"将各种资料分为三等（三期）。"使用的时候是：如果没有特别可靠的理由，不能拿应作参考的资料非议第二、三等的资料；更重要的是：如果没有特别可靠的理由，绝不能用第二、三等的资料非议第一等的资料。"[1]这是符合西方史学关于史料考辨的原则的，"只有在直接接触原始资料的时候，我们的精神才有可能与被阅读对象直接结合，从而产生正确的化学反应。需要说明的是，这里所使用的'原始'一词，其意义是相对的。也就是说，假如最开始的资料被丢失，那么最间接的资料便发挥'原始'的作用。"[2]徐先生还提出了应该遵守的次要五点，其中"第一，引用古籍时必须检得原书原文，忠实录出……不能据一家之言，妄改古书。第二，对于某史实，如果古书中所保存的有关材料具有多条"，我们的解释就应该把所有各条都叙述出来、加以分析，"并指明它们的可疑点或矛盾点，等着将来的工作人继续研究和解决。"这些方法给我们判断传世文献的真伪、鉴定传说的虚实奠定了坚实的基础。可惜的是，重量级学者并没有继续深入从而解决这些根本的问题，学界仍

1　徐旭生：《中国古史的传说时代》，文物出版社 1985 年版，第 29、31、33 页。
2　布克哈特：《世界历史沉思录》，北京大学出版社 2007 年版，第 18 页。

陷于"只埋头拉车，不抬头看路"的状态。

但徐先生这一套方法中最大的错误是关于"综合材料不可靠""不可信"的说法，"专篇的，成系统的，大家看过可以得着一个综括印象的""综合材料比未经系统化的材料价值低"，该"项资料写定的时期相当晚近"，并想象出一个搜集、整理和损益增删的过程，认为"多经过一次手，就多经过一次的损益增删，就更进一步地失真，并且这一次是很重要的失真"，"综合材料虽说比较失真，但是它们的写定，主要的还在先秦，属于相当的早期。它们的工作人也是搜集了不少古代的材料，并不是凭空臆造……所以较古的综合材料只要它同后一项未系统化的材料没有冲突，也还不损失它那可宝贵的价值。"因为零散资料有时候不靠综合资料很难知道把它向哪里安插。"《大戴礼记》中有关的两篇的写定，可能比战国后期更晚，但是司马迁的前几篇完全依靠它，似乎仍是战国之末的作品。""《大戴礼记》中的两篇的综合材料虽也属先秦著作，但因为它们的特殊性质，只能同西汉人著作中所保存的有关材料同列第二等。"[1] 所谓综合材料是否可靠，应该分析是文字、语句、文气的更改还是历史事实乃至古史结构的变动，每一个问题都需要具体的研究。徐先生专门阐述方法"我们怎样来治传说时代的历史"的这部分在最早的版本中是用的"论信古"之名，上段"帝系"不可靠的看法已在其中。"帝系"编造说长期举世公认，从徐先生想当然地把五帝时代分成不连续的三个阶段，到顾先生的完全造伪，差异在可信度的有无。近年两本仍持"疑古"立场的专著也认为"帝系"是编的，但参考了许多资料，依然很有价值，"信古"与"疑古"终于在此合流。徐先生既云相当的晚近又说相当的早期，这属于自相矛盾，而以"特殊性质"之名将其降等是自

1　徐旭生:《中国古史的传说时代》，文物出版社 1985 年版，第 29—31、33 页。

乱"原始性的等次性"的藩篱，上文已述，大的、广为人知的事实极难造伪，既缺乏动机，又容易核实，徐先生在具体的事例上强调共同性远高于差异性及论述零金碎玉可靠的理由对于"帝系"同样存在。而对于同一篇文章记载的内容选择性的相信或否定，那就既没有逻辑一贯性也缺少学理的支撑，忽略了科学史学、口述史学等理论，新近的学者还忽略了"记忆"理论。徐先生之所以犯这样的错误，是因为他无从合理解释大戴五帝说中与常识思维相矛盾的地方，加之用西方的标准裁量也多有不相符合处，实与科学史学的审查史料无甚关系。笔者对"帝系"的论证见下文，中国现代历史学家竟然都相信"古史体系"（或结构）可以伪造的论点，这是极为主观的今文经学主宰下的产物，虽然他们是打着史学的旗号。正如柳诒徵先生说："古人以信为鹄，初未尝造作语言以欺后世"，疑古者"徒就一二遗编，毛举细故，斥史公之不经，或他人之作伪，岂不冤哉"？"史书无一事无来历，其小有出入，乃一时之疏，非故意以误后人，不得执一以疑其百也。"[1] 张尔田说："今人不宜动以稗说野纪以非正史，不可据孤证轻易旧文。"[2] "执一疑百""据孤证轻易旧文"的指责或有夸大，但确实是"极端疑古派"不少大作的特点，而徐先生否定综合性材料（体系）的理由看似有理，一旦深究，也不过是"执十以疑百""据二、三证而易旧文"，同样忽略了共同之处远远大于差异之点。顾先生钱玄同虽然表面上抛弃了经学的善恶是非，无视或忽视古人考辨真伪的思想动机及价值观念，他们的"古史辨"也注意到"真伪与否"（事实判断）和"善恶是非"（价值判断）的关系，但实际上他们熏染着的旧传统依然根深蒂固，做出的更多的是价值（经学）判断而非事实判断。

---

1 柳诒徵：《正史之史料》，《史地学报》2 卷 3 号（1923），第 1、6 页。
2 转引自《梁任公"中国历史研究法"之回声》，《史地学报》2 卷 2 号（1923），第 6 页。

"疑古"的实质是以春秋至两汉所形成的经学的价值为标准去对传说时代的古代事实进行判断,"疑古"思维影响了几乎所有的现代学者。这与思维方式的问题密切相关,常识思维、经学思维及历史思维间的关系,常识、常理、常情及其变化与历史学家的运用是一个非常复杂的事情等,请参考本书其他相关部分。他们之所以受到过度的推崇,实在是崇西尚新的风尚,误以为这是贯通中西之杰作,而一旦深究下去,却发现大大不然。

中西学术体系的碰撞交流,一般而言,抽象的层次越高,理解的困难越大,在论述上所占的比例与被重视的程度就会越低。史学的概念、理论、典范与历史思维,虽然是西方史学的基石,却无形中因为"使用价值"不明显,其严密的操作过程又大致与考据的流程相近而被东方历史学者所轻忽,在汲汲营营引入各种"进步"思潮之余,历史学者却失去了系统性分析与省思西方史学思想的动能,重要的是,他们也不再在意是否应该建立自己观察的角度与视野。而历史在中西社会中起源、地位的不同决定了它的作用的不同,中西史料的来源、形成过程也不大相同,我们要以西方史学理论和方法做必不可少的参考工具,而非裁量中国历史的标尺,我们的吸收不能只着重于个别因素,而是要结合中国文献的特点进行全面的综合判断,今天研治传说时代的学者仍然不妨认真研读一下朗格诺瓦的《史学原论》、伯伦汉的《史学方法论》以及斯坦福的《历史研究导论》、托什《史学导论》和梁启超的《中国历史研究法》等书的相关部分,但必须将其放在中国的历史脉络中,在进入历史文献的同时,也在寻求一种理解和对话的方式,以建立起处理和分析中国传世文献的途径和方法。从一个学者如何审查史料,就可以看到他对史学是怎样理解以及把握的程度。无论是谁,当亲身投入历史学中进行这个史学最基础的工作时,他多多少少都会无意识地做着纷繁复杂的批判并与建构、分析和综合的工作连动。具体到近现代中国的古史研究者来说，更牵涉到经史之学的复杂关系（结论部分有分析），可以明确的是，朴学、考据都不能等同于史学。

无论新旧中西学术之标准都不能不关注逻辑的问题，但这恰恰是中国学者一向轻忽的地方。"疑古"涉及审查史料时的一个重要问题，他们大都在没有充足理由的情况下选择性地采信某些记载，对不合他们意见的材料或视而不见或轻率否认，甚至对同一篇文献也是如此，采信或否定不讲出或讲不出令人信服的理由，如徐先生对于《帝系》，既相信它的历史性内容，却又认为连续地继承是人为编出来的，未注意到自己在史料问题上逻辑的不一致。这种现象实际意味着学者对待文字记录以及做学问的态度是有问题的，研究历史者是应该跟着证据下结论还是根据自己的认识随意选择性找材料、选择性地接受或拒绝？这对于近现代学者本来不难回答，但中国学者因为学术传统和思维习惯，审查史料往往不严谨，例如对书的性质的区分往往不够，吕思勉先生是少数注意到这个问题的，他说："读古书固宜严别真伪，诸子尤甚"，而"古人学术，多由口耳相传，无有书籍，本易讹误。而其传之也，又重其义而轻其事……诸子中之记事，十之七八为寓言"[1]。诸子"重义轻事"、多"寓言"式地借历史阐述价值，本是历史功能之一，经书史味浓厚但方式亦然，求历史之真最当求于史书，次当研究如何从经子这样的叙述方式中返求历史之真的因素，而"疑古派"仅因经书、诸子所述历史不真、其间有异，而反推出历史皆假甚至历史巨人也是编造的，如此反推在逻辑上是大有问题的。先秦时代的传世文献有两个环节应当格外注意，形成期和西汉末年的整理。[2] 探寻记

1　吕思勉：《经子解题》，中国书籍出版社 2006 年版，第 97—98 页。

2　可参考余嘉锡《古书通例》、李零《简帛古书与学术源流》以及徐建委《〈说苑〉研究：以战国秦汉之间的文献累积与学术史为中心》（北京大学出版社 2011 年版）等书。

录传说时代的资料时，要有人类学视野和历史思维，徐先生所提次要五点中的三、四条关于地名、族氏与个人名的复杂情况的区分也很重要，已经触及人类学思维。

作伪或造伪之伪，含有主观意图，就人性来说，伪与诚相对，伪书之伪，是指通过窃取他人作品占为己有，或掇拾既有文献而托名他人。辨伪指考辨文献、传说或事实等真伪虚实的工作。在史学实践中，许多学者的无意识中存在着一个盲点，劳思光先生的一段表述相当有代表性："中国古史研究之最大困难，在于战国至秦汉间种种伪作。此所谓'伪作'，不必是有意冒名著书，或如后世之假造文件，而指以后世观点强加于原始史料而言。譬如战国时各家议论，每每即以当时之政治观念加于古代，以致视尧舜如后世之天子，视殷周如后世之君臣。至于汉代，则在大一统意识下，对古代史料进行综合解释，于是有司马迁《史记》中种种记述。此类解释或记述，皆不合于古史之真相，故可称为伪作。"[1]这种"伪"的定义恐怕是有问题的，他们本无造伪以欺骗时人与后世之意，这应该属于历史认识问题，如何根据现有传世文献的特点以确立传说时代的史实，应是现代史学工作者的任务，似乎不应该指责战国汉代没有为我们提供原始资料，似乎更不能指责古人讲述的历史存在历史认识的错误，与其抱怨材料不能直接为我所用，不如自己多下苦功提高辨识事实的真伪与虚妄的能力。徐先生指出："如果有前人作伪确实可靠的真凭实据，自然可以提出。"而各家各派"因为自己立说的利便，故意捏造出来，有意地骗人，我们现在还没有找出来一点可靠的证据，还不敢，也不应该那样说。"徐先生对有没有造伪证据的强调是十分重要的，这牵涉到治学态度的严谨与否，

1　劳思光:《新编中国哲学史》第一卷，广西师范大学出版社 2005 年版，第 16 页。

"如果大家全能这样老老实实地去做，对于学术的推进一定很有帮助。"[1]

学界还有一个误区需要澄清，那就是研究传说时代的历史，出土文献比传世文献可靠，而且需要有这两重证据印证得出的结论才可靠（下文另有总结）。实际上，在出土材料中，能印证传说时代的甲金文极少，近年虽有一些战国的简帛，它们有着相当的优点，但同样存在复杂的辨识考订工作。而且就其与传说时代的绝对差距来说，其史料价值实际上与传世文献中的相关记载并无本质的差别。

"疑古"和"走出疑古时代"的胶着，最大的症结在于史学研究的基础——批判史料、审定史实的问题没有解决。对于传说时代的史料以及不是同时代的非原始资料，以《帝系》为例说明，"疑古派"从视之为胡编乱造到新近的"不可忽视的价值"，"走出疑古派"则持古已有之的态度，笔者认为：它们的复杂性不是可以简单地以真伪二字论定的，而从它们的可靠度、可信度以及可理解度的多少着眼可能更为稳妥，因此在本节以及中编"史料批判的盲点"一节不避繁冗进行了反复探讨，本章对《帝系》更是进行了极其烦琐的检讨与论证。

最后，笔者引述徐先生一段殷切的话期望将来批判本书的学者以为共勉，"希望将来批评本书的人特别注意方法问题：或纠正它的错误，或补足它的缺陷，或者觉得我们所提出来的方法还没有大错误，可是当我们使用它的时候，却还不能符合我们预定的计划，而严加指摘；如果这样，不唯我个人得了很大的益处，就是学术本身也将得到像样的推进。如果批评的人对方法问题注意不够，单就个别问题加以指正，那自然也有益处，不过它就比较有限：这又是我对批评此书的人所抱的一种殷切的

1　徐旭生：《中国古史的传说时代》，文物出版社 1985 年版，第 24、34 页。

希望。"[1]

2. 深入研究的可行之道　我们要做的还有方法的检讨和证据的推敲，历史学爱好者基于文献研究基础之上的有关历史探寻传统的认识先把文献研究搞扎实。准确理解文献是最为基本的，这一步做不好，一切都谈不上。就像《大荒经》的情况一样。

　　进步的希望仍然是找到合适的方法与取得新的史料。什么是合适的方法？答案是无科治学，要庖丁解牛而不是盲人摸象。可以借鉴的是尼布尔-蒙森研治罗马史的方法。如何恰如其分批评史料，我们应该充实自己，充分提高自己提取信息的能力，文字被发明后就固化了它的意义，无论怎样释读，都是在"带着镣铐"跳舞，不能随意解释，要以多学科的视野审视，充分认识传统记录的合理性，慎于责古。不是古人太荒诞无知，而是现代学者太武断。在此前提下，书读百遍，其义自见。

　　陈寅恪先生在 1935 年对新材料、旧材料以及与通史的关系发表了重要意见：

　　历史的新材料，上古史部分如甲骨、铜器等所谓新材料，并非从天空中掉下来的，乃指新发现，或原藏于他处，或本为旧材料而加以新注意、新解释（旧材料而予以新解释，很危险。如作史论的专门翻案，往往牵强附会，要戒慎）。必须对旧材料很熟悉，才能利用新材料。因为新材料是零星发现的，是片断的。旧材料熟，才能把新材料安置于适宜的位置。正像一幅已残破的古画，必须知道这幅画的大概轮廓，才能将其一山一树置于适当地位，以复旧观。在今日能利用新材料的，上古史部分必对经（经史子集的经，也即上古史的旧材料）书很熟，……更有进者，研究历史，要特别注意古人的言论和行事。古人说：

1　徐旭生：《中国古史的传说时代》，文物出版社 1985 年版，第 36 页。

"左史记言，右史记事。"这话很有道理。言，如诗文等，研究其为什么发此言，与当时社会生活、社会制度有什么关系……事，即行，行动，研究其行动与当时制度的关系。……研究制度对当时行动的影响，和当时人行动对于制度的影响。研究某种行动为何发生（注意研究制度的实际施行情况，此点至为重要）。[1]

其观点至今仍有指导意义，尤其是他对新材料的定义更是值得注意，并不止是出土文献才是新材料，而是没有人用过的都是。笔者认为上古史要突破，与其等待出土的新材料，不如重估一切现存的传世资料，考辨其中具有真正史料价值的成分，即寻求尚未引起学者重视的、使用过的"新材料"，应该高度关注纬书和《路史》的价值。梁启超《中国历史研究法》："我们研究古人的宇宙观、人生观和古代社会心理，与其靠《易经》，还不如靠纬书和古代说部如《山海经》之类，或者可以得到真相。"任公提到纬书和《山海经》，眼光十分敏锐，笔者在本编对《山海经》有专门研究。而陈寅恪先生所谓大概轮廓指的是通史即古史体系，因此上《竹书纪年》的重要性就凸显出来。美国前国家博物院院长、芝加哥大学社会科学院院长、古代近东研究所所长 Robest Mc Cormick Adams 先生在 1971 年看了何炳棣《东方的摇篮》一书的文稿，该书详尽地论述了丰富的中国古代文献流传历程，特别介绍了古本《竹书纪年》的史料价值，看后他说："你们的古代文献遗存远比古代近东的文献优越，在西方，可靠的文献资料，往往成为研究古史年代学的主要根据，可惜你们没有很好地利用这些珍贵的资料研究中国的历史年代。"这

1　蒋天枢:《陈寅恪先生编年事辑》(增订本)，上海古籍出版社 1997 年版，第 96—97 页。

是美国第一流的学者对中国历史年代学研究发出的感慨。[1] 徐旭生提出要寻求尽量原始的散金碎玉之材料就是一条可行之路，却识者寥寥，应者少少。

现在考古出土材料所反映的内容，无论是在时间上还是空间上都已远远超出了传世文献，而对这些材料的研究，多将精力放在物质层面，而精神层面的研究却每每需要借助《山海经》才能解释，这种现象发人深省、启人深思。

倡导"走出疑古时代"之后，一些考古或史学工作者使用材料时较随意，不加批判地引用西晋时《帝王世纪》乃至南宋时《路史》就是明显的例子，沿袭前人使用习惯时往往没有注意到传世经典记载传说时代内容的变形以及注入了价值的经书，在作为史料使用时是要谨慎的。也没有将史料价值和历史认识区分清楚，中国历代学者著书立说时涉及传说时代时有的引用了他见到的历史资料有的是他对历史产生了自己的认识，我们应将它们区分清楚，有的研究是有史料依据的，我们需追究他的史料依据及推理过程，有的史料是我们今天已经见不到的，要慎重对待；有的只是一种纯粹的猜测，相当于历史认识，像《世经》引用的《考德》，只是引用了一种历史认识，对传说时代的研究并不具有史料价值。这种情况不能当进一步推衍用的史料依据，我们使用它只能当花边点缀。而不宜笼统的刘歆说、贾逵说、马融说、郑玄说，乃至张三说、李四说、王二麻子说，然后就去推论传说时代如何如何。

本编将针对"疑古思潮"重要核心的五帝世系问题以及千古以来视为荒诞无稽的《山海经》进行研究，努力展示如何建设一个真实的中国古史的传说时代，借以展示笔者从事历史研

---

1 转引自何炳棣、刘雨：《怀疑真古　相信假古》，吴锐编《古史考》(9)，海南出版社 2003 年版，第 140—141 页。

究三十多年心血之总结，无论正确与否，都希望得到学界诚恳的批评。

一、《帝系》五帝之序与黄帝少昊两族轮流考

古史体系的核心是"帝系"（俗言五帝）的组成问题，典籍中的其他古帝也是一个方面的问题，帝俊的问题尤具代表性。从顾先生"层累说"问世到《古史辨》第一册爆红后，古史体系中的不合常情常理处被学界广泛接受，而其合理处却被弃之若敝屣、鲜有论证。以致很多人认为五帝是人为编造的，这也成为"疑古思潮"在学术界狂飙突起的关键，此后，自然有学者提出古史重建的呼吁。而从笔者上中两编的考证、研究看，近现代史学界否定五帝时代的论证漏洞很大，三擘的说法只是一个逻辑的可能而远非历史的事实。先秦史学虽尚不发达，不少典籍都顺带提到"五帝"语，说明其植根于民族心理与深层记忆中，并无臆造可能。上文已经分析过存在两种性质的五帝说，不可混为一谈。当王国维先生用甲骨文证明了殷商王系的高度可靠性，现在大多数史家也已相信或默认夏代的存在及夏系的可靠，只是对此《五帝德》两篇和司马迁为代表五帝说的可靠性无法合理言说，虽有不少学者径直采用此说讲述传说时代，但却无法说服尚在疑古的学者，尤其是域外专家视之为民族主义思潮，陷入陈寅恪先生所说上古之事证是不易证伪亦难的境地。谨慎的学者仍然认为上古之事讲不清楚，将这一领域束之高阁，使其长期陷于停滞、混沌状态。因此之故，我们仍需回到历史的原点重新审视这一关乎华夏文明起源的重大问题。

（一）古史体系中五帝问题的再审视

1. 古帝研究的再审视　对传说时期的古帝（主要是五帝）问题进行研究的，可谓史家成群，巨擘如林（如顾颉刚、蒙文通、

缪凤林、傅斯年、吕思勉、徐旭生、杨宽、孙作云、刘起釪等先生）。其中以顾、蒙、傅、徐四人最有影响，颇具代表性。顾先生是问题的提出者，主要起自康有为的今文经学，在"层累地造成的中国古史"说的论证中，更多注重的是对典籍成书早晚时间的判断，而基本轻忽了对书籍性质的考虑，轻忽了在古史的结构与功能中探讨古帝问题，成为一股错误的学术思潮和一种有害的研究方法。由此也否定了五帝三代统出一元的古史体系，否定了五帝时代存在过一统的政治共同体，这种观点引起了广泛的共鸣，历史体系可以由人任意编造就成为一个不言而喻的前提。国内学术界对蒙文通、傅斯年、徐旭生三家的说法是交口称赞的，蒙文通先生的理路来自于今古文经学的结合，他对自己使用资料的做法是从今古文的角度有过说明的[1]，只是科学性有待提高；蒙文通先生提出的三集团说，有"江汉民族"（炎帝、神农、三苗、共工、祝融、蚩尤为代表，以姜姓为主）；"河洛民族"（黄帝、颛顼、帝喾、帝尧为代表，以姬姓为主），活动在河洛

1　蒙默编：《廖平蒙文通卷》，刘梦溪主编：《中国现代学术经典》，河北教育出版社1996年版，第336—337页：在昔两汉言学，严守师法，各有义类统归，于同道则交午旁通，于异家则不相杂越，笃信谨守，说不厌详。而晚近言学则异是。刘（逢禄）、宋（翔凤）、龚（自珍）、魏（源）、崔（适）、康（有为）之流，肆为险怪之辩，不探师法之源，徒讥讪康成，诋讦子俊，即以是为今文。……是前代之今文惟一，近代之今文有二，鱼目混珠，朱夺于紫，其弊也久矣。……今文之末流如是，而古文之讹惑亦莫不然。徒诋谶纬，矜苍雅，人自以为能宗郑，而实鲜究其条贯。交口赞康成毁范宁，于其旨义之为一为二，乃未之详察。至若刘贾马郑之或变或合，更莫探其原委，谓之能阿郑则可，讵何关于古文？今文古文之界别且不明，徒各据纬候苍雅为根实，以讪郑阿郑为门户，则今世言今、古学之大本已乖，又何论于改制托古、六经皆史之谈。盖此二说者，文无征于古，义或爽于正，故未可依之以断义。惟一舍此末世之浮辞，守先师之遗训，考其家法，推其条例，以致其密，说虽难备，义尚有归。如此学言史，要不远于谯周《古史考》，南学言史，终未越乎皇甫《帝王世纪》。古文学既南北异趣，今文学亦齐鲁殊致，适海适岱，言各有宗，触类而通，然后于汉师之学，古史之事，庶可略知方轨。

地区,故又可称为;"海岱民族"（燧人、伏羲、女娲、太皞和少皞、帝舜、皋陶为代表,以风、偃、嬴姓为主）。傅斯年先生的夷夏东西说主要起自实证主义,对于史料的运用未予详细说明;傅斯年先生《夷夏东西说》本说为:"三代及近于三代之前期,大体上有东西不同的两个系统。这两个系统,因对峙而生争斗,因争斗而起混合,因混合而文化进展。夷与商属于东系,夏与周属于西系。""大体说来,东方经济好,所以文化优。西方地利好,所以武力强。"傅先生结论从历史学、文献、考古学、人类学和地理等角度综合而来,可惜的是傅先生受当时思潮、风气影响,仍认为"春秋战国的思想家,在组织一种大一统观念时,虽不把东夷放在三代系统内,然已把伯夷皋陶伯益放在舜禹庭中,庚歌揖让,明其有分庭抗礼的资格。《左传》中所谓才子与不才子,与《书·尧典·皋陶谟》所举之君臣,本来是些互相斗争的部族和不同时的酋长或宗神,而哲学家造一个全神堂,使之同列在一个朝廷中。'元首股肱',不限于千里之内,千年之间。这真像希腊的全神堂,本是多元,而希腊人之综合的信仰把他们硬造成一个大系。只是夷夏列国列族的世望尚不尽失,所以我们在今日尚可从哲学家的综合系统中,分析出部族的多元状态来"。[1] 徐旭生的方法主要是科学史学,徐旭生、苏秉琦先生是提出一套对待文献的系统说法[2],对文献的处理后出转精,其成功的基础——处理材料的做法却未得后来者重视,而实际上,无论赞成还是否定,这都是不容忽视的。徐先生得出的华夏（黄帝、炎帝、颛顼、有虞氏（舜）、商人、祝融等族）、东夷（太昊、少昊、蚩尤）、苗蛮（三苗、伏羲、女娲、骧兜）三集团说。杨宽先生结合神话学与傅先生的夷夏东西说进行了阐述。其中值

1　傅斯年:《民族与古代中国史》,河北教育出版社 2002 年版,第 4、53、57 页。
2　徐旭生、苏秉琦:《试论传说材料的整理与传说时代的研究》,《史学集刊》第 5 期,1947 年 12 月。

得注意也是最被忽视的是缪凤林的意见:"夏商前有此五王,当春秋时说已固定,特无'五帝'之称耳。……实原始之'五帝'说……固先秦之古义也。……近人谓世益晚而古史益繁,弟则谓世益晚而古史之义益晦。"又说:"《大戴》《太史公书》识其义者已绝无仅有(惟马端临《通考·帝系考》中首列《五帝本纪》之'五帝',宋以后书盖仅见者),何论先秦旧纪!世益晚而古义益晦,古史益繁乱而不可理也。"[1]其他前辈多局限在五帝的组合,而少有注目其间的顺序及其种族与文化之差异。因为他们先验地觉得并不可能存在这样一种顺序和一个一统的政治共同体。他们各依己见己识,将传说时代的人物(或神灵)重组为不同的集团,即使对同一种文献也化为不同的集团或阶段,而并未交代依据、进行论证。揆诸文献,此论欠妥,正是本文欲修正、发展处。

首先涉及的问题是帝的时代是否存在?帝字在文字学上有多种解释,笔者不拟重复。从人类历史发展看,各个发展到文明社会的民族都经历过将无文字时代的内容记录成文字的过程,其中最早的史前部分都是神圣的神话时代,如柯林伍德"神权历史学和神话"一节指出:"神是仿照人间的君主进行类推而设想出来的,神指挥着国王和领袖的行动,就像国王和领袖指挥他们的人间下属一样;政府的等级制度是以一种外化作用而朝上推的。……政府是以神权来构思的。这种历史学我建议称之为神权历史学……是指对已知事实的一种陈述,以供那些不知道这些事实的人参考;但他们作为对于所谈的神的崇拜者,是应该知道神借之使自己得以显现的那类事迹的。"[2]在中国国内"疑古"狂飙之时,倒是一些外国学者的头脑更冷静,如拉

---

[1] 缪凤林:《三皇五帝说探源》,《古史辨》(七),海南出版社2005年版,第439、442页(转引自《中国通史纲要》第一册第三章)。

[2] 《历史的观念》(增补版),何兆武等译,北京大学出版社2010年版,第15页。

铁摩尔说："在中国历史最古老的边际上，有一些模糊的人物出现，或者似乎出现。其中有'创世传说'的盘古、'畜牧时代'的伏羲、'农业时代'的神农。这里所说的畜牧和农业自然是习惯的说法。其后还有黄帝、少昊、颛顼、帝喾、帝挚。接下就是中国黄金时代的尧、舜和禹。""如果可以合理利用一切有关商朝早期帝王的传说、关于他们以前的夏朝的传说，以及夏朝以前更古老更模糊的'帝王'，那么就应当认可，这些传说可一直上溯到真正的新石器时代，也许还可以达到更早的时代。"[1] 三皇五帝时代，很多学者忽视其中内含的史实素地，觉得神话时代虚无缥缈甚至胡编乱造，因而难以言说，顾先生就是其中极端者的代表。对古代之帝，近代史学界在解释上有一个悖论，既要打破一元的体系，又要将所有典籍中的帝排成一个系列，而从文献中排不出来后，就硬说这些帝是编造出来，然后得出五帝就是挑选出来的。神话学界有神话历史学派和历史神话学派，他们都注意到其中变的部分，无论主张神话历史化还是历史神话化的学者都忽略了最重要的一点：其情节、细节叙事虽可大变乃至面目全非，但其中的专有名词——无论是神名（人名）还是地名却极少变，其主要结构也是不变的，其蕴含的内在伦理是共通的。[2] 路新生说："上古时代的巫史，因为

1　拉铁摩尔:《中国的亚洲内陆边疆》，江苏人民出版社 2008 年版，第 194、196 页。

2　施特劳斯:《神话学：裸人》，中国人民大学出版社 2007 年版，周昌忠《译者序》第 3 页指出：施特劳斯第三卷的研究"导致发现神话不仅隐藏着逻辑，而且隐藏着伦理学。"第 4 页说:施特劳斯的四卷神话学巨著表明，"整个美洲大陆只有一个神话，远隔数千公里、操不同语言、有着不同传统的人有多个神话（算上异本，这数目还要翻两番）……如形式分析所彰显的，这唯一的神话乃受一个隐秘计划启示而成。"他的结论说："神话的话语无非就世界的秩序、实在的本性、人的起源或者人的命运等给我们以教益……另一方面，神话让我们充分了解他们渊源所自的社会，有助于展现这些社会运行的内在动力、昭示信念、习俗和制度存在的理由……最重要的，它

敬畏'天罚',他们以极虔诚的'宗教心理'对于史实'秉笔直书',而不敢有丝毫的'作假'乃至于'造伪',正是从这种'职业道德'中培养出了史家的'求真精神',这一精神对于后世的影响极大,数千年来它成为学者立身处世之大本所在……但同时也应该看到,'求真'这一治学的根本出发点在以'政治'为第一要务的长时期压迫下不断地受到侵蚀遭到破坏而日渐萎缩。这种状况至今依然如故,令人担忧。"[1]可以想见的是,现在可见的文献是华夏成长过程的记录,主要以华夏为主,兼及东夷等族群,对各族之酋领或其神灵以帝称之,在黄帝之前,各族之帝不知凡几,一统之后,华夷两大族群对此名号未必如秦始皇般加以限制,非一统之酋领仍有以帝称之者。犹如今日俄罗斯联邦的最高元首以总统称之,而其下的联邦组成单位如自治共和国等也有称总统的,我们当然不能将他们排成一条线,排不出就说这些人物是编造的。大禹之后,一统之首脑虽改以夏后、商王称之,但仍有一些族群或以帝称其酋领,华夏等在祭祀及谈论历史仍以帝称之。轻易否定我们偶见的帝是不应该的。

2. 远古不合常情的年数问题　近现代学术界对古帝否定的一个理由是他们的年数超乎人类自然寿命的常情,笔者在中编已对此做过一些解释。他山之石可以攻玉,我们再了解一下其他文明相关领域的情况:

《苏美尔王表》:"当王权自天而降,王权在埃利都,(在)埃利都·阿鲁利姆为王,王28,800年;……洪水冲过,洪水冲

们使人得以发现人类心灵的某些运作模式,它们多少世纪里亘古不变。在无垠的空间里普遍传播。因此可以认为它们是根本性的,可以试图在其他社会里、心理生活的其他领域里重又发现它们,而它们无疑介入这些社会和这些领域,它们的本性也得到说明。"(第 689 页)

1 《自序》,《经学的蜕变与史学的"转轨"》,上海古籍出版社 2006 年版,第 2 页。

过后，当王权自天而降，王权在基什，（在）基什，伽［……］乌尔为王，王1，200年，……基什被打败，王权被带到埃安那，（在）埃安那，美斯基阿伽舍尔，乌图之子，成为大祭司和王，王324年，美斯基阿伽舍尔曾下过大海上过山；美斯基阿伽舍尔之子恩美卡尔，乌鲁克之王，建乌鲁克城之人，成为王，王420年，神卢伽勒班达，一个牧人，王1200年；神杜木吉，一个渔夫（？），其城为库阿，王100年；神吉尔伽美什，其父是利鲁（？），库拉巴的大祭司，王126年；神吉尔伽美什之子乌尔农伽勒，王30年；乌尔农伽勒之子乌图勒卡拉马，王15年。"[1]"辑于公元前21世纪前期的苏美尔王表记录了最早的国王们的统治顺序和年代。但将其作为历史文献对待仍然存在许多问题：最早的国王们的统治时期异乎寻常的长，有些国王考古证据丰富、完整，但在王表中却无一字记载。同时，一些王表中记载的国王，在考古遗址中的证据完备，并且发现有文献留存。这就有助于早王朝时期绝对年代的确定。"[2]在苏美尔研究中，在位期长得超出常识的神王，越早越长，而且政权的转移与继承大多有明确的地域以及血缘关系的描述，怎么解释是一个问题，但仍被视为真实的历史人物，并不因此否定这些神王的历史性。[3]不能解释的部分就搁置，很少有因存在疑问而去全面否定的。中国春秋战国的伟大经典《论语》告诉我们一种"多闻阙疑，慎言其余"的治学态度。

　　中国古史的传说时代描述帝王的特征也有类似的记载，称为"神"的君王大都有长得超出常识的执政期，它们在典籍中

1　T. 雅各布森编著：《苏美尔王表》，郑殿华译，三联书店1989年版，第1—17页。

2　东北师范大学世界古典文明史研究所：《世界诸古代文明年代学研究的历史与现状》，世界图书出版公司1999年版，第8页。

3　参见拱玉书《升起来吧，像太阳一样：解析苏美尔史诗〈恩美卡与阿拉塔之王〉》第二章"历史解析"，昆仑出版社2006年版。

若隐若现、不绝若线，后世认为不可靠的谶纬诸说就同样如此，纬说帝各为代，各传十数世，各数百千年。《春秋命历序》曰："炎帝号大庭氏，传八世，合五百二十岁。黄帝一曰轩辕，传十世，一千五百二十岁。次曰帝宣，曰少昊，一曰金天氏，则穷桑氏，传八世，五百岁。次曰颛顼，则高阳氏，传九世，三百五十岁。或云传十世。次是帝喾，即高辛氏，传十世，四百岁。"《五帝德》也有黄帝所谓三百年，"上世之传，隐微之说，卒业之辨，闇昏忽之"（宰与语），从司马迁就开始感慨所见古文五帝年数记载不同且不可解，因而未加采纳。这使今人丧失一宝贵的研究对象，实则这种年数有着无比重要性。《帝王世纪》颛顼在位七十八年年九十八岁等所记年数，皇甫谧史识虽差，但勤于搜罗，其中的年数大概就是司马迁不愿使用的，但它们与《尚书》中的尧舜年数相比，并不出格。古代史家并不因此否定这些人物的历史性，司马迁说"非好学深思，心知其意，固难为浅见寡闻道也"，但到了近代"疑古思潮"的学术界，在对这些内容的认识上，学界的判断却大相径庭。这些"神"或在位超长的帝王被称归入以"虚构"和"想象"定性的神话，同时因见诸记载之晚而备受质疑乃至否定，或者被解释为"部族"（如黄帝部族、太少昊部族、蚩尤部族等），政权的转移与继承被解构为多集团的"世系融合"的结果。依文明大开之后的常识当然不可解，但从人类学角度也并非不能解释。

如何解释文献中的这些记录，蒙文通：至五帝各传数十世，或数百千年，与三代代兴其事无异。"浞因羿室，不改有穷之号。"贾逵以"有穷历唐尧及夏，并以羿为号。"《蜀王本纪》"鳖灵即位，号曰开明帝，帝生卢、保，亦号开明，开明帝下至五代有开明尚，始去帝号复称王也。"则累叶共号，古固常有。神灵或酋长、君王的名字对于普通人来说是神圣不可侵犯的忌讳，就是到了今天这一陋俗也没有完全根除，泰王普密蓬（拉马九世）还是如此。提出这种认识的学者并不少见，如安金槐《五帝时代研究》等，但学界接受度并不高，其要因在于中国学者的常识思维（经学思维）。人类学上不乏这样的例子，摩尔根讲述美洲印第安人易洛魁联盟的情况："在联盟开始创立之时，同时设立了五十名永久的世袭酋长及其世袭名号，且规定永久属于他们所分派的氏族之中。自当时以迄今日，世袭酋长之职，除两名仅补充过一次以外，其余则代代相承，一代过去，则下一代承袭。各世袭酋长的名号，亦即是在职中的各酋长之个人的名号，继承者亦承袭前任者的名号，此等世袭酋长在会议期间形成联盟会议，联盟会议受有立法、行政与司法等权，不过这种功能上的区别，在当时尚未划分而已。……当世袭酋长就职之时，即'取去'其私人的名称，而易以联盟所授予之世袭酋长的名号。自此以后，便以这一新的名号而见知于人。"

对于五帝，黄帝、颛顼等名词是号是名，史上不乏争论，爬梳古籍，黄帝，众所周知，黄帝与"轩辕"一名存在着密切的联系，一般是把它当成氏族名，而《帝系》《五帝德》则明确称之为个人私名；另有《路史》卷十四称：黄帝"名荼[1]，一曰轩[2]，轩之字曰玄律[3]"，又称"或作余"[4]。而帝喾，一般是把它当成氏族名，而《帝系》《五帝德》则明确称之为个人私名；而《路史》卷十八称喾名"一曰逡"，又称"喾之字曰亡斤"。舜，重华，

1　《路史》此处引《河图挺辅佐》云黄帝自称荼，并说"荼，古舒字"。
2　《路史》此处引《河图握拒》云"黄帝名轩"，另引《孝经钩命决》云"附宝……生帝轩"，并佐之以《文选》"登封降禅，齐德黄轩"《世纪》"或曰帝轩"《尚书中侯》"黄帝巡洛枘，书赤文，成字象轩"、《论语撰考》"轩知地利九牧倡教之语"为证。笔者认为：轩与轩辕未必一定是两个名字，古文常因需要而有省文。
3　《路史》此处引《黄帝经序》及《难经疏》，称："轩星，谓之玄轩。"《广韵》九合内志文云"竹受气于玄轩之宿"，是矣。然则名轩而字玄律，理或然也。
4　《路史》此处引《世本》"伯余制衣裳"，《淮南子》"伯余之初作衣"，称许注亦云黄帝、王冰；而《黄帝经序》及《难经疏》乃云"黄帝名全"，字转讹。

《路史》卷二十一引《真源》云字仲华。并称"或作瞬",《书注》云:"舜名也"。大禹有"名文命","字高密"等说。传统思维的解释是基于通常的一人一名的常识思维,他们忽略了其他的可能,比如一人可两个名字甚至多个名字,或多人同名,等等。

《路史》卷三十四《发挥三》:"按《春秋纬》黄帝传十世虽未足信,然《竹书纪年》黄帝至禹,为世三十世。"这是值得珍视的一条史料,《竹书纪年》在宋代尚未散佚,若真是如此,史料价值就很高。而"黄帝至禹,为世三十世",一世若以二十年计算,约五、六百年,大略与《帝王世纪》所载五帝年数相近。再从黄帝、颛顼、帝喾、帝尧在位的年数看,《五帝德》有黄帝三百年之说,《帝王世纪》等多载诸帝在位年数为百年左右,这显然不是一个自然人的在位数字,应该不是一个人而是数个都称为黄帝、颛顼……的人,《左传·襄四年》记载"(寒)浞因羿室,不改有穷之号"的事例,说明远古这些专有名词虽然不具有后代王朝意义的名词,起码也是具有区别于其他集团、正人视听的标识意义。民俗学的证据在考证五帝所在区域也能起到印证的作用,另可由五帝帝陵之数皆非一处参考、推测,如颛顼之陵亦非一地,帝喾之陵亦非一地,下文有考证。[1] 我们若将号与世、多名、多陵结合起来,似乎可以解释多元与一元,以及古帝年数不合常识常情的问题。当然,这只是在探讨可能性,或许是较大的可能性。

3. 试释千古之谜帝俊 在传世文献中,被视为最荒诞无稽的是《大荒经》一书,而在该书茫昧无稽的古帝群神中最让人困惑、也最受人瞩目的问题就是帝俊,祂是传世文献中仅见此书的大神,属上古唯一记载之内容。近年据考与商同祖的楚之

---

1 另可参见李玉洁:《中国古史传说的英雄时代》,科学出版社 2010 年版,第99—100、135、152、157 页。

帛书又得一见，可谓"怪诞"之极，对此如何理解，众说纷纭，古今的考据家们对其做出了千姿百态的解释，却从来没有出现过一种让人信服的观点，堪称千古之谜。笔者试作努力以解释。帝俊问题之重要，不仅在于它本身，更在于它可以合理说明华夏古史体系的形成，可以增进对中国古史传说时代的结构的梳理，以及更加全面理解这一时代的相关史实。

笔者认为该书的性质与内容的年代，它属于"记东方的帝系较多"，绝大多数内容属于商代、"若是殷人造的"（傅斯年语）当不忽略东方各帝之书，其性质是大社的壁画。下文有详细的论证。

学界常常解释帝俊等同于其他帝，郭璞在"帝俊生后稷"下注称"俊宜为喾，喾第二妃生后稷也"[1]，另在多处将其完全等同于帝舜[2]，自此以后，帝俊与帝喾、帝舜开始混淆，三者的关系就成为一个重要问题。吴任臣猜测说："帝俊，或为帝喾，或为黄帝，或为帝舜。"[3]郝懿行既疑又惑，游移不定，称过祂是帝喾、帝舜、少典、黄帝（见《山海经笺疏》相关条目），足见问题的复杂。其他胡乱猜测之学者甚多，却皆不达其要，而以将帝俊等同于帝喾占主流。到王国维时，发现了可将甲骨文夋字初释为夒，后改为夋，认为就是帝喾，也就是《大荒经》中的帝俊。以王氏之学术地位及受甲骨文是最可靠的史料观的双重影响，影响极大，应者影从，郭沫若支持得最用力，几成定论。[4]甲骨文虽然是迄今我们能够见到的最早文献，但存在

1　郭璞:《山海经》卷十六。

2　《山海经》卷十四:"帝俊生中容"下注称"俊亦舜字假借音也"，"帝俊下友"条下注称"言山下有舜二坛"。卷十五:"俊坛"下注称"因名舜坛也。"卷十七:"帝俊竹林"下注称"言舜林中"云云。

3　吴任臣:《山海经广注》卷十四。清乾隆五十一年（1786）刻本。

4　王宇信、杨升南主编:《甲骨学一百年》，社会科学文献出版社1999年版，第436页。

释读问题，这个字究竟应该隶定成或释读为何字，各大师意见众说纷纭，徐中舒、容庚、唐兰等先生释为禼或契[1]，孙海波指出："王氏释'夒'之说信矣，而独谓'夒'即帝喾，则未确。"[2] 唐兰说："高祖非始祖，'夒'之非喾明矣。"[3] 王襄认为它是"契"的古体字[4]。吴其昌释为夒[5]。丁山认为它是简狄之名，是商的图腾[6]。陈梦家认为它应隶定为"夒"，是殷之高祖之名[7]。杨树达虽同意其释字，但不认为是帝喾[8]。各家解释不同，但帝俊与甲骨文有对应可以肯定，另外还有《大荒西经》帝俊之妻日神羲和、月神常羲可与甲骨文的东母西母的对应（见下文），这似乎进一步巩固了帝喾说。但这是靠不住的。

在帝俊问题上，杨宽曾指出帝俊是东夷明神[9]，惜未加论证，应者识者稀少。徐旭生先生在《中国古史的传说时代》中对祂有最专门、最全面的研究，眼光敏锐，提出了许多很好的问题，分析、论证大都精当，可惜的是由于视野的欠缺以至于结论不对，仍然认为祂出自华夏。他的理由是与帝俊有关系的四个姓姜、姬、姚、销，其中姜、姬、姚属华夏，前二者为炎黄的宗姓，而"销姓出于帝鸿，帝鸿实在就是帝江，又见于《山经》中《西次三经》，那也当属于西北方的华夏族。所以帝俊的传说出于华

1　陈梦家：《殷墟卜辞综述》，中华书局 1988 年版，第 338 页。

2　《甲骨文录》，河南通志馆 1937 年版，第 364 页。

3　《古史新证·唐序》，来薰阁据手稿影印本 1935 年版。

4　《簠室殷契类纂》正编十四。徐仲舒也同意此说，见周传儒《甲骨文字与殷商制度》，上海开明书店 1934 年版。

5　吴其昌：《卜辞所见殷先公先王三续考》，《燕京学报》1933 年第 14 期。

6　《商周史料考证》，龙门联合书店 1960 年版。

7　《殷虚卜辞综述》，科学出版社 1956 年版，第 338 页。

8　杨树达：《积微居甲文说》，上海古籍出版社 1986 年版，第 50 页。

9　杨宽：《中国上古史导论》，吕思勉、童书业编著：《古史辨》第七册，上海古籍出版社 1981 年版。

夏集团，可以说没有疑义。"¹徐先生存在的思维盲点一，沿袭传统，仍以《山海经》与《大荒经》为一书；盲点二，没有注意到不同集团可能有同字的姓氏，而姜、姬之姓并不必然是华夏（下文有论）。而将帝鸿等同于帝江，是误于当时的音韵学知识，因为帝鸿在《大荒东经》中而帝江在西方，方位满拧，二者等同当然不妥，帝鸿应属东夷，帝俊属之华夏甚为不妥。徐先生针对王国维的五条理由进行反驳，指出："王氏采用史料也毫无辨别：像《帝王世纪》一类仅足供参考的史料居然毫无解说和辩驳地替代了有头等价值的《国语》等书内的史料，这样的办法是很难得到正确的结论的。他说：'《大荒经》自有帝舜，不应前后互异'，果然不错，可是《大荒南经》中明明载著：'帝尧、帝喾、帝舜葬于岳山'，也是前后互异，他却没有注意到，或不愿意注意到了。"²《大荒经》中帝俊、帝喾和帝舜皆有，"我总可以确凿地说：在写《大荒经》和《海内经》的人的脑子里，帝俊、帝喾、帝舜的确是三个人，我们又没有充分的理由可以驳斥《山海经》作者的错误，所以还是不要牵强附会才较好一点。从前以及有些现代的学者总要在从前所传的圣帝名王大系统里面找出来帝俊的化身，主要的原因是因为他们觉得这样煊赫的人物不可能不出现在大系统里面，所以一定想找出他。我们对于这一点也不免有点感觉诧异。"³常金仓先生也用三条理由对王国维加以驳斥，并指出"今人根据这篇名论不知做了多少文章，而图腾论者也因他打通了舜、俊、喾的关系皆谓其族奉了鸟图腾，实在是失之毫厘谬以千里了"⁴。而笔者相信在远古字体转换时，当时

1　徐旭生：《中国古史的传说时代》，文物出版社 1985 年版，第 73 页。

2　徐旭生：《中国古史的传说时代》，文物出版社 1985 年版，第 71 页。

3　徐旭生：《中国古史的传说时代》文物出版社 1985 年版，第 71 页。

4　常金仓：《二十世纪古史研究反思录》，中国社会科学出版社 2005 年版，第 103—104 页。

一个普通的读书人胜过今天的诸多大教授，加之甲骨文反映的范围存在着相当程度的局限性，用以说明古史体系存在巨大的先天不足。各种音韵通假之类的说法实际上只是要解释这么一个古帝为什么在各种文献中销声匿迹的问题，"疑古派"有所谓"原因是由于故事传说分化和字文讹变所致"。[1]

《大荒经》中帝俊十六见，帝舜六见，帝喾一见，三者都有，字形难说相近，音韵之说难言可靠，从实务上讲，上述诸帝并见《大荒经》，亦非偶见一二可至笔误，如果把很多的帝俊误写一二次成帝喾或其他帝尚有可能，而把帝喾、帝舜全部误写为帝俊，那这种可能可以说是微乎其微的。之所以认帝喾为多，最重要的理由应该是"帝俊生后稷"与其他文献帝喾生后稷说相同，其他大概尚有"帝俊有子八人盖八元为益信"[2]的原因。稍早于郭璞的皇甫谧却似乎接触过《大荒经》。古代经典皆载帝喾"自言其名"却未言其详，只有《帝王世纪》中称其自言"夋"[3]，为古书首见，这似出于皇甫谧对《大荒经》的误读。夋，俊也，古字通。皇甫见到的本子或与郭璞所见有异所致。无论如何，在《大荒经》中，帝俊自是帝俊，帝喾自是帝喾，帝舜依旧是帝舜，这些是谁也绕不过的反证，无论怎么比附他帝，总是难以自圆其说，用改字、通假还是用抄错、流传致误来解释都不能让人信服。笔者赞成徐旭生先生十分审慎的态度："没有确实的证据，专用比附的方法，一定要闹的错误百出。如果真正注意到古代社会的错综变化，就不难看出帝俊、帝喾、高辛、帝舜四个名词很可以代表四个不同的人或氏族。我们如果没有其

1　刘起釪:《古史续辨》，中国社会科学院出版社1991年版，第19页。
2　吴任臣:《山海经广注》卷十六，清乾隆五十一年（1786）刻本。
3　司马贞:《史记索隐》引"皇甫谧云:'帝喾名夋也。'"《初学记》卷九引"自言其名曰夋"；而张守节《史记正义》引《帝王纪》称"自言其名曰岌"；《太平御览》卷八十引"自言其名曰逡"，《五行大义》亦同，当以"夋"为是。

他较好的方法，还是相信较古的材料，比较难错误一点。"[1] 这才是科学史学应有的态度。

这难道会成为不可解的千古之谜吗？现在的史学水平就没有办法了吗？实际上，近现代史学家已经为我们打下了相当有利的基础，只是从西方漂泊而来的分科治学不足以解释这个问题，治理传说时代的出路只能是在于无科治学。所谓无科治学，就是要尽量掌握所有相关的学科知识，尤其是原始宗教学、人类学以及神话学等科目的知识更为重要，可用以化解传统学科的局限性。

经中帝俊十六见，颛顼十六见，两处重复，一为事，一当为注文混入正文，实际十四例。黄帝十一见，一事叙述中凡四见，实为八见。炎帝三见。帝喾一见。尧帝一见，舜六见，帝鸿两见一事。帝鸿与甲骨文似也有对应[2]。徐旭生、刘起釪对其种群分布、诸帝支脉已有解析，说明其与现知五帝一系不同。《大荒经》中像帝俊、颛顼后裔居天下四方而非炎黄子孙如此分布令人印象深刻，其中夹杂黄帝、炎帝、帝舜、鲧禹等后人所建国家可谓比比皆是，既不能称其是不可理解的远国，更不能说是"非我族类，其心必异"之异人。

从原始宗教学和其中内含的政治结构看《大荒经》，其中虽没有发现至上神统属的严密的神灵系统，但由其粗线条的职能分析却足可说已构成一个相对完整的神网构架，与商王朝的时空框架相对应（下文有详细论证），而诸帝众神大体能够辨别出华夏元素与东夷元素，但仍是松散的系统，可算是有两个连缀

1　《中国古史的传说时代》，文物出版社 1985 年版，第 72 页。

2　郭沫若《卜辞通纂》考释云"帝鸿，当是人名或神名"，"疑即山海经帝俊生帝鸿之帝鸿。"（《郭沫若全集·考古编》第二卷，科学出版社 2002 年版）丁山《中国古代宗教与神话考》（上海文艺出版社 1988 年版，第 191 页）认同郭说，"甲骨文所见'帝鸿'可能也是季候之神；而七月祭帝鸿正是'季秋鸿雁来宾'的蓝本。"

成的主要谱系，只是让人略感意外的是其中并存了两个明显的神灵体系：黄帝为主神的昆仑系，属华夏族群；帝俊为主神的蓬莱系，属东夷族群。[1]有这两尊主神大体算是学界共识。其中古帝的华夷两分是十分清楚的，最煊赫的古帝是帝俊、颛顼和黄帝，帝俊、颛顼、帝舜、后羿都是东夷明神；而黄帝、帝喾、帝尧、大禹、夏后启则属西系华夏，在这个原始宇宙之中也占有相当之地位。明显的两系中，东系完整，西系零散，东重（少昊、颛顼、舜之事多而显）而西轻（帝喾、尧之事少而微）。颛顼的两属性在这部体裁极为特殊的书中体现的至为明显。但让人吃惊的是黄帝系在《海内经》中有优势，而帝俊系在四荒中占优势，深层原因值得深思。怎么解释这一现象呢？

我们从宗教学角度要进一步追问：帝喾何神？周人所自出之帝，《国语·鲁语上》《礼记·祭法》皆载"周人禘喾"，先秦典籍除《大荒经》外并无异词，足以说明其为周代共识。帝俊何神？祂的神格是什么？谢选骏、王孝廉先后独自提出帝俊是东夷始祖神。[2]这确实是超凡之见，帝俊地位极高，实际上相当于华夏的始祖神伏羲。这一点，只有具有人类学（民族学）、宗教学、神话学的视野才可以产生这种意识，才有可能进一步去论证。否则，一切都无从谈起。而始祖神的特点具有唯一性，与其他众神不同，具体到男女又有不同。父系社会中帝王一般可有多个妻子，而不同族群的男性始祖神更是只能存在一个，

1　昆仑、蓬莱是借用顾颉刚先生《〈庄子〉和〈楚辞〉中昆仑和蓬莱两个神话系统的融合》（《中华文史论丛》1979 年第 2 期）文的术语。两系之分另请参傅斯年（《夷夏东西说》）、杨宽（《中国上古史导论》）。具体的谱系内容请参刘起釪《古史续辨》（中国社会科学院出版社 1991 年版，第 20—21 页），本文不再赘列。

2　谢选骏：《神话与民族精神》，山东文艺出版社 1986 年版；《中国神话》，浙江教育出版社 1995 年版。《岭云关雪——民族神话学论集》，学苑出版社 2001 年版。

而此中没有华夏系始祖神伏羲就是因为不兼容的道理。这就是《大荒经》中华夏女性始祖神女娲仍在、男性始祖神伏羲则隐没不彰，独留帝俊凸显之故。姬周为华（或可称为羌）是无疑的，之所以有帝俊生后稷说，当是姬周在商代为了拉近、讨好和出自东夷的商王室的距离，改称自己的祖宗源自帝俊，以东夷始祖为己祖，[1] 以增商援手提携可能，其婚商、任西伯均可佐证。《史记·周本纪》称文王"阴行善"，一个"阴"字生动归纳了周的成功谋略。周原甲骨记载周人祭祀成汤，那么其改营祀俊岂非顺理成章？又有何异焉！周称己为帝俊之后只能在灭商前，灭商后，出于荣耀己祖的心理，当弃俊复禘喾，自然讳言此段历史，该说当传于东夷族系，出土的楚系文献有俊生日月即为此种情势之反映。后稷为帝俊之后及后代文献全改为帝喾这种转变的原因与商周巨变相关，王国维《殷周制度论》主张，商朝诸侯皆为异姓，商王地位相当于诸侯之长；于省吾、林沄提出商王是联盟之主说。[2] 因此，各族系信奉之神当然组成为一个相对自然的松散结构。其他华夏族群即使仍奉伏羲为始祖神，但却不见容于殷商主流文化之祀典，此所以《大荒经》无伏羲之故。而灭商之后帝俊之消失，也因华夏之周立国后，又改回本来的帝喾，伏羲重新凸显并随夷夏合流得以确立，慢慢成为融合后整个华夏的唯一始祖神，且周王是诸侯之君，周人统治的核心政策开始实行以血缘关系为基础的宗法制，那么其神的谱系随这个变化而重构就是以血缘关系为基础的构拟，走向古帝一系成为必然。这样，不同体系的始祖神只能存在一个。而东夷始祖神帝

1　袁珂说：后稷本西方民族所奉祀之农神，而又附会于东方民族神话中，故言"帝俊生"也（《山海经校注》，第450页）。此说甚有见地，惜未以此区分年代。古人改编世系不在少数，像春秋时越称己为夏禹之后、吴称己为太伯之后，都是改善"国际形象"的举措，是一种政治谋略。

2　于省吾：《从甲骨文看商代社会》，《东北人民大学人文科学学报》1957年第2、3期；林沄：《甲骨文中的商代方国联盟》，《古文字研究》1981年，第6辑。

俊在失去最高政权支持后，复与伏羲不兼容之故，渐渐失去存在的合理化，祂也只能渐行渐远而湮没在历史的地平线下。帝俊帝喾之别之变，明此可无混淆。此一事实众所不知，此经虽载而千古惑之，历史以致湮灭，其因盖在于此。

帝俊是东夷始祖神的完整论述，是一个最为合理的解释，笔者相信，它可以完美地解释帝俊之所以消失以及不见于周代典籍之因缘，传统考据学对帝俊这样的问题是无能为力的。笔者在此不惮重复，再一次强调，历史"是一个解读、解密和解释的问题"。[1]在上古史的研究中，从古到今都存在着一种倾向，学者们往往把散见的、无从追寻的古帝向所知稍多的圣王比附，看似增加了历史的"可理解性"，可使历史显得更有条理。但实际上只是治丝益棼，无助于历史真相的探寻。历史学家依赖于证据，应该保持自律，永远也不应该走得比证据所允许的限度更远，这也是历史知识的局限所在。因此之故，我们如果没有充足的理由就不要轻率否定其中的任何一个并将这些古帝加以合户。

（二）论《帝系》《五帝德》的史料价值

史学工作者处理记载各异材料的基本原则是，除非有足够的反证，那么较早的文本应当更为可靠，对于这一点，想必不会有重要的学者提出异议。而《帝系》《五帝德》就是关于古帝最系统、最早的材料。它们记载的内容构成了华夏传统上古历史体系的主干，也是司马迁撰写《五帝本纪》重要的史料依据。迄至近代，狂飙突起的"疑古思潮"，尤其是顾颉刚先生提出的"层累说"打破了两千多年的沉寂，学术界普遍认为认为这一体系是战国（或秦汉）人编造的。由此入手，可对此说进行认真考证，笔者并非先有结论即先判定这两篇是正确的再去找材料，

1　《多面的历史》，三联书店 2003 年版，第 493 页。

而是试图通过分析得到一些清晰认识。如果其说成立，依据为何？如果不成立，此帝系纯系编造，那么必然会暴露出更多不合理的漏洞和荒谬之处，其理由与证据为何？如果具备历史的真实素地，其合理处又是什么，不合理处又在哪里？

1. 质疑旧说之"想象的"理由

可以说，准确理解《帝系》和《五帝德》是重新认识古史体系的关键一环，为正本清源，先驳旧说之误，再考其来源，并将其与司马迁《五帝本纪》《世本·帝系》各家辑本以及世界其他古族的类似记录进行比较，探讨了这两篇的成篇年代、传播途径等问题。论其史料价值。之所以如此，并非笔者认为其是先验、正确、真实存在过而不需要验证的，实在于其具有史的性质。

这两篇源自古文，属于更原始的资料，较汉代今文更可信，这在中编已有论证。那这两篇何时写定？内容是否可信？大师们各有阐发，顾先生认为这两篇是在西汉时完成，这谱系无非是用"谎话来收拾人心，召唤统一，确是一种极有力的政治作用"。[1] 对此观点的叙述集中在《中国上古史研究讲义》里，它是顾先生在1929—1930年完成的，作为阐述自己系统思想的上课讲义，并无不妥，但是它并非严格的学术论证。徐旭生先生说：这"两篇的写定，可能比战国后期更晚，但是司马迁的前几篇完全依靠它，似乎仍是战国之末的作品"。[2] 裘锡圭先生赞成顾说但定在战国晚期，"认为中国古代大一统的帝王世系并非实录，而是进入战国时代以后，在各族不断融合、各国不断并合的形势下逐渐完成的。"[3]

1　顾颉刚：《古史辨（第四册·序）》，海南出版社2005年版。
2　徐旭生：《中国古史的传说时代》（修订本）文物出版社1985年版，第30页。
3　裘锡圭：《新出土先秦文献与古史传说》，见《中国出土古文献十讲》，复旦大学出版社2004年版，第27页。

旧说粗看虽言之成理，细思却窒碍难行，笔者认为，这些大师未曾考虑古史体系、帝系的知识性质和文化传统等，只是想当然认为什么都可以编造；即使承认他们将帝系和政治大势联系的论证逻辑，确定此两篇的时代应该往之前以黄帝为中心的西周春秋定而不应该定到战国后期或西汉，其故何在？今见的帝系是以黄帝为中心的，而把这两篇的内容和战国的政治军事大势进行对比，竟然找不到吻合之处，假设编造谱系必涉及操作主体（即顾先生眼中的几个聪明人），如纯因应政治形势而由统治者编造，那逻辑实际上应是对那国有利，其最高统治者才会承认并加以运作，说白了就应按实力排谱系。在诸大师认可的战国晚期和秦汉的政治实体和势力的实力排序，战国时谁有可能统一呢？商周早已过气，商的后裔宋人既排不到老二，也排不到老三，再晚一点宋就不存在了；周王室已经很弱，早已仰人鼻息，周后燕国历来弱小，其同姓之后的韩魏（战国初一度强盛）屡弱且居四战之地，皆不足与势力最大、实力最强之秦楚抗衡，那如此说这个编造的任务自然应由秦楚来完成。七雄中秦楚齐赵皆颛顼之后，盘踞地盘占四分之三以上，若编造帝系，当以己祖（颛顼、伯益或祝融等）为老大、为中心、为尊来编定，次连之他祖为臣即可；而到末期，由秦统一的趋势更是十分明显，奢谈统一而不涉及嬴秦又岂能合乎理、顺乎势？禹域之外来客编造乎？如果编造谱系，没有秦势力的参与是无法想象的，也是解释不通的。［可以无楚不能无秦，难道暴秦为了统一大业，把自己的祖宗舍出去］前文已述理由本处不再重复，加之秦人曾祔之少昊并未被编入历史性的五帝说；而今见帝系并非如此，何独尊他人之祖黄帝而以己祖为其卑孙？何以伯益、祝融等不入帝系而为他人之臣？何以《帝系》有楚谱而无秦牒且无姜齐吴越之祖？这都很难解释。以《帝系》有楚谱无秦说，实际隐含了时代在秦未列诸侯的西周或诸夏仍视秦为夷狄的春秋时期之逻辑。如系识时务的士人作，假如由燕韩魏等国士人编定今见帝系，其自身荣辱安危暂且不说，还涉及能否为秦楚当权家族采信（是否要开会讨论？），而由秦楚齐赵士人编造同样存在诸多问题，编造这样的谱系是否应考虑会被杀头等等。如果随着实力的变化、政治统一的步伐而不断更改神谱，那是不是需要不断召开国际会议，根据各方实力大小决定谁的祖宗更尊贵？而且，就战国秦汉时文明的发展程度和涉及地域之大、信息交流之发达，为政治目的编造帝谱只是逻辑上的一个可能性，包括儒家在内的百家皆言黄帝，能作伪乎？而先秦存在晋董狐、齐太史等史官以生命捍卫秉笔直书的传统，可歌可泣，公然编排帝王谱系而不在史料中留下蛛丝马迹，可能吗？揆诸历史，实为天方夜谭。

　　一些学者传统上怀疑其可靠性的理由无外乎《大戴礼记》成书颇晚——西汉后期戴德方始编成，而忽略它是汇编古代文献的书，并非戴德撰著写定的书，更忽略了先有《五帝德》和《帝系》且已被此前司马迁所用而后才有被戴德收入之事，裘锡圭先生定在战国晚期就是注意到了这一点。且《五帝德》篇里谈"五帝"实际上却是讲六个人，以五帝讲六人并非人情之常，且与今出土战国文献《唐虞之道》"六帝[1]兴于古"之六暗合，如

1　裘锡圭先生说"《唐虞之道》'六帝兴于古，皆由此也。'六帝，'当指夏代之前的六个圣王，但难以落实究竟是那些人。"（《新出土先秦文献与古史传说》，第 32 页）笔者认为：如是五帝则易致争论不休，较难确指，如六帝则当指《五帝德》中从黄帝到禹的六个人。《韩非子·难三》说"夫尧之贤，六王之冠也。舜一从而咸包，而尧无天下矣。"此处六王所指似显然与六帝同，战国时人称说王与帝名号，区分未严。二者暗合，说明疑古太过的人应该重新考虑《五帝德》的年代问题。《孔子家语·五帝德》同，亦为六人。周凤五先生引郑玄注释"六帝"为轩辕、少昊、高阳、高辛、陶唐、有虞（又作黄帝、金天氏、高阳氏、高辛氏、陶唐氏、有虞氏）（《郭店楚墓竹简〈唐虞之道〉新释》，《中央研究院历史语言研究所集刊》第七十本，

果联系《帝系》加上帝挚的话就是七个人，以后学之孤陋寡闻，鲜少见人指出诸点，虽则它们非常明显。而相信造假的人们没有深入思考再反问一下，何以造假的连五、六、七都分不清楚，造出的《五帝德》是六个人，在《帝系》中竟然变成七个，而如此拙劣之造假，华夏民族竟然痴呆呆地接受？

值得注意的是，按照往日辨伪家们惯常的论证逻辑，他们常常把所疑古书突然出现节点时所遇到的人物视为造伪者，而首先提到这两篇的是司马迁，迄今为止却没有人指责司马迁造伪，顶多是表示极不理解。同样值得注意的是，"疑古派"论证伪书时惯用找少量后代事例把成书年代往后拉的通常做法未在此两篇中试刀，《五帝德》的下限在很多人忽略的大禹，照此逻辑则会得出《五帝德》在传说时代之末的结论,而该篇之德,品德、道德也，完全未将五帝与五行、五德终始（无论是相生还是相胜，更未遑三统说）联系，缺乏《月令》《吕氏春秋》那样的政治思想背景，按照大师们辨古史的逻辑，其成文显见应大幅提前，而沿袭此说的司马迁在五德五行说已经很盛的武帝时代基本上未受影响，也未采纳其说值得玩味，令人深思。而《帝系》的下限在熊渠三子分别为句亶王、鄂王和戚章王之时，则应将得出是在西周晚期即楚国史上段的结论，如将其视为与孔子有关，则应将其定在春秋晚期。

对造伪说极为不利的还有一点，是司马迁强调的"儒者或不传"，《史记索隐》释为"汉时儒者以为非圣人之言，故多不传学也。"司马贞所言实际为造伪说张本，"多不传学"意为"传学的人较少"，查多种今译《史记》，基本上都是这个意思，也有将或译为"有的人"。在此，我们需深究一下或字之义。或，国的本字，该义与本文无干。一般人理解此处之或为有的，但细玩其味，当是疑而未定之辞，此处之或当通惑，《集韵》称"或，疑辞。"《说文·死部》中段玉裁注"乱或为悁"称"或、惑古今字"。《读书杂志汉书第四礼乐志》"或莫甚焉"，王念孙称"或，古惑字。"因此，司马迁的本义当理解为"儒者疑惑不传"。既然如此，又何来儒者编造帝系？那是否其他学派伪造的呢？看来也不是这样，伪造就是为了传播，像大师们主张的那种动机——为了大一统帝国的成立或稳固，应该是为弘扬自己学派的人物和主张所造以便于传播，而《五帝德》中并无他派的人物，孔子和宰予都是毫无疑问的儒家，这也是造伪说指责儒家的理由之所在。但不可思议的是，如果真是儒者辛辛苦苦造的，为何儒者藏起来不传，则所为何来？岂不让人惊诧莫名，是儒家为了自我羞辱或贬低吗？难道他派人物为羞辱、抹黑儒家？其中孔子的形象并无负面之语，宰予也合乎《论语》中的形象。由此角度看，造假说完全是讲不通的。退一步说，如果造伪，自当是像顾先生所说的那样是一个增进联系、加强感情的途径，那为何《帝系》中的婚姻关系完全不能为时人所可理解，今日研究者竟然不能从文献中考知其何以然之蛛丝马迹？而在一个宗法制居统治地位的社会，伪造人又岂能造的破绽频出。而两千年后的"科学史家"竟然也忽略此一角度，甚至以"论信古"为名论述研究传说时代方法的徐旭生先生也不完全信任这两篇的内容[1]，也忽略了它的史料价值，令人感慨。

对于未经论证的旧说，之所以接受度如此之高，实在因当时的中国正处于千古变局，学术界今文经学大盛，康有为提出的托古改制说成为思想界一大飓风，其中隐含了一个致命的且不成立的前提：那就是历史体系可以伪造，这不但使经学产生了

1　徐旭生:《中国古史的传说时代》, 中国文化服务社 1943 年版, 第 1—23 页。

去神圣化的作用，而且开启了史学界在上古史研究中的去历史化的思潮，再加上研究者是汉后之人常常伪造家谱的思维看待古代的帝系，而忽略了两种事物间的巨大差异，更忽略了史学萌芽期记录中最重要的事情就是帝王世系，这对于世界各族均是如此。相关领域的情况，世界著名学者崔格尔在比较了世界七种原生文明的情况后得出结论，说："历代君主和伟人的世系和事迹既见于文字，也见于口承文学，或者两者兼而有之。行吟诗人和书吏保存了对过去的理解。"[1]并将帝王世系称之为"专业知识"。"所有近东文明都对一些问题感兴趣——宇宙的起源，他们的神祇、统治者的年表……这些兴趣在现存公元前四千年甚至公元前三千年的纪念碑和记录中得以反映。……埃及的记录可以追溯到公元前三千年代中期，始于著名的帕勒摩石碑……包括了可以追溯到公元前四千年代中期的王表。苏美尔王表则可追溯到公元前三千年代末期，揭示了传说中的历史，这种传说可以一直回溯到25万年前时的'王从苍天而降'。"[2]上古时期的帝系具有神圣性，如果伪造帝系将成为惊天动地的大事。对于所有强势政治实体和优势文化来说，他们有自身古史世系的记录权，所记录的都必然是本位的、一元的，对周边国族的世系或许会有所关注和记录，但要说将其插入自身的古史体系并将二者或多者进行混编则是亘古未有之事。要说发生联系，至多是像越国那样说本族先人是大禹后裔，形成主干与支脉的关系，无论如何，它并不影响主干的真实性，对于支脉的中后端，它本身都往往是真实的，只要审慎对待、多加审视，主干与支脉都是非常有史料价值的。所谓春秋战国时编造帝系之说，违反了周道文化"民不祀非族神不歆非类"的原则，完全是出自"学

1　崔格尔：《理解早期文明：比较研究》，徐坚译，北京大学出版社2014年版，
　　第457页。
2　《多面的历史：从希罗多德到赫尔德的历史探询》，三联书店2003年版，第21页。

者"的想象，更没有任何证据的支撑。而历史上更常见的是军事征服、武力统一的方式，弱小的国族被纳入统治体系，自身的历史记忆渐渐湮灭。当王国维先生用甲骨文确定了殷商王系的高度可靠性，"层累说"论战中的胡堇仁即推测夏代的存在及夏系的可靠，现在大多数史家也已相信或默认该世系。

以提出"走出疑古时代"闻名的李学勤先生说："古籍中记载古史传说最有系统的，首推……《五帝德》《帝系》两篇，为《史记五帝本纪》《三代世表》所本。……足见两篇的重要。特别是《帝系》一篇，与《纪年》《世本》《山海经》等书的有关叙述大体符合，对古史研究有很高价值。"[1]"《史记》一书沿用《大戴礼记》所收《五帝德》的观点，以黄帝为《五帝本纪》之首，可以说是中华文明形成的一种标志。……以炎黄二帝的传说作为中华文明的起源，并不是现代人创造的，乃是自古有之的说法。""《帝系》这种三代统出一源的谱系，在近代备受学者的讥评，以为子虚杜撰。不过既然各种古书都记有基本相合的传说，意义是不容抹杀的。我觉得如果细心推求，其中不乏启示。"[2]正面提出了自己的见解，但由于缺乏学理的论证和针对性的反驳，没有充分阐述这两篇的史料价值，以"意义"和"启示"之类较空泛的语汇表达，只落得言者谆谆听者藐藐的局面。

现在，学术界对《五帝德》两篇和司马迁为代表五帝说的可靠性无法合理言说，古代典籍的可靠与否有时表现的只是学者的态度和使用心态。

2. 对司马迁述语应该如何理解

顾先生等人否定传统之说既然不能成立，我们只得回到问题的原点，其症结在于这两篇是否具有史料价值。这两篇在文

---

1 《走出疑古时代》，辽宁大学出版社 1994 年版，第 215 页。

2 《走出疑古时代》，辽宁大学出版社 1994 年版，第 41—42、44 页。

献中最早被明确提到是司马迁在《五帝本纪》末尾的交代语：

> 学者多称五帝，尚矣。然《尚书》独载尧以来；而百家言黄帝，其文不雅驯，荐绅先生难言之。孔子所传宰予问《五帝德》及《帝系姓》，儒者或不传。……予观《春秋》《国语》其发明《五帝德》《帝系姓》章矣，顾弟弗深考，其所表见皆不虚。《书》缺有间矣，其轶乃时时见于他说。非好学深思，心知其意，固难为浅见寡闻道也。余并论次，择其言尤雅者，故著为本纪书首。[1]

此处文字释读并无困难，过去只是理解上欠缺细腻、准确。《索隐》解释"尚，上也，言久远也。"司马迁开始就说学者们称颂五帝是很早的，然后《尚书》云云，他的意思是称说五帝早于《尚书》。这与他在《三代世表·序》中所说"五帝三代之记，尚矣"是一致的，而"疑则传疑，盖其慎也。余读谍记，黄帝以来皆有年数。稽其历谱谍终始五德之传，古文咸不同，乖异。夫子之弗论次其年月，岂虚哉！于是以《五帝系谍》《尚书》集世纪黄帝以来讫共和为《世表》。"以"《五帝系谍》《尚书》"的排序也同样隐含了五帝的记录早于《尚书》的意思，只是"古文"的具体内容有所不同。《本纪》继言百家都称说黄帝，其中自然包含儒家，只是不雅驯，也就是说不合儒家的常识思维，《正义》：谓百家之言皆非典雅之训。班固"赞曰：唐虞以前虽有遗文，其语不经，故言黄帝、颛顼之事未可明也。"[2]内藤湖南解释雅驯说："就是正确而且有教益的意思，即在逻辑上是合理的。这在当时虽然可能是一种进步的认识，但是因此也产生了将古来怪诞传说予以合理解释的倾向。"[3]

《索隐》谓"太史公言己以《春秋》《国语》古书博加考验，益以发明《五帝德》等说其章著也。"《正义》谓"太史公言博

---

1 《史记》，中华书局 1959 年版，第 47 页。

2 《汉书》卷六十二《司马迁传第三十二》。

3 《中国史学史》，上海古籍出版社 2008 年版，第 84 页。

考古文，择其言表见之不虚，甚章著矣，思念亦且不须更深考论。"《索隐》"言《帝德》《帝系》所有表见者皆不为虚妄也。"司马迁写《史记》的主导思想是考信于六艺，但两篇对于黄帝、颛顼和喾的部分在《尚书》之外，所以慎之又慎，《春秋》《国语》的记录可以显现、证明《帝系》《五帝德》并非虚妄，这里并没有前两篇成书早于后二者的意思。而近代以来的学者多以《春秋》《国语》在前而《帝系》在后，论证的逻辑是"帝系"的编织出自《国语》，如常金仓先生说："从文献源流看问题前者（指《五帝德》两篇之五帝说）源出《国语晋语》"，说其出于儒家"更见事物本质"。[1] 而黄彰健先生则试图据《左传》《国语》重建中国的古史体系。[2] 这种理解都是有问题的，而且对于"发明"的解释存在偏差，发明，阐发彰明之义，如《史记·商君传》"亦足发明商君之少恩矣"；《汉书五行志》："二者俱发明。"《后汉书徐方传》："发明章句。"还有启发、阐明之义，《广雅释诂四》："發，明也。明，发也。"《论语·述而》："子曰：不愤不启，不悱不发。"再有显现、呈现、彰明、显示之义。《左传昭公元年》："天有六气，发为五色。"杜预注："发，见也。"《字汇·日部》："明，显著也。"因此，将"发明"理解为无中生有的编造之义缺乏文字学的依据。

《正义》："言《尚书》缺失其间多矣，而无说黄帝之语。"《索隐》言"古典残缺有年载，故曰'有间'。然皇帝遗事散轶，乃时时旁见于他记说，即《帝德》《帝系》等说也。故已今采案而备论黄帝已来事耳。"《正义》"太史公据古文并诸子百家论次，择其言语典雅者，故著为《五帝本纪》，在《史记》百三十篇书之首。"此段文字不存在理解障碍，并且又经过民俗学田野调查二重证

1　《二十世纪古史研究反思录》，中国社会科学出版社 2005 年版，第 59 页。

2　黄彰健：《中国远古史研究》，中央研究院历史语言研究所 1996 年版。

据的佐证，史料价值更是毋庸置疑。有学者认为这表明司马迁本来不信，“故疑则传疑，盖其慎也。”不过传闻有就写了下来。但细读原文，我们很难相信这样的解释，司马迁的本意是认为五帝之说很早就有，而且诸子百家都谈论，虽然有些事情不合常识常情，但是有广泛证据，各地民俗也都在说，并且合于更早文献的记录，结论是非好学深思、心灵感触到的人，不足与言，很难给浅见寡闻的人讲述。这理应是司马迁坚信有五帝的证据，只是由于缺乏人类学知识，无法从雅驯的角度解释。

司马迁对于古史体系最突出的贡献是发现了这两篇的重要性，而这两篇属于古文，当来自周秦汉相沿之宫廷或孔壁，科学史学重视最早来源、重视直接史料，因而它的史料价值更高，更为重要的是，这两篇是先秦仅有的、具有传说时代通史性质的文献，它优于其他各书及散篇史料的举例引证，这一点是常常被忽视的。而由这两篇和《五帝本纪》对比看，这两篇更为古朴简质，笔者在《五帝德》和《帝系》中，一个重要的发现是其中所有的轩辕、高阳、高辛、放勋、重华和文命都是作为个人私名出现的，只有一次称“黄帝居轩辕之邱”，与某某氏从无混淆，司马迁在述每帝之初也沿袭了这一点，这是十分值得注意的事情。在《五帝德》《帝系》中尚未明言五帝之姓，更未遑称其同姓。而早于《史记》的《逸周书·太子晋解》说：“自太昊以下，至于尧舜禹，未有一姓而再有天下者。”而司马迁在《本纪》末尾强调“自黄帝至舜、禹，皆同姓而异其国号，以章明德”。并特别增加笔墨，强调古帝王之间的同族关系，说：“故黄帝为有熊，帝颛顼为高阳，帝喾为高辛，帝尧为陶唐，帝舜为有虞。帝禹为夏后而别氏，姓姒氏。契为商，姓子氏。弃为周，姓姬氏。”将某帝与某氏联系，从而正式确立了后人习知的、由黄帝传承下来的古史系统。这一段实属画蛇添足之语，但这反映了司马迁的历史认识以及同时代的社会文化氛围。钱杭先生指出："司马迁在这里所使用的语言、所体现的观念，不见于《帝系》篇对黄帝系谱的展现过程，而明显是周代以来举行祖先祭祀时盛行的对祖先世系由近及远的追溯用语，将此套在传说时代的黄帝身上，似乎为时过早。"[1]

司马迁不讲三皇，开经史混一之源，实为近代混乱之远因，但我们不应将司马迁的误解注入《帝系》两篇之中。

余嘉锡《古书通例》及李零指出，先秦之书以篇流行，因此，我们的研究应该以篇为单位进行研究。这两篇性质不同，如《五帝德》是孔子师徒的对话，且较《五帝本纪》更为古朴简略，应属儒家的古记；而《帝系》则是记录古帝世系的谱牒，与《世本》同类，属于专业知识，而古帝的传承顺序则属公共知识，并不属于那个具体学派。而司马迁所说"孔子所传宰予问《五帝德》及《帝系姓》"，既可理解为"孔子所传"之"宰予问《五帝德》及《帝系姓》"，又可句读成"孔子所传《宰予问五帝德》"及"《帝系姓》"；在既往的研究者中，大多以前者为是而忽略后者，再加上《大戴礼记》中两篇排序相连，而忽略了那只是汉人编纂时的结果，遂产生了错误的印象。而晚近新学则笼统指为战国晚期或秦汉士人所编织，并不细究其源流，可惜均属推测，研究缺乏证据，既不深入更不深刻。而仔细比较这两篇，它们显非一人所作，例如，叙述五帝的世系关系时，《五帝德》是用某某之子，前或有某某之孙，曰某某的句式；而《帝系》则是某某产某某，是为帝某的句式。这也就是说，如果发现《帝系》中不易理解的事而做出否定其史料价值的结论，那么同样的理由并不构成能否定《五帝德》价值的理由，以前的研究都是将这两篇一锅乱炖。因此，我们要想取得可靠的结论，就必须首先

---

1 《〈帝系〉传说时代的世系观念及其表达方式》，《天津社会科学》2010 年第 2 期。

将它们分开来研究。

3.《五帝德》来源与成篇时代的推测

顾先生说:"这篇文字实在平庸得很,糊涂的很。……这样一篇文字,哪里值得宰我问急了孔子才回答,哪里值得宰我告人了孔子便发怒,以致他们师生二人断绝了关系。这一大篇空话(其实连空话也没有说好,它翻来覆去只有这几句话,只有这几个字,仅可称为滥调)的古史,竟会给古代的大史家司马迁所信任而采入《史记》,不能不算是奇事。我再三揣测这原因,觉得只有一个假设可用:五帝的传说到司马迁时代已经发生了三百年左右了……所以虽很空洞,却是仅有的一篇,遂被采用了。"[1]

《五帝德》既为司马迁所用,那它的来源就只有两种可能:一出自孔壁[2],如果真是这样的话,那它记录的真实性当无问题,成篇时间也必将从汉或战国后期上推[3],"疑古派"应该重新思考

1　顾颉刚:《中国上古史研究讲义》,中华书局1988年版,第94—95页。

2　文成之后,读李零评骘,他说:"过去研究儒家,有个很大的误解,就是以为《礼》大、小戴记既然以戴德、戴胜称,当然是汉代的作品。各种思想史讲儒家,都是把这些书放进汉代的部分去讲。……大小戴虽为汉人,但他们传的《记》,除个别添盐加醋,很多都是来源于孔壁古文《记》,原来并不叫《礼记》,称为《礼记》是因为礼家传授它。这些用古文写成的《记》,应当是战国古书。它们中的很多篇,其实和《论语》一样,也是孔门师弟间的谈话记录。如果我们承认《论语》是出于孔门的再传弟子,年代最早也就是成书于战国早期,而古文《记》,现在从郭店楚简和上博楚简看,也是战国中期就存在,他们之间的关系就非常近,不但有可能前后相继,甚至就连共时的可能也不是没有,恐怕还是放在《论语》的同时或《论语》《孟子》之间更合适。"李先生断言,大小戴记"和《论语》有同样的价值,甚至更高的价值"。《简帛古书与学术源流》,三联书店2004年版,第205—206、299页。

3　应与《孔子家语·五帝德》一并考虑,二者在文字上大同小异,而《家语》此篇将五帝"乘龙"等不雅驯的内容予以删除,其写定之本则可能参考了《史记》。《孔子家语》长期被视为伪书,近年出土文献向这种说法提起了有力挑战,本文可为其增添新的理由。应该注意的是,这种视角并不必依赖地下出土的文献,也能得出同样的结论。

这个问题，给出答案；二出自秦汉相沿之宫廷，秦在统一过程中接收六国王侯的藏书，秦亡入汉，后为司马迁再发现并加以使用。

再就其由来及总体思想倾向讲，除了上文所述理由之外，内中孔子被不肖弟子宰我逼着讲述老师一向不愿意谈的黄帝颛顼，这与我们熟知的"子不语怪力、乱神"相近。此篇首尾的一些情节也应该引起研究者的关注，"宰我问于孔子曰：'昔者予闻诸荣伊，言黄帝三百年。请问黄帝者人邪？亦非人邪？何以至于三百年乎？'孔子曰：'予！禹、汤、文、武、成王、周公，可胜观也！夫黄帝尚矣，女何以为？先生难言之。'宰我曰：'上世之传，隐微之说，卒业之辨，暗昏忽之，意非君子之道也，则予之问也固矣。'……宰我请问帝颛顼。孔子曰：'五帝用记，三王用度，女欲一日辨闻古昔之说，躁哉予也。'宰我曰：'者予也闻诸夫子曰：小子无有宿问。'……孔子曰：'予！大者如说，民说至矣；予也，非其人也。'宰我曰：'予也不足，诚也，敬承命矣。'他日，宰我以语人，有为道诸夫子之所。孔子曰：'吾欲以颜色取人，于灭明邪改之；吾欲以语言取人，于予邪改之；吾欲以容貌取人，于师邪改之。'宰我闻之，惧，不敢见。"宰我虽以言辞著称，却是孔子点名须"听其言，观其行"的人，还说他"朽木不可雕也，粪土之墙不可杇也"，并因他不赞同守三年之丧的做法斥其"不仁"，另有哀公问社等事，其言其行都是相当差的形象（以上均见《论语》），而其结局"为临菑大夫，与田常作乱，以夷其族，孔子耻之"（《史记·仲尼弟子列传》）。此篇如果没有史实素地而系编造，品行可列仲尼弟子末排、且"孔子耻之"[1]的宰我又怎能罗屏入选？儒门若托古，不以好人也得扯个庸常之辈吧？又岂能托之于贼口（用孔门败类形容应不算过

---

[1]　钱穆先生《先秦诸子系年·宰我死齐考》力辨宰我被污名化。再三细思，恐尚有可议。宰我属简公一党，应无问题，但考察整个过程，其党行事鲁莽，打破恐怖平衡，致身亡君死族诛。孔子耻之，并不足异。

分）？况且，如果是儒家后学所编造，为何造了而不传（以上数点均可印证其可信性）？而儒家在诸子百家中历史性是最强的，塑造了经史同源的传统，儒经"祖述尧舜，宪章文武"，但叙述历史并不歪曲。该篇叙述的黄帝、颛顼、帝喾、尧舜禹的先后顺序可以说是一个传说时代通史性质的文献，其可信性不容抹杀。今人将经史混一，实为大误，请参见前文《吊诡的认知——以孔子和司马迁为例》一节。

4.《帝系》当源自宫廷，与《世本》有关

现在来看《帝系》，顾先生认为："《帝系篇》中除了楚国世系一段无甚疵病之外，其余简直七穿八洞，东倒西歪。这样的一篇文字居然能骗到了二千多年的人，真不能不说是它的幸运了。"[1] 而传统之学多认为与孔子或其后学有密切关系，如王聘珍说："《帝系》，本古史之流。而《大戴礼记》中此篇，则七十子后学者纪录旧文，汉武之际，出自孔壁，写以蝌蚪，故史迁谓之古文焉。"[2] 黄怀信先生引司马迁《三代世表序》："夫子之弗论次其年月，岂虚哉"，谓其"正指《帝系》篇所记，是司马迁以《帝系》亦属孔子，然孔子亦当有所本。二篇以性质亦可谓《记》（指七十子后学所记）"。[3] 这很明显是因为它们被收载于儒书之中，最早出现时皆与《五帝德》相伴，自然而然将其归之于孔子的缘故。

笔者暂时不予置评，他山之石可以攻玉，笔者上文已经介绍了其他文明关于帝系的性质、情况和研究进展，并进行过对比。

西方的研究者中虽然也有因其记载晚或有局部不合常情常理的事而怀疑的人，但并没有成为学界主流；相反，中国学界却因同样的事例而怀疑以致否定的学者却成为主流。帝王的世系

1　顾颉刚：《中国上古史研究讲义》，中华书局 1988 年版，第 109 页。

2　王聘珍：《大戴礼记解诂》，中华书局 1993 年版，第 5—6 页。

3　《大戴礼记汇校集注·前言》，三秦出版社 2005 年版。

对于当时的社会是极为重要的事情，如果这个社会没有被外族灭掉的话，它的知识群体必然予以记录、传承。"帝系"之具体内容，当属深藏于王廷的东西，由专门的巫史执掌其传承，而一般人恐无由见之，更未遑传之，因此，将《帝系》与孔子相联系的理由并不充分，这从《孔子家语》未有《帝系》篇似乎也可作为一个默证。从夏后商王世系看，商系因有甲骨文的现世证明，已无人怀疑《史记》记录的真实性，而夏系也获得了大多学者的默认，只是还有人强调需要得到进一步的考古证明。

周人以宗法制立国，注重世系是极为自然的事情。《周礼》[1]有多种职官，"春官"小史"掌邦国之志，奠系世，辨昭穆"，郑玄注曰："系也，谓帝系、世本之属也。小史主定之，瞽蒙讽诵之"。先秦古籍颇多旁证，如《国语》的《周语上》和《鲁语上》多次说到"工史书世""瞍赋矇诵""瞽史教诲"，说明《周礼》所云瞽史掌世系谱牒之说并不是虚构。属于崔格尔所谓"两者兼而有之"的情况。李零说："所谓系或世都是讲血统的承袭，它和史官和历史关系很大。……在古书中，世、系可以连言，但含义还略有区别。世是世次……主要指代。系是谱牒，主要指代与代的承接和传袭。参看孙诒让《周礼正义》（中华书局1987年版）卷四五和卷五一。当时的史书，无论是哪种体裁，都必须以世系作解读线索。""古人作史，第一中心是'人'，它

1　关于《周礼》，近代中国学界多以伪书看待，很少有人敢用以说明西周历史，但同时期的内藤湖南认为，"此书的编辑问世无疑是在《仪礼》之后。……即便《周礼》中多有《礼记·王制》所没有的内容，也不能一盖认为都是《周礼》作者所伪造的……可以这样认为：在这期间发现了各种以前的笔记，于是就将这些笔记加以汇总，在这些材料不能顺畅衔接的情况下，编辑者即进行了补缀。……包含了有关周代制度的贵重史料"（《中国史学史》，上海古籍出版社2008年版，第45—46页）。今天中国学界依赖金文材料验证了它相当程度的真实性，也得出其包含不少西周制度的结论。所以，应该审慎考虑这种可能性。

写人,主要是靠'世系'或'谱牒'。这是古代作史的第一框架。……
人类社会,早期都是氏族社会或贵族社会。当时的人都很重视'出
身论'和'血统论',人在族谱中的位置比他在年代中的位置还
重要。"[1]值得注意的是,《周礼》还有外史"掌三皇五帝之书"之语,
"帝系"应属其执掌范围。今见《帝系》所述可考事的下限是熊
渠三子,从周楚关系看,周灭商之前,楚就与商有某种从属关
系,后来楚还参加了成王时的盟会,此后,双方关系时而和缓
时而紧张,楚始终是周天下体系中不温驯势力中最强的从属国,
"当周夷王之时,王室微,诸侯或不朝,相伐。熊渠甚得江汉间
民和,……曰:'我蛮夷也,不与中国之号谥。'乃立其长子康
为句亶王,中子红为鄂王,少子执疵为越章王。"这时,楚正式
脱离了周的体制,虽说"及周厉王之时,暴虐,熊渠畏其伐楚,
亦去其王。"但从此开始,楚无论是实际还是名义上就脱离了周
的天下体制。在此之前,周王室职官记录楚系先祖,并不足异,
而此后,周楚成为敌国,周人从此不再记录楚系即成当然之事。
而按照顾说的话,楚系内容是战国中期的楚人之笔,那就很难
解释楚王室世系为何只叙述到熊渠三子为王之时,也解释不了
为何不叙述楚史上声名显赫的武王、庄王。

　　《大戴礼记·帝系》与《世本·帝系》同名,而比较二者这
方面的内容,也基本一致。《世本》之世作枝叶讲,本当根本讲,《汉
书·艺文志》说《世本》是"古史官记黄帝以来迄春秋时诸侯大夫",
而《史记索隐》引刘向云:"《世本》,古史官明于古事者之所记也。
录黄帝已来帝王诸侯及卿大夫系谥名号,凡十五篇也。""古史
官"合于周代的制度背景。《隋书经籍志》:"世本王侯大夫谱二
卷,世本二卷(刘向撰),世本四卷(宋衷撰)。又曰汉初得世本,
叙黄帝以来祖世所出。"恐仍是出自历代相沿之宫廷。它们的关

1　李零:《简帛古书与学术源流》,三联书店 2004 年版,第 261—262 页。

系就成为一个重要问题。唐孔颖达《尚书正义序》谓前者出于后者，恐不可信。刘知几在《史通·内篇·杂述》中说:"《世本》辨姓，著自周室。"[1]《世本·帝系》残缺过甚，八种辑本中能说明问题的就是那几个帝，孙冯翼集本、陈其荣增订本、秦嘉谟辑补本无少昊，王谟辑本、张澍粹集补注本、雷学淇校辑本引孙氏注、茆泮林辑本、王梓材撰本有少昊。王谟辑本注明出自"孙氏"和"宋仲子"；考孙氏不知何许人，但知其为汉以后南朝以前人，宋忠是汉末三国人。张澍粹集补注本有少昊，谓出宋注；雷学淇校辑本引宋忠、孙氏注有少昊；茆泮林辑本有少昊，谓出宋衷、《路史》；王梓材撰本有少昊，未引出处，考其体例，殆出《路史》。他们的注释内容，与先秦迥异，与西汉刘歆《世经》之外的大部分记述也不相同，几无史料价值。依处理史料之法，《世本》原有之"帝系"无少昊似可断言，有黄帝颛顼帝喾尧舜禹应当是原始内容，而有少昊的则是后人所加。就如同谯周的《古史考》，唐人所见本"帝系"无少昊，而清人辑本却有。近代以来对史部书籍、《世本》性质及其成书年代的理解颇成问题。《史学原论》论外证时有"续本"之说，随时间而延续，这些书因其性质不应该以记载的下限论成书年代，因为它是续本，随着时间会不断延续，即使个别地方可能会产生变动，但大的更改却不太可能。秦嘉谟《世本辑补·诸书论述》中所说的"《世本》为周初至战国时史官相承而作"，应该就是从这个角度说的。[2] 所以，不能因为此类书的下限去判断其成书晚、可靠性差并以此否认它对于更早历史的记录。总体而言，历史记真、史学求真、史书性质较它种书籍可靠是中国历代相承之观念，以所谓平等的眼光将各种书籍的可靠性夷为一致，甚至将它种超越史书，

1　浦起龙:《史通通释》，上海古籍出版社 1978 年版，第 273 页。
2　秦嘉谟等:《世本八种·秦嘉谟辑补本》，商务印书馆 1957 年版，第 6 页。

不仅不是史学进步的表现，而实是退化。

因此，《帝系》传自周秦汉一脉相沿之宫廷是最可能的途径，当为《世本》一类书籍的前篇。而系谱图之类不在暴秦焚书范围，司马迁所见多是即为明证。

《帝系》《五帝德》记载的帝系固有用常情常识不容易解释通的地方，如果参照西方学术界对于近东文明前王朝年代的测定有一种行之有效的方法，即顺序年代法，[1] 就是说无法测定诸王的精准年代，先将他们的先后顺序弄清楚以建立可信的框架。而黄帝、颛顼、帝喾、尧、舜、禹帝的先后顺序就是如此，它与所有先秦及西汉前中期的典籍中这个顺序完全一致，从无混淆，应当视为一个相当肯定的史实，从一开始就不应该轻易地盲目否定。其他也涉及对传说时代古帝婚族关系的理解，类似的记载在《大荒经》中所在多是，尤其像这些帝的婚族，这些内容与现实无甚关联，不是思想家可随意放言高论的，周人已经不可理解，今人也鲜少解释。如按照顾先生那种从政治形势编织，这岂不是一个很好的途径？正因为不可解，所以编造的可能就更小。其中关于某帝娶某女的意义，笔者认为这一方面反映两族的通婚关系，另一方面也包含酋长个人的婚姻关系。具体还有对文字的理解，文字学对产字的解释，《说文》：产，生也。从生，彦省声。《正字通·生部》产，事所从始亦曰产。孔广森说："产，生也。古者谓子孙为子姓，姓之言生也，故是篇本其族姓所自出，皆谓之产。以年代校之，往往非父子继世。"[2] 钱杭说：《帝系》所谓的'产'，并不是指普通意义上的父子关系，而是泛指出自同一父系的'后人'、'苗裔'之类；既可以

1　《世界诸古代文明年代学研究的历史与现状》，世界图书出版公司1999年版，第15页。

2　孔广森：《大戴礼记补注》卷七《帝系》，中华书局2013年版，第567页。

包含真实的父子血缘，也不排斥拟制性的'世系'认同。"[1] 同义词生字同样如此，郭璞说："《山海经》诸言生者，多谓其苗裔，未必是亲所产也。"徐旭生的解释。生，《说文·生部》"生，进也。象艸木生出土上。凡生之属皆从生。"《小尔雅·广诂》、《玉篇·生部》同。[《玉篇·生部》、《集韵·映韵》：生，产也。《集韵·梗韵》：生，育也。《文选·张华〈鹪鹩赋〉》"而生生之理足矣"刘良注及干宝〈晋纪总论〉李周翰皆训"生，养也。"《周礼·天官·大宰》"以生万民""五曰生"，郑玄注皆称"生，犹养也。"《左哀元》"越十年生聚而十年教训。"《群经评议·春秋左传三》"生其六气"，俞樾按称"生者，养也。"] 草木长出，引申为一切事物的产生。《礼记·月令》："萍始生。"养育，《荀子·致士》："凡节奏欲陵，而生民欲宽。节奏陵而文，生民宽而安。"民族学也给我们提供了可以理解的角度，苏联学者谢苗诺夫指出："父亲"这个词最初"是作为孩子抚养者的概念产生的"，并引用俄罗斯语言学家拉夫罗夫斯基的研究成果，"他令人信服地证明，在所有印度欧罗巴语言中表示父亲一词的原始含义，都不是生育者，而是养育者。"[2] 崔格尔的比较研究表明：在早期文明之中，"君主和臣民之间的关系就是扩展家庭或者核心家庭中男性家长和其他成员的关系、成人和儿童的关系、

1　《〈帝系〉传说时代的世系观念及其表达方式》，《天津社会科学》2010年第2期。
2　谢苗诺夫：《婚姻和家庭的起源》，蔡俊生译，中国社会科学出版社1983年版，第238页。王晖《古史传说时代新探》引证中外民族学资料以及苏联民族学理论后指出："在父系氏族制中，'父亲'是合生育者与养育者于一身的父亲；但在母系氏族社会中，所谓的'父亲'只是负有养育责任的舅父。"认为黄帝打败蚩尤后，"征服者与被征服者部族相互通婚则是古史时期表示联合友好的最好方式。那么，少昊部族与黄帝部族变成了甥舅关系，按照母系继嗣制社会或双系继嗣制社会，少昊部族的年轻一辈称黄帝为'父'则是完全可能的。……少昊称黄帝为'父'，实际上只是舅父。"指出了一个启人思考的新方向，尤其是对"生"或"产"的理解，但具体到传说中的五帝，缺乏明确的文献记录，只是臆测。

老师和学生的关系、雇主和雇工的关系以及主人和仆从的关系的榜样。所有这些关系都按照父子关系建构起来。"[1]这些都有助于对五帝世系合理性的理解。

笔者推测《帝系》篇实际上更可能来自宫廷，最终形成于西周末年的史官之手，至于是否存在《帝系》所描述的那种承继关系，不要先预设立场。如何准确理解它，笔者赞成顾先生将其内容分为三部分的说法，涉及楚世系的部分，顾先生也认为可靠性比较高，笔者大体同意；帝喾四妃四子之说与周代的祭祀制度相关，不应理解为血缘关系；《帝系》中三代统出一源的谱系，实际上是出于祭祀与政治的原因，夏周出华夏，商出帝舜，也涉及制度，五帝世系成为诸侯合法性的重要来源，徐旭生先生论商禘舜还是禘喾已经说明了这个问题。而秦的世系尤其能说明问题。《秦本纪》载：

> 秦之先，帝颛顼之苗裔，孙曰女修。女修织，玄鸟陨卵，女修吞之，生子大业。大业取少典之子，曰女华。女华生大费，与禹平水土。已成，帝锡玄圭。禹受曰："非予能成，亦大费为辅。"帝舜曰："咨尔费，赞禹功，其赐尔皂游。尔后嗣将大出。"乃妻之姚姓之玉女。大费拜受，佐舜调驯鸟兽，鸟兽多驯服，是为柏翳。舜赐姓嬴氏。大费生子二人：一曰大廉，实鸟俗氏；二曰若木，实费氏。其玄孙曰费昌，子孙或在中国，或在夷狄。费昌当夏桀之时，去夏归商，为汤御，以败桀于鸣条。大廉玄孙曰孟戏、中衍，鸟身人言。帝太戊闻而卜之使御，吉，遂致使御而妻之。自太戊以下，中衍之后，遂世有功，以佐殷国，故嬴姓多显，遂为诸侯。[2]

1　崔格尔：《理解早期文明：比较研究》，徐坚译，北京大学出版社 2014 年版，第 473 页。
2　《史记》，中华书局 1959 年版，第 173—174 页。

秦人的始源，古人早有怀疑，《索隐》谓"女修，颛顼之裔女，吞鳦子而生大业。其父不著。而秦、赵以母族而祖颛顼，非生人之义也。"这是因为该记录不合宗法制，而秦人吞玄鸟与商人同，大业娶少典，大费婚舜族，一子鸟俗氏，一子名曰若木，《索隐》解释"以仲衍鸟身人言，故为鸟俗氏。俗，一作'浴'。若木以王父字为费氏也。""鸟身"是指少昊图腾的形象，"若木"乃东夷神树之名，都具有明显的少昊特征，而其后裔多贵显于殷商，是地地道道的东夷显贵，应当禘少昊，《左传》也说："郯国，少昊之后，而嬴姓盖其族也，则秦、赵宜祖少昊氏。"但少昊挚并非一统酋邦之帝，而另一相关的古帝挚虽是东夷，却名声欠佳，这是秦人不愿意让人联想或看到的。就历史上真实的颛顼来讲，从来没有过单独的鸟崇拜，而改禘颛顼之因在于他的两属性，而且就真实的血缘来讲又是最近的，自称祖颛顼苗裔，孙曰女修。而楚人祖颛顼则不同，属于沿承有序，华夏化程度较高，与熊的关系也十分密切（氏则为熊，楚先大概曾居有熊国之墟，因以为氏），且与夏人宗盟，而与商长期处于敌对关系。

综上所述，《帝系》和《五帝德》两篇有着相当可靠的来源以及极高的史料价值，从此入手，可对五帝世系进行认真考证。人们通常归咎于这两篇的问题大都是后世人包括司马迁的误读或推衍，无论谁都会同意这一点，后代人的错误认识不应该由这两篇的作者承担，更不能用经学的立场去解释。

古史体系五帝时代之崩塌，是近代经史混一的结果，因为他们的事迹及传承有不合经学的常情常理相当多，所以就是编造的。对此，从古到今论者颇多，而丁山先生的总结颇具代表性：

"以儒家礼教的观念考之，舜娶曾祖姑母为妻，不犯乱伦之法吗？舜亦禹的玄孙，禹该是家长，禹以家长高祖的身份何以反而继承玄孙之位？就宗法世系言，尧舜禹之禅让，还是家天下不合理的继承。以年代言……自黄帝之陟至禹之立,至少是二百九十年。一家人的年龄,诚不可平均计算,但自颛顼之陟至禹之生,中间相隔至多不过六七十年,而自颛顼至舜中间相隔至少也该有一百六七十年之久,其时禹死久矣,舜又何从禅位这位已死的高祖?舜禹的年龄问题,前儒辩论的文章很多,那末,帝系所传说的圣王世系,当然有很多不可掩饰的矛盾,所谓五帝相禅的帝统,也是一笔糊涂账。……其实孔子时代的"上古"史观,只知道尧、舜、禹是中国开天辟地的圣王,不知尧舜之前尚有黄帝、颛顼、帝喾这一列先圣先帝。晚周诸子,受了宇宙本体论的影响,以及阴阳家'历元'的数字,将中国'上古之世'由尧舜上展到黄帝,上展到伏羲,或更上展到有巢、燧人,这是史学上一个进步的发展,人类要追本穷源探研本身文化的来源,不能不如此向前伸展。[1]

丁山先生是民国著名史家、古文字学家,他明确以中国人常识思维中的经学价值(儒家礼教、宗法世系等)去做传说时代历史的事实判断的标准,从而否定了古史体系的合理性。这显然是经史混一所造成的。顾先生也是从经学眼光论证它们不可靠的,"《五帝德》和《帝系姓》两篇虽说是'孔子所传',但其中都说到尧以前,都说到黄帝,违背了儒家的说话的成例,破坏了儒家的古史的断限,所以'儒家或不传'了。"[2]这是今文经学的胜利,它的横柴入灶腰斩了历史意识。

科学史学的经典《史学原论》指出:"历史批判,如果它没有堕落入不可知论——认为不可知,这会是自取灭亡——或者个人的胡思乱想,那么只要它没有被其他具有同等价值

1　丁山:《中国古代宗教与神话考》,《史前神话人物世系多出商周祭典》文"五帝世系批判"节,龙门联合书局 1960 年版,第 470 页。
2　顾颉刚:《中国上古史研究讲义》,中华书局 1988 年版,第 90 页。

的证词断然地驳倒，它就必须对它无法核实的证词给予一定的信任。"[1] 国内学界对《山海经》的认识过程和使用情况就是一个很好的例子，从长期视之为荒诞无稽，到今天对其既无法确定该书的准确成书年代与传播途径，又难以整体通畅地理解，但这并不妨碍学者一再使用。对《帝系》理当保持同样的态度。

（三）《帝系》五帝之序与黄帝少昊两族轮流考

为揭橥历史之真，下面以《帝系》《五帝德》为线路图，逐个进行帝的族属及文化背景的考察，高度关注帝挚的位置及重要性，并将其下限延伸到后羿少康，范围扩大到曾涉或有望涉"帝位"的人。之所以如此，并非笔者认为其是先验、正确、真实存在过而不需要验证的，而是在于将其放入传说时代的长时段中更容易看清问题的本质，如果该序列是编造的，将会发现它更多的漏洞乃至作伪的动机，如果它含有大量的真实的历史素地，那么也将能找出其深层理由和更多的合理性。再结合近年学术进展及出土文献成果，从多方面、多层次对其可靠性与可信性继续进行深入探讨，从而为探讨华夏文明及中国国家的起源提供可靠的文献依据。

1. 黄帝　黄帝的出身本来应该是一个不用讨论的问题，他自古以来就被视为华夏的"人文初祖"。及至近代，学术界大多怀疑其人的存在，甚至否定其人格，如杨宽先生认为黄帝同于皇帝，乃皇天上帝或西系上帝之讹变。[2] 田昌五先生依据考古材料划分四集团时没有设华夏集团而是将黄帝划入古戎狄集团[3]，

1　《史学原论》，大象出版社 2005 年版，第 111 页。

2　杨宽:《中国上古史导论》,《古史辨》(七)，海南出版社 2005 年版，第 90、114 页。

3　田昌五:《古代社会形态研究》，天津人民出版社 1980 年版，第 136 页。

别出新意，聊备一格。另有东夷说、南方说和北方说。[1]他们疏散宽悚的论证事实上已被近年来学界主流所抛弃，这部分的检讨将另外进行。

《五帝德》中，宰我就明确说黄帝的事是"上世之传，隐微之说"，孔子说"黄帝，少典之子也，曰轩辕"，《帝系》说"少典产轩辕，是为黄帝"，轩辕是作为黄帝私名出现的，并没有与轩辕氏联系，解决了"疑古派"否定黄帝的一个重要理由。[2]而《史记·三代世表序》称"余读谍记，黄帝以来皆有年数。……古文咸不同，乖异"。从记载的"年数"不同，到可以否定其人格存在之间有一个极其漫长的逻辑距离。而表明黄帝长期活动的地域一是陕北（含有葬地），一是新郑，史料多称有熊国都，综合来看，西部地域应该是发祥地，而后向东发展。虽则有晚出的《帝王世纪》谈及黄帝生于寿丘（今曲阜），此显为后代附会，但这也成为近人论述黄帝出身东夷的证据。更为晚出的《水经注》卷十七渭水注记载的"黄帝生于天水"则更近情理。黄帝出身华夏可谓今天绝大多数研究者的共识。徐旭生以旧籍中的族群与地望等因素"推断黄帝氏族的发祥地大约在今陕西的北部"[3]。蒙文通连缀旧说并佐以地理分区，判断黄帝氏族"起于河洛之间，是西北民族也"[4]。今日则多信有其人，或为部落之代称。近年陕西神木石峁龙山文化晚期至夏代的大型城址的发掘又为黄帝起源提供了重要线索。

1　张为民：《黄帝族源东夷说》，《东方论坛》2001年第2期；刘俊男：《黄帝史迹考》，《山东师范大学学报》2004年第2期；丁季华：《中国古代文明起源》，上海科学技术文献出版社2007年版，第76页。

2　二者本不相连，这在《大荒经》中是清晰的，将黄帝与轩辕氏等同是后代人的认识，《庄子·胠箧》即将轩辕氏与黄帝并列。常金仓：《二十世纪古史研究反思录》，中国社会科学出版社2005年版，第61—64页。

3　《中国古史的传说时代》，文物出版社1985年版，第43页。

4　《中国现代学术经典·廖平蒙文通卷》，河北教育出版社1996年版，第381页。

与黄帝相关的一个重要问题是他的姓氏和图腾，华夏几千年传统对姓氏极为重视，图腾是西方人类学的成果，中国近代才知图腾之为何物，中国远古史之所以长期没有突破性进展，与学者们普遍缺乏人类学视角有关。与本文相关的直接问题是最早的姓与图腾密切而复杂的关系，限于篇幅无法展开。黄帝姬姓，古今没有异议，关于姬姓，《国语》谓因姬水而得，《史记周本纪集解》引《礼纬》提供了一种人类学的解释："祖以履大跡而生。"大迹即熊迹。孙作云先生也以为"姬姓的得称必由于大人之迹"[1]。《五帝德》谓黄帝"教熊罴貔豹虎"，《五帝本纪》则为"教熊罴貔貅貙虎"，《列子·黄帝篇》称黄帝"帅熊罴狼豹貙虎"，三者大同小异，但熊罴居首则完全一致，"熊罴为一胞族，或即一 phratry；貔貅为一宗，貙虎为一宗，这种区别真是有条不紊，而且非常适合的"[2]。更为重要的是古代大量文献称其为有熊氏，如何理解有熊？《三代世表》称"黄帝号有熊"，班固《白虎通义·号篇》："黄帝有天下，号曰有熊。"《五帝本纪》集解引徐广曰"号有熊"，引谯周曰："有熊国君，少典之子也"，索隐注称"'号有熊'者，以其本是有熊国君之子故也。"皇甫谧曰："有熊，今河南新郑是也。"《太平御览》卷七十九引《帝王世纪》"黄帝有熊氏，少典之子，姬姓也"。古人有两种理解，一是有天下后的号，另一是有熊国君之子。近人的理解则多是图腾，孙作云先生相当早时即论黄帝以熊为图腾，后又撰文再论黄帝主要以熊为图腾[3]，田昌五先生说："黄帝号有熊氏，说明

1　《诗经与周代社会研究·周先祖以熊为图腾考》，中华书局 1966 年版，第20 页。

2　孙作云：《中国古代神话传说研究》（上），河南大学出版社 2003 年版，第11 页。《诗经与周代社会研究·周先祖以熊为图腾考》，中华书局 1966 年版，第 9—11 页。

3　《中国古代神话传说研究》（上），河南大学出版社 2003 年版，第 177、185—188 页有论。

熊氏族在黄帝部落中居于领先地位。"[1] 近年叶舒宪撰写《熊图腾：中华祖先神话探源》一书[2] 对此也有不少涉及。考《说文》："能，熊属。……能兽坚中，故称贤能；而强壮，称能杰也。"段玉裁注："此四句发明假借之怡。贤能、能杰之义行而本义几废矣。""熊，熊兽。"段注："熊不妨古反于陵，要之反论必是能字。""罴，如熊，黄白文，从熊。"从能熊可以互训看，熊在华夏文化早期的重要性毋庸置疑。关于黄帝的图腾，仍存在一系列复杂、难解的问题有待探讨，如熊与云、龙等的关系就是如此，近人也有因《左传昭公十七年》所载"黄帝以云纪，故为云师而云名"而称黄帝族是以云为其图腾的，似不准确，这是谈论远古官职称谓时所说的话，在此不可能过细论述。

总之，黄帝一族实构成华夏之主体，因华族当时尚未形成，强调其混合性而以北狄名之，这是忽略了狄之名实乃黄帝之后，始见于商代，同样是以后命前，今姑从其旧。

2. 颛顼　一般来说，族属是一个非此即彼的问题，通常没有第三者插足的余地，但在颛顼身上却发生了困难。既有可靠的文献说其为黄帝子孙（孙子或重孙），又有无从否定的文献认其为东夷少昊。《五帝德》称："颛顼，黄帝之孙，昌意之子也，曰高阳。"《史记》同，这种先后长幼关系有先秦《吕览》《鹖子》等书同称黄帝之诲颛顼可做佐证。而一向被视为神话之书的《大荒经·海内经》称"黄帝妻雷祖，生昌意，昌意降处若水，生韩流。韩流擢首、谨耳、人面、豕喙、麟身、渠股、豚止，取淖子曰阿女，生帝颛顼"，多出韩流一代，但这可能更真实，韩流之失，或因其体貌极不雅驯所致。而孙子或曾孙属大同小异，对于传说时代而言并不重要，它们都是周代宗法制下的观念，未必能套用

1　《古代社会形态研究》，天津人民出版社 1980 年版，第 137 页。
2　上海文艺出版总社、上海锦绣文章出版社 2007 年版。

在传说时代。高阳是其个人私名，后人误作地名、号等，与高阳氏是否有关系是另外的问题。而绝大多数内容都属于商代的《大荒经》在一书之内的另一种说法让人惊讶，《大荒东经》记载"东海之外大壑少昊之国，少昊孺帝颛顼于此弃其琴瑟"一文，这两处说法都言之凿凿，其中的血缘矛盾，无从否定任何一个，自古让人困惑，故严谨者如著名文字学家郭璞就老老实实地称"孺"义未详，疏疏者则曲为之解，释其为"孺养"，如郝懿行引《庄子天运篇》"乌鹊孺"得出"盖育养之义"，"少昊即颛顼之世父，颛顼是其犹子"，袁珂先生认为"郝疏所谓大致可信"。[1]

近代以来，关于颛顼族属，说法很多，有西羌上帝说（杨宽），东夷说[2]，北方大神说[3]，南蛮祖先说，持华夏旧说者仍然最多[4]，纷

1　袁珂：《山海经校注》，上海古籍出版社 1980 年版，第 338—339 页。

2　郭沫若《中国史稿》第 1 册，人民出版社 1976 年版，第 115 页；胡厚宣《楚民族源于东方考》，北京大学潜社《史学论丛》1934 年第 1 期，第 51 页；田昌五《古代社会形态研究》，天津人民出版社 1980 年版，第 119 页，甚至认为在皋陶伯益之后，第 124 页；萧兵《楚辞与神话》，江苏古籍出版社 1987 年版，第 209 页；刘起釪《古史续辨》，第 60 页；颛顼"原在东夷中并不太突出的部族，经过民族融合的激荡，把他塑造成为从血缘上联系着东西各显要部族的最重要的一个大族，东夷中只有帝喾的地位可与他并立"。张富祥引《说文》释颛顼为头倾貌，对照考古的东夷变头习俗，也可为他是东夷首领提供佐证，谓"颛顼出于少昊集团……绝无可疑"（《东夷文化通考》，上海古籍出版社 2008 年版，第 202—203 页）。

3　闻一多：《神话与诗·伏羲考》，上海古籍出版社 1954 年版，第 41 页；顾颉刚：《史林杂识初编》，中华书局 1963 年版，第 191 页；丁山：《中国古代宗教与神话考》，龙门联合书局 1961 年版，第 365 页。

4　徐旭生在百般踌躇之后还是将其归之于华夏集团。《中国古代文明与国家形成研究》（李学勤主编，云南人民出版社 1997 年版）称颛顼就其族属，应为华夏集团（199 页）。《帝王世纪》有："帝颛顼高阳氏……父昌意，虽黄帝之嫡，以德劣降居弱水为诸侯，及颛顼生十年而佐少昊，二十而登帝位，平九黎之乱。"所谓"德劣"，应与这时曾出现的"不才子"一样，可能指因违背习惯法而逐出氏族者，更可能属于部族集团内部矛盾斗争的失败者，颛顼之父由此流落少昊之地，颛顼在少昊文化哺育下长大，曾任少昊之族的军事领袖，不一定有"世父""犹子"的关系也是符合氏族制度传统习俗的（200 页）。岑仲勉、唐兰、姜亮夫、徐嘉瑞均以颛顼出自西系华夏。《两

纭之说显示该问题的高度复杂。

颛顼的姓为何？这两篇未言其姓，《帝系》只说"西陵氏之子，谓之嫘祖，氏产青阳及昌意。"考《国语·晋语四》称："黄帝之子二十五人，其同姓者二人而已，唯青阳与夷鼓皆为己姓。青阳，方雷氏之甥也。……四母之子别为十二姓。凡黄帝之子，二十五宗，其得姓者十四人为十二姓。姬、酉、祁、己、滕、箴、任、荀、僖、姞、儇、依是也。"据杨希枚先生研究，己姓乃自己之己，意即姬姓。[1]笔者深表赞同，由此可知，得姬姓者中没有昌意。《逸周书·太子晋解》称自古以来"一姓不再有天下"语也足证颛顼不太可能姓姬。司马迁在《五帝本纪》篇尾泛泛谓五帝同姓，应出想当然，皇甫谧则明确称其姓姬[2]，显据马迁做的推衍，未足凭信。至于到底姓什么，谯周称"高阳氏，妘姓"。[3]罗泌《路史》卷十七《高阳纪》引了他本人并不相信的两种说法倒是应该引起我们的思考，"《古史考》以为妘，《姓纂》则谓颛帝帝风姓，故唐表韦氏彭氏皆妘（当为云字）出风姓，颛帝之后。俱妄。"上古姓氏之发展，以帝舜赐姓命氏为一大转折点[4]，之前混沌不明，而妘、风之姓一向被属之于祝融、太暤，如果我们不把这视为唯一的对应关系而更宽泛解之为东夷显姓，则颛顼出于其一并非没有可能，如果是风（即鸟）就更为可贵，此点需结合下文综合判断。颛顼主要的活动地域以及葬地在今豫鲁

周文史论丛·楚民族源于东方辨》，商务印书馆1958年版，第60页。《中国有六千多年的文明史——论大汶口文化是少昊文化》，《大公报在港复刊三十周年纪念文集》上册，香港大公报社1978年版，第48页。姜亮夫：《离骚首八句解——屈原身世参正》，《社会科学战线》1978年第3期，第231页。姜氏且以为地在四川。徐嘉瑞：《大理古代文化史稿》，中华书局1978年版，第14页。

[1] 杨希枚：《先秦文化史论集》，中国社会科学出版社1995年版。
[2] 《艺文类聚》卷十一引《帝王世纪》。
[3] 《太平御览》卷八十引《古史考》。
[4] 雁侠：《中国早期姓氏制度研究》，天津古籍出版社1996年版，第88—107页。

冀交界的濮阳一带，古今学者没有异议，属于华夏东夷交融之地，这一点与此区域考古学文化明显的混合特征相一致。但这对于说明族属没有太大帮助。实际上，上引少昊孺帝之"孺"颇漏重大玄机，笔者对《大荒经》进行了深入研究，发现它的内外结构并非前人通常想象的地理远近，它的内篇更多的关乎政治与祭祀关系，而外篇则更多关乎的是历史和记忆，《大荒东经》开篇中的少昊孺帝确认了颛顼在血缘上先是少昊一脉，"孺"从字的本义论，当"少"讲无疑[1]，犹如少帅张学良与大帅张作霖的关系。综上所述，帝颛顼之血缘出自少昊殆无可疑，无须左顾右盼、依违其间而做出含糊之解释。而少昊之国，一般与大汶口文化相联系，属于学界共识，无须再论，而《大荒经》之大壑，一般不详所在，笔者另文考证大壑当指的是今胶莱平原地区。

　　为进一步证实，我们还要考察他的出生地和文化底层图腾的内容。"颛顼处于、养于、葬于帝丘或空桑，生处却杂说纷纭，而出生地却往往决定某一祖先神的族属。"[2]《吕览·古乐》谓"帝颛顼生自若水"，古人之所谓若水，当就《大荒经》内求之，其《大荒北经》篇载："西北海外……大荒之中，有衡石山、九阴山、洞野之山，上有赤树，青叶，赤华，名曰若木。"这个西北，不能以后世中原之概念看待，应是在东夷文化圈的西北，正当少昊之发祥地穷桑稍偏北区域，而《海内经》篇"南海之外，黑

1　《说文》：孺乳子也，一曰输孺尚小也。《尔雅注疏》：孺，属也。注：谓亲属。疏：李巡云：孺，骨肉相亲；属也，常棣云：和乐且孺，属亲也。毛传云九族会曰和孺，属也，郑笺云：属者，昭穆相次序。《释名释长幼》：儿始能行曰孺，孺，濡也，言濡弱也。《群经音辨》：儿孺子也。《急救篇》：孺，幼少之号也。《重修玉篇》卷二十：孺稚也少也乳子也。《类篇》：孺，乳子也，一曰输也，输，尚小也，又……幼弱也。妇孺。《六书故》：孺，子幼弱也。《原本广韵》《集韵》：孺，幼弱也，属也。通"乳"。生育。《庄子·天运》："乌鹊孺。"孺，小孩。萧颖士《登故宜城赋》："有啼呼之幼孺。"幼小。陶潜《祭程氏妹文》："慈妣早世，时尚孺婴。"

2　《楚辞与神话》，江苏古籍出版社1987年版，第209页。

水青水之间，有木名曰若木，若水出焉”。此处之外必误，因内篇不可能有海外，当系简牍散乱所致，“若水出焉”或当系之于《北经》此条之下，吕思勉先生敏锐地觉察到二者关系，指出若水当径读若水为“若木之水”[1]，而若水又是诸书所载昌意降处之地，吕先生断之曰“必古空桑之水”。[2] 考《逸周书·尝麦篇》载，黄帝灭蚩尤后，以少昊清绥抚东夷，昌意的东行，其目的恐怕还在于就近监视少昊清。两族之世交，或即从此开始。

　　而谈到颛顼与图腾的问题，《左传昭公十七年》那段五大集团各以己之崇拜物命官的著名记录之后，有颛顼“为民师而命以民事”的叙述，这是该政治共同体一个大的进步，但图腾问题涉及文化底层，不可能马上消失，因此颛顼所涉图腾的迹象依然十分浓厚，只不过内容和形式都有深刻的变化。《大荒北经》载：“河水之间，附禺之山，帝颛顼与九嫔葬焉。爰有鸱久、文贝、离俞、鸾鸟、皇鸟、大物、小物。青鸟、琅鸟、玄鸟、黄鸟、虎、豹、熊、罴、黄蛇、视肉、璇、瑰、瑶、碧，皆出卫于山。”在颛顼葬地之中的各种神圣物品中，可能与图腾相关的有“有鸱久[3]、离俞[4]、鸾鸟、皇鸟……青鸟、琅鸟、玄鸟、黄鸟、虎、豹、熊、罴、

1　《吕思勉读史札记》，上海古籍出版社 1982 年版，第 51 页。

2　吕思勉：《三皇五帝考》，《古史辨》（七），海南出版社 2005 年版，第 469 页。之后，吕先生还细密论证了史籍中的歧疑点，“今《山经》所载，虽注淳沱，然其始必在东次二经所载之山附近，后乃随民族迁徙而西移也。”

3　郭璞云：“鸱久，鸺鹠之属。”郝懿行云：“鸱当为鸮。说文（四）云：‘鸮旧，旧留也；旧或作鸺。’是经文鸱久即鸮旧，注文雄鹠即鸺鹠也，皆声近假借字。”

4　郭璞云：“即离朱。……今图作赤鸟。”郝懿行云：“今图作赤鸟者，赤鸟疑南方神鸟焦明之属也。”珂案：窃以为即日中踆乌（三足乌）。《文选》张衡思玄赋：“前长离使拂羽兮。”注：“长离，朱鸟也。”《书·尧典》：“日中星鸟，以殷仲春。”传：“鸟，南方朱鸟七宿。”离为火，为日，故神话中此原属于日后又象征化为南方星宿之朱鸟，或又称为离朱。《山海经》所记古帝王墓所所有奇禽异物中，多有所谓离朱者。郭注云今图作赤鸟者，盖是离朱之古图像也。是乃日中神禽即所谓踆乌、阳乌或金乌者。而世传古之明目人，

黄蛇"，明确是鸟的有六个，加上前贤考证出的就达八个，考虑此经还有诸多"使四鸟"之语，又明确"使四鸟"就是使得"虎、豹、熊、罴"，那么鸟的比例就达到了十例或十二例，这是很高的比例。至于鸟与这些猛兽之间的复杂关系涉及原始思维层面，在此无法申论。其中的青鸟、玄鸟见于《左传昭公十七年》。这些原始宗教的场面具有强烈的神圣性，从传说时代到记述《大荒经》一书内容的商代，社会并无剧烈变化，这些场面保持原状或者说有极小变化的可能性很大，与礼制、祭祀仪式等密切相关则无疑问。好比我们现在形容一个烈士陵园，装饰物必然有苍松翠柏陪衬，形容就常常用庄严肃穆之类的词，纪念碑上会有"革命英雄永垂不朽"等式样的主题。而《大荒经》在描述上圣古帝颛顼等葬所的场景中，我们就要仔细体味其内含的意义，一般叙述黄帝部族时使用的熊、罴、虎、豹在颛顼这里变成了虎、豹、熊、罴，似乎反映了这些分支氏族地位的调整。所述多种"陪葬之物"略同，看来犹如苍松翠柏般是固定的图案搭配，只是缺少定性的词汇与主题。但可以肯定的是，这应为相对固定的图案单元，有一定的深意存焉，虽然更为具体的含义我们尚无法得出，但将其理解成与古帝的信仰层面有关的内容应是没有疑问的。虽然现在无法得知这些差异的具体内涵，只是由此让大多数人认同图像的次序和逻辑与文献是不同的这样一个浅显的道理。在内容大都属于商代的《大荒经》中，颛顼之后的国家介绍均甚简略，没有涉及图腾之类的，只有《大荒北经》中"有叔歜国。颛顼之子，黍食，使四鸟：虎、豹、熊、罴。"

　　近现代史学对于传说时代的研究往往只强调自己的研究观点，太不注重反证，对于颛顼的族属，若非要定出一个结论，

又或冒以离朱之名，喻其如日之明丽中天、无所不察也。日乌足三，足讹为头，故又或传有三头离珠（朱），于服常树上，递卧递起，以伺琅玕也（见海内西经"服常树"节注）。

那自然不是黄帝后裔就是少昊孺帝。当我们以历史的观点将其放到一个长时段中，就看出了它所具有的真实意义。少昊孺帝与黄帝子孙的矛盾，是颛顼因"帝位"这种政治因素及其后的祭祀关系产生的变异，孺帝"弃其琴瑟"指的是他放弃了东夷当地的职守，喻指其东进，说明颛顼有一个由东向西的移动过程，他奔赴西方接受黄帝之教诲，当为昌意一族之举荐，为以后接替最高位铺平了道路，此后"实处空桑，乃登为帝。"（《吕览·古乐》）"颛顼始都穷桑"，继而"后徙商丘（当为帝）"（《帝王世纪》）可佐证此一推测。对于传说时代，我们绝不可预存周人"神不歆非类，民不祀非族"之观念，报恩之心，古今多同，而实际上，把颛顼与黄帝的关系解为拟血缘的关系则与各史料均无滞碍，颛顼与黄帝一族之关系是其在祭祀和政治中的位置。当我们不理解上述矛盾时，也应该遵从疑以传疑信以传信的精神，可以将文献中颛顼的族属现象定义为有着明显的华夷两属性。

3. 帝喾 这是一个特殊的帝，至今尚有一些并不疑古的学者也不承认帝喾的人格，理由之一是古本《竹书纪年》中没有他，这恐怕是不能成立的，因古本是重辑的，自然不可能完璧，关键是公认可靠的《国语》《左传》及诸子书中有些记载谈到他，事迹稀少是因为他在位时长期和平，既无显赫武功又无宗教大事可记。而按照严格的学术规范，要想否定其人格是困难的，徐旭生有对帝喾的研究，详请参考。《五帝德》载："元嚚之孙，蛴极之子也，曰高辛。"《帝系》载："黄帝产元嚚，元嚚产蛴极，蛴极产高辛，是为帝喾。"帝喾是黄帝之后，族属本为西系华夏，古代未见异说，更未遑存在争议，山东无帝喾之后的古国似可做一默证。只有东汉《潜夫论》依机械的五德说演化出他是"太皞后嗣"[1]，该书创造的五帝系统，虽精细但缺乏史料依据，故鲜

---

1 《诸子集成》第八册《潜夫论·五德志》。

少有人理会，顾先生曾详论其始末。近代以来，对于帝喾的族属则以主张出自东夷的为多，如胡厚宣、杨宽、田昌五、张富祥、刘起釪、曹定云诸先生。[1] 也有依据传世文献断其为华夏的，徐旭生先生说："帝喾氏族既为周氏族所自出，大约是西方陕西、甘肃一带的一个氏族。"[2] 田继周说："从帝喾为姬姓和与出自黄帝的周人的关系看来，说帝喾出自黄帝或为黄帝之后裔可能比较接近史实。"[3] 王晖先生认为金文《史墙盘》中的铭文"上帝后"之后的字应隶定为夒，就是帝喾，此说可以参考。[4]

　　帝喾的活动地域可从都亳谈起，有说偃师，有说濮阳[5]，实际都在一个小区域内，帝喾的葬地在濮阳，古今相当一致。[6] 而

1　胡厚宣认为契"父为帝喾，亦即太皞"，属于东方之族（《甲骨文商族鸟图腾的遗迹》，《历史论丛》第一辑，1964 年）。杨宽认为是东夷之上帝（《中国上古史导论》，《古史辨》（七），第 140 页）。田昌五认为"帝喾，亦作帝俈、帝告，与皞、昊、皓、嚳、皋、臯同音通用，所以帝喾就是帝皞，从太皞和少皞而来，显然属于东夷"（《古代社会形态研究》第 127 页）。张富祥认为原属太皞集团，由地缘及王国维郭沫若合帝喾、帝俊及帝舜为一等理由立说（《东夷文化通考》第 207 页）。刘起釪接受王国维的合户，视喾舜帝俊为一，认为是东方之神，为"商的鸟夷族始祖夒所分化出的"（刘起釪《古史续辨》，第 17 页）。高辛氏和高阳氏是东夷中很有名的两族（第 60 页）。曹定云认为"殷人既禘祭帝喾，说明帝喾确为殷人之远祖"，卜辞中"先祖夒（高祖夒）即殷之始祖契，亦即'少昊契'；而'大夒'（太夒）即殷之远祖帝喾，亦即传说中的'太皞'"（《商族渊源考》，《中国商文化国际学术讨论会论文集》，中国大百科全书出版社 1998 年版，第 120 页）。
2　《中国古史的传说时代》，文物出版社 1985 年版，第 88 页注。
3　田继周：《先秦民族史》，四川民族出版社 1996 年版。
4　王晖：《古史传说时代新探》，科学出版社 2009 年版，第 23 页。
5　《帝王世纪》：帝喾都亳。《水经注》"亳本帝喾之墟，在禹贡豫州河洛之间，今河南偃师城西二十里尸乡亭是也。"《括地志》称"亳邑故城在洛州西十四里，本帝喾之墟。"《水经注》曰："帝俈都亳殷，葬濮阳。"殷谓黄河北之郱，乃卫之亳。
6　《皇览·冢墓记》云：帝喾冢在东郡濮阳顿丘城南台阴野中。《帝王世纪》略同。《大荒南经》："帝尧、帝喾、帝舜葬于岳山。"《山海经·海外南经》："狄山，帝尧葬于阳，帝喾葬于阴。"《海内北经》另载："帝尧台、帝喾台、帝丹朱台、帝舜台，各二台，台四方，在昆仑东北。"台的意义我们并不清楚，仍需考证。

帝俈的姓:《五帝本纪》正义引《帝王纪》说是"姬姓",这不太可靠,如上论颛顼之理。《古史考》称"高辛氏,或曰房姓。"[1]据《路史》卷十八引《古史考》另有"一云妘姓"。我们不知道谯周的依据,如为妘者,或姞姓之误乎? 这些对于重新认识帝喾的族属帮助不大。仍需从追寻其图腾遗迹角度深入。

从《大荒南经》所载帝喾葬地所具有的圣物来看,"帝尧、帝喾、帝舜葬于岳山。爰有文贝、离俞(郭璞云'即䳡鶹也。')、鸱久(郭璞云'即䳡鶹也。')、鹰、延维、视肉、熊、罴、虎、豹;朱木,赤枝,青华,玄实。"成书于周代的《海外南经》称:"狄山,帝尧葬于阳,帝喾葬于阴。爰有熊、罴、文虎、蜼(郭璞云:'蜼,狝猴类。')、豹、离朱、视肉。"将帝喾尧舜葬地的场面与颛顼的进行比较,我们会发现这其中的多种鸟不见了,鹰在今人概念体系中当然属于鸟类,或可列入,但我们不清楚彼时鹰是否归属于鸟,再加上考证离俞、鸱久也可能是鸟,至多三种但排在前列,而熊、罴、虎、豹四种还在,不过顺序上熊、罴又排在虎、豹之前。鸟与这些猛兽相比,比例仍低。再从纵向上看,熊、罴、虎、豹重又排在前面而鸟却仅剩下一种。而熊、罴、虎、豹与黄帝的"熊罴貔豹虎"或"熊罴貙虎"显然有承袭关系,虽然这种细节上的意义有何不同我们尚不清楚,但可以肯定的是,相同的比例更高。

更能说明问题的是《路史》卷十八的记载:"父侨极,取陈丰氏曰衮,履大迹而偊生喾。方喾之生握衮莫觉,生而神异,自言其名,遂以名。"《路史》一书,因成书过晚,且内容多不合正统史观,虽有梁启超、吕思勉等个别史家关注到它的价值[2],

1 《太平御览·皇王部》卷八十。
2 梁启超先生认为:"罗长源《路史》……比类钩索之勤不可诬也。其《国名纪》之一部,条贯绵密,实史界创作,且其时《古本竹书纪年》及皇甫安士辈所著书皆未亡佚,其所取材者,多今日所不及睹,故可宝也。"(国立北平图书但向来不为史界主流重视。一般学者印象可能是指路边野史，这与罗泌的自许截然相反，泌之《自序》谓皇甫谧之《世纪》、谯周之《史考》、张愔之《系谱》、马总之《通历》、诸葛耽之《帝录》、姚恭年之《历帝纪》、小司马之补史、刘恕之《通鉴外纪》，"其学浅狭不足取信"。苏辙《古史》第发明索隐之旧未为全书，因著是编。《余论》之首释书名之义，引《尔雅》训路为大，所谓"《路史》者，亦大史之云尔……是皇王大统之义也，无以易"。《四库提要》谓《路史》优点"引据浩博，文采瑰丽。刘勰《文心雕龙·正纬篇》曰……（所谓）事丰奇伟，词富膏腴，无益于经典而有助于文章……泌之是书，殆于此类。至其《国名纪》《发挥》《余论》考证辨难，语皆精核，亦多祛惑持正之论，固未可尽以好异斥矣"。可谓公允持平之论，傅斯年是极少关注到《路史》史料价值的史家，他认为："按《路史》卖弄文词而不知别择，好以己意补苴旧文，诚不可据。然宋时所见古书尚多，《世本》等尚未佚，《路史》亦是一部辑佚书，只是书辑得不合法度而已，终不当尽屏而不取。"[1]笔者重视它的是其史料价值，使用的原则一是出处明确但今天在其他书中已见不到的材料，二是此书独有但与先秦两汉的相关材料不冲突的内容，可起拾遗补缺之效。而"袁履大迹"更是一条鲜少有人注意但又极为重要的史料，《路史》注引"高堂隆北郊表曰'握袁履巨迹'是也"，

馆编《梁氏饮冰室藏书目录》，北京图书馆出版社影印本 2005 年版，第 67 页）又说："罗泌做《路史》……用的方法很多，有许多前人所不注意的史迹他也注意到，在史学界也有点价值。"（梁启超：《中国历史研究法》，河北教育出版社 2000 年版，第 306 页）吕思勉先生认为："古说流传，看似荒唐，中实包含史实，因此而失传者，盖不知凡几矣。……然言古史，……惟《路史》最为卓绝，所搜异说极多；排比虽或失当，然考证论断，多有特识，亦非规于世俗之绳墨者，所能望其项背也。"（吕思勉：《吕思勉说史》，上海古籍出版社 2000 年版，第 189 页）

1　《傅斯年全集》（三），湖南教育出版社 2003 年版，第 221 页。

则喾母履大迹而生并非孤证。罗泌注云：见《大戴礼》《世纪》。今考此二书有"生而神异，自言其名"而没有履大迹事，此注文较含糊，不知是仅指前者还是也包括后者。关于帝喾的史料本就稀少，以皇甫谧之博学勤搜，尚云"喾母无闻焉"(《帝王纪》)，所以徐旭生先生说："对于这位人帝，我们没有好多话可说，因为资料太贫乏了。以罗泌的善于东拉西扯，把他老先生的事迹写了好多页，可是他还是不能不说：'帝喾之治天下，其迹之闻于代者，初无赫赫之功。'"又说："喾之政亦惟仁柔无苛而已。"(《路史·国名纪》丙)"足见材料贫乏，就是善于附会的人也没有大办法。"[1]笔者重视此条，一是独有，二有旁证，三则绝难伪造，因为即使造伪，也不当无故用在帝喾身上，而《路史》虽晚，但在一个儒家讲究常情常理的文明社会中，此条涉及的是早期社会关于图腾的材料，显然也不是汉代以后人可以伪造的史料，故而弥足珍贵。孙作云先生在《诗经与周代社会研究》中提出："'大人之迹'就是熊迹，姜嫄履大人之迹而生子，就是履熊迹而生子，周人以熊为图腾。""称熊不曰'熊'而曰'大人'是源于其祖先对于图腾的避讳。"(中华书局1966年版，第15页)那么帝喾图腾沿自黄帝又添一强证，并且它能将所有帝喾东夷说的推测击得粉碎，而且它还把从黄帝到周人的西系之帝王的熊图腾系列几乎完整的重现了，虽则在尧这个环节还有一个缺口，但喾母与尧母均出陈丰氏，也使得其缝隙变得相当窄小。

关于帝喾，一个重要的事情就是要认清《帝系》这两篇中的高辛是作为帝喾的私名出现的，要将其与高辛氏分清楚，需要针对具体史料做具体的分析。[2]

---

1 《中国古史的传说时代》，文物出版社1985年版，第88页。
2 徐旭生说："《大戴礼记·五帝德》篇说他的氏族叫高辛氏，我们遍考可靠的古书，一点线索也找不出来。……我们现在可以老实地说：两个名词中间是否有关系，我们完全无法知道。所以古书中谈及高辛氏的事迹，我们

　　关于帝喾，有一个更重要的问题已经在上文澄清，那就是帝喾与帝俊、帝舜没有关系。

　　顾颉刚先生从政治形势解释帝喾与挚尧契稷的关系不能说完全没有道理，但不如从祭祀的角度解释更合理。从文化和族属角度，商人与舜有更为直接的关系，《国语鲁语》商人禘舜而《礼记祭法》谓禘喾，韦昭注和徐旭生先生都认为各有一误。[1]因为学者们研究的预设前提是"神不歆非类，民不祀非族"，忽略了人类学上一个仪式就可以使人产生变化的诸多例子，即使周原甲骨已经确凿地证明了灭商前的周室对商王存在祭祀关系，也没有能使这种预设修正。商人禘喾应是在臣服周人之后早期的事情，依循的是商道，禘舜则是依据后来的周道。笔者认为都不错，无须改字也能解释得通。还应该注意的是，即使在周代，这也是对诸侯及以下阶层的要求，对于天子及行使天子部分权力的霸主并不适用，这牵涉到祭祀的礼制等级，天子有普祭群神的权利和义务。

　　4. 帝挚　《五帝德》未提及帝挚，《尧典》也未见，而在《帝系》中记录了帝喾的四妃四子，上妃姜嫄产后稷；次妃简狄产契；次妃陈隆氏产帝尧；次妃娵訾氏产帝挚。该篇之末言帝挚帝尧皆有天下，已隐含了挚尧即帝的顺序，虽则并不明确。而《五帝本纪》明白讲述："帝喾崩，而挚代立。帝挚立，不善（崩），而弟放勋立，是为帝尧。"此处帝挚继承帝喾是《史记》之前各书中仅见的说法，

并不能随便把它们算在帝喾的账上。"（《中国古史的传说时代》，文物出版社，1985年，第88页。）当页注说："至于高辛氏，我们觉得它大约居住东方。"像《左传昭公元年》记载中的高辛氏就极可能不是指帝喾，"昔高辛氏有二子，伯曰阏伯，季曰实沈，居于旷林，不相能也。日寻干戈，以相征讨。后帝不臧，迁阏伯于商丘，主辰。商人是因，故辰为商星。迁实沈于大夏，主参。唐人是因，以服事夏商。"这段话中人们往往没有意识到对因字的正确理解。

1　徐旭生：《中国古史的传说时代》，文物出版社1985年版，第203—204页。

以司马迁之严谨，其时尚存着不少先秦流传下来的谱牒类书籍，此说定有所本，这一点弥足珍贵。[1]

帝挚是现代各家研究五帝说中所无的，也鲜少有人关注，吕思勉《三皇五帝考》称“然黄帝一族，似确有一挚，其人在尧之前。其人究系喾之子，抑青阳若夷鼓之后未可定。”徐旭生也曾予以关注，说：“帝挚与帝喾的关系不明，但无大关系，可以不谈。”[2] 这是个严重疏忽，且从来都是被忽略的一个重要环节。

上列各书皆未明言帝挚与少昊有何关联，而大家极为熟知的《左传·昭公十七年》有“我高祖少昊挚之立”云云，《帝系》里的帝挚与《左传》所说的少昊挚是否一人？通常默认是一个，这种认识是汉以来学术界的主流意见，《吕氏春秋》卷七高诱注少昊，称“帝喾之子挚兄也”。从传世文献看，刘恕《资治通鉴外纪》卷一称“挚少皞曾孙同名，未详”，《路史》卷十九引《年代历》称：“史传皆作挚，故高诱陈伯宣以帝挚为少昊，而以少昊为偫之子”。近代学者郭沫若《中国古代社会研究》混少昊挚、帝挚、契为一人，蒙文通先生也曾怀疑，说“抑少皞氏有天下，其后有帝挚”。[3] 陈梦家先生也以帝挚就是少昊[4]，杨宽先生认为帝挚即少昊[5]，但两先生都认为挚、少昊、契为一神之分化，此点笔者不敢苟同，丁山也以为“挚即少昊”[6]，刘起釪《古史续辨》讨论少昊、帝挚问题时称“古籍中挚本为少昊名”。帝挚被认为据

1　《索隐》称古本作“不著”，……俗本作“不善”。不善谓微弱，不著犹不著明。卫宏云：“挚立九年而唐侯德盛，因禅位焉。”《帝王世纪》则又有铺排。《资治通鉴外纪》卷一：帝挚元年己未在位，九年，不善崩。或云荒淫、无法度、不修善政见废。

2　徐旭生：《中国古史的传说时代》（修订本），文物出版社 1985 年版，第 92 页。

3　蒙文通：《古史甄微》，巴蜀书社 1999 年版，第 30 页。

4　《商代的神话与巫术》，《燕京学报》第二十期。

5　《古史辨》（七），海南出版社 2005 年版，第 217 页。

6　丁山：《中国古代宗教与神话考》，龙门联合书局 1960 年版，第 470 页。

有少昊族姓应属学界共识。这大概是因名字相同，但二者显非一人，前者是帝系中段之一帝，后者则是少昊一族之始祖。少昊挚是否曾帝，早期各书并无记载，但《左昭十七年》中少昊的时间在颛顼之前并以鸟命官是非常清楚的，以鸟命氏，不仅表明图腾崇拜，也表明少皞集团各分支的总称。而颛顼时即以不能纪远而以民事为官，即使名字一样，但他们是两个人应毋庸置疑。《帝系》讲帝挚是帝喾之子，属父子关系，这关系是真实的血缘，还是养育的关系，抑或是追拟的，也都是问题。我们可从其母系讨论[1]，常仪是东夷著名识天文一族，且居卫地，是政治婚姻，还是后人追拟的婚姻，无从准确认定。不同时代的同名人物是否可排除同出一族？当然不能排除，古史中同一世系有重名并不鲜见，《史记燕世家》索隐："燕四十二代有二惠侯，二釐侯，二宣侯，三桓侯，二文侯，盖国史微失本谥，故重耳。"他如拓跋氏。[2]希罗多德就曾把拥有同样名字的两个（埃及）国王混为一人。[3]帝挚具体情况不甚明白，同名或自有故，挚古通鸷，挚鸟即鸷鸟。如《史记·白圭传》称"若猛兽挚鸟之发。"

---

1 《大戴礼记汇校集注》（三秦出版社 2005 年版，第 802—803 页）：妃曰陬訾氏，产帝挚。戴震曰："次妃，陬訾氏之女也，曰常仪氏，案各本作'次妃曰陬訾氏'六字，亦脱误。今据《诗生民》疏所引订定。"孔广森曰：(生民）正义云……下妃陬訾氏之女曰常仪，生挚。檀弓正义作'次妃陬氏之女曰常宜'。汪照曰陬訾，或作娵訾，常仪作常娥，又作尚仪。"集注："孔广森曰：娵訾……国名，星土卫为娵訾，盖古娵訾氏居卫地，……以国名其次也。《艺文类聚》《世本》云娵訾氏女曰常仪，生帝挚。"《大戴礼记》陈酆作陈隆，訾陬作陬訾，《帝王世纪》又作娵訾。

2 《魏书·序纪》："宣皇帝讳推寅立。南迁大泽，方千余里，厥土昏冥沮洳。谋更南徙，未行而崩。……圣武皇帝讳诘汾。献帝命南移，山谷高深，九难八阻，于是欲止。有神兽，其形似马，其声类牛，先行导引，历年乃出。始居匈奴之故地。其迁徙策略，多出宣、献二帝，故人并号曰'推寅'，盖俗云'钻研'之义。"

3 《世界诸古代文明年代学研究的历史与现状》，世界图书出版公司 1999 年版，第 14 页。

把帝挚放在本文所论的几百年政治史中，以帝挚出于少昊一族是合乎情理的。从其他各帝就任前与之后的治理中心（即都）看，都有一个移动过程，颛顼从空桑到帝丘，帝喾由亳到亳殷，尧由唐到平阳再到陶之间的摆动，舜禹也是如此，这是治理一个地域超大、文化迥异的酋邦所应有之理，而文献中只有帝挚未言其都，颇疑他只是待在东夷的大本营穷桑，且《淮南子》记载尧即帝位前，后羿所杀所平，从名称上看皆应为东夷族系，应是帝挚推行了一条东夷化的执政路线，使得酋邦高层矛盾激化。此段之意，当另详论。

值得提起注意的是，帝挚的族属与颛顼一样，又出现了属华还是属夷的问题，有着无法摆脱的族属的华夷两属性特征。同样让人尴尬的是，材料依然不足以下一个确切结论，故而，我们还是仿照颛顼那样处理。

5. 帝尧 《帝系》云："帝喾产放勋，是为帝尧。"与帝挚是兄弟，《尚书大传》："尧年十六以唐侯升为天子。"其世系，显然属于西系，没有族属的两属性问题。但因为尧的活动地域、葬地[1]等因素，近现代就产生尧为夷人的说法。刘起釪说："尧确属东夷人。"萧兵、孙玮、闻茂新说："尧的生卒地，所居都邑以及治辖范围都不出山东，其为东夷人也可成定谳。既然尧舜禹这些上古帝王都起于东夷，按照华夏民族的看法，中华民族

---

1 《说文解字》："再成丘也，在济阴。《夏书》曰东至于陶丘，陶丘有尧城，尧尝所居，故尧号陶唐氏。"而从其葬地看：《墨子·节葬篇下》云："尧北教八狄，道死，葬蛩山之阴。……既葬而后哭满坎无封已而牛马乘之。"《吕氏春秋·安死篇》"尧葬于榖林通树之。"高诱注云："传曰：尧葬成阳，此云谷林，成阳山下有谷林也。"《皇览》："尧冢在济阴城阳。"郭璞云："今阳城县西、东阿县城次乡中、赭阳县湘亭南，皆有尧冢。"珂案：郭注"阳城"当作"城阳"，城阳，旧县名，本作成阳，故城在今山东省濮县东南。《帝王世纪》"葬于济阴之城阳西北是为榖林。"或曰狄山之阳《山海经》，毕沅云："云狄山者，狄中之山也。"

文化的形成，实际上是从东夷开始的。"[1] 应该注意的是，尧在东夷地区的传说多与舜相关，并存在舜囚尧之类的事情，表明出某种排斥的态度，这与地方传说对己乡先贤只言其好讳道其非的乡愿相违，即使在儒经传播已久之时仍然如此就值得玩味了，而汉成阳《灵台碑》（见濮州志）称尧母"庆都仙殁，盖葬于兹，欲人莫知，名曰灵台。"己已不能自坚如何能使众人相信？丁山、田昌五先生均以陶唐氏为北狄族，[2] 杨宽先生认为帝尧是西羌之上帝，即高阳之分化。[3] 还有尧王故里在绛县说。

　　关于尧的姓，《五行大义》卷五、《艺文类聚》卷十一、《史记正义》《太平御览》卷八十引《帝王世纪》均称"帝尧陶唐氏，祁姓。"而《易·系辞下·正义》《初学记》卷九引《世纪》则称"伊祁姓"。《史记·五帝本纪·索隐》引皇甫谧云"尧初生时，其母在三阿之南，寄于伊长孺之家，故从母所居为姓也。"祁姓也见于《世本》，属黄帝之一姓；而联称"伊祁"者与单称祁并不矛盾，古人质朴，当时宗法观念并不严格，有此经历不足为怪，单称伊也未足与母系社会相联系。据王晖先生研究："伊、伊祁的姓氏应来源于尧母族生活在伊水流域的缘故。尧早期活动地区是与伊水流域及其与其不远的丹水流域。"[4] 或曰姬姓。与尧相关的图腾遗迹仍当于《大荒经》《山海经》中求之，已在帝喾部分讨论过，兹不重复。另据《史记·赵世家》记载：赵简子梦"有一熊欲来援我，帝命我射之，中熊，熊死"。后有人为之解梦，称"夫熊……其祖也。"《正义》解释为"范氏……之祖也"，此

1　刘起釪：《古史续辨》，中国社会科学出版社 1991 年版，第 60 页。萧兵：《楚辞与神话》，江苏古籍出版社 1987 年版，第 214 页。孙玮、闫茂新：《古帝王尧舜禹东夷考》，《临沂师范学院学报》2001 年第 3 期。

2　丁山：《古代神话与民族》，商务印书馆 2005 年版；田昌五：《古代社会形态研究》，天津人民出版社 1980 年版，第 138 页。

3　《古史辨》（七），海南出版社 2005 年版，第 159—160 页。

4　王晖：《古史传说时代新探》，科学出版社 2009 年版，第 28 页。

因范氏姓祁出自帝尧，熊代表着与帝尧和祁姓的历史联系，此例虽晚但可作帝尧的图腾是熊的一个佐证，将黄帝族与熊图腾的链条给以补强。大家都知道秦穆公梦鸟意味着和少昊的联系，足见春秋人对这些著名家族在史前社会和动物图腾的象征以及与姓的来源尚有清晰的历史记忆。

从居、都、葬等论其族属，都不如从出生地的角度有说服力。《竹书纪年》（四部丛刊本）称"生尧于丹陵……封于唐……游居于陶……居冀。"汉成阳《灵台碑》（见濮州志）"惟帝尧母……游观河滨感赤龙交……尧历三河。"《春秋合诚图》："尧母庆都，盖大帝之女，生于斗维之野。……年二十寄伊长孺家，无夫，出观三河，奄然阴风，赤龙与庆都合，有娠而生尧。"《五行大义》卷五引《帝王世纪》："母庆都，出洛渚，遇赤龙，感孕，十四月而生帝于丹陵。"《艺文类聚》卷十一、《易·系辞下·正义》、《北堂书钞》卷一百五十七、《太平御览》卷八十、《初学记》卷九引《帝王世纪》均有"生尧于丹陵"。《宋书符瑞志》："庆都观于三河……赤龙感之，孕十四月而生尧于丹陵。"上述写定于汉代或稍后的引文多以所谓龙交为言，皆是汉人之思维方式及其后的说法，无须深究，可注意者，尧母"盖大帝之女"且"无夫"而生子，揆诸史前并结合其族之文化背景，仍当以大迹为是。其中值得注意的是两个地名：尧母怀孕之地三河（或误作阿）与尧之出生地丹陵。

三河怎解？王晖先生认为是汉代河东、河内、河南三郡的简称，笔者初始也如是想，后发现颇有罅漏，之所以最终否定这种看法，是觉得三河应该是一个具体地名，而三河是古代一个很容易出现的地名，凡三水交汇之处多可云三河，成阳《灵台碑》之所以主张尧生于那里，也是那附近就有三河之名，此其一。其二，《禹贡》有所谓九河、三河，三河是三条河水之意。其三，是周武王那段著名的话（见《逸周书》），三河则指黄河、伊水和洛水。《太平寰宇记》卷三称周武"顾瞻有河,粤瞻伊雒"。其四,指的是河之东、河之西与河之北之间的冀州之地。其五就是汉代三郡简称,《汉书·货殖传》有"三河在天下之中若鼎足"。之所以最终确定是黄伊洛交汇之三河,是考虑与訾都的关系,而立于城阳的《帝尧碑》[1]也称"名纪见乎河雒",再加上与丹陵的相对关系。

尧的出生地丹陵何在是最关键的。王晖先生论定的丹水却是丹朱为诸侯(或称流放)的地方(今邓州西南),此说似有未谛。那条丹水虽因尧的征讨而名声大噪,但这时已到了尧的末年,它在尧出生时尚未进入黄帝政治共同体的统治。所以丹水应该另外寻找,王先生忽略了古代有多条丹水,仅《山海经》就有五条,卷一"南次三经"有丹水,这大概就是王先生所论的丹水,卷二《西山经》有三条丹水,卷三《北山经》也有一条。而最值得关注的是《北山经》:"虫尾之山,其上多金玉,其下多竹,多青碧。丹水出焉,南流注于河……谒戾之山,其上多松柏,有金玉,沁水出焉,南流注于河,其东有林焉,名曰丹林,丹林之水出焉。"考《水经注》载:"丹水出上党高都县故城东北阜下。"而《汉书地理志》云:"高都县有莞谷,丹水所出,东南入绝水。"《竹书纪年》谓:"晋出公五年,丹水三日绝不流。幽公九年,丹水出相反击,皆丹水也"。王应麟《通鉴地理通释》卷五,丹水:泽州高平县,有泫水,一曰丹水,汉上党高都县莞谷,丹水所出,东南入泫水(高都,泽州晋城县)。该丹水源出今山西高平县西北,东南流至河南沁阳县界,入沁水。丹谷,在今山西省晋城市东南丹水两岸。隋代于此设丹川县。今长子县南与高平县接界有丹朱岭。而帝訾都亳(无论偃师还是殷亳),三河为河洛伊之地,或按上文第四种说法,生尧的丹陵都只能是在

1　《帝尧碑》,熹平四年立在濮州,见《隶辨》卷七,《金石录》卷十六。

这个区域，属于华夏当无疑问，而尧母孕于三河，又姓伊，区域、族系也都相合，可谓若合符契。

在《尧典》中尧位何来并未讲出来，如果按照许多痴迷于儒家经典的学者将古代历史的源头从尧舜起算的话，那就像人们印象中的老子一样，生下来就是个老头。出土文献《唐虞之道》讲"古者尧生于天子而又（有）天下"。王晖认为："结合古文献则知此天子应即帝喾"，并结合《山海经》中帝喾尧丹朱的"葬地和活动地域来看，似可见帝喾与帝尧及其子丹朱的族属甚近。"[1] 因此之故，尧的族属属于西系华夏应当不再有何疑问。

6. 帝舜　在古史体系中人们质疑最强烈的就是舜的世次与其他诸帝不合的问题，这也成为帝系编造说的一个重要依据，这是由于人们是以周代宗法观念得出的结论，加之五帝同姓的误解与盲从，但这也不是必然的，南宋罗泌《路史》卷三十六即有"论舜不出黄帝"条，此一问题虽与本文有联系但并不直接相关，暂且搁下，待另文讨论。《五帝德》载："蟜牛之孙，瞽叟之子也，曰重华。"《帝系》称"颛顼产穷蝉，穷蝉产敬康，敬康产句芒，句芒产蟜牛，蟜牛产瞽叟，瞽叟产重华，是为帝舜"。早期传说中舜的籍贯主要有"冀州之人"（今山西或河北，见《五帝本纪》）和东夷之人（见《孟子》）两种说法，但山东、山西两地说法并不必然矛盾。古代地名相同但可能所指今地不同，可能存在一个渐次扩大而地名随之漂移的过程（钱穆、石泉先生都有类似说法）。冀州是舜长期活动的地方，问题的关键是其文化意义和族姓上的族属。徐旭生在帝舜族属上长期游移不定就可见问题的复杂性，在他的名著中说："虞城为有虞氏的旧地，大约自虞幕以后，一直到舜全在那里住。地域甚明，并无疑问。"[2] 将舜归

1　王晖：《古史传说时代新探》，科学出版社 2009 年版，第 25 页。
2　《中国古史的传说时代》文物出版社 1985 年版，第 88 页。

入华夏的亚集团。但在晚年遗著《尧舜禹》一文中却定为晋南,说:"此地本是虞氏故土,舜生于斯,葬于斯,从上古情况看,此说颇为尽理。"[1]杨宽先生认为舜是东夷之上帝。[2]舜的葬地有多种说法,西有南已之市(纪市),南有苍梧,东有鸣条[3],对判断族属并无帮助。舜"卒于鸣条。"杨宽《中国上古史导论》提出:"鸣条为殷人之发祥地,而舜又卒于是,其关系之密切,颇为显见。"认为这可以作为帝舜为东夷之帝的证据。所以还是以寻找出生地为宜,对于这一问题,王晖先生已做了深入研究,搜集资料颇为详尽,在《古史传说时代新探》一书中有两篇,其中一篇的结论为:"舜属'东夷'何地虽不能遽定,但他由遥远的东方向西数次迁徙,最后定居晋南的路线却是可以断定的。"(30页)但另一篇的结论是"浙北上虞应为舜族最初居地"(53页),就出乎古今学者的意料了。笔者认为,最重要的问题还是从史料学入手,不能以汉以后的材料去否定先秦史料,因为舜的名气太大,各地争说、夸耀与舜的关系,应该回到最早记录这一问题的可靠史料上来。

《孟子·离娄下》:"舜生于诸冯,迁于负夏,卒于鸣条,东夷之人也。"赵岐注曰:"生始卒终,记终始也。诸冯、负夏、鸣条,皆地名也,负海也,在东方夷服之地,故曰东夷之人也。""诸冯"为何地,诸家多回避,王晖说:"赵岐虽不十分清楚'诸冯'

1　中华书局《文史》第 39 辑。

2　见《中国上古史导论》,《古史辨》(七),海南出版社 2005 年版,第 140 页。

3　《墨子》:"舜西教乎七戎,道死葬南已之市……已葬而市人乘之。"《吕氏春秋》:"舜葬于纪市不变其肆。"《海内南经》:"苍梧之山帝舜葬于阳,帝丹朱葬于阴。"《礼记》:"舜葬于苍梧之野。"《列女传》:"舜陟方死于苍梧。"《史记》:"葬于江南九疑。"《淮南子》:"舜征有苗,道死苍梧。"《皇览》:"舜冢在零陵营浦县,其山九溪,皆相似,故曰九疑。"《论衡》:"舜葬苍梧象为之耕。"《帝王世纪》:"崩于鸣条,殡以瓦棺,葬于苍梧九疑山之阳,是为零陵,谓之纪市。"《拾遗记》:"舜葬苍梧之野。"《博物志》:"尧之二女,舜之二妃,曰湘夫人。帝崩,二妃啼以涕,挥竹竹尽斑。"

之地，但大概还知道'诸冯'的地理位置是'负海'也就是说
背负着大海。"（49 页）而清初张石民《放鹤村文集》之《诸冯
辨》称："诸城得名，以鲁季孙行父所城诸，所城诸得名，则以
诸冯……旧有舜祠。"焦循《正义》引赵佑《四书温故录》也认
为指今山东诸城一带，说"赵氏盖略闻诸冯之地之负海而未得
其实，故浑而言之"，此言推测有理。乾隆《诸城县志》称："县
人物以舜为冠，古迹以诸冯为首。"朱玲玲《舜为东夷人考》则
从语言学角度论证了诸冯的意义[1]，舜乃颛顼之后，诸冯与颛顼发
迹之地不远，而后西进至负夏，负夏与帝丘较近，属后来的卫地，
是两大文化圈交汇之地，舜在这里发迹，最终迁往晋南（之中国）。
但无论怎样解释，舜的族属属于"东夷之人"应无疑义。

　　而涉及原始礼制或文化底层的图腾内容有助于进一步说
明，《大荒南经》："赤水之中，有苍梧之野，舜与叔均之所葬也。
爰有文贝、离俞、鸱久、鹰贾（贾：据古人说是乌鸦之类的禽鸟）、
委维、熊、罴、象、虎、豹、狼、视肉。东夷出身的舜的单独
葬地的场面与前面舜与帝喾尧合在一起的场面大体一致，让人
瞩目的是虎豹的前后分别增加了象和狼，象可以和他传说中的
弟弟联系起来，至于狼则无从稽索。多种图腾合于一体这种现
象只有将其置于一个政治共同体（不管是把它称为酋邦、部落
联盟还是国家）的历史中才可以看出其准确的历史意义。这个
共同体是黄帝建立的，西系的多种猛兽氏族在其中占据着主要
地位，《尧典》中"击石拊石百兽率舞"，舜廷里麇集"朱虎熊罴"
等多种动物神渊源的神以官吏身份出现，但其个人的深层背景
依然时时显现出来，如很受帝舜信用的乐官"夔龙"一族（一
种动物），"东海中……一足，出入水则必雨……黄帝得之，以

1　《超然台》2009 年第 3 期。本稿草定复核，读王震中先生《中国古代国家
　　的起源与王权的形成》（中国社会科学出版社 2013 年版，第 385 页）也有
　　大致相同之结论。

其皮为鼓……声闻五百里，以威天下"(《大荒东经》)，明显出自东夷，太皞以龙纪，疑原属之。而《尚书·皋陶谟》："箫韶九成,凤凰来仪"显见鸟图腾的遗存,《法苑珠林》卷六十二引《刘向孝子传》："舜父夜卧，梦见一凤凰，自名为鸡，口衔米以哺已，言鸡为子孙，视之是凤凰。黄帝梦书言之：此子孙当有贵者。舜占，犹也。"抛却其中的神秘色彩，这是说舜是凤凰的化身。舜与重明鸟似也有渊源，王嘉《拾遗记》卷一："尧在位七十年……有祗支之国，献重明之鸟，一名双睛，言双睛在目，状如鸡鸣，似凤，时解落毛羽，以肉翮而飞，能搏逐猛兽虎狼，使妖灾群恶不能为害，饴以琼膏，或一岁数来或数岁不至国人莫不扫洒门户以望重明之集，其未至之时，国人或刻木或铸金为此鸟之状，置于户牖之间，则魑魅丑自然退伏。今人每岁元日或刻木铸金或图画为鸡于牖上此遗像也。"这是暗示舜是凤凰。如此等等都显示了舜与鸟的密切关联。而助舜逃难的神鸟之衣,《史记五帝本纪》索隐引《列女传》谓裳衣，正义引《通史》云"鸟工"，此鸟衣是尧女所做。《大戴礼记·五帝德》"承受大命，依于倪皇"，而《孔子家语·五帝德》则明确作"依于二女"，用世俗的观点可视之为入赘，反映了在这个西人主导的酋邦中舜地位的卑微。

从文献看，舜与少昊没有关系，但《国语》称"有虞氏祖颛顼"，而颛顼乃少昊孺帝，而其世系中的"穷"字和句芒都让人联想到少昊，也可以说是有间接的关系。总体上看，从活动地域、葬地等考察，其属华还是夷似不无争议，舜本来的族属更大的可能属夷，华的属性应是即帝后产生变异所致，从婚姻看，属于华夷联姻，也可以说是入赘。

7. 大禹　一般来说，鲧禹启出自华夏应该不用讨论，但近代学术异彩纷呈，其人格也备受质疑，杨宽先生以鲧为东方水神，可备一说。田昌五以鲧禹"来自戎狄，后与羌人融合。"[1]《帝系》称："颛顼产鲧，鲧产文命，是为禹。……鲧娶于有莘氏，有莘氏之子谓之女志，氏产文命。"《五帝德》称："高阳之孙，鲧之子也，曰文命。"《史记·夏本纪》叙述内容略同。但《汉书律历志》引《帝系》说："颛顼五世而生鲧，鲧生禹。"王逸注《楚辞离骚》引《帝系》也说："颛顼后五世而生鲧"，从情理上看，班固、王逸所引更近真实。似乎大禹出自颛顼一系不容置疑，只不过代系的记录不同。但另有大禹出自西羌之说，大荒《海内经》说："黄帝生骆明，骆明生白马，白马是为鲧。……鲧复生禹。"骆明不知何解，后世羌族有白马羌的分支，白马也为不少羌族崇拜，其中是否存在联系需要进行研究。《随巢子》"禹产于昆石"。《史记·六国年表》称"禹兴于西羌"，《集解》引皇甫谧云："孟子称'禹生石纽，西夷人也。'《传》称"禹生自西羌"。《新语·术事》"大禹出于西羌"。《吴越春秋》有禹母"嬉于砥山，得薏苡而吞之，意若为人所感，因而妊孕，剖胁而产高密，家于西羌，地曰石纽，石纽在蜀西川也"。《后汉书·戴良传》"大禹出西羌"。《尚书纬·帝命验》及《潜夫论·五德志》载："修纪……生白帝文命戎禹"。《帝王世纪》有禹母"见流星贯昴，梦接意感，又吞神珠薏苡，胸拆而生禹于石坳……长于西羌，西羌夷人也。"《蜀王本纪》："禹本汶山郡广柔县人也，生于石纽。"《尚书帝命期》称禹为"姒戎文禹"。大禹生自今天的川西当然不足凭信，但如此之多的记载都将禹和羌相连也绝对不能忽视，况且这些都与大荒《海内经》可互相印证。

夏得姒姓[2]，或言舜赐，或言自禹母生禹得之，杨宽认为姒

---

1 《古代社会形态研究》，天津人民出版社 1980 年版，第 140 页。

2 杨希枚：《先秦文化史论集》，中国社会科学出版社 1995 年版，第 238 页：劳贞一尝说："'辰巳'之'巳'与'已经'之'已'及'以'字（与自己之己不同），古文中常通用；巳即以，亦即姒。段茂堂云：'姒字不见于许书，盖古只作以；古书亦有作似者。'其言是也。"

即是姬。姒不在黄帝十二姓之中，似乎不是黄帝正胤，或非直系近亲关系。黄帝、夏人、周人显系一脉相承，存在血缘上的联系。值得注意的是，文化底层的图腾则同。《汉书》卷六：见夏后启母石。颜师古注曰："启，夏禹子也。其母涂山氏女也。禹治鸿水，通轩辕山，化为熊，谓涂山氏曰：'欲饷，闻鼓声乃来。'禹跳石误中鼓，涂山氏往见，禹方作熊，惭而去。至嵩高山下化为石，方生启。禹曰：'归我子'。石破北方而启生，事见淮南子。"今本无此事，有可能在散佚的外篇。王逸《楚辞章句》"涂山女"注略同。《绎史》卷十二引《随巢子》"禹娶涂山，治鸿水，通轩辕山，化为熊。"父鲧也与熊有着密切关联。《天问》鲧"化而为黄熊，巫何活焉"，"焉有虬龙，负熊以游"。《左传注疏》卷第四十四昭七年："昔尧殛鲧于羽山，其神化为黄熊，以入于羽渊。实为夏郊，三代祀之。鲧，禹父，夏家郊祭之，历殷、周二代，又通在群神之数，并见祀。"《史记·夏本纪》《正义》引束皙《发蒙纪》称"鳖三足曰熊。"案《说文》及《字林》皆云，"能，熊属，足似鹿。羽山在东海祝其县西南，东海人祭禹庙，不用熊白及鳖为膳，斯岂鲧化为二物乎？"在一个政治共同体中，图腾族属的错综复杂及演变，我们现在无法详尽追寻，但从鲧禹的诸多化身里可以看出来，曾化身为三足鳖、黄熊、鱼、龙。在他更深远的文化背景方面却依然如故，大量具有神话色彩的传说就高度印证了这一点。而最能说明大禹与图腾相关问题的是出土战国文献《容成氏》，在号令天下之后："禹然后始为之旗号，以辨其左右，思民毋惑。东方之旗以日，西方之旗以月，南方之旗以蛇，中正之旗以熊，北方之旗以鸟。"[1]

从上可知，禹的出身也出现了两属性，禹之祖颛顼是为"禅让制"产生的历史变异，远程的因素是几百年政治共同体发展

1　《上海博物馆藏战国楚竹书》（二），上海古籍出版社 2002 年版。

的结果，其近程则是高层政治斗争的原因，比如在征三苗时，禹舜意见就长期不合，禹是从颛顼一族的玄宫得到的神命才得以出兵，颇疑从此开始两族政治结盟，而后演变为祭祀关系，另文论证。

接下来，本文讨论皋陶、伯益及启、后羿的出身问题，这些人虽然不在《五帝德》两篇的帝序之中，但他们都曾经有望或实际承担过共同体的最高职位，这使我们可以窥探帝的背景、传统以及该政治共同体发展的历史。《夏本纪》："帝禹立而举皋陶荐之，且授政焉，而皋陶卒……而后举益，任之政。"禹在位时选择的继承人先有皋陶，皋陶死选伯益。

8. 皋陶　古籍又作咎陶、咎繇。其属于东夷古今基本无异词，惟杨宽先生独出心裁，以皋陶为西羌岳神、姜姓之祖，为伯夷，聊备一说。[1]《史记正义》引《帝王纪》云"皋陶生于曲阜。曲阜，偃地，故帝因之而以赐姓曰偃。"《路史》卷三十四引《中候苗兴》云：陶苗为秦，皋陶，少昊后也。唐《元和姓纂》卷六载："偃，少昊孙咎繇，生于曲阜，是为偃姓。《国语》云：舒庸舒鸠，并偃姓也。"《路史》卷十六引《年代历》谓皋陶是"少昊四世孙"。《年代历》当为《古今年代历》的简称，作者为中唐的贾钦文。[2]二书虽成于中唐，但性质专门，当有所本，同时臆造的可能极微，足见皋陶族属与少昊的亲密关系。傅斯年先生说："皋陶之后为偃姓，偃姓与嬴姓之关系，可以皋陶与少昊之关系推求之。然则皋陶之皞，当即太皞少皞之皞，曰皋陶者，皋为氏，陶为名，犹丹朱商均，上字是邑号，下字是人名。易林需之大畜称之曰

1　《古史辨》（七），海南出版社 2005 年版，第 228、232 页。
2　《崇文总目》卷三有"古今年代历一卷"作者阙，《新唐书》卷五十八有贾钦文《古今年代历》一卷，大中时人。《通志》卷六十五"古今年代历一卷唐贾钦文撰"。《玉海》卷四十七"贾钦文古今年代历一卷大中时人编年"。《隋书经籍志》（二）《历代记》三十二卷。

陶叔，足征陶为私名。《路史·后纪七》云：'封之于皋，是曰皋陶'……若信皋陶之陶（按：笔误，当为皋），即少皞之皞，又知周初曾压迫熊盈（即嬴）之族，所谓平淮夷，惩舒人，皆对此部类用兵者，则当知此部类古先所居，当较其后世所居偏北，少昊之墟，未尝不可为皋陶之邑。"[1]徐旭生先生也认为"皋陶的皋仍是太皞、少皞的皞。少皞嬴姓，皋陶偃姓。段玉裁说：'……偃、嬴，语之转耳。（《说文解字》女部嬴字注）……'按段说甚是，偃、嬴原来当是一字。皋陶与少皞同姓，足证他们属于同一氏族，而前人出生较后人为后"[2]。蒙文通引《帝王世纪》后断言，"偃或与奄通。是皋陶者亦东夷之人……皋陶者，固少昊之胤也。"[3]三擘迂回论证，结论大体一致，皋陶为少昊一族即当视为定论。

皋陶身上的图腾遗存，《淮南子·修务篇》称"皋陶马喙"，马疑为鸟之误，《白虎通·圣人》即称"皋陶鸟喙。"《元命苞》亦云鸟喙。鸟喙当是图腾遗痕。《诗经·小雅·巷伯》："取彼谮人，投畀豺虎；豺虎不食，投畀有北；有北不受，投畀有昊。"张富祥先生称旧时对有昊皆不得其解，因而疑心"有昊"正是由于古夷人的"图腾审判"而留下来的古老熟语。[4]这是颇有理据的，有昊即当指少昊地区。

9. 伯益　即伯翳[5]、柏翳。《史记·秦本纪》：伯翳，舜赐姓

1　傅斯年：《民族与古代中国史》，河北教育出版社 2002 年版，第 48 页。
2　徐旭生：《中国古史的传说时代》（修订本）文物出版社 1985 年版，第 54 页。
3　《古史甄微》，巴蜀书社 1999 年版，第 78—79 页。
4　张富祥：《东夷文化通考》，上海古籍出版社 2008 年版，第 220—221 页。
5　《路史》卷十七载："伯益之字隤凯，次居子族之三（《益庙碑》云：字隤凯，帝高阳第三子，亦见《水经注》）。"卷二十五："诸嬴为少昊后不待较矣。由汉而来皆谓伯翳为伯益，而后始有以诸嬴为高阳之后，至有知伯翳为少昊之后者，则不知伯益为高阳之子，言氏族者，袭伪蹑讹，莫知其缪，文字滋多，大率相绐，求其为适，不亦难哉。予亟矜之，是以论其世也，后有识者曷益损焉。"卷三十四："辨伯翳非伯益（秦赵宜祖少昊）"，"伯翳者，少昊之后，皋陶之子。而伯益乃帝高阳之第三子隤凯也，然世俱以伯

嬴氏。《国语·郑语》韦注:"伯翳,舜虞官,少皞之后伯益也。"
据《秦本纪》:伯益的后人"自以为主少昊之神",祠之,甚至
立時三;不仅如此,秦人还对东夷的另一明德太皞作畤祠之。《说
文》:"嬴,少昊之姓。"《古史考》曰"穷桑氏,嬴姓也。"《路史》
卷二十五:"诸嬴为少昊后,不待较矣。"王筠《说文释例》称"伯
益之名,或本取嗌义,而借用嗌字。"其出身东夷至为明显,与
少昊关系也极为密切。蒙文通先生说:"伯益……者,固少昊之
胤。伯翳能议百物以佐舜,主草木鸟兽,此本泰族所优为者也。"
傅先生考证说伯益是嬴姓之祖、徐方之祖,东夷之祖。另有伯
益为皋陶之子的说法,当日的氏族分合及其系属关系,今已无
从详知,盖"皋益同族而异支"(梁玉绳语),而傅先生所引梁
玉绳所论,纯是以后来的宗法伦理为出发点。傅先生说:"今固
不当泥于皋陶为伯益父之说,同时亦当凭此传说承认偃嬴二宗,
种姓上有亲属关系。以族姓论,二者差近。以时代论,皋陶氏
略先于伯益"[1],确为不刊之论。

翳为伯益,其谬甚矣。予尝考之,伯翳者,嬴姓之祖也。书传,嬴姓实出少昊,
其源甚著,非高阳后也。按《陈杞世家序》舜禹之功臣十有一人,云伯翳之后,
平王封之秦,而云垂益龙其后,不知所封,不见也。又云皋陶卒,封其后于六,
或在许。然后举益而授之政,则伯翳不得为伯益尤显。故刘秀表校《山海经》
云:'夏禹治水'伯益与伯翳主驱禽兽,是则益翳为二人,亦有能知之者。(郯
子云:我祖少昊。而《郑语》嬴为伯翳之后。他记多同。)……大业者,皋
陶之父也。而《史记音义》复以皋陶为即大业,盖以《史记》大业之下无
皋陶而失之。至《世纪》书,乃直以为高阳生大业,又以大业之妻女垂为
大业之子,而别出女华之妻名曰扶始。扶始生皋陶,皋陶生伯益,唐书取
而用之,《春秋元命苞》之说不足实也。《水经注》卷十五:《百虫将军显
灵碑》云:将军姓伊氏,讳益,字隤凯帝高阳之第二子伯益者也(此碑
谓益字隤凯帝高阳之第二子,与《史记》异,《左传》所记隤凯庭坚,并高
阳氏之子。杜注又云:皋陶字庭坚,则父子同在八恺之中。不应并时而举也)。
1 傅斯年(《民族与古代中国史》,河北教育出版社 2002 年版,第 48 页。)《秦
本纪》:大业生大费。《音义》以大业是皋陶,大费是伯益,一名柏翳。郑玄《诗
谱》:"尧时有伯翳者,实皋陶之子,佐禹治水,命为虞官,掌上下草木鸟
兽。"《列女传》:"皋子生五岁而佐禹。"曹大姑注云:"皋子,皋陶之子益

伯益的图腾也应当是鸟。在传说中，"伯翳综声于鸟语"[1]，这不是说他是驯鸟师，而是说他通晓、擅长鸟图腾部落各种方言，其后代多是些"鸟身人言"的，或称伯益是管理草木鸟兽的，意味着他还管理鸟兽部落的。当日不同文化、族群背景的氏族、部落空前汇聚一堂，语言未必相通。张富祥先生说："一层社会文化含义；驯鸟兽、综鸟语，等于是说伯益部收服、同化、团聚、融合了一大批鸟兽图腾族。""实际上，这时伯益部的控制范围，就相当于原少昊集团的分布区。"[2]

伯益继承禹而立符合传统，但时代已不同，禹子启凭借着大禹建立的权威轻松击败了伯益，开启了一个新的时代。

10. 夏启　出身毋庸详考，虽则"古史辨派"疑其人格是否存在，杨宽先生也以启为东夷神话之牧神[3]，而陈梦家先生竟以启为商祖契之分化[4]，并不为学界接受。启即位破坏了法则，尤其直接侵犯了伯益的利益，遭到了伯益反抗，但启旋即灭之。傅斯年先生说："然益称后，又曾一度革夏命，则甚明白。"夏启初践大位之时虽杀伯益，则由形势不得不然也，而五帝时代东夷人地位既然如此重要，那么夏代王室必然无法尽弃之，若此一

也。"《中候苗兴》云："皋陶之苗为秦。"蒙文通称：《史记》固以秦为伯益之后，伯益为皋陶之子不疑。说："自《列女传》曹大家注以为'皋陶之子伯益'（《诗·秦风》疏引），郑玄以为"伯益实皋陶之子"，（《诗谱·秦风》。）王符以为"皋陶……其子伯翳"（《潜夫论·氏姓》），此说在后世著书者遂多所尊信，梁玉绳详辨此说之非（《史记志疑》十九，《人表考》二许繇下），其所举证多近理，至其举《左传》臧文仲皋陶庭坚不祀之叹以证徐秦之不祖皋陶，即皋陶非伯益之父，尤为确不可易。然古代传说中既有此盛行之一说，自当有所本，……后世之追造世本者（周末此风甚炽，帝系即如此出来者），遂以为伯益父皋陶矣。（《古史甄微》，巴蜀书社1999年版，第78—79页。）

1　《后汉书·蔡邕传》。

2　张富祥：《东夷文化通考》，上海古籍出版社2008年版，第224—225页。

3　《古史辨》（七），海南出版社2005年版，第220、232页。

4　《商代的神话与巫术》，《燕京学报》第二十期。

且付诸实行,则新政权立承土崩瓦解之势。既不能尽弃,则必然有抚绥之法。况且其支持者中也有众多的东夷人,在启代伯益时除少昊支系的"扈"[1]外并无异动。惜其在位时举措及用人已然无法考知,除非有新史料发现。《越绝书》卷三记夏初传说:"夏启献牺于益……益死之后,启岁善牺牲以祠之。"启益为夷夏之争,论家已多。本文所异于先贤者,在从一个长时段出发,发现了一个夷夏轮流的传统。启以禹子中断了东西轮流,是真正的意义所在,开启了一种新的政治传统,但传统的建立并不是一帆风顺的。夏政乱后,代夏的是东夷的后羿及寒浞。

11. 后羿 《楚辞·天问》称"夷羿";《左传》引《虞箴》称为帝夷羿;《左传·襄四》引《夏训》称"有穷后羿",注曰:"有穷,国名……羿,有穷君之号。"《正义》解释:"羿居穷石之地,故以穷为国号……穷国之君曰羿,羿是有穷君之号。"[2]可见羿是东夷而帝的人。学界多认为穷桑、空桑(今山东曲阜一带)是少昊的大本营,《帝王世纪》少昊,"或谓之穷桑帝"。而有穷即穷,其来源显与穷桑甚密,当是其分支,其地望《汉书·地理志》曰:"鬲津,故有穷后羿国也。"《水经注·河水五》云:"大河故渎,西流经平原鬲县故城西……故有穷后羿国也。"据此二书,有穷氏的地望在今德州地区。《帝王世纪》云不闻其姓,《路史》卷二十三:"夷羿,有穷氏,穷国之侯也。偃。"注:"以女偃出

---

1 较古的文献《左传》以"扈"为夏异姓诸侯,而东夷少昊族有"九扈"(《左传》昭公十七年"九扈"的"扈",《说文隹部》作"雇",籀文作"𪇰",实隹、鸟为一字。所以,"扈"亦可作"雇"。扈,也是一种鸟名。九扈的职守,杜预注:"以九扈为九农之号,各随其宜以教民事")。顾颉刚刘起釪《尚书甘誓校释译论》(《中国史研究》1979.1)认为此即"有扈"。"扈"亦作"雇"(在今郑州北原阳一带),作为地名见于甲骨文,亦不会西至陕西。"甘"在今洛阳西南。此说与传说中夏族活动地域及发展的路线暗合。《昭公十七年》九扈为九农正,扈民无淫者也。而后来则演变为扈是夏的同族。

2 十三经注疏整理委员会:《春秋左传正义》,北京大学出版社2000年版,第959页。

皋陶。"蒙文通先生说："后羿自钼迁于穷石，故来自东方而徙于河南者……羿诚东夷而皋陶之族，泰族之胤也。"傅斯年先生说帝羿、后羿、夷羿是东方夷人之主，"曲阜一带……即空桑之地。穷桑、有穷皆空桑一名之异称……后羿立国在这里。""夏后一代的大事现在可得而考见的……统是和所谓夷人的斗争。"[1]徐旭生先生推测："羿为有穷国君……我觉得皋陶与后羿全是属于少皞氏族的人。少皞之墟在今曲阜，而曲阜古名穷桑或空桑。有穷的名或与穷桑有关系。"[2]田昌五认为后羿是《左传》文公十八年中少昊氏的"不才子""穷奇"。[3]杨宽先生认为后羿射东夷社神。[4]而史上另有尧时一羿，《说文》："羿，帝喾射官也。"贾逵云："羿之先祖，世为先王射官，故帝喾赐羿弓矢，使司射。"《天问》"羿焉彃日乌焉解羽？"《归藏》亦云"羿彃十日也。"大荒《海内经》："帝俊赐羿彤弓素矰，以扶下国，羿是始去恤下地之百艰。"此亦可指尧时之羿，亦可指夏时。

后羿乱夏之经过，《左传·襄四年》后羿"自钼迁于穷石，因夏民代夏政"及《哀元年》所记轮廓已明。钼地，日人竹添光鸿称："城钼，宋邑也。笺曰：杜注：钼，本国名，即此城钼也，后属卫。二十五年卫侯出奔宋适城钼，是也。"[5]而《读史方舆纪要》称"钼城在河南滑县东十五里。"徐旭生引"唐《括地志》说'故钼城在滑州卫城（南之误）县东十里。'……卫南在今河南滑县城内。"[6]至于穷石，《晋地记》称"河南有穷谷，盖本有穷氏所迁

1　傅斯年：《民族与古代中国史》，河北教育出版社 2002 年版，第 31 页。
2　徐旭生：《中国古史的传说时代》（修订本），文物出版社 1985 年版，第 55 页。
3　《古代社会形态研究》，天津人民出版社 1980 年版，第 129 页。
4　《古史辨》（七），海南出版社 2005 年版，第 215 页。
5　《左氏会笺》，巴蜀书社 2008 年版，第 2340 页。
6　徐旭生：《中国古史的传说时代》，广西师范大学出版社 2003 年版，第 63 页。

也。”杨伯峻认为穷石即穷谷，在今洛阳南。[1] 据郑杰祥考证，河南穷谷即河南汜水，古称穷溪，即穷谷，汉晋皆属河南郡，实为今河南滑县和巩县间之要冲。[2] 穷石之穷当因族而名，即因后羿之族居此，后人名之，而非先有穷人在此接应后羿。通观整个过程，后羿如何由其本国到钮，史无明文，而后羿掌控全局后，并未杀掉改变旧制的夏启一族，而是仍使其居于高位之上，《孔传》云“羿废太康而立其弟中康为天子”，《帝王世纪》：“仲康微弱，政出于羿”，仍然类似于过往的主副之制，只是实际权力主客易位了。而由上可知，羿的出身及地域仍然出自少昊一族，本人强调的是，后羿的掌权及代夏是合乎旧传统的，而在一个血缘关系极为重要的社会里，异族入侵没有引起夏人的反抗实在是渊源有自，即根植于所在的政治共同体数百年发展出来深厚传统，而只依据康、羿行为的价值做判断实乃皮相之见。

12. 寒浞 后羿之部属寒浞杀而代之，《左传·襄四年》：“浞因羿室，不改有穷之号。”寒君，“伯明氏之子弟也，好为慝，后寒恶之，弃诸穷。穷羿入之谮以为相而信使之。”寒氏的地望，杜预称其在平寿东。今寿光界，《路史》卷二十九：寒浞国邑，乐史云伯明氏所立本国。《读史方舆纪要》卷三十六：莱州府潍县平寿城，“唐初有寒水县，属潍州，武德六年废，即故寒亭矣。今有寒浞水，北入海。”寒亭是汉朝地名，今天的潍坊市还有寒亭区，需要提起特别关注的是，寒的出身与上述诸帝都不相同，《世本》称其姓，《路史》卷二十九《寒浞传》称猗姓，《潜夫论》有猗姓。毋庸置疑的是寒浞属于东夷，但缺乏高贵的血统，类似追随的武士（武装侍从），他的暴戾即来自于合法性不足，而这激起了广泛的不满与反抗。

---

1 《春秋左传注·襄四》，中华书局 1981 年版，第 936 页。

2 《夏史初探》，中州古籍出版社 1988 年版，第 118—119 页。

13. 少康　夏后相之子，依恃母家有仍、妻家有虞及东夷少昊一族的支持成功地复国，蒙文通先生说："伯靡之奔有鬲。应劭曰：鬲，偃姓，皋陶之后也。是夏之亡也，以皋陶后偃姓之有穷，其中兴也，又以皋陶后偃姓之有鬲。盖寒浞既杀夷羿而灭夏后相，姒、偃两姓并亡，则有鬲之合二斟以灭寒浞，即姒、偃两姓协力复国，以复兴夏道，势必然也。"[1] 相"复禹之绩，祀夏配天，不失旧物"（《左传》）。彻底终结了该政治共同体历史传统中黄帝少昊两族的轮流，确立了西系的法统地位于不坠。此时东方的政体转向是一种历史的必然，犹如后来西方罗马共和国之转入帝国一般，旧的政体已不适合历史的发展要求。夏的建立使东夷问题重新凸现出来，商的建立使东夷问题进入一个新阶段，冲突大多是淮夷，周的分封因周文化与东夷文化的冲突使其问题长期存在，迄战国之后期方融为一体。

（四）结论：两族轮流是政治共同体的结构性特征

综上所述，在《五帝德》和《帝系》两篇及司马迁的五帝说系统中，黄帝之后的帝或有望涉帝位的人，不为黄帝后裔，则属少昊之后，帝系因之可以西东两分——或曰黄帝系与少昊系，并间隔构成有序轮流[2]！所谓西系指黄帝族系及其后裔，帝喾、尧、禹及其子启，图腾多与熊有关，黄帝号有熊，喾母"履大跡"（即熊迹）而生帝，鲧禹化为黄熊，禹立五方旗而以中为熊尤能证明。顾颉刚先生也曾敏锐地发现黄帝系中相似的一点："说起衣服来，则黄帝是'黄黼黻衣'的，帝喾是'黄黼黻衣'的，帝尧也是'黄黼黻衣'的。"[3] 其中蕴含什么深意尚需进行研究，

1　蒙文通：《古史甄微》，巴蜀书社 1999 年版，第 85 页。

2　蒙文通先生曾提到古帝轮流的可能性，只不过他认为传统华夏系的五帝与苗蛮系的武力使然："盖每际黄族中微，而炎族（指江汉民族也即苗蛮集团）又起而乘之，更互而王。……五帝之有天下，其皆诛绝炎族以得之耶？……二族迭雄，略可见也。"（《古史甄微》，巴蜀书社 1999 年版，第 53 页）

3　顾颉刚：《中国上古史研究讲义》，中华书局 1988 年版，第 94 页。

但此非巧合则可断言。所谓东系则指少昊族系及其后裔,颛顼(孺帝)、帝挚(与始祖同名)、皋陶、伯益、后羿皆然;舜虽例外但因是颛顼疏属可谓间接属之,且是出身低微的唯一一人,《尧典》等书中的四岳应即太岳(泰山神),虽其与少昊有无关系尚不可考,但其属东夷贵族应无疑义;夷人寒浞以暴戾僭主身份侧列其中在政治学上属特别问题;可特别注意的是图腾多与鸟相关,舜即有凤凰来仪的传说。通常判断族属的标准——无论以现代的文化族群概念还是传统的血缘族属观念都必然发现一些无法弥合的矛盾。为合理解释这些现象,笔者通贯考察了整个时代,提出一个两属性的概念。综合史料而论,两属性在黄帝、帝喾、尧与启身上十分罕见,大禹虽有两属性但较弱,与少昊也无甚关联,这是因政治共同体内部的政治性所形成的,而后变成了祭祀关系;而颛顼、帝挚、舜在族属上则有明显的两属性,推测这是当时该政治共同体帝位传承所产生的传统或规则,即东系之人若需即帝位则需与黄帝族系建立某种亲属关系,舜尧特殊的翁婿关系尤为明证,《五帝德》称舜"依于倪皇",《孔子家语·五帝德》则称"依于二女",这实际上就是普通人眼中的入赘,有虞氏的宗尧直白地道明了无可置疑的祭祀关系;而有可能却未真即帝位之东夷皋陶、伯益的少昊属性则非常明确,推测他们若真即帝位也应如此。后羿寒浞则是传统破坏之后的变形。

这种华夷西东古帝的判定,即便是被人视为荒诞无稽的,绝大多数内容属于商代的《大荒经》也隐藏着强烈的印证信息,该书属于"记东方的帝系较多","若是殷人造的"(傅斯年先生语)当不忽略东方各帝之书,其中古帝的华夷两分是十分清楚的,其中最煊赫的古帝是帝俊、颛顼和黄帝,帝俊、颛顼、帝舜、后羿都是东夷明神;而黄帝、帝喾、帝尧、大禹、夏后启则属西系华夏,在这个原始宇宙之中也占有相当之地位。明显的两系中,东重而西轻。颛顼的两属性在这部体裁极为特殊的书中体现的至为明显，本编下文有详细的论述。

《帝系》两篇不仅是最早也是最可信的五帝说，并且有广泛的文献印证。而可以佐证《帝系》之序并非编造的重要理由还不止于此，在所有先秦及西汉前中期的典籍中，黄帝、颛顼、帝喾、尧、舜、禹的先后顺序从无混淆，如《国语·鲁语上》称："黄帝能成命百物以明民共财，颛顼能修之，帝喾能序三辰以固民，尧能单均刑法以仪民，舜勤民事而野死……禹能以德修鲧之功。"《吕氏春秋·古乐篇》首叙朱襄氏、葛天氏、阴康氏（今本讹陶唐）后，次述黄帝、帝颛顼、帝喾、帝尧、帝舜，接叙禹汤等；《尊师篇》有神农、黄帝、帝颛顼、帝喾、帝尧、帝舜、禹之序。董仲舒《三代改制质文篇》中亦。司马迁据《帝系》两篇作《史记·五帝本纪》，还说："观《春秋》《国语》，其发明《五帝德》《帝系姓》章矣……其所表见皆不虚"，提到《春秋》有相同五帝说（今佚，或仅指《国语》）值得重视，指出四篇相互印证，另外还缀合《世本》等相关典籍写成《五帝本纪》，以之为华夏远古史的骨架，同书《封禅书》所提此期顺序亦同。扬雄《法言·重黎篇》也有"昔在有熊、高阳、高辛、唐、虞、三代"云云，当时《世经》已出或将出，扬雄还这样认为，可见刘歆之外的西汉重要学者似一致认为五帝为黄帝、颛顼、俈、尧、舜。班固《白虎通·号》"礼曰黄帝颛顼帝喾尧舜"，同书《礼乐》引《礼记》该期顺序亦为黄帝、颛顼、帝喾、尧、舜、禹、汤、武，在大的顺序上也是此意。《春秋元命苞》《春秋文曜钩》五帝也相同，东汉武梁祠也是这个顺序。《史记正义》称所见应劭 [1]、宋均、谯周 [2] 之五

---

1 《风俗通义》卷一《五帝》谓"易传、礼记、春秋、国语、太史公记"皆以此五位为五帝，应劭所说可以佐证其可信性。但今见《易传》《礼记》《春秋》三传并无此五帝说，可能是文献传播中散佚失载所致。

2 今见《古史考》辑本有少昊，不详其故，待考。

帝说亦同。[1] 他们只是未涉帝挚。重辑的古本《竹书纪年》虽缺帝喾,但其他帝先后顺序相同,关键在没有少昊,顾颉刚先生《纪年》无少昊"条指出:"有此地下材料之作证,益无可疑。"[2] 许多古籍——不单只五帝问题的古史古帝排列顺序,此一阶段大都相同,都印证这一顺序的可信性。

而在局部的先后顺序上也同样如此,如黄帝颛顼之序就从未混淆,近年的出土文献《武王践祚》有"黄帝、峕(颛)珿(顼)、尧、舜之道"云云,而传世文献《大戴礼记·武王践祚》作"黄帝颛顼之道"云云;《吕氏春秋·序意》载魏文信侯称"尝得学黄帝之所以诲颛顼"云云;《新书》称帝喾曰"上缘黄帝之道而明之,学帝颛顼之道而行之而天下亦平也。"……其他帝序例子甚多,举不胜举。这都证明帝系编造说极不合理。

再有可特别值得注意的是,《鹖冠子》[3] 和《帝王世纪》等书记载的"颛顼年十五而佐黄帝"[4],"帝喾年十五而佐帝颛顼"[5],帝尧

1　《刘子·辨乐》也有黄帝、颛顼、帝喾、尧、舜、禹、汤、武之顺序。

2　顾颉刚:《顾颉刚读书笔记》卷七,中华书局 2011 年版,第 28 页。卷十四有"少昊氏,古今本《纪年》皆无"条,第 172 页。

3　本处征引的《鹖冠子》,并非长期被视为伪书的唐永徽逢行珪版,而是初唐虞世南、欧阳询所撰类书转引的。先秦有《鹖冠子》之书,大概没有问题,贾谊《新书》和《列子》即有引录,《文心雕龙·诸子》称:"鹖熊知道而文王谘询,余文遗事,录为《鹖子》。子自肇始,莫先于兹。"据《汉书艺文志》载,道家有《鹖冠子》二十二篇,小说家有《鹖子说》十九篇,说明流传到汉的有二书,魏晋南北朝时流传虽然不明,虞欧二人具有引录且出处明确,必是据其一种(最起码也应是残本)而为之。而这些内容与可靠的先秦两汉史籍并不冲突,起码可有拾遗补缺的作用,因而其史料价值不容忽视,况且这些内容又分别被《吕氏春秋》、《尚书大传》和《帝王世纪》等书记载的相关内容大多(或少)地予以证明,可信度应该是没有太大问题的。

4　《北堂书钞》卷十一引《鹖子》,卷四十九另引《鹖子》说:"昔者帝颛顼年十五而佐黄帝。"《艺文类聚》卷十一引《帝王世纪》称帝喾"年十五而佐颛顼。"

5　《北堂书钞》卷十一引《鹖子》,卷四十九注引《鹖子》说:"昔者帝喾年十五而佐帝颛顼。"卷九十二引《帝王世纪》说帝喾"年十五而佐颛顼。"《太平御览》卷八十引《帝王世纪》称帝喾"年十五而佐颛顼。"《路史》卷

"年十五而佐帝挚"[1]之事。文献中虽未查得帝挚佐喾但有尧佐挚事，但这可能是帝挚本来就不为人所重视，因而记录更为稀少有关。在尧之前，"年十五而佐"[2]云云如此之多且带有规律性，似乎不应该是巧合，而应是一种制度性的规定，主观上似隐含着质子的作用，客观上也会起到培养后继者的作用，稚子孺帝一方面学习治国之道，同时也起到一定程度的辅助作用，这应该是"佐"的真相，它加速了最高统治集团两大姓族的交流和融合。而《列女传》称"皋子生五岁而佐禹"，这与《鬻子》《帝王世纪》所载颛顼帝喾佐帝之事暗合，但这事的主要意图恐怕就是质子的作用，而也因为有这样的制度存在，也使得皋陶族无从拒绝。

与此相关的是二头制这个重要问题，近年发现的出土文献《容成氏》叙述尧为帝，选舜为辅；舜为帝，选禹为辅；禹为帝，选皋陶为辅，皋陶死又选伯益；有学者提出了二头制，及禹死，"启于是乎攻益而自取"（简34），破坏了这一制度。实际上，近代曾经有人推想过五帝时代存在过二头制，而正式见于科学论著

十八引《帝系谱》载："帝俈年十五，佐颛顼有功，封为诸侯，邑于高辛。"

1　《尚书大传》载：帝尧"年十五而佐帝挚，受封于唐，为诸侯"，《艺文类聚》卷十一引《帝王世纪》称帝尧"年十五而佐帝挚，受封于唐，为诸侯"。《初学记》和《太平御览》所引略同。《路史》卷二十则称帝尧"年有十三佐挚封植，受封于陶"。

2　这里牵涉到《帝王世纪》里的一条叙述，《艺文类聚》卷十一引称"父昌意，虽黄帝之嫡，以德劣降居若水，为诸侯。及颛顼生十年，而佐少昊，二十而登帝位，平九黎之乱，……南正重司天以属神，火正黎司地以属民，于是民神不杂，万物有序，始都穷桑，徙商丘。"皇甫谧学问博杂，史识暗弱，当不同来源的说法不完全一致时，他每以己意牵和、弥缝，使其"合理"，先是解释"嫡子"昌意不为帝，自然是"德劣"；他在黄帝颛顼之间插入少昊，就意识到颛顼佐黄帝不再合理，因而将其改成十岁佐少昊，又弥缝《国语》称其平九黎之乱。到了《初学记》卷九引《帝王世纪》，在颛顼生十年而佐少昊，二十登帝位之间又增加出"十二而冠"。至《太平御览》卷七十九引文大致沿袭。

的则是郭沫若，他在《中国古代社会研究》中说："尧舜禹的传说都是二头政长。在尧未退位之前，是舜尧二头，在尧退位以后，是舜禹二头。尧时又有帝挚为对。均与西印度人之二头盟主相合。"吕振羽也有相关的论述。[1] 翦伯赞先生说："母系氏族之第四个特征是有两头军长制的存在。而这样的制度，在中国传说中之尧舜禹的时代，也是存在过的。据传说所示，挚与尧曾共同执政九年，挚被罢免，即选舜补缺。尧舜共同执政三十一年。尧出位，又选禹补缺。舜禹共同执政十七年。舜出位，又选皋陶补缺。皋陶旋死，又再选益补皋陶之缺。禹益共同执政又十年。这样看来，尧舜禹的时代，正是两头军长制的时代。"[2] 在 1943 年的《中国史论集》中指出：黄帝与颛顼、颛顼与帝喾、喾与挚、挚与尧、尧与舜、舜与禹、禹与皋陶后又与伯益等，依次两两成对、先后相继担任母系氏族社会的二头军务酋长。[3] 三位先生实际上是套用马克思主义经典得来的结论，且认为当时处于母系社会，但他们的学术敏感让人赞佩。

这些应当都不是偶然的，若非某种古史规则潜藏其内而纯系古人编造则甚难解释。这是传统？还是结构？抑或制度？前面所述的"佐"实际上已蕴含了二头制的因素，颇疑当时即有副帝，《逸周书尝麦》称黄帝"命少昊清司马鸟师"，而《史记·五帝本纪》称"置左右大监监于万国"，这是因统治疆域过大不得已而为之（后世匈奴之制即类似于此）。而以东部托付一战败者酋领，有一定的预防措施亦情理中事，而以"昌意降处若水"应该是类似的措施。并不仅是不遑宁居，"迁徙往来无常处，以师兵为营卫"，而是建立了一些制度使其得以长久的延续，也因此获得了"以力

1　《史前期中国社会研究》（外一种），河北教育出版社 2000 年版，第 118—127 页。
2　《先秦史》，北京大学出版社 1990 年版，第 114—115 页。
3　转引自刘起釪：《古史续辨》，中国社会科学出版社 1991 年版，第 50 页。

之能制天下者，必先制其民者也”[1]的赞誉，而“十五佐”这样的制度是仅限于副首领，还是推展到了其他主要部族，则已代远文湮、无从考究。而二十、三十或四十“登帝位”[2]似难以制度化实行，因时帝之死日不是定数，抛却这些固定的程式化数字，它的合理性、真实性还是不低的，但笔者觉得还是将其定名为主副轮流制更为合适，应是该政治共同体的一个结构性特征。通五帝时代看来，黄帝是华夏历史一个质变的点，《商君书·画》说："神农既没，以强胜弱，以众暴寡，故黄帝作为君臣上下之仪，父子兄弟之礼，夫妇妃匹之合，内行刀锯，外用甲兵……故以战去战。"《风俗通义》卷一引《尚书大传》说："黄帝始制冠冕、垂衣裳、上栋下宇以避风雨，礼文法度，兴事创业。"之前，是无怀氏、容成氏、仓颉氏、蚩尤帝俊炎帝之族等等并存于世，渐渐形成更少、更强的集团，蚩尤统一东夷，炎帝黄帝并雄华夏，此所以《逸周书·尝麦篇》分天下为二。然蚩尤一统为期不长，此《左传》之五雄争霸。就先秦传世文献而言，苗蛮（江汉）只处于附属地位，并不构成整体意义上的一个集团。

黄帝一统后的上层结构不是打破原组织重新编排，而是在原有组织基础上的新架构，该政治共同体之成立后，引发华夷上层显贵阶层合作、交流、融汇之端，《韩非子·十过》称："昔者黄帝合鬼神于泰山之上，驾象车而六蛟龙，毕方并辖，蚩尤居前，风伯进扫，雨师洒道，虎狼在前，鬼神在后，腾蛇伏地，

1　《商君书》卷四《画策》。

2　颛顼二十登帝位诸书无异词。《北堂书钞》卷四十九注引《鹖子》称"二十而治天下。其治天下也，上缘黄帝之道而行之，学黄帝之道而常之。"另处则说"三十而治天下。其治天下也，上缘黄帝之道而明之，学帝颛顼之道而行之。"卷九十二引《帝王世纪》则说"三十登仕。"《艺文类聚》卷十一引《帝王世纪》称帝喾"四十登位。"《太平御览》卷八十引《帝王世纪》称帝喾"三十登帝位，都亳。"《尚书大传》称帝尧"二十而登帝位，都平阳。"《艺文类聚》卷十一引《帝王世纪》称帝尧"二十而登帝位，都平阳。"

凤皇覆上，大合鬼神。"随着共同体的慢慢巩固与演进，不同姓族的命运各有不同，有的上升，有的沉沦，仅以《十过》篇中与黄帝族合作的东夷战败者与《左传》等书中关于传说时代的记载看，蚩尤族彻底消失，太皞等族已然衰微，而少昊之族则因缘际会，成为"白银家族"，五祀占三，可谓显赫至极，这自当源自于黄帝少昊两族之合作，因此少昊血缘关系优先而然。《大荒东经》"东海之渚中有神，人面鸟身，珥两黄蛇，践两黄蛇，名曰禺䝞。黄帝生禺䝞，禺䝞生禺京，禺京处北海，禺䝞处东海，是为海神。"似表明两族分布有交叉。文化观念上，也有相当程度的交流，考古材料充分证明了这一点。[1] 从《五帝德》叙述反映原始宇宙观的术语看，黄帝"乘龙扆云，以顺天地之纪"云云，而颛顼则是"乘龙而至四海"，帝喾"执中而获天下；日月所照，风雨所至，莫不从顺"，帝尧"四海之内"云云，帝舜"闻于四海""举贤而天下平"，大禹"据四海""治天下""四海之内"云云，结合这些内证与默证，从黄帝时笼统的"天地"到"天下"与"四海"的并用，这已与后代相同。

《五帝德》《帝系》作者及司马迁心中不可能预存帝系两族轮流之概念，帝系若伪造难免左支右绌、露出破绽。笔者文中罗列了近现代学者对于五帝族属令人眼花缭乱的多种说法，它们大多是依据现代的文化族属概念结合古史材料得出的结论，不少说法执于一偏，本文因所论对象主要依据传世文献即能找到证明狭义族属的可靠材料，所以无须对各说得失一一加以剖析。世界著名考古学家张光直指出："史学家们曾一度认为，整个传说时代都是汉代哲学家的臆造。随着近年来考古资料（其中有部分文献材料）的问世，我们越来越相信古文献基本是可

1　请参韩建业等《五帝时代——以华夏为核心的古史体系的考古学观察》（学苑出版社 2006 年版）、韩建业《早期中国——中国文化圈的形成和发展》（上海古籍出版社 2015 年版）等书。

靠的，许多传说具有历史价值。关于古代酋长、英雄和圣贤的神话，能为我们解读龙山文化的考古资料带来有用的启示。……考古证据最终不会同传说的描绘发生根本的抵牾。"[1] 而美国著名的古代近东研究学者 Robest Mc Cormick Adams 先生在 1971 年曾对世界著名历史学家何炳棣感慨，说："你们的古代文献遗存远比古代近东的文献优越……可惜你们没有很好地利用这些珍贵的资料。"[2] 实际上，古史辨派关于帝系编造说久已沉寂，而近年新出一本按照"疑古"逻辑进行精心研究的、郭永秉先生所著《帝系新研》一书，在百般论证之后得出了这样的结论："《帝系》在形成过程中充分吸收了其他旧有传说的材料，并非随意编造。……《帝系》对我们研究上古古史传说有着不可忽视的价值。"[3] 说明"疑"信双方在《帝系》的史料价值上趋于合流，这实际上意味着帝系编造说的破产。因为要否定整个帝系则需否定全部的先秦典籍，否则无以解释其通例，若不否定整个古史体系则需承认这个结构。若真有谁能遍伪群籍编造一个两族轮流的古帝世系，那他就真是古往今来的第一大巫师。先秦哲人杨朱说："五帝之事，若觉若梦。"[4] 此意 19 世纪英国著名哲人赫胥黎如是表述："古代的传说，如用现代严密的科学方法去检验，大都像梦一样平凡地消逝了。但奇怪的是，这种像梦一样的传说，往往是一个半醒半睡的梦，预示着真实。"[5] 由本文归纳古帝的规则，虽然环节仍有漏洞、缝隙须待填补、论证，但若与两族轮流相联系的话，可能就会弭平不少古今学者针对帝系

1　张光直：《美术、神话与祭祀》，郭净译，辽宁教育出版社 2002 年版，第 103 页。
2　转引自何炳棣、刘雨：《怀疑真古　相信假古——夏商周断代工程基本思路质疑》，吴锐编《古史考》(9)，海南出版社 2003 年版，第 140—141 页。
3　郭永秉：《帝系新研》，北京大学出版社 2008 年版，第 220 页。
4　《列子》卷七。
5　《类人猿的自然史》、《人在自然中的位置》，科学出版社 1971 年版，第 1 页。原书 1863 年第一版为［英］赫胥黎《通俗讲演集》。

提出的许多质疑。此处附带解释一个顾先生以炎黄并称而《帝系》何以无炎帝的著名质疑,《国语》炎黄二系并列的"这种学说到了被《史记》所采用的《帝系姓》,又变了一副面目;它是只认识黄帝,不记得炎帝了。《国语》里的世代系统是断片的,到《帝系姓》便成为一整篇了。这是零碎的世代传说的总整理;这是构造古史系统的大成功。""它不谈炎帝总似一个缺典……据我猜想,是因为炎帝这一族在战国时太不占势力的缘故。"[1] 笔者的解释是:当时各部族酋领及其前代皆可称之为帝,黄帝一统后也不太可能对此加以限制,名号未严像商朝时的王一样,而炎帝一族从未进入过一统之后的政治共同体出任帝职,历史性的帝系之中当然不可能有他的位子。

笔者对上述文献的研究虽然只证实了一些微弱的信息,但将这些与古代中国的地理以及社会的内容结合在一起,就可描绘出一个虽然依稀、但却相当实际而极为重要的轮廓,它们可以支持一个总体性的结论,即从黄帝开始就形成了一个持续而稳定的政治共同体,这个开端造成了华夏历史的起源。它们描述的这个政治共同体完全是一个合乎人类学的理性、渐进而逐渐周密的发展过程,具有一以贯之的内在逻辑和必然性,构成一个完整的合理体系。看似可分别从某一点开始,实则会漏洞百出。如果不承认黄帝之发端,此后的颛顼帝喾乃至尧舜禹就都成了无源之水、无根之木。历史不应该被割裂对待,建基于儒家经学的尧舜之道应纳入整个时代中考察,爬梳传世文献不难得出与按照经史之学对于尧舜禹阶段是合理的同样认识,司马迁虽谓"《书》缺有间",但还是以黄帝为开端。而尧之后的所谓禅让制阶段,张光直先生曾推测可能属于王位"轮流承继制"

---

[1] 顾颉刚:《中国上古史研究讲义》,中华书局 1988 年版,第 100、104 页。

的遗痕。[1]而江林昌先生则指出是在华夏东夷之间的轮流。[2]笔者则发现了更深层次的规则,后段的政治运行虽然有变化,但依然受制于前期黄帝颛顼确立的传统。不承认颛顼、帝喾延续该共同体之过程,就无从解释尧舜禹之组织何以和平的来？何以已有众多不同出身的夷夏贵族济济一堂,那属不同族群的尧舜禹之间的"选贤任能"岂不成了笑谈。如果尧至禹被否定,遑论夏王朝何以能和平的来。所谓皮之不存,毛将焉附？像后羿"因夏民以代夏政"以及夷夏的东西换位,在一个血缘关系极其重要的时代,如果他们本来是敌对的部族,这是可能发生的吗？在在不能忽视的核心问题是:他们是一个政治共同体系统（一个体制）之内的斗争！实际上,被广为接受的考古学家苏秉琦、张光直、邵望平等先生对新石器时代龙山时期的研究结论,那时中国地域内已形成广泛而密集的物质交往网络,且几个大区系内文化的同质性还相当高,其上层是否会有一个组织架构？并未见到合理而可信论证,坚持以物说话的考古学主流学者并未结合文献中的上层建筑情况进行有效追索,现在是到思索、研究之时了。但"用一般划分陶器类型和风格的方法来分析这些（史前考古学）文化的特征,对于探讨政治权威兴起的研究并不合适。……中国文明肇始,政治文化就在其中扮演了主角"[3]。而讨论政治,仍然只能求诸文献,从政治共同体设官分职和统治形态看,其整合也是渐进、合理的,《左传》说颛顼以前,"黄帝以云纪……炎帝氏以火纪……共工氏以水纪……太皞氏以龙纪",少昊"凤鸟适至,故纪于鸟","自颛顼以来……为民师而命以民事",就是说官职不再用以前的图腾式命名,改以民事命名,这不就是一种进步吗？到尧时,"亲九族（自己人）……平

1　张光直:《美术、神话与祭祀》,郭净译,辽宁教育出版社2002年版,第105页。

2　江林昌:《考古发现与文史新证》,中华书局2011年版,第74页。

3　张光直:《美术、神话与祭祀》,郭净译,辽宁教育出版社2002年版,第92页。

章百姓（其他各族首脑）……协和万邦"，到舜时设官分职。《尧
典》"作者认为中国政府机构到帝舜时代已渐趋完备，这见解是
很值得参考的，因为舜之后就是夏王朝了。这是中国政治社会
演进的一个大关键，国家机构在这时蕴育完成……于是治人与
治于人的关系更加明确稳定，最高统治者不再'监'，不再'亲'，
不再'平章'，不再'协和'，而是名副其实的治理"[1]。其他五帝
时代的大事都可以在这个政治共同体的发展中给出高度合理的
解释，诸如各帝之间的传承、诸帝的合户等问题将另文论之。

不管我们将其称为部落联盟还是酋邦、抑或是早期国家，
不管我们将其判为文明还是野蛮高级阶段，它都无法纳入现有
的国际标准（实际上是西方标准）衡量，哈耶克提出的"自生
自发秩序"的概念对解释中国上古的这些现象颇有助益，他指
出：社会秩序的形成并非是因为计划或设计而生成的，每个个体
对大多数决定着各个社会成员的行动的特定事实都处于一种必
然的且无从救济的无知状态之中，它只是"人之行动而非人之
设计的结果"，是无数个人独立的决定和行动的非意图的结果。
事实上，使"自生自发秩序"的发展成为可能的规则，在最初
的时候并不是根据人们对这一结果所做的预期而设计出来的；而
是那些因偶然的缘故而采纳了妥适的规则的人们所发展出的一
种复杂的文明，这些规则中一部分可能是以一种默会的、未阐
明的形式存在的。文明始于个人在追求其目标时能够使用较其
本人所拥有的更多的知识，其中"传统"是一个很重要的构成，
它们是累积性发展的产物，而绝非任何个人心智设计的产物；它
是历经数代人的实验和常识而达致的成就，其中包含着超过了
任何个人所能拥有的丰富经验。此后这种文明又不断扩展到了

---

1 杜正胜：《从村落到国家》，邢义田等主编《社会变迁》，中国大百科全书出
版社 2005 年版，第 32—33 页。

其他族群。[1]这也为世界文明与国家的起源及其形成提供了一个新的人类学标本，它进一步证明了张光直先生针对三代考古所提出的一个著名观点的正确性："所谓文明，既是政治权威兴起的结果，也是它必不可少的条件。文明是聚积的财富之体现。……文明（再重复一遍）是物质财富集聚的体现，它既是政治权威兴起的结果，也是它存在的条件。技术可以排除在我们的方程式之外；虽然它本身是文明或国家产生的原动力；但在中国，资源（文明）的最初集聚，是通过政治手段（国家社会）而不是技术突破来实现的……我们还应把人口压力和地理限制排除在基本原因之外（无论是分别的或是合一的），因为中国有广阔的发展空间。……我们在中国这幅图景中所看到的，是政治文化对资源分配的首要作用。"[2]对于这个政治共同体，我们亟须立足于华夏历史的实际进行研究，而不是先用西方的标尺去裁量。新近的比较研究也为我们提供了启发，"早期文明拥有众多类似的政治机制。其中，最重要的是王权。不同的文明之中君主的概念不同。……尽管概念化方式各不相同，君主无一例外地代表了国家的统一。他们也至少在象征意义上为国家福祉负责……在早期文明之中，政治统一无一例外都是通过个人表达出来的。……上层阶级以王室为轴心，都是世袭罔替的。……等级关系几乎见于生活的各个方面。"[3]华夏历史的真相及其合理性虽然仍有待继续找寻，她的独特性、普遍性以及对人类历史的真正贡献为何虽然仍有待论证，但无论如何不应该忘记我们的先哲讲过这样的哲理："凫胫虽短，续之则忧；鹤胫虽长，断之则悲。"

1　哈耶克：《法律、立法与自由》（第一卷），邓正来译，中国大百科全书出版社 2000 年版，第 73 页。

2　张光直：《美术、神话与祭祀》，郭净译，辽宁教育出版社 2002 年版，第 106—107 页。

3　崔格尔：《理解早期文明：比较研究》，徐坚译，北京大学出版社 2014 年版，第 470—471、473 页。

二、探幽索隐 解荒化诞
——以《大荒经》为例

乍一看到《大荒经》，不少人或许有懵懂生疏之感，真正的学者静下心后一定会问，是《山海经》中的《大荒经》吗？确实就是。《山海经》一直被视为千古难解的第一奇书，其中的《大荒经》这部分更被视为荒诞无稽。总览中国古籍，从来没有一部书像《山海经》那样文字极为浅显易懂而理解莫衷一是的，历代爱好者和研究者众多，许多内容甚至每个具体条目与单个词汇都历经郭璞以来一千六百多年诸多名家不厌其烦审视，被加以烦琐考证。近代以来，它同样引起了许多著名学者的兴趣，他们闲暇余情之际分别投入一定的精力，不断有成果刊布[1]，具体观点本文限于篇幅无法详尽罗列，却依然聚讼纷纭，单单对其结构的认知就可谓众说纷纭，未有公论。它是唯一一部上至学术大师、下到稍通文墨者均可立说而竟可互不相能的经典，纵览《山海经》研究史，明显存在的一个倾向是，大家的研究，既在纵向上缺乏继承，又在横向上缺乏交集，自然未遑共识。

笔者认为，之所以形成这样的局面，一是由于前此的研究

---

1 有代表性的研究者，计有陆侃如（《论〈山海经〉的著作年代》,《新月》第一卷第五号）、茅盾（玄珠）（《中国神话研究 ABC》,世界书局 1929 年版）、顾颉刚（《中国上古史研究讲义》,中华书局 1988 年版;《顾颉刚读书笔记》,台湾联经出版公司 1990 年版）、徐旭生（《中国古史的传说时代（增订本）》,文物出版社 1985 年版）、谭其骧（《长水集续编》,人民出版社 1994 年版）、吕子方（《读〈山海经〉札记》,《中国科学技术史论文集》（下）,四川人民出版社 1984 年版）、蒙文通（《略论〈山海经〉的写作时代及其产生地域》,《巴蜀古史论述》,四川人民出版社 1981 年版）、卫聚贤（《山海经的研究》,《古史研究》第二集上册，商务印书馆 1934 年版）、袁珂（《〈山海经〉写作的时地及篇目考》,《中华文史论丛》1978 年复刊号，上海古籍出版社;《略论〈山海经〉的神话》,《中华文史论丛》1979 年第 2 期，上海古籍出版社）、袁行霈（《山海经初探》,《中华文史论丛》1979 年第 3 辑，上海古籍出版社）等人，余不赘述。

者视野狭隘，方法单调，只从神话和地理的观点与角度着眼而
忽略了其他诸多方面的思考，不从自身找原因，总怪其荒诞难
解，主要原因还在于上文所说所形成的世俗化的经学思维方式。
二是与该书特点有关，该书文字量较少，正文仅3万多字，带
郭注总计才5万多，人们很容易就倏忽一遍又一遍，然后观点
就洋洋洒洒写出来了，虽未能服人，然尚可慰己。他们对于细
节和具体问题，虽然大都提供了相当多样、详尽的材料，由于
对该书总结构理解的先天缺陷，忽视写于不同时间和地域的原
始材料之特定的历史背景，对资料的甄别与评估也就常常带有
主观色彩。这使得不少研究者根据实际上并不可靠的材料做出
很多判定，绝大多数考证也就成为孤立的结论和无法证明的假
设，其总的结论就常常是人为的。至今仍然被视为一部荒诞无稽、
难以理解的书。

　　笔者在2003年"非典"前后，集中阅读了当时已经刊布的
几乎所有的成果，发现了吕子方、蒙文通、袁珂、徐旭生等先
生的卓识，进而发现了让人倍感意外的事实，其中的《大荒经》
本来并不是《山海经》的一部分，其实际上的渊源也不像学术
界公认的那样与《山海经》一起来自于《山海经图》，而是来自
过去极少被研究者注意过的《大荒经图》，并与源自《山海经图》
的《山海经》分别流传，这从唐宋清时《历代名画记》等书关于《大
荒经图》与《山海经图》并列记载的内容就可以看出。它们切
实表明《大荒经图》与《山海经图》是两种流传有序的不同古
图，这对阐明《大荒经》与《山海经》的关系极为重要。这揭
示了曲径通幽的线索与途径，促使我们重新认识《大荒经》与
《山海经》的真实关系。笔者提供的证据看似不够坚实，若仅凭
上述证据就下一个绝对肯定的结论也确实不够严谨。但笔者通
过比较《大荒经》和《山海经》的内证提供了更为坚实的证据。
从二者间在经名、篇目排序的截然不同、避讳字和校书款识的

有无等诸多方面也可以看出其明显差异，再辨源析流，考察二者的传播流传史，我们证实：《大荒经》和《山海经》原来竟是性质类似、年代悬搁、不同国族的两部书，如果大家不是都顺着强大的历史惯性，要想将二者区分开来并不是难事。两晋之际，郭璞声称《大荒经》是《山海经》的逸篇而将二者合并并加以注释，这确定了传本《山海经》的面貌，尔后就成为定本流传至今。郭璞虽使乏人问津的《大荒经》得以借《山海经》的名气而得幸存且流传，但也导致其本相迷失，更使本就奇诡难解的《山海经》与之纠结不清，学术界在郭本框架内对《大荒经》的研究自然难以产生有真正学术价值的结论。笔者认为，郭璞的合并存在着相当的问题，蒙文通等前辈学者的部分观点实际上已触及其中的不合理因素。现今要想探踪解谜，就必须重新将二者正确地区分开来，分别研究。

　　接下来的首要问题自然是确定其年代，但先秦古书通常都难以确定写定年代，再加上《大荒经》许多内容具有唯一性，用内证解谜是让人信服的唯一办法，我们可以探求其内容的时间性进而求出整部书可靠的对应时代来化解此一难题。笔者尝试用历史学眼光，结合原始宗教、人类学及考古学等角度，对其进行了一个长时段的审视和多方位考订后，考索出大量只能存在于殷商的内容，其他虽尚有一些现在无法准确断代的内容，但因从人类学角度看，它们与初民阶段更吻合，再从原始宗教角度分析其神的职能、形象（造型）、分类、诸神层次、宇宙分层等方面，它们都相当原始，尚未显示有明显的天堂和冥府迹象，仅具备原始宗教和初级信仰的特征，明显是西周之前的观念体系，且内中有一个虽有缺失但却有序的诸神集合——诸侯之长的商王祖神之外的大多数神灵（各部族方国信奉之神灵及中央职能神）构成的、相对自然的松散谱系。再考虑西周初年大分封后就不存在该书描述的内外环境与历史条件，故判定只有将其总体内容置于殷商的时空框架内才能得到合理而完满的解释。事情至此仅是开始，能否找出经文蕴涵的初始结构才是破解这部荒诞典籍的关键。学者以往大多只注重神话和地理角度的研究而忽略其他视域的思考，故始终难窥堂奥。笔者尝试从更宽阔的视域着眼，从更多角度反复切入，尤其从艺术思维、建筑和原始宗教等层面去追索其由"图文"到"书籍"的特殊成书过程，而后展开深入的综合研究，发现它的荒诞难解实因我们表面上看到的是文字，而其内在的语言和逻辑却由图像构成，并分析其多种看似荒诞实为立体结构之迹象，发现《大荒经》竟源于一个常人甚难想象的初始结构及其壁画，内中的海指象征性的圜水，海内海外和四海均由此而来，推测复原其初始结构是复式几何形、门在北边、象征天圆地方的微型原始宇宙观式建筑。经文是对该结构和壁画内容的系统描述。再通过对建筑史及其形制和考证左祖右社的相对定义及其演变发展史，并以历史通则比对其他文明体系，得出其性质是类似西方万神殿的百神庙——大社。笔者以为，这是理解和释读《大荒经》最重要的一环。

为避免混淆和歧见，本章将包含《大荒经》在内各部分的《山海经》称为传本《山海经》，只有原始引文及个别不会产生混淆的习语诸如"研究《山海经》"等按习惯仍其旧，其他所称《山海经》的，除非特别注明，均只指包含《山经》、海外四经及海内四经组成的部分。也就是说，是指不含《大荒经》五篇的《山海经》。

（一）《山海经》《大荒经》原本是两部书

一个研究题目，通常来说，研究者上下勾连越多、旁征博引愈繁就越容易获得学界认可。坦率地说，这种对某些具体事物的浓厚兴趣和集中研究固然值得欢迎，但对于《山海经》来说，这种狭隘的视野和单调的方法在解决其中明显存在的矛盾上显然是无奈的，具有非常负面的影响，难以解决问题，因为惯性思维会引领你走向歧途，也由此导致了对其整体原境地漠视与摒弃，他们解决的问题没有抵触的矛盾多。因而，惯常的研究方式与思路是很难得到正解的，他们无视二者之间明显差异所显现的指向，其中最大的问题是研究者们既未认识到其成书的复杂性，更未能深入解析其结构，只有先解决这一问题，才能真正对《山海经》的研究产生切实的推动。而就目前材料的情况看，我们还要深究证据的使用，最重要的是要关注《山海经》里能够提供的直接证据。

1. 经名考辨

读书需先识字是小学生都知道的道理，但这说来容易做来难。汉字本身具有多义性的特点，而且从甲骨文到现代白话文，还常常可能存有时代性和地域性的差异，这导致同一个字可能有着复杂的变化和许多出人意料的字义，既可能是褒义也可能是截然相反的贬义。上文曾引周予同先生批评顾颉刚先生的话说："中国的文字，引申，假借，转变实在太复杂，如果我们先有了成见然后去解释字义，每每可以用什么对转旁转的方法，得到一个与原意相反的字。"就是需要警惕之处。而更高境界的则是陈寅恪所说："依照今日训诂学之标准，凡解释一字即是作一部文化史"[1]，就是精辟之总结。

从《山海经》中的经名看，实际上有山、海和荒三个字。读者或许立刻感到诧异，这三个寻常普通的字又有什么好让人认的？因为人们的知觉常常按照自己的期望和背景去感知外界事物，容易在过去的生活经验和经历中留下对事物固有的印象和看法，加上思维判断比较随意，只凭想当然，对习以为常的事物容易产生麻痹心理，导致越熟悉的越视而不见、置若罔闻，

---

[1]　转引自沈兼士：《"鬼"字原始意义之试探》，《国学季刊》五卷三号，1935。

往往固执地将明显错误的视为正确的而加以认可，也会把看着近似但实则截然不同的事物视作同一事物，使人们产生先入为主的负面影响，以致产生错觉和感觉误区，最终造成不可挽回的影响。而对新异的刺激则比较敏感反而容易引起相当地关注。因此，当人们碰到疑难字时，往往会查查工具书，而遇到的是常用字时，就容易一带而过，而这一旦出错就会错的更离谱。科学研究需要的是"考一字而穷百卷"的较真精神，忌讳的是不求甚解，不厌其烦地勤查深思才能避免望文生义、主观臆断、先入为主、张冠李戴以及似是而非的错误，以避免犯"失之毫厘，谬以千里"的错误。而本章涉及的山、海、荒恰恰就是中国学术史此类问题之最大的。

对于这些概念，传统的研究者是极少深究的，李零先生在《中国古代地理的大视野》文指出："《山海经》把地平面划分为'山'、'海'两大类，'海外'包'海内'，'海内'包'山'，'大荒'和'海外'意思相同。有人以为'山'就是指山地，'海'就是指海洋，其实并不准确。"[1] 袁行霈先生也指出："所谓大荒，指的就是海外，并不是在海外之外另有一个地域叫大荒。"[2] 具体到山字，研究者鲜有定义与解说，只有李零先生做过简要精练的阐释，"古人所说的'山'也不简单就是山地，而是有两重含义。一是与'海'（'海洋'的'海'）相对，代表大陆，就像古人把蓬莱、方丈、瀛洲三岛叫'三神山'，是指高出海面的陆地部分。二是与'水'（河流）相对，像日月星辰代表'天'之'文'，它是代表'地'之'理'。古人讲'地理'（重点是内陆），主要是两条，一条是'山'，一条是'水'，《禹贡》主水（《河渠书》、《沟洫志》、《水经注》亦侧重于水），《山海经》主山，但讲'山'必及于'水'，讲'水'

1　李零：《中国方术续考》，东方出版社 2000 年版，第 260 页。
2　袁行霈：《山海经初探》，《中华文史论丛》1979 年第 3 辑，上海古籍出版社。

也必及于'山'。二者互为表里，不仅可以反映地形的平面分布，也涉及其立体的'高下'和'险易'。古人对'地'的认识虽然主要是平面概念，地表以下，他们因打井和采矿才略有涉及，知道的只是'黄泉'一类地下水和各种矿物，对地壳的构造不能深入了解。但地形分类的概念，古人还是很重视。"[1]

至此需对最关键的"海"的字义进行分析，对它的理解比较复杂，通常有两种看法：其一是依据《说文解字·水部》："海，天池也，以纳百川者"，被理解成自然中的地理，与"海"最直接、最密切的相关问题就是对"四海"的理解。《礼记》记录曾子涉及的一个天地四海模式，其四海指东海、西海、南海和北海[2]，此说影响深远，尔后，到东汉《释名》卷二《释州国》、西晋张华《博物志》也都是这样理解的。这是一种重要的看法。

其二则是依据《尔雅·释地》所说"九夷、八狄、七戎、六蛮谓之四海"而来。一般认为《山海经》中的海字用的是《尔雅·释地》中"九夷、八狄、七戎、六蛮谓之四海"的"'四海'之义，指不在华夏范围内的地区，较近者为'海内'，较远者为'海外'，'大荒'为极远之地"。此处之海非海洋、湖海之义。[3]"古人所说的'海'初义并不是'海洋'之'海'（即《说文》称为'天池'的那种'海'）。在古书中，'海'训晦（《释名·释水》《广雅·释水》），本来是指'昏晦无所睹'（《尚书考灵曜》）、'荒晦绝远之地'（《荀子·王制》注），引申为'海洋'之'海'，只是因为古人观海，极目远眺，宽阔无边，正是这样的荒远之地。……《尔雅·释地》以四方蛮夷戎狄之地为'四海'。这些'海'就不是我们现在说的'海'。同样，《山海经》的'海'，细读原书可知，也不是我

1　李零：《中国方术续考》，东方出版社 2000 年版，第 261 页。

2　《礼记》卷第四十八《祭义》（收入阮元校刻《十三经注疏》中华书局 1980 年影印本）。

3　谭其骧：《长水集续编》，人民出版社 1994 年版，第 370 页。

们现在说的'海'，而只是表示荒远之地。"¹类似的解说还有不少，如《史记索隐》："西海，谓蜀川也。海者，珍藏所聚生，犹谓秦中为'陆海'然也。其实，西亦有海也。"《正义》："海之言'晦'也，西夷晦昧无知，故言海也；言利尽西方羌戎。"内中华外四夷再远国异人这种理解成为精英阶层的主流看法。

按照传本《山海经》内经文以及各家之研究，它们实际蕴含了一个极为怪异的范畴体系：山经［即海内］——海外——海内——大荒［又一海外］——海内，这个现象对于正常的完整世界是不可想象的，既不合逻辑又难以理解。

千古以来对传本《山海经》这部书的最大误解就在于人们对其中"海"与"海外"的理解出现了极大的偏差。海的本义与所谓的海、与水相关应该没有疑义，传本《山海经》中的海义应该就是这个意思。大义由此引申也算有依据，四海本义自为四面环海，显而易见不是指东夷南蛮西戎北狄等不在华夏统治范围内的人，而引申、讲说华夏蛮夷则相对较晚。由于自然地理中明显不存在四海绕中国这一地理景观，两千多年来的精英阶层最流行的看法就是以《尔雅·释地》这种以夷狄戎蛮曲解的、可称为人文地理的角度来解说，《尔雅》是最早的训诂书，其说法是被知识阶层广泛接受的一种完整解释而被沿用至今。《史记正义》等释文将海与"晦昧无知"的蛮夷联系，与《尔雅》之说有相同之处，这两种理解都符合人们惯常的思维习惯和大多数小学经典的解释，在海内九州海外四夷的模式中，四夷之大小并未涉及。清代《说文》大家段玉裁引两书后谓"此引申之义也。凡地大物博者，皆得谓之海"。桂馥所注也都不出这两点。²

1　李零：《中国方术续考》，东方出版社 2000 年版，第 260 页。
2　见《说文解字注》（上海古籍出版社 1981 年版），第 545 页。桂馥旁征博引也是这两个意义。见《说文解字义证》（齐鲁书社 1987 年版），第 955 页。

　　古代训诂字书解释虽多，但万变不离其宗，可简单概括为
“有水说”（与水相关）和“无水说”（指引申、华夷内外等级说）
两种，两千年来，研究者对四海的看法就在这“有水”与“无水”
两种倾向中摇摆。前一种理解属与水相关的，是一种传之久远
的说法。但这与历史时期的自然地理明显不合。《尔雅》之说把
“四海”与四方蛮狄戎夷画等号，产生华夏蛮夷居有内外等差、
智有高下贤愚的系统。此说是春秋战国人们对该词解释相对自
圆其说的一种，属与水无关的一种解释，是一个较晚出现的解释。
这显然是意识到在已知的自然地理中找不到四方是海的大陆，
而又不愿以有实有虚的矛盾解说来糊弄自己，只得以文化观念
中的蛮夷戎狄曲为之解，并藉以说明中国的政治模式。无奈的是，
古代除《尔雅》之外的重要训诂书皆未将四海与四方蛮夷联系，
桂馥等清小学大家虽旁征博引也未将二者等同，可见这种联系
在文字学上的证据并不充分。因而，四海与水无关说这种所谓
的夷夏观念却常常受到挑战，总是不被大多数人承认，总有人
要找寻自然地理中的海洋解释，常见的是探寻其实际所在。东
海南海容易找，找西海北海就麻烦。有解西海为青海湖、红海，
甚或大西洋者。解北海为贝加尔湖、北冰洋。顾颉刚有过一个
瞬间的天才闪光：“居于美索不达米亚的人见东有里海，北有黑
海，西有地中海，南有印度洋之波斯湾，确可以发生‘四海’
观念。但中国就没有这个地理背景了。”[1] 这不言而喻是地理因素
在作怪，结果总是无法自圆其说。就拿最无争议的东海说，其
海外之国在哪儿？荒外之国又在哪儿？一个日本岛链固不足以
当之，那就只有将触角跨越太平洋深入美洲大陆去。神奇的是，
竟然真有外国人士读此文后断定今美洲某地为荒外某某国，米
国科罗拉多大峡谷为汤谷，认为非实际到此者不能描述如此真

1　《顾颉刚读书笔记》4（台湾联经出版社 1990 年版）“四海”条，第 2535 页。

切，言之凿凿，不容否认。当种种解释不能为人信服，自然就会有人对它进行曲解，将之解为虚拟之海。

就现有的说法而言，他们解决的问题没有留下（抵触）的矛盾多，比如，一些著名学者将海外与大荒等同或视为相近概念，我们只要再稍微深入一步追问，如果二者的意思相同，那么同一个作者群为何不以一以贯之的概念、逻辑而另外叠床架屋制造迷局呢。不管怎么说，同一部书同一个海字又无任何迹象和证据可以两解或多解，有实有虚再怎么解释也掩盖不了矛盾。我们不能再执着、沉迷于地理考证和传统的文字训诂之中，只有多角度反复思考各种可能，再加以反复验证，才能找到历史的真相。

当我们把视野扩展到现代语言学领域时，可得到意外的发现。大家知道，语言里有大量的比喻和象征，古今民间也都有将水、水坑等称为海的象征性用法，《太康地记》曰："河北得水为河，塞外得水为海也。"北京的什刹海、中南海等皆是其例。宗教语言更是充满了这样的例子，宗教正是建立在比喻和象征的基础上，离开了比喻和象征，宗教语言与信仰事实上就不可能存在。宗教史是一门精神与智力发展演变的历史，它研究的是随着时代进程而不断改变的思想、教义与时代特征。太过苛刻地拘泥于文字的做法，用粗浅的文字本义、用纯粹自然的形式去解读充满象征和比喻的宗教典籍必然会将我们导向谬误而走向失败。那么，我们研究传本《山海经》时，自然要考虑每个字、每个表达是否蕴含象征或比喻。

这是由于人们曲解了海外之义，通常的误解都比较一致，认为那是指远国异人。实际上，其本义是说一种形而上的东西，《海外经》篇首开宗明义就指出其要旨："地之所载，六合之间，四海之内，照之以日月，经之以星辰，纪之以四时，要之以太岁，神灵所生，其物异形，或夭或寿，唯圣人能通其道。"对于这段话，司马迁以来的两千多年中，无论是研究者还是爱好者都似乎没太注意。之所以这样说，是因为，其范围实在是太清楚了，首先明确地理范畴是"地之所载，六合之间，四海之内"，也就是说指华夏族群生活的范围，并非在"海之外"又有一块或数块人类生活的土地；其内容就是天文（日月、星辰、四时、太岁）的运行与"神灵"的世界（生死与情状），而理解明白其"道"的只有"圣人"。也就是说，不是寻常人们所能理解的范畴。对于圣人这个词如何理解，查一下字典就会找到许许多多种解释，笔者也无心评判哪种解释最符合该处原义。但我们知道，圣与凡是一对反义词。"圣"字在西方往往与宗教及其人士相联系，如圣公会、圣徒等等，而在中国却往往与上古尧舜禹等圣王及素圣孔子等相联系。抛却其褒贬之义，我们可以认为，"唯圣人能通其道"反映了该种界域是超乎凡人的经验世界与知识结构的，司马迁以千古奇才尚能说《山海经》所有怪物，余不敢言之也"，而两千年来的人们却循之不以其道，不断地考证、寻找地理意义上的"海外之国"，结果只能是南辕北辙。如果联系《山海经》在《汉书艺文志》属于数术类并考虑其与明堂的关系，可能就会豁然开朗。明堂中那圈象征性的圜水就可称之为四海，根本与民族无关。

我们再来看荒字，"荒"的字义很多，人们习以为常、想当然的解释绝大多数却是负面的，如荒凉、荒芜、荒远、荒服、蛮荒、荒野等，如《说文解字》："荒，芜也。一曰艹掩地也。"段玉裁注："荒之言尨也，故为芜薉。《周南》《鲁颂》毛郑皆曰：荒，奄也。此艹掩地，引申之义也。"《尔雅·释天》称"果不熟曰荒。"《楚辞·离骚》"将往观乎四荒"，王逸等注"荒，远也。"《礼记·丧服大记》有"振容黼荒"，郑玄注"荒，蒙也。在旁曰帷，在上曰荒。"蒙文通说"如'荒'是'慌忽无常'，居处无定的意思，与《禹贡》五服之'荒服'及《周语》'蛮夷要服，戎狄荒服'

有关。"[1]"荒"若是"慌忽无常、居处无定"义,则《大荒经》甚
为不合,内中主要为农业民族,尚看不到游牧民族之影。学者
过去是极少把《大荒经》当作一个独立而完整的系统来严肃对
待的,谭其骧说:一直将《大荒经》的四荒当成《山海经》中海
外的外圈,这是用《尔雅·释荒》"觚竹、北户、西王母、日下
谓之四荒"说。[2]但荒字实际也有不少中性和正面之义:如《诗·周
颂·天作》"大王荒之"孔颖达疏称"荒者,宽广之义"。《尚书·吕
刑》"耄荒"孙星衍今古文注疏引《诗传》和《诗·周颂·天作》
"大王荒之"朱熹集传并称"荒,治也"。但实际上,《大荒经》
中荒字的本义并非如此,荒肯定有特殊性,否则先民不会以此
命名其宗教经典。它最关键的字义实出自东夷远古先民,刘熙
《释名·释亲属》称:"兄,荒也。荒,大也。故青徐人谓兄为荒
也。"此义未见其他经典训诂书,也从无学者提出过,而《释名》
是中国语源学之祖,音义系联,况且刘熙是东汉北海人,东汉
与《大荒经》对应的时代虽悬隔久远,但因北海郡恰处原东夷
核心地域,这种联系使得此一解释显得弥足珍贵,而该字与"亲
属"的联系更是发人深省。大家知道,图腾制中动植物具有神
性,人们常常将其视作自己的亲属、家人,原始先民如澳大利
亚有些土著民族就将信奉的各种神灵敬称为兄,这种原初历史
期的内在联系让我们将荒与神灵之义联系起来、释荒为兄为大
就诚属自然而然。《大荒经》中记录的全都是古帝神灵、圣地及
其相关事物就充分印证了这一点,也就是将其释为神灵来解此
经才更契合经文内之内容与情理,这才是《大荒经》之荒的本义。
而《尚书·益稷》"惟荒度土功"蔡沈集传和《酒诰》"惟荒腆
于酒"孙星衍今古文注疏等释"荒,大也"与此义合。《大荒经》

1　蒙文通:《古学甄微》,巴蜀书社 1987 年版,第 64 页。
2　谭其骧:《长水集续编》,人民出版社 1994 年版,第 370 页。

中是"荒"而非"神"成为这一独特、神圣宇宙的最基本概念和出发点，其他的一切都围绕着它展开。而神灵、神圣之经与两千年来所理解的荒诞无稽之书，其差距真是存在天渊之别。《大荒经》的神祇结构、文化氛围及背景与《礼记·表记》归纳和总结商人的精神实质及其与鬼神的关系所得出"殷人尊神，率民以事神，先鬼而后礼"的结论极为吻合，明显区别于"周人尊礼尚施，事鬼敬神而远之"的人文理性的文化精神。而周代习惯依血缘及地缘远近而定的五服（或九服）有荒服，社稷坛则有荒垣，在体现神灵观念世界的墓葬体系有"荒帷"，其间存在明显的联系与延续。足见荒字在古文化中的非同寻常。而这种情况与西周之后人文、理性觉醒，神道渐远有关，导致荒凉等负面词义虽渐渐兴起。

《山海经》以山与海为名，组成一个有机整体；而《大荒经》以荒为名，内含诸多山海，组成一个有机整体。二者若作者自为之名，则显非一系之人一时一地而然，若他者追题之名，其在西汉晚期以前显然未曾有人将二者视为一体考虑过，仍是各自命名。因为，山海与荒并不构成一种必然有序的逻辑关系，虽然通常人都想当然地将大荒当作古代地域的最外圈。这是由于大都未能正确识别其各部分构成之差异，尤其忽略（或注意到而无法解释）。

2. 校书款识探究

从西汉末年的校书款识看，刘歆（秀）在《山海经》之《海外经》四篇篇末及《海内经》四篇篇末留下了"建平元年（前6）四月丙戌"以下三十九字校书款识，这是一个非常明显的迹象，其意义清楚地表明两者本来也不是一个有机整体，如同为一书且又为同一批人在同一天校完，没有理由分别标识。既然分别标识，也就足以表明此二者在初始之时不是一体，换言之，初始的《山海经》，只包括《山经》部分和海外四经，其后的《海

内经》四篇是另外一部分，至于是谁、何时将其合并？依现有
材料看，固然不能排除之前的某无名氏因其性质相似而将其归
并在一起的可能性，而退一步讲，即便承认二者已为前人所并，
但因为刘歆等人此举起码表明他们在校理时是清晰而肯定地意
识到二者之间是有差别的，所以刘歆等人做合并的可能更大。
不管那种，其合并的下限肯定就在刘歆校书之时。蒙文通先生
据此指其为分部的证据，认为初始的《山海经》——仅由《山
经》和海外四经构成实为卓识，只可惜未引起关注。余嘉锡总
结歆父向校书，称其"合中外之本，辨其某家之学，出于某子，
某篇之简，应入某书，遂删除重复，别行编次，定著为若干篇。
盖因其学以类其书，因其书以传其人，犹之后人为先贤编所著
书大全集之类耳"。班固称赞向歆说："《七略》剖判艺文，综百
家之绪。"[1]返回头看，今传本《山海经》各部分仅位于书末的《大
荒经》五篇篇末无此建平校进款识，这实际意味着刘歆未见到
该部分，如果刘歆见过含有《大荒经》的《山海经》，就没有任
何理由不校它，如校了书，自然应像另两处一样出校书款。单
单此处无，则它本是刘歆仅仅与《山海经》有关而与《大荒经》
无关的铁证，蒙文通先生据此指为分部证据是颇有理据的。不
料却因后代的一条目录注文（详论见下文）无端引发古今豪杰
诸多分割之臆想、离弃之揣测，使铁证失去了起码的作用。[2]

3. 篇目排序意味着不同的文化传统

从篇目排序看，《山海经》和《海内四经》是以南西北东中
的顺序[3]，而《大荒经》则是以东南西北内（即中）排列，这清晰

1　余嘉锡：《古书通例·叙刘向之校雠编次》。上海古籍出版社 1985 年版，第 104 页。

2　另请参蒙文通《略论〈山海经〉的写作时代与产生地域》文（《蒙文通文集》
　第一卷《古学甄微》，巴蜀书社 1987 年版）和袁珂《〈山海经〉写作的时
　地及篇目考》文（《神话论文集》，上海古籍出版社 1982 年版）。

3　疑与建筑结构尤其门的设置位置有关。从人类学上的例子看，以南起始也
　非常怪异。

而强有力地说明二者本非一书，若一书之中竟然安排两种如此差异的体例，岂非荒谬至极？蒙文通先生以此指其蕴含着不同的文化传统是颇有见地的，虽然他仍是在传本《山海经》的框架之中进行讨论的。令人遗憾的是该卓识并未引起后来研究者（也包括应该对此相当敏感的民俗学家、人类学家）应有的注意、承认和延续。

4. 避讳字隐含的意义

从避讳字看，今《大荒西经》末有"按：夏后开即启，避汉景帝讳云"之语，为正文后案语，与正文一样字体，非郭璞注文，未详何年代何人所加 [1]。改"启"为"开"字肯定是景帝之后的汉人转抄时留下的避讳痕迹，而加此按语者，当是汉亡以后、郭璞以前的人所加。因当朝汉人毋庸加此按语，帝名之讳对本朝读书人来说是一个不言自明的事。考《山海经》中"启"字用法，在《中山经》"中次九经"条下，熊山有穴，"夏启而冬闭……冬启乃必有兵"；《海外西经》有"大乐之野，夏后启于此"云云，同经又有"三身国在夏后启北"；《海内南经》有"夏后启之臣"云云。《山海经》中所有启字皆未见讳字痕迹或解释的现象是值得注意的，若《大荒经》与《山海经》本为一书，依常理，《山海经》中之启字没有道理不避讳，并且当于该字最先出现处即开始避讳，后人回改或解释也当于首出之处加以标识，在最后出现处才加以标明是极为少见的。《大荒经》中此字仅一见就避讳并加注明。对启字的不同处理是《大荒经》与《山海经》具有不同来源和不同传播途径的证据，说明其在汉魏还是分别流传，尚没有合并。

1　郭璞注《大荒南经》"昆吾之师"条引《音义》云云，郝懿行推断"是必郭已前音训注解人，惜其姓字爵里与时代俱湮"，此《音义》不知是否郭璞自撰的《尔雅音义》，还是另有他人撰《山海经音义》或《大荒经音义》，但以郭自撰的《尔雅音义》的可能较大，待考。

5. 内容重复的意义

从内容的重复现象看，从传本《山海经》来讲，《山海经》与《海内四经》及《大荒经》这三部分内容在人物事件、地域范围等多有重复之处，它们是不同时代的产物，存在着一定的相关性。古人毕沅、郝懿行等已经发现，但或以之指责传本《山海经》荒诞无稽，诸先贤亦多有注目此点。这个通常看似的缺点，恰恰可以成为传本《山海经》是由合并而成说的一个佐证。其他意涵请参蒙文通、袁珂先生文。至于海外经、海内经及大荒经之间的重复原因与《大荒经》内的重复不同，下文有专门的研讨。

6. 年代不同

在《大荒经》与《山海经》成文年代不同这一点上，毕沅、郝懿行的图像层次说实际上已经蕴含此点的合理因素，一些前辈学者实际上已经认识到《大荒经》文的年代、作者和其他部分不同，其中以吕子方、蒙文通及袁珂诸先生的研究最值得关注，他们已然把传本《山海经》成功地分解为不同部分，将其判为成于不同时代，甚或有判为不同地域、不同族属者。只是他们囿于郭璞旧说的束缚，没有将其完全拆分开来。本节之部分可视为对先贤前辈成果的发展、细化和精致。而下文笔者有专门论述《大荒经》内容属于商代。

前人怀疑《山海经》后出的理由对于《大荒经》来说基本上都不成立。例如，对《山海经》和《大荒经》中涉及粮食问题如何探讨是关系到判定作者、反映地域及其性质的大问题，鲁迅说传本《山海经》"所载祠神之物多用糈（精米），与巫术合，盖古之巫书也"[1]，袁珂先生认为"其说近是。此书虽不一定是专

---

1 《鲁迅全集》第九卷《中国小说史略·〈神话与传说〉论〈山海经〉》，人民文学出版社 1981 年版。

门的巫书,但是却是和巫术很有关系",得出传本《山海经》只能是南方尤其是楚国作品的结论。[1]但在《大荒经》中,东方黍食;南方食黍、穀、木、兽等;西方食穀、卵、甘露;北方食黍为主,也有食穀、鱼、肉者。仅在其《海内经》中有一处提到稻,"西南黑水之间,有都广之野,后稷葬焉。爰有膏菽、膏稻、膏黍、膏稷,百谷自生。"该处之稻还是与菽、黍和稷并提。宋镇豪先生认为"大体说来,中原地区的夏人,其主食以粟类谷物为主,去皮即今所称小米,为黄河流域华北地区最普遍的主要食粮","从种种迹象来看,中原地区人们每日常食恐怕主要是粟,历史上长期如此"[2]。商人祭祀用黍稷,甲骨文未见谷粟字。[3]先周时期关中情况是,西安丰镐遗址出土有先周碳化粟米[4],《史记·周本

1　《神话论文集·〈山海经〉写作的时地及篇目考》,上海古籍出版社 1982 年版。

2　宋镇豪:《中国饮食史》,华夏出版社 1999 年版,第 370 页。考之上古,夏周之人以粟为主,晋南陶寺属于夏纪年范围的碳十三资料表明,该地居民"以粟食为主"(中国社会科学院考古研究所山西队等:《山西襄汾陶寺遗址首次发现铜器》,《考古》1984 年第 12 期)。夏县东下冯遗址也发现很多碳化粟粒,表明晋南一带为粟作农业区(中国社会科学院考古研究所等:《夏县东下冯》,文物出版社 1988 年版)。《尚书·仲虺之诰》记商汤比喻夏桀"若苗之有莠,若粟之有秕",表明粟是大多数夏人日常生活中最常用的主食(同书,第 369—370 页)。

3　对于商代,胡厚宣先生指出:"卜辞中多贞某地受年或耕种于某地之辞……卜黍于四方。殷代之农产品,重要者有四,一曰黍,黍之产地,东至海,北至殷都,东北至今山东临淄,南至今河南临汝县;二曰……稻,黍与稻者乃殷代最普通之农作物;三曰麦,乃较为稀贵之品……;四曰……秨即小米。用农产品所酿作之物有三,一曰酒,乃用黍稻所造……二曰……醴,乃用稻所造……三曰鬯,乃香酒,用黑黍所造。"(《甲骨学商史论丛初集·卜辞中所见殷之农业》,河北教育出版社 2002 年版。)《尚书·盘庚上》:"惰农自安,不昏作劳,不服田亩,越其罔有黍稷。"训斥惰农将不会有"黍稷"收获。《尚书·酒诰》提到商人"纯其艺黍稷"。《诗经·商颂·玄鸟》称商人"大糦是承",毛传曰"糦,黍稷也"。可见黍稷是商人的两种主食。《说文解字》徐灏笺曰"黍为大黄米,稷为小黄米"。稷之确指,农学家意见不一,据文献可知主要指粟。当时可能以"谷"称。

4　王兆麟:《西安丰镐遗址考古取得重大突破》,《光明日报》1998 年 7 月 29 日第 2 版。另,陕西长武碾子坡先周文化遗址称发现年代为晚商周迁岐前

纪》记武王伐纣时,乃"发钜桥之粟,以振贫弱萌隶"。钜桥是晚商粮仓所在,藏品主要是粟。《周礼·地官·仓人》"掌粟入之藏",郑注曰"九谷尽藏以粟为主"。对此诸种食物,有两种意见,一种认为是祠神之物,与百姓日常所食无关;一种认为就是百姓日常食物。这样的话,我们得出的结论就会完全不同,不管哪一种,都由此可断定,《大荒经》既非南方的蛮楚,亦非西南的巴蜀。《大荒经》反映的地域只能是中原,尤其是以黄河中下游流域为主的豫鲁冀南晋南等地区,而这与商代及以前的历史是吻合的。

再如,袁珂先生以《山海经》多铁而指其不可能太早,认为只能是战国之时才有可能,而《大荒经》通篇只有《大荒西经》一处和大荒《海内经》一处合共两处提到有银铁。这与商代只发现极少量铁的考古证据相合。另外,向来认为"海经"之部属于所谓"远国异人"[1],但《大荒经》却并非如此,像经文中所载之黄帝、炎帝、颛顼、帝舜、鲧禹等后人的国家比比皆是,我们当然不能称其是远国,更不能说是"非我族类,其心必异"之异人。

7. 孤证重析

当然,传统的说法也不是空穴来风,支持传本《山海经》本来包含《大荒经》的材料仅在传本《山海经》目录《海内经》之下有"此《海内经》及《大荒经》本皆逸在外"一条,宋本、明成化本、毛扆本同,《道藏》等本"逸"字作"进"。从词义

碳化谷物,经鉴定属于未去皮的高粱米(中国社会科学院考古研究所泾渭工作队:《陕西长武碾子坡先周文化遗址发掘记略》,《考古学集刊》第六集,中国社会科学出版社1989年版)。

[1] 王兆麟:《西安丰镐遗址考古取得重大突破》,《光明日报》1998年7月29日第2版。另,陕西长武碾子坡先周文化遗址称发现年代为晚商周迁岐前碳化谷物,经鉴定属于未去皮的高粱米(中国社会科学院考古研究所泾渭工作队:《陕西长武碾子坡先周文化遗址发掘记略》,《考古学集刊》第六集,中国社会科学出版社1989年版)。

和版本讲，逸字略胜一筹。但无论哪个字，都是明确表示二者原来是有关系的。“逸在外”，表示二者原为一体，后来遗失在外或被丢到外面；“进在外”，表达了五篇未被奏进，被留在外面之意。学者普遍认为该书注文均为郭璞所做，该条注解，现存最早的南宋淳熙七年池阳郡斋尤袤刻本即如是记录，自然是郭璞在整理注释《山海经》时留下的。[1] 退一步讲，即便不是郭璞所为，也是后来的某位整理注释者所加。从语义分析来说，二者若一直在一起，就不会有这样的话语出现，既然出现这样的话，就可以肯定不是刘歆这个环节所为。假使该语为刘歆所做，当曰“此甚怪，不取”，“当删”之类，不会称其“本皆逸（或进）在外”。这本来只是一个小小的技术问题，却由此导致了种种臆测之说，使人们都想当然地认为西汉末年的《山海经》实际上已包含了《大荒经》，只不过《大荒经》过于怪异，不为刘歆理解而被剔除出来。如袁珂先生认为，“刘秀（歆）校此书时，或因其过于凌杂荒怪，竟弃而未收。”[2] 这是没有依据的，上文提到两处校书款识表明《山海经》及《海内四经》是在同一天校完，参与其事的有“望”“龚”及秀三人，他们只是校书整理，并未负审查内容之责。如果说，刘歆因其凌杂荒怪未上进《大荒经》，那么他又何必上进《山海经》呢？二者之怪，不过是八十步与一百步之别，无本质不同。退一步讲，如果因为某种原因有所不解或忌讳，那他们父子在仅仅标示篇目卷数的《别录》《七略》中还是应当如实标示的，因为如实标示一本书的卷数是不会产

1　三大权威注释家都是相似的意见。郝懿行云：“据郭此言是此以下五篇皆后人所述也，但不知所自始，郭氏作注亦不言及，盖在晋以前，郭氏已不能详矣。”（郝懿行：《山海经笺疏》卷十四，巴蜀书社 1985 年版）毕沅云：“郭注本目录下有云：‘海内经及大荒经本皆进在外。’”（毕沅：《山海经新校正》，清乾隆四十六年灵岩山馆刻本）袁珂“疑此皆郭璞注语。”（袁珂：《山海经校注》，巴蜀书社 1993 年版，第 389 页）

2　袁珂：《山海经全译·前言》，贵州人民出版社 1991 年版，第 4 页。

生任何问题的。所以，仅凭这一孤证就下结论是不严谨的。

　　既然提出了其"逸（或进）在外"的说法，按正常人的逻辑，本为一体尔后分离，那将其重新合并也就再自然不过了。对这一孤证，后人多沿袭而不察，其真实性迄今甚少有人怀疑。实际上，此句注文并未提到刘歆，但却引发了大多数研究者对刘歆的莫名怀疑，并提出了刘歆与《大荒经》关系的种种臆测。下面是几种有代表性的观点：一种认为古本别行，郝懿行认为："《山海经》古本三十二篇，刘子骏校定为一十八篇，即郭景纯所传是也。……古本此五篇皆在外，与经别行，为释经之外篇。及郭作传，据刘氏定本，复为十八篇。"[1]另云："此下诸篇，大抵本之海外内诸经而加以诠释，文多凌杂，漫无统纪，盖本诸家记录，非一手所成故也。"[2]袁珂先生认为："盖兹五篇古本别行，成书当不在山经及海外、内各经之后。""以未经整理，故文多凌杂无统纪。然乃愈见其古朴，确属刘秀校书时'进在外'或'逸在外'者，谓为'秀等所述'则诬矣。"[3]连镇标先生认为："《大荒经》以下五篇也有可能在汉时是以别本流行，且不以《山海经》为书名，故刘歆弃而不顾。郭璞整理《山海经》时将五篇收入并加以注释。"[4]再一种认为是刘歆所述，毕沅云："详此经文，亦多是释海外经诸篇，疑即秀等所述也。"[5]还有一种认为是遗文，袁行霈先生认为"《山海经》之《大荒》和《海内》本来就是夹在海外、内经中的文字……刘歆校定时……删去的部分没有进上，逸出在《山海经》外继续流行，称《大荒经》和《海内经》。大约在郭璞为《山海经》作注时，才又将它们收录进来，独立

1　郝懿行：《山海经笺疏·叙》，巴蜀书社 1985 年版。

2　郝懿行：《山海经笺疏》卷十四，巴蜀书社 1985 年版。

3　袁珂：《山海经校注》，巴蜀书社 1993 年版，第 389 页。

4　连镇标：《郭璞研究》，上海三联书店 2002 年版。

5　毕沅：《山海经新校正·山海经篇目考》，清乾隆四十六年灵岩山馆刻本。

成篇”[1]。当然，也有人发现这与刘歆无关，卫聚贤先生认为是东汉人所做[2]；唐明邦先生甚至认为，郭璞自己根据古代同类资料编纂增加的。该说独具只眼，惜并不可信。[3]

众多讨论文章往往包括了大量的主观解释，郝氏用“盖”“大抵”，毕氏用“疑”，袁氏用“当”“据考”“大约”，连氏用“也有可能”等等，只是用模糊的、揣测推断之语，富有启发性，但因为缺乏直接的文献材料，又都没有提供一条关键性的有力证据，仅仅依靠那条孤立的目录注文而推导。在既缺乏有力坚实的史料，又没有周密翔实分析的情况下，其论证就难以让人信服。虽说名家如郝懿行氏等主张“古本别行”一说，尚有见地，然而论其为释经外篇，就似有未谛。或论其别本流传，且不以《山海经》为书名。这虽然可说离真相又近了一步，但细究也无异于隔靴搔痒的废话，因为我们可以说每部先秦经典都是“别本流传，且不以《山海经》为书名”。无论“古本别行”还是“别本”之术语，都已先验地认定《大荒经》的从属地位，都距离二者各自为书的历史真相差了许多。

（二）郭璞之前《山海经》《大荒经》各自流传考

长期以来，传本《山海经》并不受史学界重视，常常被视为猎奇读物，遂致其缺少应有的地位和尊严，结构混乱、内容难解都是造成这种状况的基本原因，但最重要的原因还是学者没能为其建立起一个令人信服的传播途径，笔者在此试作解释。我们知道，《大荒经》与《山海经》都是由经图演变而来。从上古图与书的关系和常例看，是先有图后有书的。所谓图书，图在书前并非没有深刻的道理蕴含其中。在经图阶段，巫卜星占等“专业”

1　袁行霈:《山海经初探》,《中华文史论丛》1979 年第 3 辑,上海古籍出版社。
2　卫聚贤:《古史研究》第二集上册《山海经的研究》,商务印书馆 1934 年版。
3　唐明邦:《山海经新探·论我国原始宗教与巫术科学的特点》,四川省社会科学院出版社 1986 年版。

人士递相授受，属于"养在深闺"，虽流传有序，外人自然极少能睹其"芳容"，不为士阶层所知自在情理之中，更未遑如《诗》云子曰般引用。南宋大学者郑樵称"天文藉图不藉书"，讲到《步天歌》时称"此本只传灵台，不传人间，术家秘之，名曰鬼料窍"[1]。这话点出了关键所在。实际上，这对古天文图籍大都适用。清朝汤右曾撰诗曰："天书一夕下东溟，奎壁曾占使者星，今日乘槎问遗事，只应留得《大荒经》。"即是对其含天文学内容的深刻认识。[2] 这也契合了《大荒经》与《山海经》的部分内容。

　　目前，学术界主流的意见认为，传本《山海经》是先有《山海经图》而后有经文，文字是缘图画而作，后经图散佚，仅剩经文流传。[3] 钟敬文先生指出只有《海经》(含《大荒经》)部分才涉及图的问题。[4] 江林昌认为《山海经》本为图文之书，魏晋时图佚而文得以传。[5] 汪俊认为，"《山海经》最初全是文字的描述，不存在所谓'古图'"，"郭璞是为《山海经》配图的始作俑者"[6]。不管哪种观点，以前的研究者几乎全都注意到了《山海经图》的存在，谈《山海经》的古图、郭璞、陶渊明所见图以及张僧繇、舒雅等人重绘图系统，等等。笔者在 2005 年几乎查遍所有能找到之前关于传本《山海经》的研究论著，竟无人提到《大荒经图》。这说明学者们都忽略了《大荒经图》的单独存在和流传，

1　郑樵：《天文略·序·通志略》，上海古籍出版社 1990 年版，第 197 页。

2　汤右曾：题汪悔斋太常观海图·怀清堂集卷十·清乾隆十一年（1746）刻本。

3　以马昌仪（《古本山海经图说·序》，山东画报出版社 2001 年版）和袁珂（《〈山海经〉写作的时地及篇目考》）为例说明，其他不赘举。

4　《〈山海经〉是一部什么书》，见《钟敬文民间文学论集》，上海文艺出版社 1985 年版。该说为其弟子刘宗迪发扬光大，见《失落的天书：〈山海经〉与古代华夏世界观》（商务印书馆 2006 年 12 月版）。

5　《图与书：先秦两汉时期有关山川神怪类文献的分析：以〈山海经〉、〈楚辞〉、〈淮南子〉为例》，《文学遗产》2008 年第 6 期。

6　《〈山海经〉无"古图"说》，《徐州师范大学学报》（哲学社会科学版）2002 年第 3 期。

等同默认《山海经图》是涵盖包括了《大荒经》的整个《山海经》或整个《海经》之部的渊源。事实真的如此吗?

笔者还将从先秦开始通过考索早期所有标名《山海经》和《大荒经》的文本材料看其属于传本《山海经》的哪一部分,假使我们找到起码一例标名《山海经》而其内容属今《大荒经》范围内抑或是二者共有主题的,就会确认二者在相应的年代已合为一书或强烈怀疑已成一书;如果标名《山海经》的一直都属今《山海经》部分,而标名《大荒经》的一直都属今《大荒经》部分,那就意味二者尚未合并或其可能很小很小。我们同时衡以古书通例,间及传本《山海经》里提供的直接证据,探究二者何时被合并。此种方法虽说过程枯燥、烦琐,却是不得已之唯一的可靠途径。这将正确解析、印证上述所说传本《山海经》的复杂结构,以进而有力地推动上古史的研究。

1.《大荒经》源自《大荒经图》及其早期流传考

实际上,到了郭璞死后550多年的中唐,张彦远在其不朽名著《历代名画记》卷三"述古之秘画珍图"条中说:"古之秘画、珍图,固多散佚人间,不得见之。今粗举领袖则有……山海经图六又钞图一,太史公汉书图,大荒经图二十六"。从文义及顺序来看,《山海经图》和《大荒经图》中间隔有《太史公汉书图》,除非动辄以简册散乱为借口而搞研究的人,否则就是那些善于穿凿附会的人也难以对二者建立起从属或因袭的关系,谨慎的人们自然更不会将二者混淆。这条记载虽然晚出,也没有明确所提各图的年代,但其真实性却不容轻易怀疑。我们没有见到之前的记载属正常现象,《历代名画记》是中国最早的绘画(美术)通史[1],是绘画及相关领域的第一次大总结。古时艺术画作的名

---

1 其在中国美术史上的地位如同《史记》在中国史学史上一样。考虑史学界对该书价值不如美术界熟悉,有必要略加介绍。著名美术史家陈绶祥先生赞誉二者同为"肇始独创又光耀万代",谓其"不仅记录了丰富的古代

字被提到、引用的可能比起经典书籍的引用概率是低之又低的，更未遑作品内容被介绍、刊布。更早的记载或许早已散佚而湮没在历史的长河之中，或许其名只是口碑相传，实物却一直默默躺在宫苑禁闱（权贵豪宅）之中而一直没有登诸书籍。如果没有其他异说甚至矛盾的材料，张彦远所述不可轻易否定。

《山海经图》古图，古今学者几乎都认为早已亡佚，郝懿行揣测汉世尚存有山川道里的古图，指出晋郭璞就未见古图，所见畏兽仙人异于古图，梁张僧繇、宋舒雅所见又异于郭璞、陶潜。[1]此实学界共识。据宋《中兴书目》，"《山海经图》十卷，本梁张僧繇画……每卷中先类所画名，凡二百四十七种。"宋舒雅"见

画家史料，又保存了许多失传的古代美术资料"（《隋唐绘画史》，人民美术出版社 2001 年版，第 141 页、134—135 页）。四库馆臣称其"述所见闻，极为赅备"，"书中征引繁富，佚文旧事，往往而存"，"非但鉴别之精，其资考证者亦不少矣"。（永瑢等《四库全书总目》，中华书局 1965 年版）。张彦远是唐代著名书画与收藏世家，自称"家代好尚，高祖河东公、曾祖魏国公相继鸠集名迹"，被人称"张氏富有书画"（《历代名画记》卷一"叙画之兴废"条，辽宁教育出版社 2001 年版），他还说"家传法书名画，自高祖河东公收藏珍秘。……金帛散施之外，悉购图书。古来名迹，存于箧笥"（《法书要录·自序》，辽宁教育出版社 1998 年版）。这得到了当时社会和历史的公认，并非自吹自擂，唐人李绰《尚书故实》多记张氏家族书画名迹，史称彦远之祖宏靖"家聚书画侔秘府"（《新唐书》卷一二七《张宏靖传》）。张家书法造诣高深者代不乏人（参《法书要录·自序》），彦远对书画耳熏目染，较之祖上更为痴迷，"自弱年，鸠集遗失，鉴玩装理，昼夜精勤。每获一卷、遇一幅，必孜孜葺缀，竟日宝玩。可致者必货……爱好愈笃，近于成癖。每清晨闲景，竹窗松轩，以千乘为轻，以一瓢为倦，身外之累，且无长物，唯书与画，犹未忘情，既颓然以忘言，又怡然以观阅。"（《历代名画记》卷二"论鉴识收藏购求阅玩"）自谦"收藏鉴识，有一日之长。因采掇自古论书凡百篇，勒为十卷，名曰《法书要录》，又别撰《历代名画记》十卷。"彦远对此二书非常自负，自谓"有好事者，得余二书，书画之事毕矣。"（《法书要录·自序》）在"论画山水树石"条，自称这方面的画，"魏晋以降，名迹在人间者，皆见之矣。"这都印证陈绶祥和《四库总目提要》评价的可信性。

1 《山海经笺疏·叙》，巴蜀书社 1985 年版。

僧繇旧踪尚有存者,重绘为十卷"[1]。而严可均辑《全晋文》共辑《山海经图赞》佚文二百六十多条,从这些(卷、卷数、画类及内容总数等)与其"山海经图六又钞图一"之载仔细对比,张彦远所见明显与郭、张、舒属于不同系统,又被属之"古之秘画、珍图"类,很可能属于山海经古图系统。[2]如果此说无大误,那么学术界公认亡于郭璞以前的古图竟然惊现于中唐的著录,那无疑会引发《山海经》研究者的震撼和重新思索。这足以证明该书价值,非常值得珍视。

张彦远所谓"粗举领袖"之中既有《大荒经图》,就表明它在唐代属著名古画。而南宋赵伯驹仿作一批著名古画时,《大荒经图》侧列其中也能印证此点。

像《山海经图》一样,《大荒经图》也曾被后代画家仿作,只是没有《山海经图》那样频繁和抢眼。南宋著名宫廷画家赵伯驹,"画之传世者"有"大荒经图二十六",此事出自清王毓贤《绘事备考》卷六,而同时期卞永誉撰《式古堂书画汇考》卷三十二也有"赵伯驹大荒经图二十六"之载。两书虽搜集搜辑它书而成,却都肯定赵伯驹画作曾经存在。[3]笔者认为,两书成于清代而载南宋之事,依一般历史学者运用材料的习惯是颇为拒斥的。而就画作来说,似不应有此规范。若非名作,普通

1　王应麟《玉海》卷十五。

2　是否属于那种有山川道里的古图?不得而知。该系统与郭璞、陶潜所见《山海经图》(又名畏兽图)及张僧繇、舒雅系统明显不同,其间有何关系尚难讨论。郭、陶系统(又名畏兽图)与张、舒系统关系,基本上可看作既有因袭(重作)又有创作,即重作同时又存在着一种层累增加的倾向,不尽为复原、仿作古画。

3　《御定佩文斋书画谱》卷九十五有"唐张彦远'述古之祕画珍图'……粗举领袖则有……山海经图六又抄图一、大荒经图二十六"语,此书大略抄辑《历代名画记》,二者中间已无《太史公汉书图》引人思考,起码说明其并非完全抄袭。此书虽与之相隔约千年左右,综合考虑上述引书,可认为古代书画界大都将《大荒经图》和《山海经图》分开,各是各,并不混淆。

士人并无把玩赏习之可能，甚至听说的机会都很少，作伪的动机或机会更少。像赵伯驹的《大荒经图》，成于宫廷画师之手，成后则当深藏宫中，流传机会绝少，寻常之人更无机会窥赏。故此记载之滞后，若无相反证据，不应轻易否定。像明顾起元《说略》卷十六就有"公私画史所载……《山海经图》《大荒经图》"语，只是未署幅数。有可能这二书转引之书今已不可考，其事幸赖二书得以保留。笔者认为到南宋时期唐《历代名画记》中所提到的《大荒经图》应该还在，以此方能成为赵伯驹的临本。如赵伯驹纯系创作一批新画，数字上不应与《历代名画记》所载如此巧合。查《绘事备考》卷六，赵伯驹还有相类作品"列仙传图一""搜神记图四""古瑞应图二"，而令人吃惊的是《历代名画记》卷三"述古之秘画珍图"条中竟然也有"古瑞应图二……列仙传图一……搜神记图四苟"，诸种画作名称与数字之照应如此天衣无缝，就应该排除赵伯驹仅仅因为个人兴趣而重作《大荒经图》的可能。既然诸多因素完全吻合，则必然是画家有意识地整批临摹古画。这也为我们推测赵伯驹之作《大荒经图》是奉命临摹作一个强烈的注脚，同书又载：高宗对赵伯驹"极爱重"。这或取其"善画山水、花禽、竹石，尤长于人物士女，神韵清逸，又能区别状貌，望而知其为名笔"之特长和信誉。古画作以其帛绢类材质载体的关系，至唐宋已不易保存，一般作品没有临摹或新作就无法保存，更未遑流传。所以我们推测，传世古图行将朽坏，伯驹奉命临摹以存之。像《山海经图》每隔几百年乃至上千年就有人重作大致就是这个道理，但《山海经图》重作频繁的原因似乎还有其更受人关注、接触的人更多而更易损坏。北宋即有舒雅重绘《山海经图》十卷问世，南宋郑樵《通志》、晁公武《郡斋读书志》《中兴书目》《崇文总目》均有著录，赵伯驹作为高宗宠爱的宫廷画师似不应不知道，而更知名的《山海经图》不在此次重绘之列，似乎能从另外的侧面说明重绘性质就是抢救。《大荒经图》等仅仅出于仿作的目的由赵伯驹具体执行的可能更大。另考宋周密撰《云烟过眼录》[1]卷三"天台谢奕修养浩斋所藏"条有"唐日本大荒西经图，思陵题、乾卦印"之载。该唐显指唐代，然为何称日本？若以孤证推论有甚多可能，假使以日本为内容创作，因其在东则不当曰西经，可以排除此可能性。抑或是为日人曾临摹此图而得此称，"《山海经》在奈良时代（相当于中国的唐代）或更早便传入日本"，依据为考古材料，无可怀疑。[2]在日本成为奇物而后向西回传，此种可能不小，若无其他相关条件也无法深究真相。所谓"思陵题"者，南宋高宗也，高宗撰有《思陵翰墨志》，"乾卦印"者，元夏文彦《图绘宝鉴》卷四称"上用乾卦印"，宋岳珂撰《宝真斋法书赞》卷三称高宗"有御书题籤思陵，临帖多识以龙印。"南宋高宗这一时代、人物与图名皆与上文赵伯驹事相合，值得珍视，更增考证的可信度。这可以证明，《大荒经图》到南宋时仍然有传本在世，同时也印证了《历代名画记》的记载。虽则其艺术风格在重作之时是否发生变化？有多大变化？等等问题在今天完全看不到宋以前图像的情况下已经无从可考。

从典籍的初始源头及上古图书关系看，二者来源不同且各各分途流传是显而有征的。只不过，纯读书人一向忽略这种美术系统，一直在文献系统里探寻、打转，未能给予应有重视。

不仅如此，笔者还找到一条南宋材料可以佐证《大荒经图》的存在以及《大荒经图》与《山海经图》的互不混淆。南宋薛季宣《叙山海经》条说："是书流传既少，今独《道藏》有之，

1　《四库提要》评该书曰："是书记所见书画古器，略品甲乙而不甚考证。"明张丑《清河书画舫》、汪砢玉《珊瑚网》及清《御定佩文斋书画谱》、卞永誉《式古堂书画汇考》皆录此图。
2　伊藤清司，王汝娴译：《日本的山海经图——关于〈怪奇鸟兽图卷〉的解说》，《中国历史文物》2002年第2期。

又图十卷,文多阙略,世有范本。张僧繇画《山海经图》详于《道藏》图本,然《道藏》所画不出十三篇中,模本画图有经未尝见者。"[1]是条所载,语焉不详,所谓"《道藏》所画不出十三篇中"合于最早记载《山海经》篇目的、源于刘向父子《七略》的《汉书艺文志》的"十三篇"之数,而后世流行的皆是"十八篇"本,间或有"二十三篇"的记载。[2]所谓《山海经》十三篇,就是不含《大荒经》这一部分的《山海经》,自然也就不涉及《大荒经》部分的图。笔者认为,如果说宋本《道藏》中《山海经》一书仅只《山经》和海外四经再加海内四经共计十三篇的图完整无缺而只有《大荒经》部分的图恰巧全部佚失,是难以令人信服的,"又图十卷"合于北宋舒雅重绘《山海经图》之数,合理推测是:宋本《道藏》所传之图的情况恰恰契合了《山海经图》流传的本相,而文本的《山海经》与《大荒经》之合并并未导致两个经图的合并,在流传中,某位好事者有意无意间仅收入了较为著名的《山海经图》,宋本《道藏》中《大荒经》部分的图未被合入《山海经》中。也许是本来带图的《山海经》与文字的《大荒经》进行了合并,难以确言。总之,该材料多少能从另外一个侧面佐证《山海经图》与《大荒经图》是分别流传的,虽则其年代较《历代名画记》更晚。《大荒经图》在大唐南宋时还时隐时现,但具体湮灭时间无考。

从唐《历代名画记》到清代诸画学著作的记录虽然都大大晚于事情发生的年代,但却值得珍视。因为没有其他异说、矛盾的证据表明他们的记载有可疑之处,更找不到有人作伪的动机与材料。在古代,画作常常具有唯一性,复制的概率与机会都很小,一旦毁坏,其损失几乎就无可弥补,而书文一旦损失

1　《薛季宣集》卷三十、张良权点校,上海社会科学院出版社2003年版。

2　《隋书·经籍志》《新唐书·艺文志》均在地理类里如是著录。详情参见袁珂文。

相对较易找到它本使之重新流传。我们知道，古代各种著名经图或图经流传到现在的几乎没有，这是有着历史必然性的。因为画师必须有相当的天分和长期的训练才能满足图画的制作要求，而寻常之人只要识字就可抄写文字；另外，经图的流传成本高，需求的人少，传播难，且基本局限在宫廷禁苑以及围绕其生活的皇亲国戚、世官贵族、宗教世家等集团或阶层的小圈子；而书文制作与传播相对较易，社会需求非常之大，包括上述那些小圈子以外的整个士大夫阶层也都在使用。

归纳以上《历代名画记》等书透露的蛛丝马迹，它为我们提供了一个引人入胜的新视角，指引出一个耐人寻味的新方向：即我们现在见到的《大荒经》文，应该是直接来源于《大荒经图》，而并非像学术界公认的那样源于《山海经图》。既然《山海经》的成书被公认是源自《山海经图》，那么《大荒经》的成书因为笔者发现了曾经存在过的《大荒经图》，认定也理当在二者之间建立起对应的源流关系。这与上古图与书的一般关系是吻合的，大家知道，文字的最早起源与图画密不可分，图画图法对早期国家有着非常重要的作用。张彦远在《历代名画记》卷一《叙画之源流》开篇就很好的总结了这一点："夫画者，成教化，助人伦，穷神变，测幽微，与六籍同功，四时并运，发于天然，非繇述作。……是时也（指自巢燧至轩辕），书画同体而未分，象制肇创而犹略。无以传其意，故有书；无以见其形，故有画。天地圣人之意也。……颜光禄云：'图载之意有三：一曰图理，卦像是也。二曰图识，字学是也。三曰图形，绘画是也。'又周官教国子以六书，其三曰象形，则画之意也。是故知书画异名而同体也。洎乎有虞作绘，绘画明焉。既就彰施，仍深比象。于是礼乐大阐，教化繇兴，故能揖让而天下治，焕乎而词章备。"其结论为，"图画者，有国之鸿宝，理乱之纪纲。"顾炎武说："古人图画皆指事为之，使观者可法可戒。"[1] 刘师培指出:"古代造字,仅象形指事二端,孳乳相生,乃有会意一体。""古人象物以作图,后世按图以列说。图画二字为互训之词。而太玄注复训图为象,《易经系辞下》云:'象也者,像也。'"[2]

本节可以得出这样的结论:《大荒经图》与《大荒经》的关系很清楚,经图与经的渊源较之《山海经图》(也即《山海经》)与《大荒经》更为直接、密切、可信,《大荒经》是来源于《大荒经图》的,是对《大荒经图》的描述。尽管我们对于曾经存在过的《大荒经图》的具体图像、形式及内容可以说是一无所见,但这一结论无疑是现存材料的最优解。

《大荒经》之名虽然在晚至郭璞之前的典籍中没有被查到过[3],但稍早于郭璞的皇甫谧却似乎接触过《大荒经》。古代经典皆载帝喾"自言其名"却未言其详,只有《帝王世纪》中称自言"夋"[4],为古书首见,夋,俊也,古字通。皇甫见到的本子或与郭璞所见有异所致。这似出于皇甫谧对《大荒经》的误读(本编前面有论证)。史称皇甫谧"博综典籍百家之言",虽"得风痹疾,犹手不辍卷","耽玩典籍,忘寝与食,时人谓之'书淫'","所著诗赋诔颂论难甚多,又撰《帝王世纪》《年历》《高士》《逸士》

1　《日知录集释》(外七种)卷二十一"画"条,黄汝成集释,上海古籍出版社 1985 年影印本。

2　《刘师培全集》第三册《左盦外集》卷十三,中共中央党校出版社 1997 年影印《刘申叔先生遗书》(宁武南氏校印本)。

3　自然科学史家吕子方先生曾言"荒经多言夏事",楚国先王庙壁画上的故事主要是《大荒经》,屈原是看了这些壁画才写出《天问》来的(吕子方:《中国科学技术史论文集·读〈山海经〉札记》,四川人民出版社 1984 年版)。吕先生所言就是对二者之联系及《大荒经》描述史事客观性的认识,认识到其内容并非向壁虚造。

4　司马贞《史记索隐》引"皇甫谧云:'帝喾名夋也。'"《初学记》卷九引"自言其名曰夋";而张守节《史记正义》引《史记·五帝纪》称"自言其名曰夋";《太平御览》卷八十引"自言名曰逡",《五行大义》亦同,当以"夋"为是。

《列女》等传、《玄晏春秋》，并重于世。"[1]

《大荒经》的流传较之《山海经》更为晦涩不明，它在《汉书艺文志》中甚至没有被著录。但这不意味着它是在《山海经》内未能显名之故，前述的烦琐考证可以说明此点。也不意味着当时该书尚未问世而未获登录。除前述关于书名研究的原因外，余嘉锡先生还称"《七略》及《汉志》，皆有不著录之书也"，说明未登录者不少，《大荒经》未入之原因，当属之余嘉锡所谓"民间所有，秘府未收也……《七略》不收，《汉书》亦遂不补也"[2]。上文已述《大荒经》有避讳字方面的内证表明它在汉代确曾存在过，且证明其与《山海经》并不相属。其他方面的证据和论述，下文有更加详尽的考证，此处不再赘述。

2. 郭璞之前《山海经》流传考

《山海经》之名在现存文献中出现最早始于《史记·大宛列传》之"太史公曰"："至《禹本纪》《山海经》[3]所有怪物，余不

1　房玄龄等：《晋书·皇甫谧传》，中华书局 1974 年版。

2　余嘉锡：《古书通例·诸史经籍志皆有不著录之书》。上海古籍出版社 1985 年版。

3　此处称《山海经》者，东汉人著述中有三处（班固《汉书》卷六十一《张骞李广利传》、王充《论衡·谈天篇》、荀悦《前汉纪》卷十二）引此文均称之为《山经》，无"海"字。《史记》此处原文当以称之《山经》的可能较大。但因不少人以此论《山经》单独成书且在前，如毕沅《山海经新校正》认为："山经"部分为禹、益所作，"海外经"和"海内经"八篇是周秦人所述，"大荒经"以下五篇则出自刘歆之手。……"合名《山海经》，或是刘秀所题。"近人陆侃如（《论〈山海经〉的著作年代》，《新月》第一卷第五号）曰："山经，战国时楚人作。海内外经，西汉（淮南以后，刘歆以前）作。大荒经及海内经，东汉、魏、晋（刘歆以后，郭璞以前）作。"黄晖（《论衡校释》）"《山经》、《海经》两书，《海经》后出，史公只见《山经》。（第 476 页）……太史公时，只见'山经'，尚无'山海经'之目。"（第598 页）这颇易惑人，而此称所涉关系甚大，故须辨明。余嘉锡称"书有别称，史惟载其定名；篇有单行，志仅记其总汇。"（《古书通例》上海古籍出版社 1985 年版，第 4 页）"一书有数名"，"古书书名，本非作者所自题。后人既为之编次成书，知其为某家之学，则题其氏若名以为识别，无名氏者，

敢言之也。"[1] 其实际出现在士大夫阶层的时间，"汉初，萧何得秦图书……后又得《山海经》，相传以为夏禹所记。武帝时，计书既上太史，郡国地志，固亦在焉。而史迁所记，但述河渠而已。"其后刘向、班固云云。[2] 该记载出于较晚的《隋书》，甚少为人引用，却值得珍视。从语气看，似指萧何之时，但难以确认，而至晚在汉武之前则是没有疑问的。萧何发现《山海经》正是对此官书性质及传播途径的一种证明，虽然这段话是在对地理类图书来龙去脉进行的系统总结语，"既上太史"恰与司马迁曾任太史的身份、对书性质的认知和传播衔接、吻合。史料中类似

乃约书中之意义以为之名。所传之本多寡不一，编次者亦不一，则其书名不能尽同。刘向校书之时，乃斟酌义例以题其书。……又有古书之名，为后人所改题，出于向歆校书以后者。故虽其书真出古人，求之汉志而无有。"（《古书通例》，第35—36页）古人引书不规范更为常见，同一部书在不同时代、不同人使用时有多个称呼也是常事（有的用全称，有的用简称，还有用别称的），有时同一个人引用同一部书竟然也有不同的称呼，历代以《山经》当其简称的不乏其例，且同一人在同一书中既称《山经》又称《山海经》者不乏其人，要全面考察，审慎分析，不能以偏概全。像《论衡·谈天篇》上例之外尚有称"禹之《山经》(第475页)"，另有"案太史公之言，《山经》《禹纪》(第476页)"，其他各处还都是用全称《山海经》，虽说《论衡》中少数涉及司马迁与《山海经》的就称《山经》，这不意味着可下结论说马迁只见《山经》，此处《禹纪》即明确是简称而其他引文则为全称，所以《山经》是简称的可能不能排除，原书未必有深意，若以此论其成书事，证据嫌太薄弱；再如《水经注》，卷十称"禹著山经"，卷三十九则 "按《山海经》创之大禹"，这就肯定一简一繁，而非禹著有二，而卷三十八 "山经谓之岣嵝"却又实出《山经》引文；《文选》卷五京都下晋左思《吴都赋》"名载于山经，形镂于夏鼎"。《史通》卷十《内篇杂述第三十四》"夏禹敷土，实著山经。"《通典》卷一百七十四亦引 "禹记山经"。再说，稍后刘歆所谈论涉及《山海经》的，无论早于还是晚于司马迁的事，以及班固《艺文志》中的称呼都是用《山海经》之名（详见下）。综上所述，《山经》用法，有的仅指《山经》，如《隶释》卷二东汉缺名《樊毅修华岳碑》："《山经》曰泰华之山"，有的指代《山海经》，是其简称，所以司马迁更有可能是用了简称，今本 "海" 殆《史记》流传早期的抄书人无意中所加。退一步讲，即便司马迁仅见《山经》，我们更可以肯定这绝对不涉及《大荒经》问题，也就更可以支持拙文观点。

1　司马迁：《史记》卷一二三，《大宛列传第六十三》，中华书局1982年版。
2　魏徵等：《隋书》卷三十三，《经籍志》，中华书局1982年版，第987—988页。

这种只见书名未见实事的尚有多处，如《后汉书·王景传》云："永平十二年……赐景《山海经》《河渠书》《禹贡图》。"《论衡》也有多处提到《山海经》，如《龙虚篇》有"以《山海经》言之"语，《说日篇》"淮南见《山海经》"，未有实事。《陆士龙集》卷九《附车茂安又答书》中有"虽《山海经》《异物志》"云云；《博物志》卷一有"余视《山海经》及《禹贡》《尔雅》"云云。上述材料都过于简单，无从判断其中的《山海经》是否与《大荒经》有关系。

西汉末，刘歆奉命继父向整理古书，其中知名的就有对《山海经》的整理。他在《上〈山海经〉表》中谈到禹、益作《山海经》，说："山海经者，出于唐虞之际。……禹别九州，任土作贡；而益等类物善恶，著《山海经》。"考今卷五《中山经》末有"禹曰：天下名山……是谓国用"云云，这是古人认为书乃禹作或与之相关的证据。今天当然不会有一个严肃的学者相信这一点，认为其中内容恰恰证明不是禹作。但禹益作《山海经》是一个流传广泛的古代传说[1]，学者对两者间为何发生关系缺乏解释，多沉默无语。今试作一解，歆表谓"古文之著明者也。其事质明有信"，西汉"所谓古文，指秦统一为小篆以前的大篆籀文和六国使用的文字"[2]。余嘉锡说："刘向未校书之前，除古文经之外，其余诸子传记，非残缺即重复"[3]，意谓古文经多为全本。既有禹曰，当非无因，不管是否真出大禹，但长期被人视为禹曰则是关键，或为传之久远之话语，或为美其祖师。犹如后代皇帝一涉著书事就被称所谓"御定""御撰"一般。古人相信禹分九州，使用

---

1 《论衡·效力篇》有"禹、益并治洪水，禹主治水，益主记异物，海外山表，无远不至，以所闻见，作《山海经》"。《吴越春秋·越王无余外传》："禹……使益疏而记之，故名曰《山海经》。"《博物志》卷六"太古书"条"今见存有……《山海经》，或云大禹作。"几文所述略同，皆言之凿凿，后几者增加了伯益。

2 刘起釪：《尚书学史》。中华书局 1989 年版，第 105 页。

3 余嘉锡：《古书通例》。上海古籍出版社 1985 年版，第 104 页。

此书的巫卜之人又奉禹为祖师，行走步伐即称"禹步"，故以之归于祖师所作，亦在情理之中。现在的关键在于：当时的《山海经》是否包括《大荒经》，一般学者的印象是包括的，实际上，细究歆表及书的内证，此说并无依据。

刘歆表文中有"鲧既无功，而帝尧使禹继之"语，表明鲧治水失败；而大荒《海内经》末曰："洪水滔天。鲧窃帝之息壤以埋洪水，不待帝命。帝令祝融杀鲧於羽郊。鲧腹生禹。帝乃命禹卒布土以定九州。"显示鲧治水有成，但偷了帝的宝贝"息壤"，是一个普罗米修斯式的英雄；对"鲧治水"态度的明显不同似足以判断其与《大荒经》之关系，显示了《山海经》与《大荒经》不属一个系统。[1]

同表还称"所校《山海经》凡三十二篇，今定为一十八篇，已定"。毕沅认为三十二当为三十四，其古本篇目为三十四，籀文四为　，讹为二。[2] 今天，我们细读刘歆表文，也找不到涉及《大荒经》的文字。只是"一十八篇"这数字与下文《汉志》"十三篇"及后代传本《山海经》的篇数巧合，容易让人产生某种联想。[3] 实际上，这只是源于古本《山海经》篇目的不同分法。宋尤袤《山海经后序》称："《道藏》本《南山》《东山》经各自为一卷，《西山》

1　蒙文通说："《国语·鲁语》展禽云'鲧障洪水而殛死'，与舜勤众事而野死、稷勤百谷而山死并举，皆以为有功德于民……则鲧非以罪死也。"（《经史抉原·中国史学史》，巴蜀书社 1999 年版，第 245 页）"伯鲧之事惟一，而楚人与邹鲁、三晋所道又各异也"，以对鲧之态度为例论述其著名的上古民族三集团说（《古史甄微》，巴蜀书社 1999 年版，第 10 页）。

2　毕沅：《山海经新校正》，清乾隆四十六年（1781）灵岩山馆刻本。

3　既然同涉刘歆，一为十三，一为十八，岂不正好包括《大荒经》五篇乎？姚名达《中国目录学史》（上海人民出版社 2005 年版）说"知《别录》之成书，不必待刘歆校毕之后"（第 34 页），"《别录》者，刘向等校书，'论其指归，辨其讹谬'之录，别集而成也。《七略》者，刘歆取《别录》所载，'总括群篇'，'撮其指要''种别而成者也'。"（第 36 页）考《汉志》称以"太史令尹咸校数术"，盖其录已成而校书之功未竟，刘歆《七略》因袭《别录》，及刘歆校《山海经》，遂据另本。

《北山》各分为上下两卷,《中山》为上、中、下三卷,别以《中山》东北为一卷。"照此说,《山经》合起来正好十卷,另加"海外四经"和"海内四经",总数正好十八卷。[1]

同表又云:"孝武皇帝时,尝有献异鸟者,食之百物所不肯食。东方朔见之,言其鸟名,又言其所当食。如朔言。问朔何以知之。即《山海经》所出也。孝宣帝时,击磻石于上郡,陷得石室,其中有反缚盗械人。时臣秀父向为谏议大夫,言此贰负之臣也。诏问何以知之。亦以《山海经》对。其文曰:'贰负杀窫窳,帝乃梏之疏属之山。梏其右足,反缚两手。'上大惊。朝士由是多奇《山海经》者。"此二事《论衡》有载,但人物等细节略异,"董仲舒睹重常之鸟,刘子政晓贰负之尸,皆见山海经,故能立二事之说。"[2]前事歆未言何鸟[3],王充谓之"重常",此说独见于《论衡》,今本《山海经》与《大荒经》皆无;宋人罗愿指出:"今《山海经》无有鸟名重常者……或者汉时山海经本未至脱简,董仲舒见其全,王充时亦未泯,而今已亡此简也,然……重常……事可谓怪矣。"[4]此事郭璞在《山海经序》称"东方生晓毕方之名",人物与刘歆合,而鸟名明确为毕方,毕方在今《西山经》《海外南经》《海内西经》都有提及,而今《大荒经》中未涉此物。疑与董仲舒事为一,董、东方为同时代之博学者,东、

---

1 传本《山海经》古今篇目的变化与推测及其原因,袁珂已做了精当研究(《神话论文集·〈山海经〉写作的时地及篇目考》,上海古籍出版社 1982 年版)。据现有材料不太可能再有翔实可信的新说出现。

2 黄晖:《论衡校释·别通篇》,中华书局 1990 年版,第 598 页。

3 东方朔另事似与之相关或为传闻之变异。《史记》卷一百二十六《滑稽列传》:"建章宫后合重栎中有物出焉,其状似麋。以闻,武帝往临视之。问左右群臣习事通经术者,莫能知。诏东方朔视之。朔……曰:'所谓驺牙者也。远方当来归义,而驺牙先见。其齿前后若一、齐等无牙,故谓之驺牙。'其后一岁所,匈奴混邪王果将十万众来降汉。乃复赐东方生钱财甚多。"该物今《山海经》及《大荒经》俱无。

4 罗愿:《尔雅翼·自序》。

董音近，可能为传闻之异。后事《论衡》谓之"刘子政晓贰负之尸"，郭璞《山海经序》称为"刘子政辨盗械之尸"，三叙事为一事不同版本。此所涉之事所引之文在今《海内西经》。余嘉锡说："诸子之书，百家之说，因文见意，随物赋形。或引古以证其言，或设喻以宣其奥。譬如童子成谣，诗人咏物，兴之所至，称心而谈。若必为之训诂，务为穿凿，不惟事等刻舟，亦且味同嚼蜡矣。夫引古不必皆虚，而设喻自难尽实，彼原假此为波澜。何须加之以考据。"[1]此论甚为精当，但笔者此处意在判断二者之关系。刘歆所提两事均未涉《大荒经》。

　　而后在出自刘歆《七略》基础上修订而成的班固《汉书·艺文志》数术略刑法家类载有《山海经》十三篇，这个名字肯定不像前述同书引文中那样，没有理由不是正式名称；历代学人公认此本不含《大荒经》五篇。汉志属之巫卜星象类，无署名，可谓至当，其小序曰："数术者，皆明堂羲和史卜之职也"，"刑法者，大举九州之势以立城郭"云云。明堂羲和史卜之职，属于最早的知识阶层，多在酋长后侯身边，掌控解释宇宙天地、世界万物的话语权，地位显赫。上古国家管理所谓九州之势，不能没有图画文献以记之。其书的性质可谓官书，相关人员自己清楚使用即可，内部递相授受，属于"养在深闺"，虽流传有序，外人自然极少能睹其真容，不为后兴起的士阶层所知自在情理之中。"春秋以前，并无私人著作，其传于后世者，皆当时之官书也。"[2]官书基本无署名，查"汉志数术略中所著录之书，无姓氏者十之八九。……'史官之废久矣，其书既不能具，虽有其书而无其人。'"[3]

　　东汉《论衡》一书中涉《山海经》而有实事可考者——不

1　余嘉锡：《古书通例·古书多造作故事》，上海古籍出版社1985年版，第77页。
2　余嘉锡：《古书通例·古书书名之研究》，上海古籍出版社1985年版，第27页。
3　余嘉锡：《古书通例·古书不题撰人》，上海古籍出版社1985年版，第24页。

管是今本有的、还是今本已佚的文字皆与本文所称的《山海经》
部分相对应，且均未涉及今本《大荒经》部分，这是值得注意的。
《龙虚篇》称"《山海经》言四海之外，有乘龙蚺之人。"[1] 此处所
述显与《山海经》合[2]。而今《大荒经》虽有西方夏后开"乘两龙"，
其他三方却皆"乘蛇"，与《列子》引"《大荒经》云'山海神
皆执蛇'"条较合，虽然我们尚不知《列子》所引是原文还是综述，
但明显与《论衡》所述异。《说日篇》载："禹、贡（益）《山海经》
言：'日有十，在海外，东方有汤谷，上有扶桑，十日浴沐水中；
有大木，九日居下枝，一日居上枝。'"此语见今《海外东经》：
"黑齿国，有汤谷。汤谷上有扶桑，十日所浴，在黑齿北，居水
中。有大木，九日居下枝，一日居上枝。"又有"海外西南有珠
树焉"，见今海外南经："海外自西南陬，至东南陬者，三株树在
厌火北，生赤水上，其为树如柏，叶皆为珠。"《订鬼篇》引"山
海经曰：'北方有鬼国。'"今《海内北经》曰："鬼国在贰负之尸
北，为物人面一目。"[3] 另引"山海经又曰：'沧海之中，有度朔之山，
上有大桃木，其屈蟠三千里，其枝间东北曰鬼门，万鬼所出入
也。上有二神人，一曰神荼，一曰郁垒，主阅领万鬼。恶害之
鬼，执以苇索，而以食虎。于是黄帝乃作礼以时驱之，立大桃人，
门户画神荼、郁垒与虎，悬苇索以御。'"[4] 今本《山海经》无此文，

1　黄晖：《论衡校释·龙虚篇》，中华书局 1990 年版，第 285 页。
2　考《海外南经》有"南方祝融……乘两龙。"《海外西经》有"西方蓐收，
　　左耳有蛇，乘两龙。"《海外北经》有"北方禺强……珥两青蛇，践两青蛇。"
　　但郭璞称另本"北方禺强，黑身手足，乘两龙。"《海外东经》有"东方句芒……
　　乘两龙。"蚺者，《玉篇·虫部》曰"毒虫也"，《仪礼·乡射礼记》郑玄注谓"龙
　　蚺，君子之类也"，《慧琳音义》卷九十注称"即灵蚺，龙之类也。"虽然
　　"蚺"也可通"蛇"字，《论衡》之中亦有可互通者。但考虑该篇主旨在龙，
　　本篇中"蚺"与"蛇"并无相通，上文紧接"世俗画龙之象马首蚺尾"语，
　　故其本意当取前者。
3　黄晖：《论衡校释·订鬼篇》，中华书局 1990 年版，第 931 页。
4　考裴骃《史记集解》"海外经曰：'东海中有山焉，名度索。上有大桃树，

疑佚脱，裴骃《史记集解》称属之《海外经》，可见其与《大荒经》无涉。

《说文解字》卷第十三下引《山海经》曰："惟號之山，其风如劦凡。"《玉篇》卷第七引《山海经》曰"惟號之山風風若劦急也。"此文"惟號之山"，今本作"雞號之山"，出今《北山经》。

《风俗通义》第八《祀典》引"《山海经》曰：'祠鬼神皆以雄鸡。'"今考《西次二经》云："其祠之毛一雄鸡。"北山首经、北次二经、中次三经、中次八经、中次十经，皆言"祠之用雄鸡"。今本《大荒经》无此文，且未涉祠事，足见其与《大荒经》无关。

略早于郭璞的皇甫谧所撰《帝王世纪》引有《山海经》片段，《史記·周本紀·正义》引皇甫谧云："黄帝生于寿丘，在鲁城东门之北，居轩辕之丘，（于）《山海经》云：此地穷桑之际，西射之南是也。"此段颇难理解，穷桑、西射今在《大荒经》和《山海经》中皆无考，疑与《海外西经》"穷山在其北，不敢西射，畏轩辕之丘。在轩辕国北。其丘方，四蛇相绕"有关。《续汉志·郡国志一》注引《帝王世纪》称："是以《山海经》称：禹使大章，步自东极。至于西垂，二亿三万三千三百里七十一步，又使竖亥，步南极。北尽于北垂，二亿三万三千五百里七十五步。四海之内，则东西二万八千里，南北二万六千里，出水者八千里，受水者八千里，名山五千三百五十，经六万四千五十六里，出铜之山

屈蟠三千里。东北有门，名曰鬼门，万鬼所聚也。天帝使神人守之，一名神荼，一名郁垒，主阅领万鬼。若害人之鬼，以苇索缚之，射以桃弧，投虎食也。'"（司马迁：《史记·五帝本纪》，中华书局1959年版，第12页）刘昭引"《山海经》曰：东海中有度朔山，上有大桃树，蟠屈三千里，其卑枝门曰东北鬼门，万鬼出入也。上有二神人，一曰神荼，一曰郁偏，主阅领众鬼之恶害人者。执以苇索，而用食虎。于是黄帝法而象之，驱除毕，因立桃梗于门户上，画郁偏持苇索，以御凶鬼。画虎于门，当食鬼也。"（刘昭：《后汉书·续礼仪志》，中华书局1965年版，第3129页）三者虽字句略异，然显出一源，刘昭引文泛泛称其在《山海经》，而裴骃即明确其原在《海外经》。

四百六十七，出铁之山三千六百九，以供财用，俭则有余，奢则不足，以男女耕织，不夺其时，故公家有三十年之积，私家有九年之储。"此段自"四海之内"至"以供财用"与今卷五《中山经》后"禹曰"字句、数字基本相同，仅"名山"数字尾数今为"七十"，"出铁"数字尾数为"九十"。自"禹使大章"至"七十五步"，今本无，《海外东经》有竖亥事，此段疑为佚文，今也见《淮南子·坠形训》。

以上是迄今能找到的——从汉代到郭璞之前事关《山海经》的最早期材料，不管是今本尚存还是久已散佚之文，除一些泛泛谈论禹益作《山海经》事和引用此书名的例子之外，凡是具体事例可考的，竟无一例涉及《大荒经》，而都落在《山海经》的范畴之内，可以确认，无论是司马迁、刘歆，还是班固、王充及应劭等都没有与《大荒经》发生关系的证据，也找不出二者有从属乃至联系的迹象。我们无法视这种现象为偶然，说正好涉及《大荒经》的例子都散失殆尽。所以，应该承认：如果不是先验地认为《大荒经》是《山海经》的从属，那么，我们可以下结论说：《大荒经》和《山海经》渊源各自，长期分途流传，传统印象是缺乏史料依据的。

从文本流传的情况看，在先秦典籍中，既没有出现过《山海经》或《山海经图》之名，也没有出现过《大荒经》或《大荒经图》之名，这是由于其传播途径晦暗不明而尚未被有序考知，并不意味着我们可以下结论说它们就不曾存在过。《大荒经》和《山海经》的性质都曾属所谓官书，分别是殷商、东周时期关于天圆地方的神秘主义建筑结构的描述及内容记录。关于书名，照精研古书体例而又长期被忽视的余嘉锡 [1] 先生说："古人著

1　余嘉锡先生曾做过一些非常精彩的结论，李零先生称赞说"先生读书多广，善于归纳提炼，能由博返约，更见精深，直探古人心曲，故验以70年代以来出土发现的简帛书籍，若合符契。"（见《李零自选集》，广西师范大

书，既不题撰人，又不自署书名。"[1]古书只有"官书及不知其学
之所自出者乃别为之名"[2]，"古书之命名，多后人所追题……春秋
以前，并无私人著作，其传于后世者，皆当时之官书也。其书
不作于一时，不成于一手，非一家一人所得而私，不可题之以
姓氏，故举著书之意以为之名。"[3]"自撰书名，萌芽于《吕氏春秋》，
而成于武帝之世。"[4]所以，在那时见不到二者名字自然不用大惊
小怪。上文曾言，山海与荒并不构成一个逻辑序列，不管是自
命名还是他命名，显然都不是一个作者群所为。至于其书名与
篇名关系，二者也不甚合所谓的古书通例。[5]

学出版社 1998 年版，第 27、60 页)

1　余嘉锡：《古书通例·叙刘向之校雠编次》，上海古籍出版社 1985 年版，第
　　104—105 页。
2　余嘉锡：《古书通例·古书书名之研究》，上海古籍出版社 1985 年版，第 27 页。
3　余嘉锡：《古书通例·古书书名之研究》，上海古籍出版社 1985 年版，第 27 页。
4　余嘉锡：《古书通例·古书书名之研究》，上海古籍出版社 1985 年版，第
　　26—27、35 页。
5　李零先生根据出土发现，在余嘉锡先生结论的基础上，对古书通例做了很
　　好的归纳，对我们认识、解析古书有很大帮助。然而，无论《山海经》还
　　是《大荒经》，与其他古书差异较大，自然也与两位先生归纳的通例有别。
　　今以相关者预做解释，以免启人疑惑。"古书多无大题（书题）而只有小
　　题（篇题）。书籍普遍书写大题可能是隋唐以来的习惯。现已发现的简帛
　　书籍皆无大题，而只有小题。……古人不写大题，大概是因为：古书多以
　　单篇流行……大题并不重要；古书往往分合无定，出此入彼，缺乏稳定性。
　　但古书在流传过程中，却有各种习惯的称呼（往往并不固定，有各种异名）。
　　古书多以单篇流行，篇题本身就是书题。古书多经后人整理。古书多经后
　　人附益和增饰。古人著书之义强调'意'胜于'言'，'言'胜于'笔'。"（《李
　　零自选集》，广西师范大学出版社，第 60 页）《大荒经》和《山海经》本
　　身都是封闭、固定的体系，大题并非不重要，各篇内含特有的东南西北的
　　规定与限制，不太允许所谓的分合无定、出此入彼，其排序也必是固定的。
　　只有《山经》部分或有分合，但其分合也较固定，视其文字量而细化为某
　　"次二经"、某"次三经"等，这自然就窄化了单篇流行的概率，也限制了
　　异称的出现与变化，篇题本身并不容易变成书题。郭璞之前以单篇名字出
　　现的迄今尚未得见，以类出现的也是只见《山经》而已。官书所带有的神
　　圣性，不容人随意附益或增饰及变来变去。

我们从《历代名画记》中记述的著名古图《大荒经图》入手，再通过对现有材料及关键环节的重新审视，论证了《大荒经》与《大荒经图》有着更可能、更密切的关系，就证据而言，《大荒经》在郭璞之前没有与《山海经》有关系的材料，根本得不出《山海经》本来包含《大荒经》的结论，进而剖析了《大荒经》与《山海经》的明显差异，显而易见，由上下文的论述可互相印证，之前二者原非一体，没有二者合在一起的《山海经》本，换言之，《大荒经》与《山海经》本为一书的关系也就无从谈起，根本得不出《山海经》包含了《大荒经》的结论，反而强烈支持我们作出《大荒经》与《山海经》原本不是同一部书的推想。从源头看其二者之关系，实际上很清楚，就是两部性质相似的书，就像《老子》与《庄子》、孙武兵法与孙膑兵法等书的关系，不存在古本别行或别本流传的问题。而从内容上分析其差别，则更可以证实上述。实际上很清楚，传本《山海经》实际上是由不同的书合并而成，它的初始本由《山经》和海外四经构成；西汉后期某无名氏或刘歆等人将海内四经收入，是为班固所记之《山海经》；汉魏本来也没有将《大荒经》合在一起的传本《山海经》，它们分别是两部性质相似的书；再次由郭璞之手将《大荒经》收入其内加以合并，遂构成传世的《山海经》本。却从来被认为就是一部完整的书。这不仅导致了《大荒经》本相的失认，同时也使本来就奇诡难解的《山海经》更加复杂、纷乱与纠结不清。如果大家不是都顺着强大的历史惯性前进的话，要想将二者区分开来并不是难事。其依据除上述理由外，下文还要详论。

（三）郭璞与《大荒经》《山海经》之合并考

这就给我们提出一个必须明确回答的问题，谁？在何时？将二者合在一起使其成为一部书？就现状看，我们不可能找到一条现成材料当答案，只知道其最下限在郭璞之时。

1. 郭璞与《大荒经》《山海经》关系之分析

就《大荒经》和《山海经》流传的序列及其关系而言，只有前述那条孤证似乎能表明它们原本有关系，加上"十八篇"数字产生的巧合，使得众多研究者都陷入了一种迷局与困境之中。但正如上文所论述的那样，这种似是而非的观点并不可信。就人物而言，大家都将焦点集中在无甚干系的西汉刘歆身上，推导其如何如何，两晋间的郭璞只不过被认为是复刘歆所见之旧。但实际上，可以确定与二者都有关系的人物只有郭璞，这个环节也更为重要，所以需对郭璞加以认真细致地深入研究，并且材料也表明其为人细行更值得注意与怀疑。

郭璞是中国历史上非常著名的筮卜大师，生于晋武帝咸宁二年（276），卒于东晋明帝太宁二年（324）。史称其"好经术，博学有高才，而讷于言论，辞赋为中兴之冠"[1]。其学养与著述，"好古文奇字，妙于阴阳算历"，"抄京、费诸家要最，更撰《新林》十篇《卜韵》一篇。注释《尔雅》，别为《音义》《图谱》。又注《三苍》《方言》《穆天子传》《山海经》及《楚辞》《子虚》《上林赋》数十万言，皆传于世。"其"洞五行天文卜筮之术，攘灾转祸，通致无方，虽京房、管辂不能过"。之所以如此，是因拜了高师，"有郭公者，客居河东，精于卜筮，璞从之受业。"受秘籍，"公以《青囊中书》九卷与之，由是遂洞五行、天文"云云，"璞门人赵载尝窃《青囊书》，未及读而为火所焚"，令人匪夷所思。他对于传本《山海经》的注释等工作是学人尽知的，毋庸再费笔墨[2]，但他与《大荒经》的工作和关系却值得在此深究。郭璞与《大荒经》的直接关系体现在搜集了多种版本并对其加以注释以及注

1　房玄龄等：《晋书·郭璞传》，中华书局 1974 年版。

2　实际上，郭注并不精当，也并未真正理解原文。稍后的一些学者曾表达过负面的评价，梁江淹《江文通集》卷四撰《骚遂古篇·序》："郭释有两，未精坚兮。"崔颢《答豫章王书》"事富《山海》，郭璞注而未详。"

释《山海经》时引用了数条《大荒经》。其《大荒》五篇注文中某字"或作"某有六处，"一本作"某有两处，"一作"某有两处。这表明郭所见并非遗世单传之孤本。至于时间，《大荒东经》郭注有"晋永嘉二年（308）"语，《大荒北经》郭注有"晋太兴三年（320）"语，《海内经》郭注有"晋太兴四年（321）"语，表明其注释《大荒经》已进入东晋。所以郭注《大荒经》的面世及合并应该已进入东晋。[1]另据连镇标先生研究："郭璞开始研习、注解《山海经》的时间不迟于西晋太康七年（西元286年），《山海经注》的定稿时间不早于东晋太兴四年（西元321年）。为了注释《山海经》，郭璞用了36年左右的时间。"[2]连氏把注文中的引文时间当成做注时间，就其最下限而言，或许尚能说明一定问题；而就其上限则似有未谛，因为无从肯定标注中的引文年代就是实际作注的时间。郭璞虽是旷世之才，然以十岁之童注《山海经》恐难令人信服。包括《大荒经》的传本《山海经》正文总共不到3万1千字，郭注也只有不到2万4千字，就字数而言，很难让人相信是延宕36年才完成的作品。

郭璞是二者流播过程中现知可考的、既与《山海经》也与《大荒经》有着密切关系的第一人，材料也最为充分、直接，是

1　考明人《汉魏六朝百三家集》收录的《晋郭璞集》，内列《山海经图赞》甚详，它依《山海经》卷次排列，唯无《荒经图赞》，只在"海内东经图赞"后列有《补遗》十四条。清吴任臣《山海经广注》卷八引文有"大荒经图赞"语，但考其同样引文语，《广博物志》则谓为《山海经图赞》，而《汉魏六朝百三家集》语同而未有出处，因其在卷八，颇疑此处之《大荒经图赞》为吴任臣笔误所致。清人严可均辑佚的郭撰《山海经图赞》二卷，谓其"卷十四大荒经以下赞阙"，所辑图赞事关《大荒经》者共七条，有《大荒东经》两条，《大荒西经》两条，《大荒北经》一条，大荒《海内经》两条。考虑到郭璞注释《大荒经》的明确下限已是东晋太兴四年（321），距其卒年西元324年已不远，加上当时郭璞又处在时局纷乱的旋涡之中，我推测荒经的图赞有可能并未完成。

2　连镇标：《郭璞研究》，上海三联书店2002年版，第82页。

最为确凿可信的重要人物，也是最为关键的环节，这都使我们必须花气力和时间去认识他。

《晋书》郭璞本传充满了大量今人难以相信与评述的种种对"历史"和"超历史"事迹的混合陈述。对此，我们既无法仍然以神奇事迹看待，也难以彻底否定其存在。但若仔细体味，觉其在关键的环节上，往往存在人为安排的痕迹。例如，他在南下逃难途中，"抵将军赵固，会固所乘良马死，固惜之，不接宾客。璞至，门吏不为通。璞曰：'吾能活马。'吏惊入白固。固趋出，曰：'君能活吾马乎？'璞曰：'得健夫二三十人，皆持长竿，东行三十里，有丘林社庙者，便以竿打拍，当得一物，宜急持归。得此，马活矣。'固如其言，果得一物似猴，持归。此物见死马，便嘘吸其鼻。顷之马起，奋迅嘶鸣。食如常，不复见向物。固奇之，厚加资给。"在这里，我们可以认为，郭深通马术，知马尚未真正死亡，遂故弄玄虚。接着，郭璞"行至庐江，太守胡孟康被丞相召为军谘祭酒。时江淮清宴，孟康安之，无心南渡。璞为占曰'败'。康不之信。璞将促装去之，爱主人婢，无由而得，乃取小豆三斗，绕主人宅散之。主人晨见赤衣人数千围其家，就视则灭，甚恶之，请璞为卦。璞曰：'君家不宜畜此婢，可于东南二十里卖之，慎勿争价，则此妖可除也。'主人从之。璞阴令人贱买此婢。复为符投于井中，数千赤衣人皆反缚，一一自投于井，主人大悦。璞携婢去。后数旬而庐江陷"。这里直接说明了郭璞的人为安排，加上郭璞对总体局势的洞察力已经预料了大局的发展。两事另外的可能则是，北方陷胡，两地悬隔，两事但凭郭璞宣扬，出于郭口，传于士林，真伪难知。而璞既好卜筮，自称"前后筮验六十余事"，"自以才高位卑"，却适逢门阀政治时期，缙绅多笑之。出身次门的郭璞"才高命舛，仕途偃蹇"，郁郁不得志，且"性轻易，不修威仪，嗜酒好色，时或过度"，只是被最高统治阶层视为一个高级卜者，"消灾转福，扶厄择胜，时人咸言京（房）管（辂）不及。"[1]

综上所述，我们确定郭璞与二者皆有关系，依郭璞的学养、为人及行事，冒称《大荒经》是"逸在（《山海经》）外"的说法是更为可能的。较之去联系刘歆如何如何更为可取，也有着更为坚实的证据。在郭本中，二者成为一书，与此前迥异。

2. 郭后隋前传本《山海经》之流传略考

郭璞之后，要论证《山海经》和《大荒经》的关系，依然需追索其被引用情况，同样方法与此前相比竟有了不同的意义。其关系从数学上增加了出现交叉署名的可能，由于是《山海经》遮盖了《大荒经》，也就不可能出现标名《大荒经》而其内容在《山海经》的例子，实际上也就增加一种情况，出现标名《山海经》而内容实在今《大荒经》范围下的材料，这种情况说明该读者用的看的是郭本。而标名《山海经》的材料，如其出自《山海经》部分，就难以说明什么问题，因为它本来就应该如此标名，如释慧远《庐山记》引"《山海经》云：'庐江出三天子都，入江彭泽西，一曰天子障，彭泽也'"。与今本《山海经》字句异，其在今《海内东经》。同样标名《大荒经》的引用材料，如其出自《大荒经》部分，就需斟酌再三。这对说明二者间的关系有一定帮助，其意义因时间段的不同而有些微差异。

在东晋时期南方学人引用该部分内容时用的名字依然是《大荒经》。可考见的计有：张湛注《列子》时引用数条，卷一引《大荒经》曰："有思幽之国，思士不妻，思女不夫。精气潜感，不假交接而生子也。此亦白鹇之类也。"卷五曰："事见《大荒经》诗含神雾云'东注无底之谷'"，"《大荒经》云，有人珥两黄蛇、践两黄蛇，名曰夸父。"以上所引均见传本《山海经》之大荒五

1　《世说新语·术解》，刘孝标注引王隐《晋书》，《诸子集成》第 8 册，中华书局 1986 年版，第 184 页。

篇。另有"《大荒经》曰:'北极之神名禺强,灵龟为之使也'"条,
大约同期的崔撰注《庄子》也转引了此段文字[1],这确实是今本
未见之内容,只是我们不能确定二人所引的《大荒经》是别传
的另本,还是郭璞传本的散佚之文?从诸条材料如此一致,我
们揣测单传的可能更大一点。因为此时郭璞既然已将二者合并,
如他们所见为郭本,照余嘉锡、李零两先生的说法以小题引之
的话,当具体曰"大荒某经",若算大题引之的话,当曰《山海经》,
既都直称《大荒经》,则当为书名,即所谓的大题。

　　十六国时北方涉及《山海经》的人是前凉王张骏(公元
307—346),作有《山海经图画赞》。据研究者提供的材料,"张
氏《图赞》约成书于咸康年间(公元335—342年),晚于郭璞《图
赞》。"[2]考今存标名张骏涉《山海经》者只有两条,《初学记》卷
二十九马第四"麟形 鸡目"条引"张骏《山海经图画赞》曰'敦
山有兽,其名为谷,麟形一角'"。敦山麟形,今本俱无,鸡目,
今本卷十二《海内北经》郭注有。《太平御览》卷九百三十九引
"张骏山海经飞鱼赞曰'飞鱼如鲋,登云游波。'"今本《山海经》
卷五《中山经》牛首之山"滫水"、"騩山"(河中)两处有"多
飞鱼",今《大荒经》未涉此物。唯现存材料过少,未足下肯定
之结论。考虑西晋灭亡中原板荡,北方唯凉州一隅久享平安,
张骏著书距郭璞成书时间太短,所以张骏得见郭璞合并本的可
能较小,至于其是否见过单传的《大荒经》则难以空口白话。

　　到了晋末宋初的陶渊明撰《读〈山海经〉十三首》[3]诗时,

1　该段文字后世颇多引用,如,唐陆德明《经典释文》卷二十六转引"崔云
　　大荒经曰:'北海之神名曰禺强,灵龟为之使。'"宋江遹《冲虚至德真经解》
　　引"禺强,北方之神,灵龟为之使,故禺强使巨鳌举首而戴之也。"此段
　　疑也转引并加衍义。
2　谢巍:《中国画学著作考录》,上海书画出版社1998年版。
3　逯钦立校注:《陶渊明集》卷四,中华书局1979年版。

其第六首¹、第九首²涉及了《大荒经》的内容，这足以使我们认定陶渊明接触过的《山海经》是包括《大荒经》的。南朝宋裴骃著《史记集解》，其卷四引文即称"《山海经·大荒经》曰：'黑水青水之间，有广都之野。'"在今《大荒海内经》，"《山海经》曰：'有人，人面兽身，名曰犬戎。'"在今《大荒北经》。这意味陶渊明、裴骃见到和引用的就已经是郭璞的合并本，宗炳《答何衡阳书》引"《山海经》说死而更生者甚众，昆仑之山，广都之野，轩辕之丘，不死之国，气不寒暑，凤卵是食，甘露是饮，荫玗琪之树，歃朱泉之水，人皆数千岁不死。及化为黄能，入于羽渊"，其中"广都（有作都广）之野"仅见今《大荒经》，其他或为共有，或仅出《山海经》；其《又答何衡阳书》有"刘向称《禹贡》九州，盖述《山海》所记，申毒之民，偎人而爱人。郭璞谓之天竺，浮屠所兴"³。"伯益述《山海》，天毒之国，偎人而爱人。郭璞传'古谓天毒即天竺'。"⁴天毒事及注仅出《大荒经》，但连伯益与《山海经》及郭注一并述之，则宗炳所见也一定是郭璞的合并本。从此，典籍记载开始明确郭璞与传本《山海经》的关系。⁵

1　"逍遥芜皋上，杳然望扶木。洪柯百万寻，森散覆旸谷。灵人侍丹池，朝朝为日浴。神景一登天，何幽不见烛。"诗所描绘合于《大荒经》"大荒之中有山，上有扶木，柱三百里。有谷曰旸谷，上有扶木。注云：'扶桑在上'。""甘水之间，有羲和之国。有女子名曰羲和，方日浴于甘渊。羲和者，帝俊之妻，生十日。"

2　"夸父诞宏志，乃与日竞走。俱至虞渊下，似若无胜负。神力既殊妙，倾河焉足有？余迹寄邓林，功竟在身后。"夸父逐日是《山海经》和《大荒经》共有的，但虞渊仅见今《大荒北经》，原文作"禹谷"，郭注"禹渊，日所入也。今作虞"；邓林仅见今《海外北经》，"弃其杖，化为邓林。"把《山海经·海外北经》与《大荒北经》所描绘的情况合起来即为该诗。

3　释僧祐：《弘明集》卷三，四部丛刊初编本。

4　释僧祐：《弘明集》卷二宗炳《明佛论》，四部丛刊初编本。

5　《隋书·经籍志二》有"《山海经》二十三卷郭璞注"，《旧唐书·经籍志上》有"《山海经》十八卷郭璞撰"，《新唐书·艺文志二》有"郭璞注《山海经》二十三卷"。此处状况，盖即余嘉锡（《古书通例·古书不题撰人》，上海古籍出版社1985年版）所谓"周秦古书，皆不题撰人，俗本有题者，盖北朝现存早中期史料中未见有关《山海经》或《大荒经》的材料，直至北魏末年，两大名著中引《山海经》者颇多，且已将《大荒经》的内容径称为《山海经》，并称郭璞注如何如何，说明其所见流传之本皆为郭之合并本。《齐民要术》卷十引用了十二条《山海经》，其中有"《山海经》曰：'广都之野，百谷自生，冬夏播琴。'郭璞注曰：'播琴，犹言播种，方俗言也。''爰有膏稷、膏黍、膏菽。'郭璞注曰：'言好味，滑如膏。'"其内容见今《大荒海内经》，"《山海经》曰：'盖犹之山，上有甘柤，枝干皆赤黄，白花黑实也。'"见今《大荒南经》。其他有出今《海内西经》《海内北经》各一条，《西山经》三条，《北山经》一条，《中山经》四条。郦道元《水经注》引用了一百三十条左右《山海经》，其中不少可确认是出自《大荒经》部分而被标注为《山海经》的，也有称引郭璞的。如卷一"《山海经》曰：西海之南，流沙之滨，赤水之后，黑水之前，有大山名昆仑"，出今《大荒西经》，"有开明兽守之，百神之所在。郭璞曰'此自别有小昆仑也'"；卷三十六引"《山海经》曰：'南海之内黑水之间，有木名曰若木'……《山海经》曰'巴遂之山，渑水出焉'"，出今《大荒海内经》；卷四十引"《山海经》曰：'洪水滔天，鲧窃帝之息壤以堙水，不待帝命。帝令祝融杀鲧羽郊者也。'"出今《大荒海内经》，另两条直接引《大荒西经》。北朝末年的颜之推也仍是将《山海经》和《大荒经》混在一起的，"或问《山海经》，夏禹及益所记，而有长沙、零陵、桂阳、余暨，如此郡县不少，以为何也？答曰：史之阙文，为日久矣，加复秦人灭学、董卓焚书，典籍错乱，非止于此……皆由后人所羼，非本文也。"[1] 所谓长沙零陵，语出今

<hr>

后人所妄增。"（第 18 页）"自《隋志》以后，凡古书之注某人撰者，多误以传其学之人，即为著书之人，而今本所题之撰人，有后世浅人，据隋唐志所妄增矣。"（第 21 页）

1　颜之推：《颜氏家训·书证篇十七》，四部丛刊初编本。

《大荒海内经》, 桂阳、余暨并出今《山海经》卷十三《海内东经》。后代以《大荒经》文属之《山海经》名更是不乏其例。

综上所述,《大荒经》在郭璞之前没有与《山海经》有关系的证据, 从二者流传及其发生关系的材料看, 直到郭璞时,《大荒经》才确实有与《山海经》在一起的证据, 只有郭璞这个环节是确认无疑的。通过对关键的孤证材料进一步进行认真解读与审慎分析, 我们推测是郭璞称《大荒经》本来是《山海经》的逸篇而将二者合并。而郭璞之后的短期内, 二者似依然分途流传, 北方张骏似有《山海经》, 南方似还有单本的《大荒经》在流传, 只是到了晋末及南朝宋时期, 从陶渊明、裴骃及宗炳开始发生了一个显著变化, 我们确认他们见到的才是二者成为一体的。可能随着时间的演变, 由于郭璞的名气, 加上郭本内容有丰富的注释及所谓“更全”（多出了《大荒经》）而为人接受, 就渐渐战胜分途流传的情况而成为定本, 从此再也没有被分开而得以流传至今, 千古以来的人就误将其当作是从属于《山海经》的一个部分, 惨遭失认, 丧失了其应有的崇高地位和巨大价值。对于《大荒经》而言, 要不是郭璞这画蛇添足的一笔, 它也就不可能被保存、流传到今天。即便这导致了《大荒经》本相的失认, 也使本来就奇诡难解的《山海经》更加复杂、纷乱与纠结不清。无论怎么讲, 郭璞的功劳是非常之大的, 可称功也郭璞, 罪也郭璞。

郭璞将《大荒经》与《山海经》合并确定了传本《山海经》的总体面貌, 文本《大荒经》的重要性及真相就从此被遮盖、隐形, 被当成传本《山海经》的一个从属部分流传下来。

传统的主流说法与其实际经历, 大略可如表。传统一般认为刘歆时是全本, 而后分离, 至郭璞复合。而实际的演变关系如图所示, 刘歆时《山海经》与《海内四经》合并,《大荒经》仍然单传, 至郭璞合为今本。传本《山海经》中《大荒经》和

《山海经》的这种情况，在古典文献的研究史上，以笔者之孤陋寡闻，尚未见到第二例。实际上，支持传统印象的材料是薄弱的，逻辑也颇有漏洞，但该传统却那么强韧，要想打破它并不容易。因为缺乏直接的新材料，所以建立符合历史真相的逻辑体系就不十分充分，也不得不进行上述烦琐复杂的考证过程。当我们从一个长时段看《大荒经》和《山海经》的变化，探讨出一种可能性——相当大的可能性，这使二者间模糊的关系清晰化了。这种方法的有效性，如无其渊源各自的充足证据，其有效性是会成问题的。可以说，流变的考察和渊源各自缺一不可。

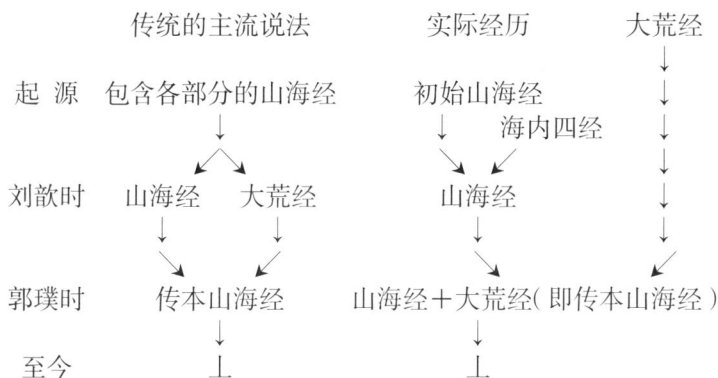

	传统的主流说法	实际经历	大荒经
			↓
			↓
起　源	包含各部分的山海经	初始山海经	↓
		海内四经	↓
	↓	↓	↓
刘歆时	山海经　大荒经	山海经	↓
	↓	↓	↓
郭璞时	传本山海经	山海经＋大荒经（即传本山海经）	
	↓	↓	
至今	⊥	⊥	

3. 坚韧的《大荒经》使用传统简析

即便如此，《大荒经》的特殊性我们还是时时能明显感觉到，古书引文中直称《大荒经》者比比皆是，甚或经常与《山海经》之名并列。例如，唐李善《文选注》卷十五称，引《左氏传》云云，引《大荒经》"西北海之外，大荒隅有山而不合，名曰不周"，引《淮南子》云云。《六臣注文选》卷十五同上。南宋洪兴祖《楚辞补注》卷三以《大荒经》与《淮南》《山海经》及《离骚》并称。清纪容舒撰《孙氏唐韵考》卷一："案搜神记、精怪图、山海经、博物志、四夷传、大荒经、南越志、西域记……"云云。但若想确凿地证明其特殊性也并不容易，实际上，所有的使用者均难说是有意为之。这是因为，古人引书习惯都不太规范，书名、篇名往往不分，而是混在一起直接引用，其例子不胜枚举。具体到《山海经》来说，也有以《海外经》《海内经》称呼《海外》四经、《海内》四经的。[1]《大荒经》的特殊性还表现在：它在被合并入《山海经》并在丧失了独立性的情况下，默默地存在于传统之中，时时让人感受着。而其源头《大荒经图》和《山海经图》在郭璞之后的相当长时间里依然分途流传，虽则我们尚无法确定该实物的佚毁时间，但这两个名字在古书画界这个小圈子里依然形单影只，影影绰绰地昭示着一种原始传统的遗存，昭示它们有着各自的直接来源，等待着人们重新揭开历史的真相。

　　通过对《大荒经》流传、变化的考察，我们发现一个关键问题：《大荒经》有着不同于《山海经》的一种强韧传统，始终默默地存在于古代文化之中，相当一部分文人在使用《山海经》和《大荒经》时还是有所区别的，他们以《山海经》作为奇诡荒怪的代称，而以《大荒经》作为荒诞无稽的同义词。其中李商隐的"那劳《出师表》，尽入《大荒经》"[2]就是非常著名的诗句，屡屡为人引用。人们甚至还编造一些荒诞之事，属之《大荒经》。明杨慎《升庵集》卷十一记载一件趣事，"《仓庚传》：梁武帝代齐，篡居齐宫后庭，稚齿在潘余之亚者，损之又损，尚溢乎百数。郗后心妒焉。帝闲居，一日览《大荒经》云：'仓庚食之，令人不妒。'遂下令虞人收捕

1　根据余嘉锡和李零两位先生所谓大题小题的说法，传本《山海经》似可说有一个中题概念，除《山海经》作为大题无疑义外，《山经》《海经》《大荒经》则或大或中或小，并无绝对界限，视情况而定，更多以中题出现，而《海内经》和《海外经》皆可谓之中题，他们不是书中原有的，而是人们习惯中使用的一个类概念。

2　叶葱奇：《李商隐诗集疏注·寄太原卢司空三十韵》，人民文学出版社 1985年版。

此鸟，络野笼山，佛首争献者盈轩墀。乃敕中庖以为宫膳，旦旦不继他肉。后与帝食而甘之，帝心冀其术之速验，试问后曰：'此余甘，可以分诸夫人乎？'后即辍箸不食。帝曰：《荒经》曷予欺乎！'"仓庚：查之传本《山海经》，不获。杨慎著有《山海经补注》一卷，他对于传本《山海经》应该是熟稔的，况且南宋本、明本《山海经》今日也能见到，未见有仓庚之说。详考此事，既未见诸史册，也未见诸野史笔记。杨慎此说为古书首出，可能属之余嘉锡所谓古书多造作故事的传统。明人对此未见异词，反倒勤于转述，《文章辨体汇选》卷五四六，《明文海》卷四二三等都转述该事。叶舒宪先生说:《山海经·荒经》为中国文学中"荒远怪异"意象和"荒诞无稽"观念提供了"政治地理"的原型。时间的"古"和空间的"远"是对"荒"的想象之条件。在儒家正统意识控制下，文化代码系统专用"荒""怪""异"之类象征边缘性和异端性的语汇来为"王化之外"的空间和事物命名。而与"中心"和秩序相对立的"荒"的理念也为一切反叛和挑战正统价值的言论找到立足点。贾宝玉来自"大荒山"，庄子、曹雪芹等标举"荒唐言"，皆为其例。[1] 对此传统倒是做了很好的注脚。只不过他忽略了《大荒经》的本意是意识结构上的，而代之以地理上的距离远近。这种情况并非因人们意识到了《大荒经》和《山海经》曾经存在过上述复杂的演变，而是与传本《山海经》这种特殊结构尤其是《大荒经》文内容难以理解的独特性密切相关。

（四）分则两利　合则俱伤——新研究必备的出发点

我们从二者间在书（经）名、篇目排序的截然不同、避讳字和校书款识的有无等诸多方面找出其明显差异。借此描绘一

1　叶舒宪:《"大荒"意象的文化分析——〈山海经·荒经〉的观念背景》，《北京大学学报》（哲学社会科学版）2000 年第 4 期。

个论证的线索与梗概，上文详证在郭璞之前，《大荒经》与《山海经》并无关联，直到郭璞手中二者才开始出现在一起。换言之，《大荒经》与《山海经》本为一书的关系也就无从谈起了。就证据而言，《大荒经》和《山海经》的流传序列及其关系只有前述那条孤证似乎能作某种证明，加上“十八篇”数字产生的巧合。这就使得众多研究者陷入了迷局与困境之中。但正如本文所论述的那样，这种似是而非的观点并不可信，如果大家不是都顺着强大的历史惯性，要想将二者区分开来并不是难事。

　　笔者研究表明，《大荒经》是传本《山海经》中独具特色的一部分，《大荒经》本来不是传本《山海经》的一部分，并考证《大荒经》《山海经》本是有着不同来源和传播途径的两部书，经郭璞合并之后，人们全都误以为《大荒经》是《山海经》一个从属、次要的部分。顾颉刚先生尝言，我国古代先秦文献都在西汉末年受到了较大改篡，唯传本《山海经》幸免。[1] 此语颇有见识却稍欠准确，因《山海经》也被刘歆等人整理过，还留下前述校书款识，并不一定是原始面貌，故而才有许多学者怀疑刘歆父子对其删减、改篡。而《大荒经》却不然，未经刘歆等人之手，是原汁原味的。吕子方、蒙文通及袁珂诸先生的结构划分实际已经为深入、精确、细致研究与剖析传本《山海经》开辟了正确的门径，后来者如果辨源析流、究其流变即可直达明境之域，如果那样的话，本节之作完全可以避免。令人惋惜的是人们均未推门而入，依然迈上古往今来的传统之路，仍将三部分混杂在一起，有的学者只是将山经部分与海荒部分分开研究，将相隔数百年的材料混同使用，犹如将刘邦建汉前后的材料与十六国刘渊之汉的材料放在一起，那其得出的结论就不问可知了。这些年来，传本《山海经》的研究状况就是如此，动

---

1 《顾颉刚读书笔记》，台湾联经出版公司 1990 年版。

辄几十万乃至上百万的宏论高著常常就建立在不可信的结构划分的基础之上。今天，我们必须重新认识《大荒经》与《山海经》的真实关系，必须注意《大荒经》与《山海经》的本相与差异，将二者正确地区分和对待，将其混在一起而不加区别地使用就必然造成混乱。所以，分开研究则两利，合并研究则两伤，分开是极为迫切的，也是十分必要的，是正确、全面认识传本《山海经》的必由之路。

我们知道，不重视材料的甄别与判定，其结果不仅影响结论的准确性，更可能就是所谓"差之毫厘，失之千里"，甚至得出截然相反的结论。对于历史学者来说，这是一个常识。但对具体研究者来说，并不是每一个题目都能时时刻刻意识到此点并加以贯彻的。对于传本《山海经》的研究来说，结构的正确甄别、区分尤其是最基本的首要问题。这是因为，在通常评判传本《山海经》的成书年代、作者地域等方面的诸多理由，对于《山海经》是一个结论，而在仅对《大荒经》时却可能是不同的、乃至截然相反的结论。通过笔者的研究，揭示了《大荒经》中蕴含了东夷不同历史阶段、多层次的原始宇宙观，包括了后代典制的奠基之作——司马迁八书范畴中的天文、历法、乐、律及封禅五书的原生态内容。而《山海经》则含有地理、天文、灵界等许多方面的内容。

《大荒经》所记述之许多内容与思想具有唯一性，多属上古之唯一记载，如帝俊，大部分专有名词（国名、山名和水名）不可考，与现有古代经典大多无通连之处，仅与《山海经》等个别典籍还存在着若隐若现的联系，若不细细寻觅则相通之处也不易觉察。比如，尚有相同的名字如国名、山名，郭注《山海经》时引用了数条《大荒经》就很能说明这个问题。《山海经》卷六引"《大荒经》云：'此国自然有五谷衣服'"；卷七引"《大荒经》曰：'岷山之南'"，此条今本无，且《大荒经》整体上未涉江南地域，疑误待考；引"《大荒经》云'大穆之野'"；卷九引"《大荒东经》作十尾"，引"《大荒经》又云：'一日方至，一日方出'"，引"《大荒经》云'毛民食黍者是矣'"。其中方位等细微处或小有不同，然其大体尚属一类东西。但他们又不像后代那种诠释性的文章体例。郝懿行、毕沅谓其释经之外篇[1]，袁珂等先生则谓海外等篇是解释《大荒经》的[2]，也都是对其间相似性的某种认识与感觉。另外，我们还可从其内在精神、思想、风格和气质方面体味出《大荒经》与颛顼后裔所建之楚、之秦隐约存有相通之处，这在其典籍比如《天问》中就有反映。当然，这种体味必然会带有艺术联想的色彩，有些东西甚至是可意会不可言传的，鉴于本文属历史文章就不再铺陈。

据笔者的研究，《大荒经》是对商代某象征天圆地方原始宇宙观的神秘主义建筑之结构及其壁画内容的记录与描述，结构如图所示，包括了灵界圣地之记录，其壁画一变而为《大荒经图》，再变而成《大荒经》文。并推测《大荒经图》曾演变成类似史传中所谓"图法"之类的东西，《吕氏春秋·先识览》："夏太史令终古，出其图法，执而泣之。夏桀迷惑，暴乱愈甚，太史令终古乃出奔如商。汤喜而告诸侯曰：'夏王无道，暴虐百姓，穷其父兄，耻其功臣，轻其贤良，弃义听谗，众庶咸怨，守法之臣，自归于商。'殷内史向挚见纣之愈乱迷惑也，于是载其图法，出亡之周。武王大说，以告诸侯曰：'商王大乱，沉于酒德，辟远箕子，爱近姑与息，妲己为政，赏罚无方，不用法式，杀三不辜，民大不服，守法之臣，出奔

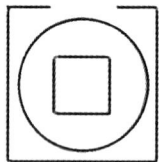

1　郝懿行：《叙》，《山海经笺疏》，清光绪十二年（1886）还读楼校刊本。毕沅：《山海经篇目考》《山海经新校正》，清乾隆四十六年（1781）灵岩山馆刻本。
2　袁珂：《〈山海经〉写作的时地及篇目考》，《神话论文集》，上海古籍出版社1982年版，第13页。

周国。'""图法"对早期国家重要性于此例可见一斑。后来楚帛书"缯书"即此类东西，属合法性之传授。《大荒经》为我们提供了一个难得的机遇，使我们可以做一个横断面的研究。

而《山海经》的性质，向来莫衷一是。司马迁之语"言九州山川，《尚书》近之矣。至《禹本纪》《山海经》所有怪物，余不敢言之也"[1]，该语是在谈论地理时涉及《山海经》及其怪物，虽然未及深究书的性质，但我们可以认为司马迁是认同它带有地理性质的，只不过其中怪物未被理解；从刘歆的表文看，他是倾向于地理和博物性质的；班固《汉书艺文志》将《山海经》列入数术略刑法类，属之巫卜星象之类图书；东汉明帝以《山海经》《河渠书》《禹贡图》同赐王景备其治水参考，明显视之为实用地理书；而《隋书经籍志》史部地理类开篇就是《山海经》；《旧唐书·经籍志》《新唐书·艺文志》也都将其著录在史部地理类中；《宋史艺文志》列其入五行类；明胡应麟视其为神怪之书，称其为语怪之祖；《四库全书总目提要》认其为最古之小说；而清末张之洞以其为古史类著作；鲁迅先生认其为巫书；袁珂先生说"匪特史地之权舆，亦乃神话之渊府"。其中《隋志》之后所指皆系传本《山海经》。

实际上，最初始的观点中往往蕴含着事物的本来认识，而后人的研究容易夹杂自己的时代特征、文化背景及其主观意识，因而，搞清最早的状况是十分必要的。总结先秦西汉图书的目录学集大成之作的刘歆《七略》（今佚）的观点尤为值得重视，其成果保留在班固《汉书·艺文志》，它说："数术者，皆明堂、羲和、史卜之职也。史官之废久矣，其书既不能具，虽有其书而无其人。易曰：'苟非其人，道不虚行。'春秋时鲁有梓慎，郑

1　司马迁：《大宛列传》第六十三，《史记》卷一二三，中华书局1982年版，第3179页。

有裨灶，晋有卜偃，宋有子韦。六国时楚有甘公，魏有石申夫。汉有唐都，庶得粗粗。盖有因而成易，无因而成难，故因旧书以序数术为六种。"刑法者，大举九州之势以立城郭室舍形，人及六畜骨法之度数、器物之形容以求其声气贵贱吉凶。"在这里请注意"明堂""羲和""史官"及列举甘公、石申夫、唐都等古天学家人名与"九州之势"。明堂羲和史卜之职，在上古属于最早的知识阶层，多在酋长后侯身边，掌控解释宇宙天地、世界万物的话语权，地位显赫。上古国家管理之诸多事务，不能没有图画文献以记之，即所谓九州之势。考《周礼》所载官职即有一些与此相关。《周礼注疏》卷十"大司徒之职，掌建邦之土地之图，与其人民之数……以天下土地之图，周知九州之地域，广轮之数，辨其山林川泽丘陵坟衍原隰之名物。"卷三十三夏官"职方氏，掌天下地图以掌天下之地，辨其邦国、都鄙、四夷、八蛮、七闽、九貉、五戎、六狄之人民与其财用、九谷六畜之数，要周知其利害。"卷三十六秋官复有冥氏、庶氏、穴氏、翨氏、柞氏、剃氏之属，掌攻夭鸟猛兽虫豸草木之怪蠥。此处引证《周礼》诸条，意在说明早期国家之管理不能没有图以佐之。限于篇幅，难以详论。但可以认为，班固的理解是最准确的，《山海经》就是关于此类东西的介绍。

司马迁说："秦拨去古文，焚灭《诗》《书》，故明堂、石室、金匮、玉版，图籍散乱。"[1] 说明明堂还是秦前保存图籍的重要地方，并且被列在首位，此点一向为人忽略。

明堂如《山海经》一样，也是长期困惑史学界的"怪物"，但若把二者结合起来就有可能破解。考古人员已经发现了周王室早期周原明堂的遗迹，虽然未见及圆形的圜水，可是据杨鸿勋先生复原图，其方形平面的顶部是一个圆形的屋顶，也可以

---

1 司马迁：《太史公自序》，《史记》卷一三〇，中华书局 1982 年版，第 3319 页。

说含有天圆地方的寓意，而宗周成周则尚未发现明堂遗址，但两汉晋唐都发现了明堂遗址，内中都有圆形圜水的存在，下图是西汉明堂遗址平面图[1]，我们可将该圜水视为象征性的，称之为四海或八海，这与文献的记载是一致的。《太平御览》卷五三三《礼仪部十二·明堂》引《明堂阴阳录》："明堂之制，周旋以水，水行左旋以象天。""周旋以水"就是圜水，象征天圆，而海内象征地方，表达了古人建筑中反映天圆地方的原始宇宙观，这就是古人行文和口语中以四海指代天下的原因。另外，古城池四方且环绕以水，且远古聚落环壕有水，都属可比拟的小四海。就上层的统治者而言，明堂里的四海是一种实在的象征，对普通老百姓而言，一直认为是生活在大海围绕的土地上。所以，我们有理由认为宗周成周明堂也有这圈圜水，且是承继商代而来。卷六篇首"海外自西南陬至东南陬者"，卷七篇首"海外自西南陬至西北陬者"，卷八篇首"海外自东北陬至西北陬者"，卷九篇首"海外自东南陬至东北陬者"，海外四经成为一个组合；卷十篇首"海内东南陬以西者"，卷十一篇首"海内西南陬以北者"，卷十二篇首"海内西北陬以东者"，卷十三篇首"海内东北陬以南者"，海内四经又是一个组合。

陬者，隅也。前人曾有以此证神巫或旅游者周游四海而记之来解释，这明显是在众说纷纭的诸多解释之中再增加一种貌似实证而实则更为荒诞的一种解释而已，而参考此图联系其结构，我们毋宁用墙角解陬，用两圈壁画解之或许更为可信。

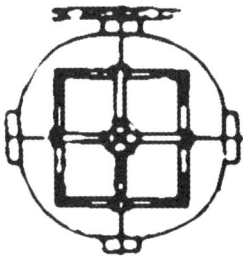

1　参见王世仁：《中国古建探微》，天津古籍出版社 2004 年版，第 25 页；杨鸿勋：《宫殿考古通论》，紫禁城出版社 2001 年版，第 280 页。

从二者描述的结构看，他们确为同类性质的东西，都与象征古代天圆地方的原始宇宙观的神秘主义建筑有关，只是在细节上有所不同。此类研究，巫鸿《"图""画"天地》文（载《礼仪中的美术：巫鸿中国古代美术史文编》，三联书店 2005 年版）和李零《式与中国古代的宇宙模式》文（载《中国方术考》（修订本），东方出版社 2001 年版）有精湛研究，可以参看。这种模式用汉刘向《说苑·辨物》中"八荒之内有四海，四海之内有九州"一句话倒是比较简明。在性质上，《山经》和《大荒海内经》相类似，象征地方；海外四经与荒经四篇相类似，皆是关于天文灵界的内容，圆形圜水象征海、象征天圆；海内四经是一个更为复杂的特殊问题，待后研究。

当我们将《大荒经》从传本《山海经》里析离出来，并分别对它们进行单独的研究，可以预期，随着研究进展与深入，学术界可渐渐积累起经过深入分析、仔细处理过的《大荒经》和《山海经》的各自资料。这将会使每种经文各自具有的特定时代、地域及社会思想特征乃至整个的文化背景和原境日渐清晰，从而可以为进一步、更高层的比较与综合研究打下一个新的基础。这对于上古史的研究是十分必要的。

（五）《大荒经》内容商代说

仅做到上述论述还远远不够，史学家如何能对可靠年代仅仅是两晋之际所出的典籍判定价值？谁又敢放心使用？我们认为：虽然其传诸士大夫阶层较晚，但并不能减损其价值。即便大名鼎鼎的《庄子》在西晋以前虽有著录，但也呈无人注解、乏人问津的沉寂状态，只是到西晋像《竹书纪年》、《穆天子传》及《帝王世纪》等原始经典纷纭出世时，才突然因向秀、郭象的注释而勃起成为显学，而后继之以东晋崔撰、司马彪等人续注而光大。还有像郭璞所说西汉煊赫一时的《山海经》如无《穆天子传》及《竹书》的现世也就废弃了。所以，它的价值不在传诸精英阶层的时代，在其内证所体现的内容，而要想让人放心使用，关键还是准确、清晰地判明其时代。这是十分重要的。而《大荒经》这样的远古典籍通常都是难以确定写定年代的，但我们可以通过对其内容做各种分析来把握其对应的时代以化解此一难题，民国学人杨鸿烈指出宇宙间凡能考察出"时间性"的事物或现象都是史料是极为通达之史料观。《大荒经》在内证方面十分过硬，笔者着重用历史学眼光对其进行一个长时段的审视和多方位考订尚可识认的内容后，再结合原始宗教、人类学及考古学等角度进行衡量，找出了大量只能存在于商代的内容，它的下限不晚于周武灭商，除下文论述的内容之外，还有如四海观念的形成也是铁证，这种背景只有 6 千年前的山东才能具备，在在表示《大荒经》是原始经典，从而判定只有将其总体内容置于殷商的时空框架内才能得到合理而完满的解释。此外，《大荒经》之所以一直被视为荒诞无稽，还在于学者对其渊源、性质和时代缺乏正确的认识。

1. 从文字学、语言学看经文的殷商属性

从《大荒经》与甲骨文的对应看，王国维上世纪初叶对王亥的研究使人首次震撼于《大荒经》的价值；[1] 胡厚宣在 40 年代

1　王亥在甲骨文中存在是确认的，如何解释有不同意见。王国维指出："亥"，文献中误作该、核、垓、振、胲、胘、冰等形。《山海经》载原始神话，故作王亥不误。王国维以亥即商王世系的振，恐误。周鸿翔《商殷帝王本纪》（香港中文大学 1958 年，第 4 页）认为：被誉为"极其精确"、对商史研究贡献巨大的王国维所谓卜辞王亥即《史记·殷本纪》中振的考证并不可信，理由是商人先公先王自上甲以下甚至先妣诸母皆以天干字为名，"今契文'王亥'独以地支名，揆之史实、殊有纳罅。"其师饶宗颐序指出"卜辞所见人物有子卯午等，殊不足怪"，建议删去否定说，但周坚持不肯。笔者认为应视有子卯午者是否为王族而定，如为王族则饶议有理，如非王族则周论有道。以其为商祖者忽视此与前密不可分的"困民国及勾姓"，而王亥是人形，非如其他身体部位混杂鸟元素者，更未遭玄鸟之迹，况"两手操

首发四方风神之覆，再次强烈冲击了人们的传统认识。而后几十年中，四方风神的材料复经杨树达等先生一再引用、剖析 [1]，商史及甲骨学界对此可谓极为熟稔。仅此两点就昭示它们的关系难以忽视。此外还有不少对应例子：以帝字为例，夏启宾于帝，甲文商王宾于帝 [2]；帝的权能与甲骨文的研究也吻合，在殷代，帝

鸟，方食其头"更显其非以鸟为图腾，因王亥服牛而商人却多以牛祭；再者以高祖亥为商祖则无以解释高祖河、岳何以不为，卜辞高祖显非后世"高祖"义。亥非商祖请参伊藤道治《中国古代王朝的形成》中论证。王亥地位还可由宋人回溯评价其族发展史上重要人物加以印证，《国语·鲁语上》"商人禘舜而祖契，郊冥而宗汤"，"上甲微……商人报焉。"此商即宋是据徐旭生研究，此中无王亥与《史记》同，值得注意；而更重要的舜契冥在卜辞中迄今未得确认，尚待研究，但他们均不如卜辞王亥。也许宋人与殷商人认识不一致。以王亥在商王系并非没有文献依据，战国《天问》及郭璞引《竹书纪年》即然，如何解释差异尚待研究。蒙文通论先秦文献记述常因区域而异，固确（《古史甄微·自序》，巴蜀书社 1999 年版）。刘源说："伊藤的观点，较好地解释了为什么先公的自然神属性较强的难题，但要使人相信被殷人供为高祖的夒、王亥本是异族神灵还需要更多的材料来证实。"（《甲骨学殷商史研究》，福建人民出版社 2006 年版，第 311 页）《荒》文属大社内容，故不涉商祖事。

1　据不完全统计，有 1954 年杨树达《甲骨文中之四方风名与神名》，1955年陈梦家《殷虚卜辞综述》，1956 年胡厚宣《释殷代求年于四方和四方风的祭祀》，1959 年陈邦怀《四方风名》，1961 年丁山《四方之神与风神》，1979 年于省吾《释四方与四方夆的两个问题》，1982 年曹锦炎《释甲骨文北方名》，1985 年李学勤《商代的四风和四时》，1988 年饶宗颐《四方风新义：时空散点与乐津》，1991 年陈汉平《古文字释丛·释因》，1992 年裘锡圭《释南方名》，1993 年蔡哲茂《甲骨文四方风名再探》，1994 年冯时《殷卜辞四方风研究》，1994 年郑杰祥《商代四方神名和风名新证》，2004 年王晖《论殷墟卜辞中方位神和风神蕴义及原型演变》，2006 年常玉芝《商人的四方神崇拜》；民俗学者萧兵另有相关文章。

2　王晖考证《甲骨文合集》1402 正版上刻辞有 5 对"宾"的用法与《大荒西经》中"夏后开上三嫔于天"及《楚辞·天问》"启棘宾商［帝］，九辩九歌"中的"宾"或"嫔"的用法同，一般是指在下位的或晚辈到上位的或长辈处去作宾配享（《商周文化比较研究》，人民出版社 2000 年版，第 37—38 页）。朱风瀚另指出：卜辞祖先"宾于帝"之宾字意思是作客

虽是权能最大、最全、最广泛的神,但"'帝'只是殷代诸神之一,而不是诸神之长……整个有殷一代,从未存在过一个统一的、至高无上的神灵"[1]。"在商代至上神是不存在的,上帝实质上是诸多先王的联合体。至上神是周代才出现的。"[2]具体的如帝俊(或夒)与甲骨文的 🐒,各家解释不同但有对应可以肯定;《大荒西经》中灵山十巫之巫咸与传世文献及甲骨文有着清晰明定的对应,巫彭则有可能[3];帝俊之妻日神羲和、月神常羲即甲骨文的东

(《商人诸神之权能与其类型》,吴荣曾主编:《尽心集:张政烺先生八十庆寿论文集》,中国社会科学出版社 1996 年版;《商周时期的天神崇拜》,《中国社会科学》1993 年第 4 期)。都看出商代与诸帝尚未建立起直属的亲近关系。商人自身之帝不意味他们排斥其他各族之帝,或许会降低其职能,但不会否认该帝之神格,集合众神应是明显的,商不可能只有一个上帝,甲文对帝的研究需细化。

1　晁福林:《论殷代神权》,《中国社会科学》1990 年第 1 期。

2　Robert Eno, *Was There A High God Ti In Shang Religion*(《商代宗教有无至上神"帝"》): Early China15(1990),1–26.转引自刘源:《甲骨学殷商史研究》,福建人民出版社 2006 年版,第 298 页。当然,也有著名学者如郭沫若认为当时存在至上神(《先秦天道观之发展》,《青铜时代》,中国人民大学出版社 2005 年版,第 3 页),本文并不讨论。

3　《尚书》与《离骚》均载咸商代重臣,《史记正义》也称其"殷贤臣也",郭璞《巫咸山赋·序》则云"巫咸以鸿术为帝尧医",饶宗颐《中国宗教思想史新页》(北京大学出版社 2000 年版,第 132 页)称"巫,从殷以来成为官名,复演变为神名。为大神巫咸之名……证之卜辞,确有其人。他死而为神,故屈原引以为重。"罗振玉《殷虚书契考释》(文物出版社 2008 年版)、岛邦男《殷墟卜辞研究》(上海古籍出版社 2006 年版)均以咸戊是巫咸,陈梦家《殷墟卜辞综述》(中华书局 1988 年版)认为卜辞中有巫咸。巫彭见于《世本》,商代大巫、宰相;《尚书·牧誓》周武同盟中有彭国,不知二者有否联系,《郑语》及《今本竹书纪年》称彭为夏商方伯,武丁灭之;张政烺指出卜辞存在不少族氏、地名、人名"三位一体"现象(《张政烺文史论集》,中华书局 2004 年版,第 299 页)。张秉权《甲骨文中所见人地同名考》"卜辞中有部分贞人名字与地名相同,而有的则与侯伯子及方国名同,甲骨文中人族地往往同名"(《庆祝李济先生七十岁论文集》,台北 1967 年)。

母西母[1]；帝鸿[2]、河与甲骨文似也有对应。下文考其建筑形制隐含原始宇宙观中所谓天圆地方之义，但经文中天和地、土字除专有名词外都只具有空间而非神灵的意义，并不具有其他宗教体系中高位神的神性，更未遑至上神之说，也没有出现明显的天神、地祇系列，而这是判断大时代的一个标尺，不容忽视。

　　甲、《大荒经》之天、地、土等字义考

　　《大荒经》与甲骨文不仅神名有不少对应，还存在诸多文字学、语言学迹象的对应。连一些基本词汇的用法、意义也相当吻合，这相当重要，上文已释荒，我们来看其他的。

　　《大荒经》中的天字多是专有名词中的词素，可解为山巅，

1　陈梦家《殷墟卜辞综述》指出卜辞有东母西母，祭东母较多，也有同时被祭祀者，大约指日月之神，且引《礼记·祭义》"祭日于东祭月于西"及祭东母品多用年等证之；丁山《中国古代宗教与神话考》（上海文艺出版社1988年版，第72页）指出："卜辞中所祭的'东母'是日神的别名"，学者多从之；常玉芝《商代日神（东、西方神，东、西母）崇拜》（《晋阳学刊》2010年）有新说。东母西母至今仍是甲骨学研究难题。宋镇豪《甲骨文"出日""入日"考》（《出土文献研究》，文物出版社1985年版）认为"甲骨文中'出日''入日'的祭礼是殷代的太阳崇礼"。赵诚："从卜辞来看，日神似乎没有什么权威，既不见他可以灾害庄稼，也不见他灾害商王。"（《甲骨文与商代文化》，辽宁人民出版社2000年版，第52页）甲骨文有祭祀"出入日"和同时祭祀出日与入日者，很可能出日、入日、出入日是商代关于祭日的一种特殊礼仪，有着特定性的宗教内容而与后世有所不同。《大荒经》中的日神也无甚神威，与研究卜辞发现的现象一致。西母非西王母，《荒》同。
2　郭沫若《卜辞通纂》考释云："帝鸿，当是人名或神名"，"疑即山海经帝俊生帝鸿之帝鸿。"（《郭沫若全集·考古编》第二卷，科学出版社2002年版）丁山《中国古代宗教与神话考》（上海文艺出版社1998年版，第191页）认同郭说，"甲骨文所见'帝鸿'可能也是季候之神；而七月祭帝鸿正是'季秋鸿雁来宾'的蓝本。"

更多与山名相连[1]，有大或上之义[2]，所述多山是神居之所，也是沟通宇宙层次的通道，与宗教的原始阶段吻合，也即与其可能的原始义吻合。众所周知，商周两代天字义大为不同，而其经中天字义竟合乎甲骨文用法则格外引人注目，"卜辞中之天字，或作'大'的同义词，如天邑商，或作地名，或作人名，卜辞中至今未见任何以天作神明解者。换句话说，卜辞确有作'天'字字形的字，事实上却并无用作苍穹意义的例子。"[3]"殷人尊帝不尊天，这在殷墟卜辞中反映的至为明显。'天'字虽在卜辞中每每可见，但除涵指人之顶巅之外或方国地名之外，多借为'大'字。卜辞本是殷人迷信鬼神以贞问吉凶的记录，若殷人已奉'天'为神灵，是不至于在这成千上万的原始占卜记录中绝无一见的。"[4]"商时若有郊天之祭，卜辞中必不致一无所见……推而广之，卜辞殊乏祀天的证据。"[5]从天体崇拜的角度看，文中明显的天体，以日为例：《大荒东经》"一日方至，一日方出，皆载于鸟"，十日轮流巡视天空且日神驾驭的运行工具是鸟，本身也是纯粹被当作神灵对象加以崇拜，其神性尚属自然崇拜和拜物教范畴；

1　《大荒东经》有神人天吴，鞠陵于天山、猗天苏门山；《大荒南经》有氾天之山、融天山、天台高山；《大荒西经》有五彩鸟仰天张口嘘天，吴姫天门山，帝令重献上天，天虞即尸虞，天犬，夏启上三嫔于天，穆天之野，互人是能上下于天，风道北来天乃大水泉；《大荒北经》有衡天山、北极天柜山、成都载天山，天女魃；《海内经》有天毒（天当为夭），柏高上下于此至于天，有三天子之都山，洪水滔天。另有天下语三，《大荒东经》有夒以威天下，《海内经》有"延维，人主得而飨食之伯天下"，"凤鸟……见则天下和"。天下与地上对应，属于空间性质，唯产生年代殊难断定。

2　《玉篇·页部》："山顶为之颠，颠作巅。"《说文·一部》："天，颠也，至高无上。"《说文》的解释是后起之义。天，王国维"古文天字本象人形……其首独巨。"《广韵·释言》："天：颠也。"《墨子·修身》"华发隳颠"，孙诒让《间诂》"颠作巅"。《礼记·玉藻》"色容颠颠"，陆德明释文"字又作巅"。可与山联系起来。

3　岛邦男：《殷墟卜辞研究》，温天河等译，鼎文书局1958年版，第214页。

4　杜勇：《尚书八诰研究》，中国社会科学出版社1998年版，第210页。

5　许倬云：《西周史》（增补本），三联书店2001年版，第105页。

尚未进入神灵居所的阶段，也未跨入拜神教范畴。牟钟鉴指出："原始人和早期文明人的头脑是相对简单的，缺乏抽象概括能力，只有具体有形的事物才能引起他们的注意。……而天空并不对人类生活造成直接影响，只能被看成一片空无，很难成为崇拜对象。"[1] 在高级宗教中，天则成为神灵或神居之所，中国始自西周时期。这明显说明《大荒经》尚处在天神系列未从诸神中独立出来，属于宗教的早期阶段。而传世先秦文献关于传说时代、夏商史事所涉及含有神灵、天帝之义的天字之义极可能受了周代习语的影响，它们成书、写定过晚，且可能受有后代整理文献时难免产生的影响，故其不足以否定该结论。

经文地字共五个，仅一专有名词带地字，其他四例均是空间意义[2]；土字十一个，三个地名带土字，人名（或谓神名）后土出现三次，两次字误，三个土是疆土、土壤之义。[3] 在仅5000多字的《大荒经》这部宗教典籍中，土、地共16个字，竟没有一个指所谓土地神、社神之例，连神灵之例也没有。这是耐人寻味的，值得深思。实际上，远古先民思维特征之一是类化概念能力太差，这使整个王朝的统一土地神观念的产生不可能太早。认为很早的误解是受西方神话学、宗教学关于地母的成果和中国东周以来五行说的影响所致，何时产生尚待研究。《周礼·春官》提到"地示"还是"以血祭祭社稷、五祀、五岳，以狸沈祭山林、川泽，以疈辜祭四方百物"，郑注"不言祭地，此皆地祇，祭地可知也"；《礼记·祭法》谓"瘗埋于泰折，祭地也"，其"四方"分为"山林、川谷、丘陵"，"能出云，为风雨，见怪物，皆曰神。"

1　牟钟鉴、张践：《中国宗教通史》，社会科学文献出版社2000年版，第96页。
2　《大荒东经》有皮母地丘，《大荒西经》有"黎邛下地，下地是生噎"，《大荒北经》有"其地多水"处，《海内经》羿"榗下地之百艰"。
3　《大荒东经》有嬴土之国、凶犁土丘；《大荒西经》有于土山；《大荒北经》有后土、九土（袁珂《山海经校注》以为乃山之误）；《海内经》有尘土（袁珂《山海经校注》以为乃塵之误）、"布土"两例，土壤、"后土"两次。

这意味统一的土地神概念此时尚未出现。春秋战国诸侯尚有神不逾界、在其地则祭不在则不祭的常规，神界的整拢没有理由超越现实的社会背景。要说夏商一开始就有整个王朝统一的土地神是违背早期思维发展规律的。

再如丘字，经内有九丘而没有九州[1]，胡厚宣有《卜辞地名与古人居丘说》文[2]，傅斯年说："在东平原区中好择高出平地的地方住。因而古代东方地名多叫作丘。"[3]经中的抽象名词与甲骨文词汇也有相合之处。[4]基本词汇相合的研究只是初露端倪，尚需深入。

从经文中最重要的多个基本词汇的分析看，它们都与我们惯常的印象不同。其中天、地和土字除专有名词都只具有空间而非神灵的意义，并不具有其他早期宗教体系中高位神的神性，更未遑至上神之说，[5]也没有出现明显的天神、地祇系列，与笔

1　《大荒东经》有皮母地丘、青丘之国、凶犁土丘；《大荒西经》有昆仑之丘；《大荒北经》有"丘方圆三百里"，赖丘国。《海内经》有陶唐、昆吾、黑白等九丘，另有苍梧之丘、玄丘。

2　胡厚宣：《甲骨学商史论丛初集》，河北教育出版社 2002 年版。

3　傅斯年：《民族与古代中国史》，河北教育出版社 2002 年版，第 55 页。

4　王绍新认为已有圣德仁义等（《甲骨刻辞时代的词汇》，山东社会科学院语言文学研究所编：《先秦汉语研究》，山东教育出版社 1982 年版）。晁福林认为"可靠的文献记载和甲骨卜辞材料都表明，'德'的观念在商代确实已经出现"（《先秦社会思想研究》，商务印书馆 2007 年版，第 98 页），对此，甲骨学界认可度似乎不太高。而《海内经》有"凤鸟，首文曰德，翼文曰顺，膺文曰仁，背文曰义，见则天下和"。却与之相合，值得引起注意。

5　高位神被视为地位特别崇高、能力超过其他一般神灵的神。原始宗教后期和古代宗教……才开始出现苍天神、天父神、地母神等高位神（任继愈主编：《宗教词典》（修订本），上海辞书出版社 2009 年版，第 830 页）。意大利宗教学家毕达佐尼提出过一个著名观点：原始时代的畜牧经济和农业经济条件下都曾产生和形成高位神和至上神观念。在畜牧社会，天空以其无限性和发光体的神奇性形成了"天神"和"天父"之类至上神；在农业社会，土地作为万物之母则形成了"地母"之类至上神（《至上神的现象结构和历史发展》，吕大吉译，《世界宗教研究》1980 年第 3 期）。此观念并不适合远古中国，古代文献出现天父地母概念较晚。最早出现在《周易》

者下文复原的整体平面图中原始宇宙观天圆地方之义吻合。需着重指出的是，语言学理论认为：基本词汇是人类社会日常生活中最常用到的辞汇，这些辞汇所代表的意义是比较稳定的，如果产生变化就会体现出社会文化的变革，成为判断大时代的一个标尺。笔者认为其契机和原因就是商周更替及其产生的文化、社会巨变。

"神话被看作是解释诸神如何操控物质世界的"，[1] 这与原始宗教早期存在一个先民认为宇宙的运行完全是其崇拜的神灵在操纵的阶段相合，从经文的语言看正是如此，《大荒东经》"东方曰折，来风曰俊，处东极以出入风"；"北方曰鹓，来之风曰，是处东极隅以止日月，使无相间出没，司其短长。"《大荒南经》"有神名曰因因乎，南方曰因……处南极以出入风"；"羲和，方日浴于甘渊。羲和者，帝俊之妻，生十日。"《大荒西经》"石夷，来风曰韦，处西北隅以司日月之长短"；"噎处于西极，以行日月星辰之行次"，"方浴月。帝俊妻常羲，生月十有二，此始浴之"。《海内经》"噎鸣生岁十有二"。南方多雨北方干旱是因涿鹿之战所造成。[2] 而《海内经》的结尾明显是画龙点睛之笔："洪水滔天。鲧窃帝之息壤以堙洪水，不待帝命。帝令祝融杀鲧于羽郊。鲧

中，是为自然神与祖先神的结合，与天成为整个西周王朝的至上神这一时段吻合。当然，理论上并不排除个别族群前此已经产生此一观念，像经中启"上三嫔于天"之天既疑似有神灵意，周人与夏可能有渊源关系，或有沿袭。许倬云指出：殷商王畿所在的环境，居民"眼中的天空，比较支离破碎，也就未必有高亢地区那种天空慑服人心的力量，于是商人最高神的来历，由祖神之一演变而来"（《西周史》（增补本），三联书店 2001 年版，第 105页）。周人的成长历程及环境，"苍天的无所不在，到处举目四瞩，尽是同样的苍穹，默默的高悬在上，因此天地就具备了无所不在……高高监监的最高神特性。"（第 107 页）不少前辈以帝乙射天来解说商周信仰不同。

1　西格尔：《神话理论》，刘象愚译，外语教学与研究出版社 2008 年版，第176 页。
2　见《大荒东经》与《大荒北经》所载。该战是经文所描述罕见的最详尽、最完整的神话叙事，有着极为特殊的重要意义。

复生禹。帝乃命禹卒布土以定九州。"这是原生态的神话语言和
故事[1]，体现出经文对应时间渊源极早的特质。

先秦文体，《左传》有命、誓、盟、祷、谏、让、书、对；《诗》
有风、雅、颂；《楚辞》有赋；《尚书》有典、谟、训、诰；各国
有史乘及讴、歌、谣、辞。《大荒经》与之相比都不吻合，反倒
像前7世纪美索不达米亚文明分为词典、神学、等级和地理四
种专门性质的神名神庙表[2]及赫梯帝国的情况："万神殿很大，但
其中的某些神除了名字之外，其余的我们一无所知。"[3]《大荒经》
与之相比还多一些叙述。《大荒经》与商代甲骨文还存在诸多神
名和语言学迹象的对应。而从语言学分析经文词性，发现虚词
少，分量最大的是名词，其中专有名词又占大多数，绝大多数
都是关于神灵、圣地及其描述。从句法看，经文结构简单，都
是简单句，每条基本都可单独成立，中间并无内在联系，这可
做佐证。从语义看，与甲骨文已无差别，表明孤立语特征已经
形成，只是具有神圣性的专有名词上遗留的多音节现象尚能表
明其原始特征，与之相比的只有流传到后世关于天干地支、岁
星纪年中的多音节专名。邹晓丽等认为："以今天的文体标准来
衡量，卜辞确是极其简质的。以语言学的角度来分析，可以看
出它尚处于不甚成熟的发展阶段，其具体的表现，如单义词占
有优势（77.2%），远远超过多义词，名词的数量大大超过动词

1　中国神话的历史化一般认为始于孔子时代（鲁迅、袁珂、李福清等），谢
　　选骏提出更合理的西周初年说（见氏著《神话与民族精神》，山东文艺出
　　版社1986年版、第七章"历史化的道路"）。徐复观等先生认为西周时人
　　文理性初醒，实际上即含有此时为神话历史化的契机之意。笔者认同西周
　　这一推论。退一步讲，即便神话历史化从孔子时代开始，经文的内容和表
　　述也没有受东周时代的思维和语言影响，其记载则更见珍贵。

2　张文安：《中国与两河流域神话比较研究》，中国社会科学出版社2009年版，
　　第208页。

3　伊利亚德：《宗教思想史》，晏可佳等译，上海社会科学院出版社2004年版，
　　第122页。

（名词在单义词中占到81%，动词则仅为14%），而名词中又以祭名、国名、地名、人名、兽名、神名等专名占绝对优势（81.7%）；多义词则往往名动同形，虚词虽初具规模，但为数极少（仅占4%），处于过渡发展阶段而远未成熟的特点……句型基本上以单句为主而少有复句等等。"[1] 赵诚说甲骨文"在名词中，专名占压倒优势的地位，实词的数量大大超过虚词"[2]。这些都与《大荒经》契合。

商代甲文可对应的现存传世文献只有《大荒经》。[3] 这引出该经与商的关系问题：经有商代内容已无疑问，可否扩展成内容是商的结论？可能会有人说该经虽与甲文有一定程度契合但比例小，常常诸说并存，大多未得甲骨学研究者公认，岂能遽而乱猜。[4] 笔者举例只是表明尚有多个证据，并不意味就赞成某家说法。实际上，它们的契合程度对三千多年前的殷商不能算少，虽说像王亥、四方风神那样精准契合的少，却是现有典籍中契合度最高的，这已属难能可贵，单凭此点，就值得重视。商史甲骨学界未及时深入的要因还在于尚未意识到需将其从《山海

1　邹晓丽等：《甲骨文字学述要》，岳麓书社1999年版，第101、125—126页。卜辞是否有复句问题，尚有争议。

2　赵诚：《甲骨文字学纲要》第三章《论"义"》，中华书局2009年版。

3　当然，与《尚书·尧典》虽有呼应，但其文句差异过大，且《尧典》明显有后人思维、术语混杂，显非出于一源，也非原生神话，可不计。

4　文字上与甲文研究结论也有不吻合或违忤处，如卜辞东或西或即东国西国，国指域，国家义商时用方字，胡厚宣说"方者，国也，周称国，殷称方也"（《甲骨学商史论丛初集》，河北教育出版社2002年版，第492页）。卜辞商书皆无"国"字，至周金文、《周书》、《周易》及《诗》始习见之。其最常见之四国，其实义与"四方"同（《甲骨学商史论丛初集》《论殷代五方观念及"中国"称谓之起源》，河北教育出版社2002年版）。经有帝俊、黄帝、炎帝、颛顼、喾、尧、舜等，而甲骨文中既无黄炎二帝，也无尧舜，只是有"西南帝"（可能是指西帝和南帝）、"北帝"，虽未见"东帝"但常见向东的祭祀之辞（赵诚：《甲骨文与商代文化》，辽宁人民出版社2000年版，第45页）。如何解释尚待深入研究。

经》中剥离出来。

2. 从宗教学、神话学等看经文的殷商属性

就研究现状看，以往针对该经的总体分析主要在神话学界展开，自袁珂得出《山海经》[1]乃"神话之渊薮"的结论后它就一直被视为远古神话集。近年赵沛霖指出：《山海经》没有创世神话，绝不是部完整的神话集；它保存的部族起源神话不但数量很少而且内容也很单薄，记录文化起源神话也较少。[2]笔者以为，经文的确含有不少神话元素，但这不意味着它就是神话集，实际上，视之为原始宗教典籍更贴切，从宗教学切入进行研究更合适，此道未明，那么现有的宗教学分析就不可能全面、深入。宗教学与神话学是两个研究对象、两种研究方法、两个范畴联系紧密、有交叉但又各有分工的学科。神话学偏重在神灵的叙事上，而《大荒经》在这方面恰恰是薄弱的。宗教学的核心是对神灵的信仰进行研究，主要从思想观念和仪式行为等入手，也常涉及相当庞杂的现象、问题和领域。本节将结合已有的神话学成果，从宗教学切入进行初步解析，重点论证经文对应的只能是原始宗教[3]的时代，具有明显的商代属性。

甲、原始的神灵分类与独特的宇宙分层

与大家熟悉的神鬼世界常用术语大相径庭的是，《大荒经》没有如《周礼·春官》等经典所谓"天神、人鬼、地示"的三

1　此处两位先生所提《山海经》内容实际上大都在《大荒经》范围内，今从其旧名。

2　赵沛霖：《先秦神话思想史论》，学苑出版社 2002 年版，第 287—289 页。

3　中国宗教学主流用古代宗教等术语专指存在于古代而今已不再流传，但有文字可考的历史早期、阶级和国家初出现时的宗教（不包括虽始于古代但今仍继续存在的各教）。这种将初民社会与文明社会截然分开的做法，并不适合中国远古的宗教实情，传说时代与夏商并不存在明显的界限。本文选择更贴近真实历史的术语。

分系列[1]，其带有神性及表示神灵分类的术语用了种类庞杂的名称:帝、神、人、尸、日、月、岁、木、龙、鸟、兽、狐、虎、豹、熊、罴、蛇、蟹、犬、鱼、树、蜚蛭、虫等，而这种状况和特征符合原始思维"两个重要的特点:一是直观性与具体性……落后民族的语言……表达一般概念的名词很少，而标示单一表象以及外延很小的一般表象和概念的词语却非常丰富……原始人具体的直观的思维无法形成非人格的具有共性的高级万能之神的观念"[2]。"幼稚的原始思维还无力形成'类概念'，不能根据事物本身的性质作出类别概括，只能借助'拟人化'即'万物有灵'的思维方式，通过'以己度物'来理解世界。"[3]也就是说，后世有序的各种神灵在人类早期都混在一起。另一记录远古的传世文献《尧典》中神的分类也与广为人知的三分说不同，舜"在璇玑玉衡，以齐七政。肆类于上帝，禋于六宗，望于山川，偏于群神"。该篇写定年代尚未定论，有早期蓝本并非向壁虚构则确凿无疑，惜其上帝、六宗、山川、群神之分类却未受到重视。考古材料涉及宗教的重要遗迹东夷将军崖刻石，北方莎木佳、黑麻板、东山嘴等史前祭祀遗址，中原鹿台岗龙山文化祭坛都呈现诸神混祭特征，各自并未成为独立界域。至此谈谈研究常常涉及的分类问题，"总的来说，对社会现象进行分类有两种基本途径:一种是由社会成员所作的'内部分类'或'自然归位'，另一种是由社会外部的人——包括它文化或后世的人——所做的'外部分类'或'人为归位'。这两个系统都反映了分类者本身的知识与文化结构，但后者却往往被看做一个客观体系，

1　如《礼记·礼运》说:"圣人参于天地，并于鬼神。"与此常见分类吻合。这些典籍记载周代以来的史实与礼仪，却很少涉及周代以前。三分法与希腊、北欧等经典神类体系吻合，但这都是条理化后的成熟产物。

2　陈荣富:《比较宗教学》，世界知识出版社1993年版，第88—89页。

3　谢选骏:《神话与民族精神:几个文化圈的比较》，山东文艺出版社1986年版，第8页。

强加于原来的社会之上。"[1]《大荒经》中是"荒"而非"神"成为
这一独特、神圣宇宙的最基本概念和出发点，其他的一切都围
绕着它展开，而西周及以后是以神[2]、祇、示等词语表述神灵分
类的，这意味发现了一种西周之前的原始宗教体系和现象。《大
荒经》长期被视为荒诞无稽的症结就在于学者是以后世——主
要是依周代或更晚的分类为依据的外部分类（兼具它文化和后
世的人两种）来看待的，其分类[3]迥异于有条理的经典观念也就
不让人意外了。以往的研究者根本无视《大荒经》的实际情况，
也未联系或搞清远古神灵世界自身的内部分类，时间上基本没
有考虑西周以前的可能性。

　　原始宗教中空间如何划分往往体现一个体系的特色，《大荒
经》在这方面相当突出，在平面上粗分是内、四荒（外），细分
则是海内、海、海外，值得注意的是祂又将四荒另分出一个特
殊的大荒之中。[4]大荒之中是原始宗教史一个极为独特的概念，
考其内容多为日月神的运行及十四个居所、海水入山注山和水

1　巫鸿:《中国古代艺术与建筑中的"纪念碑性"》,上海人民出版社 2009 年版,
　　第 22 页。

2　《说文》:"申，神也",郭沫若谓 "惟申字在古有直用为神者……申字乃象
　　以一线联结二物之形"（《甲骨文字研究》,《中国现代学术经典·郭沫若卷》,
　　河北教育出版社 1996 年版,第 336 页）。徐旭生说:"古字无神，神本字为申，
　　即电，电也就是它的本义。"（《中国古史的传说时代》,广西师范大学出版
　　社 2003 年版，第 80 页）郭沫若释义略胜，或系其本义，可推解为联结天
　　地不同界域的中介。而《说文》又谓 "神，天神，引出万物者也……祇，地神，
　　提出万物者也"。此种分类已经条理化，与许多民族发展史的情况吻合。

3　这是就经文出现而写录，并不意味该时代有某个族群统一划分的类，是指
　　当时某些族群将自身奉为神灵的 "物" 归并产生的类而后汇集到一个建筑
　　中去的行为而产生的结果，比如一族奉兽为灵而他族却以兽为食，此二者
　　实相互排斥，也可能视如仇雠，但神灵分类中只能排入此类。

4　《大荒东经》有大荒之中五，大荒中一，东荒中一;《大荒南经》有大荒之中七;
　　《大荒西经》有大荒之中七;《大荒北经》有大荒之中九。东有大（东）荒
　　中七个，南有大荒之中七个，西有大荒之中七个，北有大荒之中九个，合
　　为三十。

穷于某山等异常现象，其他如奇神圣帝及神迹、四极、圣木等，今人或觉此皆源于先民蒙昧无知而无足为怪，实际上，这对远古先民却大不然，它们是先民非常敬仰的神灵及圣地。四荒与《海内经》对应着神灵层面的差别，大荒属原始宗教中的老神、大神，其他部分指各方向相对新的神灵或其他部落族群神灵。界域、层次不同甚至造成同一事实解说的不同，经中有不少这样的例子，如颛顼在《大荒东经》开篇是少昊孺帝，到《海内经》中却成为黄帝子孙，同书一事两说自古疑惑，一直被视为荒诞无稽或难以理解之证。照常理肯定不应如此前后矛盾，但这正是其特色。形成原因可能不尽相同，但它正好揭示了不同层面的真实，伊利亚德说："神圣首先就是真实，一个人的宗教性越强，就越真实，就越能摆脱无意义变化的非真实性。"[1] 这使探索该经的不同历史层次成为可能，而且其空间构架竟然可构成一部东夷发展史的缩影（另文论证）。《海内经》篇内容基本可考，较易理解，大概是与王朝有相对的直属关系、非王族系统的部族方国及所奉神灵，实际上当与治不治及治理程度有关，内容之少恐与某些需祭祀的神灵已有专门、单独的建筑有关。文中区分出的老神、新神等层次如何细化尚待深入，没有出现希腊、北欧神话中所谓神的层次更迭现象，老神对古神、新神对老神的反抗也不明显，更勿论人世英雄对新神的不满与反抗；表现出远古中国社会及表象——神的层次的混融、叠加与和谐。

　　由立体空间分析其分层观念，"在原始观念中，宇宙本是不分层面的混融体，然后经历天地分开的分层运动。""开辟混沌、分开天地等说法的背景也是分层观念……最初宇宙被分成两界（天上、地上），然后又分为三界，即上层（天庭）、中层（人世）、

1　伊利亚德:《神圣的存在：比较宗教的范型》，广西师范大学出版社 2009 年版，第 430 页。

下层（冥府）。"《大荒西经》中"人面无臂"的嘘"两足反属于头上"是天地相交混融状态的神话造型，"帝令重献上天，令黎邛下地"这两段"史事"的内核"实为天地分层的原始观念"。实际上，原始宗教中的立体空间，各种神灵乃至巫觋都可以既在天空又在地上乃至冥府（如果有的话）活动的，这样一来就有了交通问题，"在中国神话中，除了巨树，许多神化的崇山峻岭也是著名的天梯，昆仑山即是其一……灵山、肇山、登葆山等都是'众巫所自上下'的宇宙交通要道。"[1]

上述论证说明《大荒经》对应的时代适处只有二界尚未产生三界的这一原始宗教阶段，换言之，其下限应该尚未进入西周，因周初明显有了至上神，至于下限到底在哪儿则有待论证。

乙、从宗教现象学看《大荒经》神灵诸相与其对应的时代

每种宗教都有一套说明其信仰的观念乃至体系，构成一种宗教世界观。衡诸世界，对人类早期的原始宗教和古代宗教通常都很难进行全面研究，主要是限于材料的稀少和残缺，希腊有《神谱》，两河流域考古发现四种专门性质的神名表[2]，以及赫梯帝国的情况。《大荒经》与此相比颇为接近，有幸的是还多一些简单叙述，其内容相当原始，明显是原始宗教阶段一个独特的观念体系，虽尚不足以复原一个全面的体系，但现有材料足以使我们判定其对应的一个时代范围。从宗教现象学看，它力图通过对宗教现象进行分类来理解宗教现象，荷兰著名宗教学者 W. 布雷德·克里斯顿森《宗教的意义》一书的分类涉及本文研究的是宇宙学部分，包括自然崇拜（在形式上是天地诸神）、动物崇拜、图腾崇拜和万物有灵论；崇拜礼仪部分，包括对圣地、圣时和圣像的考察。本文选择能体现其时间特质的神灵分相诸

1　谢选骏：《中国神话》，浙江教育出版社 1989 年版，第 137—140 页。
2　张文安：《中国与两河流域神话比较研究》，中国社会科学出版社 2009 年版，第 213—215 页。

如神的职能、圣像造型（具象）、居所、圣地、神迹和神际关系及其组成的谱系等加以研究。

从神的职能看：学者所谓自然神的群神基本齐全，有日神羲和、月神常羲、岁神噎（缺四大行星神，待查待考）、四方神、四方风神、四方海神、旱神女魃、雨神应龙、雷神夔、昼夜神烛龙等，社会人文界的有农神后稷、刑罚复仇神西王母、田祖叔均等；还有文化起源英雄，番禺为舟，吉光为车，般为弓矢，晏龙为琴瑟，义均始为巧，帝俊子八人始为歌舞，河伯仆牛，后稷播百谷，稷孙叔均始作牛耕，太子长琴始作乐风，鼓、延始为钟、为乐风。这都属于跨地域的职能神，其他多为具明显地方性的神灵及具专业职能、职责的特性——山岳、河流、湖泊各有自己特定的神灵。由可见的简单叙事推敲，不少神祇的人格化倾向明显，地位有高低之分。

"偶像崇拜的大规模发展，始于文明社会初期。……认为各个神灵都有各自的具体形象，因而须为各神分别塑造各不相同的偶像。"[1] 从神灵造型（形象）看，经既有不少单类动物造型，也有不少组合造型，如人鸟人兽合体或异类动物同体等所谓怪像[2]，更不乏神人同形的古帝。"人"的形象分得很细，有巨人、大人、人（应指通常尺寸）、小人[3]之别，尸也画成人形。学界

1　任继愈主编：《宗教词典》（修订本），上海辞书出版社 2009 年版，第 893 页。
2　彼得·伯克：《图像证史》，杨豫译，北京大学出版社 2008 年版，第 173 页。"怪物族类"指出："在古代希腊人的想象中，怪物族类生存在印度、埃塞俄比亚和中国等遥远的地方。这类怪物包括狗头族、无头族、单腿族、食人族、侏儒族等等。……这种想象传承到了中世纪和以后的时代。"笔者未查证印度、埃塞俄比亚的情况，但其所指各项在《大荒经》中多有对应形象，如无头指尸、单腿指夔、州摩费费与窫窳食人、侏儒指小人。
3　李福清：《中国大陆版自序》，《神话与鬼话：台湾原住民神话故事比较研究》（增订本），社会科学文献出版社 2001 年版，第 8 页："台湾原住民有巨人故事、矮人故事及鬼的故事（可称鬼话）……世界各民族故事中巨人与自然力有关，矮人与文化有关。巨人通常是单独的，台湾原住民故事中也一

将单类动物造型一致解释为图腾，而对自然界不存在的组合形象则视为怪诞、难解，吕大吉认为将其解释为古代图腾观念的表现可能更接近于历史的真实[1]，郭郛释为"将动物干尸用生物联体缝合加工技术"做成的图腾神。[2]这些联体形象应当是各地部落信仰之具象，其深层真义是其敬奉的神灵。原始宗教界存在一个由"动物神祇"经"人兽同体"到"神人同形"的共识。[3]经中从低端到高级三种神的形态之多样造型皆占相当比重。不同的人形可归之为部族的祖先崇拜、首领崇拜或英雄祖先崇拜等等；引人注目的是后稷、叔均既属职能神又都被西周国奉为祖神，该事项与学者熟悉的知识有较大差异，但在宗教学上可将祖先崇拜分为远祖崇拜和近祖崇拜，不足为奇。就尸而言，三代实际行礼常以人代之，图像如何落实却是问题，画人则无法与人形神区分，经中有部分肯定以无头形象（夏耕、戎宣王）表示。

　　难解的像是某处单独有块石、有座山、有个动物、有棵大树或怪物之类，我们不能仅看表面而应将其放在原始宗教的视野下：他们极可能是被视为具有神秘能力的神圣物件，属于拜物

　　样。矮人却是一群，一个特殊的民族。"考《大荒东经》有小人国，"有大人之国。有大人之市，名曰大人之堂。有一大人踆其上"；《大荒南经》有小人名曰焦侥之国……有小人名曰菌人；《大荒西经》也有大人；《海内经》的南方有赣巨人。《大荒经》中的大人、巨人都是单独的，与李福清所述同，至于小人，在马昌仪搜集的图上也是成群的。世界汉学界有一派学者认为商人与南岛语系的起源有着密切关系，从经文方位来看，正可印证台湾的此类大人、小人族。

1　吕大吉：《宗教学通论新编》，中国社会科学出版社 1998 年版，第 493 页。
2　郭郛：《自序》，《山海经注证》，中国社会科学出版社 2004 年版，第 4 页。
3　刘文英说：神灵信仰的三段式应是自然神（兽形神）—半人半兽神—人形神（《漫长的历史源头：原始思维与原始文化新探》，中国社会科学出版社 1996 年版，第 521 页）；陈荣富也说："几乎所有民族的神都经历了兽形神—半人半兽神—人形神的演化过程。"（《比较宗教学》，世界知识出版社 1993 年版，第 37 页）

教的崇拜物件——物神[1];也可能是遗物崇拜即对圣者、英雄或祖宗遗物的崇拜,认为遗物因其主人的神圣化而具有神圣功能,对之崇拜可得福免祸;孤秀的山石也可能是东夷分支眼中的社神,或者是灵石崇拜,扶木、盘木及若木等也当如希腊人视橄榄树所蕴含的那种神圣情感,对各种圣树的崇拜可能出现更早,甚至在采集经济时就已发生。这都体现经文内容的原始性。

这么多形态各异的神灵和动物崇拜、植物崇拜、圣树崇拜等将我们带到了与熟悉世界截然迥异的天地。今人所谓自然神是将人们不理解和不能驾驭的自然体或自然力人格化而形成的神;初民在拜物教阶段,把自然体和自然力本身直接加以人格化,认为它们本身是具有生命和意志的神灵;人们随着对动物、植物及气象、天体等依赖关系的发展和认识,相应地对它们也陆续加以神化,并随着人们抽象能力的增强,神灵独立于具体特定自然物件的观念亦逐渐形成。[2]《大荒经》文里面各种情况都有,夏商的方国大都保持着自己的生活方式和组织形式,拥有自己的领地、神庙、君主,最重要的是有自己特别神性的神灵,拥有自己的祭司、祭典等,绝大多数可追溯到史前;章太炎、杨向奎认为远上古有许多不设军队的"神守之国",其首领因名山大川最具神性而奉之,靠礼拜名山大川而执行神职。[3]各族群发展的这种不平衡状态(含时序、形态、地位和速度)自然也体现在神灵世界里,具有复杂性和不平衡性[4],而原始神谱系统和序列

1　任继愈主编:《宗教词典》(修订本),上海辞书出版社 2009 年版,第 621 页。
2　任继愈主编:《宗教词典》(修订本),上海辞书出版社 2009 年版,第 393 页。
3　章太炎:《章太炎全集》(四),上海人民出版社 1984 年版,第 122 页;杨向奎:《中国古代社会与古代思想研究》,上海人民出版社 1962 年版。
4　陈荣富说:"对原始宗教史进行分期是一个很复杂的任务,宗教学界的看法很不一致。一般认为,原始宗教大都经历了大自然崇拜、动物崇拜、植物崇拜、图腾崇拜、鬼魂崇拜、祖先崇拜等阶段,这些宗教形式往往同时并存,彼此交织在一起,其关系是复杂的,不是彼此依次更替的。"(《比较宗教学》,世界知识出版社 1993 年版,第 92 页)

的形成,都有一个灵象变化的历史过程和思维过程,而《大荒经》则明显处在这一过程的早期阶段。

从神居之所看:经有不少今人看着不起眼的壑、山、水、渊等,这是以往人们不大理解的。实际上,无论山、海还是水、渊的自然本身都不是其真旨所在,在古人思维中那并非寻常的渊、水、山,实皆神圣之地,山、海、岛等都与神联系在一起,那是神居之所。这表明《大荒经》中诸神的居所都还是在地上——山上、海岛等,以公认的日月两大自然神为例,在《大荒东经》《大荒西经》中各有七个山作为居所(出入),日月神居地而非天,故尚不能称其为天神;二神如此,遑论他神,则该时代自然就没有什么天神系列。比较宗教学认为最早期的所谓天神绝大多数都是居山的,以天地冥府三系列发育最为完整的希腊神系而言,祂们早期也是居住在奥林匹亚山上的,后来才产生天神系列的概念。这意味着《大荒经》对应的时代尚未进入西周。[1]

经文有舜、昆吾之师、羲和和颛顼洗浴之渊[2],在今天的汉人看来可能很荒诞。单从崇尚洗浴看,它是一些民族例如傣族、印度人的宗教和风俗所要求的,并不鲜见。但这四个例子并非如此普通,而是有着非同寻常的意义,它们无疑属于宗教学上神显神迹的圣地。其中的颛顼与舜是传说时代的圣帝,历代备受推崇,有此神显也在情理之中,到战国颛顼还是秦楚赵齐所称远祖,舜是齐的近祖但受百家推崇,难以反映准确时代,可置不论。羲和、昆吾则是司马迁所谓唐虞和夏代的传天数者(即

1　在山上设坛祭神的传统由来已久,5000年前的辽西牛河梁红山文化遗址即为显证,在高山顶上筑有"女神庙"等建筑,大小一线排开,似有一条中轴线。这种布局表现出很强的意识形态特点。《抱朴子·登涉》曰:"山无大小,皆有神灵。山大则神大,山小即神小也。"

2　《大荒南经》:"从渊,舜之所浴。""白渊,昆吾之师所浴。""羲和,方日浴于甘渊。"《大荒北经》:"沈渊,颛顼所浴。"

影响颇大的宗教巨擘）[1]，《尚书》描述的羲和角色仍是如此，反映周代及以后的认知；而羲和在《大荒经》中是日神之母，场景是正在浴日，地点自然有着特殊的宗教意义，将其加以比较后，其时代可凸显出《大荒经》描述的处在更原始的状态，应该早于周代；更能准确体现时代的是昆吾，它作为政治实体是夏王朝的重要盟邦，被商汤所灭，所谓“韦顾既伐，昆吾夏桀”（《诗经·长发》），但它还是夏代重要的宗教世家，商人起初基于其宗教影响继续尊崇乃至延续是情理之中的，但这种情况显而易见不太可能进入五百年后的周代。因为商的政权架构倚仗新的势力，随其统治日渐稳固而发展，昆吾的影响自当渐趋衰微；就像政协里的旧势力旧人物日渐凋零后其后代的影响也大为衰微；而到商周易代，社会和政治结构发生根本性的重组，昆吾既在政治上无足轻重，也在宗教上无重要性，与周人也缺乏历史联系，其湮灭也就顺理成章，现今记录周的各种传世文献没有昆吾的踪影某种程度可佐证此说。而《大荒经》记录的还不是昆吾本身而是“昆吾之师所浴”，师可解释为老师或军队，无论哪种，其人神等级、事件影响在历史上均属微乎其微，如果说在局部地区和民间口述中流传尚有可能，但也不太可能出现在周代上层社会的宗教经典中并为其所推崇。故记录该事经典的对应时代就必在夏或商。

丙、神灵谱系的特色与其对应时代

从神际关系及其谱系看：从简单罗列出的神灵名字与称号并不足以让我们对这一宗教产生全面而深刻的认识，这些充其量只是神学体系中干枯的骨架。经中群神衮衮，诸神关系虽看似松散，但在有些神灵之间已有大小之别，存在一定的等级关系，其神通、威力亦各不相同，一般都有些特定职能，或与特

---

1 《史记》卷二十七《天官书》。

定地区有一些特定关系，其神灵、权能、神性是有限的，主管的领域和支配的事物限于特定的领域，意味宗教专职者和特权等级已经形成。大多数神灵（各族方国信奉神灵及中央职能神）间的关系（主神、神族、世系等）已属有序，没有至上神，而"帝"等级最高，盘踞在众神之巅，这与殷商甲骨文的研究结论一致[1]，虽没有发现至上神统属的严密的神灵系统，但由其粗线条的职能分析却足可说已构成一个相对完整的神网构架，能够辨别出华夏元素与东夷元素，只是让人略感意外的是其中并存了两个明显的神灵体系：黄帝为主神的昆仑系，属华夏族群；帝俊为主神的蓬莱系，属东夷族群。[2]有这两主神大体算是学界共识。主神指多神教所信奉诸神中超越和统领其他神祇的高位神。[3]而且明显的东系重（少昊、颛顼、舜之事多而显）西系轻（帝喾、尧之事少而微），东系完整，西系零散，但让人吃惊的是黄帝系在《海内经》中有优势，而帝俊系在四荒中占优势，深层原因值得深思。其整体算是一个虽有缺失但却有序的诸神集合——因神灵分类与宗教建筑的分野，经文不记录王族神灵，若补上缺失的诸侯之长商王的祖神系统就构成一个完整的、相对自然的、国家规模的众神网络和松散谱系。宗教学理论认为：早期阶

1　晁福林：在殷代，帝是权能最大、最全、最广泛的神，但"'帝'只是殷代诸神之一，而不是诸神之长……整个有殷一代，从未存在过一个统一的、至高无上的神灵"（《论殷代神权》，《中国社会科学》1990年第1期）。《大荒经》与此有差异的是存在两大族系的一群帝。

2　昆仑、蓬莱是借用顾颉刚先生《〈庄子〉和〈楚辞〉中昆仑和蓬莱两个神话系统的融合》（《中华文史论丛》1979年第2期）文的术语。两系之分另请参见傅斯年（《夷夏东西说》）、杨宽（《中国上古史导论》）。具体的谱系内容请参见刘起釪《古史续辨》（中国社会科学院出版社1991年版，第20—21页），本文不再赘列。

3　早期的多神教尚无主神，后在各氏族部落相互融合过程中，有些神灵（往往是原属较大氏族或部落信奉者）较其他众神逐渐得到更多的尊崇，经过长期自然淘汰，最高的尊崇终于集中于一个或少数几个神，遂形成主神（任继愈主编：《宗教辞典》（修订本），上海辞书出版社2009年版，第300页）。

级社会和国家的宗教是一种国家宗教，国家崇奉的主要神灵乃是国家或种族的保护神，一切祭祀崇拜活动和宗教礼仪规范都是传统固定为神圣事物或由国家法定的制度，对于全体民众具有强制性，在种族宗教或国家宗教中，没有特殊的独立于社会结构之外而存在的宗教组织，它融合于社会结构之中。人类早期文明都是多神谱系，迄今未见例外，它与现世政治秩序密切相关。施特劳斯说："神话的话语无非就世界的秩序、实在的本性、人的起源或者人的命运等给我们以教益……另一方面，神话让我们充分了解他们渊源所自的社会，有助于展现这些社会运行的内在动力、昭示信念、习俗和制度存在的理由。"[1]

如果将《大荒经》的神谱与大家熟悉的五帝一系的神谱对照，就能发现二者之间存在着迥然不同之处，笔者认为其差异与商周政治、社会结构密切相关，商周统治方式的不同导致一个绝不相同的结果：杨向奎谓"宗周是夷夏合流，此后华夏民族形成"[2]；许倬云谓"华夏国家"在西周时代形成，中国人从此不再是若干文化体系竞争的场合。[3]宗教上也是如此，陈来、张荣明和詹鄞鑫等先生都将商周分开，只是所用术语不同。[4]在此视角下可以很清晰地看出《大荒经》的商代属性，必须牢记的是，商朝从兴起到覆灭的政体都是神权政治，它承袭自传说时代经夏王朝而来。商代宗教作为一个整体一直到最后也未形成一套

1　施特劳斯：《神话学：裸人》，中国人民大学出版社 2007 年版，第 689 页。

2　杨向奎：《中庸与我国传统道德哲学》，《中国哲学史》1996 年第 4 期。

3　许倬云：《西周史》（增补本），三联书店 2001 年版，第 322 页。

4　陈来《古代宗教与伦理：儒家思想的根源》（三联书店 1996 年版，第 10 页）提出"由夏以前的巫觋文化发展为祭祀文化，又由祭祀文化的殷商高峰而发展为周代的礼乐文化"。张荣明《殷周政治与宗教》（台湾五南图书出版公司 1997 年版）认为殷周时代的特征是"宗教政治"和"政治宗教"。詹鄞鑫《神灵与祭祀：中国传统宗教综论》（江苏古籍出版社 1992 年版）把夏商两朝的宗教仍视为原始宗教，把"与国家的政治体制合为一体"的"国家宗教"称为"正统宗教"，将其转折点定在"商周之际"。

神学体系，正如我们所知道的那样，商代宗教系统空间内部明显不是等质的文化体，是由多种不同民族的不同信仰形式与宗教观念融合而成的产物，各种信仰与行为都能在其中找到自己的一席之地，是一个由远古流传下来的各种信仰与行为拼凑而成的、松散的集合体，多种观念在历史的早期就进行交流。大部分方国部族只是满足于接受国家规定和代代相传的宗教思想。要理解商代宗教，我们必须将其元素一一分解，并将它们放到各自所处的历史位置上。从周代开始实行以血缘为基干的宗法制，神的谱系随之走向古帝一系成为必然。这正是本编前部所解释困惑千古的帝俊之谜。《大荒经》的神谱体现了殷商政权结构及其下的众神关系特征，其格局、发展较其他文明明显不同，不是先后层次更替而是层次叠加。

伊利亚德认为："任何宗教思想的创新都不是凭空而起的，都以一定的传统宗教思想为基础……从宗教的空间结构分析，它是不同时期宗教创新的累积和叠加，有一点类似于考古学文化层的叠加，但显然要复杂得多；从宗教的时间延展分析，则它必然是外来文化和本土文化相互融合之后的共生状态。因此，宗教的历史既有连续性也有阶段性，是二者的统一。"[1]《大荒经》集合了一个特定时代、特定层面的多种信仰和观念，宗教信仰可以追溯到野蛮时代，各种高级、低级、不同起源、不同种族、不同时代精神世界的宗教观念全都混杂在一起，成为各种历史残余的大杂烩。这较之于传说时代的原始宗教有了长足的进步，《左传·昭十七年》称"黄帝氏以云纪……炎帝氏以火纪……共工氏以水纪……大皞氏以龙纪……少皞…纪于鸟"，《史记·五帝本纪》谓黄帝"教熊罴貔貅貙虎"，舜时"百兽率舞"，这些

1　晏可佳：《译者的话》，伊利亚德，《宗教思想史》，上海社会科学院出版社2004年版，第7—8页。

一般都被认为是图腾式表示，属于原始旧制，它们与《大荒经》的内容构成连续性。而后，祭司神学逐渐把杂乱的神灵世界统一起来，建立并组成了一定的神国秩序，形成一个原始的完整的宇宙体系。但其中尚未显示有明显的天堂和冥府（有说烛龙是，但认同者少。黄泉出现在春秋时）迹象，因而这只能是初级宗教和原始信仰的特征，宗教发达后（高级宗教）中的神是居住在天上的，而坏的、邪恶的神与人则下地狱。

依据上文种种指向东夷和透露出极为浓厚的殷商信息，与今人通过对甲骨文研究而剖析商代宗教信仰、神的分类和分布的结论有一定程度的对应与吻合，商代神权政治的架构、层次是四荒和大荒之中，经中也出现了巫咸等大量商代的因素，这意味着其神系架构的断代必在西周之前。

3. 姬姓西周、姜姓北齐及戏国商代史实考

西周以前的历史向来渺茫难治，材料少固然是问题的一方面，但就在这可怜的材料中不少还被混合成缺乏明确年代层次的文献。仔细钻研《大荒经》，却能发现一些只存在于殷商王朝时空框架之内的内容，弥足珍贵，值得引起相关学者的高度关注。

甲、姬姓西周考

《大荒西经》："有西周之国，姬姓，食谷。有人方耕，名曰叔均。帝俊生后稷，稷降以百谷。稷之弟曰台玺，生叔均。叔均是代其父及稷播百谷，始作耕。"《大荒北经》："有人……叔均乃为田祖。"《海内经》："西南黑水之间，有都广之野，后稷葬焉。爰有膏菽、膏稻、膏黍、膏稷，百谷自生，冬夏播琴。鸾鸟自歌，凤鸟自儛。"

这些史料明显提出几个问题：1. 姬姓西周何指？2. 帝俊指谁？何以与其他文献帝喾生后稷说不同，如何解释？3. 后稷何以重出在同书的不同篇目中？何以方位也不相同？台玺、叔均与后稷的关系。4. 鸟元素与后稷的关系。

　　第一个问题:该姬姓西周国必是指周文武一系周国[1],其诸祖虽与今见《史记·周本纪》《世本》等书有较大不同,毕竟始祖后稷这点相同。该周国是近 80 个平行国家之一,未有凌驾于它国之上的痕迹,因而只能是灭商前的周国而不会是灭商后的周王朝。周灭商前,他称多被目为"西",周人自称也多有"西土"等语[2],高明说"在周原甲骨文中凡问周族之事皆称西"[3],亦符合此"西周"所指。若无偏见就应承认此西周是指商代的姬姓周国。周之得名诸说虽有不同,但结论均落在殷商,只是地点有山西、陕西两说。[4]唯经所指是山西阶段还是陕西阶段有待探讨。《大荒经》中西周国系于西北海外,临近的有北狄及犬戎等,与古《今本竹书纪年》记载不少周伐戎狄记录

1　蒙文通曾以"西周"语判其时代可早至西周王朝,此说虽有不小偏差但在研究《大荒经》成书年代的各家中诚属卓识,可惜没有引起重视。美中不足的是,西周一般是后代指平王迁洛前的宗周时期,并非其时君臣自称。特殊指战国周王室分裂为两部分,其中之一被称为西周,该文显然不指这些西周,其他意义的"西周"语首见于《国语·周语上》"幽王二年,西周三川皆震"。此语应当是后人追溯且带有地理意义。

2　《逸周书·商誓》即有多处"我西土",《度邑》也有"定我于西土"等。

3　高明:《略论周原甲骨文的族属》,《考古与文物》1984 年第 5 期。周原甲骨的族属,不管是属商还是属周,都能证明是指姬周,属周是自称,属商则为他称。

4　例如钱穆以为周得名于公刘时代的晋地,可能在古公时代带入陕西(《周初地理考》,《古史地理论丛》,三联书店 2004 年版)。晁福林释甲骨文认为周乃琱,与治玉相关,该地当是殷铜矿,太王始称周,前此称邠(《先秦社会形态研究》,北京师范大学出版社 2003 年版,第 375—395 页)。杨宽认为建都豳时周名已存在,地在陕西武功(《西周史》,上海人民出版社1999 年版)。钱说显得时间过早,算是推测,但并非没有可能。甲骨学研究表明:武丁时商周发生关系,周从叛服不常到最终成为商的顺服属国。当时周与犬戎相邻,晋城是拱卫商都的要地,在其西北,此周应非周原,当以山西的可能为大。若依杨说,先周即远在武功,则其能否频繁进入甲文就成问题。董珊近提新说(《试论殷墟卜辞之"周"为金文中的妘姓之琱》,2009-4-26,http://www.gwz.fudan.edu.cn/SrcShow.asp? Src_ID=769)。

相合[1]，也与其中先周邠侯之称暗合，印证《大荒经》含有真实的历史素地。这有助于说明其与商都的相对位置应在山西，此时如指岐下周原，似当系之于西海外。周早期源自山西是目前史学、考古两界主流意见，且得到考古学材料支持（邹衡说），正受到越来越多学者的支持。经文源于大社壁画性质，其图画位置并非一定随周人迁徙而移动。

第二个问题：笔者在本编前半已做论证。

第三个问题：今依考古材料得知，我国农业起源甚早，南方稻在万年以上，北方黍稷也有七千年以上，绝非从五帝时代才开始培育驯化。那时，中华大地的族群基本上都以农业为生，擅长农业的不在少数，他们构成不同的集团层次，像蒙文通、傅斯年和徐旭生揭示大的集团有三或二之别。神权政治架构下的政治常态是相应擅长某种某类事务的族群首领成为某种专业之神，蒙文通指出《山海经》（按：实指《大荒经》）中诸神与华夏传统耳熟能详的《世本》等书所列诸神几乎没有相同的结论给人现象深刻。后稷乃谷神，系《左传》所谓五祀之一，为各体系各集团不可或缺之神，重要性不待多言，史上多稷也并不奇怪，当为其族或在不同时代或在不同体系中长期居农神之位，因循而久，人们就以其始驯化看待。

关于后稷，早期文献多言有二（历山子柱、周弃），两稷皆

---

1 《今本竹书纪年》称祖乙"命邠侯高圉"。《今本》自王国维《疏证》出，伪书说长期成为定论。20世纪80年代后，中外学者陈力、倪德卫、班大为、夏含夷等提出其虽经后人篡改增饰却与汲冢《竹书纪年》一脉相承，具有很高的史料价值。但他们尚未令人信服地解释反对者的一些重要诘难，预期争论仍将持续。但其中含有可用史料是双方都承认的。此处邠侯、高圉是十分专门、生僻的名词，后人造伪可能极低。传世文献中高圉无甚事迹，杜预注《左传·昭公七年》二圉：说"周之先也，为殷诸侯，亦受殷王追命者"，这显然不准确，《国语·鲁语上》周人将其与显赫的大王一同大祭"报"之，足见其在周人认可的发展史上具有不容抹杀的重要地位。

信而有徵。如何理解？《汤诰》称"后稷降播农殖百谷"[1]，未详确指。《左传·昭公二十九年》载："稷，田正也。有烈山氏之子曰柱为稷，自夏以上祀之。周弃亦为稷，自商以来祀之。"这与《周礼·春官》"有厉山氏之子曰柱，食于稷。汤迁之而祀弃"文相合。可信的西周早期作品《逸周书·商誓》曰："在昔后稷……克播百谷，登尧之绩，凡在天下之庶民，罔不惟后稷之元谷用蒸享。在商先誓（哲）王……亦惟我后稷之元谷……肆商先誓王维厥故，斯用显我西土。"周武自述自然是颂扬其先祖稷弃，明言"商先哲王"用其先祖后稷元谷及商王报恩"显我"之关系。《国语·鲁语上》述后稷柱后说"有夏之兴也，周弃继之，故祀以为稷"。兴字误，《礼记·祭法》作衰，已成公论。上述文献若合符节，将柱稷祀衰而弃稷代兴定在商初商汤时，商人祀周弃，故商代之稷即姬姓周弃，当无争议。故《大荒西经》中姬姓西周国后稷无疑即周人所称始祖弃，没有别解余地。

　　从史料看，柱弃二稷属不同时代中央政权所祀之神明确，文献表达的精准含义仅此而已，并不必然导出稷柱早于稷弃的结论。这是耐人寻味的，关键在其转变交替为何在夏末商初？商汤以东夷代夏，没有沿袭传统祀稷柱而改祀稷弃，其外在表现是神际间的变动，但内在原因必与夏亡商兴的政治变动及族际关系有关，其详虽未可考知，但商汤没有可能改祭一个与己利益无关之擅农族群之稷为神则可肯定，疑与笼络夏民有关。王玉哲《中华远古史》曾论周人属夏民分支。灭夏建商是第一次王朝更迭，且涉及族群变动，夷人必然充斥新政权各层中，原来处优渥地位的西部族群必甚愤懑，最高统治者要想长治久安也必然思考安抚，稷弃应是作为夏民代表而出任该神职，没有稷弃也会选他族首领为其要神的。

---

1 《史记·殷本纪》引《集解》，中华书局 1959 年版，第 98 页。

　　若真是从商汤始祭稷弃,那就与现知周人发展史不合。《史记·周本纪》所载当是依周自述,女始祖姜源,男始祖后稷弃向无异词,但称其早期与商朝没有瓜葛,自古公至岐下方与商发生关系,《海内经》涉后稷文与《诗·鲁颂》所述颇相近,可证其早。经载并未排斥后稷,仅多出台玺、叔均,那真相的关键可能就在"稷之弟曰台玺,生叔均。叔均是代其父及稷播百谷,始作耕"。蒙文通说:"《孟子》言后稷教民稼穑,《大荒西经》说稷'降以百谷',但又说叔均'代其父及稷播百谷,始作耕,故又尊叔均为田祖'。实际上是以叔均为农耕之祖,而叔均则不见中原的传说。"[1] 台即有邰氏,杨宽谓"后稷传位给其弟台玺。台玺乃以邰为氏。后稷传位给其弟的继承法,和商以兄终弟及之制相同,反映了周族父系氏族制阶段初期的一些情况"。《大荒北经》说"叔均'乃为田祖'……就是周人所崇拜的稷神"[2]。将叔均与田祖、周祖联系甚好。然将田祖等同于稷神则误,《诗经·小雅·甫田》和《大田》讲到了周人田祖崇拜。古人神灵领域的划分往往十分细致。众所周知,今传周世系并不完整,由后稷到不窋定然存在一个明显的长时段缺环。台玺、叔均或为周初始世系的一部分。周原甲骨文发现后,学者对商周关系的研究更趋深入,但看到周人竟祭祀成汤等商祖、商王亦祭周祖都大感困惑,讨论众多。[3] 这与学者根深蒂固的所谓"神不歆非类,民不祀非族"(《左传·僖公十年》)的原则大相径庭。但实际上那只是似是而非的原则,对商前历史并不适用。就该段语境说,楚王能先提出祭境外之神就说明那不是如父女母子不能婚配的

1　蒙文通:《古史甄微》,巴蜀书社 1999 年版,第 38 页。
2　杨宽:《西周史》,上海人民出版社 1999 年版,第 18—19 页。
3　请参王宇信、杨升南主编《甲骨学一百年》(社会科学文献出版社 1999 年版)、赵诚《二十世纪甲骨文研究述要》(书海出版社 2000 年版)有关周人甲骨的部分。

人伦大忌，其心中或习以为然或曾以其说为然方可提出；其臣下反驳以在其地则祭完全是周制，如《礼记大传》"同姓百世不婚，周道然也"是周人的文化禁忌，而周代宋国就不乏六代之外即可为婚例。周原甲文这些例子即可否认此说为公理共识。松丸道雄指出："不同的族群与商之间可能只是一种'虚拟的亲属关系'，各地的族长将商的祖先当作自己的祖先来祭祀，但他们之间并没有实际的血族关系可以得到确认。"[1] 既如此，后稷弃不必真为周祖，或仅为疏属；或西周亲商时冒认；或汤祀后稷是另一个，商后期周服商后，商为笼络周人，命周以要神为祖而祀之；抑或周商协商亦未可知；总之并无缜密规划。商初，后稷可能并非周人独占的祖先，独占后稷应是后来发生的。周代商后，因稷弃更显赫，方便其宣扬天命，遂有移花接木之术，其可能的真世系台玺、叔均则渐趋湮没。这正好可以解释周人世系的巨大缺环。

后稷在商代处在百神之中，未与社神平行，属百神之一，陈梦家说"稷是神之细别"，"殷人只有社而无稷"可谓一语破的。《大荒经》中之稷尚在大社中而未另立值得高度关注。其地位上升是由于奉之为祖的姬姓建立了西周王朝，周武灭商即在大社中仓促即位，遂以己祖后稷配天[2]，新出土文献《诗论》说："后稷之见贵也，则以文武之德。"[3] 此后建制当入之祖庙，把稷神从社中分离，不当容己祖仍在百神之中。丁山说："自甲骨文看，似尚不曾有独立崇祀后稷的现象，盖其时仍以稷神为'邦社'的附庸。自周人崇祖配天，宗祀后稷于明堂以配上帝，'后

1　松丸道雄:《殷商国家的构造》,《岩波讲座:世界历史》,岩波书店 1970 年版,第 72—79 页。

2　《逸周书·世俘》:武王"告于天于稷,用小牲羊犬豕于百神水土于誓社"。此文之社当是周原岐社。

3　马承源:《上海博物馆藏战国楚竹书(一)》,上海古籍出版社 2000 年版,第 34 页。

稷'遂与'后土'分庭抗礼，一跃而成为祭祀中的大神。从此
后土与后稷并重，乃有'社稷'之名。"[1]换言之，稷神地位的提
高必然在周灭商后，后稷在百神之中的下限即周灭商之日，并
导致后稷与社平行，这点是关乎商周分界的重要标志。《大荒经》
为其说提供了文献证据。当此之后，若为周人后裔及近亲录此，
自然会以周人所奉为准。

后稷在《大荒西经》的西北海外，是以周的祖神出现的，
重出在《海内经》的西南是以商朝的职能神身份，各有其必要性。
《海内经》的画面表明后稷的重要性。西南，与远古社的建筑形
态有关，西南是内层的入口。[2]

第四个问题，后稷葬地是经中一个少见的宏大画面，"百谷
自生"和"鸾鸟自歌，凤鸟自舞"等多种元素出现在一个构图（神
话框架）中表明夷夏交流的深化以及互相承认与接受。

之所以花费大量笔墨论证今人看似无意义的细微差别，实
在于这些东西在上古的重要性远超今日，而那时神际间关系实
际上是现实政治的反映与折射。这是《大荒经》成书甚早之证，
而其中的事实只应在商代。

乙、姜姓北齐考

经中不仅有姬周仅在商代之证，即使后代东方的姜齐也有
只能存在于商代时空之事实。

《大荒北经》："有北齐之国，姜姓，使虎、豹、熊、罴。"《海
内经》："炎帝之孙伯陵。"其中蕴含信息颇为丰富，并可与诸多
传世文献参照比证。

关于北齐，先谈齐，《尔雅·释言》："殷、齐，中也。"王

---

[1] 丁山：《中国古代宗教与神话考》，上海文艺出版社 1988 年版，第 148 页。
[2] 两处方位的差异，自古困惑。笔者指出这源自大社布局及其内外圈壁画的
性质差异，另参见杨鸿勋《宫殿考古通论》（紫禁城出版社 2001 年版）第
15 页。

引之说"齐,为物之中央也。"吕思勉等也以之为中,说法可从。[1]
殷与齐皆出自夷,正可注意。甲骨文无疑有齐字,只是地在何
处则有争论。商末征人方提到齐,董作宾以"齐"即临淄[2],李零
认为"亚醜"即商代齐国族徽。[3]齐得名诸说,李衡眉《齐国得
名原因再探》列之甚详[4],不再赘引。

　　缘何称北十分关键。此条前标示方位的词距北海之内最近,
当在此系统北方。在东夷区域,齐居北无疑,春秋战国时北海
常与齐联系,楚王谓齐桓"君处北海寡人处南海,所谓风马牛
不相及也"之典尽人皆知。古天学中有一脉以齐为北而不为东
的传统,是此观念的证据。

　　炎帝姜姓人所共知,炎帝起源及支裔分布非常复杂,学界
常引《说文》称"姜,神农居姜水以为姓"、"羌,西戎牧羊人"
和傅斯年关于姜羌为一词之二形、姜必羌说的思维惯性有问题,
认为所有的姜都是迁徙使然更是个误区[5],徐旭生谓"炎帝氏族
姜姓在相当早的时候已经在山东居住。爽鸠氏以后,还有一个
季荝,可见逢伯陵的建国未必很早。这一带姜姓国家见于《左
传》的,还有纪,有向,有州。《世本》也说许、州、向、申,

1　《经义述闻》卷二十七《尔雅中·齐中也》。吕思勉谓"吾国古代……以嵩
　　高为中,乃吾族西迁后事,其初实以泰岱为中"(《先秦史》,上海古籍出
　　版社 1982 年版,第 31 页)。以岱为中乃东夷观念,傅斯年有夷夏东西交
　　争说。此乃观念混杂使然,与西迁并不相关。
2　董作宾:《殷历谱·武丁日谱》,《中国现代学术经典·董作宾卷》,河北教
　　育出版社 1996 年版。
3　李零:《苏埠屯的"亚齐"青铜器》,《文物天地》1992 年第 6 期。
4　李衡眉:《管子学刊》1991 年第 1 期。
5　一般认可《国语·晋语四》称炎帝故地在关中说。但综合各种材料看,王
　　献唐论炎帝本属东夷区也颇有理据(《炎黄氏族文化考》,青岛出版社 2006
　　年版)。同样,所有的姬姓也并不都是出自一脉,传统一直被视作姬姓的
　　召公,经日本学者白川静对青铜器铭文的研究发现,他与周王室不是一族,
　　而是非周非商的一个古族,在商晚期与周王室结盟灭商(《甲骨金文学论
　　集》,朋友书店 1973 年版,第 171—185 页)。

姜姓也。《汉书地理志》沛郡向县条下班固自注曰'故姜姓国，炎帝后'，说它是炎帝后，指明它不出于齐，并且非周朝的建国"[1]。李学勤也敏锐感到这点，"在太公封齐之前，齐地早已是姜姓的地域……周武王把太公封到齐国，正是因为这里是姜姓的老根据地。"[2]史上无疑当有羌姜夷姜之别。那么，此北齐姜是羌姜还是夷姜？考虑此下接"使虎豹熊罴"与图腾相关，该书另有多处"使四鸟虎豹熊罴""使四鸟"，其他与鸟相关（鸟身、鸟面、鸟足、鸟喙等）者也颇多，从人类学看更为原始，判断其只能更早而不能更晚。此种文化氛围与西周春秋之姜齐迥异，更未遑战国以后；从历史学角度看，一个王朝之内几无龙的传人而遍布鸟的元素和传人，那舍殷商还有第二个吗？姬姓始祖的姜原之姜与太王之太姜是否一族，史迹渺茫，难以确言。商末周初的姬姜联盟，太姜出自伯陵一族，史有明迹；且武王之妻，据杜正胜研究是太公之女。[3]傅斯年早年认为："齐周夹攻殷，殷乃不支，及殷被堪定，周莫奈齐何，但能忙于加大名，而周公自命其子卜邻焉……遂以伯禽营少昊之墟。"[4]太公以灭商首功获显赫封赏于齐，虽为大国却未如诸姬子弟等分有殷遗诸宗，差别明显，至有单身行旅之说[5]，《汉书·地理志》言其"有分土，

1　徐旭生：《中国古史的传说时代》，广西师范大学出版社 2003 年版，第 53 页。

2　李学勤：《中国古代文明研究》，华东师范大学出版社 2005 年版，第 380 页。

3　杜正胜说王姜"地位之崇高，权力之重大……非武王后妃不足以当之……也就是……太公望之女邑姜"（《王姜时代的推测》，《古代社会与国家》，台湾允晨文化实业股份有限公司民国八十一年版，第 345—349 页）。

4　傅斯年：《民族与中国古代史》，河北教育出版社 2002 年版，第 141 页。

5　姜太公传奇的出身与经历（屠户、赘婿，流落商都）未必没有史影蕴含其中，恐与伯陵蒲姑变动有关。《孟子》以其为齐人，《吕氏春秋》称其东夷，而《史记·齐太公世家》称其"东海上人"。本姓姜氏，从其封姓，故曰吕尚或曰吕尚处士，隐海滨"。武王"封师尚父于齐营丘。东就国，道宿行迟。逆旅之人曰：'吾闻时难得而易失。客寝甚安，殆非就国者也。'太公闻之，夜衣而行，黎明至国。莱侯来伐，与之争营丘"。王晖《古文字与商周史新证》（中华书局 2003 年版）将齐礼、夷礼与周礼并列，足见姜齐在周初的特殊。

亡（无）分民"表明姜姓太公一族必在原地大有势力，以是方能只身赴任。否则就只能判定周武王周公想借刀杀人，而此推测极不合理。

最关键证据在"伯陵"的年代上，学者一般对《左传·昭公二十年》齐君臣对话"昔爽鸠氏始居此地，季萴因之，有逢伯陵因之，蒲姑氏因之，而后大公因之"所称历代踞齐地的皆称之为氏而未言是否称齐，他们是各以其氏为号还是以齐为号？爽鸠、季萴过于久远，资料少，可不论。逢伯陵、蒲姑与齐是何关系？杜预注称"逢伯陵，殷诸侯，姜姓。浦姑氏，殷周之间代逢公者"。《汉书·地理志》明言汤时有逢公伯陵，殷末有蒲姑氏。《国语·周语下》韦昭注"伯陵，大姜之祖有逢伯陵也。逢公，伯陵之后，大姜之侄，殷之诸侯，封于齐地"。韦昭称"殷之诸侯，封于齐地"，笔者颇疑当时伯陵之国即以齐为号，只是传统文献失载。而伯陵薄姑间相对年代清楚，绝对年代都在商的范围内。

《海内经》的伯陵既为炎帝之孙，当为姜姓，当即文献所指逢（逢）伯陵。《大荒北经》的北齐国是姜姓，系据齐地，此国即当指伯陵之国。《大荒经》中炎帝子孙伯陵与姜姓北齐国内外对应关系明显，姓氏祖裔呼应，方位也合，《大荒北经》《海内经》分述如同《大荒西经》《海内经》的西周与后稷，均与《大荒经》

到西周中太公数世尚不同周俗而用殷法为名，可见齐与周文化关系的疏稀，自另成一系统。《礼记·檀弓》谓"太公封于营丘，比及五世，皆返葬于周"。傅斯年谓太公五世返葬于周为无稽之谈也。如果真有这回事，更是以死骨为质的把戏（《民族与中国古代史》，河北教育出版社2002年版，第141页）。某种程度上可谓捕捉到真实的史影，惜其后来在《姜原》文中改变这个观点。晋卫等始封君皆葬封地，北京琉璃河燕国墓地 M1193 被学界认为是周初燕侯墓，山西曲村晋侯墓一般认为包括除第一代晋侯叔虞外的西周各代晋侯墓。这说明西周的封侯一般是不返葬的。所以，姜太公本人返葬是可能的，但齐初若真是五世返葬的话，就值得认真思考。

书的性质有关。汤有伯陵还可与汤始祀后稷呼应,皆王朝与属
国在神灵层面的联系。

丙、戏考

戏:《大荒东经》有"帝舜生戏,戏生摇民"语,郭璞解释
关键的"生",说"诸言生者,多谓其苗裔,未必是亲所产"。
徐旭生对常人感到困惑难解的诸多专有名词提出十分合理的看
法,解释更周全、细致:"每氏族皆有一个英雄为代表……有时
候可以指某一个人,有时候就代表它所属的氏族,所以这个名
字可以绵延几百年。以后这个氏族又有了分支,在分支中所记
忆到的总是原氏族中英雄的名字。距离或远或近,但最近的也
不会是此英雄的儿子或孙子。也许虽远却还真有一些血统上的
关系,也许毫无此关系。古人对于这些大约并不很注意。"[1]那么
戏与摇民,既可为人名,亦可为部族名、国名,此处以理解成
部族名更宜,舜既"生戏",戏则当"禘"之。依《国语·鲁语上》
之说商人亦"禘舜"[2],则戏与商当属同源关系。随着殷商的发展、
壮大,此一部族极可能就随其布局而移动、发展,成为一国应
属情理中事。虽则就商人商都的相对位置而言,戏处《大荒东经》
中有些异样,似有窒碍。但《大荒经》文意识分两层:底层属东
夷早期,表层殷商。如此置放,非仅一两例,属于原始的真实。
凡此另论。

被公认可靠性较高的西周早期作品《逸周书·世俘篇》称
武王牧野战后第六天即命"吕他伐越戏方",黄怀信依庄校删越

1　徐旭生:《中国古史的传说时代》,广西师范大学出版社 2003 年版,第 237 页。
2　徐旭生曾论《礼记·祭法》"禘喾"的说法是后改的,甚有理据(《中国古
　史的传说时代》,广西师范大学出版社 2003 年版,第 106 页)。另外,《大
　荒经》文此处叙述在著名的有易王亥故事中,"有易杀王亥,取仆牛。河
　念有易,有易潜出,为国于兽,方食之,名曰摇民。帝舜生戏,戏生摇民。"
　既然有易分支为摇民,却又称戏生之,是戏与有易的关系尚不明,存疑待考。

字，称顾颉刚引罗泌《路史·国名记》也以戏方为一国[1]，以之在今河南巩县东南,并谓戏"纠畿内诸侯"[2],《左传·襄公九年》《路史·国名记己·商世侯伯》均以为就是春秋时郑国之戏,此说甚善,可从。此戏方应即《大荒经》中之戏演化而来。戏方既能扼守此战略要冲,足见其在商地位的重要及与商的亲密关系,周武"立政"即命伐之而无有招抚之意,而后又以尊贵显赫的次弟鲜封管镇守此地监武庚,托以控扼东方的大任，显见此地重要。管一般认为即今郑州管城,此戏即离管城不远,是否成为管叔封地？史无明文,不便妄言。周公平叛即营建成周,戏离洛阳更近,肘腋之下另有封国的可能更小,西周春秋史上无戏国、戏族也从另外的方面印证此点,此地若真有封国而不见诸史料较为丰富的春秋史册更是不太可能,故此戏国存在的下限应在周武灭商之前。

《大荒经》载姬姓西周、姜姓北齐两国虽尚有疑点,但唯有将其置于晚商才能得到合理解释。要说西周的上限有些模糊的话,那伯陵的上下限清晰无疑,其下限在薄姑之前的商末,只不过尚不清楚伯陵薄姑二者交替的准确年份。戏的考证若无大误的话则其存在的最下限在周武灭商时。此三证可开启、揭示经文神秘真相之门,势必引发对该文献的其他部分进行更进一步的深入分析,并进而对整部文献进行反思。

4. 对《大荒经》所涉其他各国的初步分析

本节将全面分析其他各国，并与其他传世文献和甲骨文有明确对应的进行比对、论证。

统计《大荒经》所有国名共 78 个[3],其数量与甲骨文中方国

1　黄怀信:《逸周书汇校集注》,上海古籍出版社 2007 年版，第 419 页。后来西周幽王灭于戏为另一戏，与此无关。
2　黄怀信:《逸周书校补注译》,西北大学出版社 1996 年版，第 212 页。
3　详细数字请见《大荒经》。按：东经有两中容；东有一大人之国，北也有一,

数字相比基本吻合。[1] 考虑考古发现和甲骨文记录的随机性、偶然性和或然性，已确定的应当不是当时方国总数，如与商对立的方国不一定全有[2]，但《大荒经》所列国名也非各国总数，如商名就没有，篇中只有服从商的国家；内中未涉及的应是：一、或是级别不够，如商的与国及多子族等，其神灵或另有独立的祭祀设施而未列入；二、与商无从属关系的敌国未列入，如楚；三、流传过程中可能存在散佚。

　　《大荒经》中大多数专有名词与其他常见文献不同，也与甲骨文释读现状不同，为何如此？因《大荒经》有着独特、复杂的成书过程，其内容表述灵界，并一直传诸巫师系统，使用了另类表述系统，这使其专用名词、符号系统产生独特性。就其国名性质言，有些是现实中使用的，像大家都理解的西周、北齐、少昊之国等，毋庸赘述。但更多的则难以理解，需具体分析。仔细研读，其国名多有他称，像黑齿国就是如此，可理解为国中有此俗，这是命名的原始特征之一；一向被视为最难理解的远国异人如无肠国，名字既不像他称又不像自称；其他如大人之国、小人国、玄股国、三身之国、羽民之国、蜮民之国等，可能是原图未明确标署国名而仅画有其族信奉的神灵形像，是远古人类信仰的对象及形状，考诸三星堆出土的那些铜像即可了

　　不知是否为一。疑为壁画的分割使然，另文有论。如果本文分析成立的话，还应该加上其盟主——商。

1　陈梦家《殷墟卜辞综述》考释有 48 国，岛邦男《殷墟卜辞研究》罗列 53 国，晁福林认定六七十个（《夏商西周的社会变迁》，北京师范大学出版社 1996 年版，第 326 页），钟柏生说有 84 国（《殷商卜辞地理论丛》，艺文印书馆 1989 年版），饶宗颐说有 89 个（《甲骨文通检·方国》，香港中文大学出版社 1994 年版），赵诚则认为有 150 个左右（《甲骨文与商代文化》）。陈说过少，赵说又过多，恐难相信，目前似已无法准确了解其总数。笔者采信中间。

2　于省吾主张商王不卜问他族（《从甲骨文看商代社会》，《东北人民大学人文科学学报》1957 年第 2、3 期）。

然。而这些在由图转文时未被正确认识，由写定者依画上的部族神形状命名，故产生一些奇怪名字的国。有些是商人史上存在过并进而形成、进入其意识形态底层的内容。至此收获虽不多，但仍需将分析进行下去，以为高明者提供进一步研究基础。

《大荒东经》有"柔仆民，是维嬴土之国"。文献和甲文未见柔仆民，此非习见的奄、徐等名，但与文献嬴姓源于东方合，将其解为嬴姓据土之国应该无误。此中无秦祖，但商秦赵之祖皆出玄鸟，秦先即嬴姓，"世有功，以佐殷国，故嬴姓多显，遂为诸侯。"[1]周初"驱飞廉（秦先）于海隅而戮之"[2]，其子始迁西。《海内经》有"嬴民，鸟足"语，图腾因素又合，内外分述不同事项乃该书体例。嬴民殆即嬴姓之民。奄等与武庚一同反周，岂非商柔顺仆从之民？

《大荒东经》有"白民之国"，《大荒西经》有"白氏之国"，《大荒北经》有"深目民之国"。《甲骨文合集》293"用三白羌于丁"，1039"贞，燎白人"。考古陆续发现从新石器时代起就有高加索人种存留遗迹，近年山东发现高加索人种遗迹更是令人震惊。商安阳殷墟西北岗发掘一些头骨[3]，从体质人类学测量结果来看，有些属高加索人种和海洋蒙古种。三种材料结合，强烈支持多种系一派的意见。

1　《史记》卷五《秦本纪》，第 174 页。

2　《孟子·滕文公下》。据傅斯年考证，嬴乃少昊之姓，其后以国为姓，有徐氏、郯氏、董廉氏、亲氏等。东土嬴姓国有商系之奄、淮夷之徐、中原之葛、东南之江黄（《民族与古代中国史》，河北教育出版社 2002 年版，第 44 页）。

3　如何判断其人种性质，有两派意见，潘其风、韩康信为代表主张单种系，参韩氏《中国新石器时代种族人类学研究》（《中国原始文化论集》，文物出版社 1989 年版）文和潘氏《我国青铜时代居民人种类型的分布和演变趋势》（《庆祝苏秉琦考古五十五年论文集》，文物出版社 1989 年版）文；李济、杨希枚主张多种系，参杨氏《先秦文化史论集》之《卅年来关于殷墟头骨及殷代民族种系的研究》（中国社会科学出版社 1995 年版）文。两派均未注意此经记载。

　　《大荒南经》有"昆吾之师所浴"处，《大荒西经》有"昆吾之所食"处，《海内经》有"昆吾之丘"。"昆吾氏，夏之时尝为侯伯。"[1] 商汤灭夏，"韦顾既伐，昆吾夏桀"。昆吾既灭于商汤，若仍主张在商社壁画存之岂非重大纰漏？答曰并不矛盾。所提四国，夏有禹、启代表，存留昆吾当因其乃宗教世家，司马迁所谓传天数者夏代只有昆吾。无韦顾大概因其是一般方国。从禹合万邦经汤会三千到周武八百诸侯伐商，上古虽有灭国不绝其祀之说，不绝的恐只是著名的尤其是与宗教相关的古国古族，胜国不可能也无必要将所灭之国尽数保留和祭祀。否则，胜者的利益如何进行再分配，其政权基础又如何扩大？

　　《大荒西经》有"北狄之国。黄帝之孙曰始均，始均生北狄。"北狄在文中与西周临近，狄，《说文》称其从犬。古今本《竹书纪年》都有武乙三十五年季历俘狄（翟）王的记载。

　　《大荒北经》有"人名曰犬戎。……有犬戎国。有神，人面兽身，名曰犬戎。"其方位与西周同在西北海外，与《竹书纪年》记载吻合，甲文也有商"令多子族比犬侯璞周"（《甲骨文合集》6812正），犬国攻打周（大概此时周尚未从商），自当为近邻关系[2]，其方位亦与经合，应即经中犬戎国。

　　《大荒北经》还有肃慎氏之国，肃慎是文献中一个古老的国族，《左传·昭公九年》称武王克商，说"肃慎……吾北土也"。《国语·鲁语下》、今本《竹书纪年》、《史记》之《周本纪》、《孔子世家》与《尚书序》等皆有周武王时肃慎贡矢记载，《大戴礼记》《史记·五帝本纪》《淮南子·原道训》等载其从舜开始就间或来服，故商时有肃慎存在当无疑问。

1　《史记》卷四十《楚世家》，第 1690 页。
2　《国语·周语上》称"周穆王伐犬戎，得四白狼四白鹿以归。"犬戎当系中原所称，自犬戎言为他称，史上北方民族向以狼为图腾，图像上，狼与犬差别不大，可算与穆王所得相合。

　　《海内经》有朝鲜、日本："东海之内，北海之隅，有国名曰朝鲜、天毒。"不少文献记载周武封箕子朝鲜[1]，细节容有讨论，但商代东北有朝鲜应无疑问，经中朝鲜和中原的相对位置与其他传统文献一致。本处天毒即夭毒，当指古日本，这是采信沈福伟的意见。[2]

　　《海内经》：北海之内，伯夷之后"生氐羌，氐羌乞姓"。《甲骨文合集》27972、《屯南》3038 有"羌方"。《诗经·商颂》称成汤时，"自彼氐羌，莫敢不来享，莫敢不来王。"经与传统氐羌方位似不太合，是经文窜乱还是本来如此，容当另论。《海内经》有"西南有巴国"，大皞之后"始为巴人"。胡厚宣说巴最早见于武丁时甲文，《甲骨文合集》6467"我共人伐巴方"。《左传·昭公九年》曰："及武王克商……巴楚……吾南土也。"《大荒经》文西南较详，巴国重要，与历史和考古资料吻合。

　　上文从实证讨论，现从默证探究，这以夏商已存在、后世十分重要的楚为例考察：经文未见楚字，自然未遑楚国。楚何以未入《大荒经》？推测商楚虽同为颛顼之后，楚却一直是有夏同盟，夏亡之后国小而南，似级别不够，加之商楚长期敌对。引人关注的是经中有楚先祖世系中的颛顼与重、黎、吴回，异样的是其均偏在《大荒西经》中，"颛顼生老童，老童生祝融，祝融生太子长琴……有人名曰吴回"，"老童生重及黎"而《海

1　《史记·宋微子世家》："武王乃封箕子于朝鲜而不臣也"（第 1620 页）可证，《尚书大传》也有类似记载。

2　天毒，郭璞、袁珂以为是天竺（今印度）国，明王崇庆因方位迥异颇有怀疑。沈福伟认为：原文天毒其实是"夭毒"的讹夺，读作《夭毒》是邪马台（yamato）对音，即九州筑后国的山门郡，"山门"的和读与《三国志·魏志·倭人传》魏使所到的邪马台国之音完全一致。"夭毒"之古老，从时间上看一定早于东汉时代的倭面土或倭国（《说〈山海经〉是中国第一部地理志结集》,《周秦汉唐文化研究》第二辑，三秦出版社 2003 年版）。笔者引文目的在于说明《大荒经》的可理解性，从地理方位看并非荒诞无稽，至于夭毒是否能早到殷商尚待确认。

内经》"祝融降处于江水，生共工"，共工之后方颠"是复土穰，以处江水。"此祝融及子孙世系并涉江事，若指今长江[1]则与《史记》所载楚先祖祝融集团发展史有合有异[2]，合乎其南下之趋势、时段。可以肯定的是，经中涉其谱系的下限尚未进入商末西周，即未见鬻熊之后的人，这可佐证其相应年代。

经内容与《逸周书·王会解》[3]颇相合：据黄怀信考释，东面

1　另外的可能是并非指今天的长江，因《史记·殷本纪》引"汤诰"有"东为江"语，石泉（《古文献中的"江"不是长江的专称》，《文史》第6辑，中华书局1979年版）有论。《史记·五帝本纪》谓青阳居江水。

2　《史记·楚世家》称"楚之先祖出自帝颛顼高阳……高阳生称，称生卷章，卷章生重黎。重黎……帝喾命曰祝融……其弟吴回……复……为祝融。吴回生陆终"。包山墓地竹简整理小组指出：卜筮祭铸部分记楚先祖老僮祝融媸酓荆王武王等，老僮即老童，《楚世家》作卷章应为字形之误；祝融，《楚世家》云重黎与弟吴回都有祝融之号（《包山二号墓竹简概述》，《文物》1988年第5期）。李学勤指出：媸酓为鬻熊（《论包山简中一楚先祖名》，《文物》1988年）。楚人先祖始时在今河南卫郑一带活动，受商人挤压，渐趋南下抵江汉间。《诗经·殷武》称殷武"奋伐荆楚……维女荆楚，居国南乡"。《楚世家》谓"陆终生子六人……六曰季连，芈姓，楚其后也……周文王之时，季连之苗裔曰鬻熊。鬻熊子事文王。"周原甲骨文有"今秋楚子来告"，《楚世家》称其"蚤卒……熊绎当周成王之时，举文武勤劳之后嗣，而封熊绎于楚蛮"。楚君岐阳之会时"置茅蕝，设望表，与鲜牟（别本误为鲜卑）守燎，故不与盟"，楚虽与会却只任类似司仪之职，未成为正式诸侯，表明其地位尚低下。楚为颛顼后，颛顼虽有为黄帝子孙之载，亦有为东夷少昊孺帝之说，《国语·晋语八》韦注鲜牟为东夷国，或另有依据。

3　胡念贻以该篇为春秋战国时小说（《〈逸周书〉中的三篇小说》，《文学遗产》1981年第2期）。黄怀信先认为"今本文字基本上就是春秋编定之旧，未经后人改动"（《古文献与古史论》，齐鲁书社2003年版，第75页），后改为"汉景武时代有人为之作解，并于篇名附上了'解'字"（第91页）。罗家湘认为是夸张和虚构产物，大致成于战国早期（《逸周书研究》，上海古籍出版社2006年版）。周玉秀认为"写定年代可以大致定在春秋中期以后"，为小说（《〈逸周书〉的语言特点及其文献学价值》，中华书局2005年版）。安京认为成周落成时举行盛大仪式（成周之会），"记述这一盛会的文献被命名为《王会篇》，被编入《逸周书》——周王室的档案，后来经过整理，载于《逸周书》第七卷第五十九篇"（《〈山海经〉与〈逸周书·王会篇〉比较研究》，《中国边疆史地研究》2004年12月第14卷第4期）。笔者认为安说最合理，从内容看可分为本文与解，成为定本则晚，今本二者虽已

正北有稷慎（肃慎）；青丘狐九尾；黑齿，白民；自深（目深）。正北方，西申以凤鸟，凤鸟者，戴仁抱义掖信。氐羌以鸾鸟。巴人以比翼鸟。州靡费费，其形人身，反踵自笑，笑则上唇弇其目，食人，北方谓之土蝼。北方台正东，独鹿（涿鹿）。犬戎……名古黄之乘。长沙，蛮，仓吾，皆北向。[1]

以上就现有知识结构可考知的讨论，他们有何联系？为何堆砌在一起？这与书的性质及其表现形式有关，并非有人胡乱抽取一些内容放在一块。从可考国名及部族神可知：一、叙述的事只能在商代，如替代伯陵的薄姑未得更改使我们可以更准确地将其时间定位在周灭商前的晚商；二、属于传说时代和夏代；三、商已存在但其下限已进入西周甚至春秋乃至战国，如犬戎、巴、氐等；四、情况不明，以现有知识无法说明其时代，这部分就比例说不算太少。重要的是前两种证明了该书内容最可能的下限；第三种与商说并不矛盾，这些族群在上古有着悠久历史，经中方位也与后代史料一致，这可印证《大荒经》的可信性，《大荒经》反过来也可为其起源、前史研究提供有益补充；第四种并不构成拙说反证，因西周战国史料匮乏，似乎也应强力证明《大荒经》所描述并非西周战国才行，但就经文整体言，我们无法想象有专造伪书的高手会造出一部分只存在于商的内容而又另外造出一部分只能属于西周战国的。另文论证由海进等造成的情况决定该书有着传之久远的文化传统，单就海进一点来说就并非距今五千年以内的人所能够伪造。综合考虑，不明的越多，反而越能默证拙说。

合在一起，但并不影响其价值。判为小说的原因是因其体例、章法与一般文献不同，不容易读懂。有些族群长期存在，他们既存在于西周初，当然也极可能存在于商代。这有助于说明《大荒经》并非荒诞无稽，可以用现有的知识体系合理解释。

1　黄怀信：《逸周书汇校集注》，上海古籍出版社2007年版。

《大荒经》无疑已是中心四土格局，但像杨向奎、许倬云主张西周形成华居内（中）、四方蛮夷戎狄居外的格局在经中尚未见踪影。经有两个人名带夷字(《大荒西经》石夷《海内经》伯夷)，无带夷字的种群，而尸、人、夷、殷为一系列字形结构的发展。[1] 经尚无蛮字，但蛇的元素已不少，《大荒南经》有 "蜮人之国"，据甲骨文金文考均有蛮，《说文》称蛮蛇种。戎有犬戎，北狄是具体国名而非泛称，与甲骨文研究吻合。种种迹象、证据及其特征都强烈指向殷商一代。而从神话学、人类学分析经文整体内容，发现它对应着商王族之外大部分的方国结构及其高层神灵信仰，体现各地、各部族古老的核心价值观，结构大体上与现有其他文献所记载的基本相合。

5. 年代属商的其他理由

之所以说经文内容在殷商的范围之内，还有如下理由：

从中国古天学的发展进程来看，司马迁总结说："昔之传天数者，高辛之前重黎；于唐虞羲和；有夏昆吾；殷商巫咸；周室史佚、苌弘；于宋子韦；郑则裨灶；在齐甘公；楚唐昧；赵尹皋；魏石申。"[2] 在其列举自开辟到战国所谓传天数者（即今所称大天文学家者），经从重黎起皆可考见，到殷商巫咸即戛然而止，西周灭商时的史佚就已不在其中，也不见西周中后期的苌弘[3]，这其实已隐约表明其内容属于商代而未入西周，但单凭此默证下结论固然不严谨，而综合其他迹象恰可成为时代佐证。经中有一个完整的古天学体系，已另撰《二十八宿探源》论证。至于

1　姜亮夫尝 "结合古史、古文字、先秦古籍、东方民习等，以为殷即夷之繁体，即所谓东方引弓之民"，"殷为后起字，夷为准初文"(《殷商辩名》，《古史学论文集》，上海古籍出版社 1996 年版)。

2　《史记》卷二十七《天官书》，第 1343 页。

3　《史记》引《正义》载："史佚，周武王时太史尹佚也。苌弘，周灵王时大夫也。"（第 1344 页)

天文学意义的年岁,《海内经》"缘妇孕三年"生某[1],《大荒西经》"不寿者乃八百岁。"常玉芝称商代"'一年'当已……引申指一个太阳年了……商人用'年'纪时只在早期卜辞中见到","'岁'这个时间概念的来源很可能与'年'的时间概念来源一样,是由农作物的一个生长周期而来的。但到了殷商时期,'岁'与'年'一样……是指一个太阳年的长度了","商人称年为'岁'主要盛行于早期卜辞时代。"[2]"中国天文学史整理研究小组"指出:"殷代已有年岁的概念,已认识岁星,且可能已知十二年一周期"[3],而《海内经》称"噎鸣生岁十有二"是岁星纪年的一种原始表达方式,与同书关于十日十二月表达相同,合乎天文学家从天文学史角度所作的判断。

由经所载粮食可判断其大体的自然区域,统计表明:东方黍食;南方食黍、谷、木、兽等;西方食谷、卵、甘露;北方食黍为主,也有食谷、鱼、肉者;仅在《海内经》的后稷葬地处说"爰有膏菽、膏稻、膏黍、膏稷,百谷自生",应注意的是稻与菽、黍和稷并提。对此有两种意见:祀神物之说,另说认为是百姓日常食物。笔者赞同前者,甘露、卵、木等属明显例证。不管哪种都可断定,《大荒经》所反映的稳固地域既非南方的蛮楚亦非西南的巴蜀而只能是中原,尤其是黄河中下游流域为主的豫鲁晋冀南等地区,这与夏商稳固的统治地域正好吻合。因经中出现多个商人,故排除了夏代;商人活动虽代有扩张、收缩,考古学也发现超出文献记载的不少地区存在着典型的商文化城址和

1　《全上古三代秦汉三国六朝文》卷十五引《归藏·启筮》:"鲧殛死,三岁不腐,副之以吴刀,是用出禹。"(中华书局 1958 年版,第 105 页)这是远古一种非常人的出世方法,不能认为是实际经历,但也不能因此否认此种记录的早期性。

2　常玉芝:《殷商历法研究》,吉林文史出版社 1998 年版,第 344、347、351 页。

3　中国天文学史整理研究小组:《中国天文学史》,科学出版社 1981 年版,第 13 页。

遗迹，尤以今辽宁及湖南宁乡等地窖藏商系青铜器现象引人关注，但"商代各方国活动……基本上是黄河流域一带"[1]。

《大荒经》的四荒篇未涉江水与甲骨文研究结论一致，赵诚说："现在能见到的甲骨文刻辞还没有发现江这个字。看来，商代人意识中的宇宙或世界实际上只限于黄河流域。"[2]这从侧面说明它地位不重要，或许还没有被识别出来。商人并非没有认识到长江，考古学者近年在鄂湘赣蜀等地发现大量商文化风格的材料和城址，尤以长江边的盘龙城著名，说明商人活动是跨过长江的。四荒缺江与其性质有关，在商人早期发展中，其族类或说与商王族相关的重要族类中没有以之为神的，故没有反映进去，并不能以此证明商人控制范围及活动没有涉足此区。更多与现实神灵层面相关的《海内经》就载祝融后裔"复土穰，以处江水"。这与现知楚前史有一定程度吻合，但是否指同一族群尚待考究。

对经载族群进行考察也是必要的，有人可能觉得像氐羌巴等历时很长的族群或国家从远古起持续存在，似乎无法精准证明书的对应年代。笔者认为即便如此也可提供一个相对的时空背景，对增加历来被视为荒诞无稽之书的理解度不无助益。像帝俊、颛顼后裔居天下四方而非炎黄子孙如此分布就令人印象深刻，其中夹杂黄帝、炎帝、帝舜、鲧禹等后人所建国家也比比皆是，既不能称其是不可理解的远国，更不能说是"非我族类，其心必异"之异人。徐旭生、刘起釪对其种群分布、诸帝支脉已有解析，说明其与现知五帝一系不同。今列所载姓氏[3]:《大荒

1　赵诚:《甲骨文与商代文化》，辽宁人民出版社2000年版，第5页。

2　赵诚:《甲骨文与商代文化》，辽宁人民出版社2000年版，第65—66页。

3　章太炎《检论·序种姓》已列、陈絜《商周姓氏制度研究》（商务印书馆2007年版）一书颇得好评，内称"文献所见的先秦古姓大概有29个或30个"，其历数各代成果既未列章书也未涉《大荒经》。笔者无意指责其百密一疏，只是借以说明章说未能产生应有影响，故而重列。学界尚有商代有氏无姓说，今不取。

东经》有白民销姓，帝鸿，帝俊后；黑齿姜姓，帝俊后；困民国勾姓；《大荒南经》有三身国姚姓，帝俊妻娥皇后；盈民国于姓；不死国阿姓，巫载民盼姓，舜后；蜮民国桑姓；焦侥国几姓；有鼬姓之国；《大荒西经》有西周国姬姓，帝俊后；《大荒北经》有胡不与国烈姓；大人国厘姓；北齐国姜姓；儋耳国任姓；无肠国任姓；深目民盼姓；一目人威姓，少昊子；毛民国依姓，禹裔[1]；继无民任姓；苗民釐姓，颛顼后；《海内经》有氐羌乞姓（疑允之误），伯夷后。上文已述，远古"祖先"有的是可变的，如周的趋时逢迎，但也有自主坚持的，诸祖诸帝并陈于商是可以想见的。我们大可不必用后来形成的体系、知识去注释更早的《大荒经》，这就可清晰判定那是一个百舸争流而非五帝一系的时代，其中姓氏及与诸帝关系的资料本是清晰的、极其珍贵的、可以用来证明地域、民族原非一元的绝好证据，顺此而下，一段迥然不同的历史自然就会呈现在学界眼前。

再考经文所列神人圣帝的时代，对历时性较短的人物、人群及其活动进行有效分析，并将其与族群的分析联系、对照，有助于更精准认识经文内容的年代。此处并未包括那些鸟身兽面、灵山十巫之类内容，因其缺乏与精准年代相关联的因素，但从人类学视角看衪们无疑偏向初民社会。就现有的知识结构考究经中所载人名和带人形的人物对应的年代，发现他们肇起远古，下止殷商，中间夹杂着龙山时代及夏的人物，少部分像炎黄等属于传说时代，个别晚的像夏后开、商汤伐夏桀时所涉夏耕已进入历史时期，最晚的是商代巫咸、巫彭，大多数未知的被高度怀疑属传说时代[2]，这非常值得关注。他们提供了相对准确判断其内容时限的

---

1 《国语·晋语四》载黄帝之子十二姓中有依姓。

2 《大荒东经》:颛顼，一大人（未知），帝俊（史前），晏龙（帝俊生），司幽（晏龙生），帝鸿（帝俊生），白民（帝鸿生），黑齿（帝俊生），禹虢（黄帝生），禺京（禺虢生），王亥（夏），有易、河伯（夏），摇民（戏生），戏（舜生），

依据，表面形象是人物，实则人神混杂，其性质大多是与部族族群相关的神。与人相关族群的时代虽可延续到很晚，但自西周春秋文化整合尤其中原形成为五帝一系后就不存在这样的历史条件与环境，故其初奉时段应该不会太晚。

　　就传说时代论，人物可谓基本齐全，但明显缺伏羲、契、皋陶、伯益、嫦娥等，这并非经文散佚所致，伏羲缺失与帝俊相关（前

女丑（未知），鹙（未知），应龙、蚩尤、夸父、夔（黄帝时），黄帝。《大荒南经》：舜、叔均（传说时代），有人（帝俊妻娥皇生），季禺（颛顼子），有人（未知），季釐（帝俊生），倍伐（少昊生），无淫（舜生），凿齿（羿杀之），蜮人（未知），小人（未知），禹，伯服（颛顼生），张弘（未知），驩头（鲧妻士敬子炎融生），尧、喾、舜、羲和（帝俊妻），菌人（未知）。《大荒西经》：共工（传说时代），淑土（颛顼子），石夷（未知），后稷（帝俊生），台玺（稷弟），叔均（台玺生），始均（黄帝孙），北狄（始均生），太子长琴（祝融生，颛顼生老童，老童生祝融），女丑之尸（未知），老童（颛顼生），重及黎（老童生），噎（老童或帝生），天虞（未知），常羲（帝俊妻），黄姖之尸（未知），女祭、女薎（未知），季格（女虔生，未知），寿麻（季格生，未知），夏耕之尸（成汤伐夏桀时），吴回（重黎弟），三面人（颛顼子），夏后开（开国之君），互人（炎帝之孙灵恝生）。《大荒北经》：帝颛顼与九嫔，大人（未知），叔歜（颛顼子），均国（禹生），役采（均国生），修鞈（役采生），绰人（修鞈杀之），毛民（疑指绰人或修鞈），儋耳（禹号子，号即號），夸父（后土生信，信生夸父），应龙、蚩尤，相繇（共工臣，禹杀之），黄帝女魃、蚩尤、黄帝、应龙、风伯、雨师、叔均（涿鹿之战及后果），有人（未知），赤水女子献（未知），犬戎（黄帝后裔），有人（少昊子），中𰾉（颛顼子），苗民（颛顼生驩头，驩头生苗民），有人（儋耳子）。《海内经》：昌意（黄帝妻雷祖生），韩流（昌意生），颛顼（韩流取淖子阿女生），柏高（未知），后稷，鸟氏（未知），大皞、黄帝、咸鸟（大皞生），乘厘（咸鸟生），后照（乘厘生），赣巨人（未知），黑人（未知），嬴民（未知），苗民（《大荒北经》有，疑指一），舜，西岳（伯夷父生），先龙（西岳生），氐羌（先龙生），伯陵（炎帝孙），鼓、延、殳（伯陵同吴权之妻阿女缘妇生），骆明（黄帝生），白马（骆明生，即鲧），禹号（帝俊生），淫梁（禹号生），番禺（淫梁生），奚仲（番禺生），吉光（奚仲生），般（少皞生），羿（帝俊赐彤弓），晏龙（帝俊生），三身（帝俊生），巧倕义均（三身生），后稷、稷之孙曰叔均（传说时代），大比赤阴（未知），禹鲧，炎居（炎帝妻赤水之子听沃生），节并（炎居生），戏器（节并生），祝融（戏器生），共工（祝融生），术器（共工生），后土（共工生），噎鸣（后土生）。

文已释），皋陶、伯益缺失恐与其是少昊支脉、也非大神有关，此中不见嫦娥、牛郎、织女等著名神话人物[1]乃因其非国家系列的百神（物），没有部落奉之为神。这也说明《大荒经》并非神话集。

6. 结　语

笔者上文考索出不少只能存在于殷商这一特定时空框架的内容，其他虽尚有一些现在无法准确断代的内容，但因从人类学角度看它们与人类早期阶段更吻合，西周初年大分封后即已不存在《大荒经》所描述的内外环境与历史条件。这足以证明经的内容只能在西周之前，更未遑存在于春秋战国及其后之可能。由于文中提到商汤、巫咸若干重要的商代人物，表明其内容已经越过夏代，就只剩下商代符合此一时空框架，只要发现不出商亡后多个具体史证，认定该书内容属于商代应无问题。

具体到商代，姜姓北齐国和伯陵的存在意味时间应在其被薄姑替代前，再衡之于王亥尚混杂在诸神中更有着特殊的意义。如果王亥真像《天问》《竹书纪年》所述曾在商王世系的话，说明可能真的存在过伊藤道治所说的那种谱系编排，尚未进入商祖系列的王亥意味着经文内容的对应时限可上推至这种编排之前。当然，就目前材料而言，这也只是一个推测。

所论《大荒经》内容属商，并不意味着笔者已指认经文全都是商代写定。内容反映的年代与书文的写定年代是两个既有联系又不相同的概念，不可混为一谈。笔者并不排除后人增添、润色的可能，而流传产生的讹误时或有之，但主动造伪、胡乱添加的可能甚小。如不算文献流传中自然的增衍讹误，大概会有两种可能：一种是叠床架屋，即语义相同而字形不同的堆砌在一起：今见经文多处明言某某之丘为山名，如有大山名曰昆仑之

1　牛郎织女神话产生甚早，《诗经·小雅·大东》已载。

丘,钱穆有《中国古代山居考》文认为丘即山[1];有国名曰流黄辛氏,肃慎氏之国等,胡厚宣"考甲骨金文,氏作ᠯ,从土从人,人据土为氏。《左传》隐公八年曰'天子建德,因生以赐姓,胙之土而命之氏'。古《孝经纬》曰'古之所谓氏者,氏即国也'。此皆氏字古义。古之氏从土得名,无土则无氏也"[2]。可见其写定或在后代,彼时已不甚明丘或氏义,遂于其下加山或国一字,但这并未改变其实质内容。另一种是在由图转文过程中增添的描述用语,考虑名词尤其是专用名词占全文的绝大多数,实际上并无多大的增加空间。

(六)《大荒经》源于商代大社壁画考

上文已述,《大荒经》因许多内容具有古代文献的唯一性,所以只有用内证解谜才是让人信服的唯一办法。而从通常纯文本的视野与角度看,《大荒经》的重复、漫衍、无序及松散的结构,确实是混乱不堪的,也构成了它荒诞难解的主要原因,但联系、思考其由"图文"典籍到"图书"的转变过程之后,就会发现一个令人倍感诧异的结论:它的荒诞难解实在是因为,尽管我们表面上看到的是文字,但构成《大荒经》文的基本逻辑、思维与内在的表述语言竟然是视觉科学中的图形图像[3],原来由构图逻辑和非连续性画面表现的图形图像在被简单地转化为文字描述后,视觉的特征丧失了,而千古以来的读者却极少意识到有这么一个复杂的转换过程,仍以阅读普通文本的思维和习惯去对待它。经文是对《大荒经图》这一组图像和内容的系统描述。人们通常感觉其荒诞难解,更多是由于图像的分割所致。事情

1　钱穆:《中国学术思想史论丛》(一),三联书店 2009 年版。

2　胡厚宣:《甲骨学商史论丛初集》,河北教育出版社 2002 年版,第 499 页。

3　《山海经》为述图之作,源自整部《山海经图》或仅《海经》(均含《大荒经》),民俗学者和神话学者已有推测阐发,他们对《大荒经》均未能给予充分重视,故拙文重作,以窥全貌。马昌仪将整部《山海经》与古图关系归纳成禹鼎、地图、壁画和巫图四说(《古本山海经图说》,山东画报出版社 2001 年版)。

到此并未终结，能否找出经文蕴涵的初始结构才是破解这部荒诞典籍的关键。学者以往大多只注重神话和地理角度的研究而忽略其他视域的思考，故始终难窥堂奥。笔者尝试从更宽阔的视域着眼，从更多角度反复切入，尤其从艺术思维、建筑和原始宗教等层面去追索其由"图文"到"书籍"的特殊成书过程，而后展开深入的综合研究，结果发现它荒诞的最深层原因实际上还是构成该书初始结构与框架的是竟然源于一个常人甚难想象的建筑结构——殷商象征天地宇宙的大社及其壁画。经文是对该结构和内容的系统描述。通过对经文的认真分析，仍然可以发现这些秘密。笔者以为，这是理解和释读《大荒经》最重要的一环。读懂了《大荒经》，将会看到一幅上古史的新画卷。顾颉刚先生所期望的、未经战国秦汉士人思想影响改纂的一部奇书即可展现眼前。

1.《大荒经》文异常重复的荒诞现象新释

《大荒经》中的大量重复现象，过去一向被研究者视作流传中导致的混乱，也有从成书过程着眼，认为"荒经地名多复沓重出，记非一手"。一般来讲，这种怀疑当然是相当有道理的，因为真正的地理书肯定很少会有这样的可能，更无此必要。但如果说，个别地名之重复，或由记非一手、简牍散乱等原因造成；而如此大量重复，还能这样泛泛解释吗？对此，我们不应该人云亦云，要先把这种重复现象罗列出来，然后再分析研究。

甲、国名的重复

大人之国：《大荒东经》"东海之外，大荒之中……有波谷山者，有大人之国"。位置不明，但似在东南。而《大荒北经》"东北海之外……大荒之中……有人名曰大人。有大人之国，厘姓，黍食"。方向似有不合，但都在海之外，"大荒之中"。中容之国：《大荒东经》"东海之外……大荒之中……有中容之国，帝俊生中容，中容人食兽、木实，使四鸟——豹、虎、熊、罴"。同经下另有"东海之外……东荒之中……有中容之国"语。此国名重复事，然一详一略，且都在"东海之外""大（东）荒之中"，东荒与大荒同，下文有论。白民之国：《大荒东经》"东海之外……有白民之国。帝俊生帝鸿，帝鸿生白民，白民销姓，黍食，使四鸟——虎、豹、熊、罴"。而《大荒西经》"西北海之外……有大泽之长山。有白氏之国"。袁珂认为："白氏之国，宋本、藏经本、毛扆本、吴任臣本氏均作民，作民是也。"[1] 今从之。

乙、山名的重复

言山：《大荒东经》"东海之外，大荒之中，有山名曰大言"，似在东南。《大荒南经》"南海之外……大荒之中……有言山"，位置不甚明确。二者都在"大荒之中"。巫山：《大荒南经》"南海之外……有巫山"，似在西南方向。《大荒西经》"西北海之外……大荒之中……有巫山者"，似在西偏南，而同经下"西海之南……耕既立无首走厥咎，乃降于巫山"。可明确是在西南，而经末"西南海之外……有大巫山"。《大荒南经》与《大荒西经》之巫山是一是二？《大荒西经》两巫山是一是二？《大荒西经》巫山与大巫山位置如何？反映什么呢？是绵长平面还是半环形？这些都是颇有意思的问题。章山：《大荒西经》"西海之南"讲述一个故事，"成汤伐夏桀于章山，克之，斩耕厥前。耕既立，无首，走厥咎"，此章山乃一过程开始处，结尾在西南，无法确定位置。而《大荒北经》"西北海外……有山名曰章山"，而临近处有"西北海之外，赤水之北，有章尾山"语。章山章尾山，系于邻接着的、但却不同的西北海之外，二山或有关联，章尾山抑章山之尾乎？金山：《大荒西经》"西北海之外……大荒之中……有金门之山"，经末"西南海之外……有金之山"，是一？是二？阿山：《大荒东经》"东海之外……有大阿之山"，似处东

1　袁珂：《山海经校注》，巴蜀书社 1992 年版，第 449 页。

南一带,《大荒南经》"南海之外……有阿山",似处西南。灵山:《大荒西经》"西北海之外……大荒之中……有灵山",灵山与巫山有何关系?今人常有以"靈、巫古本一字","灵者巫也"强解灵山为巫山,全然不顾同经既有巫山,又有灵山,还有大巫山这一事实,这明显是不可取的。《海内经》"南海之内……有灵山"。岳山:《大荒南经》"南海之外……帝尧、帝喾、帝舜葬于岳山",《大荒北经》"东北海之外……大荒之中……群帝因是以为台,在昆仑之北。有岳之山"。《文选》张协七命李善注引此经作岳山,无之字。两者的共同点是都与帝有关。桂山:《大荒西经》"西北海之外……有桂山",同经后不远处又一桂山,后者虽未明言但也在西北方向。《海内经》"南海之内……有桂山"。壑山:《大荒南经》"南海之外……有壑山",位置不明。《大荒西经》"西北海之外……西有王母之山、壑山、海山",此壑山似在西北。另"西北海之外……大荒之中……有壑山",位置不甚明确,且行文与上壑山间隔颇长,但在同一个西北海之外下。考三壑山之关系,南之壑山应为单独,后两壑山应有关系,似为绵延之山脉。共工国山:《大荒西经》"西北海之外,大荒之隅……有禹攻共工国山",而《大荒北经》中虽无此山名,但有此事,还有"共工之台",但却系于"东北海之外……大荒之中"下。《大荒西经》"西海之南……大荒之中,有山,名曰常阳之山",似处西南,在由西北向西南的七座入日月之山排第六,与西经之末"西南大荒之中隅,有偏勾常羊之山"不知是否有关联,但"偏勾"似有修饰之义,且二者行文接近,又同在大荒之中,怀疑以临近的可能为大。

丙、水名的重复

《大荒经》里共有水名如下,《大荒东经》:甘,杨,融。《大荒南经》:赤,荥,荣,黑,甘,氾,澧,漂,俊坛,青,白。《大荒西经》:寒暑之水,赤,三泽水名曰三淖,黑,弱。《大荒北经》:河,赤泽水，顺，若。《海内经》：三条水（是未名还是以三条为名，待考），好，若，青，黑，若，湹，蛇，黑，赤，江。《大荒东经》《大荒南经》甘水的重复见下文详论，此略。《大荒南经》与《海内经》的青水重复。《大荒南经》："大荒之中，有山，名朽涂之山，青水穷焉。"《海内经》里提到："华山青水之东，有山，名曰肇山。……南海之内，黑水青水之间，有水。"《大荒南经》《大荒西经》《大荒北经》及《海内经》的赤水重复。《大荒南经》："南海之外，赤水之西，流沙之东，有兽。……有阿山者，南海之中，有氾天之山，赤水穷焉。赤水之东，有苍梧之野。"《大荒西经》："西北海之外，赤水之东，有长胫之国……西北海之外，赤水之西，有先民之国……西海之南，流沙之滨，赤水之后，黑水之前，有大山，名曰昆仑之丘……西南海之外，赤水之南，流沙之西，有人。"《大荒北经》："大荒之中……魃不得复上，所居不雨，叔均言之帝，后置之赤水之北。……有钟山者，有女子，衣青衣，名曰赤水女子献。……西北海之外，赤水之北，有章尾山。"《海内经》炎帝之妻赤水之子。《大荒南经》《大荒西经》、《大荒北经》及《海内经》的黑水重复。《大荒南经》："黑水之南，有玄蛇食麈……有渊四方四隅皆达，北属黑水，南属大荒。……大荒之中，有不姜之山，黑水穷焉。"郭注云黑水出昆仑山[1]。《大荒西经》："西海之南，流沙之滨，赤水之后，黑水之前，有大山，名曰昆仑之丘。"《大荒北经》："西北海外，黑水之北，有人，有翼，名曰苗民。"《海内经》："流沙之东，黑水之西，有朝云之国……流沙之东，黑水之间，有山，名不死之山……西南黑水之间，有都广之野，后稷葬焉……南海之内，黑水青水之间，有木名曰若木，若水出焉……北海之内，有山，名曰幽都之山，

---

[1] 郭璞注是以后人观念而注，误，其依据当为后来别书，因《海内经》篇之经文明确称其源于北方的幽都之山。

黑水出焉。"若水:《海内经》:"黄帝妻雷祖生昌意，昌意降处若水，生韩流……南海之内，黑水青水之间，有木，名曰若木，若水出焉。"而《大荒北经》:"西北海外……大荒之中，有衡石山、九阴山、洞野之山，上有赤树、青叶、赤华，名曰若木。"此若木在《大荒北经》之西北海外，与后代以颛顼为北帝位置相符，并《海内经》与此相异，而与《世本》相合，抑或是别一若水若木，存疑待考。

丁、其他事项的重复

女丑与女丑之尸:《大荒东经》"海内有两人，名曰女丑。女丑有大蟹"。郭注女丑曰即女丑之尸。海内? 水内? 抑或是圜水之内的雕塑。而《大荒西经》"大荒之中……有人，衣青，以袂蔽面，名曰女丑之尸"。女丑与女丑之尸，依郭注看，是二而一，未有不同。但其分居东西两经，显然不是图画分割所致。但从文字"人"与"尸"之别及图形角度细思之，当有不同。稷的重复:《大荒西经》"有西周之国，姬姓，食谷。有人方耕，名曰叔均。帝俊生后稷，稷降以百谷。稷之弟曰台玺，生叔均。叔均是代其父及稷播百谷,始作耕"。而《海内经》"西南黑水之间，有都广之野，后稷葬焉。爰有膏菽、膏稻、膏黍、膏稷，百谷自生，冬夏播琴。鸾鸟自歌，凤鸟自儛，灵寿实华，草木所聚。爰有百兽，相群爰处。此草也，冬夏不死。……后稷是播百谷。稷之孙曰叔均，是始作牛耕。大比赤阴，是始为国"《大荒北经》"有神，人面鸟身，珥两青蛇，践两赤蛇，名曰禺彊"《大荒东经》之禺京，郭注: 即禺彊也。《大荒北经》"东北海之外……大荒之中……有人名曰犬戎……白犬有牝牡，是为犬戎，肉食。有赤兽，马状无首，名曰戎宣王尸"。郭注戎宣王尸为犬戎之神名也。同经载:"西北海外……有犬戎国，有神，人面兽身，名曰犬戎。"犬戎有二，但描述详略不同，内容互补，一为有人，一为有神。前一犬戎处于东北海之外的末端，后一犬戎系于邻接的西北海外，当分居不同图上。

关于重复问题，有以下几种情况。

一、同经的重复，比如国名、山名和水名，而最能说明问题的更多体现在山名上，因为它包括同名及有形容或修饰意义的山名，如大、小、尾、徧勾等。在方向接近的情况下，他们多半都在相近区域，现代山名中也不乏其例，例如，大兴安岭、小兴安岭、外兴安岭；唐古拉山、念青唐古拉山；昆仑山、喀喇昆仑山（紫黑色的昆仑山）；阿尔泰山、戈壁阿尔泰山；广西有十万大山、九万大山、六万大山，等等，勿繁举例即可知。在地名学上，有一个地名集群的概念，意思是说同一文化或区域在起名上有一定的思维路数，它们之间有密切的关系。虽然如此，我们也不能完全武断说所有例子都是如此。但笔者认为：其中的大部分应是这样。这是从数学中概率上说的，因为材料并不足以支持我们进行个别论证。一般来说，同一部书中不应出现很多重复的现象，如果出现了就将其归之为简册散乱重排是简单化的做法。因为如果是简册散乱重排，就不应产生文字内容大量重复和多出的现象，除非多套《大荒经》散乱混在一起重编时才会出现这种情况。所以，针对《大荒经》这种特殊情况，就应考虑《大荒经》最先是图画或图文结合的形式而后成书的特殊过程。笔者十分怀疑重复的事项，或为大灵相聚处，画得大，故分布于两幅或多幅图画上，或过大过长的山水，或很重要的一山一水，在图上画得自然就既大而长，甚或宽，应是逶迤连绵或圆弧形之山脉，则在平面上分割时每幅图都不能不述之，而各标记各的就会造成文字上的重复。国名的重复基本可做如是解，约略是描绘该国图画过大且不规则分布于不同画幅上使然。这种工作不能说不合理，这是为避免以后复原时造成错误，如不

重复则恐难完整复原。就像我们今天如果将全国，不管是按自然地貌还是按政治文化划分为几个大区，即或按省谈黄河、黄河文明和长江、长江文明一样，很多省区就都要谈，各自谈就必然产生重复，谁也无法只让河南山东谈黄河、谈黄河文明而不许甘肃宁夏谈。我们如参看所附图，如切割划分后分别介绍则必然有重复现象。退一步讲，即便不是分割的情况，像中国全图上整条黄河、长江等大河的标注往往也都会有好几处标识。山名的重复还有可能是人文因素造成的，依笔者的研究，《大荒经》文内容反映东夷及从属族群精神信仰层面的东西，而不同族群若信奉同一山神或水神，则须都画出来，这样就会造成重复。所以，对于异常的情况，我们总是应该经过审慎分析才能下结论。这样，一向为人诟病的重复问题，恰恰成为笔者所述分割说观点的证明。

　　二、同一角隅同名或有某种修饰如大小等意义的名字的重复。昔人泛泛谈山水名字的大量重复常常忽略其中有大量的重复是在同一角隅发生的，这是因为荒经四篇内的小顺序大致按逆时针：《大荒东经》内率先言在上古地位十分特殊的颛顼，非本文所能详细论证，此后即先述东南而结尾于东北，《大荒南经》内先西南而结尾于东南，《大荒西经》内先西北而结尾于西南，《大荒北经》内先东北而结尾于西北。这个顺序虽然与我们讨论的结构无关，但却与整篇经文篇目顺时针的大顺序相逆，以致这种同隅的重复现象不太容易被注意到，而只是认为两经——自然是不同方向的两经都有山山水水的重复，岂不混乱得很？这种情况就原图来讲，应该是两经都有此山此水，分图描述自然各标记各的，但遍观中国境内或者某个特定区域，有如此多之山与水在其角隅（指东南、东北、西北、西南）方向上有如此多的重复吗？有心者在此或许看出一个关键问题，在角隅方向即便真有相近走向之山与水，完全应该把他们放到一个地方去。照你所主张的图画分割说应是角隅的那几幅重复，而这几幅恰恰是不应该有这样的重复现象的。如此这般，岂非自相矛盾？实际上，这并不矛盾，它虽不应是平面图分割所至，但是却指向了一条立体思维的思路。这反映了立体结构中角落的重复，包括其他还有一些基于立体角隅的重复现象我们另文讨论立体结构时再做探讨。

三、对经的重复，即《大荒东经》与《大荒西经》,《大荒南经》与《大荒北经》的重复，这种重复有可能与初民的原始思维模式有关，初民们常常把认知的事物构想成规整或对称的几何形状，虽然事实上并非如此。关于这一点，《大荒经》文中有不少这样的例子，虽则其具体含义我们尚不清楚，但这种对称的存在却是无可置疑的；当然，有的也可能是纯偶然的因素所造成，这与我们讨论的问题无关，暂置不论。

四、荒经四篇（海外）与《海内经》(海内）之间地名的重复，如果不是非要以荒诞和错误对待的话，就应该承认，这证明荒经与海内篇还不是一种简单的地理上内外与远近关系，甚或不是地理上的关系。《大荒南经》中有舜葬苍梧之野及与舜尧誉合葬于岳山事，《海内经》言舜葬九嶷山。再注意：四荒与海内经重复的河共有三条，这都说明四荒与海内并非地理概念上的差别。还有，荒经四篇的地域范围或在《海内经》的地域之内，也即是说，通常认为的蛮荒极远之地或在海外甚至海内范围之内，而荒经海内篇之地或在蛮荒极远之地，在《大荒北经》中，既有"东北海之外，大荒之中，河水之间，附禺之山，帝颛顼与九嫔葬焉"。当我们正确地解读了"海之外"（见下文）和"大荒中"后，则"河水之间，附禺之山"及"颛顼葬所"即可寻知其所在，该地就是不远处的今河南濮阳境内。又有"有山名曰先槛大逢之山河济所入海北注焉"之语，则可明其地域在在不远。此即近处在荒外之例。而《大荒北经》中，"黄帝乃令应龙攻之冀州之野。"郭注云："冀州中土也。黄帝亦教虎豹熊罴，以与炎帝战于阪泉之野而灭之，见《史记》。"实际上，若不先验地认为《大荒北经》之地在遥远荒芜之地的话，则冀州之野之冀州对所有史学家都不陌生，此冀州之野当然在《海内经》的朝鲜禾毒之内。如《海内经》有"西海之内，流沙之中，有国名曰壑市。西海之内，流沙之西，有国名曰氾叶"。虽然是西海之内，但在流沙之中、之西者，若以实际地理言，不可能不越过《大荒西经》之姬周国，姬周国就远在流沙之东。此海内之地远在荒外之例。若此，荒经岂非更加不可理解了吗？非也！若海内海外真是地理远近问题的话，那么世界上岂真有一条源于"幽都之山"尔后向西绕一个几百上千公里的弧形大弯并穿越大海最终流入南方"不姜之山"上的黑水河吗？既然没有，如果不是以荒诞无稽对待荒经，那么自然就有别的意义蕴含其中。

需要指出的是，本文的考证并不意味着笔者要对其含有地理性质及神话性质进行否定。笔者无意苛责古人，从传统看，因为这里既有东、南、西、北和国、海、山、水，又有帝有神，老实说，如果不那样看反而是十分困难的。笔者只是要正确评估地理和神话在其中恰如其分的位置与意义。

2. 由《大荒经图》引出的图像学诸问题

唐《历代名画记》的记载可谓直截了当、简明扼要地说明了《大荒经》与《山海经》渊源各自并分别流传的初况与传统。由上文论证，我们也必须将《大荒经》进行单独的研究，而现在唯一可靠的途径就只能透过《大荒经》文来推想、揣测，凭熟读经文产生的感觉来论。

神话学家袁珂等先生以《海经》篇中的"方"字和《大荒东经》篇里王亥"两手操鸟，方食其头"为描述图形语做出其本为图像证据的说法[1]，在神话学界和民俗学界是广为人知的。他们一般也都认可传本《山海经》或者仅仅是包括了《大荒经》的《海经》部分与图像有着密切的关系，尽管时时有有心人尚能细细体味隐含在文字之中的些微之形。而在历史学界使用传本《山海经》的人中对此似乎还较隔膜，之所以产生这样的情况，从某种程度上讲，是由于其论证尚不坚实，未能得到史学界认可。就目前历史学界研究者使用《大荒经》的一般状况来看，绝大多数人都是仅就经文而论经文，一般见到的版本也都是不带图的——哪怕是不可靠的图，以致常常忽略曾经存在过的图像过程。所以，在此有必要进一步申论，以加深其可信性与可靠性。

实际上，"正在、正要"之义的"方"字仅在《大荒经》中就还有不少，《大荒东经》"有易潜出为国于兽方食之，名曰摇民"，"汤谷上有扶木，一日方至，一日方出，皆载于乌"；《大荒南经》"又有人方食木叶"，"有人方扞弓射黄蛇"，"有人焉，鸟喙有翼，方捕鱼于海"，"羲和方日浴于甘渊"；《大荒西经》"有人方耕，名曰叔均"，"有女子方浴月"；《大荒北经》"有人方食鱼"；《海内经》"两手持蛇方啖之"。遍及大荒五篇，共计 11 例。

而"象"义的"如"字、"样子，……的样子"的"状"字因为多例"方"字的存在也成为类似的证据。《大荒东经》："上有扶木，柱三百里，其叶如芥。"郭注："柱，犹起高也，叶似芥菜。""旱而为应龙之状"，"其上有兽，状如牛，苍身而无角，一足，出入水则必风雨，其光如日月，其声如雷，其名曰夔。"《大荒西经》："有虫，状如菟，胸以后者裸不见，青如猿状。"郭注："言皮色青，故不见其裸露处""状又似猿。"《大荒北经》："有黑虫，如熊状，名曰猎猎。""又有神衔蛇操蛇，其状虎首人身。""有赤兽，

1　袁珂:《〈山海经〉写作的时地及篇目考》,《神话论文集》,上海古籍出版社1982年版,第 12 页。

马状无首。"《海内经》:建木"其实如麻,其叶如芒"。郭注:"似麻子也,芒木似棠梨也。""有神焉,人首蛇身,长如辕。""又有青兽,如菟,名曰崮狗。"如果单单以"如"字和"状"字来下这样的结论,在理解上会让人觉得有点牵强,而三字合在一起就可避免这种嫌疑。

我们还可以从郭璞的一部分注文考察这个问题。一般来讲,注文是对经文的字义、读音等方面的介绍、补充、扩展……不管怎么说,注文与经文一般都有对应的关系,这是一种正常的注释关系。比如,《海内经》所载的建木,"有九枸",郭璞注云:"根盘错也。淮南子(说林篇)曰:'木大则根欋。'音劬。"就是这样的注文。郭璞对《大荒西经》所载弱水之渊的解释为"其水不胜鸿毛",这是对其性质的扩展,他虽未引经据典,但必出于他往日的积累——或阅读或传闻,而不可能出于读图的感悟。

值得注意的是,郭注中存在不少注文意义明显溢出经文的现象——指注文与经文没有必然的关系,并且像下文所提出的那样,句式简单而且是描写外形的,这就意味着郭璞有可能是看过古图才注释的。这可以佐证、加强图像说法的可靠性,使其变得更为清晰、坚实。《大荒东经》之开篇处:宋本郭璞云"言今壑中有琴瑟也"之今。另:"有大人之市,名曰大人之堂",郭注:"亦山名,形状如堂室耳,大人时集会其上,作市肆也";"皆载于鸟",郭注:"中有三足乌",笔者认为,郭注显系视图而注,中者,中间也,三足,系视图而注,不然则为无来由语;"有五彩之鸟,相乡弃沙,惟帝俊下友,帝下两坛彩鸟是司",郭注"言山下有舜二坛五彩鸟主之",此段中唯段首有山,中间隔有扶木、温源谷、三足乌及奢比尸事,郭注之"山下"与二坛及五彩鸟之关系,如不视图而注则很难相联系;"有君子之国,其人衣冠带剑",郭注:"亦使虎豹好谦让也",此注除非另本有此内容,否则当为图像之内容描述,君子之国与好谦让之注或有对应,而使虎豹必为以眼视图方能注出；"有白民之国……粯食，使四鸟——虎、豹、熊、罴"，郭注："又有乘黄兽乘之以致寿考也"，乘黄兽当为图像内容；"东海之渚中有神，人面鸟身，珥两黄蛇"，珥者，《说文·玉部》释"瑱也"，《广雅·释天》释为"祆气"，《集韵·止韵》释为"耳珰"。一般作为名词用，而郭璞解释为"以蛇贯耳"，当为视图而注。《大荒南经》："有水四方，名曰俊坛"，郭注："水状似土坛，因名舜坛也。"水状似土坛，仍无法想象；《大荒西经》"有二人女祭、女薎"，郭注："或持觯，或持俎"，表明依图而注。《大荒北经》"有神衔蛇操蛇，其状虎首人身，四蹄长肘，名曰彊良"。郭注"亦在畏兽画中。"一般认为畏兽画是《山海经图》的别名，郭璞此语表明是视图而注。

有的处于两可之间：如《大荒东经》："有黑齿之国"，郭注"齿如漆也"。"玄股"，郭注"自髀以下如漆"。《大荒西经》："有玄丹之山"，郭注"出黑丹也"；"有神，人面虎身，有文有尾，皆白处之"，郭注："言其尾以白为点驳。"《大荒北经》："竹南有赤泽水"，郭注："水色赤也"。这几例，既存在经文注文的对应，也存在视图而注的可能。

我们今天见到的《大荒经》文的文风和叙事风格也能提供进一步的证据。其文风较口语化，可称之为散漫、疏略、琐碎，其文字较之其他古代典籍甚为平易，堪称浅显易识。《大荒东经》《大荒南经》《大荒西经》《大荒北经》四篇计八十九条，加上《海内经》二十条，共计一百零九条。其中，最简单条目介绍的内容真是很简单，都是单独的内容，如，《大荒东经》："大荒东南隅有山，名皮母地丘。"《大荒西经》："有寿麻之国。"复杂条目内的内容，有的有关系，很多也不一定有必然联系，如，《大荒东经》开篇一条："东海之外大壑，少昊之国。少昊孺帝颛顼于此，弃其琴瑟。有甘山者，甘水出焉，生甘渊。"其中少昊与颛顼有关系，而颛顼与甘山甘水就不一定有关系。更不用说条与条之间了，他们之间基本上都可称之为疏散，内容多无必然联系。前举《大荒东经》的两条就是其开篇的两条，其间的关系就是这样。只要读过《大荒经》的就会很容易认同这一点，无须再多举例。经文中大都是结构极其简单的描述句式，虚词少，我们一般在描述事物中通常需具备的几个要素：谁（Who）、何时（When）、何地（Where）、什么（What）、怎么（How）和为什么（Why），而《大荒经》文最常见的风格就是只介绍"谁"这个要素，每篇一般都是某"海之外"如何如何，"大荒之中"如何如何，描述哪里有什么，某处有山、某处有水，某处有神、某处有人，有……有……有……在总字数仅仅五千余字的篇幅内仅仅一个"有"字就达375个。有一些描述的事物则具备进一步的要素，存在着一定的外形描述，神的形状如何？叫什么名字？树的支干花果是什么颜色的？叫什么名字？人的衣着颜色如何？叫什么名字？等等，经文中这样的例子是很多的：《大荒东经》："有神，人面、犬耳、兽身，珥两青蛇，名曰奢比尸。"《大荒南经》："有盖犹之山者，其上有甘柤，枝干皆赤，黄叶，白华，黑实。东又有甘华，枝干皆赤，黄叶。有青马。有赤马，名曰三骓。……有赤石焉生栾，黄本，赤枝，青叶，群帝焉取药。"《大荒西经》："有人衣青，以袂蔽面，名曰女丑之尸。……有五色之鸟，人面有髪。爰有青鸾、黄鸷、青鸟、黄鸟，其所集者其国亡。……有比翼之鸟，有白鸟，青翼、黄尾、玄喙。有赤犬，名曰天犬……有大山，名曰昆仑之丘。有神——人面虎身，有文有尾，皆白处之。其下有弱水之渊环之，其外有炎火之山，投物辄然。有人，戴胜，虎齿，有豹尾，穴处，名曰西王母。此山万物尽有。……有盖山之国。有树，赤皮支干，青叶，名曰朱木。……有青鸟，身黄，赤足，六首，名曰𪆴鸟。"《大荒北经》："有人衣青衣，名曰黄帝女魃。……有女子衣青衣，名曰赤水女子献。……大荒之中，有衡石山、九阴山、洞野之山，上有赤树，青叶，赤华，名曰若木。"《海内经》:"有神焉,人首蛇身,长如辕,左右有首,衣紫衣,冠旃冠,名曰延维,人主得而飨食之,伯天下。……有木,青叶紫茎,玄华黄实,名曰建木,百仞无枝,上有九椵,下有九枸,其实如麻,其叶如芒,大皞爰过,黄帝所为。"

其他的要素,在描述绝大多数事物时都付之阙如。这与正常文体中常见的情况是相悖的。

上段引文中特别值得关注的是关于各种事物的颜色描述,黄蛇黄兽之黄,黄鸟青蛇赤蛇玄蛇,等等。岂非图画之颜色乎?《大荒经》文中的类似材料并不仅仅限于上述,还有不少材料也是如此,仅就四海海神就全都是这样:《大荒东经》东海神,"人面鸟身,珥两黄蛇,践两黄蛇。"《大荒南经》南海神,"人面,珥两青蛇,践两赤蛇。"《大荒西经》西海神"人面鸟身,珥两青蛇,践两赤蛇"。《大荒北经》北海神,"人面鸟身,珥两青蛇,践两赤蛇。"其他还有不少表描述色彩如青、赤等语,经文中有如此大量的颜色用语,《尔雅》云:"画,形也。"《广雅》云:"画,类也。"《释名》云:"画,挂也。以彩色挂物象也。"其中"以彩色挂物象"之语尤为值得注意,联而想之,使人不得不得出无论是初始的壁画还是流传中的《大荒经图》都是彩色图画的结论。并且,经文里提到所谓青水、白水、黑水、赤水也有可能是图画中某种具有装饰带或设计图案的颜色,但在由图变成文字的过程中被转换者误解,当然,这仅仅是一种想象。一个关于困扰、纠缠国人几千年的远古大河——黑水、赤水极具想象力的说法就是,它们若隐若现地出现在别的一些文献中,而在《大荒经》中被浓墨重彩地提到,恰恰成为其中最曲折、最难釐清的两条大河,它们有可能是图画中某种具有装饰带或设计图案的颜色,在由图变成文字的过程中被转换者误解。我们从一万年来自然环境的变迁来看,中国大地并未发生惊人的地质地貌变化,如果真有两条那么大的河流的话,绝不会像武侠小说中的大侠客那样来无影去无踪而不留下任何踪迹。这两条河至今还令人摸不着头脑，耗费了无数学者的心血。让人产生奇思异想的一点，黑色与朱赤也恰恰确实是当时应用最广泛的两种色彩，颛顼黑帝，北方色黑，黑陶、黑水，在安阳大司空村的商代墓葬墓道台阶上，也曾发现朱、黑两色的图案痕迹。所以，我怀疑下文所说区别界域的色带，到后来人已不甚明白，而与表明黑水和赤水的线条色彩产生了混淆，黑水赤水及壁画色带的存在导致了后人视觉上误差使然，因古人画河水的确有容易让人混淆之处。当然，这只是一种推测。

我们看到，由《大荒经图》到《大荒经》存在着这么一个极其重要的转折，那就是将不能或不宜改变的图形图像转换成另外一种表达方式——文字。我们今天看到的文献描述与假使可以直接看到古图肯定有着巨大的差异：一个用文字词句，而另一个是用图形图画或图文结合。这就需要提出来引起大家特别注意：因为书画各有功能，起着不同的作用，使用哪个有着不同的目的，文字不能代替所有的东西，文献固有的特征和方式是线性表达，虽然有的佶屈聱牙，有的十分抽象，但我们文献的运用者和研究者可以通过对文献不断钻研，不断训诂、注疏等一步步推进以甄理解之域。图像也提供了别的信息，图像表达有着自身的逻辑。即便描绘同一件事情，图画与文字的逻辑、次序等方面都必然有所不同，文字的叙事性并不能代替图像的叙事性。但习惯上，人们常常是将图形图像与语言文字划分为两个截然不同的研究领域，并将语言文字视为天经地义的中心，鲜少交流，艺术史家以外的学者常常都会忽略图像的意义和地位，更不用说是已经消失之图像的意义和地位了。唐代张彦远说，"无以传其意，故有书；无以见其形，故有画。天地圣人之意也。"非常形象地表达了这种差异，他还引证"颜光禄云：'图载之意有三：一曰图理，卦象是也。二曰图识，字学是也。三

曰图形，绘画是也。'又周官教国子以六书，其三曰象形，则画
之意也"[1]。这就说明我们应该注意它们之间的各种差异，在文学
作品中以线性方式展开的事件，经常以似乎混乱的方式出现在
图画里，会让许多人觉得视觉形象的次序毫无逻辑，而实际上，
画面的逻辑是一种视觉的、空间的关系，蕴含于其内在逻辑之
中。套用计算机领域中的一个关键术语——"程序"来说明，
我们发现所有结构都包含着"程序"，"程序"就是它的内在逻辑，
而图画也有类似的程序，就是其各种内涵如何互相联系以及这
些内涵的各自功能和集合意义，等等。

　　仔细分析，就会发现条目中绝大多数都是可用单幅图画表
现的，只有几个像涿鹿之战和禹攻共工国山之类的故事较长，
而需用情节式构图的方式或者连环画的形式才可能表现。另如，
我们现在形容一个烈士陵园，装饰物必然有苍松翠柏陪衬，形
容就常常用庄严肃穆之类的词，纪念碑上会有"革命英雄永垂
不朽"等式样的主题。而《大荒经》在描述上圣古帝颛顼、舜
和帝喾与尧舜等葬所的场景中，我们就要仔细体味其内含的意
义。《大荒南经》："赤水之东有苍梧之野，舜与叔均之所葬也。
爰有文贝、离俞、久、鹰贾、委维、熊、罴、象、虎、豹、狼、
视肉。"此事《海内经》也有："南方苍梧之丘苍梧之渊，其中有
九嶷山，舜之所葬。"《大荒南经》另有："帝尧、帝喾、帝舜葬
于岳山，爰有文贝、离俞、久、鹰贾、延维、视肉、熊、罴、虎、豹，
朱木，赤枝、青华、玄实。"《大荒北经》："东北海之外，大荒之中、
河水之间、附禺之山，帝颛顼与九嫔葬焉。爰有鸱久、文贝、离俞、
鸾鸟、凤鸟、大物、小物，有青鸟、琅鸟、玄鸟、黄鸟、虎豹熊罴、
黄蛇、视肉、璇瑰、瑶碧，皆出卫于山。"所述多种"陪葬之物"
略同，看来犹如苍松翠柏般是固定的图案搭配，只是缺少定性

1　《历代名画记》卷一《叙画之源流》，辽宁教育出版社 2001 年版。

的词汇与主题。但可以肯定的是，应为相对固定的图案单元，有一定的深意存焉，虽然更为具体的含义我们尚无法得出，但将其理解成与古帝的敬仰有关则应是没有疑问的。并且，产生《大荒经》那个时代的人们针对不同等级的对象还会有不同的搭配，《海内经》："西南黑水之间，有都广之野，后稷葬焉。爰有膏菽、膏稻、膏黍、膏稷，百谷自生，冬夏播琴，鸾鸟自歌，凤鸟自舞，灵寿实华，草木所聚。爰有百兽相群爰处。此草也，冬夏不死。……有不距之山，巧倕葬其西。"我们虽然现在无法得知这些差异的具体内涵，只是由此让大多数人认同图像的次序和逻辑与文献是不同的这样一个浅显的道理。

　　我们今日若细读《大荒经》，也是会产生它是描述某种古图的感觉的，这种感觉也并非空穴来风，而是有着较为坚实的基础，其初始是给人看的而不是给人读的，设计者认定有一个天然的观者，许多的东西是不言自明的。本文之结论或许可以解答荒诞难解之惑。

　　从绘画艺术的透视角度讲，中国传统的散点透视或称多点透视（启功先生名之为非透视法）在这里非常典型地表现出来。什么是散点透视呢？在此，我们以大家都很熟悉的《清明上河图》为例说明，画家明显是在很多个点上画，而后联在一起，才能形成这种式样的图。而这种画法在西方画家看来是不可思议的，按照西画透视的原理，它是在一个相对固定的点上，画家根据看到东西、景物的大小、方向以及远近而画，远小近大，看不到的就不画。而细读《大荒经》思忖《大荒经图》，我们大体也可琢磨、体味出一些原来的场景和画面来，它只能是这种散点透视，面对经文中所谓东南西北、海内海外、天上地下、海岛湖畔以及无所不在的众多山河树木、神帝人鬼，画家明显是游动的，说白一点，就是走着记着写着画着而形成的一幅画。诸多繁复的内容使我们感觉到它不太可能是一幅寻常的平面图，略思之则像一幅地图，但细思之觉其也不太可能是一幅寻常的地图，因为一般地图中最基本的概念就是比例，一树一人同一海一河同在一图，显然无法用比例衡量。

在图形图像的各种艺术形式中，如何设计图案单元、镜像、画像题材等具象的材料，以说明人物身份和故事内容的题榜、题铭、题记等，也都不能没有文字。总体上，《大荒经》文给人的感觉是博物馆的解说员给一个盲人导游、解说的说明词，或一个遗址博物馆的说明书、解说词，着重的是物品的形象介绍而不是其使用功能、性质、状态及重要性等方面。当然，这方面的内容也不是没有，像上文所引"其所集者其国亡"，"人主得而飨食之，伯天下"，"大暤爰过，黄帝所为"就是谈论其功能、性质、过程和后果的。这种解说图像的状况契合了《大荒经》存在着一个由图到文过程的推想。

依笔者之见：它开始时是图文结合的形式，只不过后来将图画部分变成了文字说明。上文提到大多数文字可用图画反映，也有根本无法或很难用图像图画反映的事例或条目，像最末最大一条就是这样，从"黄帝生骆明，骆明生白马，白马是为鲧。帝俊生禹号，禹号生淫梁，淫梁生番禺，是始为舟。番禺生奚仲，奚仲生吉光，吉光是始以木为车。少暤生般，般是始为弓矢。帝俊赐羿彤弓素矰，以扶下国，羿是始去恤下地之百艰。帝俊生晏龙，晏龙是为琴瑟。帝俊有子八人，是始为歌舞。帝俊生三身，三身生义均，义均是始为巧倕，是始作下民百巧。后稷是播百谷。稷之孙曰叔均，始作牛耕。大比赤阴，是始为国。禹鲧是始布土，均定九州。炎帝之妻，赤水之子听訞生炎居，炎居生节并，节并生戏器，戏器生祝融，祝融降处于江水，生共工，共工生术器，术器首方颠，是复土穰，以处江水。共工生后土，后土生噎鸣，噎鸣生岁十有二。洪水滔天。鲧窃帝之息壤以堙洪水，不待帝命。帝令祝融杀鲧于羽郊。鲧复生禹。

帝乃命禹卒布土以定九州"。总共 280 字，讲的是黄帝帝俊等世系，纯用画面反映是很难想象的，也是很难实现的，原来也只能是文字。另外还有不少例子，如《大荒东经》末云："东海中有流波山，入海七千里。其上有兽，状如牛，苍身而无角，一足，出入水则必风雨，其光如日月，其声如雷，其名曰夔。黄帝得之，以其皮为鼓，橛以雷兽之骨，声闻五百里，以威天下。"像"入海七千里"、"其光如日月，其声如雷"，"声闻五百里，以威天下"就无法用图画表达，不能没有文字说明。

　　这为我们提供了最关键的线索和思路。以通常的思维和逻辑审视《大荒经》文，绝大多数人在看似散乱的叙述中自然会产生这样的感觉——乱七八糟，但我们只需请他看一下图[1]，可以想象，我们即便请一个大文豪来，在不重新组织的前提下，让他分成几块、按照顺序（比如，从上到下，从左到右）将其完整地描述下来，然后只看他写的文字，读者所产生的感觉会和上述所说的相同。

　　《大荒经》之所以被视为荒诞无稽、难以理解，是因为构成《大荒经》文的逻辑、思维与普通的线性文本大不相同。经文的散乱、无序和重复等现象一直为人诟病，这些情况一旦联系图像的语言、逻辑和视角就会迎刃而解。之所以有那么多的重复，大部分是因为图像分割及脱图成文所产生的必然性所致，少部分（荒经四篇与《海内经》）的重复则意味

1　巫鸿：《礼仪中的美术：巫鸿中国古代美术史文编》，三联书店 2005 年版，第 302 页。图为河北定县三盘山汉代出土纹样。

着对内外是地理差别观点的彻底否定。离开了图像分割说的视角，大量地名的重复就不可能得到合乎情理的解释。这并不意味《大荒经》就没有任何散乱之处。像《海内经》文内的顺序就属“凌杂无序”者，它先东海内北海之隅，而后西海流沙之中、之西、之东，再次西南黑水间，后述南海之内黑水青水间，次及巴国等，转至南方，至苍梧之丘后，突接北海之内蛇山，又及西岳，幽都之山钉灵之国等，颇疑此段原在北海之隅后，因简牍凌乱误置此处。最后的部分是炎帝、黄帝、帝俊、少昊世系，接言帝俊及后人事，次言禹鲧定九州一句，又言炎帝之妻及其后祝融、后土世系。最后以鲧禹定九州事结束。该篇结尾完整无缺是可以肯定的，以炎黄帝俊等西东大帝世系起叙，终于鲧禹定九州事，也契合大禹曾为社神之意。至于其他篇中有无散乱，既无从肯定，也无从否定，但若一遇疑难杂症和不易理解之处便归于简册佚乱，实在无助于问题的解决。

3. 由平面思维到立体建筑

唐《历代名画记》卷三“述古之秘画珍图”条有“大荒经图二十六”语，该图虽已佚失，但因《大荒经》源自《大荒经图》，故可研究、推敲文本，反复思索二者间各种可能，以尽量逼近乃至恢复原貌。笔者曾论及荒图分割说及同一角隅、或有某种修饰意义的专有名词之重复是指向立体思维的线索，指出这反映立体结构中角落的重复。该说虽怪异也不能无端排除其可能性。

本节不预设观点与视角，仍从传统观点起论。经文肯定含地理、地图因素，内中大量的东南西北、海内海外、天上地下、海岛湖渊等术语让人不往地理地图方向思考也并非易事，粗略研究也确像幅地图，但常规地图的基本概念是比例，一树一人与一海一河同图显然无法以比例衡量。经再三斟酌，其中众多的山河树木、神帝人鬼等庞杂内容也令之不太可能是寻常的平面图。虽然从未有人明言此经出自平面图，但所有关涉此经的学者显而易见是在此默认前提下思考的，古代地理图与书的一般关系也支持做此推想。为直观和说明便捷，照笔者主张分割说的一般做法是将此类平面图划分，可像表格似的以 5×5 或 4×5 式分割，另用一幅或六幅做文字说明，即得数字二十六。如真是这样，就数字和解释而言可算天衣无缝，谜一般的难题若以此种方式解决未免有些可笑。即便如此，这种做法也并未解决文中与地图地理观大为滞碍的现象，如不少海内与海外间地名的重复、有的海外之地是在海内的地域内而有的海内之地却在海外荒远处，这些强大疑问有力说明四荒与内篇的差别不是简单地理意义的内外远近甚或不是地理的关系，故应另外探求其奥。

甲、《大荒经》有三套性质不同的四隅

本节从经文涉及的结构性词汇入手，逐步阐述旧说漏洞及其不成立的理由。先从宏观开始把大结构解析清楚，尔后解剖中观与微观，以准确把握具体事项的本义。一个平面图（含地图）一般说有四正四维，地理上称为八方，四正即东西南北四方，四维即四隅、四角，八边形斜的线也可称为隅。而《大荒经》含《大荒东经》《大荒南经》《大荒西经》《大荒北经》《海内经》五篇，即有东、南、西、北和海内，《海内经》通常被认为是中，这个点不预设大小方圆，构成一点四方式结构；我们可迅速找到东北、东南、西南、西北四个角隅，这基本排除偶见平面图角落为圆弧状的可能。四荒篇中有四方神及其风神和东南西北四极，《大荒东经》有"东极""东方折""来风曰俊""北方鹓""来之风曰"，"东北隅"[1]；《大荒南经》有"南方因""乎夸风曰乎民""南极"；《大荒西经》有"石夷""来风韦""西北隅""西极"；《大

1　北字本为极，袁珂疑为北之误，主张东极隅应为东北隅（见氏著《山海经校注》，巴蜀书社 1992 版，第 412 页）。今从之。

荒北经》有"北极";其中的四极均在大荒之中。上述词汇提醒
人们这极可能是个规则的几何形,至此可说明的还是一个正常
的平面图。该结构异常之处是西风神不在正西而在西北,北方
及其风神不在正北而在东北。

在《大荒西经》中出现一条让人既意外又困惑的"西南大
荒之中隅","中隅"二字尤其是"中字"既十分刺眼又非常关
键。宋池阳郡斋刻本、明成化国子监刻本等皆有中字,而《道藏》
本无中字。从版本学讲当取带中字者,毕沅等名家却信从《道藏》
本,大概发现平面上有中隅的疑窦。此概念确非寻常平面图所
应有,这使人强烈质疑平面图的传统思维是否合理,并引发对
立体可能性的持续思考和探索。如果是平面分割的话,角隅是
个较小的部分,一般都将四个角落那四幅称为隅,不太可能有
中隅的概念。上图有可能与隅概念相关的标识块,依正常人思
维都不太可能称为中隅。实际分割并不像图那般,笔者只是借
用说明道理。通常只有立体结构才可能有此概念,如一个建筑
的四个墙角,西墙南墙结合部即称为西南隅,墙角中间可称为"中
隅",舍此殊难解释。此"中隅"是《大荒经》中最明显、最直
接表现立体结构的坚实证据。科学研究强调孤证不立,现在下
结论太早,需要逐角隅考察,看看是否能找到更多证据。

一看东北方向:前已提到东北隅,而《大荒东经》另有"东
北海外……大荒东北隅中"语值得关注,这里多出个限定语"大
荒"。在《大荒北经》中还出现"东北海之外……大荒之中"
语,此当在大荒东北隅处或较近角隅处。文中存在着性质不同
的东北——东北隅和大荒东北隅,加上东北海,这让人感到惊
异,它们有何差异?《大荒北经》的东北海与《大荒东经》之
东北海是怎样的关系?一般讲应是同一个,没有理由认为此结
构会有两个,应判定是同在一海的不同位置,或许一个东偏
北,另一个北偏东。而《大荒东经》与《大荒北经》分载涿鹿

之战的不同细节证明该推测有道理，它们相互呼应，描述的画面也恰恰反映同一故事中的几个相关情节；在图画上一定是图像的分幅描绘，并构成了涿鹿之战的完整叙述。如果本是文字体裁，就没任何必要将一个完整故事分开描述。

二看东南方向：《大荒东经》有"大荒东南隅"，而《大荒南经》有"东南海之外……有女子名曰羲和，方日浴于甘渊"。羲和洗浴既在东南海外则应属之东南隅，而其"浴池"甘渊却在《大荒东经》里出现过，只是具体方向不太明确。何处有如此大之渊？如是真实的地理叙述，则置于《大荒东经》或《大荒南经》均无不可，如此重复在叙述真实地理时既无可能，编书时也无此必要。这景象只能是图画上的描绘，必适在东南交界处。正常情况下，应在东南隅那幅，此事既分述于两角落之图，依正常平面思维自然会觉得诡异。讨论东北隅时的怪象在此复又出现，此处羲和事既在东南海之外则应在"东南隅"，等于又有不同性质的东南隅。这减少平面图、增大立体结构的可能，如东南两面墙均有甘渊场面自然分述两经，舍此殊难解释。

三看西南方向：上有西南大荒之中隅，而《大荒西经》载："西海之南（应即西南）……（夏耕）乃降于巫山……有人焉三面……西南海之外……有大巫山、有金之山。"而《大荒南经》称："南海之外，赤水之西（赤水在西，故此亦在西南），……有巫山者……有人三身。"两篇中的三面三身、巫山大巫山大同小异，都在西南方向，笔者已另文分析这是西南隅山和事的异常重复。是则西南如前面一样有三套性质不同——既有西南隅，又有西南大荒之中隅，再加西南海的角隅。

四看西北方向：《大荒西经》有"西北海之外大荒之隅"，此即大荒西北隅概念；另"有禹攻共工国山"，《大荒北经》述该事在"东北海之外"条下，具体位置不明，述于应龙杀蚩尤、夸父事与应龙、女魃杀蚩尤事之间，郭注禹攻事在《大荒北经》

的昆仑之北,"大荒之中……共工之臣名曰相繇……禹湮洪水,杀相繇……在昆仑之北。"此事一详一略又互为补充,应为又一角隅相连事。《大荒西经》有"西北海之外……(韦)处西北隅"。又可发现西北隅、大荒西北隅和西北海三种性质之隅。

众所周知,平面图正常的分割和分述,一般是前述方形直角式划分,这时描绘角落内容就应在一幅中而不应重复,依图述文自然不应分述于两经。换言之,平面正常划分时角落不太可能重复,即便有重复也不应在角落那些幅。当然,有谁非要抬杠说就要像下右那样将图划分成二十四份,再用两幅文字说明,有何不可?笔者并不完全排除此种可能,考虑《大荒经图》的存在,必须承认这可能性太小。但不管哪种,平面分割可称为隅的区域通常是个较小的部分,且平面角落以斜线划分是不合理的,可能性实在微乎其微。平面图确有下左图的可能,但它需与其他条件吻合才行。上述现象单纯从平面解释均难通畅,若将一般认可的平面图之可能排除,再联系西南大荒之"中隅"引发的立体思路,虽然经内这样的词语只有一个,但它恰恰证明立体相接现象的不容忽视,如是孤证做此解说难免有牵强之嫌,若加上"大荒东北隅中"思考"隅中"的含义,也可引发"中隅"之推想,将其视为与西南大荒之"中隅"含义相同有着充分理由,它们相互印证。而在东北、东南、西南和西北四隅都能找到异常现象,通常平面分割时必然置于角隅一幅的内容,如故事、山水竟有不少都分述于不同的两经角隅;尤其东北隅不仅容纳、分置经中最大经典故事的细节,且同时描述其他繁复内容。这都与一个地图中正北正东之夹角是较小概念的通常观感相异,而恰恰在通常较小的局部被放入繁多的内容极不合情理。抛却分割说的前提,一个平面一般有四个角,而令人吃惊的是在东与北、

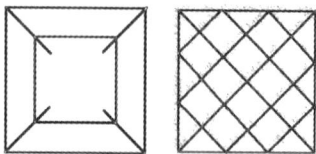

东与南、西与南、西与北交接处居然可找到性质不同的角隅——正常的东北隅、东南隅、西南隅和西北隅以及异常的大荒东北隅中、大荒东南隅、西南大荒之中隅和西北海之外大荒之隅，比寻常平面图多一组角隅，每个角隅都是如此[1]，则走向立体的结论就成为必然。再加东北海、西北海、东南海和西南海构成三套四维，它们之间什么关系？而正常地理的平面图有三组四隅是不可能的，对于常识无法解释的现象不应都用巧合或简册散乱之类借口来敷衍，这迫使我们寻找更合理的解释。

　　事情不止于此，在东北，《大荒东经》："禺京处北海，禺虢处东海，是惟海神。"郭璞注："言分治一海而为神也。"另《大荒北经》载："北海之渚中，有神……名曰禺强。"东、北两海神同载于《大荒东经》，郭注表明是看图写出，而《大荒北经》里重述，这是一人分述两经，盖画面在东北隅连接处。在东南，《大荒东经》"东海之外……有甘山者，甘水出焉，生甘渊"。《大荒南经》"南海之外……又有成山，甘水穷焉"。郭注："甘水出甘山，极此中也。"甘水源于《大荒东经》的东海外甘山，终端不是河湖、未入东海，也未流到平原，却是《大荒南经》之南海外的成山。自然地理中当然没有此类事，这可在图画上实现且应是一种立体关系，不是说它不能平放，就是平放，人脑里反映出来的也还是在立体中的位置感。换言之，只有在立体中才具有相应的真实意义。

1　《大荒南经》"有渊，四方四隅皆达"，郭注："渊，四角皆旁通也。"四方四隅一般当解为东南西北四方和东北、东南、西南与西北四隅。这在寻常想象《大荒经》为一平面时成为既连接四方又连接四隅的湖水，必将与文中八海和众多河流纠结，自然世界当然没有如此怪湖，这只能在图画上实现。考虑画面构图，属能做到、也易做到，问题是较易将整个图画搞得支离破碎。从经文整体看，合乎情理的是它仅在南面的墙上，这似可成为立体的一个注脚。《海内经》之隅仅有一，"东海之内，北海之隅。"下言《海内经》为四方，与所论问题无涉，不赘述。

　　经里还有不少只在立体环境中才有的上下概念，最典型的是水穷于某山，海水注焉，河水海水入山。水往低处流是尽人皆知的常识，这些骇人听闻、颇为费解的事项不可能是正常、真实的地理景状。这只能有两种解释：完全的荒诞无稽，可为认真的科学研究者弃之不论；另外则是见于神话幻想和图画连接，其产生不会是空穴来风，必有其背景（自然的或人文的）。揆诸海洋科学，必为受尚未引起关注的海侵之反映、影响，形成神话后进而见诸画面。这是经中一项十分珍贵的史料，堪称人类史已知最早的海侵资料。从中国古人类成长历程看，它是15000年至 6000 年间我国东部大海侵对东夷产生的影响。[1] 再就图画连接联系、探讨《大荒经图》,《释名》卷六"画，挂也。以五色挂物上也"，点明绘画的立体本质及描述的形式与意义。这些水海入山、穷焉的图像如何画？初步判断，大荒应在下部，"入"和"注"应画成水倾泻或流到山体上，其水应在山上方或斜上方，否则应说水出于某山；"入"和"注"在图画中必然反映上下关系，否则与下述之"穷"无异。相对"入"和"注"，"穷"大概是联通之意，这应反映水与山相对平行的位置关系，所述之水肯定高于"穷焉"的山,之所以谓穷，疑画面最后一段水和"穷焉"的山脚连在一起，如"有泛天之山，赤水穷焉"，郭注"流极于此山也"，又有"成山，甘水穷焉"，郭注"甘水，出甘山，极此中也"。郭注表明其所见之图即为此种关系。图画中此种上下关系如成立，则必然是立体关系，这给立体说提供了另一种

1　赵希涛：进入全新世后，"随着气候急剧变暖，末次冰期全球冰川迅速消退，从而发生了全球性的冰后期或全新世大海侵。这次海侵实际上从末次冰期最盛期即 15000aBP 开始，直至中全新世前期，即冰后期气候最宜时期或高温期 8500—5000aBP 间达到其最大范围。这次海侵极其迅速，但其间仍有两次停顿（赵希涛等，1979a；耿秀山，1981 ）。"见《中国海面变化》（山东科学技术出版社 1996 年版，第 152 页 ）。

证据。[1]

通过对经文的结构性词汇进行分析，再联系图画、图像及其分割等现象，可以排除平面图包括地图的可能，海水入山等异常现象也排除自然地理的可能，而诸多情节性故事的叙述又排除了立体沙盘的可能。笔者认为建筑及其壁画的思路已开始向我们招手，上述重复或相接必然意味着有一个环形且四隅相连的立体结构，只有如此，《大荒经》才能得到清晰无误的理解。

或许有人立刻会对此提出异议：这不可能！如何解释大量海、海内及海外的术语？这确实是个大问题！几千年的误解与纷争，困惑与茫然，始终没有解决的关键正在于此。

乙、海外与海内　圜水与四海

本节仍不预设观点，直接探讨最让人困惑的"海"！当把四荒篇中引人关注的所谓海外按顺时针顺序排列为东北海、东海、东南海、南海、西南海、西海、西北海后，就会发现既没有北海也没有北海之外，是经文散佚致缺失还是根本没有？《海内经》篇则有东海、南海、西海和北海之内，皆为规整的东南西北海之内而没有一个角隅性质的西南、东南、东北及西北的海之内。这显然不能视为偶然，它隐含说明东南西北四海的之内构成一规整方形，并证实北海的确存在。"海内"与"海外"排出的形状蕴含了一个"海"圈，而该圈外缘从经文无法判断是规整圆状还是多条直线构成的多边形。可归纳为内有一方，方外为海环绕，海外构成一个北边有缺口的形状，只是不能确定是

---

[1]　经文还有若干上、下字也极可能佐证立体说。《大荒北经》："衡石山、九阴山、洞野之山，上有赤树、青叶、赤华，名曰若木。"《大荒东经》："汤谷上有扶木。"三山上有一木、谷上而非谷中有木必非实际景象，均可表明画中的上下。

圆弧状的还是如图缺一边的八边形。圜形海圈为我国自然地理近万年未有之状,尤以西南海、西海、西北海的存在更与实际大相径庭,令人困惑。

对于前文提及立体结构的思路,海圈的存在岂不与之矛盾?答曰:"并不矛盾!"

与海相关的还有东南西北四海海神的分布,前引《大荒东经》与《大荒北经》有东海北海海神在渚上。《大荒南经》:"南海渚中有神",《大荒西经》:"西海陼中有神",渚、陼照字面解释是岛。异常现象又发生在北面,前引郭注清楚表达分治一海,北海神不仅在《大荒北经》里而且也在《大荒东经》里出现,属异常重复例,这启发我们去思考北面的特别之处。一而再、再而三在北面出现异常,很难用巧合解释。引人关注的是所有海中只有东南西北海各有一岛,其结构可补充成一个四方有海、海中有岛、岛上有神的几何状。该几何形显然更不是自然景状,如指实际地理根本就无法解释。

就《大荒经》而言,《尔雅》族群文化角度的"四海"说未见痕迹,不可能用华夷之类观念解释。其中八个海的海义与水相关也绝无疑问,东南西北四海还各有海神在渚或陼上,其字面意义只能是海洋、海水之海,并符合环绕陆地的四海本义,形成一个怪状"海"圈,没有别解的余地。而这又与自然地理严重背离,如果实指则根本无法解释,自然不能过于执着而沉迷。从考证的立体可能及各种几何状规则分布看,要想求得合理解释自然应设想其他可能,这将促使对海字意义的重新认识,迫使我们走向将其理解为象征性的思路,考虑它可能有的象征意义及指代的具体结构。本来以为的地理性词汇某"海之外"(海外)或某"海之内"(海内)竟悄然变成了结构性词汇。《山海经》中的海外同样如此,不是真实之海。

贡布里希说:"一般来说,人类为自己创造的世界是一个由简单几何形状构成的世界。""在人造秩序中为什么会经常出现几何成分？因为，正如博厄斯所说的'几何成分在自然界中是很少见的，确实少得几乎没有机会在人类的脑子中留下其印象'。我们不得不接受的这个结论表明，正因为几何形状在自然界中是很少见的，所以人类的脑子就选择了那些有规律性的表现形式。"[1]伊利亚德指出："居所的宇宙论象征在许多原始社会中都有记载。"[2]仔细审观上图，由其内方外圆的形状使我们联想起中国从古至今绝大多数人信奉的天圆地方说，古代确有不少描述这一观点的文献，如《周髀算经》："方属地，圆属天，天圆地方"，《淮南子·天文训》："天道曰圆，地道曰方。"考古也发现远古不少方圆结合的例子，像玉琮自身即方圆结合、牛河梁红山文化圆形祭坛与方形冢，研究者一般都将此类符号与象征天圆地方的背景相联系。

　　在最可能反映天圆地方原始宇宙观的中国古代建筑传统中，著名的神秘建筑明堂和辟雍以圜水象征性表达天圆地方的概念就是突出的例子，历代文献和考古材料提供了充分佐证。一般认为，"明堂之制，周旋以水，水行左旋以象天。"[3]"周旋以水"就是建筑中一圈圜水，象征天圆，图上是据杨鸿勋复原西安西汉明堂辟雍总平面图的简化，图中是据王世仁复原东汉明堂平面图的简化。[4]建筑中的圜水象征海，四海说由此而来。这就是远古以来统治阶层口中一直以四海指代天下的原因。就上层而

1　贡布里希:《秩序感:装饰艺术的心理学研究》，范景中等译，湖南科学技术出版社 2005 年版，第 6—8 页。

2　伊利亚德:《宗教思想史》，晏可佳等译，上海社会科学院出版社 2004 年版，第 40 页。

3　《太平御览》卷五三三《礼仪部十二·明堂》引《明堂阴阳录》，中华书局 1985 年影印本，第 2418 页。

4　杨鸿勋:《宫殿考古通论》，紫禁城出版社 2001 年版，第 280 页;王世仁:《中国古建探微》，天津古籍出版社 2005 年版，第 44 页。

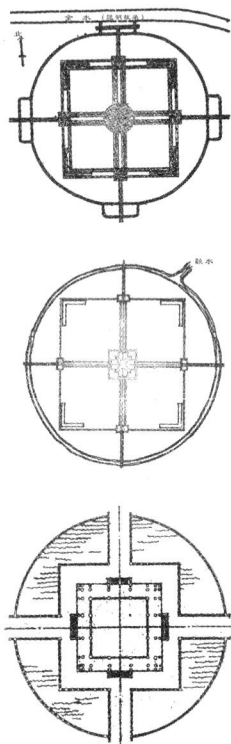

言，明堂里的四海是一种实在的象征，对普通民众而言，一直认为就是生活在大海围绕的土地上。我们相信此类圜水并非首创，而应有所沿袭和继承。由此推论《大荒经》的海具有高度的象征，海的虚化自然意味着象征意义远大于实际地理的可能，海内四方象征大地也就成为很大可能。[1]

现在的问题是圜水形状，从上述文献和考古材料看几乎都是圜形的。《大荒经》大多数提到和涉及海字意义的与圆形圜水并不违忤。但也不是所有海内、海上、海中之用语都能在圆形圜水说中得到完满解释[2]，故圜水形状另有可能不像两汉等明堂那样是规整圆形而大致像图下清代辟雍的平面图那样即水漫灌与方相连[3]，如此则通畅无碍。这似乎缺乏历史依据，但这种推测不是没有道理的，这使其也能与上述材料吻合而得到最优解释。[4] 这便于安排雕塑——不管是出自宗教

1　杨向奎有《论"以社以方"》(《烟台大学学报》(哲学社会科学版) 1989 年第 4 期) 文可以参考。

2　有些材料似与此不合，如《大荒东经》："海内有两人"，《大荒南经》："张弘在海上捕鱼，海中有张弘之国"等。有的海义不能确定，可能是描述水内水上，应是后人描绘《大荒经图》产生，非图原文，此时人或许已不察海之本意。

3　王世仁：《中国古建探微》，第 80 页。

4　我国已发现新石器时代以来大量雕塑，不少与神庙有明确的配置意义，红山女神庙就是显证。远古先民为营造神庙的神秘、庄严和肃穆气氛，为满足视觉进行精心的艺术加工，不仅会在结构上下功夫，也必然在装饰上采用多样手法，这能使雕塑在结构中的配置意义凸显出来。巫鸿说：对建筑和图像程序的研究，其基本前提是以特定的宗教、礼仪建筑实体为研究

目的还是神秘主义的，抑或是仅具装饰意义的。对本节所述几何状结构研究后，考虑其相互联系，令人推测海神形式就是圜水中的雕塑。

　　上述论证若没有太大漏洞和缺环的话，一向扑朔迷离的四海真义就呼之欲出了，经文所谓的海实际上指原建筑的圜水，内中八海皆源于此，其海内与海外之义也就迎刃而解了，某"海之外"并非实际的海外，而是建筑布局中方位的标示，海之内也是如此，它们大多数是标记与圜水的位置。值得重新提起的是笔者上文中曾论证所谓的重复都是在不同的海外与海内之间发生的，就是说同一海内、海外下是不重复的，这意味着其划分的依据可能是依据海的关系而论的，且极可能与壁画的分幅相照应。这是较难克服的理解障碍，但又是准确理解的关键一环，这将促使人们对海字的意义重新认识，它带给我们带来充分的启迪和收获。从此推测分割说颇有道理，但似非按墙平均进行。每篇中引人关注的结构性词汇首先就是某"海之外"或某"海外"，其中《大荒东经》有"东海之外"两处，"东北海外"一处。《大荒南经》有"南海之外"一处，"东南海之外"一处。《大荒西经》有"西海之外"一处，"西北海之外"三处，"西南海之外"一处，另有"西海之南"语，这也是一个外。《大荒北经》有"东北海之外"一处，"西北海外"二处，"西北海之外"一处。而《海内经》有"东海之内"一处，"南海之内"二处，"西海之内"二处，"北海之内"三处。因《大荒经》本是图画，后人改用文字描述，现在古图已失，许多内容无法准确判断，研究非常困难。如外或内间文字少可能存在散佚，也可能是原图大、描绘内容

　　单位，目的是解释这个建筑空间的构成以及所装饰的绘画和雕塑的内在逻辑……画什么题材，作什么雕塑，肯定在建造时都有所考虑的。这种内在而具体的考虑是这些建筑的"历史性"的所在。见《礼仪中的美术：巫鸿中国古代美术史文编》（三联书店 2005 年版），第 418 页。

少;其外与外、内与内间的文字量有时颇为悬殊,如《大荒南经》篇首南海之外到接近篇末的东南海之外间竟近达千字,几乎占经文总量1/5。若推测遗漏一两个标示性的"之外"很难说不合理。《海内经》从"黄帝生骆明"到禹"定九州"的长篇世系合计280字,甚至用连环画也难以表述,原初只能是文字。统计"海之外"共14个,加一同样含有外义的"西海之南"语,而"海之内"共8个,海外、海内这些结构性词汇数量,外(15)+内(8)=23幅,而这比唐代尚存"大荒经图二十六"少3幅。算上可能的遗失以及文字说明,与26幅几近天衣无缝。

不管怎么说,国人几千年来口语行文中的四海之内及海内、海外之说,渊源有自,并非向壁虚构。就目前所能见到的材料看,它们典出于《大荒经》可谓信而有征 [1],只不过与数千年来的自然地理无甚关联,仅仅是古代宗庙建筑制度的切实反映。

丙、布局推测与壁画说

《大荒经》初始结构既如上述来源于一个立体建筑,那么它必须具备门的因素——起码要有一个出入通道,然则门在哪里?深思、玩味上文在北面发现的诸种特殊现象,实际已隐含门在北边之意,可判定门在北面。很多读者可能会立刻产生疑问,这岂非大违古代传统?

从古建传统看,"除了少数特殊情况外,大门随着建筑的朝向而居南是基本确定的"[2],故门在北边及居址背阴现象是奇怪的。[3] 建筑史例子虽少但并非没有,《礼记·郊特牲》言之凿凿

---

1 《大荒经》中有八海、四荒,后人更惯用四海、八荒,正好相反,其中原因尚待探讨。

2 王其钧编著:《中国民居三十讲》,中国建筑工业出版社2005年版,第82页。

3 中美两城地区联合考古队:山东日照两城镇一般聚落中,"项家沟遗址因其所处的独特地理位置应该引起人们的注意。该遗址地处当地最高的山岭——驻足岭的北坡,这显然和中国北方地区居址向阳的习惯不相吻合。"(《山东日照市两城地区的考古调查》,《考古》1997年第4期,第3—4页)

的亡国之社就是显例，"薄社北牖"，孙希旦谓"薄亳通，殷之旧都也……塞其三面，唯开北牖"[1]。朱彬谓"周立殷社为戒而屋之，塞其三面，唯开北牖"[2]。牖与屋对应暗示建筑应是庙状而非露天坛状。关键的牖字一般理解为窗，实际上不少可解为"向"义[3]，朱熹"牖，巢之通气处"、司马光"牖者，所以窥外也"[4]的解释使我们未尝不可将其解成门之义。仔细审视古中国各种建筑的门，要想找到相关的先秦史料很难，下面有据考古资料复原的日本古社遗址平面图，不仅布局极其相似而且门也在北边。日本本土绳纹文化突变为弥生文化的动力一般认为是来自大陆强势文化的输入，显而易见内含着一定的大陆东夷文化传统。该材料弥足珍贵，足以抵御北边诸种特殊处可能由经文散佚等偶发因素所致之疑。考虑礼制建筑传统极其顽强，就门在北边而言，可发现社稷坛值得关注。一般人直觉上立刻会想起北京中山公园（社稷坛）知名、临长安街的南门，但该门实际是民国初年所开，明清本来的正门、主门都是北门[5]，"祭祀社稷是由北面南设祭……享殿、拜殿在北，正门也在北。"[6]

需要注意的是该地原属东夷核心区。

1　孙希旦：《礼记集解》，中华书局 1989 年版，第 685—686 页。

2　朱彬：《礼记训纂》引《正义》曰，中华书局 1996 年版，第 392 页。

3　《说文》"穿壁以木为交窻也……牖所以见日也。"段注："交窻者，以木横直为之，即今之窗也，在墙曰牖，在屋曰窗。"但《汉语大字典》第二义认为通"诱"，引导。《广雅·释诂三》'牖，道也。'王念孙疏证：'道谓之牖，故道引亦谓之牖。'"还有《故训汇纂》第三义，《广雅·释宫》"牖，闯"。《诗·召南·采苹》"宗室牖下"马瑞辰传笺通释"古者牖，一名乡，取乡明之义，其制向上取明，与后世之窗稍异"，等等。

4　《诗·豳风·鸱鸮》"绸缪牖户"朱熹集传；《太玄·守》"闭朋牖"司马光集注。

5　这是可以理解的，古代宫城多面南背北，左祖右社，以《考工记》和北京故宫形制看，仅从实用、便利角度也应如此，其南面没有使用者出入需求，门在北面便于皇帝等祭祀、管理人员的活动和通行。从阴阳学说看，社主阴。但没有证据表明西周及其前代的门道含有阴阳学说的意涵。

6　中国建筑史编写组：《中国建筑史》，中国建筑工业出版社 1982 年版，第 73 页。

翻检现有建筑史书，从建筑整体布局看，鲜有类此结构平面图，但礼失求诸野，把眼光放远到日本，[1]那里发现了很有价值且颇为相似的两个弥生时代聚落遗址的"社"遗址：据鸟取县羽合町长濑高浜遗址复原图，"这是一组完整的单元，它是由内外两层围墙（宫垣）环绕的一座方形建筑。"再看群马县前桥市鸟羽弥生晚期"社"遗址复原平面图，这是"一个规模更大的原始神社的实例"，"大约相当于原始氏族向国家过渡时期的一个聚落遗址，其中的原始神社遗迹清晰可辨。复原可知，它有更加复杂的形式，内外共有三道水沟而且较宽。大概是由于总体布局的关系，这座神社的方位是坐南朝北布置的。方形内宫垣（后世神社称之为'玉垣'）以里，有内圜水围绕的方形栅居殿堂，为每间两间面阔。此社的三道水沟，除最宽的外圜水是完全封闭成圜形以外，其余中、内两道水沟都是在入口处断开，而留出通道。外圜水在正对内宫垣处，应架设桥梁以便通行。"[2]请注意日图二有圜水，门在

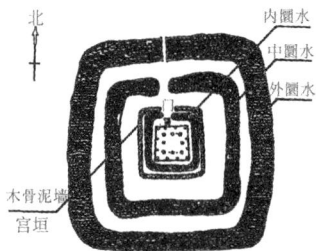

北　内圜水　中圜水　外圜水　木骨泥墙宫垣

1　文化学里有一个规律性现象：系统的边缘地区往往存储着文明中心早期的文化内容，如前辈的词义在日韩还是原义而中国已变。中日同属一个文化圈极为明显，有着特殊的历史、文化渊源，交流深广不可低估，现知中日间早有往来，早到何时尚待探索。这比文化圈外泛泛的民族学材料更有价值。杨鸿勋指出：稻作、建筑等技术很早就传入日本，原始神社很可能也是在4000年前左右从中国传入。日本发现的这些遗迹虽未必是最初原貌，尽管如此，它还是保持着当初的基本特征（《宫殿考古建筑》，紫禁城出版社2001年版，第11页）同书第15页指出：日本现存最古老神魂神社的楼梯恰在内殿所向的西南方，认为"这'从西南入'的传统绝非偶然。"第16页指出：以日本长濑高浜、鸟羽、中海道等遗址所见原始氏族向初级国家过渡时期的神社遗迹的复原，对照《史记》所记的"黄帝时明堂"，基本上两相符合。可以推测，"黄帝时明堂"是日本这些原始神社的原型。

2　杨鸿勋：《宫殿考古通论》，紫禁城出版社2001年版，第12、14页。

北边，木骨泥墙以内图与上文复原的结构正相吻合，差异之处在日社圜水结构更为复杂，多达三圈（这数字与后世社稷坛三道围墙之数暗合）。日本两古社图合在一起即为荒经描述之完整结构。本文复原只能就经文所谈而论，未涉及的只好付之阙如，其海是完整环状，是否有多重墙垣并不清楚，故无法臆测。而近年河南杞县鹿台岗龙山晚期遗址发现相似遗迹，"有两道围墙，内圆外方"[1]，"把这样的形状用之于建筑，此前还没有发现过，这种内圆外方的设计是中国传统宇宙观里天地的象征。"[2]在夏人之居杞县发现这种特殊形制的建筑印证了远古确实存在所谓天圆地方的礼制建筑，且能将确切时间提早到龙山时代，这极为重要。

　　综而论之，其初始总结构可归纳为一个复式几何形、立体、门在北边的建筑，平面图大致有右下两种可能，笔者倾向前者。设计者对日常思维需描述内容[3]因应门的存在和圜水内外间应有桥梁类供通行的需求做出调整，对正常应置于北墙的图像不得不变通处理，北风神及北海神未按其他规整设置大概即受此影响，遂将其移至东北方，可能考虑西风神需与东北对称而将其移往西北隅。这导致

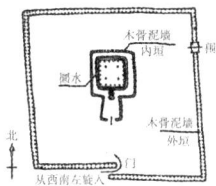

1　郑州大学文博学院、开封市文物工作队：在高出周围地面一米的台地上，出土一处建筑（1号）遗迹……南外墙长6.5米，内墙直径4.7米，内墙内有两条十字交叉通道。通道由黄土筑成，与周围的灰褐色土明显不同（《豫东杞县发掘报告》，科学出版社2000年版，第37—40页）。
2　刘莉指出：这些现象与一般居住建筑有别。另外，在遗迹内外也没有发现灶火灰坑之类的家居活动证据，更说明它不是居住建筑……其位于遗址的居住区，但是却跟任何房屋没有特殊关系。因此它很可能为举行自然神祇的公共礼仪活动而营建（《中国新石器时代：迈向早期国家之路》，文物出版社2007年版，229页）。
3　这点如比对其他正规的线性经典如《尧典》和甲骨文所述正东、正南、正西、正北的四方即可明白，因为那边不需要考虑建筑结构或其他因素的影响。

正北无壁画，依据圜水描述该结构的人自然不提正北，故文中没有北海之外。其他内容也不尽完全依思维模式安排，如西周国在外圈西北海外而后稷神却被放在内圈西南方，前贤颇多疑惑，认为一书中不应如此。通常而言确实如此，但这可能还是因应建筑布局所致，内外之别则是缘于周国祖神与殷商职能神的差异所致（见图）。后人依图述文时对上述关键点并未增添说明，图亡之后，人们只读文字自然不可能增添内容反会产生种种疑问。

以建筑体现观念是人类常用的方法，而将当时各种神灵画于神庙墙壁是与之配套的做法，刘师培说：“古代神祠，首崇画壁。

《周礼·春官》云：凡有神祀者，掌三辰之法，以犹鬼神祇之居，辨其名物，犹训为图。复言辨其名物，则神祠所绘，必有名物可言，与师心写意者不同。”[1]

关于古图，今天大多数历史学者的学术思维易于将其归入艺术美术类，而容易忽略其所反映的历史背景、真实意义及其在当时社会运行中重要的实际作用。顾炎武说：“古人图画皆指事为之，使观者可法可戒。”[2] 刘师培阐述的十分精辟，早就指出：“顾氏亭林自实体难工空摹易善，于是白描山水之画兴，而古人之意亡矣。其论极

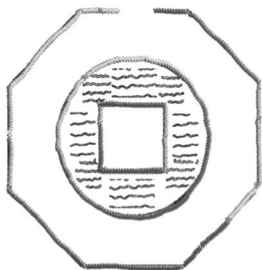

1　刘师培：《刘师培全集》第三册《左盦外集》卷十三《古今画学变迁论》,《刘申叔先生遗书》（宁武南氏校印本），中共中央党校出版社 1997 年影印。
2　顾炎武著，黄汝成集释《日知录集释》（外七种）卷二十一“画”条，上海古籍出版社 1985 年影印本。

为精确……惟是古人之画，虽皆指事，而所指之事，于史事而外，尤详于名物典章。固由人心之务实，亦因成法之易循……古代之画，大抵与学术相辅，不仅视为美术之一端。图画之兴，始于史皇。盖以图画辅文字之穷。……古人象物以作图，后世按图以列说。图画二字为互训之词。而太玄注复训图为象，《易经系辞下》云：'象也者，像也。'……《虞书》有言：予欲观古人之象，日月星辰，山龙华蟲，作绘是图，绘之用，在于观象。"[1]《大荒经图》和《山海经图》所反映的时代及其内容，巫鸿先生称之为礼仪美术。他认为，礼仪美术大多是无名工匠的创造，所反映的是集体的文化意识而非个人的艺术想象。它从属于各种礼仪场合和空间，包括为崇拜祖先所建的宗庙和墓葬……不同种类的礼仪美术品和建筑装饰不但在这些场合和空间中被使用，而且它们特殊的视觉因素和表现——包括其质料、形状、图像和铭文题记——往往也反映了各种礼仪和宗教的内在逻辑和视觉习惯。礼仪美术是中国美术在魏晋以前的主要传统，在此之后也从没有消失。[2]《大荒经》描绘的这部分内容是上古时期的，描绘的那些神异诡谲的动物与人物或其混合体明显具有浓厚的象征色彩，其图像充满了浓厚的、远古的神秘色彩，被当作是宗教与政治特权的象征。我们现代人自然可以把这些记载看成神话传说，但即便是神话传说也有它自身的逻辑和象征性。衡诸世界其他早期文明的历史，《大荒经》的内容与古代埃及和近东艺术中许多为人熟知的类似例子相吻合。我们应把更多的工作放在考察其实际内容和反映形式方面，因为神权政治时代的许多内容是在我们知识构成和经验世界之外的，我们必须、如做不到也应该尽量将其背后隐含的意义找寻出来，如能破解，

1　刘师培《古今画学变迁论》，《刘师培全集》第三册《左盦外集》卷十三，中共中央党校出版社 1997 年影印《刘申叔先生遗书》（宁武南氏校印本）。
2　《礼仪中的美术——巫鸿中国古代美术史文编·序》，三联书店 2005 年版。

则将把对该时代的研究推向深入。

对于古本《大荒经图》，以前的研究者极少注意过它的存在。[1] 今天，我们虽然已经看不到这些古图，对于它的具体图像、形式及内容可以说一无所知，它是完全的图画形式，还是图文结合？对此，我们没有直接的材料来说明，研究的困难还在于已经找不到流传有序而可靠的古图像图形来供我们研究，因为现在能见到的只是《山海经》中《大荒经》部分的图像，其可靠的年代一般认为最早也就是明朝的，能确定早于明朝的几乎没有，我们当然不排除其中可能含有古图的某种遗痕余绪。而今人所见《大荒经》文所涉之图，其内容多为单独的神怪畏兽的形象，虽说也有附带山水背景的图，但我们无论如何也看不出其间山水的差异及所具有的意义。但我们幸而可以通过与之相关的文字《大荒经》和《山海经》体味、琢磨其初始的真正意义和时代内容。我们下一步就必然要重新审视整个《大荒经》的文字，也必然要用新的方式、从图画的视野与角度去解读它，也就是说，每一条文字都要考虑其在原图文环境中的本来面貌。如何谋篇布局，巫鸿先生在探讨类似于此处论述书画关系的《何为变相？兼论敦煌艺术与敦煌文学的关系》一文中对变相和变文的关系进行了深入探讨，对我们的研究有着较强的借鉴意义，他指出："探索这种视觉逻辑，我们需要一种不同的方法。这种方法可以概括为：每一幅壁画都是从整体出发来设计的，因此也必须作为一个整体来研究。我们首先的任务是确定整幅画基本的构图结构，而不是（像读文学作品那样）从任何一个单独的情节读起。或者说，我们应当设想画家对画面有一个总体的构思，然后根据这一构思填充情节；而不应假定画家是被动地

1　对于《山海经》的图像学研究，今人马昌仪先生所著《全像山海经图比较》已做了可贵的探索，也包含《大荒经》这一部分，但她并未从单独的《大荒经》着眼，并认为今人所见之图的年代大略只能上迄明代而已。

按照变文的顺序从第一个情节到最后一个情节来描绘故事。这种方法使我们的研究重点从追寻绘画作品的文学出处转移到探索其创作过程上去。"一个艺术史家不但必须确定单幅场景的故事内容和来源，而且还需要揭示画家在其作品中用以重新组合这些场景的空间和叙事结构。[1]我们现在既然知道曾有过二十六幅这样的古图，那么就现有的材料而论，将《大荒经》视为对二十六幅图的分幅描述就在情理之中，也就是说，《大荒经》的整体描述应该能重新合成或接近复原原貌。何以能肯定《大荒经图》二十六不是二十六幅并无密切关联的散图或图集，而一定是能拼合成原貌呢？综合而论，笔者认为：就经文描述的整体内容而言支持做这样的推想，其宏观构成有《大荒东经》《大荒南经》《大荒西经》《大荒北经》及《海内经》，宋周密《云烟过眼录》卷三有"大荒西经图"语，观此语可知亦当有《大荒东经图》之类，而《大荒经》中的诸多山海水河等整体描述的内容也确实构成一个言之有物、自成体系的远古作品。绝大多数研究者应该也是这样认为的，只不过他们是将其视为地理或神话地理的东西。加之，古代地理之图与书的关系也支持我们这样做。而《大荒经》文中大量重复现象尤其是山名水名的重复也为我们考察、推测原图内容系分割所致提供了一种既出人意料而又非常合理的推想。

　　如果本文考证没有大误的话，则《大荒经》描述如此之多的、系统的图像内容自然就是壁画，五篇描述的主要就是这一建筑及其方形海内和圜形海外两圈性质不同的壁画内容[2]，整体构成

1　巫鸿：《礼仪中的美术：巫鸿中国古代美术史文编》，三联书店 2005 年版，第 382 页。

2　附带谈谈明堂与《大荒经》的关系，明堂是困扰古代知识界两千多年的难题，一般认为它始于周代，汉之后常由帝王或宰相主持博学鸿儒参与讨论。本文可谓为神秘缥缈的明堂找到了建筑形制上的源头。这类似《大荒经》与《山海经》的关系，前者早于后者，是其源头。

了东方体系崇拜神灵所控制的、一个微型而完整并充满象征意义的原始宇宙模型。

4. 殷商大社论

经文既源于建筑及其壁画,自然就要研究其性质。大家知道,远古文明物化的高端形式体现在王家建筑(宫殿、宗庙和陵墓)中,中国考古材料尚未找到与上述考证相同之结构图。而从复原平面图分析,其布局对生活起居与日常行动十分不便,知其绝非普通民居或仓库等实用类建筑;由其三个规则几何形且带着圜水的特殊形式而构成一个封闭、复杂的院落着眼,不难想象还应该有多重墙垣。其核心如此之被珍藏,体现出极不愿为外人所见的设计理念,明显是为保持其神秘特性,充满着不言而喻的象征含义。再考虑经里都是各方神祇,无论哪个君王恐怕都不愿意时时处在众多神祇注视下,它明显具有众神居所的性质,故陵墓、宫殿的可能也被排除。先秦经典揭示宗庙的神圣程度比君王居住的宫殿更重要,其营造往往是建都设邑的首要任务:《礼记·曲礼》说"君子将营宫室,宗庙为先,厩库为次,居室为后"就深刻体现出上古社会建筑所具有的级差概念。[1] 既如此,则经文必与信仰有关,所述事物非宗庙类建筑莫属。

上考经文的各种特殊处、形制与薄社及社稷等存在诸多相似,表明其间极可能有内在联系。有学者或马上想到常见的五色五方土社稷坛,会认为与其差异过大且无壁画,不能等同,而且社只是土地神(或加稷神),又哪来这么多神灵?笔者认为,许多研究者往往将三代视同一体、混为一谈而忽略其变化与差异。夏商周大体上可分为夏商与周两期,夏商与周在政治及社会结构、文化精神差别明显,王国维说"中国政治与文化之变

---

1 同样的意识结构也反映在对器物功用的认识上,《曲礼下》:"凡家造,祭器为先,牺赋为次,养器为后。"

革，莫剧于商周之际"。而传世的先秦典籍主要记载周代以来的宗教、礼仪等，较少涉及周代以前。我们必须清醒地认识到后世的宗教神学体系曾对远古的真实情况产生过误读与错释，对此最重要的举措就是必须将其加以摒弃而重新研究。社有等级之分，最高级大社的内涵与形制在两千年中迭经变化，《大荒经》具有明显的商代大社属性本来不难论证，但因传统之说根深蒂固，且经后代诸多旷世大儒如许慎、郑玄、孔颖达、朱熹等倡导而居统治地位，要想破此藩篱，使拙见取信于人，本文只能将其置于世界范围加以比较和研究，同时也从古代宗庙类建筑发展史中考察其流变。

甲、大社本是"百神庙"

单就中国而论会出现"不识庐山真面目，只缘身在此山中"之误，有道是"他山之石，可以攻玉"，将其与别的古国作比较，则反观回省，迷惘自解。众所周知，人类早期属神本神权时代，最初阶段为瞬息神，其后万物有灵，此时神无明显分类，"原始人的神灵常常很难数得清楚。从其范围来看，包括极其众多的自然神，也包括有关的氏族神、部落神、英雄神、祖先神，还有个人的保护神等，这些神灵当然都有各自的特点和职能。"[1]维科《新科学》称希腊语和拉丁语中原来神名各有三万多个。而早期国家的产生是由氏族、部落扩大的，"国家一般产生于征服，所以随着被征服民族的本地诸神被吸收进官方的国家万神殿，它们的众神扩大了。"[2]王国帝国产生后，王权与神权关系虽形态各异，但大体上互为扶持互为利用，常见的情况是王权一面以武力控制各地，另外则加持以神权方式，后者有时更加重要。

---

1 刘文英:《漫长的历史源头：原始思维与原始文化新探》，中国社会科学出版社1996年版，第509页。
2 威廉·A.哈维兰:《文化人类学》(第十版)，上海社会科学院出版社2006年版，第393页。

据研究，苏美尔已确认 5000 多神[1]，埃及已确认 2200 多神。[2]足见早期人类的神国世界惯用万神表述并不夸张。

从神居的衍化看，“在宗教发展的早期阶段，崇拜场所并不固定，哪里有神灵，哪里就可以举行崇拜仪式。它们或是山丘、石堆、洞穴、险滩；或是一片树林，几棵古树；或是露天专辟的一块空地；或是氏族生存的领地及神圣中心、图腾中心（圣地、圣所）等。”[3]当神灵信仰的物化形式体现在神庙上时，神居之所必然被建造的外形宏伟壮丽、内饰精彩绝伦。主神要神（或有从属小神）单有神庙是常见的，之外则是集合众神的建筑，修造此类建筑是王国帝国整拢神界以巩固其统治的必然举措。如埃及首度统一后将各地神祇集中在孟菲斯，后有卡纳克神庙及圣城赫利奥波利斯的诸神等[4]；两河流域苏美尔城邦除供奉自己的城邦保护神之外还供奉其他神，神灵各有分工和等级，其主神常随城邦或王朝更替而变动；赫梯帝国有一个 1000 多神的特大神庙，“在征服周围地区的民族之后，会将他们的地方神吸收进来。”[5]世俗化社会类型的希腊在奥林匹斯山建有宙斯神系的神庙；同类型的罗马帝国两度建造万神殿（今尚存一），基本上全是帝国。而不成功的例证是迦勒底人统治巴比伦时，末代国王曾把各地神灵集中到巴比伦的贝尔－马尔都克神庙，这导致巴比伦祭司贵族极大猜忌，暗中勾引波斯军队而灭其国，居鲁士按照其祭司们的意愿将各地神灵送回原来神庙因而就在巴比伦

1　张文安：《中国与两河流域神话比较研究》，中国社会科学出版社 2009 年版，第 217 页。

2　《人类文明史图鉴·神王时代》，吉林人民出版社、吉林美术出版社 2000 年版，第 71 页。

3　陈荣富：《比较宗教学》，世界知识出版社 1993 年版，第 61 页。

4　汤因比：《人类与大地母亲》，上海人民出版社 1992 年版，第 89 页。

5　布朗丛书公司编著：《古代文明》，山东画报出版社 2003 年版，第 129 页。

建立了波斯人的统治。[1]万神庙（殿）的重要性于此可见，其内部设置大都是雕像之类的具象方式。

那么远古中国如何呢？从方法论上讲，并不是说西方有就一定要在中国找出来，而是因为此乃人类历史的通例通则。中国一直习用万国表示国家众多，以中华地域之大，文明起源的核心地区超过两百万平方公里，考古学家发现数千遗址，当时氏族、部落族群之庞杂可以想见，其神灵世界必然繁复多样、纷繁奇谲。在文明兴起和成长的过程中，当强者吞并了弱者时，其神灵或被消灭或被编入胜者神谱成为臣子，另将其神主迁至本国都城以割断其与神灵的联系而代行祭祀，表示领有此国、占有此神；亡国之民因所奉神已在强者国中也就顺从。这种惯例被称为灭国迁社。开始时，胜者可能会将祖神与祂神一并祭祀，祂们会混居在一个场所，为要神、主神设专门建筑是常见的现象。随着大量的灭国迁社以及伴随而来的族群融合与发展，胜者不会一直将所有祂神与本族之神一同祭拜，慢慢产生为众神、群神建立集合性建筑而祭祀的必要，藉以广纳众神。古代中国王权与神祇的关系如其他文明一样，王权需要统一宗教作精神工具，势必把神灵观念理论化、体系化而组成高级宗教化的神谱神系。但其神国（群神、众神）世界却习惯用百神、百物表示[2]，《礼记·祭法》说"有天下者祭百神"，郑玄注"百神，假成数也。谓天子祭山林川泽在天下而益民者。"孔颖达疏："有天下，谓天子也。祭百神者，即谓山林川谷，在天下而益民者也。天子祭天地四方，言'百神'，举全数也。"那么问题接踵而至，在哪里祭祀百神？神居之所何在？有没有集合众神的建筑？这是一

1　吕大吉主编：《宗教学通论》，中国社会科学出版社 1989 年版，第 421 页。
2　如《逸周书·世俘》："用小牲羊犬豕于百神水土于誓社。"《国语·周语中》"以供上帝山川百神之祀。"《左传》："铸鼎象物，百物为之备。"从文献中看，百神只是大略俗称，往往还与其他主神、要神并列。

个长期被忽略的重要问题。

大禹（或启）铸鼎象物即为王权与神权联系的一种方式，《左传·宣公三年》说："昔夏之方有德也，远方图物，贡金九牧，铸鼎象物，百物而为之备，使民知神奸。"传称"象所图物，著之于鼎。图鬼神百物之形"。此即集合百神之义，把从属部落、方国的要神铸在一起。《逸周书·克殷》《史记·周本纪》还记载禹之九鼎是三代政治合法性传承的关键要件之一。[1]

是否有类似于西方万神殿式的"百神庙"呢？到这里我们需简略回顾一下宗庙类建筑史。先秦《考工记》有"夏后氏世室……殷人重屋……周人明堂"和《尸子》载"黄帝曰合宫，有虞氏曰总章，殷人曰阳馆，周人曰明堂"之说，有被称为天文台的夏清台、商神台和周灵台[2]，最著名的则是左祖右社（《考工记》）、右社稷而左宗庙（《礼记·祭义》），另有辟雍等。这些远上古建筑名称可能是不同时代不同族群的记载，神秘莫测，甚为难考，除祖社、明堂、[3]辟雍有材料印证外，其他均甚简略，大都空有其名，只得用排除法，明堂天圆地方的理念与上文所考经文源出结构相同，但明堂更复杂、门道也多，且周明堂形制可能是上圆（屋顶）下方[4]，明显不同。至于辟雍，从结构看确有相似之处，惜未曾见壁画痕迹，与此并不契合。

这使我们还得把主要精力放在祖社之上。为神修建居所，

---

1 近代史家因缺乏实物证据对九鼎传授说总以怀疑居多，其是非转承、非本文可论。近年来，一些学者对此又有新的讨论，其中巫鸿的详尽分析（《九鼎传说与中国古代美术中的"纪念碑性"》，《礼仪中的美术：巫鸿中国古代美术史文编》，三联书店 2005 年版）值得参看。

2 《玉海》卷一六二引《礼统》。《礼统》十二卷，《唐志》载贺述撰，时代较后，录以备考。另有西汉时追述神农（见《淮南子主术训》）、黄帝明堂（见《史记》卷二十八《封禅书》），但其真实性学者普遍存疑。

3 张一兵《明堂制度研究》（中华书局 2005 年版）搜罗许多汉后学者的推论和研究资料，时出己说，可看。

4 杨鸿勋：《宫殿考古通论》，紫禁城出版社 2001 年版，第 112 页。

称祖也好叫社也罢，祖神之外必非一个社字可以全部涵盖，但成熟的华夏文化系统仅以社、祖区分和记录。这可能遮盖了诸多族群及其繁多复杂的历史真相。祖庙仅与王侯家族及其支脉相关，王国与其他族群关系更重要的体现在大社。而先秦社的定义、内涵、性质、起源及社主、社树等问题的探讨庞杂繁复。[1]其形制，最早时"社神与祖先神是应当同在树林里的"，进一步是"建围墙将社树围起来，即所谓屋树者之意"[2]，再一步即屋社，最终演变成五色五方土的社稷坛（原因和时间在西周初年）。周前社的总体布局和形制我们并不清楚，也无文献可供梳理，考古虽发现上古个别可能的社祀遗址遗迹，但其结构图、级别与本文所论并不吻合。当时宗庙的具象形式并不仅是块木牌，这从文字学尚能找到遗存。《说文·广部》："庙，尊先祖皃也。"《释名》："庙，貌也。先祖形貌所在也。"而社、社稷在实际中存在着层次问题以及广义狭义之别。《礼记·祭法》说："王为群姓立社曰大社，王自为立社曰王社；诸侯为百姓立社曰国社，诸侯自为立社曰侯社；大夫以下成群立社曰置社。"广义泛指各层次各地域的社，狭义即指大（太）社，像左祖右社、墨子所说蒩位，一般连称的夏商周社，分言夏代的夏社、商代的商社（亳社薄社）、周代的周社等都是。本文所言祖社建筑即指王者祖庙与社的最高层次：大社。

　　王（或诸侯长）的大社成为集合众神的建筑是另一种，也是最大的可能。这自需探究上古大社的内涵，郑玄注《礼记·郊特牲》"天子大社"称"国中神莫大于社"。《祭法》郑玄注称大

1　社的含义、起源及研究等详情，席涵静《先秦社祀之研究》（台湾众望文化事业有限公司 1992 年版）、魏建震《先秦社祀研究》（人民出版社 2008 年版）等综合甚详，有意者可参看。

2　傅亚庶：《中国上古祭祀文化》，东北师范大学出版社 1999 年版，第 139—141 页。

社"祭天下之地祇"、张载倡社外无地示之祀[1]，实已含社为地祇总神义。近人孔令谷说"社稷的神，既为天神，又视为地神，更视为祖神。一切水旱疾痛祯祥休咎他都主持，不只以生万物产百谷为限的，社神是古代唯一的大神。"[2]凌纯声明确提倡社是集合众神、祭祀众神之所。[3]姜亮夫说："盖社之初，其含义至多，即礼文美备，神格全具。一神不能理二事，属之大地之事仍在郊行之，是谓地神。属之祈报之事则移于国，谓之社稷之神，而属于男女匹合之事又别为高禖。圣人先祖孙之感，又别为祖庙。其源本一，支别为四。"[4]宋镇豪说："社祭，除祭土地主的社神外，凡属地祇之神，如百谷之主的稷神、山林川泽百物之神，通常亦兼于社地祭之。"[5]傅亚庶认为"按照《左传》中有关社祀的记载推论，诸侯的社是与祖先同处的"。周诸侯国凡有大事如战争、盟会、献功、灾害等都要祀社，显系诸侯集合众神之所。诸说或明指社是"万神殿"之义或隐喻社乃地祇百神殿之义，实际上，初期的社用西方术语就可称为万神庙。诸家论证可谓已揭橥真相，却仍无法撼动一直将其与土地神（稷神）密切联系乃至等同的传统定论。传统说出自经书《左传》等所谓社祭后土，明显受阴阳五行说影响，到东汉因许慎释社为地主[6]及郑玄称社祭五土后，此说遂居统治地位。学界至今仍忽略社建筑内存在意义广泛的群神——百神，而恰恰这一点极为重要。上文已述，

---

1 说见宋代卫湜《礼记集说》卷109，《四库全书》文渊阁本。
2 孔令谷：《论社稷》，《说文月刊》第二卷，民国三十二年。
3 凌纯声：《卜辞中社之研究》，台湾大学《考古人类学学刊》第25、26期；《中国古代社之源流》，《中央研究院民族学研究所集刊》17，1964年。
4 姜亮夫：《示社形义说》，《古史学论文集》，上海古籍出版社1996年版，第218页。
5 宋镇豪：《中国春秋战国习俗史》，人民出版社1994年版，第226页。
6 《说文》社义之释影响颇大。不仅后世两千年率皆以之为说，待甲骨发现后，学者多不考虑是否适合而又以其义解三千年前之商社。

这与原始宗教的实际历程不同。

文献中帝王所祭大社之主有大禹和后土两说[1],《国语》以后土为人名,而《左传》以为神(官)名,因其所出的史料来源无从确认,自然不好比较和判断它在神灵世界的地位。而大禹和后土在《大荒经》中正好都有, 这给我们提供了一个难得的机遇可以将二者的神格进行清晰比较。《大荒北经》:"后土生信,信生夸父",《海内经》:"共工生后土, 后土生噎鸣, 噎鸣生岁十有二。""洪水滔天⋯⋯帝乃命禹卒布土以定九州。"后土在《海内经》中是共工之子而在《大荒北经》中是夸父之祖, 其神格与大禹是不能相提并论的, 大禹显为经中极重要之神。笔者认为, 远古族群更替常引起相应的神际变动, 共工系族群的势力在大禹之后并不强盛, 如下文所论: 大禹死而为社主, 商周又怎么会无故将其置换成后土? 如真是颛顼击败共工后以其子后土为社主, 则大禹为社即当已经替换。后土与禹为社神关系之异说依时代先后论就不难搞清楚, 当如稷柱与稷弃一样是不同时代之异。[2] 如上所示,《大荒经》的原生态神话语言较之《国语》等更加珍贵而可靠。实际上, 春秋末战国以后至汉代的后土, 与兴起强大的阴阳五行思潮相关, 在其影响下, 大社百神殿的性质渐趋湮没而渐渐被认为是单一的土地神。

大社是上古中国政权合法性传授与继承的象征, 地位极为重要。神本时代统治权的更替, 形式上是对百神控制权的转移。新王朝宣示合法性必先建大社,《墨子·明鬼下》:"昔者虞夏商周三代之圣王, 其始建国营都日, 必择国之正坛, 置以为宗庙, 必择木之修茂者, 立以为菆位(社)。" 新政权建立后必对原大

<hr>

1　《国语·鲁语上》:"共工氏之伯九有也,其子曰后土,能平九土,故祀以为社。"《礼记·祭法》略同,《左传·昭公十九年》:"共工氏有子曰句龙,为后土,后土为社。"社祭句龙说,古史辨派于民国时重倡,且提出句龙即大禹(《古史辨》第七册,上海古籍出版社 1981 年版)。
2　王晖:《商周文化比较研究》第五章第四节《周族的文化渊源与周人迁徙考》,人民出版社 2000 年版。

社有所改变，史称变置社稷，也就是对神界内容、设置及神际关系进行调整。夏商、商周间合法性的转承都是在大社中完成的，周武在商社即位乃因其天下众神所在。考古尚未发现大社遗址，有关其设置与沿袭的资料存留虽少，但考虑它本身很少且一旦确定基本上就不再变动，通过考察文献还是可以从历史演变中判断《大荒经》对应的时代。

乙、三代王者祖社演变考

单就众神信仰的区别、分类及传承，或单就各代祭祀制度的演变，或单就祖社分工都容易陷入细枝末节而产生各说各话的窘状，但把信仰、制度与其对应的建筑结合起来就容易落到实处。夏商政治、社会结构无大差异，夏后商王相当于诸侯之长，其合法性来源于各部落方国的拥戴推举；正像大家所了解的，夏商宗教来自于传说时代不同种族、不同文化与思想体系，其起源的各种元素仍可以找到痕迹，而将这些不同因素整合成同质文化共同体的任务并没有完成，仍是一个由不同宗教派别并存的、未能完全调和的联合体而非一个系统的神学体系。故夏后商王或其神职下属与各部方国神灵不能没有某些礼仪与祭祀关系，"有天下者祭百神"和九鼎传说就是象征，而各部神灵不能没有神主具象，他族神灵物化的最初形式必然仍是原样，是有形的，偶像的形式也可能是多样的；其对应物在中央都城就不能没有神居之所，对重要的神会设专门建筑，对大多数而言只能置于大社之类宗庙建筑中。《大荒经》的情形与周以前原始宗教的氛围吻合，其主要的具象形式明显是绘画，可能还有雕塑。考古发现远古信仰的具象则有雕塑、绘画、岩画等多种形式，各类型神各各不同，绝不像后世般只用木主牌位表示[1]；随着信仰

---

[1] 木主之制源起何时尚待查考，最早见于"周武王为文王木主，载以伐纣"(《史记·周本纪》)，此或是其源。

偶像的增多，倘仍以社树、社石等代表各方神灵，既不合实际也不方便，更不便于行礼，是以建造上不得不有统一的规划与设计。那么每一种设计理念譬如每个画面自然都不可能是随意、孤立的，单独母题只有在整体图像的相互关系中才能显示出它特定、准确的意义，并有目的地与其他画面相结合以共同组成一种象征和象征体系。而早期祭祀如祭日月等后世所谓天神、自然神尚混在一起，自然难以产生五方配五色的概念，更未遑以五色代五方的社会环境。

三代常被泛称为左祖右社，商周祖庙无疑存在但夏却不甚清晰，虽说《尚书·甘誓》有"用命赏于祖，弗用命戮于社"语[1]，这对概念是当初实情还是后人追述？抑或是有概念而无对应建筑？难以稽考。而《淮南子·汜论训》载"禹劳天下，故死而为社"，《史记·封禅书》载"禹兴而修社祀"，此两社必指大社，否则远古之社众多，禹死为社有何荣焉？两书虽晚出但事则有《尚书·吕刑》和《墨子·尚贤中》"禹平水土、主名山川"语印证，出土的西周中期遂公盨有"禹尃（敷）土"语及《商颂》等西周文献"禹敷下土方"等语与经内容尤其篇尾"禹敷土"相合，禹只有是大社之主才符合"主名山川"的实质！夏社内涵"最为重要的一点是，随着中国早期国家的诞生，夏社与九鼎共同变成了国家与权力的象征……社的这种象征意义是从夏代开始的"[2]。夏若真有祖社之制，照通常观念，禹无疑应在祖庙里，夏社主若为禹则应疑夏代的神灵世界尚属祖社混居未分，赵芝荃认为夏社是夏人敬神或供奉祖先的宗庙或祭坛[3]，日本

1　其非夏原始文献是定论，刘起釪认为成于殷商中期到周初之间（《古史续辨》，中国社会科学出版社 1991 年版），赵光贤认为成于春秋战国之世（《古史考辨》，北京师范大学出版社 1987 年版）。
2　魏建震：《先秦社祀研究》，人民出版社 2008 年版，第 83 页。
3　赵芝荃：《夏社与桐宫》，《考古与文物》2001 年第 4 期。

古社及其内容与此相合，某种程度可作为夏代的注脚。[1]但仔细推敲，禹为社主仍给人异样之感，幸好"夏社不可迁"这个尚未得到充分合理解释的重要事件给我们提供了深入分析的机遇。

《史记·殷本纪》载："汤既胜夏，欲迁其社，不可，作《夏社》。"[2]胜者迁败者之社是自然而然的历史传统，夏社为何不可迁？《尚书》孔传谓"汤承尧舜禅代之后，顺天应人逆取顺守而有惭德"，乃由个人破坏传统的心态解释，聊备一说。有先贤倡时"无及后土者"故不迁，如社神为共工系后土，汤没有理由不迁，商汤既"迁柱而祀弃"[3]，说明汤对夏社有所变动也是可以变动的。"汤诰"既推崇大禹、皋陶及后稷，他们岂有不及后土之理？关键在汤"欲迁"而"不可"！谁不可？必是众不可。夏社不可迁疑与其形制有关（上述鹿台岗遗址支持此推想），它可能像经文初始结构描述的那样是一个完整的原始宇宙模型，当时所有土地被称为"禹迹"，包括商的各部落原只是其中一部分，内有各部族神（物）之具象，如像以往那样将其付之一炬，在远古先民眼中等同于自杀，故困惑至极。夏社不可迁实际上是新的征服者胜利之后如何重组神国秩序的一个世界性问题，国家体制、社会秩序和统治阶级内部关系的变化也会反映到国家宗教的神灵世界而引起宗教观念和神灵秩序的相应变化，"一旦某位神灵占据了最高神灵的地位，就很难将它从这一位置罢黜。曾经是至高无上的神灵很难重回低位，因此，在新的神灵

---

1 杨鸿勋《宫殿考古通论》第13页：高滨原始神社"是供奉上天和农神之处……后世日本神社中，作为主要的奉祀对象，常常是传说中的日本的开国始祖'天照大神'；而配享的，则是各种各样和祖神、农神有关的神祇。"

2 《尚书》有《夏社篇》，今已佚失。伪古文《尚书·汤誓》此后紧接《疑至》、《臣扈》"，孔传"言夏社不可迁之义，《疑至》及《臣扈》三篇皆亡"。

3 事见《左传·昭二十九年》《周礼·春官》《国语·鲁语上》《礼记·祭法》《史记·殷本纪》引《汤诰》。

崛起的同时，必须为旧的神灵找到合适的一席之地。"[1]远古中国并不适宜用"新旧更替""辞旧迎新"来描述，旧的秩序或许被改变，但旧秩序并没有让位于新秩序，而是新旧并存。故汤众面对夏社之主当是大禹，各部追随汤伐禹裔而代之，心态上仍无法接受对禹神权威的蹂躏，古人在面临前所未有之局时往往无所适从。汤以身祷于桑林是典型的王兼祭司例，但汤之等级和影响不能与大禹比，诸侯的窘态——既不愿触禹又不愿违汤实可想见，汤面对惯例却不得而行即可想见遭遇极大阻力，为何踟蹰再三最终还是不迁？之前惯例灭的或是无隶属关系的敌人或是同等平级的，或是有上下关系的，对其神灵处理有切实可循的惯例，汤以体系内从属推翻最高政权而代之，成为第一次革命，这对时人思想的剧烈冲击可想而知，合法性之建立没有先例可援。怎么办？"作夏社"，"'作'字的含义为开始，'作夏社'可以理解为开始祭祀夏社……成汤通过'作夏社'，也就是对夏社进行祭祀，以表明自己对夏原有土地的继承与占有，表明自己继夏之后已成为中原新主人。"《史记》称"伊尹报"。报，《礼记·郊特牲》"社……所以报本反始也"，"古之君子，使之必报之"，报者，谢其恩，反者，归其功，颂扬功德之意。而"明圣人为鬼神立宗庙之事"的《祭义》称"圣人……教民反本复始，不忘其所由生也"。《国语·鲁语上》称有虞氏报能帅颛顼者之幕；夏后氏报能帅禹者之杼；商人报能帅契者之上甲微；周人报能帅稷者之高圉、大王。可见报也是周礼祖祭中一种大礼。远古时成功的野蛮征服者常声称是前朝神灵子孙。我们尚不能确定商汤此报礼是否含有此种"祖祭"的意义。但无论如何，报都是一种大祭。承认夏社的权威，犹如移走九鼎而控制一样，"于是

1　亚齐伯德·萨伊斯：《古巴比伦宗教十讲》，陈超、赵伟佳译，黄山书社2010年版，第12页。
2　魏建震：《先秦社祀研究》，人民出版社2008年版，第84页。

诸侯毕服，汤乃践天子位，平定海内。"这意味着保留了大禹领袖群神的大社之主地位，夏社则变为商大社。

商代宗庙类建筑，传世文献多以左祖右社含混带过，商社，经史甲文多以亳（薄）社或桑林称，《诗经·商颂》称"殷土茫茫，禹敷下土方"，土字司马迁作社，《殷武》有"设都于禹之绩"，大禹与殷社关系之密切由此可见，实可谓蕴含大禹即殷商社主之义。赵林认为："商代社祭是始地之祭，祭祀从洪水中敷陈出来的大地。"[1] 而《海内经》的结尾"洪水滔天……帝乃命禹卒布土以定九州"则明显印证此一关系。我们再来考察一下祖社关系，郭沫若以为出于一源[2]；葛兰耦认为宗庙与社原是一种崇拜后分开，宗庙起源于社稷崇拜；凌纯声认为社祭源于初民阴阳性器崇拜，其后祖社分家才有社祭祖祭之别。[3] 不管是否一源，古人观念里长期是一对概念，公认分属两个祭祀系统[4]，同时体现着一种神的分类。祖社分别的具体时间尚无深度研究。[5] 上古帝王祖庙详请晦暗[6]，上述夏代可能还没有王者祖庙之制，而商代祖庙

1　赵林：《商代的社祭》，《大陆杂志》（台湾）57 卷 6 期，1978 年。

2　郭沫若说："土（社）的本字与且（祖）的本字实为一字，同为牡器的象形文，认为社祭即为男性的生殖崇拜。"（《甲骨文字研究》，《郭沫若全集·考古编》，科学出版社 1982 年版）闻一多接受此说，并提出社祭尸女，乃由高禖之祭发展而来（《高唐神女传说之分析》，《神话研究》，巴蜀书社 2002 年版）。陈梦家认为高禖即社（《高禖郊社祖庙通考》，《清华学报》12 卷 3 期，1937 年）。

3　凌纯声：《中国祖庙的起源》，《中央研究院民族研究所集刊》第 7 期，1959 年。

4　古代一般认为二者同列于宫城前部，其重要不言可知，但实际上上古祖社严格对称的除曲阜故城外少见。

5　傅亚庶推测国家形成时，"从祖先神中分化出社神，出现了对社神的祭祀。"（《中国上古祭祀文化》，东北师范大学出版社 1999 年版，第 134 页）。

6　祖、宗庙即王者祖先祭所，《尧典》谓舜"受终于文祖……格于艺祖"，但照禅让制一般说法，当时不应有帝者沿袭的祖庙，刘起釪谓"都是捕风捉影之谈……'文祖'乃套用《洛诰》而来"。"经师们按周代甚至汉代礼制作的这些解释都是多余的。"（顾颉刚、刘起釪：《尚书校释译论》，中华书局 2005 年版，第 113—114、151 页）《国语·鲁语上》记载有虞氏祖颛顼，夏后氏祖颛顼，商人祖契，周人祖文王。徐旭生认为这是"周代时陈杞郑

无疑存在，那么其初设就极可能在商汤不迁夏社时，另设祖庙以崇荣己祖、以大社安置其他方国部族之神灵。祖社观念之分途及左祖右社制可能就是因应此一需要而产生。

但据甲文研究，商代有一些称为室、宗、单、旦之类的建筑，一般认为，宗为商人祖先宗庙建筑群或自然神祇祭所，有河宗、岳宗、王宗、大宗、小宗；旦借为坛，可能是人工夯筑圆墩形基址的高坛式建筑，有庭旦等；其他如大室、血室；小单、东单等。"河岳等神都有'宗'即宗庙，且与高祖、上甲有密切关联，故不能简单地认为它们只是人格化的自然神……商人很可能已将他们纳入祖神系统。"[1] 如此之多的宗庙类建筑，是否意味大社之说不能成立？笔者认为，他们的形制尚不清楚，考古也未见类似所考结构图的遗迹，它们极可能是上文所说商王祖庙及其他要神的专门建筑，而社的概念肇起远古，沿承至今。故须将商代宗庙建筑和神灵分类联系，看所谓天神地示人鬼在建筑上有无区别和反映，这应是个好的尝试。商人不郊天可以确认，日月星辰等所谓必有之天神所居何处？似尚未有解。祂们也即今天研究者命之为自然神系列者在百神之中应无问题。商人众神分类，今人据甲骨文研究已多[2]，但其片面性也显而易见，"学者

宋诸国的祀典"而非四代原来的祭礼（《中国古史的传说时代》，广西师范大学出版社 2003 年版，第 238 页），笔者赞同。另，清《绎史》卷五引《纪年》：记黄帝崩，"其臣左彻者……取衣冠几杖而庙飨之"，此虽有庙字，但并不可靠，不取。

1　刘源：《甲骨学殷商史研究》，福建人民出版社 2006 年版，第 306 页。

2　今人分类，孙诒让最先据《周礼·春官》分为"天神、人鬼、地示"（《契文举例》，齐鲁书社 1993 年版，第 24 页）；陈梦家调整为"天神、地示、人鬼"（《殷墟卜辞综述》）；岛邦男分为对先王先妣的内祭和对自然神、高祖神及先臣神的外祭（《殷墟卜辞研究》）；赤冢忠分为"祖先神、族神、先公神、巫神、天神、上帝"六种（《中国古代的宗教文化：殷王朝的祭祀》，白川书店 1977 年版）；张秉权分为天神、地祇、人鬼（《甲骨文与甲骨学》，台北 1988 年）；彭邦炯指出商人的祭祀对象很多。分不分关系并不大（《商史探微》，重庆出版社 1988 年版，第 287 页）；晁福林说"殷代神权基本

还未完全恢复出商人鬼神崇拜系统","所谓祖先神与自然神的划分是今天学者为了研究方便，为了重构当时的神灵系统而人为提出的，并不能代表商人对其神灵的理解，故上述上帝、祖先神多同时具有自然、人事两方面的权能。"[1] 现今研究甲骨文和大社的学者明显掺杂后代所谓"天神、人鬼、地示"的分类观念及常以许慎释社之义说甲骨之土，这是华夏文化成熟后的产物。商代神的分类虽然庞杂，但将商王祖神外的大部分放在大社中应合乎实际。商社形制可联系薄社、亡国之社所称的屋社，商宋屋状社在周代无疑是一个令人印象突出的建筑，《礼记·郊特牲》谓"天子大社，必受霜露风雨，以达天地之气也。是故丧国之社屋之，不受天阳也"。这是阴阳学说的解释，日本古社形制某种程度可否认屋社是亡国社之说。实际上，以西周初年情势论，周武初封纣子武庚即以三监监之，周公封微子于宋后就"同时还分封许多诸侯对宋形成内外两个包围圈，从它的西、北、南三面加以监督"。[2] 何必又何能复以屋社而辱之？

　　或以为里面虽有其他文献未载的商汤斩夏耕事，但此经没有商祖契，而殷人商帝好鬼神何等虔诚却都无载，也未见到重要的岳、仙、圣等概念，岂不启人疑窦？笔者以为：在同一文本

上呈现着三足鼎立之势，即以列祖列宗先妣先母为主的祖先神，以社河岳为主的自然神，以帝为代表的天神，三者各自独立，互不统属"（《论殷代神权》，《中国社会科学》1990 年第 1 期）；朱凤瀚则分为四种，上帝、自然神（如土即社，方即四方神）、由自然神人神化而形成的有明显自然神色彩的祖神即河岳、非本于自然神的祖神（下分三种亚型）（《商周时期的天神崇拜》，《中国社会科学》1993 年第 4 期；《商人诸神之权能与其类型》，吴荣曾主编：《尽心集：张政烺先生八十庆寿论文集》，中国社会科学出版社 1996 年版）。赵法生表述的是两分法（《殷神的谱系：殷商宗教中的神灵世界与信仰精神》，陈明主编《原道》，首都师范大学出版社 2006 年版）。晁、朱二氏对卜辞鬼神的分类代表着中国大陆目前绝大多数甲骨文研究学者的看法。

1　刘源：《甲骨学殷商史研究》，福建人民出版社 2006 年版，第 290、322 页。
2　杨宽：《西周史》，上海人民出版社 1999 年版，第 386 页。

体系中，有什么没有什么往往反映真实、全面的重要意义，恰当运用默证进行比较分析，找出其本来蕴含着的文字外的真实意义则可能发现惊人而完整的真相，这些没有构成反证，正好成为拙说的佐证。经文缺失有足以解释的特定内涵，没有商祖商王及商帝之因，既与宗教史中神的分类也与制度史等相关，它饶有兴趣地体现在建筑性质——祖庙大社之别上，经必为大社内容，商祖商帝系统当在祖庙之中，岳等要神缺失据甲文研究证明已有专门的单体宗教建筑而未入此内[1]；仙、圣的缺失与当时尚未产生此种概念有关，一般认为它们产生在较晚的东周。

周与前代不同，周初黜帝尊天，制礼作乐，显现出崭新的面貌，初建东都时就把信仰、制度和建筑完美地表现出来，大体体现出丘兆郊天、大社祭地及大庙等祭祖之三分，成为我们熟悉的情景。《逸周书·作雒》："作大邑成周于土中……乃设丘兆于南郊以祀上帝，配以后稷，日月星辰先王皆与食。封人社壝，诸侯受命于周，乃建大社于国中，其壝东青土，南赤土，西白土，北骊土，中央衅以黄土，将建诸侯，凿取其方一面之土，羡以黄土，苴以白茅，以为社之封，故曰：受列土于周室。乃位五宫、大庙……明堂。"[2]《作雒》一般认为是西周作品[3]，记载相当可靠。其中周公始设丘兆郊天是创举[4]，将一干日月星辰等天神从

1　刘源总结说："河岳等神都有'宗'即宗庙，且与高祖、上甲有密切关联……商人很可能已将他们纳入祖神系统。"（见《甲骨学殷商史研究》，第306页）

2　黄怀信：《逸周书校补注译》，西北大学出版社1996年版，第256—257页。

3　刘起釪以其成于西周（《尚书学史》，中华书局1989年版，第96页），黄怀信以其"本出西周而经春秋加工改写"（《逸周书源流考辨》，西北大学出版社1992年版，第125页），罗家湘赞同黄本出西周说（《逸周书研究》，上海古籍出版社2006年版）。赵光贤则认为似非西周写定（《〈逸周书·作雒〉篇辨伪》，《文献》1994年第2期）。

4　其事另见《召诰》。后人注百神多与天神系列联系，如《逸周书·世俘》孔晁注"百神，天宗。"《礼记·礼运》郑玄注"百神，列位也。"孔颖达疏"百神，天之群神也。"也有将其与地祇百神并论，《国语·周语中》韦昭注"百

大社分出另祭,这可印证上文《周礼》所载三分法,也与《礼记·礼运》载"圣人参于天地,并于鬼神,……故礼行于郊而百神受职焉,礼行于社而百货可极焉;礼行于祖庙,而孝慈服焉"之文相合,百神,郑注列宿也。疏百神,天之群神也。郊祀百神说对于周代大体讲是正确的,虽然山川等神有时在郊有时在社。但郊天是大祭,举行较少,不举行时这些天神居所何在? 其郊尚未见山川坛(后世改称先农坛)之制,如还在大社中则证明这部分沿袭了前代。[1]

诸侯与大社的关系在《作雒》里表述的比较清楚,就社的建筑形制而言,它是记录最早、最清晰的,虽然仅述核心建筑而未涉整体布局。最引人注目的就是史上首次出现的五色五方土,这既与周的历史传统也与营雒时的创造有关,周人立社之始(冢土、岐社)尚处在落后状态,《尔雅·释天》载"乃立冢土,戎丑攸行",冢土注曰大社。[2] 建造洛阳大社一方面沿袭自己早期状态而未采纳商进步状态的屋社,另一方面创造,改以五方五色配之。周社之所以不必像夏商有各部族神主的具象形式,是因为周王是诸侯之君,合法性来源于武王周公兄弟之征服,诸侯初始的合法性则主要来源于周王分封,起码在形式上是如此。商周两代王权合法性来源不同与神祇及其分类等差异的特质深刻体现出其内在精神与外在表征的差异,相应宗庙类建筑的剧烈变异,尤其是大社建筑形制、艺术形式等方面的诸多不同就是突出的表现。周社初始尚存地祇百神之义,虽然无圜水壁画,但其明堂中则有。这种变化也符合艺术思维的发展过程——由

神,丘陵坟衍之神也。"但这些未必合其初始义,只是一种俗称,天、地及神之总称皆可以此相称。

1　直到明清,社稷坛内仍有天神系列的北斗七星,说明是原始遗制。给上文社神并不仅是土地神加一注脚。

2　请注意其社在"释天"部而非"释地"部,反映《尔雅》作者分类观念依然残留着周民族兴起早期的意识,而其中相关的空间结构,天地已经分开。

早先的各种偶像的具象形式成长为抽象的五方五色土概念。此一变更随着洛大社的定型而为历代沿袭，导致后人将其他时代与周混同，而忽略不同历史阶段的特点，结果泯灭了其中的众神意识，后世遂将社神（或加稷神）等同为土地神而成长达两千多年的错误定论。

　　我们对上古历史、宗教进行分析和重建，最重要的是必须避免将旧事物与新事物相混淆，无论神话观、地理观，还是原始宗教观都要与相应的历史阶段、宗教层面适当联系才能求得准确真实的本义。华夏文化的内涵是不断变动的，而最重要的变化就是商周之变，杨向奎谓"宗周是夷夏合流，此后华夏民族形成"[1]；许倬云谓"华夏国家"在西周时代形成，中国从此不再是若干文化体系竞争的场合。[2]西周时，古代中国实现了世界史上少见的大突破之一——建立了封建制与宗法制的结合。孔子早就有所谓夏道、商（殷）道和周道之说，换句话说就是一个时代有一个时代的特点，道字在中国文化中的重要性毋庸讳言，……今天所谓的华夏文化或汉文化基本上就是在周道（周文化）之中展开的。两千多年来，更多人强调的是三代礼的损益，而沉溺于文明连续性迷思的学者却常常忽略连续中的断裂，忽略一时代有一时代之内涵，忽略史上有所谓夏道、商道和周道，更未遑深入论证其间的差异与关系。

　　传本《山海经》常被视为神话总汇，"神话之渊府"[3]，而《大荒经》是其中神话色彩最多的一部分，但神话学家一向奇怪的是其过于简略，又少情节。它的文字绝不像《尚书》那样佶屈聱牙般深奥难读，只能以浅显易识称之，但其内容却从来被视

1　杨向奎：《中庸与我国传统道德哲学》，《中国哲学史》1996 年第 4 期。

2　许倬云：《西周史》（增补本），第 322 页。

3　袁珂：《序》，《山海经校注》，巴蜀书社 1992 年版。

为荒诞无稽、难以理解，一向被视为最为难解的古籍。本节由《历代名画记》所记述《山海经图》和《大荒经图》的并列关系出发，论证了《大荒经图》与《大荒经》有着更为直接的关系，《大荒经》与《山海经》之间的关系是源与流之关系。这对于正确解析这一千古奇书的真面目，对于正确理解传本《山海经》的内容，并进而推动上古史的研究，都是十分必要的。深入论证了《大荒经》文蕴含的内在逻辑实际上是对图形图像的描述，揭示并解释了《大荒经》文这一上古最为难解典籍的最深层原因，但这只是第一步。既然《大荒经》来源于《大荒经图》，则由经文整体内容去反推，应该能重新合成或相当程度地接近恢复原貌，最优解释支持做此推想。

通过历史学、文献学、语言学、宗教学、考古学等多学科视角重新审视、考察《大荒经》的时代和意旨，判定其内容当早于周，发现它是对殷商大社结构和壁画内容的文字描述，从看似荒诞的经文中发现了蕴藏其中的真实古史，首次对素来被视为荒诞无稽的《大荒经》做出了相当完满的解释。而将《大荒经》置于殷道之中、商道之下，其内容就不再荒诞无稽，大部分疑问就涣然冰释，最终为远古史的研究者提供一部能够被清晰无误理解的、可靠的经典。从此，就可将其从神话的藩篱中解脱出来，复位到更加重要的宗教和历史研究领域。

《大荒经》的难解，与其特殊的、复杂的成书过程密不可分，今依现有复原并结合文献研究推测如下：最早是上文所述复式几何形的晚商宗庙大社及其壁画，后因某种尚未确定之因脱离初始环境，建筑结构被改头换面转变为文字描述，今人最难理解的某海之内、外并非自然海洋而是针对其象征性圜水的位置；而壁画被分幅临摹、描绘，一些内容被人用文字加以简约介绍，内中绝大多数专用名词应即此时所加，商代原文至今隐含内中，如何区分尚需精细研究，遂成为一种图文格式的经典《大荒经图》，是为首次重大变化。由《大荒经图》到单独纯文本《大荒经》的产生是另一个极其重要的转折，将不能或不宜改变的图形图像转换成文字表达，原来由构图逻辑和非连续性画面表现的图形图像在被简单转化为文字描述后，视觉的显著特征丧失了，但其内在的表述语言、主要逻辑及思维结构依然隐含其中，并未随之改变，仍然是图形图像的，是为第二次重大变化。这一经典写定的具体年代虽然尚难确定，但这一转变却非常关键。即使它有可能在相当晚的时间最终写定[1]，即使在由图转文时可能存在着一定误解或曲解，考虑到文献的传播途径及现存的状态（即主要由专有名词组成，这些术语大多或是原来壁画上的题榜，或是大社分解形成《大荒经图》时所加，不太可能是后来胡乱增加的），它基本上未受后代思想的影响与改纂，这是它和许多其他古代典籍不同之处。而图与文仍长期分途流传。郭璞将《大荒经》并入《山海经》使人误以为是其从属，这是第三次重大变化。而图的传播仍不绝如线，唐张彦远《历代名画记》尚有记载，南宋赵伯驹临摹二十六幅古《大荒经图》时应属完整，此后即杳无音讯，亦查无实据，致使《大荒经图》之名也鲜为人知，甚至可说是被遗忘。今见的可靠部分仅是经文而非视觉图像。

《大荒经》内容的价值极高，文献价值之高更是超乎想象，目前来看，它是最早以经为名的典籍，填补了古代中国宗教圣书的空白；《大荒经》属于与国家层面相结合的文献记录，更难得的是，它正好提供了一个商王族之外的神灵架构，它对应着甲骨文发现和研究都非常薄弱的所谓非王部分。这必将对刺激、

---

1 这是个难以确切回答的重要问题，即图文形式的《大荒经图》《山海经图》何时脱离图像最终演变成纯文本的《大荒经》《山海经》。这涉及材料的可靠性与可信度，虽然现有条件尚无法论定其脱图成文的具体年代，但也期盼能有研究古汉语的学者深入进去，或许会给我们一个相当接近的结论。

推动卜辞的解读和研究产生重大的意义 [1]；更为难得的是，这是一部弥漫着东夷、殷商视野和色彩的书，单其空间构架就构成了东夷发展史的缩影，为我们提供了一套传统说法之外的新角度、新证据，这必将对全面认识、重建中国远古历史的真相和中华文明起源的研究产生极为重大的推动作用。

---

[1]　孟世凯说：“甲骨文中是否有夏代和以前的尧舜禹乃至黄帝的资料？一些学者几十年来都在努力寻求，企图找出哪怕只有一个字也能说明相关的问题。至今似无一个足以令多数史家认可的结论。按说殷人是‘先鬼而后礼’，对先人们应当在卜辞中要有所反映，也许是多数单字还不能认识，使研究者们暂时还不能区别其义……只有一种解释，即殷墟甲骨文是商王朝后半期的遗文，商王对于祖先们在商初期与夏的关系、争斗已经淡忘了，因此才在刻辞中无这方面的反映。当然也可能是有所反映，只是目前发现的刻辞中未见，只能将希望寄托于今后有新的资料发现来解决。”（《商史与商代文明》，上海科学技术文献出版社 2007 年版，第 214 页）另一种可能是甲骨文释读的思路和结果存在一定问题，黄奇逸就提出尖锐的质疑乃至系统的否定（参见《商周研究之批判——中国古文字的产生和发展》，巴蜀书社 2008 年版），对此，甲骨学界主流未有应对。这不禁让人想起章太炎对甲骨文的怀疑，章太炎不是普通学者，他是近代史上少数最为博学的大师之一，且著有产生较大影响的音韵、文字训诂专著，他的怀疑说明以东汉《说文解字》为解释基础的甲骨体系仍有反思的余地。一门学科不断反思自己的问题，不仅不会延迟自己前进的步伐，反而会注入更强劲的动力。

综

论

沉痛的反思

只要怀疑主义存在，它往往是和轻信一样地毫无批判。

——古奇

当今的中国，如欲弃歧路而步正道，回归正常心态的学术研究，就必须终结"疑古"！

——张国安

当用考而后信的治学方法对"层累说"及其论战、《自序》及"古史辨派"进行深入研究后，许多已成定论的东西就都可存疑乃至否定了：历来"享誉"学界、"高奏凯旋"的论战真相，尽管反对者的论述不尽完善，但"层累说"的论述也是漏洞频出，当时的正反双方都心知肚明顾先生一方竟然是失败者，顾先生偃旗息鼓后，心理、生理都出现了严重问题而发生心理畸变，悄然编纂中的《古史辨》也因此中辍，而反方却不断进行无声的庆祝。学者印象中如火如荼进行着的"古史辨"运动实际上却是奄奄一息的。而名满天下的一对"师徒"最初竟然是形同陌路，在学术上也无甚关联；享誉世界的"层累说"竟然与梁启超的《中国历史研究法》有着更为实质的内在关联，含有近代史学成分的部分实际上来自于对梁启超之书的误读。张荫麟先生在1925年发表了《评近人对于中国古史之讨论》一文，这篇文章公认是质疑"层累说"最有力度的，它深入剖析了其存在诸多逻辑缺陷和滥用默证限度的失误，并指出"其他由根本观念推演而出之妙论，自然'树倒猢狲散'"后，它实际上就已失去学术根基，可以说，"层累说"到这时完全应该被送入"学术博物馆"了。逻辑和方法都存在严重问题还谈什么学术？顾先生虽然多次试图撰写反驳文章但最终放弃，事情本应到此为止。不料，顾先生迫于人情压力，为商业目的卷土重来，被迫重编后，胡适对于《古史辨》避之唯恐不及，钱玄同的态度也相当消极，而顾先生以一己之力、叠经努力，施展浑身解数，先是组织钱玄同、容庚、魏建功等师友以"说文证史专号"为名展开"学术讨论"，实为有组织地动用机关刊物来营造个人的声誉，开了现代学术有组织的大批判之先河。古史体系是否成立、《说文》面貌如何都完全是学术问题，这些"学者"却不断指责对方"崇古""信经"，存在思想"保守"乃至"反革命"的态度问题，这种非学术的套路被延续至今。尔后的过程更是跌宕起伏、一波三折、玄妙精彩，犹如一部悬疑小说，让人感慨而歔歓。后来成为世界史学名著的《自序》却藏有不少失实之处，其极为煽情的目的是要诉诸怜悯和同情。《古史辨》第一册出版后，胡适被逼的登高一呼，以西方文化霸权姿态出现，倡言"古史辨"运动是"革命"竟然就成为"史学革命"，它在学术界的影响继续向横宽延拓向纵深发展，"疑古思潮"竟很快席卷了古典学界。此前失败的论战被瞒天过海掩饰为成功，一场事关中国现代学术走向的论战竟然是以这样啼笑皆非的结局收场。这场"史学革命"的实质是逻辑失灵、学术失范。从此，中国的学术界陷入了"疑古思潮"浓雾的笼罩，而摧毁传统文化、历史根基的声音更是一浪高过一浪，直至走到让人惊愕的、举国若狂的"文化大革命"，其雾霾至今驱之不散。这堪称世界学术史上一次空前绝后的成功的商业营销，若极而言之，称之为一次极为成功的"商业诈骗案"也并非不可。此后绍来再度指出顾说存在极其严重的逻辑问题，在顾先生巧妙地拒绝论战之后，仍有不少挑战者，梁园东又对该说进行了酣畅淋漓的批驳，之后李季、马乘风等人又秉持马克思主义立场从各方面进行了严厉的批判……但顾、胡反而深沟高垒、绝不出战。1949 年后，杨向奎、童书业两先生又以马克思主义理论对之进行了批评……直至今日，"层累说"的地位依然岿然如山。

仔细审视顾先生治学的整个历程，让人最为意外的倒是，顾先生早年的诸多思考，尤其作为身在新文化运动现场的旁观者的一些观察却极有价值，他对相关观点的评点，就绝对时间而言均领先于当时身在国外、后来成为知名的文化保守主义者、学衡派的陈寅恪、吴宓、汤用彤等先生。而其中的一些问题，在百年之后又引起了中国学术界的思考；他发现以日本学术为路径的西式学术的缺点；他对汉语的特性及国家特点的注重不仅已着陈寅恪先生之先鞭，而且内容更为广泛、学术价值更高；正好是苏州人的顾先生注意到了弹词的美，而陈寅恪先生三十五年后才写出《论再生缘》；由于性格的原因，顾先生并未参与当时进行中的新文化运动，但他对新文化运动的观察与思考颇多可取之处，有不少是后来陈寅恪先生及今天学者才达到的地步和程度，这为史学界重新思考、理解它的发展轨迹提供了一个博学、冷静、独立的年轻学者的独具一格的新视角。这一切足见顾先生具备极为突出的学术敏感，称之为奇才也不为过。这昭示着在这一历史转折时期，存在着各种发展的可能性。

笔者在此不禁要提出一个历史研究中经常也必然遇到的反事实问题，顾先生如果没有碰到胡先生，他的学术历程将会怎样？中国现代历史学的面貌将会如何？并非巧合的是，毕业留校构成了顾先生学术道路的一个重要转折，其关键就在于他因缘际会走上了追随胡适的道路。前后差异之大，顾先生本人在大学毕业一年半时有着完全清醒的意识、十分明确的表述，他在 1921 年 1 月 3 日的《日记》中写道："我今夜翻翻我前三年的札记，觉得那时真能用思想；那时所说的话，现在竟想不到。年纪大了三岁，学问却退了百步。自己想到，真不高兴！"同日，他在这些笔记后面也写下了几乎相同的话:"这几本笔记,今天夜里翻翻,觉得有许多话都是我现在说不出、想不到的。惭愧我这三年来,为着疾病,为着家事,弄得学问退步到此!那时颇想做哲学,现在竟没有这个念头了。"[1] 这是沉痛的反思?还是无奈的忏悔?历史恐怕很难有一个清晰的答案。后来所有的研究者恐怕都没有想到这一点,绝大多数都顺着《自序》的描述,错误地认为顾先生是由于跟随胡适先生才学力猛进、更上层楼。此前,顾先生是一个在东西文明碰撞、中西学术融汇"海洋"中徜徉的兼收并蓄、独立思考的学者,此后,顾先生融入了改良社会的启蒙者角色,就纯学术角度看,胡先生之教导,一言以蔽之——"胡导"。将《自序》这部史学名著与他的《日记》和书信等第一手资料进行对比,其失真的程度可谓触目惊心……后来的学者乃至诸多大学者对顾先生的研究所缺少的恰恰是对"怀疑者"的怀疑精神,将顾先生看作一个他本人并"不愿意"担当的"新偶像"。

当采用了顾先生打倒偶像和绝对求真、不真即假的治学态度后,是否产生了这样的效果呢?"对于无论哪种高文典册,一例地看它们的基础建筑在沙滩上,里面的漏洞和朽柱不知道有多少,只要我们何时去研究它就可以在何时发生问题,把它攻倒。"(《自序》)不仅"现在所谓很灿烂的古史",就是当代的"史学革命","精密地考来,都是伪书的结晶。"[2] 按照"疑古逻辑"确然可以如此说,但笔者并不会因此全盘否定顾先生的《自序》及其史学成就,而是要尽可能地深刻反思造成这一现象所能想到、理解并加以解释的所有方面。20 世纪的中国学术界到底出了什么问题?为何理应成为一国最为聪颖的才智之士的学术界

---

1 《顾颉刚读书笔记》卷十五、中华书局 2011 年版,第 352 页。
2 顾颉刚:《自述整理中国历史意见书》,《古史辨》(1),海南出版社 2005 年版,第 45 页。

竟然长期对许多有理有据的反对理由充耳不闻、视若无睹、置若罔闻？为何很多学者至今依然奉顾先生之说为经典，岂非咄咄怪事？关于这个问题，罗志田先生有一个解释，认为这是由于今胜于前的心理所导致。这看起来有道理，也很简单。笔者觉得这必是其中一因，但更重要的原因恐怕还有很多，也很复杂，它牵涉到诸多方面、各个层次。但本书只能着眼于涉及"层累说"与"疑古"相关的主要部分。

一、从逻辑学角度审视"疑古"诸概念

　　首先直接相关的就是学术最基本的问题——逻辑，逻辑方法是人类认识世界的基本方法，金岳霖说："科学成功的荣誉主要应归于它的方法论。但是科学方法意味着十分严格的程序，而这个程序仍然是逻辑。"[1]"无论哪种方式，认识都不能逃避逻辑。它可能包含不同的逻辑种类或不同的逻辑系统，但是没有某种逻辑或某个逻辑系统，认识就不能发展。"[2]东方传统的逻辑与作为近现代学术基石的形式逻辑有着相当的不同，本书的讨论也兼顾其长。形式逻辑是哲学层次、纯粹而典型的方法论学科，它的本质是追求抽象的普遍性，追求判断和推理结构的形式化。学术研究和表述的内在逻辑最少应满足两个要求：1. 其概念所指基本是确定的；2. 推理是按所指进行并由之得出的，论证是有效和普适的。逻辑学对论证中使用的概念首先要求所指的确定性应当具有明晰的指向，语义不含混，不易引发歧义。如果概念是新创的，或者有别于过去约定俗成的用法，应当在给出概念的同时予以特殊的说明和界定。现在，我们对"疑古"的相

---

1 《哲意的沉思》，百花文艺出版社 2000 年版，第 171 页。
2 《金岳霖学术论文选》，中国社会科学出版社 1990 年版，第 459 页。

关问题进行总结，先从概念开始。对于史学研究来说，概念虽然不是最后的结果，但对概念进行严格、准确的界定仍是一个重要的出发点，也是保证其健康发展的关键因素。某种程度上，这与中国乾嘉学派强调读书必先识字和西方的历史语言学派强调对字义进行细致辨析都有相近、相通之处。顾先生在大学一年级时就在这方面产生了精到的认识，他说："中国名无确义，故为学大难。若工艺然，无有凭藉之利器也。陈氏《北溪字义》，能以宋儒说义，著于用名。东原《孟子字义疏证》，能以宋儒常用之名，究其原本之义，皆有取焉。予意当更明定周代用名，而又条缀历代异说于次，以见其本，并观其变。"[1]但不幸的是，他后来所走的"疑古"之路并非如此。仅《古史辨》中一个"辨"字就含有对内强调辨伪和对外强调辩论的双重意思，对此，张京华已有考证。[2]

在"层累说"的论证中，当我们从概念的精确化入手时，就很容易做出判断。顾先生在《与钱玄同先生论古史书》文中叙述论证历程时说："我很想做一篇《层累地造成的中国古史》，把传说中的古史的经历详细一说。……但这个题目的范围太大了，……我想分三个题目做去：一是战国以前的古史观，二是战国时的古史观，三是战国以后的古史观。后来又觉得题目的范围也广，所以想一部书一部书地做去，如《诗经中的古史》《周书中的古史》《论语中的古史》。""不幸预计中的许多篇《某书中的古史》还没有做……以致证据不充。"[3]"古史观"即"古史观念"，可以指涉古史的很多方面，这个概念是十分模糊的，考虑到顾先生研究的是历史体系，笔者将其置换为更加准确的"古

---

1 《顾颉刚读书笔记》卷十五，中华书局 2011 年版，第 267 页。

2 张京华：《古史辨派与中国现代学术走向》，厦门大学出版社 2009 年版，第 10—18 页。

3 顾颉刚：《答刘胡两先生书》（十二、七、一），《读书杂志》第十一期。

史体系"一词，就立刻凸显出其诡异乃至荒诞，最大的问题在于《诗经》《尚书》《论语》等书的性质及其内部是否含有古史体系。稍具常识的人都知道答案是没有！只有体系中涉及的零散碎片，那这种类似少儿拼图的做法，把这各种碎片码在一起能得到一个完整的体系吗？这样一种砸烂一切重建的做法能得到真实的、历史的真相吗？从学术评价的实质角度讲，这种可能性实在是太小了，应该属于不能轻易原谅的错误。

学术界通常用"疑古""信古"和"释古"这样的术语，其中的古，《说文》云："故也，从十口，识前言者也。"会意。十口相传为古，十口并协为叶。字义指过去、往昔，与今相对。三者中的古，均指过去久远的年代，史学上现在多指秦统一之前的中国早期的历史及其相关的书籍，也有不少人把西汉包括在内，甚至可下至东晋梅赜所献《古文尚书》。

再来看"疑古"指什么。疑，就是怀疑，不信，不能解决的，不能断定的，因不信而猜度，不能确定是否真实，不能有肯定的意见。"疑古"是述宾结构，字面意思是怀疑古代历史，认为它们是不可靠、不可信、不真实的。也就是说，对古代产生了怀疑，由疑而问，之后进行研究，搜集证据，加以论证，解答问题，给予一个肯定或否定的结果。当结果得到学术界的公认就成为知识，如果无法得到认可，就仍只能怀疑，说明其所依赖的证据及其论证存在问题。这与通常的研究有什么不同？顾本人在 1915 年抄录了这样的读书心得："前八年《东方杂志》蛤笑《史学刍论》曰：'天下学问之途，皆始以怀疑，而继以徵实。惟能怀疑者，故能独开异境，而不为前人成说之所牢笼。惟能徵实也，故能独探真诠，而不为世俗浮说之所蒙蔽。因怀疑而徵实，因徵实而又怀疑，愈转愈深，引人入胜，新理之所以日出不穷也。'"[1] 后来则接受了"宁

---

1 《顾颉刚读书笔记》卷十五，中华书局 2010 年版，第 111 页。

可疑而过,不可信而过”“宁疑古而失之,不可信古而失之”的“胡
导”,造成了“疑古”就要过度怀疑,其论证又大多不完善,因此,
顾先生“疑古”的实质多是否定! 所谓的破坏,也是否定,俗语
可称为砸烂。若前后比较,顾先生不是进步了而是退化了。可以说,
疑伪不辨、不分或以疑为伪是近现代史学发展的一个极其严重的
误区。其他类似的,还有将刘歆之类“整理”古籍的活动等同于
造伪等。而“古史层累说”提出 60 年后,顾门传人刘起釪先生
发明出一个“疑定”的术语。[1] 这些都是厚污古人的,他们忘记了
考而后信的原则!

　　而直接相关的问题是如何给顾先生所代表的学派定一个恰
当的名字,“古史辨派”是最不适用的一个词语,争辩的各方岂
有同属一派之理,“疑古派”也不适用,因为当时研究历史的学
者绝大多数都具有怀疑精神,如果将其放入世界史学史中,似
乎应该正名为怀疑主义史学,怀疑主义史学派,而翦伯赞先生
在《历史哲学教程》中使用了“历史的怀疑主义者”也是不错
的术语。徐旭生称之为“极端疑古派”是没有太大问题的。与
顾先生含混的表述相比,日本汉学家的术语表达的倒很直白、
清晰、干脆而准确——抹杀论。王国维、章太炎、徐旭生等都
视之为抹杀[2],钱穆称之为“极端之怀疑论”[3]。

　　与“疑古”直接相对的概念是信古。信,相信、信任、不怀疑,

1　刘起釪谓“我国上古的旧史体系固然是‘层累地造成的古史’,然另一方
　　面还有‘层累地遗失的古史’与之相辅构成古史的实际情况。因此对一些
　　史料毁失过甚、史实面貌不清的问题只应当存疑,不应当疑定。顾先生学
　　说中对这点没有加以注意……但由于忽视了‘层累地遗失的古史’的一面,
　　以致对一些史料毁失过甚、实面貌不清但不能肯定就是伪史的地方,也作
　　为伪史怀疑。”(《顾颉刚先生学述》,中华书局 1986 年版,第 150 页)
2　王语出《古史新证》,章语出《国学讲演录》,徐语出《中国古史的传说时代》
　　(中国文化服务社 1943 年版)《叙言》。
3　语出《国史大纲》,20 世纪 30 年代讲授通史时已采用。

字面意思是相信早期历史和古书记载的可靠性、客观性。无论"疑古"还是信古都是态度、思想倾向，都不是方法。研究同样是发现问题，搜集证据，进行论证，予以确认，不能确认者仍在存疑之列。

在操作层面，无论"疑古"还是信古以及"走出疑古"，研究者针对的对象都是古代文献，就是一个审定、鉴别史料的问题，这没有什么好争论的，使用的研究方法同样都是乾嘉考据加一点西式的科学史学，都不具有一套独特的研究方法。但为什么结果大相径庭呢？那是因为主张"疑古"、信古的研究者的价值倾向、主观态度不同，最根本的问题是对所看到的文字反应不同，对文字的意义认识不同。主张"疑古"的人忽略了文字产生的重大意义。长期以来，文字是文明产生与否的一个标志，它虽然可以有一定的甚至较大的解释空间，但对它的诠释毕竟就像是"戴着镣铐的舞蹈"，"舞步"是由个人决定的，尺度、远近和形式也因人而异，诠释者理解的内容也尽可随着时代的变化而演变，但不容忽视的是，文字或文本的内容——"镣铐"对后来诠释者是有制约的，不能任由个人随意解释。实际上，任何诠释都是历史文本的延续或理解者思想融入的合一，忽视文字或文本内容对理解者的客观制约，就容易造成误读的倾向。"疑古"的人可以对没有任何异议的文字视而不见，可以选择性地使用材料，他们喜欢列举孟子的所谓"尽信书不如无书，吾于武成取二三策而已矣。仁人无敌于天下，以至仁伐至不仁而何其血之流杵也"。这段话中，孟子"怀疑"的结果恰恰是错的，梁启超在《中国历史研究法》用了不小的篇幅加以论证。这正是顾先生所要批判的以儒家道德加诸历史研究产生错误的绝好例证，同时又是用来批判过度怀疑导致恶果的绝好例证。这部分的讨论可以参看中编中的"吊诡的认知"一部分。"疑古"的人还可以不遵守既有的学术规范。而信古以及"走出疑古"的人则主张古代已有这样的记录，而没有或不知怎样进行史料批判，例如，"以炎黄二帝的传说作为中华文明的起源，并不是现代人创造的，乃是自古有之的说法。""既然各种古书都记有基本相合的传说，意义是不容抹杀的。我觉得如果细心推求，其中不乏启示。"[1]实际上，经过史料批判的结论并不一定对，没有经过批判的史料也不一定错，问题关键在于要提高批判的方法和水平。专业学者中支持"疑古"的人当然坚信史料应该经过批判的主张，而大部分明知其结论不成立但却不知"疑古"的批判何以致误的学者只得保持沉默。这也是"疑古"和"走出疑古"双方僵持不下的原因。应该做的是像英国史学家鲍威尔要求的那样："如果历史学家不能得出事实，那么他要做的就是陈述可能性，以及使他倾向于肯定或否定偏好的原因。"[2]然后等待高明者。

正常的怀疑是治学的基本态度，但什么应当疑什么不应当疑以及怎么把握是个问题。怀疑有它的准确内涵、界限和功能，而彼得·伯格和安东·泽德瓦尔德的专著《疑之颂——如何信而不狂》则以一个整章的篇幅讨论了"怀疑"的界限、功能，他们指出："怀疑有其认知和道德的界限。……有充分的理由对怀疑进行再怀疑。……怀疑的主要功能之一是推延判断。怀疑特别反对草率判断、预先判断和偏见。……怀疑应该受到怀疑。""没有界限的怀疑——已摒弃所有确定性的怀疑——会导致毫无建树的主观主义。"以休谟为例，他是怀疑论者，但并不赞同绝对怀疑。[3]对于矛盾的记录，休谟认为应该持"存疑"的

---

1 《走出疑古时代》，辽宁大学出版社 1994 年版，第 41—42、44 页。
2 《史学原论》，大象出版社 2010 年版，鲍威尔"致读者"，第 7 页。
3 杨适等译：《人性的高贵与卑劣——休谟散文集·怀疑派》，三联书店 1988 年版，第 1 页；瑜青主编：《休谟经典文存·各派哲学》，璐甫译，第 276 页。

态度，检讨其证据判断其真伪。[1]而顾先生标榜的是"不立一真，唯穷流变"，这实际上就是一种绝对怀疑的立场，这必然如瑟诺博司所指出的那样："认为（历史批判）不可知，这会是自取灭亡。"[2]所以，"怀疑需要以适当的理性驾驭之。"[3]而从先秦追溯、下到清民论证"疑古"的正当性并不能增加其合理性，这种"古已有之"的论证犯了逻辑学上的"诉诸传统"的谬误。学者们应着眼于学理的论证，也不应忽视在学术上最重要的是要有一个缜密论证的过程，乾嘉考证就反对疑所不当疑。现代强调的"疑古"在实践中产生了过度怀疑乃至轻率否定的强烈倾向，让人戴着有色眼镜看古史，带有歧视古史的意味。对此弊端，时贤多不赞成，也不乏纠偏努力，张申府就指责陈独秀、钱玄同"以诽谤古书为事"[4]。1925年12月，周作人针对胡适关于《诗经》"野有死麕"的释文指出："守旧的固然是武断，过于求新者也容易流为别的武断"，他还引英国一句民谚提醒："要大胆，要大胆，但是不可太大胆！"[5]无论多么有名的大学者，提出多么有力的质疑理由，也都不被重视，更无法阻挡狂飙的"疑古思潮"。

过度的怀疑对于初学者或许属于成长的烦恼，但对于真正的学者来说，并非严谨的治学态度。而怀疑是要有根据的，王国维曾说："今之学者于古人之制度、文物、学说无不疑，独不肯自疑其立说之根据。"[6]章太炎提出：谈"疑古未尝不可，但须

1　休谟:《人类理解研究》，商务印书馆1957年版，第110页。
2　《史学原论》，大象出版社2010年版，第111页。
3　《疑之颂——如何信而不狂》，曹义昆译，商务印书馆2013年版，第118、120页。
4　"张申府致胡适"，《胡适来往书信选》上册，中华书局1979年版，第11页。
5　《谈〈谈谈诗经〉》，《古史辨》（3），海南出版社2005年版，第390页。
6　《〈观堂集林〉罗振玉序》"引言"，《王国维全集》（8），浙江教育出版社2009年版，第4页。

有疑根"[1]。另说:"今之疑古者,无所根据,遽尔相疑,斯真疑而成疾矣。"[2]学术上的这种纠偏成效甚微,人们觉得他们思想保守,能说出什么真理或科学?但新派的胡适、傅斯年始而赞成继而悔悟的现象至今未引起足够重视。声称"疑古"的学者没有思考过齐太史晋董狐为了历史之真(一字的使用)可以不惜牺牲生命的例子,又如何会去编造历史体系?张荫麟先生指出:"信口疑古,天下事有易于此者耶?吾人非谓古不可疑,就研究之历程言,一切学问皆当以疑始,更何有于古?然若不广求证据而擅下断案,立一臆说,凡不与吾说合者则皆伪之,此与旧日策论家之好做翻案文章,其何以异?而今日之言疑古者大率类此。"[3]杜正胜《〈戏论〉解题》称赞"傅斯年(的《戏论》)可谓以子之矛攻子之盾,批评疑古派'以不知为不有'的危险性。他们不是'疑古',其实是'诅信'"[4]。至今仍有一些学者声称"我是疑古的",这就像说我是曼联的、巴萨的球迷一样,他们表明的只是一种感情、一种态度,这不应该是现代学者的行为。

　　盲目迷信或动辄怀疑从形式上看是截然相反的两种态度,但都容易使学者产生横亘于心的成见,都不利于古史的研究,所以,"疑古"并不可怕,可怕的是在没有充分证据导致的怀疑以及在并未进行充分论证的情况下草率做出彻底否定古书古史的结论。王国维在1911年就有"尚古"与"蔑古"之分,他说:"今之君子,非一切蔑古即一切尚古,蔑古者出于科学上之见地而不知有史学,尚古者出于史学上之见地而不知有科学。极为调

1　章太炎:《国学讲演录》,华东师范大学出版社1995年版,第156—185页。
2　章太炎:《关于史学的演讲》,马勇编:《章太炎讲演集》,河北人民出版社2004年版,第173—174页。
3　《评顾颉刚〈秦汉统一的由来和战国人对于世界的想像〉》,《古史辨》(2),海南出版社2005年版,第12页。
4　《傅斯年全集》(三),湖南教育出版社2003年版,第162页。

停之说者,亦未能知取舍之所以然。"[1] 这段话值得引起高度关注,尚古相当于信古,蔑古的字义是消灭、否定古代,他准确地预判了从"科学"角度研究古代必然产生的一个可怕后果,也就是徐旭生所说的把古代冷冻起来。大家知道,当代史是最难研究的,因为它牵涉到研究者的感情、价值、利害等诸多不利因素,中国有隔代修史的传统,就是为了避免秽史。

科学史学的经典《史学原论》指出:"历史批判,如果它没有堕落入不可知论——认为不可知,这会是自取灭亡——或者个人的胡思乱想,那么只要它没有被其他具有同等价值的证词断然地驳倒,它就必须对它无法核实的证词给予一定的信任。"[2] 但在中国现代史学的实践中,"疑古"事实上成为一个带有先验的、肯定倾向的价值评判的词汇,即凡是怀疑古代都是好的,结果成为一个被滥用的词汇,成为一种信条、一个口号,也可叫图腾符号,它是一个不科学的概念,是一个不严密的分析工具,可被作为广义宗教的一种信仰。

那么当我们发现顾先生在《自序》中的诸多不实之词后,我们是否需要专门提出一个疑今呢? 笔者觉得没有必要,因为拥有怀疑精神是任何一个现代学者所必须具备的起码素养,应将"疑古"改称为怀疑。怀疑和"疑古"在概念上并不重合,我们提倡有根据地合理怀疑。而历史学论著绝大多数是研究具体问题的,研究者实践上面对一个具体问题根本不应该,也无法先验地采取疑或是信的态度,研究者的立场必须是中立的、客观的,要尽量去除主观价值,论证手段必须是学术的,如果非要秉持特定价值观的话,当一个既不主张"疑古"也不主张"信古"的研究者,面对一个前所未有的新问题时,他是否得先抓

1　《国学丛刊序》,《王国维全集》(14),浙江教育出版社 2009 年版,第 131 页。
　　另见《观堂集林》卷四。
2　《史学原论》,大象出版社 2010 年版,第 111 页。

个阄？看看这回是疑还是信！所以，具体问题还是得具体分析。

由"疑古"、信古衍生出"释古"的问题，"释古"是冯友兰先生最早提出的，他说："释古一派之史学多有两种缺陷：第一种是：……往往缺乏疑古的精神。……往往对于史料，毫不审查，见有一种材料，与其先入之见解相合者，即无条件采用。……第二种缺陷是：往往谈理论太多……感觉他是谈哲学，不是谈历史。……我们应当以事实解释证明理论，而不可以事实迁就理论。"他指出释古派也有进步，"释古派的目的在于把握全史的动态而深究动态的基因"，"国内自命为释古派的学人，每每热情过于理智，政治趣味过于学术修养，偏于社会学的一般性而忽略历史学的特殊性，致结果流于比附、武断。"[1] 在当代学术中，"释"只是技术操作层面的，释古是解释、论证的过程，无论疑（或否定）还是信，都要通过解释。葛兆光、廖名春先生发现了其中的要害，"'释古'与'信古'、'疑古'并非同一层次上的同类问题，不具可比性。葛兆光认为'信古'、'疑古'是史料甄别，'释古'是史料的使用，颇中肯綮。显然，'释古'与'信古'、'疑古'并不是同类，也不是同一个层次上的问题。……将它们放在一起，相提并论，……这在逻辑分类上是很不妥当的。"[2] "释古"明显不是一种理论，也不具有独特的方法，与"疑古""信古"并列显然不妥。关于老子的公案就是一个很好的例子，"信古"的胡适，"疑古"的顾颉刚，"释古"的冯友兰，三者争执不下，舆论倾向于冯、顾，气得胡适当时大骂"天下之蠢，无过芝生（冯友兰字）"，历史给出了答案，胡适的说法是正确的。"疑古大师"顾先生在《周易卦爻辞中的故事》文中对"王亥丧牛羊于有易""帝乙归妹"等故事的论证就是很精彩的"释古"。

---

1 冯友兰：《序》，马乘风：《中国经济史》，商务印书馆 1935 年第一版。
2 廖名春：《试论冯友兰的"释古"》，《原道》第 6 辑，贵州人民出版社 2000 年版。

关于举证责任，郑重其事地讨论是证真方举证还是证伪方举证，这让学术讨论显得颇有些滑稽的意味，很简单，谁主张谁举证。如果要指责造伪，需要具体指出证人、证据，历史研究中不存在举证倒置的问题。

三派之分，仍不脱中国传统思维之窠臼，喜欢直观、简单化，动辄先来一个价值判断，并喜欢拉帮结派，也就是顾先生本人批判的出入主奴，顾先生所谓疑古并不自成一派的争辩并非没有一定道理，但依此逻辑而言，信古又何能自成一派？虽然学界仍有陈鼎忠（天倪）、后来的胡适自称信古，徐旭生也写过《论信古》，他们只是反对过度怀疑，因此，信古派只是设的稻草人，在学术界并不存在。真正的研究应将三者统一在学术范畴之内。

与之相关的概念有真伪，这是一对反义词，一个对立的概念，在哲学概念上可以分成两极，逻辑推导也确可如此，但这并不适合历史学研究和古籍辨伪的实践——尤其对于传说时代更是如此，可以有肯定结论的——绝对真的、绝对假的都相当之少，更多的都是相对的结论，有大部分真的，有大部分假的，有真伪参半的，有一时完全无法确定的。再加上不同学者的见识、经验不同，导致标准也难以统一。有学者提出先秦史是对可能性的研究，实为甘苦自得之言。真伪之间存在一个有待研究、有待证实的疑字，学者由疑而问，疑古应该只是提出问题，信与真是同义或近义词；疑与伪则并非同义或近义词，虽然有的人感觉相近，但其实并不相同。大体上，庞朴"一分为三"的说法可以描述这种史学实践。信古、疑古这组概念中缺少一个伪古，历史学实践的目的是求真，写出信史，伪古在史学中没有价值，史家少提或不提是很自然的，但被忽略绝不应该，这给社会心理畸变期间人们以疑为伪留下了空间。需要注意的是，历史研究中的真伪疑都应该是针对史实说的，而提出疑问并不等于必定会解决，因为经过一定论证、解释，可能确定为伪，也可能确定为真，真伪或为之变动，有的也可能永远解决不了。仅仅怀疑的话，对既无法肯定也无法否定的大部分内容应当存而不论。即使认为疑中有伪，古史有编造的部分，也不能直接将疑等同于伪，孔子说"过犹不及"是值得我们铭记的智慧之语。

既明上述，我们来看看历史学中学者们是怎么运用真伪概念的，李零先生精辟地总结了实践层面这对概念的使用情况，"学者的真伪概念经常是指时间早晚，……这样使用'真伪'概念并不合适。"[1]"'真伪'的概念是对'著作权'而言。'著作权'的概念一乱，'真伪'的概念也势必大乱。……辨伪学家讲'真伪'，着眼点主要是'年代矛盾'。这样的矛盾本来可以通过年代本身去解决，而不一定非得归入'真伪'的范畴。"[2]在这里，史实的真伪被偷梁换柱换成古书的早晚，两者实际上并不是正相关的关系，而既混淆之后，又与原始材料最可信的西方史学观念相连接，被偷渡成不是同时代的材料就不可信，不可信又变成了伪造。

史学实践中，与真伪概念相关的还有个重要问题，梁启超在《中国历史研究法》第五章中说："真之反面有二：一曰误，二曰伪。"王国维说："正误与真伪，自系两事。"[3]这确实是应该区分的，因为它们涉及古典文献记载间的差异、矛盾的说法是什么原因造成的，是技术性（如抄错）的、认识性的还是道德性的（造伪）？换言之，是伪还是误？在伪中又须对哪些可造伪、哪些不可造伪进行审慎分析并加以有效的区分，而传统思维对此却很少区分，这是学术上的一个致命缺陷。技术性的错误适用于校雠等手段加以处理，认识性的错误当分析是缘于民族、地域、学派还是文化系统的差异，因为文献的字句、历史的细

1　李零：《简帛古书与学术源流》，三联书店 2004 年版，第 237 页。

2　李零：《简帛古书与学术源流》，三联书店 2004 年版，第 198 页。

3　《王国维全集》（15）《书信日记卷》"王静安致容庚书"，浙江教育出版社 2009 年版，第 437 页。

节很容易由于主观或客观的原因产生失真现象，尧舜之事迹、形象，各家学派容有不同，但是否相斥？例如，舜有九臣或五臣，矛盾吗？单从概念讲矛盾，但从历史研究未见得矛盾，不同的人认识不同，应审视其是否相容。而有意造伪是各种原因中最恶劣的行为，对造伪的动机和机制也缺少深入剖析，张春桥、姚文元谓要想造伪骗人需七真三假。分类意识，原始人就已经有了，对于谈论的事是造假、戏谑还是吹嘘，原始人也分得清楚。古人固然没有批判的传统和有着过于轻信的习惯，传说也受其心理状态及典礼等极大的制约，但顾先生论述的古史体系这个题目却是知识谱系中最具稳定性的一个部分，是否造伪，对于进入文明社会已久的受众自然不难分清，而文明社会都具有起码的理智，试图像海客谈瀛洲那样欺瞒世人是极其困难的。史家对于所认识、研究的历史受各种因素的制约难免带有主观色彩，因而历史才需要不断重写，有了新认识到一定时期就重写。顾先生忽略了文字书本之外的内容——道德与伦理的制约，忽视了古之遗直、信神的人更真实。而去伪存真是历史学家的天职，历史不可能全真，历史最值得珍贵的却在于极近于真。现代史学中产生了这样的认识，"各种记录，尤其是历史文献，我们该问的不是'它是否真实'，而是'它的意义何在'。我们应当掌握的，不是那些文献对我们而言有何意义，而是掌握它们在当时的文化背景之中代表什么意义。"[1] 这是非常值得重视的意见。

二、"疑古逻辑"的较大漏洞、诸多悖论与难以自洽

众所周知，形式逻辑的两种基本方法是演绎和归纳，两者

1　迈克尔·斯坦福：《历史研究导论》，刘世安译，世界图书出版公司 2012 年版，第 25 页。

并重才是正道。而胡适对乾嘉考据及归纳法的片面推崇，顾先生在《自序》也有表述，桑兵先生认为其中存在着日本因素："受明治日本的影响，近代中国学人将逻辑方法等同于科学方法，而在归纳与演绎之间又特重归纳法，几乎以为归纳法就是科学方法。而归纳法的滥用，很容易将看似相当的事物认作同类，这与史学以人事为单体而注重彼此联系的本质相矛盾。"[1] 这与王国维适成对照，前文已述，王氏翻译过《辨学》，对演绎和归纳并重，并重视对演绎逻辑的阐述，评价亦颇高。他说："科学之历史，示吾人以演绎法，实为大发明之导线。""经验的知识，虽如何有用，然比之演绎科学中联络之知识，必有所不如。"称赞演绎法为"最丰富及伟大之演绎法"[2]。通常来讲，演绎推理产生正确的结论。但"研究表明，人们的演绎推理并不总是精确的。例如，在进行推理时，人们屈从于偏见效应。"[3]

　　而"疑古思潮"有一套自身的、简单的"疑古逻辑"，它尚未摆脱传统思维习惯的束缚，主要由传统逻辑和时代思潮的碰撞、融合而衍生，有着较大的漏洞，存在着诸多悖论与难以自洽的特性。如康有为指责刘歆造伪，提出孔子托古改制，形成学术偏见，其中存在着一个预设，那就是历史可以由个别圣人、聪明的造伪者大规模编造、伪造的。该说流行之后，虽未能成为学界共识，但也引起诸多学者的广泛共鸣。而顾先生这些学者的心灵植入了历史可以由人随意伪造的观念，当"层累说"流行后，竟然演变为人人皆可伪造历史，甚至历史体系都可以任意编造。这竟然能成为史学界公认或默认的前提，而这对于

1　《绪论：不分科的专题研究》，参见《历史的本色：晚清民国的政治、社会与文化》，广西师范大学出版社 2016 年版。
2　耶方斯：《辨学》，王国维译，生活·读书·新知三联书店 1959 年版，第 160 页。
3　格里格等著：《心理学与生活》（第 16 版），王垒等译，人民邮电出版社 2003 年版，第 251 页。

以求真为职志的人真的是情何以堪？历史的严肃与尊严由此荡然无存，实为人类史学史之一大悲剧。

顾先生"疑古"诸篇经典的术语（疑古、古史辨及辨伪等）、逻辑前提和论证都存在明显的问题，而且态度的武断、独断以及论证中的附会也颇不少，研究方法虽看似多分析、采实证，但由此不加论证的错误前提出发，后面一切的论述、推论的价值必然大打折扣；许多论文表面上逻辑看似严密、文字表达流畅，但它们实际上充满了漏洞，也没有注意到逻辑的完整性。另如《自序》：

> 夏代的年数，最长的是《路史》，凡四百九十年；最短的是《今本竹书纪年》，只有三百六十五年多（内有未详的数年）；最普通的是《古今纪要》，为四百三十九年。其余四百七十一年、四百四十一年、四百三十二年的都有。各个编纂古史的人的闭着眼睛的杜造，到此完全证实。

这个逻辑就有问题，夏朝如果存在，它的始末自然会有数字，纷纭的数字当然不可能都对，历史的真相当然也只有一个，那就要具体分析每个数字，不同的说法可能反映的是不同的缘由，如有王无王、起讫年代不同等，这些可能都需要考虑，非要在既存的所有资料中确定一个是真的而不考虑导致上述差异的可能性，进行哲学化的逻辑排他，就下结论说全都是胡乱编造的，是糊涂账，这就在逻辑上产生一个硕大的漏洞。历史研究常常面临的情况是，如果资料不允许得出结论，就只能存疑，但他们共同的一点——夏代是一个漫长的朝代，如果得出夏代不存在的结论那就是不顾最起码的逻辑原则。顾先生所言造伪当然是可能之一，但也只是逻辑上的一个微小的可能，忽略了即便造伪，多得用"旧瓶装新酒"的方式。逻辑至此，史学素养之不足则暴露无遗。好比有几个人同时去见顾先生，出来后，一个说先生 60，一个说 70，一个说 50，也有说 40 的，最后一个去晚了没见着，先生散步去了，他在客厅里看了个照片，强说先生明明是二三十岁的英俊小伙。一个人的生理年龄怎么可能差距如此之大？但我们想问，天下有谁敢得出历史上不存在顾先生的结论？

分析一下顾先生"层累说"和很多人轻易接受的逻辑，常人的思维习惯通常以两个基本原理为根据：一个是矛盾律（其内容是两个矛盾的表述不能都是真实的），另一个是因果律，它促使人们去探索事件的原因。以日常经验为根据的常识，是以矛盾律的形式而不是根据科学实验概括出来的，不能作为科学的基础。通常认为各种不同说法——本文以两种五帝说为例说明，一定会有一个先后顺序和真伪问题。[1] 近现当代学者大都忽略了考究模式化的原始思维，希腊是神圣几何化；中国则是神圣数字化，他们忽略了最大的历史可能：二者是性质不同的系统，就如人有同名一样。不同的三皇五帝说实在是有着性质和内容的差异，大体上可分为神学宇宙论的和历史性的，也即内藤湖南所说横的和纵的。书上常称赞古人质朴、古人遗直，即他们撒谎少，因此凡是用文字记录的文化传统、结构和事件都被深信不疑地接受下来，而由于人们承认传统，就更加相信记录的真实性。当汉代大一统稳定后，面对不同的系统，因为尊重真实的传统，所以刘歆的《世经》对于先秦两种五帝说，认为两种皆真，就把宇宙论的和历史性的五帝整合在一起，而将性质不同——历史性的五帝说与神学宇宙论的五帝说连缀、拼合、搅缠在一起。这成为其后的古史体系而沿袭下来。近代学术重视到了历

1　例如路新生的《中国近三百年疑古思潮研究》（上海人民出版社 2001 年版）、胡适的《论秦時及周官书》（《古史辨》第五册，海南出版社 2005 年版，第 637 页）也是这样。

史的复杂性，对于三皇五帝的多种说法产生了怀疑，而且产生了历史体系怎么如此规整、简单的疑问。顾先生发现先秦存在两种五帝说，觉察出《世经》系统的大漏洞，而历史的真相只能有一种，则逻辑上意味着必有一假或两种皆假，顾先生却简单化地得出了结论，走向了刘歆的另一个极端——判定两种都是假的，都是瞎编的，对一假的可能也不加解释。他们忽略了中国的历史是在一个近于欧洲的广大地域和多个民族集聚、融合为一体的，有多种多样的说法是正常的，没有反而是异常的。顾先生忽略了历史是复杂的，很多课题的论证——如"古史辨"运动中古代文献是伪造还是重新整理成的始终是一个中心问题，都是基于这样存有硕大漏洞的逻辑。

逻辑悖论：20 世纪最重要的逻辑学家之一罗素指出：悖论产生于恶性循环，要避免悖论就要禁止恶性循环。"疑古思潮""宣称"的目标是试图打破族群一元、地域一统、三代同源的一元历史观，史学实践却总是忽略不同的材料可能是多元来源造成的，也无法有效处理来自多元的材料，总强调材料间的不一致、矛盾，强调归纳不到一元的论证链条、时间链条，既然它们无法归纳到一元的链条中，那么结果就将其视为造伪而全部抛弃，这就实质上取消了他所研究的历史问题。例如，在关于帝问题的思维就是如此，在不同来源的材料中找出很多个帝，因无法排成一个清晰链条，就认为古人强调（喜欢）五这个数字，所以只能从那么多帝中选出五个，所以它的先后就是编造的。粗看言之成理，细思问题重重。因为各氏族、部落的大神或圣人皆可称为帝，当时的人对于名分并没有像秦始皇统一之后那样严格，而古帝并非皆有天下，有的是神、有的曾经具有人格，加之同一时期也可有不止一个帝，所以很多帝并不足以否定曾经存在过一个从黄帝开始的五帝顺序，而《五帝德》中从黄帝到大禹是六个帝而非五个，《帝系》则是七个，如果是有意编造的话，那编造的这个人连五、六或七也分不清楚吗？所以应寻求更好的解释。顾先生曾批评东汉王符，"口中尽说在'求真'的目的之下整理古史，实际上却在'求整齐'的目的之下创造古史。"[1]我们若拿顾先生自己的《五德终始说下的政治与历史》一文来对照恐怕也难逃此责。路新生在《中国近三百年疑古思潮研究》第五章《现代疑古思潮的涌动与发展》第三节"悖论：'超家派'的主观愿望与家派限制的客观效果"对其有初步批评。而历史的复杂性在于，真实的古代，文化、地理的多元与政治的一元并不一定矛盾，族属有异也并不构成否定政治共同体之首领传承的充分条件，因为异者为论证自己政权的合法性，往往编织一些亲属关系来强调，认为矛盾是受了近现代民族国家的影响。

顾先生使用材料尽量从最原始的追寻，加以排列而进攻目标却是后代的古史体系，即否定上古史体系，不向该说最早的、最权威的《大戴礼记》的《五帝德》和《帝系》两篇和司马迁《五帝本纪》的古史体系发动攻坚战役，而针对的对象、寻找出的矛盾却是《世经》《帝王世纪》《通鉴外纪》《路史》《绎史》之类书中的古史体系。这是一种隔山打牛式的奇怪的论证方式。

强调历史学的科学性、真实性，而又将文学方法牵拖进来，忽略了文学家的运用想象与史学家的运用想象大有不同。文学家涉及的"想象"，允许个人的发挥创造，可以添枝加叶、虚构，可以自由驰骋，那是一种创作；含有大量虚构成分的歌谣、戏剧、故事属于文学作品的范畴。文学虽能通过艺术的虚构、夸张与塑造典型人物等手段来表述文化传统、历史风貌，从而达到振奋或激起人们的共鸣的目的，但在对历史进行完整的描述和科学的分析方面不能不逊色于历史学家。提请学者们注意的

1　顾颉刚：《中国上古史研究讲义》，中华书局 1988 年版，第 369—370 页。

是，从来没有人将文学归之为"科学"的范畴。而历史学家处理的是"真实"，历史的想象只是根据史料用来填补史料欠缺的缝隙，史学家必须将其想象投入历史里面去，他们的想象是必要的，但必须是有依据和有节制的。"每个历史意象都包含着大量的想象。历史学家无法逃避想象，但是他能裁断出那些可以建构其意象的真实要素，并且只用那些要素来进行建构。"[1]因为它的根本目的在于对历史进行复原，所以只能发现，不能创造，更不允许创作；否则，必将流于文学家的幻想，创作的想象之于历史那是历史学家的失职，严重点说可以构成犯罪。历史具有浓厚的科学性质。"历史学与自然科学中一些基本的方法论假设上是一致的，重要的差别仍然存在。第一，在历史学中，想象力被允许发挥更大的作用。它绝非仅局限于假设的提出上，而是渗透于历史学家的思维之中。个体行为的多样性和不可预测性要求研究者在具有逻辑和批判技能的同时，具有移情和直觉方面的素养。研究者形成的对可能发生事件的敏锐想象力源自于长期钻研历史资料形成的一种想象构图。"[2]历史学和文学的工作有着本质的区别，不注重这种区别而滥用文学手法于历史，那会极大地降低史学的科学性，而把文学上所允许的胡乱想象平移到历史上以求真的填补史料缝隙的想象，并非科学实证的，而是用文学手法阉割了历史真实的根！

易变的细节与稳定的历史体系（最具客观性的部分），后代之假造世系及史家自身曾假造过家谱之经历并不应该映射到先秦三代之世系全不可信，……以典籍成书年代为符号（观念、事件等）的产生年代，但在运用《说文》等书时不按此逻辑，甚至以其解说传说时代，大禹是条虫就非常典型。

---

1 《史学原论》，大象出版社 2010 年版，第 133 页。
2 《史学导论》，"想象力的重要性"。

实证史学讲究广泛搜集资料，其极致就是陈垣先生所主张的"竭泽而渔"，西方史学谓之"穷究法"。看看顾先生如何呢。他没有注意到全面搜集材料的必要性，先秦材料本来就少，而又没有竭泽而渔，而"层累说"的前提是崔述的东西，顾先生称之为"刊落百家谬误"，只从十三经中排列出所谓最早的文献，选择材料的范围主要局限在经学之内，又排除《尚书》的前三篇和其他经书。实际上，顾先生承接的这一基础是大有问题的，为什么要刊落百家，还要刊落史部书籍，历史、传统意味着继承，史学更当如此，照其《自序》所言，顾先生对《四库总目》是非常熟悉的，于别史《逸周书》、杂史《国语》《战国策》之存在当是知道的，何竟不取材焉？那么赞成章实斋所说"盈天地间，凡涉著作之林，皆是史学"的顾先生就这样一下子把所有的反证送到凌室中冷藏起来。今顾先生于一家之中亦只取其局部材料而欲得整体历史系统之结论，可乎？不可乎？信乎？不信乎？于一部部经书中求古史系统岂是良史之法？顾先生的亲密学生杨向奎先生到晚年仍视其师为经学中人是值得重视的。

对于自己的历史观念极重，却认为民族的历史观念极轻。"予自问太多历史观念，每一物皆欲保存，以供后人翻览，识封建社会、资产阶级之实况，而他人不能有此观点，以为'隔年皇历'无丝毫用处，非烧去不快，非除此四旧不能建立四新。然则国家设立档案馆、历史博物馆固何为者耶？"[1]顾先生在研究中动辄谓古人造伪，实例甚多，因着时代的关系迅速走入了一个轻疑的极端。

逻辑难以自洽　如果别人用他本人的论证逻辑来质问他本

1　顾潮：《历劫终教志不灰：我的父亲顾颉刚》，华东师范大学出版社1997年版，第306页。

人——即韩非子所谓以子之矛攻子之盾时也不能成立的话，那么其学术性就自然大打折扣。

顾先生的基本前提是记载观念的史书就是该观念产生、成立或出现的时代，常常将一种事实发生的时间与文献中第一次清楚记载该事实的时间相混淆。这个逻辑在史学实践的大多数情况中是不成立的，明显有重大的缺陷，甚至可达到荒谬之地步。如果完全采用这种观点的话，我们必然会将日耳曼民间传说产生的时间定在格林兄弟出版其童话的 1812—1822 年。这明显是一种容易带来混乱的史料观，它混淆了外考证、内考证的地位和差别。民国学人杨鸿烈指出宇宙间凡能考察出"时间性"的事物或现象都是史料，这才是通达之史料观。[1] 所以，关键在于审定材料内容的时间性，而每个学科对于材料笔之于书的时间要求并不相同。其次，两个事件是先后发生的，所以在它们之间就必然存在着因果关系，这是错误的假设，逻辑学家称其是以时间先后为因果的谬误。再如，将文风文体的时代与内容的时间性等同起来而忽略了历史的性质本来就是不断重写的，这也十分不妥，因为，重写有两种方式：一种是像司马迁那样将文字尽量通俗化，另一种是像班固那样嗜古。顾先生开启了白话今译的事业，若后古史辨学派据此认为《尚书》是顾先生编写的，发生在民国的北洋时期，那岂不荒谬。再如，有人以孔子、司马迁记述的传说时代历史不可靠，理由是当时无文字，离得时间又那么久，他们忘了口述史学的可取之处，也没有意识到自相矛盾之处，他们自己离所研究问题的时间更远，如果仅仅以时间距离来否定孔子、司马迁的话，那他们自己的研究成果的价值可靠的逻辑又何在。后起的人完全可以用同样的逻辑指责其编造。

---

1 《历史研究法》，商务印书馆 1939 年版。

有的文章看似没有逻辑问题，如顾先生把古史体系的形成解释为战国秦汉政治形势下的产物。看似有了一个解释，但不仅没有材料支持，而且忽略了政治和古史的知识性质大为不同这一现象，忽略了文字书本之外的内容——道德、价值、伦理等因素的制约。这是因为"极端疑古派"没有注意到历史可能性和逻辑可能性的差异。只凭逻辑的可能性那是文学上的想象。实际上，非要找政治或其他理由，那么若"后疑古主义史学派"起而用同样的逻辑，质疑顾先生是因不满北洋政府的黑暗统治而蛊惑人们起来反抗，不知顾先生何言以对！"层累说"错就错在忽略了神谱的结构和功能。历史和史书的性质就是不断重写的，把不同时期历史认识的不同视为"层累"造伪是难以成立的。顾颉刚、胡适两先生本身也在整理国故，如果后古史辨出，依同样的逻辑也是可以视之为造伪的。对于学术，要采取不因人废言的态度，刘歆这个政治上的"罪人"的整理在当时的社会、学术界并没有受到任何怀疑和指责，就反衬出其在学术上是过得硬的。

假使将来人类发生绝大不幸，历史上大部分典籍毁坏殆尽，出有后古史辨派依其逻辑研究前古史辨派，以争辩中人名问题为例，从文字学的字义可否定他们的"古代"实际上存在过胡适这个人，撰文如下：

> 于时，国民人心衰敝，皆不自信。出有顾颉刚者，思所以收拾人心，故以蒙古大夫意造胡适之名，示有世界帝国之源、强民救世之术。此言何谓，胡者，匈奴也，亦蒙古之谓也；适者，通（或借）士，亦大夫之谓也；合称则谓之蒙古大夫。若谓不然，则遍检中华民国二、三、四十年代之疆域，并及中华人民共和国五六七八九十年代之治辖内坟茔而视之，全无胡适之名，以中华民族之崇祖敬宗、尊师重道，若有斯贤，岂得身没之后，

并一垅黄土不得有焉哉？足见胡适之人实同乌有先生，然其意境则愈之。

依层累之术言，"疑古派"之开端只在顾颉刚，而此后有胡适，再后有疑古玄同、康有为、崔述等，足见时代愈后，传说的古史期愈长，时代愈后，传说中的中心人物愈放愈大，地位越高。据传，胡适说过东周以上无史，其主旨实与"层累地造成的中国古史"说相通。顾颉刚所谓《禹贡》者，其传则云遂古神王之域，此系荒诞不经之说也，实则系其所编之杂志也，乃其苦心孤诣，以之为内扰人心外抗强敌之术也。又有傅斯年者，撰《戏论》一文，考所谓疑古（钱）玄同并不存在，亦甚有据。所谓疑古三杰，实仅顾颉刚一人而已。至于顾颉刚，本只有"大禹是条虫"之说，不意近百年后出所谓两千万言《顾颉刚全集》，可见传说越滚越大。

从"层累说"的逻辑看，并无问题，但就历史事实而言，谁都知道这是荒谬绝伦的。不审顾先生有何感受、何以答之？写这段短文，并无对两先生丝毫不敬，不过是"以子之矛，攻子之盾"，意图彰显"层累说"之荒谬。正像杜正胜先生评价傅斯年先生《戏论》那样，具有严肃的方法论的意义。

朗格诺瓦等在被公认是科学史学的入门书中说："经验表明，在所有获取历史知识的方法中，推理是最难被正确运用的，而且还已引发了许多十分严重的错误。""历史比其他研究更容易犯下源于思维混乱的错误。正是这种思维混乱导致了不完全的分析和错误的推理。"[1] "层累说"就存在不少逻辑问题，张荫麟、绍来等[2]很多人已经指出，这意味着它实际上已经失去学术基

1　《史学原论》，大象出版社 2010 年版，第 34、152 页。
2　《古史辨》（二），海南出版社 2005 年版。绍来《整理古史应注意之条件——质顾颉刚的〈古史辨〉》一文首发于 1928 年 12 月 3 日天津《益世报》《学

础。不仅如此，就连通常认为是顾先生最亲密师友的胡适、傅斯年两先生也发现了顾先生的这个致命伤，傅先生私下撰写"戏论"，调侃"疑古"逻辑是"作法自毙"[1]，公开阐发史学的逻辑时说："古史者，劫灰中之烬余也。据此烬余，若干轮廓有时可以推知，然其不可知者亦多矣。以不知为不有，以或然为必然，既违逻辑之戒律，又蔽事实之概观，诚不可以为术也。今日固当据可知者尽力推至逻辑所容许之极度，然若以或然为必然则自陷矣。"[2]甚至说出重话："以不知为不有，是谈史学者的极大罪恶。"[3]所论既尖锐又深刻。包括后来不疑古的胡适也指出了顾先生的问题："读钱穆先生的《刘向歆父子年谱》及顾颉刚的《五德终始说下的政治和历史》。钱《谱》为一大著作，见解与体例都好。……顾说一部分作于曾见钱《谱》之后，而墨守康有为、

术周刊》第六期，绍来明显是一个化名，此文学术含量很高，结合史学与逻辑，力斥"层累说"，这是一篇才学识俱佳的文章，有理有据，学识非凡，但作者并不为人关注。该文肯定怀疑的精神而斥"古史辨"牵强附会，并着重从逻辑角度分析其谬误，而且对历史学的理解及对书籍性质的分析都十分到位，明显超出当时一般学者的水平。衡诸当时学界，这两方面学识俱佳者大概只有冯友兰与张二人足以当之，笔者颇疑即是张荫麟，一是其大意与《评近人对于中国古史之讨论——古史决录录之一》相近，张在清华初年之治学，有学术警察之意味，他之快速成名就源自驳斥梁启超关于老子的文章；二是"绍来"意谓"接着来"批。这里就须解释为何化名，考张荫麟对顾先生多文常进行直言不讳的学术批评，此文化名，或与《自序》赢得了学术界的广泛同情有关，张先生《讨论》一文已将"层累说"驳倒，相信张也当有相当程度的自信，发表年余后，顾先生在并未增加新的学术论证的情况下突然以《自序》这种非学术论战的方式回应，此后学术风气日益走坏，张或许按捺不住，踌躇两年后，终于再次反驳，对《古史辨》第一册大获成功的出版予以回应。

1 王汎森：《傅斯年对胡适文史观点的影响·附录》，《中国近代思想与学术的系谱》，河北教育出版社 2001 年版。

2 傅斯年：《性命古训辨证》，《傅斯年全集》（二），湖南教育出版社 2003 年版，第 594 页。

3 傅斯年：《战国子家叙论》，《民族与古代中国史》，河北教育出版社 2002 年版，第 199 页。

崔适之说，殊不可晓。"[1] 这与他们起初的表态大相径庭，说明已知"层累说"之不然，只不过出于私人情谊而未尝公开责难。

综上所述，"疑古"及其思潮的概念、逻辑以及推理都存在着明显的漏洞甚至谬误，显然没有满足学术论著的应有要求。中国现代史学由受哲学训练出身的胡适、顾颉刚来起步，本来是一个精确化的契机。不料，二人出于启蒙、"革命"的需要，为迎合反传统、反正统的社会心理，反而将学术术语搞得更加混沌。必须强调的是，上述关于逻辑的概念所指应该具有确定性以及推理论证必须有效性虽然不是学术研究能够卓有成效的充分条件，却是学术对话的最低要求。如果在最低的逻辑要求都不能满足的情况下，我们得到的只能是不及格的习作甚或是伪学术。学术研究仅仅满足上述关于逻辑的基本要求并不能保证命题成立或不犯错误，学术活动积累的传统有其特殊的内在逻辑，这需要我们避开各种无效的推理以及可能将人引入迷途歧路的，甚至毁灭性的思维习惯，以进行有板有眼的"小心求证"。因此，拥有学术自觉、范畴意识，主动使学科规范化、科学化的自律努力就十分重要。如果做不到这一点，学术就会走上一条自我败坏的歧途，在更坏的情况下，还有可能祸及学术之外社会生活的方方面面。近现代学术界传说时代研究中一些表面上持之有故、言之成理、自圆其说的说法实际上都经不起严格地推敲，往往存在逻辑谬误，它有两大类：一类完全是形式逻辑上的错误，这比较容易识别，也相当容易纠正，张荫麟、绍来曾经指出"层累说"的逻辑漏洞及其谬误均属于这一类，北大哲学门出身的顾先生从未撰文回应，证明他清醒地认识到了这一点，除非公开认错，只能沉默以对，让人惊诧的是学术界竟

1　曹伯言整理：《胡适日记全编》第 5 册，安徽教育出版社 2001 年版，第 834 页，"1930 年 10 月 28 日"条。

对"层累说"奉为圭臬。另一类则是非形式逻辑上的谬误,它们不但常常被忽略,还经常堂而皇之被当作对重大问题进行回答时的主要论证手段,非形式逻辑谬误是在学术领域中发生的"诉诸情感""诉诸新奇""诉诸传统"等类学理上的标准错误。"诉诸情感"指阐述者主要目的不在"讲理"而在"说情",顾先生的《自序》就是绝佳的例证。"诉诸新奇"则指盲目地反传统,他们往往在社会动员的场合,希望以"共情、煽情"调动某一部分共同体的情绪,以服务于某种特定的——思想的、政治的以及其他的目标,先有来自现实的工具性需要或愿望,再把学术扭曲以迎合现实。不管该特定目标是否具有正当性,反学术之道而行之,则抛弃了学术却又冒充学术。胡先生就有这方面的问题。顾先生所组织的"说文证史专号"等以"思想"做论证的手段属于"人身攻击"的谬误,他在《自序》中千方百计将自己及其观点和胡适进行连接属于"诉诸权威"的谬误,将自己的境遇描绘成可怜兮兮属于"诉诸怜悯"的谬误,胡、顾两先生好异属于"诉诸新奇"的谬误。这些现象一定与学术的目标不相干,都不符合学术以探求命题的真确性为直接目的的原则,学术活动如被各种谬误侵袭,将严重妨碍学术传统的建立。最致命的是,这种人为扭曲一个有效的学术论证或道德命题判断应有的学理基础的行为,将对学术的自由和学人的尊严产生持久的破坏力。如果在学术领域蔓延开来,照样是一种败坏学术传统的谬误。所以,我们在从事学术研究时自然要摒除那些非学术的立场和目标,防止其干扰学术活动的独立性。

一个人同意或否定一种说法,都必须以逻辑推论与理性思维为前提。但这两者不会凭空产生,也不是先天存在的,同等重要的是研究者的主体性格,它让研究者具有观察的角度、独立的思考以及理性推理的空间,而后学术才能光大、昌明。

中国人对华夏传说时代历史的误读并不仅仅源自信息不灵、

偏见、歧视等显而易见的原因，更重要的来自于一种有认识论和方法论做基础的深层逻辑，"疑古思维"构成了操控东方学者对中国古史传说时代研究的隐性逻辑乃至思维定式，研究中存在着根深蒂固的学术习惯和知性心态，并随之演化出一种文化无意识，继而衍生为一系列的次无意识，其中占据中心地位的是知性无意识和学术无意识，它们使"疑古思潮"对该领域的误解和歪曲被认为是学术的、客观的，这些误解和歪曲之所以产生，是因为顾先生们将今文经学的套路、乾嘉考据方法和科学史学的个别原则错误地运用到了一种并不适宜这些方法的领域中去，再加上"现代圣人"胡适先生又给贴上"科学"和"革命"的标签。因此被后继者如此自然而然地接受为常理，甚至是天经地义的信条，在相当程度上可以称之为新经学，以至于受此影响的人们对它巨大的逻辑破绽视而不见。顾先生早年曾说：盲从之"辈非有绳准，亦无利用之心，滔滔者天下皆是矣"[1]。

由于我们的民族在历史上缺少形式逻辑的洗礼，几十年来教育体系也从未进行过系统的逻辑学训练，这造成了我们学术传统中的重大缺陷，以致学术偏见长期得不到克服，不仅说明学者们的学术自觉普遍不够，也说明没有发达的逻辑和认识论，必将严重影响中国学术的发展，而且也会严重制约中国史学的进步。要学会并娴熟运用比较、分析、批判的方法，应该进行逻辑学的补课。

三、"三说"的学术之失误

除逻辑错误之外，学术上的失误也相当之多且极为明显，本书中编已有相当程度之揭示，本节一做些归纳，二将继续阐

---

1 《顾颉刚读书笔记》卷十五、中华书局 2011 年版，第 55 页。

述其他失误，为免后见之明的指责，笔者仅以当时所可以运用的方法、所应该达到的程度作评判标准。考虑"层累说"等尚未走入历史，考虑到研究中国古史者对西方史学理论大多都不重视的现况，笔者在批评的同时也阐述后来的学术进展以及今天所应持的立场，凸显学术界迟迟没有彻底抛弃"疑古"的不当，旨在终结"疑古"之义。

白鸟氏和顾先生提出各自的观点后，都直接引发了两国学术界众所周知的激烈论战，其中，日本论战的学术含量稍高，其范围和影响主要局限在学术界内部；而中国论战的学术水准以张荫麟、绍来之文最高，影响则扩及社会……"层累"等"三说"对中国早期历史的误解和歪曲之所以产生，是三孽生搬硬套地以西方历史及西学作为中国古史体系不成立的参照物，他们将今文经学的主观之学、乾嘉考据方法和科学史学[1]的影响并将一些原则运用到了不适宜这些方法的领域中去，乾嘉考据处理史料的以古为尚契合了科学史学以原始资料为最可靠的风气，独独未注意到古书记载的观念（符号等）与产生该观念的时代并不一定同步的史学逻辑，经学的常识思维契合了科学史学以常识为判断史实的标准。"层累说"还要加上"现代圣人"胡适先生给贴上"科学"和"革命"的标签。

（一）西方科学史学的优劣、走向与反思

人们普遍认为，胡适先生之所以风行中国社会是由于其西学，他是作为科学代言人的形象出现的。大家都相信，胡适、顾颉刚两先生这一套是科学史学，但我们不能只看他们声称的名词，而是应该看他们做法的实质内容怎样，同时更重要的，是要了解西方真正的科学史学是什么。

---

[1]　或曰历史科学，这两个名称保留了 19 世纪传统史学深刻的印记，现在多称之为客观主义，姑从其旧。

西方近代史学在根本的治史态度上，我们以 19 世纪两大史学巨擘、杰出的文化史范式者布克哈特与政治史范式者兰克为代表说明，他们都认为："上帝面前，一切世代皆平等。"布克哈特的立场表述得更是清晰："某个时代可能在物质财富或知识和艺术造诣上低于别的时代，但并不因此就在其精神洞见的能力或尊严上低人一等。每个时代都有其自身的内在意义，都对人类累积的知识和艺术财富有其贡献要作。历史学家的任务绝不是依据其对现代的贡献来评判一切，而要以欣赏的目光去打量过去的每个角落，去发现人类创造过程背后那令人惊叹与着实神秘之处。……布克哈特所揭示的不亚于是一种历史编纂的心理学。历史学家应该观察、思索和体味人类经验壮观到不可思议的丰富性。他应处处找寻人类的伟大与创举，甚至在那些似乎与他疏异和远离的时代。他的精神应该是探寻、好奇和同情的。但凡他允许自己对过去做出道德评判，这些评判就不应基于当前时代的真理，而应基于更为普遍的价值。"[1] 而当时称之为科学史学的范式，"简要说来，以兰克学派为主要代表的传统史学，以研究的实证性和经验性为主要特征。它是在 19 世纪科学发展的条件下寻求史学科学化、学科化的努力的反映。它要求对史料作严谨的考订，力求在可靠的史料的基础上如实地再现历史。"[2] 兰克史学范型最主要的成就是确立了对史料进行包括"内证"（internaI criticism）与"外证"（external criticism）相结合等考证与辨析的原则，它吸收了博学时代以及 18 世纪哥廷根学派考辨史料的优点并加以发展。它"在认识论上的一大特征是坚信史学家通过对档案资料的考证与鉴别便可再现历史的真

1　布克哈特:《历史讲稿》，刘北成等译，三联书店 2009 年版，《英译本序言》，第 2 页。

2　何兆武、陈启能主编:《当代西方史学理论》，上海社会科学院出版社 2003 年版，第 14 页。

实……另一特征是相信史学家在历史研究与写作中可以不掺杂任何主观因素，做到绝对客观……传统史学破天荒头一次建立了一套史学所独有的理论和方法规范，这是不可磨灭的成就。"[1]它最具代表性的刊物法国的《史学评论》在创刊号的"前言"提出的要求鲜明地反映了其撰著上的特点：本刊只接受以"原始资料为根据"的稿件，作者应采取"严格的科学表达方法，每个论断都须有证据、有史料出处和引语"，同时在修辞上"要保持为学者和读者所珍爱的文学性"。[2]而传说时代的历史是没有原始资料的，更未遑档案，并且，在科学史学流派看来，传说时代也不属于他们的研究范畴，"在每个民族的早期历史中，都有一个传说时代……在文明时代，这些为人喜爱的传说继续广泛存在着，它们包括了那些深深影响着人们想象力的事件。口头传说是独有的口头传统。……传说和逸闻随意地附会着各种历史人物，它们实际上是纯粹的大众信仰，它们属于民俗，而非历史。……传说是一种混合体，也许蕴含有一些真相的颗粒，甚至也能被分解出真相的各种要素，但是，没有任何手段能把得自现实的要素与想象产生的那些要素区分开来。""我们必须铁了心地把传说看做是想象的产物；在传说中，我们可以寻找某个民族的种种观念，但无法找到那一民族历史中的外在事实，批判的规则是把每条有着传说源头的陈述都抛弃掉。这条规则并不仅仅应用于传说形式的叙述；一种依赖传说资料的叙述，尽管貌似历史的也应该被抛弃掉。"[3]

　　这个范式是基于人类多种文明和当时几乎人类所有文化与学术始终不断地融汇而形成的，是基于自然科学、社会科学发

---

[1]　姜芃:《西方史学的理论和流派》，中国社会科学出版社 2007 年版，第 5 页。

[2]　弗里茨·斯特恩:《各种各样的历史学》，兰登出版社 1973 年版，第 173 页。转引自姜芃:《西方史学的理论和流派》，第 4 页。

[3]　《史学原论》，大象出版社 2010 年版，第 105—106 页。

展的深厚基础的，它们彼此相互依赖，通过相互交换服务，它们齐头并进。为了历史根据文献并可表现往昔的事实进行推理，社会科学提供了历史所必需的关于当下的知识基础，历史则给予了理解现在所必要的有关演进的必要信息。如果认真读一下西方科学史学两大入门书——《史学原论》的"综合工作"和"结论"部分以及《史学方法论》的"综观"和"叙述"部分的话，会发现科学史学是一套完整的系统，包含观点、概念、理论、方法、范式，要想真正掌握并不容易，顾胡二先生的方法并不能称为科学史学。

如果说顾先生没有多深的科学史学造诣是可以想像的话，那么要说胡先生也基本上是这样的，那么许多人可能就不太认同了，因为笔者见多人以胡先生爆得大名的那本《中国哲学史大纲》(上)的参考书中列有《史学原论》证其西方史学水平之高。笔者前已有论不可高估胡先生的史学水平，此处引台湾中研院院士、著名哲学家劳思光先生的话来佐证，他虽然竭尽所能地肯定胡适先生的学术地位，但还是坦率地指出："胡先生的《中国哲学史》上卷，曾被许多人嘲笑，觉得它只是一部残缺之作。其实，胡先生这部书未能完成，固然很可惜，但……这部书有一个极大的缺点，就是这部书中几乎完全没有'哲学'的成分……如果着眼在中国哲学史的研究风气上，则我们固可以推重胡先生的作品，承认它有开风气的功用，但若以哲学史著作应具的条件来衡度胡先生这部书本身的价值，则我们只能说，这部书不是'哲学史'，只是一部'诸子杂考'一类考证之作。"[1]

痛定思痛，我们还有必要总结西方"科学史学"的缺点及其对中国近现代所有史学写作或者说历史思维渗透的得失。我

---

[1]　劳思光：《新编中国哲学史》第一卷，广西师范大学出版社 2005 年版，第 1—2 页。

们还应该注意的是，当时的西方史学界已经对科学史学存在的缺陷进行了深刻的反思，而且还发展出新的方向，形成了流派，胡适对此一无所知，笔者顺带概述此后各方面的发展脉络，这些知识对于专业学者多是老生常谈，之所以不避繁冗，是因为它们对绝大多数古史研究者是相当陌生的，而它们对于理解中国古史及相关的对话是有着相当益处的，旨在说明从西方当时的史学是产生不出"疑古"这种怪胎的。

"整个 19 世纪，严肃的历史学术形成，科学的治史方法成为时尚。史学家自信能搜集到所有的史料，自信能解决历史上所有的问题。其乐观的态度，风发的意气，百年以后，犹可想见。"[1]"支配 19 和 20 世纪的是进步和科学的范式，学术领域存在着这样的信念，即大多数学科突变进入'现代性'或'真正科学'的阶段，然后是稳步积累的学术进步。从那以后，学者们倾向于相信他们的工作在质量上比以前任何时候都要好。这一时期，自然科学触手可及的成功确认了科学领域中这一信念的真实性。"但大部分人都忽略了"把它拓展到历史研究领域的基础则不那么牢靠"[2]。也忽略了"近代历史学的各种研究方法是在它们的长姊自然科学的方法的隐蔽之下成长起来的；在某些方面得到了自然科学范例的帮助，而在别的方面又受到了妨碍"。"根据自然科学的类比而对这种科学的价值所做的任何评价，都完全会被引入歧途。""如果我们问一下这样一种科学的概括化适用到什么程度，我们将会看到，它之要求超出历史的范围之外乃是毫无根据的。"[3]与此同时，不少历史学家已经对同时代的历史研究方法持极其怀疑的态度，大史学家布克哈特就指出："我们所从事的工作称不上是'科学'，而且我们也没有什么方法，

---

1 杜维运：《史学方法论》，北京大学出版社 2006 年版。
2 贝尔纳：《黑色雅典娜》，吉林出版集团有限公司 2011 年版，第 6—7 页。
3 《历史的观念》（增补版），北京大学出版社 2010 年版，第 220—221、225 页。

至少没有别人所使用的那种方法。"他尝试着把人类学当做历史思维的基础，宣扬"历史就是解释""历史就是判断"等观念，从而发展了考察历史的新方法。从西方史学史看，"历史首先是一种文学形式，至今仍只有着最低程度的科学方法。"[1]"传统史学本身具有根本性的缺陷。它研究的对象……忽视了经济、社会、文化诸方面的内容……它过分强调文献考证和事实描述，这样就实际上排斥了概括、解释和理论。它所用的史料限于文字资料，主要是官方文件，这样也就限制了史料面的扩大。更为重要的是，传统史学忽视历史认识论问题，把历史认识的主体和客体完全割裂开。""在历史学本身层次对传统史学的冲击，在19世纪下半叶就出现过。真正构成对传统史学的重大突破的，当推1860年出版的瑞士历史学家雅各布·布克哈特（1818—1897年）的《意大利文艺复兴时期的文化》一书。……它的影响是如此之大，以至这部著作一直被视为西方学术界有关文艺复兴史研究的奠基性经典著作，作者的观点也被视作文艺复兴史研究的正统理论。值得指出的是，这部著作无论从题材、内容，还是从体裁、形式上，都是反传统史学的。……博克尔（1821—1862年）花了15年时间才完成的两大卷《英国文明史导论》（17页）先后出版（上卷1857年，下卷1861年）。但著作出版以后立即轰动欧洲史坛，被译成多种文字，影响深远。……从理论上对历史研究范围发表见解的当推牛津大学第一位钦定历史教授H. 沃恩。他在1848年就提出：'每个历史学家所应该解决的主要问题是揭示社会状况中的关键性变化。'在他看来，历史题材应纳入群众史、社会史和文化史中，……上述种种对传统史学的冲击，不仅只是局部的，而且并没有涉及史学范型、性质这类重大问题的争论，更没有试图建立一种新的史学范型以取

1　《史学原论》，大象出版社2010年版，第129页。

代传统史学范型的多少明确了的意识。……最早的争论发生在德国政治史家舍费尔和文化史家戈泰因之间。1889 年，戈泰因在《文化史的任务》中予以反驳。"[1] 大约从 19 世纪最后 30 年起到第一次世界大战之间，"西方就出现了批判科学史学的思潮，其代表者在德国有狄尔泰、李凯尔特，在意大利有克罗齐，在英国有屈维廉等。"在 20 世纪初就已经很有影响，"他们的观点虽然不尽相同，但大体上都反对绝对的客观主义，认为史学家对历史的理解和解释不可能完全'排除自我'……这种思潮指出了历史学家主观因素对于历史研究的影响，指出了史学研究成果具有相对性，这些都是有道理的。"[2] "1891 年德国历史学家兰普勒希特的《德意志史》第 1 卷出版。这一事件标志着旧有格局即将打破，新的史学格局即将形成。在此书中，兰普勒希特倡导一种与以兰克史学为代表的传统史学完全不同的文化史。由此，在西方史学界，兰普勒希特开始了一场与兰克学派长达 25 年的激烈论战，其焦点集中于文化史与政治史之争。"[3] "在《德意志史》中，兰普勒希特把德意志的历史描写成民族心理的由被束缚到自由的发展史，人们通过民族精神之种种表现，可以看到人类在历史发展过程中的变化；他认为决定历史进程的不是个人，而是社会所反映的集体心理等文化因素。"[4] "以兰克为代表的传统史学仅仅要求弄清'事实是怎样发生的'，而他认为应当说明'事实是为何如此的'。兰克要解决的是记叙历史，而兰普勒希特则要探明事实发生与变化的理论依据，并声称应当用发生学的方法来取代叙述的方法……兰普勒希特企求以社会心理

1　何兆武、陈启能主编：《当代西方史学理论》，上海社会科学院出版社 2003 年版，第 15—17 页。

2　姜芃主编：《西方史学的理论和流派》，中国社会科学院出版社 2007 年版，第 6 页。

3　易兰：《西方史学通史》第 5 卷，复旦大学出版社 2011 年版，第 364 页。

4　张广智主编：《西方史学通史》第六卷，复旦大学出版社 2011 年版，第 7 页。

学的理论来重新铸造历史学……在《什么是历史？》中，他认为，每一个历史时期都有一种占支配地位的'时代精神'，历史学家应当用这种'时代精神'来标志各个历史时期的精神……这种企图与传统史学相比让人有耳目一新之感，在史学实践上也确实带给研究者解决历史理解一条有效的路径。"[1]"兰普雷希特与兰克学派的争论，不只限于历史研究对象问题，而是涉及史学理论方法论的系列问题，实际上他已在寻求创立一种不同于兰克学派的新的史学。"[2]19世纪末以来的发展变化之大势，从传统史学走向新史学，这是现当代西方史学发展的总的走向。"新史学派"的代言人兰普勒希特成了从西方传统史学走向新史学最早的一座桥梁，从那时开始，就迈出了现当代西方史学的行程。[3]"新史学在认识论方面的主要特征是反对传统史学幼稚的客观主义，公开承认史学家在研究实践中无法做到完全超脱和中立，而必然受到某些既定见解等主观因素的影响。其实，历史事实（或证据）并不像传统史学家想象的那样会自己出来'说话'，它们只有通过历史学家的选择才能够同读者见面，得到说话的机会。"[4]"20世纪上半叶是西方史学从传统史学向新史学转移的时期，或者说新旧交替的时期。一方面，新史学已经形成，方兴未艾，尚未占据上风；另一方面，传统史学的危机已很明显，已不能适应客观社会发展、科学文化变迁的要求和史学本身发展的需要，但尚未丧失主流地位。其中影响最大、成效最显著的当推法国。""贝尔的功绩在于，他明确地指出了这种新史学的主要特征，并且在实践中为贯彻自己的主张做了大量的工作。

1　易兰：《西方史学通史》第5卷，复旦大学出版社2011年版，第365页。
2　何兆武、陈启能主编：《当代西方史学理论》，上海社会科学院出版社2003年版，第18页。
3　张广智主编：《西方史学通史》第六卷，复旦大学出版社2011年版，第2页。
4　姜芃主编：《西方史学的理论和流派》，中国社会科学院出版社2007年版，第10—11页。

这个特征就是体现在历史综合中的跨学科研究。"[1]"20世纪的历史学家仍旧信奉19世纪科学学派坚持的对史料进行批判使用的观点，但与此同时，他们已认识到文献本身不会叙述自己的历史，认识到19世纪的历史学家在让过去发言时，他们一般来说对他们所构造历史发展线索的先决条件所知甚少。其结果是大大强调了理论、假设和概念化在历史分析与叙述中的作用。"[2]"克罗齐（1866—1952年）和柯林武德（1889—1943年）都继续致力于论证历史科学与自然科学之不同。他们认为历史科学是一门特殊的科学，它提供的是有关个体的知识……柯林武德接受了维科、黑格尔和克罗齐历史理论的影响，并作了进一步的创新和发挥，公开号召一场史学革命"，历史哲学的主流"分析派一般倾向认为历史研究……是对于历史文献及其结构的意义与认识的研究……普遍的趋势却是更着重于对历史理论的知识论研究。"[3]再次转折，发生在20世纪50年代前后。

在"过去一百五十年中，历史学家声称他们拥有一种可以与自然科学方法相类比的'方法'。实际上，现代历史学家区别于'前科学的'历史学家的方法要不确定得多。最好的早期作家是自省的，使用可信性的验证，并试图做到内部一贯性。而且，他们援引和评估他们的文献。与此相比照，19世纪和20世纪'科学的'历史学家不能够给出对'证据'的形式证明，或者建立坚定的历史法则。"而且，在今天，"方法论不合理"的控告不仅用来谴责低劣的作品，而且用来谴责不受欢迎的作品。这样的控告并不公正，因为它错误地暗示存在着其他合理的研究的

1　何兆武、陈启能主编：《当代西方史学理论》，上海社会科学院出版社2003年版，第18—19页。

2　格奥尔格·伊格尔斯：《欧洲史学新方向》，赵世玲、赵世瑜译，华夏出版社1989年版，第10页。

3　何兆武、陈启能主编：《当代西方史学理论》，上海社会科学院出版社2003年版，第10—11页。

方法论来与之对照。"[1] 贝尔纳《黑色雅典娜》对希腊文明来源的追寻为我们提供了精彩的典范，尤其是该书对所谓科学史学方法的批判，更是值得深思。

　　到这里笔者要谈论一下当时风靡西方、主宰中国而更为今天人们所固执的观念，即过去四百多年历史的实质是进步和启蒙的高歌猛进，19 世纪的西方，历史的乐观主义更是风靡一世，瑞士最伟大的史学家布克哈特（1818—1897）对此就表现出了强烈的怀疑态度，当时已经预感到一场大危机即将来临。"从这同样的乐观主义概念——世界被理性引导着——得出了人类是连续的和必然的进步这一理论。尽管这种进步理论已经被实证主义者们采纳了，但其仍只是一种形而上学的假说。就'进步'一词的普通意义而言，'进步'只是一种主观表达，意指着那些合乎我们心意的变化。斯宾塞赋予了'进步'一种客观的意义，他认为进步是变种的增加和社会现象的协调；但是，即使我们接纳了斯宾塞的定义，历史事实研究也没有表明有某种单向的、普遍的和连续性的人类进步，而是向我们展示了各种局部的和间歇的进步运动，而且也没有给予我们任何理由可把那些进步运动归之于某种永恒因——这种永恒因内在于整个人类，而非一系列地方性偶发事件中。"[2] "20 世纪初第一次世界大战的残酷现实使得许多人的这种历史乐观主义的向往幻灭了。战后不久，斯宾格勒（1880—1930 年）出版的《西方的没落》一书就反映着这种悲观的情绪。"[3] 汤普森指出："历史可以从衰落和退化的角度而不是从进化和发展的角度来写——的确，有时必须

1　马丁·贝尔纳：《黑色雅典娜——古典文明的亚非之根》，吉林出版集团有限责任公司 2011 年版，第 6—7 页。

2　《史学原论》，大象出版社 2010 年版，第 172 页。

3　何兆武、陈启能主编：《当代西方史学理论》，上海社会科学院出版社 2003 年版，第 7 页。

这样写，因为每个时代都在走向死亡，从而使一个新时代能够诞生。在有机的发展和有机的衰亡之间并不是互不相容的。"[1] 柯林武德说："不久前还流行着的在历史的结构中使用'进化'一词……的那种风尚，尽管在自然科学被看作是知识唯一真确的形式、而知识的其他形式为了要证明它们自身存在的理由就必须使自己同化于那个模式的那样一个时代里，乃是十分自然的，但它却是思维混乱的结果和更加混乱的根源。"[2]

　　中国学术界对此也不乏深刻的反省，陈寅恪甚至产生了退化的感受，他在1945年写道：自己"论学论治，迥异时流"，回顾戊戌变法时感到："验以人心之厚薄，民生之荣悴，则知五十年来，如车轮之逆转，似有合于所谓退化论之说者。"而社会时势却仍然在趋新之路上崇拜"进化"并形成所谓话语权势的舆论控制，自己"迫于事势，喋不得发"。[3] 罗志田先生研究后认为："'退化'的观念其实还是那时相当一部分读书人持续的共识。"[4]

　　西方19世纪一向被称为历史学的世纪，无论是理论还是实践都取得了辉煌的成就，胡适他们既没有完整了解西方史学发展的脉络、传统的精髓与大致的现状，也不理解真正的科学史学，胡适连一本入门书都没有读好。他们只是选择性地从西方拿来一些观念，余英时先生指出，近世中国士人把传统和现代一切为二，在思想上是"远承西方启蒙运动和实证思潮关于社会和历史的观念"[5]。况且科学史学并不是适合研究传说时代的方

1　汤普森：《历史著作史》下卷，孙秉莹、谢德风译，商务印书馆1992年版，第625页。
2　柯林武德：《历史的观念》（增补版），北京大学出版社2010年版，第214页。
3　陈寅恪：《读吴其昌撰〈梁启超传〉书后》，《寒柳堂集》，上海古籍出版社1980年版，第149—150页。
4　罗志田：《权势转移：近代中国的思想、社会与学术》，湖北人民出版社1999年版，第159页。
5　余英时：《中国近代思想史上的激进与保守》，《钱穆与中国文化》，上海远东出版社1994年版，第216页。

法，但如真正使用也不会造成"疑古"的灾难，徐旭生先生对传说时代的研究成果就说明了这一点。即使真正的科学史学方法与自然科学连结的弊端，西方史学界已经开始反思。笔者一再剖析胡顾西方史学素养之浅，并不是要说明他们的无知，而是要向现在的学界强调胡适们并不曾融中西史学之长，万万不可陷入偶像崇拜的迷思。

（二）乾嘉朴学相当于西方近代前期的博学时代

而学术界之所以坚信"层累说"等，是因为相信顾先生他们的结论是以精湛的旧学乾嘉考据方法从史料中考证出来的。对于这个方法，上文相关处已经有所涉猎，此处再探讨一下，并将其与西方史学中的发展阶段进行比较。

乾嘉考据，又称乾嘉汉学或朴学等。由于中国传统学术授受的方式主要是"有所法而后能"的临摹法，而中国人传统的思维方式又不善于缜密的思维与理论建构，传授多依赖于师徒式，对于整个的考据学缺少一个方法层面的大总结。这种情况至今没有根本性的改变。乾嘉学者标榜"实事求是"，章太炎归纳为六点：审名实，一也；重佐证，二也；戒虚语，三也；守凡例，四也；断情感，五也；汰华辞，六也（《太炎文录初编》卷一《说林》）。梁启超总结为："正统派之学风，其特色可指者略如下：一、凡立一义，必凭证据。无证据而以臆度者，在所必摈。二、选择证据，以古为尚。以汉唐证据难宋明，不以宋明证据难汉唐；据汉魏可以难唐，据汉可以难魏晋，据先秦西汉可以难东汉。以经证经，可以难一切传记。三、孤证不为定说。其无反证者姑存之，得有续证则渐信之，遇有力之反证则弃之。四、隐匿证据或曲解证据，皆认为不德。五、最喜罗列事项之同类者，为比较的研究，而求得其公则。六、凡采用旧说，必明引之，剿说认为大不德。七、所见不合，则相辩诘，虽弟子驳难本师，亦所不避，受之者从不以为忤。八、辩诘以本问题为范围，词旨务笃实温厚。虽不肯枉自己意见，同时仍尊重别人意见。有盛气凌轹，或支离牵涉，或影射讥笑者，认为不德。九、喜专治一业，为‘窄而深’的研究。十、文体贵朴实简絜，最忌‘言有枝叶’。当时学者，以此种学风相矜尚，自命曰‘朴学’。”（《清代学术概论》）考据学大体是传统的训诂、音韵、辑佚、校勘、金石等学的总称，基本的学术传统是尊重事实，注重考证，对史料辨伪与考订提出了许多超越前人的方法。乾嘉汉学的意义在于对古籍作了实证的、全面的整理，整理出大量文献，促进了辅助学科的发展。现有对乾嘉考据多着眼于方法及科目本身，把它们从具体的背景中抽离出来。但不应忽视它的学术背景，邓实以为“本朝学术，实以经学为最盛。其余诸学，皆由经学而出”[1]。欲求圣人之道，必自训诂始，识字审音，乃知其义。戴震又谓：要会通经典，须具备天文、音韵、礼制、古今地名沿革、数学、博物学等专门知识，否则，说经即不免滞碍穿凿。梁启超称：“其学问之中坚，则经学也。经学之附庸则小学，次及于史学、天算学、地理学、音韵学、律吕学、金石学、校勘学、目录学等等，一皆以此种研究精神治之。质言之，则举凡自汉以来书册上之学问，皆加以一番琢磨，施以一种组织。其直接之效果：一、吾辈向觉难读难解之古书，自此可以读可以解。二、许多伪书及书中窜乱芜秽者，吾辈可以知所别择，不复虚縻精力。三、有久坠之绝学，或前人向不注意之学，自此皆卓然成一专门学科，使吾辈学问之内容，日益丰富。其间接之效果：一、读诸大师之传记及著述，见其‘为学问而学问’，治一业终身以之，铢积累寸，先难后获，无形中受一种人格的观感，使吾辈奋兴向学。二、用此种研究法以治学，能使吾辈心细，读书得间；能使吾辈忠实，不欺饰；能使吾辈独立，不雷同；能使吾辈虚受，不敢执一自是。”

1　邓实：《国学今论》，《国粹学报》第 1 年第 5 号，1905 年 6 月 23 日。

（《清代学术概论》）顾先生的《自序》给人以清代学者不敢怀疑的印象，但实际上梁启超的说法更合乎实际："清学家既教人以尊古，又教人以善疑。既尊古矣，则有更古焉者，固在所当尊。既善疑矣，则当时诸人所共信者，吾曷为不可疑之？"（《清代学术概论》）

综合来看，清代考据学的成就是空前的，也成为此后到民国学术的主流方法，但它的意义常被误解，李源澄先生指责："乃治经者以顺释文字为究竟，凡一切故书皆然，经学独具之忽焉不察，可乎？"[1]同时，清代学者也总结出所谓治经之法、治史之法、治子之法等。就当时的术语，有所谓义理、章句等，但如果用近代学术的分析来看的话，对于什么是工具性、基础性、理论性、系统性、层次的内容较少区分，并不便于初学者学习和理解。蒙文通先生就提出："考据是工具学问，经史都用得着，但它却不是经学或史学。"[2]总的来讲，考据学最重要的意义在于它的基础性与工具性，也就是说，考据学并不等于历史学。要想准确理解它在世界学术史上的意义，我们需要对照一下西方学术史，就大的社会背景、学术脉络、方法成就意义等方面而言，乾嘉考据学与西方的博学时代颇为相近。

博学时代对于不是专门研究西方史学史的学者相当生疏，笔者在此仅引用李勇先生《西方史学通史》第四卷中相关研究成果，以与乾嘉考据做一个大致的比较基础。文艺复兴时期，近代西方史学诞生了，虽然史学主流是写作人的历史，但基督教史学还以不同形式继续发展。历史学中的博学派，是指在博学时代兴起的以整理和考证文献为表现形式的史学派别。第一，博学派历史写作盛行起来。博学派虽然均为宗教界人士，不是单纯的学术

1　李源澄：《经学通论》，华东师范大学出版社 2010 年版，第 3 页。

2　参见蒙文通：《治学杂语》，《蒙文通学记》（增补本），三联书店 2006 年版，第 34 页。

团体，整理教会包括圣徒传和教会史文献，其历史观仍然为神学史观；但是，博学派成就了怀疑精神、考证方法，整理出大量文献，促进了辅助学科的发展，同样是西方近代史学重要组成部分。第二，在历史进步论中隐含着神学意蕴。……欧洲学者"惊奇发现中国的儒家学说和政治体制正是其心中的偶像，然后援引过来，帮助其完成史学的改造。可以说，没有中国元素，就没有成熟的西方近代早期的历史学。"博学派史学对史料的重视与尊重是科学史学不可或缺的部分……博学派史学家提出了鉴定史料真实性的方法，也为启蒙运动史学提供了工具。博学派的兴起，既是现实社会中宗教论战的需要，又具有充分的学术基础，包括历史皮浪主义的催生和历史文献的积累。皮浪主义对于博学派的出台起到了推动作用。怀疑权威文献的态度和追求真实证据的方法，恰好是博学派史学家所遵守的家法。博学派是在新的历史条件下基督教历史编纂的继续和发展，玻兰达斯派尽量把荒诞不经的成分从传记中剔除出去，体现出对于材料的审慎和对于学术的忠诚。他们在文献上为后人研究中世纪基督教历史做了铺路工作。圣摩尔派致力于历史学辅助学科例如文书学、目录学、考古学等的研究与写作，为近代史学体系的发展与完善作出了重大贡献，功不可没。博学史学作为一种在特定历史条件下产生的史学，其学术性与社会性对立并统一着，在其特有的表征、贡献与局限中体现出来。博学派史学突出的学术性与强烈的宗教性特征可以概括为：第一，"述而不作"是博学派的共同特征之一。第二，博学风气弥漫整个欧洲，但是以法国开始最早，成就也最大。第三，宗教人士在数量上占优势，他们结成团体，成就超过世俗人士。第四，他们打着学术旗号，实际是有着宗教目的，为宗教团体政治利益服务。博学派史学家对于西方史学特别是为西方史学科学化作出了重大贡献。第一，博学派史学家一方面回应了历史皮浪主义的挑战，另一方面又延续了皮浪主义者的怀疑态度，使怀疑态度成为近代史学的基本特征之一。第二，博学派重视史料特别是大量希腊文和拉丁文史料的搜集、整理和出版，为以后史学家深入研究提供了可能；它推动了历史辅助学科如年代学、古文字学、考古学、碑铭学等的发展。第三，促进了欧洲国家史学的民族化进程。第四，博学派史学家提出了鉴定史料真实性的方法，为史学科学化进程作出贡献……其断定历史著作可信性的方法是：史学家要考证它们是否由事件目击者所写，或者他们本身没有看到自己所叙述的事件，但采纳了亲眼所见者的说法的人所写，或者不是由那些采纳目击者本人的说法的人所写，但由那些根据目击者对其讲述过的人们的说法的人所写，或根据可信的遗物、遗嘱、协议所写，等等。这些考证方法已经类似于后世所谓的内部考证的方法了。第五，就从重视文献搜集与考证这一点来看，它是文艺复兴文献学的继续，是后来客观主义的先声。当然，不容忽视的是，博学派的局限是明显的。第一，无论是新教还是旧教，他们都是出于宗教论争目的，第二，大部分成员是教界人士，其历史观仍然是中世纪的，其著作中还充满着神迹、天意、四大君主国等……博学派史学的这些不足正是之后启蒙运动所要清算的。[1]

就笔者所做简单的、大体的比较来看，乾嘉考据学各方面只能说相当于西方史学的博学时代，像博学风气、怀疑精神、述而不作、辅助学科的广泛建立等都极为相似，就从事者来看，一方是经师一方是宗教人士，他们整体的世界观都还没有进入近代范畴。而就方法、理论总结的水平来说，乾嘉考据学并未进行完整的总结，更未遑形成系统的方法理论，在这一点上尚且不如西方的博学时代，像马比荣撰著的《古文书学》建立了这门新科学的坚实基础，虽然已经不能满足今天的要求，但其

---

[1]　李勇：《西方史学通史》第 4 卷，复旦大学出版社 2011 年版，第 16、20、136—137、139、141—146 页。

奠定的基础却是扎扎实实的，至今仍未动摇，他被誉为"17世纪最伟大的历史学家"[1]。因此，我们不能高估乾嘉考据的意义，也应该清楚它的学术意义与历史地位。而20世纪90年代学界曾经有回到乾嘉之呼吁，真是让人欷歔、感慨！

西方学术在博学时代之后是理性时代，或称之为启蒙运动时代，笔者在《导论》部分已用相当笔墨介绍了其中的"怀疑主义史学"流派的面貌、影响，此处不再赘述，仅略述此后的大致脉络，"这些启蒙思想家的美妙的憧憬，对于他们自己那个时代虽然成为一种极大的鼓舞，然而他们对理性无限信赖的那种历史乐观主义，却无可避免地带有极大的空想成分。他们的思想方式基本上是形而上学的，也就是非历史的。因此，他们的观点受到了19世纪不少人的反对。例如，著名的瑞士史学家布克哈特(1818—1897年)就反对那种以理性为依据的乐观主义。他批评人类之趋向完美、历史发展有一个目的等观点，都属于主观的臆想，并没有任何历史经验上的证明。"[2]"法国启蒙运动曾把理性主义和功利主义捧上天。德国的启蒙运动则强调经验、直觉和主观思维过程，认为这些东西才有永久的和普遍的价值。法国那些理性主义者是反对历史主义的实用主义者，而德国思想家则转向过去，其目的并不是为了'学习旧榜样'，而是为了表现人类精神和社会现象的连续性。总之，在法国人抛弃道德价值并把历史上的上帝从前门扔出去的时候，德国人却把他从后门拉了进来，不过在转变期这位上帝已不再是基督教义的一个题目了。"[3]"浪漫主义的性质尽管模糊不清，但因为它热情地求

1　汤普森：《历史著作史》下卷，孙秉莹、谢德风译，商务印书馆1992年版，第23页。

2　何兆武、陈启能主编：《当代西方史学理论》，上海社会科学院出版社2003年版，第4页。

3　汤普森：《历史著作史》下卷，孙秉莹、谢德风译，商务印书馆1992年版，第139页。

助于过去，特别是中世纪，以反对当时的潮流，对德国的历史写作还是发生了有力而有益的影响；这也是因为浪漫主义主张只有按历史规律发展的东西才可以说是有用的，这个论点从根本上推翻了理性主义者的论据。赫尔德是浪漫主义运动在学术上的始祖。"[1]

近代以来，西方并没有这样一种类型，即单一的"观念"、"概念"或者"根本"；相反，西方历史思想家在理论方面为人类提供了丰富的资源，历史的观念经过一代代思想家的演绎，构成了多元的话语系统，它呈现出各种不同概念、观点和实际作用之间错综分合的交流，而且还随着思想家们不断地思考、表现而获得扩充。可以说，穷尽西方史学所有的主要流派都不可能找到构成"层累说"等这样说法的直接或间接来源。而且真正全面了解并掌握西方史学理论和发展脉络的话，是一定会反对"层累说"这些说法的。

（三）从经主史次到经史混一

"认知是各种形式知识的总称，……既包括内容，也包括过程。认知的内容是指概念、事实、命题、规则和记忆，认知的过程是指你如何以一种让你能解释周围世界，并且为生活中的窘境找到创造性解决办法的方式，操纵这些心理内容。"[2]清末民初中国"舍旧谋新"崇拜的形成，而且该崇拜的"权势"与日俱增。他们虽然是选择性地拿来一些西方的理论或新名词，但一种学说、思想如果大行于一个社会，必然是有契合其社会心理、民族深层的精神结构、学术传统的部分。对于外来文化外来学术的认知与吸收同样如此，我们在感受西学的时

1　汤普森：《历史著作史》下卷，孙秉莹、谢德风译，商务印书馆1992年版，第188页。
2　格里格等著：《心理学与生活》（第16版），王垒等译，人民邮电出版社2003年版，第225页。

候，归根结底更多的是依赖我们意识的内在状态、意识的深度和广度，我们吸收西学、融汇构造的内容也更多地与这些方面有关。

值得注意的是，熊十力先生称新人"更托西洋，而汉学之帜，则且托科学方法以益固"[1]，周予同先生是极为少见指出胡适之学的主体乃中国学术的人，"依个人的私见，胡氏与其说用西洋的思想来整理'国学'——其实只是广义的史学，不如说集合融会中国旧有的各派学术思想的优点，而以西洋某一种的治学的方法来布勒它，来涂饰它。"[2]周先生指胡先生用西方的方法"布勒""涂饰"中学，这一点上，与晚年胡适十分熟稔的著名华裔史学家唐德刚先生直接称胡适等东方学者的西学程度为教科书的水平，并指胡先生七分传统，两者是异曲同工的。而顾先生之所以被人信任，是因为他在《古史辨自序》中创造的、与胡适的师生缘，如果胡先生的西方史学水平有限，那顾先生所受西方科学史学的影响就更不能高估了，那么顾先生的学术主体也只能回到中国的本土资源中去寻找。

中国文化的特征是经史同源、经主史次。在早期有司马迁的以经入史，将"六经经文"作"史事"使用，《汉书艺文志序》更明确地将《春秋》作为记事之史，将《尚书》作为记言之史，及至明清，王守仁的"五经皆史"说打通"事"与"道""史"与"经"的严格界限，李贽也提出过类似的"经史相为表里"说。出入经史的钱大昕在为赵氏《廿二史札记》所作之序中，特别说明经与史本一物之两面，而并非分离之"二学"。李保泰《廿二史札记》之序则首先申明"经者治之理，史者治之迹。三代以上明于理而经立，三代以下详于迹而史兴。"清人章学诚认为

1　《读经示要》卷一，上海书店出版社 2009 年版，第 10 页。
2　朱维铮编：《周予同经学史论著选集》（增订版），上海人民出版社 1994 年版，第 542、544 页。原载 1941 年《学林》第 4 期。

经史子集四部书皆与史相关："盈天地间凡涉著作之林，皆是史学。六经特圣人取此六种之史以垂训者耳！子、集诸家，其源皆出于史。"（《文史通义·报孙渊如书》）在提出"六经皆史"的同时，又提出"六经皆器"驳斥了"离器言道"说，反对把元典从特定历史范畴中抽象出来，变为超时空教义，从而把"治经"引向"治史"，或曰以治史精神去治经，把考证史料与发挥义理结合起来。这实际上是对 2000 年来以经书为万古不易教条的经学传统的有力挑战，同时又打破了经学与史学间的森严壁垒。[1] 开始呈现出经学与史学的纠结不清、混淆不分的特色，近上经史混一之途。这长期成为上古史学界的一大盲点。晚清学者服膺"六经皆史"说的不在少数，龚自珍也认为六经即史，认为将经与史分作两橛是不妥当的。张采田也力辟经史两分说，认为"六艺皆古史，而诸子又史之支与流裔也"（《史微·凡例》）。康有为也认为："史学大半在证经，亦经学也。"[2] 顾先生说："经学即史学。"（《古史辨自序》）"近世古史之研究，实导源于晚清之今文学，……本以解经学之纠纷，乃一变而为古史之探索。经与史之关系可知也。"[3] "这些议论，从史学侧面揭示了六经的历史价值，一反将经书神圣化、神秘化的传统，还其历史文献的本来面目，是以历史主义眼光看待元典的真知灼见。"章太炎认定，"六经都是古史"，"经外并没有史，经就是古人的史，史就是后世的经"。"这些见解在章学诚'六经皆史'说的基础上又有进展，不仅将经书还原为历史典籍，而且正面否定其神圣性，因而且

1　冯天瑜：《元典的近代诠释：经史同异论》，《中国文化近代转型管窥》，商务印书馆 2010 年版，第 64—65 页。另可参岛田虔次《六经皆史说》，收刘俊文主编《日本学者研究中国史论著选译》（七），中华书局 1993 年版，第 181—210 页。

2　康有为：《桂学答问》，《康有为学术著作选》，中华书局 1988 年版，第 49 页。

3　李源澄：《经学通论》，华东师范大学出版社 2010 年版，第 3 页。

有鲜明的近代启蒙思想色彩,构成新文化运动的组成部分。"[1]"从章学诚的'六经皆史'说到章太炎的新六经皆史观念,以及大约同时刘师培实际上按照西方学术分科来整理先秦学术的另一种新六经皆史取向,近世中国学术发展的内在理路中本有一条越来越趋向史学而或隐或显的路向,新文化运动时胡适提出'六经皆史料'的观念虽有突破,其实也是沿此一线在走。"[2]"六经皆史"是中国传统学术向近现代转型过程中的一个重要命题,对经史之学此消彼长以及最终混一起到了关键作用,并得到了几乎所有重要学者的一致肯定。实际上,这个问题是很复杂的,只有冯天瑜先生注意到了另外一面:"将元典还原为历史典籍,可以破除关于元典神圣的迷信,在这一意义上,'六经皆史'是一个颇有价值的命题。但是,将这一命题无限延伸,抹杀经书与史书、经学与史学之间的区别,将二者混为一谈,也是不妥当的。"[3]我们下文还要再谈。

　　经学的地位日渐衰落,外在原因与千古未有的中西碰撞导致的社会、政治变局密不可分,内在原因则与清末民初重新盛行的今文经学直接相关。对于它的兴起,学界各派一致称誉的、纯粹的学者王国维谓之:

　　"道咸以降,学者尚承乾嘉之风,然其时政治风俗,已渐变于昔,国势亦稍稍不振,士大夫有忧之,而不知所出,乃或托于先秦西汉之学,以图变革一切。然颇不循国初及乾嘉诸老为学之成法。其所陈夫古者,不必尽如古人之真,而其所以切今者,

---

1　冯天瑜:《元典的近代诠释:经史同异论》,《中国文化近代转型管窥》,商务印书馆 2010 年版,第 66 页。

2　罗志田:《走向国学与史学的"赛先生"——五四前后中国人心目中的"科学"一例》,《近代史研究》2000 年第 3 期。

3　冯天瑜:《元典的近代诠释:经史同异论》,《中国文化近代转型管窥》,商务印书馆 2010 年版,第 68 页。

亦未必适中当世之弊。其言可以情感而不能尽以理究。[1]

王氏的观察是深刻而敏锐的，针对学术问题，"可以情感而不能尽以理究"的指责堪称严厉。章太炎的批判语汇已见前述，它的"奇诡悠谬"之风虽然带动了思想解放，但今文家不断曲解孔子的意旨，注入自己的变法改革思想，无形中将今文经可能有的学术地位亦加以铲除。[2]"今文学在近代思想界的贡献或影响虽然极大，学术上的疑古辨伪，却是语多妖妄怪诞，得不到公认。"[3]民初马良、章炳麟、梁启超等仿法兰西研究院发起函夏考文苑，议论人选名单时，"说近妖妄者不列，故简去夏穗卿、廖季平、康长素，于壬秋亦不取其经说。"[4]而今文经派又刺激了古文经派的兴起。"今文经学为了回归孔子而推翻古文经典，开启民国'古史辨'的先声，而古文经学夷经为史，导夫民国以经学为史料之先路。章太炎的先导意义，在于他看待中国学术，是'以史为本'的态度。中国学术本以六经为本源……章太炎夷六经为古史，视孔子为史家，将整个中国学术都建立到'史'的基础上，这是对以经为主导的传统学术的一次大变革。"随着共和制的建立，"章氏之学，虽一度大行于天下，但随着留洋学生归国与新文化运动的兴起，中西之别变成古今之争，章氏'国故'之论，本为发扬国史之光辉，转化为胡适之的'国学'，则变成已死之历史。在胡适之等西化论者眼中，'中国'成为'历史'，中国一切典籍，成为死去的史料，于是倡导'整理国故'，

1　王国维：《沈乙庵先生七十寿序》，谢维扬等主编：《王国维全集》（8），浙江教育出版社 2009 年版，第 618—619 页。

2　王汎森：《古史辨运动的兴起》，台北允晨文化实业股份有限公司 1987 年版，第 193—208 页。

3　桑兵：《近代中国学术的地缘与流派》，《历史研究》1999 年第 3 期。

4　方豪：《马相伯先生筹设函夏考文苑始末》，《方豪六十自定稿》，台北学生书局 1969 年版，第 2002 页。

以西方学科的眼光来看待中国典籍,建立起中国现代学科。至此,中国学术的现代转型完成,而经学终至全面瓦解。”[1]

“从中国学术史发展演化的长时段内在理路看,到民国初年,经学从学术中心落向边缘这个现象是显著的。”“从根本上言,中国学问本不主张截然分类。读书人对各种学问多兼而治之,但以经学(及其在各时代的变体)为主……‘经附于史’的现象,自清季以后确可说存在,且在史学自身衰落之前,此现象可说是日甚一日。”“清季稍有成就的学者,已无所谓正统与异端,大致都不离‘治一切诸学’的取径。”[2]“民国时经学已一蹶不振,渐落到可有可无的地步。”[3]史学则摆脱了经学的束缚,蔚为大观,经学退居极为边缘之地。“故近人目录之分类,多不立经学之名,而依其性质分隶他目。”[4]“民国以来新学术体制下的主流一派,认为经学对于社会人生已无意义可言。即便是治经学者,亦视之为已陈的刍狗,只堪陈列于博物馆中,供后人凭吊。以彼等之见,所谓治经,不过考订而已,于是非热衷于辨伪,即埋首于训诂。另有一派,则以取自西方某家的新说衡量中国过去的一切,所作经学研究,既无旧时经师的博通,又乏新式考订家之细密,于注疏家之说乃至经书本身,入之未深,即先行挞伐,必欲将前人看重之物扫除净尽而后快。”[5]民国奄奄一息的经学到了1949年后不久就在学术界彻底消失。

人们对此通常的认知,或称之为经学式微、瓦解,化经入史,

1　陈壁生:《经学的瓦解》,华东师范大学出版社 2014 年版,第 8—9 页。

2　罗志田:《清季民初经学的边缘化与史学的走向中心》,《权势转移:近代中国的思想、社会与学术》,湖北人民出版社 1999 年版,第 306、319、325 页。

3　罗志田:《权势转移:近代中国的思想、社会与学术》,湖北人民出版社 1999 年版,第 318 页。

4　李源澄:《经学通论》,华东师范大学出版社 2010 年版,第 3 页。

5　严寿澂:《序言》,《百年中国学术表微·经学编》,华东师范大学出版社 2012 年版,第 1 页。

实则是经史混一。"王国维氏'以史治经',以'求真'为目的,并能'有得于西欧学术精湛绵密之助'的见解,揭示了民初'治史'与'治经'已不易区分的时代共识。后来口称以史治经或以子治经者,多视经为史;有的更直接主张以子治史。清人'以治经之法治史,就是以考据治史,所以不免于支离破碎,全无贯通之识',不能'深达古今之变',实'远不如以治诸子之法治史'。蒙先生本出身于今文经学,今文家与诸子学有一个共同点,就是轻章句而更注重'大义'。"[1]经史混一是中国传统学术内在理路的发展结果。因为经学本身蕴含了自我毁灭的潜在可能。正如方朝晖先生所指出的,中国古代儒家学术是以"做"为内在理路,求的是用。用李泽厚先生的话叫实用理性。"通经致用"一直是传统,当通经应对外在的西方冲击越来越乏力甚至无用的时候,它的合法性自然越来越弱,到一定地步的时候,自然会有被放弃的强烈愿望。但果真如此吗?钱玄同常常教导顾先生"该用古文家的话来批评今文家,又该用今文家的话来批评古文家,把他们的假面目一齐撕破,方好显露出他们的真相。"[2]余英时先生甚至认为"这个近乎虚无主义的观点后来就变成顾氏辨古史的一个最重要的锐利武器了"[3]。

(四)论经学不可分

当经学诸书被分别归入历史、文学、哲学三个学科之中而消亡,这事实上是按照西方学术分科治学分解经学的认知结果,活的典籍都成为死的"史料",这是中西学术碰撞导致中国学术全面西化最关键的地方。而主导中国传统文化与学术两

1　罗志田:《权势转移:近代中国的思想、社会与学术》,湖北人民出版社1999年版,第351页。
2　《秦汉的方士与儒生·序》,上海古籍出版社2005年版,第4页。
3　《五四运动与中国传统》,《中国思想传统及其现代变迁》,广西师范大学出版社2004年版,第83页。

千年的经学之消失，实构成为中国古代历史与文化研究的一大灾难。

为什么用如此尖锐指责之词呢？这是因为它是中西碰撞导致的思维混乱的结果和研究中国历史与文化产生更加混乱的根源。如果学术的性质不同，即使两门学问的研究对象一致，我们也不能以同样的名称称呼它们，即如普通人对一可食药两用之物，也会明白自己是进食还是药补的性质、目的与数量范围，况学术门类并非某个人一朝一夕的发明而是漫长历史进程的产物，而与其相对应的是导致形成该种学术的独特的思维方式、不同的治学目的以及相应的研究方法。而如果要把思维理路不同的两门学问称为一个名称，那就必须十分清楚地交代是根据什么标准这样做的。大家知道，科学、艺术与宗教分别代表着不同的思维理路，但极少有学者把它们视为同一类型的学问，如果有学者用科学的标准去衡量、判定艺术与宗教，去按科学中的学科门类来划分后者，大概没有学者会不认为这是荒谬的。对于将经史混一，学界主流并没有人做过清晰的交代。而我们面对的经史之学大致以中国上古问题为研究对象，但这并不意味着可以将经与史混为一谈。这一点在孔子那里是很清楚的，论经是"禹汤文武，成王周公，可胜观也"，谈史时叙述五帝则娓娓道来（见《大戴礼记·五帝德》），古代个别经师及近现代许多著名学者竟然认为孔子不知道黄帝、颛顼等，世界如若真有灵魂的话，不知他们相见，谁会更加难堪。司马迁也是很清晰地知道《春秋》作为"史书与作为经书的《春秋》是颇不相同的。"司马迁说：《春秋》的功能是"为天下仪表"，其特色是"辨是非，故长于治人""《春秋》以道义；拨乱世反之正，莫近于《春秋》"。揭示了经书的基本属性：其创作动机是行道救世，树立天下仪表，通过治人以达王事；其研究对象是"义法"，即社会道德行为的法则，其学术性质是反省批判与预言，其学术方法则是扬抑褒贬，昭示价值评判准则。至于司马迁所从事的史书撰修，则另有旨趣，他自称："余所谓述故事，整齐其世传，非所谓作也。"说明了史书的基本属性，其创作动机是保存天下史迹，通过"述往"以重现历史；其研究对象是"故事"（即过往的事迹）；其学术性质是叙述与推论；其学术方法是搜集史料，然后记述之、评论之。……史书也可能对未来作出预测，但那是通过"述往事"以实现"思来者"，一般极少直论未来。[1] 事实上，孔子创立儒家之后至汉武正式确立并绵延不绝的经学，之所以一直与史学判然并立，主要是因为它们代表着两种迥然不同的思维理路。蒙文通先生指出："治经治史，方法目的都不同。"[2] 前者以价值判断为特征，必定预设若干价值作为其信徒千古不变的永恒追求，其主要任务是建立和谐的人间秩序、经邦治国，直接要求人们投身于人格的践履、灵魂的拷问和心理的训练以及解答人生的终极关怀问题；主要内容是对人生的各种劝诫和箴言，经是靠信仰维系的；而后者则是一门记录历史、追寻真实的学问，主要内容是对历史人物与事件以及各种历史问题提供客观的认知，道德劝诫并非它的主要内容，直接要求从事它的人们以合乎历史的方式进行思辨，它作为一门科学反对把任何一个现存的结论当做必须无条件接受的前提，史书所提供的也只是记述历史的深刻知识。简言之，经重价值判断，史贵事实判断，经重善美，史贵求真。"六经是圣人因事寓教。就其精神而言，经有基本的原则和方向。但经本身不是僵化的教条，这一点很重要……就其义理而言，经的意义表述不是直接的，而是象征性的、启示

1　冯天瑜：《元典的近代诠释：经史同异论》，《中国文化近代转型管窥》，商务印书馆 2010 年版，第 69 页（原载《中国社会科学》1993 年第 3 期，原题为《经史同异论》）。

2　参见蒙文通：《治学杂语》，《蒙文通学记》（增补本），三联书店 2006 年版，第 34 页。

性的。"[1] 而史则重视实录。"经之贵义",即使是述史,其目的也是在"彰善瘅恶"。经书"可以纳入广义史书的范围,然而,经书又独具自身属性,拥有特定的功能,与狭义史书有所区别"[2]。"经与经说皆为史料,此自史学言之耳。若自经学言经学,则经学自具有其特性……经本是史文,但自经学成立以后,即变其性质。历史之于人生,言其意义,充其量不过知往察来、惩恶劝善而止耳,而经学则有为人生规律之意义。哲学者,言之成理、持之有故而已,而经学虽非宗教,而有宗教之尊严……(经学)为一特殊之学问,自具独立之精神,而非史与子所能包含。预知经学对吾国影响之大,当自历史中求之,亦惟于历史中求经学,始能见经学之意义。"[3]

经与经学真的可以按照西式分科一分为三吗? 它们难道真的在中国社会和学术界中消失了吗? 这个问题既然是在中西学术碰撞中产生的,那么我们也必须回到中西学术的比较中才便于清晰地阐述。按西方的标准看儒家经学,首先就应该研究她是哲学还是宗教,抑或是二者兼而有之? 这是一个极大而尚待解决的问题。我们只得简略梳理一下欧美历史与学术的大脉络——由两希文明融汇的基督教到近代科学的昌明。

千百年来,西方学者可以研究基督教宗教体系中的哲学、伦理学、政治学、经济学等思想,但却无法否认或摧毁其教义或学说存在着超越于这些学科范畴的独立逻辑。如果将基督教教义肢解、归并到这些学科门类中,等待他的命运必然是快速衰亡。但这种情况并没有发生,宗教与科学依然并存、发展。

1　姜广辉主编:《中国经学思想史》第一卷,中国社会科学出版社 2003 年版,第 35 页。

2　冯天瑜:《元典的近代诠释:经史同异论》,《中国文化近代转型管窥》,商务印书馆 2010 年版,第 68 页。

3　李源澄:《经学通论》,华东师范大学出版社 2010 年版,第 3 页。

以科学消灭传统学术的情况，并没有发生在学术十分发达的西方，却发生在近现代以来的中国。这正是本书想要提醒人们思索的问题。况且，不少学者都指出这种情况，外表光鲜华丽的西方启蒙、科学等体系，其内在理路仍然没有摆脱基督教那深深的脉络，柯林武德说："当我们探讨它们（归纳的前提、推论、证明等逻辑问题）的历史时，我们就会发现这些义务是植根于某些对自然及其创造者上帝的宗教信仰之中的……如果它今天似乎对于某些读者是悖论，那只是因为事实已经被宣传作品的烟幕所蒙蔽了，这种作品以 18 世纪的'启明主义'运动而开始，被 19 世纪的'宗教与科学的冲突'所延续，其目的是以假想的'科学的世界观'的利益来攻击基督教神学，——其实这种'科学的世界观'却是以基督教神学为基础的，而且不可能在基督教神学毁灭之后再多活一刻钟。取消了基督教神学，科学家也就再不会有任何动机去做归纳的思想所允许他去做的事了。如果他终究这样继续做了下去的话，那只是因为他盲目地在遵循着他所属的那个职业团体的习惯。"[1] 四百年来，人类崇尚的"历史进步论与基督教进步观有着渊源关系，可以概括为：第一，在牛顿的学说影响下，启蒙学者赋予所崇拜的对象一个新名词，他们用自然代替了上帝。第二，以伏尔泰为代表的自然神论者对无神论的拒绝，表明他们对基督教的虔诚。第三，历史进步论者，以对人道的爱取代了对上帝的爱，以人类通过自己的努力而达到完美的状态取代了人类的赎罪，以希望活在未来世世代代的记忆之中取代了希望在另一个世界里的不朽"[2]。我们由西方的历史经验返回到东方来看，上文已经初步考证三聖及胡适均受有不同程度的今文经学的影响，如何深入、准确把握西方学术的真实影响

1　《历史的观念》（增补版），北京大学出版社 2010 年版，第 252 页。
2　李勇：《西方史学通史》第四卷，复旦大学出版社 2011 年版，第 19 页。

以及东方传统学术的真实存在仍是一个任重道远的课题。

中国传统的经学之所以不宜按西方的分科来研究,之所以不能像近现代学术将其一分为三,是因为这种做法不仅割裂经学的固有脉络与内在联系,也使其中的一部分无所安置,更严重的情况会导致人们产生思维错乱的现象,凡此种种,晚清至民国并非没有人指出,如李源澄说:"所谓经学者,惟汉儒之通经致用、宋明儒之义理之学足以当之。汉儒之学偏于政治,在吾先儒则以为外王之学;宋儒之学偏于内心修养,在吾先儒则以为内圣之学。以今日术语言之,则一为社会科学,一为哲学。"廖平曾谓"'今学为哲学,古学为史学',是也。""然吾皆谓之为经学者,以其必皆在经学上求根据也。而经学之所以成为经学与其影响之大,亦正在此。此于吾国政治上之统一关系甚大,不难一思即得,无待赘言……吾人于固有学术有重新认识之必要……惟其如此,然后可以推陈出新,继续前人之文化。"[1]但这种理性的声音在民国学界却如黑夜中的哀吟,乏人理会。正所谓宰相有权可割地,孤臣孽子难回天。

(五)论经史不可合

首先必须明白经为何物,性质怎样,意义何在?其次必须理解史为何物,性质怎样,意义何在?而后才能做出进一步的分析。

要想准确把握中国的经及其在中国历史与社会中的意义,首先需将其置于与其他文明之经(还需分轴心文明之经与其他文化之经)进行比较的背景中才能寻得其真实之史学与社会学的意义,"成文的经籍大都或有叙事性质或有阐发性质。事实上,神圣和半神圣文献的类型很多,而且形形色色。既有神奇的……原始时代、上古时代的符咒,也有颂诗、祷词、偈颂、神话、神灵及英雄本事、史诗、寓言、神圣律法、礼仪指南、主要宗

1　李源澄:《经学通论》,华东师范大学出版社 2010 年版,第 3 页。

教人物的教诲及其解说、训诲性的秘闻录、先知圣贤对话以及哲理议论。事实上,经籍只求表达宗教感情和信念,不拘形式。"[1]这也就是说,要从社会学意义上去充分理解经,但本节的讨论只限于实现了超越、突破的轴心文明之经。其次不能局限在儒经之中,这牵涉到中国经学是宗教还是哲学的问题,实际上,中国本来是不分的,中国经的特点大多不是神启的,而是人文的、历史的,而且可以儒道互补或三教为一。赋予历史以一定的理想与西方上帝或弥赛亚之类的神启相比,那个更好一点?简言之,研究中国的历史,必须考虑它的独特性,切不可将其与西方的不同之处视为落后、伪造,等等。

我们习惯于四大文明古国的说法,自雅斯贝斯在1949年出版的《历史的起源与目标》中提出轴心时代的说法,目前,基本公认轴心时代形成了希伯来宗教、古希腊的求知理性、印度宗教和中国儒家四种基本类型的文明,他们都发生了"终极关怀的觉醒",完成了对原始文化的超越和突破,成为不死的文明。所有超越性文明都有神圣的经书,它们的前提各有不同,所禀有的权威程度也不同。但却是解释包括宇宙秩序、政治、道德规范,甚至日常生活等一切的准则以及正当性来源,超越性文明都有一个可以辨识的创立者,通过他的教导、生活,给他的追随者设定了一套可以效仿的模式,每种超越性文明都有一套关于人的处境和得救方式的不同的感知系统,都有强大的伦理传统,无不给予复杂的哲学体系、艺术、戏剧和音乐以灵感。更重要的是,虽然四个地方之间有千山万水的阻隔,但它们在轴心时代的文化却有很多相通的地方。换句话说,这几个地方的人们开始用理智的方法、道德的方式来面对这个世界,同时

1　中国大百科全书出版社不列颠百科全书编辑部编译:《不列颠百科全书》(国际中文版)第15卷,中国大百科全书出版社1999年版,第152—153页。

也产生了普世的宗教，这些理想价值投射到社会组织上，就会形成不同文明类型的社会组织蓝图，社会组织蓝图和现实社会的互动，成为塑造该社会的长程动力，由此塑造出与这种超越视野相适应的不同的传统社会和文化传统，也一直影响着人类的生活，而超越和突破的不同类型决定了今天西方、印度、中国、伊斯兰不同的文化形态。布克哈特早就指出："所有高级的文化都具有这样一个特性，那就是它们能够复兴。这种复兴也许是自我复兴，也许是借助一个后来的民族。这个后来的民族可能通过传承关系继承了某一个以往文化的某些成分，也有可能出于敬仰把以往文化部分地转化为自己的文化。"[1] 不同的演化模式，各自独立发展，发生文明碰撞，导致文明融合。那些没有实现超越突破的古文明，如巴比伦文化、埃及文化，虽规模宏大，但都难以摆脱灭绝的命运，成为文化的化石。而这些轴心时代所产生的文化一直延续到今天。凡是实现了超越、突破的文明（世界性宗教），都具有人类永恒的内容，如儒学在人与自然的关系上凸显"天人合一"，在人与人的关系上，强调"仁爱"、"秩序"与"和谐"的价值，这些价值对于人类是可以超越时间和空间的，是具有恒常意义的永恒的价值。它们的信奉者，生来就在该文明形成的文化氛围中，他们很难改变自己的信仰，就如成人之后，许多信仰、习惯很难改变一样。历史上，成熟的文明地区只有大片的佛教地区被伊斯兰化、伊斯兰的西班牙地区被天主教化是少见的例外，这一现象值得深思。每当人类社会面临危机或新的飞跃的时候，我们总是回过头去，看看轴心时代的先哲们是怎么说的。

　　经与经的诠释所形成的经学现象是文明发展到一定历史时期的必然产物，经都蕴含着极其丰富的重要内容，大到自然秩序、人类秩序（社会秩序、政治秩序）的解释，小到人生如何活法

1　布克哈特：《世界历史沉思录》，北京大学出版社 2007 年版，第 61 页。

的规定、对生死的态度和生存智慧等，是一套关于自然、社会、人生的价值系统。对于信奉者来说，它具有正确性和权威性乃至神圣性，是某种带强制性的、精神性的权威，尊奉经典是通过对其价值观的自觉认同来实现的。它构成社会共同体的价值规范与民族共同生活的基本准则，是形成民族、社会心理的基石，往往成为西方学术界所谓大传统的主干。各文化传统之间的区别，最具代表性的是各民族信奉之经所表现的精神的不同。经学的研究有内史和外史的区分：内史的部分一是学术层面，二是信仰层面。外史的部分是将经书与人的行为、时代精神与民族心态等社会因素链接起来，探讨它们之间互相影响的过程。

儒家经典是孔子等圣贤将理想投注于历史文献以实现价值的叠加与转换的人文体系，称之为托古则可，谓之改制则误。无论是儒经还是道经，从一开始就被认为是圣贤的智慧之作，是人们尊信奉行的人生箴言。它们由人为人而写，逐渐具有了权威性，因而受到高度崇敬，可以说事实上是神圣的，将这些与西方神启的、先知的相比可看出中国的进步性。儒学本质上是社会精英阶层维系社会秩序如何运转的学说，也是调协自然、社会、人生之间关系的学问，做到了自然与名教、生命与意义融为一体，具有多方面的原创性。它在汉代争取到经学的地位，是以背离原始儒家的民本思想为代价的。"'经'是历史上被称作'圣人'的先觉者为人们所制定的思想准则和行为规范。从本质上说，'经'体现一定民族的价值观和生活方式，其作用在于维持该社会的整体性和相对的一致性，使某种社会化的生活方式能进入一种良性循环的状态，并在此社会化生活中培养人们应有的高尚道德和精神内涵，从而成为增强其民族凝聚力的文化精神。"[1] 所以，经书的研究便成为汉代以来最重要的学术活

1　姜广辉主编：《中国经学思想史》第一卷，中国社会科学出版社 2003 年版，第 21 页。

动，而人们对经和经学的研究多是基于狭义的理解，限于五经四书及其研究。“经学之成为经学，本由汉初诸大儒以其思想托诸经文而成经说，其治学之态度，不专为注释经文，古文诸师皆后起，主于训释文字，无西汉所谓微言大义。”[1] “经学者，统一吾国思想之学问，未有经学以前，吾国未有统一之思想。经学得汉武帝之表彰，经学与汉武帝之大一统政治同时而起，吾国既有经学以后，经学遂为吾国人之大宪章。经学可以规定私人与天下国家之理想，圣君贤相经营天下，以经学为模范，私人生活以经学为楷式，故评论政治得失，衡量人物优劣，皆以经学为权衡，无论国家与私人之设施，皆须于经学上有其根据，经学与时王之律令有同等效用，而经学可以产生律令，修正律令。在吾国人心目中，国家之法律不过一时之规定，而经学则如日月经天，江河行地，万古长存，……经学为陶铸吾国两千年历史之学问，吾国文化史之中心。”[2] 经学成功地将一种学派的意识形态转化为社会的文化“大传统”，人与人的关系是差序格局的模式，并以此建构或更新社会秩序，经学覆盖了世俗政治的一切方面，包含了传统的政治制度、观念模式与价值模式，实质上成为政教合一的体制。“经学对中国文化各部分之关系者，以吾国自汉以来之历史皆以经学为中心也。经学对吾国政治、社会、人心、风俗关系之大，人皆知之……经为吾国古代文化之总汇，谓古代一切与经有关可也。二千余年之历史，其主要学术为经学，谓两千年来之文化与经有关可也。”[3]

经学的历史实际是价值信仰与意义阐释的历史。以历史观点来看，经学的研究是透过注释、解析固定的文本来阐发流动的思想和时代的精神。在经学家那里，价值判断要高于事实判断。

1　李源澄:《经学通论》，华东师范大学出版社 2010 年版，第 30 页。
2　李源澄:《经学通论》，华东师范大学出版社 2010 年版，第 3 页。
3　李源澄:《经学通论》，华东师范大学出版社 2010 年版，第 3 页。

经学既是学术研究的中心，也是传统政治、社会生活的价值源头，经学精神、政治建构、社会生活紧密结合在一起。经学精神为政治改革与社会生活提供了基本价值，而政治建构与社会生活则是经学义理在历史中展开的经验。在学术上，在儒家学说史上"六艺"或"五经"一直处于群学之首、万学之源的特殊地位，……至于经、史、子、集的分类方法，本身已包含着一切学问均必须以"经"为宗的原则。[1]经的特质与政治关系太近，考虑到经典的神圣性，便可发现政治层面的经学活动是十分复杂的。在这些意义被重新发现之后，就会理解到新派学者将古代经典诠释活动看作嗜古成癖的学究的漫画式的理解是不对的。

在整个社会系统中，文化及其价值的意义之网与分层。"我们把精神本能地发展的总合称之为文化，这些发展可能没有引起世界性的影响，或者根本没有指望引起这种影响……从广义上讲，而且相对于国家和宗教而言，文化作为一个整体，其外部表现形式就是社会……文化的每一个因素都有其产生和繁盛，即自我实现的过程，然后开始衰落并且沉淀到传统中去（假如它有这个能力和有这方面的价值的话）继续存在。文化的许多因素并不为人感知，因为它们是从某个以往民族那里传承到人类共同的血液中的。我们应当时刻意识到，这种无意识的文化成果的积累不仅发生在每个民族中，而且也发生在每个人身上。"[2]文化的双重功用：外在的社会性和内在的学术性。文化这一子系统也有着它自身的子目标和相对独立的存在价值，它有着任何系统所必具的自调性、自律性特征，它本身是一个系统闭合，依循其内在的规律实现其自我调节和功能转换。西方的近代文化变革是一内驱的、自发的演化历程。中国的近代文化

1　方朝晖：《"中学"与"西学"：重新解读现代中国学术史》，河北大学出版社 2002 年版，第 19 页。

2　布克哈特：《世界历史沉思录》，北京大学出版社 2007 年版，第 51 页。

变革显然是外激的、他发的。[1]对于文化问题，涉及的理论非常
复杂多样，如大传统小传统（或称精英文化大众文化、雅文化
俗文化），还有文化的统一性与多样性、共同性和差异性等问题，
在此无法展开。经与经学属于高等文化，近年来有学者称之为
文化基因，经、经学与人群社会产生了复杂的互动，久而久之，
已经融化于民族的血脉之中，便形成民族的社会心理。"若明于
经学之意义，虽愚夫愚妇素不知书者，考其信仰与其言行，亦
多在经学上有根据，经学可以分隶其他学术哉？"[2]而况熟读经书
与熟稔经学的士大夫。

　　重新审视经学衰亡的过程及其存废的评价，经学是否真正
消亡了呢？这要从多角度分析，在政治层面，因为经的特质与
政治关系太近，民国肇建就废除尊孔读经，经学失去了思想界
的支配地位。在其他方面，可谓名亡而实存。学术层面，主导
地位下降，且被一分为三，但旧的传统依然强大。在价值层面
和文化功能上，它虽受新的强烈冲击却依然稳固，这一点是被
大多数研究者忽略了的，民国两次经学存废之争和近年的国学
"复兴"都是前述"高级文化"总会有复兴的内在趋势所决定的，
也是他强大的基础。

　　实际上，那些认为经学衰亡的学者们并没有认真思考过这
样一个问题：主宰中国传统文化两千年的经学竟然在短暂的数十
年中灭亡了，这是不是一个让人莫名惊诧的事情？笔者认为这
是太过注重社会表象了，只看到像物理学上的加速度一样的尊
西尚新的风尚，忽略了深厚的传统的思维方式和价值观仍潜移
默化地在现实的社会生活和学术研究中所发生的主导作用，也
就是经学思维、常识思维与历史思维的问题。经学思维大体上

1　许纪霖：《智者的尊严：知识分子与近代文化》，学林出版社1991年版，第
　　232页。
2　李源澄：《经学通论》，华东师范大学出版社2010年版，第3页。

相当于常识思维，二者构成了血脉相连的关系，而中国存在着阙疑传统的历史思维，对此，郭璞的一段话就可以简单而深刻表达出经学思维（或常识思维）与历史思维（人类学视野）之不同。

郭璞《注山海经叙》曰："世之览《山海经》者，皆以其闳诞迂夸，多奇怪俶傥之言，莫不疑焉。尝试论之曰，庄生有云：'人之所知，莫若其所不知。'吾于《山海经》见之矣。夫以宇宙之寥廓，群生之纷纭，阴阳之煦蒸，万殊之区分，精气浑淆，自相渍薄，游魂灵怪，触象而构，流形于山川，丽状于木石者，恶可胜言乎？然则总其所以乖鼓之于一响；成其所以变混之于一象。世之所谓异，未知其所以异；世之所谓不异，未知其所以不异。何者？物不自异，待我而后异，异果在我，非物异也。故胡人见布而疑黂，越人见罽而骇毛。夫玩所习见而奇所希闻，此人情之常蔽也。今略举可以明之者：阳火出于冰水，阴鼠生于炎山，而俗之论者，莫之或怪；及谈《山海经》所载而咸怪之：是不怪所可怪而怪所不可怪也。不怪所可怪，则几于无怪矣；怪所不可怪，则未始有可怪矣。夫能然所不可，不可所不可，然则理无不然矣。案《汲郡竹书》及《穆天子传》：穆王西征见西王母……穷欢极娱，然后旋归。""案《史记》说穆王得盗骊騄耳骅骝之骥，使造父御之，以西巡狩，见西王母，乐而忘归，亦与《竹书》同。《左传》曰：'穆王欲肆其心，使天下皆有车辙马迹焉。'《竹书》所载，则是其事也。而谯周之徒，足为通识瑰儒，而雅不平此，验之史考，以著其妄。司马迁叙《大宛传》亦云：'自张骞使大夏之后，穷河源，恶睹所谓昆仑者乎？至《禹本纪》、《山海经》所有怪物，余不敢言也。'不亦悲乎！若《竹书》不潜出于千载，以作徵于今日者，则《山海》之言，其几乎废矣。……此书跨世七代，历载三千，虽暂显于汉而寻亦寝废。其山川名号，所在多有舛谬，与今不同，师训莫传，遂将湮泯。道之所存，俗之所丧，悲夫！余有惧焉，故为之创传……庶几令逸文不坠于世，奇言不绝于今，夏后之迹，靡刊于将来；八荒之事，有闻于后裔，不亦可乎。夫鹥荟之翔，叵以论垂天之凌；蹄涔之游，无以知绛虬之腾；钧天之庭，岂伶人之所蹑；无航之津，岂苍兕之所涉；非天下之至通，难与言《山海》之义矣。呜呼！达观博物之客，其鉴之哉。"

郭璞所说"世之所谓异，未知其所以异；世之所谓不异，未知其所以不异。何者？物不自异，待我而后异，异果在我，非物异也"这段话带着辩证色彩的认识，而"夫玩所习见而奇所希闻，此人情之常蔽也"则表达出透彻人性的见地，至于"谈《山海经》所载而咸怪之：是不怪所可怪而怪所不可怪也。不怪所可怪，则几于无怪矣；怪所不可怪，则未始有可怪也"更是具有不凡的人类学视野。

将郭璞这段不为人所重视的话语与常识思维、经学思维做对比，可以看出它清晰地表达出阙疑的历史思维，直到现在，学术界仍有很多学者视《山海经》为荒诞不经，就是习惯了经学思维和常识思维所使然。什么是常识思维？我们姑且以西方启蒙运动时期伏尔泰为例做简要的代表性说明：他提出系统的判断不可信的方法：虚构的细节不可信。描写未见过的事物不可信。妄谈是骗术，不可信。不合常理者不可信。传说的东西不可信。夸大其词者不可信。自相矛盾者不可信。这些是否大体上与顾先生的标准相当？不过，伏尔泰还总结出一些取信、存疑的原则。已证明为可信者是可信的。疑信相见时，怀疑细节，取信大事。说法不一，则存疑或者兼收并蓄。秘密问题没有目击则存疑。[1]无论是常识思维还是经学思维，它们都不必然是历史思维，更

1　李勇：《西方史学通史》第 4 卷,复旦大学出版社 2011 年版,第 225—227 页。

不等同于科学思维。而思维方式一旦出了问题，那用什么方法恐怕都无济于事。

　　经学与史学的差异究竟属于同类学术内部的还是不同类型学术之间的？既明上述，那么我们可以认为经史之别是不同类型学术之间的。经是一套价值系统，规定何者为善、为美的，史的性质主要是求真的，史，又称历史，指往事、过去及其记录与研究。如果仅仅只是总结过去，那么，历史作为一个存在，就应该消失。但历史是延伸的。历史是文化的传承，积累和扩展，是人类文明的轨迹，又是继续发展的基础。基本的情况在此无须赘述。可以做这样的设想，如果把社会比做巨大有机体的身体，历史中实际的经与经学提供的是一整套价值系统，影响无处不在，相当于人的大脑指挥中枢，大脑的价值系统一乱，则一切的是非也随之而转变，从未有过一个民族彻底废弃自己的经而不造成混乱的。政治经济体系相当于上半身（五脏六腑），军事相当于肢干（躯干），文化就是附着于巨大有机体的形神、样貌等特质，心理相当于血肉。历史则记录此行动的轨迹。新文化运动倡言"反传统、反孔教、反文言"，是试图用一套新的价值来取代旧的传统，而照此比喻，换经相当于要施行换脑术，必经过长期周密的准备才能试行，迄今尚没有成功之例。而文化的传承与演化，或如商损益夏、周损益商，或如夷夏交争，是传承基础上的变化，要硬生生地改变几千年的文化传统，是既不可行的也不可能的。以上只是一个推论，而不是一个完整的理论。自从"六经皆史"成为主流到今天，学术界将经文看作史料，将经学视为史学，顾胡两先生对经与经学的理解大概就是对那些经书的研究，对史与史学的理解更着重于考据。本质上是以知识考古学的态度研究、解释六经，这种做法的特殊意义在于它改变了传统的经学思维方式，它实际上是对传统经学的一种降格，经学因此就失去了它极为重要的社会、政治与文化功能，使经与经学变成了学术博物馆的陈列。经史虽然同源，并不意味可以将其合而为一。比如英式橄榄球与现代足球同源，它们却是两项运动，场地、规则及对运动人员的要求各有不同，我们能把橄榄球的名字取消，而后用其场地、规则去评判足球运动这个不对、那个奇怪吗？相信所有人都知道这种做法是大错特错的。而经史混一就与此如出一辙，它造成了"新知未浚，旧学先亡"，或者像严复所说的"旧者已亡，新者未立，怅然无归"的境况。因为在这一过程中，中国传统学术传统的独立性和完整性遭到了不应有的忽视和摧毁，从而使其失去了生机与活力。

周予同先生说："使中国史学完全脱离经学的羁绊而独立的是胡适。崔适只是以经今文学兼及史学，夏曾佑只是由经今文学转变到史学，梁启超也只是逐渐脱离经今文学而计划建设新史学。只有胡适，他才是了解经今文学、经古文学、宋学的本质，接受经今文学、经古文学、宋学的文化遗产，而能脱离经今文学、经古文学与宋学的羁绊，以崭新的立场，建筑新的史学。转变期的史学，到了他确是前进了一步。"[1]"民初不仅史学独大，而史家亦以能考据者为大。"[2]胡适确实是中国史学演变之一大枢机，因为新文化运动给了经学致命的一击，使得经史混一的结果彻底完成，至于脱离羁绊而独立并确是前进仍需深考。

经之所以并于史，深层原因即因思维方式之相近，治学手段亦吻合，考据等工具性的手段都属于广义经学研究的范畴，当经学的主体地位根本动摇乃至衰亡后，分化成哲学、史学、文学，剩下一部分无处安置，原来处于附庸地位的各门工具性学问如考据学异军突起，后来居上，蔚为大观，大多数正式以

1　朱维铮编：《周予同经学史论著选集》（增订版），上海人民出版社 1994 年版，第 542、544 页。原载 1941 年《学林》第 4 期。
2　罗志田：《清季民初经学的边缘化与史学的走向中心》，《权势转移：近代中国的思想、社会与学术》，湖北人民出版社 1999 年版，第 351 页。

哲学、语言学、文字学、文学、考古学等名目独立称"学"。治理经史本来需要极为复杂的学术指导和技术手段，不是一般学者可以驾驭的，上论经学之不可分，而治经理史本自有别，就如同数学、物理虽有联系但绝不能合并为一的道理一样，既不可合而又真混同的话，就产生了严重问题。

实际上，学术界运用的最关键的观念、起支配作用的方法等主要成分，依然来自于东方传统本身的文化、学术、思想的传统，经学思维的惯性依然相当强大。蒋介石先生在胡适过世后送的挽联中称其"新文化中旧道德的楷模，旧伦理中新思想的师表"，点出其新旧并陈，许纪霖曾以"胡适：新观念背后的旧魂灵"更看重其内在的旧传统一面。[1] 学术、政治和文化传统所衍生的主观的今文经学的风尚，指导思想实际上是以论带史，以为历史可以随意编造、假造，在方法上，以经子之学衡断史学，加上削足适履地对科学史学某些原则的误读与误用，在实践中强调重视史料鉴定而实际上却不知如何结合中西的方法，忽视"战国从（纵）横，真伪纷争，诸子之言纷然殽乱"（《汉书艺文志》），忽视古代史官记录和史部书籍的可靠性，以"平等的眼光"，将传统史学中正史的《史记》、编年类的《竹书纪年》、别史类的《逸周书》、杂史类的《国语》《战国策》与先秦各种经子集书籍材料平铺混一，漠视史书来源是经过史官处理的，更可靠。作为史家，应当尊重同业的先贤之努力，以敬仰的态度面对齐太史之类的史家先烈。因为，即使在今天，人们需要了解历史，自然会去寻找史学家撰写的历史书，而不会拿政治、社会等类书籍中的历史叙事当历史看。面对历史记载的奇奇怪怪的事例，本应当以历史思维、根据文字表达的意义去研究，根据蛛丝马迹、穷追猛打进行深入的研究或比较，可实际上却是受"疑古

---

[1] 《智者的尊严：知识分子与近代文化》，学林出版社 1991 年版，第 100 页。

思维"的操纵，不重视大同而突出小异，把经学的价值作为史学判断真假的标准，往往想当然地依据经学思维、常识思维就下了判断，直到今天，绝大多数的研究者也是以常识常情做历史判断的，但这些常识、常情绝大多数却都不合于传说时代的常识。每以后世主要是周代某些关键字之字义、观念（如地理的、文化的、族群的、宗法的等等）推之、套用到了传说的五帝时代，如常常以周人的宗法观念（如经学中）解读传说时代的世系，"神不歆非类，民不祀非族"（僖公十年），"鬼神非其族类，不歆其祀"（僖公三十一年）是人们最常引用的信条，华夏的连绵不绝与汉字的一脉相承更是使这种错误一以贯之且难以纠正，由此将传说时代中帝系中的祭祀关系理解为生物性的血缘关系，进而以其中的矛盾为理由来否定帝系的合理性。"怪力乱神"都是编造出来的逻辑实际上是"子不语怪力、乱神"的延伸与绝对化。在此情况下产生什么奇谈怪论都是可能的，结果造成了陈寅恪先生评价当时所谓墨学研究的情况："任何古书古字，绝无依据，亦可随其一时偶然兴会，而为之改移，几若善博者能呼卢成卢，喝雉成雉之比。"并认为"此近日中国号称整理国故之普通状况，诚可为长叹息者也"[1]。"今日吾国治学之士竞言古史，察其持论，间有类乎清季夸诞经学家之所为者。"[2] 蒙文通先生说："感觉大家治先秦多是猜谜，自汉以下具体一些，才有可讲。"[3] 历史研究更多的是具体的时空人，"层累说"去除了中国远古的古史体系后，具体的研究就变成了拼盘游戏，三皇五帝的古史体系本来还史影依稀，结果成谎言连篇。

1　陈寅恪：《冯友兰中国哲学史上册审查报告》，《金明馆丛稿二编》，上海古籍出版社 1980 年版，第 248 页。
2　陈寅恪：《陈垣元西域人华化考序》，《金明馆丛稿二编》，上海古籍出版社 1980 年版，第 249 页。
3　蒙文通：《治学杂语》，《蒙文通学记》（增补本），三联书店 2006 年版，第 34 页。

经史混一（或可称以经灭史）导致经学横柴入灶冲入史学，结果将历史意识腰斩，"层累"等说最要害之处和"疑古思潮"的本质是用经学思维（常识常情）衡断传说时代之历史，"疑古"的道德与价值代替了历史的专业研究，"疑古"的实质可以用一个"去历史化"的术语来概括，"疑古思维"就构成了操控东方学者对中国古史传说时代研究的隐性逻辑乃至思维定式，它是"无意识的"，使"疑古思潮"对该领域的误解和歪曲被认为是学术的、客观的。这足以说明顾胡两先生经学思维（或常识思维）的不当，而沉默的大多数学者对顾先生的推崇乃至膜拜依然是经学思维在作怪。这成为今人理解的最大障碍。再次强调，没有历史思维、人类学的视野而只有经学思维的话，是无法言说传说时代的历史的。

这也涉及对胡适与整理国故运动的研究与评价，现有的成果相当丰硕。此处姑以王汛森先生归纳的五点作简要的评析：（一）"事实"与"价值"的分离性：1926年《国学门周刊》创刊词：凡是真实的学问……是一律平等的。（二）平民的眼光：胡适所提倡的一种平民的眼光对治学的题材及治学的材料，都产生了解放与扩大的作用。……胡适的作品同时也给人一种启发：新史料是非常重要的。（三）清儒的治学方法：胡适对先秦诸子的研究、几篇小说史考证，以及《古史讨论读后感》、四篇《井田辨》等，都是风行一时，也使人们觉得科学方法几乎等同于清儒的治学方法。胡适刻意提倡清儒的治学方法，对后来的学风有相当大的影响，以至于一般多称其所领导的学派为新汉学或新考据。（四）历史发展的态度：近代史学在方法论上有过一次重要变化，而它与胡适等人所提倡"历史的方法"是分不开的。……反复强调发生学的方法……（五）存疑的态度：好"疑"、好"新"成为这一时期学术研究的两个重要特色。其中又以顾颉刚所领导的古史辨运动影响最为深远。……顾氏反复提到"战国伪史家",有意的造作和无意的误会,当时人太缺乏历史知识。[1] 胡适们首先就没有将中国文化与西方文化置于平等地位,而以西学框架中学,认识又如何能客观、真实呢?加上,中国传统的经学和史学充满了特有的东方价值,废弃了经学的中国历史又如何是自称客观的学者所能客观的了的。这实在是悖论。截断众流就是历史的眼光吗?缺乏没有历史起源与发展的概念,民国马派学者马乘风指责顾与胡:"中国古史只余'东周以后'的下半截,成为无头鬼了。我们的顾君——我们的中国史底'刽子手'大唱凯旋。"[2]

迄今为止,学术界对整理国故运动大多持绝对肯定的态度,笔者的研究表明,如果以纯学术的角度评价,它产生了许许多多具体的优秀成果是不容否认的,也是毋庸讳言的,但就其整体框架来看,却难免有方枘圆凿之嫌,今日看来,更有隔靴搔痒之感。因为"建立现代分科学术之后,中国学术全面摧毁古典文明体系,而成为'世界学术'的一个部分,成为世界学术的'地域性知识'。而经学研究,也因之在学术主流中彻底消失"[3]。在用西方学术系统整理国故后,本来浑然一体的中国历史及其学问被肢解为彼此独立的系统,本为整体的历史各部分之间的有机联系被人为割裂、肢解乃至斩断,具体的时空被抽离,以专攻为独门。这种以西式分科、分类的眼光看待和研究中国历史,难免有强中国以就西方、强古人以就现代之嫌,结果是出现未得西学而先亡中学这种邯郸学步、反失其故的现象。

对历史最基本的要求是真实性、准确性,有了这些当然可称为信史,但如果把信史概念加以绝对化的话,像"历史最关心的——即西塞罗眼中历史的'第一原则'——是讲真话,不

1　王汎森:《民国的新史学及其批评者》,罗志田主编:《20世纪的中国:学术与社会·史学卷》,山东人民出版社2001年版,第40—56页。

2　马乘风:《中国经济史》,商务印书馆1935年版,第521页。

3　陈壁生:《经学的瓦解》,华东师范大学出版社2014年版,第168页。

夹杂任何虚假的东西"[1]一样就进入了误区，因为这样的"历史"从来就不曾有过，把稍有不同或相异的记载全都视之为造假就忽略了它们可能是由极其复杂的原因造成的，它们正好是需要史家努力辨识并解释的地方，就 19 世纪的史学而言，"历史仅仅是文献的利用，但文献是存留着还是亡佚了，这是一个偶然性问题。因而，居主导地位的那部分文献，在历史建构中，是偶然地起作用的。"[2]而"历史学说到底只不过是实际事件的清晰知识，它一方面发现和检验可获得的证据，另一方面依据对造成事件起主要作用的人和当时环境的理解把这些证据编写成叙事文"[3]。在这种情况下，正确理解怀疑和否定就很重要了。布克哈特说："对于我们这个其起源与末日无人知晓，而其中间部分又处于经常性变化之中的世界来说，真正的怀疑论不可争辩地有其存在的道理……有时，这个世界里充斥了虚假的怀疑主义，这并非我们的过错；这些虚假的怀疑主义不久就又变得不再时髦。我们应当担心的是真正的怀疑主义太少。"相对于通常的怀疑主义思潮来说，中国的极端怀疑主义之根深蒂固竟然像基因一样伴随着史学界，这实在是史学史上启人深思的现象，似乎证明了古史学界一直存在着某种认识上的偏差。正如何兆武先生所说："客观的世界和历史虽然只有一个，但人们对它的理解和它的构造的图像，则各有不同，这就是历史必然要不断改写的原因。历史之所以不断地要改写，是因为人们的史学思想是不断地在改变和更新的。"[4]而"历史研究总是在进行自我更新，然

1　凯利:《多面的历史:从希罗多德到赫尔德的历史探询》，陈恒、宋立宏译，三联书店 2003 年版，第 14 页。
2　《史学原论》，大象出版社 2010 年版，第 191 页。
3　蒙森:《谈谈如何培养历史学者》，程钢译，见何兆武主编:《历史理论与史学理论——近现代西方史学著作选》，商务印书馆 1999 年版，第 292 页。
4　何兆武:代译序"对历史的反思"，见唐纳德·凯利:《多面的历史:从希罗多德到赫尔德的历史探询》，三联书店 2003 年版，第 2 页。

而它仍然不可避免地而且适当地受过去的制约。……历史总是
存在于观念王国之中，摇摆于真实和假象、确定和可能之间……
客观的历史不会改变，但历史学家对客观历史的认识却是与时
变易"[1]。如果认识到这一点，"极端疑古派"对许多问题就不必强
作解人了，许多问题也都不成其为问题了。研究、反思、再研究、
再反思，以至无穷，以最大限度地复原历史，逼近历史之真实，
这正是历史学存在和发展的生命所在。

中西学术碰撞导致了经与经学在现代学术体制中沦落于极
为边缘的地位甚至消失了，导致了经史混一的现象，再加上诸
种特定元素的混融，诞生出一群"层累说"这样非中非西、非
经非史、非驴非马之学的怪物，结果丢失了对中国文化特征的
把握，而以西方框架中国的范式对中国历史、传统文化与学术
的认识与研究步入了歧途，堪称中国文明史上一次空前绝后的
灾难。从孔子、司马迁的经史并陈到两千年后的所谓现代学术
却将其差异泯灭，则历史是进步了还是退步了呢？……这许许
多多由此引发的问题都向学术界提出了挑战。"走出疑古时代"
在理论上的实质是要"恢复历史意识"，在史料辨识上的实质是
要恢复文字记录的尊严，但却缺乏学理上的论证。

经史混一不仅不妥当，反而是中西学术碰撞所造成的近现
代中国人文学术混乱之一大根源，它既是思维混乱的结果，也
是更加混乱的根源。经学对于中国历史的研究绝对不可或缺，
不懂经学，何以了解、理解真正的历史，似乎是柏杨《丑陋的
中国人》中所编孔子佚事一则：说孔子周游列国困窘时，众皆饥
肠咕咕。孔子命颜回去酒肆讨些饮食。老板听闻来意，说："吾
写一字，子若识得便可，否则免谈。"颜回虽不屑亦不得不应之，
老板以指沾水写一"真"字于案。颜回即刻答曰："真。"老板怒

1　唐纳德·凯利:《多面的历史：从希罗多德到赫尔德的历史探询》，三联书店
　　2003年版，第3页。

将颜回轰出门。孔子复至，老板仍写"真"字。孔子读曰："直八。"老板惊曰："果然圣人矣！"遂盛餐飨之。出，颜回惑而问之，孔子答曰："污浊之世，认不得真。"这就是所谓木木不是林，直八未成真的出典。笔者可以断言，忽略经学的中国历史恐怕就是"直八"之史。不通经学则不足以明中国之史。

经学与经史并陈要"复古"，要恢复它们的本来面目，分立而两美，混一则俱伤。

（六）对中西历史与史学的误读

到这里，我们可以对历史与史学的特性以及研究历史的人做一些探讨。首先，关注这门学科的人很多，它的门槛也很低，对于传说时代的研究而言，入门的门槛则更低，稍通文墨，皆可从事，但实际上大都没有意识到需要的知识储备实在是太多。它们的爱好者与职业学者之间虽有相当大的差异，但可以进行深度的对话，并不存在不可逾越的鸿沟，这有点像球迷与职业运动员的关系。

朗格诺瓦、瑟诺博司对当时西方研究历史的人有这样的认识，"人们也留意到，现实情况是今日几乎所有的专家和历史学家，都是通过自修才掌握历史方法的，都没有受过任何训练。那些方法，是他们通过实践或者通过模仿并与掌握了这门技艺的老前辈们共事所获得的。……当然，有些人从没学过推理，但凭着某种天赋的才能常能得出合理的推论。""初学者们以及从未反思过历史方法论原则的绝大多数人，在具体从事那些工作的时候，都使用了各种出于直觉的方法。一般来说，这些方法不是理性的方法，通常并不能得出科学的真理。因而，阐明并在逻辑上验证真正的理性方法的理论，这是大有益处的。""事实上，那些进入历史研究这一行当的绝大多数人，虽然在研究历史，但却根本不知道为什么要研究历史，也从未问过自己他们是否适合历史研究，更没有思考过他们常常略而不视的历史研究的真正本质。"而历史学却是一门难度极高的专业。"无论是谁，亲身投入到历史学中，多多少少都会无意识地做着纷繁复杂的批判及建构、分析和综合的工作。"[1] 西方 19 世纪号称是历史学的世纪，到世纪末朗格诺瓦描述的史界从业者普遍水平尚是如此景状。这些状况可能就是当时中国史界大多数学者的真实写照，不管使用传统方法还是兼通中西之法的学者恐怕都是如此，研治历史与深通史学能兼而有之者恐怕并不多见。

就胡适先生本人而言，他从没有自认是历史学家，只称有"历史癖""考据癖"，相当于"高级球迷"，其中西史学素养似乎没有达到"职业"水平，在西方时多多少少受现代气氛所熏染，了解一些流行的观念，如要"客观""科学"地研究历史，将"事实"与"价值"做分离等，回国后爆得大名，以此为原则组建一个学派（相当于"职业球队，出任教练"）。这些原则并不是放之西方而皆准的科学史学的全况。

最大也是最基础的问题在于历史的功能与史学的意义是什么，历史论题是人类生活中极其重要的元素。在历史中，人们形成并且反映了他们与其他人的认同感、归属感，以及与他者的差异。英国哲学家培根有言：读史可以明智。怀疑主义者休漠充分肯定了历史学的价值。他认为学习历史有三大益处：它能愉悦想象力，增进理解力，有助于加强美德。[2] 在历史更为久远也更重视历史的"明智"作用的中国，也早就认识到这一点。学习历史，可以丰富我们的人文素养，能够帮助我们更好地理解今天的生活。历史提供了很多过去的事情让我们进行对比、分析，"资治通鉴"就表明历史能够为解决今天的问题提供有益的参考。让我们能在以后做出更正确的决定，可以有效地帮助我们避免

---

1 《史学原论》，大象出版社 2010 年版，《前言》第 2、4、6 页。
2 李勇：《西方史学通史》第 4 卷，复旦大学出版社 2011 年版，第 260 页。

重复前人的弯路。人类之所以有现在这么丰富的知识，也是因为历史的积淀。

胡适就学的哥伦比亚大学、美国新史学的鼻祖鲁滨逊十分强调史学的功用或"实用价值"，主张研究历史是为了帮助人们了解现在和推测未来。他说,历史"可以帮助我们了解我们自己、我们的同类以及人类的种种问题和前景。这是历史最主要的功用，但一般人们所最忽略的恰恰就是历史所产生的这种最大效用"[1]。当时中国并非没有了解西方这种新史学的人，可惜的是，同为留美而专习史学、同年回国又同任北大教授、作为史学专家的何炳松及其理解的新史学的影响远逊于胡适及其整理国故运动。而胡适为首的"新学者主张尽可能将个人的色彩减到最少，进行最为客观的研究，不但把研究与情感分开，而且在伦理方面尽可能中立……他们提倡为学问而学问，提倡研究与应用分开，认为应用是因研究而自然带来的结果。……在他们的研究过程中，历史的'真'与'善'并不被当做一个不可分割的整体，而是应该加以分别对待的。他们也不再像传统史家是生活在其所研究的东西中，而是以一个冷静观察者的角色在分析历史。……新学者认为史学研究应该与自然科学一样，牢守自然科学的一些原则。……他们提倡具问题取向的、'窄而深'的专题研究，所以在入手处较少将过去历史视为一个必须加以全体把握的整体。……此外，由于他们的目标在重建历史，而未必顾及'现在'或'未来'的用处，所以在其研究工作中并不刻意将'过去'、'现在'、'未来'结合在一起，这使得他们遭受到各方的攻击，觉得他们只是一群'饱学的奴才'一群象牙塔中的学者"[2]。这说明当时的中国学术界存在着问题,真正的西方

1　鲁滨逊:《新史学》，商务印书馆 1989 年版，第 15 页。
2　王汎森:《民国的新史学及其批评者》，罗志田主编:《20 世纪的中国：学术与社会·史学卷》，山东人民出版社 2001 年版，第 129—130 页。

专业史学如果没有与传统学术契合的话，是无法引起中国社会心理的共鸣的，它成长的土壤也会是有限的。布克哈特对那些不关心自己过去的人们有一个称呼："野蛮人。"这种严厉的批评是因为，他认为他们不相信能从研究历史中收获许多价值。[1] 按照这种标准，我们真不知道该给肆意破坏自己民族历史的人一个什么适当的称呼。

既然胡适们号称是用西方的科学方法来治中国的历史，那么是否得到了真正的"世界学术的'地域性知识'"呢？笔者于现代学术史研究尚浅，不敢一概而论，仅就中西之别是古今之别一点来说就大错特错。布克哈特指出：

> "我们也应当想到我们得益于过去的程度该有多么深，过去构成了我们所拥有的精神上连续统一体的一部分。……每个时代都拥有遗产，并通过认识这一遗产而获得新的东西；这些新的东西对后来的时代来说转而又成为历史，即新的遗产。严格地讲，只有野蛮人才对文化遗产的优点无动于衷，因为他们一直未能破开他们的祖先在遥远的过去所确立的文化外壳。……事实上，风俗因为拥有诸多的象征而不易改变，假如人们想从束缚他们的风俗获得自由，那么他们必须首先了解与他们相关的过去。……精神必须把它对各种各样经历的回忆转化为自己的财产。过去的欢乐和悲伤无穷无尽，那么现在应该是从中获得理解能力的时候，这一点不仅对人类整体适用，对每个个体也是如此。"[2]

布克哈特在《历史讲稿》中指出对特定时代的偏袒（有所

1　布克哈特：《历史讲稿》，刘北成等译，三联书店 2009 年版，艾尔伯托·科尔《英译本序言》，第 6 页。
2　布克哈特：《世界历史沉思录》，金寿福译，北京大学出版社 2007 年版，第 7—8 页。

偏好）没什么错，那是品位问题，但强调研究古代史在精神上不可或缺。并研究了"为什么今天'受过教育的人'不再能够理解古代"，认为"对于广大公众，古代完全过时了，公众所支持的'文化'甚至恨它。古代的各种过失提供了借口。真正的原因却在于……对我们时代（19世纪）的众多发明满怀自负；此外还因为，我们缺乏将技术和物质成就与知识和道德成就区别看待的能力"[1]。布克哈特的古代指的是文明民族的形成时代。《史学原论》的"结论"指出：

> "历史解释了现今事物状态的源始情况，由之我们得以能够理解现在。……历史的首要优点是作为一种智识文化的工具，历史以好几种方式来实现这项功能。首先，历史研究方法的实践……是十分有利于心灵健康的，它治好了轻信的毛病。其次，历史通过向我们展示不胜繁多的不同社会，使我们做好了理解并容忍各种习俗的准备；并且通过向我们表明社会常常被改变着，使得我们谙熟了社会形式的各种变化，并且医治了我们对变化的某种病态恐惧。最后，对过去各种演化的沉思，不仅使我们能够理解习惯改变和世代更迭是如何造成人类变迁的，而且使我们不会盲目地把生物学类比（选择、生存斗争、遗传习性等等）应用于对社会演化的解释。社会演化并非和动物演化一样的同类原因造成的。"[2]

胡适先生及其追随者将历史弄成无意义的过去，真实情况则是把历史看成必须抛弃的包袱，王汎森先生称之为"新派学者的困境"，其一是它与民族主义之间的紧张，这种紧张随着外

---

[1]　布克哈特：《历史讲稿》，刘北成等译，三联书店2009年版，第6页。

[2]　《史学原论》，大象出版社2010年版，第193页。

敌的入侵而一天一天地增加；其二是意义感之失落。他们受到了
其他史学家的批评，王先生归结为：（一）对历史知识性质的了
解不同。（二）"历史材料"与"历史智识"之别。（三）趋新与
疑古。[1] 这说明新派学者并不真正了解历史学的完整特性，历史
中充满了价值，传说时代充满了神秘，神话与胡编乱造绝非同
义词……他们的做法实际上限缩了历史的功能，摧折了史学的
基础，将活的历史转为死的考据，不仅说明他们对历史与理智、
人性之间的关系不了解，而且对基本的史学原理也知之甚浅。

（七）真正的学术批评之匮乏

西方近现代学术进步要因之一实在于具有完善的对话与批
评机制，中国既没有纯学术的传统，也缺乏学术批评机制，评
价学术往往不注重研究客体（对象）而主要是针对研究主体（人）
和地域关系。东方乾嘉考据大兴之后，学术批评有所发展却并
不成熟。而东方学术的传统是以家派区分的，也就是顾先生本
人在大学就学时所批评的"家派"，学案系列就是如此。三说
之产生得力于东西学术之碰撞，谬误一直被沿袭则因并未受惠
于此一际会，现代学术批评机制却没有随现代学术体制而建立，
反而陷入更加混乱的状态。新旧之分多以政治、文化、思想倾
向而来，而非真正的学术派别之分。张荫麟说："时贤喜欢作
中西文化的比较，我想再没有两宗具体的事情可以更简约地例
示中西文化的差别的了。"认为与西方相比，中国人为尊者讳、
为亲者讳、为贤者讳的"三讳主义"是阻碍民族前途的两大障
碍物之一。[2] 三讳加上东方社会的乡愿式评价成为主流，而做

1　王汎森：《民国的新史学及其批评者》，罗志田主编：《20 世纪的中国：学术
　　与社会·史学卷》，山东人民出版社 2001 年版，第 102、106、117、122、
　　124 页。
2　《中国民族前途的两大障碍物》，《张荫麟文集》，教育科学出版社 1993 年版，
　　第 337 页。

人的成功与否也极大地关乎学术地位，并影响到学术评价，评判学术命题不是从逻辑、学术的标准与规范而是按其社会声望等非学术影响去看待。这一点，就是胡、傅两先生也不能免。胡先生私下批评顾先生成见甚深等事已见前述，顾先生的失误，就连傅斯年先生也清醒地意识到了，他在公开场合以委婉的态度提醒："古史辨上，颇犯一种毛病，即是凡事好为之找一实地的根据，而不大管传说之越国远行。……如必为一事找它的理性的、事实的根据，每如刻舟求剑，舟已行矣而剑不行，凿矣。"[1]但在私下曾经不假辞色地批判（前文已引述）。"疑古派"指责过司马迁、崔述等"考信于六艺"之不当，它固然不是一个科学的标准，但人们忽略的是，钱玄同、顾先生等"专考不信于六艺"又岂是号称科学治史或历史主义者的标准？这里牵涉到什么是学术价值和影响社会的思想价值。以胡适等人倡导的新文化运动而言，它的蓬勃发展，对于社会、思想界带来了新的风尚，但以往对它在学术的正面影响被夸大了，白话文的影响就是如此，它对于社会的影响是巨大的，产生的功利也是深远的，但应该注意的是，对于学术价值而言，却并没有多么伟大的意义，论著、观点学术价值的高低，并不取决于它是文言文、白话文还是英文乃至阿拉伯文写的，而是取决于它是否具有原创性、独创性以及论证的严密与否等。社会和学界主流的评价仍然是以传统的政治、思想及道德为依规而非真正的学术标准，目章太炎、梁启超等人的学术为落伍、保守；顾先生的"疑古"源自康有为，民国学者不乏谈论的，但更多的学者仍将其归之于与胡适的关系，仍为崇尚政治正确、思想道德高尚、家派的传统。现代学术的发展不是考虑在已有的山顶上加石头并使之稳

1　《评"秦汉统一的由来和战国人封于世界的想像"》（十六、十一、八，中山大学语言历史学研究所周刊第一集，第二期），《古史辨》（2），海南出版社 2005 年版，第 9 页。

固，而是都在山脚下开山。学术受社会的影响极其巨大，正常的发展逸出了常规。日本著名学者冈崎文夫当时就敏锐地觉察到这一点，"混乱的中国现状使学问的大潮流不能朝正常的方向发展。"[1]"疑古思潮"时代运动式的"求真"适合于思想的启蒙运动，不是学术正常、健康的发展方式，也不是真正学者的研究态度。顾先生本人对此也有相近的认识："每念清末有俞、孙，民初有章、王，已将清代学术引到作结论的地步，而政治潮流来势过猛，炫人眼目，失其正常，遂将此应获得之收成放下。"[2]经过百年左右，我们依然要来补课，今天学界不少学者的反思正是如此。

正常的学术批评无法有效地开展，陈寅恪先生在美国留学时就领悟到

"吾国人情势隔阂，其自命新学通人，所见适得其反"，表示回国后将"不论政，不谈学，盖明眼人一切皆以自悉，不需我之述说。若半通不通，而又矜心作气者，不足与言，不能与辩，徒自增烦恼耳"[3]。回国后更有深刻体会："彼等既昧于世界学术之现状，复不识汉族语文之特性"，"今日言之，徒遭流俗之讥笑"[4]，"论学论治，迥异时流，而迫于事势，嗫不得发"[5]。

1　《怀念王征君》，陈平原、王枫编：《追忆王国维》，中国广播电视出版社1997年版，第370页。

2　《历劫终教志不灰：我的父亲顾颉刚》，华东师范大学出版社1997年版，第241页，1950年8月5日"顾颉刚致刘节信"。"我辈如能排万难而为之，则累累硕果皆在掌握中矣。惟士生今日，生活负担过重，不知能终容我辈为之否耳。"

3　吴宓：《吴宓日记》第2册，吴学昭整理注释，三联书店1998年版，第66页。

4　陈寅恪：《与刘叔雅论国文试题书》，陈美延编：《陈寅恪集·金明馆丛稿二编》，三联书店2001年版，第256页。

5　陈寅恪：《读吴其昌撰梁启超传书后》，陈美延编：《陈寅恪集·寒柳堂集》，三联书店2001年版，第168页。

"近代学者，罕用西式的公开学术批评，评论人物的学行，往往在二三知已之间，且多隐喻。"[1]那并不是一个像今天学术界所推崇的完全学术自由的理想时代。民国时，胡适、顾颉刚两人以温和的姿态，优雅的处世方式在知识人的竞争中得分不少，但这并非我们评判学术论证的标准，世人大概相信有理不在言高而淡忘了理直气壮这个词。杜维运认为：清代笃实的学风式微，渐趋形成民国以来的自由、轻浮、谩骂的学风。[2]对此，学术界如罗志田、桑兵等先生也有不少研究成果，限于篇幅，此处只能略述其要。王元化先生指出："清自乾嘉之后，陈澧、朱一新辈，皆着力阐述治学态度与治学精神，倡导一种优良学风，为前人所忽略，亦未为后人所关注。当时学术界偏重政治之改革，无暇顾及学术自身之问题。康梁严复诸人，变法维新之书，世相争阅。陈澧、朱一新之论虽精，关系中国学术文化发展虽巨，但风尚所偏，终为所掩。'五四'后，学者再拾旧绪，重新关注学风问题者，似尽熊十力一人而已。"[3]所谓的史学革命，实际上就是学术失范，从顾先生与学衡派的古史论战到《古史辨》第一册的成功出版，实质问题就是一个从遵守学术规范到打破其束缚的过程，而《学衡》诸公批评"一切非学术的手段和方法，更严肃、虔诚地确立学术规范"[4]。

综上所述，中日三大史学巨擘对华夏古史体系的否定是不成立的，之所以至今屹立不倒，有着极其复杂的因素缠杂在内。当东西学术交汇，西学日盛，三擘天资卓越风云际会，成为史学界的领军人物。随着他们其他方面取得越来越大的成就，学

1　桑兵：《近代中国学术的地缘与流派》，《历史研究》1999 年第 3 期，第 24 页。
2　《民国以来的学风》，《听涛集》，弘文馆出版社 1985 年版，第 207—266 页。
3　《王元化集》卷八《日记》，1994 年 4 月 22 日，湖北教育出版社 2007 年版，第 256 页。
4　孙尚扬：《在启蒙与学术之间：重估〈学衡〉（代序）》，《国故新知论》，中国广播电视出版社 1995 年版。

术界对"三说"也就更加深信不疑。而西方近代式的大学与研究机构虽然不断在东方建立、发展，专门化、分科治学的模式也日益流行，但东方传统的教育方式、思维方式的影响却依然根深蒂固，它们承袭了大部分的国学传统（考试文化），最直接来自类似于父子血亲式的、传统的师生关系，学生们对于自己师从对象的高度尊崇、对与自身所在学派的过分谦卑、对于理论的论述论辩过程也缺乏认真的审视，而这些现象是循思辨模式进行人文科学研究的西方学界所鲜见的，它们都成为东方人文科学研究的明显的文化障碍，三鳖之说就是极佳的例证。随着三鳖们徒子徒孙的成长，学派师徒之间既有直接的利害关系，又是学术界现状的维护者，对它既有智力投入，经常还有感情投入，其学术成就被一代代传承，学生通常从受教育开始就被灌输了一些套路、观点，就像慢慢展开的神秘，逐渐被引入其研究领域，到最后看到结论时，自然就被既有的研究模式和先入之见所彻底征服。谬论流行既久，遂成三人市虎之势，在人们头脑中根深蒂固，于是积重难返，事实上形成了新经学、新偶像。以上虽然只是一些微弱的信息，但我认为它们可以支持一个总体性的结论：旧经余毒遗蠹未去，新典枷锁桎梏已至。

那么基于伪造崩塌之说而来的所谓古史重建就自然成了一个伪命题。古史重建的含义本来就有些模糊不清，如果是指历史面貌在学者研究后有了更新，那么就无须新创名词，而考虑当时的学术语境主要是针对五帝夏商帝王世系的否定，那么重建的确切含义自然应该是指发现并找出真正的世系，现在清楚的是，不会有学者相信会发现新的帝王世系。考古学当然可以有一套话语系统——旧石器时代、新石器时代、铜石并用时代、青铜时代、铁器时代，但这是新建，其他学科当然也可以新建自身的话语系统，这些是可以并行不悖的。

四、时代思潮、社会心理与新偶像

　　单单学术上的理由并不足以解释学界主流对那些有理有据的反对理由始终为之冷眼——甚至可以说是充耳不闻、视若无睹、置若罔闻之因，只有全方位透辟分析三謩之说之不然以及其何以不然，才能完满解释这个重大的学术现象。而仅仅就学术论学术恐怕永远难有正解，近现代学术与当时的政治、社会、文化、思想等多种因素存在着复杂的互动关系及相互影响，那么，我们现在研究学术史如果仅仅着眼于学术本身就难免会是隔靴搔痒，力气、功夫虽然下的不少，却常常达不到去痒的目的。因此之故，我们就要将学术放入千古变局的转型之中，探讨各方面、各层面的复杂关系。

　　中国近现代遭受了传统政治权威与传统价值体系的双重危机的折磨。政治权威贫乏症、反传统的激进主义思潮与普遍而深刻的文化失范是中国从传统社会向现代化转型过程中产生出来的三个症候群。这段历史贯穿着这样一条基线：即近代以来的知识分子与传统文化有一种"剪不断、理还乱"的深厚联系，而这种联系又阻碍了近代中国向现代化的转型。在这个过程中，传统文化与学术有着另外一个同样值得注意的并被人们忽略的侧面，即传统价值体系在近代的衰微和瓦解，以及反传统的激进主义思潮的崛起，使传统文化不能充分发挥它在转型时期羁约人心和稳定转型秩序的功能，从而使这种现代化转化过程显得更为困难而曲折。我们从其他非西方后发展国家的现代化来看，传统文化和价值体系，对现代化过程有着特殊的助力。巨大的现代化的社会变迁的设计者们，往往必须运用传统社会中生成的、大众可以理解和认同的价值符号和语言措辞，才能进行广泛的社会动员。这就需要从过去的文化主题中，做出选择性的强调和强化。利用传统对人心的魅力，来使这种转型更为圆顺，更具体地说，人们深层心理中长期形成的文化定势，一旦接受此夹有助于社会协调和凝聚的价值符号的刺激，往往易于在人际关系中，接受这种价值符号指向的指导。从而有助于重建社会转变过程中所需要的社会文化规范和秩序稳定。日本近代化的成功就是一个极好的例子，日本人传统思维模式中的实利主义倾向，在应对西方异质文明冲击时，更容易转化为现代化所需要的世俗理性；日本岛国环境中产生的文化上的孤性感和不安全感，又很容易激发为见微知著的危机意识和文化创新意向；甚至日本神道教与儒教并尊的多元文化结构，对于保持传统价值体系在外力冲击下免于全盘崩解的那种双层抗震功能也是功不可没。日本史学界虽然也产生过"疑古思潮"，但它的冲击却大致局限在学术界。而日本的传统文化又在近代化转型过程中保存了下来，并成为整合现代化转型过程的政治秩序的积极因素和中介物。当我们回顾中国走向现代化的历程时，会蓦然发现这样一个奇特的现象：即在世界上这个唯一没有中断过的古老文明的国度，一百多年后的今天，中国人对传统文化保留之少，这种文化断裂的世界第一，也许是世界上任何其他民族所望尘莫及的。[1] 这是一组很好的对照。

　　上文对关乎"疑古"的相关问题进行了诸多的探讨，现在研究大家耳熟能详、与之密切相连的"疑古思潮"，笔者在《导论》中指出，思潮从词义看有两个意思，它与严谨的学术或系统的思想都有相当的一段距离。时代思潮自当为社会心理的起伏，而情绪平静之后，自当恢复正常的学术研究，而中国史学界则不然，这股"疑古"的时代思潮长期处于高度亢奋之状态，所以，歌颂"疑古思潮"的学者是否应该将"思潮"升华为有

---

[1] 许纪霖：《智者的尊严：知识分子与近代文化》，学林出版社1991年版，参见萧功秦《序》第2—4页。

系统的"思想"或"理论"，甚或换成其他的词汇。不仅无人这样做，反而成为史学界许多学者的前提，并在不知不觉中又成为他们强有力的价值观，进而依据这些对很多事物进行假设、推论和判断，所以，检视"疑古思潮"的特点与社会心理的关系是很重要的。

思潮有什么特点呢？梁启超先生精辟地指出："时代思潮……语最妙于形容。……国民于一时期中，因环境之变迁，与夫心理之感召，不期而思想之进路，同趋于一方向，于是相与呼应汹涌，如潮然。始焉其势甚微，几莫之觉；浸假而涨——涨——涨，而达于满度；过时焉则落，以渐至于衰熄。……此种观念之势力，初时本甚微弱，愈运动则愈扩大，久之则成为一种权威。此观念者，在其时代中，俨然现'宗教之色彩'。……及其权威渐立，则在社会上成为一种公共之好尚。忘其所以然，而共以此为嗜……一时的信仰也，人鲜敢婴［撄］之，亦不乐婴［撄］之，其性质几比宗教矣。"[1]梁启超将时代思潮与宗教的连接值得引起历史学界的高度关注。陈寅恪说："考自古世局之转移，往往起于前人一时学术趋向之细微。殆至后来，遂若惊雷破柱、怒涛振海之不可御遏。"[2]若将世局换成学术，陈先生的描绘就十分形象、贴切。而许章润先生对于思潮有一种说法："思潮不是学理，可能也算不上思想，至少不算体系化的思想。它们不过因应当下具体问题，基于某种现实焦虑，据于某种理论观点，有感而发，即鸣即放，随放随收。表达的是意见，道出的是心声。情绪和学思并涌，道理和诡辩齐至。也许，同时不妨隔山打牛，围魏救赵，批隙而导窾，以远水救近火。一种基于特定社会问题而生发的意见，一种接近于某种既有思想流派

1　《中国历史研究法》（外二种），河北教育出版社 2000 年版，第 365—366 页。
2　陈寅恪：《朱延丰〈突厥通考〉序》，《寒柳堂集》，上海古籍出版社 1980 年版，第 144 页。

或者理论的观点，一经鸣放，响应风从，甚至平地起雷，隆隆滚过，是三十年里常有的事。特定时段，诈诈唬唬；某些领域，风风火火。来不知所以，去不明所向。其兴也勃焉，其偃也忽焉。此谓思潮也，思来想去，潮起潮落。学术是大川，思想为它的汹涌波涛，思潮不过是浪花，或者，水珠，水汽。因而，思潮无学理之深厚，亦非理论之头头是道、振振有词，更非成熟思想之深重庄敬。当不得真，却又不可小觑。玩不起，等闲不得。轻易不要撩拨，可事实上多属自生自灭而已。"[1] 其中虽然不乏随意和调侃之意，但他们的共同点则确实破析了时代思潮的非理性特征。思潮既非理论体系又带有情绪性等特征，那么我们要将其归入意识形态，而意识形态属于现实政治思想的领域，它有某种政治方略的考虑。对史学家来说，他们"的思想中总是自然而然地注入时代的气息"[2]，这种气息可归类为历史观或历史感，黄仁宇先生对此做过区分："意识形态和历史观感的区别：意识形态是事前造成群众运动的标语口号，带煽动性，可能有强迫性，通常出现于大事之前端。历史观感沉淀于事后，不由我们各个人之向背或认为好与坏而转移，比较客观。政治哲学家有出现于两者间之可能。"[3] 而从清末至今的大多数思潮确实如许先生所说兴勃偃忽的特征，只就"怀疑主义史学"思潮而言，法国相近流派的命运也同样如此，而东方"疑古思潮"掀起的却是经久不息的滔天巨浪，在确实没有贡献一些杰出的理论和独特的方法的前提下，却至今没有消歇，它的命运何以如此不同呢？对一个这样奇特的事实，当然应该给予充分、合理的解释。但限于篇幅，只能就其最重要的部分略陈己见。

---

1 许章润：《思潮好比情人——对于马立诚〈当代中国的八种社会思潮〉的五点评论》，http://blog.sina.com.cn/s/blog_71bcc28e010135tj.html。
2 马克·布洛赫：《历史学家的技艺》，上海社会科学出版社 1992 年版，第 24 页。
3 黄仁宇：《大历史不会萎缩》，广西师范大学出版社 2004 年版，第 290 页。

　　当一种文明出现危机时，护爱她的传承者常常需要回到原典时代。孔子说："学而不思则罔，思而不学则殆。""平心而论，学术也有分别，一种是求是的，只问是非，不论新旧，譬如哲学之类，后人发明，可以补苴或改正古人的地方，固然很多，但是古人有极精确的议论，任是如何，颠扑不破的，却也不少。一种是应时的，斟酌情形，务在可行，譬如政治法律之类，有所建制，必定要适合当时环境的需要，环境既变，旧的自然不甚适用，至少也要容纳几分新的来修正调和。"[1]对于今天的学者来说，他们是很容易理解这样的道理的，也就是所谓的文明多样性，也知道每种文明都有其独特而久远的价值。

　　人的天性是爱自己的国家、民族、乡里等，其中不乏偏见、歧视，即使对于自己的缺点也会无理辩三分，这是正向的爱国主义、民族主义甚至种族主义，它们是一种自我中心的态度，从集合心理学的角度来看，可以解释为一种情感上的现象。而中国近代盛行的则是一种逆向种族主义，"它的英文名词Reverse racism，为人类学概念。根据维基百科，原意是指低等民族反过来歧视高等民族。但在中国该词被主要用来表示被歧视的落后民族应激产生的自我矮化、自我否定的种族主义，表现为狂热赞美和固守其他种族的一切文化及特性，甚至生理特征，排斥本民族的传统文化习俗。中国人在历史上确曾认为自己是世界的中心，而其他人则都是边缘人。然而，近代以来，屡被坚船利炮打败后，则又出现了另一个极端。较为典型的如胡适，他说：'中国不亡，世无天理'、'百事不如人'。这些话在当时的中国是很有代表性的，许许多多的知识分子，都有类似的言论，这就是典型的逆向种族主义。'逆向种族主义'，即以所谓文明的名义，对自己的民族和同胞持某种歧视的态度。'逆

1　汪东:《新文学商榷》,《华国》第 1 卷第 2 期, 第 1—2 页。

向种族主义',是一种在中国知识分子中广泛传播的态度——贬低中国并向西方寻求中国的未来和拯救。"[1]"不大夸张地说,近百年来中国人之阅读西方,有一种病态心理,因为这种阅读方式首先把中国当成病灶,而把西方则当成了药铺,阅读西方因此成了到西方去收罗专治中国病的药方药丸,'留学'号称是要到西方去寻找真理来批判中国的错误。且这种病夫心态和病夫头脑去看西方,首先造就的是中国的病态知识分子,其次形成的是中国的种种病态言论和病态学术,其特点是一方面不断把西方学术浅薄化、工具化、万金油化,而另一方面则又不断把中国文明简单化、歪曲化、妖魔化。这种病态阅读西方的习性,方是现代中国种种问题的真正病灶之一……健康阅读西方的方式首先是按西方本身的脉络去阅读西方。健康阅读西方的人更感兴趣的首先是比较西方文明内部的种种差异矛盾冲突,例如西方文明两大源头(希腊与希伯来)的冲突……健康阅读西方的中国人对西方的思想制度首先抱持的是存疑的在度,而对当代西方学院内的种种新潮异说更首先抱持警惕的态度。"[2]

但不幸的是,五四前后国内形成了胡适以西学为坐标、为准绳的风气,用中学去比附西学的治学方法成为主流,甚至"全盘西化"的主张也十分流行,这种社会风气强烈影响了东西学术正常的发展与融合。近年来,顾明栋先生提出了汉学主义和汉学主义化的理论,做出了深刻的反省,他认为:"在世界范围内,汉学主义是一种心态,建立在这样的基础之上:非西方人民勉强认同西方文化的优越性,有意或无意吸收西方认识论与西方对待非西方资料的方式,同时认可强加的西方模型是唯一正确的范式。这种心态产生了各式各样的实践,包括将西方范式

1　360百科,http://baike.so.com/doc/5721938-5934669.html。

2　甘阳、刘小枫:《西学源流总序:重新阅读西方》,布克哈特:《历史讲稿》,刘北成等译,三联书店2009年版。

以及方法论不加批判地应用于中国和非西方的资料，有意无意地采用西方标准来评价西方和非西方事物，以及采用一种极不客观的方式来贬低中国和非西方的事物。""汉学主义化常见的种种形式既有精英阶层的'全盘西化'，也有普通民众的'崇洋媚外'。根据其在第三世界国家及其地区所造成的后果，汉学主义化可以说是'智性殖民化'、'自我殖民化'和'精神殖民化'。在中国文化圈内，汉学主义化的奇特之处在于，相当数量的中国人和华裔西方人会主动接受西方的文化霸权主义，承认他们自己的母族文化是落后的，是应该从地球上被淘汰的。这种自轻自贱的思想就是'汉学主义化'的典型表现，而汉学主义化的极端形式甚至呈现出逆向种族主义的倾向。"[1]

最重要的恐怕与当时东方社会弥漫着科学崇拜的心理以及怀疑乃至反传统的社会氛围有关，人们将现实的苦难与不幸折射于历史，归之于东方没有科学。那么，我们现在有了科学还有什么解决不了的呢？王元化的总结非常典型、到位，他说："我们都是五四的儿子，对于五四时期的各种观念，不问好坏，一概奉行不渝。……我们认为在坚持进步，坚持新观点，坚持科学态度，而把一切旧传统、旧文化都视为落后的腐败的封建的东西，应当毫不容情地将它们埋葬。抱着这种态度的不仅我们这一代人，至今还有不少中青年也是持同样观点。我认为这和五四时代盛行社会进化观点多少有些联系，即认为凡新的必胜于旧的。"王先生反省后说：但实际的情况"并不意味着任何时候、任何事物都是新的必定胜于旧的，在文化方面尤其如此。"[2]三擘之说正好满足了不乏非理性的社会心理对民族传统进行鞭挞和批判的期待，大家更愿意听到用现代科学批判东方古老传

1　顾明栋：《什么是汉学主义？——探索中国知识生产的新范式》，《南京大学学报》（哲学·人文科学·社会科学）2011年第3期。

2　《秋夜读书录》，上海《文汇读书周报》，1996年12月7日。

统的声音和看法，新的批判旧的在当时就意味着好的批判坏的，
而不是完全从学术角度进行判断，也没有认识到需要把客观理
性的学术与情绪性的思潮、思想进行认真区分的重要性。五四
的根本精神有碍于史学的独立发展，独立的学术研究需要理性
的开放社会。关于历史科学，历史指过去并无异议，但关于科
学如何定义则异说纷呈、多种多样，近代的科学史学（本质上
是实证史学，二者本来不同，但大多数人视之为一）认为，进
入文献时代之后，历史将脱离史学家，史学家所要做的只是将
所有搜集到的事实编排、呈现出来，历史就自然出现。其乐观
的态度，风发的意气，百年以后，犹可想见。而当时的知识界，
一提科学的史学，将历史学等同于自然科学也是一种普遍的倾
向。[1]蔡元培就将历史学和生物学、地质学并列，这来自于西方，
"我们的前辈，如十九世纪最后十年的人，甚至包括二十世纪初
的那一代人，似乎已完全沉溺于孔德的自然科学概念。这在当
时几乎是毫无异议的看法。"[2]处于社会转型期的中国学者焦虑于
中国遭遇到五千年未有之变局的现实，反思着古今中西，古史
的领域成为学术界的一个焦点。这首先就容易产生时代错置的
失误，"挂念着现实去研究历史，是历史学中所有错误和谬论
的起源所在，首先就会产生时代错误。"[3]而"误置时代正是历史
科学中最不可饶恕的错误"[4]。读书必先识字这种小学生都知道

1　进入 20 世纪 50 年代这种倾向不仅没有减弱，而且随着马克思主义理论的
　　普及占据了统治地位。柯林武德评价这一理论的弱点说：马克思"把黑格
　　尔已经宣布从自然科学的管辖之下解放出来了的历史学，又一次隶属于自
　　然科学的管辖之下。"（《历史的观念》（增补版），北京大学出版社 2010 年版，
　　第 123 页）

2　马克·布洛赫：《历史学家的技艺》，上海社会科学出版社 1992 年版，第 14 页。

3　巴特菲尔德：《辉格党的历史解释》（ *The Whig Interpretation of History* ），
　　Penguin, 1973, p.30.

4　马克·布洛赫：《历史学家的技艺》，上海社会科学院出版社 1992 年版，第
　　124 页。

的道理，而在中国最聪明的大知识分子脑子里搞成疑伪不辨、少无不分。这作为主义的宣传口号固无不可，但作为学者的学术结论和信仰则大有问题。"就中国传统文化而言，五四采取'一切重新估价'的态度是值得肯定的。问题是，重新估价并不就是彻底的推翻；反省与检讨也并不就是全盘的否定。"[1]但当时主流的话语权就是如何否定中国传统文化，李泽厚有"救亡压倒启蒙"之说，实际上，先存在一个启蒙压倒学术之势。梅光迪预言：提倡新文化者"固言学术思想之自由者"，但"彼等以群众运动之法，提倡学术，垄断舆论，号召党徒，无所不用其极，而尤借重于团体机关以推广其势力"，最终必然会"不容他人讲学"，"养成新式学术专制之势。"[2]陈寅恪自称"噤不得发"。

　　当时整个社会适逢全面、激进、反传统的狂飙声浪，社会已经失去了正常的理性的学术讨论空间，那么，谁敢反对谁不就成了反革命？从上述研究可知，本来只是一次为稻粱谋的商业行动的主人这时也发觉自己成了革命者。"我自己知道，我是对于二、三千年来中国人的荒谬思想与学术的一个有力的革命者。"[3]而"史学革命"的"领袖"竟然也担心自己成为反革命。顾先生稍后《致钱玄同》信中说："林校长是胆小而糊涂，语堂先生是胆大而糊涂，他们手下各有一班与风鼓浪的人，以致各走极端，以至于国学研究院不到一年就停办了。这种话是不能向人说的，一说就是'反革命'。……望先生不要告人，以增加我

1　张灏：《五四运动的批判与肯定》，萧延中、朱艺编：《启蒙的价值与局限》，山西人民出版社 1989 年版，第 64 页。

2　《评今人提倡学术之方法》，孙尚扬：《国故新知论》，中国广播电视出版社 1995 年版。

3　《顾颉刚书信集》第一卷，中华书局 2011 年版，1926 年 11 月 9 日"致叶圣陶"，第 104 页。

的罪戾。"[1]

顾先生的方法看似科学，实际上并不科学，他在把文学想象牵拖进求真的历史学研究之后，只能与历史科学越来越远。当时就有人指出："假如古史是供一些好奇的材料，仿佛小说传奇之类去欣赏，那倒也罢了，但是论者又带上史学家的幌子，详徵博引，而读者又因奇就奇，以学者相许。于是古史愈弄愈离奇，——顾颉刚先生的《古史辨》，正是这时代之下时髦的产物。……怀疑是求知应有的精神；牵强附会，主观糅合史事，却是治史者之大忌。""牵强附会，徒然淆乱古史，结果于学问本身无所贡献，只增些奇异的论调，满足一般读者之好奇心而已。"[2]他们声称摆脱了价值观的束缚，实际上则是深深地陷入了憎恶中国传统的启蒙观念。"层累说"论证在学术上与所谓科学的史学形似——即结论是从材料中排列出来的固然是一个重要因素，但更重要的原因是当时的社会、文化、心理结构所致。先秦尤其是传说时代是最难研究的，很多问题，限于材料稀少，至多是存而不论，所谓信信疑疑者也，世界各民族无不如此，而胡适、顾颉刚高喊着"科学"冲向"传说时代"，他们把现实中的苦难与不幸的原因折射到祖先和文化源头上，他们将中国传统文化和历史全面的、整体的负面化，知识界弥漫着"疑古思潮"，忽略历史的连续性，汤用彤"以仇恨死人为讲道之因"[3]实属传神之笔，用白话文讲道理就是"中国的历史成了出气筒"，"疑古思潮"遂成为否定传统文化狂欢的"饕餮盛宴"。他们在不知中国历史为何物、有何特点的情况下，或胡乱削足适履、盲目比附西方，或以自虐史观为荣；胡适的"东周以上无史论"就类似于这种做法，科斯敏斯基在剖析笛卡尔及其怀疑主义史学流派

1　《顾颉刚书信集》第一卷，中华书局 2011 年版，1927 年 2 月 22 日，第 562 页。
2　《古史辨》第二册，海南出版社 2005 年版，第 295 页。
3　《评近人之文化研究》，《学衡》1922 年第 12 期。

时对涉及的社会心理深刻精辟地分析："既然这整个中世纪的过去受到谴责，所以也由过去的人们所写的历史——这种过去的遗迹也同时受到谴责。这样对待历史的结果往往是彻底的怀疑论，原则上否定认识过去的任何可能性。"[1] 就当时的学术界而言，对"疑古"的学术批评乏人问津、难成气候，社会心理异常由此可见一斑。"层累说"在当时的成功，是由于它满足了社会心理的期待以及取得了启蒙领袖胡适的支持，才使得外界误以为立论方占了上风。这与五四前后"现代圣人"胡适取得很大的话语权密切相关。古史体系的面貌如何、是否成立本来完全是一个学术问题，但从论战开始，"疑古三杰"就不断指责对方"崇古""信经"，存在思想"保守"乃至"反革命"的问题，这种套路被延续至今。而这种不正常的结果被传承、延续下来，笔者认为，"疑古思潮"的影响也是如此。五四时代人物"把科学与民主放在中国文化传统直接对立的地位，那更是不可原谅的大错误"[2]。"顾氏之疑古辨伪精神，亦可与五四健将们反传统之态度相呼应。然顾氏曾一再强调其批判传统，或反传统之目的是'学术'，而非手段。但处此风潮之下，疑古辨伪的学术活动，难以不变成极端的反古运动，辨伪遂成革命之手段，而非学术之目的……洪流一旦决口，殊非顾氏所能疏导，史学与政治结合之命运，遂难避免。……顾氏之新史学虽较迎合革命风潮，有'否定封建的历史'之功，但仍未能免'脱离现实'之讥。"[3] "'五四'以来形成思想主流的'实证主义'的观点必须受到适当的矫正。"[4]

1　科斯敏斯基：《中世纪史学史》，商务印书馆 2011 年版，第 210 页。

2　余英时：《论中国文化的重建》，王跃、高力克编：《五四：文化的阐释与评价》，山西人民出版社 1989 年版，第 213 页。

3　汪荣祖：《五四与民国史学之发展》，萧延中、朱艺编：《启蒙的价值与局限》，山西人民出版社 1989 年版，第 194 页。

4　余英时：《论中国文化的重建》，王跃、高力克编：《五四：文化的阐释与评价》，山西人民出版社 1989 年版，第 213 页。

就当时的大师级人物来说，真正赞成“疑古”的比例并不太高，例如，“北大国学门、清华国学研究院、厦大国学研究院……的成员对顾颉刚所领导的古史辨运动多有持批评之态度者。”“清华国学研究院的几位导师……在激烈疑古方面，却是坚决的批评者。”[1] 当然，他们未在学术上将“疑古”彻底驳倒是一方面，而他们压过“疑古”的学术之声、理性诉求却遭到社会无视，显见这一时期社会心理的诡异。这说明“疑古思潮”具有异常的光环，这种光环使其领导者成为偶像。

在这种情势下，胡适、顾颉刚两先生因运而出，成为新时代的偶像，徐旭生说出了胡适和顾颉刚风行于世的一部分重要原因：“对方的科学大旗太鲜明了，发生恐慌的人因此就失去了同他们正面斗争的勇气。”[2] 事实也不尽如此，问题的症结在于，学术界与之斗争的很多，反驳的理由也很充分，但鲜少有人信从。而批评的人没有针对顾先生“些许的罅漏”攻到要害之处也是一部分原因，天才的史学家张荫麟更是针对性地指出：“世俗不究本原，不求真是，徒镇于其新奇，遂以打倒偶像目之，不知彼等实换一新偶像而已。”[3] 新偶像一语点出了问题的实质，而且两先生对这种地位也是很享用的，傅斯年在出国七个月后写给胡适的信里告诉胡适，自己要认真读书，认真研究，不轻做文章，对留学界“求速效，急名利，忽忘学业”的情形非常不满，希望胡适警惕成名所带来的危险，“愿先生终成老师，造一种学术上的大风气，不盼望先生现在就于中国偶像界中备一席。”[4] 傅斯

1　王汎森：《民国的新史学及其批评者》，罗志田主编：《20世纪的中国：学术与社会·史学卷》，山东人民出版社2001年版，第61—62页。

2　徐旭生：《叙言》，《中国古史的传说时代》，中国文化服务社1943年版，第21页。

3　《古史辨》第二册，海南出版社2005年版，第12页。

4　“傅斯年致胡适”，1920年8月1日，耿云志主编：《胡适遗稿及秘藏书信》第37册，黄山书社1994年版，第352—353页。

年 1926 年 8 月 17 日、18 日给胡适写信，认为治宋明理学的人，"非一个读书浩如大海的人不能寻其实在踪迹"，胡适的态度则是"欲我博极群书，万不可能，故于需明物事，偶然有所弄"[1]。顾先生在《自序》里虽然自谦不愿成为偶像，但实际上恐怕并非如此，他在给妻子的信中说："我的一班后辈，对我非常亲近，也是极安慰的事。不像与同辈往来，老是要讲世故、藏藏躲躲、斤斤计较、假啼佯笑，好像演戏似的。"[2] 这一切说明，学术界对"疑古"者不知疑今，对"辨伪"者不知求真。

　　糟糕的是，几十年来的研究者中没有摆脱实质上偶像崇拜的倾向，直到最近依然如此。江勇振在《舍我其谁：胡适》第二部《日正当中，1917—1927》的《前言》中针对胡适研究史猛烈抨击说："这种不思不想、胡适说什么就是什么的研究态度，无以名之，姑且称之为'胡适说过就算主义'。……上焉者就是照本宣科。胡适怎么说，就跟着怎么说。……'胡适说过就算主义'的下焉者，就是'说文解字'式地把他的观点拿来作为臆测之资。"不幸的是，在关于顾先生的研究中，此种倾向比江勇振批判关于胡适研究者存在的类似问题更加严重，大量失实内容的《自序》之流行使顾先生取得了类似于司马迁那样的高度信用。十几年前或许还有受限于资料的原因，但在顾先生的《日记》《读书笔记》以及《全集》出版后，虽然也出现一些令人瞩目的论著，但这种"顾颉刚说过就算主义"的倾向并没有得到多少好转，尤以对《古史辨自序》和《我是怎样编写〈古史辨〉的？》两文的引用为最，全不思及其撰写的特殊背景和回忆的可能失误，既缺乏顾先生"考而后信"的精神，也无从原始材

1　杜春和、韩荣芳、耿来金编：《胡适论学往来书信选》下册，河北人民出版社 1998 年版，第 1264—1265 页，"傅斯年致胡适"。
2　《顾颉刚书信集》卷五，1946 年 12 月 20 日"致张静秋"，中华书局 2011 年版，第 28 页。

料中得结论……台湾中原大学林治平教授反复指出:"错误的前提,加正确的推论,加狂热的执行,等于万劫不复的灾难。"

笔者在此不能不略述对造成这个现象成因的看法。转型期的中国社会极为动荡,学术受社会的影响极其巨大,发展逸出了常规。《古史辨》出版时和"层累说"论战时的社会气氛大为不同,五四时,革命的气氛已经开始酝酿,邓中夏1919年10月1日著文阐发革命理论,"说革命思想的成因乃是对当前生活情况的不满,革命的目的乃是对他们生活情况之普遍的改善。"[1]到了1926年,正值中国政局大转折,社会弥漫着崇尚革命的背景,在这个时代里,神圣的革命术语被滥用,时人说得很清楚:"目前的时代是一个革命的时代。革命的原动力就是对于现状的不满意。各科中最能培养这个原动力的,没有比历史再适当的了。"[2]

笔者对顾先生一些失实事例的考证固然是其个人私德中的一部分,但这足以说明顾先生也是个凡人,研究者对"疑古"者应该有起码的怀疑,对辨伪者也不应该失去求真的精神。从开始欢迎论战到后来拒绝论战的态度也是历来被忽视的一个重要现象,素来被认为亲密无间的师徒在气质、性格及学术理路等方面显示出诸多差异,顾先生高调地吹捧胡适实质上只是为了绑架他、利用他。历史充满了曲折的潮流,有时似乎要无限伸展进入一个可以预期的未来,往往让人错愕的是,它的发展却突然转入全新的、始料未及的方向:这些历史的重大意外中有许多是因人类个体的力量而发生,《古史辨》的编纂本来完全是一次商业的策划竟然演变为一场轰轰烈烈、影响深远的"史学革命"。不少学者至今仍沉迷于"疑古"的雾霾中不能自拔,而主张"疑古"的人长期被当作偶像来崇拜。

---

1 邓中夏:《革命? 何故? 为何? 》,《建设》第1卷 第3期。
2 吴研因、王志瑞:《小学历史科教学法》,商务印书馆1929年版,第17页。

百年来对民国学术史中这两大巨人的总体评价基本上仍是以思想进步压过学术的标准进行的，存在着偶像崇拜的痕迹，这说明在中国建立一个纯粹的学术社会仍然任重道远。

五、从多重角色冲突的视域看"疑古三杰"

人物研究可以说是历史研究中最简单的，但也可以说是很难做好的。之所以最简单，是将其生平履历罗列一下并加以点评，就可以成为一篇研究文章，这对学界人物的研究来说尤其如此。之所以很难，是因为这常常需涉及许多方面、很多层面，研究对象的自身定位与研究者给予的定位有无落差等，而在此千古变局转型期的诸多人物尤为复杂，乃至还要深入他们的心理层面探寻终极原因——进行动机的研究。"动机是一个概括性的术语，是对所有引起、支配和维持生理和心理活动的过程的概括。""心理学家用动机概念把生物学与行为联系起来，用它来解释行为变化，从外部行为来推断个人内心状态，把责任感归结到行动以及解释不屈于逆境的意志。""心理动力学理论的本质就在于对这些行为产生的内在来源以及这些内在驱动力之间冲突的关注。在弗洛伊德看来，所有的行为都是动机引发的。"[1]如果能做到这一步，就可以说找出了真相的终点，直击到了历史的本质。因为历史研究归根结底是研究人类的活动，要把握人性，柯林武德有历史学是关于人性的科学的阐述。[2]

"20世纪中国学者对于西方学本的理解和接受基本上都是在一个共同范式的支配下发生的，这个范式就是'现代化'，在

---

[1]　格里格等著：《心理学与生活》（第16版），王垒等译，人民邮电出版社2003年版，第325、329、394页。

[2]　请参见柯林武德《历史的观念》（增补版），何兆武等译，北京大学出版社2010年版，第203—228页。

现代化需要这个范式背后还有另一个更加根本的理念，那就是
'救中国'的理念。后者既是现代中国特殊命运的产物，也与中
国学术两千多年来的理想有关。"[1]中国旧式的士大夫阶层是集读
书、做官、办事等各种社会角色于一身的，随着中西的碰撞、
中国社会的转型及近代化教育体制的逐步建立，他们的功能与
角色产生了分化与重组，出现了不少知识人。其中涉及的中西
新旧之学与新人旧人问题当然不是判断学术价值的标准，但这
些术语与当时人的社会认知密切相关，笔者只能姑从其旧。民
国北洋时，武人主导的政府对学术懵懂无知，本着传统尊重知
识阶层，不太干预学术界及其内部事务。知识阶层的形态发生
了吊诡的分化，而近代学术就是要学科专业化、社会角色独立
化和职业学院化。五四以来，学术专科化愈益发展，中国学术
的会通之势愈益减弱，有纯粹的专科学者，也有通吃多家的复
合型人物。作为真正的纯学者，目的是探求真相、追求真理，
诚实是做人和治学最起码的态度，且需要审慎、周全，专业学
者的目标是精深、独创，"学问家为真理而求真理，重在自信而
不在世俗之知，重在自得而不在生前之报酬。故其毕生辛勤，
守而有待，不轻出所学以问世，必审虑至当而后发一言，必研
所至精而后成一书。吾国大师，每诫学者，勿轻著述。"[2]他们并
不追求额外的社会影响。旧派学人丧失了当官、做事的社会功
能，反而得以专心学问，成为专业学者。王国维、陈寅恪等人
就是其中的佼佼者，他们没有内在功能的冲突，研究立场客观，
学术成果更具持久价值。日本社会和政治生态的稳定使白鸟氏、
内藤氏主要成为职业的专业学者。他们在社会上即使有角色，
也影响不大，评价他们主要还只能是从学术着眼。

---

1 方朝晖：《"中学"与"西学"：重新解读现代中国学术史》，河北大学出版
　社 2002 年版，第 14 页。
2 梅光迪：《评提倡新文化者》，《学衡》第 1 期，1922 年 1 月。

　　这时出现了一些复合型大人物，他们多兼阐发思想、启蒙社会和研究学问于一身，在不同领域都扮演着重要角色，本书涉及的多与新文化运动及其衍生的整理国故运动的衮衮诸公有关，新文化运动提供了一些改良中国社会的新的价值观，是一个思想性、社会性的运动，同时兼顾学术，耿云志《近代中国文化转型研究导论》一书将它的主要观念概括为"平民主义、个性主义、科学精神、开放的文化观念"，这符合历史实际，较之笼统归结成"德、赛二先生"更周到、更确切。而政治运动与文化运动结成紧密的互动关系是现代中国重要的文化现象与社会现象。新文化运动不久即转向政治运动，导致以后长时期存在高度泛政治化倾向。它们的伟大意义是毋庸置疑的，但以前的研究偏重于歌颂，或者是爱屋及乌式的结论，往往把某些人的思想对社会影响大和个人的学术精深混为一谈，只要他思想进步、政治正确，那他就学术、诗歌……什么都好；或者像膜拜真空中的圣贤似的，往往各就其学术谈学术（文史哲政经）。实际情况相当不然，"适之提倡新文化运动……凡属中国旧学，逐一加以批评，无一人一书足资敬佩。……适之所主持之新文化运动，实为批评中国旧文化，为新文化运动做准备。当时有唱全盘西化之说者。而适之仅提倡赛先生科学与德先生民主两项。……适之有'大胆假设小心求证'一语。其所假设者，似仅为打倒孔家店，中国旧文化要不得。一意广泛批评，即其小心求证矣。至民主科学两项，究当作何具体之开创与设施，则初未之及。……要之，重在除旧，至于如何布新，则实未深及。"[1]钱穆说："以余一人所交在北大，如孟心史、汤锡予，清华如陈寅恪，燕大张孟劬，其他南北学者如马一浮、熊十力、钱子泉、

1　钱穆：《序》，《现代中国学术论衡》，生活·读书·新知三联书店 2005 年版，第 4 页。

张君劢诸人，余皆尝与之一一上下其议论，固同对适之有反感，而中央大学教授柳翼谋，明白为一文，力斥章太炎、梁任公与胡适之三人。”[1] 钱穆所列举学者，都是纯学者，反对的章、梁、胡三人，都是深度介入政治等领域的人，都是身兼启蒙与学术的人。近些年也有不少学者指出了其偏颇之处。而在他们同一生命个体内往往存在多重角色的冲突，多重角色（身份）指他们既是运动的领袖、启蒙者、思想家，又是具有太学性质的北京大学教授、著名学者、学术界领袖，同时在社会上还具有广泛的影响，启蒙者、思想者从事的谋生职业可能是教授、教师，但他们不是纯粹的学者，也未进入纯粹中立的研究立场，作为启蒙者、思想家，他们的目的是要开启民智，简单地说，启蒙和学术是有明显冲突的，而内在冲突的角度似乎尚未引起人们的足够关注，就像武侠书中说的那样，很多人身上几股气（真气、元气、正气、邪气）冲突，导致人体状态的不正常。在鉴别史料时要关注这个问题，应该对他们日记中写的、讲演中说的和学术文章经过精心论证的观点加以区别。一般来说，给自己看的日记最真实，最能反映其内心的真实想法。而讲演中为了渲染气氛，让听众印象深刻，可以说得很过火，尤其作为启蒙者的宣传和政治革命的尝试者更是如此，对此现象我们要有清醒的认识。“社会心理学将人视作处于复杂社会关系网中的社会动物进行研究。群体成员会影响个体在社会情境中的行为、思想和情感。社会角色是一个人在团体中的位置以及与社会地位相联系的特定的行为模式。当一个人担当着两个或多个相互冲突的角色时，就会出现角色冲突。斯坦福大学的监狱实验表明，角色作用有时可以压倒个人的行为动机。”[2] 许多时候，认识活动

1　钱穆：《维新与守旧》，《钱宾四先生全集》第23册，台北联经出版公司1998年版，第29页。

2　库恩等著：《心理学导论：思想与行为的认识之路》（第13版），郑钢等译，

不免要受到意图的左右，个人的意图是阻碍认识的最为可怕的
敌人。尽管我们不断地把目光投向未来，就人类整体以及每个
个人的命运来说，未来充其量也是一片模糊。意图还特别喜欢
披上爱国主义的外衣。布克哈特早就指出："有的时候，所谓的
爱国主义不过是一些人在自己同胞中进行的拉帮结伙的活动，
其目的有时就是伤害其他人。大众媒体就是在这种活动过程中
产生的。"[1] 结果，当人们设法认识他们的祖国、民族或团体的时
候，正确的认识往往受到这些伪装起来的意图的严峻挑战，并
且在考察它们的时候很容易不知不觉地偏离认识而向意图乃至
臆想倾斜。而在臆想的领域里，人们可以轻而易举地在自己与
其他人之间架起通天高的隔板。近代虽说像一位哲人说过的"天
才成群地来"，但每人作为个体毕竟精力是有限的，他们如果从
事大量的社会活动，那么在学术上可能就很难做到既渊博又精
深。而历史对各种角色的成就的评价标准当然是不同的。对于
政客或政治家来讲，是没有道德和诚信可言的，他们可以为了
个人和派系的私利而置千百万人的利害于不顾。对学者来说，
抄袭就是大问题。难以以一个标准评价的是跨界的多重角色的
学者，再一个问题，既然人的精力有限，天资、特质又各有不同，
同样环境和条件由于人格结构[2]的不同会导致不同的结果，而追

中国轻工业出版社 2014 年版，第 681 页。

1　布克哈特：《世界历史沉思录》，金寿福译，北京大学出版社 2007 年版，第
　10 页。

2　格里格等著：《心理学与生活》（第 16 版），王垒等译，人民邮电出版社
　2003 年版，第 395 页。人格的结构：本我可以看做是原始驱动力的储存处。
　超我是一个人的价值观的储存处，包括从社会习来的道德态度。超我大致
　上和良心的概念相对应。自我是一个基于现实的自我方面，来调和本我冲
　动和超我需求之间的冲突。自我代表一个人关于生理和社会现实的观点，
　是他／她关于行为的原因和结果的理性认识。自我是受到现实原则支配的，
　这种原则为快乐的需求提供现实的选择。心理动力学理论的本质就在于对
　这些行为产生的内在来源以及这些内在驱动力之间冲突的关注。在弗洛伊

求的目的不同，达成的手段、路径也各有不同，其所得各方面的成就自然也参差有别。

在经过近百年后，我们可以平心静气地将这一时期作为历史来讨论。民国学术界是充斥着争斗的名利场，"民国时期的新派，往往借代际更替之名行派系争斗之实。而要打倒前辈，其捷径就是不破不立，根本颠覆前人。……本来新派与老辈学术上并非截然对立，似乎新派一味趋新，老辈则一心守旧。但新派不断鼓动新潮，老辈却往往与复古逆流相联系，在接二连三的冲突摩擦中，各自意气用事，易走极端，形成公开对垒。"[1] 居中的学者对此有深刻的评论："今之学者不求所以自立，徒为虚之气所乘，以盗窃为能事，以标榜为名事，不仅文话白话然也，一切学问，莫不如是。……只有登坛演讲之人，无执卷问业之人，只有随众听讲之人。演讲与听讲，非不可行之事。然必演讲者对于所讲之学问，有彻底之了解，听讲者对于所讲之学问，有相当之根基。今演讲者自知学问之未了解也，于是好为新奇之说，以博听者之感情；而听讲者不仅无相当之根基，并无听讲之诚意，真正为学问之宣传而演讲，与为学问之研究而听讲者，可谓决无其人。"[2] "自清以迄今二十余年，科举废，学校兴，士子化于欧风，靡然从之，以提倡新思潮为务，故此时代，乃学生时代也。学生者，不拘于故常，不囿于一隅，而为新知之是求，故其弊也盲从。"[3] 这是"一个传统秩序全面崩溃的时代……旧的规范已失去约束力，旧的道德伦理被全面质疑，但新的规范、新的伦理尚未建立……这时候谁的论点能说服人，谁的立论坚决（有

德看来，所有的行为都是动机引发的。

1　桑兵：《民国学界的老辈》，《历史研究》2005 年第 6 期。

2　胡朴安：《论今人治学之弊》，《民国日报·国学周刊》（上海）第 14 期，
　　1923 年 8 月 8 日。

3　金毓黻：《静晤室日记》第 4 册，辽沈书社 1993 年版，第 2321 页。

时候是武断），谁的观念与社会的脉动相照应，便在各种‘论述’的争衡中逐渐胜出，一旦它获得‘群聚效应’，这个‘领导性论述’便逐渐上升到全国舞台的中央。"[1] 在中国社会，政治往往是最大的事情，政治传统是斗起来之后，为了掌权可以无所不用其极。对于许多知识人也是如此，斗来斗去，本来还有个破房子可以栖身，结果斗到把房子完全拆掉而露宿街头。而在朝在野态度往往不同，且新旧之间可能更为容忍，而新新之间常常斗得更厉害，傅斯年 1927 年请胡适帮忙给广州中山大学找导师，要件是"须以前未曾显著与中国党反对团体有关系，然此条实严于一种而宽于其他，如是复辟党，并不要紧，然如果曾为政治大学教员之列或与江苏省教育会有关系之人，则须斟酌。"[2] 当然，不可否认的是，其终极关怀是通过思想的革新来改变中国的社会，他们改造中国社会和传统文化的道德动机是高尚的，但他们的手段却不无可议。

"五四新文化人有意以西方为本位的取向在这里是非常明显的。"[3] 新派学者"虽然处处努力以西方标准衡量中国的事情，但到底只是心向往之，终不能完全摆脱羁绊，到达彼岸。这样的社会存在与士人愿望以及知识分子安身立命的基本行为准则与其思想取向的双重差距，以及与后者密切关联的个人认同问题，造成一种更难化解的心态紧张。"[4] 而实际情况正如绝对的新派学者傅斯年所说："我们思想新、信仰新；我们在思想方面完全是西洋化了，但在安身立命之处，我们仍旧是传统的中国人。"胡

1　王汎森：《后传统、后科学、后古史辨时代的傅斯年》，《读书》2012 年第 2 期。

2　"傅斯年致胡适"（1927 年夏），王汎森等编：《傅斯年遗札》第一卷，社会科学文献出版社 2015 年版，第 79 页。

3　罗志田：《林纾的认同危机与民初的新旧之争》，《权势转移：近代中国的思想、社会与学术》，湖北人民出版社 1999 年版，第 271 页。

4　罗志田：《权势转移：近代中国的思想、社会与学术》，湖北人民出版社 1999 年版，第 57 页。

适评论说:"孟真此论甚中肯。"[1]"五四前后的新文化人非常强调他们与旧学者的一大不同在于旧学者讲究'家派'而他们则注重学理,其实这最多是一个努力的目标和方向。遇到思想论争时,他们的群体身份认同相当明确,常常是首先站在新旧(或其他)社会区分中自己'家派'一边出战,而将观念的异同置于第二位。"[2]他们带着当时尊西尚新的价值观,常常因为新、因为西就不容置疑,将新旧等同于是非。为了迅速扩大自己的影响和势力,追求的是社会影响最大化,经常是选择性地表达意见,可以一叶障目不见泰山,可以夸张,怎么耸动怎么说,影响大是呼应了社会心理,梅光迪尖锐地指出提倡新文化的人,"非学问家,乃功名之士也。……其于学问,本无彻底研究与自信自得之可言,特以为功利名誉之念所驱迫,故假学问为晋身之阶。……学问既以趋时投机为目的,故出之甚易,无切实探讨之必要。以一人而兼涉哲理、文学、政治、经济者,所在多有。后生小子未有不诧为广博无涯者。"[3]他们是以学术之名行启蒙之实。但其主要目的则在于改良社会,用传统术语则称之为经世,他们是沿袭了传统士大夫的角色和功能,"新文化运动诸人有意无意间扮演着传统社会'士'的角色,故在很大程度上其思虑和关怀也接近传统的'士'。"[4]有学者甚至认为:"以严格的现代尺度衡量,中国近代仍然没有'知识分子',独多的倒是传统士大夫。"[5]他们界限甚清,把自己的小圈圈——《新青年》同人划

1　曹伯言整理《胡适日记全编》(5),安徽教育出版社2001年版,1929年4月27日,第404页。

2　罗志田:《古今与中外的时空互动:新文化运动时期关于整理国故的思想论争》,《近代史研究》2000年第6期。

3　梅光迪:《评提倡新文化者》,《学衡》第1期,1922年1月。

4　罗志田:《林纾的认同危机与民初的新旧之争》,《权势转移:近代中国的思想、社会与学术》,湖北人民出版社1999年版,第289页。

5　许纪霖:《智者的尊严:知识分子与近代文化》,学林出版社1991年版,第63页。

为我们，把其他人等如梁启超及《改造》同人划为"他们"，这一点胡适在1921年年初给陈独秀的信中讲得很清楚。[1]他们不仅利用新式的现代传媒呼应畸形的社会心理，追求到了强势的社会影响，并抢到了强大的话语权，而且还主动挑起冲突，并进行攻击。心理学认为："情境常常促使人们采取攻击行为。"[2]这方面罗志田、桑兵先生已经进行过精到的研究，"新文化诸人反桐城派不过是要过二级故意激进，以得实际低二级的效果。……新文化诸人的激进既然存在着有意为之的成分，其所认知的传统的压迫，恐怕就更多是一种假想（imagenary）型的。……平心而论，当时各派恐怕都没有那么清纯。""胡适自己后来就承认，正是钱玄同提出的'选学妖孽'和'桐城谬种'两句口号'为文学革命找到了革命的对象'。胡适所说的'找对象'真是传神之语。……若将钱、陈、胡的话联系起来看，则立新必须破旧，革命要有对象，哪里还管老虎是死是活呢！"[3]桑兵先生指出："新文化派学者确有鼓动大众以致众从的目的。"[4]"启蒙与学术从一开始就显得剑拔弩张，扞格不入。"[5]因此，我们今日研究民国学术切不可以当日的新旧之别及其斗争做学术问题的判断，今人对启蒙者故意矫枉过正的言行往往加以称赞，这是"思想进步""政治正确"的一种评估，但对于一个学者来说，这并非首要的标准。转型期中的新派学者在学术上的造诣是逊于旧派

1　胡适致陈独秀（稿），《胡适来往书信选》上册，中华书局1979年版，第119—120页。

2　格里格等著：《心理学与生活》（第16版），王垒等译，人民邮电出版社2003年版，第395页。

3　罗志田：《林纾的认同危机与民初的新旧之争》，《权势转移：近代中国的思想、社会与学术》，湖北人民出版社1999年版，第272、284页。

4　桑兵：《横看成岭侧成峰：学术视差与胡适的学术地位》，《历史研究》2003年第5期。

5　孙尚扬：《在启蒙与学术之间：重估〈学衡〉（代序）》第1页，《国故新知论：学衡派文化论著辑要》，中国广播电视出版社1995年版。

的，遇有旧派进行学术批评和反对而无力反击时就往往会加之以思想"保守""反动"乃至"反革命"的帽子，笼统地以思想、政治上的进步意义夹带和评判学术上的价值和典范，并不重视学术理性的声音，顾先生思想历程的转变也充分说明了这一点。而胡顾这对"师徒"的"疑古"辨伪是专找古人古书的纰漏与麻烦，更多的是思想更新的工具而已。"疑古"的偏见产生于角色冲突，表面上是学者，实际上从事的行为不少是非学术性的，他故意曲解或夸张古代思想家的思想，因为他只有把人们脑子里的旧东西驱除出去才便于接纳他们的新思想；只是为了塞进"私货"借以传播自己的偏好、实现自己的目的，而只有造成耸动效应，鼓动起反传统的思潮，才能得到理想的效果，历史的真不真及手段的道德与否并非首要的考虑。

在近代化的道路上，各行各业亟待建设时，你搞你的，我搞我的，中国需要付出额外的社会成本来弄这些无谓的争执吗？胡适曾对同派的吴虞敞开心扉，道出肺腑之言：

> 吾辈建设虽不足，捣乱总有余。[1]

这句话，比罗志田先生欣赏的胡适所说的"找对象"更加传神，也就是说，我们的水平虽然不足以建设，但社会不按我们的希望进行，就要"捣乱"，这就成为社会心理学的偏见问题，"产生于人脑的偏见，能够贬低人的人格和毁灭人的生命。偏见是针对特定目标群体的一种习得性的态度，它包括支持这种态度的消极情感（厌恶）和消极信念（刻板印象），以及逃避、控制、征服和消灭目标群体的行为意向。如果一个人在面对证明他是错误的证据时，还不愿对自己的信念加以改变的话，那么这个

---

[1] 《吴虞日记》上册，四川人民出版社 1986 年版，第 599 页。

人就是一个有偏见的人。社会心理学家总是把对偏见的研究放在很显著的位置，力求理解偏见的复杂性和持久性，并且发展出一些改变偏见和歧视行为的策略。"[1] "偏见是对其他群体的成员的一种内隐或外显的否定态度。有的理论把偏见解释为'找寻替罪羊'，还有的理论把偏见分为由个人原因而形成的个体偏见和为了顺从群体规范而形成的群体偏见。"[2] "从偏见研究中得到的一个令人悲伤的事实是：对那些不属于他们同一'群体'的人，人们很容易表现出偏见。社会分类是一个过程，借助这个过程，人们把自己和别人分成群体来组织社会环境。最简单和最有说服力的分类形式包括判断别人是否与自己想象。这种分类是从'我与非我'到'我们与他们'的导向发展而来的。人们把世界分成内团体和外团体，对前者而言，个体把自己看作是其中的成员；而对外团体则相反。这些认识性的区别导致了群体内偏见（内群体偏爱），一种认为自己的群体比别的群体好的评价。人们一旦被看作外团体成员，常常会成为泄愤和不公平对待的对象。有时候，一些非常细小的线索也能够引发对外团体成员的偏见……事实上，表现出较高偏见的人在做出谁是属于哪一类人的判断时更细心。"而"一个非常烦人的结论是：偏见很容易产生却很难消除。相互依赖的重要性。研究表明，要克服偏见还必须促进在追求共同目标时个人之间的相互作用"。"这些发现都说明是情境的因素而不是个体被试间的区别，在很大程度上控制着行为。"[3] 这些有力的、新的理论证明了以往盲目歌颂式的结论确实需要进行新的审视。

1　格里格等著：《心理学与生活》（第 16 版），王垒等译，人民邮电出版社 2003 年版，第 501 页。

2　库恩等著：《心理学导论：思想与行为的认识之路》（第 13 版），郑钢等译，中国轻工业出版社 2014 年版，第 718 页。

3　格里格等著：《心理学与生活》（第 16 版），王垒等译，人民邮电出版社 2003 年版，第 522、524、529 页。

我们须对胡适费些笔墨进行分析，胡适在1914年写道："以数千年之古国，东亚文明之领袖，曾几何时，乃一变而北面受学，称弟子国，天下之大耻，孰有过于此者乎！吾故曰：留学者我国之大耻也。"留学责任所在，"以他人之所长，补我所不足，庶令吾国古文明，得新生机而益发扬光大，为神州造一新旧泯合之新文明，此过渡时代人物之天职也。""今留学界之大病，在于数典忘祖"，"懵然于其祖国之文明历史政治"，"不讲习祖国文字，不知祖国学术文明"，与西方相比，必"惊叹颠倒，以为吾国视此真有天堂地狱之别。于是由惊叹而艳羡，由艳羡而鄙弃故国，出主入奴之势成矣"。到他们回国，必会"欲举吾国数千年之礼教文字风节俗尚，一扫而空之，以为不如是不足以言改革也。"[1]如果抹去胡名仅看内容，一定会被人视为国粹派中人。而且如唐德刚先生所言：胡适等一大批人外出学习所负的"使命"本来是要"以西洋之长，以补中国之短"，最终变得"但见洋人之长，而未见其短，或讳言其短"[2]。虽然在尚未回国时就因"文学革命"的主张成名，回国时表示20年不谈政治，但很明显的，胡适回国本是要进行文化与学术建设的，就胡适的性格而言，如果社会和谐、政治安定的话，胡适自当潜心治学，那么他的学术成就或许很大，直到1918年中他还坦承自己身中有"中国的我"和"西洋廿世纪的我"两者并存[3]，回国后出版了《中国哲学史大纲》，又在主流学术界高层站稳了脚跟。因为种种原因，他也和其他新文化人一样变得以破坏者（捣乱者）自居，很快就像他自己说的那样："我似乎是一觉醒过来就成了一个全国最

---

1 胡适：《非留学篇》，周质平编《胡适早年文存》，台北远流出版公司1995年版，第361—362页。

2 参见唐德刚译注：《胡适口述自传》，华东师范大学出版社1993年版，第43页注4。

3 胡适致陶孟和，1918年5月8日，转引自耿云志：《胡适年谱》，四川人民出版社1989年版，第62—63页。

受欢迎的领袖人物。"[1]成为具有巨大社会权力的人,"一个人有能力控制、改变或影响别人的行为,那么他就有社会权力。社会权力有五种:奖赏权、强制权、法权、参照权和专家权。"而"群体思维的盲从者们往往为了维护内部的一致而不惜放弃自己的批判性思维"[2]。以往的研究忽视了这种权力角度。值得注意的是,胡适在"疑古"期间还深度介入中国政治,意图有所作为,他"疑古"的时间段恰恰是其努力尝试"政治革命"的时期,可见对胡适来说,"疑古"只是工具。

　　为何多次出现这些变化呢?"态度由信念成分、情绪成分和行为成分组成。态度的形成受到直接接触、偶然的条件作用、与他人的相互作用、群体成员、童年所受的教育和经历以及大众媒体宣传的影响。态度的转变取决于参照群体的作用、劝说和重要的个人经历。"[3]胡适是一个成功的新文化运动领袖,领导着改造中国社会和旧文化的事业,"新文化运动的一件大事业就是思想的解放。我们当日批评孔孟,弹劾程朱,反对孔教,否认上帝,为的是要打倒一尊的门户,解放中国的思想,提倡怀疑的态度和批评的精神而已。"[4]胡适留美时就自觉有"读书多所涉猎而不专精,泛滥无方而无所专注,所得皆皮毛也。可以入世而不足以用世,可以欺人而无以益人,可以自欺而非所以自修也"[5]。虽然表示要痛改但实际上并没有。旺盛的精力不是沉潜

1　"胡适致韦莲司",1923年3月12日,转引自周质平:《胡适与韦莲司》,北京大学出版社1998年版,第62页。

2　库恩等著:《心理学导论:思想与行为的认识之路》(第13版),郑钢等译,中国轻工业出版社2014年版,第682页。

3　库恩等著:《心理学导论:思想与行为的认识之路》(第13版),郑钢等译,中国轻工业出版社2014年版,第681页。

4　胡适:《新文化运动与国民党》,此文原刊《新月》第2卷第6期,1929年9月。

5　《胡记》第1册,第233页。

于学术研究，追求学术上的精湛成果，有"立异以为高"的目的[1]，不断挑起论争，只要你驳不倒我，我就可以大声说、大声喊，以此博取声名，简言之，他是以学者的面貌在历史中寻找着各种反传统的思想资源而不是进行价值中立的学术实践。余英时说他"首先也是有意或无意地回到传统中非正统或反正统的源头上去寻找根据"[2]。即使心理表层是求真，但深层却是当作一个工具。其治学主要是为了入世。"在思想与学术之间辗转反侧，令胡适常为大刀阔斧和拿绣花针感到两难。……至少在1920年代以前，学术在他不过是救世的工具。"[3]作为学者，胡适不能真正完全求真、说真话，就以胡适爆得大名的"文学革命"来说，1923年3月12日，胡适在给万里之外的红颜知己倾诉肺腑之言时说："在我推行白话文运动的时候，对我帮助最大的，是我从小所受古典的教育。"[4]这一点，与文字根底很深的顾先生对胡适文章的评价是一致的，"我与适之先生之文字，皆是从老文章脱胎，他人读之口顺在此，而文体不能活泼亦在此。"[5]到1936年，胡适还跟对汤尔和说"打破枷锁，吐弃国渣"是他在"国中的事业"的"最大功绩，所惜者打破的尚不够，吐弃的尚不够耳。"[6]"而胡适本人在国人面前说到幼时古文训练，大多以'缠脚布上的血腥气'或'古文鬼影'等负面字眼，毫不涉及古文的好处。这大概只是为了'革命'的需要，一时权宜的话。盛名之下，

1　《胡记》第1册，第531页。

2　余英时：《五四运动与中国传统》，《中国思想传统的现代诠释》，江苏人民出版社1998年版，第357页。

3　桑兵：《横看成岭侧成峰：学术视差与胡适的学术地位》，《历史研究》2003年第5期。

4　"胡适致韦莲司"，转引自周质平：《胡适与韦莲司》，北京大学出版社1998年版，第62页。

5　《顾颉刚日记》1925年12月19日，第689页。

6　"胡适致汤尔和"，1936年1月2日，《胡适来往书信选》中册，第295页。

必须保持一致，以致一辈子都改不了口。"[1]

在此，我们可以重新审视当时著名的白话、古文之争，顾先生也注意到了这场争论，并加以简要摘录:《敝帚集》(四):"林纾《论古文不当废》曰:'知腊丁之不可废，则马班韩柳亦自有其不宜废者，吾识其理，乃不能道其所以然，此则嗜古者之痼也。'胡适评之曰:'吾识其理，乃不能道其所以然'，此正是古文家大病。古文家作文，全由熟读他人之文，得其声调口吻，读之烂熟，久之亦能仿效，却实不明其所以然。此如留声机器，何尝不能全像留声之人之口吻声调，然终是一副机器，终不能道其所以然也。"[2]顾先生对此未加评论。从学术的立场来看，林的主张明显是正确的，他之前也没有反对白话文，而中国近百年的教育实践也证明古文确实不能废除，也符合近几十年人类文明具有多样性、差异性、等级性的正确见解，而胡适之不过是逞口舌之快，林纾很长时间不再涉此话题，可新派学人初期社会影响低，常感寂寞，期待用争吵引来关注，钱玄同、刘半农、傅斯年等成群结队，对林的批评声浪反趋激烈，甚至转向人身攻击以激怒林。胡适极力主张以引车卖浆者流的白话文作为表达的手段，它有利于普通民众学习高深的知识，便于深刻思想的迅速传播，作为开通民智的工具是极为有效的，同时引进西方的语法与文法结构，使之成为一种分析性的语言，有助于清晰化、条理化、具体化表达思想。而古文具有模糊性、概括性等特点，转至白话文后，古文中的抽象、模糊、笼统的字词，可以经过现代人的诠释用白话文明晰、科学、具体地表达出来，也利于文化的传承与创新，可谓是功在当代、利在千秋的事业。双方的主张并没有是非对错，而新派最初的手段倒是不无可议，与真善美

1　周质平:《胡适与韦莲司》，北京大学出版社 1998 年版，第 62—63 页。
2　《顾颉刚读书笔记》卷十五，中华书局 2011 年版，第 318 页。

去之甚远，今日在这个问题上若仍然歌颂胡适之，真不知他研究历史的标准是什么，会不会历史分析。但它与高层学术领域到底有何关联、产生什么样的细致影响却是一个值得注意的大问题，必欲破旧立新是否必要？

众所周知，现代学术的三大基础是"学院化、专业化和独立化"。学院化、独立化对于胡适来说毫无问题，但从专业化来看胡适在中国现代史学上的作用时，胡适的角色就值得深思与玩味了。胡适 1915 年 2 月 18 日在美决心"读书以哲学为中坚，而以政治、宗教、文学、科学辅焉。主客既明，轻重自别，勿反客为主，须擒贼擒王。"[1] 请注意并无历史学。稍后的 5 月 28 日又自省："吾反观国势，每以今日祖国事事需人，吾不可不周知博览，以为他日为国人导师之预备。……自今以往，当摒绝万事，专治哲学，中西兼治。"[2] 其中依然没有历史一科，而特别应注意的是"他日为国人导师"之语，表明了他的志向不是当一个"学者"。胡适自述回国五年，"发表了超过五十万字，大部分是有关文学、哲学和社会议题的文章。……每个月出版……《读书杂志》。我把自己有关中国文学和哲学的研究成果发表出来。"[3] 也没有谈到历史或史学科目。据江勇振对胡适所受历史学教育的详尽考证。胡适曾节译《大英百科全书》（第 11 版）的"文献考证"条，还浏览过兰克学派治史方法的史学著作，读过朗哥鲁瓦与塞尼奥博斯合著的《史学原论》英译本。[4] 这是一本入门书，

1　曹伯言、季维龙编著：《胡适年谱》，安徽教育出版社 1986 年版，第 79—80 页，引自《藏晖室札记》卷九。

2　《藏晖室札记》卷九。

3　周质平：《胡适与韦莲司》，北京大学出版社 1998 年版，第 76 页。

4　《舍我其谁：胡适》第一部《璞玉成璧，1891—1917》（新星出版社 2011 年版）1912 年暑期班选了"大英帝国的发展"（70 分）、"拿破仑时代"（80 分），秋季班旁听了布尔教授的"西洋中古史"；1914 年春选了"历史的辅助科学"、秋选"史学方法"（264—265 页）。279 页：胡适所谓的"历史

读完没有我们不清楚，但没有读好则是肯定的。胡适日记里有两次读乔治的《历史的证据》的记录。[1] 不仅对最难研究的传说时代毫无研究，就是自己所藏的历史书也很少[2]，胡适竟然是以这样的史学基础，缺乏一个现代学者所应有的严谨态度，涉入一个自己没有深造过的学科。

胡适未必没有对史学界情况的正确认识，胡适除了在个别讲演场合说过一些过激的话，他从未全盘否定中国先秦的历史，也鲜少对孔子本人加以恶评，他的学术敏感是异乎常人的，1919 年 1 月 17 日，他说："孔子既知进化之迹由简易变为繁赜，所以他把全部历史当作一条古今不断的进化，由草昧蛮野时代，渐进而成高等繁赜的文化。《易经·系辞下传》第二章中叙述中国古代文明的进化，极有科学趣味。（一）渔猎时代（包牺氏）（二）农耕时代（神农氏）耕种所得，有无交易，是为商业的起点。（三）政治社会时代（黄帝尧舜）始有君臣上下，始作舟楫，始蓄牛马，以便交通。又有'重门击柝'及弓矢之器，以备不虞。"[3] "孔子虽不主张复古，却极好古。……他把历史当作一条由简而繁不断地进行；所以非懂得古事，就不能真懂今世的事。……他说温故而知新，可以为师矣，温故正所以知新，并非教人复古也，非教人食古不化也。《易经》又说彰往而察来，也是这个道理。今人说的'历史的方法'，其所根据，全在于此。孔子因为知道温

的眼光"……是从康乃尔唯心派的哲学老师那里学来的。280 页：事实上，不只是史学方法的运用，克雷登的"历史的眼光"，对胡适绝对有其深远的影响力。299 页：在哥伦比亚大学上过"汉学"课。303 页：上"哲学史"课写过关于清代校勘训诂学的报告。

1　《胡适日记全编》第 3 册，安徽教育出版社 2001 年版，第 443 页："读 Geroge's Historical Evidence, 此书论史学方法甚详，是一部史学的好书。"第 445 页：十、八、廿四，"看 Geroge's Historical Evidence。"
2　罗尔纲：《师门五年记·胡适琐记》，三联书店 1995 年版，第 129 页。
3　欧阳哲生编：《胡适文集》第 9 册，北京大学出版社 1998 年版，《先秦诸子之进化论（改定稿）》（首刊《科学》第三卷第一号）。

故可以知新，彰往可以察来，所以他注意中国史学。他修《诗》《书》，订《礼》《乐》，作《春秋》，遂替中国开历史一门学问，又替中国创造文学。"[1] 胡适还说："儒家都是根据于一种历史的观念的。孔子的一生最富于历史的观念，固有三代因革，损益可知的话，又他一生最注重文献的保存，后来的儒家也都抱此保存文献的志愿。故说儒家为历史的学派，当可成立。"[2]1922 年 8 月 26 日，胡适对中国史学界的认识是："南方史学勤苦而太信古，北方史学能疑古而学问太简陋。将来中国的新史学须有北方的疑古精神和南方的勤学功夫。……中国今日无一个史家。"[3]1923 年 4 月 1 日，"袁君（复礼）与安特森皆以为古代陶器之有色泽花样的，是受西方文明的影响。我（胡适）颇不以为然。我以为，与其用互相影响说，不如用平行发展说。前说可以解释那相似的花样与相同的用轮作陶器之法，而终不能解释那中国独有之空角鬲。后说则既可以用'有限可能'之理说明偶合，又可以用独有之样式为其佐证"[4]胡适的感觉确为后来的考古学证实。他同时还写下"尧舜皋陶也许还是'陶器大王'呢？此说不当仅以戏言忽之"[5]。而由胡适的这些历史认识，无论如何是发展不出"层累说"的。这时离"层累说"论战爆发仅一个多月。同月下旬，胡适半是身体病，半是政治病，前往杭州西湖之畔过上了"神仙生活"，一面泡着表妹，一面静观时局演变。论战意外爆发，胡适当然高兴，因为这可以扩大他领导的新文化运动的声势。

胡适的人格机制，简言之是圣人心态，可分三层：最高理

---

1 《顾记》第 73 页所抄胡适《周秦诸子进化论》原文。

2 《胡记》第 3 册，第 430—431 页，1921 年 8 月 12 日。

3 《胡记》第 3 册，第 772 页。

4 《胡记》第 4 册，第 3 页，1923 年 4 月 1 日。

5 《胡记》第 4 册，1923 年 4 月 1 日。

想是政治上，其次则是现实中充当启蒙领袖，最下才是学者，他把自己的学术产品称之为玩意儿，表明这只是工具。1922 年创办"努力会"和《努力》周刊时正当中国政局混沌一片，北洋政府丧失民心，南方孙中山势力又无力取代，他此后开始实质、深度地介入政治。胡适在美期间就产生大志，内心以"吾人觇国者"自居。[1] 其爆得大名使当时社会产生了"胡适崇拜"的现象，并迅速成为中国现代的"圣人"，就连一代天骄的郭沫若被胡适夸了几句，竟至让郭沫若极度兴奋，甚至抱起胡适啃了起来。[2] 他有一种孤峰顶上、千山独行的感觉，自如地游走于帝王将相、才子佳人、中外贤达和贩夫走卒之间。这就使得胡适言行的动机趋于复杂，学者立场不尽纯粹，在对待其学术论著时应该考虑是否有其他因素影响。而他既"爱惜羽毛"又善于包装的个性更使研究者需要格外小心。胡适内心并不一定"疑古"，像胡适在所谓如火如荼"疑古"辨伪时期的日记中记载的对儒家性质的内心认识；1921 年 8 月 12 日，胡适写道："儒家都是根据于一种历史的观念的。孔子的一生最富于历史的观念，固有三代因革，损益可知的话，又他一生最注重文献的保存，后来的儒家也都抱此保存文献的志愿。故说儒家为历史的学派，当可成立。"[3] 这一点，他没有指导给顾颉刚。在此十二天前的 7 月 31 日，胡适在东南大学讲演大力提倡所谓疑古的态度，并重申东周以上无史论，说："在东周以前的历史，是没有一字可以信

1　《胡记》第 1 册，第 531 页。

2　《胡记》第 4 册，第 72 页。1923 年 7 月 12 日"沫若邀吃晚饭，有……志摩……，沫若劝酒甚殷勤，我……几乎醉了。我说起我从前要评《女神》，曾取《女神》读了五日。沫若大喜，竟抱住我，和我接吻。"陆小曼《志摩日记·西湖记》则谓"饮者皆醉，适之说诚恳话，沫若遽抱而吻之。"（书目文献出版社 1992 年版）

3　曹伯言整理：《胡适日记全编》第 3 册，安徽教育出版社 2001 年版，第 430 页。

的。以后呢？大部分也是不可靠的。”[1] 而甲骨文已经被发现、释读，王国维用两重证据法证明了商王世系的可靠，赢得学术界包括胡适师徒在内的举世公认，严格地讲，说东周以上信史少没有问题，但说东周以上无信史就肯定是错的，如果当时有人问他，王国维关于商王世系的考证你信不信，胡适一定白眼翻几翻，不知会怎么回答？对于这种角色冲突，余英时先生一针见血地指出：“更主要的是多数新文化运动的领导人……不能严守学术岗位……学术思想本身已无独立自主的意义，而是为政治服务的事物。……一般仰慕西方文化的人……往往对自己还没有十分弄清楚的东西，已迫不及待地要用之于中国政治和社会的改造上面。这种轻率而又浅薄的态度不但与西方‘为知识而知识’的精神完全背道而驰，而且也和中国人所一向讲究的为学须分本末人己的传统大相径庭。”[2] 等到胡适觉得政治上的发展已经无望了以后，就不再提倡“疑古”而悄悄地改为信古。

　　至于钱玄同则是一个更为复杂的人，时常故作惊人之语，鲁迅说钱玄同“好空谈而不做实事，是一个极能取巧的人，他的詈骂也是空谈，恐怕他自己也不相信他自己的话，世间竟有倾耳而听者，因其是昏虫之故也。至于鼻公，乃是必然的事，他不在厦门兴风，便在北平作浪，天生一副小娘脾气，磨了粉也不会改的。疑古亦此类，所以较可以情投意合”[3]。鲁迅对钱、顾的看法不无道理。以致学术界有人骂钱玄同“曲学阿世”者，周作人说是黄侃，吴虞则记为陈介石。激烈反传统的钱玄同内心真实的看法却与公开的不大相同，钱玄同 1922 年 4 月 8 日在

1　欧阳哲生编：《研究国故的方法》，《胡适文集》第 12 卷，北京大学出版社 1998 年版，第 92 页。
2　余英时：《论中国文化的重建》，王跃、高力克编：《文化的阐释与评价》，山西人民出版社 1989 年版，第 208 页。
3　《鲁迅全集》卷 12，人民文学出版社 2005 年版，第 222 页，“鲁迅致章廷谦”，1930 年 2 月 22 日。

给周作人的一封信中写道："我们以后，不要再用那'必以吾辈所主张者为绝对之是而不容他人之匡正'的态度来作'诋诋'之相了。前几年那种排斥孔教、排斥旧文学的态度很应该改变。若有人肯研究孔教与旧文学，鲤理而整之，这是求之而不可得的事。即使那整理的人，佩服孔教与旧文学，只是所佩服的确是它们的精髓的一部分，也是很正当，很应该的。但即便盲目地崇拜孔教与旧文学，只要是他一人的信仰，不波及社会——波及社会，亦当以有害于社会为界——也应该听其自由。"[1] 他在1923年4月1日的日记中写道，"我对于'二梁'——漱溟、任公——提倡孔家生活一层，却仍以为极是。我总觉得陈独秀、胡适之诸人的排斥孔氏太过。"[2]

在顾先生身上，也同样存在角色冲突的问题，作为学者，顾先生一向以学术"精深"见称于世，平生最仰慕的是王国维、梁启超。而实际上顾先生主要目的在于启蒙，作为启蒙者，他效仿的偶像则是胡适，其动机妨碍求真，后来长期兼营出版。笔者对顾先生这位"疑古大师"研究后发现，他本来是不疑古的，之所以"疑古入了迷"，与其性格有关，在心理学上属于"自我妨碍"，"指为自己表现不佳的行为安排借口，以保护自我形象和自尊。"[3] 而一向以只愿潜心读书形象的顾先生，实际上却是一个多姿多彩、极富生存智慧的人，如上篇所分析的，他对私人书信颇具大匠之心的灵活运用就是显证，他能以一己之力将一个已经奄奄一息的运动搞得蓬勃兴旺，而个人的性格如此巨大地影响了学术界的面貌与走向，衡诸历史也极为罕见。《古史辨》的思想动机主要不在学术，而在启蒙。"我近来颇有传道的冲动，

1　《致周作人》，《鲁迅研究资料》第9辑，天津人民出版社1982年版。
2　杨天石编：《钱玄同日记（整理本）》，北京大学出版社2014年版，第525页。
3　库恩等著：《心理学导论：思想与行为的认识之路》（第13版），郑钢等译，中国轻工业出版社2014年版，第681页。

我的道是'打到圣贤文化，表彰民众文化'，故无论作文或演说，
总要说到这上去。"[1] 到了1946年，顾先生对坚请其回归母校北大
任教的亲密弟子杨向奎表达异议，并称："刚前在北平编辑之通
俗读物，出六百种，共印五千万册，此一试验决不当令其落空，
此一事业在我一切事业中独为伟大。"[2] 1947年，顾先生对自己
的妻子又坚定表示："自己的事业……是实现我理想的民众读物
社。……我的身子就自由了。可以顺着自己的性情而工作了；我
也可以发起大规模的文化运动，为无量数的人民供给精神食粮
了。"[3] 而《古史辨》的开放性，固然与顾先生识量之宏有关，但也
应该看到顾先生身兼出版此书的朴社总经理，商业的考量也是
绝对不能忽视的。科学、求真的口号喊得响，内心实际不一样，
真实目的是想振起一变相的今文学派（见上文），顾颉刚先生晚
年对自己早年的错误也有了相当程度的反省，他心平气和时就
承认："四十年前，予奋乳犊之勇，欲彻底考论古史、古籍真伪，
所否定者太多。"[4] 当启蒙与学术不再纠缠时，"疑古思潮"的"健
将"们踏入纯学术领域的境界时也有了可喜的反思，1951年年
初，童书业曾在给顾颉刚的信中说："动谓某书某语为伪固不可，
然谓古书字字皆原文亦必非事实。吾人只有平心静气研究，方
不致诬古及迷信古人。"顾颉刚在其笔记中就此批述："丕绳此书，

1　《顾颉刚书信集》第一卷，1927年7月6日"致叶圣陶"，中华书局2011年版，
　　第91页。另见《顾颉刚日记》第二卷，台湾联经出版公司2007年版，第
　　593—594页，1931年12月27日"与健常书曰：'在今日之时势中出《古史辨》，
　　恐将为人所笑。但我以为如不能改变旧思想，即不能改变旧生活，亦即无
　　以建设新国家。我编此书之宗旨，欲使古书仅为古书而不为现代知识，欲
　　使古史仅为古史而不为现代政治与伦理，欲使古人仅为古人而不为现代思
　　想的权威者。"
2　《顾颉刚书信集》第三卷，1946年10月8日"致杨向奎"，第113页。
3　《顾颉刚书信集》第五卷，1947年6月22日"致张静秋"，第96、98页。
4　顾颉刚：《朝阳类聚》（1957—1962.8）笔记篇首语，《顾颉刚读书笔记》
　　（八），台湾联经出版公司1990年版，第5803页。

平心论学，自为今后工作正道。清代今文学派集矢刘歆，专从一个角度看古文《经》《传》，当然不能完全正确，语云'矫枉者必过其正'，在当时据西汉之学以反西汉末变古之学，态度不得不严厉操切，自非所语于今后也。气候转变之际，每多骤暖骤寒，使人不耐，亦犹是耳。昔日由正以至反，今日由反而至合。至于合，则为平心静气之研究，无须乎狂飙卷地矣。"[1] 顾先生这种大学者的风范令人赞佩，值得充分肯定。让人感到美中不足的是：一、仍有些自我辩护的部分；二、像早年对新文化运动的思考一样，又是在私记之中，未及时昭告天下。

作为真正的学者，应该有知错就改的良知，采取以今日之我战昨日之我的态度，梁启超这种楷模在近现代知识界中可谓寥若晨星。但民国时代学术界拉帮结派的现象使得学者个人要采取这种理所应当的态度并非易事，1927 年，同为"疑古"阵营的钱玄同给胡适写信表示："回思数年前所发谬论，十之八九都成忏悔之资料。"[2] 因为涉及团伙（学派）的形象、纠葛、话语权和相关利益——胡适又岂容他单独忏悔，他若忏悔，说以前说了不少错话，甚至干了些许或诸多"坏事"，"浅人"当然可以理解成他自己承认是个"坏蛋"，这将置"现代圣人"于何境地！极为好名的胡适先生立刻回信劝他："不必忏悔，也无可忏悔……我们放的野火，今日已蔓烧大地，是非功罪，皆已成无可忏悔的事实。"[3]

笔者关注角色冲突，并非对其心口不一、言行差异进行道

1　顾颉刚：《法华读书记》（1951.1—1955.5），《顾颉刚读书笔记》（五），台湾联经出版公司 1990 年版，第 3658—3659 页。

2　《钱玄同文集》第 6 卷，中国人民大学出版社 2000 年版，第 118 页。

3　转引自周质平：《胡适与现代中国思潮》，南京大学出版社 2002 年版，第 162—163 页。原出《鲁迅研究》第 9 集，第 86—89 页。

德、道义的谴责，而是因为他们踯躅于社会、学术与政治之间时，他们的理智与情感、新旧观念与行为模式被时代撕裂了，常将启蒙思想内容、学术研究规范、政治立场难免情非所愿地纠缠在一起，幽深的心理被撕裂成困惑、痛苦而紧张的多重世界。所以应该提请研究者、读者注意其格外复杂的言行动机，在对待其"学术论著"时应该考虑是否有其他因素影响，不要有偶像崇拜的倾向，在鉴别史料时要关注这个问题，以防被他们冠冕堂皇的说辞给弄得头晕目眩，从而利于对历史真相的探讨。笔者重点探讨的胡适、顾颉刚两先生因为提出或赞赏过"为知识而知识"、建立纯粹学术社会之类的主张，一向被视为纯粹学者，其学术结论往往因此被高估，但桑兵先生指出："国人治学，旨在经世，近代受西洋观念的影响，虽有为学问而学问的主张，只是为了抵御公私权力的干预，从来没有锢蔽于象牙塔内。"[1] 作为启蒙者，是要鼓起风潮，终极关怀是通过思想的革新来改变中国的社会，历史的真不真并非首要的，而群众运动的驱动力，又多半在于集体无意识的激情，启蒙者与社会心理中的追随者构成了是狗摇尾巴还是尾巴摇狗的关系。胡适们改造中国社会和传统文化的道德动机是高尚的，但对于一个学者而言，目的是要求真，诚实是治学最起码的态度，因为其他动机妨碍求真，而这对于学术道德而言则是有亏欠的。王先谦深刻地揭示过中国士大夫普遍务虚图名的弊病，他说："窃谓中国学人大病，在一空字。理学兴，则舍程、朱而趋陆、王，以程、朱务实也。汉学兴，则诋汉而尊宋，以汉学苦人也。新学兴，又斥西而守中，以西学尤繁重也。至如究心新学，能人所难，宜无病矣。然日本维新，从制造入。中国求新，从议论入，所务在名，所图在私。

---

[1] 桑兵:《盲人摸象与成竹在胸:分科治学下学术的细碎化与整体性》,《文史哲》2008 年第 1 期。

言满天下，而无实以继之，则亦仍然一空，终古罔济而已"[1]。"从制造入"，就是从改变经济基础入手，"从议论入"，是说着重于变更意识形态，这是中知识人好义理之辩、好道德判断传统的变种，但他们并不善于真正的理论建构与历史分析，从白马非马一不留神就会落到指鹿为马。胡适对历史的态度，比如孔子，先批了再说，而后再去维护一下，实际上与毛泽东对待胡适的态度如出一辙，在面对认为胡适有正面贡献的声浪，毛泽东说，现在先批，将来再平反。采取的是实用主义的立场，与纯学者所应有的立场存在相当的距离。台湾著名思想家殷海光先生在1968年9月24日指出，五四人于意识深处是一味要从旧事物中解放出来而非追求真正的自由，"在这样的气流之中，有多少人能做精深谨严的学术思想工作？"殷先生在同年5月4日这个特殊的日子表达了他对近代学术界的评估："就念中国近几十年来，在知名人物里，除了严又陵及梁启超二位先生比较有些成熟的见识以外，都是青苹果。这些人物的名望和地位及所事，无一与其知识与才能相埒。试问……一名真有思想的人要有多少时间的心智努力才成得了气候？这几十年的实情则是，无论什么人，只要机会巧，打乱仗打胜了就可成神，鸡犬也跟着升天。甚至学界也是讲'混'。所以，一切都乱。我们不知何时才黄河清。"[2]此语虽然过于悲观，但却不乏启示。而本书对他们的研究与评价是基于学术的角度及对一个现代学者角色的评判，不是对一个思想家和文化运动领袖的。法国启蒙思想家杜尔阁、德国大哲学家康德与黑格尔在解释人类社会进步的原因时，都提出正是人的激情和野心推动了人类进步的类似观点，而"卢梭在《第一论》中对百科全书派乐观的批评，认识到一条'补偿

1　王先谦：《复毕永年》，《葵园四种》，岳麓书社1986年版，第862—863页。
2　王元化主编：《殷海光·林毓生书信录》，上海远东出版社1994年版，第133、156—157页。

法则',那就是艺术与科学的进步产生社会变化,导致道德和幸福的衰落。换句话说,科学和艺术的发展,如果没有道德和社会的改革的伴随,那么必定是有害的"[1]。

六、终结"疑古"之道

三皇五帝的古史体系并没有重大的内部缺陷或解释力单薄的问题,它的被"推翻"主要是由于外部的机缘和社会性原因导致的,"疑古思潮"形成的深层原因导源于社会心理氛围和流行的意识形态。"三说"被学界广泛接受则主要是内部的学术性因素,本书中编和结论对此有相对详尽的分析。在学者们通常的印象中,近代中日学界的"疑古"与"疑古思潮"是中西学术融合的典范,中国的顾颉刚、胡适和日本的白鸟库吉、内藤湖南诸先生都是学贯中西、融科学史学与乾嘉考据之长的代表。但笔者认真比较中西学术尤其是史学后,发现外在的诱因、强烈的影响和内在的动因、传统学术自身的演变虽交相为用,但细察"疑古"的论述,西学只起次要作用,起主要作用的还是今文经学,各种因素混合在一起,遂将华夏民族源头"一刀砍下",结果非但没有体现出杂交优势,反而形成一个非中非西、"非驴非马"之"怪胎",导致泛滥成灾的"疑古"价值取代了史学专业的探研,构成一个"历史学家"摧毁了本民族历史的奇异而独特的现象。他们的"疑古"实际上是东西方两大学术系统碰撞所导致的思维混乱的产物,复又成为更加混乱的根源,形成一种病态的思维定式[2],尤其在判定史料价值的核心问题上更是

1　李勇:《西方史学通史》第 4 卷,复旦大学出版社 2011 年版,第 257 页。
2　所谓病态的思维定式,指的是对一些事物的认识所形成的初看言之成理细思不合学理但却长期具有影响的说法。网上流传着这样一则故事,凤凰卫视著名主持人陈鲁豫采访一位精神病院院长,问怎样确定病人是否治愈?

如此。对于中国古史的传说时代及其史料，绝不应该将它们视为胡编乱造的结果，而是要考辨其史料的可靠度的大小，史实的可信度的多少，以逐步增进对这一领域的理解性。胡适先生之所以得执中国学界牛耳，是因为大家相信他的西学水平之高异乎众人，而忽略了西学之博大、专业之精深，事实是因为他对"西学"了解不够、理解不深的问题，他的西方近代史学专业水平之低大概只能说是略知皮毛，以至于因不精通西学而为祸中学。中外各种学说中，只有今文经学尤其是康有为明确持有孔子、刘歆以个人可以造经、造史之主张（杨向奎《大一统与儒家思想》的第十小节"历史的回顾"），但史学是求真、复原之学，凡史学无不如此，而历史与史学的复杂性并不是可以简单地以真伪二字论定的，考据只是史学的一个工具——"术"，并不能等同于历史学，三譬之说只是从技术层面误读了西方考辨史料的一些原则，表面也夹杂有西方神话传说等理论的个别影响，"西学"（或科学）的实质影响不是过多的问题，而是了解不够、理解不深的问题，只是在"向西方学习"的过程中将外来的观念、思想、学说等，在"本土化"的进程中，将原有的系统改造和同化而失去了原意，"中""西"只是认同对象的转移，但思维方式本身却没有太大转变，"西学"在这里不过是一层"外衣"。而从实质的方面看，无论从主要方法还是指导精神等各方面，总体上仍属于经学范畴。到"疑古"范畴的"史学"发展成人人可以编造"历史"，因此这就一定不是史学，而是——也只能是康有为的"今文经学"，是"中学"实质上吃掉了"西学"，

院长说："其实很简单，把浴缸注满水，旁边放一把汤匙和一把舀勺，看他怎么把浴缸腾空。"鲁豫惊奇："真的么？哦，天哪！正常的人应该使用舀勺。"院长答："不，正常已治愈的人，会把浴缸的塞子拔掉。"在这里，主持人下意识地在暗示的两种中做出了"合理"选择而没有依据正常之理去做判断，它深刻证明深明学理的重要性。

"中体"则岿然不动，实际上是无今文经学之名而有今文经学之实。用最通俗的语言讲，就是挂科学史学的"羊头"，卖今文经学的"狗肉"。对此，或许会让许多学者感到意外。顾先生他们既没有认识清楚中国传统学术，又没有理解掌握西方史学，"层累说"的论战尤其是《古史辨》的出版使"疑古"决定了中国现代学术的走向，胡适所谓的史学革命，更多的是引起了社会心理的共鸣，而缺乏近代学理的支撑。他主导的"整理国故运动"塑造了现代人文科学的架构，它是削中国之足适西方之履的结果，它将中西古今之争由中西、古今兼具落实为单纯的古今性质，它吞噬了中国文明的独特性，经学本不可分而一分为三，经史本不能合却混而为一。因为经史的性质与功能并不相同，经主要是规定善与美的，史主要是追求真的，它们虽然同源，但存在着本质的差别，长期经主史次、与通经致用、学政一体成为中国文化、学术与政治的传统，在近代因为复杂的原因最终走到经史混一的惨局，这破坏了旧有的价值系统，限缩了史学的功能与范畴，使史学仅仅成为一门普通的专业。而研治传说时代最需要的是具有人类学的素养，但不幸的是，经学的性质及其所具有且与后世相近的常识思维恰恰是与人类学思维相斥的。

对于近现代中国学术的成就，绝大多数学者首先想到的都是西学极大的促进了东方学术的发展，余英时观察19世纪末与20世纪初中国知识人，发现他们所热心响应的，仍然不过是在自己传统里产生回响的西方价值与观念，值得注意的是，这种选择性学习并非只是存在于"西风东渐"早期。可以说，从清后期到毛泽东所推行的"向西方学习"，一直都是以一种实用价值为准的、游击式的"选择性吸收"，始终没有完整地、系统地将欧洲的优点吸纳过来。五四时代的知识人让西方观念取代了中国经典的中心地位，他们的认同也因此转向西方，表面上是不分青红皂白地接受源于西方的观点、概念与理论，反映在学术著作的书写方式，是从那时候开始，不论批判传统或倡议变迁，中国的知识人几乎"必然地求助于西方理念、价值或习俗，以作为正当性的最终基础"。但即使是主张"全盘西化"的许多五四知识人对西方的了解也未必深刻。结果造成余英时所谓的"双重边缘化"：中国文化本身退居边缘，而知识分子也撤出中国文化的中心。[1] 通常而言，欧美大学的四年制本科教育再加两三年的硕博是不足以使非西方学生透彻了解像欧洲这样一个现代性概念如此复杂的文明，或保证他们有足够深厚的西方文史与逻辑论证的基础。而浅尝辄止地选择性学习所得到的知识必然是割裂的、片段的、零散的，盲目的接受与草率的创新就和盲目的排拒一样，都会产生严重的问题，由之而来的偏颇、肤浅与片面的论述，未得西学之利而先受其害，极少有人想到过"新知未浚，旧学先亡"或"邯郸学步、反失其故"以及"周虽旧邦，其命维新"的其他可能。"疑古"（"层累说"等）从论辩到不辩论，由批判到平反，而"走出疑古时代"提出后，"疑古派"多欲论战，李先生却不辩论以致走不出去，目前处胶着状态。今天的学术界承袭了五四时代所形成的书写典范与学术定位的枷锁，"疑古"这个怪胎之所以长期无法消解，是因为学界中缺乏贯通中西史学的人。实际上，如果真正了解西方近代史学及其发展的脉络的人都可以否定顾颉刚等先生的观点，换言之，"疑古"的灾难是完全可以避免的。

　　我们对于"疑古"和"疑古思潮"的讨论，是汇集相当多原则性的理论研究和若干个重要事实的精细考证，再加上相当广泛而深厚的中西文化以及学术背景的比较研究，而这些观点

1　余英时：《历史人物与文化危机》，台北东大图书公司 1995 年版，第 15 页；余英时等著：《五四新论：既非文艺复兴，亦非启蒙运动》，台北联经出版公司 1999 年版，第 17 页。

中任何的个别部分也许有误，甚至需要进行大的修正，但应该不至于影响这个讨论的总结论，因为本书的论证过程，是一个多重历史进程的全面探讨，并非沿循单一的线索和证据链条。而在单一链条中，只要有一个环节被攻破，整个的论证链条就中断了，结论的正确性自然也会大打折扣。虽然它的每一个细节在有新证据时必须重新检讨，但可以预期的是，笔者的核心主张和最终的总体结论是极难动摇的，"疑古"的荒谬与危害，相信"走出疑古时代"的学者也是同样感受得到的，大家对于涉及"疑古"相关问题的说法虽有不同，但对在今日的研究中应该停止"疑古"的方法却是得到广泛赞同的。

遗憾的是，直到今天，就是很多不支持"层累说"的学者们也认为东方的"疑古思潮"是一个无法避免的学术阶段，但笔者的研究表明，当时只要一切依循纯学术的手段、标准和规范的话，它是完全可以避免的。即使出现了"层累说"这样主观的奇谈怪论，也完全可以将其扼杀在摇篮里或置诸边缘。虽然"主观的"并非"不真实的"某个同义词，但以今文经学的主观之法治学、以经学思维判断传说时代的事物是否合理做真实与否的标准是极有问题的，当这种工作大量又无意识地进行时，却是远古历史研究中主要的错误来源之一。姑以与此种方法相通的校雠学中的理校为例，在各种校对的方式（对校、本校、他校、理校）中，学界一向主张理校（理校法，凡遇无古本可据或数本互异而无所适从时，则应由通识者断于情理，故名"理校"）慎用。按照乾嘉考据学的规范来说，能解释通的就按解释的来，改字释经（指文献，不专指儒经）、增字解经均是忌讳，能不改就不改，如果要改，也须经过大量的归纳、比较之后才能得出结论。研究历史向来是看菜吃饭，量体裁衣，有多少史料做多少文章。而"'历史分析'并不比历史事实的所见要更真实；历史分析是一种抽象的过程，一种纯粹的智识活动。"众所周知，任何历史的史料都永远是不完备的，"我们必须能够满足某一特定推论的全部条件，但这一要求是极少能实现的，因为我们对社会生活的法则是知之甚少的，也几乎不了解某件历史事实的诸多精确细节。从而，我们绝大多数的推理，将只是提供种种推论，而非确凿事实。"[1]

学术正常发展的道路，一方面是温故而知新、继往而开来、先因而后创，方能使之继长增高，此即梁启超所谓"文艺之所以进展，恒由后人承前人智识之遗产，继长增高，凡袭有遗产之国民，必先将其遗产整理一番，再图向上，此乃一定步骤，欧洲文艺复兴之价值，即在此[2]"的道理；杨树达"恒谓温故而不能知新者，其人必庸；不温故而欲知新者，其人必妄[3]"也是这样的意思。中国传统学术注重整体性方法与批评维度，强调在整体中的会通，具有会通和合的精神，讲求的是"通人之学"，广博会通的视野是传统学术的基本特质，而这一特质无论如何是无法通过西学专门分科方式的训练所能体悟出来的。再一方面是吸收他人之长补自己之短，所谓借他山之石以攻玉，也即梁启超念念不忘的要把西方学术理论引入中国，终极关怀则是整个中国未来的发展方向。西方的人文、社会科学之长在于其学术精湛绵密，擅长理论建构与逻辑分析，许多人称之为"分析"性思维，他们比较注重科学性，善于建构概念或理论作为分析的工具，并善于总结一些具有规律性的观念、通则、结构或模式；善于从某个角度进行深入分析；善于透过现象看本质，透过表象看内在的深层意义等。正如熊十力所说"中西之学，当互济而不可偏废"，"中西文化，宜互相融合"，"中西学术，合之两美，

1　《史学原论》，大象出版社 2010 年版，第 130、157 页。
2　《中国历史研究法》（外二种），河北教育出版社 2000 年版，第 477 页。
3　杨树达：《积微翁回忆录》，上海古籍出版社 2006 年版，第 129 页。

离之两伤"[1]。二者都不偏不废才是稳妥、正确的发展和提高方式，从而达到撷长补短、融贯中西，尤其在具有优秀传统和辉煌成就的中国史学上更应如此。

第三个方面是比较，比较有时是真正能出真知的，它不可或缺的最低前提是对比较对象的情况有起码的了解。作为学术研究，任何研究方法都不应该是事前预设的，而必须是从研究对象出发慢慢发展出来的，但即使如此，在研究工作的起步阶段，仍然可能不得不暂时吸收、采取一些外部的方法，或者根据研究对象的性质采取特殊的研究方法，犹如中医强调因人施治一样，而不同的文明体系亦如不同的生命体，研究方法当然不能完全一样。因此，要解释中国文化的特征，就应该用中国文化自身的现象来理解、分析和解释，中国历史与文化的独特性是显而易见的，她最独特、最重要的现象是经学与汉字等。其中汉字是通过文字揭示事物的隐秘性和启示功能的，而又表现出以词义无限延伸为特性的中国文本。例如"道"和"礼"字译为西文何词最贴切迄今仍未达成共识。这些都应该是经过长期的研究才能得出清晰的结论的。

笔者就人类古代历史存在的中国先秦两汉与西方希腊罗马两大史学传统加以学术上的比较来说明"逆向种族主义"现象的荒谬。希腊罗马的古典文化基本上是非历史的，古典作家大体上不太关心将来与过去。当时希腊思想锢蔽于反历史的趋势之中。天才的希罗多德战胜了那一趋势，但是在他以后，寻求不变与永恒的知识导致在哲学、自然科学上的求索，逐渐窒息了历史意识。在希腊哲学家眼中，历史似乎是根源于一个充满野心和激情，短暂且又虚幻的世界，而哲学正是要将人从这样的世界中拯救出来。事实上，希腊史学从不曾取代哲学或宗教，

1　熊十力:《读经示要》卷一,《十力语要初续》,乐天出版社1971年版。

也从未被后两者所全心接受。在希腊人的心目中，史学从未真正有确立的地位。[1] 西方最早的史学源自神话。西方真正的史学从希罗多德和修昔底德开始，就隐隐然存在文化史和政治史的两种传统，在西方史学史上，希罗多德与修昔底德大体代表了西方史学的两种不同范型：前者写的《历史》，内容丰赡，广采博收，为后来的社会文化史之祖，后者写的《伯罗奔尼撒战争史》，专注于军政大事，艺文只字不提，为"政治史之父"。不过就当时的情况而言，两者是互有短长，难分轩轾的。不同的是，希罗多德在古代并无接班人，而修昔底德史学却后继有人，从古代直至 19 世纪兰克将其发展到极致。[2] 近代依然有着兰克的政治史与布克哈特的文化史范式。特别值得注意的是，西方"历史书写一开始是一门文学技艺，即便它的附加原则是求真，西塞罗提出的秘诀清楚说明了这一点。"[3] 古希腊的史学是可以有虚构的成分，史学家写史加入自己很多的想象，修昔底德所著《伯罗奔尼撒战争史》中伯里克里的葬礼演说词就是例子，这是"修昔底德的一项发明"，并论述"史学家可以自出杼机，想象史事当时可能发生的情况而予以创造，在中国这是极端不可思议的"。西方史学的另外一个源头是基督教，法国著名史学家布洛赫认为："基督教是历史性的宗教。基督教将人类命运视为在堕落和最后审判之间的一次漫长的历险。每一个生命，每每一次个体的朝圣，都是这种天路历程的表象。正是在时间，也就是在历史的过程中，全部基督教思想的轴心——原罪与救赎，上演了一幕幕壮观的活剧。"[4] 直到启蒙运动时的"历史进步论者，以对

1　杜维运：《中西古代史学比较》，台湾东大图书股份有限公司 1988 年版，第 15—18 页。
2　张广智：《西方史学通史》第 1 卷，复旦大学出版社 2011 年版，第 17 页。
3　约翰·布罗：《历史的历史：从远古到 20 世纪的历史书写》，黄煜文译，广西师范大学出版社 2012 年版，第 166 页。
4　布洛赫：《历史学家的技艺》，张和声等译，上海社会科学院出版社 1992 年

人道的爱取代了对上帝的爱，以人类通过自己的努力而达到完美的状态取代了人类的赎罪，以希望活在未来世世代代的记忆之中取代了希望在另一个世界里的不朽"[1]。在历史中不朽的这个精神的成就中国早在春秋就已经形成了。19 世纪虽被视为历史学的世纪，但还是存在它是科学还是艺术的争论，该世纪末的科学史学经典《史学原论》还指出："历史首先是一种文学形式，至今仍只有着最低程度的科学方法。"[2]

　　中国在上古时代就有了纪实的传统，有着极为浓厚的历史观念，并设有史官。史官地位崇高，神圣独立，正直不屈，数量可观，"史之材，识其大掌故，主其记载，不吝其惰。上不欺其所委费，下不鄙夷其贵游。不自卑所闻，不自易所守，不自反所学。以荣其国家，以华其祖宗，以教训其王公大臣。下亦以崇高其身。"[3] 史官这种现象在人类历史上是独一无二的，史官记事的原则强调所谓"君举必书，书法不隐"，有着直书的精神，强调记事的真实，为保留真历史，每冒生命危险。还有"国可亡，而史不可灭"之说，这在在说明历史在中国之重要。中国史学擅长历史叙事，是为历史而历史的，是为了绵延历史；先秦各家各派都以历史垂鉴戒的资源。所谓尊古，就是尊重历史。古中国的历史时期重视现世，而不屑于对概念、逻辑与自然规律的探索。历史在中国的地位，给统治精英以信仰，使他们追求在历史上的地位，有着高度的神圣性，与宗教在西方地位等同，用西方现代术语可称之为"历史至上主义"，《左传·襄公二十四年》载：春秋时鲁国大夫叔孙豹称"立德""立功""立

版，第 8 页。

1　李勇：《西方史学通史》第 4 卷，复旦大学出版社 2011 年版，第 19 页。

2　《史学原论》，大象出版社 2010 年版，第 129 页。

3　龚自珍：《古史钩沉论四》，《龚自珍全集》，王佩诤校，中华书局 1959 年版，第 28 页。

言"为"三不朽"。"立德",即树立道德;"立功",即为国为民建立功绩;"立言",即提出具有真知灼见的言论。此三者是虽久不废,流芳百世的。死而不朽谓之永恒,是在历史记忆中的永恒。文天祥"人生自古谁无死,留取丹心照汗青"就是很好的写照。从西周以来,政府对菁英阶层在往生后依据其道德、功业给予谥号,这实际上是一种历史的审判。[1]很多士人不仅想进历史,连进得类别(如是进儒林还是文苑)都很在意。当然,儒家的三讳主张也破坏了历史的求真。

杜维运先生从史学的起源、史学原理的创获与著述成绩等方面比较了中西古代史学,以纪实、阙疑、求真、怀疑四项为华夏传统,认为纪实中胜于西,阙疑是中国特创,求真乃中不如西,怀疑则东西兼具。中国史学擅长历史叙事,史学家强调记事的真实。西方史学家擅长历史解释,史家写史可以有自己的独立性。笔者认为,中西史学及其根本精神在各自社会中的地位的大不相同是最值得关注的,历史是维系中国社会长期延续的一个重要支柱。因此,中国史学确乎值得自豪,也是梁任公认为可以和西方抗衡的唯一一门学问。

而近代新派学者对此不同毫无知晓,盲目而选择性地从西方拿来一些于己合用的东西大肆鼓吹,学习其皮毛,从专业的技术层面来看,引用了西方原始资料的概念后,把书篇的写定年代与可靠与否混为一谈,乾嘉考据的传统辨伪虽不区分内证外证,但还认为"以古为尚",而科学史学与乾嘉考据共通的地方在于

1　《国语·楚语上》记载的这个事例真实反映了谥号的历史精神:"恭王有疾,召大夫曰:'不穀不德,失先君之业,覆楚国之师,不穀之罪也。若得保其首领以殁,唯是春秋所以从先君者,请为灵若厉。'大夫许诺。王卒,及葬,子囊议谥。大夫曰:'王有命矣。'子囊曰:'不可。夫事君者,先其善不从其过。赫赫楚国,而君临之,抚征南海,训及诸夏,其宠大矣。有是宠也,而知其过,可不谓恭乎?若先君善,则请为恭。'大夫从之。"谥号相当于盖棺定论,对其一生的道德、功业给予定评,从此见诸历史。

都要求对史料进行严密的考证，强调归纳和实证，"实证主义的核心可以用一句话概括：眼见为实。"[1]在没有充分的理由情况下就任意否定他们认为有疑问的文献，变得不知道怎么正确批判史料了。中国俗语说："好记性不如烂笔头"，文字的重要性于此可见。这种低水平的中西融汇是思维混乱的结果和更加混乱的根源。好比把中国的颐和园拆了按法国凡尔赛宫的模式重建，认为只有如此才是真正科学的园林式宫殿，结果既失真、又不善、更不美，还弃置了一大堆东西无处安放。按照西方现代所谓原始材料的标准裁量中国的古史，说中国古代文献记录不可靠完全是不成立的，把史学局限在古书或扩大点可称之为史料考辨上，不仅没有学习到西方的真技艺，反而丧失了中国传统史学的根本精神，把活的历史变成为死的考据，实质上消灭了历史。

　　从学术史的实际看，单就治史的态度而言，顾先生和胡适的所谓科学史学者并不比从孔子以来两千多年的古代学人更高明，如"多闻阙疑，慎言其余"（《论语·为政》）、疑事毋质（《礼记·曲礼上》）、"信以传信，疑以传疑"（《谷梁传》）、信则书之疑则阙之、"信古而阙疑"《日知录》卷二；直到顾先生和内藤氏特别推崇的崔东壁还强调："凡无从考证者，则以不知置之，宁缺所疑，不敢妄言以惑世"（《考信录·提要卷上》）。清代学者少有笺注《史记》的前几篇，就是因为他们无论在理智还是在情感上都不理解许多事情，依然本着知之为知之、不知为不知的治学态度，朴学家及其掌握的传统考据法的局限性在于他们没有，也不可能有人类学、神话学以及宗教学的视野，但治学治史的基本态度仍然沿袭着中国良好的严谨传统，也就是"阙疑"。清代学者在整理古代经典方面取得了空前的成就，尤其乾嘉诸老对经典

1　库恩等著：《心理学导论：思想与行为的认识之路》（第11版），郑钢等译，中国轻工业出版社2007年版。

的分析、解释有似大匠的解刨刀，理性的认知极大地消融了对象的神秘感，这与他们充满了怀疑精神直接相关。民国著名学者黄侃总结学问之道有不欺人、不知者不道、负责后世、不窃等，治学"当谨于言语"，"考据之学有三要点：一曰不可臆说，一曰不用单文，一曰不可迁断"，"择其可解者而解之，以阙疑为贵也。"在史学问题上，保持阙疑的态度永远是必要的。而按照当时西方盛行的科学史学的方法也同样如此，笔者之所以一再引用《史学原论》这本西方最经典的入门书，就是想说明三擘在中国古史体系问题上与真正科学史学的方法和精神是严重背离的，顾先生大张旗鼓地倡言追求客观的态度迷惑了学术界，尤其在胡适的"宁可疑而错，不可信而错"[1]、"宁疑古而失之，不可信古而失之"[2]的"胡导"之后，对传统以及传统学术更多抱持一种"宁可疑而过，不可信而过"[3]的革命反抗态度，自诩客观忠实，而血气沸腾，情感激动，胡乱联系，盲目寻求因果关系，这相当武断，不完全是学者的立场，其结果造成了不客观不忠实，实质上造成了夸大（过甚其词的形容）、附会（将自己的成见推衍到史实上去）、武断（根据极少的材料便下判断）的结果，与今文经学派的夸诞之弊、穿凿之习、附会之说并无二致。金毓黻先生甚至认为顾颉刚、钱玄同"两先生乃今之妄人，其言不尽可信……凡明一义，说一理，能破尤贵能立，此论理学之通则也。顾、钱两先生能破而不能立，故所破者多不可靠"[4]。

中国从中西学术碰撞到世纪之中向欧美闭关锁国，全面采

1　胡适：《研究国故的方法》，见《胡适文集》(3)，人民文学出版社 1998 年版，第 357 页。

2　胡适：《自述古史观书》，见《古史辨》第一册，海南出版社 2005 年版，第 23 页。

3　见曹伯言整理：《胡适日记全编》(3)，安徽教育出版社 2001 年版，第 406 页，"1921 年 7 月 31 日"条。

4　《静晤室日记》，辽沈书社 1993 年版，第 2585 页。

纳了西方的分科，史学上注重吸收兰克史学范式而忽略了尼布尔的成就，忽略了西方史学发展的趋势。"逻辑经验主义（也叫作实证主义）的拥护者把自己禁锢在该标准之内，并且由此怀疑所有那些不属于实际经验证实范围的表述，把它们视为无意义的，这对于科学的发展证明是致命的。已经证明，要想使困难的问题得到解决，科学就不能在每一步上都被裹上可观察性和经验证实的紧身衣。强调这一点对于历史研究特别重要，因为经验主义方法对它极其危险。"[1]年鉴学派创始人之一布洛赫在20世纪40年代总结硕果累累的西方史学时还谦逊地说：历史学"和那些以人类精神为对象的学科一样，这位理性知识领地的新到者还处在摇篮中。……作为一门注重理性分析的科学，它还十分年轻。现在，它终于力图深入人类活动的表层，不仅拒绝谣传和卖弄辞藻的诱惑，而且要防止近代因习以为常而墨守成规的学问和经验主义的标榜。那才是更为危险的毒素。在一系列最关键的方法问题上，史学尚未超出初步尝试性的摸索阶段"。"不要忘了，历史学作为一门科学，仍然处在分娩的状态。"[2]相较之下，东方史学界的学术时代性与自然的时间性并未同步，对传说时代的认识还停留在近代学术的泥沼中沾沾自喜，墨守成规、轻视理论的分析与思辨，对这个大多数学者明知其不然而又不知其何以不然的问题，执着于谬误方的声音在学术界至今竟仍呈压倒之势，胡迷顾粉成为砖家、拳威，缺少宽容地对待正常的学术讨论，对于已经进入二十一世纪的学术界，这岂不让人悲哀。

那么，在学术上如何终结"疑古"就成为一个紧迫的课题。对此，我们应当放弃抱残守缺的治学态度，尤其要总结四百年

1　耶日·托波尔斯基：《历史学方法论》，华夏出版社1990年版，第338页。
2　马克·布洛赫：《历史学家的技艺》，上海社会科学院出版社1992年版，第14、135页。

来学术发展的经验和"疑古"的教训，同时应该既不盲目排外也不崇洋媚外，既不菲薄传统，也不颂西非中，保持研究学术的正常心态，并真正回到如顾先生本人也支持的求真、求实的纯学术立场上来。在治学的态度上，应该"致广大而尽精微，极高明而道中庸"，要"博学之，审问之，慎思之，明辨之……果能此道矣，虽愚必明。"（《中庸》）史学家只有高瞩远瞻、胸无成见，才能看到较真的历史，而气平情正是史学家走向客观、忠实的坦途。在治史的基本态度上，应"多闻阙疑，慎言其余"（《论语为政》）；史学家从事考证最需要的是耐心、审慎、冷静、谦退，使由不确实之病而形成的错误可以得到纠正。方法上的解决之道在于吸收外来，不忘本根，布克哈特早在19世纪就指出："分布在这个地球上的可贵的精神财富实在太少，因此在今天的现实当中，很少有哪个民族可以说：我们能够完全自给自足……在精神领域，人们应当也必须向高处攀登，一直到极点。"[1] 因此，我们应秉持正常心态去探究两大传统之间既激烈冲突又相互融汇的复杂过程，寻找它们在各层面上的抵触、冲突以及彼此能够融合的结合点与机制，钩贯隐通，互补益彰，继承与创新并重，它们应该是相互杂交、相互作用、相涵互化的产物，旧的躯体要吐故纳新而非革故鼎新，从而达到新陈代谢、茁壮成长之目的，产生一种新的综合的形态，这才是中国学术走向世界所应有的道路。

中西之争是中西之别还是古今之别？

中西之争是一个巨大的问题，笔者并不打算介入其中，此处只从中国古代的学术研究的角度略陈己见。近现代严峻的现实本来与遥远的传说时代的古史距离相当之远，但因为经史同

---

[1]　布克哈特:《世界历史沉思录》，金寿福译，北京大学出版社 2007 年版，第10页。

源以及导致经史混一的关系却使其很近。新文化运动的实质是
要用一套新的价值系统取代旧的系统，而随之延伸出的整理国
故运动"实际上就是按照西方分科观念及其原则，用近代西方
科学方法，将中国传统学术加以学科整合，纳入近代西方知识
系统之尝试与努力。"[1] 桑兵先生指出："胡适自诩其在学术上的革
命与开山作用，主要即体现在这种借助外洋的体系化演述。可
以说，当时人感到震撼，后来者用现代学术眼光许为具有开山
意义的那一整套关于国故整理的信仰、价值和技术系统，其实
就是用西洋系统来条理中国材料。胡适的这一套成功经验，经
过整理国故运动，向着各个领域扩展，全面系统地将中国固有
学问当作材料重新梳理一过，使之改头换面……在此框架之下，
还要用比较的研究来帮助国学的材料的整理与解释，所谓比较，
主要还是与西洋学者的方法、与外国的事实进行比较。经过清
季和民初的两度分科教学与分科治学，中国的所有思想学术文
化被按照西洋统系分解重构，而且分科教学与分科治学相辅相
成的潜移默化，本是后来的重构，反倒成为认识的前提，思维
的方式……所有分科系统，不仅将原来浑然一体的思想学术文
化历史肢解成相互脱离的部分，而且扭曲变形，或化有为无（如
经学），或无中生有（如哲学、政治学、社会学以及相关各种专
史等），或名同而实异（如文学、"经济"学等）。分科治学从无
到有（而非学科转型），导致中国学术系统全然改观，用外来系
统重新条理固有材料，犹如将亭台楼阁拆散，按西洋样式把原
有的砖瓦木石重新组装，虽也不失为建筑，可是材料本来所有
的相互关系及其所起的作用，已经面目全非，其整体组合所产
生的意境韵味，更加迥异。统系既由后设，观念自然后生，起

---

[1]　左玉河:《从四部之学到七科之学——学术分科与近代中国知识系统之创
　　建》,上海书店出版社 2004 年版，第 283 页。

点立意一错，则差之毫厘，谬以千里，要想解读思想学术历史文化得当，无异于缘木求鱼。"[1] 例如，"《仪礼》中有《丧服传》一篇，在现代图书分类系统中，《丧服传》的相关著述经常被分在'民俗'类图书中。但是，这一篇的内容，对中国古代文明有深远的影响。自经学本身言，《丧服传》的解读与辨析，贯穿了两千多年的经学时代历史，从伦理学的角度看，《丧服传》所规定的人伦关系，既表现了传统伦理亲亲尊尊的基本礼乐原则，又关系着三纲五常的人伦建构。就政治建构而言，自《唐律》到大清律典，对亲属关系的描述，基本上都按照《丧服传》所言的五个等级。而从社会史的角度看，传统社会的丧服制度，虽然在朝在野，屡有因时因地的损益，但其基本精神皆本于此书。"[2] "'整理国故'的学术背后是将中西问题转化成古今问题，也就是说，本来中国文明和西方文明是各自独立的两个文明体系，中国从古代中国发展到现代中国，西方从古代西方发展成为现代西方，两个文明最后发生了碰撞，发生了'中西之争'。而在新文化运动的领导者们看来，没有中西之别，只有古今之争……这样，中西之别变成古今之别。……这样，经学便彻底成为'历史'的，而且是必须抛弃的历史包袱。在随后的'整理国故'运动中，经学成为'史料'，接受科学精神的审判。……'整理国故'运动，实质上是在摧毁传统学术体系与建立新的学术体系之间的过渡阶段，它推导出来的不是'国故学'也即国学的兴起，而是国学的衰亡。"[3] 新派学者采纳的这种外在框架是西式的，他们简单的拿来主义做法忽略这些学科的划分主要是

---

1 《分科的学史与分科的历史》，《中山大学学报》（社会科学版）2010 年第 4 期。

2 陈壁生：《国学的价值：从分科到综合》，《中国社会科学报》2014 年 3 月 12 日。

3 陈壁生等：《重建经学，可能吗？必要吗？》，《天府新论》2014 年第 5 期。

建基于西方 19 世纪的学术范式，却鲜少思考这些学科划分对于中国历史的实际是否适合有无取舍，尤其对于充满争议的传说时代的研究而言适不适用。

一个世纪以来，中国学者在论文中对中西的不同经常使用的词汇不是"不同"或"差异"，而是"缺乏"、"弱点"或"落后"；这种词汇既反映、同时也强化了中国学界的文化自卑。中国学术界普遍认为中国古代的学术体系"一半断烂，一半庞杂"，与条理分明的西方现代学科分类体系不同，所以主张按照西式来分割和重新整理古代的学术，而这种做法的弊端日益凸显，中国学术也并非像西化派所想象的那样不堪，超越此种尴尬情景的路径、学术研究的前提应该是先把中西两方的分类体系搞清楚，再比较，而后才能依据各自的优缺点进行融汇，但这种最基本的工作却鲜少有人探究。而对于西方经过两千多年逐渐形成的一系列学科范畴及整个现代西方学科体系，我们绝不能脱离他们自身学术发展的整个历史传统来理解。"实际上，中国古代有着一套独特的学术分科体系，其学术分科有着自己的鲜明特点。其中最突出之现象，就是中国学术分科，主要是以研究主体（人）和地域为标准，而不是以研究客体（对象）为主要标准；它研究的对象主要集中于古代典籍涵盖之范围内，并非直接以自然界为对象；中国学术分科主要集中在经学、小学等人文学科中，非如近代西方主要集中于社会科学及自然科学领域中。换言之，中国不仅存在着一套不同于西方近代式之分科体系，而且存在着一套完整的以经史子集'四部'分类为骨架建构起来之知识系统。中国学术尽管也有专门性学问，但并没有发展成为近代学科意义上的'专门之学'，中国学术具有'博通'之特性。""'中本西术'的依据，便是传统的道器、体用观念。在中国传统学术体系中，形而上者谓之道，形而下者谓之器，经史之学包含了圣人之'大道'，是道学；术数历算等为'艺事'，是艺学，是寻求'大道'之手段，因此道学处于中国学术体系乃至整个知识系统之最高、最主要地位，而艺学处于次要的从属地位。"[1] 而"中国固有的统系，也绝非只是经籍的统系，其中蕴含着已有的知识分类。一旦按照名为天下公理实则西洋传统的系统对知识重新分科，不仅不能恰当把握西学的分科，更重要的是以后来外在的分科眼光来看待中国的固有学问，难免格义附会，曲解抹杀，愈有条理，去古人真相愈远。而诸如此类的问题，要等这些新进少年有机会远渡重洋并且因缘巧合，才能有所察觉和认识。此外，分科治学将原有的联系割裂，破坏了历史的整体性，在日后专业化不断加强的趋势下导致学人的局限性日益明显，其责任虽然不应由倡导分科治学的前贤承担，但毕竟反映了当时崇拜分科，以为可以根绝误谬弊端的盲目性。"[2]

　　既然中国现代的学术分科是以西方 19 世纪为准绳而又存在适不适用的强烈质疑，那么研究视野自然应该回到两大学术系统碰撞之前的原点，我们起码应该了解西方分科治学的大致轮廓及形成过程。西方在自然世界、人类社会的混沌之渊、在普遍史的汪洋大海中，大致形成以"人文"和"科学"的大分野，后来渐变为自然科学、人文科学和社会科学的三分法。而如何对各种类别进行细致划分，挑选、搜集什么样的事实来界定探究的领域，人们通常会依赖于寻找事实的外在情况或其内在本质的原则。基于时间、空间及其相关的人（个人或某类人）这种外在的情况是最简单、最容易的分类方法。而根据事实的内在本质进行的分类方法，它的原则是挑选并汇集那些与相同类别活动相关的事实，每一项分类构成一个特殊的历史分支；但这

1　左玉河:《从四部之学到七科之学——学术分科与近代中国知识系统之创建》，上海书店出版社 2004 年版，《导论》第 4 页，第 296 页。
2　桑兵:《中国思想学术史上的道统与派分》,《中国社会科学》2006 年第 3 期。

种分类方法很晚才被采用，并且是缓慢地、不完全地被学者们所接受，它发端在狭义历史的领域之外，首先出现在某些处理特殊人类现象的研究分支如语言、法律、宗教等科目中，后来演化出各式各样的专门史。人类知识体系的本质只是一块"大蛋糕"，分科治学只是为了吃起来方便，更多是为了研究和分析的方便，才用"学科"这把刀把它们切分成若干小块，政治、经济、军事、学术、思想等等。在专门史中，事实先是被按照纯粹想象的范畴来挑选、排列，例如，"经济"就只是学科分类，是在观念上的建构，世界上并没有"经济"这个东西，我们说经济是生活的一个因素，但是你却找不出一个叫经济的东西出来，实际生活也没有这种物质，它是大学学院分工合作的产物。那么所谓分类实际上就未必有充分合理的依据，自然未遑存在不可逾越乃至不能变更的边界。但久而久之，随着现代人文及社会科学的发展，学科的日益细分和学术机构的科层化，专门史的研究者却常常把他们所研究的事实类别想象成一个封闭的世界，它的演变发展是在这个世界中由某种内在动力所驱使而发生的；各专门史之间也出现界域明晰、互相不越雷池的现象，甚至同一学科之内不同研究方向、不同研究材料的同行之间也各说各话。但实际上，我们所分别研究的那些事实类别，没有一种专门史形成特定的封闭世界。这种境况更导致跨学科的对话难以开展，但这里还牵涉到学术论证中"有效性"和"普适性"的问题，它们往往被限定为各学科内部使用何种分析工具的方法论讨论，而不同学科之间应当遵循那些共同的论证逻辑的问题，常被视为无须再深入讨论的预设——成为预设的命运往往是被有意识或无意识地搁置和抛弃，结果造成了不同学科之间的对话越来越困难，而这明显不利于学术的健康发展。因此，"我们不能通过只关注历史的某个特殊分支来理解演化；专门史的研究者们，即使只是为了撰述他自己那一分支的完整的历史，他都必须跳出他自己主题的圈子，进入一般性事件领域中。"所以，"我们还应建构起一种具体的普遍史。这种具体的普遍史将通过阐明支配了所有特殊演化的主流演化，从而把各种专门史全部联系起来。"[1]世界本来是一个既有广泛联系而又难以切割的贯通体，本来就存在一个有着广泛内在联系的知识谱系，学科在分化、竞争中得到了进化、发展，个别学科的突破除快速推动自身的发展外，还可带动相关学科的发展，许多学科的逐渐发展又慢慢垫高整体的科学基础，循序渐进，使得整体的科学水平逐渐增高。西方进入 20 世纪后，人文与社会科学的学科不断分化，而且越分越细，到后来，很多学者意识到这种趋势并不总是利于科学的发展，跨学科的趋势因此渐渐兴起，学科之间的边界又逐渐模糊，学科间的交叉越来越普遍。因为各个学科的属性往往相互渗透，尽管学科不同，但学理大致是相通的，这是学科交叉渗透的学理基础。学科之间的分合不断产生，跨学科、交叉学科的成果不断产生，研究愈益深入。现在需要做的不是去改变学科的边界，而是不理睬学科的边界，努力扩大学术活动的范围，凡是自己能够做的而别人又没有做的都可以去做。

　　上文曾提到研究者具有主体性十分重要，实际上，它对不同学术体系的交流同样重要，只有在全面介绍、输入、引进、了解的过程中，自然会发生判断、选择、修正、改造，在批判与吸纳、对抗与融合之后，达到升华与创新的结果。

　　所以，问题不在于要不要分科，问题在于怎么分科。问题不在于比较，而在于怎么比较。笔者并不反对学者用西方的政治学、哲学、伦理学、宗教学、经济学等一系列学科范畴或术语来研究中国传统学术，而仅仅是反对先验、附会式地按照西方的学术系统来划分中国传统学术，对于胡适、冯友兰等人用

---

1 《史学原论》，大象出版社 2010 年版，第 148 页。

外来框架条理中国古代思想，傅斯年干脆反对使用哲学这个词，主张用本土术语"方术"。张荫麟也指出："以现代自觉的统系比附古代断片的思想，此乃近今治中国思想史者之通病。此种比附，实预断一无法证明之大前提，即谓凡古人之思想皆有自觉的统系及一致的组织。然从思想发达之历程观之，此实极晚近之事也。在不与原来之断片思想冲突之范围内，每可构成数多种统系。以统系化之方法治古代思想，适足以愈治而愈棼耳。"[1]"千人之诺诺，不如一士之谔谔"，这些思考弥足珍贵。

"整理国故运动"存在一个不言自明的前提，即中西之别是古今之别，国故或国故学的术语（故的两个主要义项一是死亡、二为过去）就是这种畸形心态的直观反映。可事实并非如此。"整理国故运动"存在着严重的双重失误，先把整个的中国历史按西方学科划分，再把其内容按西方标准裁剪。中西学术与文化之别也绝非简单的古今之别，既然前提是错的，那么缘此之木而欲求鱼，岂可得之乎哉？我们的先人有一个削足适履的典故，无独有偶，西方经典的灰姑娘与王子的故事告诉了我们同样的哲理。与寓言故事结局不同的是，"整理国故运动"是硬生生地把中国历史"削足"后，塞进了"西方王子"提供的"金鞋"里，自以为"穿着金鞋"与西方"王子"过上了"富贵的生活"。但这种"残足适履"式的"生活"即使会适应并成为常态，也不可能是正常的、惬意的，就像"缠足"的妇女一样，传统社会中的许多人可能"自以为美"，却从此不良于行。而我们绝对反对盲目地削中国之足适西方之履，要寻找的真正适合灰姑娘健康生活的"金鞋"，我们要的是真史，而非直八之史。为了摆脱困惑，史学界要改变"尊胡适若帝天，视顾籍若神圣"的风气，我们不

1　张荫麟：《评冯友兰〈儒家对于婚丧祭礼之理论〉》，《大公报·文学副刊》1928 年 7 月 9 日。

能只是想象新派学者在学术的造诣上必然是“熔铸古今”，而且能“会通中西”的,必然能成为“撷泰西之精英,熔中土之模范”。如果不思这些大师学术失察、贻误后人的可能就是缺乏科学精神的表现。新派学者的明显错误之所以长期得不到纠正，就在于后来的学者没有意识到或不敢用所学的新知学理去评判他们的师傅师祖。

如果认为一旦保持了正常的心态和应用了科学方法，就能得到科学性的结论，那就是大错特错了！而近代新学在中国的发生发展，并非无根之木、无源之水，近现代学术经历了从传统四部到七科之学的演变，现代学术体制建立后，仓皇盲目地承接了西方的分科，按照西方的标准套用到东方的材料之中，专家之业也逐渐取代了东方传统的通人之学，现在学界或民间的许多人动辄羡称近代学术，把西方 19 世纪思维模式界定下的学科架构当成“普世价值”，就是想不到用输入的新知学理去衡断评判这些新派学者的论著，从古已有之到近已有之，对近现代学术的继承产生了经学化、偶像化的倾向，甚至到了盲目崇拜的地步，开口光耀璀璨的大师，闭口辉煌灿烂的成果，一直被奉为圭臬的“层累说”就是生动的例证。近现代学术分科治学的弊端，桑兵先生总结得非常到位，他指出:“近代以来，分科治学，已成体制，纵横两面，相互隔膜。所做学问，或许符合后出外来的学科轨则，却不理解前人的习惯做派。诩为占领制高点的专家之学，渐成割据分封，画地为牢，而占山为王与落草为寇实无二致。至于所谓跨学科，则往往是坐井观天，或踉跄跳跃，以局部求通论，以归纳代贯通，势必以偏概全，看朱成碧。分科治学之下，学人的眼界日趋狭隘，没有成竹在胸，难免盲人摸象，无法庖丁解牛；刻舟求剑、缘木求鱼之事，日益习以为常，甚至天经地义。”陷入“盲人骑瞎马行险道，将天边的浮云误认作树林，或以找漏洞、寻破绽、钻空子、对着干为治学的正道坦途"[1]。学术界今天之所以产生推崇乃至崇拜民国学术的情结与现象，是因为人们相信"大师"们的国学功底冠绝古今，又吸收西学之精华，自由的学风中未受政治力的干预……因此之故，其成果当然优秀无比、毋庸置疑，这对于不少领域来说可能确然如此，陈寅恪在1935年写道："近二十年来，国人内感民族文化之衰颓，外受世界思潮之激荡，其论史之作，渐能脱清代经师之旧染，有以合今日史学之真谛。"[2] 肯定了进步的趋势。但笔者认为，对于中国古史的传说时代这个特殊领域的成果真的需要"重估一切价值"。

就传说时代的研究而言，中国传统学术并没有现成的方法与手段，因此，移植、吸收西方学术就成为必然，首先面临一个学科对接的问题，中国人由于经学的关系，思维方式排斥人类学，中国经学和史学的传说时代可以对接的西方学科是神话学、史前史、人类学、原始宗教学等。当时的学者既没有注意到应该吸收的学科、方法和内容，也忽略了神话学、宗教学的意义，更未遑论及诸种学科的综合在历史上的重要意义。西方学界对此有深刻认识者不乏其人，如19世纪瑞士史学家布克哈特指出："古代对我们有极为特殊的重要性；我们的国家概念起源于此，这里也是我们的宗教，以及我们文明中最持久部分的诞生之处。它的形象作品和文字作品有很多垂范后世，无法企及。无论亲近还是对立，我们都从古代获益无穷。"[3] 俄国思想家别尔嘉耶夫所著《历史的意义》以宗教意识为出发点对人类历史各个时期进行了哲学思考，他深入挖掘了神话传说中

---

1 桑兵：《盲人摸象与成竹在胸：分科治学下学术的细碎化与整体性》，《文史哲》2008年第1期。

2 陈寅恪：《陈垣元西域人华化考序》，《金明馆丛稿二编》，上海古籍出版社1980年版，第239页。

3 布克哈特：《历史讲稿》，刘北成等译，三联书店2009年版，第3页。

的宗教含义，认为它们虽然不是客观意义上的历史事实，不能提供具体知识，但其对真理奥秘的揭示却要比史实记载的深刻得多，它们渗透在人类文化其他领域，并在过去、现在乃至未来的整个人类历史进程中发挥着影响。中国近代学界主要秉承经学思维和乾嘉考据学以及西方科学史学等，伴同着"疑古思潮"，简单化地"将上古历史区分为信史和神话，并把神话加以科学性、实证性研究，这是中国 20 世纪学术史最重要的实践之一。""神话—古史'这样的书写形式，旨在强调二者共生互补、一体两面的特殊关系。'神话—古史'的话语系统不仅参与，而且主导了中国现代学术的建构，甚至还在'中华民族'和现代性认同方面，起着不可替代的重要作用。"[1] 实际上，这只是新文化运动和整理国故运动的一部分，提供更多的是价值观，而不是研究历史的方法和手段（技术技巧），但这些对于融汇中西史学以增进中国新史学的荣光并没有起到太大的推进作用，反而取代了历史专业的探究。由于高度的自卑情结，把与西方不合的视为伪造，全无学术的严谨精湛，随意论辩，标准混杂，许多论著只是沦为智力游戏一流而无关学术之是非。极致者遂发出了对中国历史与文化的诅咒，但这归根结底不过是切齿痛恨而又束手无策的产物。

上文曾简述西方学术界对人类早期久远而漫长历史的认识有太多可以借鉴的成果，足以让中国学术避免重蹈"怀疑主义史学"的覆辙，与"导论""怀疑主义史学的比较"相关者不再重复，而真正适合参考的是其对罗马早期历史、圣经、希腊神话的研究成果以及人类学、神话学、原始宗教等学科的学理，西方学术界在 19 世纪取得了长足的进步，强调精微分析、擅长

1　谭佳：《神话与古史——中国现代学术的建构与认同》，社会科学文献出版社 2016 年版，第 1 页。

分科治学的西方学术建立了一些相关的学科，例如"圣经学"成为一门独立的学问，因为西方各主要民族信奉的《圣经》与自身的民族起源的历史无干，信仰的紊乱并没有对历史认识造成过多的伤害；就其近代史学的发展趋势而言，从维科、赫尔德、伏尔泰开始，经基佐、巴克尔、布克哈特、兰普勒希特到斯宾格勒、汤因比就陆陆续续产生过不少值得注意的观点和理论。仅以介绍西方史学相对详尽的《西方史学通史》勾勒大致脉络，以做说明。

维柯的代表作是《新科学》（朱光潜译，中文有人民文学出版社和商务印书馆版），他的思想包罗万象，孕育着很多现代思想的萌芽。他明确指出历史是人创造的，因而人类也能认识和了解自己创造的社会和历史。他既看到历史的进步性，又发现了历史上的循环性。他在历史研究方法方面的主张可以概括为：第一，主张从"开始时开始"研究，并探讨了以往历史学家所忽视的人类史前时期即原始人类的各种事件的源头与开端，涉及制度、文字、宗教、语言、神话、诗歌和国家的起源等。第二，提出语言学和哲学相结合。第三，重视比较方法。通过比较发现差异；更重要的是，发现了隐藏其中的一致性。他指出每一个民族都有一个同样的虚骄讹见，认为自己比一切其他民族都较古老，早就已经创造出人类舒适生活所必需的事物，而他们自己所回忆到的历史要一直追溯到世界本身的起源。他还将早期人类的行为和儿童相比，希望以此获得关于早期人类生活的感性画面。第四，注重史料考证，还扩大了史料的范围。例如他把神话和传说当作可以利用的史料，维柯认为希腊和拉丁神话中的 12 个神，表面上是神谱，实则蕴含了民政制度的产生和发展。维柯批判了关于古代是完美社会和黄金时代的学说。维科为今天学术界防止史学碎化提供了思想工具。他为后人解构前人的学说提供了思想因子。在维柯看来，哲学和语言学没有组成任何体系而是通常感觉的自明之理组成了一个体系。克罗齐在《维柯的哲学》中视维柯为对抗笛卡尔的健将，是浪漫主义的开启者。维柯的哲学被认为是卢梭思想的先驱。[1]而稍后的法国启蒙思想家丰德奈尔赋予了神话和理性以历史的形式。他相信各种科学开始于人类童年的种种虚构，这些虚构就是历史，也是神话、宗教、科学和哲学，并进步成为现代的理性思想。[2]

之后的德国浪漫主义史学观念把启蒙运动的史学观念推向前进，其中之一是历史学的视野必须放得开阔，以一种更同情的态度去研究在启蒙运动时期被看作是未开化的或野蛮的并任其默默无闻的那些过去的时代。浪漫主义史学关注和强调地方色彩，它对精神性、情感性、内在性、神秘性、意志性、个体性、连续性和整体性原则的强调，都不能不使人想到民族和民族主义。[3]思想家"赫尔德宣称具体的人乃不同民族、不同社会的不同条件之下的历史产物。这一论点是对18世纪把人性视为永恒不变这一基本观点的一大突破。与这一理论紧密相连，赫尔德就提出，应该从不同的时代背景和不同的民族精神来考察各种历史文化的特性，应该把历史视为外因（环境）和内因（精神，尤其是不同的民族精神）相互作用的产物。这些方面都是赫尔德超出前人的贡献所在"[4]。"赫尔德提出不应该用本时代的标准，例如启蒙的标准，去衡量较前的时代。赫尔德历史哲学带有进步论与历史主义相混合的特征。""赫尔德认为理性不可能理解

1　李勇：《西方史学通史》第4卷，复旦大学出版社2011年版，第177—181、184—185、335页。

2　李勇：《西方史学通史》第4卷，复旦大学出版社2011年版，第187页。

3　李勇：《西方史学通史》第4卷，复旦大学出版社2011年版，第336—338页。

4　何兆武、陈启能主编：《当代西方史学理论》，上海社会科学院出版社2003年版，第5页。

生命,反对将启蒙运动的标准应用于其他文明或者时代。"[1]伊格尔斯曾说过,赫尔德在《另一种历史哲学》中,提出了激进形式的历史主义主张;每一个时代都必须通过它自己当时的价值来考察的观点;历史中没有进步或者衰落,有的只是充满价值的多样性。"赫尔德对历史主义的主要贡献体现在两个基本观念上,即个体观念和乐观主义,前者是指价值和认识是个体的、历史的,历史不断运动变化,作为有机体的民族充满活力,民族精神是一切价值的源泉,而后者相信历史是有意义的进步过程。"[2]

历史主义成为其后史学理论的主流,"在洪堡整个历史主义思想中,有两点是其不断强调的:一是历史的整体性与历史的个体性的统一。二是通过直觉、推论及想象来理解理念,理解历史。洪堡通过一系列论著,否定了理性主义史学的机械性与所宣扬的同一性,批判了浪漫主义史学对历史事实作主观情感式的表述,主张历史学家对历史的理解源自历史文献、并由对文献的理解上升到对世界的一种领悟。……这样,通过直觉、想象、移情等方式来把握和理解历史对象,将个体置于变化过程中就其本身来进行考察,肯定个体的独特价值和意义,构成了历史主义思想传统中最为重要的内容。"[3]科学史学的奠基人"尼布尔以正在进行解剖的一位生理学家那种精神研究历史。在没有历史事实的地方,他就利用诗歌体传说,他认为这些东西也含有星星点点历史真相。'这些如此强烈地触动了群众想象的传说既然已经成型,那么它们的老底子上必然有些真实情况'"[4]。

当然,上述有的人物、观点和事例的重要性是后来的研究

---

1 李勇:《西方史学通史》第 4 卷,复旦大学出版社 2011 年版,第 206、208 页。

2 伊格尔斯:《德国的历史观》,彭刚、顾杭译,译林出版社 2006 年版,第 36、41—46 页。

3 易兰:《西方史学通史》第 5 卷,复旦大学出版社 2011 年版,第 339 页。

4 汤普森:《历史著作史》下卷,孙秉莹、谢德风译,商务印书馆 1992 年版,第 210 页。

成果，并不能以此指责近代新派学者，但其中的大部分人物、观点及其重要性在当时的西方史学界是有高度共识的，可以肯定的是，西方史学的发展脉络并没有受到他们的关注和学习，中国的"疑古思潮"与西方史学理论并没有直接的关联。而现在研究中国古代历史的学者必须了解西方史学的这种脉络，除了"野狐禅"之类的奇谈怪论，顾胡两先生崇尚的所谓的西方史学丝毫不能为中国的"疑古思潮"提供任何的支持性的理论。

广义的历史学是人类一切学科之母，诞生时间极为久远，比其他学科更具有综合性、复杂性和多面性的特征，由此决定了他研究方法的多样性与分支学科的众多性。在所有可以形成边缘性研究的主体学科中，交叉学科最多的只能是历史学。而人类的认知机制对认识宇宙的既有限又无限决定了我们只能在可知与不可知之间徜徉、徘徊，存在的就是合理的，每种研究方法都有其存在的价值，也都有其局限性，科学的生命在于假说与证伪。治学的氛围务必自由与宽容，不仅科学无禁区，而且学术无定论。而中国古人说"博观约取""厚积薄发"，要博而后约，以专致精，由精求通，整体之下探究局部。许多权威都强调研究历史不要局限在其中的一个断代，前后纵横都要涉猎，尽量掌握其进展。本书多次强调，史学是最难的一门科学，而传说时代的研究更是这最难中的最难，强调精微分析、擅长分科治学的西方学界在 19 世纪建立了一些与传说时代相关的学科，中国从中西学术碰撞后，大致采纳了这个框架。从方法层面来看，民国时期学贯中西的学者并没有体现出杂交优势，他们承接的方法、观念等都不适用于传说时代的研究，不仅仅是材料、证据的问题，因为材料尤其是直接材料不够的话，可以依靠其他方式来弥补，因此，缺乏的更重要的是视野、范式、理论、观念、方法等问题。像百年来的神话学，基本上属于文学范畴，很少有人从中去求取史实的。到世纪之中向欧美闭关锁国后，这种学科的分合、对话就基本停滞，传说时代的研究进展自然就基本停滞。到八九十年代，重返民国学术视域，其后的绝大多数学者盲目地遵循着他所属的那个职业团体的习惯。而研究传说时代必须是无科治学，要时刻关注这一时段所有各科的学术进展，思考它们的意义。西方20世纪各科进展、精深地分化后，研究者又重新交叉、组合。但总的来说，对于传说时代研究的方法、理论等并不成熟，到目前为止，从各方面的相关学科来看，依然不乏稚拙、幼稚和浅薄的部分，但总的趋势正如中国古人常说的那句话，天下大势，分久必合，合久必分，学术领域进行经常性的分析、重组与综合，研究传说时代学术的大势尤其应该如此，只有这样才能保持持续的进步。

　　一个学科要想站在世界前沿引领风骚就不能故步自封，就需要打破既有的藩篱、解开束缚、拓宽视野，摆脱陈腐的经学的思维方式和西欧中心论的影响，转向基于全球视界中的中国古史的传说时代史，由单一型的史学研究转向多学科、跨学科的研究，认真分析资料所产生的历史和文化语境，眼光的转变必然使许多以前视而不见的现象凸显出历史意义。布克哈特早就指出："没有哪一种方法不是不可怀疑的，也没有哪种方法是普遍适用的。在研究的过程中，每个人都走出自己的路子。每个人所走的道路体现了他的精神思路，因此他以自己独特的方式走进他的研究课题，并且根据自己的思路发展出适合自己的方法。"[1] 蒙森声称，"要是历史学教授相信能用训练文献学家和数学家同样的方法最有把握地来训练历史学家，这更是危险而且有害的幻觉。可以说，历史学家不是训练出来的，而是天生的，不是教育出来的，而是自我教育出来的，这话对历史学家比对

1　布克哈特：《世界历史沉思录》，金寿福译，北京大学出版社2007年版，第4页。

数学家或文献学家更为合理。"[1]"自我教育"一说非常重要。只有这样，才能有效地推进对传说时代的整体认识。

近现代中西学术碰撞融汇的结果是中国文明史、中国文化史、中国学术史的一场大悲剧，它充满了道不尽的无奈、艰辛、哀痛和罪疚……我们要进行的是以科学认知为目的的探索还是从价值出发判断的区分。学界普遍没有把价值和专业区分开，旧的经学与新文化运动是价值的冲突，而不是专业的高低差异。完全不考虑专业的话，可以肆意吹弹，则又与克莱登大学毕业的何异？新旧价值与历史专业的精密与否并没有直接关系，误以为西方的新价值决定新派历史专业的精湛、可靠。西方史学中的许多理论本来是有助于国人分析中国的历史的，本来是可以帮助国人透过现象看本质而不至于被表象所迷惑的，本来也是有助于国人更好地解决问题和预测未来的。世界著名史学家布克哈特早在19世纪60年代就写道："一个国家的历史只是世界历史的一部分，不同的国家和民族曾经在一样的日月星辰下兴衰，他们曾经经历过同样的危险，曾经有过同样黑暗的年月以及共同的和伟大的传统。""对于各个民族来说，它们之所以成为不同类型的民族，其原因……在于它们在各自漫长的发展过程中形成了自己的民族精神……对我们人类来说，没有哪个民族是完整的，因此所有民族都设法补充自己；一个民族发展的程度越高，它就越有必要补充自己。对于人类的各个民族来说，其民族性的形成及其变化的动因一部分来自它的资质，另一部分则来自它所积累的东西。不过，由于人得到有意识的精神的帮助，这种过程比起自然界要快许多，而且每个民族所接触的敌对和友好的因素也在此过程中发挥各自的作用。"我们所

---

[1] 蒙森：《谈谈如何培养历史学者》，程钢译，见何兆武主编：《历史理论与史学理论：近现代西方史学著作选》，商务印书馆1999年版，第293页。

得出的结论，其有效性因民族而不同，因人种而各异。属于精神的东西除了处于经常的变化之外，它们的另一特征就是多样性。这种多样性来自许多民族和文化共存的事实。这些民族和文化相互之间基本表现为对立或者补充。[1] 柯林武德在论及 19 世纪史学时曾说过，"历史学家一定永远不要做启蒙运动历史学家所经常做的事情，那就是以鄙视和厌恶的态度去看待以往的时代；历史学家必须以同情的态度看待它们，并在其中发现真正的而又可贵的人类成就的表现。"[2] "在历史学思想能作出更进一步的任何进展之前，有两件事是必要的：首先，历史学的视野必须放得开阔，以一种更同情的态度去研究被启蒙运动看作是未启蒙的或野蛮的并听任其默默无闻的那些过去的时代；第二，人性作为某种一致的和不变的东西这一概念，必须加以抨击。"[3] 而崇西尚新的中国"历史学家"们不仅摧毁了自己历史与文化的源头，而且完全将中西之别视为古今之别，他们对此西学大师的智慧之言能不汗颜吗？

作为华夏五千年先民及历代融入的各部族的子孙，他们的灵魂传递给了我们，他们的功业、他们的使命、他们的命运在我们身上存续。"只要我们没有变回野蛮人，我们就绝不应该离弃古代（指文明初期）。"[4] 作为一个嗜好历史与史学的人，我们追求的是客观的真历史，笔者反对制造"历史的荣光"来鼓舞现实的人心，传统一直认为华夏的历史起自人文初祖黄帝一脉的帝系，这在现代备遭诟病而被否定，拙著的研究已经表明五帝一系本来就是这样的，悠久的、多元一体政治共同体的历

1　《世界历史沉思录》，金寿福译，北京大学出版社 2007 年版，第 5、10、22 页。

2　柯林武德：《历史的观念》，何兆武、张文杰译，商务印书馆 1997 年版，第 137—138 页。

3　柯林武德：《历史的观念》，何兆武、张文杰译，商务印书馆 2003 年版，第 137 页。

4　布克哈特：《历史讲稿》，刘北成等译，三联书店 2009 年版，第 3 页。

史上溯至此其来有自，并非向壁虚造。实际上，古史体系的可信与否只是一个真伪问题、学术问题，科学研究也必自怀疑开始。但我们不应该随意怀疑古人，需要的不是多余、过度的怀疑，更应该做的是反躬自省，加强自身的学术素养，需要的是能切实解决问题的工具——金刚钻，而不是大板斧；需要的是不断扩充自己的知识领域，越多越好，就像顾先生《我的古史计划书》提倡的那样。当然，现在需要的更多，包括自然科学领域如分子生物学、现代语言学如认知领域等各方面的情况与进展。"语言的发展，至少某些侧面具有复杂的遗传基础，极大地提升了人类通过口耳传递知识的能力。语言的发展不仅加速了文化变迁，也极大地改变和扩展了人类的意识和自我意识，强化了人类的分析能力。这使人们可以更快地适应各种生态环境，最终主宰地球上的生态系统（Deacon 1997;Mellars and Gibson 1996;Noble and Davidson 1996）。""近期的认知研究表明，人类思维通过一个复杂的建构认识、行为和社会关系的暗喻网络理解世界（Lakoff 1987;Lakoff and Johnson 1980;Tilley 1999）。因此，认知进化赋予人类思维以各种一般性和特殊性的分析能力，使人类预先倾向将类比象征意义赋予对自然和社会领域的认知。"[1]

　　古史问题之多、之神秘、之复杂，今天想对它们进行严谨的研究却是荆棘重重，实际上就像盲人摸象一样。"在我们那充满困惑和惊奇的生存中，我们不由自主地紧紧抓住这种关于人的知识，这种我们在生活中所遇到的和为历史所揭示的，关于人类的经验知识。对自然的思索无法满足我们，无法给予我们充分的慰藉和指导。所以我们绝不能把任何过去的东西束之高阁，我们不能留下空白，在所有给我们留下记载的世纪中，向

1　崔格尔：《理解早期文明：比较研究》，徐坚译，北京大学出版社 2014 年版，第 482 页。

我们言说的其实是那个整体。"[1]"整体"一语十分重要,我们一定
要全面了解人类早期各方面的情况,必须要学会历史思维,"人
类学家都认同,所有人类感知都是文化性的,因而也是象征性
表达的。""比较研究揭示出每个早期文明迥异于其他文明的大
量特质性变化。……特质性变化界定了早期文明的神话内容、
艺术风格和知识。由于所有的理解都是象征性传递的,因此特
质性文化传统以高度显著、常常不可预料的方式改变人类行为
是完全在情理之中的。这其中自然为所持之学说营造出了神秘
气氛,使之局限在极少数人的手中。"[2]不同原始文化及由此而出
的宗教信仰和造成的理念不仅它们自身是令人感兴趣的对象,同
时也是社会政治和经济行为的显著决定因素。它们的互动导致一
些地区破茧而出,形成了一些原生文明。非常清楚的是,早期文
明现有的众多阐释都受到了意识形态和既有理论的驱使,同样,
诸多的"事实",特别是来自二手资料或过度阐释的一手资料,
很大程度上是被有意建构的而不是被科学证明的。要想做到庖丁
解牛,就要全面了解、掌握各个原生文明的研究现状并加以精细
地审慎比较,以及史料批判方法在不同文献上的运用。

　　研究华夏文明要求了解蕴含在古代经史之学以及现代学术
中的偏见与预设,同时也需要知晓过去的资料的局限性,原始
记录者和现代分析者、阐释者的偏见和技巧都必须纳入考虑的
范畴。对那些不支持预设理论的资料(反证)置之不理,坚持
按照预设裁剪资料是不可容忍的,但却是有意无意地经常发生
的。一般而言,由文化之外的作者记录的早期文明资料的阐释
性误导是最为明显的。对于任何主要依赖二手资料的观察和研
究坦承阐释性偏见,预留出回旋空间都是至关重要的。现代阐

1　布克哈特:《历史讲稿》,刘北成等译,三联书店 2009 年版,第 3 页。
2　崔格尔:《理解早期文明:比较研究》,徐坚译,北京大学出版社 2014 年版,
　　第 463、476 页。

释者们的预设偏见和学术关联在决定比较研究的资料上发挥了重要的作用。汉字的特殊性以及思维特点的不同都要考虑进去。

可以说，由于"疑古思潮"的强烈影响，中国现代学术研究传说时代之路从一开始就走偏了，存在着一个过度强调取地下出土资料与传世文献互相释证的倾向，近百年来的考古成就虽然很大，但是先贤期望的决定性成果还没有，而且这种希望越来越小。中国远古历史与文化的特征恐怕将像西方学者企图通过发现物质性的东西来证明《圣经》的可靠性一样，不太可能像希腊考古那样发现出大量物质性的证明。这条考古证史之路走至今日也没有让人感到热望。考古学有自身的方法和逻辑，却导向为了证明文献记载历史的可靠与否而存在，结果不仅没有对传说时代的研究提供更多的助力以充分印证历史，反而影响、制约了自身学科的发展，结果步入歧途。甚至如中国社科院考古研究所许宏先生所说，现在许多考古学者对文献学极其热衷，甚至超过那些只研究文献学的学者。这能够侧面反映出，当今一些考古学者对现有文献过于依赖。[1] 而在远古史学的研究中，事事都要求有眼见为实的实证资料，且还要出土文献的印证，如若没有就不可靠、不可信的逻辑，这是现代史学成长过程中的迷思，新派学者"通常对新见材料、或档案、或出土材料有极高度的热情，而且信新材料过于旧材料，以上古史来说，有人甚至宣称非出土材料不可信。这种史料至上主义，广泛地影响到一般学者，一时之间，崇重史料的风气弥漫。"[2] 这事实上是比明清史、近现代史的研究更为苛刻的标准，为什么传说时

---

1 《北京大学人文社会科学研究院纪要"北大文研论坛 12"李零：帝系、族姓的历史还原》，http://www.360doc.com/content/16/1219/21/28516453_616109242.shtml。

2 王汎森：《民国的新史学及其批评者》，罗志田主编：《20 世纪的中国：学术与社会·史学卷》，山东人民出版社 2001 年版，第 74—75 页。

代的研究需要更加严苛的标准？这是一个习焉不察、积非成是
的陋习，反而忽略了文献研究有自身的方法和逻辑，考虑到人
类知识的90%以上都是逻辑结论，那种只有眼见为实才可信、
只有地上地下相印证才可靠的逻辑实际上是降低了人类，尤其
是史学家的思维水准并阻碍史学的正常发展。王国维以二重证
据法帮助国人止住了"疑古思潮"横扫千军如卷席的势头，使
国人对自己的早期历史稍具信心，却把进步的希望让渡给考古
学，而考古学又长期无法提供新的可供研究的充足出土文献，
以致研究停滞。依照陈寅恪先生的解释，二重证据法有三重意
义，实际中的只是着重在第一种"取地下之实物与纸上之遗文
互相释证"，不太注重"取外来之观念，以固有之材料互相参证"。
理性的光辉指向多学科整合，现又发展出三重乃至四重证据法。
但这种方法今日依然获得高度赞誉，如仍然完全依赖它即属不
当，因为他们忽略文献和考古是两套研究系统，有二重证据相
互印证固然好上加好，如若没有出土文献的印证而只是单纯从
传世文献研究得出的结论就一定不可信吗？事实证明，即使没
有双重证据，单纯的文献研究也有不可替代的重要性。"小鸡不
尿尿，各有各的道"，文献研究和考古证史各有各的逻辑和方法，
各有优缺点，只要遵守学术规范并经过严谨缜密的论证，从中
也同样可以得出可信的结论，可以大力推进这一领域的研究。
逻辑如果严密的话，研究者从传世文献中也能得出依照考古出
土材料的同样结论，像日本学者小野泽精一在马王堆帛书出土
之前就依据《韩非子》中两篇的《老子》引文顺序，推测该书
的先秦文本是《德经》在前《道经》在后即为明证。因为传世
文献本身自有其不可替代的独特价值，如何处理也自有其本身
的逻辑与方法，即古人所谓"名教中自有乐地，何为（指玄学
人士以裸体为放达）乃尔也"（语出《世说新语·德行》）！因此，
重新审视现有而被忽略的诸多传世文献如纬书、《路史》之类就

成为传说时代研究可以突破的重中之重。

　　从西方现代史学理论来看，"从第二次世界大战以后，历史科学主义已成为过去。"[1]但直到现在，"大多数人有关科学知识的假设仍然是 19 世纪实证主义过时的残留物。"[2]"重要的是，今天的科学家大多已达成共识。实证主义理论仍然在外行的科学观中居于支配地位，但在科学家共同体中已不再具有多大说服力。"[3]真正的"科学方法是在假设和尝试性反驳之间、或在创造性和批判性思维之间的对话。对历史学家而言，相比过去的科学定义，这是一种更接近他们想法的科学定义"[4]。以古史需要研究的问题之多而所谓可靠的资料又如此之少，方法上之自觉是至关重要的。

　　"我们也应当想到我们得益于过去的程度该有多么深，过去构成了我们所拥有的精神上连续统一体的一部分。对于那些能够对了解过去提供信息的材料，不管它有多么间接和微不足道，我们都应当不遗余力地和不计代价地加以收集，一直到我们能够复原逝去的时代的精神地貌为止。"[5]就一般可以作为研究早期文明证据的主要材料与信息来源而言，有考古资料和传世资料，但它们都是片面和不完整的，"一般认为，考古学资料比书写文本信息更客观，但是伊恩·霍德对物质文化的检查揭示了考古学资料本身的客观性问题和偏见（Hodder 1982a）。"[6]笔者上文也

1　杜维运：《史学方法论》，北京大学出版社 2006 年版。

2　约翰·托什：《史学导论：现代历史学的目标、方法和新方向》，北京大学出版社 2007 年版，第 158 页。

3　约翰·托什：《史学导论：现代历史学的目标、方法和新方向》，北京大学出版社 2007 年版，第 155 页。

4　约翰·托什：《史学导论：现代历史学的目标、方法和新方向》，北京大学出版社 2007 年版，第 156 页。

5　布克哈特：《世界历史沉思录》，金寿福译，北京大学出版社 2007 年版，第 7 页。

6　崔格尔：《理解早期文明：比较研究》，徐坚译，北京大学出版社 2014 年版，第 42 页。

探讨过这一问题，问题在于考古材料是可偶遇而不可必得的，而传世文献（又可区分为文字和图像的信息，由被研究的文明或旁观者记录的即内部视角还是外部视角）则是可必得的，所以，如何审慎、仔细分析传世资料就成为更为重要的工作。"我们相信可以被看做是起源的时代实际上不过是相当晚的阶段。比如，古代埃及第一个国王美尼斯（Menes）所代表的王权实际上是漫长的和宏大的史前史的继续。"[1]中国考古学的发现与研究表明，五六千年前许多地区已经进入了大型的复杂社会，已经超越了传世文献记载的时空范畴。因此，如何权衡各种不同资料的方法就成为对研究者的挑战。

了解人类早期思维到文献流传到今天的过程是必要的。人类文明的童年时期，思想、知识与学问的产生不依赖于物质载体，教育注重的是口耳相传用心授受为主，辅以实物如结绳、刻画和图画等记录的方式（通常被视为神话），这种学习形式远比通过证实或者试误有效得多，传播过程中的润色加工，接受过程中的领会记诵，都不断融注于作品之上，更深奥的还有秘教隐义，多是述而不作者。古人的智力使他们很早就具有了自觉意识，慢慢开始记载、追溯或探索和记录着自己的历史，许多不成文的传说、神话和史诗，蕴含了先民历史意识的最初萌芽，也同样记录着人们（某部落、氏族或其他人类群体）的由来经历。这是遍及全人类的现象。而从另一方面看，上古之口头史诗的原作者难以定于最初的某一个人。维柯通过考证，提出了民间集体创作的概念，然而，口头传播存在着很多危险的"陷阱"：无意的遗忘，有意的改造，还有发音习惯、词义演化等因素在流传过程中造成的讹误。在这个漫长的过程中，尽管会有附会、

---

1 布克哈特:《世界历史沉思录》，金寿福译，北京大学出版社 2007 年版，第 5 页。

讹变、夸张、嫁接、删并等，但绝非子虚乌有的任意编造。到文字发明后乃始书之于典册。文字记载的使用，中止了这一危机。最终在文字保存出现之前形成此作品的全貌。社会的进步促使神话色彩日益淡化，多彩的世俗生活取代了浪漫的神仙世界，从神走向人，于是人们进一步要求建立书面抄写文本的确定性和权威性，文本的校订与文献的考据工作应运而生。批判方法的初步运用，记叙体史书的奠定。

早期文明的书写记录既不全面，也不公正。识字率极其低下，书写仅反映了机构、官僚和上层社会的兴趣和预设观念。而我们对早期文明的知识是由古代记录的范畴，以及不同类型的文本保存和复原的程度决定的。学术界通常认为，"古文字和历史证据表明，商代中国人也在以绳索连缀的竹简上书写，但这种记录已经腐朽了。对历史记录和歌谣的研究认为商代已经出现了文献经典，但是，形式、风格和语言的研究却显示这是周代伪托的。西周早期铜器上铸制的长篇记事铭文确证了保存至今的西周文献的真实性。"[1]但这是不公允的，我们应该了解中国早期历史阶段及其文献的特点，早期历史有神话是正确的，没有反而谬误，神话时期中有真实的历史，历史时期中也有缥缈的神话，但华夏一族历史理性发达过早，神话的记录已经被儒家给系统地、不适当地雅驯化[2]、理性化了，这本来是华夏文明进步、发达的标志。但它延续到近代，现代当代的历史学家、神话学家想从中找寻真实的历史素地反而难以措手，因为从歧异、丛脞、矛盾的神话传说材料中求得真实的历史素地本身就需要整合多学科的知识和超强的学术功底。这也使得乍用西方科学史观处

1　崔格尔：《理解早期文明：比较研究》，徐坚译，北京大学出版社 2014 年版，第 42 页。
2　雅驯化——合乎日常经验、常识和普通士人的理智。神话的雅驯化。袁珂、杜正胜等先生以历史化、伦理化等术语来形容。

理中国早期历史资料的学者会出大问题，王国维"蔑古者出于科学上之见地而不知有史学"就是一个不幸的谶言，这不单单是顾先生个人的悲剧，也是那个时代儒家文化圈整个学术界的悲剧。因为中国经典文献的结构里面存在一个史料陷阱，不仅顾先生深陷其中不能自拔，就是日本两大史学派别的巨擘白鸟库吉和内藤湖南也均未能幸免，顾先生虽以其敏锐的学术感觉发现了其中存在着的诸多矛盾，但因缺乏解决问题的解释和分析工具，在对资料特性既缺乏内容演变的分析也缺乏理解大时代背景的情况下，就简单化地视为全都是胡乱编造的，是糊涂账。笔者在中下篇的研究表明，文字记录的可靠性的比例远远大于它的不可靠性。

出于政治的需要和强势族群的优势，能够流传下来的主要就是该政治共同体的帝系，因为它是最重要的中心，研究表明，五帝帝系是不能否定的。笔者在此引用一段顾先生写于 1918 年 1 月的话："一时一事之现象，自必适宜于一时一事之地位。……凡一学说之起，虽粗陋可鄙，自与其自然界人事界相应和，在今为可鄙，在彼时固充分之信言也。今日以忠君为愚昧不知民权，当时固非忠君不足以治国平天下，列为人伦之首，宜也。今日以历代史书为家谱不记民事，而在当时则可记载而为史者固已尽于此也。当时社会无心，以朝廷为心，社会无事，以君臣之事为事。但记朝廷君臣，社会之本亦得矣。"[1] 这段话虽与笔者的主题不完全吻合，我们可将其与一本新近多次再版的西方史学概论性书籍对历史主义的介绍相比："现代专业历史学家从 19 世纪的历史主义中获取教益，强调历史应该按照它自身的状况加以研究，即'如实地研究'。""历史主义学者的基本前提在于，过去的自主地位必须被尊重。他们坚持认为，每个时代都是人

---

1 《顾颉刚读书笔记》卷十五，中华书局 2011 年版，第 371 页。

类精神的一种独特表现，并拥有它自身的文化和价值观。如果一个时代要理解另一个时代的话，它必须承认，时间的流逝已经深刻地改变了生活条件与男人和女人的心态——甚至也许改变了人性本身。历史学家不认为存在着普适性的价值观，他们也不可能对历史下定论；他们必须努力根据其自身的条件来理解每个时代，呈现其自身的价值观和偏好，而不是将我们的强加于它。"[1] 历史主义，简言之，是将过去从现在中解放出来。考虑到时代的差异，它所体现的历史主义精神并不逊色，是值得赞扬的。如果顾先生始终坚持北大求学时的兼容并蓄、独立自主的研究精神，他还会陷入"疑古"的泥淖中不能自拔吗？

　　唯有民族的，才是世界的。中国的文化与学术建设走了很多弯路、错路。因为近代化也绝非只是简单的西方化，现代化并不等于西方化，现代化的途径和模式是多种多样的。后进国家也有优势，可以吸取先进国家的经验教训，具有后发优势，可以少走弯路，而非跟在别人身后亦步亦趋。在史学上，首要是继承，其次是吸收，然后是融汇与创新的问题。

　　余英时先生断言："我可以负责地说一句：20世纪以来，中国学人有关中国学术的著作，其最有价值的都是最少以西方观念作比附的。如果治中国史者先有外国框框，则势必不能细心体会中国史籍的本意，而是把它当报纸一样的翻检，从字面上找自己所需要的东西（你们千万不要误信有些浅人的话，以为'本意'是找不到的）。"[2] 本书最关注的结论是，传统的古史体系并没有重大的"内部"缺陷或解释力单薄的问题，结合多学科的分析，比较靠得住的说法可以支持一个初步的解释理论。盘古开天

1　《史学导论：现代历史学的目标方法和新方向》，北京大学出版社2007年版，第1、6页。
2　余英时：《论士衡史》，上海文艺出版社1999年版，第459页。

后，华夏的男女始祖神伏羲女娲建立了初民社会，处于渔猎时代，神农进入了农业时代，华夏的神话时代应该就是三皇时期，容成氏、仓颉氏等今人说不太清的氏族大都属于这一时期，而随着黄帝的征战，他们都被纳入一个一统的政治共同体内，到黄帝时形成一个历史世界，开启了文明。[1]在颛顼时期，建立起黄帝、少昊两族的轮流之后，这两族因为血缘的关系成为优选，渐渐占据了更多显位，其他族属退居次要，此所以后世零散资料未提及之故。到大禹时，这个世界跃入了一个新时代，随之扩展、深化、巩固。当然，在这个漫长的时段中，虽然还是有着民族间的接触、交流、融合或战争以及迁徙，但社会分化尚未造成"华夏"和"蛮夷"的对垒。《大荒经》的内容就极有力地证明了这一点，而摆脱不了一元观念的学者却总是视《大荒经》为荒诞无稽。很可能，这个过程的主体是某些蛮夷转变为原始的"华夏"，而其他蛮夷仍然维持原状。在此之后的西周，古代中国实现了世界史上少见的大突破之一——建立了封建制与宗法制的结合，刘家和先生说："周王由政治而言为诸侯之天子，由宗法而言又为天下之大宗。诸侯之不同姓者则又与周及周之同姓诸侯互通婚姻，构成另一种亲戚关系……这就是天下一家思想在封建和宗法、政治和血缘并行不悖体制中的体现……这应该说是中国古代历史上的一个

---

[1]　这种合理性，顾先生也有过透彻的见解，他在"层累说"论战前撰著的、后来惹出"风波"的《本国史》中说："自从地面上初有人类以后，一直到所谓黄帝时，都是洪荒之世，实在的事迹，还是暧昧难明。……大概古代传说的帝王，都只可说是文化史上几个重要变迁的象征。近人说，伏羲氏代表游牧时代，神农氏代表耕稼时代，黄帝代表政治组织的时代。每一个时代也许有千年之长久。这种见解最为近理。……这些理想人物，也许并无其人，只是当时社会背景里的一种精神。但民间由聚族而居的时候慢慢扩大自族的领域，这国家观念自然会跟着起来。那黄帝的传说便是代表这造成国家雏型的时期。"（顾颉刚、王钟麒：《现代初中教科书——本国史》，《顾颉刚古史论文集》卷十二，中华书局2010年版，第17页）

特点。"[1] 随后是华夏逐渐侵入蛮夷地区,历史转变为扩展,这又伴随着黄土农业技术的发展,使它能够推广到其他土地上。而就宗教、精神层面而言,西周之前,部族之间的联结往往依赖于神界神灵关系的整合;一统后的周人则创造性地处理了神界与各部族的关系(上帝与神灵,祖先与历史),变成拟血缘关系的联结与构建,其谱系有相应变化自是不难理解,周王是诸侯之君而又实行以血缘为基干的宗法制,成为帝王诸侯世谱的制度背景,宗法血缘与一元论的关系至为重要,它把中国人的精神世界从神界和天国夺出大半,归之于线性的历史,人开始被发现,思维方式也随之变革,由此锻造出一个新的民族,构成一个文化统一、独具特色的文明体系。当新的浅化民族兴起后,这个谱系的特点可以使异民族的上层谱系不断增补、嫁接进华夏序列,如楚、吴、越,将种族间血缘的迥异关系异变成一元背景下的远近关系。这是古代中国一个恒久的特征,也是陈寅恪先生所谓中古重文化而不重种族的深层的心理、文化与历史的坚实基础。这是一个不错且适用的假说性解释体系,它至少表明传世文献记载的传说时代是完全合理的,虽然尚有待进一步挖掘新史料来做出更完整的证明。

宗教对于西方和中东是最重要的文化价值,上帝或真主的审判决定一个人是上天堂还是下地狱,历史对于东方是最重要的文化价值,中国社会则是以总结一生的谥号来给予历史的审判,西方宗教以天堂地狱之说,使人类保持文明,中国则代以历史的褒贬、道德的评判,其大有贡献于人类,是没有二致的。历史不单单是一个民族历史的记录,而且是现世的人期望通过"立德、立功、立言"所进入的神圣场域。谥号是对其一生德行功业的评价,从此见诸历史。青史留名、彪炳青史、流芳百世是传统士人的最高理想。历史可以任意编造摧毁了历史在中国

1　刘家和:《史学、经学与思想》,北京师范大学出版社 2005 年版,第 311 页。

社会中的高级价值，又不信神灵的惩恶扬善，人们多不择手段地殛殛于眼前之功利，失去了文化与价值，人类相处之道就变成了丛林法则，将社会推向危险的境地。

笔者之所以煞费苦心加以探讨，就是因为许多学者至今仍将三疐之说奉为"圣经"，并且依据这些扭曲的观点来写历史。而将本民族的形成史说成是人为不断捏造的谎言，这是一种既有悖民族情感，复违背学术理智，更乖离科学方法的奇谈异说，"其始不过一人倡之"，"不幸十人和之，辗转应用"[1]，乃至甚嚣尘上笼罩学界，也被许多中国学者奉为圭臬，历 90 年批驳而仍不得消解。陈寅恪先生曾就现代学术的现状发出深深感慨："焉得不为古人痛哭耶！"[2] 中国的学术界至今依然在"疑古思潮"大盛时的理路上"三年"一踟蹰、"五载"一徘徊，其阴霾至今驱之不散，又焉得不为华夏痛哭者矣哉！

当今的中国，如欲弃歧路而步正道，回归正常心态的学术研究，必须终结"疑古"！

1　顾颉刚:《自述整理中国历史意见书》,《古史辨》第一册，海南出版社 2005 年版，第 45 页。
2　陈寅恪:《刘叔雅〈庄子补正序〉》,《金明馆丛稿二编》，上海古籍出版社 1980 年版，第 229 页。

重要参考书目

文献资料类

（一）古籍暨整理

司马迁：《史记》，中华书局 1985 年版。

崔适：《史记探源》，中华书局 1986 年版。

顾颉刚、刘起釪：《尚书校释译论》，中华书局 2005 年版。

皮锡瑞：《今文尚书考证》，中华书局 2009 年版。

朱谦之：《老子校释》，中华书局 1984 年版。

竹添光鸿：《左氏会笺》，巴蜀书社 2008 年版。

秦嘉谟等：《世本八种》，商务印书馆 1957 年版。

方诗铭等：《古本竹书纪年辑证（修订本）》，上海古籍出版社 2005 年版。

孙诒让：《周礼正义》，中华书局 1987 年版。

王聘珍：《大戴礼记解诂》，中华书局 1983 年版。

孔广森：《大戴礼记补注》，中华书局 2013 年版。

黄怀信等：《大戴礼记汇校集注》，三秦出版社 2005 年版。

黄怀信：《逸周书汇校集注》，上海古籍出版社 2007 年版。

黄怀信：《逸周书校补注译》，西北大学出版社 1996 年版。

孙希旦：《礼记集解》，中华书局 1989 年版。

朱彬：《礼记训纂》，中华书局 1996 年版。

王文锦：《礼记译解》，中华书局 2001 年版。

黎翔凤：《管子校注》，梁运华整理，中华书局 1998 年版。

诸祖耿编撰：《战国策集注汇考》（增补本），凤凰出版社

2008 年版。

缪文远:《战国策新校注》,巴蜀书社 1987 年版。

许维遹:《吕氏春秋集释》,中华书局 2009 年版。

何宁:《淮南子集释》,中华书局 1998 年版。

徐宗元辑:《帝王世纪辑存》,中华书局 1964 年版。

余嘉锡:《世说新语笺疏》,中华书局 1983 年版。

郦道元:《水经注校证》,陈桥驿校证,中华书局 2007 年版。

张彦远:《历代名画记》,辽宁教育出版社 2001 年版。

浦起龙:《史通通释》,上海古籍出版社 1978 年版。

马骕:《绎史》,王利器整理,中华书局 2002 年版。

《日知录集释》(外七种),黄汝成集释,上海古籍出版社 1985 影印本。

章学诚:《文史通义新编新注》,仓修良注,浙江古籍出版社 2005 年版。

(说明:未列其中的先秦两汉古籍皆以中华书局常见版本为准。)

郝懿行:《山海经笺疏》,巴蜀书社 1985 年版。

毕沅:《山海经新校正》,清乾隆四十六年灵岩山馆刻本。

袁珂:《山海经校注》,巴蜀书社 1992 年版。

袁珂:《山海经校注》上海古籍出版社 1980 年版。

袁珂:《山海经全译》,贵州人民出版社 1991 年版。

郭郛:《山海经注证》,中国社会科学出版社 2004 年版。

马昌仪:《古本山海经图说》,山东画报出版社 2001 年版。

马昌仪:《全像山海经图比较》,学苑出版社 2003 年版。

马昌仪:《古本山海经图说(增订珍藏本)》,广西师范大学出版社 2007 年版。

段玉裁:《说文解字注》,上海古籍出版社 1981 年版。

桂馥:《说文解字义证》,齐鲁书社 1987 年版。

任继昉:《释名汇校》,齐鲁书社 2006 年版。

王念孙:《广雅疏证》,江苏古籍出版社 2000 年版。

王念孙:《读书杂志》,江苏古籍出版社 2000 年版。

王念孙:《经义述闻》,江苏古籍出版社 2000 年版。

王引之:《经传释词》,江苏古籍出版社 1985 年版。

永瑢等:《四库全书总目》,中华书局 1965 年版。

(二)近人文献

《中国现代学术经典·康有为卷》,河北教育出版社 1996 年版。

《中国现代学术经典·章太炎卷》,河北教育出版社 1996 年版。

康有为:《孔子改制考》,中国人民大学出版社 2010 年版。

康有为:《新学伪经考》,中国人民大学出版社 2010 年版。

顾颉刚:《古史辨》,上海古籍出版社 1981 年版。

顾颉刚:《古史辨》,海南出版社 2005 年版。

顾颉刚:《顾颉刚读书笔记》,台湾联经出版事业公司 1990 年版。

顾颉刚:《顾颉刚读书笔记》卷十五,中华书局 2011 年版。

顾颉刚:《顾颉刚日记》,台湾联经出版事业公司 2007 年版。

顾颉刚:《顾颉刚书信集》,中华书局 2011 年版。

顾颉刚:《宝树园文存》,中华书局 2011 年版。

顾颉刚:《清代著述考》,中华书局 2011 年版。

顾颉刚:《顾颉刚民俗论文集》,中华书局 2011 年版。

顾洪等编:《顾颉刚文库古籍书目》,中华书局 2011 年版。

顾颉刚:《中国上古史研究讲义》,中华书局 1988 年版。

顾颉刚:《史林杂识初编》,中华书局 1963 年版。

《顾颉刚自述》(写于 1950 年 6 月),高增德、丁东编:《世纪学人自述》第一卷,北京十月文艺出版社 2000 年版。

顾潮编:《顾颉刚学记》,三联书店 2002 年版。

顾潮:《历劫终教志不灰——我的父亲顾颉刚》,华东师范大学出版社 1997 年版。

刘起釪:《顾颉刚先生学述》,中华书局 1986 年版。

顾颉刚编:《崔东壁遗书》,上海古籍出版社 1983 年版。

顾颉刚:《古史辨自序》,河北教育出版社 2000 年版。

顾潮:《顾颉刚年谱》,中国社会科学出版社 1993 年版。

欧阳哲生编:《胡适文集》,北京大学出版社 1998 年版。

耿云志编:《胡适遗稿及秘藏书信》,黄山书社 1990 年版。

曹伯言整理:《胡适日记全编》,安徽教育出版社 2001 年版。

胡适:《北京杂记》,《胡适留学日记》(手稿本),上海人民出版社 2015 年版。

唐德刚:《胡适杂忆》,华文出版社 1990 年版。

《胡适口述自传》,唐德刚译,华文出版社 1992 年版。

胡颂平编:《胡适之先生晚年谈话录》,中国友谊出版公司 1993 年版。

耿云志、欧阳哲生编:《胡适书信集》上册,北京大学出版社 1996 年版。

中国社会科学院近代史研究所:《胡适来往书信选》,中华书局 1979 年版。

胡颂平编著:《胡适之先生年谱长编初稿》,台湾联经出版事业公司 1984 年版。

曹伯言、季维龙编著:《胡适年谱》,安徽教育出版社 1986 年版。

耿云志:《胡适年谱》,四川人民出版社 1989 年版。

耿云志:《胡适评传》,上海古籍出版社 1999 年版。

耿云志主编:《胡适论争集》,中国社会科学出版社 1998 年版。

罗志田:《再造文明的尝试:胡适传(1891—1929)》,中华书局 2006 年版。

杨天石主编:《钱玄同日记（整理本）》，北京大学出版社 2014 年版。

《钱玄同文集》，中国人民大学出版社 2000 年版。

孙尚扬等编:《国故新知论——学衡派文化论著辑要》，中国广播电视出版社 1995 年版。

梅铁山主编:《梅光迪文存》，华中师范大学出版社 2011 年版。

杨树达:《积微翁回忆录》，北京大学出版社 2007 年版。

《鲁迅全集》，人民文学出版社 2005 年版。

史 学 论 著

（一）理论与方法

朗格诺瓦、瑟诺博司:《史学原论》，余伟译，大象出版社 2010 年版。

伯伦汉:《史学方法论》，陈韬译，台湾商务印书馆 1975 年版。

迈克尔·斯坦福:《历史研究导论》，刘世安译，世界图书出版公司 2012 年版。

约翰·托什:《史学导论:现代历史学的目标、方法和新方向》，北京大学出版社 2007 年版。

耶日·托波尔斯基:《历史学方法论》，华夏出版社 1990 年版。

马克·布洛赫:《历史学家的技艺》，张和声等译，上海社会科学院出版社 1992 年版。

安托万·普罗斯特:《历史学十二讲》，北京大学出版社 2012 年版。

汤普森:《历史著作史》，谢德风译，商务印书馆 1996 年版。

杜维运:《史学方法论》，北京大学出版社 2006 年版。

斯特凡·约尔丹编:《历史科学基本概念辞典》,孟钟捷译,北京大学出版社 2012 年版。

格奥尔格·伊格尔斯:《欧洲史学新方向》,赵世玲、赵世瑜译,华夏出版社 1989 年版。

卡尔:《历史是什么？》,陈恒译,商务印书馆 2007 年版。

基思·詹金斯:《论"历史是什么?":从卡尔和艾尔顿到罗蒂和怀特》,商务印书馆 2007 年版。

贝内德托·克罗齐:《作为思想和行动的历史》,田时纲译,商务印书馆 2012 年版。

克罗齐:《历史学的理论和实际》,傅任敢译,商务印书馆 1986 年版。

唐纳德·凯利:《多面的历史》,陈恒等译,三联书店 2003 年版。

科斯敏斯基:《中世纪史学史》,郭守田等译,商务印书馆 2011 年版。

古奇:《19世纪历史学与历史学家》,商务印书馆 1989 年版。

安托万·基扬:《近代德国及其历史学家》,北京大学出版社 2010 年版。

埃尔顿:《历史学的实践》,北京大学出版社 2008 年版。

伊曼纽埃尔·勒鲁瓦·拉迪里:《历史学家的思想和方法》,上海人民出版社 2002 年版。

米罗诺夫:《历史学家和社会学》,华夏出版社 1988 年版。

德罗伊森:《历史知识理论》,北京大学出版社 2006 年版。

利科:《历史与真理》,上海译文出版社 2004 年版。

米塞斯:《理论与历史》,幼狮文化事业公司 1973 年版。

安克斯密特:《历史表现》,北京大学出版社 2011 年版。

黑格尔:《历史哲学》,王造时译,上海书店 2001 年版。

哈多克:《历史思想导论》,华夏出版社 1989 年版。

尼采:《历史的用途与滥用》,陈涛等译,上海人民出版社2000年版。

狄尔泰:《历史中的意义》,译林出版社2002年版。

别尔嘉耶夫:《历史的意义》,张雅平译,学林出版社2002年版。

巴勒克拉夫:《当代史学主要趋势》,上海译文出版社1987年版。

伊格尔斯:《20世纪的历史学:从科学的客观性到后现代的挑战》,山东大学出版社2006年版。

巴尔格:《历史学的范畴和方法》,莫润先等译,华夏出版社1989年版。

保尔·汤普逊:《过去的声音:口述史》,覃方明等译,辽宁教育出版社、牛津大学出版社2000年版。

韦尔策编:《社会记忆:历史、回忆、传承》,季斌等译,北京大学出版社2007年版。

阿莱达·阿斯曼:《回忆空间:文化记忆的形式和变迁》,潘璐译,北京大学出版社2016年版。

扬·阿斯曼:《文化记忆:早期高级文化中的文字、回忆和政治身份》,北京大学出版社2015年版。

布克哈特:《世界历史沉思录》,北京大学出版社2007年版。

布克哈特:《历史讲稿》,刘北成等译,三联书店2009年版。

柯林武德:《历史的观念》(增补版),何兆武等译,北京大学出版社2010年版。

赫伯特·巴特菲尔德:《历史的辉格解释》,商务印书馆2012年版。

海登·怀特:《元史学:十九世纪欧洲的历史想像》,陈新译,译林出版社2004年版。

卡尔·雅斯贝斯:《历史的起源与目标》,魏楚雄等译,华夏出版社 1989 年版。

詹姆斯·鲁滨逊:《新史学》,齐思和等译,商务印书馆 1989 年版。

雅克·勒高夫:《历史与记忆》,中国人民大学出版社 2010 年版。

费利克斯·吉尔伯特:《历史学:政治还是文化——对兰克和布克哈特的反思》,刘耀春译,北京大学出版社 2012 年版。

约翰·布罗:《历史的历史:从远古到 20 世纪的历史书写》,黄煜文译,广西师范大学出版社 2012 年版。

弗里德里希·梅尼克:《历史主义的兴起》,陆月宏译,译林出版社 2009 年版。

卡洛·安东尼:《历史主义》,黄艳红译,格致出版社 2010 年版。

米歇尔·德·塞尔托:《历史与心理分析——科学与虚构之间》,邵炜译,中国人民大学出版社 2010 年。

孙隆基:《历史学家的经线:历史心理文集》,广西师范大学出版社 2007 年版。

约翰·麦克尼尔等:《人类之网:鸟瞰世界历史》,王晋新译,北京大学出版社 2011 年版。

斯塔夫里阿诺斯:《全球通史:1500 年以前的世界》,吴象婴等译,上海社会科学院出版社 1998 年版。

斯塔夫里阿诺斯:《远古以来的人类生命线:一部新的世界史》,吴象婴等译,中国社会科学出版社 1992 年版。

克里斯蒂安:《时间地图——大历史导论》,晏可佳等译,上海社会科学院出版社 2007 年版。

杜维运:《变动世界中的史学》,北京大学出版社 2006 年版。

张广智、张广勇:《史学:文化中的文化》,上海社会科学院出版社 2003 年版。

王晴佳:《西方的历史观念:从古希腊到现在》(修订版),北京师范大学出版社 2013 年版。

何兆武、陈启能主编:《当代西方史学理论》,上海社会科学院出版社 2003 年版。

姜芃:《西方史学的理论和流派》,中国社会科学出版社 2007 年版。

李勇:《西方史学通史》第 4 卷,复旦大学出版社 2011 年版。

易兰:《西方史学通史》第 5 卷,复旦大学出版社 2011 年版。

易兰:《兰克史学研究》,复旦大学出版社 2006 年版。

罗志田主编:《20 世纪的中国:学术与社会·史学卷》,山东人民出版社 2001 年版。

吴怀祺:《史学理论与史学史研究》,福建人民出版社 2006 年版。

姜义华、武克全编:《二十世纪中国社会科学:历史学卷》,上海人民出版社 2005 年版。

陈高华、张彤:《二十世纪中国社会科学:历史学卷》,广东教育出版社 2006 年版。

刘泽华:《近九十年史学理论要籍提要》,书目文献出版社 1991 年版。

翦伯赞:《历史哲学教程》,北京大学出版社 1990 年版。

蒋大椿:《史学探渊:中国近代史学理论文编》,吉林教育出版社 1991 年版。

王学典:《史学引论》,北京大学出版社 2008 年版。

梁启超:《中国历史研究法》(外二种),河北教育出版社 2000 年版。

杨鸿烈:《历史研究法》,商务印书馆(长沙)1939 年版。

柳诒徵:《国史要义》,上海古籍出版社 2007 年版。

朱本源:《历史学理论与方法》,人民出版社 2007 年版。

王学典、陈峰:《二十世纪中国历史学》,北京大学出版社2009年版。

王学典等编:《二十世纪中国史学史论》,北京大学出版社2010年版。

金毓黻:《中国史学史》,商务印书馆1999年版。

内藤湖南:《中国史学史》,马彪译,上海古籍出版社2008年版。

顾颉刚:《当代中国史学》,上海古籍出版社2002年版。

杜维运:《中国史学史》第1册,商务印书馆2010年版。

余英时:《史学与传统》,时报文化出版公司(台北)1982年版。

许冠三:《新史学九十年》,岳麓书社2003年版。

严耕望:《治史三书》,辽宁教育出版社1998年版。

王尔敏:《史学方法》,广西师范大学出版社2005年版。

何兆武:《历史理性批判论集》,清华大学出版社2001年版。

林时民:《史学三书新诠:以史学理论为中心的比较研究》,台湾学生书局1997年版。

胡逢祥等:《中国近代史学思潮与流派》,华东师范大学出版社1991年版。

施耐德:《顾颉刚与中国新史学》,梅寅生译,华世出版社1984年版。

刘家和:《中西古代历史、史学与理论比较研究》,北京师范大学出版社2013年版。

杜维运:《中西古代史学比较》,台湾东大图书股份有限公司1988年版。

杜维运:《与西方史家论中国史学》,东大图书有限公司1981年版。

杜维运:《中国史学与世界史学》,商务印书馆2010年版。

张越:《新旧中西之间:五四时期的中国史学》,北京图书馆出版社 2007 年版。

李孝迁:《域外汉学与中国现代史学》,上海古籍出版社 2014 年版。

李孝迁:《中国现代史学评论》,上海古籍出版社 2016 年版。

鲍绍霖等:《西方史学的东方回响》,社会科学文献出版社 2001 年版。

(二)传说时代研究

金应熙:《国外中国古代史的研究述评》,内蒙古人民出版社 1994 年版。

高明士主编:《中国史研究指南》第 1 卷《总论·上古史·秦汉史》,台湾联经出版事业公司 1990 年版。

朱风瀚、徐勇编著:《先秦史研究概要》,天津教育出版社 1996 年版。

常金仓:《二十世纪古史研究反思录》,中国社会科学出版社 2005 年版。

田旭东:《20 世纪中国古史研究主要思潮概论》,中华书局 2003 年版。

徐旭生:《中国古史的传说时代》,中国文化服务社(重庆) 1943 年版。

徐旭生:《中国古史的传说时代》(增订本),文物出版社 1985 年版。

徐旭生:《中国古史的传说时代》,广西师范大学出版社 2003 年版。

蒙文通:《古史甄微》,巴蜀书社 1999 年版。

蒙文通:《古族甄微》,巴蜀书社 1993 年版。

蒙文通:《古学甄微》,巴蜀书社 1987 年版。

蒙文通:《经史抉原》,巴蜀书社 1999 年版。

《中国现代学术经典·廖平蒙文通卷》,河北教育出版社

1996 年版。

张荫麟:《素痴集》,百花文艺出版社 2005 年版。

傅斯年:《傅斯年全集》,台北联经出版公司 1980 年版。

傅斯年:《傅斯年全集》,湖南教育出版社 2003 年版。

傅斯年:《民族与古代中国史》,河北教育出版社 2002 年版。

王汎森等主编:《傅斯年遗札》,社会科学文献出版社 2014 年版。

王国维:《古史新证——王国维最后的讲义》,清华大学出版社 1994 年版。

谢维扬等:《王国维全集》,浙江教育出版社 2010 年版。

《刘师培全集》,中共中央党校出版社 1997 年影印《刘申叔先生遗书》(宁武南氏校印本)。

章太炎:《章太炎全集》(四),上海人民出版社 1984 年版。

王献唐:《炎黄氏族文化考》,青岛出版社 2006 年版。

缪凤林:《中国通史纲要》,钟山书局 1932 年版。

钱穆:《先秦诸子系年》,商务印书馆 2001 年版。

《白鸟库吉全集》第八卷、第九卷,岩波书店 1970 年版。

《内藤湖南全集》第七卷,筑摩书房 1970 年版。

李宗侗:《中国古代社会新研:历史的剖面》,中华书局 2010 年版。

刘家和:《古代中国与世界》,北京师范大学出版社 2010 年版。

刘起釪:《古史续辨》,中国社会科学出版社 1991 年版。

赵光贤:《古史考辨》,北京师范大学出版社 1987 年版。

李学勤:《走出疑古时代》,辽宁大学出版社 1994 年版。

郭大顺:《追寻五帝》,香港商务印书馆 1998 年版。

许顺湛:《五帝时代研究》,中州古籍出版社 2005 年版。

徐良高:《中国民族文化源新探》,社会科学文献出版社

1999 年版。

　　吴锐编:《古史考》,海南出版社 2003 年版。

　　王晖:《古史传说时代新探》,科学出版社 2009 年版。

　　王晖:《商周文化比较研究》,人民出版社 2000 年版。

　　江林昌:《中国上古文明考论》,上海教育出版社 2005 年版。

　　江林昌:《考古发现与文史新证》,中华书局 2011 年版。

　　韩建业等:《五帝时代——以华夏为核心的古史体系的考古学观察》,学苑出版社 2006 年版。

　　韩建业:《早期中国——中国文化圈的形成和发展》,上海古籍出版社 2015 年版。

　　郭永秉:《帝系新研》,北京大学出版社 2008 年版。

　　李零:《我们的中国·茫茫禹迹》,三联书店 2016 年版。

　　许宏:《最早的中国》,科学出版社 2009 年版。

　　葛兆光:《宅兹中国——重建有关“中国”的历史论述》,中华书局 2011 年版。

　　王汎森:《古史辨运动的兴起:一个思想史的分析》,台北允晨文化实业股份有限公司 1987 年版。

　　马乘风:《中国经济史》,商务印书馆 1935 年第一版。

　　彭明辉:《疑古思想与现代中国史学的发展》,台湾商务印书馆 1991 年版。

　　路新生:《中国近三百年疑古思潮研究》,上海人民出版社 2001 年版。

　　张京华:《古史辨派与中国现代学术走向》,厦门大学出版社 2009 年版。

　　卫聚贤:《山海经的研究》,《古史研究》第二集上册,商务印书馆 1934 年版。

　　中国《山海经》学术讨论会编辑:《山海经新探》,四川省社会科学院出版社 1986 年版。

叶舒宪等:《山海经的文化寻踪》,湖北人民出版社 2004 年版。

连镇标:《郭璞研究》,上海三联书店 2002 年版。

谭其骧:《长水集续编》,人民出版社 1994 年版。

刘宗迪:《失落的天书:〈山海经〉与古代华夏世界观》,商务印书馆 2006 年版。

倪德卫:《〈竹书纪年〉解谜》,上海古籍出版社 2015 年版。

邵东方:《竹书纪年研究（1980—2000）》,广西师范大学出版社 2015 年版。

邵东方:《竹书纪年研究（2001—2013）》,广西师范大学出版社 2014 年版。

程平山:《竹书纪年考》,中华书局 2013 年版。

邵东方:《竹书纪年研究论稿》,高等教育出版社 2011 年版。

高木智风:《先秦社会与思想:试论中国文化的核心》,何晓译,上海古籍出版社 2011 年版。

芮逸夫:《中国民族及其文化论稿》,艺文印书馆 1972 年版。

（三）文明与国家起源

弗朗西斯·福山:《政治秩序的起源:从前人类时代到法国大革命》,毛俊杰译,广西师范大学出版社 2012 年版。

塞缪尔·芬纳:《统治史:古代的王权和帝国——从苏美尔到罗马》,王震、马百亮译,华东师范大学出版社 2014 年版。

乔纳森·哈斯:《史前国家的演进》,罗林平译,求实出版社 1988 年版。

莫瑞、戴维:《从部落到帝国——原始社会和古代东方的社会组织》,郭子林译,大象出版社 2010 年版。

崔格尔:《理解早期文明:比较研究》,徐坚译,北京大学出版社 2014 年版。

索洛维约夫:《神权政治的历史和未来》,华夏出版社 2001

年版。

亨利·富兰克弗特:《王权与神祇》,上海三联书店 2012 年版。

陈淳:《文明与早期国家探源·中外理论、方法与研究之比较》,上海书店出版社 2007 年版。

中国社会科学院考古研究所编:《中国文明起源研究要揽》,文物出版社 2003 年版。

王东平:《中华文明起源和民族问题的论辩》,百花洲文艺出版社 2004 年版。

瓦西里耶夫:《中国文明的起源问题》,郝镇华等译,文物出版社 1989 年版。

诺贝特·埃利亚斯:《文明的进程——文明的社会起源和心理起源的研究》,王佩莉译,三联书店 1998 年版。

李济:《中国文明的开始》,江苏教育出版社 2005 年版。

苏秉琦:《中国文明起源新探》,三联书店 1999 年版。

夏鼐:《中国文明的起源》,文物出版社 1985 年版。

徐苹芳等著:《中国文明的形成》,新世界出版社、耶鲁大学出版社 2004 年版。

严文明:《农业发生与文明起源》,科学出版社 2000 年版。

谢维扬:《中国早期国家》,浙江人民出版社 1995 年版。

宋豫秦等:《中国文明起源的人地关系简论》,科学出版社 2002 年版。

王震中:《中国文明起源的比较研究》,陕西人民出版社 1994 年版。

李学勤主编:《中国古代文明与国家形成研究》,云南人民出版社 1997 年版。

李学勤:《中国古代文明研究》,华东师范大学出版社 2005 年版。

李学勤:《通向文明之路》,商务印书馆 2010 年版。

李学勤:《三代文明研究》,商务印书馆 2011 年版。

刘莉:《中国新石器时代:迈向早期国家之路》,文物出版社 2007 年版。

费孝通:《中华民族多元一体格局》,中央民族学院出版社 1989 年版。

王爱和:《中国古代宇宙观与政治文化》,金蕾、徐峰译,上海古籍出版社 2011 年版。

东北师范大学世界古典文明史研究所:《世界诸古代文明年代学研究的历史与现状》,世界图书出版社公司 1999 年版。

贝尔纳:《黑色雅典娜:古典文明的亚非之根(第一卷:构造古希腊 1785—1985)》,郝田虎等译,吉林出版集团有限责任公司 2011 年版。

(四)史家相关论著

蒋天枢:《陈寅恪先生编年事辑》(增订本),上海古籍出版社 1997 年版。

陈寅恪:《金明馆丛稿二编》,上海古籍出版社 1980 年版。

陈寅恪:《寒柳堂集》,上海古籍出版社 1980 年版。

刘起釪:《尚书学史》,中华书局 1989 年版。

陈梦家:《尚书通论》(外两种),河北教育出版社 2000 年版。

蒋善国:《尚书综述》,上海古籍出版社 1988 年版。

金德建:《司马迁所见书考》,上海人民出版社 1953 年版。

童书业:《童书业史籍考证论集》,中华书局 2005 年版。

黄怀信:《逸周书源流考辨》,西北大学出版社 1992 年版。

晁福林:《先秦社会思想研究》,商务印书馆 2007 年版。

晁福林:《先秦社会形态研究》,北京师范大学出版社 2003 年版。

晁福林:《夏商西周的社会变迁》,北京师范大学出版社 1996 年版。

杜正胜:《古代社会与国家》,允晨文化实业股份有限公司(台北)1992 年版。

黄怀信:《古文献与古史考论》,齐鲁书社 2003 年版。

罗家湘:《逸周书研究》,上海古籍出版社 2006 年版。

姜亮夫:《古史学论文集》,上海古籍出版社 1996 年版。

施耐德:《真理与历史:傅斯年、陈寅恪的史学思想与民族认同》,李貌华、关山译,社会科学文献出版社 2008 年版。

陈致:《从礼仪化到世俗化:〈诗经〉的形成》,上海古籍出版社 2009 年版。

葛剑雄:《中国人口史》(第一卷),复旦大学出版社 2002 年版。

张怀通:《〈逸周书〉新研》,中华书局 2013 年版。

刘家和:《愚庵论史:刘家和自选集》,首都师范大学出版社 2010 年版。

柳诒徵:《柳诒徵史学论文集》,上海古籍出版社 1991 年版。

柳诒徵:《柳诒徵史学论文续集》,上海古籍出版社 1991 年版。

陈梦家:《陈梦家学术论文集》,中华书局 2016 年版。

夏含夷:《古史异观》,上海古籍出版社 2005 年版。

郭沫若:《中国古代社会研究》,河北教育出版社 2000 年版。

《郭沫若全集·考古编》第二卷,科学出版社 2002 年版。

翦伯赞:《先秦史》,北京大学出版社 1990 年版。

吕振羽:《史前期中国社会研究》(外一种),河北教育出版社 2000 年版。

吕思勉:《先秦史》,上海古籍出版社 1982 年。

《吕思勉读史札记》,上海古籍出版社 1982 年版。

许倬云:《西周史》(增补本),三联书店 2001 年版。

郑振铎:《郑振铎全集》第三卷,花山文艺出版社 1998 年版。

田昌五:《古代社会形态研究》,天津人民出版社 1980 年版。

孙作云:《诗经与周代社会研究》,中华书局 1966 年版。

杨希枚:《先秦文化史论集》,中国社会科学出版社 1995 年版。

李白凤:《东夷杂考》,河南大学出版社 2008 年版。

张富祥:《东夷文化通考》,上海古籍出版社 2008 年版。

邓名世、唐仲友:《古今姓氏书辨证》,上海古籍出版社 1994 年版。

陈絜:《商周姓氏制度研究》,商务印书馆 2007 年版。

陈树三、郭宴春:《中国姓氏起源探讨:从无姓氏到有姓氏》,上海三联书店 2007 年版。

雁侠:《中国早期姓氏制度研究》,天津古籍出版社 1996 年版。

《张政烺文史论集》,中华书局 2004 年版。

钱穆:《古史地理论丛》,三联书店 2004 年版。

杨宽:《西周史》,上海人民出版社 1999 年版。

苏秉琦主编:《中国通史·远古时代卷》,上海人民出版社 1994 年版。

田继周:《先秦民族史》,四川民族出版社 1996 年版。

齐思和:《中国史探研》,河北教育出版社 2000 年版。

易建平:《部落联盟与酋帮》,社会科学文献出版社 2001 年版。

邵东方:《文献考释与历史探研》,广西师范大学出版社 2005 年版。

田昌五等主编:《中国原始文化论集:纪念尹达八十诞辰》,文物出版社 1989 年版。

钱穆:《中国学术思想史论丛》(一),三联书店 2009 年版。

艾兰:《世袭与禅让》(新译本),余佳译,商务印书馆 2010 年版。

松丸道雄:《殷商国家的构造》,岩波书店 1970 年版。

平势隆郎:《从城市国家到中华·殷周春秋战国》,周洁译,广西师范大学出版社 2014 年版。

伊藤道治:《中国古代王朝的形成:以出土资料为主的殷周史研究》,中华书局 2002 年版。

拉铁摩尔:《中国的亚洲内陆边疆》,唐晓峰译,江苏人民出版社 2010 年版。

巴菲尔德:《危险的边疆:游牧帝国与中国》,袁剑译,江苏人民出版社 2011 年版。

（五）启蒙与“五四”

王汎森:《傅斯年:中国近代历史与政治中的个体生命》,三联书店 2012 年版。

周质平:《胡适与现代中国思潮》,南京大学出版社 2002 年版。

周质平:《胡适与韦莲司》,北京大学出版社 1998 年版。

徐雁平:《胡适与整理国故考论:以中国文学史研究为中心》,安徽教育出版社 2003 年版。

胡适、余英时等:《胡适与中西文化》,台湾水牛出版社 1984 年版。

江勇振:《舍我其谁:胡适》第一部《璞玉成璧,1891～1917》,新星出版社 2011 年版。

《舍我其谁:胡适》第二部《日当正中（1917—1927）》,浙江人民出版社 2013 年版。

邵建:《胡适的前半生:瞧,这人！日记、书信、年谱中的胡适（1891—1927）》,广西师范大学出版社 2013 年版。

格里德:《胡适与中国的文艺复兴:中国革命中的自由主义》,鲁奇译,江苏人民出版社 2010 年版。

周明之:《胡适与中国现代知识分子的选择》,雷颐译,四川人民出版社 1991 年版。

欧阳哲生:《自由主义之累——胡适思想的现代阐释》,上海人民出版社 1993 年版。

子通主编:《胡适评说八十年》,中国华侨出版社 2003 年版。

余英时:《重寻胡适历程:胡适生平与思想再认识》,广西师范大学出版社 2004 年版。

余英时:《士与中国文化》,上海人民出版社 1987 年版。

周策纵:《五四运动史》,岳麓书社 1999 年版。

余英时等著:《五四新论:既非文艺复兴,亦非启蒙运动》,台北联经出版事业公司 1999 年版。

萧延中、朱艺编:《启蒙的价值与局限——台港学者论五四》,山西人民出版社 1989 年版。

王跃、高力克编:《五四:文化的阐释与评价——西方学者论五四》,山西人民出版社 1989 年版。

李怀印:《重构近代中国:中国历史写作中的想象与真实》,岁有生等译,中华书局 2013 年版。

冯天瑜:《中国文化近代转型管窥》,商务印书馆 2010 年版。

耿云志:《近代中国文化转型研究导论》,四川人民出版社 2008 年版。

罗志田:《激变时代的文化与政治:从新文化运动到北伐》,北京大学出版社 2006 年版。

罗志田:《裂变中的传承:20 世纪前期的中国文化与学术》,中华书局 2003 年版。

罗志田:《经典淡出之后》,三联书店 2013 年版。

罗志田:《近代读书人的思想世界与治学取向》,北京大学出版社 2009 年版。

格里德尔:《知识分子与现代中国:他们与国家关系的历史叙述》,单正平译,广西师范大学出版社 2010 年版。

章开沅：《离异与回归：传统文化与近代化关系试析》（增订版），中国人民大学出版社 2010 年版。

舒衡哲：《中国启蒙运动——知识分子与五四遗产》，刘京建译，新星出版社 2007 年版。

许纪霖：《智者的尊严：知识分子与近代文化》，学林出版社 1991 年版。

许纪霖：《20 世纪中国知识分子史论》，新星出版社 2005 年版。

丁晓强等编：《五四与现代中国——五四新论》，山西人民出版社 1989 年版。

施瓦支：《中国的启蒙运动：知识分子与五四遗产》，山西人民出版社 1989 年版。

张越：《五四时期中国史坛的学术论辩》，百花洲文艺出版社 2004 年版。

宋小庆等：《关于中国本位文化问题的讨论》，百花洲文艺出版社 2004 年版。

王跃：《变迁中的心态——五四时期社会心理变迁》，湖南教育出版社 2000 年版。

王元化：《九十年代反思录》，上海古籍出版社 2000 年版。

王元化：《清园夜读》（增订版），中国社会科学出版社 1997 年版。

张灏：《危机中的中国知识分子——寻求秩序与意义》，高力克等译，新星出版社 2006 年版。

汪荣祖编：《五四研究论文集》，台湾联经出版事业公司 1979 年版。

卡西勒：《启蒙哲学》，顾伟铭等译，山东人民出版社 1988 年版。

陈乐民：《启蒙札记》，三联书店 2009 年版。

施密特编:《启蒙运动与现代性》,徐向东译,上海人民出版社 2005 年版。

赵林等主编:《启蒙与世俗化:东西方现代化历程》,武汉大学出版社 2008 年版。

托马斯·汉金斯:《科学与启蒙运动》,复旦大学出版社 2000 年版。

近藤邦康:《救亡与传统——五四思想形成之内在逻辑》,丁晓强等译,山西人民出版社 1988 年版。

金耀基:《从传统到现代》,中国人民大学出版社 1999 年版。

陈平原等编:《触摸历史:五四人物与现代中国》,北京大学出版社 2009 年版。

张灏:《梁启超与中国思想的过渡(1890—1907)》,江苏人民出版社 1993 年版。

桑兵:《晚清民国的国学研究》,上海古籍出版社 2001 年版。

萧超然等编:《北京大学校史(1898—1949)》(增订本),北京大学出版社 1988 年版。

魏定熙:《权力源自地位:北京大学、知识分子与中国政治文化,1898 ~ 1929》,张蒙译,江苏人民出版社 2015 年版。

其他学科论著

(一)逻辑学

金岳霖:《形式逻辑》,人民出版社 1979 年版。

陈波:《逻辑学十五讲》,北京大学出版社 2016 年版。

苏珊·哈克:《逻辑哲学》,罗毅译,商务印书馆 2003 年版。

欧文·柯匹等:《逻辑学导论》(第 13 版),张建军等译,中国人民大学出版社 2014 年版。

帕特里克·赫尔利:《简明逻辑学导论》(第 10 版),陈波等译，世界图书出版公司 2010 年版。

鲁道夫·卡尔那普:《世界的逻辑构造》，陈启伟译，上海译文出版社 1999 年版。

欧内斯特·内格尔:《科学的结构:科学说明的逻辑问题》，徐向东译，上海译文出版社 2002 年版。

恩斯特·卡西尔:《人文科学的逻辑》，关子尹译，上海译文出版社 2004 年版。

纳尔逊·古德曼，《事实、虚构和预测》，刘华杰译，商务印书馆 2007 年版。

张建军:《逻辑悖论研究引论》，南京大学出版社 2002 年版。

威廉姆·庞德斯通:《推理的迷宫:悖论、谜题，及知识的脆弱性》，李大强译，北京理工大学出版社 2005 年版。

耶方斯:《名学浅说》，严复译，商务印书馆 1981 年版。

《穆勒名学》，严复译，商务印书馆 1981 年版。

崔清田:《墨家逻辑与亚里士多德逻辑比较研究:兼论逻辑与文化》，人民出版社 2004 年版。

孙中原:《中国逻辑学十讲》，中国人民大学出版社 2014 年版。

（二）哲学、思想

路易斯·波伊曼:《知识论导论——我们能知道什么？》（第 2 版），洪汉鼎译，中国人民大学出版社 2008 年版。

金岳霖:《知识论》，商务印书馆 1983 年版。

孔德:《论实证精神》，商务印书馆 1996 年版。

约翰·哥特弗雷德·赫尔德:《反纯粹理性:论宗教、语言和历史文选》，张晓梅译，商务印书馆 2010 年版。

罗素:《西方哲学史》上卷，何兆武等译，商务印书馆 1982 年版。

汉斯－格奥尔格·伽达默尔:《诠释学·真理与方法（1～2）》

（修订译本），商务印书馆 2007 年版。

　　G. E. R 劳埃德：《古代世界的现代思考：透视希腊中国的科学与文化》，钮卫星译，上海科技教育出版社 2010 年版。

　　约翰·沃特金斯：《科学与怀疑论》，邱仁宗等译，上海译文出版社 1991 年版。

　　彼得·伯格等：《疑之颂：如何信而不狂》，曹义昆译，商务印书馆 2013 年版。

　　萨义德：《东方学》，王宇根译，三联书店 2007 年版。

　　约翰·伯里：《进步的观念》，范祥涛译，上海三联书店 2005 年版。

　　利昂·马拉达特：《意识形态：起源和影响》（第 10 版），张慧芝等译，世界图书出版公司 2010 年版。

　　顾明栋：《汉学主义——东方主义与后期殖民主义的替代理论》，张强等译，商务印书馆 2015 年版。

　　冯友兰：《中国哲学史》，中华书局 1961 年版。

　　冯友兰：《中国哲学史新编》，人民出版社 1998 年版。

　　冯友兰：《中国哲学简史》，北京大学出版社 1996 年版。

　　劳思光：《新编中国哲学史》第一卷，广西师范大学出版社 2005 年版。

　　李泽厚：《由巫到礼释礼归仁》，三联书店 2014 年版。

　　李泽厚：《美的历程》，文物出版社 1981 年版。

　　李泽厚：《中国古代思想史论》，人民出版社 1985 年版。

　　李泽厚：《中国近代思想史论》，人民出版社 1979 年版。

　　李泽厚：《中国现代思想史论》，东方出版社 1987 年版。

　　李泽厚：《实用理性与乐感文化》，三联书店 2005 年版。

　　李泽厚：《华夏美学·美学四讲》（增订本），三联书店 2008 年版。

　　余英时：《中国思想传统的现代诠释》，江苏人民出版社

1998 年版。

　　金观涛、刘青峰:《中国思想史十讲》(上卷), 法律出版社
2015 年版。

　　徐复观:《中国思想史论集》, 上海书店出版社 2004 年版。

　　徐复观:《中国思想史论集续集》, 上海书店出版社 2004
年版。

　　王汎森:《中国近代思想与学术的系谱》, 河北教育出版社
2001 年版。

　　爱德华·希尔斯:《论传统》, 傅铿、吕乐译, 上海人民出
版社 2009 年版。

　　侯外庐:《中国思想通史》第一卷, 人民出版社 1957 年版。

　　杨向奎:《中国古代社会与古代思想研究》, 上海人民出版
社 1962 年版。

　　郭湛波:《近五十年中国思想史》, 山东人民出版社 1997
年版。

　　郭颖颐:《中国现代思想中的唯科学主义 (1900—1950)》,
雷颐译, 江苏人民出版社 2010 年版。

　　汪德迈:《中国思想的两种理性:占卜与表意》, 金丝燕译,
北京大学出版社 2016 年版。

　　艾兰:《水之道与德之端——中国早期哲学思想的本喻》(增
订版), 商务印书馆 2010 年版。

　　罗志田:《权势转移:近代中国的思想、社会与学术》, 湖北
人民出版社 1999 年版。

(三) 学术暨经学

　　约翰·埃德温·桑兹:《西方古典学术史》, 张治译, 上海
人民出版社 2010 年版。

　　维拉莫威兹:《古典学的历史》, 陈恒译, 三联书店 2008 年版。

　　凯根:《三种文化:21 世纪的自然科学、社会科学和人文学

科》，王加丰、宋严萍译，格致出版社 2011 年版。

沃特森：《多元文化主义》，吉林人民出版社 2005 年版。

李凯尔特：《文化科学和自然科学》，涂纪亮译，商务印书馆 1986 年版。

马文·哈里斯：《文化的起源》，黄晴译，华夏出版社 1988 年版。

克利福德·格尔茨：《文化的解释》，韩莉译，译林出版社 2008 年版。

雅各布·布克哈特：《意大利文艺复兴时期的文化》，商务印书馆 1979 年版。

杨国章：《原始文化与语言》，北京语言学院出版社 1992 年版。

紫尔德：《远古文化史》，周进楷译，上海文艺出版社 1990 年版。

米勒等：《圣经的历史》，黄剑波等译，中央编译出版社 2012 年版。

方朝晖：《"中学"与"西学"：重新解读现代中国学术史》，河北大学出版社 2002 年版。

汪琪：《本土研究的危机与生机》，华东师范大学出版社 2016 年版。

王铭铭：《西学中国化的历史困境》，广西师范大学出版社 2005 年版。

邝士元：《中国学术思想史》，上海三联书店 2014 年版。

钱穆：《现代中国学术论衡》，三联书店 2005 年版。

刘梦溪：《中国现代学术经典·总序》，河北教育出版社 1996 年版。

陈平原：《中国现代学术之建立：以章太炎、胡适之为中心》，北京大学出版社 2010 年版。

郎宓榭等:《新词语新概念:西学译介与晚清汉语词汇之变迁》,山东画报出版社 2012 年版。

柳诒徵:《中国文化史》,中国大百科全书出版社 1988 年版。

孙隆基:《中国文化的深层结构》,广西师范大学出版社 2004 年版。

黄曙辉编校:《刘咸炘学术论集·史学篇》,广西师范大学出版社 2007 年版。

黄曙辉编校:《刘咸炘学术论集·子学编》,广西师范大学出版社 2007 年版。

朱维铮:《近代学术导论》,中西书局 2013 年版。

桑兵:《晚清民国的学人与学术》,中华书局 2008 年版。

桑兵等编:《近代中国学术批评》,中华书局 2008 年版。

左玉河:《从四部之学到七科之学——学术分科与近代中国知识系统之创建》,上海书店出版社 2004 年版。

左玉河:《中国近代学术体制之创建》,四川人民出版社 2008 年版。

张心澂:《伪书通考》,商务印书馆 1939 年版。

郑良树:《续伪书通考》,台湾学生书局 1984 年版。

刘建国:《先秦伪书辨正》,陕西人民出版社 2004 年版。

余嘉锡:《古书通例》,上海古籍出版社 1985 年版。

高本汉:《左传真伪考及其他》,陆侃如译,山西人民出版社 2015 年版。

李学勤:《重写学术史》,河北教育出版社 2002 年版。

李学勤:《简帛佚籍与学术史》,江西教育出版社 2001 年版。

裘锡圭:《中国出土古文献十讲》,复旦大学出版社 2004 年版。

夏含夷:《重写中国古代文献》,周博群译,上海古籍出版社 2012 年版。

廖名春:《中国学术史新证》,四川大学出版社 2005 年版。

李零:《中国方术考》(修订本),东方出版社 2001 年版。

李零:《中国方术续考》,东方出版社 2000 年版。

李零:《简帛古书与学术源流》,三联书店 2003 年版。

李零:《李零自选集》,广西师范大学出版社 1998 年版。

漆永祥:《乾嘉考据学研究》,中国社会科学出版社 1998 年版。

邵东方:《崔述学术考论》,广西师范大学出版社 2009 年版。

冯胜君:《二十世纪古文献新证研究》,齐鲁书社 2006 年版。

徐建委:《〈说苑〉研究:以战国秦汉之间的文献累积与学术史为中心》,北京大学出版社 2011 年版。

陈以爱:《中国现代学术研究机构的兴起》,江西教育出版社 2002 年版。

罗志田:《道出于二:过渡时代的新旧之争》,北京师范大学出版社 2014 年版。

李锐:《新出简帛的学术探索》,北京师范大学出版社 2010 年版。

梁涛、白立超:《出土文献与古书的反思》,漓江出版社 2012 年版。

李庆:《日本汉学史》,上海外语教育出版社 2002 年版。

钱婉约:《从汉学到中国学》,中华书局 2007 年版。

严绍璗:《日本中国学史稿》,学苑出版社 2009 年版。

刘俊文主编:《日本学者研究中国史论著选译》第 1 卷《通论》,中华书局 1992 年版。

桑兵:《国学与汉学——近代中外学界交往录》,中国人民大学出版社 2010 年版。

内藤湖南研究会:《内藤湖南的世界》,马彪等译,三秦出版社 2005 年版。

傅佛果：《内藤湖南：政治与汉学（1866—1934）》，江苏人民出版社2016年版。

《中国史通论：内藤湖南博士中国史学著作选译》，夏应元等译，社会科学文献出版社2004年版。

吕思勉：《经子解题》，中国书籍出版社2006年版。

皮锡瑞：《经学历史》，中华书局2004年版。

皮锡瑞：《经学通论》，中华书局1982年版。

刘师培：《经学教科书》，上海古籍出版社2006年版。

马宗霍、马巨：《经学通论》，中华书局2011年版。

本田成之：《中国经学史》，孙俍工译，漓江出版社2013年版。

李源澄：《经学通论》，华东师范大学出版社2010年版。

熊十力：《读经示要》，上海书店出版社2009年版。

范文澜：《范文澜全集》第1卷《群经概论》，河北教育出版社2002年版。

蒋伯潜：《十三经概论》，上海古籍出版社2010年版。

李维武编：《徐复观文集》，湖北人民出版社2002年版。

徐复观：《中国经学史的基础：〈周官〉成立之时代及其思想性格》，陕西师范大学出版社2011年版。

刘家和：《史学经学与思想》，北京师范大学出版社2005年版。

朱维铮编：《周予同经学史论著选集》（增订版），上海人民出版社1994年版。

严寿澂：《百年中国学术表微·经学编》，华东师范大学出版社2012年版。

姜广辉主编：《中国经学思想史》第一卷，中国社会科学出版社2003年版。

陈克明：《群经要义》，中国人民大学出版社2006年版。

金德建：《经今古文字考》，齐鲁书社1986年版。

徐刚:《古文源流考》,北京大学出版社 2008 年版。

路新生:《经学的蜕变与史学的"转轨"》,上海古籍出版社 2006 年版。

陈壁生:《经学的瓦解》,华东师范大学出版社 2014 年版。

张祥龙:《先秦儒家哲学九讲:从〈春秋〉到荀子》,广西师范大学出版社 2010 年版。

芬格莱特:《孔子:即凡而圣》,程国翔、张华译,江苏人民出版社 2002 年版。

(四)心理学

格里格等著:《心理学与生活》(第 16 版),王垒等译,人民邮电出版社 2003 年版。

库恩等著:《心理学导论:思想与行为的认识之路》(第 13 版),郑钢等译,中国轻工业出版社 2014 年版。

本杰明·莱希:《心理学导论》(第 9 版),吴庆麟译,上海人民出版社 2010 年版。

戴维·迈尔斯:《社会心理学》(第 8 版),人民邮电出版社 2006 年版。

尼维德等:《变态心理学:变化世界中的视角》(第 6 版),吉峰等译,华东师范大学出版社 2009 年版。

休谟:《人性论》,关文运译,商务印书馆 1980 年版。

休谟:《人类理解研究》,商务印书馆 1957 年版。

马雷特:《心理学与民俗学》,张颖凡等译,山东人民出版社 1988 年版。

贡布里希:《秩序感:装饰艺术的心理学研究》,范景中等译,湖南科学技术出版社 2005 年版。

贡布里希:《图像与眼睛:图画再现心理学的再研究》,浙江摄影出版社 1989 年版。

沃林格:《抽象与移情:对艺术风格的心理学研究》,王才勇译，金城出版社 2010 年版。

王钟陵：《中国前期文化——心理研究》，上海古籍出版社 2006 年版。

马立诚：《当代中国八种社会思潮》，社会科学文献出版社 2012 年版。

（五）宗教学、人类学

维柯：《新科学》，朱光潜译，人民文学出版社 2008 年版。

斯马特：《世界宗教》（第 2 版），高师宁等译，北京大学出版社 2004 年版。

米歇尔·霍斯金：《剑桥插图宗教史》，山东画报出版社 2005 年版。

凯伦·阿姆斯特朗：《轴心时代：人类伟大宗教传统的开端》，孙艳燕、白彦兵译，海南出版社 2010 年版。

任继愈主编：《宗教词典》（修订本），上海辞书出版社 2009 年版。

伊利亚德：《宗教思想史》，晏可佳等译，上海社会科学院出版社。

伊利亚德：《神圣的存在：比较宗教的范型》，广西师范大学出版社 2009 年版。

陈荣富：《比较宗教学》，世界知识出版社 1993 年版。

吕大吉主编：《宗教学通论》，中国社会科学出版社 1989 年版。

吕大吉：《宗教学通论新编》，中国社会科学出版社 1998 年版。

麦克斯·缪勒：《宗教的起源与发展》，金泽译，上海人民出版社 2010 年版。

麦克斯·缪勒：《宗教学导论》，陈观胜、李培茱译，上海人民出版社 2010 年版。

莱斯特·库尔茨:《地球村里的诸神:宗教社会学入门》(第2版),北京大学出版社 2010 年版。

爱德华·泰勒:《原始文化:神话、哲学、宗教、语言、艺术和习俗发展之研究》,连树声译,广西师范大学出版社 2005 年版。

爱弥尔·涂尔干:《宗教生活的基本形式》,渠东、汲喆译,商务印书馆 2011 年版。

詹姆士:《宗教经验之种种》,商务印书馆 2002 年版。

威尔弗雷德·坎特韦尔·史密斯:《宗教的意义与终结》,董江阳编译,中国人民大学出版社 2005 年版。

埃文斯·普理查德:《原始宗教理论》,商务印书馆 2001 年版。

王雷泉、刘仲宇:《二十世纪中国社会科学:宗教学卷》,上海人民出版社 2005 年版。

卓新平、杨牧之编:《20 世纪中国社会科学:宗教学卷》,广东教育出版社 2009 年版。

亚齐伯德·萨伊斯:《古巴比伦宗教十讲》,陈超、赵伟佳译,黄山书社 2010 年版。

亚齐伯德·萨伊斯:《古埃及宗教十讲》,陈超、赵伟佳译,黄山书社 2009 年版。

赫丽生:《古希腊宗教的社会起源》,广西师范大学出版社 2004 年版。

吕大吉、何耀华总主编:《中国各民族原始宗教资料集成》,中国社会科学出版社 1996 年版。

牟钟鉴、张践:《中国宗教通史》,社会科学文献出版社 2000 年版。

韦伯:《中国的宗教 宗教与世界》,广西师范大学出版社 2004 年版。

饶宗颐:《中国宗教思想史新页》,北京大学出版社 2000

年版。

张荣明:《信仰的考古——中国宗教思想史纲要》,南开大学出版社 2010 年版。

丁山:《中国古代宗教与神话考》,上海文艺出版社 1988 年版。

李亦园:《宗教与神话》,广西师范大学出版社 2004 年版。

陈来:《古代宗教与伦理:儒家思想的根源》,三联书店 1996 年版。

詹鄣鑫:《神灵与祭祀:中国传统宗教综论》,江苏古籍出版社 1992 年版。

孟慧英:《原始宗教与萨满教卷 / 当代中国宗教研究精选丛书》,民族出版社 2008 年版。

爱德华·泰勒:《人类学:人及其文化研究》,连树声译,广西师范大学出版社 2004 年版。

康拉德·菲利普·科塔克:《人性之窗:简明人类学概论》(第 3 版),范可等译,上海人民出版社 2014 年版。

阿什福德等:《人类行为与社会环境:生物学、心理学与社会学视角》(第 2 版),王宏亮等译,中国人民大学出版社 2005 年版。

威廉·哈维兰:《文化人类学》(第十版),上海社会科学院出版社 2006 年版。

摩尔根:《古代社会》,商务印书馆 1981 年版。

列维·斯特劳斯:《结构人类学》(1—2),中国人民大学出版社 2006 年版。

罗伯特·F. 墨菲:《文化与社会人类学引论》,商务印书馆 2009 年版。

弗雷德里克·巴特:《人类学的四大传统:英国、德国、法国和美国的人类学》,高丙中等译,商务印书馆 2008 年版。

列维·斯特劳斯:《种族与历史、种族与文化》,中国人民大学出版社 2006 年版。

埃利奥特·史密斯:《人类史》,中国社会科学出版社 2009 年版。

肯尼思·麦克利什:《人类思想的主要观点形成世界的观念》,新华出版社 2004 年版。

法兰克弗特等:《人类思想发展史:关于古代近东思辨思想的讨论》,黑龙江人民出版社 2005 年版。

特纳:《象征之林:恩登布人仪式散论》,商务印书馆 2006 年版。

普里查德:《阿赞德人的巫术、神谕和魔法》,商务印书馆 2006 年版。

克利福德等:《写文化:民族志的诗学与政治学》,商务印书馆 2006 年版。

查尔斯·霍顿·库利:《人类本性与社会秩序》,华夏出版社 1989 年版。

爱德华·威尔逊:《人类的本性》,福建人民出版社 1988 年版。

莱布尼茨:《人类理智新论》,商务印书馆 1982 年版。

弗兰兹·博厄斯:《原始人的心智》,项龙等译,国际文化出版公司 1989 年版。

汤因比:《人类与大地母亲》,上海人民出版社 1992 年版。

童恩正:《人类与文化》,重庆出版社 1998 年版。

曾昭璇等:《人类地理学概论》,科学出版社 1999 年版。

朱泓:《体质人类学》,吉林大学出版社 1993 年版。

宋兆麟等:《中国原始社会史》,文物出版社 1983 年版。

王幼平:《中国远古人类文化的源流》,科学出版社 2005 年版。

吴汝康等:《中国远古人类》,科学出版社 1989 年版。

杰西卡·罗森:《祖先与永恒》,邓菲等译,三联书店 2011
年版。

王明珂:《华夏边缘:历史记忆与族群认同》,社会科学文献
出版社 2006 年版。

(六)神话学、民俗学

阿兰·邓迪斯编:《西方神话学读本》,朝戈金译,广西师
范大学出版社 2006 年版。

罗伯特·西格尔:《神话理论》,刘象愚译,外语教学与研
究出版社 2008 年版。

伊万·斯特伦斯基:《20 世纪的 4 种神话理论:卡西尔,伊
利亚德,列维·施特劳斯与马林诺夫斯基》,三联书店 2012 年版。

汉斯·布鲁门伯格:《神话研究》(上),胡继华,上海人民
出版社 2012 年版。

列维·施特劳斯:《神话学:裸人》,中国人民大学出版社
2007 年版。

列维·斯特劳斯:《神话学:生食和熟食》,中国人民大学出
版社 2007 年版。

列维·斯特劳斯:《神话学:餐桌礼仪的起源》,中国人民大
学出版社 2007 年版。

列维·斯特劳斯:《神话学:从蜂蜜到烟灰》,中国人民大学
出版社 2007 年版。

卡尔·弗里德里希·贝克尔:《世界古代神话和传说》,张
友华等译,中国青年出版社 2002 年版。

杨利慧:《神话与神话学》,北京师范大学出版社 2009 年版。

吕微:《神话何为:神圣叙事的传承与阐释》,社会科学文献
出版社 2001 年版。

王增永:《神话学概论》,中国社会科学出版社 2007 年版。

谢选骏:《神话与民族精神》,山东文艺出版社 1986 年版。

维洛尼卡·艾恩斯:《神话的历史》,杜文燕译,希望出版社 2003 年版。

凯伦·阿姆斯特朗:《神话简史》,胡亚豳译,重庆出版社 2005 年版。

让·皮埃尔·维尔南:《希腊人的神话和思想——历史心理分析研究》,黄艳红译,中国人民大学出版社 2007 年版。

葛斯塔·舒维普:《古希腊罗马神话与传奇》,叶青译,广西师范大学出版社 2003 年版。

李咏吟:《原初智慧形态:希腊神学的两种话语系统及其历史转换》,上海人民出版社 1999 年版。

杨丽娟:《世界神话与原始文化》,上海社会科学院出版社 2004 年版。

张文安:《中国与两河流域神话比较研究》,中国社会科学出版社 2009 年版。

茅盾:《中国神话研究初探》,上海古籍出版社 2005 年版。

王孝廉:《岭云关雪——民族神话学论集》,学苑出版社,2001 年。

袁珂:《神话论文集》,上海古籍出版社 1982 年版。

袁珂:《中国神话传说》,中国民间文艺出版社 1984 年版。

袁珂:《中国古代神话》,中华书局 1981 年版。

袁珂:《中国神话史》,重庆出版社 2007 年版。

孙作云:《中国古代神话传说研究》,河南大学出版社 2003 年版。

程憬:《中国古代神话研究》,北京大学出版社 2011 年版。

田兆元:《神话与中国社会》,上海人民出版社 1998 年版。

胡司德:《古代中国的动物与灵异》,蓝旭译,江苏人民出版社 2016 年版。

邓启耀:《中国神话的思维结构》,重庆出版社 1992 年版。

李立:《文化整合与先秦自然神话演变》,云南人民出版社 2002 年版。

郑志明:《想象:图像、文字、数字、故事——中国神话与仪式》,贵州人民出版社 2010 年版。

赵沛霖:《先秦神话思想史论》,学苑出版社 2002 年版。

吴天明:《中国神话研究》,中央编译出版社 2003 年版。

闻一多:《神话与诗》,古籍出版社 1954 年版。

潜明兹:《中国神话学》,上海人民出版社 2008 年版。

谢选骏:《中国神话》,浙江教育出版社 1995 年版。

丁山:《古代神话与民族》,商务印书馆 2005 年版。

陈梦家:《商代的神话与巫术》,《燕京学报》第二十期。

张光直:《美术、神话与祭祀》,郭净译,辽宁教育出版社。

宫本一夫:《从神话到历史:神话时代夏王朝》,吴菲译,广西师范大学出版社 2014 年版。

何新:《诸神的起源》,三联书店 1986 年版。

郭静云:《夏商周:从神话到史实》,上海古籍出版社 2013 年版。

张振犁:《中原神话研究》,上海社会科学院出版社 2009 年版。

高福进:《太阳崇拜与太阳神话:一种原始文化的世界性透视》,上海人民出版社 2002 年版。

王宪昭:《中国少数民族人类起源神话研究》,中国社会科学出版社 2012 年版。

潜明兹:《潜明兹自选集》,上海人民出版社 2007 年版。

杨利慧:《女娲的神话与信仰》,中国社会科学出版社 1997 年版。

杨利慧:《女娲溯源——女娲信仰起源地的再推测》,北京师范大学出版社 1999 年版。

叶舒宪:《熊图腾:中华祖先神话探源》,上海锦绣文章出版社 2007 年版。

何新:《龙:神话与真相》,上海人民出版社 1989 年版。

萧兵:《楚辞与神话》,江苏古籍出版社 1987 年版。

艾兰:《龟之谜——商代神话、祭祀、艺术和宇宙观研究》,商务印书馆 2010 年版。

李福清:《神话与鬼话:台湾原住民神话故事比较研究》(增订本),社会科学文献出版社 2001 年版。

杨利慧:《现代口承神话的民族志研究:以四个汉族社区为个案》,陕西师范大学出版总社有限公司 2011 年版。

博尔尼:《民俗学手册》,程德祺等译,上海文艺出版社 1995 年版。

阿兰·邓蒂斯:《世界民俗学》,陈建宪等译,上海文艺出版社 1990 年版。

钟敬文主编:《民俗学概论》,上海文艺出版社 1998 年版。

刘锡诚:《20 世纪中国民间文学学术史》,河南大学出版社 2006 年版。

王文宝:《中国民俗学发展史》,辽宁大学出版社 1987 年版。

张紫晨主编:《中外民俗学词典》,浙江人民出版社 1991 年版。

施爱东:《中国现代民俗学检讨》,社会科学文献出版社 2010 年版。

周星:《民俗学的历史、理论与方法》,商务印书馆 2006 年版。

弗雷泽:《金枝》,大众文艺出版社 1998 年版。

克劳斯·米勒:《第五个维度——原始文化中的社会性时空及对历史的理解》,陶卓译,山东大学出版社 2009 年版。

刘文英:《漫长的历史源头:原始思维与原始文化新探》,中国社会科学出版社 1996 年版。

孟慧英:《中国原始信仰研究》,中国社会科学出版社 2010 年版。

宋兆麟:《巫觋:人与鬼神之间》,学苑出版社 2001 年版。

傅亚庶:《中国上古祭祀文化》,东北师范大学出版社 1999 年版。

《钟敬文民间文学论集》,上海文艺出版社 1985 年版。

利普斯:《事物的起源》,汪宁生译,敦煌文艺出版社 2000 年版。

何星亮:《中国自然崇拜》,江苏人民出版社 2008 年版。

陈勤建:《中国鸟信仰:关于鸟化宇宙观的思考》,学苑出版社 2003 年版。

叶舒宪、田大宪:《中国古代神秘数字》,社会科学文献出版社 1996 年版。

葛兰言:《古代中国的节庆与歌谣》,广西师范大学出版社 2005 年版。

宋兆麟:《中国风俗通史·原始社会卷》,上海文艺出版社 2001 年版。

晁福林:《先秦民俗史》,上海人民出版社 2001 年版。

宋镇豪:《中国风俗通史——夏商卷》,上海文艺出版社 2001 年版。

李安宅:《〈仪礼〉与〈礼记〉之社会学的研究》,上海人民出版社 2005 年版。

蒲慕州:《追寻一己之福——中国古代的信仰世界》,上海古籍出版社 2007 年版。

郭静云:《天神与天地之道:巫觋信仰与传统思想渊源》,上海古籍出版社 2016 年版。

吴乔:《宇宙观与生活世界:花腰傣的亲属制度、信仰体系和口头传承》,中国社会科学出版社 2011 年版。

魏建震：《先秦社祀研究》，人民出版社 2008 年版。

（七）文字学、语言学

汉斯·约阿西姆·施杜里希：《世界语言简史》（第 2 版），吕叔君、官青译，山东画报出版社 2009 年版。

潘悟云、邵敬敏：《二十世纪中国社会科学：语言学卷》，上海人民出版社 2005 年版。

艾布拉姆·德·斯旺：《世界上的语言：全球语言系统》，乔修峰译，花城出版社 2008 年版。

汉斯·凯尔纳：《语言和历史描写：曲解故事》，大象出版社 2010 年版。

叶蜚声等：《普通语言学纲要》，北京大学出版社 2004 年版。

刘坚：《二十世纪的中国语言学》，北京大学出版社 1998 年版。

严修：《二十世纪的古汉语研究》，书海出版社 2001 年版。

陈昌来：《二十世纪的汉语语法学》，书海出版社 2002 年版。

许威汉：《二十世纪的汉语词汇学》，书海出版社 2000 年版。

王士元主编：《汉语的祖先》，李葆嘉主译，中华书局 2005 年版。

高本汉：《汉语的本质和历史》，聂鸿飞译，商务印书馆 2010 年版。

李葆嘉：《汉语起源与演化模式研究》，黑龙江教育出版社 2002 年版。

李葆嘉：《理论语言学：人文与科学的双重精神》，江苏教育出版社 2001 年版。

饶宗颐：《符号·初文与字母：汉字树》，上海古籍出版社 2000 年版。

山东社会科学院语言文学研究所编：《先秦汉语研究》，山东教育出版社 1982 年版。

黄奇逸:《商周研究之批判——中国古文字的产生和发展》,巴蜀书社 2008 年版。

张玉金:《20 世纪甲骨语言学》,学林出版社 2003 年版。

邹晓丽等:《甲骨文字学述要》,岳麓书社 1999 年版。

赵诚:《甲骨文字学纲要》,中华书局 2009 年版。

赵诚:《二十世纪甲骨文研究述要》,书海出版社 2000 年版。

陈梦家:《殷墟卜辞综述》,中华书局 1988 年版。

岛邦男:《殷墟卜辞研究》,上海古籍出版社 2006 年版。

王宇信、杨升南主编:《甲骨学一百年》,社会科学文献出版社 1999 年版。

胡厚宣:《甲骨学商史论丛初集》,河北教育出版社 2002 年版。

《中国现代学术经典·董作宾卷》,河北教育出版社 1996 年版。

丁山:《商周史料考证》,龙门联合书店 1960 年版。

赵诚:《甲骨文与商代文化》,辽宁人民出版社 2000 年版。

刘源:《甲骨学殷商史研究》,福建人民出版社 2006 年版。

白川静:《甲骨金文学论集》,朋友书店 1973 年版。

赵诚:《二十世纪金文研究述要》,书海出版社 2003 年版。

郭永秉:《古文字与古文献论集》,上海古籍出版社 2011 年版。

郭永秉:《古文字与古文献论集续编》,上海古籍出版社 2015 年版。

周玉秀:《〈逸周书〉的语言特点及其文献学价值》,中华书局 2005 年版。

（八）建筑

刘叙杰主编:《中国古代建筑史》(第一卷),中国建筑工业出版社 2003 年版。

中国建筑史编写组:《中国建筑史》,中国建筑工业出版社 1982 年版。

张良皋:《匠学七说》,中国建筑工业出版社 2002 年版。

吴庆洲:《建筑哲理、意匠与文化》,中国建筑工业出版社 2005 年版。

刘易斯·芒福德:《城市发展史:起源、演变和前景》,中国建筑工业出版社 2005 年版。

王世仁:《中国古建探微》,天津古籍出版社 2004 年版。

杨鸿勋:《宫殿考古通论》,紫禁城出版社 2001 年版。

杨鸿勋:《建筑考古学论文集》,文物出版社 1987 年版。

楼庆西:《中国古建筑二十讲》,三联书店 2004 年版。

巫鸿:《中国古代艺术与建筑中的"纪念碑性"》,李清泉等译,上海人民出版社 2009 年版。

巫鸿:《礼仪中的美术:巫鸿中国古代美术史文编》,三联书店 2005 年版。

王其钧编著:《中国民居三十讲》,中国建筑工业出版社 2005 年版。

张一兵:《明堂制度研究》,中华书局 2005 年版。

张一兵:《明堂制度源流考》,人民出版社 2007 年版。

(九)艺术美术

彼得·伯克:《图像证史》,杨豫译,北京大学出版社 2008 年版。

让-弗朗索瓦利奥塔:《话语,图形》,谢晶译,上海人民出版社 2011 年版。

保罗·巴恩主编:《剑桥插图史前艺术史》,郭小凌等译,山东画报出版社 2004 年版。

胡绍宗:《中国早期制像艺术》,人民美术出版社 2011 年版。

刘克明:《中国图学思想史》,科学出版社 2008 年版。

李淞:《远古至先秦绘画史》,人民美术出版社 2000 年版。

吴诗池:《中国原始艺术》,紫禁城出版社 1996 年版。

李浴:《中国古代美术史》(原始卷),辽宁美术出版社 2000
年版。

李浴:《中国古代美术史》(夏商周),辽宁美术出版社 2001
年版。

陈绶祥:《隋唐绘画史》,人民美术出版社 2001 年版。

瞿中溶:《汉武梁祠画像考》,刘承幹校,国家图书馆出版
社 2004 年版。

(十)自然科学

伏古勒尔:《天文学简史》,广西师范大学出版社 2003 年版。

米歇尔·霍斯金:《剑桥插图天文学史》,山东画报出版社
2003 年版。

中国天文学史整理研究小组:《中国天文学史》,科学出版
社 1981 年版。

吕子方:《中国科学技术史论文集》,四川人民出版社 1984
年版。

陈遵妫:《中国天文学史》,上海人民出版社 2006 年版。

张闻玉:《古代天文历法讲座》,广西师范大学出版社 2008
年版。

冯时:《中国天文考古学》,社会科学文献出版社 2001 年版。

陈久金:《星象解码》,群言出版社 2004 年版。

陆思贤等:《天文考古通论》,紫禁城出版社 2005 年版。

常玉芝:《殷商历法研究》,吉林文史出版社 1998 年版。

徐馨、沈志达:《全新世环境:最近一万多年来环境变迁》,
贵州人民出版社 1990 年版。

王玉德、张全明:《中华五千年生态文化》,华中师范大学
出版社 1999 年版。

张丕远主编:《中国历史气候变化》,山东科学技术出版社
1996 年版。

尹泽生等主编:《西北干旱地区全新世环境变迁与人类文明
兴衰》,地质出版社 1992 年版。

赵希涛等:《中国海面变化》,山东科学技术出版社 1996
年版。

邹逸麟主编:《黄淮海平原历史地理》,安徽教育出版社
1993 年版。

马丁:《所有可能的世界(地理学思想史)》(第 4 版),成一农、
王雪梅译,上海人民出版社 2008 年版。

中国地质科学院地质研究所等:《中国古地理图集》,地图
出版社 1985 年版。

唐晓峰:《从混沌到秩序:中国上古地理思想史述论》,中华
书局 2010 年版。

(十一)考古

戈登·柴尔德:《历史的重建:考古材料的阐释》,上海三联
书店 2008 年版。

戈登·柴尔德:《考古学导论》,上海三联书店 2008 年版。

科林·伦福儒等:《考古学——理论、方法与实践》,文物出
版社 2004 年版。

路易斯·宾福德:《追寻人类的过去:解释考古材料》,上海
三联书店 2009 年版。

中国历史博物馆考古部:《当代国外考古学理论与方法》,
三秦出版社 1991 年版。

中国社会科学院考古研究所:《考古学的历史理论和实践》,
中州古籍出版社 1996 年版。

保罗·巴恩主编:《剑桥插图考古史》,郭小凌等译,山东
画报出版社 2000 年版。

俞伟超:《考古学是什么》,中国社会科学出版社 1996 年版。

文物出版社主编:《新中国考古五十年》,文物出版社 1999 年版。

中国社会科学院考古研究所:《新中国的考古发现和研究》,文物出版社 1984 年版。

杨育彬、袁广阔主编:《20 世纪河南考古发现与研究》,中州古籍出版社 1997 年版。

佟佩华主编:《山东 20 世纪的考古发现和研究》,科学出版社 2005 年版。

沈颂金:《考古学与二十世纪中国学术》,学苑出版社 2003 年版。

李济:《中国现代学术经典·李济卷》,河北教育出版社 1996 年版。

李济:《考古琐谈》,湖北教育出版社 1998 年版。

《苏秉琦考古学论述选集》,文物出版社 1984 年版。

苏秉琦:《华人·龙的传人·中国人》,辽宁大学出版社 1994 年版。

张忠培:《中国考古学——走近历史真实之道》,科学出版社 2004 年版。

张忠培:《中国考古学:走向与推进文明的历程》,紫禁城出版社 2004 年版。

俞伟超:《古史的考古学探索》,文物出版社 2002 年版。

张光直:《古代中国考古学》,印群译,辽宁教育出版社 2002 年版。

张光直:《中国考古学论文集》,三联书店 1999 年版。

张光直:《考古人类学随笔》,三联书店 1999 年版。

张光直:《中国青铜时代》,三联书店 1999 年版。

严文明:《史前考古论集》,科学出版社 1998 年版。

严文明：《长江文明的曙光》，湖北教育出版社 2004 年版。

王仁湘：《中国史前考古论集》，科学出版社 2003 年版。

高广仁：《海岱区先秦考古论集》，科学出版社 2000 年版。

童恩正：《中国西南民族考古论文集》，文物出版社 1990 年版。

李零：《入山与出塞》，文物出版社 2004 年版。

董琦：《虞夏时期的中原》，科学出版社 2000 年版。

水涛：《中国西北地区青铜时代考古论集》，科学出版社 2001 年版。

古方：《冰清玉洁：中国古代玉文化》，四川人民出版社 2004 年版。

王永波等：《齐鲁史前文化与三代礼器》，齐鲁书社 2004 年版。

何驽：《怎探古人何所思：精神文化考古理论与实践探索》，科学出版社 2015 年版。

各种期刊、杂志的相关文章“族繁不及备载”，从略。

后　记

　　终卷完篇之际，深感脑力枯竭，体力疲惫，极愿就此搁笔，早日了结此局。而对笔者来说，果真如此又极为不妥，以如此强悍、麻辣之书名，若不清晰交代我的思想轨迹而使读者了解学术主张的来龙去脉，不仅会使学者惊诧于我的"傲慢无礼"，恐怕还会造成更大的误解。回想自己买书或读新书之前，最先看的都是前言与后记，以从中了解与书相关的趣闻和作者的秘辛，诸多学者每每在此敞开心扉，或抒发情怀或叙述甘苦。思来想去，抖擞精神作最后交代又为不得不然之事。全书原非一本计划中结构谨严的专著，学术观点最早形成轮廓的是下编，时在"非典"之前。而精心撰写的是关于《大荒经》的部分，最得意的姊妹篇完成后，和诸多顶级杂志的来往让人沮丧。它使我无可奈何地把矛头指向了顾先生的"层累说"以及"疑古思潮"，因为不从学理上把它否定掉，正面立论无论如何完善都必将乏人问津。不久，出人意料地发现了顾胡两先生由辩论失败到"革命"成功的大逆转。两部分交互深入。《顾颉刚和胡适"史学革命"的真相》成文后，师友传阅，多感震撼，认为极有说服力，或认为可当悬疑小说消遣。也有噤若寒蝉、顾左右而言他，甚至闻之色变者，这启人深思。揭露两先生违反学者天职的文章投石问路后，学界的初步反应逼使我扩大视野、深入探究，不断如康德般询问："我能知道什么？我应该做什么？我可以期待什么？"而后，才有了"导论"和"综论"的比较与反思，最后修改、完善了下篇上半关于五帝世系部分的草稿，最终汇集成《终结"疑古"》，算是个阶段性的报告。

漫漫求索路，治学初有成

我的少年时代是在全国知名的七里营公社度过的，先父在邮电所工作，这里属于不城不乡的地带，社会学上称之为边际社会。父母百般辛劳抚养我兄弟四人，不辞万难千里奔波为我兄我弟治疗怪病[1]，他们文化程度不高，对我也没有奢望，正常上学就可以。我属于放养型的，既缺朋少友，又诸多闲暇，幸而家中有些前无封面、后无封底的多半本黄色书籍（大学时才知是《平原枪声》《林海雪原》之类纯红色读物），读时半通不懂，只是消磨时间。读罄之时，适逢神州大地遍地烽烟，“批林批孔”邪火乱窜，遇家父棋友、工作于县图书馆之吴伯父，遂禀告侄儿欲读《三国》事，伯父遂以五本《三国志》付吾。虽翻阅数遍，亦不得要领，只生出《三国》好生难读之感。后来才找来《三国演义》读了几遍，而后读了《东周列国志》《历代通俗演义》《隋唐演义》，等等。1978 年转到新乡市区学习。我所经历的中小学都是普通的，个人属于大错误不犯、小毛病不断的类型，逃学、玩闹并不罕见，从未进入过好学生的行列，高考复读那年，因逃避课间操，班主任恐吓我再发现就轰走；我是个庸常平凡之人，学习成绩不要说常居前列，偶跃中等的机会也很少。但我有一特质，每有中考、高考则排序跃升数名，在高中转制、全国重点中学没有毕业生的那一年，以普通高中慢班中段水平，莫名其妙地跃居豫省前茅，这可把所有人包括自己吓了好几大跳。至今思之，犹觉茫然不知所以。

因缘际会，混入北大后，适逢“科学的春天”，青春、淳朴和为理想而奋斗的风气对我影响甚深，四年的校园生活告诉我

---

[1] 进行性肌营养不良症，是一组由遗传因素所致的原发性骨骼肌疾病，其临床主要表现为缓慢进行的肌肉萎缩、肌无力及不同程度的运动障碍，幼时与正常小儿无大异，渐渐不良于行，最终不治。

三个字——不盲从。自由散漫惯了的我如鱼得水,不想上的课就逃,期末交篇读书报告就行。且我生性木讷,不善交际,唯以读书买书为乐,除对经济不感兴趣,余则兴之所至,肆意搜求,尤喜军事、《庄子》、《福尔摩斯探案集》等。高年级读书相对集中到中古史,陈寅恪先生及四大名旦的书涉猎尤多。三年级的学年论文和毕业论文都有幸得到颇具仁圣风范的祝总斌先生指导,他春风化雨般的言传身教,平等待人,给予研究题目,教以科研大概。祝先生将我带入学术之门,告以学术要旨在于"写自己的东西",这比"独立之精神、自由之思想"更为简练。学年论文初稿完成后,祝先生告诉几条修改意见,其中一条我不同意,少不更事的我直接对先生说:"您这条意见不对"云云。还有一段让我删掉的文字被我移往它处,祝先生亲切地笑称:"真是敝帚自珍啊。"当日情景,今犹在目,三十年后思之尚觉惭愧,但祝先生丝毫不以为忤,反而将该稿推荐至北大学报,编辑修改后,转告令作者重抄即可,祝先生竟亲手抄录交还,拙稿遂得以顺利发表。从此,我对于学问有了坚定的自信,遨游学海。五年后,田余庆先生告诉我:当时他就注意到了这篇政治斗争的文章,直称分析得可怕,还奇怪这个人是哪里的。

1989 年年初,我那瘫痪十多年的弟弟终告不治,我开始准备再次离开河南。1990 年与何兹全、田余庆先生联系,以同等学力直接报考当时尚为社会所尊崇珍稀的博士研究生,皆获允准,考虑到外语难度,最终选择了北师大。次年,在我的英语成绩远离及格线 15 分的情况下,何先生与招办主任彭林老师联袂促成了对我校无前例的破格特招,从此改变了我的人生轨迹。何师对我十分赏识,入门之后,令吾自研,博士生该上的两门专业课也从未开设,大概是先生自己报了课名与成绩,就算过关了。每有独处的机会,先生就说:"你回去读书吧。我也要读书了。"门下数年,感愧交并。博士论文最初以《晋隋时期华夷观念与华夷秩序之演变》为题，先生虽不理解，但认为可以试做，初稿第一部分遭到彻底否定。师母担心先生身体，叮咛我不要让先生生气，我答应重新撰写论文。屋漏偏逢连夜雨，我因以前编书此时惹出麻烦，先生知后，甚是愤怒，原来一直不解我何以读博前水平很高，而博士论文却让人不能理解，原来不是水平不行而是把精力用于他处。而系内当轴鬼魅乘时作祟，驱我离校。我就开始了白天工作，夜里和节假日写作的日子，这一年体重减了 28 斤，头发掉了三分之一。最后，我踌躇彷徨再三，因为新作《陈代南人政治》的结论恰恰否定了何先生否定我前一论文的理由，我若照实写而被看出，可能会因此白忙一年，若曲笔隐晦又愧对学术良知。天人交战后，我决定"写自己的东西"。这时，编书事又生案外案，病大虫因对先生怀恨在心而又无可奈何，遂游走当道，必欲通过废我学位而达到使先师难堪之目的。先生未加援手，告我曰"吃亏是福"。拖延一年，终于拿到了学位。这恐怕是一段千古未闻的师生缘，我和何师共同之处是"择善而固执"。

我 2000 年前在历史研究中，宏观上受陈寅恪先生、微观方面受田余庆先生的影响最大，读陈寅恪先生的书陆陆续续有八九遍，反复体悟其史学妙处。笔者与田余庆先生则是关系浅但缘分深。关系浅是指单独接触少，北大本科期间只有一次近距离接触，那是与多位同学泛泛求教治学经验，先生不怒而威，令我敬畏之感油然而生，至今记忆犹新；缘分深则指大学毕业后拜读宏著多遍，整体通读《东晋门阀政治》七遍，《拓跋史探》四遍，散篇阅读未及计数，从中获益良多。他的研究方法，视野广阔而细节入微，以历史的思维与丰富的想象力寻找问题，设身处地感悟历史的脉络和线索，揭示它们的内在联系、冲突与变化，尤其对人性细腻透彻的把握，引发了我深澈的共鸣；他尽量搜集各种史料，运用各种方法细致、精准地考证史料，并恰当运用默证进行审视，积极消化各种反证；还网罗历代相关的认识和评论以找寻灵感，渲染气氛的同时弥补了史料不足的缺憾；并用准确、凝练的文字表述，以超凡的逻辑功力建构，分析、论证环环相扣，常常见人所未见，发人所未发。然而，田先生也"害我匪浅"，因楷模过高，平庸的东西就不愿再写；再者，田先生写得再长，发表都没有问题，而无名的人就是写得再好，文章长了，发表就非常困难。

今日看来，我这一时期做研究的方法是从直觉出发，凭一己感悟得出些结论，其实与普通人的日常思维并无本质差异，处在农民的所谓"庄稼活，不用学，人家咋着咱咋着"的画瓢模仿阶段。

"大荒"遇"大王"，叶公偏好龙

2000 年开始，香港朋友江志文、陈赞明先生给我提供了一个特殊的机缘，他们试图按照欧美图书解说历史的样式搞一套图解版的中国通史，委托我主持内容设计，我花费了两年多时间把涉及中国古史传说时代的所有学科的内容系统地浏览了一遍，浸染史学之外，亦涉猎考古、建筑、美术、心理、神话诸学科，举凡与古代之学相关的科目如古天文学、古人类学、政治学、军事学及现代学术史等也时有翻阅，同时广购其书以便钻研。读书若此，何其快哉！与陈先生的长期相处使我摆脱了纯文字研究的习惯，加入了图形图像的艺术思维，将各方面联系在一起进行了深入的反思。2003 年"非典"期间，在似乎天塌地陷、人心惶恐之时，我得以静心安坐，当时有三个可以撰写成文的题目，一是否定"层累说"，"疑古思维"有重大的方法漏洞，打几个比喻就可论其难以成立，可以据理反驳；二是发现传世本《山海经》的一个秘密，其中的《大荒经》本来是独立的，在两晋之交由郭璞将其误合，这对推动传说时代的研究极为重要，可以整个改写其面貌，进而催生出革命性的变化。三是五帝世系存在一个有序轮流。再三斟酌之下，考虑直接反驳顾先生明显会伤害其门徒和崇拜者的感情，势必触怒一大批人，踌躇之下最终放弃。研究五帝世系则需以论证《大荒经》的史料价值为前提，这是科学史学根本性的基础研究，是要解决史料的可信度。而研究《大荒经》则需深入钻研多种学科，耗时费力，但这本身是正面立论，足证古书古史之可信，而正论既立则反论（疑古）自然不驳即倒，因此就投入到《大荒经》的研究中，撰写出系列文章，其中的核心是《〈大荒经〉内容商代说》和《〈大荒经〉源于商代大社壁画考》两篇。

两文写成后，曾请多位先秦史专家如天津师大杜勇、北京第二外国语大学常耀华、中国社会科学院历史研究所刘源、北京大学丁一川等先生审阅指导，他们对拙文都很兴奋，一致认为是个原创性的研究，价值很高，属于重要发现。有人说：作者论证周全、自圆其说，看时血脉偾张，静思也想不出反证，但如果成立，将是一个恐怖的事情；有人说：是20年内先秦史屈指可数的好文章……北大张帆与社科院楼劲、陈爽等先生也认为论证周详、说法成立。不料，它们在顶级杂志的遭遇却令人心酸，能够看到的评审意见让人啼笑皆非，如一家顶级杂志说：

> 评审意见认为本文（指《〈大荒经〉内容商代说》）未遵依靠论据进行充分论证而得出论点的规范的学术方式，多用第二手资料，且多评论语言。并认为，判断一篇文章的内容是否属于商代，首先要将其与可信为商代的记录（比如甲骨卜辞）作比较。本文缺少这种比较。……评审与我们（指编辑部）的讨论结果大体相符。

"这种比较"虽然少，但已经尽其所能找了，并非没有。这个指责属于无中生有。其他的意见使笔者怀疑自己所受的专业训练是否正常，我是"民科"？还是评审者的视域视界过于狭隘？相信读者自有公断。

另一家杂志说："大作《〈山海经〉内容商代说》拜悉。经审阅，不拟刊用。特此奉告。因来稿量大，限于人力，未能提出具体修改意见，请予谅解。"文章名竟然都抄错了，还谈什么学术！同一杂志对于后文的评审：

"外审意见：1. 文稿的学术价值：论文所提出的观点，如认为《大荒经》源自于和《山海经图》分别流传的《大荒经图》，经文是对商代大社结构及壁画的系统描绘等，具有一定新意。与之相关，对上古祭祀的演变作了梳理。2. 文稿存在的问题：但从目前来看，文章论证还不够充分，行文还不够成熟。主要问题是：(1)大量使用内证、默证，论点缺乏更有力的支持；(2)文中多处出现'像是''自然就是''极可能是''必然意味者''合乎情理'等疑似之词，推测成分较大；(3)大量引用其他学者的说法，某些段落中自己的话很少，说明缺乏融会贯通；(4)第18页至20页有重复，至少应属校对不精；(5)夹杂如'抬杠''稀松平常''有些怪怪的'之类不够雅训的话，整篇文字也不甚畅达。"《山海经》问题十分复杂，从外审意见看，大作创新突出，但理据不足，经讨论，编辑部决定采纳外审专家意见，对该文作退稿处理。"

众所周知，内证被认为是历史研究中最可靠的证据，今顶级杂志竟以之为最大缺陷，实在令人错愕莫名！一专家告诉我，现时先秦史研究人员众多，能有一条独有的内证做支撑的文章即属难得。而我"大量使用内证"，在这类编审那里却成了因"论据不足”而作退稿处理的理由，真正“何语问苍天”啊！关于默证问题，如何使用关乎研究者的水平高低，笔者在书中有不少论述，评审者对此显然缺乏正确理解。而且，先秦史的研究者有铁口直断自己的说法是定论吗？多学科研究中，引用其他诸多学科权威学者的说法就是“缺乏融会贯通”吗？如用自己的话说非历史学的内容或许会被视为胡说乱道而遭到歧视。此文在另家顶级杂志受审时，因引用其他学科权威学者的观点较少而被视为缺乏基本常识。这真是让人不知所措。而论证不同问题涉及同一事项就属“校对不精”？在5万字的文稿中只有三个“不够雅驯”的词就都被挑选出来做为“问题”，也让人无言，我又没像陈寅恪先生那样声明一字不能改，编辑如觉不雅改改文字有何不可？和氏玮璞不正期待良工之雕乎？这是判断学术价值的标准吗？当我把“意见”念给正在吃饭的学界高人时，他意外地咬了舌头，后问：“这是哪个狗屁杂志的？”我告他某某的，他笑了半天后说：“你的命太苦了！再换个地方吧。”另一顶级杂志，三审四个月通过后须一直接相关领域的学界大鳄定夺，采用与否，九个月不发一言。

其他意见不一而足，有的说和某某的观点不同，所以不行；有的引用我一个枝节上的观点说“这怎么可能呢”，所以不行，实际上我在此处已明确说明另有研究文章要发表。他们找不到一个言之成理的反对理由，但一言以蔽之：文章有毛病。但如果真的以“没毛病”为标准衡量所有人文科学与社会科学的文章，中国只保留一家杂志就可以，其他都可关门了。

顶级刊物的碰壁，事前就有朋友铁口直断过，一位先秦史副会长说：看了两遍才彻底明白，现有的知识中没有反证，确实是大好文章。我请他预判一下投给权威杂志的结果，他直接说“用不了”，因为文章的知识点太多，走的学术路径是通而且是大通，看时觉得特别累，而一般专家看一遍肯定不明白，他们也不会为了两百块审稿费给陌生人下大功夫。结果也确实这样。《商代说》文后来投给《文史哲》时，我向本无深交的责编王大建先生介绍了整个体系的轮廓以及与东夷的关联和将来可能产生的影响，并说：只要有人提出一个反证，就算我的观点不成立；谁只要提出一个疑点，我马上可以答疑解惑，解释清楚。来来往往，持续两年，最后才发出来。王先生的耐心以及对学术真诚而负责的态度实在令我赞佩。另外一篇则在《北大史学》上发表。

从能知道的评审意见看，粗觉出乎我的意料，但细思又在情理之中。我之所以一再投顶级杂志，就是因为坚信我的文章学术价值很高，对整个传说时代的研究将造成革命性的冲击；而且再有名的杂志，关系稿诸多宏篇之外，总需要点缀一些有学术价值的力作。我之前有一个担心，我的系列与众不同，而基础的工作是在不太常见的年刊上发表的，后面的审稿人可能因为不明所以而误解，因此在这两篇开首就不厌其烦地交待我已有的成果，它们自成单元，并非不能准确判断。反复的挫折让我实在想不通，心中念到"碰上土豪了"。直到我读了桑兵先生所说"近代分科治学的专家之学是占山为王、落草为寇的山大王之学"时才有了"十分精准""深契我心"之感。桑先生大概感同身受，对他同侪的评价可谓"一针见血"！我怎么就想不到"山大王"这个词呢？"山大王"，什么人不敢杀、什么人杀不了？而古往今来，从未有人专门研治过《大荒经》，而我在研读100多遍、历时数年撰写修改后，却不意陷入"专家"们的"十面埋伏"，聆听着悲凉的"四面楚歌"。如今，学术界到处在讲创新，声震云霄，真正的创新来了，反而拒人千里。叶公好龙，即此之谓！

这一阶段，初衷只是想以所知所学把对《大荒经》的独得之秘阐发出来，从最低阶段的识字、断句与文献分部开始，以为重建真实而客观的历史提供坚实的基础，最后到高阶段的贯通多学科研究的创新试验，以更新华夏传说时代的研究面貌。笔者的论证总是尽己所能以达极致，自认已将所研究的课题推进到了世界前列水平。屡屡遭遇的"黑砖"让我不断反思。

纵横八万里，上下九千年

这个艰难的过程，让我深深感受到了"疑古思维"的阻碍，它已成了上古史学界的思维定式，"走出疑古"的声浪虽然在政治上、社会上十分响亮，但在学界却与"疑古"相持不下，"层累说"的不成立是现时代史学界大多数学者的共识，却因无人进行针对性批驳使得"疑古"在"学理"上稍占上风，反论不破则正论希声。如果不能将"层累说"和"疑古"等顽石搬走，传说时代的研究是难有突破的。苏格拉底说："承认我们的无知，乃是开启智慧之母"。于是，我决定暂搁《大荒经》的研究，沉潜两年，全面阅读中外史学理论和史学方法的著作，并深入钻研了几本名著，以从纯学理层面将"层累说"的谬误驳倒。从《顾颉刚日记》入手之后，大感意外的是顾先生在论战过程中心态的剧烈起伏，发现他不仅已清醒意识到自己是论战的失败者，而且后来也事实上放弃过"层累说"，遂扩大阅读其书信以及胡适先生的同类材料，更多的曲折、隐情都令纯学者的心灵感到震撼，最关键的是，"层累说"不仅在学术层面不能成立，而且在走向《古史辨》大获成功的过程中也是不道德的。因为这部分涉及到二蘖的学术道德和人格评价，故慎之又慎，反复阅读他们的日记、书信，又将《顾颉刚读书笔记》翻阅两遍，自信满满地写成了《顾颉刚和胡适"史学革命"的真相》和《"层累地造成的古史说"指谬》两文，自己觉得:此稿不仅对"层累说"在学理上何以不能成立阐释清楚，而且对相同文化与学术背景中白鸟库吉的"尧舜禹抹杀论"和内藤湖南的"中国古史加上说"的谬误一并作了批驳。另感意外的是，对此前批驳者为何没能批倒对方的原因也顺带予以厘清，而行文所以冗长到有伤结构紧凑之病，实有不得不然的原因。由于我并不愿意与人论战，因而引证不厌其详，希望自身尽量考虑周全、写得圆满，以消论战于事前。即使将来引发论争，除胡搅蛮缠者以外，可有针对性地对一切批评意见予以有力的回应。同时也是为证明，再为"层累说"辩护是无谓的。

试投顶级杂志的过程，他们多沉默不语、不置一词，有反应的却让人更加意外。

在"走出疑古时代"大本营的学报，本书之中编的审稿长达八个月，未给评审意见，但允准发表两万多字，我就将前三分之一修改，以《"层累地造成的古史说"指谬：兼驳白鸟库吉"抹杀论"和内藤湖南"加上原则"》为名交付，不意三校清样之后，刊期两定，蹉跎数月，以"改不了"为由而退稿。另一家顶级杂志对扩充后的同名文章的审读意见是[1]：

"第一，本文对白鸟的'抹杀论'与内藤的'加上原则'以及这些论点背后的史学语境与政治语境欠缺全面、深入与准确的把握，引用资料相当有限，故而在与顾颉刚'层累说'并论时，明显畸轻畸重，成为点缀。第二，即便对古史辨之'层累说'的掌握也欠精准与全面，于学界对其批评的学术史亦有缺漏，张荫麟仅转引《国故新知论·代序》之片言，而于张氏'默证说'似缺充分之了解。第三，学术史批评先应立足于对象所处时代已有之学理，不宜以后来新建之学说作事后之讨伐，此即'理解之同情'也。本文以认识发生学、人类学等对'层累说'进行批评，似即

---

[1]　本书中编的缩写版，共计 7 万字。此文送审已在本书初稿完成后，今因文章结构的考虑，姑置于此。

以后见之明批先见之失，未能恰当把持其尺度分寸。"

这独具只眼的评审真是让人无比惊诧！不意陈序经先生那"无知批有知"的境况又见今日。对于第一条，笔者的核心是论证"三说"不成立，二擘的什么"语境"并非题目的范围，这"无的之矢"显现评论者"一定"对二擘的"史学语境与政治语境"有"全面、深入与准确的把握"，我真是"孤陋寡闻"的浅学者，竟然不知有这样的"天人"存在。"点缀"之责倒是应了"兼驳"，还算"驴头"对上"马嘴"。第二条，这位"天人"知道什么是"学术论文"吗？况且，能指责写出涉及学理如此之广、之深的作者欠缺最基本的常识也让人喷饭，这恐怕是以"丑角"之姿"娱乐"学界了。第三条，笔者之所以尽量引用民国最流行的科学史学的经典《史学原论》，一是强调顾先生的方法并非西方的科学史学，二是旨在说明当时学术应该可以达到的地步，以凸显当时社会心理的变态，避免后见之明批评的嫌疑；对于高挂"科学史学"的羊头而卖"今文经学"的狗肉从而毁灭民族历史的做法，这位"天人"真是具有高度的"理解之同情"，若不将两先生视为不可碰触的偶像，而是将其看成普通有血有肉的凡人，都不能不承认他们在此确有学术不端的重大嫌疑，对此进行批评，真不知什么"尺度分寸"才叫合适？顾先生说："'斥郑说，谬'四个大字。我得到了这回教训，方始知道学术界上的权威是惹不得的。"权威惹不得这一点，历经坎坷、洞澈人性的我很早就知道，历史已进入 21 世纪，我竟发现"斥顾更谬"。之所以仍然要去惹，实在是不得不然，不如此，被摧毁的民族历史就无法恢复。推原其故，或许笔者的表述过于直率、尖锐，被评审先生认为不止是语近刻薄、颇失雅度，简直就是粗鲁无礼，这些泰斗都敢肆意评弹，你将置我于何地，以致惹恼了这位贵族式的"精英"或"权威"。评审意见显然带有情绪性，让我不禁想起来那句"何物小子，敢共魏收作色，举之则使上天，按之当使入地！"的话。

两个不同系列文章的相同遭遇，使我想到，可能是我的整体看法与众不同，审稿者见一见二而未窥其全貌，以致屡遭误解，故而考虑以"终结'疑古'"之名出本专著，将所有想法一并推出，这可能更便于学界理解与接受。在提供足够出版资助的前提下，将书的提纲、目录和《导论》初稿作为样稿通过朋友提交给了几大学术出版名社，不约而同地拒绝让我感到甚是意外。只有母校之一的出版社提供了否定的三条具体意见[1]：

一、胡适、顾颉刚是校史上的正面人物；二、顾先生仍有后人在史学圈；三、中文系一个专家的专业评审结论是："作者乃一妄人。"

这势必成为将来研究当代学术史的绝好材料。前两条虽出学术义旨之外，尚在当下社会可以理解的范围之内，最让人哭笑不得、也最耐人寻味的是第三条，听闻之时，脑海蓦然闪过一念头，那传说难道是真的吗？记得刘浦江先生曾直忝中文系学生"没有文化"，此语近乎谑而虐，原以为是讹传的笑谈，岂料上网一查，居然是实。该系毕业生在刘先生过世后真情回忆说："刘先生所开的是中国古代史……每年开学的第一节课都会说这么一句：'我一直觉得你们中文系的学生是比较没有文化的……'"[2]从中看出，刘先生并非无心之谈，而是习惯用语。哀

---

[1] 记忆所及，初始并未曾讨看原文，因写此记，才想起查询。可惜的是，联系人已将原邮件删除，此处文字经其回忆、确认，略有出入的是他现时的"印象中似乎并未提到胡适"。但对我而言，却是刻骨铭心的。

[2] 陈恒舒：《记北大中文系的几位先生》（节选），澎湃新闻：《刘浦江：北大中文系同学最热爱的历史系老师》，http://www.thepaper.cn/newsDetail_forward_1292016

哉！为节约出版经费，朋友建议申请一国家出版基金，我按规定提供了各种材料报上去。偶遇国家基金一评委，我了解情况。他说：赞成我的观点，但太有创造性的课题都批不了，各学科都是如此。后来事实证明，果真如此。本书出版过程中，我看到了该基金资助的一本认为上古帝系是编造的书出版了。相信阅读过本书的学者都能得出评审不公的结论。自然科学论文评审中有一个说法，世界级的成果最开始能有三五个人理解就不错了。人文科学虽说有见仁见智的空间，但形式逻辑的基本规范是必须遵守的，如犯有谬误也是可以取得相当共识的，普通人之间辩论若指出对方逻辑有问题，被指方也会觉得理亏，"专家"们对逻辑的要求总不能低于普通人吧！不少人文学者的逻辑思维欠发达阻碍了学术的进步。

苍凉中回眸，学术的反思

在学术领域，不同学术流派、不同理论方法的并存共荣是学术研究的良好生态，每位学者都有自主选择研究对象和方法的权利，而治学的态度应该也必须谦逊，但在阐述观点上却需要野人献曝的勇气。好在学术事业的发展，贵在自己检验他人主张的同时，他人也将检验自己的论述，检验与讨论的目的不是盲目地攻击或抹杀，而是各持理据地平等对话。笔者在学术上一向宽容，也身体力行地兼采各种方法，但从不瞎凑热闹，总是不揣浅陋，提出拙见以备批判。

笔者反思的对象本来只是中国古史传说时代研究中的认识论、方法论及其代表，因为这些问题通常是研究者在没有意识到其内在的偏见与歧视的情况下自然产生的，常常未被意识到的种种假定成了一种学术无意识，这又引起了他们对华夏文明的误读、误识与扭曲，使其无法认清中国文化的特征。初步的研究颇有斩获，意外而惊人的发现更揭示了在这些问题的表象之下和之后的态度、动机所构成的精神框架和深层原因。科学的发展对现代社会产生了普遍而重要的影响，大众大都持有这样的信念，"我们的无知范围正在逐渐缩小，因此我们能够更为广泛地和有意识地控制人的所有活动"，但哈耶克认为，随着科学的发展，公认的无知范围也会扩大。他断言，"陶醉于知识增长的人往往会变成自由的敌人。"[1] 而顶级杂志和出版社对笔者的论证所做的——表面上似是而非，实际上近乎谬误、甚至黑白颠倒的评价恐怕是"前不见古人，后不见来者"，是我病入膏肓、无可救药了呢？还是学术界出现了什么严重的病灶以及判断学术价值的标准出现了问题？孔子说："学而不思则罔，思而不学则殆"。先贤困顿之中还说："不以物喜，不以己悲"，经过长久思考，我认为：拙文观点如不成立，则表明所受的高等教育彻底失败，而现实中遭到如此之多顶级人物的否定，学术界的问题在哪里呢？"解药"是什么？学术要探究学理，学理！学理！重要的事情说三遍。这逼使我离开自己熟悉的领域，尽量扩大范围、开拓视野，进行了多角度、多层面的立体反思，从最基本的学术之义以及逻辑问题开始，进入许多陌生的学科与领域——包括经学、哲学、诠释学、逻辑学、心理学等，通盘思考中国学术的发展，并企图就更加宏观的中西学术进行自觉比较以及深入观察，思考纷纭复杂的表象之下和之后它们间的关系以及碰撞的过程，以寻找导致研究中国的事物与现象时常常发生误识和误读现象的有关中西学术研究中的内在逻辑与根源，所涉议题之多、挑战之大前所未有，其中的每一个领域都足以让人以毕生之力去钻研，而不同学科间的切换与反复思索更是

1　弗里德里希·哈耶克：《自由秩序原理》（上册），邓正来译，三联书店1997年版，第25页。

艰辛。学术千古事，得失天下知。笔者的研究是追求真实、客观的历史知识，而华夏文明有着明显而毋庸置疑的独特性，只有摆脱任何形式的歧视、偏见、主观性和政治干扰，才能超越且焕发中国学术的创造力和原创性，以找到华夏文明的学术研究中真正有效的途径和真正科学的方法。我只是一名匆匆过客，像一名粗暴的掠食者，贪婪地到处寻找可以自圆己说从而完善“一家之言”的各种学理、事例。

随着研究的深入，发现极为重要的一点是，现有的研究范式是建立在欧美中心主义模式和伪科学目的论的基础上的。从“新文化运动”兴起到“文革”，中国传统文化一而再、再而三被“自己的精英阶层”所攻击、挞伐、否定乃至诋毁，在号称“普世”的科学价值洗礼中，胡适主导的“整理国故运动”成为学界主流，本土知识人走上一条“学术现代化”的不归路，以智性殖民为核心的文化无意识和学术无意识扼杀了中国学人的创造力，造成中国学界把西方学术的认识论和方法论奉为“普世真理”的偏颇倾向，它以一种独特的认识论和方法论涵盖了中西学术研究中的各种问题。近现代学术意味着专业化、学院化（体制化）、独立化，同时应该是一个理性化的过程。而“整理国故运动”却并非如此，它削足适履地给中国历史“穿上”西方的“金鞋”，看似与西方“王子”过上了“甜美的生活”，实际结果却像“女人缠足”。而“疑古”则是中西学术碰撞所导致思维混乱的结果，又成为更加混乱的根源。它隐含的前提是历史可以随意编造，这实质上是今文经学而不是史学。结果，“历史学家”摧毁了自己历史的源头。1922 年 8 月 26 日，胡适写道：“中国今日无一个史家”，准确与否，姑不置评，没有“史家”不打紧，中国早期的历史还存在，到一批“反史家”出来后，“华夏源头”反倒没有了。他们没有意识到“历史的审判”可以制约人的肆意妄为，这就限缩了历史在中国社会中应有的功能。一个大政治家说：人相食，要进历史的。非专业的人都还有这种意识，而专业的"史家"竟为一己一派之私进行诸多造假，这实在令人唏嘘。"层累说"与"疑古"问题之重要，学界尽人皆知，能对它们发起有力挑战，本身就有极高的学术价值，而我发现的论战过程中二擘心态剧变又导向了严重的学术不端，加上极具价值的中西疑古史学比较，细节舛误或许不少，但总体价值却毋庸置疑。专家们的评价令我震惊，怎么连基本的学术敏感都没有？陈寅恪先生对学术界有旧派失于滞、新派失之诬的评论，这岂非既滞且诬呢？这让我想起心理学上一个有趣的概念——知识的诅咒，它描述的是这样一种现象：当我们熟知一个信息后就很难跳出它的框架去思考问题。如果是对普通人，我们当然不必苛求，可这么多创造"知识"的"学者""专家"都是这样就引起了我的深思。

人的天性是热爱自己的民族、国家，甚至无理也要谬赞三分，但近代以来中国人却形成了根深蒂固的凡西即是、唯新就好的"自虐式"的逆向种族主义思维。可怕的是，他们陷入这种思维很深却不自知。陈寅恪出题对对子："孙行者"，陈先生心目中的最佳答案是胡适之，这明显隐含着戏谑的意味。而从清末民初至今，少数学者把中学及其典籍锁进"国学"的小圈子内。对于华夏文明自身角色的疑问与困惑，以及对于现代学术"普适性质"和研究现状的不满，"新国学"与"走出疑古时代"兴起了，中国一些学者认为，中国文明与其他文明相比具有截然不同的独特传统，也发展出一套研究本土资料的治学体系和方法，而西方理论及其方法在中国资料面前是无能为力的，他们因此号召对其加以抵制或干脆彻底拒绝，并提倡坚守传统的治学方法，甚至号召回到乾嘉朴学，这种做法在主流学界声誉不彰。我的一位同学偶尔电话联络，闻听我在写《终结"疑古"》，不容解释，反复叮嘱，"勿趟国学浑水"，而后就挂断。他们不知道当时的中西结合是不中不西、"非驴非马"的产物，今日如想认识真正的中国历史，真正的融贯中西学术还是必要的。

千迴百转趑趄而进后，精诚所至，金石为开。本书的内容构成一个全面的反思，揭示了学界对研究中国历史起源期的偏见与歧视，批驳了对上古材料的误解和误读，并纠正了对中国历史的歪曲表述。这一切主要导源于百多年的自我否定以及"整理国故运动"所形成的研究范式已成为一种职业习惯，造成"新经学"的枷锁坚如磐石，"新偶像"的威力无远弗届的局面。在思考旧经学时，我认识到这实际上就是一种"新经学"，在此架构之下的后继者事实上只是经学教授、蒙学塾师，是"砖家""拳威"，他们没有注意到新经学的前提一旦错了，由此衍生的推理再精密，恐怕连"益智游戏"都谈不上，只能让"斜塔"更斜，自然无助于学术的正常发展。揭露的真相、学理的论述、民族的历史以及政治的正确都抵不上专业的习惯与偶像的崇拜。史学界实际上成为"经史学界"，经字虽然寻常看不见，然而离开这些新经与偶像就不会思考。笔者希望"放足"，发起对它的可行性变革，还鼓励重新启动融合中西的"浴火重生"，回归原典，返本开新，以促进相对真正的真实而客观的中国历史知识的研究，并希望能给读者以灵感找到中国知识研究的方法，以科学的、历史的思维研究华夏的历史，最终的目的不仅要把失去的早期历史重新找回来，而且要探究华夏文明的独特所在。但这绝非易事，将现实中的学术界完善为真正的学术社会的任务依然任重道远，仍然是梦中的桃花源。

回头看现在学术杂志的评审制度，杂志本来是服务于学术研究的，但现在却成为中心单位。主其事者担心这个、忧虑那个，发表一篇很差的文章，会有议论和指责，但枪毙一篇很好的文章却不需承担任何责任。而近代形成的分科治学使专家们大多视野狭隘，对于学术价值的大小，判断的能力也欠发达，专家们大多又好面子，一个个"威风凛凛"，看不懂也不会承认，

"知之为知之、不知为不知"的古训也不在脑中。学界每个人都压力山大，审稿费只是一壶酒钱，自然不愿花大力气，加之评审意见又大多不和作者见面，冤杀与否，自然很少考虑。评审诸公之所以绞尽脑汁否认拙文论点，只是依据"整理国故运动"所形成的职业习惯。大多不是仔细审视论证过程，而是首先看谁说的、谁的学生、跟哪个名人一样或相反，胡乱找些小毛病，然后稿子的命运就决定了。而拖延不言者，显见其迷茫。实际上是他们缺乏足够的学术敏感，科学思维、历史思维不发达以及不清楚逻辑在科学发现中的地位、作用与价值所致。还有一种情况是，编辑一看就不喜欢，考量其他因素就"借刀杀人"。当年，邓小平请贝聿铭在西单路口设计大建筑，为贝拒绝。有些专家只要有了"上意"就无所不可杀。这些学人的学问较上一代祝先生们或有过之，但其治学的态度却有天渊之别。

　　末了，笔者再补缀几句并非多余的话：第一，对本书批评、分析中涉及诸多大师、前辈感到特别不安，因为无论怎样的批评都势必会被误解为大不敬，但不管对他们是指责还是揄扬，是否定还是肯定，不管用以批评分析的是什么材料，笔者对他们的人格、学品都抱有崇高的敬意，对他们的成果怀有深深的敬重，尽管对胡、顾两先生的敬意已有所下降。而引用诸家杂志的意见主要是从学术史的角度着眼的，对于评审的衮衮诸公也无丝毫怨恨；相反，是充满了感激的，没有他们的诸多刺激，我不可能想那么多、那么远、那么深，毕竟人生有涯而知识无边，朝菌不知晦朔，蟪蛄不知春秋，任何个体生命相对于浩瀚无垠的宇宙和人类学术的整体发展都是极其渺小的。笔者愈学愈知不足，愈学愈感浅陋，即有所得，亦不过沧海一粟，率直而道，仅期不负此生。第二，不管有什么顾虑，天下至公的学术研究应该远离种种非学术的考量：意识形态的、社会的、政治的、个人的，等等。笔者虽然希望在学术研究中去政治化、去意识形态化，但并不回避有关与政治、意识形态和族群的争论，由于目标过于宏大，所论又远远超出自己的专业范围，很担心每一支射向别人的箭，都起码有七八支反旋对准自己，势必会使自己陷入四面受敌的处境而导致"五马分尸"的结局。而经过多番剧烈的思想斗争，笔者确信本研究所关注的完全是学术问题而非任何形式的意识形态或个人恩怨。知识就是知识，学术就是学术，他们都应该是超越的、普遍的，最起码从原则上讲应该如此。即使真的没有绝对客观的知识，我们仍需坚守知识的相对客观公正性。但人性极其复杂是我深有所感的，例如，曾有母校之一的教辅人员，因博士生未以"老师"而以"师傅"称之就被气哭；而我称呼"师傅"需等一时许才能拿到书，若以"老师"称之，她们就旋风般找出来。我率性而为但待人真诚，却唯恐得罪人。因此，笔者在剖析学术研究中的非学术性因素时不分东西左右、大师后学或俊男美女，概以先生称之，此举对硕学宏博或有不公与委屈，然而对心理细腻之士或可稍减怠傲亵渎之咎。在一个虚伪的社会里，诚实是一种病，然而，这对于纯学者却又是不得不面对的，这也是"科学春天"中的北大留给笔者不可磨灭的烙印。第三，古来极少良史，实因才学识德极难兼于一身，笔者殊乏才力，没有田先生那样驾驭文字的才能，有的言辞、用语或许会被视为极端傲慢，但这绝非我的本意，只是资质驽钝，一时未找到婉转而准确的词汇。为求说理和论战的简单与方便，庄子式的比喻亦多用之。撰著之初，拟以几个比喻式的一篇说理论文驳倒"层累说"，多位学友期期以为不可，只得深钻中西学理。拙作写法只是绞尽脑汁阐述各种道理以尽快终结这些荒谬之说，其中自有不合学术清规的，"书不尽言，言不尽意"，考虑此方法可收言简义丰、说理明快之效，在获责编允准后，多有采纳，而以橄榄球与足球同源而阐述经史关系及其混一之不当就是这样。今以学术"八股"与此并行，

若仇视者以非驴非马视之，自属无奈。有些部分恐怕不止会被
"专家"视为"缺乏融会贯通"，即使称之为连缀成文的"拼盘"
也不为过，但笔者以为这些人类从未有过的思考是极具价值的，
并且效法日本战后"综合就是创造"的成功之理并不为过。笔
者曾不断给关心的人说"两三个月就完"，结果又发现新的、可
以完善论述体系的内容，又一头钻了进去。本书所论，要为甘
苦自得。笔者也确实非良史之才，希望大家知道我的实际情况，
不要有太高的期望，但相信其他部分独有的思考会稍加平衡而
足以弥补读者付出的时间。我常感到眼高手低的痛苦，智者举
一反三、触类旁通之类的词汇根本就与我无缘，只因不期然入
得北大，以末段弱才而养成拒绝偶像、痴迷学术之嗜好，每吃
一堑能长一智是为自许，蒙森所谓史家之自我教育或即在此。
第四，本书因涉及顾胡两先生的道德形象，故引用资料有意不
厌其详，试图达到铁证如山、不容翻案的地步，这也可能使书
显得枯燥，但我相信，只要耐心读，它一定是有味的书。顾先
生曾发现，古人之序皆在书后，新人之序在书前。若新居前而
有假，笔者则宁复古于书后。所列"重要参考书目"中，并非
全部，实有不得不然之苦衷，笔者体质敏感，为寻得安静的思
考与写作环境，曾流徙京城内外，辗转黄河南北，过了一段相
当长极简主义的生活，各地购书，始终未能归拢一处；另因家中
装修，绝大多数书籍被运回老家堆于地下室中，近些年所购书
目可由网上查得，而早期书籍此次仅凭记忆而来，定有不少遗
漏，拙著如有缘再版，自当补列；而其中有的书籍虽没有直接引
用，但在思考与观点的形成过程中也产生过重要影响，故备而
列之。第五，三十有五年来，无数老师、同学、朋友和同事都给
我提供过各种帮助，如系数罗列则名单就会太长，谨在此致以
深深的感谢。需要特别致意的是本书出版环节付出辛劳的两位
先生，责编王世勇先生从选题立项到最终出版给予了大力支持，

美编蔡立国先生于百忙之中拨冗给素昧平生的我精心设计了众口称赞的封面。而最为感到愧疚的是未能归养长侍老母，亲尽孝道。

回思半百之年，不才质性自然，沉寂寡言，虽从教懵懂而怯于问人，是以常居下流。不期以侥幸入乎太学，沐校风之熏习，渐化钝而知学。复幸遇硕学祝先生，不以不佞为卑鄙，点顽石而开之，雕枯木使逢春，余遂登学术之门，由是感激，乃以励志问学为终身之志。返乡五载，浸淫于求索，彷徨乎原野。幸宏博何师拯于水深火热之中，识拔于歧路彷徨之际，复授启悟人性真谛。是故历百艰，愈挫而愈奋，得洞察人情险巇。

吾之本性，不戚戚于贫贱，亦不汲汲于富贵。自幼迄今，雅好读书，杂观泛览而不求甚解，每有会意便欣然忘食。箪食瓢饮在陋巷，人以为忧而我以为乐。有书为伴则心旷神怡，宠辱皆忘而不求闻达。富贵虽非愿，囊中常羞涩。然古来学有大成者，大率典藏浩博，吾其能外乎？乃节衣缩食以遂嗜书之癖，若有中意之书而不能买，则寝不安席、食不甘味。辄图以润笔酬魇所欲而常常不可得，痛哉。

自西风东渐，华夏文化丕然一变。百余年来，东土学界大率以欧说为圭臬，奉美见为准绳，凡旧说与之不合者，弃若敝履，且训斥呵责，不遗余力。懈闾阎廉退之节，驱市朝易进之心。遂致中学蒙尘，真相式微，堕先人之史，咎莫大焉。满目萧然，感极而悲者矣。下走不才，身无半亩，心忧国史；读破万卷，神交古人；悟已往之无知，知来者犹可追。于是怅然慷慨，发愤忘食，撰文两篇，足证古史古书之可信。奈毁史百年，"疑古"如磐石；犹久病入膏肓，邪毒侵骨髓，陷迷途而不知返，定昨是而今非。雷同毁异，物恶其上。妙算者谓痴迷，直道者云妄人。世与我而相违，复驾言兮焉求？哀哉！没世无闻，君子唯耻；朝闻夕死，孰云其否。乃息交绝游，不避寒暑，焚膏继晷，青灯黄卷，浓茶刺激，烟酒自戒，十余年间，夙志未敢稍泄，得神游天人之间，冥思宇宙之内，遂协调中西学理，参以诸家杂说，拾遗补阙，以成一家之言。因系复史之要，故以《终结"疑古"》而名之云。凡此皆勃勃胸意，有所积郁在心，故述往事而激高明者也。

抚卷踌躇，允充后记。

丁酉仲秋张国安谨识于望京

责任编辑:王世勇
装帧设计:蔡立国

图书在版编目(CIP)数据

终结"疑古"/张国安 著. —北京:人民出版社,2017.12
ISBN 978－7－01－018450－0

Ⅰ.①终…　Ⅱ.①张…　Ⅲ.①史学史-研究-中国
　Ⅳ.①K092

中国版本图书馆 CIP 数据核字(2017)第 262383 号

终结"疑古"

ZHONGJIE YIGU

张国安　著

人民出版社 出版发行
(100706　北京市东城区隆福寺街 99 号)

山东鸿君杰文化发展有限公司印刷　新华书店经销

2017 年 12 月第 1 版　2017 年 12 月第 1 次印刷
开本:710 毫米×1000 毫米 1/16　印张:62.75
字数:787 千字　印数:0,001-3,000 册

ISBN 978－7－01－018450－0　定价:180.00 元(上下册)

邮购地址 100706　北京市东城区隆福寺街 99 号
人民东方图书销售中心　电话 (010)65250042　65289539